Hermann von Pückler-Muskau

Reisebriefe aus England und Irland

I

HERMANN VON PÜCKLER-MUSKAU

Reisebriefe aus England und Irland

Eine Auswahl
aus den »Briefen eines Verstorbenen«
in zwei Bänden

Mit zeitgenössischen Abbildungen

1

Herausgegeben von Therese Erler
Mit einem Nachwort von Konrad Paul

AUFBAU-VERLAG

ISBN 3-351-02137-2

1. Auflage 1992

Gesamtgestaltung Heinz Hellmis, Hennigsdorf
Satz ComPress Fotosatz GmbH
Schrift Original Janson-Antiqua von Berthold
Bildreproduktionen Reprogesellschaft Lutz Wahl mbH, Berlin
Druck und Binden Druckhaus Erfurt, GmbH
Printed in Germany

Erster Brief

I

Dresden, den 8. September 1826

Meine teure Freundin!

Deine Liebe bei unserm Abschied in B... hat mir so wohl und weh getan, daß ich mich noch nicht davon erholen kann. Immer steht Deine kummervolle Gestalt vor mir, ich lese noch den tiefen Schmerz in Deinen Blicken und Tränen, und mein eigenes Herz sagt mir nur zu sehr, was Du dabei empfunden haben mußt. Gott gebe uns bald ein so freudiges Wiedersehen, als der Abschied traurig war!

Ich kann vorderhand nichts sagen, als Dir ins Gedächtnis rufen, was ich so oft wiederholte, daß ich, ohne Dich, meine Freundin, mit mir in dieser Welt zu wissen, keine ihrer Freuden mehr ungetrübt genießen könnte, daß Du also, wenn Du mich liebst, vor allem über Deine Gesundheit wachen, Dich durch Geschäfte, soviel Du kannst, zerstreuen und auch die ärztlichen Anordnungen nicht verabsäumen sollst.

Als mich auf dem Wege die Schwermut, welche allen Gegenständen einen so trüben Anstrich gibt, ganz überwältigen wollte, suchte ich eine Art Hülfe bei Deiner Sévigné, deren Verhältnis mit ihrer Tochter in der Tat viel Ähnliches mit dem unsrigen hat, mit der Ausnahme jedoch: »que j'ai plus de votre sang« als Frau von Grignan von dem ihrer Mutter. Du aber gleichst der liebenswürdigen Sévigné wie dem Porträt einer Ahnfrau. Die Vorzüge, welche sie vor Dir hat, gehören ihrer Zeit und Erziehung an, Du hast andere vor ihr voraus, und was dort vollendeter und abgeschlossener als klassisch erscheint, wird bei Dir – reicher und, sich in das Unendliche versenkend – romantisch. Ich schlug das Buch au hasard auf. Artig genug war es, daß ich gerade auf diese Stelle traf:

»N'aimons jamais ou n'aimons guère
Il est dangereux d'aimer tant!«

Worauf sie gefühlvoll hinzusetzt:

»Pour moi j'aime encore mieux le mal que le remède
et je trouve plus doux d'avoir de la peine à quitter
les gens que j'aime, que de les aimer médiocrement.«

Ein wahrer Trost ist es mir schon jetzt, Dir ein paar Zeilen geschrieben zu haben. Seit ich mich wieder mit Dir unterhalte, glaube ich Dir auch wieder näher zu sein.

Reiseabenteuer kann ich Dir noch nicht mitteilen, ich war so sehr mit meinen innern Empfindungen beschäftigt, daß ich kaum weiß, durch welche Orte ich gekommen bin.

Dresden erschien mir weniger freundlich als gewöhnlich, und ich dankte Gott, als ich mich im Gasthof auf meiner Stube wieder häuslich eingerichtet fand.

Der Sturm, der mir den ganzen Tag gerade ins Gesicht blies, hat mich übrigens sehr erhitzt und fatiguiert, und da ich ohnedem, wie Du weißt, nicht ganz wohl bin, so bedarf ich der Ruhe.

Der Himmel gebe auch Dir in N... eine sanfte Nacht und einen lieben Traum von Deinem Freunde!

den 10., früh

Vous avez sans doute cuit toutes sortes de bouillons amers, ainsi que moi. Indessen bin ich heiterer und wohler aufgestanden als gestern und gleich zur Aufräumung meiner Sachen wie zu allen den kleinen Geschäften geschritten, welche die Vorbereitung für eine weite Reise nötig machen. Am Abend fühlte ich mich wieder recht angegriffen, und da ich einen Rückfall meines nervösen, hypochondrischen Übelbefindens befürchtete, was Du meine maladie imaginaire taufst, so ließ ich den Hofrat W... kommen, den Lieblingsarzt der hier durchreisenden Fremden, weil er, seine Geschicklichkeit abgerechnet, ein amüsanter und lustiger Gesellschafter ist. Du kennst meine Art, Ärzte zu gebrauchen. Niemand kann mehr homöopathischer Natur sein – denn in der Regel kuriert mich schon das bloße Gespräch mit ihnen über meine Übel und ihre Heilmittel zur Hälfte, und nehme ich dann ja noch etwas von dem Verschriebenen, so geschieht es gewiß nur in tausend Teilchen. Dies bewährte sich auch heute, und nach einigen Stunden, die W... an meinem Bette zubrachte und mit mancher pikanten Anekdote würzte, soupierte ich mit besserem Appetit und schlief leidlich bis zum hohen Morgen. Als ich meine Augen aufschlug, fielen sie auf ein Briefchen von Dir, das der ehrliche B... mir auf die Decke gelegt hatte, wohl wissend, daß ich den Tag nicht freudiger beginnen könnte. In der Tat, nach dem Vergnügen, von Dir zu hören, habe ich nur noch eins – Dir zu schreiben. – Fahre nur fort, so ganz zwanglos Deinen Gefühlen Worte zu geben, und schone auch die meinigen nicht. Ich weiß es ja wohl, daß Deine Briefe noch lange einer ernsten, trüben Landschaft gleichen müssen! Ich werde beruhigt sein, wenn ich nur manchmal ein liebliches Sonnenlicht seine Strahlen hineinwerfen sehe.

Leipzig, den 11.

In einem recht schönen Zimmer mit wohlgebohnertem Parquet, eleganten Meubeln und seidenen Vorhängen, alles noch in der ersten Fraicheur, deckt man soeben den Tisch für mein Diner, während ich die Zeit benütze, Dir ein paar Worte zu schreiben.

Ich verließ heute früh um zehn Uhr Dresden in ziemlich guter Stimmung, das heißt, bunte Phantasiebilder für die Zukunft ausmalend, nur die Sehnsucht nach Dir, gute Julie, und die daraus folgende Vergleichung meines faden und freudelosen Alleinseins gegen die herrliche Lust, mit Dir in glücklicheren Verhältnissen diese Reise machen zu können, griffen mir oft peinlich ans Herz.

Vom Wege hieher ist nicht viel zu sagen, er ist nicht romantisch, selbst nicht die, mehr Sand als Grün zur Schau tragenden, Weinberge bis Meißen. Doch erregt die zu offene, aber durch Fruchtbarkeit und Frische ansprechende Gegend zuweilen angenehme Eindrücke, unter andern bei Oschatz, wo der schön bebuschte Kulmberg, wie ein jugendlich gelocktes Haupt, in das Land hineinschaut. Die Chaussee ist gut, und es scheint, daß auch in Sachsen das Postwesen sich verbessert, seitdem in Preußen der vortreffliche Nagler eine neue Postära geschaffen hat. Nichts ist mir dabei belustigender als B. . .s frischer Eifer, der selbst die Gutwilligsten unter den Phlegmatischen rastlos antreibt und sich gegen sie benimmt, als habe er bereits mit mir die ganze Welt durchreist und es, wie sich von selbst versteht, überall besser gefunden als im Vaterlande.

Bei dem gereizten Zustande meiner Gesundheit ist der bequeme englische Wagen eine wahre Wohltat. Ich tue mir überhaupt etwas darauf zugute, das Reisen in gewisser Hinsicht besser als andere zu verstehen, nämlich die größte Bequemlichkeit, wozu auch das Mitnehmen der möglichsten Menge von Sachen gehört (in der Ferne oft liebe, gewohnte Andenken), mit dem geringsten Embarras und Zeitverlust zu verbinden zu wissen. Diese Aufgabe habe ich besonders diesmal vollkommen gelöst. Ehe ich in Dresden einpackte, glaubte man ein Warenlager in meinen Stuben zu sehen. Jetzt ist alles in den vielfachen Behältnissen des Wagens verschwunden, ohne diesem dennoch ein schweres überladenes Ansehen zu geben, das unsere Postillone so leicht erschreckt und den Gastwirten einen auf der großen Tour Begriffenen anzeigt. Jede Sache ist bei der Hand und dennoch wohl gesondert, so daß, im Nachtquartier angekommen, in wenigen Minuten das »häusliche Verhältnis« in dem fremden Orte schon wieder hergestellt ist. Unterwegs aber geben mir die hellen Kristallfenster vom größten Format, die kein Gepäck und kein Bock verbaut, ebenso freie Aussicht als eine offene Kalesche und lassen mich zugleich Herr der Temperatur, die ich wünsche. Die Leute auf ihrem hinter dem Wagen befindlichen hohen Sitze übersehen von dort alles Gepäck und die Pferde, ohne in das Innere neugierige Blicke werfen noch eine Konversation daselbst überhören zu können, wenn ja, im Lande der Brobdingnags Liliputs angelangt, einmal Staatsgeheimnisse darin verhandelt werden sollten. – Ich könnte ein Collegium über dieses Kapitel lesen, das dem Reisenden gar nicht unwichtig ist, bin aber hier nur deshalb so weitläufig geworden, um Dir ein vollständiges Bild zu liefern, wie Du mich, die Welt durchziehend, Dir denken sollst und das nomadische Wohnhaus, mit dem die wechselnden Postgäule mich täglich weiter Deinem Gesichtskreise entrücken.

Der Wirt im Hôtel de Saxe, gewiß einem der besten Gasthöfe in Deutschland, ist ein alter Bekannter von mir, der, als ich in Leipzig studierte, sich sogar manches Recht auf meine Dankbarkeit erwarb. Viele fröhliche, zuweilen ausgelassene Mahle wurden damals in seinem Hause gehalten, und ich lud ihn daher ein, auch heute mein *einsameres* zu teilen, um mir von der Vergangenheit und dem wilden Jünglingsleben wieder etwas vorzuerzählen. Die jetzigen Zeiten sind leider überall ernster geworden, sonst ward das Vergnügen fast zum Geschäft erhoben, man dachte und studierte nur darauf, und den stets Tanzlustigen war gar leicht aufgespielt – heutzutage findet man das *Vergnügen* nur noch im Geschäft, und großer Reizmittel bedarf es, um außerdem froh zu werden, wenn es überhaupt noch erlangt wird.

Weimar, den 13., abends

Ich will Dich mit keiner einzigen Tirade über die Schlachtfelder von Leipzig und Lützen noch einer Beschreibung des chetifen Monuments Gustav Adolfs noch der magern Schönheiten der Umgegend von Schulpforte ermüden. In Weißenfels, wo ich ein Buch zu kaufen wünschte, war ich verwundert zu hören, daß in des großen Müllners Wohnort kein Buchhändler zu finden sei. Wahrscheinlich haben sie gefürchtet, daß er ihnen dort aus erster Hand einen Prozeß an den Hals hängen würde.

Die Fluren von Jena und Auerstedt betrat ich mit eben den Gefühlen, die zwischen den Jahren 1806 und 1812 ein Franzose der großen Armee gehabt haben mag, wenn er über Roßbachs Felder schritt, denn der letzte Sieg bleibt (wie das letzte Lachen) immer der beste – und als nach so vielen Schlachterinnerungen mich der Musensitz, das freundliche Weimar, in seinen Schoß aufnahm, segnete ich den edlen Fürsten, der hier ein Monument des *Friedens* aufgerichtet und einen Leuchtturm im Gebiete der Literatur aufbauen half, der so lange in vielfarbigem Feuer Deutschland vorgeflammt hat.

Am nächsten Tage stellte ich mich diesem, meinem alten Chef, und den sämtlichen hohen Herrschaften vor, die ich wenig verändert, den Hof aber durch zwei liebenswürdige Prinzessinnen vermehrt fand, die, wären sie auch im geringsten Privatstande geboren, durch äußern Reiz und treffliche

Erziehung ausgezeichnet erscheinen müßten. Man ist übrigens hier noch von einer, anderwärts ganz aus der Mode gekommenen, Artigkeit gegen Fremde. Kaum war ich gemeldet, als schon ein Hoflakai bei mir erschien, um sich nebst einer Hofequipage für die Zeit meines Hierseins zu meiner Verfügung zu stellen und mich zugleich ein für allemal zur Mittagstafel einzuladen.

Der Großherzog hatte am Morgen die Güte, mir seine Privatbibliothek zu zeigen, die elegant arrangiert und besonders reich an prächtigen englischen Kupferwerken ist. Er lachte herzlich, als ich ihm erzählte, kürzlich in einem Pariser Blatte gelesen zu haben, daß auf seinen Befehl Schiller ausgegraben worden sei, um sein Skelett in des Großherzogs Bibliothek in natura aufzustellen. Die Wahrheit ist, daß bloß seine Büste mit denen anderer die Säle ziert, sein Schädel aber dennoch, wenn ich recht hörte, im Postamente derselben verwahrt wird, allerdings eine etwas sonderbare Ehrenbezeugung.

Den Park sah ich mit erneutem Vergnügen wieder. Die Gegend ist zwar nicht eben reich an pittoresker Schönheit, aber die Anlagen sind so verständig erdacht, die einzelnen Partien so sinnig und schön ausgeführt, daß sie ein Gefühl der *Befriedigung* zurücklassen, welches ähnliche Bestrebungen, auch bei günstigerer Natur, selten in dem Grade hervorbringen. Als neuen Zusatz fand ich in einem weiten Rundell, in dessen Mittelpunkt ein herrlicher alter Baum steht, einen kleinen botanischen Garten angelegt, wo man, nach dem Lennéschen System geordnet, einzelne Exemplare aller im Freien aushaltenden Bäume, Sträucher und Pflanzen antrifft, die der hiesige Park und Garten enthält. Es kann keinen freundlichern Ort zum lebendigen Studium der Botanik geben als den Sitz unter diesem alten Baume, der wie ein ehrwürdiger Stammvater auf die ihn umgebende Jugend von allen Formen, Blättern, Blüten und Farben herabschaut. Im Verlauf meiner Exkursion besah ich auch noch ein Mustervorwerk des Großherzogs, wo kolossales Schweizer Vieh wenig Milch gibt – denn diese Verpflanzungen des Fremden taugen gewöhnlich nicht viel; ferner die anmutige Fasanerie, die reich an Gold- und Silberfasanen und weißen Rehen ist. Einen seltsamen Anblick gewährte der große Trutenbaum, auf welchen siebzig bis achtzig dieser schwerfälligen Vögel vom Fasanenjäger gewöhnt sind, gemeinschaftlich hinaufzuklettern, wo dann die alte Linde, über und über mit solchen Früchten behangen, ein wunderbar exotisches Ansehen gewinnt.

Da man sehr zeitig bei Hofe speist, hatte ich kaum Zeit, mich en costume zu werfen, und fand, etwas spät kommend, schon eine große Gesellschaft versammelt, unter der ich mehrere Engländer bemerkte, die jetzt sehr vernünftigerweise *hier* Deutsch studieren, statt früher mit vieler Mühe den Dresdner ungraziösen Dialekt zu erlernen, und äußerst gastfrei aufgenommen werden. Die Unterhaltung bei Tafel wurde bald sehr animiert. Du kennst die Jovialität des Großherzogs, der hierin ganz seinem Freunde, dem unvergeßlichen Könige von Bayern, gleicht. Man rekapitulierte mehrere scherzhafte Geschichten aus der Zeit, wo ich noch sein Adjutant zu sein die Ehre hatte, und nachher mußte ich mein großes cheval de bataille reiten – die Luftballonfahrt. Interessanter waren Herzog Bernhards Erzählungen von seiner Reise in Nord- und Südamerika, die wir, wie ich höre, bald, mit Anmerkungen von Goethe versehen, gedruckt lesen werden. Dieser Prinz, den die Geburt hochgestellt hat, steht als Mensch noch höher, und niemand konnte, namentlich den freien Amerikanern, eine vorteilhaftere Idee von einem deutschen Fürsten geben als gerade er, der freie Würde im Benehmen mit echter Liberalität der Gesinnung und anspruchsloser Liebenswürdigkeit des Umgangs verbindet.

Abends war große Assemblée, eine Art Vereinigung, die ihrer Natur nach nicht zu den genußreichsten gehört. Jede Annehmlichkeit aber kehrte für mich zurück, als ich beim Spiel der Frau Großherzogin gegenüber meinen Platz eingenommen hatte. Wer hat nicht von dieser edeln und vortrefflichen deutschen Frau gehört, die selbst Napoleon mit ihrer stillen Klarheit zu imponieren wußte und von jedem geliebt wird, der ihres milden und liebreichen Umgangs sich erfreuen darf. Wir saßen zwar, wie gesagt, am Spieltisch, gaben aber wenig auf die Whistregeln Achtung, und heitere Unterhaltung nahm den größten Teil der Zeit hinweg.

An einem Hofe wie der hiesige, den so viele Fremde besuchen, kann es nicht daran fehlen, daß oft seltsame Originale sich einfinden, die, auch den am wenigsten zum Medisieren Geneigten, Stoff zu pikanten Anekdoten liefern müssen. Einige ganz lustige wurden mir nach beendigtem Spiele, als ich mich wieder unter die Gesellschaft gemischt, erzählt, unter andern auch eine merkwürdige Visitenkarte in natura gezeigt, die einer bekannten, von einem Engländer kursierenden Anekdote wahrscheinlich ihr Dasein verdankte. Dies Vorbild brachte nämlich den, wegen seiner lustigen Laune fast berüchtigten, Baron J... auf den Gedanken, die Sache mit einem seiner Tischfreunde, einem ehemaligen Hauptmann, dem die Welt und ihre Sitten ziemlich fremd geblieben waren, von neuem ins Leben zu rufen. Er insinuierte zu diesem Endzweck dem bisher ganz einsam in D... Lebenden, daß es die Höflichkeit von ihm jetzt durchaus erfordere, eine Visitenrunde in der Stadt zu machen, worauf der harmlose Capitaine geduldig erwiderte, er wisse zwar damit keinen Bescheid, wolle sich aber gern der Leitung J...s überlassen. »Wohlan«, sagt dieser, »ich werde die Visitenkarten, die französisch sein müssen, und alles übrige selbst besorgen und dich in drei Tagen in meinem Wagen abholen. Du wirst Uniform anziehen, und auf den Karten muß bemerkt werden, in wessen Diensten du früher gestanden.« Alles geschah wie verabredet, man kann sich aber denken, welchen lachenden Gesichtern die Besuchenden begegneten, da ihnen überall Visitenkarten folgenden Inhalts vorangeschickt worden waren: »Le Baron de J... pour présenter *feu* Monsieur le Capitaine de M... jadis au service de plusieurs membres de la confédération du Rhin.«

SCHLOSS MUSKAU

Nach der Natur u. auf Stein gez. von Lütke jun. — *Gedruckt im Königl. Lith. Institut Berlin 1825 v W H*

den 14.

Diesen Abend stattete ich Goethe meinen Besuch ab. Er empfing mich in einer dämmernd erleuchteten Stube, deren Clair obscur nicht ohne einige künstlerische Koketterie arrangiert war. Auch nahm sich der schöne Greis mit seinem Jupitersantlitz gar sittlich darin aus. Das Alter hat ihn nur verändert, kaum geschwächt, er ist vielleicht weniger lebhaft als sonst, aber desto gleicher und milder und seine Unterhaltung mehr von erhabener Ruhe als jenem blitzenden Feuer durchdrungen, das ihn ehemals, bei aller Grandezza, wohl zuweilen überraschte. Ich freute mich herzlich über seine gute Gesundheit und äußerte scherzend, wie froh es mich mache, unsern Geisterkönig immer gleich majestätisch und wohlauf zu finden. »Oh, Sie sind zu *gnädig*«, sagte er mit seiner immer noch nicht verwischten süddeutschen Weise und lächelte norddeutsch, satyrisch dazu, »mir einen solchen Namen zu geben.« – »Nein«, erwiderte ich, wahrlich aus vollem Herzen, »nicht nur König, sondern sogar Despot, denn Sie reißen ja ganz Europa gewaltsam mit sich fort.« Er verbeugte sich höflich und befrug mich nun über einige Dinge, die meinen früheren Aufenthalt in Weimar betrafen, sagte mir dann auch viel Gütiges über M... und mein dortiges Streben, mild äußernd, wie verdienstlich er es überall finde, den Schönheitssinn zu erwecken, es sei, auf welche Art es wolle, wie aus dem Schönen dann immer auch das Gute und alles Edle sich mannigfach von selbst entwickele, und gab mir zuletzt sogar, auf meine Bitte, uns dort einmal zu besuchen, einige aufmunternde Hoffnung. Du kannst Dir vorstellen, Liebste, mit welchem Empressement ich dies aufgriff, wenn es gleich nur eine façon de parler sein mochte. Im fernern Verlauf des Gesprächs kamen wir auf Sir Walter Scott. Goethe war eben nicht sehr enthusiastisch für den großen Unbekannten eingenommen. Er zweifle gar nicht, sagte er, daß er seine Romane schreibe, wie die alten Maler mit ihren Schülern gemeinschaftlich gemalt hätten, nämlich, *er* gäbe Plan und Hauptgedanken, das Skelett der Szenen an, lasse aber die Schüler dann ausführen und retuschiere nur zuletzt. Es schien fast, als wäre er der Meinung, daß es gar nicht der Mühe wert sei, für einen Mann von Walter Scotts Eminenz seine Zeit zu so viel fastidiösen Details herzugeben.* »Hätte ich«, setzte er hinzu, »mich zu bloßem Gewinnsuchen verstehen mögen, ich hätte früher mit Lenz und andern, ja, ich wollte noch jetzt Dinge anonym in die Welt schicken, über welche die Leute nicht wenig erstaunen und sich den Kopf über den Autor zerbrechen sollten, aber am Ende würden es doch nur Fabrikarbeiten bleiben.« Ich äußerte später, daß es wohltuend für die Deutschen sei, zu sehen, wie jetzt unsere Literatur die fremden Nationen gleichsam erobere, »und hierbei«, fuhr ich fort, »wird *unser* Napoleon kein Waterloo erleben«.

* *Sir Walters offizielle Erklärung, daß alle jene Schriften von ihm allein seien, war damals noch nicht gegeben.*

»Gewiß«, erwiderte er, mein etwas fades Kompliment überhörend, »ganz abgesehen von unsern eignen Produktionen, stehen wir schon durch das Aufnehmen und völlige Aneignen des Fremden auf einer sehr hohen Stufe der Bildung. Die andern Nationen werden bald schon deshalb Deutsch lernen, weil sie innewerden müssen, daß sie sich damit das Lernen fast aller andern Sprachen gewissermaßen ersparen können. Denn von welcher besitzen wir nicht die gediegensten Werke in vortrefflichen deutschen Übersetzungen? Die alten Klassiker, die Meisterwerke des neueren Europas, indische und morgenländische Literatur, hat sie nicht alle der Reichtum und die Vielseitigkeit der deutschen Sprache wie der treue deutsche Fleiß und tief in sie eindringende Genius besser wiedergegeben, als es in andern Sprachen der Fall ist? Frankreich«, fuhr er fort, »hat gar viel seines einstigen Übergewichts in der Literatur dem Umstande zu verdanken gehabt, daß es am frühesten aus dem Griechischen und Lateinischen leidliche Übersetzungen lieferte, aber wie vollständig hat Deutschland es seitdem übertroffen!«

Im politischen Felde schien er nicht viel auf die so beliebten Konstitutionstheorien zu geben. Ich verteidigte mich und meine Meinung indes ziemlich warm. Er kam hier auf seine Lieblingsidee, die er mehrmals wiederholte, nämlich, daß jeder nur darum bekümmert sein solle, in seiner speziellen Sphäre, groß oder klein, recht treu und mit Liebe fortzuwirken, so werde der allgemeine Segen auch unter keiner Regierungsform ausbleiben. Er für seine Person habe es nicht anders gemacht, und ich mache es in M... ja ebenfalls so, setzte er gutmütig hinzu, unbekümmert was andere Interessen geböten. Ich meinte nun freilich, mit aller Bescheidenheit, daß, so wahr und herrlich dieser Grundsatz sei, ich doch glaube, eine konstitutionelle Regierungsform müsse ihn eben erst recht ins Leben rufen, weil sie offenbar in jedem Individuum die Überzeugung größerer Sicherheit für Person und Eigentum, folglich die freudigste Tatkraft und zugleich damit die zuverlässigste Vaterlandsliebe begründe, hierdurch aber dem stillen Wirken in eines jeden Kreise eben eine weit solidere allgemeine Basis gegeben wurde, und führte endlich, vielleicht ungeschickt, England als Beleg für meine Behauptung an. Er erwiderte gleich, das Beispiel sei nicht zum besten gewählt, denn in keinem Lande herrsche eben Egoismus mehr vor, kein Volk sei vielleicht wesentlich inhumaner in politischen und Privatverhältnissen,* nicht von außen herein durch Regierungsform käme das Heil, sondern von innen heraus durch weise Beschränkung und bescheidene Tätigkeit eines jeden in seinem Kreise. Dies bleibe immer die Hauptsache zum menschlichen Glücke und sei am leichtesten und einfachsten zu erlangen.

* *Hier habe ich meinen Freund fast in Verdacht, daß er Goethen nur seine eigene Meinung in den Mund gelegt hat.*

Von Lord Byron redete er nachher mit vieler Liebe, fast wie ein Vater von seinem Sohne, was meinem hohen Enthusiasmus für diesen großen Dichter sehr wohltat. Er widersprach unter andern auch der albernen Behauptung, daß »Manfred« eine Nachbetung seines »Faust« sei, doch sei es ihm allerdings als etwas Interessantes aufgefallen, sagte er, daß Byron unbewußt sich derselben Maske des Mephistopheles wie er bedient habe, obgleich freilich Byron sie ganz anders spielen lasse. Er bedauerte es sehr, den Lord nie persönlich kennengelernt zu haben, und tadelte streng, und gewiß mit dem höchsten Rechte, die englische Nation, daß sie ihren großen Landsmann so kleinlich beurteile und im allgemeinen so wenig verstanden habe. Doch hierüber hat sich Goethe so genügend und schön öffentlich ausgesprochen, daß ich nichts weiter hinzuzufügen brauche. Ich erwähnte zuletzt der Aufführung des »Faust« auf einem Privattheater zu Berlin, mit Musik vom Fürsten Radziwill, und lobte den ergreifenden Effekt einiger Teile dieser Darstellung. »Nun«, sagte Goethe gravitätisch, »es ist ein eigenes Unternehmen, aber alle Ansichten und Versuche sind zu ehren.«

Ich grolle meinem schlechten Gedächtnis, daß ich mich nicht mehr aus unsrer ziemlich belebten Unterhaltung eben erinnern kann. Mit hoher Ehrfurcht und Liebe verließ ich den großen Mann, den dritten im Bunde mit Homer und Shakespeare, dessen Name unsterblich glänzen wird, solange deutsche Zunge sich erhält, und wäre irgend etwas von Mephistopheles in mir gewesen, so hätte ich auf der Treppe gewiß auch ausgerufen:

> Es ist doch schön von einem großen Herrn,
> mit einem armen Teufel so human zu sprechen.*

den 15., abends

Ich war heute beim Erbgroßherzog im Belvedere zur Tafel eingeladen und fuhr um zwei Uhr auf einem angenehmen Wege dahin. Das Wetter ist, seit ich hier bin, wundervoll, Tage von Kristall, wie Deine Sévigné sagt, wo man weder Hitze noch Kälte fühlt und die nur Frühjahr und Herbst so geben können.

Der Erbgroßherzog und seine Frau Gemahlin leben im Belvedere ganz wie Privatleute und empfangen ihre Gäste ohne Etikette, nur mit der zuvorkommendsten Artigkeit. Die Großfürstin schien noch sehr gedrückt vom Tode des Kaisers, demohngeachtet machte sie später, als die Unterhaltung animierter ward, der Gesellschaft eine ergreifende Beschreibung von der Überschwemmung in Petersburg,

* *Ich glaube nicht, daß der erhabene Greis die Bekanntmachung dieser Mitteilung tadelnd aufnehmen wird. Jedes Wort, auch das unbedeutendere seinem Munde entfallen, ist ein teures Geschenk für so viele, und sollte mein seliger Freund ihn irgendwo falsch verstanden und nicht vollkommen richtig wiedergegeben haben, so ist wenigstens nichts in diesen Äußerungen enthalten, was, meines Bedünkens, eine Indiskretion genannt werden könnte.*

deren Augenzeugin sie gewesen war. Ich habe immer die vortreffliche Erziehung und die mannigfachen Kenntnisse bewundert, welche die russischen Prinzessinnen auszeichnen. Bei der verstorbenen Königin von Württemberg konnte man es Gelehrsamkeit nennen. Ich hatte dieser Fürstin einst in Frankfurt einen Brief zu überbringen und blieb, nachdem ich ihn übergeben, auf ihren Befehl im Zirkel stehen, bis die übrigen entlassen sein würden. Ein Professor der Pestalozzischen Schule war der erste, welcher an die Reihe kam und selbst weniger von seinem Systeme zu wissen schien als die Königin (damals noch Großfürstin Katharine), da sie seine weitschweifigen Antworten mehreremal mit der größten Klarheit rektifizierte. Ein Diplomat folgte und erhielt ebenso in seiner Sphäre, soweit die allgemeine Unterhaltung es gestattete, die feinsten und gewandtesten Antworten. Hierauf begann sie ein gründliches Gespräch mit einem berühmten Ökonomen aus A..., und zuletzt schlossen tiefsinnige und glänzende Reflexionen in einer lebhaften Kontroverse mit einem bekannten Philosophen die merkwürdige Audienz.

Nach der Tafel führte uns der Erbgroßherzog in die Pflanzenhäuser, welche, nach Schönbrunn, wohl die reichhaltigsten in Deutschland sind. Du weißt, liebe Julie, daß ich auf die bloße Seltenheit wenig Wert lege und auch in der Pflanzenwelt mich nur an dem *Schönen* ergötze. Daher gingen viele Schätze an mir verloren, und ich konnte das Entzücken nicht teilen, in welches mehrere Kenner ausbrachen, als sie eine Staude erblickten, die zwar nur sechs Zoll hoch war und nicht mehr als fünf Blätter ohne Blüte aufwies, aber sechzig Guineen gekostet hatte und bis jetzt noch kein anderes deutsches Pflanzenhaus zierte. Dagegen machte mir ein roter Cactus grandiflorus, der wundervoll reich blühte, und eine Menge andere ausgezeichnete Prunkpflanzen viel Freude; mit aller Ehrfurcht besah ich das Prachtstück eines großen Brotfruchtbaumes und fand es artig, auf dem Cactus, den die Cochenille bewohnt, mir mit einigen dieser Tierchen sofort die Finger karminrot zu färben. Die ganze Masse der Pflanzen übersteigt sechzigtausend verschiedene Arten. Auch die Orangerie ist prächtig und ein Veteran von anderthalb Ellen Umfang darunter, der bereits fünfhundertfünfzig nordische Sommer glücklich ausgehalten.

Den Abend brachte ich bei Herrn v. G... zu, einem geistreichen Manne und alten Freund der Madame Schopenhauer, die auch für mich eine freundliche Gönnerin ist. Frau v. G...e kam später, unsere Gesellschaft auf sehr angenehme Weise zu vermehren. Sie ist eine muntere, originelle und geistreiche Frau, auf welche der dem Schwiegervater mit so viel Recht gestreute Weihrauch billig nicht ohne allen Einfluß geblieben ist. Sie zeigte sich sehr erfreut, vom englischen Verfasser des »Granby«, welcher in Weimar Deutsch studiert hat, soeben ein erstes Exemplar seines Romans überschickt erhalten zu haben. Ich fand die Opfergabe nicht sehr bedeutend und wünschte ihr, daß der Verfasser interessanter gewesen sein möge als sein Werk. Ich sagte dies vielleicht aus Debit, denn man schmeichelt hier, wie überall auf dem Kontinent, den Engländern viel zuviel, und Gott weiß, wie sehr mal à propos!

den 16.

Nachdem ich mich bei allen hohen Herrschaften diesen Morgen beurlaubt, widmete ich den Rest des Tages meinem Freunde Sp..., der mit seiner Familie zeigt, daß man das Hofleben und die große Welt mit der einfachsten Häuslichkeit und gewinnendsten Herzensgüte sehr wohl verbinden kann. Ein junger Engländer, Sekretär bei Herrn Canning, der Deutsch wie seine Muttersprache redet, unterhielt uns mit launigen Schilderungen der englischen Gesellschaft, deren Unbeholfenheit und Mangel an Gutmütigkeit er bitter rügte, wobei er natürlich gute Gelegenheit fand, den Deutschen, wie besonders den Anwesenden, Verbindliches zu sagen. *So urteilen die Engländer jedoch nur im Auslande.* Zurückgekommen, nehmen sie schnell wieder die gewohnte Kälte und stolze Indifferenz an, die einen Fremden wie ein geringeres Wesen betrachtet, und lachen höhnisch der deutschen Bonhomie, die sie früher gelobt, solange *sie* der Gegenstand derselben waren, während sie doch zu jeder Zeit die wahrhaft lächerliche Ehrfurcht, die wir für den Namen Engländer hegen, nur als schuldigen Tribut ihrer hohen Vorzüge ansehen.

Dies ist der letzte Brief, liebe Julie, den Du von hier erhältst. Morgen *früh*, nicht mit dem Hahnenschrei, sondern nach *meinem* Kalender, um zwölf Uhr, gedenke ich abzureisen und mich bis London nicht viel unterwegs aufzuhalten. Schone, ich bitte Dich, Deine Gesundheit um meinetwillen und erheitere Deinen Geist, soviel Du es vermagst, mit jener wunderbaren Kraft, die ihm der Schöpfer verlieh: *sich selbst zu bezwingen.* Doch liebe mich deshalb nicht weniger – denn *meine* Kraft ist Deine Liebe.

Dein treuer L...

2

Zweiter Brief

Wesel, den 20. September 1826

Geliebte Freundin!

Nachdem ich von Goethe und seiner Familie noch Abschied genommen und eine vornehme und reizende Malerin zum letztenmal in ihrem Atelier besucht, verließ ich voll angenehmer Erinnerungen das deutsche Athen.

In Gotha hielt ich mich nur so lange auf, als nötig war, um einen alten Freund und Kriegskameraden, den Minister und Astronomen (Himmel und Erde in seltner Berührung) Baron von L... zu besuchen, welchen ich noch immer an den Folgen seines unglücklichen Duells in Paris leiden, aber dieses Ungemach auch mit eben der Ruhe des Weisen tragen sah, die er in allen Lagen des Lebens zu behaupten wußte.

Es war schon dunkel, als ich in Eisenach ankam, wo ich an einen andern meiner ehemaligen Kameraden einen Auftrag des Großherzogs hatte. Ich sah sein Haus hell erleuchtet, hörte Tanzmusik und trat mitten in eine große Gesellschaft, die verwundert mein Reisekostüm und meine Jagdmütze betrachtete. Es war die Hochzeit der Tochter vom Hause, welche man feierte, und herzlich bewillkommte der Vater mich dabei, als er mich erkannte. Ich entschuldigte bei der Braut mein *unhochzeitliches* Kleid, trank ein Glas Eispunsch auf ihr Wohlergehen, ein anders auf das des Vaters, tanzte eine Polonaise und entschwand à la française.

Gleich darauf machte ich meine Nachttoilette und legte mich im Wagen behaglich zur Ruhe.

Als ich erwachte, befand ich mich schon eine Station vor Kassel, an demselben Ort, wo wir vor zehn Jahren die seltsame Entree mit einer aufrecht stehenden, zerbrochenen Wagendeichsel machen mußten, auf der der Postillon zu reiten schien. Ich frühstückte hier, vielfach jener Reise gedenkend, fuhr durch die traurig schöne Hauptstadt, ohne mich aufzuhalten, später durch einen herrlichen Buchenwald, der im hellen Sonnenschein wie grünes Gold erglänzte, machte bei Vestuffeln romantische Betrachtungen über einen konischen Berg, den der Vorzeit moosige Trümmer deckten, und traf, durch lange einförmige Gegenden forteilend, zu meiner Eßstunde im alten Bischofssitze zu Osnabrück ein.

Die zweite Nacht schläft man immer noch besser als die erste im Wagen, dessen Bewegung, auf mich wenigstens, wie die Wiege auf Kinder wirkt. Ich fühlte mich sehr wohl und heiter am nächsten Morgen und bemerkte, daß das Land allgemach anfing, einen holländischen Charakter anzunehmen. Altväterische Häuser mit vielfachen Giebeln und Schiebfenstern, ein unverständliches Plattdeutsch, welches an Wohllaut dem Holländischen nichts nachgibt, phlegmatischere Menschen, besser meublierte Stuben, wiewohl noch ohne holländische Reinlichkeit, Tee statt Kaffee, überall vortreffliche frische Butter und Rahm, nebst erhöhter Prellerei der Gastwirte – alles zeigte eine neue Schattierung dieser bunten Welt.

Die Gegenden, durch welche mein Weg führte, gehörten einer anmutigen und sanften Natur an, besonders bei Stehlen an der Ruhr, ein Ort, für den gemacht, der sich vom Getümmel des Lebens in heitre Einsamkeit zurückzuziehen wünscht. Nicht satt sehen konnte ich mich an der saftig frischen Vegetation, den prachtvollen Eich- und Buchenwäldern, die rechts und links die Berge krönen, zuweilen sich über die Straße hinzogen, dann wieder in weite Ferne zurückwichen, aber überall den fruchtbarsten Boden begrenzten, braun und rot schattiert, wo er frisch geackert war, hell- oder dunkelgrün schimmernd, wo junge Wintersaat und frischer Klee ihn bedeckten. Jedes Dorf umgibt ein Hain schön belaubter Bäume, und nichts übertrifft die Üppigkeit der Wiesen, durch welche sich die Ruhr in den seltsamsten Krümmungen schlängelt. Ich dachte lachend, daß, wenn einem prophezeiet würde, an der Ruhr zu sterben, er sich hier niederlassen müsse, um auf eine angenehme Weise die Prophezeiung zugleich zu erfüllen und zu entkräften. Als ich gegen Abend noch diese freundliche Landschaft mit unsern düstern Föhrenwäldern verglich, erschien, wie durch Zauberspruch, plötzlich eine Zunge heimisches Land mit Kiefern, Sand und dürren Birken, so weit das Auge reichte, über den Weg gelagert. Nach zehn Minuten schon begrüßten uns aber wieder grüne Matten und stolze Buchen. Welche Revolution hat diesen Sandstrich hier hineingeschoben?

Einige Meilen von Wesel wird indessen das ganze Land tout de bon vaterländisch, und da hier auch die Chaussee aufhört, watet man von neuem in Berliner Streusande. Ich kam unglücklicherweise einen Tag zu spät, um sogleich mit dem Dampfboot von hier abgehen zu können, sonst hätte ich, von Weimar aus gerechnet, London in viereinhalb Tagen erreicht. Nun werde ich zu Lande bis Rotterdam reisen und dort die Abfahrt des nächsten Schiffes erwarten müssen.

Rotterdam, den 25.

Meine Reise von Wesel bis Arnheim war ziemlich langweilig. Langsam schlichen die Pferde durch eine wenig ansprechende Gegend im endlosen Sande hin. Nichts Interessantes zeigte sich als große Ziegeleien an der Straße, die ich aufmerksam besichtigte, da sie den unsrigen so sehr vorzuziehen sind. Desto belohnender und wirklich von magischer Wirkung ist dagegen der weite Garten, welcher sich zwischen Arnheim und Rotterdam ausbreitet. Auf einer Chaussee, von Klinkern (sehr hart gebrannte Ziegel) gebaut und mit feinem Sande überfahren, eine Straße, die durch nichts übertroffen werden kann und nie auch nur die schwächste Spur eines Gleises annimmt, rollte der Wagen mit jenem leisen, stets den gleichen Ton haltenden Gemurmel des Räderwerks hin, das für die Spiele der Phantasie so einladend ist. Obgleich es in dem endlosen Park, den ich durchstrich, weder Felsen noch selbst Berge gibt, so gewähren doch die hohen Dämme, auf welche der Weg zuweilen hinansteigt, die Menge, große Masse bildender Landsitze, Gebäude und Türme, wie die vielen aus Wiesen, Ebnen oder über klare Seen auftauchenden kolossalen Baumgruppen, der Landschaft ebensoviel Abwechselung von Höhe und Tiefe als malerische Ansichten der verschiedensten Art; ja, ihre größte Eigentümlichkeit besteht eben in dieser unglaublichen Bewegung und Mannigfaltigkeit der Gegenstände, die ohne Aufhören die Aufmerksamkeit in Anspruch nehmen. Städte, Dörfer, Schlösser mit ihren reichen Umgebungen, Villen von jeder Bauart mit den niedlichsten Blumengärten, unabsehbare Grasflächen mit Tausenden weidender Kühe, Seen, die im Umfang von zwanzig Meilen bloß durch Torfstich nach und nach entstanden sind, unzählige Inseln, wo das baumlange Schilf, zum Decken der Dächer sorgfältig angebaut, Myriaden von Wasservögeln zur Wohnung dient – alles bietet sich fortwährend die Hand zu *einem* freudigen Reigen, indem man wie im Traume durch flüchtige Pferde fortgerissen wird, während immer neue Paläste, immer andere Städte am Horizont erscheinen und ihre hohen gotischen Türme in dämmernder Ferne mit den Wolken sich verschmelzen. Ebenso läßt in der Nähe eine oft groteske und stets wechselnde Staffage keinem Gefühl der Einförmigkeit Raum. Bald sind es seltsam mit Schnitzwerk und Vergoldung verzierte Wagen ohne Deichsel und von Kutschern regiert, die in blauen Westen, kurzen schwarzen Hosen, schwarzen Strümpfen und Schuhen mit ungeheuren silbernen Schnallen auf einer schmalen Pritsche sitzen; oder zu Fuß wandernde Weiber mit sechs Zoll langen goldnen und silbernen Ohrringen behangen und chinesischen Sommerhüten, gleich Dächern auf den Köpfen; bald zu Drachen und fabelhaften Ungetümen verschnittene Taxusbäume oder mit weiß und bunter Ölfarbe angestrichene Lindenstämme, asiatisch mit vielfachen Türmchen verzierte Feueressen, absichtlich schief liegend gebaute Häuser, Gärten mit lebensgroßen Marmorstatuen, in altfranzösischer Hofkleidung durch das Gebüsch lauschend, oder eine Menge zwei bis drei Fuß hoher, spiegelblank polierter Messingflaschen, auf den grünen Wiesen am Wege stehend, die wie pures Gold im Grase blinken und doch nur die bescheidne Bestimmung haben, die Milch der

Kühe aufzunehmen, welche daneben von jungen Mädchen und Knaben emsig gemolken werden – kurz, eine Menge ganz fremder ungewohnter und phantastischer Gegenstände bereiten jeden Augenblick dem Auge eine andere Szene und drücken dem Ganzen ein vollkommen ausländisches Gepräge auf. Denke Dir nun dieses Bild noch überall in den Goldrahmen des schönsten Sonnenscheins gefaßt, geziert mit der reichsten Pflanzenwelt, von riesenhaften Eichen, Ahorn, Eschen, Buchen bis zu den kostbarsten ausgestellten Treibhausblumen herab, so wirst Du Dir eine ziemlich genaue und keineswegs übertriebene Vorstellung von diesem wunderbar herrlichen Teile Hollands machen können und dem hohen Vergnügen meiner gestrigen Fahrt.

Nur ein Teil derselben machte hinsichtlich der Vegetation und Mannigfaltigkeit eine Ausnahme, war mir aber in anderer Hinsicht, wenn auch nicht so angenehm, doch nicht weniger interessant. Nämlich zwischen Arnheim und Utrecht findet man vier Meilen lang den Sand der Lüneburger Heide, so schlecht als die schlechtesten märkischen Ebnen. Demohngeachtet, und so viel wirkt verständige Kultur! wachsen neben den Kieferngebüschen, die der Boden nebst dürrem Heidekraut allein von selbst hervorbringt, die wohlbestandensten Anpflanzungen von Eichen, Weiß- und Rotbuchen, Birken, Pappeln usw. freudig auf. Wo der Boden zu wenig Kraft hat, werden sie nur als Strauchwerk benutzt und alle fünf bis sechs Jahre abgetrieben, wo er etwas besser ist, als Stämme in die Höhe gelassen. Die herrliche Straße ist hier durchgängig mit wohlerhaltenen dichten Alleen eingefaßt, und, was mir merkwürdig war, ich fand, daß trotz des dürren Sandes Eichen und Buchen noch besser als Birken und Pappeln zu gedeihen schienen. Eine Menge der so überaus netten holländischen Häuser und Villen waren mitten in der wüsten Heide aufgebaut; mehrere noch im Werden, so wie die Anlagen darum her. Ich konnte mir nicht erklären, daß so viele sich gerade dies unwirtbare Terrain zu kostspieligen Etablissements ausgesucht, erfuhr aber, daß das Gouvernement weise genug gewesen sei, diesen ganzen, bisher als unbrauchbar liegengelassenen Landstrich den angrenzenden Gutsbesitzern und andern Vermögenden auf fünfzig Jahr unentgeltlich und abgabenfrei zu überlassen, mit der einzigen Bedingung, es sogleich durch Anpflanzungen oder Feldbau kultivieren zu müssen. Später zahlen ihre Nachkommen eine sehr billige entsprechende Rente. Ich bin überzeugt, nach dem, was ich hier gesehen, daß der größte Teil unsrer hungrigen Kiefernwälder durch ähnliches Verfahren und fortgesetzte Kultur in hundert Jahren in blühende Fluren verwandelt und die ganze tote Gegend dadurch wahrhaft umgeschaffen werden könnte.

Utrecht ist zierlich gebaut und wie alle holländischen Städte musterhaft reinlich gehalten. Das buntfarbige Ansehn der Häuser sowohl als ihre verschiedenen Formen, die engen gekrümmten Straßen und ihr altväterisches Ensemble erscheinen mir viel gemütlicher als die sogenannten schönen Städte, die sich wie eine mathematische Figur überall rechtwinklicht durchkreuzen und wo jede Straße in trostlos langer Linie mit einem Blick zu übersehen ist. Die Umgegend ist reizend, die Luft sehr gesund, da Utrecht am höchsten in Holland liegt und, wie man mir sagt, auch die Gesellschaft im Winter und Frühling sehr belebt, weil der reichste Adel des Landes sich hier aufhält. Der Handel dagegen ist unbedeutend und die ganze Allüre der Stadt und Menschen mehr aristokratisch.

Von hier fuhr ich nach Gouda, dessen Dom durch seine köstlichen Glasmalereien berühmt ist. Für eins dieser Fenster wurden von einem Engländer ohnlängst achtzigtausend Gulden vergebens geboten. Es gleicht an Ausführung einem Miniaturgemälde und glänzt in unbeschreiblicher Farbenpracht, ja, die Edelsteine und Perlen an dem Schmuck der Priester wetteifern mit echten. Ein anderes schenkte Philipp II. der Kirche, dessen eine Hälfte der Blitz kurz darauf zerschmetterte, was gewiß in jener Zeit als ominös angesehen wurde. Er selbst ist darauf abgebildet, und zwar in einem Mantel von echter Purpurfarbe, nicht das gewöhnliche Rot, sondern ein violettschimmerndes, zwischen Veilchenblau und Cramoisi spielend, schöner als ich es je noch auf altem Glase sah. Auf einem dritten befinden sich das Porträt des Herzogs von Alba. Alle Fenster sind von ungewöhnlich großen Dimensionen und, mit wenigen Ausnahmen, tadellos erhalten, sämtlich aus dem 15. und 16. Jahrhundert, bis auf eins, welches erst im 17. gemalt wurde und auch den Verfall dieser Kunst sehr verrät, indem es den übrigen sowohl an Glut der Farben als an Erfindung und Zeichnung weit nachsteht.

Wer Gouda gesehen hat, kann sich die Reise nach dem Schiefen Turme zu Pisa ersparen, denn hier scheint die halbe Stadt nach diesem Prinzip aufgeführt worden zu sein. Obgleich den Holländern, die man in mancher Rücksicht nicht unpassend die Chinesen Europas nennen könnte, gar wohl zuzutrauen wäre, absichtlich für ihre Häuser eine so seltsame Bauart gewählt zu haben, so rührt dieses fast schreckenerregende Schiefstehen der hiesigen Gebäude doch wahrscheinlich größtenteils nur von dem unsichern morastigen Grunde her.* Fast alle Häuser stehen mit den Giebeln nach der Straße zu, und jeder derselben ist verschieden ausgeschmückt. In sehr engen Gassen sieht man sie sich fast erreichen und ein Dreieck bilden, unter dem man nicht ohne Besorgnis hingeht.

Da es Sonntag war, fand ich die Stadt höchst belebt, wiewohl nur durch stillen und dezenten Jubel. Die meisten Menschen standen müßig, gafften, zogen aber sehr höflich den Hut vor meinem Wagen ab.

Bevor man Rotterdam erreicht, fährt man durch eine lange Reihe Landhäuser mit fortlaufenden Blumenparter-

* *Ich erinnere mich, von einem griechischen Kloster in der Walachei gelesen zu haben, dessen vier Türme jeden Augenblick einfallen zu wollen scheinen. Dennoch ist diese optische Täuschung nur dadurch hervorgebracht, daß sowohl die Richtung der Fenster als mehrere rundumherlaufende Banden schief gestellt sind.*

res, die auf beiden Seiten durch schmale Kanäle von der Straße getrennt sind. Zu jedem derselben führt eine mächtige Zugbrücke, welche seltsam mit der Unbedeutendheit des Wassers kontrastiert, denn ein herzhafter Sprung brächte zur Not auch von einem Ufer aufs andere. Ebenso barock sind die turmhohen Windmühlen vor der Stadt. Sie sind vielfach vergoldet und mit dem absonderlichsten Schnitzwerke versehen, bei manchen aber außerdem die Mauern noch mit dichtem Rohre so fein bedeckt, daß es in der Entfernung Pelzwerk gleichsieht, andere bieten einen beschuppten Krokodilenleib dar, einige gleichen chinesischen Glockentürmen, alle zusammen machen aber dennoch einen imponierenden Effekt. Dazwischen ragen die Maste des Hafens und die großen, mit Glas gedeckten Schuppen hervor, in denen die Kriegsschiffe gebaut werden, und kündigen die See- und Handelsstadt an.

Bald nahm mich eine lange, von Menschen wimmelnde Straße auf, der ein hohes schwarzes Turmzifferblatt mit feurig rosenroten Zahlen und Weisern zum point de vue diente, und ich brauchte wohl eine gute Viertelstunde, bevor ich im Hôtel des Bains auf dem Quai anlangte, wo ich jetzt sehr gut und bequem logiert bin. Vor meinen Fenstern übersehe ich eine breite Wasserfläche mit den vier Dampfschiffen, von denen eines mich übermorgen nach England bringen soll. Böte rudern emsig auf und ab, und die geschäftige Menge eilt auf dem Quai rastlos durcheinander, dessen Rand mit himmelhohen Rüstern geschmückt ist, die wahrscheinlich schon zu Erasmus' Zeiten hier gepflanzt wurden. Nach einem kleinen Spaziergang unter diesen Bäumen nahm ich eine gute Mahlzeit ein und schrieb dann an diesem ellenlangen Brief, der leider mehr Porto kosten wird, als er wert ist. Mit meiner Gesundheit geht es immer noch nicht ganz nach Wunsch, obgleich von Tag zu Tage besser. Vielleicht kuriert mich völlig das Meer und einige Gläser Seewasser, welches ich zu mir nehmen werde, sobald ich auf seinen Wellen schaukele.

den 26.

Die Lebensart nähert sich hier den englischen Sitten. Man steht spät auf, ißt an Table d'hôte um vier Uhr und trinkt abends Tee. Übrigens ist für Fremde in der großen Stadt wenig Abwechselung vorhanden, da sich nicht einmal ein stehendes Theater hier befindet. Nur zuweilen geben die Schauspieler vom Haag einige Vorstellungen in einem schlechten Lokal. Alles scheint mit dem Handel beschäftigt und findet seine Erholung nachher, sehr angemessen, nur in häuslichen Freuden, an denen aber ein bloß Durchreisender freilich keinen Teil nehmen kann. Um einiges englische Geld einzuwechseln, ging ich in das Comptoir eines jüdischen Bankiers, der sich, ohngeachtet der Geringfügigkeit der Summe, mit der größten Unterwürfigkeit benahm und, nachdem er mir sorgsam das Geld selbst aufgezählt hatte, mich bis an die Haustüre begleitete. Ich war daher nicht wenig verwundert, nachher von meinem Lohnbedienten zu erfahren, daß man das Vermögen dieses Mannes auf zwei Millionen Gulden schätze. Es scheint also, daß viel Geld hier die Bankiers noch nicht so hochmütig gemacht habe als in andern Ländern. Ich besah hierauf das Arsenal, welches ich, im Vergleich mit englischen Etablissements dieser Art, nur unbedeutend fand. Mehrere der Schuppen sind mit Pappe gedeckt, was sehr dauerhaft sein soll und gut aussieht. Es wird dazu ganz gewöhnliche starke, in viereckige Platten geschnittene Pappe genommen, die man in einem Kessel, worin Holzteer siedet, mehrmals eintunkt, bis sie auf beiden Seiten überall ganz damit bedeckt und durchzogen ist, worauf man sie zum Trocknen an die Sonne hängt. Dann werden die einzelnen Stücke auf dem sehr flachen Dache, gleich Kupferplatten, übereinandergelegt und mit Nägeln auf die darunter befindlichen Bretter festgemacht, welche sie viele Jahre lang gänzlich gegen Nässe schützen. Nach Aussage der Marinebeamten soll ein solches Dach sogar weit länger als Schindeln oder das beste geteerte Segeltuch halten. Interessant war mir in einem der Säle das sehr detaillierte, ganz auseinanderzunehmende Modell eines Kriegsschiffes, welches für die Seeschule zu Delft verfertigt ward und den Unterricht überaus anschaulich macht. Die *goldne* Gondel des Königs, obgleich sie der der Kleopatra wahrscheinlich an Pracht nicht gleichkommen mag, wird dennoch von den guten Holländern mit großer Selbstzufriedenheit gezeigt, verfault aber hier im Trocknen, da sie nur selten gebraucht wird.

Die Umgegend von Rotterdam ist wegen ihrer hübschen Landmädchen und saftigen Früchte berühmt, welche (die letztern nämlich) einen nicht unbedeutenden Ausfuhrartikel nach England abgeben. Nirgends findet man wohl Weintrauben von so ungeheurer Größe. Ich sah mehrere auf dem Markt zum Verkauf ausgestellt, deren Beeren das Ansehn und den Umfang von Pflaumen hatten. Indem ich noch weiter müßig umherschlenderte, erblickte ich den Ankündigungszettel eines Panorama des Ätna, trat im Gefolge einer Damengesellschaft hinein und ach! verlor hier mein Herz. – Das reizendste Mädchen, das ich je gesehen, lächelte mich am Fuße des feuerspeienden Berges mit Augen an, die aus seinen ewigen Flammen ihre Glut geschöpft haben mußten, während ihre schalkhaften Lippen üppig blühten, wie die roten Blumen des neben ihr prangenden Oleanders. Der lieblichste Fuß, der wollüstigste Körper im reinsten Ebenmaß, alles vereinigte sich, sie, wenn auch nicht zum himmlischen, doch gewiß zum verführerischsten irdischen Ideal zu erheben. War dies eine Holländerin? O nein, eine echte Sizilianerin, aber leider, leider! – nur gemalt! Drum warf sie mir auch, als ich das Paradies wieder verließ, aus ihrer Weinlaube nur triumphierend spöttische Blicke zu, denn seit Pygmalions Zeiten vorbei sind, konnte diese nichts mehr beleben, nichts verführen. – Wer mag aber wissen, ob nicht dennoch ein süßes Schicksal mich irgendwo das Original antreffen läßt? Wenigstens ist eine solche Hoffnung und ein solches Bild kein unangenehmer

Reisebegleiter; schlimm nur, daß ich mit ihm jetzt gerade dem Nebellande und nicht den schönen Feuergegenden zuwandle, die eine wärmere Sonne von oben und geheimnisvolle Gluten von unten zwischen *zwei* Feuer genommen haben. Morgen aber schon wird statt dieser Wärme das kalte nasse Meer um mich wogen, ich aber gewiß nicht, indem ich das liebe Holland verlasse, mit dem unartigen Voltaire ausrufen: Adieu, canards, canaux, canailles!

Von London schreibe ich Dir erst wieder, wenn ich dort einen längern Aufenthalt mache, worüber ich mich erst an Ort und Stelle bestimmen will. En attendant schicke ich Dir beiliegend den Steindruck des Dampfschiffes, mit dem ich absegle. Ein † bezeichnet, in der Art, wie die alten Ritter ihre Namen unterschrieben, die Stelle, wo ich stehe, und mit einiger Hülfe Deiner Einbildungskraft wirst Du sehen, wie ich mit meinem Tuch zum Abschiede wehe und Dir tausend Liebes und Herzliches aus der Ferne zurufe.

Dein treuer L...

3

Dritter Brief

London, den 5. Oktober 1826

Ich habe eine sehr unglückliche Überfahrt gehabt. Eine Bourrasque, die leidige Seekrankheit, vierzig Stunden Dauer statt zwanzig und zu guter Letzt noch das Festsitzen auf einer Sandbank in der Themse, wo wir sechs Stunden verweilen mußten, ehe uns die Flut wieder flottmachte, waren die unangenehmen Evénements dieser Reise.

Ich weiß nicht, ob ich früher (es sind zehn Jahre, seit ich England zum letztenmal verließ) alles mit verschönernden Augen ansah oder meine Einbildungskraft seitdem, mir unbewußt, das entfernte Bild sich mit reizenderen Farben ausmalte – ich fand diesmal alle Ansichten, die wir von beiden Ufern erhielten, weder so frisch noch pittoresk als sonst, obgleich zuweilen doch herrliche Baumgruppen und freundliche Landsitze sichtbar wurden. Auch hier verstellt, wie im nördlichen Deutschland, das Lauben der Bäume gar oft die Landschaft, nur daß ihre Menge in den vielfachen Hecken, die alle Felder umgeben, und die Rücksicht, daß man ihnen wenigstens die äußersten Kronen und Wipfel läßt, den Anblick weniger trostlos machen, wie z. B. in dem sonst so schönen Schlesien.

Unter den Passagieren befand sich ein Engländer, der erst kürzlich aus Herrnhut zurückkehrte und auch das Bad von M... besucht hatte. Es divertierte mich sehr, ungekannt von ihm, seine Urteile über die dortigen Anlagen zu hören. Wie der Geschmack verschieden ist und man daher bei nichts verzweifeln darf, kannst Du daraus abnehmen, daß dieser Mann jene düstern Gegenden ungemein bewunderte, bloß wegen der Immensität ihrer »evergreen woods«, womit er die endlosen monotonen Kieferwälder meinte, die uns so unerträglich vorkommen, in England aber, wo die Kiefern mühsam in den Parks angepflanzt werden, obgleich sie in der Regel schlecht gedeihen, eine sehr geschätzte Seltenheit sind. Ein Amerikaner war sehr entrüstet, bei dieser elenden Überfahrt seekrank geworden zu sein, während er es von Amerika nach Rotterdam nie gewesen, und ein Plantagenbesitzer aus Demerary, der beständig fror, jammerte daneben noch mehr über die unpolitische Aufhebung des

»DAS DAMPFSCHIFF, IN DEM ICH VON ROTTERDAM NACH LONDON FUHR«

Sklavenhandels, der, wie er meinte, bald den gänzlichen Ruin der Kolonien herbeiführen müßte, denn, sagte er, »ein Sklave oder Inländer arbeitet nie, wenn er nicht muß, und um zu leben, braucht er nicht zu arbeiten, da das herrliche Land und Klima ihm von selbst Nahrung und Obdach liefert. Europäer aber können bei der Hitze nicht arbeiten, es bleibt also nichts übrig als die Alternative: Kolonien *mit* Sklaven oder *keine* Kolonien.« Dies wisse man auch recht gut, habe aber ganz andere Zwecke bei der Sache, die sich bloß hinter der Etalage von Menschenliebe (dies waren seine Worte) zu verstecken suchten. Die Sklaven, behauptete er übrigens, würden schon des eignen Vorteils der Herrn wegen weit besser behandelt als z. B. die irländischen Bauern, und er habe früher in Europa gar oft auch Dienstboten weit schlimmer traktieren gesehen. Eine Ausnahme hie und da möge vorkommen, sie käme aber beim Ganzen nicht in Betracht usw. Ich suchte das Gespräch von dem für Menschenfreunde so schmerzlichen Gegenstand abzuleiten und ließ mir dagegen von ihm das Leben Guayanas und die Pracht seiner Urwälder beschreiben, eine weit interessantere Unterhaltung, die mich fast mit einer Art Heimweh nach jenen Naturwundern erfüllte, wo alles herrlicher, nur der Mensch niedriger ist.

Das lächerliche Element unserer Fahrt war eine englische Dame, die mit seltener Volubilität und bei jeder Gelegenheit französische Konversationen anzuknüpfen suchte. Nicht mehr im blühendsten Alter, wußte sie diesem Fehler, selbst auf dem Schiff, durch die sorgfältigste Toilette abzuhelfen, und einer der Passagiere behauptete sogar, sie habe »a crack« im Nacken, eine neuerfundene Art Schraube, durch welche die Runzeln aufgewunden werden. Als wir spät am Morgen alle mehr oder weniger elend auf dem Verdeck erschienen, war sie schon im eleganten Negligé dort etabliert und erwiderte auf meine Klagen lustig in ihrem breiten Dialekt: »Comment, comment, vous n'avez pas pu dormir? Moi parfaitement, très comfortable, j'étais très chaudement couché entre deux matelots, et je m'en porte à merveille.« – »Madame«, sagte ich, »on conçoit que vous ne craignez pas la mer.«

Mitten in der zweiten Nacht ankerten wir an der Londoner Brücke, der fatalste Umstand, der einem hier begegnen kann, weil man dann, wegen der Strenge der Douanen, vor der Visitation seiner Sachen nichts mit sich vom Schiffe nehmen darf, die Bureaux aber nicht vor zehn Uhr früh geöffnet werden. Da ich meine deutschen Diener nicht mit Wagen und Effekten allein lassen mochte und ebenso vernachlässigt hatte, mir Quartier zu bestellen als mich durch den Gesandten von der Visitation zu befreien, so war ich genötigt, fast wie ich ging und stand, die Nacht in einer elenden Matrosentaverne am Ufer zuzubringen, fand aber am Morgen, wo ich bei der Untersuchung meiner Sachen gegenwärtig war, auch hier den selten trügenden goldnen Schlüssel sehr wirksam, um mir langes Warten und Weitläufigkeiten zu ersparen. Selbst ein paar Dutzend französische Handschuhe, die in aller Unschuld bei meiner Wäsche obenauf lagen, schienen durch meine Guinee unsichtbar geworden zu sein, denn niemand bemerkte sie.

So schnell als möglich eilte ich, aus der schmutzigen City mit ihrem Ameisengetümmel herauszukommen, mußte aber noch eine halbe Station weit mit Postpferden fahren, ehe ich in das West End of the town gelangte, wo ich in meiner frühern Wohnung im Clarendon Hotel abtrat. Mein alter Wirt, ein Schweizer, hatte zwar unterdes England mit einem andern, bis jetzt noch unbekannten Lande vertauscht, der Sohn aber seine Stelle eingenommen, und dieser empfing mich mit aller der ehrerbietigen Sorgfalt, welche die englischen Gastwirte, und überhaupt hier alle diejenigen, welche vom Gelde anderer leben, auszeichnet. Auch erwies er mir sogleich einen wahren Dienst, denn, kaum eine Stunde ausgeruht, ward ich gewahr, daß ich im Trouble der Nacht einen Beutel mit achtzig Sovereigns im Kommodenfach meiner Schlafstube vergessen hatte. Monsieur Jaquier, der das englische Terrain zu gut kannte, zuckte die Achseln, sandte jedoch ohne Verzug einen Vertrauten zu Wasser ab, um womöglich das Verlorne wiederzubringen. Die Unordnung, welche in jenem elenden Gasthofe der Vorstädte herrschte, kam mir zustatten. Unser Bote fand die Stube noch unaufgeräumt und zur, vielleicht unangenehmen, Überraschung der Hausleute den Beutel unberührt an der bezeichneten Stelle.

London ist jetzt so tot an Eleganz und fashionablen Leuten, daß man kaum eine Equipage vorüberfahren sieht und von aller beau monde nur einige Gesandten gegenwärtig sind. Dabei ist die ungeheure Stadt voller Schmutz und Nebel und die makadamisierten Straßen einer ausgefahrenen Landstraße ähnlich, denn das alte Pflaster ist in diesen herausgerissen worden und durch Granitstückchen, mit Kies ausgefüllt, ersetzt, die zwar ein sanfteres Fahren gewähren und den Lärm dämpfen, im Winter aber auch die Stadt in einen halben Sumpf verwandeln. Ohne die vortrefflichen Trottoirs müßte man, wie in den Landes bei Bordeaux, auf Stelzen gehen. Auch tragen die gemeinen Engländerinnen etwas Ähnliches von Eisen an ihren großen Füßen.

Durch die neue Regent Straße, Portland Place und den Regent's Park hat die Stadt indes sehr gewonnen. Sie sieht nun erst in diesem Teile einer Residenz ähnlich, nicht mehr wie sonst einer bloßen unermeßlichen Hauptstadt für Shopkeepers, nach weiland Napoleons Ausdruck. Obgleich der arme Herr Nash (ein einflußreicher Architekt des Königs, von dem diese Meliorationen hauptsächlich herrühren) so übel von manchen Kunstkennern mitgenommen wird und auch nicht zu leugnen ist, daß in seinen Gebäuden alle Stile untereinander geworfen worden und das Gemengsel oft mehr barock als genial erscheint, so ist ihm doch meines Erachtens die Nation vielen Dank dafür schuldig, so riesenmäßige Pläne zur Verschönerung ihrer Hauptstadt gefaßt und durchgeführt zu haben. Das meiste ist übrigens noch in petto, wird aber bei der allgemeinen Bauwut und dem vielen Gelde der Engländer gewiß schnell ins Leben treten. In die Details muß man freilich nicht zu streng eingehen. So ist der Regent Street zum point de vue dienende Turm, der in einer Nagelspitze endet und bei welchem Körper und Dach um Anfang und Ende zu streiten scheinen, eine seltsame architektonische Mißgeburt und nichts ergötzlicher als die darauf gemachte Karikatur, wo man Herrn Nash (ein sehr kleiner, verschrumpelt aussehender Mann), gestiefelt und gespornt, äußerst ähnlich abkonterfeit und auf oben erwähnter Spitze reitend, angespießt sieht, mit der Unterschrift: National taste (wird ausgesprochen: Nashional).

Man könnte viele ähnliche Abnormitäten anführen. So sind unter andern an einem Balkon, der den größten Palast am Regent's Park ziert, vier plattgedrückte Gestalten an die Wand gequetscht, deren Bedeutung ein Rätsel bleibt. Ihr Costume gleicht einer Art Schlafrock, woraus man wenigstens schließen kann, daß Menschen damit gemeint sind. Vielleicht sind es Embleme für ein Lazarett, denn diesen scheinbaren Palästen ist, wie denen in Potsdam, auch nur Einheit und Ansehen durch die Fassaden gegeben, eigentlich bilden sie eine Menge schmaler Häuser, die zu allerlei Gewerbs- und andern Zwecken wie hundert verschiedenen Eigentümern zur Wohnung dienen.

Tadellos ist dagegen die, auch von Herrn Nash ausgehende, ländliche Anlage in diesem Park, vorzüglich die Wasserpartie. Hier hat die Kunst das schwere Problem völlig gelöst, in scheinbar frei wirkender Natur nicht mehr bemerkt zu werden. Man glaubt einen breiten Fluß weithin, durch üppig bebuschte Ufer, in die Ferne strömen und dort sich in mehrere Arme verteilen zu sehen, während man doch nur ein mühsam ausgegrabnes, stehendes und beschränktes, aber klares Wasser vor sich hat. Eine so reizende Landschaft wie diese, mit hervorragenden Hügeln in der Ferne und umgeben von einem meilenlangen Circus prachtvoller Gebäude, ist gewiß eine der Hauptstadt der Welt würdige Anlage und wird, wenn die jungen Bäume erst alte Riesen geworden sind, wohl kaum irgendwo ihresgleichen finden. Viele alte Straßen wurden, um alles dies zu schaffen, weggerissen und seit zehn Jahren mehr als sechzigtausend neue Häuser in dieser Gegend der Stadt aufgebaut. Es ist, wie mich dünkt, eine besondere Schönheit der neuen Straßen, daß sie zwar breit sind, aber nicht durchaus in schnurgerader Linie gehen, sondern, wie die Wege in einem Park, zuweilen Biegungen machen, die ihre sonst nicht zu verhindernde Einförmigkeit unterbrechen. Erhält London noch Quais und wird die Paulskirche frei gemacht, wie der talentvolle Obrist Trench projektiert hat, so wird sich keine Stadt an *Pracht* mit ihr messen können, wie sie schon jetzt jede andere an *Größe* übertrifft.

Unter den neuen Brücken steht die Waterloobrücke obenan, bei der die Unternehmer jedoch 500 000 Pfund Sterling verloren haben sollen. 1200 Fuß lang und mit einem gediegnen Geländer aus Granit versehen, dabei fast immer verhältnismäßig einsam, bietet sie einen anmutigen Spaziergang dar, mit den schönsten Flußaussichten auf ein stolzes Gemisch von Palästen, Brücken, Schiffen und Türmen, insofern nämlich der Nebel solche zu sehen gestattet. Die Vorrichtung, welche hier stattfindet, die Einnehmer des Brückengeldes zu kontrollieren, war mir neu. Der eiserne Dreher, durch den man gehen muß und der die gewöhnliche Kreuzesform hat, ist so eingerichtet, daß er nur ein Viertel des Zirkels jedesmal weicht, gerade so viel als nötig ist, um eine Person hindurchzulassen, und in demselben Augenblick, wo er in diese Viertelwendung einschlägt, fällt durch einen Mechanismus unter der Brücke eine Marke in einen verschlossenen Behälter. Eine ähnliche Vorrichtung findet sich daneben für die Wagen, und die Eigentümer brauchen daher nur abends die Marken nachzuzählen, um genau zu wissen, wieviel Fußgänger und Pferde täglich über die Brücke passiert sind. Man zahlt einen Penny für den Fußgänger und drei Pence für ein Pferd, wobei man auf dreihundert Pfund Sterling tägliche Einnahme gerechnet hatte; diese übersteigt jedoch selten fünfzig.

den 7. Oktober

Was Dich hier sehr ansprechen würde, ist die ausnehmende Reinlichkeit in allen Häusern, die große Bequemlichkeit der Meubeln, die Art und Artigkeit der dienenden Klassen. Es ist wahr, man bezahlt alles, was zum Luxus gehört (denn das bloß Notwendige ist im Grunde nicht viel *teurer* als bei uns), sechsfach höher, man findet aber auch sechsfach mehr Komfort dabei. So ist auch in den Gasthöfen alles weit reichlicher und im Überflusse als auf dem Kontinent. Das Bett z. B., welches aus drei übereinandergelegten Matratzen besteht, ist groß genug, um zwei bis drei Personen darauf Platz zu geben, und sind die Vorhänge des viereckigen Betthimmels, der auf starken Mahagonisäulen ruht, zugezogen, so befindest Du Dich wie in einem kleinen Cabinet, ein Raum, wo in Frankreich jemand ganz bequem wohnen würde. Auf Deinem Waschtisch findest Du nicht bloß eine ärmliche Wasserbouteille mit einem einzigen Fayence oder silbernen Krug und Becken nebst einem langgedehnten Handtuche, wie Dir in deutschen und fränkischen Hotels, und selbst vielen Privathäusern, geboten wird, sondern statt dessen wahre kleine Wannen von chinesischem Porcelain, in die man den halben Leib ohne Mühe tauchen könnte, darüber Robinets, die im Moment jede beliebige Wasserflut liefern; ein halbes Dutzend breite Servietten, eine Menge große und kleine Kristallflaschen, einen hohen Stellspiegel, Fußbecken etc., ohne die andern anonymen Bequemlichkeiten der Toilette in eleganter Gestalt zu erwähnen. – Alles präsentiert sich so behaglich vor Dir, daß Dich sofort beim Erwachen eine wahre Badelust anwandelt. Braucht man sonst etwas, so erscheint auf den Ruf der Klingel entweder ein sehr nett gekleidetes

Mädchen mit einem tiefen Knicks oder ein Kellner, der in der Tracht und mit dem Anstand eines gewandten Kammerdieners respektvoll Deine Befehle entgegennimmt, statt eines ungekämmten Burschen in abgeschnittener Jacke und grüner Schürze, der mit dummdreister Zutätigkeit Dich fragt: »Was schaffen's, Ihr Gnoden« oder: »Haben *Sie* hier jeklingelt?« und dann schon wieder herausläuft, ehe er noch recht vernommen hat, was man eigentlich von ihm wollte. Gute Teppiche decken den Boden aller Zimmer, und im hellpolierten Stahlkamin brennt ein freudiges Feuer statt der schmutzigen Bretter und des rauchenden oder übelriechenden Ofens in so vielen vaterländischen Gasthäusern. Gehst Du aus, so findest Du nie eine unsaubere Treppe noch eine so spärlich erleuchtete, wo nur gerade die Dunkelheit sichtbar wird. Im ganzen Hause herrscht überdies Tag und Nacht die größte Ruhe und Dezenz, und in vielen Hotels hat sogar jedes geräumige Logis seine eigene Treppe, so daß man mit niemand andern in Berührung kömmt. Bei Tisch gewährt man dem Gast eine gleiche Profusion weißer Tischwäsche und glänzend geputzter Bestecke nebst einer wohlfurnierten plat de ménage und einer Eleganz der Anrichtung, die billigerweise nichts zu wünschen übrigläßt; die Dienerschaft ist stets da, wenn man sie braucht, und drängt sich doch nicht auf, der Wirt selbst aber erscheint gewöhnlich beim Anfang des Diners, um sich zu erkundigen, ob man mit allem zufrieden sei, kurz, man vermißt in einem guten Gasthofe hier nichts, was der wohlhabende gereiste Privatmann in seinem eignen Hause besitzt, und wird vielleicht noch mit mehr Aufmerksamkeit bedient. Freilich ist die Rechnung dem angemessen, und auch die Waiters müssen ziemlich ebensohoch wie eigne Diener bezahlt werden. In den ersten Hotels ist ein Kellner, für seine Person allein, mit weniger als zwei Pfund Trinkgeld die Woche durchaus nicht zufrieden. Die Trinkgelder sind überhaupt in England mehr als irgendwo an der Tagesordnung und werden mit seltner Unverschämtheit selbst in der Kirche eingefordert.

Ich besuchte heute einige Bazars, die seit den letzten Jahren immer mehr überhandnehmen und den Käufern viel Bequemlichkeit darbieten. Der sogenannte Pferdebazar ist im größten Maßstabe erbaut und versammelt täglich eine sehr bunte Menge. Er nimmt mehrere weitläufige Gebäude ein, wo in endlosen langen Galerien und Sälen zuerst viele Hunderte von Wagen und Geschirren aller Art, neue und alte (aber auch die letztern wie neue aufgefrischt), fast zu allen Preisen ausgestellt sind. In andern Zimmern werden Porcelainwaren, Putz, Kristall, Spiegel, Quincaillerie, Spielsachen, sogar tropische Vögel und Schmetterlingssammlungen etc. feilgeboten, bis man endlich in der Mitte des Etablissements in die Zimmer eines Kaffeehauses gelangt, mit einer rund um einen freien Platz laufenden Glasgalerie. Hier sieht man, während man gemächlich (freilich in sehr gemischter Gesellschaft) frühstücken kann, eine Menge Pferde vorführen und verauktionieren, die in zahlreichen

Ställen daneben stehen, wo sie sehr gut gewartet werden und wo auch für eine vorausbestimmte Vergütung jeder, der verkaufen will, die seinigen hinsenden kann. Wenn ein solches Pferd vom Auktionator garantiert wird (warranted sound), so kann man es ziemlich sicher kaufen, da die Eigentümer der Anstalt dafür einstehen müssen; das Beste findet man allerdings hier in der Regel nicht, aber gewiß das Wohlfeilste, und für manchen hat dies auch sein Gutes, noch mehr vielleicht die große Bequemlichkeit, sich alles Nötige im Augenblick an demselben Ort verschaffen zu können. Dergleichen Bazars gibt es, wie gesagt, schon eine Menge, und sie sind wohl eine kleine Promenade wert. Überdies macht das bequeme Gehen auf den vortrefflichen Londoner Trottoirs, die bunten, fortwährend wechselnden Bilder in den Straßen und die vielen reichen Läden, welche die meisten zieren, die Spaziergänge in der Stadt, besonders bei Abend, für den Fremden sehr angenehm.

Außer der glänzenden Gasbeleuchtung sind dann vor den vielen Apothekerläden große Glaskugeln von tiefroter, blauer und grüner Farbe aufgehangen, deren prachtvolles Licht meilenweit gesehen wird und oft zum Leitstern, aber auch zuweilen zum Irrstern dient, wenn man unglücklicherweise eines mit dem andern verwechselt.

Auch unter den Buden ziehen vor allen diejenigen die Augen auf sich, worin das schöne englische Kristall verkauft wird. Echte Diamanten können fast nicht blendender glänzen als die weithin strahlenden Sammlungen einiger dieser Fabrikanten. Ich sah dort auch einige Gegenstände in rosenrotem und anderm farbigen Glase gearbeitet, doch wundert es mich, daß man die Formen noch immer so wenig verändert. So sind die Kronleuchter immer gleich monoton, und doch sollte ich denken, daß dergleichen, z. B. in Sonnengestalt mit ausgehenden Strahlen oder als Blumenbouquets statt der gewöhnlichen Kronenform, und ebenso Wandleuchter in bunten Farben, wie Bijoux von farbigen Edelsteinen behandelt, bei übereinstimmender (vielleicht orientalischer) Zimmerverzierung, noch bisher ganz ungesehene und überraschende Effekte hervorbringen müßten.

In andern Buden sieht man mit großem Interesse alle Instrumente neuer Agrikultur und Mechanik, von gigantischen Säemaschinen und Rodeapparaten zum Ausreißen alter Bäume bis zur kleinen Gartenschere herab, in weiten Lokalen fertig aufgestellt, alles mit einer gewissen Zierlichkeit arrangiert, die selbst bei den Fleischern, Fisch- und Kartoffelhändlern noch anzutreffen ist. Auch die Läden der Eisenmeubel und Lampenverkäufer verdienen garwohl eine Besichtigung, da sie Neues und Nützliches in Menge darbieten, was man nicht leicht auf dem übrigen Kontinent, weder in gleicher Fülle noch Zweckmäßigkeit, zu sehen bekömmt. Der Reisende aber, der sich immer bloß auf die Salons und seinesgleichen beschränken und auch nur, sozusagen, vornehme Merkwürdigkeiten besehen will, bleibe besser zu Hause.

Ich beschloß den heutigen Tag mit einer Spazierfahrt nach Chelsea, dem Invalidenhaus der Landtruppen, wo man sich innig freut, die alten Krieger wohlgepflegt einen Palast und sorgfältig gehaltenen Garten, mit den schönsten kurzgemähten Bowling-greens und hohen Kastanienalleen, bewohnen zu sehen, dessen ein kleiner Souverain sich nicht zu schämen hätte. Ich speiste dann um acht Uhr beim 0. Gesandten zu Mittag, ein Diner, das sich außer der Liebenswürdigkeit des Hausherrn noch durch echten Metternich-Johannisberger auszeichnete, für welchen Nektar wenigstens auch der eingefleischteste Liberale dem großen Minister Gerechtigkeit widerfahren lassen muß. Ich fand dort Deinen Freund B..., den vierzigjährigen Jüngling, der mir viele Empfehlungen an Dich auftrug. Er ist immer noch der alte und unterhielt mich lange von seiner Toilette, wobei er versicherte, daß er hier vor Langerweile entsetzlich mager geworden sei, nur an einer Stelle finde ihn sein Schneider bedeutend stärker, nämlich da, wo er seit einem Monat falsche Waden trage.

Ich will bei dieser Gelegenheit bemerken, daß ich Dir über die hiesige Gesellschaft nicht viel sagen kann, bis ein längerer Aufenthalt und die »season« mich befähigt hat, etwas ausführlicher davon zu sprechen. Solange London, hinsichtlich der großen Welt, einem Palmyra an Einsamkeit gleicht, werde ich mich mit der Beschreibung der Lokalitäten begnügen, die mir zufällig oder denen ich absichtlich in den Weg komme.

den 10. Oktober

Vor einigen Tagen benützte ich ein etwas helleres Wetter, um Chiswick, eine Villa des Herzogs von Devonshire, zu besuchen, die für die eleganteste Anlage dieser Art in England gilt und die ich vor mehreren Jahren nur oberflächlich bei einem Feste, das der Herzog gab, gesehen hatte. Die Gemälde konnte ich auch diesmal nicht betrachten, weil ein Gast das Haus bewohnte. Im Garten fand ich viel verändert, aber kaum zum Vorteil, denn es herrscht jetzt eine Mischung von Regelmäßigem und Unregelmäßigem darin, die einen widrigen Effekt hervorbringt. Überhaupt ist an mehreren Orten die häßliche Mode in England eingerissen, den Pleasureground fast überall nur mit einzelnen, fast reihenweis gestellten, seltnen Bäumen zu bepflanzen, was den Rasenstücken das Ansehen von Baumschulen gibt. In den shrubs beschneidet man die Sträucher rundumher, damit sie ja den Nebenstrauch nicht berühren können, reinigt täglich die Erde darum sorgfältig und führt die Rasenkanten in steifen Linien, so daß man mehr schwarzen Boden als grünes Laub sieht und die freie Schönheit der Naturformen ganz verdrängt wird.

Nur Herr Nash geht bei seinen Anlagen von einem ganz andern Prinzip aus, und die neuen Gärten des Königs bei Buckingham House sind wahre Muster für den Pflanzer in dieser Hinsicht.

Was den Gärtner in England am meisten begünstigt, ist das milde Klima. Der Kirsch- und portugiesische Lorbeer, Azalien, Rhododendron erfrieren nie und geben Winter und Sommer den herrlichsten, üppig wachsenden Unterbusch, reiche Blüten und Beeren.

Magnolien werden selten bedeckt, und selbst Kamelien überwintern an geschützten Stellen unter einer bloßen Bastdecke. Auch der Rasen behält den ganzen Winter hindurch eine schöne Frische, ja, er ist in dieser Jahreszeit in der Regel weit schöner und dichter als im Sommer, wo ich mich erinnere, ihn bei dürrem Wetter oft noch schlechter als in der Mark gesehen zu haben, jetzt im Herbst ist aber die ganze Vegetation grade in ihrer üppigsten Pracht.

Eine schöne Wirkung macht in Chiswick ein einzelner hoher Baum vor dem Hause, dessen Stamm man bis an die Krone glatt aufgeputzt hat und unter welchem man nun den ganzen Garten und einen Teil des Parks übersieht, ein guter Wink für Landschaftsgärtner, den ich Dir in M... zu benutzen rate. Die hiesigen Zedernalleen (welcher Baum bei uns leider auch nicht im Freien gedeiht) sind berühmt und erreichen die Größe alter Tannen. Auch kolossale Taxushecken bekunden, wie lange dies Besitztum schon gepflegt wurde, und die neuen Gewächs- und Treibhäuser empfehlen den guten Geschmack ihres jetzigen Besitzers besser als der Pleasureground. Sonderbar ist es, daß nirgends in England die Orangenbäume zu irgendeiner bedeutenden Größe zu bringen sind. Auch hier ist dieser Teil der Gärtnerei nur sehr mesquin, dagegen die Blumengärten noch immer reich blühen. Die Blumenbeete waren ebenfalls so sparsam bepflanzt, daß jede einzelne Staude frei sich ausbreiten konnte, ausgenommen diejenigen Beete, wo nur eine Blumensorte kultiviert wird. In diesem Fall sucht man das Ganze so voll als möglich zu erhalten, und diese letzteren sind daher auch bei weitem die schönsten. Ich sah in den Treibhäusern hier zum erstenmal die große Providenceananas, welche Exemplare bis zu zwölf Pfund Gewicht liefert. Eine kleine Menagerie ist mit Chiswick verbunden, wo ein zahmer Elefant allerlei Kunststücke macht und sich auf einem weiten Rasenplatz sehr ruhig von jedem Neugierigen reiten läßt. Sein Nachbar ist ein Lama und weit unsanfterer Natur. Die Waffe desselben besteht in einem äußerst übelriechenden Speichel, mit dem es mehrere Ellen weit diejenigen, welche es necken, anspuckt und dabei so richtig trifft und so schnell und plötzlich auf seinen Gegner losspringt, daß man nur mit vieler Mühe der zugedachten Ladung entgeht.

Leider hat Chiswick nur stehendes und schlammiges Wasser, was zuweilen so austrocknet, daß der Elefant, bei starkem Durst, den Rest aussaufen könnte.

Durch eine Reihe lieblicher Villen und Landhäuser aller Art, unter dem Gewimmel von Reitern, Landkutschen, Reisewagen und Kohlenkarren mit Riesenpferden bespannt, dazwischen mit gelegentlichen schönen Aussichten auf die Themse, langte ich nach einer Stunde raschen Fahrens wie-

CHISWICK

Plate 19, Vol. I.

J. Gendall del.t

der bei Hydepark Corner an und begrub mich von neuem in das Labyrinth der unermeßlichen Stadt.

Den andern Tag besuchte ich die City mit meinem Lohnbedienten, einem Schweizer, der Ägypten, Syrien, Sibirien und Amerika bereist, ein russisches Postbuch herausgegeben, die erste Nachricht von der Einnahme Hamburgs durch Tettenborn, nebst einem Kosaken in natura, nach London gebracht und zuletzt Napoleons Krönungsanzug in Paris erstanden und hier für fünf Schilling Eintrittsgeld gezeigt hat, dabei geläufig die meisten europäischen Sprachen spricht und also mit einer halben Guinee täglich nicht zu teuer bezahlt wird. Auch als Arzt ist er zu gebrauchen, denn er hat auf seinen Reisen so viel Arkana und Rezepte gesammelt, daß er wundervolle Hausmittel für jedes Übel und überdem, wie er behauptet, noch tausend verschiedene Punschrezepte besitzt. Geführt von diesem Universalgenie, betrat ich zuerst die Börse, the Royal Exchange.

An andern Orten hat die Börse gewöhnlich nur ein kaufmännisches Ansehen, hier durchaus ein historisches. Die imposanten Statuen englischer Herrscher rundumher, unter denen sich Heinrich VIII. und Elisabeth besonders auszeichnen, wie die altertümliche und würdige Bauart erwecken poetische Gefühle, denen der Gedanke eines so unermeßlichen Welthandels, dessen Hauptplatz London ist, eine noch tiefere Bedeutung gibt. Die Menschen jedoch, die das Gemälde beleben, ziehen einen bald wieder in das Reich des Alltäglichen hinab, denn hier leuchtet Eigennutz und Interesse zu lebhaft aus jedem Auge, so daß in dieser Hinsicht der Ort, wie die ganze City, einen fast unheimlichen Anblick darbietet, der dem rast- und trostlosen Gewühle verdammter Geister nicht ganz unähnlich erscheint.

Der große Hof der Börse wird von bedeckten Arkaden umgeben, wo Inschriften den Kaufleuten aller Nationen ihren Versammlungsort anweisen. In der Mitte des Hofs steht eine Statue Karl II., der den Palast erbaute. Sie drückt in Haltung und Gebärde ganz den Mann aus, wie ihn die Geschichte beschreibt, nicht schön, aber doch nicht ohne Grazie und mit einem festgewurzelten Leichtsinn in den, wie zum Spott, halb gravitätischen Zügen, den nichts bessern kann, weil er aus Mittelmäßigkeit entspringt und daher auch aus diesem König einen ebenso liebenswürdigen und sorglosen Roué als schlechten Regenten machte. In Nischen, die rund um den zweiten Stock angebracht sind, stehen die Büsten anderer Herrscher Englands. Ich habe schon die Heinrich VIII. und der Königin Elisabeth genannt. Sie würden auch ohne die sich ihnen beimischende Erinnerung auffallen. Heinrich fett und behaglich und sozusagen gemütlich grausam aussehend, Elisabeth männlich großartig und doch auch weiblich boshaft. Die Büsten sind gewiß nach den besten Holbeinischen Gemälden gemacht. In diesem Stocke befindet sich das berühmte Lloyd's Coffeehouse, das schmutzigste Lokal dieser Art in London, dem man es nicht ansieht, daß hier täglich über Millionen verhandelt wird. Doch sind offenbar mehr Papier und Federn als Erfrischungen sichtbar.

Nahe dabei ist das schöne und ungeheure Gebäude der Bank von England, mit einer Menge großer und kleiner Säle, die größtenteils von oben beleuchtet und zur Aufnahme der verschiedenen Comptoirs bestimmt sind. Hunderte von Clerks arbeiten hier nebeneinander und führen mechanisch die kolossalen Geschäfte, bei denen das nil admirari dem ohnedies gern bewundernden armen Deutschen oft schwer werden mag, besonders wenn er im Bullion Office, wo die Lingots aufbewahrt werden, die Goldhaufen und Silberfässer anstaunt, die ihm die Schätze der Tausendundeinen Nacht zu realisieren scheinen.

Von hier begab ich mich nach dem Rathaus, wo eben der Lord Mayor, dermalen ein Buchhändler, der aber in seinem blauen Mantel mit goldner Kette gar nicht übel repräsentierte und einen ganz monarchischen Anstand anzunehmen wußte, Recht sprach. Ich glaube nicht, daß er sich dabei schlechter wie ein Justizbeamter aus der Affäre zog; denn seit Sancho Pansas Zeiten ist es bekannt, daß der gesunde Menschenverstand das *Rechte* nicht selten richtiger erkennt als die durch zu viele scharfgeschliffene Brillengläser übersichtig gewordene Wissenschaft, so wie ich auch, in Parenthese gesagt, das *Kunst*urteil eines gebildeten, natürlichen Sinnes in der Regel dem eines Antiquaren vorziehe, der durch den Namen, oder eines Selbstkünstlers, der durch die besiegten Schwierigkeiten am meisten bestochen wird.

Der Schauplatz hier war nur ein mittelmäßiges Zimmer, zur Hälfte mit dem niedrigsten Pöbel gefüllt. Es handelte sich um das häufigste Thema in England, einen Diebstahl, und da der Sünder, welcher ebenso gelassen als ennuyiert schien, nach geringem Zögern gestand, so hatte das Drama schnell ein Ende.

Und weiter wanderten wir fort in der tumultuarischen City, wo man wie ein Atom verlorengehen kann, wenn man nicht gehörig rechts und links aufpaßt, um weder von einer dem Trottoir zu nahe kommenden Cabrioletgabel aufgespießt oder von einem einbrechenden und umstürzenden Diligencengebäude erdrückt zu werden, und gelangten abermals zu einem höchst dunkeln und unansehnlichen Kaffeehaus, Garroways Coffeehouse genannt, wo in einem elenden Lokal Landgüter und Paläste, oft Hunderttausende an Wert, täglich versteigert werden. Wir setzten uns ganz ernsthaft dazu hin, als wären wir sehr begierig, ähnliche Akquisitionen zu machen, und bewunderten die ungemeine Liebenswürdigkeit und fast unglaubliche Geschicklichkeit des Auktionators, die Kauflust bei seinem Auditorium zu erregen. Er zeigte sich in zierlicher schwarzer Kleidung und Perücke und stand wie ein Professor auf dem erhabenen Katheder. Über jedes Gut hielt er eine allerliebste Rede, die er nicht ermangelte mit vielfachen Späßen zu würzen und jeden Gegenstand dabei so unwiderstehlich anzupreisen, daß der Unbefangene darauf hätte schwören mögen, alles ginge hier für das unverantwortlichste Spottgeld weg.

ROYAL EXCHANGE

Mein Lohnlakai erzählte mir, daß dieser berühmte Auktionator vor einiger Zeit in einen unangenehmen Prozeß verwickelt worden sei. Er hatte nämlich ein Landgut ungemein wegen des romantischen hanging wood in seiner Nähe gepriesen, eine Holzart, die sehr beliebt in England ist und worunter gewöhnlich Trauerweiden, Trauerbirken, Hängeeschen, Fichten usw. verstanden werden. Ein Käufer ließ sich hierdurch zur Erstehung verlocken; denn es ist eigentümlich englisch, daß fast alle Käufe, die hier gemacht werden, ohne eigne Besichtigung des ausgebotenen Orts stattfinden. Als er indes auf seinem neu akquirierten Grundstück ankam, fand er dasselbe fast ganz von Bäumen entblößt und kein andres hanging wood daselbst als einen nahen – Galgen. Soviel für englische Humoristik und Gerechtigkeit.

Wie hätte ich aber die City verlassen können, ohne ihren wahren Lion (englischer Ausdruck für jedes Außerordentliche in seiner Art), ihren Beherrscher – mit einem Wort: Rothschild besucht zu haben.

Auch er bewohnt *hier* nur ein unscheinbares Lokal (denn im West End of the town befindet sich sein Hotel), und in dem kleinen Hof des Comptoirs wurde mir durch einen Frachtwagen, mit Silberbarren beladen, der Eingang zu diesem Hauptalliierten der Heiligen Allianz ziemlich schwierig gemacht. Ich fand den russischen Konsul daselbst, der eben seine Cour machte. Es war ein feiner und gescheuter Mann, der seine Rolle perfekt zu spielen und den schuldigen Respekt cum dignitate zu verbinden wußte. Dies wurde um desto schwerer, da der geniale Selbstherrscher der City eben nicht viel Umstände machte, denn, nachdem er gegen mich, der ihm seinen Kreditbrief überreicht hatte, ironisch geäußert: wir wären glückliche reiche Leute, daß wir so umherreisen und uns amüsieren könnten, während auf ihm armen Manne Weltlasten lägen, fuhr er damit fort, sich bitter zu beklagen, daß kein armer Teufel nach England käme, der nicht von ihm etwas haben wolle. So habe noch gestern wieder ein Russe bei ihm gebettelt, eine Episode, die dem Gesicht des Konsuls einen bittersüßen Stempel aufdrückte, »und«, setzte er hinzu, »die Deutschen lassen mir vollends gar keine Ruhe!« Hier kam die Reihe an mich, gute Contenance zu halten. Als sich nachher das Gespräch auf politische Gegenstände richtete, gaben wir beide gern zu, daß ohne ihn Europa nicht mehr bestehen könne; er lehnte es aber bescheiden ab und meinte lächelnd: »Ach nein, da machen Sie nur Spaß, ich bin nichts mehr als ein Bedienter, mit dem man zufrieden ist, weil er die Geschäfte gut macht, und dem man dann aus Erkenntlichkeit auch was zufließen läßt.«

Dies wurde in einer ganz eigentümlichen Sprache, halb englisch, halb deutsch, das Englische aber ganz mit deutschem Akzent, vorgetragen, jedoch alles mit einer imponierenden Assurance, die dergleichen Kleinigkeiten unter ihrer Aufmerksamkeit zu Finden scheint. Mir erschien gerade diese originelle Sprache sehr charakteristisch an einem Manne, dem man Genialität und sogar einen in seiner Art großen Charakter gar nicht absprechen kann.

Bei Royal Exchange, wo die Kaufleute zu sehen sind, hatte ich, für England sehr konsequent, begonnen, mit Exeter Change, wo man die fremden Tiere, gleichsam als Repräsentanten der Kolonien, zeigt, schloß ich meine Tournee. Auch hier begegnete mir wieder ein Lion, diesmal aber ein wirklicher, mit Namen Nero, welcher außer seiner Zahmheit das in unserm Klima seltenere Verdienst hat, bereits sechs Generationen junger englischer Nationallöwen geliefert zu haben. Er ist von ungeheurer Größe und ehrwürdigem Ansehn, ruht aber jetzt auf seinen Lorbeeren aus und schläft königlich fast den ganzen Tag. Erwacht er jedoch übler Laune, so macht noch sein Brüllen das alte Bretterhaus und die ihn umgebenden gemeinern Tiere erzittern. Diese bestehen aus Geschöpfen fast aller Arten Elefanten, Tiger, Leoparden, Hyänen, Zebras, Affen, Strauße, Kondors, Papageien und Vögeln aller Zonen. Eigentümlich ist es, daß sie nicht ebener Erde, sondern alle im zweiten und dritten Stocke wohnen, so daß man auf einem der gezähmten Elefanten, der immer gesattelt steht, oben umherreiten und eine recht hübsche Aussicht ins Weite dabei genießen kann. Den Kauflustigen lockt die große Auswahl und verhältnismäßig sehr wohlfeile Preise. Der württembergische Gesandte des letzten hochselig verstorbenen Königs hatte, wie ich mich noch wohl erinnere, hier mehr zu tun als in St. James und Downing Street, ja, ich weiß, daß er einmal wegen einer krepierten, seltenen, großen Schildkröte lange in großen Sorgen stand, seinen Posten zu verlieren.

Auf dem Rückwege zu meinem Hotel kamen wir bei einem Palais vorbei, von welchem mein weitgereister Cicerone, Herr Tournier, Gelegenheit nahm, mir folgende interessante Erzählung zu machen. Hat er brodiert, so bitte ich Dich, es ihm, und nicht mir, entgelten zu lassen.

Es war dieser Palast nämlich das Haus der Montagu (die Shakespeare nach Verona versetzt), aus welchem vor geraumer Zeit der junge Erbe dieses Hauses als einjähriges Kind gestohlen und lange nichts weiter von ihm gehört ward. Nach acht Jahren vergeblicher Nachforschungen der trostlosen Mutter schickte einst der Schornsteinfeger des Stadtviertels einen kleinen Knaben zum Fegen des Kamins in das Schlafzimmer der Lady Montagu, in welchem man durch einen glücklichen Zufall, vermöge eines Mals am Auge und den darauf gegründeten Nachforschungen, den verlornen Sohn erkannte; eine Anekdote, die später zu einem bekannten französischen Vaudeville Anlaß gegeben hat. Aus Dankbarkeit für ein so unverhofftes Glück gab Lady Montagu viele Jahre lang, und ich glaube, noch jetzt geschieht etwas Ähnliches, in dem großen Garten, der an ihr Palais stößt, der ganzen Schornsteinfegerinnung von London am Tage des Wiederfindens ein Fest, wo sie selbst, mit aller ihrer Dienerschaft in Staatskleidung, für die Bewirtung dieser Leute Sorge trug.

Der Knabe ward später ein sehr ausgezeichneter, aber auch ebenso exzentrischer und wilder Jüngling, der sein Hauptvergnügen in ungewöhnlichen Wagstücken suchte, wozu er bei fortwährenden Reisen in fremde und unbekannte Länder die beste Gelegenheit fand. Auf diesen begleitete ihn stets ein sehr geliebter Freund, ein gewisser M. Barnett.

So hatte er in mehreren Weltteilen die entferntesten Gegenden gesehen, als im Jahr 90 Tournier, seiner Aussage nach, ihn als Kammerdiener nach der Schweiz begleitete. In Schaffhausen angelangt, faßte der Lord die unglückliche Idee, mit einem Boote den Rheinfall hinunterzufahren. Der erste Geistliche des Orts sowie viele andere Bekannte baten den jungen Brausekopf um des Himmels willen, ein so rasendes Unternehmen zu unterlassen, jedoch vergebens. Man wollte ihn sogar durch Aufbieten der Schaffhäuser Stadtsoldaten daran verhindern, es scheint aber, daß sie ihm nicht mehr Furcht als die weiland Leipziger den dortigen Studiosen einflößten, oder täuschte er ihre Wachsamkeit, kurz, nachdem er vorher einen leeren Kahn gleichsam zur Probe als Avantcoureur vorausgeschickt hatte, der auch glücklich mit seinem hölzernen Leben davonkam, folgte er selbst in Gesellschaft seines Freundes. Mr. Barnett hatte zwar ebenfalls alles angewandt, dem entetierten Lord sein Vorhaben auszureden, als ihm dieser aber zurief: »Wie, Barnett, du bist mit mir über den ganzen Erdball gezogen, hast jede Gefahr treulich mitbestanden und willst mich nun bei dieser Kinderei verlassen?«, so gab er gezwungen nach und setzte sich, die Achseln zuckend, in den verhängnisvollen Kahn.

Sie schwammen erst sanft und langsam, dann mit immer reißenderer Schnelle dem Sturze zu, während Hunderte von Zuschauern zagend den Wagehälsen nachschauten.

Was indessen jeder vorhergesagt, geschah. Die Kante der Felsen berührend, schlug der Kahn um, die beiden Männer erschienen nur noch einmal zwischen dem Gestein, und der Donner der Wogen übertäubte ihr Hülfegeschrei, das nur undeutlich in Zwischenräumen vernommen ward. Bald waren sie gänzlich verschwunden, und obgleich man viele Monate lang, ohne Kosten zu scheuen, die Körper bis an den Ausfluß des Rheins in Holland suchen ließ und große Summen auf ihr Wiederfinden setzte, so hat man doch nie wieder etwas von ihnen vernommen. Sie schlummern unbekannt in der kristallnen Tiefe.

Sonderbar ist es, daß an demselben Tage, der ihnen den Tod brachte, das Stammschloß der Montagu in Sussex bis auf den Grund abbrannte. Die unglückliche Mutter überlebte nur ein Jahr den Tod ihres zum zweitenmal und diesmal unwiederbringlich verlorenen Sohnes.

Wenn Grillparzer zu trauen ist, so muß hier wenigstens *eine* unversöhnliche Ahnfrau im Spiele gewesen sein, vielleicht noch von Romeos Zeiten her.

den 13.

Müde von der vorgestrigen Tour, brachte ich den andern Morgen in meinen vier Pfählen zu, besuchte aber abends die englische Oper im Strand, nicht weit von dem Tierlokal, dessen Bewohner sie gleich zu ihrer Disposition hat. Das Haus ist weder elegant noch groß, aber die Akteurs gar nicht übel. Man gab indes keine Oper, sondern hidöse Melodramen, zuerst »Frankenstein«, wo ein Mensch durch Zauberkünste, ohne Frauenhülfe, gemacht wird und daher auch sehr schlecht gerät, und dann den »Vampir«, nach der bekannten, Lord Byron fälschlich zugeschriebenen Erzählung. In beiden spielte Herr Cook die Hauptrolle, der sich durch ein schönes Äußere, sehr gewandtes Spiel und einen höchst vornehmen und noblen Anstand auszeichnet. Auch war das Zusammenspiel durchgängig musterhaft, die Stücke jedoch so albern und unsinnig, daß man es unmöglich bis ans Ende aushalten konnte. Hitze, Ausdünstung und Publikum waren dabei ebenfalls nicht die erfreulichsten. Überdem dauert dieses Schauspiel von sieben bis halb ein Uhr, was selbst bei dem vortrefflichsten zu lang wäre.

Den nächsten Tag fuhr ich nach Hampton Court, um das dortige Schloß, das Gestüt und meine alte Freundin Lady Lansdowne zu besuchen.

Von allen drei Dingen fand ich das erste am unverändertsten vor und den berühmten Weinstock im Garten wohl noch mit einem Hundert Trauben mehr beschwert. Er hatte jetzt im ganzen weit über tausend Stück und bedeckte das ihm eingeräumte Treibhaus von fünfundsiebzig Fuß Länge und fünfundzwanzig Fuß Breite völlig. In einer Ecke stand, gleich dem dunkeln Ahnherrn eines stolzen Geschlechts, sein brauner Stamm, so verloren und unscheinbar, als wenn er gar nicht mehr zu dem prachtvollen Gewölbe von Blättern und Früchten gehöre, die ihm doch allein ihr Dasein verdanken.

Die meisten Zimmer im Schlosse sind noch ganz so meubliert, wie sie Wilhelm III. vor hundertzwanzig Jahren verließ. Man konserviert absichtlich die zerrissenen Stühle und Tapeten. Viele interessante und vortreffliche Gemälde zieren diese Gebäude, vor allem die berühmten Kartons von Raffael, welche aber bald von hier nach dem neuen Palast des Königs wandern sollen. Du hast das alles aber so oft beschrieben gelesen, daß ich mich der Wiederholung enthalte. Nur zwei schöne Porträts, Wolseys, des stolzen Erbauers dieses Palastes, und Heinrichs VIII., seines verräterischen Herrn, laß mich erwähnen. Beide sind vortrefflich und höchst charakteristisch. Du erinnerst Dich jenes dicken Advokaten, den wir nur mit so vieler Mühe los wurden, tierischen Ausdrucks, sinnlich, blutgierig, soweit die heutige Zeit es erlaubt, gewandt, spitzfindig, voller Geist und Arglist, und bei unbegrenztem Hochmut doch mit überwiegender Tendenz zum Gemeinen, zuletzt aber noch auf eine wahrhaft naive Weise frei von allem Gewissen – gib dem Bilde Heinrichs einen grünen Frack mit Perlmutterknöpfen und Du hast sein treuestes Porträt.

HAMPTON COURT

Drawn by H. B. Ziegler.

London, Published Septr 1, 1827, by Thos Griffiths 3 Wellington St. Strand.

Engraved by R. Havell.

Immer wiederholt sich in anderer Nuance die Natur, aber die Stufen sind verschieden und mit ihnen die Ausbildung, wie das Schicksal der Menschen und der Welt.

In der Nacht wäre ich bald im Erstickungstode hinübergeschieden, da mein heimatlicher Jocrisse, wahrscheinlich von einem englischen Kameraden früher zu gut bewirtet, während ich schon schlief, Kohlen aus dem Kamin wegtragen wollte und sie auf einem lackierten Präsentierbrett daneben stehenließ. Ein furchtbarer Dampf und infernaler Geruch weckte mich noch glücklicherweise, als ich eben träumte, ein Hofmann Heinrichs des Achten zu sein und im camp d'or eine französische Schöne erobert zu haben – sonst hätte ich gewiß die Traumbraut nur im Himmel geküßt.

Ohngefähr wie dieser Himmel, ebenso entfernt und ebenso lieblich, erscheint mir der Ort, wo Du weilst, meine Traute, und so sende ich Dir den Friedenskuß übers Meer und schließe, Heil und Segen wünschend, hiemit die erste englische Epistel.

Dein herzlich ergebener L...

4 Vierter Brief

London, den 15. Oktober 1826

Das hiesige Klima scheint mir gar nicht zu bekommen, denn ich befinde mich seit meiner Landung fortwährend unwohl. Indessen, solange ich nur nicht die Stube hüten muß, lasse ich mich davon nicht unterdrücken, reite viel, um mich zu kurieren, in der reizend kultivierten Umgegend von London umher und setze auch meine Coursen in der Stadt nicht aus.

Das Britische Museum kam neulich an die Reihe, wo ein eigner Mischmasch von Kunstgegenständen und Naturalien, Kuriositäten, Büchern und Modellen in einem erbärmlichen Lokal aufbewahrt wird.

Am Eingang oberhalb der Treppe stehen zwei enorme Giraffen, gleichsam als ausgestopfte Wächter und Embleme englischen Kunstsinns. Man findet dann in den verschiedenen Zimmern ohne Zweifel sehr viel Interessantes, ich muß aber zu meiner Schande gestehen, daß ich von dem zu vielen Sehen dergleichen Merkwürdigkeiten mich jetzt durchaus in sehr favorabler Stimmung befinden muß, um nicht etwas Indigestionsartiges dabei zu empfinden. Unter den antediluvianischen Überresten befand sich ein ganz monströses, äußerst wohlerhaltenes Hirschgeweih, was wenigstens sechsfach die größten übertrifft, die unser Freund C... in der Hirschgalerie seines Schlosses aufbewahrt. Im Antikensaal, der übrigens einer Scheune gleicht, erfreut man sich an den herrlichen Elgin Marbles, wie man sie hier nennt. Könnte man doch nur einmal diese alte untergegangene Kunstwelt in aller Pracht und Erhaltung ihrer Monumente anschauen! Das wäre noch der Mühe wert. – Die einzelnen Torsen, mit denen wir uns begnügen müssen, gewähren doch nur (déclamation à part) ohngefähr das Vergnügen, welches einem z. B. eine wunderschöne Frau mit nur einem Beine, abgeschnittenen Armen und geblendeten Augen verschaffen könnte.

Eine Büste des Hippokrates sprach mich an, weil ihr der Arzt vom Metier, sozusagen, aus den Augen geschnitten war, so daß man, hier in England, bei dem Anblick derselben schon unwillkürlich in die Tasche griff.* – Auch die berühmte Portlandvase betrachtete ich mit schuldigem Enthusiasmus.

Ich sende Dir beifolgend zwei spezielle Werke über die Vase und die Elginschen Antiken, mit sehr leidlichen Umrissen, nehme aber jetzt Abschied, um einpacken zu lassen, denn morgen gedenke ich nach Newmarket zu fahren, um mich während des Pferderennens einige Tage daselbst aufzuhalten.

Newmarket, den 19. Oktober

Die Schönheit des Landes und die ungemeine Zierlichkeit aller Orte, durch die mein heutiger Weg mich führte, frappierte mich von neuem auf das angenehmste. Diese ebenso fruchtbaren als geordneten Landschaften, diese Tausende von behaglichen und lieblichen Landhäusern, auf allen Punkten der Gegend verteilt, dies fortwährende Gewühl von eleganten Wagen, Reitern und wohlgekleideten Fußgängern sind nur England eigen. Es hat aber dieses schöne Ganze doch einen Fehler, es ist alles zu kultiviert, zu vollendet, deshalb immer und überall dasselbe und folglich auf die Länge ermüdend, ja, ich kann mir sogar denken, daß es endlich widerlich werden muß, wie den Übersatten eine duftende Schüssel voller Delikatessen anekelt. Dies mag auch die große Reiselust der Engländer zum Teil erklären. Es ist geradeso wie im Leben, wo der Mensch ganz ungestörtes Glück am wenigsten vertragen kann, weshalb der liebe Gott vielleicht auch unsern Stammvater Adam, hauptsächlich nur, um ihn nicht vor Langerweile daselbst umkommen zu lassen, aus dem Paradiese jagte.

Heute war indes für einige Schattenbeimischung gesorgt. Wegen der großen Konkurrenz zum Wettrennen traf ich auf allen Stationen nur höchst abgetriebene Pferde, manchmal gar keine, so daß ich, wenigstens nach englischem Maßstab, erbärmlich gefahren wurde und erst spät in der Nacht Newmarket erreichte.

Nirgends war in den Gasthöfen Platz zu finden, und ich mußte mich zuletzt noch sehr glücklich schätzen, in einem Privathause eine kleine Stube für drei Guineen die Woche zu erhalten. Glücklicherweise traf ich einen guten Bekannten in demselben Hause an, einen kleinen ungarischen Magnatensohn, der durch Anspruchslosigkeit und frohe Lebenslust dazu gemacht scheint, sich und andern in der Welt zu gefallen. Ich verehre solche Naturen, weil sie so gerade alles besitzen, was mir fehlt.

Den nächsten Morgen schon ritt ich mit ihm umher, um uns ein wenig zu orientieren. Ein Tag gleicht hier dem andern wie ein Ei dem andern. Früh halb neun Uhr sieht man zuerst auf einem Hügel einige hundert Rennpferde, in Decken eingehüllt, ihre Morgenpromenade machen. Der weit ausgedehnte kahle Grashügel ist überall mit ihnen wie mit einer Herde bedeckt, einige gehen im Schritt umher,

** Die englischen Ärzte sind nämlich so gewohnt, für jeden Besuch eine Guinee zu erhalten, daß einer von ihnen versicherte, wenn er krank sei und sich ein Rezept schreibe, so verfehle er nie, sich selbst eine Guinee aus der linken Tasche in die rechte zu stecken.*

andere galoppieren, bald langsamer, bald schneller, doch nie im vollen Lauf. Ein Aufseher, auf einem kleinen Pony reitend, begleitet in der Regel die Pferde, welche demselben Herrn gehören oder bei demselben Trainingsroom in Kost und Wartung sind. Die Rennpferde selbst werden hier alle von kleinen, nur halb angezogenen Jungen auf der Decke geritten, von denen auch gelegentlich einer zum Vergnügen der Zuschauer abgeworfen wird. Ist diese für den Pferdeliebhaber allerdings sehr interessante Besichtigung vorbei, so frühstückt man, geht wohl noch eine halbe Stunde auf die Pferdeauktion, welche, von dem allbekannten Herrn Tattersall geleitet, beinahe alle Tage auf offener Straße stattfindet, und reitet oder fährt dann zum Wettrennen.

Dieses beginnt ziemlich pünktlich um zwölf Uhr. Eine unabsehbare Grasplaine mit einem dichten Hutungsrasen bewachsen ist der Kampfplatz, wo verschiedene Distanzen, von einer ganzen deutschen Meile als Maximum bis zu ein achtel und ein zehntel als Minimum, stets in grader Linie durchlaufen werden. Diese Bahn ist gegen das Ende hin auf beiden Seiten mit Stricken eingefaßt, längs welchen außerhalb drei- und vierfache Reihen größtenteils ausgespannter Wagen stehen, die von oben bis unten, inwendig und auswendig mit Zuschauern besetzt sind. Am Ziele selbst befindet sich ein Bretterhäuschen, ohngefähr wie die Schäfer in manchen Gegenden Deutschlands zu haben pflegen, auf Räder gestellt, so daß man es beliebig weiterrücken kann, wenn das Ziel verlängert oder verkürzt werden soll. In diesem sitzt der Kampfrichter, um vermöge einer gegenüber eingegrabenen Stange genau visieren zu können, welches Pferdes Nase die erste in dieser Linie erscheint, denn oft entscheidet nur ein Zoll, und es ist eine sehr gescheute Politik und Hauptkunst der hiesigen Jockeis, die wahre Schnelligkeit ihrer Pferde so wenig als möglich zu verraten, sondern nur grade so viel davon zu zeigen, als zum Gewinnen eben nötig ist. Sehen sie, daß sie keine Chance mehr haben, so bleiben sie lieber gleich ganz zurück, da hingegen diejenigen, welche um den Sieg noch streiten, am Ziele immer nur sehr wenig auseinander sind. Das groteske Schauspiel eines Reiters, der, tausend Schritt zurück, noch immer wie eine Dampfmaschine mit Sporen und Gerte sich auf seinem Pferde abarbeitet, sieht man nur in Deutschland und Frankreich. Sind zwei Pferde völlig in gleicher Linie am Ziele angekommen, so müssen sie noch einmal laufen, was öfters vorfällt. Der Kampfrichter ist daher vereidet und von seinem Ausspruch kein Appell. Die englischen Jockeis (nicht kleine Jungens, wie man zuweilen im Auslande denkt, sondern oft alte Diminutivgreise von sechzig Jahren) bilden eine eigne Zunft und sind die besten praktischen Reiter, die ich kenne. Es sind immer möglichst kleine und schmächtige Leute, die sich durch künstliches Schwitzen, Purgieren usw. fortwährend soviel als möglich reduzieren. Du erinnerst Dich, daß ich selbst früher Rennpferde hielt, wo ich einen Newmarket-Jockei eine Zeitlang im Dienst behielt, der unter andern in Wien eine bedeutende Wette für mich gewann. Es belustigte mich sehr, diesen Menschen zu sehen, wenn er sich selbst in training setzte und, nachdem er sich durch mehrere Laxanzien gestärkt hatte, in der größten Hitze, mit drei oder vier Pelzen bekleidet, im Trabe gewisse Distanzen ablief, bis der Schweiß stromweise von ihm herabrann und er selbst vor Mattigkeit fast hinsank, mais tel était son plaisir, und je miserabler er sich fühlte, je zufriedener war er.

Auch dies kömmt jedoch auf die Bestimmung an, denn leichter als wie zu einer Hauptgelegenheit, wo viel zu verdienen ist, erfordert wird, ist es nicht ratsam sich zu machen, indem Blei in den Gurt nehmen zu müssen für Pferd und Reiter unbequem ist, und Du weißt schon, daß auf diese Weise das bestimmte Gewicht, welches ein Pferd tragen muß, reguliert wird.*

* *Es sei mir erlaubt, bei dieser Gelegenheit denjenigen meiner Berliner Freunde, welche mit ihren Pferden bei den dortigen Wettrennen konkurrieren wollen, den Rat zu geben, die dazu bestimmten Pferde nur durch gutrekommandierte englische Grooms trainieren zu lassen, da alle hiesigen ohne Ausnahme es durchaus nicht verstehen, wie ich mich vielfach überzeugt habe. Sie glauben ein Pferd trainiert zu haben, wenn sie es durch Aderlassen, Laxieren und tägliches Umherjagen zum Skelette verwandelt und ihm alle die Kräfte genommen, welche das echte Trainieren verzehnfacht. Das gut- und schlechttrainierte erscheinen zwar gleich mager, bei dem letztern ist es aber die Magerkeit des Elends und der Entkräftung, bei dem andern nur die Entfernung alles unnützen Fleisches und Fettes mit der höchsten Ausbildung und Kraft der Muskeln und der Lunge.*

In einer gewissen Distanz vom Ziele, nach dem Punkte des Auslaufs zu, steht, etwa hundert Schritt seitwärts, eine andere weiße Stange, the betting-post genannt. Hier versammeln sich die Wettenden, nachdem sie vorher die Pferde in den Ställen, am Beginn der Bahn, satteln gesehen und sich noch genau von allen etwa obwaltenden Umständen überzeugt, vielleicht auch den ergebenen Jockeis Winke erteilt haben. Für manchen mochte das, was hier vorgeht, von allem das befremdendste Schauspiel sein. Es hat, des Lärmens und verworrenen Schreiens wegen, viel Ähnlichkeit mit einer Judenschule, nur daß mehr Leidenschaft dabei sichtbar wird und das aktive Personal ebensowohl aus den ersten Peers von England, als Livreebedienten, den gemeinsten sharpers und black legs (Betrüger und Gauner) besteht, kurz, aus allem, was Geld zu verwetten hat und hier gleiche Rechte in Anspruch nimmt, auch im Äußern keinen wesentlichen Unterschied darbietet noch verschieden miteinander umgeht. Die meisten haben Taschenbücher in der Hand, jeder schreit seine Anerbietungen aus, und wer sie annimmt, notiert sie mit jenem zugleich in sein Buch. Herzoge, Lords, Stallknechte, Spitzbuben, alles brüllt durcheinander und wettet miteinander, mit einer Volubilität und in Kunstausdrücken, aus denen ein Fremder ohne langes Studium nicht klug werden kann, bis plötzlich der Ruf ertönt: die Pferde sind abgelaufen.

Schnell stiebt nun der Haufe auseinander, die Wettlustigen suchen sich aber wieder an den Stricken, die die Bahn einfassen, zusammenzufinden. Eine Menge langer Perspektive, Operngucker, Lorgnetten sieht man, von den Wagen und Reitern aus, nach den von fern herankommenden Jockeis gerichtet. Mit Windesschnelle eilen diese immer näher, und einige Momente schwebt banges Schweigen über der bunten Menge, während ein Aufseher zu Pferde die Bahn frei hält und jeden Eindringling ohne Umstände mit der Peitsche zurückzwingt. Doch nur Momente dauert die Ruhe, bald erhebt sich von neuem das wildeste Getümmel, lautes Jauchzen und Klagen, Fluchen und Beifallsgeschrei schallt von allen Seiten, von Herrn und Damen, herüber und hinüber. »Zehn gegen vier auf den Admiral, hundert gegen eins auf Putana, Smallbeer against the field (Schmalbier gegen alle andren), Karo-Bube gewinnt« usw. hört man wütend von den Wettern schreien, und kaum hat man hie und da ein »Done« (es gilt) vernommen, so sind die edlen Tiere auch schon heran, im Nu vorbei, im zweiten am Ziele, und das Schicksal oder Geschicklichkeit oder Betrug haben entschieden. Starr sehen die großen Verlierer einen Augenblick vor sich hin, laut triumphieren die Gewinner, manche machen bonne mine à mauvais jeu, alle aber jagen jetzt schnell den Jockeis nach, um diese wiegen und die Pferde absatteln zu sehen, ob ihnen dort vielleicht eine vorgefallene Unregelmäßigkeit noch eine Chance gewähren möchte. In einer Viertelstunde beginnt mit andern Pferden dasselbe Spiel von neuem und wiederholt sich so sechs- bis siebenmal. Voilà les courses de Newmarket.

Ich hatte den ersten Tag ein so divinatorisches Urteil, daß ich dreimal den Gewinner, bloß nach Gutdünken und Beurteilung, beim Satteln erriet und dadurch ziemlich ansehnlich gewann. Doch ging es mir wie gewöhnlich beim Spiel, ich verlor die andern Tage noch einmal soviel dazu. Wer hier mit Dauer gewinnt, ist *vorher* seiner Sache sicher, und es ist bekannt, daß ein großer Teil des englischen Adels in diesem Punkt sehr weite Grundsätze hat.

Ich fand unter den Anwesenden mehrere Bekannte aus älterer Zeit, die mir die Erlaubnis erteilten, ihre Rennpferde im Stall zu sehen, was sie für eine große Begünstigung halten, und mir dann auch anboten, Entree in den hiesigen Club zu verschaffen, wovon ich jedoch nicht profitierte, da es ein bloßer Spielclub ist, wovor man sich in England mehr als irgendwo hüten muß.

Es ist als ein Nationalzug anzusehen, und einer, der das allgemein Kaufmännische hier charakterisiert, daß vorher zwar alle Vorteile gelten, aber bei den oft im Augenblick und in der größten Konfusion gemachten Wetten fast nie ein Streit über die Richtigkeit derselben stattfindet, dagegen oft einer, der mehr verloren hat, als er bezahlen kann, vor dem Abrechnungstage ganz und gar unsichtbar wird, d. h. Bankerott macht und sich auf dem Kontinent, entweder für immer oder so lange, bis er wieder zahlungsfähig ist, verbirgt. Wenn dergleichen geschieht, wird es von den Habitués ein *schlechtes* Meeting genannt.

Gleich am ersten Tage meines Aufenthaltes in Newmarket machte mich mein ungarischer Freund mit der Familie eines reichen Kaufmanns aus der hiesigen Gegend bekannt, die mit ihrem Landbesuch, worunter einige sehr hübsche Mädchen, täglich zum Rennen herkamen und nach demselben wieder auf ihr nahes Gut zurückkehrten. Sie luden uns ein, den nächsten Tag dort zu essen und den darauffolgenden bei ihnen zuzubringen, welches wir mit Vergnügen annahmen.

Gegen fünf Uhr machten wir uns zu Pferde auf den Weg. Eine neu gepflanzte, sehr breite, doppelte Allee von jungen Buchen bezeichnete den Anfang des Gebiets unseres Wirts und führte uns, ohngefähr eine halbe Stunde weit, an seine Parkentrance, welche aus einer Art Triumphbogen und zwei Seitenpavillons bestand, an die sich der hölzerne Parkzaun anschloß, der aber eine Strecke weit vom Tore auf beiden Seiten verpflanzt war, so daß die erwähnten Eingangsgebäude frei im Wald zu stehen schienen, was sich sehr gut ausnahm. Eine Zeitlang führte uns jetzt der Weg durch dichten Busch, worauf wir die mit Baumgruppen besetzte Wiese erreichten, die überall den Hauptbestandteil eines englischen Parks ausmacht, und dann bald von fern das erleuchtete Haus erblickten, hinter dem sich die hohen Bäume und shrubberies des Pleasuregrounds ausdehnten. Einige Kühe lagen vor der Haustüre, über die wir fast hinwegsetzen mußten, eine sonderbare Anomalie, die schon Repton rügt und die daraus entsteht, daß man, der Gewohnheit gemäß, den Park, d. h. die geschmückte Viehweide, stets auf einer Seite, meistens auf zweien, bis an das Wohnhaus sich erstrecken läßt, anstatt daß es gewiß weit zweckmäßiger wäre, den Pleasureground und die Gärten rund um das Haus zu ziehen, da, wie mir scheint, wohl der *entfernte* Anblick, aber nicht die unmittelbare Nähe des Rindviehs, nebst allen ihm anhängenden Unannehmlichkeiten, so großes Vergnügen gewähren kann.

Wir fanden eine ziemlich zahlreiche Gesellschaft, bestehend aus dem Herrn und der Frau vom Hause, beide im mittleren Alter, ihrer ältesten verheirateten Tochter mit ihrem Manne, zwei jüngern, nicht sehr anlockenden Töchtern, einem Baronet aus der Nachbarschaft mit einer hübschen Frau und ihrer auch ganz artigen, aber sehr melancholischen Schwester, weil sie eben aus Indien unverrichtetersache zurückkam*, einer sehr gefeierten Miss B..., welche sich oft auch in höhern Zirkeln bewegt, drei andern, unbedeutenden Herren, dem Sohn vom Hause und endlich einem Londoner Stutzer der zweiten Klasse, an dem man den strebenden Dandy der City studieren konnte.

Der Baronet hatte in Deutschland gedient und dort das Theresienkreuz sich erworben, wie er erzählte, denn er trug es nicht, weil er meinte, dies sei eine Jugendspielerei,

* *Man pflegt jährlich aus England einen Transport junger mittelloser Damen nach Indien zu spedieren, um sie dort, wo die Ware nicht so häufig ist, womöglich an den Mann zu bringen, und die Spekulation gelingt auch gewöhnlich. Ein rückkehrender Krebs ist aber übel daran.*

die er nun abgelegt, da sie zu seinen ökonomischen Beschäftigungen nicht mehr passe. Es war ein schlichter und freundlicher Mann, dem man, als mit dem Kontinent am besten bekannt, besonders aufgetragen zu haben schien, uns die Honneurs des Hauses zu machen. Wir zogen jedoch vor, uns lieber bei seiner Frau und Schwägerin in den *englischen* Sitten zu unterrichten.

Nach diesen Sitten war der Besuch zweier Noblemen (selbst *fremder*, obgleich diese fünfzig Prozent geringer als die einheimischen stehen) für ein Haus von niederer Volée wie das S...sche eine Ehre, und man feierte uns daher ungemein, selbst der Dandy war, soweit es die Regeln seines Metiers gestatteten, artig und zuvorkommend gegen uns. Es ist eine fast allgemeine Schwäche der nichtadeligen Engländer, mit vornehmen Bekanntschaften zu prahlen, die Adeligen* tun dasselbe mit den Fashionablen oder Exklusiven, eine eigene Kaste, ein Staat im Staate, der in gesellschaftlicher Hinsicht eine noch despotischere Gewalt ausübt und sich nicht einmal an Rang, noch weniger an Reichtum kehrt, aber nur in jener erwähnten Schwäche der Nation die Möglichkeit seines Bestehens findet.

Es ist daher eine große Wonne für diese Engländer des Mittelstandes, auf dem Kontinent zu reisen und dort mit Leichtigkeit vornehme Bekanntschaften zu machen, von welchen sie, zu Hause angekommen, wie von intimen Freunden sprechen können. Unsere Hauswirtin gab uns davon bald eine kleine Probe. »Kennen Sie die Königin von ...?« frug sie. Auf meine Antwort, daß ich die Ehre gehabt habe, ihr einst vorgestellt worden zu sein, fuhr sie fort: »She is a great friend of mine«, gerade wie sie von einem Handelskompagnon hätte sprechen können. Zugleich produzierte sie unter den vielen Brimborions, mit denen sie sich behangen hatte, ein Porträt der Königin, welches ihr diese, wie sie behauptete, geschenkt habe. Es mochte wohl wahr sein, denn auch die Tochter zeigte einen Brief von einer der vermählten Prinzessinnen Töchter Ihrer Majestät vor, der sehr vertrauliche Mitteilungen über ihre Ehe und Häuslichkeit enthielt und nun wahrscheinlich schon seit geraumer Zeit als Paradepferd dienen mußte, um der Eitelkeit der Besitzerin zu frönen. Ist es nicht in hohem Grade auffallend, daß unsere deutschen Großen, denen es doch zum Teil an Stolz und Morgue gegen ihre Landsleute nicht eben fehlt, jedes englische Landeskind, sei es auch noch so sehr ohne geistige Auszeichnung, bloß als englisch, fast wie ihresgleichen behandeln, ohne im geringsten zu fragen, ob dieses Individuum zu Haus eine Stellung einnehme, die solche Begünstigung rechtfertige!

Nichts läßt uns in den Augen der Engländer selbst geringer erscheinen als diese demütige Fremdensucht, die noch *dadurch* etwas besonders Schmähliches erhält, daß ihr wah-

* *Du weißt, daß in England nur die Pairsfamilien zum Adel gerechnet werden. Vom Baronet (incl.) an gehört alles übrige nur zur Gentry, ein Wort, das hier am besten durch Honoratioren übersetzt wird.*

rer Grund im allgemeinen doch nur in dem tiefen Respekt liegt, den Hohe und Niedere bei uns für englisches Geld haben.

Es gehört hier ein bedeutendes Vermögen dazu, um ein Haus auf dem Lande zu machen, da der Gebrauch sehr viel Luxus dabei erfordert und dieser Sitte gemäß, in der Hauptsache, beim Krämer dasselbe gefunden werden muß wie beim Herzog, d. h. ein zierlich dekoriertes Haus mit eleganten Meubles, eine reiche Vaisselle, stets neu und fein gekleidete Diener, bei Tafel eine Profusion von Schüsseln und ausländischen Weinen, ausgewähltes und sehr kostbares Dessert, und in allem der Anschein von Überfluß und plenty, wie die Engländer es nennen. Solange Gäste da sind, geht dieser Train fort, nachher in der Einsamkeit mag sich manche Familie dafür mit der schmalsten Kost entschädigen, daher man auch hier niemanden auf dem Lande besuchen darf, ohne eingeladen zu sein, und diese Einladungen sind dabei gewöhnlich auf Tag und Stunde bestimmt, da die Bekanntschaften groß und der Raum, wie die dazu bestimmte Zeit, verhältnismäßig gering ist, also einer dem andern Platz machen muß. Wahre Gastfreiheit kann man dies kaum nennen, es ist mehr eine Etalage seines Besitzes für möglichst viele. Hat eine Familie nun einen Monat oder länger so hausgehalten, so geht sie die übrige Zeit selbst auf Besuche aus, der einzige gastfreie Monat hat aber dann schon so viel gekostet, als bei uns die ganze Jahresrevenue eines reichen Gutsbesitzers beträgt.

Da Du nie in England warst, will ich Dir mit ein paar Worten den Gang eines englischen Diners beschreiben, welches sich, wie gesagt, à peu de chose près überall gleich ist.

Du liebst die Details des täglichen Lebens und hast mir oft gesagt, Du vermißtest dies bei den meisten Reisebeschreibungen, und doch gäbe nichts ein lebhafteres Bild eines fremden Landes; verzeihe also, wenn Du mich jetzt in zu kleinliche Dinge eingehen findest.

Man führt die Damen am Arm, nicht an der Hand, wie in Frankreich, zu Tisch und ist auch wie dort von den veralteten Reverenzen befreit, die selbst in vielen der vornehmsten deutschen Gesellschaften noch nach jedem Führen einer Dame gegenseitig gewechselt werden. Dagegen ist man sehr ängstlich um die Beobachtung des Ranges besorgt, wobei man den der Fremden freilich sehr wenig versteht. Ich verwünschte heute den meinigen, der mich neben die Wirtin brachte, während mein Freund sich wohlweislich zwischen die schönen Schwestern eingeschoben hatte. Auf französische Art findet man schon beim Eintritt den ganzen ersten Gang der Mahlzeit, die relevés ausgenommen, zugleich auf den Tisch gesetzt, und sobald die Glocken abgehoben sind, legt auch, wie dort, nach der Suppe jeder von der Schüssel vor, die sich vor ihm befindet, und bietet seinem Nachbar davon an*, während er selbst, wenn er etwas anderes zu

* *Zur englischen guten Erziehung gehört daher auch die Tranchierkunst, welche in Deutschland zu sehr vernachlässigt wird.*

haben wünscht, über den Tisch darum bitten oder einen Bedienten darnach schicken muß, im Grunde eine lästige Mode, weshalb auch einige der elegantesten Gereisten jetzt die bequemere deutsche Sitte des Herumgebens der Schüsseln durch die Dienerschaft angenommen haben.

Es ist nicht üblich, bei Tisch Wein zu trinken, ohne sein Glas mit einer andern Person zugleich zu leeren, wozu man das Glas aufhebt, sich starr ansieht, mit dem Kopfe zunickt und es dann erst gravitätisch austrinkt. Gewiß mancher uns sehr auffallende Gebrauch der Südseeinsulaner mag weniger lächerlich sein. Es ist übrigens zugleich eine Artigkeit, jemand auf diese Weise zum Trinken aufzurufen, und ein Bote wird oft vom andern Ende der Tafel expediert, um B anzukündigen, daß A. ein Glas Wein mit ihm zu trinken wünsche, worauf denn beide sich, zuweilen mühsam genug, ins Auge zu bekommen suchen und dann, gleich chinesischen Pagoden, die Zeremonie des obligaten Nickers mit großer Förmlichkeit agieren. Ist aber die Gesellschaft klein und man hat mit allen Bekannten getrunken, aber noch Lust, mehr Wein zu genießen, so muß man damit bis zum Dessert warten, wenn man den Mut nicht in sich verspürt, sich über die Gewohnheit hinwegzusetzen.

Nach vollendetem zweiten Gange und einem interimistischen Dessert von Käse, Salat, rohen Sellerie und dergleichen (wozu man manchmal Ale herumgibt, das zwanzig und dreißig Jahr alt und so stark ist, daß es, ins Feuer geschüttet, wie Spiritus aufflammt) wird das Tischtuch abgenommen und in den besten Häusern auf ein zweites darunterliegendes noch feineres Tischtuch, in andern auf den bloßen polierten Tisch das Dessert aufgesetzt, welches aus allen möglichen Treibhausfrüchten, die hier von ausgezeichneter Qualität sind, indischen und vaterländischen eingemachten Compotes, magenstärkendem Ingwer, Gefrornen usw. besteht. Vor jeden Gast werden frische Gläser gestellt und zu den Desserttellern und Bestecken noch kleine mit Frangen umgebene Servietten hingelegt, vor den Hausherrn aber drei Flaschen Wein, gewöhnlich Claret (Bordeauxwein), Port und Madeira, aufgesetzt. Der Wirt schiebt nun diese, entweder in ihren Untersetzern oder auf einem kleinen silbernen Räderwagen, links zu seinem Nachbar. Jeder schenkt sich selbst und, sitzt eine Dame bei ihm, auch dieser nach Verlangen ein, und so fort, bis die Runde gemacht ist, wo sie denn wieder von vorn angeht. Einige Kristallkrüge mit Eiswasser erlauben den Fremden glücklicherweise, dem Branntewein, der in den englischen Weinen stark vorherrscht, einiges Gegengift beizumischen. Alle Dienerschaft verläßt nach aufgesetztem Dessert das Zimmer, und braucht man frischen Wein, so wird dem Haushofmeister geklingelt, der ihn allein hereinbringt. Eine Viertelstunde bleiben die Damen dann noch sitzen, denen zuweilen süßer Wein besonders serviert wird, und verlassen hierauf den Tisch. Die Herren erheben sich mit ihnen, einer derselben öffnet den Damen die Türe, und sobald sie hinausgelassen sind, rückt man traulicher zusammen, der Wirt nimmt den

Platz der Wirtin ein, und die Gespräche des täglichen Interesses beginnen, wobei der Fremde in der Regel ziemlich vergessen wird und sich meistens mit Zuhören begnügen muß. Es steht übrigens jedem frei, den Damen zu folgen, wann er will, eine Freiheit, von der Graf B... und ich heute möglichst bald Gebrauch machten, um so mehr, da dies jetzt sogar Mode und das viele Trinken unfashionable wird. Deshalb hatte auch der Dandy uns bereits devanciert, als wir bei den Damen ankamen, die uns im Salon, um einen großen Tisch gruppiert, mit Kaffee und Tee erwarteten.*

Als die ganze Gesellschaft wieder vereinigt war, teilte sich alles, völlig ungeniert, in beliebige Gruppen. Einige machten Musik, wobei die melancholische Schöne auf einer Orgel spielte, die wahrscheinlich zu religiösem Gebrauch hier aufgestellt war, andere spielten Whist, hie und da flüsterte ein Pärchen in der Fensterembrasure, mehrere politisierten, nur der Dandy war *allein* geblieben; in einem großen Lehnstuhl versunken, hatte er seinen rechten, zierlich beschuhten Fuß auf sein linkes Knie gelegt und sich in dieser Stellung in Mme. de Staëls Buch sur l'Allemagne anscheinend so vertieft, daß er von der ihn umgebenden Gesellschaft nicht die mindeste Notiz mehr nahm.

Á tout prendre mußte ich dem hübschen jungen Mann die Gerechtigkeit widerfahren lassen, daß er höhere Originale gar nicht übel kopierte. Vielleicht wurde ich zu diesem vorteilhaften Urteil auch dadurch bestochen, daß er bei Tisch viel vom großen Goethe sprach und seinen »Fost« anpries, welche beide (Goethe und »Fost«) Lord Byron in England Mode gemacht hat. »Fost« schien ihm besonders wegen der, seiner Meinung nach, atheistischen Tendenz desselben zu gefallen, denn Mr. M... brachte, wie er uns erzählte, die halbe Zeit seines Lebens in Paris zu und erklärte sich für einen esprit fort.

Den andern Tag ritten wir, nach dem gemeinschaftlichen Frühstück, mit den Damen im Park spazieren, der nichts Sehenswertes darbot, ausgenommen etwa einen flußartigen Kanal stehenden und schlammigen Wassers, welcher fünftausend Pfund Sterling zu graben gekostet hatte und besser unterblieben wäre, wurden aber nachher desto mehr durch die Treibhäuser und Obstgärten befriedigt. Die ersteren, eine Liebhaberei des Besitzers, wurden auf eine höchst ingeniöse Weise nach einer von ihm selbst erfundenen

* *Beim Könige müssen die Damen, wie mir eine derselben erzählt hat, rückwärts hinausgehen, um Seiner Majestät nicht die verkehrte Seite zuzuwenden, welches gegen die in England zum Teil sehr streng beobachtete Etikette ist. Dies hat sich jetzt zu einer völlig militärischen Evolution ausgebildet, welche eine junge Neulingin oft in Verlegenheit setzt. Die Damen schließen rückwärts die Richtung nach der Türe, nach welcher sie sich in der Diagonale ziehen. Sobald die Flügelfrau an dieser angelangt, macht sie rechtsum, traversiert hindurch und so jede folgende ihr nach. Lady C... kommandiert. Im Gynäzeum angekommen, präsentiert sich ihnen, ebenfalls in Reih und Glied, eine Anzahl eleganter Porcelainvasen. Après cela nippt man von einem Glase Liqueur, setzt sich zu Tee und Kaffee nieder, und nun beginnt die Damenunterhaltung. Man weiß, woraus sie gewöhnlich besteht: Putz, Skandal und Liebe. »Such is the custom of Branksomehall.«*

Vorrichtung mit Dampf geheizt und die Wärme durch das bloße Drehen eines Hahns augenblicklich zu dem beliebigen Grade vermehrt oder vermindert.

Dreiundzwanzig verschiedene Sorten Ananas, über die sich, vom Glasdach herab, Hunderte von dunkelblauen Riesentrauben senkten, füllten diese geräumigen, eleganten Häuser, und im Obstgarten bewunderten wir an der Mauer Birnen, die bei sehr gutem Geschmack eine Größe von sieben Zoll Länge und sechzehn Zoll Umfang erreichten.

Viele Herren gingen auf die Jagd, wir zogen die häusliche Gesellschaft vor. Der lustige B... war der Liebling der Damen geworden und erregte sichtlichen Kummer bei ihnen, als wir nach dem Diner um ein Uhr in der Nacht, und diesmal in einer Postchaise, unsern Rückweg antraten. Es konnte nicht fehlen, daß wir auf der langen Fahrt über manches Ridicule, das wir gesehen, noch eine lachende Nachlese hielten, obgleich ich mich dabei recht sehr schämte, als echter Bewohner B...s, statt des herzlichen Dankes für die gastfreie Aufnahme, mich über die Wirte und ihre Gesellschaft lustig zu machen; aber die Welt ist heutzutage verdorben, und überdies hat Gastfreundschaft aus Ostentation keine bessern Folgen. Wahrscheinlich ging es uns Gästen im Hause, das wir eben verlassen, auch nicht besser.

Beim Wettrennen sahen wir am andern Morgen die jungen Damen wieder, wetteten Handschuhe mit ihnen, so lange, bis wir sie verloren, und erfreuten sie dann gar sehr mit eingeschwärzten Parisern. Eine zweite Einladung aufs Land schlugen wir jedoch aus, da wir zu einem Herrendiner engagiert waren und Graf B... noch abends zur Fuchsjagd nach Melton abreisen wollte. Auch ich werde Newmarket verlassen und meinen Brief in London weiter fortsetzen.

Eppingplace, den 20.

Ich bin nicht so weit gekommen, als ich wollte, und muß hier übernachten, da die Besichtigung zweier Parks mich den halben Tag aufgehalten hat. Die darauf verwandte Mühe hat sich jedoch reichlich belohnt. Der erste, Audley Park, dem Lord Braybrook gehörig, kann unter den ansehnlichsten im Lande eine Stelle behaupten.

Die Straße führt mitten durch denselben, mit tiefen Ahas auf beiden Seiten, die den Park sichern und doch die volle Aussicht hinein gestatten. Man überblickt zuerst eine weite grüne Landschaft, in deren Mitte ein breites, flußartiges und vortrefflich geformtes Wasser angebracht ist, das aber leider wegen zu geringen Zuflusses sehr mit Wassermoos bedeckt ist. Nahe an seinen jenseitigen Ufern steht das prächtige gotische Schloß, welches ursprünglich vom Herzog von Suffolk erbaut wurde und damals noch dreimal größer gewesen sein soll. Demohngeachtet geben ihm auch noch jetzt die Menge seiner Türme, Vorsprünge und verschiedenartigen hohen Fenster ein imposantes und malerisches Ansehen. Obgleich Mylady zu Haus war, erhielt ich doch die seltene Erlaubnis, es zu besichtigen.

Ich trat in eine weite, sehr einfache Vorhalle, nur mit einigen Geweihen von Riesenhirschen der Urwelt, die hier ausgegraben wurden, geschmückt und mit wenigen massiven Bänken und Stühlen versehen, auf welchen das Wappen der Familie in bunten Farben gemalt war. Einige sehr alte Gemälde, eine gotische Lampe, ein großer, aus zwei Stücken Muschelmarmor bestehender Tisch, von dem nur die obere Seite des Tischblattes geschliffen, das übrige ganz roh war, und ein Dutzend lederne Feuereimer, ebenfalls mit bunten Wappen bemalt, machten alle übrigen Meubles dieser Piece aus. Die Decke war von Holz, mit tiefen Caissons und verschossener alter Malerei. Man sah auf den ersten Blick, daß man in kein Haus *von gestern* getreten war.

Eine hohe Türe, aus schwerem geschnitzten Eichenholz, führte von hier in die Herrenhalle, einem großen Saal, dessen ungeheure Fenster von der Decke bis zum Boden gingen und auf dieser Seite den freien Anblick der Landschaft gewährten. Viele Ahnenbilder in Lebensgröße, zum Teil von van Dyck gemalt, hingen an der entgegengesetzten Wand, und zwischen ihnen erhob sich der kolossale Marmorkamin mit dem in Stuck ausgeführten und reichgefärbten Wappen der Suffolks darüber. Die dritte Wand, dieselbe, durch welche wir hereingekommen, war von innen durchgängig mit kunstreichem, vortretendem Schnitzwerk bedeckt, Figuren in halber Lebensgröße, wie man an den Chören gotischer Kirchen sieht. Gegenüber befand sich wieder eine hohe Flügeltüre, die sich in den Speisesaal öffnete, und an ihren beiden Seiten zwei freie Treppen, die zum zweiten Stock hinaufführten.

Der Speisesaal enthält ein Porträt Suffolks und ein Bild der Königin Elisabeth. Ihr rotes Haar, fader Teint und falscher Blick, wie der übertriebene Putz, geben keine sehr vorteilhafte Idee von der galanten und eitlen Maiden Queen.

Im obern Stocke diente eine schmale und lange Galerie, voll niedlicher Kleinigkeiten und Altertümer, unter andern auch einer großen Windkarte in der Mitte, die mit der Turmfahne in Verbindung steht und so den Jägern alle Morgen zeigt, wo der Wind herkömmt*, zum Salon, denn man hat die gute Einrichtung in den meisten englischen Landhäusern und Schlössern, nicht viele, sondern nur *ein* Appartement oder Hauptpiece für die Gesellschaft zu bestimmen, was diese weit besser zusammenhält.

Die Kapelle ist modern, aber reich und geschmackvoll verziert, und hier liest, wenn der Kaplan abwesend ist, der Herr selbst alle Morgen um halb zehn Uhr, wobei sich die ganze Familie und Dienerschaft versammeln muß, nach altem Gebrauch eine Predigt und hält den Gottesdienst ab.

Der Park ist bedeutend groß, aber von einer störenden Menge Zäune durchschnitten, um Schafen, Kühen, Pferden und Hirschen, jeder Tierart ihr eigenes Terrain anzuweisen. Von den letztern sind vier- bis fünfhundert Stück hier vor-

* *Wäre an Höfen nicht übel einzuführen.*

handen, die, wie eine zahme Herde, fast immer in wenigen Abteilungen vereint zusammen weiden und der Idee des *Wildes* gar nicht mehr entsprechen. Auch schmeckt ihr Fleisch ganz anders als da, wo sie frei in den Wäldern unserer Heimat leben, ohngefähr wie wildgewordene Ochsen schmecken mögen.

Die Remisen für Rebhühner und Hasen sind ebenfalls umzäunt, da das niedrige Gebüsch sonst vom Vieh abgefressen werden würde, weshalb auch, wie schon bemerkt, der größte Teil der englischen Parks nur aus einzelnen hohen Baumgruppen auf Wiesengrund besteht, deren Äste die Tiere nicht erreichen können. Diese weiten Ansichten imponieren im Anfang, werden aber, ihrer Einförmigkeit wegen, bald ermüdend. Auch kann ich nicht finden, daß die vielen Vermachungen der Landschaft vorteilhaft sind, denn selbst jeder einzeln gepflanzte junge Baum auf der Plaine muß mit einem hohen Zaun umschlossen werden, um ihn vor den Tieren zu schützen.

Zwei einzelne Tempel und ein Obelisk, zu denen nicht einmal ein andrer Weg als über den Rasen führte, nahmen sich sehr heterogen in der Mitte dieser Viehweiden aus, besser der entfernte gotische Turm der Kirche von Walden, der pittoresk über die Eichenkronen hervorragte.

Sehr schön fand ich dagegen den Blumengarten und die Fasanerie. Der erste bildet ein großes Oval, dicht von immergrünen natürlichen Wänden von Taxus, Kirschlorbeer, Rhododendron, Zedern, Zypressen, hohem Buchsbaum, Holly etc., und den höchsten Waldbäumen dahinter, umgeben. Ein Bach mit Grotte und Wasserfall durchströmt den feinen Samtrasen, auf dem sich seltene Prachtpflanzen und Blumenbeete aller Formen und Farben lieblich gruppieren.

Die Fasanerie, welche eine gute halbe Stunde davon entfernt ist, besteht aus einem schattigen und dichten, mit einer Mauer umgebenen Wäldchen verschiedner Baumsorten von bedeutendem Umfang. Man konnte nur über die nassen Wiesen dazu gelangen, und erst vom Eingangspförtchen an begann ein Kiesweg. Dies geschieht aus Ökonomie, da Wege in England äußerst kostspielig zu machen und zu unterhalten sind, gewöhnlich daher in einem Park nur ein Fahrweg nach dem Wohnhause stattfindet und auch die Fußwege mit dem eisernen Zaun des Pleasureground aufhören. Die englischen Damen fürchten weniger ihre Füßchen der Nässe auszusetzen als die unsrigen.

Der obenerwähnte Weg brachte mich also durch ein höchst anmutiges Laubgewölbe, nach verschiedenen Krümmungen, unerwartet vor die mit Efeu berankte Pforte eines kleinen Gebäudes, an welches sich, noch mehr unter den Bäumen versteckt, die Wohnung des Fasanenjägers anschloß.

Dieser öffnete von innen, und höchst überraschend war der Anblick, der sich jetzt vor uns entfaltete. Wir waren in einen kleinen offnen Salon getreten, dessen freistehende Säulen dichte Monatsrosen ganz bedeckten, zwischen denen wir rechts eine große Voliere mit Papageien, links eine ebenso ausgedehnte Hecke von Kanarienvögeln, Stieglitzen und andern kleinen Vögeln sahen, vor uns aber einen freien Rasenplatz mit einzelnen immergrünen Sträuchern und einen Hintergrund von hohem Walde, durch den man einige ganz schmale Durchsichten auf ein fernes Dorf und einen einzelnen Kirchturm mit vieler Kunst menagiert hatte.

Auf diesen freien Platz rief nun der Jäger Wolken von Gold-, Silber- und farbigen Fasanen nebst einigen fremden Hühnerarten, zahmen Raben, seltnen Tauben und anderem Geflügel zusammen, die hier ihr Futter bekamen und sich dabei im buntesten Gewimmel umhertaumelten. Ihre verschiedenen Manieren und Gebärden, von der Leidenschaft der Begierde gesteigert, gaben ein ganz eigentümliches Schauspiel; besonders possierlich betrug sich ein Goldfasanenhahn, der gleich einem Stutzer aus alter Zeit allen Hühnern die Cour zu machen schien und mit den allerlächerlichsten Verdrehungen und Airs, die er sich dabei gab, meinen alten B... zu solchem Lachen zwang, daß die englischen Diener, welche im Äußern an sklavische Ehrfurcht vor ihren Herren gewöhnt sind, diese Freiheit mit Verwunderung betrachteten, während sie *mich* wenigstens ebensosehr amüsierte als die Pantalonaden des Dandys unter den Vögeln.

Über fünfhundert Gold- und Silberfasanen, denen gleich nach der Geburt nur ein Flügel verschnitten wird, welches hinlänglich ist, sie am Fliegen zu hindern, bewohnen diesen Wald Sommer und Winter, ohne nur eines Schuppens gegen die Kälte zu bedürfen, so mild ist das hiesige Klima.

Um Dich nicht zu ermüden, übergehe ich die Beschreibung des zweiten Parks, Short Grove, der nichts Besonderes darbot und sehr vernachlässigt schien. Schloß und Park mit Treibhäusern usw., das erste völlig meubliert, waren eben für den nicht hohen Preis von vierhundert Pfund Sterling jährlich vermietet worden, eine hier sehr übliche Sitte, wenn die Besitzer auf Reisen sind.

Wir würden dies nicht gern nachahmen, da hingegen bei uns fast immer ein Teil unsrer Wohnhäuser in der Stadt vermietet wird, während die Herrschaft selbst nur die Beletage bewohnt, was den Engländern wiederum sehr sonderbar vorkömmt und auch wirklich höchst unbequem ist, indem die Anwesenheit mehrerer Familien in einem Hause selten weder eine gute Hausordnung noch vollendete Reinlichkeit und Nettigkeit in demselben gestattet.

Die Haupttüre des Schlosses in Short Grove war von außen mit Spiegeln belegt; eine hübsche Idee, indem man dadurch, dem Hause zugehend, schon auf der Türe ein schönes Gemälde der Gegend erblickt.

Der große Reichtum der Gutsbesitzer in England muß immer die Kontinentalen frappieren, wo jetzt größtenteils gerade die Gutsbesitzer die ärmste und die am wenigsten von den Gesetzen und Institutionen protegierte Klasse sind. Hier konkurriert alles zu ihrem Vorteil. Es ist äußerst schwer für den Rentier, *freies* Grundeigentum in England zu akquirieren, da fast aller Grund und Boden der Krone oder dem hohen Adel gehört, die es in der Regel nur auf eine Art Erbpacht ausgeben, so daß zum Beispiel, wenn ein Großer ein Städtchen sein nennt, dies nicht, wie bei uns, bloß die Oberherrschaft darüber bedeutet, sondern jedes Haus das wirkliche Eigentum des Besitzers ist, dem Inhaber nur, wie ich gleich auseinandersetzen werde, auf bestimmte Zeit überlassen. Man kann sich denken, welche ungeheure, immer steigende Revenuen dies in einem außerdem so industriellen Lande hervorbringen muß, und kann nicht umhin, zu bewundern, wie die dortige Aristokratie sich, in großer Übereinstimmung, seit Jahrhunderten alle Institutionen zu ihrem besten Vorteil einzurichten gewußt hat.

Der freie Kauf eines Grundstücks erfordert mehrere schwierige Bedingungen, und jedenfalls kann er nur zu so hohen Preisen stattfinden, daß kleinere Kapitalisten sie nicht daran wenden können und, wie es einmal ist, bei der Erbpacht für ihre Person immer noch mit besserem Nutzen dazu kommen und diese daher auch fortwährend vorziehen. Die hiesige Erbpacht ist aber sehr verschieden von der bei uns üblichen. Es wird nämlich dem Anbauer der nötige Platz auf neunundneunzig Jahren dergestalt überlassen, daß er, bei Häusern pro Fuß der Front, eine gewisse Rente jährlich, von einigen Schillingen bis zu fünf und zehn Guineen, bei größern Grundstücken soundso viel per Acre (englischer Morgen) an den Grundbesitzer zahlt.

Er schaltet nun damit, wie er will, baut auf, wie er Lust hat, macht Gärten, Parkanlagen usw.; nach dem Verlauf der neunundneunzigJahre aber fällt alles, wie es steht und liegt und was niet- und nagelfest ist, der Familie des Verkäufers wieder zu, ja noch mehr, der Pächter muß sein Haus usw. im besten Stand erhalten und sogar den Ölanstrich alle sieben Jahr erneuern, wozu er durch Visitationen polizeilich angehalten wird. Übrigens kann er während der ihm zugemessenen Frist auch wieder an andere verkaufen, aber immer nur bis zu jener festgesetzten Epoche, wo der eigentliche Herr wieder in Besitz tritt. Alle Landstädte, Villen usw., die man sieht, gehören also, wie gesagt, auf diese Weise Haus für Haus einzelnen großen Gutsbesitzern, und obgleich die Erbpächter nach umgelaufener Frist gewöhnlich das prekäre Eigentum von neuem erstehen, so müssen sie doch, im Verhältnis als der Wert der Grundstücke seitdem gestiegen oder sie selbst sie verbessert haben, die Rente verdoppeln und verdreifachen. Selbst der größte Teil der Stadt London gehört unter solchen Verhältnissen einzelnen Adeligen, von denen z. B. Lord Grosvenor allein über hunderttausend Pfund Sterling canon ziehen soll. Daher ist, außer der Aristokratie, fast kein Hausbewohner in London wahrer Grundeigentümer des seinigen. Selbst der Bankier Rothschild besitzt kein eignes, und wenn einer, dem Sprachgebrauch nach, eins *kauft*, so fragt man ihn: auf wie lange? Der Preis variiert dann, nachdem es aus erster Hand, gewöhnlich auf Rente, oder aus zweiter und dritter für ein

Kapital erstanden wird. Der größte Teil des Erwerbs der Industrie fällt durch diesen Gebrauch ohnfehlbar der Aristokratie zu und vermehrt notwendig den unermeßlichen Einfluß, den sie schon ohnedem auf die Regierung des Landes ausübt.

London, den 21.

Heut nachmittag bin ich bei unaufhörlichem Platzregen hier glücklich wieder angekommen, habe mich im Club bei einem guten Diner restauriert und abends im Whist, zur guten Stunde sei's gesagt, meine Reisekosten sechsfach bezahlt erhalten, bin wohl und lebenslustig und finde, daß mir nichts fehlt als Du. –

Laß mich unter so guten Konjunkturen meinen Brief beendigen, der schon wieder zum Paket angeschwollen ist.

Ewig Dein treuergebener L...

5

Fünfter Brief*

London, den 20. November 1826

Geliebte Freundin!

Reisenden möchte ich den Rat geben, in fremde Länder nie Diener aus dem Vaterlande mitzunehmen, am wenigsten, wenn man sich einbildet, dadurch zu ersparen, heutzutage immer ein wichtiges Objekt. Diese Ökonomie gehört aber zu denjenigen, von denen *eine* mehr kostet als *vier* Verschwendungen, und man hängt sich überdies ein Gewicht an, das vielfach hinderlich ist.

Solche weise Betrachtungen wurden bei mir durch meinen alten Kammerdiener erweckt, der im Begriff ist, in englischen Spleen zu verfallen, weil er zuviel Schwierigkeiten findet, täglich hier – Suppe zu seinem Mittagessen zu erhalten, und mit Tränen in den Augen dieser geliebten Speise zu Hause gedenkt. Er mahnt mich an die preußischen Soldaten, die bei Strömen von Champagner die französischen Bauern prügelten, weil sie ihnen kein Stettiner Bier vorsetzen wollten.

Wahr ist es, die Engländer mittlerer Klasse, an eine nahrhafte Fleischkost gewöhnt, kennen nordische Wasser- und Brühsuppen nicht, und was bei ihnen so heißt, ist ein verhältnismäßig ebenso teures als hexenmäßiges Gebräu von

* *Einige Briefe, die nur persönliche Beziehungen hatten, sind hier ganz unterdrückt worden, und ich bemerke dies bloß, um den schönen Leserinnen, die sich gewiß mit mir über die Pünktlichkeit gefreut haben, mit der der Verstorbene das Ende beinahe jeden Tages seiner abwesenden Freundin widmete, ein zwanzigtägiges Schweigen zu erklären.*
Derselbe Fall kömmt später noch mehrmals vor, so wie ich mir überhaupt die Freiheit habe nehmen müssen, in den Briefen, welche diese beiden Teile enthalten, vieles bei der Herausgabe wegzulassen, was, um nicht zu ermüden, nur selten durch Punkte angedeutet ist, als z. B. zu uninteressante Alltäglichkeit des Lebens oder zu interessante chronique scandaleus. Eine kleine satirische Annäherung meines verstorbenen Freundes an die letzte in den vorigen Bänden ist ihm zu übel bekommen, um eine neue zu wagen. Die lieblichsten Damen in Sandomir sprachen ja den Bann aus über den Ärmsten und, schreibt mir mein dasiger Korrespondent, »se demandant partout: avez-vous lu les lettres d'un mort? – elles prirent toutes le mors aux dents«. Man versteht keinen Spaß mehr in jener traurig gewordenen Welt! Jeder Scherz wird in einer wunden Stimmung aufgenommen, die ihn zur absichtlichen Beleidigung stempelt, und ein Aristophanes würde heutzutage daselbst mit zwanzig Kriminalprozessen verfolgt und des Landes verwiesen werden.

allen Sorten Pfeffern und Gewürzen beider Indien. Die Schilderung meines Getreuen, als er zum erstenmal einen Löffel davon in den Mund bekam, wäre wert gewesen, bei Peregrine Pickles antikem Mahle zu figurieren, und verkehrte meinen Ärger in lautes Lachen. Doch sehe ich voraus, daß an dieser Klippe seine Anhänglichkeit an mich scheitern wird, denn unsre Deutschen sind und bleiben eigentümliche Naturen, länger als andere am Gewohnten haltend, es sei nun Glaube, Liebe oder Suppe.

In Ermangelung der Gesellschaft sind die verschiedenen Clubs, zu welchen jetzt auch Fremde Zutritt erhalten können, was sonst nicht der Fall war, eine große Annehmlichkeit. Der Gesandte hat mir zu zweien derselben Einlaß verschafft, den United Service-Club, wo außer den fremden Gesandten nur Militär, und zwar nur Stabsoffiziere aufgenommen werden können, und den Travellers'-Club, in dem zwar jeder gebildete Fremde, der gut empfohlen ist, zugelassen wird, wo man aber, auf eine etwas demütigende Art, alle drei Monat um erneuete Erlaubnis nachsuchen muß, worauf fast unartig streng und mit dem Tage gehalten wird. In Deutschland macht man sich wohl ebensowenig von der Eleganz und dem Komfort als auch von der strengen Handhabung der Clubsgesetze, die hier herrschen, einen deutlichen Begriff.

Alles, was Luxus und Bequemlichkeit ohne Pracht erfordern, findet man hier so gut als in dem wohlgehaltensten Privathause vereinigt. Treppen und Stuben sind mit stets frischen Teppichen geziert und rugs (buntgefärbte und präparierte Schaffelle mit der Wolle) vor die Türen gelegt, um den Zug zu verhindern; marmorne Kamine, schöne Spiegel (immer aus einem Stück, welches zu dem soliden englischen Luxus gehört), Profusion von Meubles etc. machen jedes Zimmer höchst comfortable. Selbst die Waage, um mit Leichtigkeit jeden Tag seine eigne Schwere bestimmen zu können, eine besondere Liebhaberei der Engländer, fehlt nicht. Die zahlreiche Dienerschaft erblickt man nie anders als in Schuhen und auf das reinlichste in Ziviltracht und Livree gekleidet, und ein Portier ist immer auf seinem Posten, um Überröcke und Parapluies abzunehmen. Dieser letztere Gegenstand verdient in England Aufmerksamkeit, da Regenschirme, die dort leider so nötig sind, auf eine ganz unverschämte Weise gestohlen werden, wenn man, es sei, wo es wolle, nicht sehr genau auf ihre Verwahrung sieht. Dies ist so notorisch, daß neulich in einer Zeitung von einem gewissen Tugendbunde, der Preise für die edelste Handlung austeilt, erzählt wurde: Die Wahl sei das letztemal sehr schwer geworden, und man wäre schon im Begriff gewesen, ein Individuum zu krönen, das seit mehreren Jahren seinen Schneider richtig bezahlt habe, als ein anderer noch nachgewiesen, daß er zweimal bei ihm vergessene Parapluies zurückgegeben. Bei dieser unerhörten Tat, setzt der Journalist hinzu, geriet die Gesellschaft zuerst in stummes Staunen, daß so viel Edelmut noch in Israel gefunden werde, dann aber ließ rauschender und enthusiastischer Beifall den zu krönenden Sieger nicht länger mehr zweifelhaft.

Bei der eleganten und wohlfurnierten Library ist ebenfalls immer jemand bei der Hand, die verlangten Bücher zu suchen. Alle Journale trifft man wohlgeordnet im Lesezimmer an, und daneben im Cartencabinet* eine Auswahl der neuesten und besten in diesem Fach. Dieses ist so eingerichtet, daß sämtliche Carten, zusammengerollt, in abnehmender Länge an den Wänden übereinanderhängen und jede an einer *in der Mitte* befindlichen Schnur über die unteren leicht zur Besichtigung herabgezogen werden kann. Der Zug an einer *Seiten*schnur rollt hingegen, durch einen einfachen Mechanismus, die Carte mit großer Schnelligkeit wieder auf. Das betreffende Land ist auf dem runden Mahagonistabe, auf dem sich die Carte rollt, mit so großen Buchstaben verzeichnet, daß auch die vom Auge entfernteste Inschrift bequem gelesen wird. Auf diese Weise kann man in einem ganz kleinen Cabinet eine große Menge Carten übereinander anbringen und alle ohne die mindesten Umstände, wie man sie eben braucht, augenblicklich finden und besichtigen, ohne die andern zu derangieren.

Die Tafel, ich meine das Essen (bei den meisten doch die Hauptsache und bei mir auch nicht die letzte), wird größtenteils durch französische Köche gut und zugleich so wohlfeil versorgt, als es in London möglich ist. Da der Club auch die Weine anschafft und zu den Selbstkosten wieder verkaufen läßt, so sind diese sehr trinkbar und billig. Daß aber überhaupt in London der Gutschmecker, selbst in den besten Häusern, fast immer die feinsten Weine vermissen muß, kömmt aus der sonderbaren Gewohnheit der Engländer (und dieses Volk hängt an Gewohnheiten fester als die Auster an ihrer Schale), sich ihre Weine nur von Londoner Weinhändlern liefern zu lassen und sie nie selbst, wie wir zu tun pflegen, aus den Ländern zu beziehen, wo sie wachsen. Da nun diese Händler den Wein in solchem Grade verfälschen, daß vor kurzem noch einer von ihnen, der verklagt wurde, soundso viel tausend Flaschen Claret und Portwein in seinen Kellern zu haben, die nicht von ihm versteuert worden wären, bewies, daß aller dieser Wein von ihm selbst in London fabriziert sei, und dadurch der Strafe entging – so kann man denken, welche Gebräue man oft unter den wohlklingenden Namen von Champagner, Lafitte usw. zu trinken bekömmt. Jedenfalls aber kaufen fast nie die Händler das Allerbeste, was im Vaterlande des Weins zu haben ist, aus dem natürlichen Grunde, weil sie wenig oder gar keinen Profit daran machen könnten, oder sie benutzen wenigstens solches Gewächs nur, um andern schlechten Wein damit passieren zu machen.

Entschuldige diese Weindigression, welche Dich, die nur Wasser trinkt, eben nicht sehr interessieren kann, aber Du weißt einmal, ich schreibe für uns beide, und mir, ich gestehe es, ist der Gegenstand nicht unwichtig. Gern »führe ich Wein im Munde«.

* *Ich bemerke hier ein für allemal, daß, seit Preußen eine Charte (Konstitution) versprochen worden ist, mein Freund zu besserer Distinktion die Orthographie angenommen hatte: geographische Carte und Spielkarte zu schreiben. Er hofft noch immer, daß diese Vorsicht nicht unnütz gewesen sei.*

Doch zurück zu unsern Clubs. Die Verschiedenheit der englischen Sitten kann man hier gleich beim ersten Abend weit besser beobachten als in der großen Welt, die sich immer mehr oder weniger gleicht, während hier dieselben Individuen, die zum Teil jene bilden, sich weit ungenierter zeigen.

Fürs erste muß der Fremde die raffinierte Bequemlichkeit bewundern, mit der der Engländer zu sitzen versteht, so wie man auch gestehen muß, daß, wer die genialen englischen Stühle aller Formen und für alle Grade der Ermüdung, Kränklichkeit und Konstitutionseigentümlichkeit berechnet, nicht kennt, wirklich einen guten Teil irdischen Lebensgenusses entbehrt. Es ist schon eine wahre Freude, einen Engländer nur in solchem bettartigen Stuhl am Kaminfeuer sitzen oder vielmehr liegen zu *sehen*. Eine Vorrichtung an der Armlehne, einem Notenpulte ähnlich und mit einem Leuchter versehen, ist vor ihm so aufgeschlagen, daß er sie mit dem leisesten Druck sich beliebig näher bringen oder weiter entfernen, rechts oder links schieben kann. Außerdem nimmt eine eigne Maschine, deren stets mehrere an dem großen Kamine stehen, einen oder beide seiner Füße auf, und der Hut auf dem Kopfe vollendet das reizend behagliche Bild.

Dies letztere wird dem nach alter Art Erzogenen am schwersten nachzuahmen, der sich immer eines kleinstädtischen Schauers nicht erwehren kann, wenn er abends in den hellerleuchteten Salon des Clubs tritt, wo Herzöge, Ambassadeurs und Lords zierlich angezogen an den Spieltischen sitzen und er nun, um es den Fashionables nachzumachen, den Hut aufbehaltend, an eine Whistpartie treten, diesem oder jenem zunicken und dann gelegentlich eine Zeitung ergreifen, sich in einen Sofa damit niederfallen lassen und nur nach einiger Zeit den ihn obendrein vielleicht noch abscheulich inkommodierenden Hut nonchalamment neben sich werfen oder, wenn er nur wenige Minuten bleibt, gar nicht ablegen soll.

Die Sitte des halben Niederlegens statt Sitzens, gelegentlich auch der Länge nach auf den Teppich zu den Füßen der Damen, ein Bein über das andere so zu legen, daß man den einen Fuß in der Hand hält, die Hände im Ausschnitte der Westenärmel tragen usw., dies alles sind Dinge, die bereits in die größten Gesellschaften und ausgesuchtesten Zirkel übergegangen sind; es ist daher wohl möglich, daß das Hutaufbehalten gleichfalls zu dieser Ehre gelangt, um so mehr, da auch die Pariser Gesellschaft jetzt das umgekehrte Verhältnis gegen sonst aufstellt, nämlich, wie ihr ehemals ganz Europa nachäffte, jetzt (oft auf ziemlich groteske Weise) nicht verschmäht, selbst den Affen der Engländer zu machen und sogar – wie gewöhnlich bei solchen Gelegenheiten – oft noch über das Original zu rencherieren.

In dem Travellers'-Club belustigte mich in dieser Hinsicht besonders ein vornehmer Fremder aus dem Süden, der, wahrscheinlich als Satire auf diese Sittenlizenz und edle Grobheit im Äußern, gleich den Chinesen sich durchaus nicht genierte, sehr häufig beim Spiel gewisse Laute mit geöffnetem Munde aufs vernehmlichste von sich zu geben, die ehemals wohl kaum in Schenken gestattet worden wären.

Der Zug ist nicht appetitlich, aber für den Londner Travellers'-Club doch charakteristisch.

Dagegen nimmt man es Fremden sehr übel, wenn sie im Eßsaal, der doch im Grunde nichts als eine elegante Restauration ist und wo jeder auch, wie dort, seine Zeche nach vollendeter Mahlzeit bezahlt, mit einem der Diener, der schlecht bedient, lange warten läßt oder eins statt des andern bringt, schmähen oder überhaupt etwas laut oder herrisch ihre Befehle geben, obgleich die Engländer selbst sich dies sehr oft dort und noch viel mehr bei uns erlauben. Ja, es wird sogar, nicht gerade als unschicklich, doch aber als fatal und unangenehm angesehen, wenn jemand während des Mittagessens liest, weil dies in England nicht Mode ist, und da unter andern ich selbst diese Unart in hohem Grade an mir habe, bemerkte ich schon einigemal satirische Zeichen des Mißfallens darüber, von diesem und jenem Insulaner von altem Schrot und Korn, der, den Kopf schüttelnd, an mir vorüberging. Man muß sich überhaupt in acht nehmen, sowenig wie möglich irgend etwas anders zu machen als die Engländer und ihnen doch auch nicht alles nachahmen, weil keine Menschenrace intoleranter sein kann, die meisten aber ohnedies die Aufnahme Fremder in ihre geschlossenen Gesellschaften nur ungern sehen, alle aber es für eine ausgezeichnete Faveur und Gnade halten, die uns dadurch erzeigt wird. Eine große Bequemlichkeit wenigstens und besonders Ökonomie ist der gestattete Besuch der Clubs bei der Teuerkeit der englischen Wirtshäuser und dem Mangel an Restaurationen und Kaffeehäusern nach Art des Kontinents gewiß.

Unter allen Verstößen gegen englische Sitte jedoch, die man begehen kann und wofür einem wahrscheinlich der fernere Eintritt ganz versagt werden würde, sind folgende drei die größten: das Messer wie eine Gabel zum Munde führen, Zucker oder Spargel mit den Händen nehmen oder vollends gar irgendwo in einer Stube ausspucken. Dies ist allerdings zu loben, und gebildete Leute aller Länder vermeiden dergleichen ebenfalls (wiewohl auch hierin sich die Sitten sehr ändern, denn der Marschall von Richelieu erkannte einen Aventurier, welcher sich für einen vornehmen Mann ausgab, bloß daran, daß er Oliven mit der Gabel und nicht *mit den Fingern* nahm), nur die außerordentliche Wichtigkeit ist lächerlich, welche hier darauf gelegt wird, namentlich ist das letzterwähnte crime in England so pedantisch verpönt, daß man ganz London vergebens durchsuchen würde, um so ein Meubel, wie ein Spucknapf ist, in irgendeinem Laden aufzufinden. Ein Holländer, der sich deshalb sehr unbehaglich hier fühlte, behauptete ganz entrüstet, der Engländer einziger Spucknapf sei ihr Magen.

Dies sind, ich wiederhole es, mehr als triviale Dinge, aber die besten Lebensregeln in der Fremde betreffen fast immer Trivialitäten. Hätte ich zum Beispiel einem jungen Reisenden einige allgemeine Regeln zu geben, so würde ich ihm ganz ernsthaft raten: In Neapel behandle die Leute brutal, in Rom sei natürlich, in Östreich politisiere nicht, in Frankreich gib dir keine Airs, in Deutschland recht viele, und in England spucke niemals aus. Damit käme der junge Mann schon ziemlich weit durch die Welt.

Was man mit Recht bewundern muß, ist die zweckmäßige Einrichtung alles zur Ökonomie des Lebens Gehörigen und aller öffentlichen Etablissements in England sowie die systematische Strenge, mit der das einmal Festgesetzte ohne Nachlassung befolgt wird. In Deutschland schlafen alle guten Einrichtungen bald ein, und nur *neue* Besen kehren gut. Hier ist das ganz anders, dagegen verlangt man auch nicht von jedem alles, sondern strikte nichts mehr, als was seines Amtes ist. Die Behandlung der Dienerschaft ist ebenso vorzüglich als die Dienstverrichtung dieser. Jeder hat seinen vorgeschriebenen Wirkungskreis, in dem man aber auch die genaueste Pflichterfüllung fordert und bei Nachlässigkeiten immer weiß, an wen man sich zu halten hat. Dabei ist den Dienstboten auch vernünftige Freiheit und einige Zeit für sich selbst gestattet, die der Herr sorgsam respektiert. Die ganze Behandlung der dienenden Klasse ist weit anständiger und mit weit mehr Égard gegen dieselbe verbunden als bei uns, obwohl sie von aller Vertraulichkeit so gänzlich ausgeschlossen bleibt und eine solche Ehrfurcht von ihr gefordert wird, daß Diener in dieser Hinsicht mehr wie Maschinen als Menschen betrachtet werden. Dies und ihre gute Bezahlung bringt es ohne Zweifel hervor, daß *verhältnismäßig* wirklich die dienende Klasse in ihrer Art den meisten äußern Anstand in England besitzt.

Es wäre sogar in sehr vielen Fällen ein sehr verzeihlicher Verstoß des Fremden, wenn er zuweilen den Kammerdiener für dessen Lord begrüßte, besonders wenn er *Höflichkeit* und gewandte Tournure für das Auszeichnende eines vornehmen Mannes hielte, denn dieser Maßstab würde in England keineswegs passend sein, wo, ohne alle Übertreibung, die erwähnten Vorzüge, obgleich sonst bei vortrefflichen und wesentlichen Eigenschaften, und auch mit sehr glänzenden einzelnen Ausnahmen, doch bei der Mehrheit der Vornehmen nicht angetroffen werden. Den Männern steht übrigens ihr, wenn auch oft an Grobheit streifender Übermut und die hohe Meinung von sich selbst noch nicht so übel an, bei den Weibern aber wird beides ebenso widrig als bei andern Engländerinnen das vergebliche Bemühen, kontinentale Grazie und Leichtigkeit zu affektieren.

Ich lobte vorher die Zweckmäßigkeit der hiesigen Einrichtungen und will Dir zum Beleg die Organisation des Spielsaals im Travellers'-Club beschreiben. Es ist dieser Verein kein eigentlicher Spielclub, sondern, wie sein Name schon anzeigt, ein speziell für Reisende bestimmter, daher auch nur solche *wirkliche* Mitglieder desselben sein können, die eine gewisse bedeutende Anzahl von Meilen auf dem Kontinent gereist oder vielmehr umhergefahren sind, doch findet man eben nicht, daß sie deshalb weniger englisch geworden wären, was ich auch nicht tadeln will. Also, obgleich kein Spielclub, wird doch bei den Travellers sehr hoch Short Whist und Ekarté, aber kein Hasard gespielt.

In unsern Casinos, Ressourcen usw. muß sich der Spiellustige immer erst mühsam eine Partei aussuchen und, sind die Spieltische besetzt, vielleicht stundenlang warten, ehe einer leer wird. Hier ist es Gesetz, daß jeder, der kömmt, sobald an irgendeinem Tische ein Rubber beendigt ist, sogleich in diese Partie eintreten darf und dann der, welcher bereits zwei Rubber nacheinander gespielt, austreten muß. Dies hat auch das Angenehme, daß, wenn man an dem einen Tisch verloren hat und glaubt, das Glück liege am Platze, aufstehen und bald darauf besseres an einem andern aufsuchen kann.

In der Mitte des Saals steht ein Bureau, an welchem ein Commis postiert ist, der klingelt, sobald man etwas von den Waiters verlangt, die Rechnung führt, auch bei streitigen Fällen die klassischen Werke über das Whist herbeibringt. Denn nie wird auch das geringste Versehen gegen die Regel, ohne die darauf gesetzte Strafe zur Folge zu haben, durchgelassen, was allerdings für den, der nur zur Unterhaltung spielen will, etwas peinlich wird, aber doch eigentlich zweckmäßig ist und gute Spieler bildet. Derselbe Commis verabreicht auch jedem Spieler die Marken. Um nämlich der großen Unannehmlichkeit auszuweichen, mit einem bösen Zahler zusammenzukommen, der zwar viel verliert, aber nichts berichtigt, und solche gibt es in England nicht weniger als anderwärts, so ist der Club selbst der allgemeine Zahler. Bares Geld erscheint (schon der Reinlichkeit wegen sehr angenehm) gar nicht, sondern jeder erhält, sowie er sich zum Spiel hinsetzt, ein Körbchen Marken von verschiedener Form, deren Wert mit Zahlen darauf bemerkt ist und welche der Commis in sein Buch einträgt. Verliert er sie, so verlangt er neue usw. Ehe man weggeht, berechnet man sich mit dem Rechnungsführer, konstatiert entweder den Verlust oder liefert, wenn man gewonnen, die akquirierten Marken aus. In beiden Fällen erhält man über das Resultat eine Karte eingehändigt, die das Duplikat der Berechnung im Kontobuche enthält.

Sobald einer auf diese Weise über hundert Pfund Sterling schuldig ist, muß er den andern Morgen an den Commis Zahlung leisten, dagegen jeder, der etwas zu fordern hat, es zu allen Zeiten realisieren kann.

Ich muß indes, der Wahrheit zu Ehren, bekennen, daß im *Travellers'*-Club diese letzte Regel gegen Fremde sehr schlecht beobachtet und Engländer von seiten des Commis, höchstwahrscheinlich mit stillschweigender Duldung der Direktion, dabei sehr protegiert wurden. Ich selbst und mehrere meiner Freunde haben schon zu verschiedenen Malen, ich wochen- und jene monatelang, keine Zahlung erhalten können, wogegen der Verlust von uns immer sehr pünktlich eingefordert ward und der Commis selbst sich auf unsre Beschwerde damit entschuldigte, daß dieser Engländer sechshundert, jener tausend Pfund Sterling und noch mehr schuldig geblieben oder gar abgereist sei, ohne zu bezahlen, man diese Summen daher jetzt nicht eintreiben könne, welches die Kasse momentan außerstand setze, ihre Verbindlichkeiten zu erfüllen. Dies ist aber nur eine üble Ausnahme und fällt in den andern Clubs, wie ich von allen hörte, nie vor, verdiente aber eben deshalb auch eine öffentliche Rüge.

Es wäre sehr zu wünschen, daß wir in unsern deutschen Städten die Organisation der englischen Clubs nachahmten, welches, wenn auch mit weniger Luxus, weil wir ärmer sind, doch im wesentlichen sehr tunlich wäre – dabei aber auch den Engländern insofern Gleiches mit Gleichem vergölten, daß wir nicht ewig vor ihrem Gelde und Namen in einer kindisch-sklavischen Admiration auf den Knien lägen, sondern ihnen mit aller Humanität und immer noch mit mehr Artigkeit, als sie uns in England bezeigen, doch fühlen ließen, daß wir Deutsche in Deutschland Herren vom Hause sind und folglich mehr Ansehn zu behaupten und zu fordern haben als sie, die ohnedies nur zu uns kommen, entweder um zu sparen oder sich ein wenig abzuhobeln und vornehme Liaisons zu formieren, die ihnen bei mittlerem Stande zu Hause verschlossen bleiben, oder mit Behaglichkeit sich zu überzeugen, daß, den *physischen* Lebensgenuß betreffend, wir gegen sie noch halbe Barbaren sind.

Es ist in der Tat unbegreiflich und ein wahres Zeichen, daß es hinreichend ist, uns nur schlecht und geringschätzend zu behandeln, um von uns verehrt zu werden, daß bei uns, wie schon erwähnt, der bloße Name Engländer statt des höchsten Titels dient, weshalb auch jeden Augenblick ein Mensch, der in England, wo die ganze Gesellschaft bis zur niedrigsten Stufe hinab so schroff aristokratisch ist, kaum in den vulgärsten Zirkeln Einlaß erhält, in deutschen Ländern bei Hofe und vom vornehmsten Adel fetiert und auf den Händen getragen, jede seiner Verstöße und Unbehülflichkeiten aber als eine liebenswürdige englische Originalität angesehen wird, bis zufällig ein wirklich angesehener Engländer in den Ort kömmt und man nun mit Erstaunen erfährt, daß man nur einem Fähndrich auf half-pay oder gar einem reichen Schneider oder Schuster so viel Ehre erwiesen hat. Ein solches niedres Individuum ist indessen doch wenigstens höflich, die Impertinenz mancher Vornehmen dagegen geht wirklich über jeden Begriff.

Ich weiß, daß in einer der größten Städte Deutschlands ein liebenswürdiger Prinz des K... Hauses, der noch zu sehr Angloman ist, weil er die Engländer nicht in ihrem Lande gesehen und sie nur nach seiner eigenen jovialen Ritterlichkeit beurteilt, übrigens auch ihre Pferde und Wagen mit Recht liebt, einen englischen Viscount, der kaum angekommen und ihm noch nicht präsentiert worden war, zur Jagd einladen ließ, worauf dieser erwiderte, er könne davon nicht profitieren, denn der Prinz sei ihm ganz unbekannt. Es ist wahr, daß einem Fremden in England nie eine solche Artigkeit geboten werden würde, wo die Einladung eines

Großen zu einem einzigen *Mittagsessen* (denn mit Einladungen zu Soirees und Routs etc. ist man, um das Haus zu füllen, sehr freigebig) schon als die ausgezeichnetste Ehrenbezeigung von ihm betrachtet wird, die er selbst vornehmen Fremden erzeigen zu können glaubt und welche immer entweder eine schon lange dauernde Bekanntschaft oder gewichtige schriftliche Empfehlung voraussetzt – eine solche Zuvorkommenheit aber, wenn sie einmal durch ein Wunder in England stattfände, so aufzunehmen wie dieser tölpische Lord, würde gewiß keinem gebildeten Mann auf dem ganzen Kontinent möglich sein.*

den 23.

Eine sonderbare Sitte in England ist das stete Eingreifen der Zeitungen in das Privatleben. Wer von irgend einiger Bedeutung ist, sieht sich nicht nur bei den abgeschmacktesten Kleinigkeiten, z. B. wo er einem Diner oder Abendgesellschaft beigewohnt, ob er verreist ist usw., namentlich aufgeführt (was manche Fremde mit großer Selbstgefälligkeit lesen), sondern er wird auch, arriviert ihm irgend etwas der Rede Wertes, ohne Scheu damit ausgestellt und ad libitum beurteilt. Persönliche Feindschaft hat dabei ebenso leichtes Spiel als die Versuche, Freunde geltend zu machen, ja, gar viele benutzen die Zeitungen zu Artikeln für ihren Vorteil, die sie selbst liefern, und die fremden Gesandtschaften kultivieren diese Branche angelegentlichst.

Man sieht, welche gefährliche Waffe sie abgibt, aber glücklicherweise führt das Gift auch gleich sein Gegengift bei sich, und dieses besteht in der Gleichgültigkeit, in der allgemeinen Blasierung, mit der dergleichen vom Publikum aufgenommen wird. Ein Zeitungsartikel, nach dem sich ein Kontinentaler drei Monate lang nicht würde sehen lassen mögen, erweckt hier höchstens ein momentanes Lächeln der Schadenfreude und ist schon am nächsten Tage vergessen.

So mokiert man sich seit vier Wochen fast täglich über das Duell eines hiesigen Lords, bei dem dieser eben keine Heldentaten ausgeführt haben soll, mit den empfindlichsten Bemerkungen und Folgerungen über das Kaliber seiner Tapferkeit, ohne daß er dadurch gehindert wird, so unbefangen und gesellschaftlich als möglich zu bleiben. Auch mir, von dem die Engländer, wie von jedem Heiratsfähigen, der hierherkömmt, steif und fest glauben, es geschehe nur, um eine reiche Engländerin zur Frau zu suchen, hat man einen coup fourré machen wollen und einen satirischen Artikel, jene Materie berührend, aus einer heimatlichen Fabrik erborgt und in verschiedene hiesige Zeitungen gesetzt. Ich

* *Laß mich hier ein für allemal bemerken, daß, wer England nur nach seinem Aufenthalte daselbst im Jahre 1813 beurteilt, sich ganz darüber irren muß, denn damals war eine Epoche des Enthusiasmus, eine grenzenlose Freude der ganzen Nation, von ihrem gefährlichsten Feinde durch uns befreit worden zu sein, die sie zum ersten und vielleicht letzten Male allgemein liebenswürdig machte.*

bin aber schon längst in der Schule eines alten Praktikers in diesem Punkt aguerriert worden und lachte daher selbst zuerst am lautesten darüber, indem ich öffentlich harmlose Scherze über mich und andere dabei nicht sparte. Dies ist das einzige sichre Mittel, dem Ridicule in der Welt zu begegnen, denn zeigt man sich empfindlich oder embarrassiert, dann erst wirkt das Gift, sonst verdampft es wie kaltes Wasser auf einem glühenden Stein. Das verstehen auch die Engländer vortrefflich.

Den heutigen Abend brachte ich, meinem Vorsatze getreu, in Drury Lane zu, wo ich mit Erstaunen den alten Braham immer noch als ersten Sänger und Liebhaber mit gleichem Beifall in derselben Rolle auftreten sah, die er, schon vor zwölf Jahren ein alter Mann, den Tag vor meiner Abreise aus England als Benefiz erwählt hatte. Ich fand auch wenig Unterschied in seinem Gesang, außer, daß er noch etwas ärger schrie und noch etwas mehr Rouladen als damals machte, um den Mangel der Stimme zu verdecken. Er ist ein Jude, und, wie ich fast glaube, der Ewige, da er nicht zu altern scheint. Übrigens ist er der wahre Repräsentant der englischen Gesangmanier und besonders in Volksgesängen der enthusiastisch verehrte Günstling des Publikums.

Große Kraft und Geläufigkeit der Stimme und gründliche Musikkenntnis ist ihm nicht abzusprechen, aber geschmackloser kann keine Methode sein.

Als Primadonna sang Miss Paton, eine recht angenehme, aber nicht ausgezeichnete Sängerin. Sie ist schön gewachsen und nicht häßlich, dabei sehr beliebt und, was *uns* sonderbar vorkommen möchte, an Lord W... L... verheiratet, dessen Namen sie in der Familie und im gewöhnlichen Leben führt. Auf dem Theater aber wird sie wieder Miss Paton und als solche bezahlt, welches bei der Armut des Lords nicht zu umgehen sein mag.*

Was den Fremden in den hiesigen Theatern gewiß am meisten auffallen muß, ist die unerhörte Roheit und Ungezogenheit des Publikums, weshalb auch, außer der italienischen Oper, wo sich nur die höchste und bessere Gesellschaft vereinigt, diese Klasse nur höchst selten und einzeln die Nationaltheater besucht, ein Umstand, von dem es noch zweifelhaft sein möchte, ob er gut oder nachteilig auf die Bühne selbst wirkt.

Englische Freiheit also artet hier in die gemeinste Lizenz aus, und es ist nichts Seltenes, mitten in der ergreifendsten Stelle einer Tragödie, oder während der reizendsten Cadence der Sängerin, mit Stentorstimme eine Zote ausrufen zu hören, der, nach Stimmung der Umstehenden, in der Galerie und obern Logen, entweder Gelächter und Beifallsgeschrei oder eine Prügelei und Herauswerfen des Beleidigers folgt.

In jedem der beiden Fälle hört man aber lange nichts mehr vom Theater, wo Schauspieler und Sänger sich jedoch

* *Es ist wahr, daß in neuerer Zeit unsre liebliche Sontag, die Souveränin des Gesanges, etwas Ähnliches getan, indem sie sich, wie es scheint, den Grafen R... an ihre linke Hand hat antrauen lassen.*

aus alter Gewohnheit von dergleichen keineswegs unterbrechen lassen, sondern comme si de rien n'était ruhig fortdeklamieren oder mit der Stimme wirbeln. Und solches fällt nicht *ein*mal, nein, zwanzigmal während einer Vorstellung vor und belustigt manche mehr als diese. Es ist auch nichts Seltenes, daß jemand die Reste seines Goutés, welches nicht immer aus Orangenschalen besteht, ohne weiteres auf die Köpfe der Zuschauer ins Parterre wirft oder künstlich in eine Loge abschießt, während andere ihre Röcke und Westen über den dritten Ranglogen aushängen und in Hemdärmeln sitzen bleiben, kurz, alles, was bei dem berühmten Wisotzki in Berlin unter den Handwerksburschen, zur bessern Aufregung einer phlegmatischen Harmoniegesellschaft, vorfallen soll, trifft man auch in Großbritanniens Nationaltheater an.

Ein zweiter Grund, der anständige Familien abhalten muß, sich hier sehen zu lassen, ist die Konkurrenz mehrerer hundert Freudenmädchen, welche, von der unterhaltenen Dame an, die sechstausend Pfund Sterling jährlich verzehrt und ihre eigne Loge hat, bis zu denen, die auf der Straße unter freiem Himmel bivouaquieren, in allen Gradationen erscheinen und in den Zwischenakten die großen und ziemlich reichverzierten Foyers anfüllen, wo sie alle ihre Effronterie schrankenlos zur Schau tragen.

Es ist sonderbar, daß diese Verhältnisse in keinem Lande der Erde schamloser öffentlich affichiert werden als in dem religiösen und dezenten England. Dies geht so weit, daß man sich oft im Theater dieser widrigen Venuspriesterinnen, besonders wenn sie betrunken sind, was nicht selten der Fall ist, kaum erwehren kann, wobei sie auch auf die unverschämteste Weise betteln, so daß man oft das hübscheste und bestgekleidetste junge Mädchen sieht, die nicht verschmäht, einen Schilling oder Sixpence, gleich der niedrigsten Bettlerin, anzunehmen, um am Büffet ein halbes Glas Rum oder Gingerbeer dafür zu trinken – und so etwas geht, ich wiederhole es, in dem Nationaltheater der Engländer vor, wo ihre höchsten dramatischen Talente sich entwickeln sollen, wo unsterbliche Künstler, wie Garrick, Mrs. Siddons, Miss O'Neill, durch ihre Vortrefflichkeit entzückten und wo noch jetzt Heroen wie Kean, Kemble und Young auftreten! Ist das nicht im höchsten Grade unwürdig und alles zusammen ein neuer schlagender Beweis, daß Napoleon nicht unrecht hatte, wenn er die Engländer eine Nation prosaischer Shopkeepers nannte? Wenigstens kann man ihr im allgemeinen wahre Kunstliebe keck absprechen, weshalb auch die Roheiten, von denen ich früher sprach, fast nie aus irgendeiner Teilnahme an der Darstellung selbst entstehen (denn höchstens betreffen sie eine persönliche Intrige gegen oder für einen Schauspieler), sondern fast immer nur ein ganz fremdes Motiv haben, das mit der Bühne nicht im mindesten konkurriert.

Der ...sche Gesandte hatte mich nach dem Theater begleitet und erzählte mir, als wir im Foyer umherspazierten und die Anwesenden die Musterung passieren ließen, manche nicht uninteressante Partikularitäten über diese und jene der defilierenden Schönheiten. Der unglaubliche Leichtsinn und die wundervollen Glückswechsel dieser Geschöpfe waren mir dabei am merkwürdigsten.

»Diese mit den schmachtenden Augen«, sagte er, »kömmt eben aus der Kingsbench, wo sie wegen achttausend Pfund Sterling Schulden ein Jahr gesessen, dort aber ihr Metier immer fortgetrieben und, Gott weiß wie, endlich doch Mittel gefunden hat, sich zu befreien. Sie hat einen sonderbaren Fehler für ihren Stand, nämlich sentimental zu sein« (ich glaube fast, der Baron wollte mir zu verstehen geben, dies aus Erfahrung zu wissen), »und in solchen Anwandlungen gibt sie einem Geliebten zehnmal mehr, als sie von ihrem Entreteneur erhält. Ich weiß sehr vornehme Leute«, setzte er hinzu, »die dies unverantwortlich gemißbraucht haben, und ich zweifle nicht, daß bei der ersten Gelegenheit dieser Art sie bald wieder ihr altes Logis im Freistaat der Kingsbench beziehen wird.

Hier diese etwas verblühte Schönheit«, fuhr er fort, »habe ich noch vor zehn Jahren mit einem Luxus leben sehen, den wenige meiner Kollegen nachahmen können. Weit entfernt, das Geringste von ihren damaligen Reichtümern zurückzulegen, hat sie alles mit wahrer Leidenschaft fortwährend zum Fenster hinausgeworfen und wird Ihnen doch heute sehr verbunden sein, wenn Sie ihr mit einem Schilling unter die Arme greifen wollen.«

Den Gegensatz zu dieser Armen zeigte er mir nachher in einer der ersten Logen, ein reizendes Weib vom besten Anstand, die einen Mann mit zwanzigtausend Pfund Sterling Revenuen geheiratet hat und noch vor geringer Zeit für *eine* dieser Guineen jedem alles war, was sie sein konnte. Diese Heiraten sind überhaupt hier häufiger als irgendwo und schlagen sonderbarerweise meistens recht gut aus. So machte mich mein Begleiter noch auf eine vierte Dame aufmerksam, eine bekannte Ballettänzerin, die sich ebenfalls sehr reich verheiratet hatte und mit ihrem Manne noch immer sehr glücklich lebt, obgleich dieser vor kurzem Bankerott gemacht und sie dadurch wieder arm werden lassen, ja vielleicht in eine noch drückendere Lage als früher gebracht hat.

Das war ein guter Probierstein für Herz und Kopf, welche, bei *dieser* Tänzerin wenigstens, in der Ausbildung mit den Beinen gewetteifert haben müssen.

Die geschilderte Sittenlizenz erstreckt sich auch bis auf die Bühne selbst, wo man oft so grobe Zweideutigkeiten in Worten und selbst in Gesten zu hören und zu sehen bekömmt, daß man nicht mehr zu sehr darüber erstaunen kann, in den alten Memoiren zu lesen, was weiland die Jungfraukönigin sich von dieser Art gefallen ließ.

Lebe wohl.

Ewig der Deine, L...

Sechster Brief

London, den 25. November 1826

Geliebteste!

Es ist mir zuweilen ein wahres Bedürfnis, einen Tag ganz allein zu Haus zuzubringen und dann großenteils in einer Art von träumerischem Hinbrüten zu durchleben, wo ich so lange Vergangenes und Neues und alle Affekte durchlaufe, bis durch die Mischung so vieles Bunten *eine* Nebelfarbe sich über alles breitet und die Dissonanzen des Lebens sich am Ende in eine sanfte, objektlose Rührung auflösen. Recht unterstützt wird man hier in solcher Stimmung durch die mir sonst sehr unausstehlichen Drehorgeln, die Tag und Nacht in allen Straßen ertönen. Auch sie leiern im wilden Wirbel hundert Melodien untereinander, bis alle Musik sich in ein träumerisches Ohrenklingen verliert.

Amüsanter ist dagegen ein anderes hiesiges Straßenspiel, eine echte Nationalkomödie, die eine etwas genauere Beleuchtung verdient und mir auch heute von unter meinen Fenstern heitere Zerstreuung heraufgeschickt hat.

Es ist dies Punch, der englische, ganz vom italienischen verschiedene Pulcinella, dessen getreue Abbildung ich hier

PUNCH

PUNCH

beifüge, wie er eben seine Frau totschlägt, denn er ist der gottloseste Komiker, der mir noch vorgekommen ist, und so komplett ohne Gewissen wie das Holz, aus dem er gemacht ist, und ein wenig auch die Klasse der Nation, welche er repräsentiert.

Punch hat, wie sein Namensvetter, auch etwas von Arrak, Zitronen und Zucker in sich, stark, sauer und süß, und dabei von einem Charakter, der dem Rausche, welchen jener herbeiführt, ziemlich gleich ist. Er ist überdies der vollendetste Egoist, den die Erde trägt, et ne doute jamais de rien. Mit dieser unbezwingbaren Lustigkeit und Laune besiegt er auch alles, lacht der Gesetze, der Menschen, und selbst des Teufels, und zeigt in diesem Bilde zum Teil, was der Engländer *ist*, zum Teil, was er *sein möchte*, nämlich Eigennutz, Ausdauer, Mut und, wo es sein muß, rücksichtslose Entschlossenheit auf der vaterländischen Seite, unerschütterlichen leichten Sinn und stets fertigen Witz auf der ausländischen – aber erlaube, daß ich, sozusagen mit Punchs eignen Worten, ihn weiter schildere und aus seiner Biographie noch einige fernere Nachrichten über ihn mitteile.

Als ein Nachkomme Pulcinellas aus Acerra ist er fürs erste unbezweifelt ein alter Edelmann, und Harlekin, Clown, der deutsche Kasperle selbst usw. gehören zu seiner nahen Vetterschaft, er jedoch paßt, wegen seiner großen Kühnheit, am besten zum Familienchef. Fromm ist er leider nicht, aber als guter Engländer geht er doch ohne Zweifel sonntags in die

Kirche, wenn er auch gleich darauf einen Priester totschlägt, der ihn zu sehr mit Bekehrungsversuchen ennuyiert. Es ist nicht zu leugnen, Punch ist ein wilder Kerl, keine sehr moralische Personage und nicht umsonst von Holz. Niemand z. B. kann besser boxen, denn fremde Schläge fühlt er nicht, und seine eignen sind unwiderstehlich. Dabei ist er ein wahrer Türke in der geringen Achtung menschlichen Lebens, leidet keinen Widerspruch und fürchtet selbst den Teufel nicht. Dagegen muß man aber auch in vieler andern Hinsicht seine großen Eigenschaften bewundern. Seine admirable Herzensunempfindlichkeit und schon gepriesene, stets gute Laune, sein heroischer Egoismus, seine nicht zu erschütternde Selbstzufriedenheit, sein nie versiegender Witz und die konsumierte Schlauheit, mit der er aus jedem mauvais pas sich zu ziehen und zuletzt als Sieger über alle Antagonisten zu triumphieren weiß, werfen einen glänzenden Lustre über alle die kleinen Freiheiten, die er sich im übrigen mit dem menschlichen Leben herauszunehmen pflegt. Man hat in ihm eine Verschmelzung von Richard III. und Falstaff nicht ganz mit Unrecht gefunden. In seiner Erscheinung vereinigt er auch die krummen Beine und den doppelten Höcker Richards mit der angehenden Beleibtheit Falstaffs, zu welcher noch die italienische lange Nase und die feuersprühenden schwarzen Augen sich gesellen.

Seine Behausung ist ein auf vier Stangen gestellter Kasten mit gehörigen innern Dekorationen, ein Theater, das in wenigen Sekunden am beliebigen Orte aufgeschlagen wird und dessen über die Stangen herabgelassene Draperie Punchs Seele verbirgt, die seine Puppe handhabt und ihr die nötigen Worte leiht. Dieses Schauspiel, in dem er täglich, wie gesagt, in der Straße auftritt, variiert daher auch nach dem jedesmaligen Talente dessen, der Punch dem Publikum verdolmetscht, doch ist der Verlauf desselben im wesentlichen sich gleich und ohngefähr folgender.

Sowie der Vorhang aufrollt, hört man hinter der Szene Punch das französische Liedchen Malbrough s'en va-t-en guerre trällern, worauf er selbst tanzend und guter Dinge erscheint und in drolligen Versen die Zuschauer benachrichtigt, wes Geistes Kind er sei. Er nennt sich einen muntern, lustigen Kerl, der gern Spaß mache, aber nicht viel von andern verstehe, und wenn er ja sanft werde, ihm dies nur vis-à-vis des schönen Geschlechts arriviere. Sein Geld vertue er frank und frei, und seine Absicht sei überhaupt, das ganze Leben hindurch zu lachen und dabei so fett als möglich zu werden. Mit den Mädchen sei er allerdings ein Versucher und Verführer, auch, solange er es habe, ein Freund der bonne chère, wenn er nichts habe, aber auch bereit, von Baumrinde zu leben, und stürbe er einmal – nun, so sei's eben weiter nichts, als daß es aus sei, und damit habe denn die Komödie von Punch ein Ende. (Dies letzte riecht ohne Zweifel ein wenig nach Atheismus.)

Nach diesem Monolog ruft er in die Szene hinein nach Judy, seiner jungen Frau, welche aber nicht hören will und statt ihrer endlich nur ihren Hund schickt. Punch streichelt und schmeichelt ihm, wird aber von dem bösen Köter in die Nase gebissen und so lange daran festgehalten, bis nach einer lächerlichen Balgerei und verschiedenen starken Späßen des nicht allzu diskreten Punch dieser endlich den Hund abwehrt und derb abstraft.

Der Hausfreund Scaramuz tritt noch während diesem Lärmen mit einem großen Prügel ein und setzt sogleich Punch zur Rede, warum er Judys Lieblingshund geschlagen, der *nie* jemanden beiße. »Auch ich schlage *nie* einen Hund«, erwiderte Punch, »aber«, fährt er fort, »was habt Ihr selbst denn da in der Hand, lieber Scaramuz?« – »O nichts als eine Geige, wollt Ihr vielleicht ihren Ton probieren? Kommt nur einmal her und vernehmt das herrliche Instrument.« – »Danke, danke, lieber Scaramuz«, erwidert Punch bescheiden, »ich unterscheide die Töne schon vortrefflich von weitem.« Scaramuz läßt sich jedoch nicht abweisen, und indem er, sich mit Gesang akkompagnierend, herumtanzt und seinen Prügel schwingt, gibt er, bei Punch vorbeikommend, diesem wie von ungefähr einen derben Schlag auf den Kopf. Punch tut, als merke er gar nichts davon, fängt aber auch zu tanzen an, und seinen Vorteil wahrnehmend, reißt er plötzlich Scaramuz den Stock aus der Hand und gibt ihm, gleich zum Anfang, einen solchen Schlag damit, daß dem armen Scaramuz der Kopf vor die Füße rollt – denn wo Punch hinschlägt, da wächst kein Gras. »Haha«, ruft er lachend, »hast du die Geige vernommen, mein guter Scaramuz, und was für einen schönen Ton sie hat! Solange du lebst, mein Junge, wirst du keinen schönern mehr vernehmen. – Aber wo bleibt denn meine Judy. Meine süße Judy, warum kommst denn du nicht?«

Unterdes hat Punch Scaramuz' Leiche hinter einem Vorhang verborgen, und Judy, der weibliche Pendant ihres Mannes, mit ebensoviel Buckeln und noch monströserer Nase, tritt auf. Eine zärtlich komische Szene erfolgt, nach der Punch nun auch nach seinem Kinde verlangt. Judy geht, es zu holen, und Punch ekstasiert sich währenddem in einem zweiten Monolog über sein Glück als Ehemann und Vater. Sobald das kleine Ungeheuer ankömmt, können beide vor Freude sich kaum fassen und verschwenden die zärtlichsten Namen und Liebkosungen an dasselbe. Judy geht jedoch, häuslicher Geschäfte wegen, bald wieder ab und läßt den Säugling in des Vaters Armen, der, etwas ungeschickt, die Amme nachahmen und mit dem Kinde spielen will; dies fängt aber an, jämmerlich zu schreien und sich sehr unartig zu gebärden. Punch sucht es erst zu besänftigen, wird aber bald ungeduldig, schlägt es, und da es nun nur immer ärger schreit und ihm zuletzt gar etwas in den Händen zurückläßt, wird er wütend und wirft es unter Verwünschungen zum Fenster hinaus, direkt auf die Straße, wo es mitten unter den Zuschauern den Hals bricht. Punch biegt sich weit über die Bühne hinaus, ihm nachzusehen, macht einige Grimassen, schüttelt mit dem Kopf, fängt an zu lachen und singt tanzend:

Eiapopeia, mit dem Kindlein war's aus,
Du schmutziges Ding, pack dich fort aus dem Haus,
Bald mach ich ein andres, das wird mir nicht schwer,
Von wo du herkamst, kommen andere noch her.

Indem kehrt Judy zurück und fragt bestürzt nach ihrem Darling. »Das Kind ist schlafen gegangen«, erwidert Punch gelassen, doch nach fortgesetzter Inquisition muß er endlich gestehen, daß es ihm während *dem Spielen mit ihm* von ungefähr aus dem Fenster gefallen sei. Judy gerät außer sich, reißt sich die Haare aus und überhäuft ihren grausamen Tyrannen mit den schrecklichsten Vorwürfen. Vergebens verspricht er ihr la pace di Marcolfa*, sie will von nichts hören, sondern läuft unter heftigen Drohungen davon.

Punch hält sich den Bauch vor Lachen, tanzt umher und schlägt vor Übermut mit dem eignen Kopfe den Takt an den Wänden dazu, indem er singt:

Welcher tolle Lärmen um *nichts*,
Wegen des kleinen elenden Wichts!
Warte nur, Judy, dich will ich bekehren,
Will dir bald andere Mores lehren. –

Unterdessen ist aber hinter ihm Judy schon mit einem Besenstiel angelangt und arbeitet sogleich aus allen Kräften auf ihn los.

Er gibt erst sehr gute Worte, verspricht, nie wieder ein Kind aus dem Fenster zu werfen, bittet, doch den *»Spaß«* nicht so hoch aufzunehmen – als aber nichts fruchten will, verliert er abermals die Geduld und endet wie mit Scaramuz, indem er die arme Judy totschlägt. »Nun«, sagt er ganz freundlich, »unser Streit ist aus, liebe Judy, bist du zufrieden, ich bin's auch. Na, so steh nur wieder auf, gute Judy. Ach, verstell dich nicht, das ist nur so eine von deinen Finten! Wie, du willst nicht auf? nun, so pack dich hinunter!« – und damit fliegt sie ihrem Kinde nach auf die Straße.

Er sieht ihr nicht einmal nach, sondern in sein gewöhnliches schallendes Gelächter ausbrechend, ruft er: »Ein Weib zu verlieren ist eine bonne fortune!« und singt dann:

Wer möchte sich mit einem Weibe plagen,
Wenn er sich Freiheit schaffen kann,
Und sie mit Messer oder Stock erschlagen
Und über Bord sie werfen kann.

Im zweiten Akt sehen wir Punch in einem Rendezvous mit seiner Mätresse Polly begriffen, der er nicht auf die anständigste Weise die Cour macht und dabei versichert, daß *sie* nur alle seine Sorgen verscheuchen könne, und wenn er auch sämtliche Weiber des weisen Salomo hätte, er sie ihr zuliebe doch alle totschlagen würde. Ein Hofmann und

* *Jeder weiß in Italien, was la pace di Marcolfa bedeutet. Das gute Weib des ehrlichen Bertoldo (in dem alten Roman dieses Namens) sagte nämlich zur Königin: Wenn sie und ihr Mann sich den Tag über gezankt hätten, machten sie den Abend wieder Friede, und dieser Friede wäre ihr so angenehm, daß sie öfters nur deshalb Zänkereien anfinge.*

Freund seiner Polly macht ihm darauf noch eine Visite, den er diesmal nicht umbringt, sondern nur zum besten hat, sich dann langweilt und erklärt, das schöne Wetter zu einem Spazierritt benutzen zu wollen. Ein wilder Hengst wird vorgeführt, mit dem er eine Zeitlang lächerlich umhercaracoliert, zuletzt aber durch entsetzliches Bocken des unbezähmbaren Tieres abgeworfen wird. Er schreit um Hülfe, und sein glücklicherweise eben vorbeigehender Freund, der Doktor, läuft schnell herbei. Punch liegt da wie halb tot und jammert entsetzlich. Der Doktor sucht ihn zu beruhigen, fühlt an seinen Puls und fragt: »Wo seid Ihr denn eigentlich beschädigt, hier?« – »Nein, tiefer.« – »An der Brust?« – »Nein, tiefer.« – »Ist Euer Bein gebrochen?« – »Nein, höher.« – »Wo denn?« In dem Augenblick gibt aber Punch dem armen Doktor einen schallenden Schlag auf eine gewisse Partie, springt lachend auf und singt tanzend:

Hier ist der Fleck, wo ich verwundet
Und jetzt durch Sympathie gesundet;
Ich fiel ja nur ins grüne Gras,
Glaubt, Esel Ihr, ich sei von Glas?

Der wütende Doktor ist, ohne ein Wort weiter zu erwidern, weggelaufen, kömmt gleich darauf mit seinem großen Stocke mit goldnem Knopfe wieder, und indem er ausruft: »Hier, lieber Punch, bringe ich Euch heilsame Medizin, wie sie für Euch allein paßt«, läßt er besagten Stock, noch nachdrücklicher als Judy, wie einen Dreschflegel auf Punch'ns Schultern arbeiten.

»O weh«, schreit dieser, »tausend Dank, ich bin ja schon gesund, ich vertrage überhaupt gar keine Medizin, sie gibt mir immer gleich Kopf- und Hüftenweh ...« – »Ach, das ist nur, weil Ihr noch eine zu geringe Dosis davon zu Euch genommen habt«, unterbricht ihn der Doktor, »nehmt immer noch eine kleine Gabe, und es wird Euch gewiß besser werden.«

P.: »Ja, so sprecht ihr Doktoren immer, aber versucht es doch einmal selbst.«

D.: »Wir Doktoren nehmen nie unsere eigene Medizin. Doch *Ihr* braucht jedenfalls noch einige Dosen.«

Punch scheint besiegt, fällt entkräftet hin und bittet um Gnade; als sich aber der leichtgläubige Doktor zu ihm herabbeugt, stürzt ihm Punch mit Blitzesschnelle in die Arme, ringt mit ihm und entreißt ihm endlich den Stock, mit dem er dann wie gewöhnlich verfährt.

»Jetzt«, ruft er, »werdet Ihr doch auch ein wenig von Eurer schönen Medizin versuchen müssen, wertester Doktor, nur ein ganz klein wenig, geehrtester Freund. So ... und so ...«

»O Gott, sie bringt mich um ...«, schreit der Doktor.

»Nicht der Rede wert, es ist einmal so gebräuchlich. Doktoren sterben immer, wenn sie von ihrer eignen Medizin genießen. Nur lustig, hier, noch *eine*, und die *letzte* Pille.« Er stößt ihm den Stock mit der Spitze in den Magen. »Fühlt Ihr die Wirkung dieser wohltätigen Pille in Eurem Innern?«

Der Doktor fällt tot hin.

Punch, lachend: »Nun, guter Freund, kuriert Euch selbst, wenn Ihr könnt!«

(Geht singend und tanzend ab.)

Nach mehreren Aventuren, die fast alle einen solchen tragischen Ausgang nehmen, wird endlich die Gerechtigkeit wach und dem Punch ein Konstabler zugesendet, um ihn zu arretieren. Dieser findet ihn, wie immer, in der besten Laune und eben beschäftigt, sich mit Hülfe einer großen Rindviehglocke, wie er sagt, Musik zu machen (eigentlich ein sehr naives Geständnis der Musikkapazität der Nation). Der Dialog ist kurz und bündig.

Konstabler: »Mr. Punch, laßt einmal Musik und Singen ein wenig beiseite, denn ich komme, Euch aus dem letzten Loche singen zu lassen.«

Punch: »Wer Teufel, Kerl, seid Ihr?«

K.: »Kennt Ihr mich nicht?«

P.: »Nicht im geringsten, und fühle auch gar kein Bedürfnis, Euch kennenzulernen.«

K.: »Oho, Ihr müßt aber. Ich bin der Konstabler.«

P.: »Und wer, mit Verlaub, hat zu Euch geschickt, um Euch holen zu lassen?«

K.: »Ich bin geschickt, um Euch holen zu lassen.«

P.: »Allons, ich brauche Euch ganz und gar nicht; ich kann meine Geschäfte allein verrichten, ich danke Euch vielmals, aber ich brauche keinen Konstabler.«

K.: »Ja, aber zufällig braucht der Konstabler Euch.«

P.: »Den Teufel auch, und für was denn, wenn ich bitten darf?«

K.: »Oh, bloß um Euch hängen zu lassen. – Ihr habt Scaramuz totgeschlagen, Euer Weib und Kind, den Doktor ...«

P.: »Was, Henker, geht Euch das an? bleibt Ihr noch viel länger hier, so werde ich's mit Euch ebenso machen.«

K.: »Macht keine dummen Späße. Ihr habt Mord begangen, und hier ist der Verhaftsbefehl.«

P.: »Und ich habe auch einen Befehl für Euch, den ich Euch gleich notifizieren will.« Punch ergreift die bisher hinter sich gehaltene Glocke und schlägt dem Konstabler damit dermaßen auf das Occiput, daß er, wie seine Vorgänger, leblos umsinkt, worauf Punch mit einer Kapriole davonspringt, indem man ihn noch hinter der Szene jodeln hört:

Der Krug geht zu Wasser,
So lang bis er bricht,
Ein lustiger Prasser
Bekümmert sich nicht.

Der Gerichtsbeamte, welcher nach dem Tode des Konstablers gesendet wird, Punch zu verhaften, hat dasselbe Schicksal wie jener, bis endlich der Henker in eigner Person Punch aufpaßt, welcher in seiner lustigen Unbefangenheit, ohne ihn zu sehen, selbst an ihn anrennt. Zum ersten Mal scheint er bei dieser Rencontre betroffen, gibt sehr klein zu und schmeichelt Herrn Ketsch nach Kräften, nennt ihn seinen alten Freund und erkundigt sich auch sehr angelegentlich nach dem Befinden seiner lieben Gemahlin, Mistress Ketsch.

Der Henker aber macht ihm schnell begreiflich, daß jetzt alle Freundschaft ein Ende haben müsse, und hält ihm vor, welch ein schlechter Mann er sei, so viel Menschen und selbst sein Weib und Kind getötet zu haben.

»Was die letzteren betrifft, so waren sie mein Eigentum«, verteidigt sich Punch, »und jedem muß es überlassen bleiben, wie er dies am besten zu nutzen glaubt.« – »Und warum tötetet Ihr den armen Doktor, der Euch zu Hülfe kam?« – »Nur in Selbstverteidigung, wertester Herr Ketsch, denn er wollte mich auch umbringen.« – »Wieso?« – »Er offerierte mir von seiner Medizin.«

Doch alle Ausflüchte helfen nichts. Drei bis vier Knechte springen hervor und binden Punch, den Ketsch ins Gefängnis abführt.

Wir sehen ihn im nächsten Auftritt im Hintergrunde der Bühne aus einem eisernen Gitter den Kopf vorstrecken und sich die lange Nase an den Eisenstangen reiben. Er ist sehr entrüstet und verdrießlich, singt sich aber doch nach seiner Manier ein Liedchen, um die Zeit zu vertreiben. Mr. Ketsch tritt auf und schlägt mit seinen Gehülfen vor dem Gefängnisse einen Galgen auf. Punch wird kläglich, fühlt aber statt der Reue doch nur eine Anwandelung großer Liebe und Sehnsucht nach seiner Polly; er ermannt sich indes bald wieder und macht sogar verschiedene Bonmots über den hübschen Galgen, den er mit einem Baume vergleicht, den man wahrscheinlich zum bessern Prospekt für ihn hierher gepflanzt habe. »Wie schön wird er erst werden«, ruft er aus, »wenn er Blätter und Früchte bekömmt!« Einige Männer bringen jetzt einen Sarg, den sie an den Fuß des Galgens hinstellen.

»Nun, was soll das vorstellen?« frägt Punch . . ., »aha, das ist ohne Zweifel der Korb, um die Früchte hineinzutun.«

Ketsch kehrt währenddem zurück, und indem er Punch grüßt und die Tür aufschließt, sagt er höflich, es sei nun alles bereit, Punch könne kommen, wenn es ihm beliebe. Man kann denken, daß dieser nicht sehr empressiert ist, der Einladung zu folgen. Nach mehreren Hin- und Herreden ruft Ketsch endlich ungeduldig: »Es hülft nun weiter nichts, Ihr müßt heraus und gehangen werden.«

P.: »Oh, Ihr werdet nicht so grausam sein!«

»Warum wart Ihr so grausam, Weib und Kind umzubringen?«

P.: »Aber ist das ein Grund, daß Ihr auch grausam sein und mich auch umbringen müßt?«*

Ketsch bedient sich keiner weitern Gründe als der des Stärkeren und zieht Punch bei den Haaren heraus, der um Gnade fleht und Besserung verspricht.

»Nun, lieber Punch«, sagt Ketsch kaltblütig, »habt bloß die Güte, Euern Kopf in diese Schlinge zu stecken, und alles

* *Welches vortreffliche Argument gegen die Todesstrafe!*

wird schnell zu Ende sein.« Punch stellt sich ungeschickt an und kömmt immer auf die unrechte Weise in die Schlinge. »Mein Gott, wie ungeschickt Ihr seid«, ruft Ketsch, »so müßt Ihr den Kopf hineinstecken« (es ihm vormachend). – »So, und zuziehen«, schreit Punch, der den unvorsichtigen Henker schnell festhält, mit aller Gewalt zuschnürt und mit großer Eile selbst am Galgen aufhängt, worauf er sich hinter die Mauer versteckt.

Zwei Leute kommen, den Toten abzunehmen, legen ihn, in der Meinung, es sei der Delinquent, in den Sarg und tragen ihn fort, während Punch ins Fäustchen lacht und lustig forttanzt.

Doch der schwerste Kampf steht ihm noch bevor, denn der Teufel selbst in propria persona kömmt nun, um ihn zu holen. Vergebens macht ihm Punch die scharfsinnige Bemerkung: er sei doch ein sehr dummer Teufel, seinen besten Freund auf Erden von dort wegholen zu wollen; der Teufel nimmt keine Räson an und streckt seine langen Krallen greulich nach ihm aus. Er scheint schon im Begriff, augenblicklich mit ihm abzufahren, wie mit weiland Faust, aber Punch läßt sich nicht *so* leicht verblüffen! Herzhaft ergreift er seinen mörderischen Prügel und wehrt sich, selbst gegen den Teufel, seiner Haut. Ein fürchterlicher Kampf beginnt, und – wer hätte es für möglich gehalten! Punch, mehrmal seinem Ende nahe, bleibt endlich glücklich Sieger, spießt den schwarzen Teufel auf seinen Stock, hält ihn hoch in die Höhe, und mit ihm jauchzend herumwirbelnd, singt er, herzlicher lachend als je:

Vivat, Punch, aus ist die Not,
Juchhe! der Teufel ist tot.

Ich überlasse Dir alle philosophischen Betrachtungen, deren sich nicht wenige an Punchs Lebenslauf anknüpfen lassen; interessant möchte besonders die Untersuchung sein, wie dieses sich täglich wiederholende, beliebte Volksschauspiel seit so vielen Jahren auf die Moralität des gemeinen Mannes hier eingewirkt haben mag?* –

Zum Schluß skizziere ich am Rand für die tragische Gerechtigkeit noch ein zweites Porträt Punch'ns, wie er im Gefängnis sitzt und der Galgen eben für ihn herbeigebracht wird.

In meinem nächsten Briefe aber erhältst Du alle verlangte Details über B…, welchen frommen Mann ich heute über den interessanten Sünder Punch vergessen habe. Adieu für heute.

* *Dies erinnert mich an die alte Anekdote, wo jemand auf dem St. Markusplatz zu Venedig Pulcinella auf ähnliche Art agieren sah, als ein Pfäfflein daherkam, um eine extemporierte Abendpredigt zu halten. Es wollte sich aber nur ein sehr geringer Zirkel um ihn versammeln, weil alles dem Possenreißer seine Aufmerksamkeit schenkte. »Ah birbànti!« schrie endlich der entrüstete Prediger mit Stentorstimme, indem er sein kleines Kruzifix hoch emporhielt, »lasciate quel c…, venite qua, ecco il vero Pulcinella!«*

den 1. Dezember

Es wird Dir noch gegenwärtig sein, was ich Dir vor einiger Zeit über die Art des Grundverkaufs oder vielmehr Verpachtung desselben schrieb. Da der Eigentümer also nur auf neunundneunzig Jahre Besitz im besten Falle rechnen kann, baut er auch so leicht als möglich, und dies hat zur Folge, daß man öfters in den Londner Häusern seines Lebens nicht sicher ist. So fiel denn auch diese Nacht, ganz nahe von mir in St. James Street, ein gar nicht altes Gebäude plötzlich wie ein Kartenhaus ein und nahm auch die Hälfte des andern noch mit sich, wobei mehrere Menschen gefährlich beschädigt worden sein sollen, aber doch größtenteils noch Zeit zur Rettung fanden, da drohende Vorzeichen sie avertierten. Bei der Schnelligkeit, mit der man hier aufbaut, wird ohne Zweifel das Gebäude in vier Wochen wieder stehen, wenngleich ebenso unsicher wie vorher.

Vor einigen Tagen wohnte ich der interessanten Eröffnung des Parlaments durch den König in Person bei, eine Zeremonie, welche seit mehreren Jahren nicht mehr stattgefunden hat.

In dem Saale des Oberhauses waren in der Mitte die Pairs versammelt, ihre roten Mäntel nur nachlässig über die gewöhnliche Morgenkleidung geworfen. An der vordersten Wand stand der Thron des Königs, auf Gradins links saßen viele Damen im Schmuck, rechts das diplomatische Corps und die Fremden, dem Throne gegenüber sah man eine Barriere und hinter dieser die Mitglieder des Unterhauses in der bürgerlichen Kleidung unsrer Tage. Das Haus außerhalb und die Treppen waren mit Dienern und Herolden im Costume des 14. Jahrhunderts bedeckt.

Um zwei Uhr verkündeten Kanonensalven den Anzug des Königs im großen Staate. Viele prachtvolle Wagen und Pferde bildeten den Zug, von dem ich schon eine Abbildung in mein Erinnerungsbuch aufgenommen* und zum Kontrast einen Triumphzug Cäsars daneben placiert habe. Man frägt sich unwillkürlich bei dem Anblick dieser Bilder, ob die Menschen wohl seitdem wirklich weitergekommen sind. Im Kunstsinn scheint es kaum, besonders wenn man nach den beiden *hervorstechendsten* und den *höchsten* Sitz einnehmenden Personen der respektiven Zeremonie urteilt. Ich meine den königlichen Leibkutscher und Cäsar.

Gegen halb drei Uhr erschien der König, allein von allen in völliger Toilette, und zwar von Kopf bis zu Fuß in den alten Königsornat gekleidet, mit der Krone auf dem Haupt

* *Mein Freund führte eine eigentümliche Idee aus, die seinen Hinterlassenen noch jetzt ein wehmütiges Vergnügen gewährt. Er hatte nämlich viele große Foliobände mit Zeichnungen, Kupfern, Autographien, mitunter auch kleinen Broschüren angefüllt, aber nicht wie gewöhnlich alles durcheinander, sondern nur dasjenige, was er selbst erlebt und gesehen, in derselben Ordnung, wie er es gesehen, darin aufgenommen und jede Abbildung mit einer Note begleitet, deren Totalität zugleich einen kurzen, folgerechten Abriß seines Treibens auf dieser Welt gibt, also einen wahren Lebensatlas, wie er ihn auch manchmal selbst nannte.*

und dem Szepter in der Hand. Er sah blaß und geschwollen aus und mußte lange auf seinem Throne sitzen, ehe er genug zu Atem kommen konnte, um seine Rede abzulesen. Währenddem warf er einigen der begünstigten Damen freundliche Blicke und herablassende Grüße zu. Lord Liverpool stand mit dem Reichsschwerte und der Rede in der Hand ihm zur Seite, auf der andern der Herzog von Wellington. Alle drei sahen aber so elend, aschgrau und abgelebt aus, daß mir nie menschliche Größe geringer an Wert erschien, ja die tragische Seite aller Komödien, die wir hier unten spielen, fiel mir fast schwer aufs Herz! Doch erregte es auch ein lebhaftes Gefühl des Komischen in mir, zu sehen, wie hier der mächtigste Monarch der Erde als Hauptakteur vor einem in seiner Meinung so tief unter ihm stehenden Publikum auftreten mußte! In der Tat erinnerte die ganze Szene des Ein- und Ausgangs, wie das Costume des Königs, frappant an die Art, wie hier die historischen Theaterstücke aufgeführt zu werden pflegen, und es fehlte bloß der obligate flourish (Tusch der Trompeten), der das Kommen und Gehen eines Shakespeareschen Königs stets begleitet, um die Täuschung vollkommen zu machen.

Übrigens las Georg IV., ohngeachtet seiner Schwäche, mit vielem Anstande und schönem Organ, aber auch mit königlicher Nonchalance, die nicht viel darnach frägt, ob die Majestät sich verspricht oder ein Wort nicht gleich dechiffrieren kann, die banale Rede ab. Man sah indes deutlich, daß der Monarch erfreut war, als die Corvée ihr Ende erreicht hatte, so daß der Abgang auch etwas rüstiger vonstatten ging als der Einzug.

Seit meinem letzten Briefe war ich zweimal im Theater, was man wegen der späten Eßstunden nie besuchen kann, wenn man irgendwo eingeladen ist.

Ich fand Mozarts »Figaro« in Drury Lane angekündigt und freute mich, die süßen, vaterländischen Töne wieder zu hören, ward aber nicht wenig von der unerhörten Behandlung überrascht, die des unsterblichen Komponisten meisterhaftes Werk hier erfahren mußte. Du wirst es mir gewiß kaum glauben wollen, daß weder der Graf noch die Gräfin noch Figaro sangen, sondern diese Rollen von bloßen Schauspielern gegeben und die Hauptarien derselben, mit einiger Veränderung der Worte, von den übrigen Sängern vorgetragen wurden, wozu der Gärtner noch eingelegte englische Volkslieder zum besten gab, die sich zu Mozarts Musik ohngefähr wie ein Pechpflaster auf dem Gesichte der Venus ausnahmen. Die ganze Oper war überdies von einem Herrn Bischoff (was ich auch auf der Affiche bemerkt sah und zuerst gar nicht verstand) *»arrangiert«*, d.h. englischen Ohren durch die abgeschmackten Abänderungen gerechter gemacht. Die englische Nationalmusik, deren plumpe Melodien man keinen Augenblick verkennen kann, hat, für mich wenigstens, etwas ganz ausnehmend Widriges – einen Ausdruck brutaler Gefühle in Schmerz und Lust, der sich von Roastbeef, Plumpudding und Porter ressentiert. Du kannst Dir also denken, welchen angenehmen Effekt diese Ver-

KÖNIG GEORG IV. AUF DEM WEG INS PARLAMENT 1821

schmelzung mit den lieblichen Kompositionen Mozarts hervorbringen mußte.

Je n'y pouvais tenir, der arme Mozart kam mir vor wie ein Märtyrer auf dem Kreuze, und ich selbst litt nicht weniger dabei.

Dieses Unwesen ist um so bedauernswürdiger, da es im ganzen hier keineswegs an vielen verdienstlichen Sängern und Sängerinnen fehlt und mit einer vernünftigeren Behandlung sehr gute Vorstellungen gegeben werden könnten. Nur bedürfte es freilich, wenn das Theater in Ordnung wäre, noch eines zweiten Orpheus, um auch das englische Publikum zu zähmen.

Weit besser war die Vorstellung in Coventgarden, wo Charles Kemble, einer der ersten englischen Schauspieler, die Rolle Karls II. vortrefflich gab. Kemble ist ein Mann von der besten Erziehung, der immer in sehr guter Gesellschaft gelebt hat, und war daher auch imstande, den Monarchen *königlich* darzustellen, d.h. hier nur, ganz mit aller der Aisance, welche gewöhnlich den von jeher Hochstehenden eigen ist. Er weiß dem Leichtsinne Karls II. eine liebenswürdige Seite zu geben, ohne doch je, selbst im größten Abandon, den schwer nachzuahmenden Typus angeborener höchster Würde zu verlieren. Dabei war das Costume wie aus dem Rahmen alter Gemälde geschnitten, bis auf die größten Kleinigkeiten, was von allen andern Mitspielern ebensogenau beobachtet wurde, weshalb Kemble, auch als Regisseur, sehr zu loben ist.

Ich muß jedoch sagen, daß in dem nächsten Stücke, wo Friedrich der Große die Hauptrolle spielte, nicht dieselbe Genauigkeit und Kenntnis *fremden* Costumes herrschte und sowohl der König als seine Suite ihre Garderobe von der Harlekinspantomime geborgt zu haben schienen. Zieten, unter andern, meldete sich in einer hohen Grenadiermütze, und Seidlitz erschien mit langen Locken à la Murat und ebensoviel Orden, als jener königliche Komödiant trug, die damals doch keineswegs in solcher Profusion Mode und schon ein bloßer Gegenstand der Toilette geworden waren, wie es jetzt der Fall ist.

den 2.

Ich esse oft beim Fürsten E..., der den Diplomaten ein wahres Muster aufstellt, wie vornehme Repräsentation und angenehmer, leichter Umgang zu vereinigen sind und wie man jedem gefallen kann, indem man sich à sa portée zu stellen versteht, ohne doch den eignen Wert verkennen zu lassen, un vrai Seigneur, wie sie immer seltner werden. Auch hat wohl nie ein Fremder so vollständig in England reüssiert und sich doch gewiß nie etwas gegen den englischen Dünkel dabei vergeben. Es gehörte dazu unendlich viel Takt, der süddeutsche leichtere Sinn und der schlaueste Verstand hinter anspruchsloser Bonhomie verborgen, alles unterstützt durch einen hohen Namen und großes Vermögen. Das übrige diplomatische Corps tritt, mit wenigen Ausnahmen, gegen ihn gar sehr in den Hintergrund, und die meisten Plénipotentiaires verschwinden ohnedem hier sozusagen gänzlich in der Foule. Unter den Ambassadeurs spielt dagegen ein weiblicher noch eine große Rolle.

Doch hierüber ausführlicher ein anderes Mal. Ich kam eigentlich nur auf die Diplomaten zu sprechen, weil ich Dir ein hübsches Bonmot von einem derselben, den Du kennst, mitteilen wollte, welches ich eben in der heutigen Gesellschaft erzählen hörte. Graf H... war früher Gesandter an einem, seiner Sparsamkeit wegen (pour ne pas dire mesquinerie) bekannten, deutschen Hofe und bekam, bei einer solennen Gelegenheit, eine Dose mit dem Porträt des Souveräns zum Geschenk, die jedoch nur mit sehr kleinen und unansehnlichen Diamanten umgeben war. Kurz darauf bat ihn einer seiner Kollegen, ihm doch das erhaltene Präsent zu zeigen. »Vous ne trouverez pas le portrait ressemblant«, sagte der Graf, indem er die Dose überreichte, »mais les diamants.«

Mit vielem Vergnügen sehe ich auch zuweilen den alten Elliot, der, nächst dem ebenso trocknen als interessanten Lord St. Herbert, dessen Ségur so oft in seinen Memoiren erwähnt, zu den Doyens der englischen Diplomatie gehört und sich noch immer seines Aufenthalts in Dresden mit außerordentlicher Vorliebe erinnert. Er hat mehrere sehr liebenswürdige Töchter und dabei Mühe, seine Familie standesmäßig zu erhalten, denn für so lange Dienste findet er sich nicht mit englischer Liberalität belohnt.*

Ein anderer interessanter Mann ist der Chevalier L... M..., der früher beim Könige, noch als Prinz von Wales, sehr gut angeschrieben stand und der Erwähnung verdient, einmal, weil er seine Freunde vortrefflich und als höchst angenehmer Amphitryon bewirtet, zweitens, weil er einer der originellsten Menschen und einer von den wenigen *echt praktischen* Philosophen ist, die mir vorgekommen sind.

Alle Vorurteile der Menge scheinen für ihn nicht zu existieren, und niemandem möchte schwerer, weder mit den großen Herren des Himmels noch der Erde, zu imponieren sein. Obgleich schon sechzig Jahre alt und den größten Teil der letzten Zeit über den unerhörtesten Schmerzen ausgesetzt, mit welchen Gicht und Stein einen armen Sterblichen plagen können, hört doch niemand je eine Klage von ihm, noch kann seine stets heitere, ja lustige Laune einen Augenblick davon getrübt werden. Man muß gestehen, es gibt natürliche Gemütsdispositionen und Temperamente, die hunderttausend Taler Revenuen wert sind.

* *Es ist ein sehr charakteristischer Zug für den sorglos heitern Charakter dieses liebenswürdigen Greises, daß er seit seinem Abgange von Dresden, vor zwanzig Jahren, noch immer eine große Menge Kisten mit seinen Effekten dort stehenließ. Endlich bewog man ihn vor kurzem, jemanden die Untersuchung dieser Kisten anzuvertrauen, der, bei den ihm bekannten, sehr beschränkten Vermögensumständen des Besitzers, nicht wenig verwundert war, in denselben noch wohlverpackt die damals dem englischen Gesandten gemachten Geschenke, mit Juwelen von Wert besetzt, vorzufinden.*

Als ich ihn vor einiger Zeit kennenlernte, hatte man ihm erst kürzlich die große Operation des Steinschnitts gemacht, die der Arzt nicht unternehmen wollte, weil er sie bei der Schwäche des Patienten für tödlich hielt, von diesem aber fast dazu gezwungen wurde.

Er konnte damals sein Bett noch nicht verlassen, sah wie ein Toter aus, und ich machte beim Hereintreten unwillkürlich eine mine de doléance, mit der ich ihm eben mein Bedauern bezeigen wollte, als er mir lachend ins Wort fiel und mir zurief, ich sollte nur die Grimassen lassen. Was nicht zu ändern sei, meinte er nachher, das müsse man ertragen, besser lustig als traurig, und was ihn beträfe, so habe er gewiß alle Ursache, wenigstens über seine Ärzte zu lachen, denn mehr als zehnmal hätten sie ihm mit Bestimmtheit den Laufpaß gegeben und wären doch jetzt fast alle selbst vor ihm zum T... gefahren. »Übrigens«, setzte er ganz resigniert hinzu, »habe ich mein Leben wie wenige genossen und muß auch die Schattenseite davon kennenlernen.«

Bei allen diesen Freuden und Leiden ist der lebenslustige Mann indes doch so gut konserviert geblieben, daß er, seit er wieder herumgeht, in seiner artistischen Perücke kaum mehr als ein Vierziger zu sein scheint und dabei eine kühne und rayonnante Physiognomie zur Schau trägt, deren Züge einst schön gewesen sein müssen.

den 3.

Kemble gab mir heute wieder, im Falstaff, einen großen Genuß. Gewiß ist es, daß auch der größte dramatische Dichter des mitschaffenden Schauspielers bedarf, um sein Werk zu vervollständigen. Ich habe die Natur des berüchtigten Ritters nie so vollkommen verstanden, und nie ist mir auch so anschaulich geworden, wie sein äußeres Benehmen sein müsse, als seit ich ihn durch Kemble gleichsam wieder neugeboren sah. Sein Anzug und Maske sind zwar auffallend, aber keineswegs eine solche Karikatur wie auf unsern deutschen Theatern, noch weniger darin der Ausdruck eines Menschen ohne Stand und Erziehung, eines bloßen Farceur, sichtbar, wie ihn z. B. Devrient in Berlin darstellt. Falstaff, obgleich von gemeiner *Seele*, ist doch durch Gewohnheit wie Neigung ein sehr geübter Hofmann, und das Rohe, was er oft in Gesellschaft des Prinzen zur Schau trägt, ist wenigstens ebensosehr ein absichtliches Spiel, das er benutzt, um den Prinzen zu amüsieren (denn Prinzen lieben, eben wegen der düstern Höhe ihrer Stellung, sehr oft das Gemeine, schon des Kontrastes wegen), als seiner eignen Laune genug zu tun. Hier nuanciert nun Kemble den Charakter besonders fein, denn obwohl er in allen diesen verschiedenen Lagen die natürliche, unbesiegbare Lustigkeit, die witzige Geistesgegenwart und die ergötzliche Drolligkeit beibehält, die Falstaff als Gesellschafter so angenehm, ja, einmal gekannt, fast unentbehrlich machen, so ist er doch ein ganz andrer, wenn er bei Hofe in Gegenwart des Königs und ernster würdiger Männer erscheint oder mit dem Prinzen und seinen Genossen Possen treibt oder endlich mit diesen letzteren allein bleibt. Im ersten Fall sieht man einen komischen Mann, ohngefähr wie den Maréchal de Bassompierre, lächerlich dick, aber vornehm und mit Anstand, immer ein Spaßmacher, aber mit gutem Ton, nie ohne den gebührenden Respekt, den er dem Ort und der Umgebung schuldig ist, wo er sich befindet; in der zweiten Station läßt er sich schon weit mehr gehen, nimmt sich jede derbe Freiheit heraus, aber doch immer mit einer merklichen Rücksicht, die schmeichelnd den Prinzen hervorhebt und sich nur das Privilegium des Hofnarren nimmt, der scheinbar alles sagen darf, was ihm in den Kopf kömmt; nur auf der letzten Stufe endlich sehen wir Falstaff im völligen Negligé, von dem aller Schein herabgefallen ist. Wie das Schwein in der Pfütze wälzt er sich hier behaglich im Kote, und doch bleibt er auch *dabei noch* originell, erregt noch mehr Lachen als Abscheu, die große Kunst des Dichters, welcher auch bei den horrendesten Mißgeburten der Sünde und Schande doch, gleich einem göttlichen Siegel, etwas in sie zu legen weiß, was unser Interesse erregt und uns, fast zu unserm eignen Erstaunen, anzieht. Es ist dies die dramatische Wahrheit, die Schöpfungskraft der Schilderung, von der Walter Scott so artig sagt:

»Sie läßt mich Shakespeare nur mit jenem Manne in den arabischen Märchen vergleichen, der sich in jeden beliebigen Körper versetzen und dessen Gefühle und Handlungen nachahmen konnte.«

Hierbei fällt mir ein, daß ich nur *einen* Charakter in dieses unsterblichen Dichters Werken immer etwas verzeichnet fand, und keiner erregt auch allgemein weniger Interesse. Dies ist der König im »Hamlet«. Um nur eines Zuges zu erwähnen, so scheint es mir psychologisch ganz falsch, wenn der Autor den König niederknien und dann ausrufen läßt: »Ich kann nicht beten.« Der König wird uns ja nirgends als ein Irreligiöser, ein grübelnder Skeptiker dargestellt, sondern bloß als ein grober sinnlicher *Verbrecher*, und ein solcher kann, sei er auch der ärgste, wie wir täglich erleben, nicht nur sehr gut und eifrig beten, sondern selbst beten, daß ihm sein Verbrechen doch gelingen möge, wie jene Frau, die man nach dem Fang einer ausgezogenen Diebesbande allein in ihrer Höhle auf den Knien fand, wo sie zu Gott inbrünstig flehte, daß die Expedition, bei der sie die Räuber eben begriffen glaubte, doch glücklich ablaufen und sie recht viel erbeuten möchten.

Ja, öffentlich angeordnete Gebete haben oft keinen viel bessern Zweck, und was bietet im Felde der Religion die Geschichte für Beispiele dieser Art nicht dar! Nein, der verbrecherische König kann beten, aber wer es in dieser Tragödie *nicht* kann – das ist Hamlet. Denn nur der Ungläubige, der alles ergründen Wollende, der geistige Chemier, dem *ein* scheinbar festes Gebäude nach dem andern einstürzt, der kann – bis es ihm nicht durch die allgöttliche Kraft gelungen, ein inneres Unzerstörbares aufzurichten,* und soweit ist Hamlet offenbar noch nicht gekommen –, der allein, sage ich, *kann nicht mehr beten*, denn der Gegenstand fehlt ihm. Er kann sich's nicht mehr ableugnen, er spielt, indem er betet, nur Komödie mit sich selbst.

Dies ist ein schlimmer Durchgang, den diejenigen am armen Menschen verschulden, welche schon das Kind mit falscher Lehre in das Bett des Prokrustes zwingen und dadurch den verkürzten Gliedern das Ausstrecken zu ihrer natürlichen Größe oft für immer unmöglich machen.

Doch zurück zum Schauspiel. Es ward mit einem Melodrama geschlossen, wo ein großer Newfoundlandhund wahrhaft admirabel spielte, lange eine Fahne verteidigte, den Feind verfolgte, nachher verwundet, blutend und lahm wieder auf die Bühne kam und dort meisterhaft starb, mit der letzten genialen Zuckung im Schwanze. Man hätte darauf schwören sollen, das Tier wisse *wenigstens* so gut als einer seiner menschlichen Kameraden, was es zu agieren habe.

Ich verließ das Theater mit so guter Laune, daß ich nachher im Club acht Rubber im Whist gewann, denn auch das Spielglück bannt man mit Frohsinn und Zuversicht. Aber gute Nacht für heute.

den 4.

Mit Eröffnung des Parlaments fängt nun die höhere Gesellschaft an lebendiger zu werden, wenngleich London en gros noch leer ist.

Gerade die elegantesten Damen der ersten Zirkel geben jetzt besondere kleine Gesellschaften, zu denen der Zutritt vielen Engländern weit schwerer wird wie vornehmen Ausländern, denn die Despotie der Mode herrscht, wie bereits erwähnt, in diesem freien Lande mit eisernem Szepter und verzweigt sich durch alle Stände weit mehr, als man auf dem Kontinent einen Begriff davon hat.

Doch ohne mich jetzt noch in allgemeine Bemerkungen zu früh einzulassen, will ich Dir kürzlich meine Lebensart hier in London beschreiben.

Ich stehe spät auf, lese, als halbnationalisierter Engländer, beim Frühstück drei bis vier Zeitungen, sehe nachher in

* *Wie geschieht dies? Doch wohl nur, wenn man endlich erkennt, daß Religion einzig und allein Sache des Herzens und Gefühls ist, wozu der Kopf nur taugt, um gleichsam als Wächter vor dem Heiligtume zu stehen und es mit dem Schwerte der Vernunft vor seinen Erbfeinden zu bewahren, dem Aberglauben und der Unduldsamkeit. Begnügt er sich damit nicht und will er begreifen lernen, was seiner Natur nach für uns unbegreiflich ist, so muß er jedesmal auf Abwege geraten, er nehme nun seine Zuflucht zu einer sogenannten positiven Religion oder einem Systeme spekulativer Philosophie. Beide befriedigen nicht, sobald man mehr als ein interessantes Spiel der Phantasie, oder des Verstandes, daraus machen will – während das innere angeborne Gefühl Gottes, der Liebe und des Guten in jeder gesunden Geistesstunde, dem Niedrigsten an Geistesfähigkeit wie dem Höchsten, mit gleicher, unumstößlicher Sicherheit nicht nur als Glaube, sondern als die wahre Essenz seines Wesens, sein eigentliches Ich, klar wird, ohne daß dabei weder Vernunft noch Verstand unmittelbar tätig zu werden brauchen, wenngleich beide dasselbe, bei eintretender Reflexion, bestätigen müssen.*

meinem visiting-book nach, welche Besuche ich zu machen habe, und *fahre* diese dann entweder in meinem Cabriolet oder *reite* sie ab, wobei, selbst in der Stadt, zuweilen Pittoreskes mit unterläuft und namentlich die mit den Winternebeln kämpfende blutrote Sonne oft eine eigentümlich kühne und seltsame Beleuchtung hervorbringt. Sind die Besuche abgetan, so reite ich mehrere Stunden in der herrlichen Umgegend Londons spazieren, treffe mit der Dämmerung wieder ein, arbeite ein wenig, mache dann meine Toilette für das Diner, welches um sieben oder acht Uhr stattfindet, und bringe den Rest des Abends entweder im Theater oder in einer gebetenen kleinen Gesellschaft zu. Die lächerlichen Routs, wo man kaum einen Platz auf der Treppe findet, den ganzen Abend stößt oder gestoßen wird und sich stets in Treibhaustemperaturen befindet – haben noch nicht begonnen. Man kann aber in England, außer in wenigen der diplomatischen Häuser, abends sich nur da einfinden, wo man besonders eingeladen ist. In diesen kleinen Gesellschaften geht es ziemlich ungeniert her, aber allgemeinere Konversation findet nicht statt, und gewöhnlich wählt sich jeder Herr eine Dame, die ihn vorzüglich interessiert, und verläßt sie fast den ganzen Abend nicht. Manche Schönen bleiben bei dieser Gelegenheit wohl auch ganz allein sitzen, ohne ein Wort sprechen zu können, verraten jedoch mit keiner Miene ihr Unbehagen darüber, denn sie sind sehr passiver Natur. Alle Welt spricht natürlich auch hier, tant bien que mal, französisch, aber auf die Länge ennuyiert die Damen doch die fortgesetzte Gêne, und man hat daher keinen geringen Vorteil, wenn man auch nur einigermaßen fertig englisch spricht. Ich habe nicht gefunden, daß die Damen einen fremden Akzent oder falsch angewendete Wörter und Phrasen, so wie man es den Männern in England vorwirft, belachen. Im Gegenteil ist die Unterhaltung mit ihnen die sicherste und angenehmste Art, Englisch zu lernen. Ich bin überhaupt der Meinung, daß man Lehrer und Grammatik nur dann mit Nutzen braucht, wenn einem die neue Sprache durch die Praxis schon geläufig geworden ist. Nützlich aber mag es sein (wer die nötige Geduld dazu besitzt), wie der Fürst Czartoryski empfiehlt, damit anzufangen, den Dictionnaire auswendig zu lernen.

Du siehst, dieses Leben ist ein ziemliches far niente, wenn auch kein süßes, für mich – denn ich liebe Gesellschaft nur im intimen Kreise und attachiere mich sehr schwer, jetzt beinahe gar nicht mehr, an neue Bekanntschaften. Der Ennui aber, der mich in solcher Stimmung überfällt, steht zu sehr auf meinem undiplomatischen Gesichte verzeichnet, um sich nicht auch, ansteckend wie das Gähnen, den andern mitzuteilen. Hie und da tritt dennoch eine Ausnahme ein. So machte ich heute die Bekanntschaft des Herrn Morier, des geistreichen und höchst liebenswürdigen Verfassers »Hajji Babas«, sowie auch die des Herrn Hope, angeblichen Autors des noch weit genialeren »Anastasius«. Dieses letztere Buch wäre Byrons würdig. Viele behaupten, Herr Hope, der im Äußern mehr Zurückhaltung als Genialität zeigt, könne es ohnmöglich geschrieben haben. Dieser Zweifel gründet sich vorzüglich darauf, daß Herr Hope unter seinem Namen früher ein Werk über Ameublement herausgab, dessen Stil und Inhalt allerdings ungemein mit dem glühenden, von Reichtum der Gefühle und Gedanken überströmenden »Anastasius« kontrastiert. Einer meiner Bekannten sagte daher: »Eins oder das andere. Entweder ›*Anastasius*‹ ist nicht von ihm oder das *Meublewerk*.« Aber so verschiedner Stoff bringt wohl auch ebenso verschiedne Behandlung mit sich, und wie ich Herrn Hope, vielleicht mit unwillkürlicher Vorliebe, beobachtet habe, schien er mir durchaus kein gewöhnlicher Mensch. Er ist sehr reich und sein Haus voller Kunstschätze und Luxus, worauf ich wohl noch einmal zurückkomme. Seine Meublestheorie, die dem Antiken nachgebildet ist, kann ich aber in der Ausführung nicht loben, da die Stühle nicht zu regieren sind, andere trophäenartige Aufstellungen lächerlich erscheinen und die Sofas kleinen Gebäuden gleichen, mit überall hervorspringenden, so scharfen Ecken, daß bei nachlässigem Niederlassen darauf eine gefährliche Verwundung nicht unmöglich wäre.

Als ich spät zu Haus kam, fand ich Deinen Brief, der mich, wie immer Nachrichten von Dir, mehr als alles erfreute.

Sage aber nicht, daß der Schmerz der Trennung Dich so tief beuge, wenigstens laß es nicht tiefer sein, als ein frohes Wiedersehen wieder aufrichten kann – und das ist ja wahrscheinlich nicht mehr fern. Daß Du uns aber schon auf die Unsterblichkeit verweisen willst, wenn es hier nicht gleich nach Wunsche geht, zeigt wenig christliches Vertrauen, meine Liebe. Nein, ich gestehe es, bei aller momentan eintretenden Melancholie bin ich doch im ganzen noch leidlich irdisch gesinnt, und »diese Spanne Leben«, wie Du sie nennst, liegt mir noch recht sehr am Herzen. Freilich, wärest Du, meine liebende Schutzgöttin, zugleich auch Fortuna, so ginge mir's wahrscheinlich besser als irgend jemand auf Erden, »et toutes les étoiles pâliraient devant la mienne«, aber schon dadurch, daß Du mich liebst, *bist* Du meine Fortuna, und ich verlange keine bessere.

Laß Dich also weder durch Deine eigenen Schwermutsstunden noch durch meine irremachen. Was mich betrifft, so weißt Du: ein Nichts hebt den Barometer meiner Seele, und ein Nichts oft läßt ihn wieder fallen. Es ist allerdings eine gar zu delikate moralische Konstitution, die mir zuteil wurde, und nicht zum hausbacknen Glück bestimmt – welches gröbere Nerven verlangt.

den 8.

Ziemlich spät vom Diner bei Herrn von Polignac zurückkehrend, einem recht liebenswürdigen, aber auch höchst orthodoxen Repräsentanten de l'ancien régime, kam ich doch noch zeitig genug ins Theater, um, nach dem Hauptstücke, den berühmten Mathews »at home« zu finden. Der Vorhang war heruntergelassen, und Herr Mathews saß vor demselben über dem Orchester, an einem mit Teppichen behangenen großen Tische.

Er fing damit an, dem Publikum diskursive zu erzählen, daß er soeben von einer Reise nach Paris zurückkomme, wo er viele Originale kennengelernt und manches scherzhafte Abenteuer bestanden habe. Unmerklich ging er nun aus der Erzählung in eine völlige dramatische Vorstellung über, wo er mit einem fast unbegreiflichen Talente und Gedächtnis vor den Augen des Zuschauers sich zutragen läßt, was er erlebt, indem er sein Gesicht, Sprache und ganzes Äußere mit Blitzesschnelle so total verändert, daß man es gesehen haben muß, um es für möglich zu halten. Alle seine äußern Hülfsmittel bestehen nur bald in einer Haube, einem Mantel, einer falschen Nase, einer Perücke etc., die er unter dem Teppich hervorzieht und mit diesen einfachen Dingen augenblicklich die vollständigste Umwandlung hervorbringt. Der Beifall war tobend, und das Gelächter hörte nicht auf. Die Hauptpersonen, welche in mehreren Verwickelungen auftraten, waren ein alter Engländer, der alles im Auslande tadelt und zu Hause besser findet; eine Dame aus der Provinz, die, um Französisch zu lernen, nie anders als mit dem Dictionnaire in der Hand auf die Straße geht, die Vorbeigehenden mit ihren fortwährenden Fragen belästigt und jede Gelegenheit benutzt, andern Engländern mit ihrer Kenntnis auszuhelfen, dabei aber immer, wie man sich vorstellen kann, das Verkehrteste und Burleskeste, oft Äquivalste, zur Welt bringt; ferner einem Dandy aus der City, der le grand air affektieren will, und seinem Gegensatze, einem dicken Farmer aus Yorkshire, der ohngefähr die Rolle des Pachter Feldkümmel spielt. Das Belustigendste für mich war eine englische Vorlesung Spurzheims über Kraniologie. Die sprechende Ähnlichkeit der in England wohlbekannten Person, aller ihrer Manieren und des deutschen Akzents, war so vollkommen, daß das Theater unaufhörlich vor Lachen erbebte. Weniger befriedigten mich andere Nachahmungen, unter andern Talmas, der für einen bloßen Possenreißer, ohngeachtet alles Talents dieses letzteren, doch zu hoch steht. Überdem ist der Tod des großen Tragikers noch zu neu und der Schmerz über seinen unersetzlichen Verlust bei jedem Freunde der Kunst zu groß, um sich von einer solchen Parodie jetzt angesprochen fühlen zu können.

Den Beschluß machte eine kleine Farce, wozu nun auch der Vorhang aufgezogen wurde, und in welcher Mathews ebenfalls nur allein spielte und sieben bis acht verschiedene Rollen besorgte, ungerechnet der eines Hundes und eines Kindes, die zwar durch Puppen repräsentiert wurden, welche er aber beide ebenso meisterhaft bellte und plapperte, als er die übrigen sprach. Als französischer Hofmeister, der mit einem zehnjährigen jungen Lord auf Reisen gehen soll, sperrt er diesen gleich zu Anfang in einen Gitarrenkasten, um das Geld für die Diligence zu ersparen und dennoch dem Herrn Papa anrechnen zu können. Auf der Station angekommen, nimmt er ihn jedesmal heraus, einmal, um ihn Luft schöpfen zu lassen, und zweitens, um seine Lektion zu gleicher Zeit mit ihm zu repetieren, wobei er denn als vollkommner Bauchredner das Gespräch höchst drollig durchführt. Besonders ist es komisch, wenn sich derJunge sträubt, wieder in den Kasten zu kriechen, und nun sein Murren wie seine Klagen, gleich dem Walzer im »Freischützen«, immer undeutlicher verklingen, bis das Behältnis endlich ganz zuklappt und die letzten Töne aus dem verschlossenen Kasten nur wie ein schwaches Echo hervortönen.

Nach vielen Aventuren, die der forteilenden Diligence und ihren Passagieren zustoßen, tritt eine alte Jungfer auf (immer wieder Mathews), die einen Lieblingshund, der im Wagen nicht geduldet werden soll, dennoch einzuschwärzen sucht und sich nun ebenfalls den Gitarrenkasten aussersieht, um ihren Liebling darin zu verstecken. Bei der Eile, mit der sie die Sache ins Werk setzt, bemerkt sie aber nicht, daß der Platz schon besetzt ist. Doch kaum hat sie den Kasten aus der Hand gelegt, als der Hund zu knurren und zu bellen anfängt, der Junge zu heulen und sie um Hülfe zu schreien, welches Trio die Galerie vor ausgelassener Freude fast wahnsinnig machte.

Das Ganze ist, wie Du siehst, nicht eben ästhetisch und mehr für englische Magen eingerichtet, ja, es tut einem fast weh, so große Fertigkeit einzig auf so alberne Possen verwendet zu sehen, doch immer bleibt das dargelegte Talent ausgezeichnet und selbst die physischen Kräfte bewundernswürdig, die ein so angestrengtes Spiel und fortwährendes Sprechen, mit den fatiganten Umkleidungen, ohne Anstoß mehrere Stunden hintereinander aushalten können.

Um Dir aber nicht eine gleich angestrengte Geduld zuzumuten, will ich jetzt schließen und wünsche herzlich, daß der magere Guckkasten dieser Stadt, wie ich ihn Dir entrolle, Dich nicht allzusehr langweilen möge. Tägliche Lebensbilder hast Du verlangt, kein statistisches Handbuch, keine Topographie, keine regelmäßige Aufzählung aller sogenannten Sehenswürdigkeiten Londons und keine systematische Abhandlung über England erwartest Du von mir, noch bin ich imstande, sie zu liefern; also nimm fürder mit der anspruchslosen Hausmannskost freundlich fürlieb, die doch wohl zuweilen wenigstens ein Körnchen Pfeffer würzt.

Dein treuer L...

7 Siebenter Brief

London, den 12. Dezember 1826

Liebste Freundin!

Es ist nicht uninteressant, den hiesigen Auktionen beizuwohnen, zuvörderst wegen der Menge höchst seltner und kostbarer Dinge, die bei einem so regen Leben und ewigem Sinken und Fallen der Fortunen hier täglich vorkommen und oft sehr billig erstanden werden, dann aber auch wegen der schon in einem andern Briefe erwähnten Genialität der Auktionatoren, die ihre Reden mit mehr Witz gratis verbrämen, als sie bei uns für schweres Geld zu geben Lust haben würden.

Diesen Morgen sah ich auf diese Art das indische Cabinet eines bankerott gewordenen Nabobs verkaufen, welches bewunderungswürdige Kunstwerke enthielt. »Der Besitzer dieser Schätze«, sagte der Redner, »hat sich viel Mühe um nichts gegeben, nichts mehr für ihn, heißt das, aber noch viel für Sie, meine Herren. Er hatte ohne Zweifel einst mehr Geld als Verstand, jetzt ebenso gewiß mehr Verstand als Geld.« – »Modesty and merit«, bemerkte er später, »gehen nur insofern miteinander, als sie beide mit einem M anfangen«, und in solchem Tone und Wortspielen fuhr er lange fort. »Was macht die Armen leben«, schloß er zuletzt, »gibt ihnen Gesundheit, Nahrung und Komfort? Großmut tut es wenig, Eitelkeit fast allein – nämlich nicht die der Armen, arme Teufel! sondern die der Reichen. Deployieren Sie also diese lobenswerte Eitelkeit, meine Herren, und kaufen Sie, was ihr frönen mag, Sie verdienen so, auch gegen Ihren Willen, Gottes Lohn daran.«

Jawohl, dachte ich, daran hast du ganz recht, alter Spaßmacher; denn so schön hat unser guter Gott die Welt wirklich eingerichtet, daß immer wieder Gutes aus dem Übeln entstehen muß und das Böse am Ende nur da ist, damit das Gute es besiegen und sich selbst daran erkennen könne.

Man muß überall seine moralischen Anwendungen machen.

Ich aß bei einer vornehmen Lady, die mich den ganzen Tisch über nur von Napoleon unterhielt und mit englischem Extrem so von ihm eingenommen war, daß sie sogar die Hinrichtung des Duc d'Enghien und die Treulosigkeiten in Spanien sehr lobenswert fand.

Obgleich ich nun nicht so weit gehe, so bin ich doch auch, wie Du weißt, ein Verehrer der kolossalen Größe dieses Mannes und erfreute meine Nachbarin sehr, als ich ihr die einstige Herrlichkeit Napoleons in Frankreich als Augenzeuge beschrieb, jene Tage des Glanzes, wo Cäsar selbst vor seiner Größe staunte,

> Quand les ambassadeurs de tant de rois divers
> Vinrent le reconnaître au nom de l'univers.

Ich möchte übrigens keinen seiner spätern Unfälle, für *seinen eignen Ruhm*, sowie keine seiner Sünden, für das *tragische Interesse*, welches er dadurch einflößt, entbehren. Er hat die coups d'épée und auch die coups d'épingles mit gleicher Würde zu ertragen gewußt und sich, wie sein Leben erhaben war, auch eine erhabne Grabschrift durch die Worte gesetzt:

> Je lègue l'opprobre de ma mort à l'Angleterre.

So viel ist gewiß, er steht immer noch zu nah für unparteiische Beurteilung, und im ganzen lehrt die Erfahrung, daß man weniger seinen despotischen Grundsätzen als seiner persönlichen Macht Krieg auf Tod und Leben erklärt hatte. Dagegen fehlt diesen ähnlichen Grundsätzen jetzt, gottlob, die Energie gänzlich, mit der *er* sie auszuführen wußte, und das ist ein Gewinn für die Menschheit.*

Es ist jetzt ein französisches Theater hier, das nur von der besten Gesellschaft besucht wird und das, demohngeachtet, nur einer dunkeln kleinen Privatbühne gleicht. Perlet und Laporte sind seine Stützen und spielen vortrefflich. Der letztere gibt aber auch, mit französischer Assurance, Rollen auf dem englischen Theater und glaubt, wenn das Publikum über seinen Akzent und französische Manieren lacht, es sei bloße Anerkennung seiner vis comica.

Ich war in Gesellschaft der Mistress W..., Frau des bekannten Ministers und Parlamentsredners, ins Theater gegangen und folgte ihr nachher auf den ersten echten Rout, den ich diesmal besuchte, und zwar in ein Haus, das mir ganz unbekannt war, denn es ist Sitte hier, Freunde in *solche Art Gesellschaften* mitzunehmen und sie erst dort der Dame vom Hause zu präsentieren, der man nie genug bringen kann, um ihr kleines Lokal bis zum Ersticken zu füllen. Je mehr, je besser, und soll ihre Eitelkeit ganz befriedigt werden, so muß auch vor dem Hause eine Bagarre unter den Wagen entstehen, einige zertrümmert werden und einige

* *Von den neueren Memoiren des Herrn von Bourrienne hat man leider auch weniger wahren Aufschluß über Napoleons eigenstes Wesen erhalten, als man erwartete. Bourrienne schildert Napoleon als Bourrienne – und wenn der Zwerg auch hundert Jahre um des Riesen Füßen herumläuft, so ist doch seine Taille zu kurz, um ihm je in die Augen sehen zu können. In einer Sache hat er jedoch recht, die auch ganz à sa portée war, nämlich, daß der Hauptfeind, von dem Napoleon zu Boden geworfen ward, der so unpolitisch aufs Äußerste gebrachte Handelsstand war, heutzutage eine größere Macht als Kirche und Heer, welche nur noch der Macht der öffentlichen Meinung weicht, wenn sich diese je gegen sein Interesse erklären sollte.*

Menschen und Pferde dabei verunglücken, damit den andern Tag ein recht langer Artikel in der Morning Post über die höchst fashionable Soiree by Lady Vain oder Foolish paradieren könne.

Ich machte indes diesen Abend eine interessantere Bekanntschaft auf der Treppe (weiter kam ich nicht), als ich erwartete, an Lady Charlotte B..., die als Schriftstellerin einigen Ruf erlangt hat. Sie ist die Schwester eines Herzogs, war einst eine berühmte Schönheit und hat jetzt den Hofmeister ihrer Kinder geheiratet. Den andern Tag besuchte ich sie und fand in ihrem Hause alles braun, durch alle Nuancen schattiert, Meubel, Vorhänge, Teppiche, ihre und der Kinder Kleidung, nichts bot eine andere Farbe. Die Stube war ohne Spiegel und Bilder, nur mit Gipsabgüssen von antiken Büsten und Basreliefs geschmückt. Dies ist eine neue Art von Brownomanie, an der alten hängt Lady B... dagegen, als Schriftstellerin betrachtet, desto weniger, und wenn ich sie mit Lady Morgan z. B. zusammenstellen sollte (die eine echte geistige Brownianerin ist), so würde ich diese mit einem Glase alten Madeira, der mehr als einmal die Linie passiert hat, Lady B... dagegen mit einem Quell kristallreinen Wassers, der in einer lieblichen Landschaft entspringt, oder jene mit einer gefüllten Glühnelke, diese mit dem zarten Veilchen vergleichen.

In das braune Zimmer trat bald nachher der berühmte Buchhändler C... ein, der durch Walter Scotts Werke reich geworden ist, obgleich er ihn mit seinem ersten und besten Roman, »Waverley«, abwies und endlich nicht mehr als vierzig Pfund Sterling dafür gab.

Ich zweifle nicht, daß Lady B... Ursache hatte, mit ihm zufriedener zu sein, und ließ sie daher diskret mit dem Geschäftsmanne allein.

den 16.

Die portugiesischen Affären bewegen jetzt alle Zirkel vielfach, und Marquis P... las uns heute sogar in einer Loge des französischen Theaters die eben gedruckte englische Erklärung vor. Die Politik ist hier ein Hauptingredienz der Gesellschaft, wie sie es in Paris zu sein anfängt und in unserm schläfrigen Deutschland auch einmal werden wird, weil die ganze Welt einer solchen Tendenz entgegengeht. Die frivoleren Vergnügungen leiden aber dabei, und die Kunst der Konversation, wie sie einst in Frankreich herrschte, möchte vielleicht bald ganz verlorengehen. Hier, glaube ich, hat sie ohnehin in dieser Beziehung wohl nie existiert, es müßte denn zu Karls II. Zeiten gewesen sein; auch ist man allen stattfindenden Gebräuchen hier zu sklavisch unterworfen, zu systematisch in allen Genüssen, zu unglaublich mit Vorurteilen durchknetet, zu wenig lebhaft endlich, um jene ungezwungne Freiheit des Geistes zu erlangen, die allein die Basis liebenswürdiger Gesellschaftlichkeit bilden kann. Ich muß gestehen, daß ich keine einförmigere und eingebildetere kenne als die hiesige erste, mit nur wenigen Ausnahmen, und diese größtenteils unter den Fremden oder denen, die sehr lange auf dem Kontinent lebten. Ein versteinerter, marmorkalter Kasten- und Modengeist regiert alles und macht die ersten Klassen langweilig, die tiefern Abstufungen lächerlich. Wahre Herzenshöflichkeit und heitere Bonhomie vermißt man *ganz* und sieht von den fremden Nationen weder die französische Leichtigkeit noch italienische Natürlichkeit angenommen, sondern höchstens deutsche Steifheit und Verlegenheit, die sich hinter Arroganz und Hochmut versteckt.

Bei alledem hat der Nimbus, den eine festgeankerte Aristokratie und vieles Geld (nebst allerdings auch vielem Geschmack in feiner Anwendung, den man nicht bestreiten kann) die hiesige große Welt zu der par excellence in Europa gestempelt, der alle Nationen mehr oder weniger den Vorrang einräumen. Daß Ausländern aber persönlich nicht wohl dabei wird, beweiset die Seltenheit der Fremden in England und ihr noch weit seltenerer langer Aufenthalt daselbst. Jeder dankt im Grunde des Herzens Gott, wenn er aus der englischen Gesellschaft wieder weg ist, lobt aber nachher dennoch aus eigner Eitelkeit diese unerquickliche Nebelsonne, deren Strahlen ihm doch von allen dortigen Dingen gewiß am wenigsten *Komfort* gegeben haben.

Weit liebenswürdiger, wie liebender, scheinen die Engländer in ihren häuslichen und intimsten Verhältnissen zu sein, obgleich auch hier viel Barockes vorwaltet, wie z. B. die allgemeine Sitte in den höheren Ständen, daß die Söhne, sobald sie, sozusagen, flügge sind, das väterliche Haus verlassen und für sich allein leben müssen, ja ohne förmliche Einladung nicht einmal bei Vater und Mutter zum Essen erscheinen dürfen. Als rührendes Beispiel ehelicher Liebe las ich neulich in den Zeitungen, daß der Marquis Hastings in Malta gestorben und kurz vorher verordnet habe, sogleich nach seinem Tode ihm die rechte Hand abzuhauen, um sie seiner Frau als Andenken eingepökelt zu übersenden. Ein Herr meiner Bekanntschaft schnitt seiner gestorbenen Mutter aus wahrer Zärtlichkeit und mit ihrer vorher eingeholten Erlaubnis den Kopf ab, um den Schädel sein ganzes Leben lang küssen zu können, wogegen andere Engländer, glaube ich, lieber in die Hölle gingen als zuließen, daß man ihrem Leichnam mit einem Seziermesser zu nahe käme (denn die resurrection-men müssen auch leben!). Die Gesetze schreiben bei allen dergleichen Bestimmungen Verstorbener die skrupulöseste Genauigkeit vor, und wäre es noch so toll, verstößt es nur nicht gegen diese Gesetze selbst, so muß es ausgeführt werden. Es gibt ein Schloß in England, wo seit einem halben Jahrhundert ein Leichnam, wohlangezogen, am Fenster steht und sich ohne Störung noch immer sein einstiges Eigentum besieht. Wie sehr muß dieser Mann die Häuslichkeit geliebt haben!

Eben als ich noch mehr englische Originalitäten anführen will, tritt mein langersehnter Garteninspektor in die Stube und bringt mir Deine Briefe. Wie schade, daß Du Dich nicht selbst (versteht sich, mit aller Deiner Fraicheur und nicht wie Lord Hastings Hand) in das große Paket mit einlegen konntest oder in einem zierlichen Kästchen wohnen, wie Goethes lieblicher Erdgeist, damit ich Dich rufen möchte, wenn ich Dich brauchte, und jeden Genuß auf frischer Tat mit Dir teilen könnte, ohne eines so langen Zwischenwegs zu gebrauchen, wo Du erst durch meine Briefe trübe gestimmt wirst, wenn ich es vor vierzehn Tagen war, oder auf Freudiges Deine lustige Antwort ankömmt, wenn ich schon wieder am stärksten Spleenanfall laboriere. Wie Du sehr richtig sagst, ist wirklich ein solcher alter Brief oft einem toten Leichnam zu vergleichen, der, längst vergessen, wieder aus dem Meere gefischt wird.

Worüber ich lachen und mich zugleich ärgern mußte, ist, daß Du mir, wie es Deine Art ist, wieder fast nichts von meinen lieben M...schen Details schreibst, dagegen aber lange Exzerpte aus einer *afrikanischen* Reisebeschreibung schickst, die ich längst hier im Original gelesen. Ich vergelte Dir gewiß nächstens Gleiches mit Gleichem. Ohnedem studiere ich eben jetzt ein sehr interessantes Werk: das preußische Exerzierreglement von 1805, woraus ich Dir, sobald es mir an anderem Stoff fehlen sollte, die geistreichsten Auszüge mitteilen kann. Oh, Du gutes Lamm, mit diesen afrikanischen Neuigkeiten sollst Du noch oft »geschoren« werden, um so mehr, da die letzte Schur schon gar lange vorbei ist und Du fast so tief in der Wolle sitzen mußt als die Johanniterritter in B..., wenn sie, ihr doppeltes Kreuz zur Schau tragend, auf ihren Wollsäcken den Meistbietenden erwarten. Der Sitz des hiesigen Lordkanzlers ist zwar auch ein Wollsack, aber etwas vornehmerer Natur, mehr dem Goldnen Vliese verwandt wie jener dem Kartoffelsack, auf dem man ein Gericht arme Ritter verzehrt.

Ich mache jetzt fast täglich Parkexkursionen mit R..., um seine Anwesenheit in England so nützlich als möglich zu machen, denn einen guten Gärtner bringt ein kurzer Aufenthalt hier weiter in seinem Fach als zehnjähriges Studium zu Hause. Es gibt aber schon in der Nähe von London eine große Anzahl höchst interessanter Besitzungen, zu denen allen die anmutigsten und belebtesten Wege führen. Dahin gehört ganz besonders eine Villa des Lord Mansfield, deren Ausschmückung dem Geschmack seiner Gemahlin alle Ehre macht. Sion House, dem Herzog von Northumberland zugehörig und noch von Brown angelegt, ist ebenfalls höchst sehenswert wegen seiner ausgezeichneten Glashäuser und der Menge von riesengroßen ausländischen Bäumen im Freien, die alle unser Klima nicht vertragen würden. Man sieht hier auch ganze Waldpartien von Rhododendron, Kamelien, Daturen, die nur teilweise im Winter bedeckt werden, und alle Arten von schönem Immergrün wuchern üppig in jeder Jahreszeit. Die Gewächs- und Treibhäuser, welche eine Fronte von dreihundert Fuß bilden, bestehen bloß aus Stein, Eisen und Glas, eine Bauart, die noch obendrein *hier* wohlfeiler als die mit Holz ist.

Interessant war mir eine Art Kette, deren Glieder aus Sensen bestanden, um das breite stehende Wasser (ein Mangel der meisten englischen Parks) Anfang Juli damit

LUCIE FÜRSTIN VON PÜCKLER

völlig von Wasserpflanzen zu reinigen, indem man sie nur, wie eine Fischwate, am Grunde hindurchzieht. An dem sehr großen Pleasureground mähen täglich zwölf Mann von fünf bis neun Uhr. Dadurch wird es möglich gemacht, daß man zu keiner Epoche langes Gras sieht und doch auch die unangenehme Generalmäherei vermeidet, die ein paar Tage lang den Garten unreinlich macht. Man kann freilich auf diese Weise nur täglich einen Teil vornehmen, man richtet es aber so ein, immer gewisse begrenzte Stücke auf einmal zu vollenden, und kömmt dann zeitig genug herum, daß der Unterschied nicht auffallend werden kann. Für die Ökonomie geht dieses Staubgras zwar ganz verloren, aber immer läßt sich Schönheit und Nutzen nicht vereinigen, und in einem *Vergnügungsgarten* muß natürlich der letzte nachstehen oder man muß gar keinen haben wollen.

Das gegenüberliegende Kew enthält wohl die vollständigste Sammlung exotischer Gewächse in Europa. Auch der Park ist durch seine schöne Lage an der Themse sehr begünstigt, aber im übrigen etwas vernachlässigt. Man findet hier Taxusbäume von der Größe unsrer Tannen und sehr schöne Exemplare von Holly und immergrünen Eichen, sonst sind die Anlagen der alten Königin nicht sehr geschmackvoll. Wimbledon Park bietet, über mehrere Hügel ausgebreitet und voll schöner Baumgruppen, großartige Ansichten dar, leidet aber an einiger Monotonie.

Ganz nahe, und fast in den Vorstädten Londons, liegt ...House, dessen Architektur nicht ohne Interesse ist. Hier hatte ich vor mehreren Jahren eine unangenehme Aventure, die England zu sehr charakterisiert, um sie Dir nicht zu erzählen, obgleich sie an sich nichts Pikantes enthält.

Die Ängstlichkeit, ja, ich möchte fast sagen, der Neid, mit dem oft die englischen Reichen ihr Eigentum selbst vor den entweihenden *Blicken* des Fremden verschließen, ist zuweilen wahrhaft belustigend, kann aber auch betrübend werden. Beides erlebte ich damals vor vierzehn Jahren und wurde heute von neuem lebhaft daran erinnert, als ich das alte Gebäude wiedersah. Ich ritt nämlich eines Tags in der Umgegend von London spazieren, und angezogen durch den Anblick dieser Besitzung, frug ich den an der Parkloge stehenden Portier, ob er mir erlauben könne, die Gärten zu besehen. Er machte viel Umstände, sich aber endlich besinnend, daß sein Lord unwohl sei und die Stube hüte, mir folglich nicht begegnen könne, mochte er dem ihm angebotenen Trinkgelde nicht länger widerstehen und öffnete mir die verbotene Pforte, mein Pferd einstweilen zurückbehaltend. Ich mochte eine Viertelstunde umhergeschlendert sein und besah eben den nett gehaltenen Pleasureground, als eine etwas dicke Figur im Hemde an einem Fenster des gegenüberliegenden Wohnhauses sichtbar ward, die ängstlich umherzulaufen schien, endlich aber mit Vehemenz das Fenster aufriß und, während ich eine große Klingel heftig lärmen hörte, mir mit halb unterdrückter Wut zurief: »Qui etes-vous, Monsieur? que cherchez-vous ici?« Ich hielt es für zu lächerlich, die Antwort auf dieselbe Weise in so großer Distanz zurückzuschreien, fand es aber auch bald unnötig, da, durch das Stürmen der Klingel alarmiert, bereits von allen Seiten Diener herbeisprangen, von denen einer nun ex officio die Frage an mich wiederholte. Ich ließ durch ihn den Besitzer kürzlich wissen, daß ich ein Fremder sei, den Liebhaberei für Gartenanlagen hereingelockt, daß ich übrigens nicht, wie er zu glauben scheine, über die Mauer, sondern nur durch das gewöhnliche Tor gekommen sei, wo mein Pferd noch stehe, daß ich übrigens von Herzen bedaure, ihm in seinem kranken Zustande eine solche Alteration zu verursachen, und nur wünsche, daß dieselbe keine bedeutenderen Folgen für ihn haben möge, womit ich mich bestens empföhle und den verpönten Garten sogleich verlassen würde. Bald darauf erreichte ich mein Pferd und ritt lachend davon, denn dies war die lustige Seite der Sache. – Nach ohngefähr vierzehn Tagen führte mich zufällig mein Weg bei derselben Besitzung vorbei. Ich näherte mich wieder der Loge und zog die Klingel. Ein fremder Mann erschien, und aus Mutwillen erkundigte ich mich nach der Gesundheit des Lords und ob es vergönnt sei, den Garten zu sehen. »Gott bewahre mich in Gnaden«, war die Antwort, »um keinen Preis!« Und nun erfuhr ich von dem neuen Diener mit wahrem Schmerz, daß der arme Teufel, sein Vorgänger, eben verabschiedet worden sei, mit Weib und Kind, obgleich er lange Jahre im Dienste gewesen, bloß weil er einen Fremden ohne Erlaubnis hier eingelassen. Dennoch ist dieser strenge Herr einer der wahren Patentliberalen Englands. Was würde erst ein Illiberaler getan haben!

Von dem bezaubernden Tale Richmonds sage ich Dir nichts. Jeder Reisebeschreiber gerät ja darüber in Ekstase, und mit Recht, erweckt sie aber nicht immer wieder im Leser durch seine Schilderung. Ich enthalte mich also derselben und bemerke bloß, daß der vortreffliche aristokratische Gasthof (zum Stern und Hosenband), aus dem man dieses Paradies übersieht, während man den Leib aufs beste pflegt, das Seinige zu dem Genusse beiträgt. Einsamkeit und Stille, verbunden mit jeder Bequemlichkeit, in einer unbeschreiblich schönen Gegend, laden hier mächtig zum Lebensgenusse ein, und gar mancher Londner junge Mann soll hier im geheim seine Privathonigmonate ohne Priestersegen feiern – wir Unschuldige feierten nur die herrliche Natur, und einstimmig riefen Deine treuen Gärtner aus: »Wäre doch nur...« Das übrige kommentierst Du schon.

Abends führte ich R... in das Adelphi-Theater, klein und niedlich, das sich durch vorzüglich gute Maschinerie auszeichnet und auch gerade jetzt mehrere vortreffliche Schauspieler besitzt. Der eine spielte in einem nicht unebnen Stücke den Betrunkenen natürlicher, als ich es noch je gesehen. Es ist wahr, daß er hier auch mehr Gelegenheit zum Studium dieses Seelenzustandes hat, aus demselben Grunde, warum die Alten das Nackte besser darstellen als unsre Künstler, nämlich weil sie es öfter sahen. Ein gut aus dem Leben gegriffener Zug war es, daß der Trunkenbold, welcher eine zärtliche Leidenschaft für ein junges und armes Mädchen in der Pension hegte, im nüchternen Zustande immer anderen Projekten Raum gab, im Rausche aber jedesmal mit Zärtlichkeitstränen à ses anciennes amours zurückkehrte und in gleicher Stimmung auch glücklich zur Heirat bewogen ward.

den 23.

Dank für die Nachrichten aus B..., besonders freut mich Alexander von Humboldts Anstellung. Es muß für jeden Patrioten eine Freude sein, einen Mann wie ihn endlich im Vaterlande fixiert zu sehen, das mit so viel Recht auf seinen Ruhm in allen Weltteilen stolz ist. Nebenbei muß es auch zu einem glücklichen Ereignis für manche dortige Zirkel gereichen, denen nun endlich das Salz beigemischt werden wird, dessen Mangel sie so lange ganz ungenießbar machte.

Wie sehr ich über des guten und edlen Königs Unglück getrauert, das ich schon früher durch L... erfuhr, kannst Du Dir denken, da Du meine Gesinnungen in dieser Hinsicht kennst, doch hoffe ich zu Gott, daß seine kräftige Konstitution und die Hülfe so geschickter Männer jedes bleibende Übel abwenden werden. Es ist wohl schön, daß bei dieser Gelegenheit ein ganzes Volk von Herzen ausruft: »Der Himmel erhalte uns unsern teuern Monarchen!«

Meine eigne Laune ist übrigens – wahrscheinlich wegen der ewigen Nebel, die oft so arg sind, daß man zur Mittagszeit alle Laternen in den Straßen anzünden muß und dennoch nichts sieht – etwas von demselben trüben Charakter. Le pire est, que je suis tantôt trop, et tantôt trop peu sensible à l'opinion et aux procédés des autres. In der ersten Stimmung (und Stimmungen beherrschen mich leider mit despotischer Gewalt, machen mich nicht nur traurig und fröhlich, sondern leider auch klug und dumm) komme ich mir dann manchmal vor wie jemand, der an einer Strickleiter hinaufkletterte, wo ihm die Hände verklommen, und nun, nachdem er lange im vergeblichen Bestreben weiterzudringen in der Höhe geschwebt, im Begriff ist, endlich loslassen zu müssen, wo er leicht bis auf die unterste Stufe wieder herabsinken mag. Dennoch würde ihm vielleicht, auf dem ersten Boden der Gewöhnlichkeit und Unbedeutendheit wieder angelangt, dort ruhiger als in den stürmischen Lüften zumute sein und bei weniger *Hoffnungen* ihn vielleicht eine glücklichere, wenn auch einfachere *Wirklichkeit* umfangen! Doch hinweg mit solchen Grübeleien. Sie taugen zu nichts, und selbst Befürchtungen eines drohenden *wahren* Unglücks sollte man immer mit Gewalt verbannen, denn warum sich mit Sorgen quälen über das, was kommen kann und doch vielleicht nie kömmt, dann aber nur als ein Traumphantom uns so viel frohe Gegenwart verkümmert hat.

In allen solchen Gemütszuständen ist am Ende *Dein* Bild mein bester Trost, und an Dich, meine einzige und ewige Freundin, wende ich mich dann immer zuletzt mit nassem Auge und innigem Dank für all Deine vielfache Liebe, Güte und Nachsicht und lege in Deinen treuen Busen meinen Kummer, wie meine Freude, und alle meine Hoffnungen nieder, deren glänzendste Erfüllung ja doch *ohne Dich* jeden Wert für mich verlieren würde.

Ich muß Dich aber jetzt verlassen, um meiner Pflicht gemäß (denn es widerstünde mir sonst) in eine große Gesellschaft zu gehen, wo ich mich, wie im Leben, mit andern in der Menge zu verlieren bestimmt bin. Es ist vorderhand mein letzter Ausgang in die Welt, da ich mich präpariere, mit R... eine Park- und Gartenreise anzutreten, die uns wohl einen Monat hinnehmen wird. Die jetzige Zeit ist aber gerade die beste für den, welcher diesen Gegenstand studieren will, da die laublosen Bäume überall die Durchsicht gestatten und man so bei *einer* Umgebung der künstlichen Landschaft alles schon übersehen, die gewonnenen Effekte verstehen und das Ganze, wie einen Plan auf dem Papiere, beurteilen sowie die Bestandteile jeder Pflanzung in ihrer absichtlichen Ordnung erkennen kann.

Gestern besuchten wir en attendant die Parks in der Stadt, Kensington usw., namentlich den Regents' Park im Detail, bei welcher Gelegenheit wir auch dem dort aufgestellten Diorama nicht vorbeigingen. Dies übertraf meine Erwartung und ähnliches früher Gesehene sehr weit, denn gewiß ist es nicht möglich, die Sinne noch effektvoller zu betrügen; ja selbst mit der Gewißheit der Täuschung hat man Mühe, sie sich einzureden. Das Gemälde stellte das Innere einer großen Abteikirche, vollständig in ihren wahren Dimensionen erscheinend, dar. Eine Seitentür steht offen. Efeu rankt durch die Fenster, und zuweilen scheint die Sonne durch die Tür und erhellt mit einem freundlichen Blick die Überreste bunter Scheiben, die unter Spinnengeweben hervorblinken. Durch das letzte gegenüberliegende Fenster sieht man den verwilderten Klostergarten und darüber einzelne Wolken am Himmel, die, stürmisch vorüberziehend, abwechselnd das Sonnenlicht verdunkeln und tiefe Schatten in die totenstille Kirche werfen, wo das zerbröckelte, aber prachtvolle Monument eines alten Ritters, an dem die Steine des Bodens aufgebrochen sind, als habe man dort nach Schätzen gegraben, in düstrer Majestät sich noch erhalten hat.

Da auf morgen unsre Abreise bestimmt ist, so sende ich diesen Brief ab, obgleich er noch nicht zu der gewöhnlichen Korpulenz angewachsen ist. Wie schmächtig sind dagegen die Deinen! – Gewiß, wenn einst unsre Nachkommen die verwitterte Korrespondenz ihrer Ahnen in einem Winkel der alten Bibliothek auffinden sollten, so werden sie über meine Verschwendung und Deinen Geiz gleich sehr in Erstaunen geraten. Apropos, zerstreue Dich nicht zu sehr in B..., und vergiß nicht etwa darüber gar, wenn auch nur auf die kürzeste Zeit,

den treuesten Deiner Freunde.

8

Achter Brief

Watford, den 25. Dezember 1826

Liebe Getreue!

Heute früh ging es endlich fort, leider bei schlechtem, regnigtem Wetter. Zehn Meilen von London begannen wir schon, in dem freundlichen Flecken Stanmore, unser Geschäft mit Besichtigung zweier Villen und eines größern Parks. Die erste Villa war durchgängig im gotisch-*ländlichen* Stil, mit spitzen verzierten Ziegeldächern, aufgebaut, ein Genre, worin die englischen Architekten sehr glücklich und, ich möchte sagen, gemütlich sind. Auch das Innere war allerliebst in demselben Stil durchgeführt, und doch höchst wohnlich und einladend. Selbst die Türen in den Mauern, welche den Küchengarten umschließen, hatten oben bunte alte Fenster, die im blühenden Gebüsch sich überraschend abzeichneten. Der kleine Blumengarten war gleichfalls mit gotischen Beetformen, von Kieswegen umgeben, ausstaffiert, und die Spielerei erschien gar nicht übel.

Sehr verschieden präsentierte sich die zweite Villa, im italienischen Geschmack, mit großen Vasen davor, in welche man, statt Blumen, kleine Kürbisse und gelbe und grüne ausgehöhlte Pomeranzen aufgetürmt hatte. Etwas zuviel hölzerne und weiß angestrichne Statuen zierten, oder verunzierten vielmehr, die Gärten, unter denen ein jähling hervorstürzender Löwe vergeblich Schrecken einzuflößen suchte, ebensowenig wie ein Amor, der, in den Zweigen hängend, seine Pfeile auf die Vorübergehenden abzuschießen drohte.

Die Priory, ein ehemaliges Kloster, jetzt Schloß und Park des Grafen Aberdeen, bietet manches Sehenswerte dar. Die Menge herrlicher Fichten und Nadelholz im Park erinnert dabei, mehr als hier gewöhnlich, an das Ausland. Das einfach schöne Schloß ist auf allen Seiten durch hohe und niedrige Bäume fast gedeckt, so daß man es nur teilweise durchschimmernd erblickt oder nur über die Bäume hervorragen sieht. Dies ist den Gebäuden, besonders altertümlichen, immer sehr vorteilhaft, und überhaupt findet man hier selten jene langen und schmalen, durch nichts unterbrochnen Aussichten über ebnen Rasen, der Triumph unsrer Gartenanleger, der aber nur dazu dient, das Weite näher erscheinen zu machen, als es wirklich ist. Wir gingen ziemlich lange in den Anlagen umher, während einige junge Damen und Söhne des Hauses, hübsche Knaben, uns auf kleinen schottischen Ponys umschwärmten, bis sich einer der letzten als Führer zu uns gesellte und auch das Innere des Schlosses zeigte, dessen dunkle Mauern von außen höchst üppig bis ans Dach mit Efeu, spalierartig gezogenen Granatbäumen und Monatsrosen bedeckt waren.

Erst mit einbrechender Dunkelheit verließen wir den Park und erreichten in einer halben Stunde das Städtchen Watford, in dessen gutem Gasthof ich jetzt ruhe. R... benutzt die Gelegenheit, sich Dir untertänig zu empfehlen, und schreibt mit einer Emsigkeit an seinem Tagebuche, die mich lachen macht.

Nachträglich muß ich doch noch bemerken, daß wir in der Priory (ich stehle es aus dem erwähnten Tagebuche) einen einzelnen Rhododendronstrauch im Freien stehen sahen, der fünfzehn Fuß hoch war und mit seinen dichten Zweigen über fündundzwanzig Fuß im Umfang maß. Solche Vegetation ist einladender für Parkomanie, als es uns geboten wird!

Woburn, den 26.

Wir haben die Berechnung gemacht, liebe Julie, daß, wenn Du mit uns wärest, ein Wunsch, der Deinen treuen Dienern stets gegenwärtig ist, Du täglich, vermöge Deiner Abneigung gegen Fußbewegungen, höchstens ein Viertel Park sehen könntest und wenigstens hundertsiebzig Jahre brauchen müßtest, um alle Parks in England zu besichtigen, deren es ohne Zweifel Hunderttausende gibt, denn es wimmelt davon, wo man nur hinkömmt. Natürlich ziehen wir nur die größten, oder was uns grade von den kleinen Villen en passant aufstößt und auffällt, in Betracht. Dennoch sahen wir heute schon so viel Herrliches und stolze Schlösser, daß wir noch ganz entzückt davon sind, denn auch ich habe es nie mit der Vorschrift des nil admirari halten mögen, die jeden herzlichen Genuß benimmt.

Ehe ich mit der Beschreibung anfange, muß ich aber den guten Gasthöfen gleichfalls ihr Recht widerfahren lassen, die man hier, auch auf dem Lande und in den kleinsten Örtchen, überall gleich sorgfältig gehalten, antrifft. Reinlichkeit, große Bequemlichkeit und sogar Eleganz sind immer darin vereinigt, und man mutet nie dem Fremden zu, in demselben Zimmer zu wohnen, zu essen und zu schlafen wie in den deutschen Gasthäusern, wo es eigentlich nur Tanzsäle und Schlafstuben gibt.

In der Regel ist das Tischgerät Silber und Porcelain, die Meubles zweckmäßig, die Betten stets vortrefflich, und niemals fehlt das freundlich flackernde Kamin.

Die detaillierte Beschreibung des Frühstücks am heutigen Morgen gebe Dir die beste Idee von dem komfortablen Leben und den Bedürfnissen hiesiger Reisenden.

NB Ich hatte nichts bestellt als Tee, und Folgendes fand ich, als ich aus dem Schlafzimmer hinunterkam, in diesem kleinen Städtchen bereitet, das kaum den Umfang eines Dorfes hat. Auf der Mitte des Tisches dampfte eine große Teemaschine, zierlich umstellt mit silberner Teekanne, Spülnapf und Milchtopf. Drei kleine Wedgwood-Teller mit ebensoviel Messern und Gabeln nebst zwei großen Tassen von schönem Porzellan erwarteten ihre Füllung. Daneben stand einladend ein Teller mit gekochten Eiern, einer dito mit gerösteten oreilles de cochon à la Sainte-Menehould, eine durch heißes Wasser erwärmte Schüssel mit muffins, eine andere mit kaltem Schinken, flockiges Weißbrot, dry- und buttered toast, die beste frische Butter in elegantem Kristallgefäß, bequeme Streubüchsen zu Salz und Pfeffer, englischer Senf und moutarde de maille, endlich eine silberne Teeschachtel mit sehr gutem, grünen und schwarzen Tee.

Dieses ganz luxuriöse Mahl, von dem Du hoffentlich finden wirst, daß ich es so pittoresk wie eine Landschaft beschrieben habe, ist noch obendrein verhältnismäßig sehr billig, denn es stand auf meiner Rechnung nur mit zwei Schilling (sechzehn Groschen) angesetzt. Im ganzen ist aber das Reisen dennoch sehr kostspielig, besonders die Postpferde grade viermal teurer als bei uns, und Trinkgelder den ganzen Tag über nach allen Seiten auszuteilen.

Um zehn Uhr erreichten wir Cashbury Park, den Sitz des Grafen Essex. Ich ließ mich bei ihm melden, und er schickte mir seinen Schwiegersohn M... F..., den ich schon in Dresden gesehen hatte und hier dessen Bekanntschaft mit Vergnügen erneuerte, um mich herumzuführen. Das Schloß ist *modern* gotisch und prachtvoll meubliert. Man tritt zuerst in eine Halle mit bunten Fenstern, die auf einen innern Hof die Aussicht öffnen, der als Blumengarten benutzt ist; aus der Halle gelangt man seitwärts durch eine lange, mit Waffen behangene Galerie an die reich aus Holz geschnitzte Treppe, welche in den obern Stock führt und von da in die Bibliothek, die hier fast immer auch als Hauptsalon für die Gesellschaft dient. Alles dies ist ebner Erde. Die Bibliothek hat zwei kleine Cabinets nach dem Garten zu, beide mit seltenen Sachen angefüllt. Unter diesen gefielen mir besonders zwei humoristische Handzeichnungen von Denon, darstellend das Lever des Kardinal Bernis in Rom und ein Diner bei Voltaire mit dem Abbé Maury, Diderot, Helvétius, d'Alembert und einigen andern Philosophen. Sämtliche Personen sind Porträts.

Interessant war auch ein vollständiges kleines Ameublement der Königin Antoinette, auf dem die Bildnisse ihres Gemahls und Heinrichs des Vierten an mehreren Orten angebracht waren. Aus der Bibliothek ging man in ein ebenso reiches zweites Gesellschaftszimmer und aus diesem in den Speisesaal. Neben beiden zog sich ein Gewächshaus in Form einer Kapelle hin, und überall boten die bis auf den Boden gehenden Fenster die Aussicht auf den herrlichsten, von einem Fluß durchströmten Park. Auf einer fernen Anhöhe sah man in eine sehr breite Lindenallee hinein, an deren Ende im Sommer eine Zeitlang die Sonne täglich untergeht, welches auf diese Art in der graden Verlängerung des Gewächshauses die prachtvollste natürliche Dekoration abgeben muß, um so mehr, da die Sonne zugleich in einer großen Spiegeltüre gegenüber wieder zurückstrahlt. Die Wände dieser Zimmer sind alle mit eichener Boiserie bekleidet, mit kostbaren Simsen und Schnitzwerk, die Meubles von Rosenholz (rose-wood), Seide und Samt, und wertvolle Gemälde in altertümlichen goldnen Rahmen schmücken die Wände. Die Verhältnisse der Zimmer kann man fast saalartig nennen, alle regelmäßig zu vierzehn Grad Reaumur mit Dampf geheizt.

Die etwas entfernten Ställe und alle Haushaltsgebäude sind links durch eine krenelierte Mauer mit dem Schlosse verbunden, so daß das Ganze wohl tausend Fuß weit sich ohne Unterbrechung hinzieht.

Die Blumengärten nehmen einen bedeutenden Raum ein. Ein Teil davon war nach der gewöhnlichen Art eingerichtet, d. h. ein langes Gewächshaus im Fond und davor mehrere Berceaux und schattige Gänge um einen großen Rasenplatz, der mit Beeten aller Formen, seltenen Bäumen und Sträuchern vollgesetzt ist; dann aber kam etwas Neues: nämlich ein tiefes abgesondertes Tal von ovaler Form, rundumher dicht mit Immergrün, Lorbeer, Rhododendron und Steinpflanzen, auf künstliche Felsen undurchdringlich dick gepflanzt, hohe Fichten und Eichen dahinter, mit ihren im Winde wehenden Wipfeln, und an dem einen Ende des Platzes eine freistehende, prachtvolle Linde, von einer Bank umgeben. Von dieser aus bedeckte das ganze kleine Tal, auf Kiesgrund, ein gesticktes Blumenparterre von sehr lieblichen Formen, wiewohl völlig regelmäßig. Der Ausgang aus diesem Bezirk führte durch eine von Efeu überwachsene Grotte, mit Feuersteinen und Muscheln ausgelegt, in einen viereckigen, von einer Lorbeerhecke umgebenen Rosengarten, in dessen Mitte ein Tempel und gegenüber ein Gewächshaus für Wasserpflanzen stand. Die Rosenbeete bilden verschiedene sich ineinander verschlingende Figuren. Ein mit der Schere geschnittener dichter Laubgang von Buchen wand sich von hier schlängelnd in den chinesischen Garten, der ebenfalls von hohen Bäumen und Mauern umgeben war und eine Menge Vasen, Bänke, Fontänen und ein drittes Gewächshaus enthielt, alles im aufs treueste nachgebildeten chinesischen Stile. Hier waren Beete mit Ringen von weißem, blauem und rotem Sand umzogen, barocke Zwergpflanzen und viele Dutzend große chinesische Vasen auf Postamenten gestellt, die rankendes Immergrün und ausländische Gewächse dicht bezogen. Die Fenster des Hauses waren wie chinesische Tapeten bemalt und Verkleinerungsspiegel im Innern angebracht, die uns wie in der Camera obscura präsentierten. Ich sage nichts von der reichen Treiberei und Gemüsegärten mit ihren endlosen Mauern und Reihen von Glashäusern zur Aufbewahrung der Blumen etc. etc., Du kannst Dir den Maßstab selbst anlegen, wenn ich Dir Herrn F…s Versicherung wiederhole, daß die Unterhaltung des ganzen Parks und Schlosses zehntausend Pfund Sterling jährlich kostet. Der Graf hat für alles, was er dazu braucht, eigne Leute und Handwerker, Maurer, Zimmerleute, Tischler etc., deren jedem sein bestimmtes Fach angewiesen ist. Einer z. B. hat bloß alle Zäune zu erhalten, ein anderer die Zimmer, ein dritter die Meubles etc., eine auf dem Lande sehr nachahmenswerte Einrichtung.

Ich machte dem alten Grafen, den die Gicht im Zimmer hielt, meinen Besuch und erhielt von dem freundlichen alten Mann die besten Informationen und (sehr nötige) Einlaßkarten für meine weitere Reise.

Unsere Tour ging zuerst, lange noch im Park herumführend, zu einer Hauptpartie desselben, das Schweizerhaus genannt, das mitten in einem Wäldchen sehr reizend und heimlich am Flusse gelegen ist. Wir fuhren über den Rasen dahin, weil viele Parks hier, ganz wie freie Natur behandelt und, wie ich schon erwähnt, der Ersparung wegen, oft nur einen Weg haben, der zum Schlosse hin- und auf der andern Seite wieder herausführt. Auf die Landstraße zurückgekommen, legten wir durch ein immer gleich schönes, an Fruchtbarkeit und Vegetation üppiges Land zwanzig Meilen bald zurück, so daß wir schon um drei Uhr Ashbridge Park erreichten, den Sitz der Grafen von Bridgewater. Hier kannst Du mir, liebe Julie, etwas näherkommen, wenn Du Reptons Gartenbuch aufschlägst, wo Du mehrere Ansichten und den Grundplan der reizenden hiesigen Gärten findest, die der alte Repton selbst angelegt. Erinnere Dich nur des rosary, so wirst Du es gleich aufzusuchen wissen. Dieser Park ist schon einer der größten in England, denn er mißt über drei deutsche Meilen im Umfang, und das ebenfalls moderne gotische Schloß ist mit allen seinen Mauern, Türmchen und Höfen fast unabsehbar. Ich muß jedoch aufrichtig gestehen, daß dieser *neu*gotische Genre (castellated style), der sich in der Zeichnung so feenhaft ausnimmt, in der Wirklichkeit oft durch seine Überladung und Unzweckmäßigkeit nicht nur geschmacklos, sondern sogar etwas läppisch ausfällt.

Wenn man in der kultiviertesten, friedlichsten Wiesenfläche, unter dem Flor unzähliger Blumen, eine Art Festung mit hundert Türmen, Schießscharten und Brüstungen gewahr wird, die alle nicht den mindesten Zweck haben und obendrein in ihrer Basis fast nichts als Glaswände (die Gewächs- und Treibhäuser, welche mit den Zimmern in Verbindung stehen) darbieten, so ist dies wahrlich ebenso lächerlich, als wenn der Besitzer dieser lieblichen Blumengärten darin in Helm und Harnisch, wie weiland Don Quichotte, spazierengehen wollte. Der antike, altitalienische oder bloß romantische, unsrer Zeit angepaßte Stil harmoniert unendlich besser mit solcher Umgebung, erscheint freundlicher und selbst bei weit geringern Massen dennoch grandioser. Das Innere des Schlosses war dabei von der größten Wirkung und durchaus fürstlich zu nennen. Sehr vernünftig hatten sich die Besitzer für die Gesellschaftszimmer nur auf wenige, aber dafür sehr geräumige Piecen

ASHBRIDGE PARK

beschränkt. Auch hier tritt man zuerst in die Halle, mit Rüstungen und altertümlichen Meubeln geschmückt. Dann kömmt man in das Treppenhaus, das prächtigste, was man in dieser Art sehen kann. Durch drei hohe Etagen aufsteigend, mit ebensoviel rundumherlaufenden Galerien, erreicht es die Höhe und Größe einer Kirchenkuppel; die Wände sind von poliertem Stein, die Treppengeländer von glänzendem Messing, die Decke aus schön in Holz geschnitzten Caissons, mit Malerei verziert, und rundumher, durch alle drei Etagen hinauf, sind Nischen mit den Standbildern der Könige Englands aus Stein angebracht. Aus diesem Treppenhaus gelangten wir in einen Saal, mit rotem Samt und vergoldeten Meubeln geschmückt, vorn durch ungeheure Fenster erleuchtet, die fast die ganze Wand einnehmen und die Aussicht auf den Pleasureground und Park eröffnen. Seitwärts zur Linken ist ein ebenso großes Zimmer, wo das Billard steht, und daneben die Bibliothek. Auf der andern Seite, in derselben Enfilade, schließt sich der Speisesaal an, und hinter diesem ein herrliches Gewächs- und Orangeriehaus, durch welches man in die Kapelle eingeht, die mit zehn alten echten Glasfenstern, von großer Schönheit, und mit kostbaren Holzreliefs prangt. Alle Bänke darin sind von Nußbaum, mit Cramoisisamt ausgeschlagen.

In den Zimmern hängen einige schöne und interessante Gemälde, jedoch meistens von modernen Meistern. Pleasureground und Gärten sind noch größer als in Cashbury Park. In Reptons Werk wirst Du sie zum Teil finden, nämlich den amerikanischen Garten, den Mönchsgarten und das rosary – wozu noch hinzugekommen sind: 1. der sehr zierliche französische Garten, mit einer bedeckten Galerie an einer Seite, einem porzellanartigen Aufsatz mit Blumentöpfen in der Mitte und einem großen Parterre, von dem jedes Beet eine besondere Blumenart enthält; 2. der Felsengarten, wo alle Steinpflanzen vereinigt sind sowie alle rankenden Gewächse. Es gehört wahrlich die lange Gewohnheit eines großen Luxus dazu, um ein so mannigfaltiges, überall gleich exemplarisch gut erhaltenes Ganze sich nur auszudenken, denn man muß gestehen, daß selbst unsre Souveräne in der Regel nur Teile von dem besitzen, was hier vereinigt ist. Einige tausend Stück Wild und unzählige Gruppen von Riesenbäumen zieren den Park, der, nur den hindurchführenden Weg abgerechnet, ebenfalls ganz der Natur und vielen weidenden Herden überlassen ist.

Nimm es immer als ein kleines Opfer an, liebe Julie, daß ich so treu diese Details Dir beschreibe, die bei unsern eigenen Plänen und Bauten doch nicht ohne Nutzen sein möchten und wenigstens gewiß noch mühsamer zu *schreiben* als zu *lesen* sind.*

Zu besserer Versinnlichung nehme ich von allem Interessanten Zeichnungen in meine Schreibtafel, die uns einst, als Anregung zu neuen Ideen, gut zustatten kommen sollen.

* *Ich weiß nicht, ob der Leser dieselbe Entschuldigung gelten lassen wird.*

Morgen werden wir des Herzogs von Bedford, eines der reichsten Edelleute in England, nahes Schloß sehen, Woburn Abbey, welches Ashbridge noch ebensosehr an Größe übertreffen soll als dieses Cashbury Park, eine sehr angenehme Steigerung.

Der Gasthof, wo ich schreibe, ist wieder sehr gut, und ich gedenke, nach allen Fatiguen, meiner Hauptmahlzeit so viel Ehre zu machen als dem Frühstück, obgleich diese hier viel einfacher ist und Tag vor Tag in zwar ganz guten, aber auch immer denselben Gerichten besteht. Die ewigen Muttonchops und ein gebratenes Huhn mit bread-sauce spielen mit den bloß in Wasser gekochten Gemüsen und der englischen Nationalsauce: zerlassener Butter mit Mehl, immer die Hauptrolle dabei.

Leamington, den 27.

Ich befinde mich jetzt in einem großen Badeorte, von dem ich jedoch noch nicht viel gesehen habe, da ich um elf Uhr in der Nacht soeben erst angelangt bin. Ein großer Teil des Tags ging mit der interessanten Besichtigung von Woburn Abbey hin.

Dieser schöne Palast ist im italienischen Geschmack, einfach und edel aufgeführt, unendlich befriedigender als der kolossale gotisch sein sollende Nonsens. Mit seinen Ställen, Reitbahn, Ballhaus, Statuen und Bildergalerie, Gewächshäusern und Gärten bildet er eine kleine Stadt. Seit dreihundert Jahren, ein auch in *England* seltner Fall, vererbte sich diese Besitzung regelmäßig in derselben Familie fort, so daß es auch nicht zu verwundern ist, wie bei einer Million Revenuen, nach unserm Gelde, ein Zusammenfluß von Pracht hier entstehen konnte, der bei uns die Kräfte jedes Partikuliers übersteigt, um so mehr, da, wäre auch das Geld hie und da in derselben Profusion vorhanden, doch keine seit Jahrhunderten darauf gerichtete Kultur uns die Mittel zu einem so vollendeten Ganzen des raffinierten Luxus zur Hand läßt.

Das eigentliche Schloß ist ein regelmäßiges Viereck, und die Beletage, welches auf dem Lande immer die de plein pied ist, bildet eine ununterbrochene Reihe das ganze Viereck umschließender Zimmer. Diese Zimmer sind mit kostbaren Gemälden geschmückt und außerdem reich in schweren Stoffen meubliert, Decke und Türembrasuren von weißer Stukkatur mit Gold oder aus seltnen geschnitzten Hölzern, alles ebenso einfach als gediegen. In dem einen Zimmer war eine merkwürdige Sammlung von Miniaturporträts der Familie, vom ersten Russell (der Familienname der Herzöge von Bedford) bis auf den jetzigen Herzog in ununterbrochener Linie gesammelt. Unter solchen Umständen kann man wohl ein wenig auf seine Familie und seinen Adel stolz sein.

Diese Miniaturen waren auf eine sehr geschmackvolle Art in einem langen schmalen Goldrahmen auf Cramoisisamt gereiht und medaillonweise eingelassen.

Die Kamine sind größtenteils von vergoldetem Metall, mit hohen Marmoreinfassungen, die Kronleuchter ebenfalls von Bronze, reich vergoldet, überall die angemessenste Pracht, wiewohl ohne alle Überladung. Den Beschluß machte die Bibliothek, in zwei Säle verteilt und höchst freundlich mit ihren breiten Fenstertüren unmittelbar an die Blumengärten anstoßend.

Diese erschienen mir nun besonders reizend, dabei so zweckmäßig mit den Gebäuden verwoben und so mannigfaltiger Art, daß eine genügende Beschreibung schwer ist.

Um Dir jedoch wenigstens eine allgemeine Idee davon zu geben, laß mich nur erwähnen, daß längs der verschiedenen Gebäude, die bald vorspringen, bald zurücktreten, bald gerade, bald runde Linien bilden, nach der Gartenseite zu eine ununterbrochene Arkade, mit Rosen und Rankengewächsen bezogen, hinläuft, an welcher die verschiedenen prachtvollen Gärten aufeinanderfolgen. *Über* diesem Gang sind teils Zimmer, teils die anmutigsten kleinen Gewächshäuser, wovon eins unter andern nichts wie Heidekräuter (Erika) enthält, von denen Hunderte, in Blüte, den lieblichsten Anblick gewährten und durch Spiegelwände bis ins Unendliche vervielfältigt wurden. Unmittelbar unter dem Erikenhause war auch der Erikengarten angebracht, ein Rasenplatz mit Beeten, die verschiedene Figuren bildeten und alle nur mit denjenigen größern Exemplaren der Heiden besetzt waren, welche im Freien aushalten. Einmal wurde der erwähnte Bogengang selbst durch ein hohes Palmenhaus mit Spiegeln unterbrochen, vor dem die schönsten gestickten Parterres auf Kiesgrund sich ausbreiten. An dieses Haus stieß die Statuengalerie, deren Wände mit verschiedenen Marmorarten bekleidet sind, nebst sehr schönen Säulen aus Italien. Der Saal enthält eine Menge antiker Skulpturen und wird an jedem Ende durch einen Tempel geschlossen, wovon der eine der Freiheit, mit Büsten von Fox, Canning und andern, der zweite den Grazien geweiht ist, mit einer herrlichen Gruppe dieser Göttinnen von Canova. Von hier aus führt der Bogengang an einer unermeßlichen Pflanzung entlang, welche, an Hügel gelehnt, nur aus Azalien und Rhododendron besteht, bis man den chinesischen Garten erreicht, in dem die dairy (der Milchkeller) sich besonders auszeichnet. Es ist dies eine Art chinesischer Tempel, mit einem Überfluß von weißem Marmor und buntem Glase, in der Mitte ein Springbrunnen und an den Wänden umher Hunderte von chinesischen und japanischen großen Schüsseln aller Art aufgestellt, sämtlich mit frischer Milch und Rahm gefüllt. Die Konsoles, auf denen diese Schalen standen, waren ein ausgezeichnet hübsches Modell für chinesische Meublierung. Die Fenster bestanden aus mattem Glase mit chinesischer Malerei, welche phantastisch genug aus dem trüben Lichte hervortrat.

Von hier führte noch ein weiter Pleasureground mit den schönsten Bäumen und mancherlei überraschenden Abwechselungen, unter andern niedlichen Kindergärten und einem Grasgarten, in dem alle Arten von Schilf und Gräsern in kleinen Beeten, das Ganze ein Schachbrett bildend, kultiviert wurden – nach dem aviary. Dieses besteht aus einem sehr großen eingezäunten Platz mit hohen Pflanzungen und einer Cottage, nebst einem kleinen Teich in der Mitte, alles nur dem Reiche der Vögel gewidmet. Der vierte oder fünfte Diener erwartete uns hier (die alle Trinkgelder verlangen, so daß man ein solches Etablissement nicht unter einigen Pfund Sterling zu sehen bekömmt) und zeigte uns zuerst mehrere reichgefiederte Papageien und andere seltene Vögel, deren jeder seine besondere kleine Abteilung und sozusagen sein Gärtchen hatte. Diese Vögelwohnungen waren von Eichenzweigen, mit Draht durchflochten, die Decke gleichfalls von Draht, die Sträucher Immergrün, so wie fast alle übrigen Pflanzungen in diesem Bezirk. Als wir auf den Platz hinaustraten, der die Mitte einnimmt, pfiff unser Papageno, und sogleich verfinsterte sich wörtlich die Luft über uns durch eine Unzahl von Tauben, Hühnern und der Himmel weiß was alles für Vögel. Aus allen Büschen stürzten zugleich Gold-, Silber-, bunte und ordinäre Fasanen hinzu, und aus dem See galoppierte ein schwarzer Schwan schwerfällig herbei, mit kläglich kindlichen Tönen seine große Begierde nach Futter ausdrückend. Dieser schöne Vogel, rabenschwarz, mit rosenroten Schnabel und Füßen, war außerordentlich zahm, fraß sein Futter chemin faisant aus der Tasche des Wärters und ließ uns keinen Augenblick allein, solange wir in dem Vögelparadies umherwandelten, nur manchmal en passant eine zudringliche Ente und andres gemeiners Volk mit einem Fußtritt abwehrend oder einem nobleren Goldfasan mit dem Schnabel in die Seite stoßend. Ein zweiter interessanter, aber eingeschlossener Bewohner dieses Orts war Heros, ein afrikanischer Kranich, ein Tier, das aussieht wie von Porzellan gemacht und mich in seinen Bewegungen vielmals an unsern seligen, tanzenden Ballerino erinnerte. *Der* Umstand seiner Geschichte, welcher ihm den Heldennamen gegeben, war dem Wärter unbekannt.

Der vier deutsche Meilen im Umfang haltende Park besteht hier nicht allein aus Weideland und Bäumen, sondern hat auch ein schönes Waldterrain und noch eine besonders eingezäunte Partie, die thornery (wörtlich Dörnerei) benannt, ein wilder, mit Dornen und Gestrüpp bewachsener Waldplatz, in dessen Mitte eine kleine Cottage mit dem freundlichsten Blumengärtchen steht und den mehrere Spaziergänge durchschneiden. Hiermit schließen die Herrlichkeiten von Woburn Abbey. Doch nein – zwei Dinge muß ich noch nachholen. In dem Schlosse, dessen Schmuck ich Dir en gros beschrieben, fand ich zugleich eine sehr zweckmäßige Einrichtung. Nämlich rund um alle Zimmer des großen Vierecks läuft eine innere breite Galerie, auf welche mehrere Türen sich öffnen und wo mannigfache Sammlungen, teils frei, teils in Glasschränken und hie und da durch Blumenstellagen unterbrochen, aufgestellt sind. Dies gewährt im Winter und bei schlechtem Wetter einen ebenso unterrichtenden als angenehmen Spaziergang, der um so behaglicher wird, da das ganze Schloß mit conduits de chaleur geheizt ist. Das ganze Erinnernswerte ist ein schönes Porträt des Grafen Essex in Lebensgröße. Er erscheint hier sehr schön und schlank gewachsen, das Gesicht aber weniger ausgezeichnet, kleine Züge ohne vielen Ausdruck, kleine Augen und einen großen roten Bart bei dunkelm Haupthaar, der ihn vielleicht der Königin, bei ihrem eignen roten Kopf, besonders angenehm machte.

Jetzt ist aber ein Viertelszoll von meinen Fingern heruntergeschrieben, und ich muß schließen. Morgen wieder ein Mehreres, wo ich Warwick Castle sehen werde, welches für Englands Stolz ausgegeben wird. Ich bin wirklich begierig, ob wir noch eine Stufe höher zu ersteigen haben, wie wir bisher regelmäßig von Schönem zu Schönerem fortgeschritten sind.

Da eben die Mail von hier abgeht, lege ich diesen Brief in einen für L... mit ein, durch dessen Güte Du ihn schneller erhalten wirst als den letzten.

Gedenke des Umherirrenden in Deiner ruhigen Einsamkeit, und glaube, daß, verschlüge ihn das Schicksal auch zu den Antipoden, sein Herz doch immer bei Dir sein würde.

Dein L...

9 Neunter Brief

Warwick, den 28.

Teuere Julie!

Beim Himmel! diesmal erst bin ich von wahrem und ungemeßnem Enthusiasmus erfüllt. Was ich früher beschrieben, war eine lachende Natur, verbunden mit allem, was Kunst und Geld hervorbringen können. Ich verließ es mit Wohlgefallen und, obgleich ich schon ähnliches gesehen, ja selbst besitze, nicht ohne Verwunderung. Was ich aber heute sah, war mehr als dieses, es war ein *Zauberort*, in das reizendste Gewand der Poesie gehüllt und von aller Majestät der Geschichte umgeben, dessen Anblick mich noch immer mit freudigem Staunen erfüllt.

Du erfahrne Historienkennerin und Memoirenleserin weißt besser als ich, daß die Grafen von Warwick einst die mächtigsten Vasallen Englands waren und der große Beauchamp, Graf von Warwick, sich rühmte, drei Könige entthront und ebenso viele auf den leeren Thron gesetzt zu haben.

Sein Schloß steht schon seit dem 9. Jahrhundert und ist seit Elisabeths Regierung im Besitz derselben Familie geblieben. Ein Turm der Burg, angeblich von Beauchamp selbst erbaut, hat sich ohne alle Veränderung erhalten, und das Ganze steht noch so kolossal und mächtig wie eine verwirklichte Ahnung der Vorzeit da.

Schon von weitem erblickst Du die dunkle Steinmasse, über uralte Zedern vom Libanon, Kastanien, Eichen und Linden, senkrecht aus den Felsen am Ufer des Avon, mehr als zweihundert Fuß hoch über die Wasserfläche emporsteigen. Fast ebenso hoch noch überragen wieder zwei Türme von verschiedener Form das Gebäude selbst. Der abgerissene Pfeiler einer Brücke, mit Bäumen überhangen, steht mitten im Fluß, der, tiefer unten, grade wo die Schloßgebäude beginnen, einen schäumenden Wasserfall bildet und die Räder der Schloßmühle treibt, welche letztere, mit dem Ganzen zusammenhängend, nur wie ein niedriger Pfeilervorsprung desselben erscheint.

Jetzt verlierst Du im Weiterfahren eine Weile den Anblick des Schlosses und befindest Dich bald vor einer hohen krenelierten Mauer aus breiten Quadern, durch die

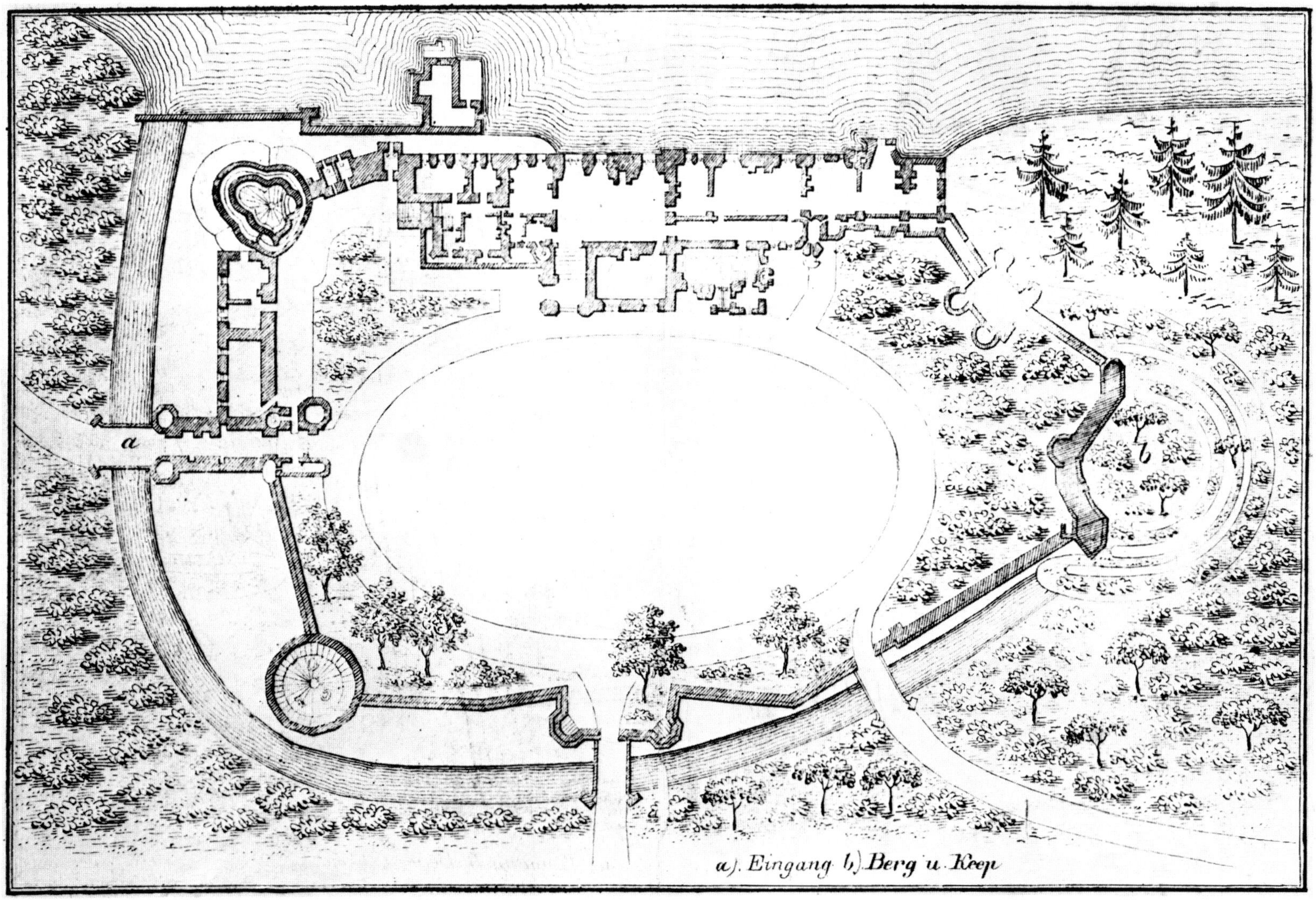
a
b
a). Eingang b). Berg u. Keep

Zeit mit Moos und Schlingpflanzen bedeckt. Die Flügel eines hohen eisernen Tors öffnen sich langsam, um Dich in einen tiefen, durch den Felsen gesprengten Hohlweg einzulassen, an dessen Steinwänden ebenfalls von beiden Seiten die üppigste Vegetation herabrankt. Dumpf rollt der Wagen auf dem glatten Felsengrunde hin, den in der Höhe alte Eichen dunkel überwölben. Plötzlich bricht bei einer Wendung des Weges das Schloß im freien Himmelslichte aus dem Walde hervor, auf einem sanften Rasenabhang ruhend, und zwischen den ungeheuren Türmen, an deren Fuß Du Dich befindest, verschwindet der weite Bogen des Eingangs zu dem Schein einer unbedeutenden Pforte. Eine noch größere Überraschung steht Dir bevor, wenn Du durch das zweite eiserne Gittertor den Schloßhof erreichst. Etwas Malerischeres und zugleich Imposanteres läßt sich beinah nicht denken! Laß Dir durch Deine Phantasie einen Raum hinzaubern, ungefähr noch einmal so groß als das Innere des römischen Colosseums, und versetze Dich damit in einen Wald voll romantischer Üppigkeit. Du übersiehst nun den weiten Hofplatz, rundumher von bemoosten Bäumen und majestätischen Gebäuden umgeben, die, obgleich überall verschieden an Form, dennoch *ein* erhabenes und zusammenhängendes *Ganze* bilden, dessen bald steigende, bald sich senkende Linien in der blauen Luft, wie die stete Abwechselung der grünen Grundfläche am Boden, nirgends Symmetrie, wohl aber eine sonst nur den Werken der Natur eigne, *höhere Harmonie* verraten. Der erste Blick zu Deinen Füßen fällt auf einen weiten einfachen Rasenteppich, um den ein sanftgeschlungner Kiesweg nach allen Ein- und Ausgängen dieses Riesenbaues führt. Rückwärts schauend, siehst Du an den beiden schwarzen Türmen empor, von denen der älteste, Guys Turm genannt, ganz frei von Gebüsch in drohender Majestät, fest wie aus Erz gegossen dasteht, der andre, von Beauchamp erbaut, halb durch eine, wohl Jahrhunderte zählende, Kiefer und eine herrliche Kastanie verdeckt wird. Breitblättriger Efeu und wilder Wein rankt, bald den Turm umschlingend, bald seine höchsten Spitzen ersteigend, an den Mauern hinan. Links neben Dir zieht sich weit der bewohnte Teil des Schlosses und die Kapelle hin, mit vielen hohen Fenstern geziert, von verschiedener Größe und Gestalt, während die ihm gegenüberliegende Seite des großen Vierecks, fast ganz ohne Fenster, nur mächtige krenelierte Steinmassen darbietet, die einige Lärchenbäume von kolossaler Höhe und baumartige Arbutussträucher, welche hier im langen Schutze wunderbar hoch gewachsen sind, malerisch unterbrechen. *Vor* Dir jedoch erwartet Dich, wenn Du jetzt den Blick nach der Höhe erhebst, von allem das erhabenste Schauspiel. Denn auf dieser vierten Seite steigt aus einem niedrigen bebuschten Kessel, den der Hof hier bildet und mit dem sich auch die Gebäude eine geraume Strecke senken, das Terrain von neuem, in Form eines konischen Berges steil empor, an dem die gezackten Mauern des Schlosses mit hinan klimmen. Dieser Berg, der Keep, ist bis oben dicht bewachsen mit

Gesträuch, das jedoch nur den Fuß der Türme und Mauern bedeckt. Dahinter aber ragen, hoch über alle Steinmassen, noch ungeheure uralte Bäume hervor, deren glatte Stämme man wie in der Luft schwebend erblickt, während auf dem höchsten Gipfel eine kühne Brücke, auf beiden Seiten von den Bäumen eingefaßt, gleich einem hehren Himmelsportal plötzlich die breiteste, glänzendste Lichtmasse, hinter der man die Wolken fern vorüberziehen sieht, unter dem Schwibbogen und den dunklen Baumkronen durchbrechen läßt.

Stelle Dir nun vor: diese magische Dekorationen *auf einmal* zu übersehen, verbinde die Erinnerung damit, daß hier neun Jahrhunderte stolzer Gewalt, kühner Siege und vernichtender Niederlagen, blutiger Taten und wilder Größe, vielleicht auch sanfter Liebe und edler Großmut, zum Teil ihre sichtlichen Spuren oder, wo das nicht ist, doch ihr romantisch ungewisses Andenken zurückgelassen haben – und urteile dann, mit welchem Gefühl ich mich in die Lage des Mannes versetzen konnte, dem solche Erinnerungen des Lebens seiner Vorfahren durch diesen Anblick täglich zurückgerufen werden und der noch immer dasselbe Schloß des ersten Besitzers der Veste Warwick bewohnt, desselben halb fabelhaften Guy, der vor einem Jahrtausend lebte und dessen verwitterte Rüstung mit hundert Waffen berühmter Ahnen in der altertümlichen Halle aufbewahrt wird. Gibt es einen so unpoetischen Menschen, in dessen Augen nicht die Glorie dieses Andenkens, auch den schwächsten Repräsentanten eines *solchen* Adels, noch heute umglänzte?

Um Dir meine Beschreibung wenigstens einigermaßen anschaulich zu machen, füge ich einen Grundplan bei, der Deiner Einbildungskraft zu Hülfe kommen muß.

Den Fluß auf der andern Seite mußt Du Dir nun noch tief unter dem Schloßplatz denken, und daß er von den bisher beschriebenen Stellen nicht gesehen wird, sondern erst aus den Fenstern des bewohnten Schloßteils, nach außen hin (wie es das Kupfer zeigt), zugleich mit dem herrlichen Park sichtbar wird, der überall durch Wald am Horizont geschlossen ist, was der Phantasie so viel Spielraum läßt und wieder für sich eine neue, höchst romantische Aussicht bildet.

Nur über wenige Stufen tritt man vom Hofe aus in die Wohnzimmer, zuerst in einen Durchgang und von da in die Halle, auf deren beiden Seiten sich die Gesellschaftszimmer, dreihundertvierzig Fuß lang in ununterbrochener Reihe, ausdehnen. Obgleich fast de plein pied mit dem Hofe, sind diese Zimmer doch auf der andern Seite mehr als fünfzig Fuß hoch über dem Avon erhaben. Acht bis vierzehn Fuß dicke Mauern bilden in jedem Fenster, welche auch zehn bis zwölf Fuß breit sind, ein förmliches Cabinet, mit den schönsten mannigfaltigsten Aussichten auf den unter ihnen wild schäumenden, weiterhin aber in sanften Wendungen den Park bis in düstere Ferne durchströmenden Fluß. War ich nun vorher, schon seit dem ersten Anblick des Schlosses, von Überraschung zu Überraschung fortgeschritten, so wurde diese, wenngleich auf andre

Weise, fast noch in den Zimmern überboten. Ich glaubte mich völlig in versunkene Jahrhunderte versetzt, als ich in die gigantische baronial-hall trat, ganz wie sie Walter Scott beschreibt, die Wände mit geschnitztem Zedernholz getäfelt, mit allen Arten ritterlicher Waffen angefüllt, geräumig genug, um alle Vasallen auf einmal zu speisen, und ich dann vor mir einen Kamin aus Marmor erblickte, in dem ich ganz bequem mit dem Hute auf dem Kopf noch neben dem Feuer stehen konnte, das auf einem dreihundert Jahre alten eisernen, seltsam gestalteten Roste, von der Form eines Korbes, wie ein Scheiterhaufen aufloderte. Seitwärts war, der alten Sitte getreu, auf einer Unterlage, gleichfalls von Zedernholz, mitten auf dem steinernen Fußboden, den nur zum Teil verschossene Hautelisse-Teppiche deckten, eine Klafter ungespaltenes Eichenholz aufgeschichtet. Durch einen in Braun gekleideten Diener, dessen Tracht, mit goldnen Kniegürteln, Achselschnüren und Besatz, hinlänglich altertümlich aussah, wurde von Zeit zu Zeit dem mächtigen Feuer, vermöge eines drei Fuß langen Klotzes, neue Nahrung gegeben. Hier war überall der Unterschied zwischen der echten alten Feudalgröße und der nur in moderner Spielerei nachgeahmten ebenso schlagend als zwischen den bemoosten Trümmern der verwitterten Burg auf ihrer Felsenspitze und der gestern aufgebauten Ruine im Lustgarten eines reich gewordnen Lieferanten. Fast alles in den Zimmern war alt, prächtig und originell, nirgends geschmacklos und mit der größten Liebe und Sorgfalt unterhalten. Es befanden sich die seltsamsten und reichsten Zeuge darunter, die man jetzt gar nicht mehr auszuführen imstande sein möchte, in einer Mischung von Seide, Samt, Gold und Silber, alles durcheinander gewirkt. Die Meubels bestanden fast ganz entweder aus alter, außerordentlich reicher Vergoldung, geschnitztem braunen Nuß- und Eichenholz oder jenen alten französischen, mit Messing ausgelegten Schränken und Kommoden, deren eigner Name mir eben nicht beifällt. Auch waren viele herrliche Exemplare von Mosaik wie von ausgelegten kostbaren Hölzern vorhanden. Ein Kaminschirm, mit schwerem goldenen Rahmen, bestand aus einem einzigen so klaren Glase, daß es völlig mit der Luft zusammenfloß. Ein solcher Schirm hat das Angenehme, daß man, am Kamin sitzend, das Feuer sieht, ohne es sengend am Gesicht zu fühlen. In dem einen Zimmer steht ein Staatsbett, von der Königin Anna einer Gräfin von Warwick geschenkt, noch immer wohl erhalten, von rotem Samt, mit grün und blauer Seide gestickt. Die Kunstschätze sind unzählbar, und die Gemälde, unter denen sich auch nicht *ein* mittelmäßiges befand, sondern die fast alle von den größten Meistern sind, haben überdem zum Teil ein ganz besonderes Familieninteresse, da sehr viele Porträts der Ahnen sich darunter befinden, von der Hand Tizians, van Dycks und Rubens' gemalt. Der größte Schatz, und zwar ein unschätzbarer, ist eins der bezauberndsten Bilder Raffaels, die schöne Johanna von Aragonien (eine nicht genau historisch auszumittelnde Person), von der es, seltsam genug, vier

Bilder gibt, alle höchst vortrefflich, und die alle für das echte Original ausgegeben werden, drei davon jedoch ohne Zweifel Kopien sein müssen, dem Vorbilde aber so gut wie gleich geworden sind. Das eine ist in Paris, das andere in Rom, das dritte in Wien, das vierte hier. Ich kenne sie alle vier und muß unbedingt dem hiesigen den Vorzug geben. Es liegt ein Zauber in diesem herrlichen Weibe, der nicht auszusprechen ist! Ein Auge, das in die Tiefen der Seele führt, königliche Hoheit, verbunden mit der weiblichsten Liebesempfänglichkeit, wollüstiges Feuer im Blick, zugleich mit süßer Schwermut gepaart, dabei eine schwellende Fülle des schönsten Busens, eine durchsichtige Zartheit der Haut und eine Wahrheit, Glanz und Grazie der Gewänder, wie des ganzen Schmucks der Bekleidung – so, wie es nur ein so göttliches Genie in himmlischer Schöpferkraft vollständig hervorrufen konnte.

Zu den interessantesten Porträts, durch das historische Interesse, welches man an den *Personen* nimmt, noch erhöht, gehören folgende:

Zuerst Machiavell, von Tizian. Ganz wie ich mir ihn gedacht. Ein feines und kluges und doch dabei leidendes Gesicht, wie trauernd über die so tief erkannte, nichtswürdige Seite des menschlichen Geschlechts, jene hündische Natur, die nur liebt, wenn sie getreten wird, nur folgt, wo sie fürchtet, nur treu ist, wo sie Vorteil davon hat. Ein Zug mitleidigen Spottes umschwebt die schmalen Lippen, während das dunkle Auge nachdenkend in sich selbst hineinzuschauen scheint.

Es deucht einem im ersten Augenblick sonderbar und auffallend, daß dieser große und klassische Schriftsteller so lange auf die abgeschmackteste Weise mißverstanden worden ist, entweder als ein moralisches Scheusal geschildert (und wie albern ist in dieser Hinsicht die Refutation Voltaires) oder gar die abenteuerliche Hypothese aufgestellt, daß sein Buch eine Satire sei! Bei näherer Betrachtung erlangt man indes bald die Überzeugung: daß nur die neuere Zeit, welche endlich anfängt, die Politik aus einem höhern, wahrhaft menschlichen Gesichtspunkte zu verstehen und zu behandeln, Machiavells »Fürsten« richtig beurteilen konnte.

Dieser tiefe und scharfsinnige Geist gibt wirklich den Fürsten der Willkür – so nenne ich aber alle die, welche sich *nur* par la grace de Dieu, um ihrer selbst willen, Fürsten glauben, alle Eroberer, auch alle Glückspilze der Geschichte, denen durch ein blindes Ohngefähr Völker geschenkt wurden, die sie für ihr Eigentum ansahen –, dieser Art Fürsten also, sage ich, gibt er die einzige und wahre Weise an, wie sie prosperieren, die einzigen erschöpfenden Regeln, die sie befolgen müssen, um ihre von Haus aus auf dem Boden der Sünde und des Irrtums erwachsene Macht erhalten zu können. Sein Buch ist und bleibt für ewige Zeiten das unübertreffliche, das wahre Evangelium für solche, und wir Preußen insbesondere mögen uns Glück wünschen, daß in neuester Zeit Napoleon seinen Machiavell so schlecht innehatte, weil wir sonst wohl noch unter seinem Joche seufzen möchten!

Wie herrlich geht aber über diesen Abgrund, dem seine relative Wahrheit nicht abzustreiten ist, die Sonne des repräsentativen Volksfürsten neuerer Zeit auf! Wie nichtig wird dann, von dieser Basis ausgehend, das ganze Gebäude der Finsternis, welches Machiavell so meisterhaft entwickelt, und sinkt vor ihren Strahlen in nichts zusammen, denn es braucht ja nun weder mehr der List und Unwahrheit noch der despotischen Gewalt und Furcht, um zu regieren. Humanität und Recht tritt, hundertmal mächtiger und wohltätiger für Fürst und Völker, an die Stelle jenes trüben Glanzes, und dem fortwährenden Kriege folgt einst ein ewiger Frieden! Dies aber fühlte und ahnete und wünschte Machiavell, und gar viele Stellen seines Buchs deuten deutlich darauf hin, unter andern, wenn er sagt: »Wer eine *freie* Stadt erobert hat, dem bleibt kein *sicheres* Mittel, sie zu behalten, als sie zu zerstören oder ihre Einwohner zu erneuern; denn keine Wohltat des Souveräns wird sie *ihre verlorne Freiheit vergessen lassen.*«

Indem er endlich unumstößlich beweiset, daß man sich nur durch Nichtachtung aller Moral (und was war bis jetzt, beinahe anerkannt, die Politik anders) auf einer solchen Stufe willkürlicher Macht erhalten könne, und den Fürsten ernstlich diese Lehre gab, zeigt er auch zugleich nur zu deutlich: daß die ganze Gesellschaft damals ein Prinzip des Verderbens in sich trug, bis zu dessen Erkenntnis und Beseitigung kein wahres Glück der Völker, keine wahre Zivilisation möglich war. Die Revolutionen neuerer Zeiten und ihre Folgen haben endlich der Menschheit die Augen geöffnet, und sie wird sie nicht wieder schließen!

Der Herzog Alba, von Tizian. Höchst ausdrucksvoll und, wie ich glaube, treu, denn dieser Mann war keineswegs eine bloß grausame und finstere Karikatur. Ernst, fanatisch, stolz, aber fest wie Eisen, praktisch, die Idee eines unerschütterlichen, treuen Dieners aufstellend, der, einmal den Auftrag angenommen, nun weder rechts noch links mehr abweicht, seines Herrn und seines Gottes Willen blind zu erfüllen stets bereit ist und nicht darnach fragt, ob Tausende dabei in Martern untergehen; mit einem Wort, ein kräftiger, nicht unedler, aber beschränkter Geist, der andere für sich denken läßt und für fremde Autorität handelt.

Heinrich VIII. mit Anna Bullen, von Holbein.* Der König in prachtvoller Kleidung, ein fetter, etwas fleischerartig aussehender Herr, bei dem Wollust, Schlauheit, Grausamkeit und Kraft in einer furchtbar behaglichen und fast jovialen Physiognomie hervorherrschen! Man sieht bei alledem, daß ein solcher Mann zittern machen und dennoch an sich fesseln kann. – Anna Bullen ist eine freundlich unbedeutende, beinahe etwas dumm erscheinende, echt englische Schönheit, von einer Gestalt, wie man sie auch heute, nur in anderm Costume, noch häufig hier antrifft!

* *Heinrich VIII. und Elisabeths Bilder findet man so häufig in England, daß Du auch, bei ausgezeichneten Exemplaren, die öfter wiederkehrende Schilderung derselben verzeihen mußt. Immer findet sich doch eine oder die andere Nuance verschieden.*

GUY'S CLIFF

Cromwell, von van Dyck. Ein herrlicher Kopf. Etwas von dem bronznen Gladiatoransehen Napoleons, aber mit viel gemeineren Zügen, hinter denen jedoch, wie hinter einer Maske, eine große Seele dämmert. Schwärmerei ist fast zu wenig darin ausgedrückt, dagegen eine beinahe ehrlich scheinende und desto betrügendere List im Auge, aber doch nirgends eine Spur von Grausamkeit, die man auch dem Protektor wohl nicht vorwerfen kann, da selbst die Hinrichtung des Königs zwar eine grausame Handlung war, in Cromwells Gemüt aber nur wie eine ihm unumgänglich notwendige politische Operation erschien, keineswegs aber in Freude am Blutvergießen ihren Grund fand. Unter Cromwells Bilde hängt sein eigner Helm. –

Prinz Rupert, von van Dyck. Ganz der kühne Soldat, jeder Zoll ein Kavalier! Du weißt, daß die Anhänger des Königs sich damals ausschließend »Kavaliere« nannten. Ich meine jetzt aber damit den Vornehmen und Ritterlichen. Ein schönes, den Weibern wie dem Feinde gefährliches Gesicht und eine malerische Kriegertracht und Haltung.

Elisabeth, von Holbein. Das beste und vielleicht ähnlichste Bild, was ich bis jetzt von ihr gesehen. Sie ist in ihrer Blüte dargestellt, ziemlich widerlich weiß, mit sehr blaßrötlichen Haaren. Die Augen etwas albinoartig, fast ohne Augenbraunen. Das viele Weiße darin gibt ihnen, trotz ihrer künstlichen Freundlichkeit, einen falschen Ausdruck. Man glaubt zu entdecken, daß heftige Begierden und beharrliche Leidenschaften unter dieser blassen Hülle verborgen sind, wie ein Vulkan unter dem Schnee, und erblickt hinlänglich jene eitle Sucht zu gefallen in der überreichen, mit Zieraten überladenen Kleidung. Ganz anders, streng, hart und gefährlich zu nahen, erscheint sie in den Bildern ihres spätern Alters, aber auch da immer noch gleich übertrieben geputzt.

Maria von Schottland. Wahrscheinlich im Gefängnis und kurz vor ihrem Tode gemalt; denn sie hat hier das Ansehen einer vierzigjährigen Matrone. Noch immer eine gediegene Schönheit, aber nicht mehr die leichtsinnige, Leben und Reize üppig genießende Maria, sondern, sichtlich geläutert durch Unglück, ernsten Ausdrucks, *Schillers* Maria, eine edle Natur, die *sich* endlich selbst wiedergefunden hat! Es ist eins der seltneren Bilder dieser vielbeweinten Königin, die man sonst immer jung und glänzend geschildert zu sehen gewohnt ist.

Ignaz Loyola, von Rubens. Ein sehr schön gemaltes, großes Bild, dem man es indessen anmerkt, daß es nur eine *Fiktion* und kein Porträt ist. Der heilige, ganz gewöhnliche geistliche Ausdruck ist *nichtssagend* und das Kolorit daran bei weitem das schönste.

Doch ich würde nicht aufhören, wenn ich die ganze Galerie durchgehen wollte. Also laß Dich in das letzte Cabinet führen, wo sich noch eine schöne Sammlung von Majolika und Email, größtenteils nach Zeichnungen von Raffael, befindet sowie eine Marmorbüste des Schwarzen Prinzen, eines derben Soldaten mit Kopf und Faust, aus einer Zeit, wo die letztere allein oft schon zu großem Ruhme hinlänglich war. Viele kostbare etruskische Vasen, nebst andern Kunstwerken, dienen den verschiedenen Zimmern, außer den Gemälden und Antiken, zum Schmuck, und es ist sehr zu loben, daß sie hierzu verwandt und nicht in einer Galerie als tote Masse zusammengehäuft sind! Es wurde mir als eine Merkwürdigkeit der genauen und festen Bauart des Schlosses gezeigt, daß, ohngeachtet seines Alters, wenn alle Türen der Enfilade geschlossen sind, man aus dem letzten Cabinet, die ganze Weite von dreihundertfünfzig Fuß entlang, *durch die Schlüssellöcher* eine am andern Ende gerade in der Mitte stehende Büste erblicken kann! In der Tat, eine merkwürdige Genauigkeit, die unsere Handwerker sobald noch nicht begreiflich oder gar ausführbar finden werden! Obgleich, wie ich Dir erzählte, schon die Wände der Halle mit einer Unzahl von Waffen bedeckt sind, so befindet sich doch auch noch eine eigene Rüstkammer im Schlosse, die außerordentlich reich ist. Hier wird unter andern Lord Brookes lederner, noch mit schwarz gewordnem Blut befleckter Koller aufgehoben, in dem dieser nicht unberühmte Vorfahr der jetzigen Grafen in der Schlacht von Lichfield getötet wurde. In der einen Ecke des Zimmers liegt ein ganz eigentümliches Kunstwerk, von sehr heterogener Natur mit den übrigen, eine in Eisen gegossene Meerkatze, aber von einer Vollkommenheit und Abandon in ihrer Stellung und ihren Gliedern, die die Natur selbst erreicht. Es tat mir sehr leid, nicht von der Kastellanin erfahren zu können, wer das Modell zu diesem Gusse gemacht. Es muß ein bedeutender Künstler gewesen sein, der alle Affengrazie und Gelenkigkeit, in dieser Stellung, welche in der behaglichsten Faulheit schwelgt, mit so viel Wahrheit auszudrücken vermochte.

Ehe ich von dem prachtvollen Warwick schied, bestieg ich noch den höchsten der beiden Türme und genoß dort eine schöne und reiche Aussicht nach allen Seiten hin bei ziemlich hellem Wetter. Weit entzückender als dieses Panorama war aber der lange Spaziergang in den Gärten, die das Schloß von zwei Seiten umgeben und in ruhiger Größe dem Charakter desselben ganz angemessen sind. Die Höhe und Schönheit der Bäume wie die Üppigkeit der Vegetation und des Rasens kann nirgends übertroffen werden, während eine Menge riesenmäßiger Zedern (vom Libanon genannt) und die sich jeden Augenblick neu gestaltenden Ansichten der majestätischen Burg – in deren hohen Zinnen transparente Kreuzesformen den Lichtstrahlen ein immer wechselndes Spiel gewähren – einen solchen Zauber über das Ganze webten, daß ich mich nur mit Gewalt davon losreißen konnte. Wir gingen bis zum anbrechenden Mondschein, der alles noch gigantischer erscheinen ließ, in den dunkelnden Gängen umher und konnten deshalb nur bei Laternenlicht die berühmte kolossale Warwick-Vase, welche mehrere hundert Gallonen Wasser enthalten kann und mit der schönsten Arbeit geziert ist, sowie die Altertümer besehen, welche in der Loge des Pförtners aufbewahrt werden und hauptsächlich in den antediluvianischen Stierhörnern und

Eberzähnen bestehen, die man Tieren zuschreibt, welche der fabelhafte Ahnherr der ersten Grafen von Warwick, Guy, aus der Sachsenzeit, erlegt haben soll. Die Dimensionen seiner ebenfalls hier aufbewahrten Waffen verraten einen Riesen von größeren Kräften, als sie jetzt die Natur hervorbringt.

Hier nahm ich endlich zögernden Abschied von Warwick Castle und legte die Erinnerung wie einen Traum erhabener Vergangenheit an mein Herz, und mir war in dem dämmernden Mondenlicht wie einem Kinde, dem ein phantastisches Riesenhaupt aus ferner Zeit über den Wipfeln des Waldes freundlich zugenickt.

Mit solchen Phantasien, gute Julie, will ich einschlummern und dem Morgen wieder entgegentreten, der mir auch Romantisches beut – die Ruinen von Kenilworth!

Birmingham, den 29., abends

Ich fahre in meiner Erzählung fort. Der Badeort Leamington (car il faut pourtant, que j'en dise aussi quelque chose) bestand vor dreißig Jahren noch aus einem kleinen Dorfe und bildet jetzt schon eine reiche und elegante Stadt, die zehn bis zwölf palastartige Gasthöfe, vier große Badehäuser mit Kolonnaden und Gärten, mehrere Lesebibliotheken, die mit Spielzimmern, Billard-, Konzert- und Tanzsälen (wovon einer für sechshundert Personen) verbunden sind, und einer Unzahl von Privathäusern, die bloß zum Gebrauch der Badegäste dienen und fortwährend wie Pilze aus der Erde wachsen. Dergleichen ist hier alles im kolossalen Maßstabe, obgleich die Wasser eigentlich sehr unbedeutend sind, etwas schwefel- und salzhaltig. Man benutzt dasselbe Wasser zum Baden und Trinken, und noch jetzt wimmelte es von Badegästen. Die Bäder sind so geräumig wie die englischen Betten, in den Boden eingelassen, oben mit Eisenplatten umlegt und durchaus mit Porzellantafeln ausgefüttert. An den Seiten haben sie noch besondere Sitze.

Eine elegante und sehr bequem zu applizierende Douche nebst einer nützlichen Maschine, um unbehülfliche Kranke auf ihrem Stuhl mit leichter Mühe in ihren Bereich zu bringen, verdiente auch bei uns Nachahmung. R... nahm eine Zeichnung davon. Die Trinkanstalt befand sich in einem Saale von der Größe eines Exerzierhauses, um sich hinlängliche Motion darin machen zu können, und die Röhren, aus denen das Wasser floß, wie die Hähne zum Drehen, waren, soweit sie sichtbar wurden, aus massivem Silber. Das Wasser selbst schmeckte, wie alle Schwefelwasser, faulig und fatal.

Nicht weit von Leamington, und eine Stunde von Warwick, befindet sich ein höchst lieblicher und reizender Ort, Guy's Cliff genannt, dessen kleines Schloß teilweise ebensoalt als Warwick Castle ist. Darunter sieht man in den pittoresken Felsenufern des Avon eine tiefe Höhle, in welche sich, der Sage nach, der gestern so oft erwähnte Guy von Warwick, nach vielen großen Taten im In- und Auslande, heimlich begab, um sein Leben in frommer Kontemplation zu beschließen.

Nach zwei Jahren ununterbrochener Nachforschungen seiner trostlosen Gemahlin fand diese einst selbst auf der Jagd ihn hier tot in seiner Höhle liegen und stürzte sich aus Verzweiflung über die Felsen hinab in den Avon, wo sie schnellen Trost im Tode fand. Auf derselben Stelle wurde später zum Andenken dieser tragischen Begebenheit eine geräumige Kapelle in den Felsen gehauen, die noch besteht und mit der Statue Guys von Heinrich III. geziert ward. Diese letztere aber ist leider von Cromwells Truppen später so mutiliert worden, daß sie nur noch einem unförmlichen Blocke ähnlich sieht. Gegenüber der Kapelle sind zwölf Mönchszellen in den Felsen gehauen, die jetzt zu Ställen dienen; mit der innerlich ganz renovierten Kapelle aber ist das Schloß des Besitzers verbunden worden, von dem ein Teil gotisch und viele hundert Jahre alt, ein zweiter in späterer Zeit im altitalienischen Geschmack und ein dritter ganz neu, mit dem gotischen ältesten Teile gleichartig, aufgebaut ist. Das Ganze zeigt sich äußerst malerisch, und ebenso geschmackvoll und ansprechend ist das Innere eingerichtet. Besonders fand ich das größere Gesellschaftszimmer mit zwei großen herausspringenden Fenstern höchst freundlich. Das eine dieser Fenster steht auf dem dreißig Fuß senkrecht hinabsinkenden Felsen, gerade über dem Flusse, der nahe dem Schlosse eine lieblich geformte Insel bildet, hinter welcher sich eine weite Aussicht auf üppige Wiesen, schöne Bäume und im Hintergrunde ein im Walde halb verstecktes Dorf ausbreitet. Seitwärts sieht man, ohngefähr in einer Entfernung von tausend Schritten, eine uralte Mühle, welche schon zur Zeit des Einfalls der Normannen existiert haben soll. Ein wenig weiter schließt sich das Bild mit einem bebuschten Hügel, noch im Bereich des Parks, auf dem ein hohes Kreuz die Stelle anzeigt, wo Gaveston, der berüchtigte Liebling Eduards II., nachdem er von den rebellischen Großen, namentlich Warwick und Arundel, gefangen worden war, ohne Erbarmen hingerichtet wurde. Alle diese Erinnerungen, mit so viel Naturschönheiten vereinigt, machen einen großen Eindruck. Das andere Fenster bot dagegen den vollständigsten Kontrast mit dem ersten dar. Es ging zu ebener Erde auf und zeigte nichts als einen sehr niedlichen, von hohen Bäumen umschlossenen, französischen Blumengarten, in dem bunte Porzellanstückchen und farbiger Sand mit den Blumen abwechselten, gegenüber eine herrliche, mit Efeu übervoll umrankte Allee, in spitzen Bogen ausgeschnitten. Im Zimmer selbst brannte ein behagliches Kaminfeuer, ausgezeichnete Gemälde schmückten die Wände, und viele Sofas von verschiedenen Formen, sowie Tische mit Kuriositäten bedeckt, und in angenehmer Unordnung zerstreute Meubles ließen alles aufs wohnlichste und anmutigste erscheinen.

Ich kehrte von hier noch einmal nach der Stadt Warwick zurück, um die dortige Kathedrale zu besuchen und die Kapelle mit des großen Königsentthroners Beauchamps

KENILWORTH CASTLE

Grabmonument, das er sich selbst noch bei Lebzeiten setzen ließ und auch darunter ruht. Seine Statue von Metall liegt oben auf dem Sarkophage, mit einem Adler und einem Bären zu seinen Füßen. Der Kopf ist sehr ausdrucksvoll und natürlich. Er faltet nicht die Hände, wie es sonst bei den alten Ritterstatuen fast immer der Fall ist, sondern erhebt sich bloß etwas gegen den Himmel, wie einer, der nicht eben beten will, sondern nur den lieben Gott mit schuldiger Höflichkeit willkommen heißen, wozu er zwar den Kopf geneigt hat, aber keineswegs demütig aussieht! Rund an den Seiten des Steinsarges sind die bunt bemalten Wappen aller seiner Herrschaften angebracht, und ein ungeheures Schwert liegt ihm noch drohend zur Seite. Die herrlichen bunten Fenster und die vielfachen, wohlerhaltenen und reichvergoldeten Zieraten geben dem Ganzen ein ungemein feierliches Ansehen.

Unglücklicherweise hat man vor hundertfünfzig Jahren einer Familie aus der Stadt erlaubt, gerade unter dem größten, dem Eingang gegenüberstehenden Fenster ein Monument, für ich weiß nicht welchen Landjunker aus ihrem Hause, aufzuführen, welches die ganze Wand einnimmt und der schönen Einheit des Ganzen durch seine abscheulichen modernen Schnörkel einen wahren Schandfleck aufdrückt.

An der Seitenwand steht, oder liegt vielmehr auf seinem Sarge, in Stein gehauen, ein anderer Eindringling, aber von besserem Schrot und Korn; denn er ist kein Geringerer als der Graf von Leicester, noch in mittleren Jahren abgebildet; wie es scheint, ein schöner, vornehm und stolz aussehender Mann, doch ohne die Genialität in seinen Zügen, die des großen Warwicks metallnes Bild so sprechend ausdrückt.

Wenige Posten von Leamington, in einer immer einsamer und dürftiger werdenden Gegend, liegt Kenilworth.

Mit W. Scotts anziehendem Buche in der Hand betrat ich die so mannigfaltige Gefühle hervorrufende Ruine. Sie nimmt einen Raum von mehr als einer Viertelstunde Umfang ein und zeigt, obgleich in schnellem Verfall, noch viele Spuren großer einstiger Pracht. Der älteste Teil des Schlosses, der 1120 erbaut wurde, steht noch am festesten, während Graf Leicesters neu hinzugefügte Gebäude schon fast der Erde gleich sind. Der weite See, der damals das Schloß umgab und um welchen sich ein Park von dreißig englischen Meilen Umfang ausbreitete, ist unter Cromwell ausgetrocknet worden, in der Hoffnung, versenkte Schätze darin aufzufinden, und auch der Park längst verschwunden und jetzt in Felder umgewandelt, auf welchen man einzelne Hütten zerstreut erblickt. Ein frei stehender und abgelegener Teil der Schloßgebäude, den Schlingpflanzen aller Art fast verbergen, ist zu einer Art Vorwerk umgewandelt, und die ganze Gegend hat ein ärmeres, verlasseneres und melancholischeres Ansehn als irgendein Teil des Landes, den wir bisher durchfuhren. Doch ist dieser öde Charakter dem Ganzen nicht unangemessen und erhöht vielleicht noch den wehmütigen Eindruck so tief gefallner Größe.

Noch steht der Söller, Elisabeths Bower genannt, und die Sage geht bei den Landleuten, daß oft bei mondhellen Nächten eine weiße Gestalt dort gesehen worden sei, stumm und still in die Tiefe hinabschauend. Die Rudera der Bankethalle mit dem Riesenkamin, der weitläufigen Küche und den Weinkellern darunter sind noch deutlich zu erkennen, ja, manches einsame Zimmerchen mag noch in den Türmen wohlerhalten sein, wohin schon längst kein Zugang mehr führt. Die Phantasie ergötzt sich, aus dem noch Bestehenden die Vergangenheit zu erraten, und oft träumte ich, bei dem Umherklettern zwischen den Trümmern, jetzt die Stelle aufgefunden zu haben, wo der schändliche Vernon die treueste und unglückseligste der Gattinnen in ewige Nacht verräterisch hinabstieß! Doch gleich vergessen sind jetzt Verbrechen wie Großtaten, die innerhalb dieser Mauern geschahen; über sie hat längst die Zeit ihren alles bedeckenden Schleier gelegt, und dahin sind die ewig sich wiederholenden Leiden und Freuden, die vermoderte Pracht und das vergängliche Streben.

Der Tag war trübe, schwarze Wolken rollten am Himmel, hinter denen selten ein gelber, fahler Schein hervorbrach, der Wind flüsterte im Efeu und pfiff hohl durch die leeren Fenster, hie und da zuweilen einen losen Stein von den zerbröckelten Mauern ablösend und mit Geprassel in den Burgwall herunterschleudernd. Kein menschliches Wesen ließ sich sehen; alles war einsam, schauerlich, ein düstres, aber erhabnes Denkmal der Vernichtung.

Solche Augenblicke sind eigentlich tröstend! Man fühlt lebhafter als sonst, daß es nicht der Mühe wert ist: sich über irdische Dinge zu grämen, da die Sorge wie das Glück nur eine Spanne Zeit dauert. – Auch mich ergriff noch heute der ewige Wechsel des Menschenlebens und versetzte mich am Abend, im schreienden Kontrast mit der leblosen Ruine, in das prosaische Gewühl einer nur mit Gewinn beschäftigten Menge, in die dampfende, rauchende, wimmelnde Fabrikstadt Birmingham. Der letzte romantische Anblick für mich waren die Feuer, welche bei der anbrechenden Dunkelheit die Stadt auf allen Seiten aus den langen Essen der Eisenhämmer umleuchteten, dann entsagte ich den Spielen der Phantasie bis auf gelegnere Zeit.

den 30.

Birmingham ist eine der ansehnlichsten und zugleich häßlichsten Städte Englands. Sie zählt 120 000 Einwohner, wovon gewiß zwei Drittel Fabrikarbeiter sind, auch gewährt sie nur den Anblick eines unermeßlichen Ateliers.

Ich begab mich schon nach dem Frühstück in die Fabrik des Herrn Thomasson, unsers hiesigen Konsuls, der zweiten an Größe und Umfang; denn die ansehnlichste von allen, wo tausend Arbeiter täglich beschäftigt sind und wo von der Dampfmaschine zu achtzig Pferden Kraft bis zum Livreeknopfe und der Stecknadel unzählige Gegenstände verfertigt werden, ist seit dem Besuch der östreichischen Prinzen (deren Gefolge einige wichtige Geheimnisse er-

BIRMINGHAM

lauscht haben soll) für jeden Fremden ohne Ausnahme hermetisch verschlossen worden.

Ich hielt mich hier, obgleich in abscheulichen, schmutzigen und stinkenden Löchern, die zu verschiedenen Ateliers dienten, doch mit vielem Interesse mehrere Stunden auf und machte selbst einen Knopf, den Dir R... als ein Zeichen meines Fleißes mitbringen soll.

Im untern Stock sind in besserem Lokale alle die Erzeugnisse ausgestellt, welche die Fabrik liefert, von Gold, Silber, Bronze, plattierten und Lackwaren (die in ihrer Nachahmung die chinesischen Originale selbst übertreffen), Stahlsachen in jeder Gestalt usw. in einer Menge und Eleganz geordnet, die wirklich Staunen erregt. Unter andern sah man hier eine Kopie der gestern beschriebenen ungeheuren Warwick-Vase, von derselben Größe wie das Original, in Bronze gegossen, welche viertausend Pfund Sterling kostete, sowie prachtvolle Tafelservice in Silber und plate, welches letztere jetzt auf eine Art gearbeitet wird, daß man es von keiner Seite mehr vom Silber unterscheiden kann, daher auch selbst die Großen gar häufig plate mit Silber vermischen, wie die Pariser Damen falsche Steine und Perlen mit echten.

Eine Menge neue und angenehme Erfindungen des Luxus lernte ich im kleinen und großen hier kennen und widerstand auch nicht ganz der Kauflust, die hier so viel Nahrung findet, doch beschränkte ich mich bloß auf Kleinigkeiten, die in einer wohlverpackten Kiste nächstens bei Dir ankommen werden.

Die Eisenwerke mit ihren riesenhaften Dampfmaschinen, die Nadelfabriken, die Stahlfabrikation, wo man von der kleinsten Schere bis zum größten Kamin und ganzen, hell wie Spiegel polierten Treppen alle dazwischenliegende Nuancen aufgehäuft findet – alles das zu sehen füllt einen Tag recht angenehm aus, doch erlaß mir die nähere Beschreibung, ce n'est pas mon métier.

Chester, den 1. Januar 1827

Wieder ein Jahr dahin! keines der schlechtesten für mich, außer der Trennung von Dir. Ich hatte die Leselampe im Wagen angezündet und durchlief behaglich den neuesten Roman der Lady Morgan, während wir im Galopp in der Ebene dahinrollten. Sowie der Zeiger seiner Uhr auf zwölf stand, gratulierte mir R... für mich und Dich zum neuen Jahr. Zwölf Stunden später erreichten wir Chester, eine altertümliche barocke Stadt.

Obgleich wir die neunzehn deutsche Meilen von Birmingham hierher in dreizehn Stunden zurücklegten, so finde ich doch, daß in England wie in Frankreich, je mehr man sich von der Hauptstadt entfernt, eine allmähliche Abnahme in vielem Guten stattfindet, die Gasthöfe weniger vorzüglich, die Postpferde schlechter, die Postillons schmutziger, die Kleidung der Leute überhaupt unansehnlicher und das vielfach sich drängende Leben einsamer wird. Dabei nimmt die Teurung im umgekehrten Verhältnisse zu, und man ist einzelnen Prellereien unterworfen, die in größerer Nähe Londons wegen der starken Konkurrenz fast nie vorfallen.

Das Wetter war uns im neuen Jahr noch ungünstiger als im vorigen. Es regnete den ganzen Tag. Wir eilten, sobald ich ein wenig Toilette gemacht hatte, die Wunderdinge von Eaton Hall zu sehen, von denen ich jedoch keine zu große Erwartung hegte. Ich fand auch selbst meine mäßigen Hoffnungen kaum erfüllt, denn der Park und die Gärten waren, meinem Geschmack nach, von allen bisher beschriebenen dieser Kategorie am unbedeutendsten, obgleich von sehr großem Umfang, und das Haus erweckte ganz dieselben Empfindungen wie Ashbridge in mir, nur mit dem Unterschiede, daß es noch überladner und auch innerlich weit weniger schön, obwohl ungleich teurer meubliert war. Man fand alle mögliche Pracht und Ostentation, die ein Mann nur anwenden kann, der jährlich eine Million unsres Geldes Revenuen, aber Geschmack vielleicht nicht in demselben Verhältnis besitzt. Ich bemerke in diesem Chaos von neugotischem Geschnörkel, schlecht gemalten, modernen Glasfenstern und unförmlichen Tischen und Stühlen, welche höchst unpassend architektonische Verzierungen nachahmten, auch nicht *eine* Sache, die mir des Aufzeichnens wert geschienen hätte, und es ist mir völlig unbegreiflich, wie Herr Lenné, dessen Verdienste um die Verschönerung seines Vaterlandes man alle Gerechtigkeit widerfahren lassen muß, in den Annalen des Berliner Gartenvereins diesem Park vor allen, die er gesehen, den Vorzug geben kann, worüber sich die englischen Kritiker auch etwas lustig gemacht haben. Herr Lenné ahmte vor dem Neuen Palais in Potsdam den hiesigen Blumengarten nach. Ich hätte mir, ich gestehe es, an seiner Stelle ein andres Muster gewählt, doch paßt dieser Stil allerdings vor dem dortigen Palais weit besser als vor einer gotischen Burg. Kunstschätze sind mir hier gar nicht vorgekommen, bis auf einige mittelmäßige Gemälde von West; alle Pracht liegt in den Stoffen und dem aufgewandten Gelde wie der kolossalen Größe der Staatszimmer und der Bibliothek, die als Reitbahn dienen könnte. Das große Porträt des Besitzers und seiner Gemahlin im Speisesaal gewährt auch wenig Interesse, außer für Bekannte. Eine Menge affröse gotische Tempelchen verunstalten den Pleasureground, der überdies, so wie der Park, keine schönen Bäume hat, indem der Boden ungünstig ist und die Anlage überall nicht alt zu sein scheint. Die Gegend ist indes recht leidlich, obwohl nicht sehr pittoresk und zu flach.

Da uns noch Zeit übrigblieb, besahen wir das königliche Schloß in Chester, welches jetzt in ein vortreffliches Grafschaftsgefängnis umgewandelt ist, dessen Einrichtung mir ebenso menschlich als musterhaft in jeder Hinsicht erschien. Der Anblick von der Terrasse des Corps de logis, in dem die Gerichtssäle sind, auf die Gefangenen in ihren Höfen tief darunter ist höchst überraschend.

Denke Dir eine hohe Felsenterrasse, auf der ein Schloß mit zwei Flügeln steht. Das Corps de logis ist, wie gesagt, für die Gerichtslokale bestimmt, die sehr geräumig sind, und die Flügel für *die* Gefangenen, welche wegen Schulden sitzen. Der Hof bildet ein Gärtchen, wo diese Schuldner spazierengehen können. In der Tiefe unter dem Hofe ist eine Art Zwinger in Sternform, durch hohe Mauern in viele Abteilungen separiert, hinter denen ein halbmondförmiges Gebäude hinläuft, welches die Friedensstörer, Diebe und Mörder beherberget. Im letzten Teile desselben rechts sind die Weiber eingesperrt. Jeder der einzelnen Strahlen des Zwingers ist als ein Blumengarten benutzt, mit Gängen durchschnitten und zum Gebrauch der Gefangenen bestimmt, die, solange sie noch nicht verurteilt sind, in grauer Kleidung, nach der Verurteilung aber in halb grüner, halb roter erscheinen. In jeder Abteilung des hintern Gebäudes ist unten ein Gesellschaftszimmer, wo an Wochentagen gearbeitet und dazu Feuer gemacht wird. Die Zellen sind reinlich und luftig, die Nahrung verschieden, nach dem Grade des Verbrechens, bei der letzten Klasse nur Brot, Kartoffeln und Salz. Heute, als am Neujahrstag, hatten dagegen alle Roastbeef, Plumpudding und *Ale* bekommen, waren größtenteils, besonders die Weiber, sehr animiert und machten einen furchtbaren Lärm mit Hurraschreien auf das Wohl des Stadtmagistrats, der ihnen diese Fete gegeben.

Die Aussicht von der obern Terrasse, über die Gartenzwinger, die Gefängnisse und eine herrliche Gegend, wo man den Fluß in der Tiefe gleich hinter den Gefangenenzellen strömen, seitwärts die Dächer und Spitzen der Stadt in malerischem Wirrwarr und in der Entfernung die Berge von Wales erblickt, ist herrlich, und à tout prendre wohnen bei uns selten die Oberlandesgerichtsräte so gut als hier die Spitzbuben.

Ich danke dem Himmel, daß wir morgen die Rückreise antreten, da ich Merkwürdigkeiten und Parks gänzlich überdrüssig bin. Ich fürchte sehr, daß es Dir mit meinen monotonen Briefen ebenso gehen wird, indessen, wer A gesagt hat, muß auch B sagen, und so mache Dich noch auf ein Dutzend Parks mehr gefaßt, ehe wir das neblige London wieder erreichen.

Indessen sende ich noch heute die vorliegende Epistel nach der Hauptstadt, um Dir wenigstens eine wohltätige Intervalle zu gönnen, und bitte dann Gott, Dich in seinen guten und treuen Schutz zu nehmen.

Dein ewig ergebener L...

10 Zehnter Brief

Hawkestone Park, den 2. Januar 1827

Geliebte Freundin!

Obgleich ich gestern mich sehr parkblasiert fühlte und nicht glaubte, noch irgendein lebhaftes Interesse für dergleichen fassen zu können, so bin ich doch heute wieder umgewandelt worden und muß Hawkestone sogar vor dem bisher Gesehenen *den* Vorzug geben, welchen ihm nicht Kunst noch Pracht und aristokratischer Glanz, sondern die Natur allein verleiht, die hier außerordentliches getan hat, ja in einem Grade, daß ich, selbst mit der Macht begabt, der Schönheit dieser Gegend noch etwas hinzuzusetzen (Gebäude ausgenommen), nicht aufzufinden wüßte, was.

Es scheinen hier durchaus alle Elemente für die günstige Lage vereinigt, wie Du aus einer einfachen Beschreibung selbst entnehmen wirst.

Wirf also Deine Geistesaugen auf einen Erdfleck von solchem Umfang, daß Du von dem höchsten Punkt darin rundumher den Blick über fünfzehn verschiedene Grafschaften schweifen lassen kannst. Drei Seiten dieses weiten Panoramas heben und senken sich in steter Abwechselung mannigfacher Hügel und niedriger Bergrücken, gleich den Wogen der bewegten See, und werden am Horizont von den höchst seltsam geformten, zackigen Felsen und hohen Gebürgen von Wallis umgeben, die sich auf ihren beiden Enden sanft nach der vierten Seite der Aussicht, einer fruchtbaren, von Tausenden hoher Bäume beschatteten Ebene abdachen, welche in dämmernder Ferne, da, wo sie mit dem Himmelsgewölke zusammenfließt, von einem weißen Nebelstreife, dem Meere, begrenzt wird.

Das Walliser Gebürge ist zum Teil mit Schnee bedeckt und alles fruchtbare Land dazwischen so eng mit Hecken und Bäumen durchwirkt, daß es in der Ferne mehr den Anblick eines lichten Waldes gewährt, den nur hie und da Gewässer mit unzähligen größeren und kleineren Wiesen und Feldern durchschneiden. Grade in der Mitte dieser Szene siehst Du nun auf einer Berggruppe, über die nahen Wipfel alter Buchen- und Eichenwälder hinschauend, die oft mit den üppigsten Wiesenabhängen abwechseln und deren Inneres fünf- bis sechshundert Fuß hohe Felsenwände mit hellgrün glänzenden, zutage gehenden Kupferadern nach mehreren Richtungen durchkreuzen und vielfache tiefe Gründe und freundliche Täler bilden. An einer der finstersten Stellen dieser Wildnis erheben sich die uralten Ruinen der »roten Burg«, ein prachtvolles Andenken aus den Zeiten Wilhelm des Eroberers. Nun denke Dir noch, daß diese ganze romantische Berggruppe, die sich, ganz für sich allein bestehend, aus der Ebene erhebt, fast in regelmäßigem Kreise von den silberhellen Wellen des Hawkeflusses umströmt wird, und dieser so natürlich eingeschlossene Raum eben der Park von Hawkestone ist, ein auch in der Umgegend so anerkannt reizender Ort, daß die jungen Ehepaare aus den nahen Städten Liverpool und Shrewsbury seit lange die Gewohnheit haben, wenn ihre Trauung in die schöne Jahreszeit fällt, die ersten Wochen des neuen süßen Glücks in Hawkestone zuzubringen. Vielleicht ist dies die Ursache, daß dieser Park, ganz wider die englische Sitte, mehr dem Publikum als seinem Besitzer gewidmet ist, der gar nicht hier wohnt, ja dessen Haus verfallen und unansehnlich in einem Winkel des Parks, gleich einem hors d'œuvre, verborgen liegt. Dagegen ist ein schöner Gasthof darin erbaut, der besagte Ehepaare, sowie Liebende aller Art nebst andern Naturfreunden, mit den ausgesuchtesten Betten und solider Stärkung durch Speise und Trank versorgt. Hier schlugen auch wir unser Lager auf und begannen, nach einem guten Frühstück à la fourchette, den langen Weg zu Fuß – denn wegen des schwierigen Terrains kann der Park nicht befahren werden. Die kletternde Promenade, die im Winter sogar nicht ganz ohne Gefahr ist, dauerte vier Stunden.

Über einen weiten Wiesenplan, von Eichen beschattet und von weidenden Herden bedeckt, wanderten wir auf sehr nassem Boden (denn es hatte leider die ganze Nacht geregnet und geschneit) den Kupferfelsen zu. Diese erheben sich über einen hohen Abhang alter Buchen, wie eine darüberhängende Mauer, und sind oben wieder mit schwarzem Nadelholz gekrönt, was einen herrlichen Anblick gewährt. In dieser natürlichen Mauer befindet sich die erste Hauptpartie des Parks, die Grotte genannt, zu welcher man durch einen dunkeln, in den Felsen gehauenen, bedeckten Weg von mehr als hundert Fuß Länge gelangt, nachdem man vorher eine geraume Zeit im Walde mühsam im Zickzack bergan gestiegen. Die Grotte besteht aus mehreren Höhlen, mit allerlei Steinen und Metallerzen inkrustiert, in welchen einige angebrachte Öffnungen, die mit bunten, brillantartig geschliffenen, kleinen Glasscheiben ausgesetzt sind, in der Dunkelheit täuschend Aladinschen Edelsteinen gleichen. Eine alte Frau, welche wenigstens fünfzig Jahre zählte, war unsre Führerin und erregte vielfach unsre Verwunderung durch ihre Ausdauer im Marschieren und der Gewandtheit, mit der sie die Felsen in Pantoffeln auf und ab kletterte, denn die unregelmäßigen, abschüssigen und spiegelglatten Felsenstufen waren zuweilen recht schwierig zu passieren, so daß der gute R..., der obenein eiserne Absätze an seinen

Stiefeln hatte, oft nur mit der größten Anstrengung und bittern Klagen über die ungemeine Beschwerlichkeit: Felsen auf glatten Eisen hinabzuklettern, den sichern Boden wieder erreichte.

Bei einem aus Stämmen und Ästen erbauten Pavillon, der mit Heidekraut gedeckt und mit Moos austapeziert war und eine pittoreske Aussicht auf einen barock gestalteten Berg darbot (der Tempel der Geduld genannt), wandte sich nun der Weg noch mehr in das Innere des Waldes und führte uns zu der sogenannten *Schweizerbrücke*, welche zwei Felsen kühn miteinander verbindet. Da das Geländer zum Teil daruntergefallen und die Passage etwas schwindliger Art war, so würde hier für meine gute Julie (im Fall sie wirklich bis hierher hätte gelangen können) alles weitere Vordringen ein Ende gehabt haben. Wie gut ist es also in solchen Fällen, einen so unermüdlichen Führer im Reiche der Einbildungskraft zu besitzen, wie Du an mir hast, der Dich sofort mit leichter Mühe über die Teufelsbrücke hinüberschwingt und Dir nun einen turmartigen Felsen zeigt, der aus den glatten Buchen schwarz hervortritt, dicht mit Dornen und Efeu bewachsen ist, das in hundert Girlanden herabhängt und lange Zeit einen Fuchs beherbergte, der hier, sicher von den verfolgenden Hunden, jahrelang seine Burg Malapartus aufgeschlagen hatte. Dies ist ein beglaubigtes Faktum und hat dem Felsen den Namen *Reinardshaus* verliehen, den er noch trägt. Die Führerin behauptete sogar, es habe sich jetzt wieder ein neuer Bewohner dort angesiedelt, doch konnten wir nichts von ihm erblicken. Bergauf, bergab ging es fort, und schon ziemlich müde erreichten wir endlich die Terrasse, ein etwas offner Platz mit schönen, einzeln durch den Wald gehauenen Prospekten.

Nicht weit davon, hinter sehr hohen Bäumen, steht eine Säule von hundertzwanzig Fuß Höhe, dem Stifter der Familie des Besitzers gewidmet, einem Londoner Kaufmann und Lord Mayor von London zur Zeit Heinrich III., dessen Statue die Säule krönt. Eine bequeme Wendeltreppe führt im Innern des turmartigen Gebäudes bis auf die Spitze, von wo man eben das früher beschriebene Panorama der fünfzehn Grafschaften staunend überblickt. Durch immer wildere Felsenschluchten gelangt man von hier, in tiefster Einsamkeit, zu einer lieblichen Cottage, am Ende eines freundlichen Wiesentals gelegen, wo früher mehrere seltne Tiere und Vögel gehalten wurden, die jedoch jetzt nur noch ausgestopft ein Zimmer der Hütte bewohnen. Als die dort als Aufseherin angestellte junge Person sie uns zeigte, bediente sie sich der lächerlichen Phrase: »Alle diese Tiere, die Sie hier sehen, pflegten sonst zu leben« (used to live before). Das *Gewächshaus*, von Felsenstücken und Baumästen aufgebaut, sowie den *gotischen Turm*, eine Art Lusthaus, übergehe ich und geleite Dich wieder einen langen, langen Weg, erst durch Wald, dann über Wiesenhügel und durch eine schmale Schlucht, hierauf wieder mühsam einen Berg hinan, zu der prachtvollen Ruine, dem schauerlich gelegenen *roten Schloß*. Weithin erstrecken sich die verwitterten Mauern und in den Felsen gehauenen Wälle dieser Burg, zu deren Innern man nur durch einen zwei Fuß breiten, in Stein gesprengten, gewundenen Gang gelangt, dessen Dunkelheit so groß ist, daß ich mich genötigt sah, den Unterrock meiner Führerin als Faden der Ariadne zu ergreifen, weil ich wörtlich die Hand nicht vor den Augen sehen konnte. Aus diesem Schacht kommt man in eine malerische Felsengasse mit glatten hohen Wänden, über die sich Ebereschen und andere beerentragende Bäume hinwölben. Seitwärts erblickt man eine Höhle, deren weite Öffnung noch mit einem verrosteten eisernen Gitter verschlossen ist. Auf einer beschwerlichen Felsentreppe erreicht man endlich den obersten Teil der Ruine, einen hohen dachlosen Turm, in dessen fünfzehn Fuß dicken Mauern mancher hundertjährige Baum Wurzel geschlagen hat und in dessen Innern sich ein unabsehbarer Brunnen befindet, der bis in die Eingeweide der Erde zu gehen scheint. Wenn man über die feste und wohlverwahrte Barriere, die ihn umgibt, hinunterblickt, erregt der Kontrast der Turmhöhe über Dir, in welche der Himmel hineinschaut, und der bodenlosen Tiefe unter Dir, wo ewige Nacht herrscht, einen ganz eignen Eindruck. Man wähnt hier Verzweiflung und Hoffnung in *einem* Bilde allegorisch vereinigt zu sehen. Der Turm und die Felsen, auf denen er ruht, sinken in gleicher senkrechter Linie bis in eine schwindelnde Tiefe hinab nach dem Tale, dessen Riesenbäume von hier nur wie junges Dickicht erscheinen. Mit einem etwas starken Sprunge der Einbildungskraft gelangten wir nach einer Viertelstunde von hier zu der Hütte eines Neuseeländers, an einem kleinen See gelegen, nach einer Zeichnung Cooks vor vielen Jahren aufgebaut (denn diese Anlagen sind sehr alt) und mit Pfeilen, Tomahawks, Schädeln gefressener Feinde und andern dieser niedlichen Kleinigkeiten versehen, die den unschuldigen Luxus jener Naturkinder ausmachen.

Hiermit beschlossen wir unsre Promenade und ließen noch ungesehen (als dieses herrlichen Ganzen unwürdige Flecken) eine Höhle, wo ein Automat den Einsiedler spielt und ein Gedicht hersagt, eine alberne Darstellung des Neptun von Sandstein, verbunden mit einem chinesischen Tempel von Holz, und eine moderne Zitadelle, ebenfalls von Holz, wo bei Feierlichkeiten und auf Bestellung mehrere Kanonen gelöst werden können. Diese Anlagen der Afterkunst, sowie leider auch die Wege, sind alle etwas verfallen, seit der Besitzer nicht mehr hier lebt. Dies sind aber, sowie die obenerwähnte Überladung mit Spielereien, nur kleine Mängel eines erhabenen, und in aller Abwechselung natürlicher Schönheit, wunderbar glänzenden Ganzen.

Newport, den 3.

Es ist völlig und ernsthaft Winter geworden, die Erde mit Eis und sechs Zoll Schnee bedeckt und die Kälte in den jetzt selten durch ein unzureichendes Kaminfeuer erwärmten Zimmern fast unerträglich! Da ich den heutigen Tag meistens im Wagen zugebracht habe, ist nichts weiter davon zu berichten.

Birmingham, den 4.

Wir sahen auch heute nichts Merkwürdiges auf unserm Wege als einen Park, durch den wir nur hindurchfuhren und der größtenteils neu angelegt schien. Ein kleiner, aber hübscher Garten bot sehr niedliche Modelle für Blumengerüste dar wie auch zierliche Körbe, alles sehr fein in Eisendraht ausgeführt und mit rankenden Gewächsen bezogen. R... mußte sie mit steifen Fingern kopieren.

Der Gasthof, wo wir unser Luncheon einnahmen, war, wie die darauf eingehauene Jahreszahl lehrte, 1603 gebaut, also über zweihundert Jahre alt, und das hübscheste Spezimen von Cottage im alten Geschmack, mit Fachwerk in verschiedenen Dessins, das mir auf dieser Tour vorgekommen ist. Gegen Abend erreichten wir bei immer empfindlicher werdenden Kälte Birmingham, wo ich mich jetzt gemächlich ausruhen will.

den 5.

Der ganze Tag wurde abermals, wie bei meinem früheren Aufenthalt hieselbst, den Fabriken gewidmet und Ausstellungen von Waren besehen. Die armen Arbeiter sind doch mitunter übel daran! Sie verdienen zwar hinlänglich, aber mehrere ihrer Beschäftigungen sind auch, bei der geringsten Nachlässigkeit, bei dem kleinsten Versehen, oft furchtbar gefährlich. So sah ich heute einen, dessen Geschäft es ist, bei dem Stampfen der Livreeknöpfe den Würfel zu halten, und dem bei dieser Gelegenheit schon zweimal der Daumen zerschmettert wurde, welcher jetzt nur noch einen kleinen unförmlichen Fleischklumpen bildete. Wehe denen, die den Dampf- und andern Maschinen mit ihren Röcken zu nahe kommen. Schon mehrere faßte diese unerbittliche Macht und zerquetschte sie, wie die grausame Boa ihre hülflose Beute. Dabei sind viele Arbeiten so ungesund wie in den Bleiwerken Sibiriens, und bei manchen ist ein Geruch auszustehen, den der ungewohnte Besucher kaum minutenlang ertragen kann.

Es hat alles seine Schattenseite, auch diese hochgesteigerte Industrie, doch ist sie deshalb nicht zu verwerfen. Hat doch selbst die Tugend ihre Nachteile, wo sie im geringsten das Maß überschreitet, und dagegen das Schlimmste, ja das Laster nicht ausgenommen, seine lichteren Stellen.

Merkwürdig ist es, daß bei diesem raffinierten Fortschreiten in jeder Erfindung die Engländer, nach dem eignen Geständnis des Herrn Thomasson, noch immer nicht imstande sind, es den Berliner feinen Eisengußwaren gleichzutun. Was ich von dieser Art hier sah, stand jenen ungemein nach. Oft scheint es mir überhaupt, als wäre, ohngeachtet die Engländer uns noch so weit voraus sind, dennoch der Zeitpunkt schon eingetreten, wo *sie* zu sinken und *wir* zu steigen anfangen. Da sie von so hoch sinken und wir von so tief steigen müssen, so kann es demohngeachtet

SHAKESPEARES GEBURTSHAUS

noch lange dauern, ehe wir uns auf demselben Punkte begegnen, aber, wie gesagt, uns entgegenzugehen haben wir, glaube ich, angefangen. Deutschland Glück auf!! erlangen deine Bewohner nur *Freiheit*, so wird ihnen jedes Streben gelingen.

Stratford, den 6.

Die heutige Tagereise war nicht groß, aber inhaltsschwer, denn der Ort, dessen Namen neben dem Datum meines Briefes steht – ist ja der Geburtsort Shakespeares! Es ist ein tief ergreifendes Gefühl, die unbedeutenden Gegenstände zu sehen, die vor Jahrhunderten mit einem so großen und geliebten Manne in unmittelbarer und häuslicher Berührung standen, und gleich darauf den Ort, wo längst seine Gebeine vermodern – und so in wenig Augenblicken von seiner Wiege den langen Weg bis zu dem seines Grabes zurückzulegen. – Das Haus, in dem er geboren ist, sowie die Stube selbst, in der dies große Ereignis vor sich ging, stehen noch fast unverändert da. Die Stube gleicht vollkommen einer geringen Bürgerstube, wie sie in unsern kleinen Städten zu sein pflegen, ganz der Zeit angemessen, wo England auf derselben Stufe der Kultur stand, die bei uns der gemeine Mann noch jetzt einnimmt. Millionen Namen, von Königen und Bettlern hingeschrieben, bedecken die Wände des kleinen Zimmers, und obgleich ich dieses Anhängen an fremde Größe, wie Ungeziefer an Marmorpalästen klebt, nicht besonders liebe, so konnte ich doch hier dem Drange nicht widerstehen, auch meinen Namen mit einer tiefen Empfindung von Dankbarkeit und Ehrfurcht den übrigen beizugesellen.

Die Kirche am Avon (derselbe Fluß, der Warwicks ehrwürdige Schloßmauern bespült), wo Shakespeare begraben liegt, ist ein schöner Überrest des Altertums, mit vielen merkwürdigen Monumenten geziert, unter denen natürlich das des unsterblichen Dichters obenan steht. Es war früher, so wie seine Büste, in bunten Farben gemalt und vergoldet, ist aber durch die Stupidität eines gewissen Malone vor nahe hundert Jahren überweißt worden, wodurch es viel von seiner Eigentümlichkeit verloren haben muß. Die Büste ist übrigens nichts weniger als von künstlerischem Wert und auch ohne Ausdruck, wahrscheinlich also auch ohne Ähnlichkeit. Es gelang mir nur mit vieler Mühe und Geld, ein kleines Bild des Denkmals in den alten Farben, welches das letzte noch vorrätige Exemplar war, von der Küsterin zu erlangen, was ich diesem Briefe beilege.

Außerdem kaufte ich im Buchladen mehrere Ansichten des Orts und der erwähnten Gegenstände. Auf dem Rathause ist ein großes Bild Shakespeares, in neuerer Zeit gemalt, und ein noch besseres von Garrick, das einige Ähnlichkeit, auch in der Art der Tournure, mit Iffland hat.

Oxford, den 7.

Nachdem wir zwei Tage lang die Parkomanie ruhengelassen hatten, brachten wir heute das Verlorne wieder ein, indem wir nicht weniger als vier große Parks besuchten, wovon der letzte das berühmte Blenheim war. Doch in der Ordnung – exécutez-vous.

Zuerst kamen wir durch Eatrop Park, deshalb merkwürdig, weil er noch aus der Zeit ist, wo man eben anfing, die französische Manier zu verlassen, dies aber, in solcher Übergangsperiode, noch so wenig imstande war, daß man nur statt Alleen von *einzelnen Bäumen* nun Alleen von *clumps* aus verschiedenen, immer aber regelmäßig abwechselnden Figuren pflanzte oder in Schlangenlinien Haine anlegte und lotrichte Bergabhänge aus unregelmäßigen Terrassen bildete. Das Ganze schien in großem Verfall.

Ein schönerer Besitz ist Ditshley Park. Leider spielte uns aber das englische Klima heute einen boshaften Streich. Nachdem am Morgen (ich glaube, erst zum zweitenmal, seit wir London verlassen) die Sonne geschienen hatte und wir schon über unser Glück triumphierten, fiel plötzlich ein solcher Nebel, daß wir den ganzen übrigen Tag nie weiter als kaum hundert Schritte vor uns, manchmal aber kaum zehn weit sehen konnten. Im Schloß fanden wir eine bedeutende Menge Gemälde, besonders schöne Porträts, von denen uns aber kein Mensch sagen konnte, wen sie vorstellten. Etwas Neues in Hinsicht auf *unsere* Kunst lernten wir nicht, doch sahen wir etwas anderes Neues. Am Jägerhause nämlich waren, in Ermanglung wirklichen Raubzeuges, einstweilen sechs Dutzend Ratzen, sehr zierlich, mit ausgebreiteten Schwänzen und Beinen, angenagelt.

Der dritte Park in der Reihe war Blendford Park, dem Lord Churchill gehörig und sehr unbedeutend, im Hause aber fanden wir einige herrliche Kunstwerke. Zwei Gemälde besonders beneidete ich dem Besitzer. Das erste stellt ein nacktes, liegendes, reizendes Weib vor, die durch die Finger ihrer Hand schalkhaft lächelt; gewiß fälschlich auf Michelangelos Namen getauft. Es ist allerdings von kühner Zeichnung, aber außerdem auch von einer Wahrheit und Elastizität des Fleisches, einer Tizianischen Färbung und einer Lieblichkeit des Ausdrucks, die keinen Michelangelo verraten, wenn es auch vielleicht ungegründet ist, daß, wie manche wollen, gar keine Ölgemälde von diesem Meister existieren.

Noch mehr zog mich das zweite: Judith, angeblich von Cigoli, an, einem Maler, von dem ich mich früher nicht erinnere, ein Bild gesehen zu haben. Gewöhnlich ist dieser Gegenstand: die triumphierende Jungfrau mit dem abgehauenen verzerrten Kopf in der Hand, mir eher widerlich als angenehm gewesen – hier aber – welcher poetisch aufgefaßte Ausdruck in Judiths gleich erhabnem und reizendem Antlitz. Eine Welt von Empfindungen liegt in diesen inhaltsschweren Zügen. Es ist nicht das Gesicht einer Jungfrau mehr, sondern schon das einer jugendlichen *Frau.* In den feuchten, schwimmenden Augen sind zu deutliche Spuren der Vergangenheit zu lesen, und um den üppig schwellenden, noch wie entzückten Mund verrät ein leises Beben, daß sie, wenngleich wider ihren Willen, doch die Lust kennengelernt! – Stärker aber war im Geiste ihre Liebe zu Gott und Vaterland, und darum blieb fest ihr früherer Entschluß. Das Opfer mußte dennoch fallen, aber kein *Triumph* hebt ihre Brust – sinnend, über Gedanken brütend, die ihr selbst nicht ganz klar sein mögen, schreitet sie dahin, die zarte Hand krampfhaft in die Locken des furchtbaren, aber männlich schönen Hauptes gedrückt, das sie jetzt, wie bewußtlos, mit sich fortträgt.

Ich merke mir alle diese schönen Gemälde wohl, um sie einmal kopieren lassen zu können, wenn ich Muße dazu habe, denn gute Kopien *so herrlicher Bilder* ziehe ich weit den mittelmäßigen oder mich nicht ansprechenden Originalen vor, selbst wenn die letzteren von den berühmtesten Meistern herstammen, denn nur das *Dichterische*, nicht das *Technische* eines Kunstwerks kann mich reizen. Eine kostbare Sammlung Handzeichnungen von Raffael, Claude Lorrain und Rubens und mehrere interessante Porträts übergehe ich, um nicht zu weitschweifig zu werden.

Der abscheuliche Nebel wurde immer dicker, und so sahen wir Blenheim nur wie in der Dämmerung. In Hinsicht auf Glanz und Größe ist es ohne Zweifel außerordentlich zu nennen, und sehr gefiel mir, was ich davon sehen oder vielmehr ahnen konnte, denn es war alles wie in einen Zauberschleier gehüllt, hinter welchem die Sonne ohne Strahlen, wie der Mond, erschien. Das Schloß ist sehr groß und regelmäßig, leider im altfranzösischen Geschmack erbaut, an Pracht einem königlichen gleich. Der Park hat fünf deutsche Meilen im Umfang, und das künstlich ausgegrabne Wasser, das herrlichste Werk seinesgleichen, nimmt allein einen Flächenraum von achthundert Morgen ein. Ebensogroß ist der Pleasureground, zu dessen fortwährendem Mähen täglich vierzig Leute erforderlich sind. Das Wasser bildet dem Schlosse gegenüber eine künstliche Kaskade, die von großen, gesprengten und weit hergeschafften Felsenstücken so täuschend der Natur nachgeahmt ist, daß man, ohne es zu wissen, schwerlich Kunst dabei voraussetzen würde.

Man muß Browns großartiges Genie bewundern, wenn man diese Anlagen durchwandert. Es ist der Garten-Shakespeare Englands. Dabei sind seine Pflanzungen so wunderbar groß geworden, daß wir, unter andern, einen einzigen Strauch portugiesischen Lorbeers auf dem Rasen fanden, der mit seiner dichten Masse zweihundert Fuß im Umfang erreichte!

Der jetzige Besitzer ist mit einer Revenue von siebzigtausend Pfund Sterling so verschuldet, daß sein Vermögen für die Gläubiger administriert wird und ihm nur fünftausend Pfund Sterling jährlich übrigbleiben, solange er noch leben kann. Es ist jammerschade, daß er dieses wenige noch *dazu* anwendet, die imposanten Gärten Browns einzureißen und nach einem elenden neueren Geschmack zu moderni-

BLENHEIM

Drawn by C.V. Fielding. Engraved by R. Havell & Son.

sieren, der mit unzähligen kleinen Klümpchens, Beeten und Pflanzen die reichen Gewänder, die Brown der Natur umgetan, in Harlekinsjacken umwandelt. Ein großer Teil des alten Pleasuregrounds ist bereits auf diese Art zerstört, wie uns der alte Gärtner, fast mit Tränen in den Augen, zeigte. Mehrere der Riesenbäume lagen noch gefällt umher, und ein schwarzer Fleck auf dem Rasen zeigte einen Lorbeerstrauch an, fast von derselben Größe als der beschriebene, der noch vor kurzem hier in aller Fülle seiner Pracht gestanden hatte. Ich dachte mit Kummer, wie vergeblich es ist, etwas Dauerndes gründen zu wollen, und sah in Gedanken schon denjenigen meiner Nachkommen, der einst meine Anlagen ebenfalls zerstören wird, die wir doch beide mit so viel Liebe erdachten und pflegten!

Blenheim wurde bekanntlich größtenteils auf demselben Fleck angelegt, wo der uralte, königliche Park von Woodstock (den Du Dich aus Walter Scotts neuestem Roman erinnerst) stand, und ein großer Teil des Eichwaldes ist noch wohl aus der unglücklichen Rosamunde Zeit her, immer grünend, und stirbt nur langsam ab, in einer Agonie von hundertjähriger Dauer. Wahre Ungeheuer von Eichen und Zedern an Form und Größe findet man hier. Manche hat der Efeu so umsponnen, daß er sie zwar getötet, ihnen aber auch wieder, durch sich selbst, ein neues und schöneres immergrünes Laub gegeben hat, das jetzt den verwitterten Stamm, wie ein prachtvolles Leichentuch der Natur, so lange umhüllt, bis er in Staub zerfällt.

Fünfzehnhundert Hirsche, eine Unzahl von Fasanen und die zahlreichsten Herden von Schafen und Kühen bewohnen den Park, dessen Wiesenflächen sich in dem ungewissen Nebel, ohne Grenze, gleich dem Meere auszudehnen schienen, an einigen Stellen fast nackt wie eine Steppe, auf andern dicht mit Wald und Gruppen besetzt.

Das Schloß sieht innerlich, wegen der üblen ökonomischen Lage des Besitzers, etwas verfallen aus, enthält aber eine Menge der kostbarsten Kunstschätze. Man muß gestehen, daß nie eine Nation einem ihrer großen Männer eine würdigere Belohnung an Geld und Gut gab als Blenheim für den Herzog von Marlborough war, welches bis in alle Kleinigkeiten hinab königlich zu nennen ist. Wenn man das Schloß betritt, kommt man zuerst durch ein triumphbogenartiges Tor, das oben einen Wasserbehälter enthält, der alle Gebäude mit Wasser versorgt, dann in einen geräumigen Hof, wo die Küchen und Offices sich befinden, und von hier erst in den großen Schloßhof, der nach dem Park zu die offene Aussicht gewährt und nur mit einer eisernen Grille geschlossen ist. Ein dritter Hof bildet auf der andern Seite den Pendant zum ersten und enthält die Ställe.

Viele Kuppeln machen das Schloß noch imposanter. Die Halle bildet eine solche von hundertfünfzig Fuß Höhe, höher als gewöhnliche Türme zu sein pflegen. Den Plafond darin nimmt ein schönes Freskogemälde ein. Als wir hereintraten, rauchte es aus einem defekten Ofen so stark, daß wir einen zweiten Nebel im Hause anzutreffen glaubten. Einige höchst schmutzige, fast abgerissene Bediente, was in solchen Häusern hier unerhört ist, liefen bei uns vorbei und holten die Kastellanin, welche, in einen schottischen Plaid gehüllt, mit einem Stäbchen in der Hand und dem Anstand einer Zauberin, so majestätisch auf uns zuschritt, daß man sie für die Herzogin selbst hätte halten mögen. Das Zauberstäbchen diente dazu, um bequemer auf die verschiedenen Merkwürdigkeiten hinweisen zu können. Fürs erste verlangte sie, daß wir unsre Namen in ein großes Buch einschreiben sollten, denn Blenheim steht an gewissen Tagen dem Publikum, bis auf die reservierten Plätze, offen. Unglücklicherweise fehlte aber im Tintenfaß die Tinte, es mußte also unterbleiben. Darauf ging es durch viele nie geheizte und sehr verblichene Gemächer, die aber mit zahlreichen und schönen Gemälden geschmückt sind, unter diesen jedoch auch manche mittelmäßige, die man sehr freigebig mit den Namen Raffael, Guido etc. beschenkt hatte. Sehr reich erschien die Galerie an schönen und echten Rubens', worunter für mich das ansprechendste sein eigenes, von ihm oft, hier aber vorzüglich gut gemaltes Bild war. Außerdem interessierte mich sehr ein Porträt in Lebensgröße des berüchtigten Herzogs von Buckingham, von van Dyck, welches doch eine ganz andere Art Roué darstellt, sowohl im Gehalt der feinen Züge wie des ritterlichen Anstandes und der geschmackvollen Kleidung, als unsre Modernen aufweisen. Ferner eine schöne Madonna von Carlo Dolce, weniger glatt und banal als andere dieses Malers, und ein ganz vortreffliches und höchst charakteristisches Bild der Katharina von Medici. Sie ist sehr weiß, hat wunderschöne Hände und einen merkwürdigen Ausdruck von kalter Leidenschaft, wenn ich es so nennen darf, in ihren Zügen, ohne jedoch dadurch, wie man vermuten sollte, ein widriges Gefühl zu erregen. Rubens' Frau hängt als ein entgegengesetzter Pol neben ihr, ein reizendes flamländisches häusliches Weib, etwas gemein aussehend, aber herrlich gemalt und geistreich aufgefaßt. Philipp II., von Tizian, schien mir unbedeutend, zwei Bettelbuben, von Murillo, dagegen vortrefflich. Lot und seine Töchter, von Rubens. Die Mädchen sind etwas weniger gemein und plump als der größte Teil der Schönheiten dieses Malers, die alle zu viel Verwandtschaft mit den Produkten seines Vaterlandes haben, aber der alte Lot ist das unübertrefflichste Muster eines greisen, trunkenen Wollüstlings. Das Gemälde war übrigens indezenter behandelt, als es sich die Kunst bei heiligen Gegenständen gestatten sollte. Im Schlafzimmer hatte man, sonderbar genug, ein widerlich schauerliches Bild, Senecas Hinrichtung im Bade, aufgehangen, Seneca selbst bereits ein grünlicher Leichnam. Hier würde, dächte ich, noch eher der Lot hingepaßt haben. Sehr gefällig erschien das Bild der Mutter des Herzogs, mit ihrem Kinde spielend, von Joshua Reynolds, gewiß dem besten aller englischen Maler. Die Schönheit, liebliches Wesen und Kindlichkeit der Herzogin war fast einer Madonna wert und der Kleine ein wahrer Liebesgott, voll

Schalkheit und Grazie. Ein großes Gemälde Karls I. zu Pferde, von van Dyck, ist berühmt und hat zehntausend Pfund Sterling gekostet, bietet aber einen gar zu abgenutzten Gegenstand. Aus Raffaels frühester Zeit, in der Manier des Perugino, vielleicht auch von diesem selbst, befindet sich eine große Tafel hier, die Jungfrau mit dem Kinde, St. Nikolas und Johannes darstellend. Der Ausdruck der Figuren gefiel mir nicht, und ich erwähne des Gemäldes nur aus Respekt für den Namen.

Die Bibliothek ist ein prachtvoller Saal, mit 17 000 Bänden angefüllt, auf der einen Seite die marmorne Statue der Königin Anna, auf der andern, als sonderbarer Pendant, eine kolossale, antike Büste Alexanders, ein Ideal jugendlicher Schönheit, das nach meinem Gefühl noch das Antlitz des Apollo von Belvedere übertrifft. Es ist menschlicher, und doch zeigt es einen Göttlichen unter den Menschen, freilich im heidnischen, nicht im moralisch-christlichen Sinne.

Es ist billig, hier noch des die Bibliothek zierenden Bildes des großen Herzogs von Marlborough zu erwähnen, der durch seine Taten dieser ganzen Schöpfung den Ursprung gab. Seine Geschichte ist in mehr als einer Hinsicht merkwürdig; besonders rate ich jedem, *der sein Glück machen will*, sie zu studieren. Er kann viel von diesem, so ganz zum Fortkommen in der Welt geeigneten, Charakter lernen. Folgende, nicht sehr bekannte, Anekdote ist mir in dieser Hinsicht, so unbedeutend die Begebenheit an sich ist, immer merkwürdig erschienen.

Der Herzog ward eines Tags beim Spazierenreiten mit seiner Suite von einem jählingen Regenschauer überrascht. Er verlangte schnell vom Reitknecht seinen Überrock und wiederholte, als er ihn nicht gleich erhielt, den Befehl mit einiger Hast. Dies ärgerte den Diener, der mit impertinenter Miene erwiderte: »Nun, ich hoffe, Sie werden doch *so lange* warten, bis ich ihn losgeschnallt habe.« Der Herzog, ohne die geringste Empfindlichkeit zu zeigen, wandte sich darauf lächelnd zu seinem Nachbar und sagte: »Nun, für alles in der Welt möchte ich nicht das Temperament dieses Menschen haben.«

Die bekanntere Geschichte der »petulance« der Herzogin von Castlemaine, welche Churchill (der damalige Name des Herzogs) so gut zu benutzen wußte und die, gewiß auf die seltsamste Weise, die große Karriere eines Helden begründete, verrät eine ganz gleiche Disposition und Gewalt über sich selbst.

Bei Nacht und Nebel, wörtlich, erreichten wir Oxford, wo ich im Stern abtrat und mich mit einem vortrefflichen Diner stärkte, da ein französischer Koch aus London hierher verschlagen worden ist, und wenn ich auch nicht den Köchen, wie die Alten, eine *religiöse* Huldigung darbringe, so kann ich doch nicht leugnen, daß ich für ihre Kunst keine geringe Verehrung hege. »Il est beau au feu«, kann man auch von einem solchen Virtuosen sagen, so gut wie vom glänzenden Krieger, und was vollends Diplomatie und Politik betrifft, so ist wohl kein Minister so undankbar, nicht anzuerkennen, wieviel er seinem Koch verdankt.

Meine Exkursion naht sich nun ihrem Ende, und in drei Tagen hoffe ich, Dir R... mit allen gesammelten Materialien, wie die Biene voll Honig, wieder zusenden zu können.

den 8.

Oxford ist eine originelle Stadt. Eine so große Menge alter und prächtiger gotischer Gebäude von fünfhundert- bis tausendjährigem Alter wird wohl nirgends an demselben Orte so zusammengehäuft angetroffen werden. Es gibt Stellen in dieser Stadt, wo man sich ganz ins 15. Jahrhundert versetzt glaubt, weil man durchaus nichts als Denkmale dieser Zeit, ohne irgendeine moderne Unterbrechung, um sich her versammelt sieht. Viele, ja die meisten dieser alten Colleges und Kirchen sind auch im Detail sehr schön, alle aber wenigstens von höchst malerischer Wirkung, und oft hat es mich gewundert, warum man nicht manches einzelne dieser Bauart, unter andern die ebenso schönen als zweckmäßigen, lichten Fenster, in zwei und drei Abteilungen, bisweilen mit großen Erkern abwechselnd und unsymmetrisch verteilt, nicht auch bei unsern modernen Wohngebäuden anwendet – denn nur die Gewohnheit kann uns wohl die regelmäßigen Reihen viereckiger Löcher, die wir Fenster nennen, erträglich machen.

Ich begab mich zuerst nach dem dreihundert Jahre alten, sogenannten Theater (aber nur für geistliche Schauspieler bestimmt), das von einem Bischof erbaut ist. Die eiserne Grille, die es umgibt, hat statt der Pfeiler eine Art Termen mit den Köpfen der römischen Kaiser, ein seltsamer Einfall, der aber keinen üblen Effekt macht. In diesem Theater, das, seinem Ursprung gemäß, mehr einer Kirche ähnlich sieht, wurden in neuester Zeit der russische Kaiser, der König von Preußen und der Prinzregent zu Doktoren kreiert, wobei sie genötigt waren, im roten Doktorgewande zu erscheinen. Die Porträts aller dieser Souveräne wurden seitdem hier aufgestellt. Der König von England im Krönungsornate, ein vortreffliches Gemälde von Thomas Lawrence (der alten Zeiten würdig), hängt in der Mitte, in einem prächtigen Rahmen. Zu beiden Seiten, in weit einfacherer Umfassung und einfacherer Kleidung, der Kaiser von Rußland und der König von Preußen, auch von Lawrence gemalt. Der König ist nicht ähnlich, vom Kaiser Alexander habe ich aber nie ein besseres Bild gesehen. Blücher wurde hier ebenfalls Doktor und äußerte dabei: Da die Herren die Souveräne zu Doktoren kreiert, so könne er nur höchstens darauf Anspruch machen, Apotheker zu werden.

In der Universitätsstereotypedruckerei, wo die Bedrukkung eines Bogens auf beiden Seiten nur fünf Sekunden dauert, zeigte ich mich wieder selbsttätig und hatte die Ehre, einen Bogen aus der Bibel zu drucken, den ich Dir als Seitenstück zum Birminghamer Knopfe mitschicke. Er enthält einige interessante Begebenheiten der Makkabäer.

Es wird hier viel für die Bibelgesellschaften gedruckt, und wenn dies in derselben Progression fortgeht, so wird

ORIEL COLLEGE, OXFORD

wohl bald die Epoche eintreten, von welcher die Jahresschrift »Der Katholik«, vom Jahr 1824, folgendermaßen prophezeit: »Wenn es dahin kömmt, daß alle die Bibel lesen, wird die Welt nur ein Aufenthalt für wilde Tiere sein.« Meint »Der Katholik«, daß alle sie dann auch *verstehen* und befolgen, so mag er recht haben, weil dann die ganze Menschheit zu einer höhern Existenz auf einem andern Planeten reif sein möchte. Demungeachtet bin ich mit dem »Katholiken« insoweit einverstanden, daß die unüberlegte Verteilung der Bibeln an alle (auch die ungebildetsten Wilden) das Kind mit dem Bade verschütten heißt.

Ich wanderte von hier nach dem Museum, das eine Mischung sehr verschiedener Gegenstände enthält. Gleich beim Eingange sieht man auf der Treppe ein Bild der Schlacht von Pavia, worin die wichtigsten Personen Porträts sind, in ihrer Zeit nach dem Leben gemalt, wie daneben bemerkt ist. Das Bild ist ganz in dem Stil der alten Miniaturen und auch sehr merkwürdig wegen der vielen genauen Trachten und Rüstungen jener Zeit. Darunter steht: Comen les gens de Lempereur deffirent les francoys en lan 1525. Des Kardinal Wolsey und Kardinal Richelieu Bildnisse, sowie mehrerer anderer historischer Personen, zierten diese Treppe. Unter ihnen befand sich auch das eines berühmten Gärtners Karls I., Tredescant mit Namen, von welchem Kollegen R... nicht wegzubringen war, das Bild mit einer Art Protektion betrachtend und besonders sehr zufrieden mit einer Girlande von Mohrrüben und Gurken, die den Gartenahn malerisch umschlang. Für mich war das interessanteste auf diesem Gemälde das Konterfei eines seltsamen, ganz Tausendundeine Nacht ähnlichen großen Vogels, mit Namen Dodo, der diesem Gärtner lebendig zugehört haben, seitdem aber nie wieder seinesgleichen gesehen worden sein soll. Als Beweis, daß die Geschichte keine Fabel sei, zeigte man uns im Museo noch den ganz fremdartigen Kopf und Schnabel des Dodo.

In der Naturaliensammlung waren eine große Menge, zum Teil sehr seltne, Papageien aufgestellt, nebst einem andern merkwürdigen Vogel, der Stacheln an seinen Flügeln hat, mit denen er kleine Fische wie mit einer Lanze anspießt; dabei sieht der diminutive Kämpe, der nur sechs Zoll hoch ist, ungemein patzig und wie ein Strauß en miniature aus, nur viel klüger und kampflustiger. Sehenswert war auch das Schnabeltier, eine Art kolossaler Wasserratze mit Schwimmhäuten und einem Entenschnabel, aus jenem seltsamen Weltteil Neuholland, das durch seine, dem übrigen Naturreich fremde Produktionen fast auf die Vermutung bringt, es gehöre einer andern Schöpfungsepoche an oder sei einst von einem vorbeisegelnden Stern verloren worden und auf unsere Erde niedergefallen.

Ein Gemälde von Kolibrifedern bietet Farben dar, die überirdisch erscheinen, und ebenso überraschend war das Basrelief eines herrlich goldgrün geharnischten Ritters, dessen Harnisch aus den Flügelschalen des Goldkäfers bestand. Eine gute Satire auf den heutigen Landadel wäre es, wenn man einen solchen Ritter mit der blauen Rüstung des Mistkäfers darstellte.

Im Kuriositätencabinet ist zu vielerlei, um es Dir, gleich einem Antiquar, alles herzuerzählen. Ich beschränke mich daher, wie immer, nur auf das, was mich am meisten anspricht, und das ist nicht immer das berühmteste. Also zuerst ein mit Edelsteinen besetzter Handschuh Heinrichs VIII. und ein sehr wohlerhaltener, fast chinesisch geformter Sorgenstuhl desselben. Ferner ein eigenhändiger Brief der Königin Elisabeth an Lord Burleigh, sehr zierlich geschrieben, und eine niedliche Reitkamasche und Schuhe der Maiden Queen, welche wenigstens einen allerliebsten Fuß verraten. Endlich ihre Uhr mit einer geschmackvollen Kette, aus fünf Medaillons bestehend, eines unter dem andern, die alle andersgefärbte Haare enthalten, wahrscheinlich von ihren verschiedenen Günstlingen. Merkwürdiger noch ist ein anderes Medaillon, mit einem groben Porträt in Mosaik und einer Inschrift, die beweist, daß es dem König Alfred zugehört habe. Dies seltene Überbleibsel des Altertums wurde erst vor zehn Jahren auf der Insel Athelney, wo Alfred sich vor den Dänen verbarg, beim Aufreißen eines Feldes gefunden.

Die Kopie eines chinesischen Schiffes (einer Junke) in der Größe eines Kahns, so daß man recht gut damit sogleich eine Spazierfahrt auf dem Wasser machen könnte, sowie das Modell des sogenannten Druidentempels zu Stonehenge, ein sehr vollständiges Cabinet fossiler Knochen usw. erwähne ich noch und führe Dich nun in die Gemäldegalerie, von Elisabeth erbaut und ganz in statu quo erhalten. Die Decke derselben ist mit Holzcaissons verziert und in jedem Caisson ein Wappen, was sich gar altertümlich und prächtig ausnimmt. Sehr gut ausgeführte Gipsmodelle von den berühmtesten Tempeln des Altertums stehen im Vorsaal. Unter den Gemälden befinden sich einige vortreffliche. Das liebste war mir ein Porträt der Königin Maria von Schottland, authentisch von dem Italiener Zuccari, gleich nach ihrer Ankunft aus Frankreich gemalt, wo sie noch in allem unbeschreiblichen Reiz ihrer Jugend und Frische glänzte. Man begreift, wie diese Frau nur leidenschaftliche Verehrer oder wütende Feinde haben konnte. Ein im wahren Sinne des Worts *reizenderes*, verführenderes Gesicht wird man selten sehen, aber bei aller französischen Grazie verrät es doch, daß diese Schönheit eigensinnig genug und in ihren Leidenschaften nichtsachtend sein konnte, doch von Bösem oder Gemeinem, wie das erste bei Elisabeth, Katharina von Medici, das letzte bei der Königin Anna sichtlich ist, keine Spur. Eigentlich ein echt weiblicher und daher *ganz* verführerischer Charakter, mit allen *Tugenden* und *Schwächen* ihres Geschlechts in erhöhtem Maßstabe ausgestattet. Den Besitz eines solchen Bildes möchte ich ein wahres Glück nennen! Das Original möchte einem schon mehr zu schaffen machen. Derselbe Künstler hat auch Elisabeth gemalt, ein Porträt, das dem in Warwick beschriebenen vollkommen gleich ist. Graf Leicester, kurz vor seinem Tode dargestellt, erweckt auch viel Interesse. Sein Gesicht ist ebenso vornehm als schön, und obgleich es nicht ein großes Genie verrät, hat es doch den Ausdruck eines klugen, im äußern Anstand würdevollen und kräftigen Mannes. Von dem Glanz der Jugend ist nichts mehr übrig, wohl aber eine gewisse stolze Gemächlichkeit der sichern unerschütterlichen Gunst. In einer Kopie der Schule von Athen, von Giulio Romano, bewunderte ich von neuem das herrliche Antlitz des jungen Herzogs von Urbino, dieses Ideals sanfter jugendlicher Schönheit. Das schönste Mädchen könnte damit überzufrieden sein. Auch Raffaels eigenes Bild ist dort am bedeutendsten. Garricks Porträt von Raphael Mengs entsprach meiner Vorstellung von diesem Künstler nicht so wohl als das in Stratford. Desto mehr gefiel mir ein Bild Karls XII. in Lebensgröße, von Schroeder, auch jeder Zoll – ein großer Don Quichotte, und ein sehr charakteristisches Porträt Karls II. von Peter Lely. Ich finde, daß Karl II., wie seine Weltbildung, auch in den Zügen ganz französisch aussieht und namentlich eine auffallende Ähnlichkeit mit Bussy-Rabutin hat. Sein Vater hängt in einer mehr als gewöhnlich anziehenden Abbildung daneben. Gewiß hat er ein schönes Gesicht mit vielsagenden Augen, aber der weiche, leidende, ideologische Ausdruck desselben zeigt genugsam an, daß der Träger solcher Züge keinem Manne wie Cromwell und keiner Zeit wie der seinigen gewachsen war. Es ist aber das größte Unglück für einen Hochstehenden, in eine unrechte Zeit zu geraten, wenn er nicht groß genug ist, ihr seinen eigenen Stempel aufzudrücken. Der große Philosoph Locke, von Gibson, erscheint als ein magrer Stubengelehrter; daneben hängen ein schöner, fetter Luther, von Holbein, der stattliche Händel, von Hudson, und ein Porträt von Hugo Grotius, mit einem feinen, schlauen und doch ritterlich ehrlichen Gesicht, mehr den rüstigen Weltmann als den Gelehrten zeigend. Das sind ungefähr die Gegenstände, die mich am meisten anzogen.

den 9.

Heute bin ich erst recht in Oxford umhergeirrt und kann nicht ausdrücken, mit welchem innigen Vergnügen ich in dieser gotischen Stadt, von Kloster zu Kloster wandernd, mir die alten Zeiten aufgefrischt habe. Unter andern gibt es eine prachtvolle Allee von Rüstern hier, die, gleich den von dieser Promenade sichtbaren Gebäuden, dem Jahre 1520 ihren Ursprung verdankt. Von dieser Königin aller Alleen, in der auch nicht *ein* Baum fehlt und die mitten durch eine Wiese am Wasser hinführt, sieht man von der einen Seite eine reizende Landschaft, von der andern einen Teil der Stadt mit fünf bis sechs der schönsten gotischen Türme, an sich schon ein herrlicher Anblick, der aber heute noch durch einen bezogenen Himmel, an dem der Wind schwarze, phantastische Wolken, gleich dem Wilden Heere, hinjagte und an dem sich zuletzt der schönste Regenbogen, wie aus einem der Türme steigend und in den andern herabsinkend, über die ganze Stadt spannte – fast märchenhaft und bezaubernd wurde.

Von diesem alten Musensitz Englands, von allen jenen Colleges, jedes verschieden von dem andern und in verschiedenen Zeiten gebaut, jedes große Höfe einschließend und mit prachtvollen Türmen geschmückt, jedes mit einer mehr oder minder verzierten Kirche, einer Bibliothek und Gemäldegalerie versehen und alle in ihrer Art immer von neuem Interesse – nehme ich das angenehmste Andenken mit. Wenn Du es aushalten kannst, immer und immer mehr aus der alten Schüssel zu genießen, so führe ich Dich noch weiter mit mir umher.

Mein erster Gang am Morgen war also nach der Radcliffe-Bibliothek, ein rundes, in neuerer Zeit aufgeführtes Gebäude, das heißt im vorigen Säkulum auf Dr. Radcliffes Kosten erbaut und ziemlich in der Mitte der Stadt gelegen. Es enthält im Innern nichts als eine Rotunde, durch drei Etagen steigend, mit einer Kuppel und zwei Reihen offener Galerien übereinander, aus denen Seitengemächer wie Strahlen aus dem mittlern Rund nach außen laufen, wo die Bücher (welche nur Medizin und Naturphilosophie betreffen) aufgestellt sind. An den Pfeilern unten stehen rundumher Abgüsse der besten Antiken. Eine kleine, höchst akkurat gebaute Wendeltreppe führt in einem Seitentürmchen zur letzten Galerie – auf dem Dache, von welcher man eine schöne Übersicht der mit tausend Spitzen gen Himmel strebenden gotischen Paläste hat. Auch die umliegende Gegend ist freundlich, fruchtbar und baumreich. Man zählt in allem vierundzwanzig Colleges (Art Klöster, für Erziehung bestimmt) und dreizehn Kirchen in dem kleinen Raum einer Stadt, die nur 16 000 Einwohner hat.

Von hier besuchten wir die von Heinrich VIII. erbaute Bibliothek, innerlich und äußerlich größtenteils in ihrem primitiven Zustand erhalten und mit nicht weniger als 300 000 Büchern ausgestattet. Das Lokal sieht keinem andern dieser Art ähnlich und versetzt auch im Innern vollständig in dahingegangene Jahrhunderte. Die Kreuzesform, die seltsamen Schränke und Eisengitter, halb blau, halb vergoldet, von einer jetzt nicht mehr gesehenen Form, die ungeheuren Fenster, von der Breite dreier Kirchenfenster zusammengenommen und mit dem schönsten farbigen Glase geziert, die bunte vergoldete Decke mit unzähligen Caissons, jedes das Bild einer aufgeschlagenen Bibel mit vier Kronen enthaltend – selbst das noch beibehaltene alte Costume der an den Tischen sitzenden Doktoren in Luthers Tracht –, wie ungewöhnlich wird die Phantasie durch solchen Anblick angeregt! In der Mitte der hohen Schränke geht eine Galerie rundumher, um zu den höher stehenden Büchern zu gelangen. An dem Geländer dieser Galerie, die unten wieder eine Decke bemalter Caissons bildet, sind die Porträts der verschiedenen Bibliothekare, vom ersten bis zum letzten, aufgehangen, einige leider in moderner Kleidung, welche daher wie Affen unter ihren ehrwürdigen Altvordern erscheinen. In dem mittleren Teile des

ALLERSEELEN COLLEGE, OXFORD

Saals sind auf beiden Seiten die Schränke so aufgestellt, daß sie zugleich eine lange Gasse verschlossener Cabinets bilden, in denen jeder, der die Bibliothek benutzen will, ganz ungestört arbeiten kann; eine alte, höchst nachahmungswürdige Einrichtung. Außer diesem Hauptsaale sind die übrigen Bücher in Zimmern enthalten, die den ganzen ersten Stock des viereckigen Gebäudes einnehmen. Hier sind höchst merkwürdige Manuskripte und alte Drucke aufbewahrt, man bedauert aber, so viel hier zu sehen, was Deutschlands *Armut* dem englischen *Reichtum* hat zollen müssen, unter andern ein herrliches Exemplar der ältesten Fustischen Bibel, von 1440 glaube ich, die unserm Doktor Barth gehörte und mit vielen Noten von seiner Hand versehen ist. Eine wahre Freude hatte ich, ein Manuskript zu finden, das so sehr dem einen Teil des Froissarts in unserer Bibliothek glich (dem mit den Miniaturen auf jedem Blatt), ganz mit denselben Arabesken von Früchten und Blumen auf Goldgrund geziert, Stil und Farben der Bilder so völlig ähnlich, daß es fast keinem Zweifel unterworfen sein kann, es müsse von demselben Maler herrühren. Leider ist darauf weder Name noch Jahreszahl vorhanden. Der Inhalt ist Curtius' Geschichte Alexanders, alle Personen aber im Costume der Zeit des Schreibers, und wie im Froissart die französischen und englischen Ritter, so bricht auch hier Alexander, von Kopf bis zum Fuß in Eisen gehüllt, eine Lanze mit Darius und wirft ihn unsanft aus dem Sattel. Ein sehr merkwürdiges französisches Manuskript, dessen Gegenstand ein Heldengedicht in Versen ist, enthält (ein äußerst seltner Fall) den Namen des Schreibers mit dem Jahr 1340 und darunter auch Namen und Datum des Malers, 1346, was vermuten ließe, daß der letzte sechs Jahre zu den Miniaturen gebraucht hat, die fast alle auf einem ganz ungewöhnlichen Grunde aus Gold, Blau und Rot, nach verschiedenen Richtungen quadriert und einer Tapete ähnlich, gemalt sind. Besonders interessant wird diese Schrift dadurch, daß auf jedem Blatte, wo sich ein Bild befindet, der Maler um den Text, statt einer Einfassung oder Arabeske, die Darstellung damaliger Gewerbe, Spiele und Ergötzlichkeiten angebracht hat. Nur eine flüchtige Durchsicht zeigte mir, neben einer Menge Spielen und Aufzügen, die wir nicht mehr kennen, auch mancherlei, so ganz noch, wie wir es in unsern Tagen sehen, daß ich oft darüber erstaunte. Zum Beispiel ein Maskenball, Kämmerchen vermieten, das Händespiel, gioco di vilano genannt, dasselbe mit den Füßen, was wir Knaben oft in der Schule exerzierten, um uns im Winter zu erwärmen, Hahnenschlag und Hahnengefechte, Seiltänzer und Taschenspielerkünste, Kunstreiter und abgerichtete Pferde, die mitunter noch schwerere Kunststücke machen als die unsrigen, Scheibenschießen nach einem Mann, der (mille pardons) seinen bloßen H... der Gesellschaft zukehrt, wie in Pförten in der Lausitz noch ein ähnlicher existiert, eine Schmiede, wo ein Pferd im Notstall beschlagen wird, ein Frachtwagen mit drei großen Karrenpferden voreinander gespannt, mit Leitern an den Seiten, Geschirr etc. ganz in der heutigen Form, selbst das Costume des Fuhrmanns in seiner blauen Blouse das nämliche, und manches andere, was ich nicht alles hererzählen will, zeigte an, daß, wenn vieles sich änderte, doch auch unendlich viel sich gleichblieb und vielleicht, à tout prendre, das Getreibe der Menschen in den verschiedenen Zeiten sich weit ähnlicher sieht, als man sich vorzustellen pflegt.

Ein Boccaccio mit äußerst schönen Miniaturen und prachtvoller Schrift gehört zu den elegantesten Paradestücken der Bibliothek, und als eine der größten *Seltenheiten* wird eine lateinisch und griechisch abgefaßte Apostelgeschichte aus dem 7. Jahrhundert gezeigt, in der jede Zeile nur ein Wort in beiden Sprachen enthält. Für sein hohes Alter ist das Ganze sehr wohl erhalten.

In dem Allerseelencollege ist eine Stelle in dem schönen Hofe (den übrigens der feinste Rasen bedeckt), wo man einen besonders herrlichen Anblick fortwährend übereinander hinragender Spitzen und Fassaden altertümlicher Gebäude hat, ohne die geringste Mischung mit Modernem. Hier ist ebenfalls eine Bibliothek von 70 000 Bänden in einem hundertzwanzig Fuß langen und sechzig Fuß hohen Saal aufgestellt. In der Mitte steht eine Himmelsuhr, die unser ganzes Sonnensystem ungemein einfach versinnlicht und regelmäßig das Jahr hindurch mit Sonne und Planeten den gleichen Lauf hält.

Christ Church College ist ein schönes Gebäude neuerer Zeit, nur eine Abteilung davon ist uralt, und die Kirche von altsächsischer Bauart, wo antike Säulen mit runden und Spitzbogen sonderbar, aber nichts weniger als das Auge beleidigend, durcheinander abwechseln. Hier ist der berühmte Schrein der heiligen Frideswide, ein überaus prächtiges und geschmackvolles gotisches Grabmal aus dem Anfang des 8. Jahrhunderts, also jetzt schon 1200 Jahr wohl erhalten. Es war mit silbernen Aposteln und andern Zieraten versehen, die unter Cromwell geraubt wurden, wie überhaupt dieser unglückliche Religionskrieg den Monumenten des Altertums in England einen unersetzlichen Schaden zugefügt hat, da bis dahin alle diese Sachen auf das vollständigste konserviert waren. Bei diesem College ist auch der reizende Spaziergang, von dem ich Dir schon geschrieben. Er führte uns zu dem Magdalenenkloster, das zum Teil neu restauriert ist und von allen Colleges den höchsten Turm hat. Die Restaurationen, welche dem alten Stile vollkommen gleich ausgeführt sind und diese Teile des Gebäudes nun wieder fünfhundert Jahre länger sichern werden, kosten, obgleich nur ein sehr geringer Teil fertig ist, bereits vierzigtausend Pfund Sterling. Man kann sich also denken, welche ungeheuren, gar nicht mehr zu erschwingenden Summen die Aufführung solcher Werke von Grund aus heutzutage kosten würden. Die arbeitenden Klassen, und zum Teil die Künstler, haben offenbar in unserer Zeit über die verzehrenden den Vorsprung gewonnen, und ihre Arbeit ist daher so teuer geworden, daß etwas wirklich Großes in der Kunst nach diesem Maßstabe kaum mehr bezahlt werden könnte, denn für die Summe, welche ehemals ein Götterwerk Raffaels erkaufte, kann man heute (selbst verhältnismäßig in Hinsicht auf den geringern Geldwert) kein Porträt von Thomas Lawrence mehr erstehen. Der Botanische Garten schloß unsre Promenade, enthält aber nichts, das des Aufzeichnens wert wäre. Ich erlöse Dich daher für jetzt, meine gute Julie. Mais c'est à y revenir demain.

Buckingham, den 10.

Es ist sündlich, wie mein Privattagebuch seit lange schon von mir vernachlässigt wird! Je mehr die Reisebriefe an Dich anschwellen, je mehr schrumpft jenes unglückliche Journal zusammen. Wenn Du diese Briefe verbrannt hast, werde ich gar nicht mehr wissen, was in jener Zeit aus mir geworden ist. Denke Dir, wie unangenehm, vor seinem eignen Gedächtnis zu verschwinden! Ja, meine Einbildungskraft ist durch die vielen Ruinen und Anklänge vergangener Zeiten so montiert, daß ich schon in eine Zukunft hinüberträume, wo selbst alle Ruinen aufhören und wo man nicht nur seinen Schatten, sondern den ganzen Menschen verloren haben wird, um auf neuen Sternen ein neues Leben zu beginnen – denn mit der Erinnerung, man sage, was man wolle, verliert man doch das ganz, was man jetzt ist, wie schon auf dieser Erde der Greis beinahe sich als Kind verloren hat. Wiederfinden können wir uns aber dennoch, meine Herzensfreundin, und dann wird das Band, das uns hier verbindet, sich auch notwendig wieder dort neu anknüpfen müssen. Dies kann uns auch genügen.

Ein abscheuliches Wetter, Regen und Dunkelheit hielten mich in Oxford bis drei Uhr nachmittags zurück, wo es sich so weit aufklärte, daß ich abfahren konnte. Der Postillon wußte den Weg, welcher keine Hauptstraße ist, nicht recht genau und fuhr uns eine große Strecke um, so daß wir erst sehr spät hier ankamen. Während man in meiner Stube Kaminfeuer machte, trat ich in die des Wirts, wo ich ein sehr hübsches Mädchen, seine Nichte, fand nebst zwei Doktoren aus dem Orte, mit denen ich mich den Abend ganz gut unterhielt.

Aylesbury, den 11.

Stove ist gleich Blenheim ein zweites Spezimen englischer Größe und Pracht. Der Park umschließt ein großes Terrain in schöner, hügliger Gegend mit herrlichem Baumwuchs, und das Schloß ist ein sehr magnifikes Gebäude im italienischen Geschmack, nach Zeichnungen von Chambers. Der Pleasureground, welcher es umgibt, erstreckt sich über *1200* Morgen und war in bester Ordnung erhalten. Diese Gärten sind eine alte Anlage, und obgleich sehr schön in vieler Hinsicht und durch ihren Reichtum an hohen Bäumen ausgezeichnet, doch mit Tempeln und Gebäuden aller Art dermaßen überladen, daß zehn bis zwölf abzureißen die größte Verbesserung sein würde. Zu rühmen ist ein reizender Blumengarten, dicht umschlossen von hohen Bäumen,

Fichten, Zedern, immergrünem und blühendem Strauchholz und im Dessin einen regelmäßigen Teppich bildend, der sich vor einem halbzirkelförmigen Hause mit Säulen, das seltne Vögel enthält, ausbreitet. In der Mitte des Teppichs springt eine schöne Fontäne, und auf beiden Seiten sieht man zwei zierliche Volieren von Drahtnetz.

Ein anderer Blumengarten, mit Statuen geschmückt und einem Gewächshause in der Mitte, bildete irreguläre Blumengruppen auf dem Rasen. Die Umgebung war ein durchsichtiger Hain der höchsten Bäume, ohne weitere Aussicht.

Im Park steht ein Turm, den man den Bourbon Tower genannt hat, weil er mit einem Kranze von Linden umgeben ist, die Ludwig XVIII. pflanzte, als er sich so lange hier in der Nähe, in Hartwell, aufhielt. Obgleich neu, ist dieser Turm doch schon wieder halb eingefallen. Ich wünsche, daß dies keine üble Vorbedeutung für die Bourbons in Frankreich abgeben möge, wo man selbst den weisen Chartengeber nur: Louis l'inévitable und »deux fois neuf« taufte.

Der Erwähnung wert ist auch ein Monument, den großen Männern und Frauen Englands gewidmet, mit recht passenden Inschriften und den besten Gemälden gut nachgeahmten Büsten.

Die Länge der Schloßfassade beträgt vierhundertfünfzig Fuß, und ebensolang ist die ununterbrochene Estrade der Zimmer in der Beletage, zu der man, von der Gartenseite, auf einer schönen Treppe hinansteigt. Durch eine breite Bronzetüre tritt man hierauf in einen ovalen Marmorsaal mit einer schönen Kuppel, von welcher aus er allein beleuchtet ist. Ein Kreis von zwanzig Säulen aus rötlichem Marmorstuck umgibt ihn, und in den Nischen, welche diese bilden, stehen zehn antike Statuen. Der Boden ist mit echtem Marmor ausgelegt und ein goldnes Gitter in der Mitte des Fußbodens befindlich, aus dem regelmäßige Wärme ausströmt. Es würde zu lang werden, jedes einzelne Zimmer zu beschreiben. Ich erwähne nur im allgemeinen, daß sie sehr reich und in dem Geschmack, der vor achtzig bis hundert Jahren herrschte, meubliert sind. Die Tapeten entweder schweres Seidenzeug oder Hautelisse, alle Zimmer mehr oder weniger mit Gemälden, Kuriositäten und Kunstschätzen aller Art geschmückt. Eine Unzahl chinesischen Porzellans und anderer Sachen aus diesem Lande ist darin zusammengehäuft, besonders in dem Staatsschlafzimmer, das nicht benutzt wird, sondern nur als Zierde ein prachtvolles, altes, gesticktes Samtbett mit goldnen Frangen etabliert.

In dem Boudoir daneben befanden sich viele andere Kostbarkeiten, die wir jedoch, durch ein Gitter abgehalten, nur von weitem sehen konnten. Die Entwendung eines Halsbandes von Rubinen, welches Marie-Antoinette von Frankreich gehört hatte, ist die sehr triftige Ursache, daß, ohne des Herzogs Gegenwart, niemand mehr hineingelassen wird.

Die Bibliothek, welche eine lange Galerie bildet, dient als Hauptgesellschaftszimmer und ist modern eingerichtet, voller Sofas, Tische, Fortepianos etc., die Wände bis an den Plafond mit Schränken bedeckt, welche in der Mitte eine leichte und elegante Galerie haben, zu der man durch eine kleine Wendeltreppe gelangt. Ein großes, ebenso disponiertes Zimmer daneben enthält nichts als Mappen mit Kupferstichen, vielleicht eine der reichsten Sammlungen in der Welt. Es scheint dies die Liebhaberei des jetzigen Herzogs. Der Konzertsaal hat neben allem nötigen Musikapparat auch eine große Orgel. Ein anderer Saal, eigentlich die Halle, auf der entgegengesetzten Seite des Schlosses nach dem Parke zu gelegen, wo die Anfahrt für die Wagen ist, bietet eine Aussicht dar, deren Wirkung ich höchst eigentümlich fand. Man sieht nämlich eine große freie Rasenfläche vor sich, auf beiden Seiten mit Eichenwald eingefaßt, im Mittel- und Hintergrund einige Wiesen und Wald durcheinander abwechselnd. Auf der Mitte der Rasenfläche, ohngefähr sechzig bis siebzig Schritte vom Schloß, steht ganz frei eine schneeweiße kolossale Reiterstatue, vortrefflich ausgeführt, auf einem hohen Piedestal, so daß der Reiter gerade auf den Waldesspitzen hinter ihm zu ruhen scheint. Kein Gebäude oder anderer Gegenstand (nichts wie Bäume, Gras und Himmel) ist sichtbar und die Gegend so völlig unbelebt, daß das weiße Geisterbild die ganze Aufmerksamkeit allein auf sich ziehen muß. Keine schönere Dekoration zum »Don Juan« läßt sich denken. Dazu kam noch, daß der Himmel gerade heute durch ein glückliches Ohngefähr, auf dieser Seite des Schlosses mit einem Schneesturme drohend, ganz schwarz überzogen war, wogegen die blendend weiße Statue fast grausend abstach. Sie schien in dem Augenblick lebend, und jede Muskel trat im grellen Lichte hervor.

Unter den Gemälden befindet sich ein Schatz, der unseren deutschen Reisenden gar nicht bekannt geworden zu sein scheint, wenigstens habe ich nirgends davon etwas gelesen – ein echtes, noch während Shakespeares Leben gemaltes Porträt dieses Dichters, von Barnage. Die Hyperkritiker in England wollen zwar durchaus kein *echtes* Porträt Shakespeares statuieren, aber mir scheint es fast unmöglich, eine Physiognomie zu erfinden, die so siegend den Charakter der Wahrheit an sich trüge, so ganz die Größe und Originalität des Mannes ausspräche, den sie darstellt, ausgestattet mit aller geistigen Erhabenheit, allem Scharfsinn, Witz, Feinheit und jenem echten Humor, dessen unerschöpflicher Reichtum keinem andern Sterblichen je wieder so zuteil geworden ist. Das Gesicht ist keineswegs, was man gemeinhin schön nennt, aber die erhabene Schönheit des dahinter wohnenden Geistes wird im ersten Augenblicke klar. Um die hohe Stirne spielt dieser kühne Geist in blitzenden Lichtern, durchdringend sind die großen dunkelbraunen Augen, feurig und mild; nur um die Lippen schwebt leiser Spott und gutmütige Schlauheit, aber mit einem so lieblichen Lächeln verschwistert, daß dieses erst der sonst ernsten Würde des Ganzen den größten, menschlich gewinnenden, Reiz verleiht. Wunderbar vollkommen erscheint dabei der Bau des Schädels und der Stirne, die keine einzelne besonders hervorstehende Erhöhung, aber alle Organe so gewölbt und ausgebildet zeigt, daß man über die Harmonie eines so musterhaft organisierten Kopfes erstaunt und eine wahre Freude fühlt, das *Bild* des Mannes mit seinen *Werken* in so schönem Einklang zu finden.

Zwei vortreffliche Albrecht Dürer, ein Schwesterpaar weiblicher Heiligen in phantastischer Landschaft darstellend, zogen mich besonders durch ihren originell deutschen Charakter an. Es sind zwei echte Nürnberger Hausfrauen, mit ihren vaterländischen Hauben angetan und nach der Natur aufgefaßt, gutmütig und geschäftig ihr Heiligenamt verrichtend. Ein Bild Luthers, von Holbein, verrät mehr Geist und ist weniger fett als gewöhnlich.

Bemerkenswert ist noch ein Bild von van Dyck, den Herzog von Vieurville vorstellend, den Gesandten Frankreichs bei Karl I., der mit chevalereskem Geiste den König auch in die Schlacht begleitete und bei Newbury getötet wurde. Die Tracht ist sonderbar, aber doch malerisch. Ein weißer justaucorps à la Henri quatre, mit einem schwarzen Mantel darüber, weite kurze schwarze Beinkleider über die Knie fallend, mit silbernen Metallspitzen daran, hellviolette Strümpfe mit goldenen Zwickeln und weiße Schuhe mit goldenen Rosen. Auf dem Mantel ist der Stern des Heiligen Geistes, viermal größer als jetzt üblich, gestickt, und das blaue Band wird noch en sautoir, aber länger herunterhängend und bereits ähnlich der heutigen Mode, mit dem Kreuze seitwärts getragen. Dieses hängt fast unter dem Arm, schmaler und kleiner als jetzt, an dem großen Bande.

Den Duc de Guise hätte ich mir anders vorgestellt, ein blasses Gesicht mit rötlichem Bart und Haar, mehr intrigant als großartig aussehend. Dem Charakter der dargestellten Person besser entsprechend ist das Bild des Grafen Gondemar, spanischen Gesandten bei Jakob I. (von Velasquez), der durch sein Küchenlatein dem gelehrten Könige schmeichelte, in welcher burlesken Form er sich alles zu sagen erlaubte und nachher durch seinen jesuitischen Einfluß Sir Walter Raleigh, den Günstling Elisabeths, aufs Schafott brachte.

Ein Bild Cromwells, von seinem Hofmaler Richardson, hat ein doppeltes Interesse für die Familie, da es für einen der Vorfahren des Herzogs gemalt wurde, der selbst mit darauf abgebildet ist – als Page, im Begriff, dem Protektor dienstfertig die Feldbinde in eine Schleife zu binden. Es gleicht dieses Porträt den andern, die ich von Cromwell gesehen, nicht ganz, sondern stellt ihn jünger und in einer verfeinerten Natur dar, ist also wahrscheinlich geschmeichelt. Der Hofmaler läßt dies doppelt vermuten.

Nur andeuten will ich zwei schöne und große Teniers, wovon der eine drei höchst charakteristische holländische Bauern darstellt, die sich im Dorfe begegnen und mit der Pfeife im Maule zu schwatzen anfangen, einen vorzüglichen Ruisdael, sechs berühmte Rembrandts und die Geliebte Tizians, von ihm selbst gemalt, mit Armen und Busen, die der Umarmung entgegenschwellen. Auch ein neueres

Kunstwerk bewunderte ich sehr: zwei Tassen von Sèvres mit Miniaturgemälden nach Petitot, von der vortrefflichen Porzellanmalerin Mad. Jaquotot. Das eine stellt Ninon de Lenclos vor, deren mir bisher bekannt gewordnen Abbildungen nie meiner Vorstellung von ihr recht entsprachen, dagegen diese ihren bekannten Charakter vollständig ausspricht und dabei von der anziehendsten Schönheit ist, echt französisch, lebhaft wie Quecksilber, eine Kühnheit, die allerdings an Frechheit streift, aber doch zu edel und zu wesentlich natürlich, um einen andern als gewinnenden Eindruck zurückzulassen. Die andere, eine sanfte, heitere und wollüstige Schönheit, war unterschrieben Françoise d'Orléans de Valois – als Eingeweihte in die französische Genealogie und Memoiren wirst Du wissen, wer dies ist. Je l'ignore. Jede dieser Tassen kostete tausend Franken.

Bei schönem Mondschein fuhren wir den Abend noch bis Aylesbury, von wo ich Dir jetzt schreibe.

11

Eilfter Brief

London, den 19. Januar 1827

Teure Julie!

R... ist heute nach Harwich abgereist und wird in vierzehn Tagen bei Dir sein, Du aber Dich gewiß dann freuen, einen lebendigen Zeugen des Schaltens und Waltens Deines L... mündlich über so manches ausfragen zu können, was doch mit dem besten Willen in Briefen nicht mit jeder Nuance so auszudrücken ist. Ich habe mich unterdessen im Stadtleben wieder eingewohnt. Gestern speiste ich bei Fürst E..., wo uns der ...sche Legationssekretär, eine Art aimabler Bouffon und, obgleich selbst von sehr ordinärer Abkunft, doch ein Superlativ von Ultra (tel le maître tel le valet), in einem Lachen erhielt. Ich habe oft das Talent der Franzosen bewundert und auch wohl beneidet, die amüsantesten Erzählungen aus den gewöhnlichsten Begebenheiten zu komponieren, die in anderm Munde sogleich alles Salz verlieren würden. Niemand exzelliert darin mehr als Herr R... und liefert zugleich einen Beweis, daß dieses Talent allein Folge der dazu so vortrefflich passenden Sprache und einer aus dieser wiederum entspringenden Erziehung ist. Denn Herr R... ist ein Deutscher, ich glaube ein Schwabe, aber als zweijähriges Kind nach Frankreich gekommen und daher als Franzose erzogen worden. Die Sprache macht den Menschen mehr als das Blut, aber das Blut hat freilich früher die Sprache gemacht.

Übrigens muß man auch wieder bekennen, daß, so brillant ein solches liebenswürdiges Geschwätz auch im ersten Augenblick erscheint, es zuletzt doch nur wie eine Fusée zerplatzt und der Erinnerung nichts mehr zurückläßt, so daß der pedantische Deutsche sogar eine Art Unbehaglichkeit darnach fühlt und bedauert, seine Zeit unnütz verloren zu haben. Wäre dem deutschen Element, das sich seine Sprache gebildet, es auch noch möglich gewesen, ihr jene Leichtigkeit, Rundung, angenehme Zweideutigkeit und zugleich Präzision und Abgeschlossenheit zu geben, welche Eigenschaften auch die französische Dreistigkeit in den gesellschaftlichen Verhältnissen hervorrufen, so müßte des Deutschen Konversation gewiß die befriedigendste von beiden sein, da er nie versäumen würde, dem Angenehmen auch das

JAKOB HEINRICH REHDER

Nützliche beizufügen. So aber bleibt uns Deutschen gewöhnlich in der Gesellschaft nur die Art Verstand übrig, welche die Franzosen so treffend l'esprit des escaliers nennen, nämlich der, welcher einem erst auf der Treppe eingibt, was man hätte im Salon sagen sollen.

Von dem Feuerwerk des Franzosen ist mir nichts im Gedächtnis zurückgeblieben als folgende gute Anekdote.

Ein zur Zeit Ludwig XIV. als Autorität geltender diplomatischer Schriftsteller schließt eine Abhandlung über die großen Vorrechte, die einem fremden Botschafter zustehen, mit folgenden Worten: »Mais dès qu'un Ambassadeur est mort, il rentre aussitôt dans la vie privée.«

C... Hall, den 2. Februar

Lord D..., dessen Gemahlin ich in London kennengelernt, hatte mich eingeladen, ihn einige Tage auf seinem Landgute zu besuchen, was ich um so lieber annahm, da C... Hall der Ort ist, von dem Repton in seinem Werke sagt, daß er an der Verschönerung desselben, gemeinschaftlich mit dem Besitzer, gegen vierzig Jahr gearbeitet habe. In der Tat macht es auch beiden die größte Ehre, wiewohl nach allem, was ich selbst erfuhr und sah, es mir scheint, daß der vortreffliche Geschmack der Eigentümer höchstwahrscheinlich den größten Teil des Verdienstes dabei hat und manchmal sogar in Kontradiktion mit Repton, der namentlich alte Bäume nicht immer genug schonte. Dennoch hat eine ehrenwerte Dankbarkeit dem um die Kunst der Landschaftsgärtnerei so verdienten Manne in dem hiesigen Park einen Ruhesitz erbaut, der nach ihm benannt ist und eine wundervolle Aussicht darbietet. Da sein Sohn, der bei uns war, Lady D..., welche mir in der Parkomanie fast gleichkömmt, viel von M... erzählt hatte, so fanden wir dadurch einen sehr anziehenden Berührungspunkt und spazierten schon in den ersten Stunden fleißig in den noch mehr geschmackvollen als prächtigen Blumengärten umher, die auch einige graziöse Marmorstatuen von Canova schmücken.

Den Herrn des Hauses, der am Podagra leidet, bekam ich erst zu sehen, als ich zu Tisch herunter kam, wo ich eine große Gesellschaft und auch Lord M... antraf, der eben die Kriegsschiffe auf der Themse hier in der Nähe besichtigt hatte.

Lord D... lag in der Mitte des Salons auf einem Sofa, mit einem schottischen Mantel zugedeckt, und setzte mich durch seine Anrede etwas in Verlegenheit

»Sie erkennen mich nicht«, sagte er, »und doch haben wir uns schon vor dreißig Jahren gar oft gesehen.«

Da ich nun in jener Zeit noch im Flügelkleide umherschwebte, so mußte ich um nähere Erläuterung bitten, war aber gar nicht erfreut, mein Alter (denn Du weißt, daß ich noch prätendiere, nicht älter als dreißig Jahr auszusehen) so genau vor der ganzen Gesellschaft deklinieren zu hören. Übrigens mußte ich Lord D...s Gedächtnis bewundern, denn er erinnerte sich aus jener Zeit, wo er mit dem Herzoge von Portland bei meinen Eltern auf dem Lande gewesen war, so sehr jeder Kleinigkeit, daß er selbst *mir* das Andenken schon längst vergeßner Dinge von neuem auffrischte. Welche Originale es damals gab und wie lustig man in jener Zeit alle Arten von Amüsements aufgriff, bestätigte mir seine Erzählung auf ganz unterhaltende Weise.

So erwähnte er unter andern eines Barons, der so fest an Geistererscheinungen als an das Evangelium glaubte und dabei Cagliostro für eine Art zweiten Messias hielt. Als er eines Tages auf einem unserm Schlosse nahem See allein Schlittschuh lief, verkleidete sich die ganze Gesellschaft mit Bettüchern und andern, aus der Theatergarderobe entnommenen Utensilien und produzierte dem erschrockenen Illuminaten am hellen lichten Tage eine Geistererscheinung in Masse auf dem Eise. In Todesangst fiel er, so unbequem dies in Schlittschuhen sein mochte, auf die Knie und betete mit einer Volubilität der Zunge, die den alten Lord noch heute lachen machte, Abrakadabra und Vorschriften aus Fausts Höllenzwang, abwechselnd mit dem tremulierenden Gesang einiger geistlichen Lieder vermischt. Währenddem glitschte indes einer der Geister, der, vermöge einer Stange unter dem Bettuche, sich bald groß, bald klein machte, unglücklicherweise aus und rutschte, entblößt von aller Verkleidung, dem betenden Baron vor die Knie. Dieser aber war zu stark gläubig, um daß selbst ein solches Ereignis ihm aus dem Traume hätte helfen können. Sein Entsetzen wurde im Gegenteil dadurch dermaßen vergrößert, daß er aufsprang, zwar wegen der im Schreck vergeßnen Fußbekleidung wieder hinfiel, sich aber schnell von neuem aufraffte und dann mit noch nie bei ihm gesehener Geschicklichkeit, unter dem lauten Jubel der Gesellschaft, wie der Wind auf seinen Schlittschuhen entschwand.

Selbst das spätere Eingeständnis der Posse konnte ihn nie überzeugen, daß man ihn bloß zum besten gehabt – und keine Macht der Erde hätte ihn vermocht, während seines fernern Aufenthaltes in M... dem Schauersee wieder zu nahen.

Du weißt, ich kann das Reflektieren nicht lassen, das mich manchmal bei der lustigsten Veranlassung mit Schwermut überfällt. So ging es mir auch jetzt, als mir Lord D... so das Bild vergangener Zeit heraufbeschwor, die Liebenswürdigkeit meines Großvaters lobte, den Mutwillen meiner Mutter schilderte und welch ein wildes Kind ich gewesen sei. Hélas, ils sont passés ces jours de fête. Der *Liebenswürdige* modert längst im Grabe, die Mutwillige ist alt und nicht mehr mutwillig und auch der wilde Knabe mehr als zahm geworden, ja selbst von den Tagen nun nicht allzu entfernt mehr, von denen es heißt: Sie gefallen mir nicht – der junge tolle Engländer aber, der den Geist auf dem Eise spielte, lag [als] ein Greis vor mir, von der Gicht geplagt, unbehülflich auf seinem Sofa ausgestreckt und erzählte, oft von Seufzern, die der Schmerz erpreßte, unterbrochen, von den lustigen Streichen seiner Jugend, während der arme Tor, den er damals als Geist so sehr erschreckte, längst schon selbst ein Geist geworden ist und ihm gewiß keinen geringen Schreck einflößen würde, wenn es ihm einfiele, die Visite nachträglich noch zu erwidern. O Welt, o Welt! wie Napoleon sagte.*

den 3., abends

Lord D... besitzt eine sehr reiche Gemäldegalerie, worunter eine berühmte Venus von Tizian, der Tod des Regulus von Salvator Rosa, ein großes, mehrmals in Kupfer gestochenes Gemälde von Rubens und ein herrlicher Guido die vorzüglichsten sind. Auf den beiden letzten Bildern spielt zwar eben kein angenehmer Gegenstand, nämlich ein toter Kopf, die Hauptrolle, auf dem einen der des Kyrus, auf dem andern des Johannes, aber die Herodias Guidos ist wieder eine jener vom Genie eingehauchten, poetischen, himmlischen Schönheit mit der lieblichsten Weiblichkeit und dem tiefsten tragischen Ausdruck vereinenden Figuren, die einen so unauslöschlichen Eindruck zurücklassen und in der Wirklichkeit nur höchst selten angetroffen werden. Es gibt eine Dame Deiner Bekanntschaft, welche diesem Ideal

* *Diesen Ausruf muß ich erklären. Als Napoleon nach der Défaite bei Aspern, in dieser sehr bedenklichen Lage, auf gebrechlichem Kahne nach der Insel Lobau mit wenigen Begleitern zurückschiffte, befand sich der damals noch sehr junge General Tschernyschew bei ihm. Nach dessen Erzählung saß der Kaiser tief in sich versunken, redete mit niemand und brach nur zuweilen in die halblaut gesprochenen Worte aus: »O monde, o monde!« Er mochte wohl hinzudenken: tu m'échappes – wie es einige Jahre später wirklich eintraf.*

entspricht, die Gräfin A... in B.... Sie war, als ich sie kannte,* die schönste und reichbegabteste Frau, die ich je gesehen habe. Das größte Ebenmaß, das vollkommenste Gleichgewicht herrschte in ihrem Äußern und Innern, so daß die heterogensten Dinge ihr gleichwohl anstanden. Majestätisch wie eine Königin, wenn sie repräsentierte, von der leichtesten und anmutigsten Weltbildung, wenn sie ihren Salon hielt, von der naivsten, rührendsten Güte und Heiterkeit im vertrauten Familienkreise – in jeder Erscheinung aber noch bedeutender gemacht durch einen nie ganz verwischten Zug gedankenvoller Schwermut, verschwistert mit jener echt weiblichen Zartheit, die einem Weibe in der Männer Augen den höchsten unwiderstehlichsten Reiz verleiht. Ihre Ähnlichkeit mit dem Guidoschen Bilde war auffallend. Als herrlicher Kontrast mit der Hauptfigur dienen in diesem Gemälde zwei, ebenfalls sehr hübsche, Hofdamen im Gefolge der Herodias. Sie sind vollendete Hofdamen, die für nichts weiter mehr Sinn zu haben scheinen als ihren Hof und ihren Dienst, und ihre Schönheit erhält eben durch den unbedeutenden Charakter derselben einen gewissen mehr sinnlichen Reiz, der uns bequemer anspricht und von dem tiefern erschütternden Seeleneindruck nach und nach erholen läßt. Die eine lauscht mit Aufmerksamkeit und nichtssagendem Lächeln auf die Blicke ihrer Herrin, ob sie vielleicht etwas befehle, die andere betrachtet so gleichmütig den blassen Kopf des Märtyrers auf der Schüssel, als sei es ein Pudding.

* *und ist es noch.*

Ich muß Dir doch ein für allemal la vie de château in England – d.h. nur den täglichen Canevas, auf welchem nachher das Speziellere von jedem nach Belieben brodiert wird – beschreiben, da diese Organisation sich überall gleichbleibt und ich sie auch von dem, was ich ehemals hier sah, in nichts verändert finde. Dieses Leben bietet ohne allen Zweifel die angenehmste Seite der englischen Sitten dar, denn es herrscht dabei große Freiheit und eine Verbannung der meisten lästigen Zeremonien, die bei uns noch Wirt und Gäste ermüden. Demohngeachtet findet man nicht weniger Luxus als in der Stadt, was (wie ich Dir schon meldete) durch den Gebrauch erleichtert wird, nur eine kurze Zeit lang und immer nur eingeladene Gäste bei sich zu sehen.

Die Ostentation, welche allerdings solcher Gewohnheit zum Grunde liegt, kann man aber, schon um der bessern Bewirtung willen, gern verzeihen.

Man weiset, um Raum zu menagieren, Fremden gewöhnlich nichts weiter als eine geräumige Schlafstube im zweiten Stock, selten mehrere Zimmer an, und Engländer betreten diese Wohnung auch kaum anders als zum Schlafen und zur zweimaligen Toilette, welche selbst ohne Gesellschaft und im strengsten Häuslichen immer de rigueur ist, denn alle Mahlzeiten werden gemeinschaftlich eingenommen, und wer etwas zu schreiben hat, macht es gewöhnlich in der

Bibliothek ab. Dort gibt man sich auch Rendezvous, um die allgemeinen wie die einzelnen Partien (worin jeder ganz ungeniert ist) abzureden. Oft hat man sogar hier Gelegenheit, mit den jungen Damen, die immer sehr literarisch gesinnt sind, stundenlang ganz ungestört zu plaudern. Manche Heirat, oder Entführung der schon Verheirateten, spinnt sich dort zwischen dem Corpus juris auf der einen und Boufflers Werken auf der andern Seite an, während der Moderoman als Bindungsmittel aufgeschlagen in der Mitte liegt.

Um zehn oder elf Uhr ist die Stunde des Frühstücks, bei dem man im größten Negligé erscheinen darf. Es ist immer von derselben Art des Dir schon einmal im Gasthof geschilderten, nur natürlich in Privathäusern noch reicher und vollständiger versehen, und die Damen machen sehr anmutig die Honneurs desselben. Kömmt man später, wo diese schon weg sind, so besorgt ein Kammerdiener das Nötige, der in guten Häusern wohl bis um ein Uhr und noch länger acht hat, daß auch der letzte Nachzügler nicht leer ausgehe. Daß dabei ein halb Dutzend Zeitungen auf dem Tisch liegen muß, in denen jeder liest, wie es ihm gefällt, versteht sich von selbst.

Die Herren gehen nun entweder auf die Jagd oder andern Geschäften nach, der Wirt desgleichen, ohne sich im geringsten weiter um die Gäste zu bekümmern (eine wahre Wohltat!), und erst eine halbe Stunde vor Tisch findet man sich abends in eleganter Toilette im Salon wieder zusammen.

Wie es bei Tafel hergeht, habe ich Dir auch schon einmal beschrieben und nur einer seltsamen Sitte nicht erwähnt, die ich, obgleich skabrös, der Vollständigkeit wegen nicht übergehen darf und welcher man, nach der Entfernung der Damen, auf eine höchst ungenierte Weise und immediat neben dem Tische ihren Lauf läßt; ein Überbleibsel der Barbarei, welches unsern Begriffen von Schicklichkeit höchst widerstrebend ist.

Mir fiel dies besonders heute auf, wo ein alter Admiral, der wahrscheinlich wegen der Anwesenheit des Lord Melville in seine Staatsuniform gekleidet war, wohl eine halbe Viertelstunde zu diesem Experiment gebrauchte, während wir solange, wie aus einer Dachtraufe, die letzten Spuren eines schon längst vorübergegangenen Gewitterregens zu hören glaubten.

England ist das wahre Land der Kontraste. Du haut et du bas auf jedem Schritt. So servieren, bei allem übrigen Luxus, doch in den besten Häusern (wenigstens auf dem Lande) auch Kutscher und Reitknechte oft mit bei Tafel, wobei sie nicht immer vom Pferdegeruch ganz frei sind, und beim zweiten Frühstück, dem Luncheon, das ein paar Stunden nach dem ersten stattfindet und in der Regel nur von den Damen benutzt wird (die bei Tisch gern la petite bouche machen und sich daher beim Luncheon vorher ganz ordentlich satt essen), erhält man keine Servietten, ein gebrauchtes Tischtuch und oft gar nicht sehr appetitliche Überreste des vorigen Tages.

Dies als Parenthese. Ich kehre jetzt zur »Tagesordnung« zurück. Haben also die Herren endlich hinlänglich getrunken und den übrigen Bedürfnissen in patriarchalischer Sitteneinfalt genügt, so suchen sie Tee, Kaffee und das weibliche Geschlecht wieder auf und bleiben nun noch einige Stunden zusammen, ohne sich deshalb doch sehr zu vereinigen. Heute z. B., als ich zur Beobachtung aufblickte, fand ich die Gesellschaft folgendermaßen verteilt. Der kranke Herr des Hauses lag auf dem Sofa und war ein wenig eingeschlummert; fünf andere Herren und Damen lasen eifrig in sehr verschiedenen Werken und Aktenstücken (zu dieser Zahl gehörte auch ich, mit einem Cahier Parkansichten vor mir); ein andrer spielte schon seit einer Viertelstunde mit einem geduldigen Hunde; zwei alte Parlamentsglieder stritten sich heftig über die Corn-bill, und der Rest der Gesellschaft befand sich im dunkeln Nebenzimmer, wo ein hübsches Mädchen Klavier spielte und eine andere ohrenzerreißende, schmachtende Balladen dazu sang, worüber die liebenswürdige Hausfrau selbst mit mir herzlich lachen mußte.

Ich kann hier nicht umhin zu bemerken, daß Lord und Lady D... zu den aufgeklärtesten, anspruchlosesten und deshalb angenehmsten hiesigen Vornehmen gehören. Er ist von der mäßigen Opposition, die das wahre Gute des Landes und nur dieses will, ein wahrer, von allem Egoismus freier Patriot, der schönste Titel, den ein gebildeter Mensch tragen kann. Sie ist die Güte, Herzlichkeit und Anspruchslosigkeit selbst.

Nach Mitternacht und nachdem vorher noch gewöhnlich ein leichtes Souper, aus Früchten und kalten Speisen bestehend, serviert worden ist, wobei sich jeder selbst bedient, retiriert man sich. Zu diesem Behufe stehen auf einem Seitentische eine Quantität kleiner Handleuchter parat, von denen sich jeder den seinigen anzündet und damit selbst hinaufleuchtet, denn der größte Teil der Dienerschaft, welcher früher aufstehen muß, ist darum billigerweise schon längst zur Ruhe. Das ewige Sitzen der Bedienten im Vorzimmer ist hier nicht Mode, und außer den bestimmten Zeiten, wo man ihrer Hülfe gewärtig ist, sieht man sie wenig und bedient sich selbst.

Für die Nacht erwartete mich heute auf meiner Stube ein vortreffliches altes chinesisches Himmelbett, groß genug, um als Sultan mit sechs Weibern in seinem weiten Raume schlafen zu können, aber allein fror ich bei der großen Kälte darin wie ein Eiszapfen, ehe die eigene Wärme durchdrang, denn das entfernte Kamin gab keine.

den 5.

Unter uns gesagt, so angenehm, so ungeniert es auch in einem fremden Hause sein mag, für mich ist es immer noch sehr geniert, zu unwohnlich, vor allem zu abhängig, um mich Überstolzen und Bequemen recht à mon aise darin zu befinden. Dies letztere fühle ich mich daher nur in den eigenen vier Pfählen vollkommen, nächstdem im Reisewagen oder im Gasthofe. Dieser Geschmack mag nicht der beste sein, indessen es ist einmal der meine! Da nun so viele Menschen eigentlich gar keinen haben, so bin ich immer noch auch mit einem minder guten ganz zufrieden.

Ich werde also die Tage der Einladung nicht ganz erschöpfen, sondern morgen mein großes Bett einem andern und vielleicht korpulenten Sterblichen offenlassen, um dem Badeort Brighton zuzueilen, welcher dermalen sehr fashionable ist.

Vorher habe ich indes noch mit Lord D...s gefälligem Sohne die ganzen hiesigen Anlagen beritten, die weniger auffallend durch Züge außerordentlicher Schönheit sind, als siegreich die schwere Probe bestehen, nirgends etwas Tadelnswertes zu zeigen. Einige Aussichten aus Waldschluchten auf die entfernte Themse, den Hafen von Gravesend und seine emporstrebenden Masten sind demohngeachtet sehr grandios, nichts aber geht über die unvergleichliche Kunst, mit der, innerhalb des Parks, die Linien der Waldränder, in meisterhafter Nachahmung der Natur, gezogen sind. Zum Studium würde ich in vieler Hinsicht Cobham Hall mehr als irgendeinen andern der beschriebenen Parks empfehlen, obgleich er an Umfang und kostspieligen Anlagen und Bauten vielen nicht gleichkömmt und sozusagen einen mehr modesten, dem Naturfreund aber, besonders auf die Länge, nur desto werteren Charakter hat, auch durch Berg und Tal und geschlossenen Wald mehr Mannigfaltigkeit darbietet.

Von Lady D... nahm ich soeben in ihrer eigenen Stube Abschied, ein kleines Heiligtum, das ich mit allerliebster Unordnung und Überfülle meubliert fand, die Wände voll kleiner Spiegelkonsolen mit gewählten Kuriositäten besetzt, und prächtige Kamelien, einzeln in Körben auf dem Boden verteilt, so daß sie wie daraus hervorgewachsen erscheinen.

Erlaube, liebe Julie, daß ich unter diesen Blumen von Dir hier ebenfalls Abschied nehme und Dich bitte, diesem Brief eine ebenso lange Antwort zu gönnen, damit es nicht Deinem Gewissen zuletzt vorkommen möge, als liebte ich Dich (wenigstens schriftlich) weit mehr als Du mich.

Dein Herzensfreund L...

12

Zwölfter Brief

Brighton, den 7. Februar 1827

Geliebteste!

Ich habe gestern die sechzig Meilen hierher sehr schnell und in der angenehmsten Trägheit, ohne nur aufzublicken, zurückgelegt, denn man muß auch manchmal wie ein vornehmer Engländer reisen.

Es scheint hier eine bessere Temperatur als in dem übrigen Nebellande zu herrschen, der glänzendste Sonnenschein weckte mich wenigstens heute früh schon um neun Uhr.

Bald darauf ging ich aus, zuvörderst auf die Marineparade, die sich weit dem Meere entlang erstreckt, machte dann eine Tour durch die große reinliche und sehr heitere Stadt, die mit ihren breiten Straßen den neuesten Quartieren Londons ähnlich ist, und schloß mit Visiten bei verschiedenen Londner Bekannten. Nachher ritt ich spazieren, denn meine Pferde wurden beizeiten vorausgeschickt. Vergebens sah ich mich dabei nach einem Baum um. Die Gegend ist vollkommen kahl, nichts als mit kurzem Gras bedeckte hüglige Dünen sind zu erspähen, und Meer und Himmel gewähren die einzigen pittoresken Gegenstände. Auch bereiteten sie mir heute gleich zum Empfang den schönsten Sonnenuntergang. Dieses majestätische Gestirn war in rosenrote transparente Nebel gehüllt, so daß es keine Strahlen mehr warf, dagegen in der intensivsten Glut einem dichten Goldklumpen glich, der, als er das Wasser berührte, nun langsam zu schmelzen und einen großen Teil des blauen Meeres zu überfließen schien. Endlich verschlang der Ozean den feurigen Ball, die brennenden Farben verblichen, aus Rot zu Violett, dann nach und nach zu weißlichem Grau, und in der Dämmerung rauschten die Wogen, vom Abendwind getrieben, pfeifend gegen den flachen Strand, wie im Triumph über die nun begrabne Sonne.

Ein berühmter alter Minister sah das schöne Schauspiel mit mir zugleich an und war keineswegs dafür abgestorben, Lord Harrowby, ein liebenswürdiger Mann, von ebenso feinen und sanften Sitten als großer Welt- und Geschäftserfahrung.

den 8.

Öffentliche Reunionssäle, Badelisten etc. gibt es hier gar nicht. Brighton *heißt* nur ein Badeort in unserm Sinne und dient hauptsächlich den Einwohnern Londons, die Zerstreuung und gesundere Luft suchen und keinen eigenen Landsitz haben oder das Haushalten dort zu kostspielig finden, zum Winteraufenthalt, denn die hiesige Season fällt in die Wintermonate. Mode hat es besonders der König gemacht, der es einst sehr liebte und einen abenteuerlichen, orientalischen Palast hier gebaut hat, der mit allen seinen Kuppeln und deren Aufsätzen, von den nahen Höhen gesehen, vollkommen einem aufgestellten Schachspiel gleicht, inwendig aber sehr prächtig, wenngleich auch phantastisch meubliert ist. Obwohl er ungeheuere Summen gekostet hat, soll der längst seiner überdrüssige hohe Besitzer schon manchmal Lust gezeigt haben, ihn wieder einreißen zu lassen, was auch eben nicht sehr zu bedauern sein würde.

In den Gärten dieses Palastes befinden sich die einzigen erwachsenen Bäume in hiesiger Gegend, die ich bis jetzt gesehen.

Aber auch ohne diese sind doch die Promenaden am Meer sehr anmutig, besonders die große Kettenbrücke oder jetée, welche tausend Fuß weit in die See hineingeht und an deren Ende man sich in den Dampfschiffen für Boulogne und Havre embarkiert.

Nicht weit davon hat ein Indier orientalische Bäder angelegt, wo man, wie in der Türkei, massiert wird, was sehr stärkend und gesund sein soll, auch bei der vornehmen Welt, besonders den Damen, sehr beliebt ist. Man nennt sie Mahomets Bäder. Ich fand das Innere indes sehr europäisch eingerichtet. Die Behandlung gleicht der in den russischen Dampfbädern, nur finde ich sie weniger zweckmäßig, denn man sitzt in einer kühlen Stube auf einem erhöhten Sessel, den eine Art Palankin von Flanell umgibt, und nur in diesen kleinen Raum dringt, aus dem Boden aufsteigend, ein heißer Kräuterdampf hinein. Die Flanellwand hat mehrere Ärmel, die nach außen herabhängen und in welche der Masseur seine Arme steckt und mit den Händen den Körper des Badenden sanft knetet. Er fährt dann mit festem und stetem Drucke des Daumens an den Gliedern, am Rückgrat, den Rippen und über dem Magen vielmal herab, was der Organisation wohl zu tun scheint. Währenddem transpiriert man so lange und so stark, als man wünscht, und wird zuletzt, bei abgenommenem Deckel des Flanellzeltes, mit lauem Wasser übergossen. Die plötzliche Kühle des Zimmers aber, der man nun ausgesetzt bleibt, halte ich für sehr ungesund.

Nachahmenswerter scheint mir die hier übliche Weise, die Wäsche zum Abtrocknen zu wärmen. Diese liegt nämlich in einer Kommode, deren Fächer mit Messing gefüttert sind und durch Dampfheizung den ganzen Tag eine stets gleiche Wärme behalten.

den 9.

Die Sonne ist schon wieder verschwunden und von neuem eine solche Kälte eingetreten, daß ich Dir in Handschuhen schreibe, um meine weißen Hände zu konservieren, auf die ich, wie Lord Byron, sehr viel halte. Ich gestehe dies auch, da ich gar nicht der Meinung bin, daß man gerade ein Fat sein muß, wenn man das wenige Hübsche, was einem der liebe Gott gegeben hat, möglichst zu bewahren sucht; vor Frost aufgesprungene Hände waren mir aber von jeher ein Greuel. Dabei fällt mir ein, daß ich vor vielen Jahren in Straßburg mich einmal, im Boudoir einer sehr schönen Frau, mit dem Feldmarschall W... (damals noch General) früh zusammenfand und dieser, Napoleon rühmend, auch seiner Mäßigkeit erwähnte und mit fast verächtlichem Tone hinzusetzte: ein Held könne kein Gourmand sein.

Nun kannte mich die schöne Frau, die mir übrigens gar sehr wohl wollte, als nicht ganz unempfindlich für bonne chère und fand, um mich zu necken, ein boshaftes Vergnügen daran, den General diesen Spruch wiederholen zu lassen. Obgleich ich nie versucht worden bin, mich für einen Helden zu halten (ausgenommen etwa eines kleinen Romans hie und da), so fühlte ich doch, daß ich rot wurde, eine derjenigen Dummheiten, die ich mir nie und leider Gottes noch nicht abgewöhnen kann, oft sogar, wenn gar kein wirklicher Grund dazu vorhanden ist.

Ärgerlich über mich selbst, sagte ich ganz pikiert: »Es ist ein Glück für die Liebhaber eines guten Tisches, Herr General, daß es einige brillante Ausnahmen von Ihrer aufgestellten Regel gibt. Erinnern Sie sich nur der Tafelrunde und dann Alexanders. Freilich ist es wahr, daß diesen ein zu schwelgerisches Mahl zur Verbrennung von Persepolis verleitete, aber ein Held blieb er dennoch, und auch Friedrich den Großen hat die Gourmandise weder am höchsten Kriegs- noch Regentenruhm gehindert. Übrigens sollten Sie, der mit den Franken so ruhmvoll streitet, die gute Küche nicht angreifen, da jene Nation, so große Generale sie hat, doch durch ihre Küche schon länger, und vielleicht auch bleibender, berühmt ist.« Dies letzte sprach ohne Zweifel ein prophetischer Geist aus mir, und wie würde sich der so enthusiastisch Napoleon pronierende General gewundert haben, wenn ich ihm zugleich hätte sagen können, daß über ein kleines er selbst diesem großen Nicht-Gourmand gegenüberstehen und einen der letzten erfolgreichen Coups de griffes des kranken Löwen erleiden würde.

Du meinst vielleicht, meine gute Julie, diese Anekdote passe hierher wie ein »Apropos« unsers Freundes H... – aber nein – ich führe, im Gegenteil, auch noch Alkibiades und Poniatowski für Putz und Toilette an, um gänzlich durch die Erfahrung zu beweisen, daß weder Empfänglichkeit für die bonne chère noch etwas Fatuität an Heldentaten hindern, wenn man sonst die gehörige Anlage dazu hat.

Ein Besuch des Grafen F..., einem der liebenswertesten und achtbarsten Repräsentanten der Zeiten Napoleons, welcher in diese les souvenirs de l'ancien régime und in die heutigen das Zeugnis makelloser Rechtlichkeit und Treue mit hinübergenommen (ein seltner Fall!) – unterbrach mich hier, um mich zu übermorgen zu Tisch einzuladen. Das hat mich aufgehalten, zum Reiten ist es zu spät, Clubgesellschaft zu besuchen habe ich keine Lust, ich werde also lieber noch einen zweiten Schlafrock überziehen, von Dir und M... träumen, Deine Briefe wieder einmal überlesen und geduldig dabei in meiner Stube frieren, bis ich zu Bett gehe, denn mehr wie acht Grad Wärme kann ich in meinem luftigen und fensterreichen Lokal, durch bloßes Kaminfeuer, nicht hervorbringen. Also, au revoir.

den 10.

Es war billig, daß ich mich heute für den gestrigen Stubenarrest entschädigte und viele Stunden in der Gegend umherirrte, um so mehr, da ich abends mich exekutieren mußte, um einem großen Subskriptionsball beizuwohnen.

Die hiesige Umgegend ist gewiß sehr eigentümlich, denn während vier Stunden Umherreitens fand ich immer noch keinen ausgewachsenen Baum. Die vielen Hügel jedoch, die große Stadt in der Ferne, mehrere kleinere in der Nähe, das Meer und seine Schiffe nebst einer häufig wechselnden Beleuchtung belebten die Landschaft hinlänglich, und selbst der Kontrast mit dem überall sonst so baumreichen England war nicht ohne Reize. Die Sonne ging endlich inkognito zur Ruh, das Wetter hellte sich ganz auf, und der Mond stieg klar und glänzend über den Wassern empor. Jetzt wandte ich mein Roß von den Hügeln herab dem Meere zu und ritt die fünf bis sechs Meilen, die ich noch von Brighton entfernt sein mochte, hart am Rande der Wellen auf dem sandigen Strande nach Brighton zurück. Die Flut war eben im Beginnen, und mein Pferd machte zuweilen einen Seitensprung, wenn, mit weißem Schaum gekrönt, eine Woge unter ihm durchrollte und schnell wieder, wie mit uns spielend, zurückfuhr.

Ich liebe nichts mehr, als bei Mondschein einsam am öden Meeresufer zu reiten, einsam mit dem Plätschern und Rauschen und Sausen der Wellen, so nahe der geheimnisvollen Tiefe, so schauerlich, daß selbst die Pferde nur mit Gewalt sich an der Flut halten lassen und, vom Instinkt geleitet, sobald man sie ablenkt, mit verdoppelter Schnelligkeit dem sichern festen Lande zueilen.

Wie verschieden von dieser poetischen Szene der prosaische Ball! der überdies meiner Erwartung so wenig entsprach, daß ich darüber erstaunte. Eine enge Treppe führt zum Lokale hinauf, und ohne Vorzimmer kam man unmittelbar in einen schlecht erleuchteten und höchst ärmlich meublierten Saal, um welchen rundumher eine Galerie von wollenen Stricken gezogen war, die Tanzenden von den Zuschauern zu trennen. Eine Tribüne für die Musik war so ungeschickt mit schlechtgewaschenem Weißzeuge drapiert, daß es aussah, als wenn man Bettücher zum Trocknen aufgehangen hätte. Dazu denke Dir noch einen zweiten Saal daneben mit fortlaufenden Bänken an den Wänden und einem großen Teetisch in der Mitte, in beiden aber die zahlreiche Gesellschaft ganz rabenschwarz von Kopf zu Fuß, inklusive Handschuh, wegen der Trauer, und dabei ein so melancholisches Tanzen mit keiner Spur von Lebhaftigkeit oder Freude, daß man die Leute wegen der unnützen Fatigue bedauert, so wirst Du eine sehr treue Idee von Brightons Almacks (so werden diese sehr fashionablen Bälle genannt) haben. Die ganze Einrichtung ist komisch genug. Diese Almacks sind in London das Höchste der Mode in der Season, die vom April bis Juni dauert, und fünf bis sechs der vornehmsten Damen (Prinzeß L... ist auch eine davon), welche man Patronesses nennt, verteilen die Billets dazu. Die Erteilung derselben ist eine große Gunst und für Leute, die nicht zu der allervornehmsten oder modernsten Welt gehören, sehr schwierig zu erlangen, so daß monatlange Intrigen angesponnen und den Lady Patronesses auf die gemeinste Weise geschmeichelt wird, um dergleichen zu erhalten, weil der oder die, welche nie auf Almacks gesehen werden, als ganz unfashionable (ich möchte fast sagen unehrlich) zu betrachten sind und die fashionable sein wollende englische Welt dies natürlich für das größte mögliche Unglück hält. Dies ist so wahr, daß neulich sogar ein Roman eigens über diesen Gegenstand geschrieben worden ist, der das Treiben der Londoner Welt recht treu schildert und seit zwei Monaten schon die dritte Edition erlebt hat, dabei aber doch, bei genauer Betrachtung, mehr die Antichambre als den Salon verrät, einen, wie der Abbé de Voisenon sagte: qui a écouté aux portes.

Wie die Engländer über Fremde gut unterrichtet sind, beweist unter andern eine Stelle dieses Romans, wo sich die Frau eines fremden Gesandten, die aber in England geboren ist, sehr darüber lustig macht, daß die mit dem Auslande so unbekannten Londner einem deutschen Fürsten einen höheren Rang gewährten als ihrem Manne, dem Baron, dessen Titel doch dort weit vornehmer sei, »aber das Wort Prince«, setzt sie hinzu, »dessen Nichtigkeit auf dem Kontinent jeder kennt, eblouiert meine albernen Landsleute«. – »C'est bien vrai«, fällt ein Franzose ein, »un Duc cirait mes bottes à Naples, et à Petersbourg un Prince russe me rasait tous les matins.« Da die Engländer Phrasen aus fremden Sprachen gewöhnlich falsch zitieren, so vermute ich, daß auch hier ein kleiner Irrtum obwaltet und es ohne Zweifel hat heißen sollen: un Prince russe me rossait tous les matins.*

** Natürlich ist es, daß es den Engländern schwer wird, da sie sich um Fremdes so wenig bekümmern, den gehörigen Unterschied zwischen deutschen, russischen und französischen Fürsten zu machen, und sie daher respektive bald zu hoch, bald zu niedrig anschlagen. In England und Frankreich gibt es eigentlich keine andern Fürsten (Princes) als die des königlichen Hauses. Führen Engländer oder Franzosen solche Titel, so sind es fremde und werden in den französischen alten Adelsfamilien den jüngern Söhnen beigelegt. Zum Beispiel der*

Was für eine burleske Wirkung aber ein solcher Moderoman sogleich auf die, über das bel air stets im blinden tappende, Mittelgesellschaft Londons hat, welche daher auch immer in Angst ist, Unbekanntschaft mit der großen Welt zu verraten und hierdurch sich gewöhnlich erst recht lächerlich macht, davon hatte ich wenige Wochen nach Erscheinung dieses Buchs ein sehr belustigendes Beispiel.

Ich war bei einem reichen Direktor der Ostindischen Compagnie, der früher Gouverneur von St. Mauritius (Isle de France) gewesen, mit mehreren andern Fremden, zu Tisch eingeladen. Unter diesen befand sich auch ein deutscher Fürst, der schon länger im Hause bekannt war, und, glücklicherweise für die Farce, auch ein deutscher Baron. Als man zu Tisch gehen wollte, näherte sich der Fürst, wie früher, der Dame vom Hause, um sie zu führen, war aber nicht wenig verwundert, als diese ihm mit einer leichten Verbeugung den Rücken kehrte und sich an den Arm des höchst angenehm überraschten Barons hing. Ein nicht zu unterdrückendes Lachen von meiner Seite beleidigte fast den guten Fürsten, der sich ein so auffallendes Benehmen der Hausfrau nicht erklären konnte, dem ich aber, es sehr gut erratend, schnell aus dem Traume half. Er nahm nun unbekümmert um Rang die hübscheste Dame aus der Gesellschaft, und ich drängte mich an die andere Seite der Lady F..., um mir eine amüsante Tischunterhaltung zu verschaffen. Die Suppe war auch kaum vorüber, als ich mit verbindlicher Miene gegen sie äußerte, wie sehr mich ihr Takt und ihre feine Kenntnis gesellschaftlicher und selbst fremder Verhältnisse überrascht hätten. »Ah«, erwiderte sie, »wenn man so lange Gouverneurin gewesen ist, lernt man wohl die große Welt kennen.« – »Gewiß«, fiel ich ein, »besonders in Mauritius, wo man's schwarz auf weiß hat.« – »Sie sehen«, fuhr sie fort, indem sie sich zu meinem Ohre beugte, »wir wissen recht gut, daß a foreign Prince nicht viel sagen will, aber dem Baron alle Ehre, die ihm gebührt.« – »Vortrefflich distinguiert«, rief ich aus, »aber mit einem italienischen müßten Sie sich doch wieder in acht nehmen, denn dort heißt Barone: a rascal.« – »Ist es möglich«, sagte sie erschreckend, »welcher sonderbare Titel!« – »Ja, Madame, Titel sind auf dem Kontinent ein ominöses Ding, und wären Sie ein ägyptischer Sphinx« (sie war wenigstens ebenso unbeholfen), »so würden Sie diese Rätsel doch nie ergründen!« – »May I help you to some fish«, sagte sie verlegen und ungewiß, was sie antworten sollte. »With great plea-

Prince de Polignac hier führt als zweiter Sohn den römischen Fürstentitel, der älteste ist Duc de Polignac.

Es gibt, nur einen sehr hochverdienten Mann ausgenommen, keinen Fürsten in Deutschland, der nicht von alter Familie und hohem Stande mit angemessenen Rechten wäre, daher die Fürsten daselbst auch den ersten Rang nach den regierenden Häusern einnehmen. In Rußland dagegen ist allerdings der Titel Prince in der Regel soviel wie nichts, indem dort nur der Dienstrang Rechte und Ansehen gibt, und in Italien hat dieser Titel nicht viel mehr Wert. Dies vermischen nun die Engländer alles untereinander und wissen selten, was sie einem Fremden in dieser Hinsicht wirklich schuldig sind.

sure«, erwiderte ich und fand den Turbot, selbst ohne Titel, vortrefflich. Doch um auf den Almacks-Ball zurückzukommen, so ist das seltsamste, daß man ein solches Billet zu Almacks, um das mancher Engländer wie für Leben und Tod geworben, dennoch mit zehn Schilling bezahlen muß, da dieser Almack weiter nichts als ein Ball für Geld ist. Quelle folie que la mode! Man muß in der Tat zuweilen glauben, daß die Erde das Tollhaus unsers Sonnensystems ist.

Hier in Brighton findet man nur die Nachahmung Londons im kleinen. Die Lady Patronesses der hiesigen Almacks sind jetzt . . . .
. . . .
Als ich eintrat, sah ich niemand von meiner Bekanntschaft und ersuchte daher den ersten besten Herrn, mir die Marquise von . . . zu zeigen, von der ich, ohne sie zu kennen, durch Entremise der Gräfin F. . . mein Billet bekommen hatte. Ich mußte mich ihr also selbst präsentieren und fand eine sehr liebe, häusliche Frau an ihr, die nie England verlassen hat. Sie stellte mich ihren Töchtern, drei echten englischen Aalheiten, vor* und einer Lady M. . ., die recht gut deutsch sprach, denn das ist jetzt ebenfalls Mode, und die jungen Damen quälen sich gewaltig damit. Später fand ich endlich einen Bekannten, der mich mit mehreren sehr hübschen jungen Mädchen bekannt machte, unter denen sich ganz besonders Miss W. . ., eine Nièce des Lord E. . ., auszeichnete, die in Deutschland erzogen und mehr Deutsche als Engländerin ist, was ihr in meinen Augen nur vorteilhaft sein konnte. Sie war bei weitem die hübscheste und graziöseste auf dem Balle, so daß ich mich beinahe wieder zum Tanzen verstanden hätte, obgleich ich aus Eitelkeit (denn ich tanzte immer schlecht) seit vielen Jahren diesem sogenannten Vergnügen entfremdet war. Hier hätte ich es nun wohl wagen können, da man, Gott weiß es, nirgends ungeschickter herumspringt und namentlich ein Walzender im Takt zu den wahren Seltenheiten gehört, aber es kam mir doch zu komisch vor, mich an der Grenze des Schwabenalters von neuem den Anbetern der Tarantel zuzugesellen. Il est vrai que la fortune m'a souvent envoyé promener, mais danser – c'est trop fort!

Die Marquise erzählte mir hierauf von einem ihrer anwesenden Verwandten, dem Chef eines Highlander Clans, mit einem Namen, so lang als ein spanischer, Nachkommen der Könige der Inseln und stolz wie Holofernes auf tausendjährigen Adel, der meine Bekanntschaft zu machen wünsche. Ich konnte mir nur zu der seinigen gratulieren, da ich den Mann ganz so fand, wie Walter Scott seine hochländischen Romanenfiguren schildert. Ein echter Schotte, mit Leib und Seele an Vorfahren und alten Gebräuchen hängend, mit großer Geringschätzung für die Engländer, dabei voll Feuer, gutmütig, bieder und brav, aber kindisch eitel, und von dieser Seite ebenso verwundbar als leicht zu gewinnen. Es ward mir daher nicht schwer, seine Gewogenheit zu erlangen,

* *s. Reineke Fuchs, kann auch durch Ladyships übersetzt werden.*

DER PAVILLON IN BRIGHTON

Drawn and Published by J. Cordwell, at his Repository, 20 Gt. East Street, Brighton, 1824.

Engraved by T. Sutherland

und da ich mich ohnehin ziemlich langweilte, setzte ich mich mit ihm allein in dem Teesaal auf eine der hölzernen, mit schlechtem Tuch beschlagenen Bänke nieder und ließ mir von seiner Güter Herrlichkeiten, allen Schlachten seiner Vorfahren und seinen eigenen Reisen und Taten eine Stunde lang vorerzählen. Die Hauptsache, auf die der liebe Mann, der gut seine fünfzig Jahre und darüber zählte, immerwährend zurückkam, war seine schottische Tracht, die er mir sehr ausführlich beschrieb, und daher mit Wohlgefallen seines Aufenthalts in Berlin erwähnte, wo er Anno 1800 gewesen und, wie er berichtete, seine Tracht bei der Revue allen so aufgefallen sei, daß der König ihn, ohne daß er Seiner Majestät noch präsentiert gewesen sei, schon in Potsdam zur Tafel eingeladen, eine Ehre, die, seiner Versicherung nach, nur den Pairs des Landes und den ausgezeichnetsten Fremden zuteil würde. Ich wollte hier etwas erwidern, er unterbrach mich aber schnell und versicherte, das sei noch nicht alles. Er habe an jenem Tage nur die halbe schottische Tracht getragen und englische Pantalons dazu angehabt, den andern sei er aber mit bloßen Schenkeln und einem boot, mit Silber beschlagen, beim Manœuvre erschienen. Der König und der ganze Hof habe ihn angestaunt, und eine Viertelstunde später sei abermals eine Einladung zur Tafel gekommen, worüber alle anwesenden Engländer sich sehr verwundert hätten. Die Königin selbst habe sich viel mit ihm unterhalten, und gleich darauf sei ein Adjutant gekommen, um ihn auf den nächsten Tag nach Berlin zu einer Soiree und zur italienischen Oper einzuladen. »Ich frug«, setzte er hinzu, »ob ich mit nackten Schenkeln kommen könne. – ›Ohne Bedenken‹, erwiderte lachend der Offizier – und dieser Abend«, sagte mein ehrlicher Schotte mit sichtlichem Stolz, »war mein Triumph, denn nun kam ich in der roten Galakleidung mit Gold beschlagen. – So war ich dreimal nacheinander eingeladen worden, was keinem Pair des Landes geschieht«, wiederholte er, »und dreimal nacheinander auch immer more splendid« (glänzender) »erschienen. Jetzt war ich aber«, fuhr er fort, »in großen Sorgen einer vierten Einladung, weil ich nun keinen noch prächtigern Anzug mehr hatte; glücklicherweise blieb sie aber aus.« Das Feuer und die Kindlichkeit, mit der diese lächerliche Geschichte erzählt wurde, machte sie bei alledem gewissermaßen rührend. Ich war natürlich ganz Bewunderung und Aufmerksamkeit gewesen und sagte nun: Es wäre sonderbar, gerade 1800 hätte ich mich als Kind mit meinem Vater in der Berliner Oper neben der königlichen Loge befunden und erinnere mich noch wie heute, daß ich darin zum erstenmal in meinem Leben einen Schotten ohne Hosen gesehen und wie ein Wunder von Pracht und Schönheit angestaunt habe.

»Than I was the man, I was the man!« (Denn ich bin der Mann gewesen, ich bin's gewesen) schrie mein alter Schotte ganz außer sich, und von diesem Augenblick hatte ich sein Herz gänzlich erobert, er lud mich dringend nach Schottland ein, bat um meine Karte und zugleich ihm die Ehre zu gönnen, mich den Herzögen von Athole und von Hamilton in London vorzustellen. Er werde mir die Honneurs von Schottland machen und – »warten Sie einen Augenblick, den ... hm ... ja richtig, den 26. werde ich hier einen Ball geben, und Ihnen zu Ehren werde ich die schottische Tracht anziehen, die mit Gold beschlagen, nein ... ich glaube doch die mit Silber, sie ist nicht so reich, aber eleganter.« * Ich ermangelte nicht, die lebhafteste Teilnahme zu zeigen, bedauerte, daß ich zwar nicht so lange hier bleiben könnte, wegen dringender Geschäfte in London, aber mein möglichstes tun würde, diesen Tag wieder herzukommen, um ein so interessantes Schauspiel nicht zu versäumen; in dem Augenblick kam Lady ... mit ihren Töchtern an, und da ich vorderhand genug gehört hatte, rief ich ihr zu, daß Mr. M ... D ... of C ... and G ... keine ganz neue Bekanntschaft für mich sei, sondern ich ihn schon vor mehreren zwanzig Jahren als Knabe gesehen habe. Auf ihr: Wieso? begann mein unermüdlicher Freund die Geschichte der dreifachen Steigerung von neuem, und ich schlich mich unterdessen leise davon und zu Hause.

den 14.

Mein origineller Schotte, von dem ich seitdem gehört, daß er ein wahrer Tollkopf sei und bereits zwei oder drei Menschen im Duell getötet, besuchte mich diesen Morgen und brachte mir seine gedruckte Genealogie, mit der ganzen Geschichte seines Stammes oder Clans. Er klagte sehr, daß ein anderer seines Namens ihm den Rang des Chieftains streitig machen wolle, und bemühte sich, mir aus dem mitgebrachten Werke zu beweisen, daß er der echte sei, meinte auch, »ein Gottesurteil zwischen beiden würde es bald am besten entscheiden«. Dann machte er mich auf sein Wappen, eine blutige Hand im blauen Felde, aufmerksam und gab folgendes als den Ursprung desselben an.

Zwei Brüder, die in einem Kriegszuge gegen eine der schottländischen Inseln begriffen waren, hatten unter sich ausgemacht, daß der, dessen Fleisch und Blut (ein schottischer Ausdruck) zuerst das feste Land berühre, Herr desselben bleiben solle. Mit aller Kraft der Ruder sich nähernd, konnten die Schiffe wegen einzelner Felsen im Meere nicht weiter, und beide Brüder mit ihren Kriegern stürzten sich in das Wasser, um schwimmend die Insel zu erreichen. Da nun der älteste sah, daß ihm sein jüngerer Bruder zuvorkam, zog er sein kurzes Schwert, legte die linke Hand auf eine hervorragende Klippe, hieb sie mit einem Hieb ab, ergriff sie

* *Auch in neuerer Zeit hatten wir in Berlin das Glück, einen jungen Schotten, und sogar den Sohn Walter Scotts, in seiner Nationaltracht zu bewundern. Er erschien auf einem Feste mit noch einem andern Landsmanne, der in gewöhnlich schwarzer Kleidung, höchst mager und blaß, dem Vampir Lord Ruthven, nicht unähnlich sah. Eine mordante Chanson, die am andern Morgen die Fete beschrieb, endigte mit folgenden Worten:*

... enfin parut
Lord Ruthven et jeune Scott,
L'un sans cul, et l'autre sans culottes.

bei den Fingern und warf sie, bei seinem Bruder vorbei, blutend ans Ufer, indem er ausrief: »Gott ist mein Zeuge, daß mein Fleisch und Blut zuerst das Land berührt hat.« Und so ward er König der Insel, die seine Nachkommen durch zehn Generationen unumschränkt beherrschten.

Die Geschichte der blutigen Hand schien mir nicht unpoetisch und ein treffendes Bild jener rohen, aber kräftigen Zeiten. Ich ermangelte nicht, ihm einen Pendant aus dem Nibelungenliede von meinem (wahrscheinlich ebenso fabelhaften) Ahnherrn zu erzählen, und wir trennten uns über den Geistern unserer Manen als die besten Freunde.

Es gibt jetzt täglich hier mehrere Privatbälle, und das in so kleinen Quartieren, daß ein ehrlicher deutscher Bürger nicht wagen würde, zwölf Personen dahin einzuladen, wo man hier einige hundert, wie Negersklaven, zusammendrängt. Es ist noch ärger wie in London, und der Raum für die Contredanse gewährt nur eben die mathematische Möglichkeit, tanzähnliche Demonstrationen anzudeuten. Ein Ball ohne dieses Gedränge würde indes ganz gering geschätzt werden und ein Gast, der die Treppe leer fände, wahrscheinlich wieder wegfahren. Mir fiel bei diesem seltsamen Geschmack lebhaft Potiers ci-devant jeune homme ein, wenn er bei seinem Schneider einen Pantalon bestellt, der extraordinairement collant sein soll, und als der Schneiderkünstler schon geht, ihn noch einmal mit den Worten zurückruft: »Entendez-vous, extraordinairement collant, si j'y entre je ne le prends pas.« Dasselbe könnte ein Dandy von einem hiesigen Rout sagen: »Si j'y entre je n'y vais pas.«

Ist man aber nun einmal herein, so muß man gestehen, daß man nirgends eine größere Menge hübscher Mädchen sieht und mal gré bon gré an sie gedrückt wird als hier. Sie werden jetzt meistens einige Jahre in Frankreich erzogen und zeichnen sich dann durch bessere Toilette und Tournure aus. Sehr viele davon sprechen deutsch. Man bekömmt soviel Einladungen zu dergleichen Soireen, als man will; aber man könnte auch als ganz Fremder und Uneingeladener ebensogut hingehen, denn wer nicht lange bleibt, bekömmt ohnedies die Wirte nicht zu sehen, und gewiß kennen diese nicht die Hälfte der Anwesenden. Um ein Uhr wird immer ein sehr recherchiertes kaltes Souper mit force Champagne serviert. Das Lokal dazu ist in der Regel die Bedientenstube unten, und der Tisch faßt natürlich kaum zwanzig Personen auf einmal, die sich dann truppweise nacheinander die schmale Treppe hinunter winden und stoßen. Sitzt man endlich, so kann man sich ausruhen, und manche benutzen dies mit sehr wenig Diskretion für die Nachkommenden, auch wird den Damen wenig Platz gemacht, desto sorgsamer ist aber die Dienerschaft beflissen, von einer den Gästen unzugänglichen Seite den Tisch immer wieder frisch zu besetzen, wenn Schüsseln und Flaschen leer werden.

Um alles gehörig zu betrachten, blieb ich in einem der bessern Häuser das erstemal bis vier Uhr morgens und fand das Ende der Fete, wo dreiviertel der Gäste weg waren, am angenehmsten, um so mehr, da die Töchter vom Hause wirklich ausnehmend hübsch und liebenswürdig waren. Dagegen gab es aber auch ganz famöse Originale auf diesem Balle, unter andern eine dicke Dame von wenigstens fünfundfünfzig Jahren, welche in einem schwarzsamtnen Pelz mit Weiß verbrämt und einen Turban mit schwankenden Straußfedern auf dem Haupte, gleich einer Bacchantin, wie rasend umherwalzte, sooft sie nur Platz dazu finden konnte. Ihre drei recht hübschen Töchter versuchten vergebens, es der Mama gleichzutun; ich erklärte mir aber diese herkulische Ausdauer, als ich erfuhr, die jetzt sehr reich gewordene Dame habe ihr Vermögen früher durch glücklichen Viehhandel erworben.

Die Musik bei allen diesen Bällen besteht bloß aus einem Piano und einem Blasinstrument. Die Musiker wissen beiden aber einen solchen Lärm abzulocken, daß man in der Nähe aller Konversation entsagen muß.

den 16.

Ich las gestern, »daß starke Leidenschaften durch die Entfernung wachsen«. Die meinige für Dich muß also eine starke sein, was zärtliche *Freundschaft* ohnedem immer am sichersten ist – denn ich habe Dich lieber als je. Übrigens ist die Sache sehr erklärlich. Liebt man jemanden wahrhaft, so hat man in der Abwesenheit nur immer seine guten und liebenswürdigen Eigenschaften vor Augen, das Unangenehme kleiner Fehler, die jeder Mensch hat und die doch zuweilen in der Gegenwart verletzen, fällt ganz aus dem Gedächtnis, und die Liebe vermehrt sich also ganz natürlich in der Entfernung. Und Du – wie denkst Du darüber? Um wieviel mehr Fehler hast Du bei mir mit dem Mantel der christlichen Liebe zu bedecken! Ich reise indes morgen expreß nach London, um unserm Gesandten diesen Brief für Dich selbst zu übergeben, da die letzten so lange unterwegs geblieben sind. Wahrscheinlich sind Neugierige darübergekommen, denn die Infamie des Brieföffnens werden wir wohl sobald nicht loswerden. In zwei Tagen bin ich wieder hier und so glücklich, drei bis vier Bälle in dieser Zeit zu versäumen. Vor der Abreise machte ich heut früh noch eine lange einsame Promenade und diesmal doch nicht ganz allein, sondern mit einer jener vielen artigen jungen Damen, die ich hier kennengelernt. In dieser Hinsicht gewährt man den Unverheirateten in England, wenn sie einmal in die Welt lanciert sind, ungemein viel Freiheit. Das junge Mädchen quaestionis war erst siebzehn Jahr alt, aber schon in Paris poliert.

Als ich zu Haus kam, fand ich zu meiner nicht geringen Überraschung einen Brief von dem unglückseligen R..., der abermals nach Harwich zurückverschlagen worden und in Verzweiflung um Geld und Hülfe fleht, denn wider meinen Willen hat er, was ich erst jetzt erfahre, den ihm vorgeschlagenen Weg über Calais doch nicht eingeschlagen. Diese Irrfahrten des Garten-Odysseus sind ebenso lächerlich als unangenehm, und Du wirst gewiß längst glauben, daß

DIE BRÜCKE IN LONDON

der Abenteurer malgré lui von den Fischen verspeist worden ist. Ich erinnere mich immer noch lebhaft, daß ich vor zwölf Jahren, auch um diese Zeit, mich nach Hamburg einschiffen wollte, mein alter französischer Kammerdiener riet mir aber glücklich davon ab, denn, wie er sich seltsam ausdrückte: »Dans ces temps-ci il y a toujours quelques équinoxes dangereuses, qui peuvent devenir funestes!« Und richtig, das Fahrzeug litt Schiffbruch, und mehrere verloren ihr Leben dabei.

London, den 17.

Honneur à Sir Temple! Dein von ihm besorgter Brief ist in zehn Tagen hergekommen, während die durch unsre Diplomatie gegangenen drei Wochen unterwegs blieben. Sage ihm meinen besten Dank. Herzlich habe ich über alle Nachrichten gelacht, die mir H... so launig meldet. Der kleine Kriminalrat, den die Spötter le rat criminel nennen, der Renvoyé extraordinaire und der Diplomate à la fourchette sind vortrefflich geschildert, ebenso wie der glückliche Haus-, Hof-, Staats- und Leibdiener bei Tag und bei Nacht. Wundre Dich nicht über des letzteren Sukzeß. Es ist gewiß, daß es eine Art Beschränktheit gibt, die fast immer in der Welt reüssiert, und eine Art Verstand, die nie reüssiert. Dieser letzte ist unter andern auch der meinige, ein phantastischer, Bilder machender, der sich seine Traumwelt alle Tage selbst neu gestaltet und daher in der wirklichen stets ein Fremder bleibt. Du meinst, wenn das Glück sich mir dargeboten, hätte ich es stets gering geachtet und höchstens spielend bei den Fingern genommen, statt es ernstlich festzuhalten. Nie hätte ich die Gegenwart eher geschätzt, bis sie in ferner Weite als Bild wieder dastehe – dann würde es oft ein Bild der Reue, die Zukunft ein Bild der Sehnsucht und die Gegenwart nie etwas anders als ein Nebelflecken! À merveille. Du führst das allerliebst aus, und niemand, ich muß es gestehen, versteht besser, eindringlich zu moralisieren, als Du. Wenn es mir nur etwas helfen könnte! Aber sage, wenn Du nun auch den Lahmen felsenfest überzeugtest, daß es weit besser für ihn sei, nicht lahm zu gehen – sowie er ein Bein vor das andere setzt, hinkt der Ärmste doch nach wie vor! Naturam expellas furca etc. Umsonst gebietest Du Deinem Magen, besser zu verdauen, Deinem Witze, schärfer zu sein, Deiner Vernunft, sich geltender zu machen. Es bleibt beim alten mit wenigen Modifikationen bis zum Tode.

Die Bescheide der Ministerien, die Du mir über die ... Sache mitteilst, bleiben auch beim alten, obgleich sie äußerst verbindlich sind. Ist es aber nicht sonderbar, daß bei uns die niedern Behörden sich ebensosehr durch Tracasserien und unhöflichen, ich möchte sagen, oft höhnischen Stil auszeichnen, als die höheren (mit einer einzigen Ausnahme) sich nur in raffiniert artigen Formen bewegen. Erhalten diese letztern dadurch nicht ganz das Ansehn der bittersten Ironie? Du kannst das unsrer G... schen Dilettantenakademie als Preisfrage fürs nächste Jahr aufstellen.

Apropos, wer ist der sehr kluge Minister, von dem H... spricht? Aha, ich errate – aber die Minister sind ja schon ex officio so klug, daß man schwer wissen kann, welchen sie meint, den überständigen dagegen erriet ich auf der Stelle, so wie den armen, dermalen horizontalen, dessen Krankheit mich herzlich betrübt, denn gesund steht er, meiner Meinung nach, gar sehr perpendikulär, hoch über Mißgunst und Neid, durch Würde des Charakters wie Geschäftserfahrung und Fähigkeit. Es gibt dagegen in der Tat einige Staatsbeamten bei uns, denen man jederzeit versucht wäre, mit Bürgers »Lenore« zuzurufen: Bist lebend, Liebster, oder tot?

Der Himmel erhalte uns beiden geistig und körperlich bessere Gesundheit und mir vor allem Deine zärtliche Freundschaft, das nötigste Element zu meinem Wohlsein.

Dein treuer L...

Dreizehnter Brief

13

Brighton, den 19. Februar 1827

Teure Julie!

To make the best of my time, wie die Engländer praktisch sagen, besuchte ich gestern, ehe ich die Stadt verließ, drei Theater nacheinander. Ein irländischer Bediente war im ersten Stück die Hauptperson. Als ihn sein Herr engagiert (der eben eine Entführung seiner Schönen beabsichtigt), frägt er ihn vorher, ob er auch entschlossen sei, alles zu tun, was er von ihm verlange. »O alles!« ruft der entzückte O'Higgy, »alles, was Ihr wollt, ich stehle Euch früh eine Kuh und mache Euch mittags schon Beefsteaks davon.« Später meint er: »Zwei Köpfe sind immer besser wie einer, wäre der zweite auch nur ein Kalbskopf, denn seid Ihr hungrig, könnt Ihr ihn verspeisen.«

Diese Irländer müssen, soweit ich sie bisher aus Komödien und Romanen kennengelernt, ein seltsames Völkchen sein, von einer ganz anders frischen Originalität als die Engländer. Als Bettler begegnet man ihnen manchmal auf den Londner Straßen und erkennt sie gleich an ihrem, ich möchte sagen, gascognischem Wesen und Dialekt. Sehr drollig und wahr sagt darüber ein moderner Autor: »Der englische Bettler schreit mit schleppendem Tone nur immer dieselben Worte: Gebt einem armen Mann einen halben Penny, einem armen Mann einen halben Penny! Was für ein Redner ist dagegen sein irländischer Kollege! O Euer Gnaden, gebt uns einen Penny, nur einen kleinen, lieben Penny, Euer Ehrens Herrlichkeit und Gottes Segen für Euer Kind und Kindeskind! Gebt uns den kleinen Penny, und möge Euch der Himmel dafür langes Leben schenken, einen sanften Tod und ein gnädiges Gericht! Wer kann solchen rührend komischen Bitten widerstehen!«

Im andern Theater erfreute uns die Pantomime mit einer Vogel- und sogar einer Teezeugquadrille, bei welcher letztern der Teekessel, Milchtopf und Tasse ein Pas de trois exekutierte, während Löffel, Messer und Gabeln als Figuranten um sie her tanzten. Die Vögel der ersten waren à s'y méprendre, und ich rate, etwas Ähnliches, etwa von Papageien, die auch noch dazu sprechen könnten, beim S...schen Hoftheater von Mephistopheles arrangieren zu lassen. Es würde der geistreichen Relation davon noch etwas mehr Abwechslung geben, und ein Teekessel nebst Zubehör fände sich wohl auch in der Gesellschaft.

Von den indischen Jongleurs, die ich auf der dritten Bühne ihre Künste machen sah, wurde diesmal etwas ganz Neues aufgeführt, nämlich das sonstige Kugelspiel mit kurzen brennenden Fackeln statt der Kugeln. Dies gibt ein höchst seltsames Feuerwerk, ein fortwährendes Entwickeln mathematischer brennender Figuren, bald Räder, Schlangen, Dreiecke, Sterne, Blumen etc. wie im Kaleidoskop, ohne daß der unerschütterlichen Sicherheit dieser Leute je etwas mißlänge.

Der viele phantastische Unsinn dieser Pantomimen wirkte wahrscheinlich noch in der Nacht auf mich fort, die ich zwischen London und Brighton verschlief, denn ich hatte auch in meinem Wagen die wunderlichsten Erscheinungen. Zuerst setzte mich der Traum auf meinen schönen Schimmel, dessen ich aber diesmal kaum Herr werden konnte. Er widerstrebte fortwährend meinem Willen, und als ich ihn endlich bezwang, schüttelte er vor Wut so gewaltig mit dem Kopfe, daß dieser mitsamt dem Halse abbrach und zwanzig Schritt davon hinflog, während ich mit dem Rumpf in einen tiefen Abgrund hinabstürzte. – Dann saß ich auf einer Bank in meinem Park und sah einem furchtbaren Orkane zu, der bald alle alten Bäume fern und nah entwurzelte und sie wie Reisigbündel übereinander türmte. – Zuletzt entzweite ich mich sogar mit Dir, geliebte Julie, und ging aus Verzweiflung unter die Soldaten. Ich vergaß Dich (was nur im Schlafe möglich ist) und fand mich bald in der neuen Sphäre jung und glänzend wieder, voll frischen Muts und nicht weniger Übermuts. Es war ein Schlachttag – der Kanonendonner rollte prachtvoll, eine herrliche Feldmusik accompagnierte ihn und begeisterte uns, während wir, mit der Prärogative des Traums, im Kartätschenfeuer ganz ruhig eine Trüffelpastete mit Champagner frühstückten. Da ricochetierte langsam eine matte Kanonenkugel uns entgegen, und ehe ich noch auf die Seite springen konnte, riß sie meinem auf der Erde sitzenden Nachbar den Kopf und mir die beiden Beine ab, daß ich stöhnend in Blut und Graus daniedersank … Als ich aber wieder zur Besinnung kam, da tobte wirklich der Sturm um mich her, und das Meer heulte mir in die Ohren; schon glaubte ich mich auf einer Seefahrt begriffen, der Wagen hielt aber nur vor dem Gasthofe an der Marineparade in Brighton. Morgen träume ich vielleicht die Fortsetzung. Geht's aber in den Phantasien des Lebens selbst nicht beinahe ebenso konfus her? Luftschlösser im guten und bösen, nichts als Luftschlösser – einige stehen nur Minuten, andre Jahre, andre Jahrzehende, aber am Ende fallen sie doch alle ein und *schienen* nur Wirklichkeit! Niemand hat mehr Anlage zum Architekten solcher Schlösser als ich. Bei der leisesten Anregung fabriziere ich ebensoschnell einen glänzenden Feenpalast als eine elende Hütte, Grab oder Kerker. Doch immer bist Du dabei, liebe Julie, entweder das Glück mit mir teilend, die Hütte schmückend, über dem Grabe weinend oder in Banden tröstend. In diesem Augenblick schwebe ich eben in der Mitte, ohne bestimmte Wohnung, bin dabei auch ebenso ätherischer und munterer Geistesstimmung, aber, ich muß es gestehen, mit schläfrigem Körper, denn es ist drei Uhr nach Mitternacht. Also küsse ich Dir die Hände zur guten Nacht. Übrigens bitte ich, doch im Traumbuch nachzusehen, was jene Gesichte bedeuten mögen. – Du kennst einmal meinen lieben Aberglauben, der mir viel zu wert ist, um mich durch schale Raesonnements davon abwendig machen zu lassen – z. B. wenn ein starker Geist über alles die Achseln zuckt, woran er nicht unmittelbar selbst mit der Nase stößt, oder ein salbungsreicher Priester sagt: »Es ist doch merkwürdig inkonsequent, wie mancher Mensch an die Religion (d. h. dann immer Kirche und ihre Satzung) nicht glauben will und doch in andern Dingen der unvernünftigsten Leichtgläubigkeit Raum gibt.« – »O lieber Herr Pastor«, frage ich dann, »worin bestehen denn diese unvernünftigen Dinge?« – »Nun, der Glaube an Sympathie, z. B. an Träume, an den Einfluß der Sterne.« – »Aber verehrtester Herr Pastor, darin finde ich ganz und gar keine Inkonsequenz! Jeder denkende Mensch muß eingestehen, daß es eine Menge geheimnisvoller Kräfte in der Natur, tellurische und kosmische Einflüsse und Beziehungen gibt, von denen wir selbst bereits schon manche entdeckt, die früher für Fabel passierten, andere aber bis jetzt vielleicht nur ahnen, noch nicht erkennen können. Es ist also keineswegs gegen die Vernunft, sich darüber seine Hypothesen zu machen und mehr oder weniger an diese zu glauben. So bestreite ich auch Ihnen weder Ihre Wunder noch Ihre Symbole, aber der Vernunft, dem Verstande und Herzen, allen zusammen gleich unfaßbar, bleiben gewisse andere Dinge, die viele von Ihnen lehren, z. B. ein Gott, der leidenschaftlicher und parteilicher ist als der gebrechlichste Mensch; von der ewigen Liebe verhangene, unendliche Martern für zeitliche Sünden, willkürliche Vergebung und Verdammung nach Prädestination usw. Diese Dinge werden nur dann möglich sein, wenn zwei mal zwei fünf geworden ist, und kein Aberglaube reicht an den Wahnsinn dieses Glaubens.«

Apropos, noch eins. Es fällt mir eben aufs Herz, daß ich ganz vergessen, Dir für den schönen Neujahrswunsch zu danken, jenen Schwan, der zwischen Rosenhecken dahinschwimmt und Dir so ähnlich erscheint, ebenso vortreffliche, frische, weiße Toilette gemacht hat, ebenso behaglich und zierlich aussieht. Weißt Du, wie ich den Neujahrswunsch übersetze? Er spricht so zu mir: Julie ist deine Fortuna und wird dich einst noch unter Rosen betten, nachdem wir beide uns jedoch vorher noch oft an den Dornen blutig geritzt haben werden. Singt sie endlich ihren Schwanengesang, so soll dieser auch ihren Freund mit zur Ruhe singen.

den 18.

Die italienische Oper hat nun auch begonnen, mit der französischen Komödie das einzige Schauspiel du bel air. Da alles nur in Toilette dort erscheinen darf, selbst im Parterre, so ist der Anblick glänzend, die Oper selbst aber war schlecht, Orchester wie Sänger, das Ballet ebenfalls. Die Beleuchtung in diesem Theater ist auch schon darauf eingerichtet, um mehr gesehen zu werden, als selbst zu sehen, denn vor jeder Loge hängt ein Kronleuchter herab, der sehr unangenehm blendet und die Schauspieler verdunkelt. Die Oper dauert bis nach ein Uhr, so daß man hinlänglich Zeit hat, sie zu besuchen, ohne sich andere Gesellschaften dadurch zu verschlagen, denn nun hat der Trouble schon begonnen, man kömmt selten vor drei oder vier Uhr zu Hause, und wer sich recht repandieren will, was jedoch die Exclusives nicht tun, einen Fremden aber amüsiert, der kann bequem ein Dutzend Einladungen für jeden Abend erlangen.

Vor zwei Uhr nachmittags wird dafür auch die große Welt nicht lebendig. Zwischen vier und sechs sind die Stunden des Parks, wo sich die Damen in ihren eleganten Equipagen und Morgenanzügen zu Tausenden langsam umherfahren lassen, die Herren aber auf ihren schönen Pferden dazwischen umhervoltigieren, von Blume zu Blume flatternd und so viele Grazie etalierend, als ihnen der liebe Gott verliehen hat. Zu Pferde nehmen sich aber fast alle Engländer gut aus und reiten dabei viel besser und naturgemäßer als alle unsere Stallmeister, die sich sehr viel darauf wissen, wenn sie auf einem Pferde, das künstlich dahin gebracht wurde, in jeder Gangart an Schnelligkeit zu verlieren, wie die Klammer auf einer Wäscheleine sitzen.

Auf der weiten Rasenfläche des Parks wimmelt es ebenfalls von Reitern, die sich dort in schnelleren Bewegungen, als auf dem Korso, durchkreuzen und mit vielen Damen gemischt sind, die ihre Pferde ebenso gewandt und sicher führen als die Männer.

Aber eben wird mir selbst Miss Sally vorgeführt und scharrt schon ungeduldig das Makadamsche Pflaster. Der Brief ist ohnehin lang genug, also tausend Grüße an alles, was sich meiner erinnern will, und das freundlichste Lebewohl für Dich.

Dein Freund L...

Vierzehnter Brief

14

London, den 25. März

Geliebteste Beste!

Es würde zu langweilig für Dich sein, liebe Julie, wenn ich Dir täglich eine Liste der Gesellschaften schickte, die ich besuche, nur wenn mir eben Bemerkenswertes auffällt, werde ich es erwähnen und vielleicht später, wenn ich Lust und Geschick dazu in mir fühle, noch mit einem etwas allgemeinern Aperçu schließen.

Im ganzen ist das Technische der Gesellschaft hier sehr zweckmäßig. Ich verstehe darunter die Einrichtungen zu ihrem Komfort und ihrer Bewirtung. Besonders zeichnet sich hierin das Haus des Herzogs v. D... aus, eines Königs der Mode und Eleganz.

Nur wenig Vornehme haben in London, was wir auf dem Kontinent einen Palast nennen, ihre Schlösser, ihr Luxus und ihre Größe entfalten sich nur auf dem Lande. Der Herzog von D... macht eine dieser Ausnahmen, und sein Palais in der Stadt bietet, mit vielem Geschmack und Reichtum zugleich, eine große Anzahl bedeutender Kunstschätze dar. Die Gesellschaft ist immer die gewählteste, aber wie überall auch hier zu zahlreich, obgleich sie bei der Menge der Zimmer nicht ganz so lästig und der Foule eines Markttages gleich wird. Namentlich sind die Konzerte in D... House sehr hübsche Feste, wo immer nur die ersten Talente, welche eben in der Hauptstadt anwesend sind, employiert werden und außerdem musterhafte Ordnung und Profusion in allem herrscht. Unter andern ist die auch in andern Häusern fast durchgängig stattfindende Einrichtung der Büffets und Soupers (vorzüglich bei so zahlreichem Zufluß von Menschen) sehr zu empfehlen. In einer besondern Stube befindet sich nämlich eine lange Tafel mit den ausgesuchtesten Erfrischungen aller Art reichlich besetzt, die so gestellt ist, daß sie den Gästen nur von *einer* Seite akzessibel bleibt. Hinter derselben stehen uniformierte Mädchen (aber doch in weiblichen Uniformen, weißem Kleide und schwarzer Schürze), die jedem reichen, was er verlangt, und dabei noch hinlänglichen Raum haben, um ihr Geschäft bequem zu besorgen, während hinter ihnen, durch eine Tür, die mit den Offices in Verbindung steht, alles Nötige, ungestört durch das Gewirre der Gesellschaft, hereingebracht werden kann. Dadurch vermeidet man die so unangenehmen Prozessionen zahlreicher Bedienten, die, große Präsentierbretter in der Luft balancierend, sich mit diesen in den Salons umherdrängen und immer in Gefahr schweben, den kalten und warmen Inhalt ihrer Last auf drei oder vier Gäste auszuschütten.

Das Souper wird später in einem andern Zimmer, welches mit der Küche kommuniziert, auf dieselbe Art durch das männliche Personal serviert und solchergestalt die beste und prompteste Bedienung mit verhältnismäßig weit weniger Leuten und ohne alle Konfusion bewerkstelligt.

Beiläufig muß ich hierbei rühmen, daß hinsichtlich der bonne chère in den großen Privathäusern Londons wirklich das Vorzüglichste in der Welt gefunden wird, da die besten französischen Köche und die besten italienischen officiers sich hier zusammenfinden, aus dem sehr einfachen Grunde, weil sie hier am besten bezahlt werden. Es gibt Köche, die ein Gehalt von 1200 Pfund Sterling jährlich beziehen. Dem Verdienste seine Kronen!

Zuweilen geht nach Konzert und Souper um zwei Uhr erst der Ball noch an, und man fährt bei Sonnenschein zu Hause, eine Lebensart, die mir sehr wohl behagt, denn Du weißt, ich hatte von jeher mit Minervas Vogel gleichen Geschmack. Ich benutze sogar manchmal einen solchen Nachtmorgen, gleich vom Ball zu einer Spazierfahrt im Park überzugehen, denn gottlob! es wird schon sichtlich Frühling, und über die hohen Gartenmauern blinken bereits grüne Fliederblätter und einzelne Mandelblüten durch das dunkle Gewebe der schwellenden Zweige.

den 26.

Diesen Vormittag bestimmte ich zu einer Exkursion nach Deptford, um Captain Parrys Schiff Hekla zu besehen, das in wenigen Tagen nach dem Nordpol absegeln soll. Ob es ihn aber erreichen wird, ist eine andere Frage. Wenn es Parry nur nicht wie dem armen Grafen Zambeccari geht, der von seiner letzten Luftfahrt noch bis zu dieser Stunde nicht zurückgekehrt ist.

Captain Parry machte die Honneurs seines eigentümlichen Fahrzeugs mit sehr viel Artigkeit, und sein Benehmen entspricht ganz dem eines freimütigen, besonnenen und kühnen Seemanns, als welcher er bekannt ist. Ein paar seltsam geformte Boote lagen auf dem Verdeck des Schiffes, die zugleich als Eisschlitten dienen sollen. Das Schiff selbst hat doppelte Wände, die mit Kork ausgefüllt sind, um die Wärme besser zusammenzuhalten, und außerdem wird es mit conduits de chaleur geheizt. Alle Provisionen bestehen aus den stärksten Extrakten, so daß ein ganzer Ochse in seiner Quintessenz in die Rocktasche gesteckt werden kann, gleich den Stereotypes der chefs d'œuvres der ganzen englischen Literatur in *einem* Bande. Alle Offiziere schienen Männer von großer Auswahl, besonders fand ich an dem Lieutenant Ross, der Parry auf allen seinen Fahrten begleitet hat, einen sehr feinen und liebenswürdigen Mann. Das Schiff wimmelte von Besuchern, die fortwährend die Strickleitern hinanklimmten, und man konnte nicht ohne das lebhafteste Interesse diese Schiffmannschaft betrachten, die so heiter den größten Gefahren und Mühseligkeiten entgegenging, nur der Wissenschaft zuliebe und um eine erhabene Neugierde zu befriedigen.

Zum Mittagessen war ich bei einem Major der Horse Guards eingeladen, welches in ihren Baracken stattfand. Es herrscht eine viele Vorteile gewährende Sitte bei dem englischen Militär, ich meine die sogenannte mess. Sie besteht darin, daß jedes Regiment seinen gemeinschaftlichen Tisch hat, zu dem jeder Offizier verpflichtet ist, ein gewisses beizutragen, er mag nun davon profitieren oder nicht. Er hat aber das Recht dafür, täglich daselbst zu essen und nach dem bestimmten Satz auch einen Gast mitzubringen. Ein Komitee besorgt die Ökonomie und schafft das Nötige an. Am Tische selbst präsidiert ein Offizier nach dem andern, vom Obristen bis zum jüngsten Lieutenant herab, und bleibt, solange er in Funktion ist, mit der nötigen Autorität dazu bekleidet. Der Ton der Offiziere ist vortrefflich und weit mehr gentlemanlike als in der Regel auf dem Kontinent, wenigstens was ich davon hier bei den Garden gesehen habe. Obgleich im Dienst die strengste Subordination herrscht, so sind sich doch außer dem Dienst die Herren so vollkommen gleich, daß es dem Fremden durchaus unmöglich wäre, aus ihrem Benehmen die obern und untern Offiziere herauszufinden. Der Tisch selbst ist vortrefflich serviert. Es fehlte weder an einer eleganten silbernen Vaisselle noch Champagner, Claret und allen Erfordernissen des Luxus. Auch wurde kein Gelag daraus, und die Unterhaltung blieb, bei aller Heiterkeit, in den Schranken des Anstandes. Das Ganze dauerte auch nicht zu lange, so daß ich noch Zeit übrig behielt, um einige Visiten in der Oper zu machen, wozu diese so bequem ist.

den 28.

In den meisten Abendgesellschaften findet man ziemlich hohes Spiel sehr an der Tagesordnung, und die Damen sind dabei die leidenschaftlichsten. Das Gedränge um den Ekartétisch, der in Paris schon halb aus der Mode gekommen ist, nimmt hier nie ab, und auf den mit schwarzem Samt und goldner Stickerei bezognen Tischen präsentieren sich die weißen Arme der englischen Schönen sehr gut. Vor ihren Händen muß man sich aber manchmal in acht nehmen, car les vieilles surtout trichent impitoyablement. Es gibt einige alte Jungfern hier, die man in den allerersten Zirkeln antrifft, und die förmlich Metier vom Spiel machen, so daß sie ihre fünfzig Pfund auf einem Coup halten, ohne eine Miene dabei zu verziehen. Sie geben auch bei sich ganz eigentliche Spielgesellschaften, die einem Tripot so ähnlich wie möglich sehen.

Nirgends begegnet der Liebhaber des »Mittelalters« mehr konservierten Frauen »fat, fair and forty« als in der englischen Gesellschaft. Auch noch reifere Jahre machen sich geltend. Die Marquise S..., welche beinahe achtzig Jahre alt ist, kann man beinahe immer noch als die repandierteste Dame in London ansehen. Man ist sicher, ihr jeden Abend zu begegnen, und früh reitet sie dessenungeachtet noch Tag für Tag in der manège. Ja, auf dem Lande nimmt sie sogar noch zuweilen an den Fuchsjagden teil, wo sie sich auf dem Pferde anbinden läßt und, da sie fast blind ist, einen Operngucker an der Reitpeitsche befestigt hat. Ein Piqueur reitet ihr vor und sie ihm getrost nach, über Zäune und Gräben. Neulich fiel sie eine hohe Treppe hinunter, erschien aber nichtsdestoweniger am dritten Tage darauf schon wieder auf dem Balle, wo man außer einigen großen Schönpflästerchen auf der hochroten Schminke nichts Außergewöhnliches an ihr bemerkte. Früh nimmt sie gern Visiten an, wo man sie, von einigen Papageien und vier Hunden umgeben, mit einem kleinen Kantschu in der Hand, um die Tiere in Ordnung zu halten, auf ihrem Sofa sitzen und, so munter wie die Jüngste, an der Unterhaltung teilnehmen sieht. Ihre eignen Assembléen sind immer sehr besucht, obgleich die Gesellschaft daselbst etwas bunt meliert ist.

Die Marquise H..., nicht viel jünger, muß sogar noch eine schöne Frau genannt werden, mit dem port einer Monarchin, bei jeder passenden Gelegenheit mit Diamanten bedeckt und die Honneurs ihres Hauses besser machend als die meisten der exklusiven jüngern Schönheiten.

In dieselbe Kategorie gehört auch die alte Lady L..., die noch immer den sentimentalen Namen Lady Emilie L... führt und auf dem Kontinent, besonders vom Kongreß zu Aachen her, sehr bekannt ist, wo sie mit dem diamantnen Hosenbande ihres Mannes auf der Stirne erschien, während er einen mit Rubinen besetzten Haarbeutel trug.

Auch noch burleskere dieser Klasse gibt es. Den ersten Rang darunter behauptet eine gewisse Gräfin, früher der Kaufmannswelt entsprossen, und eine große pazza per la musica, die sich jedesmal regelmäßig in die zuletzt angekommene große Sängerin verliebt und ihr dann, gleich einer Busenfreundin, alle Vergnügungen der Hauptstadt verschafft. In einem sehr guten englischen Roman ward sie neulich unter dem deutschen Namen Geigenklang aufgeführt und äußerst treu geschildert. Sie ist sehr reich, gibt gute Konzerte und hat, durch unerschütterliche Beharrlichkeit und Gefälligkeiten mancher Art, sich leidlich fashionable gemacht, es ist aber nicht möglich, in die große Welt eine weniger dahin passende Tournure zu bringen, qui sent la bourgeoisie à trente pas, wie ein Ultra sagen würde.

Warum ihr übrigens der englische Satiriker den Namen Geigenklang gegeben, begreife ich nicht recht, da sie von allen Instrumenten, die sie so sehr anbetet, vermöge der Beschaffenheit ihres Teints, ihrer Taille und ihres Organs unbezweifelt nur mit der Trommel einige Ähnlichkeit hat.

Ich schloß meinen Tag mit Lektüre und Whist im Club, wo sich meine Partie sonderbar genug gestaltete: der portugiesische Gesandte, der Napoleon auffallend gleicht, ein neapolitanischer Exminister, den das verfehlte Revolutionieren hierhergebracht, der französische Herr, den ich Dir in Brighton schilderte, und meine deutsche Wenigkeit, welche jedoch diesmal den Sieg davontrug, denn ich gewann acht Rubber und zwei Affen (monkeys).

Was ist ein monkey? rufst Du.

Den verschiedenen Spielmarken hat die Mode solche eigentümliche Namen gegeben: eine Fünfundzwanzig-Pfund-Sterling-Marke heißt ein pony (kleines Pferd) und eine von fünfzig Pfund ein monkey (Affe).

den 8.

Was zu der dullness der englischen Gesellschaften viel beiträgt, ist die hochmütige Weise, nach welcher Engländer (wohl zu merken in ihrem eignen Lande, denn abroad sind sie zuvorkommend genug) nie einen Unbekannten anreden und, wenn man sie auf diese Weise anspricht, es fast wie eine Beleidigung markieren. Sie machen sich zuweilen selbst darüber lustig, ohne doch jemals anders zu handeln, wenn sich die Gelegenheit dazu darbietet. Man erzählt: Eine Dame habe einen Menschen ins Wasser fallen sehen und den sie begleitenden Dandy, einen bekannten guten Schwimmer, inständig gebeten, dem Unglücklichen doch zu Hülfe zu kommen. Ihr Freund ergriff, mit dem Phlegma, welches ein Hauptérfordernis der heutigen Mode ist, seine Lorgnette, schaute ernsthaft auf den Ertrinkenden, dessen Haupt gerade zum letztenmal auftauchte, und erwiderte dann, sich ruhig zu seiner Gefährtin wendend: »It's impossible Mad'm, I was never introduced to this gentleman.«

Einen Mann von ganz verschiedenen Sitten lernte ich heut abend kennen, den persischen Chargé d'affaires, ein Asiate von sehr gefälligen Manieren und dessen prächtige Kleidung und schwarzer Bart nur durch die persische spitze Mütze aus Schaffellen in meinen Augen entstellt wurde.

Er spricht schon ganz gut englisch und machte recht feine Bemerkungen über Europa. Unter andern sagte er, daß wir zwar in sehr vielen Dingen weiter wären als sie, dagegen stünden bei ihnen alle Ansichten fester und jeder begnüge sich daher mit seinem Schicksal, während er hier eine beständige Gärung, eine ewige Unzufriedenheit der Massen wie der einzelnen bemerke, ja, er müsse gestehen, er selbst fühle sich schon davon angesteckt und werde rechte Mühe haben, in Persien wieder ins alte glückliche Gleis hineinzukommen, wo einer, dem es nicht gut gehe, sich schon damit tröste, daß er ausrufe: Wessen Hund bin ich denn, um glücklich sein zu wollen!

Das gibt in der Tat den Verfolgern des Ideals, zu welcher geheimen Gesellschaft ich leider auch gehöre, viel zu bedenken!

Ein Ball bei Mrs. Hope war außerordentlich prächtig, mais c'est toujours la même chose. In der Gesellschaft, welche ich vorher besuchte, ward ich dem Herzog von Gloucester vorgestellt, was ich bloß derwegen erwähne, um zu bemerken, daß die hiesigen königlichen Prinzen eine artigere Etikette beobachten als an vielen Höfen auf dem Kontinent; denn der Prinz, welcher Whist spielte, stand von der Partie auf und setzte sich erst nach der kurzen Unterhaltung mit mir wieder nieder.

Doch erlaube mir, noch einen Augenblick zum Anfang des Tages zurückzukehren.

Die Gärten der Umgegend stehen nun schon in voller Blüte, das Wetter ist schön, und mein heutiger Morgenritt führte mich daher wohl bis zwanzig Meilen weit von der Stadt. Die Mannigfaltigkeit und der Reichtum dieser Promenaden sind, selbst in den Vorstädten schon, den Umgebungen andrer Hauptstädte sehr überlegen, welche wohl hie und da schöne Natur, aber nie diese reizende Mischung von Natur und höchster Kultur, wenigstens nicht in dem Maße, darbieten.

Ich wäre gerne immer weiter und weiter geritten und drehte nur endlich notgedrungen mit schwerem Herzen wieder um. Die Wiesen um mich her waren so üppig, daß sie nur in der Ferne grün erschienen, in der Nähe aber blau, gelb, rot und lila schillerten wie ein Teppich aus Tournai. Bis an den Bauch wateten die Kühe in den bunten Blumen und ruhten im Schatten kolossaler Laubgewölbe, die keinem Sonnenstrahl den Durchgang verstatteten. Es war herrlich und unsers lieben Gottes Hausmannskost hier reicher ausgeschmückt, als es aller Luxus der Kunst nicht zu erreichen vermag. Nach einer Stunde gelangte ich auf einen Hügel, wo eine ansehnliche Kirchenruine in der Mitte eines kleinen Gärtchens stand. Die Sonne warf hinter einer deckenden Wolke Strahlen über den ganzen Himmel, gleich einem ungeheuren Fächer, dessen Knopf gerade auf der Weltstadt ruhte, dem unermeßlichen Babel, das sich mit seinen tausend Türmen und hunderttausend Sünden, seinen Nebeln und Rauch, seinen Schätzen und Elend unabsehbar vor mir ausbreitete. Es half nichts! ich mußte hinein, aus dem Frühling der keimenden Knospen, aus den grünen Auen, wieder hinein in den makadamisierten Sumpf, in das ewige tote Einerlei zu Diner und Rout!

Nimm Abschied von mir – der nächste Brief erst schildert weiter, was aus Daniel in der Löwengrube geworden.

Dein treuer Freund L...

Fünfzehnter Brief

15

London, den 15. April 1827

Liebste Freundin!

Endlich ist der lang ersehnte Brief erschienen, und sogar zwei auf einmal. Warum sie so lange unterwegs geblieben? Quién sabe! wie die Südamerikaner sagen. Wahrscheinlich ist der offizielle Leser faul gewesen und hat sie zu lange liegenlassen, ehe er sie künstlich wieder zugesiegelt hat.

Aber wie zart und lieblich, teure Julie, ist Dein Gedicht – ein ganz neues Talent, das ich an Dir entdecke. Ja, gebe Gott doch, »daß alle deine Tränen zu Blumen werden, uns zu schmücken und uns durch ihren Duft zu erfreuen«, und daß diese schöne liebevolle Prophezeiung bald in Erfüllung gehe! Doch sind selbst die schönsten Blumen *so* zu teuer für mich erkauft. *Deine* Tränen wenigstens sollen nicht darum fließen!

Was Du von H... sagst: »qu'il se sent misérable, parce qu'il n'est fier que par orgeuil, et liberal que par bassesse«, ist schlagend, und es wird leider auf gar zu viele Liberale passen!

Ich schrieb Dir in der bewußten Angelegenheit, Du möchtest dabei nur an Dich selbst denken, und Du erwiderst: *Ich* wäre ja Dein Selbst. Du Gute! ja, *ein* Selbst werden wir bleiben, wo wir auch sind, und hätten die Menschen Schutzgeister, die *unsern* müßten gemeinschaftlich wirken – aber es gibt hier wohl keinen andern Schutzgeist als die moralische Kraft, welche in uns selbst liegt!

Und in M... sieht es so traurig aus? Es stürmt, schreibst Du, und die Gewässer drohen Verderben! Doch seitdem sind vierzehn Tage verflossen, und ehe dieser Brief bei Dir ankömmt, schon vier Wochen – ich darf also hoffen, Du liesest ihn im Grünen, wo alles um Dich blüht und der Zephir fächelt, statt dem Heulen des häßlichen Sturmes. Ich sagte meinem alten B...dt: in M... wären abscheuliche Stürme. »Jaja«, erwiderte er, »das sind die von Brighton.« Wenn Du das gewußt hättest, liebe Julie, so wären sie Dir gewiß angenehmer vorgekommen; sie brachten Dir ja die jüngsten Nachrichten von Deinem Freunde. Wer doch mit ihnen segeln könnte!

Unserm verehrten Premier bitte ich, meinen innigsten Dank zu Füßen zu legen. Wären doch alle unsers Standes ihm gleich, wieviel populärer würde dieser sein, wären doch alle Minister überall so edel und gerecht, wieviel weniger Unzufriedenheit würde in allen Ländern herrschen, und wäre er selbst doch noch freier und unabhängiger von so manchen Gewichten, die schwer daniederziehen, wo Aufschwung nötig ist.

Hier ist alles beim alten, und eine prächtige Fete bei Lord H... beschloß an diesem Abend die Lustbarkeiten vor Ostern. Die meisten Weltleute machen jetzt von neuem einen kurzen Aufenthalt auf dem Lande und beginnen dann erst in vierzehn Tagen die eigentliche Season. Auch ich werde wieder auf einige Tage nach Brighton gehen, will aber vorher noch das große Lord-Mayor-Diner abwarten.

Brighton, den 20.

Heute habe ich die Erfahrung gemacht, wie gefährlich die hiesigen Nebel werden können, was ich früher kaum glauben wollte, da sie in London gewöhnlich nur zu komischen Szenen Anlaß zu geben pflegen.

Ein Bekannter hatte mir eins seiner Jagdpferde geborgt, da die meinigen in London geblieben sind, und ich nahm mir vor, meine Direktion diesmal nach einer mir noch unbekannten Seite der Dünen zu nehmen, die man die Teufelsschlucht nennt, war auch schon mehrere Meilen durch Berg und Tal über den glatten Rasen fortgeritten, als plötzlich die Luft sich zu verfinstern anfing und in wenigen Minuten ich nicht mehr zehn Schritt weit vor mir sehen konnte. Dabei blieb es auch und war fortan an keine Aufhellung des Wetters mehr zu denken. So verging wohl eine Stunde, während ich bald dort-, bald dahin ritt, um einen gebahnten Weg aufzufinden. Meine leichte Kleidung war schon durchnäßt, die Luft eiskalt geworden, und hätte mich die Nacht übereilt, so war die Perspektive eine der unangenehmsten. In dieser Not, und ganz unbekannt mit der Gegend, fiel es mir glücklicherweise ein, meinem alten Pferde, das so oft hier den Fuchsjagden beigewohnt, völlig freien Willen zu lassen. Nach wenig Schritten, und sobald es sich frei fühlte, drehte es auch sogleich in einer kurzen Volte um und setzte sich in einen ziemlich animierten Galopp, den Berg, wo ich mich eben befand, grade hinunterlaufend. Ich nahm mich wohl in acht, es nicht mehr zu stören, ohngeachtet der halben Dunkelheit um mich her, selbst als es durch ein Feld hohen stachligten Ginsters, in fortwährenden Sätzen wie ein Hase, brach. Einige unbedeutende Gräben und niedrige Hecken hielten es natürlich noch weniger auf, und nach einer starken halben Stunde angestrengten Laufens brachte mich das Tier glücklich an die Tore Brightons, aber von einer ganz andern Seite, als von welcher ich ausgeritten war. Ich fühlte mich sehr froh, so wohlfeilen Kaufs davongekommen zu sein, und nahm mir ernstlich vor, in diesem Nebellande künftig vorsichtiger zu sein.

Meine Abende bringe ich jetzt gewöhnlich bei Lady K... oder Mrs. F... zu und spiele Ekarté und Whist mit den Herren oder Loo mit den jungen Damen. Diese kleinen Kreise sind weit angenehmer als die großen Gesellschaften der Metropolis. Denn dort versteht man alles, *nur eben die Geselligkeit nicht.* So werden Künstler dort auch bloß als Modesache vorgeführt und bezahlt; mit ihnen zu leben, Genuß aus ihrer Unterhaltung zu ziehen, das kennt man nicht. Alle wahre Bildung ist meistens nur politischer Natur, und der politische Partei- wie der modische Kastengeist gehen auch auf die Gesellschaft mit über. Es entsteht daraus ebensowohl ein allgemeines Decousu als eine strenge Abscheidung der einzelnen Elemente, welches, verbunden mit dem an sich schon höchst unsozialen Wesen der Engländer, den Aufenthalt für den Fremden auf die Dauer unangenehm machen muß, wenn er sich nicht die intimsten Familienkreise öffnen oder selbst ein lebhaftes politisches Interesse annehmen kann.

Am glücklichsten und achtungswürdigsten ist in dieser Hinsicht ohne Zweifel die *wohlhabende mittlere Klasse* in England, deren aktive Politik sich nur auf das Gedeihen ihrer Provinz beschränkt und unter der überhaupt ziemlich gleiche Ansichten und Grundsätze herrschen. Diese unmodische Klasse allein ist auch wahrhaft gastfrei und kennt keinen Dünkel. Sie recherchiert den Fremden nicht, aber kömmt er in ihren Weg, so behandelt sie ihn freundlich und mit Teilnahme. Ihr eignes Vaterland liebt sie leidenschaftlich, aber ohne zu persönliches Interesse, ohne Hoffnung auf Sinekuren und ohne Intrige. Diese Art Leute sind zwar auch manchmal lächerlich, aber immer achtungswert und ihr Nationalegoismus in billigere Schranken gebannt.

Wie ehemals in Frankreich kann man daher mit vollkommenem Rechte auch in England sagen: que les deux bouts du fruit sont gâtés, die Aristokratie und der Pöbel. Die erste hat allerdings eine bewunderungswürdig herrliche Stellung – aber ohne große Mäßigung, ohne *große, der Vernunft und der Zeit gebrachte Konzessionen* wird sie diese Stellung vielleicht kein halbes Jahrhundert mehr innehaben. Ich sagte dies einmal dem Fürsten E..., und er lachte mich aus, mais nous verrons!

Schließlich exzerpiere ich Dir noch einige Stellen aus den hiesigen Journalen, um Dir einen Begriff von der Freiheit der Presse zu geben.

1. »Jedes Schiff in England sollte seine Freudenfahnen aufstecken, denn Lord Melville war ein Inkubus, auf den Dienst drückend. Verdienstvolle Offiziere mögen nun eine Chance finden, unter Lord Melville hatten sie keine.«

2. »Wir hören aus guter Quelle, daß der große Capitaine (Lord Wellington) sich außerordentliche Mühe gibt, wieder in das Cabinet zu dringen, jedoch vergebens. Dieses verzogene *Kind des Glücks* hätte sich nicht einbilden sollen, daß sein Austritt einen Augenblick das Gouvernement in Verlegenheit setzen könnte. Wir glauben übrigens, daß er nicht

der einzige Exminister ist, der bereits seine Torheit und Arroganz bitter bereut.«

3. »Das Ministerseptemvirat (sieben sind, wie gesagt, ausgeschieden), welches erhöhte Stationen erzwingen wollte, ist Herrn Humes neuem Penaltygesetz viel Dank schuldig; denn nach dem alten Gesetz wurden Bediente, die höheres Gehalt von ihren Herrschaften extorquieren wollten, mit Recht in die Tretmühle geschickt.«

4. »Man versichert, ein großer Septemviratist (Lord Wellington) habe sich erboten, in den Dienst zurückzukehren, jedoch nur unter der Bedingung, daß man ihn zum dirigierenden Minister, zum Großconnétable und zum Erzbischof von Canterbury mache.«

Unsre Minister würden sich nicht wenig wundern, wenn eine der löschpapiernen Zeitungen so mit ihnen umspränge.

Morgen begebe ich mich nach *der Stadt* zurück, denn wie einst die Römer Rom, nennen auch die Engländer London nur »die Stadt«.

den 1. Mai

Bei Est... fand ich gestern morgen den Fürsten S..., der erst vor wenigen Monaten, von der Krönung in Moskau kommend, hier durch nach Brasilien gegangen war und jetzt bereits von dort zurückkam. Wie schnell man doch in unsern Zeiten die größten Reisen mit Leichtigkeit zurücklegt! Von allem, was er gesehen, gab er, für Naturschönheiten, der Insel Madeira den Vorzug. Er hatte von da kaum acht Tage bis London gebraucht, was mir große Lust macht, die Exkursion auch zu versuchen, sobald die Season vorüber ist.

Von vier Uhr nachmittags bis zehn Uhr abends saß ich im Hause der Gemeinen, gedrängt, in fürchterlicher Hitze, höchst unbequem und dennoch mit so angespannter Aufmerksamkeit, so hingerissen, daß die sechs Stunden mir wie ein Augenblick vergingen.

Es ist in der Tat etwas Großes um eine *solche* Landesrepräsentation! Diese Einfachheit in der Erscheinung, diese Würde und Erfahrung, diese ungeheure Macht nach außen und dieses prunklose Familienverhältnis im Innern. –

Die heutige Debatte war überdies vom höchsten Interesse. Das vorige Ministerium hat, wie Du weißt, größtenteils resigniert, unter ihnen die wichtigsten Männer Englands, ja selbst der (nach Napoleons und Blüchers Tode) berühmteste Feldherr Europas. Canning, der Vorfechter der liberalen Partei, hat dieses Ministerium besiegt und ist trotz aller ihrer Anstrengungen der Chef des neuen geworden, dessen Zusammensetzung ihm, wie es in England in solchem Falle üblich ist, allein überlassen wurde. Aber die ganze Gewalt der entrüsteten Ultra-Aristokratie und ihres Anhangs drückt noch immer schwer auf ihn, ja selbst einer seiner bedeutendsten Freunde, ein Commoner dazu wie er, ist gleichfalls einer der ausscheidenden Minister und schließt sich der ihm feindlichen Partei an. Dieser (Mr. Peel) eröffnete heute den Kampf in einer langen und geschickten, sich jedoch zu oft wiederholenden Rede. Es würde mich viel zu weit führen und ganz über die Grenzen einer Korrespondenz wie die unsrige hinausgehen, wenn ich mich in das Detail der grade jetzt vorliegenden politischen Fragen einlassen wollte, meine Absicht ist nur, Dir die Taktik anzudeuten, mit der auf der einen Seite gleich vom Anfang an der Gewandteste der neuen Opposition angriff und dann erst noch mehrere gemeinere Streiter derselben losgelassen wurden, die regellos bald da, bald dort anpackten; dagegen die alte Opposition der Whigs, die jetzt das liberale Ministerium aus allen Kräften unterstützt, umgekehrt und zweckmäßiger mit dem kleinen Gewehrfeuer anfing und nachher erst, als schweres Geschütz, einen ihrer Hauptkämpfer, Brougham, sich erheben ließ, welcher in einer herrlichen Rede, die wie ein klarer Strom dahinströmte, seine Gegner zu entwaffnen suchte, sie bald mit Sarkasmen peinigte, bald, einen höheren Schwung nehmend, alle Zuhörer tief ergriff und überzeugte. Zum Beispiel wenn er sagte: »Nicht um Plätze zu erlangen, nicht um Reichtümer zu erwerben, ja nicht einmal, um den Katholiken unsres Landes ihr natürliches und menschliches Recht wiedergegeben zu sehen, eine Wohltat, um die ich seit fünfundzwanzig Jahren Gott und die Nation vergebens anrufe, nicht für alles dieses habe ich mich dem neuen Ministerium angeschlossen, nein, sondern nur, weil, wohin ich mein Auge wende, nach Europas zivilisierten Staaten oder nach Amerikas ungeheurem Kontinent, nach dem Orient oder Okzident, ich überall die Morgenröte der *Freiheit* tagen sehe – ja, ihr allein habe ich mich angeschlossen, indem ich dem Manne folge, der ihr Vorfechter zu sein ebenso würdig als willig ist!«

Hier schloß der Redner, nachdem er noch die feierliche Erklärung abgegeben, daß er um so unparteiischer hierin sei, und sein könne, da *er* nie, und unter keiner Bedingung, je in ein Ministerium dieses Reichs treten werde.* –

Schon früher hatte ich Brougham gehört und bewundert. Niemand hat wohl je mit größerer Leichtigkeit gesprochen, stundenlang in einem nie unterbrochenen klaren Fluß der Rede, mit schönem und deutlichem Organ, die Aufmerksamkeit fesselnd, ohne irgendwo anzustoßen, nachzusinnen, zu wiederholen oder, sich versprechend, ein Wort für das andere zu gebrauchen, welche störenden Fehler z. B. die Reden Peels oft verunstalten. Brougham spricht, wie ein geübter Leser Gedrucktes vorliest – demohngeachtet sieht man darin nur außerordentliches Talent, beißenden, vernichtenden Witz und seltne Gegenwart des Geistes, doch die jedes Herz erwärmende Kraft des *Genies*, wie Canning sie ausströmt, besitzt er, meines Erachtens, nur in weit geringerem Grade.

Jetzt erst trat Canning, *der* Held des Tages, selbst auf.

* *Man sieht jetzt, daß dies nur eine Redensart war.*

Wenn der vorige einem geschickten und eleganten geistigen Boxer zu vergleichen war, so gab Canning das Bild eines vollendeten antiken Gladiators. Alles war edel, fein, einfach und dann plötzlich ein Glanzpunkt, wie ein Blitz hervorbrechend, groß und hinreißend. Eine Art Ermattung und Schwäche, die, als sei es die Folge der so kürzlich erlebten Kränkungen sowie der überhäuften Arbeit, seiner Energie etwas zu entnehmen schien, gewann ihm vielleicht in anderer Rücksicht noch mehr von seiten des Gefühls.

Seine Rede war in jeder Hinsicht das Gediegenste, auch den Unbefangensten Ergreifende, der Kulminationspunkt des heutigen Tages! Nie werde ich den Eindruck vergessen, den sie, und jene schon berühmt gewordene, die er vor mehreren Wochen über die portugiesischen Angelegenheiten hielt, auf mich machten. Ich fühlte beidemal tief, daß die höchste Gewalt, die der Mensch auf seine Mitmenschen ausüben, der blendendste Glanz, mit dem er sich umgeben kann und vor dem selbst der des glücklichen Kriegers wie Phosphorschein vor der Sonne erbleicht – nur in dem göttlichen Geschenk der Rede liege! Dem großen Meister in dieser nur ist es gegeben, Herz und Gemüt einer ganzen Nation in jene Art von magnetischem Somnambulismus zu versetzen, wo ihr nur blindes Hingeben übrigbleibt und der Zauberstab des Magnetiseurs über Wut und Milde, über Kampf und Ruhe, über Tränen und Lachen mit gleicher Macht gebietet.

Am folgenden Tage wurde das Haus der Lords eröffnet, unter gleich merkwürdigen Umständen als gestern das Haus der Gemeinen, jedoch zeigten sich darin keine so großen Talente als Brougham und vor allen Canning.

Lord Ellenborough (der, beiläufig gesagt, die schönste Frau in England besitzt*) erhob sich zuerst und sagte in der Hauptsache: Man klage die ausscheidenden Minister an, infolge einer gemeinschaftlichen Vereinigung resigniert und sich dadurch des hohen Unrechts schuldig gemacht zu haben, dem Könige seine konstitutionelle Prärogative: ganz nach freier Willkür seine Minister zu erneuern, schmälern zu wollen. Zuvörderst müsse er daher verlangen, daß sie, *um ihre Ehre zu retten*, sich hierüber genügend rechtfertigten. Hier sah ich den großen Wellington in einer fatalen Klemme. Er ist kein Redner und mußte nun bon gré mal gré sich wie ein Angeklagter vor seinen Richtern verteidigen. Er war sehr agitiert, und dieser Senat seines Landes, obgleich aus lauter Leuten bestehend, die *einzeln* ihm vielleicht nichts sind, schien wirklich imposanter in seiner *Masse* für ihn als weiland Napoleon und alle seine Hunderttausende. Daß so etwas aber nur möglich wird, ist die große Folge weiser Institutionen! Es war bei alledem rührend, den Heros des Jahrhunderts in einer so untergeordneten Lage zu sehen. Er stotterte viel, unterbrach und verwickelte sich,

* *Sie wurde später von demselben jungen Fürsten, der in diesem Briefe als schneller Reisender angeführt ist, mit gleicher Schnelligkeit nach dem Kontinent entführt.*

WELLINGTON

kam aber doch am Ende, mit Hülfe seiner Partei – die bei jedem Stein des Anstoßes (grade wie bei der Gesandtenrede am Lord-Mayors-Tage) durch Beifall und Lärm eine Pause herbeiführte, in der er sich wieder zurechtfinden konnte – endlich so ziemlich damit zustande: zu beweisen, daß keine conspiracy obgewaltet habe. Er sagte zuweilen starke Sachen, vielleicht mehr als er wollte, denn er war seines Stoffes nicht Meister, unter andern folgende Worte, die mir sehr auffielen: »Ich bin Soldat und kein Redner. Mir gehen alle Talente ab, in dieser hohen Versammlung eine Rolle zu spielen, ich müßte mehr als toll sein (mad), wenn ich je, wie man mich beschuldigt, dem wahnsinnigen Gedanken Raum hätte geben können, Erster Minister werden zu wollen.«*

Alle ausgeschiedenen Lords nach der Reihe machten nun, so gut sie konnten, auch ihre Apologien. Der alte Lord Eldon versuchte es mit dem Weinen, was er bei großen

** Diese Äußerung des Herzogs ist seitdem, selbst im Unterhause, öfters zur Sprache gekommen; weniger bekannt aber möchte folgende ganz neuere sein, die ich der liebenswürdigen Dame verdanke, an die sie gerichtet war. Im Monat November dieses Jahres 1830 unterhielt sich der Premier mit der Fürstin C... und der Herzogin von D... über mehreres Charakteristische der englischen und französischen Nation und ihre gegenseitigen Vorzüge. »Ce qui est beau en Angleterre«, sagte der Herzog mit vielem Selbstgefühl, »c'est que ni le rang, ni les richesses, ni la faveur sauraient élever un Anglais aux premières places. Le génie seul les obtient, et les conserve chez nous.« Die Damen schlugen die Augen nieder, und acht Tage darauf war der Herzog von Wellington nicht mehr en place.*

Gelegenheiten immer bei der Hand hat, es wollte aber heute keine rechte Rührung hervorbringen. Dann antwortete der neue Lord und Minister (Lord Goderich, ehemals H. Robinson) für sich und den Premier, der im Hause der Lords nicht erscheinen kann, weil er nur ein Commoner ist, als solcher aber dennoch jetzt England regiert und zu berühmt als Mr. Canning geworden ist, um daß er diesen Namen gegen einen Lordstitel vertauschen möchte.

Der Anfang der sonst guten Rede des neuen Pairs erregte ein allgemeines Gelächter, denn der langen alten Gewohnheit getreu redete er die Lords, wie den Sprecher des Unterhauses, mit »Sir« statt »Mylords« an. Er war selbst so sehr dadurch decontenanciert, daß er sich vor die Stirne schlug und eine ganze Weile sprachlos blieb, aber durch viele freundliche »Hear! hear!« doch bald wieder seine Fassung gewann.

Lord Holland zeichnete sich, wie gewöhnlich, durch Schärfe und frappante Aufstellungen aus; Lord King durch vieles, zuweilen nicht sehr geschmackvolles Witzeln; Lord Lansdowne durch ruhigen, sachgemäßen, mehr verständigen als glänzenden Vortrag. Lord Grey sprach von allen mit dem meisten äußern Anstande, den die englischen Redner fast ohne Ausnahme entweder zu sehr verschmähen oder seiner nicht mächtig werden können. Einen ähnlichen Mangel an Anstand bietet das Lokal des Unterhauses dar, das einem schmutzigen Kaffeehause gleicht, und auch das Benehmen vieler Volksrepräsentanten, die mit dem Hut auf dem Kopfe

G. CANNING

oft auf den Bänken ausgestreckt liegen und sich während der Reden ihrer Kollegen von Allotrien unterhalten, erscheint seltsam. Lokal und Verhandlung im Oberhause sind dagegen sehr schicklich.

Wenn ich von dem Totaleindruck dieser Tage auf mich Rechenschaft geben soll, so muß ich sagen, daß er erhebend und *wehmütig* zugleich war. Das erste, indem ich mich in die Seele eines Engländers versetzte, das zweite im Gefühl eines *Deutschen!*

Dieser doppelte Senat des englischen Volks, mit allen menschlichen Schwächen, die mit unterlaufen mögen, ist etwas höchst Großartiges – und indem man sein Walten von nahem sieht, fängt man an zu verstehen, warum die englische Nation bis jetzt noch die erste auf der Erde ist.

den 3. Juni

Aus der großen Welt wandelte ich gestern wieder einmal in die City und beobachtete die mühsame Industrie, welche jener immer die frivolen Luxusartikel liefert. Täglich erfindet man hier etwas Neues. Dahin gehören auch die unzähligen Annoncen und wie sie en evidence gesetzt werden. Früher begnügte man sich, sie anzuschlagen. Jetzt sind sie ambulant. Einer hat einen Hut von Pappe aufgesetzt, dreimal höher als andre Hüte sind, auf welchem in großen Buchstaben: Stiefel zu zwölf Schilling das Paar, rekommandiert werden. Ein andrer trägt eine Art Fahne, auf der ein Waschweib abgebildet ist, und darunter steht: Only one sixpence a shirt (Nur einen Sixpence das Hemde). Kasten, wie die Arche Noah, ganz mit Annoncen überklebt und von der Größe eines kleinen Hauses, mit Menschen oder einem Pferde bespannt, durchziehen langsam die Straßen und tragen mehr Lügen auf ihren Rücken, als Münchhausen je erfinden konnte.

Als ich bei H. R… anlangte, war ich sehr müde und akzeptierte eine Einladung, bei ihm auf dem Comptoir zu essen. Während dem Essen philosophierten wir über Religion. R… est vraiment un très bon enfant und gefällig, mehr wie andere seines Standes, sobald er nur nicht selbst etwas dabei zu riskieren glaubt, was man ihm auch keineswegs verdenken kann. Bei dem Religionsgespräch war *er* übrigens gewissermaßen im Vorteil, da seine Glaubensgenossen von älterem Religionsadel sind als wir Christen. Sie sind die wahren Aristokraten in *diesem* Fach, die durchaus noch nie eine Neuerung passieren lassen wollten. Ich sagte endlich mit Goethe: Alle Ansichten sind zu loben, und fuhr in einem höchst zerbrechlichen Fiaker wieder nach dem West End of the town zurück, wo es weder Christen noch Juden, sondern nur Fashionables und Nobodys gibt, um bei Mistress P… die Pasta wieder singen zu hören und mit der Freundin des Lords H… de moitié Ekarté zu spielen.

Als ich endlich um vier Uhr zu Haus kam und beim rosigen Tageslicht eingeschlafen war, bildete ich mir ein, mein

Lager sei das Moos eines Waldes. Da weckte mich ein klägliches Geschrei. Ich sah mich um und erblickte einen armen Teufel, der eben von der Spitze eines hohen Baumes schräg durch die Luft fuhr und neben mir zur Erde stürzte. Stöhnend und leichenblaß raffte er sich auf und jammerte schmerzlich: nun sei es aus mit ihm! Ich wollte ihm zu Hülfe eilen, als ein Wesen, das einem zugestöpselten Tintenfaß glich, herbeikam und dem halbtoten Menschen unter Flüchen noch mehrere Stöße mit dem Stöpsel gab. Ich packte es aber, zog den Stöpsel heraus, und wie die Tinte nachströmte, verwandelte es sich in einen Mohren, in glänzend silberner Jacke und prächtigem Costume, der lachend rief: ich sollte ihn nur in Frieden lassen, er wolle mir Sachen zeigen, wie ich noch nie gesehen. Jetzt fingen auch sogleich Zaubereien an, die alle Pinettis und Philadelphias der Welt weit hinter sich zurückließen. Ein großer Schrank, unter andern, veränderte seinen Inhalt jeden Augenblick, und alle Schätze Golkondas mit den unerhörtesten Seltenheiten kamen nacheinander zum Vorschein. Ein dicker Mann mit vier hübschen Töchtern, welcher eifrig zusah und den ich sogleich als einen Herrn erkannte, der früher in Brighton Bälle gab und Rolls hieß, weshalb man *ihn* (seiner Korpulenz wegen) double Rolls, seine Töchter aber hot Rolls nannte, äußerte indes, das Ding daure ihm zu lange, er sei hungrig. Sogleich rief der beleidigte Zauberer mit zorniger Miene, indem sein Anzug sich vor unsern Augen scharlachrot färbte:

Zwei wird fünf und sieben zehn.
Augen eßt! Der Mund soll sehn,
Vorn und hinten wechselt schnell.
Fitzli butzli very well.

Kaum war diese Beschwörung ausgesprochen, als ein prächtiges Mahl erschien und der arme Rolls sich eifrig frische grüne Erbsen in die Augen steckte, die auch ohne alle Umstände heruntergingen, während er, mit dem Lorgnon vor dem Munde, alle die übrigen Wunderdinge, die sich auf der Tafel ausbreiteten, betrachtete und in Gedanken verschlang. Jetzt wollte er Frau und Töchter auch dazu einladen, konnte aber über kein anderes Sprechorgan als dasjenige disponieren, dem gewöhnlich das Lautwerden untersagt ist, so daß alle hot Rolls sich über Papas sonderbare »Propose« fast totlachen wollten. Zu guter Letzt ging er noch, in der groteskesten Verdrehung, auf den Händen zum Zauberer hin, um sich zu bedanken, und langte en passant mit den Füßen in eine Schüssel Tuttifrutti, die sein neues Sprachorgan mit einem melodischen: Delicious! begleitete.

Hat man je von so tollen Träumen gehört, als mich hier heimsuchen? Es sind die trüben Dünste, die Stickluft Londons, die meine Sinne umnebeln. Ich schicke sie daher fort, um sich im heimatlichen Sonnenschein wieder aufzulösen, und lege auf ihre schweren Fittiche tausend liebevolle Grüße

Deines treuen Freundes L…

Sechzehnter Brief 16

London, den 5. Juni 1827

Bei Gelegenheit einer Visite, die ich Mistress Hope machte, besah ich ihres Mannes Kunstsammlung heute etwas mehr en détail. Eine sehr schöne Venus von Canova war für mich besonders deswegen sehr anziehend, weil ich sie, noch nicht völlig vollendet, im Atelier des liebenswürdigen Künstlers in Rom vor ziemlich vielen Jahren gesehen, wo sie schon damals von allen seinen Werken den angenehmsten Eindruck bei mir zurückließ.

Unter den Gemälden frappierte mich das des berüchtigten Cäsar Borgia, von Correggio. Ein erhabener Sünder! In der kühnsten, männlichen Schönheit steht er da, Geist und Größe blitzt aus allen Zügen, nur in den Augen lauert ein häßlicher Tiger.

Ganz besonders reich ist die Sammlung an Bildern der niederländischen Schule. Viele sind von der unübertreffbarsten Wahrheit, welche, ich gestehe es gern, für mich oft einen größern Reiz hat als selbst das erreichte Ideal, wo dieses keinen verwandten Punkt in meiner Seele anspricht.

So war eine alte, sehr anständige holländische Bürgersfrau, die mit großer Délice ein Glas Wein in sich sog, während ihr in einem Mantel danebenstehender Mann, die Bouteille, aus der er ihr eingeschenkt, noch in der Hand, mit gutmütigem Vergnügen auf sie herabsieht, ein höchst anziehender Gegenstand. Ebenso einige Offiziere aus dem 16. Jahrhundert in ihrer schönen und zweckmäßigen Tracht, die sich's nach harter und blutiger Arbeit beim frohen Mahle wohl sein lassen, und andre mehr. Unter den Landschaftsmalern machte ich die neue Bekanntschaft eines Hobbema, der die größte Ähnlichkeit mit der Manier Ruisdaels hat. Täuschende Früchte von van Huysum und van Os, Häuser von van der Meer, auf denen bekanntlich jeder Ziegel ausgeführt ist, mehrere Wouvermans, Paul Potters etc. etc., nichts fehlte in dieser reichen Sammlung. Nur die neueren englischen Gemälde waren schlecht.

Später ging ich nicht mehr aus, um im stillen den Geburtstag meiner guten Mutter zu feiern.

den 7.

Als ein Beispiel, was ein Dandy hier alles bedarf, teile ich Dir folgende Auskunft meiner fashionablen Wäscherin mit, die von einigen der ausgezeichnetsten Elegants employiert wird und allein Halstüchern die rechte Steife und Busenstreifen die rechten Falten zu geben weiß. Also in der Regel braucht ein solcher Elegant wöchentlich 20 Hemden, 24 Schnupftücher, 9-10 Sommer»trousers«, 30 Halstücher, wenn er nicht schwarze trägt, ein Dutzend Westen und Strümpfe à discrétion. Ich sehe Deine hausfrauliche Seele von hier versteinert. Da aber ein Dandy ohne drei bis vier Toiletten täglich nicht füglich auskommen kann, so ist die Sache sehr natürlich, denn

1. erscheint er in der Frühstückstoilette im chinesischen Schlafrock und indischen Pantoffeln;
2. Morgentoilette zum Reiten im frock-coat, Stiefeln und Sporen;
3. Toilette zum Diner in Frack und Schuhen;
4. Balltoilette in Pumps, ein Wort, das Schuhe, so leicht wie Papier, bedeutet, welche täglich frisch lackiert werden.

Der Park war um sechs Uhr so voll, daß er einem Rout zu Pferde glich, jedoch weit anmutiger, da die Stelle der Bretter eine grüne Wiese einnahm, statt der Dampfhitze frische Kühle herrschte und statt die eignen Beine zu ermüden, die der Pferde die Arbeit tun mußten.

Als ich vorher die Fürstin E... besuchte, fand ich dort drei junge und schöne Ambassadrices en conférence, toutes les trois profondément occupées d'une queue, nämlich ob eine solche bei der Königin von Württemberg getragen werden müsse oder nicht.

Auf dem Ball, dem ich abends beiwohnte, bei der neulich erwähnten Marquise L..., sah ich zum erstenmal hier Polonaisen und auch Mazurka tanzen, aber sehr schlecht. Man aß im Saal der Statuen, denen verschiedene Damen ihre Hüte aufgesetzt und ihre Shawls umgehangen hatten, was dem Kunstsinne sehr wohltat. Um sechs Uhr kam ich zu Hause und schreibe Dir noch, während man schon meine Laden schließt, um mir eine künstliche Nacht zu bereiten. Die Kammerdiener haben es hier schlimm und können nur, sozusagen, aus der Hand schlafen oder wie die Nachtwächter am Tage.

den 13.

Ich habe Dir schon erzählt, daß man hier auf die königlichen Prinzen eingeladen wird, wie an andern Orten im vertrauten Zirkel auf irgendeine Delikatesse. So war ich gestern auf die Herzogin von Gloucester und heute auch auf den Herzog von Sussex zu Tisch eingeladen. Dieser Prinz, der mit dem König ganz brouilliert ist,* sich aber durch sehr liberale Gesinnungen bei der Nation beliebt gemacht hat

* *Man vergesse nicht, daß hier vom vorigen die Rede ist.*

und dies in jeder Hinsicht verdient, war viel auf dem Kontinent und liebt die deutsche Lebensart. Unsere Sprache ist ihm, wie den meisten seiner Brüder, völlig geläufig. Seinetwegen wurden nach Tisch, sobald die Damen uns verlassen hatten, Zigarren gebracht und mehr als eine geraucht, was ich in England bisher noch nicht gesehen habe. M. de Montrond erzählte mit französischer Kunst sehr lustige Anekdoten; am unterhaltendsten war aber Major Keppel, der Reisende in Persien, der heute manche skabröse, aber höchst pikante Geschichten aus jenen Ländern zum besten gab, die er dem Druck nicht übergeben konnte und die ich daher auch Dir nicht mitteilen darf, was mir jedoch sehr leid tut.

Morgen werde ich mit dem jungen Capt. R... nach Ascott fahren und Windsor besehen, um wieder einige Varietät in mein einförmiges Leben zu bringen. Man vermutet, daß die Wettrennen ungewöhnlich brillant sein werden, da sie der König diesmal besucht und Pferde von ihm teil daran nehmen.

Windsor, den 14.

Nach einer raschen Fahrt von fünfundzwanzig englischen Meilen – zum Teil durch den Park von Windsor, hinter dem sich das Schloß, die alte Residenz so vieler Könige, erhebt – erreichten wir die weite und dürre Heide von Ascott, wo die Wettrennen stattfinden. Der Platz bot ganz das Bild eines Lustlagers dar. Unabsehbare Reihen von Zelten für Pferde und Menschen, Wagenburgen längs der Rennbahn, größtenteils mit schönen Damen besetzt, häuserhohe Gerüste in drei, vier Etagen übereinander, mit der Loge des Königs am Ziele – alles dies durch zwanzig- bis dreißigtausend Menschen belebt, von denen viele schon seit sechs Tagen hier stationieren. – Dies sind ungefähr die Hauptzüge des Gemäldes. Das eine Quartier bildet den Markt, wo sich unter den übrigen Buden und Zelten, gemäß einer alten Freiheit, auch vielfache Arten von Hasardspielen befinden, welche sonst streng verboten sind. Doch mehr als Pluto wird noch der holden Venus geopfert, und nirgend sind Intrigen unbemerkter anzuspinnen. Die Damen in den Wägen sind dabei täglich mit Champagner und vortrefflichem Frühstück reichlich versehen, was sie sehr gastfreundlich austeilen. Ich fand viele alte Freunde und machte auch einige neue Bekanntschaften, unter andern die einer höchst liebenswürdigen Frau, Lady G..., die mich nach ihrer Cottage mit R... zum Essen einlud. Als daher um sechs Uhr die races für heute beendigt waren, fuhren wir durch eine wunderschöne Gegend, deren Baumreichtum ihr, ohngeachtet der bebauten Fluren, das Ansehen eines kultivierten Waldes gibt, nach T... Park. Wir kamen früher an als die Familie selbst und fanden das Haus zwar offen, doch ohne einen Diener oder ein anderes lebendiges Wesen darin. Es war wie die bezauberte Wohnung einer Fee, denn einen reizenderen Aufenthalt kann es nicht geben! Hättest Du es nur sehen können. Auf einem Hügel, unter den prachtvollsten uralten Bäumen halb verborgen, lag ein Haus, dessen vielfache Vorsprünge, zu verschiedenen Zeiten gebaut und da und dort durch Gebüsch versteckt, nirgends erlaubten, seine ganze Form auf einmal ins Auge zu fassen. Eine galerieartige Rosenlaube, von hundert Blumen strotzend, führte direkt in das Vorzimmer, und durch einige andere Piecen und einen Korridor gelangten wir dann in den Eßsaal, wo schon eine reiche Tafel gedeckt stand, aber immer noch kein Mensch zu erblicken war. Hier lag die Gartenseite vor uns, ein wahres Paradies, von der Abendsonne reich beleuchtet. Am ganzen Hause entlang, bald vorspringend, bald zurücktretend, wechselten Verandas von verschiedenen Formen und mit verschiedenen blühenden Gewächsen berankt miteinander ab und dienten dem buntesten Blumengarten zur Bordüre, der den Abhang des Hügels durchaus bedeckte. An ihn schloß sich ein tiefes und schmales Wiesental, hinter dem sich das Terrain wieder zu einem höheren Bergrücken erhob, dessen Abhang mit uralten Buchen besetzt war. Am Ende des Tales, links, schloß Wasser die nächste Aussicht. In der Ferne sahen wir über den Baumkronen den Round Tower (Runden Turm) von Windsor Castle mit der daraufgepflanzten kolossalen königlichen Fahne in die blaue Luft emporsteigen. Er allein erinnerte in dieser Einsamkeit daran, daß hier nicht bloß die Natur und eine wohltätige Fee walte, sondern auch Menschen mit ihrer Freude, ihrer Not und ihrem Glanz sich hier angesiedelt! Wie ein Leuchtturm des Ehrgeizes schaute er auf die friedliche Cottage herab, verlockend zu einem höheren trügerischen Genuß – doch wer diesen erreicht, erkauft ihn nur mit schwerem Verlust! Friede und Ruhe bleiben zurück in des Tales trauter Stille. –

Ich wurde bald in meiner poetischen Ekstase durch die schöne Wirtin unterbrochen, die sich an unserer Schilderung des verzauberten Schlosses sehr ergötzte und nun sogleich selbst dafür sorgte, daß uns Stuben angewiesen wurden, um unserer Toilette obzuliegen, die der Staub und die Hitze des Tages sehr nötig machten. Ein exzellentes Diner mit geeistem Champain und vortrefflichen Früchten wurde mit Vergnügen angenommen und hielt uns bis um Mitternacht bei Tisch. Kaffee und Tee, mit Musik, nahmen noch ein paar andere Stunden hinweg, und, aufrichtig gesagt, die letzte, ich meine die Musik, hätten wir der Familie gern erlassen. Meine Verdauung wurde wesentlich durch die ungeheure Anstrengung gestört, mit der ich das Lachen, in einer wahren Agonie, unterdrücken mußte, als die alte Mutter der Hausfrau sich zuletzt ans Klavier setzte und uns eine Arie aus ihrer Jugend, von Rousseaus Komposition, zum besten gab, an deren Refrain »Je t'aimerai toujours« ich ebenfalls zeit meines Lebens denken werde. Sie benutzte nämlich das ai jedesmal zu einem Trillo, der im Anfang dem Meckern eines Lammes glich, dann eine Zeitlang der Lachtaube nachahmte und mit der Kadenz eines balzenden Auerhahns endete. Das Lied schien unendlich, der junge R…, der leider ebensoleicht als ich zum Lachen zu bringen ist, hörte bereits in der Stellung eines Fiedelbogens, mit gewaltsam zusammengedrücktem Leibe, zu und schnitt hinter seinem großen Schnurrbarte die seltsamsten Grimassen. Was mich betrifft, so suchte ich meiner moralischen Kraft hauptsächlich dadurch zu Hülfe zu kommen, daß ich unaufhörlich an Dich, gute Julie, und Deine so musterhafte Contenance bei ähnlichen Gelegenheiten dachte. Die Leute waren dabei so außerordentlich gütig und freundschaftlich gewesen, daß ich wahrhaftig lieber hätte Blut weinen als über sie lachen mögen; aber was soll man anfangen, wenn der Sinnenreiz unwiderstehlich wird! Die Annäherung der ominösen Stelle war immer eine furchtbare Epoche für mich. Ich betete förmlich zu Gott, er möge die gute Alte doch regieren, nur diesmal »Je t'aimerai toujours« ohne Verzierung abzukrähen. Aber vergeblich; kaum war das verhängnisvolle ai angeschlagen, so folgte auch immanquablement der unbarmherzige Trillo. Beim siebten Verse konnte ich es nicht mehr aushalten, Rousseau schien mir zum ersten Male wahrhaft unsterblich – ich fuhr der Alten, wie die Studenten sagen, in die Parade, ergriff ihre Hand, ehe sie die Tasten von neuem anschlagen konnte, schüttelte sie herzlich, dankte für ihre Güte, versicherte, ich fühle die Indiskretion, sie so lange zu belästigen, drückte gleichfalls die Hand der schönen Tochter (car c'est l'usage ici) wie der übrigen Familienmitglieder und fand mich in einem clin d'œuil mit R... im Wagen, der schon seit einer Stunde angespannt auf uns gewartet hatte. Du kannst Dir denken, daß wir unsere Lachmuskeln mit Bequemlichkeit entschädigten. Bis Windsor ergötzte uns noch der Nachhall der unnachahmlichen Trillos – mich aber erwartete hier, nach ausgelassener Lustigkeit, ein ziemlich unangenehmes Abkühlungsmittel. Wie ich mich nämlich zu Bett legen wollte, fing B... zu jammern an, »daß *ihn* doch das Unglück überall verfolgen müsse!«

»Nun, was ist dir denn geschehen?«

»Ach Gott, wenn ich könnte, ich sagte es gar nicht, aber es muß nun doch heraus.«

»Nun, zum T...l, mach ein Ende, was ist es?«

Was kam nun zum Vorschein? Der konfuse Alte hatte mein Geld, fünfundzwanzig Pfund Sterling, ihm in einem Beutel von mir übergeben, um es in das Wagenkästchen zu tun, anstatt dessen in die Tasche gesteckt und, wie der dumme Landjunker von Kotzebue, um ein Glas Bier zu bezahlen, im Gedränge der Buden den Beutel herausgenommen, einen Souverain gewechselt, wie er sagte, weil er kein kleines Geld mehr hatte, wahrscheinlich aber, um mit der Geldbörse großzutun, und dann den Beutel sorgfältig wieder eingesteckt. Es war sehr natürlich hier in England, daß er ihn, als er zum Wagen zurückkam, nicht mehr fand. Ein wahres Glück im Unglück ist es, daß ich noch einiges Geld selbst bei mir trug und also wenigstens in keine augenblickliche Verlegenheit gesetzt wurde.

Richmond, den 15.

Wir besahen heute früh das Schloß, welches jetzt erst nach den alten Plänen völlig ausgebaut wird und bereits die größte und prachtvollste Residenz ist, die irgendein europäischer Fürst besitzt. Die Zeit war zu kurz, das Innere zu besehen, was ich daher auf ein anderes Mal aufschob. Ich besuchte bloß die Herzogin von C..., die hier im großen Turme wohnt und eine himmlische Aussicht von ihrem hohen Söller genießt. Unter ihrer Dienerschaft war ein schöner griechischer Knabe in seiner Nationaltracht, Scharlach, Blau und Gold, mit bloßen Schenkeln und Füßen. Er war bei dem Massacre von Scio in einen Backofen versteckt und so gerettet worden. Er ist jetzt bereits ein vollkommner Engländer geworden, hat aber in der Tournure etwas ungemein Nobles und Ausländisches beibehalten. Um ein Uhr begaben wir uns wieder auf den race-ground, und ich erhielt diesmal mein Frühstück von einer andern Schönheit. Nach dem beendigten Rennfeste fuhren wir nach Richmond, wo R...s Regiment garnisoniert, und verlebten dort mit dem Offiziercorps einen sehr lustigen und geräuschvollen Abend. Die allgemeine Wohlhabenheit erlaubt hier ein weit luxuriöseres Leben, denn die Herren versagen sich nichts, und ihre mess ist überall serviert, wie bei uns gar oft nicht eine fürstliche Tafel.

Morgen wird das Husarenregiment nebst einem Regiment Ulanen vom Generalinspekteur gemustert werden, was ich noch abwarten will, bevor ich nach London zurückkehre.

den 16.

Das Regiment machte seine Sache sehr gut, mit weniger Affektation, und auch Präzision vielleicht, als unsere wunderbar dressierten dreijährigen Reiter, aber mit mehr echt militärischer Ruhe und langgewohnter Sicherheit, auch alle Evolutionen schneller, wegen der vortrefflichen Pferde, mit denen die des Kontinents doch nicht zu vergleichen sind. Dabei hat die englische Kavallerie an Zäumung und militärischem Reiten seit dem letzten Kriege durch die darauf gewandte Sorgfalt des Herzogs von Wellington ganz ungemein gewonnen. Die Leute hatten ihre Pferde so gut in der Gewalt als die besten der unsrigen. Merkwürdig nach unsern Begriffen war es, die Ungeniertheit zu sehen, mit der wohl fünfzig bis sechzig Offiziere in Zivilkleidern, darunter mehrere Generäle, einige in Stolpenstiefeln und Morgenjacken, die andern im frock-coat und bunten Halstüchern, die Revue mitmachten und den *inspizierenden* General umschwärmten, der, außer dem Regiment selbst, welches inspiziert wurde, allein mit seinen beiden Adjutanten in Uniform erschienen war. Ja sogar einige überkomplette Offiziere desselben Regiments, die gerade nicht im aktiven Dienst waren, ritten in Zivilkleidern und Schuhen mit herum, ein Anblick, der einem ...schen General vor Erstaunen den Verstand kosten könnte. Mit einem Wort, man sieht hier mehr auf das *Reelle*, anderwärts mehr auf die *Form*. Hier machen in der Tat die Kleider den Mann *nicht*, und diese Simplizität ist zuweilen sehr imposant.

R... sagte mir, daß dieses Regiment ursprünglich, als die Franzosen mit Invasion drohten, von der Londner Schneidergilde errichtet wurde und im Anfang aus lauter Schneidern bestand, die sich jetzt in sehr tüchtige und martialische Husaren verwandelt und mit großer Auszeichnung, namentlich bei Belle-Alliance, gefochten haben.

den 23.

Was sagst Du, gute Julie, zu einem Frühstück, zu dem zweitausend Menschen eingeladen sind? Ein solches fand heute statt in den Horticultural-gardens, die groß genug sind, um so viel Menschen bequem zu fassen. Indes ging es doch nicht ohne fürchterliches Gedränge bei den Eßzelten ab, besonders da, wo die Ausstellung der Früchte stattfand, die zu einer bestimmten Stunde preisgegeben und dann auch im Nu höchst unanständig verschlungen wurden. Man sah dort eine Providence-Ananas, die elf Pfund wog, hochrote und grüne, von nicht viel geringern Dimensionen, Erdbeeren von der Größe kleiner Äpfel, überhaupt die seltenste Auswahl der kostbarsten Früchte. Auch war im ganzen das Fest heiter und in angenehmem ländlichem Charakter.

Der glatte Rasen und die Menge geputzter Menschen darauf, die Zelte und Gruppen in den Büschen, eine ungeheure Masse von Rosen und Blumen aller Art gaben den freundlichsten Anblick. Ich war mit unserm Gesandten hingefahren, mit dem ich auch um sieben Uhr abends wieder zurückkehrte. Wir mußten über die Industrie eines Irländers lachen, der sich das Air gab, uns mit einer Laterne, in der natürlich kein Licht brannte, da es heller Tag war, zum Wagen zu leuchten, und sich durch diesen Spaß bei den Frohgesinnten und Gutmütigen einige Schillinge erwarb. Unterwegs rief ihm einer seiner englischen Kameraden zu: »Du führst wahrlich großmütige Leute!« – »Oh«, sagte er, »wenn ich sie dafür nicht kennte, ginge ich auch nicht mit ihnen.« Originell waren auch die Tiroler Sänger, die hier sehr Mode geworden sind, alle, selbst den König, der mit ihnen deutsch spricht, du nennen und keine falsche Menschenfurcht kennen. Es sieht komisch genug aus, wenn einer von ihnen auf den Fürsten Esterhazy losgeht, dessen patriotischer Protektion sie ihre große Vogue hauptsächlich verdanken, ihm die Hand reicht und ihm zuruft: »Nun, was machst du, Esterhazy?« Das Weibchen, welches sich unter diesen Tiroler Wundertieren befindet, kam heute auch auf mich zu und sagte: »Dich habe ich mir schon lange angesehen, denn du siehst meinem lieben John so ähnlich, daß ich dir einen Kuß geben will.« Die Offerte war eben nicht sehr einladend, denn das Mädchen ist häßlich, da sie aber auch Se. Majestät geküßt hat, auf welche Szene eine gute Karikatur in den Handel gekommen ist, so findet man jetzt die Zumutung schmeichelhaft.

den 26.

Der Herzog von Northumberland hatte die Güte, mir diesen Morgen seinen sehenswerten Palast en détail zu zeigen. Ich fand hier etwas, was ich lange vergebens zu sehen gewünscht, nämlich ein Haus, in dem, bei hoher Pracht und Eleganz, das Größte wie das Kleinste mit völlig gleicher Sorgfalt und Vollkommenheit ausgeführt ist – où rien ne cloche.

Ein solches Ideal ist wirklich hier erreicht. Man findet auch nicht die geringste Kleinigkeit vernachlässigt, keine schiefe Linie, keinen Schmutzfleck, nichts Faniertes, nichts aus der Fasson Gekommenes, nichts Abgenutztes, nichts Unechtes, kein Meuble, keine Türe, kein Fenster, das nicht in seiner Art ein wahres Meisterstück der Arbeit darböte. Diese außerordentliche Gediegenheit hat freilich mehrere hunderttausend Pfund Sterling und gewiß nicht geringe Mühe gekostet, aber sie ist auch vielleicht einzig in ihrer Art. Die reichste Ausschmückung von Kunstschätzen und Kuriositäten aller Art fehlt ebenfalls nicht. Die Aufstellung der letzteren in, mit violettem Samt ausgeschlagenen, Terrassenschränken, hinter Spiegelgläsern aus einem Stück, war sehr geschmackvoll. Besonders auffallend ist die große Marmortreppe, mit einem Geländer aus vergoldeter Bronze. Die Wange von poliertem Mahagoniholz, welche das Geländer deckt, bildet eine ganz eigentümliche Merkwürdigkeit dar. Es ist nämlich durch eine Vorrichtung, die noch ein Geheimnis ist, das Holz so behandelt, daß es durchaus unmöglich ist, auf der ganzen Länge der mehrmals gewundenen Treppe irgendwo auch nur die mindeste Spur einer Fuge zu entdecken. Das Ganze scheint aus einem Stück zu sein, oder ist es wirklich.

Eine andere Sonderbarkeit ist eine falsche porte cochère in der äußern Hausmauer, die nur bei Festen für den größern Andrang der Wagen geöffnet wird und, wenn sie zu ist, in der Fassade nicht mehr aufgefunden wird. Sie ist von Eisen und durch den Anwurf einer Steinkomposition und ein falsches Fenster so vollständig maskiert, daß man sie von dem übrigen Hause nicht unterscheiden kann. Über die Gemälde ein andermal mehr.

Beim Herzog von Clarence lernte ich abends einen interessanten Mann kennen, Sir Gore Ouseley, den letzten Ambassadeur in Persien, den der Verfasser des »Hajji Baba«, Herr Morier, als Legationssekretär begleitete.

Ich muß Dir ein paar jenes Land charakterisierende Anekdoten mitteilen, die ich von ihm erzählen hörte.

Der jetzige Schach wurde von seinem Ersten Minister Ibrahim Chan, der ihn früher auf den Thron gesetzt, als er noch ein Kind war, lange in solcher Abhängigkeit erhalten, daß er nur dem Namen nach regierte. Es war ihm um so unmöglicher, Widerstand zu leisten, da jede Gouverneurstelle der Provinzen und ersten Städte des Reichs ohne Ausnahme durch Verwandte und Kreaturen des Ministers besetzt worden war. Endlich beschloß der König, um jeden

Preis sich einer solchen Sklaverei zu entziehen, und wählte folgendes energische Mittel dazu, welches den echten orientalischen Charakter an sich trägt. Es existiert nämlich, nach den alten Gesetzen des Reichs, eine Klasse Soldaten in Persien, die in allen Hauptstädten nur sparsam verteilt ist und des Königs Garde heißt. Diese befolgen keine andern Befehle als solche, welche unmittelbar vom König selbst gegeben werden und mit seinem Handsiegel unterzeichnet sind, daher auch diese Garden allein vom alles beherrschenden Minister unabhängig geblieben waren und die einzige sichere Stütze des Throns bildeten. An die Chefs dieser Vertrauten erließ der König nun im geheim selbstgeschriebene Befehle, die dahin lauteten, an einem gewissen Tage und Stunde alle Verwandte Ibrahims im ganzen Reiche zu ermorden. Als die bezeichnete Stunde herannahte, hielt der Schach einen Diwan, suchte während desselben Streit mit Ibrahim herbeizuführen, und als dieser, wie gewöhnlich, einen hohen Ton annahm, befahl er ihm, sich sofort in das Staatsgefängnis zu begeben. Der Minister lächelte, indem er erwiderte: Er werde gehen, der König möge jedoch bedenken, daß jeder Gouverneur seiner Provinzen deshalb Rechenschaft von ihm fordern werde. »Nicht mehr, Freund Ibrahim«, rief der König heiter, »nicht mehr«, und indem er seine englische Uhr hervorzog und dem betretenen Minister einen verderbenden Blick zuwarf, setzte er kaltblütig hinzu: »In dieser Minute hat der letzte deines Blutes zu atmen aufgehört, und du wirst ihm folgen.« – Und so geschah es.

Die zweite Anekdote zeigt, daß der König zugleich nach dem Prinzip der französischen Chanson handelte, welche sagt: »Quand on a dépeuplé la terre, il faut la repeupler après.«

Sir Gore bat bei seiner Abschiedsaudienz den König, ihm gnädigst zu sagen, wieviel Kinder er habe, um über einen so interessanten Umstand seinem eignen Monarchen Rechenschaft geben zu können, wenn dieser sich darnach, wie zu vermuten stehe, erkundigen sollte. »Hundertvierundfünfzig Söhne«, erwiderte der Schach. »Darf ich nochmals Ew. Majestät zu fragen wagen, wieviel Kinder?« Das Wort Mädchen durfte er nach der orientalischen Etikette nicht aussprechen, und die Frage überhaupt war schon nach dortigen Ansichten fast eine Beleidigung. Der König indes, der Sir Gore sehr wohlwollte, nahm es nicht übel auf. »Aha, ich verstehe«, lachte er ihm zu und rief nun seinen obersten Verschnittenen herbei: »Musa! wieviel Töchter habe ich?« – »König der Könige«, antwortete Musa, sich auf sein Angesicht niederwerfend: »fünfhundertundsechzig.« – Als Sir Gore Ouseley diese Unterredung in Petersburg der Kaiserinmutter erzählte, rief sie bloß aus: »Ah, le monstre!«

den 5.

Auf Almacks gab mir B... Deinen Brief, und ich eilte sogleich damit home. Wie sehr haben mich Deine Schilderungen gefreut, und fast hätte ich über die ehrlichen alten

Parkbäume geweint, die mir durch Dich zuriefen: O Herr, hörst du nicht, von tausend Vögelchen belebt, unsrer Wipfel Rauschen? ... Ach ja! ich höre es im Geiste und werde auch nicht eher wieder wahre Freude empfinden, bis ich *dort* angelangt bin, wo meine treueste Freundin weilt und wo meine Pflanzenkinder mir entgegenwachsen. Für das fünfblättrige Kleeblatt danke ich vielmals, und da das Pferd des beigefügten, tausend Glück bringenden Wiener Postillons unterwegs seinen Schweif verloren hat, so habe ich diesen durch das Kleeblatt ersetzt, welche Vegetabilie ihm ein wahres Heiliges-Allianz-Ansehen gibt.

Hier unterbrach mich der alte B...dt mit der Frage, ob er den Rest der Nacht wohl ausgehen dürfe, früh um acht Uhr sei er wieder da. Ich gab lächelnd meine Erlaubnis und frug, welche Abenteuer er sich denn vorgenommen. »Ach«, war die Antwort, »ich will bloß einmal hängen sehen, und wie sie das hier machen, denn um fünf Uhr sollen fünf auf einmal gehenkt werden.«

Welcher Mißton klang mit diesen Worten in mein Leben voll Saus und Braus! Welcher Kontrast mit den Tausenden, von Tanz und Lust Ermüdeten und Übersättigten, die um jene Stunde zu behaglicher Ruhe zurückkehren, und jenen Unseligen, die unter Todesangst und Schmerzen zur ewigen eingehen müssen. Ich rief wieder mit Napoleon: »O monde, o monde!« und konnte lange nach dem in Frivolität vergeudeten Tage nicht einschlafen, verfolgt von dem Gedanken, daß eben jetzt die armen Unglücklichen geweckt würden, um von der Welt und ihren Freuden einen so schaudervollen Abschied zu nehmen, nicht gehoben und gen Himmel getragen durch das Gefühl, Märtyrer des Guten und Großen zu sein, sondern sich der gemeinen, der erniedrigenden Schuld bewußt. Man bemitleidet den, der unschuldig leidet, weit bemitleidungswerter scheint mir der Schuldige!

Meine Einbildungskraft geht, einmal angeregt, immer etwas weiter als rätlich, und so erschien mir auch jetzt aller eitle Genuß, alle jene die Armut und das Elend höhnenden Raffinements des Luxus eine wahre Sünde, und recht oft fühle ich mich in dieser Stimmung. – Nicht selten hat es mir die beste Mahlzeit verbittert, wenn ich die armen Diener betrachtete, die zwar gegenwärtig sein dürfen, aber nur als zureichende Sklaven, und doch von derselben Mutter Natur geboren sind – oder an den Dürftigen dachte, der nach des langen Tages angestrengter Arbeit die karge ärmliche Nahrung am Abend kaum erschwingen kann, während wir, wie auf jener englischen Karikatur, überfüllt von Genuß, den Bettler *um seinen Hunger* beneiden! Darin eben liegt aber vielleicht die Kompensation und unsere Entschuldigung, daß wir aller dieser guten und gerechten Gefühle ungeachtet (ich schließe von mir auf andere) uns dennoch sehr entrüsten würden, wenn der erwähnte Diener Tantalus einmal mit uns von der wohlbesetzten Tafel zulangen oder der Arme im unhochzeitlichen Kleide sich selbst bei uns zu Tische bitten wollte. Gott hat es selbst so angeordnet, daß die einen genießen, die andern entbehren sollen, und es bleibt so in der Welt! Jedem Ruf der Freude ertönt am andern Ort ein Echoschrei der Angst und Verzweiflung, und wo Raserei sich hier den Kopf zerschmettert, fühlt ein andrer in demselben Augenblick das höchste Entzücken der Lust!

Also gräme sich niemand unnütz darüber, wenn er auch weder verdient noch begreift, warum es ihm besser oder schlechter als andern geht. Das Schicksal liebt einmal diese bittere Ironie – drum pflückt, o Menschen, die Blumen kindlich, solange sie blühn, teilt ihren Duft, wo ihr könnt auch andern mit, und bietet männlich dem eignen Schmerz eine eherne Brust.

den 10.

Es wird nun so drückend heiß, wie ich es in diesem Nebellande kaum für möglich gehalten hätte. Der Rasen in Hydepark gleicht der Farbe des Sandes, und die Bäume sind fahl und vertrocknet, auch die Squares in der Stadt sehen, ungeachtet alles Begießens, nicht viel besser aus. Demungeachtet werden die Grasplätze fortwährend so sorgfältig geschoren und gewalzt, als ob wirklich noch Gras darauf vorhanden wäre. Gewiß könnte man mit gleicher Pflege und Sorgfalt im südlichen Deutschland schöneren Rasen als hier erzielen, aber man wird es doch nie dahin bringen, denn wir sind zu bequem dazu. Mit der Hitze leert sich auch London täglich mehr, und die Season ist so gut wie vorbei. Zum erstenmal befand ich mich heute ohne irgendeine Einladung und benutzte die Freiheit sogleich zu verschiedenen Exkursionen. Unter andern besah ich die Gefängnisse von Kingsbench und Newgate. Das erste, welches hauptsächlich für Schuldner bestimmt ist, bildet eine völlig isolierte Welt im kleinen, einer nicht unbedeutenden Stadt ähnlich, welche jedoch von ungewöhnlichen, nämlich dreißig Fuß hohen Mauern umgeben ist. Garküchen, Leihbibliotheken, Kaffeehäuser, Buden und Handwerker aller Art, schönere und ärmlichere Wohnungen, selbst öffentliche Plätze und Mädchen, auch ein Markt fehlen nicht. Auf dem letztern wurde bei meiner Ankunft eben sehr geräuschvoll Ball gespielt. Wer Geld mitbringt, lebt, bis auf die Freiheit, im Bezirk des Orts so gut und angenehm als möglich. Selbst an sehr anständiger Gesellschaft von Damen und Herren ist in der kleinen Kommune von tausend Menschen nicht immer Mangel, nur wer nichts hat, ist übel dran. Für einen solchen aber ist ja jeder Fleck der Erde ein Gefängnis! Lord Cochrane hat eine Zeit in Kingsbench zugebracht, als er, um die Fonds fallen zu machen, eine falsche Nachricht hatte verbreiten lassen, und der reiche und angesehene Sir Francis Burdett saß ebenfalls hier geraume Zeit wegen eines Libells, das er verfaßt. Der Gefangene, welcher mich herumführte, war bereits zwölf Jahre ein Bewohner dieses Orts und äußerte mit dem besten Humor, daß er wohl nie mehr herauszukommen

Hoffnung habe. Ähnlich sprach sich eine alte, sehr anständige Französin aus, die gar nicht einmal ihre Verwandten von ihrer Lage unterrichten wollte, indem sie hier zufrieden lebe und nicht wisse, wie es ihr in Frankreich ergehen möchte, wohl eingedenk, que le mieux est l'ennemi du bien.

Schlimmer sieht es in Newgate, dem Gefängnisse für Verbrecher, aus. Aber auch hier herrschte viel Milde in der Behandlung und dabei eine *musterhafte* Reinlichkeit. Das Gouvernement gibt jedem Verbrecher früh eine halbe Kanne dicke Gerstenschleimsuppe, mittags den einen Tag ein halbes Pfund Fleisch, den andern Fleischbrühsuppe und täglich ein Pfund gutes Brot. Außerdem ist ihnen auch noch anderes Essen und eine halbe Flasche Wein täglich zu kaufen erlaubt. Sie beschäftigen sich den Tag über, wo sie sich in besondern Höfen, die zu einer gewissen Anzahl Stuben gehören, aufhalten können, wie und womit sie wollen. Für diejenigen, welche arbeiten wollen, gibt es Werkstätten; viele aber rauchen und spielen nur von früh bis abend im Hofe. Um neun Uhr morgens müssen sich alle zum Gottesdienst versammeln. Gewöhnlich wohnen sieben bis acht in einer Stube. Zum Schlafen erhalten sie jeder eine Matratze und zwei Decken, auch Kohlen zum Kochen und im Winter zum Heizen, soviel nötig ist. Die zum Tode Verurteilten kommen in besondere, etwas weniger kommode Zellen, wo zwei bis drei in einer schlafen. Am Tage haben indes auch diese ihren Hof zur Rekreation und zum Essen eine besondere Stube. Ich sah sechs Knaben, wovon der älteste kaum vierzehn Jahre zählte und die alle unter Todesurteil schwebten, sehr lustig hier rauchen und spielen. Das Urteil war indessen noch nicht bestätigt und sie daher noch mit den übrigen Gefangenen zusammen. Man glaubte, sie würden begnadigt und nur zeitlebens nach Botany Bay geschickt werden.

Vier Ältere, die sich in derselben Lage befanden, nur mit dem Unterschied, daß sie, wegen zu schwerer Verbrechen, auf keine Begnadigung rechnen durften und ihr Lebensende in wenig Wochen erwarten mußten, nahmen demohngeachtet ihr Schicksal noch humoristischer auf als jene, denn drei davon spielten sehr geräuschvoll, unter Späßen und Gelächter, Whist mit dem toten Mann, der vierte aber saß auf dem Fensterbrett, wo er eifrig in einer Grammatik studierte, um – Französisch zu lernen! C'était bien un philosophe sans le savoir.

den 12.

Gestern abends besah ich mir zum erstenmal Vauxhall, ein öffentlicher Garten in dem Geschmack von Tivoli in Paris, aber weit glänzender und grandioser. Die Illumination mit Tausenden von Lampen in den brennendsten Farben ist ungemein prachtvoll. Besonders schön nahmen sich kolossale, unter den Bäumen aufgehangene Blumenbouquets aus, wo die Blumen von roten, blauen, violetten und gelben Lampen, die Blätter und Stiele von grünen gebildet wurden, dann Kronleuchter von einem bunten türkischen Muster

KINGSBENCH, GEFÄNGNIS IN LONDON

aller Nuancen und ein Tempel für die Musik, von dem königl. Wappen nebst dem crest darüber gekrönt. Mehrere Triumphbögen waren nicht, wie sonst gewöhnlich, von Brettern aufgeführt, sondern transparent von Eisen gegossen, welches sie unendlich eleganter und dennoch ebensoreich erscheinen ließ.

Weiterhin breitet sich der Garten noch mit verschiedenen Abwechslungen und Darstellungen aus, wovon heute die merkwürdigste die der Schlacht von Waterloo war. Um sieben Uhr wird der Garten geöffnet. Allerorten gibt es verschiedene Darstellungen. Um acht Uhr beginnt die Oper. Dieser folgen anderswo Seiltänzer, um zehn Uhr zum Schluß die erwähnte Schlacht von Waterloo. Dies Schauspiel ist sonderbar genug, und die Täuschung wirklich in manchen Szenen sehr groß. Zum Schauplatz dient ein Teil des freien Gartens selbst, der mit uralten Kastanienbäumen, mit Gebüsch untermengt, besetzt ist. Zwischen vier der ersten, deren Laub so dicht ist, daß kaum der Himmel durchschimmern kann, war eine Tribüne mit Gradins für ungefähr 1200 Menschen errichtet, die wohl bis vierzig Fuß Höhe hinanstieg. In einem furchtbaren Gedränge, nicht ohne einige empfindliche Stöße zu erhalten und auszuteilen, erreichten wir unsern Sitz. Es war eine warme, wunderliebliche Nacht. Der Mond schien äußerst hell und zeigte in einer Entfernung von ungefähr fünfzig Schritt zwischen zwei Riesenbäumen einen kolossalen Vorhang von rotem Zeuge, mit den vereinigten Wappen Großbritanniens bemalt. Hinter dem Vorhang ragten viele andere Baumgipfel, so weit man sehen konnte, hervor.

Nach einer minutenlangen Stille donnerte ein Kanonenschuß durch den Wald, und die militärische Musik von zwei Garderegimentern ertönte zugleich in grandioser Harmonie aus der Ferne. Der Vorhang öffnete sich in der Mitte, rauschte voneinander, und wir erblickten wie im Tageslicht auf einem Boden, der sich sanft erhebt, unter hohen Bäumen hervorschimmernd, das Vorwerk Hougomont (nicht eine Dekoration, sondern aus Holz aufgebaute Fassaden mit gemalter Leinwand bekleidet, die wirkliche Häuser vollkommen nachahmten), und aus dem Walde avancierten unter militärischer Musik die französischen Garden, treu uniformiert, mit ihren bärtigen Sappeurs voran. Sie formieren sich in Parade, und Napoleon auf seinem Schimmel, im grauen Überrock, von mehreren Marschällen begleitet, passiert sie en revue. Ein tausendstimmiges Vive l'Empereur erschallt, der Kaiser berührt seinen Hut, eilt im Galopp weiter, und die Truppen in gedrängten Massen bivouaquieren. Nach einiger Zeit beginnt ein fernes Schießen, es wird immer tumultuarischer auf der Szene, und die Franzosen marschieren ab. Kurz darauf erscheint Wellington mit seinem Generalstab, alle in recht guter Kopie der Personalitäten, haranguiert seine Truppen und reitet langsam ab. Das große Original befand sich selbst unter den Zuschauern und lachte herzlich über sein Konterfei. Jetzt beginnt das Gefecht durch Tirailleurs, ganze Kolonnen rücken dann gegeneinander an, machen Attacken mit dem Bajonet, die französischen Kürassiere chargieren die schottischen Quarres, und da gegen tausend Menschen und zweihundert Pferde in der Aktion sind, auch das Pulver nicht gespart wird, so waren manche Momente in der Tat auffallend einem wirklichen Gefechte ähnlich. Besonders gut geriet der Sturm auf Hougomont, das in derselben Zeit durch einschlagende Bomben in Feuer aufgeht. Der dichteste Rauch eines wirklichen Feuers verhüllte eine Zeitlang die Streitenden, die im allgemeinen Tumult nur durch die Blitze des kleinen Gewehrfeuers teilweise sichtbar wurden, während mehrere Sterbende und Tote den Vordergrund einnahmen. Als der Rauch sich verzog, stand Hougomont noch in Flammen, die Engländer als Sieger, die Franzosen als Gefangene umher, und von weitem sah man Napoleon zu Pferde, und hinter ihm seinen vierspännigen Wagen, über die Szene fliehen. Wellington aber als Sieger wurde unter dem fernen Kanonendonner mit Hurrageschrei begrüßt. Die lächerliche Seite der Vorstellung war Napoleon, welcher, der Eitelkeit der Engländer zuliebe, mehreremal flüchtend und verfolgt über die Szene jagen und dem Plebs in gutem und schlechtem Anzug zum Jubel dienen mußte. Das ist das Los des *Großen* auf der Erde! der Welteroberer, vor dem einst die Erde zitterte, dem das Blut von Millionen bereitwillig floß und auf dessen Wink die Könige lauschten – ist jetzt ein Kinderspiel, die Märchen seiner Zeit verschwunden wie ein Traum, der Jupiter dahin und Scapin, wie es scheint, allein noch übrig. Obgleich nach Mitternacht, war es doch noch Zeit genug, mich aus der seltsamen Licht- und Mondscheinszene auf einen glänzenden Ball bei Lady L... zu begeben, mit vielen Diamanten, schönen Weibern, kostbaren Erfrischungen, schwelgerischem Souper und kolossalem Ennui. Schon um fünf Uhr früh ging ich daher zu Bett.

den 13.

Oft hatte ich von einem gewissen Herrn Deville in der City gehört, einem Schüler Galls, passionierten Kraniologen, der unentgeltlich, um seine eignen Kenntnisse zu bereichern, alle Tage der Woche zu gewissen Stunden Audienz erteilt und jedem die gewünschte Auskunft gibt. Er untersucht den Schädel sorgfältig und macht gefällig mit dem Resultat bekannt.

Voller Neugierde besuchte ich ihn diesen Morgen und fand sein Empfangzimmer, in welchem eine merkwürdige Sammlung aller Arten von Schädeln aufgestellt war, mit mehrern Damen und Herren angefüllt, die teils ihre Kinder zum Behufe fernerer Erziehung untersuchen ließen, teils, vielleicht Ämter suchend oder schon im Besitze derselben, sich erkundigten, ob sie sie wohl auch *verwalten* könnten. Ein einfacher, ernster und blasser Mann verrichtete dies Geschäft mit sichtlichem Wohlwollen und Vergnügen. Ich wartete, bis alle übrigen weg waren, und bat nun Herrn Deville, mir eine besondere gütige Berücksichtigung zu schenken, da es zwar zur Erziehung leider zu spät bei mir sei, ich auch kein Amt habe, aber sehr wünsche, eine solche Charakteristik von ihm zu vernehmen, die ich mir, zu noch tunlicher Vervollkommnung, gleich einem Spiegel vorhalten könne. Er sah mich sehr aufmerksam an, vielleicht um zuerst auf Lavaterschem Wege zu erspähen, ob ich de bonne foi oder als Schalk hier aufträte, und bat mich dann höflich, Platz zu nehmen. Er befühlte hierauf meinen Kopf wohl eine gute Viertelstunde lang, wonach er in abgebrochenen Sätzen folgendes Porträt von mir entwarf, das Dich, die mich so genau kennt, gewiß ebensosehr überraschen wird, als es mich, ich gestehe es, in keine geringe Verwunderung setzte, denn es war ganz unmöglich, daß er je früher irgend etwas von mir erfahren haben noch mich kennen konnte.

Da ich alles sogleich aufschrieb und die Sache, wie Du denken kannst, mich nicht wenig interessierte, so glaube ich nicht, daß ich mich bei der Wiederholung in einem irgend wesentlichen Punkte irren kann.*

»Ihre Freundschaft«, fing er zuerst an, »ist sehr schwer zu gewinnen und nur durch solche, die sich Ihnen ganz und mit der größten Treue widmen. In diesem Falle werden Sie aber Gleiches mit Gleichen mit unwandelbarer Beständigkeit vergelten.

Sie sind leicht zu reizen in jeder Hinsicht und dann großer Extreme fähig, geben aber weder der leidenschaftlichen Liebe noch dem Haß noch andern Leidenschaften eine lange Folge.

Sie lieben die Kunst und werden, wenn Sie ausübend darin sind oder werden wollen, sich ohne Schwierigkeit darin ausbilden können, und ich finde die Kraft der Komposition auf Ihrem Schädel stark ausgedrückt. Sie sind kein Nachahmer, sondern wollen selbst schaffen, ja es muß Sie das Gefühl oft drängen, Neues hervorzubringen.

Sie haben auch einen starken Sinn für Harmonie, Ordnung und Symmetrie. Wenn Sie Diener haben oder Handwerker beschäftigen, werden diese viel Mühe finden, Sie zu befriedigen, weil Ihnen nichts genau und akkurat genug sein kann.

Sie haben sonderbarerweise die Liebe zum Häuslichen und die des Umherschwärmens in der Welt, welche sich gegenseitig opponieren, gleich stark.

Gewiß werden Sie daher auf Reisen, soweit es Ihre Mittel erlauben, gern recht viel Dinge mit sich führen und überall sich so schnell als möglich das häusliche, gewohnte Bild wieder herzustellen suchen.«

(Dies so treffende und so sehr ins Detail Gehende frappierte mich besonders.)

* *Ich war im Begriff, diese Stelle wegzulassen, die allerdings zu sehr der vertrauten Korrespondenz angehört, um viele Leser interessieren zu können. Da sie aber den seligen Verfasser wirklich ungemein treu schildert und später derselbe manchmal darauf Bezug nimmt, so hoffe ich, wird man mir die Beibehaltung derselben verzeihen.*

»Ein ähnlicher Widerspruch findet sich bei Ihnen in einem scharfen Verstande« (verzeihe, aber ich muß seine Worte treu wiederholen) »und einer bedeutenden Anlage zur Schwärmerei. Sie müssen innig religiös sein und werden doch wahrscheinlich keiner positiven Form der Religion sonderlich anhängen, vielmehr« (ebenfalls seine eignen Worte) »eine erste Ursache aller Dinge unter einem moralischen Gesichtspunkte verehren mögen.

Sie sind sehr eitel, doch nicht von der Art, die viel zu sein glaubt, sondern viel sein möchte. Daher wird Ihnen auf die Länge die Gesellschaft Überlegener, Höherer, in irgendeiner Art, ja selbst Ihresgleichen nicht ganz wohltun. Recht behaglich (easy) finden Sie sich nur da, wo Sie auf eine Weise wenigstens, entweder durch Ihre Stellung oder in irgendeiner andern Beziehung, anerkannt präponderieren. Das Gegenteil, versteckte Satire, scheinbare Kälte, besonders wo sie sich nicht bestimmt feindlich, nur ungewiß ausspricht, paralysieren Ihre Fähigkeiten leicht, und Sie werden sich, wie gesagt, ganz ungezwungen und heiter (cheerful) nur da bewegen können, wo Ihre Eitelkeit durch nichts niedergedrückt (hurt) wird, die Menschen, mit denen Sie umgeben sind, Ihnen aber zugleich wohlwollen, wofür Ihre Gutmütigkeit, eines Ihrer starken Organe, Sie sehr empfänglich macht.

Diese letztere, mit einem scharfen Urteil gepaart, macht Sie auch zu einem großen Verehrer der Wahrheit und Gerechtigkeit. Das Gegenteil empört Sie, und Sie werden ohne alles persönliche Interesse immer die Partei eines Unterdrückten lebhaft zu nehmen imstande sein. Auch Ihr eignes Unrecht gestehen Sie gerne ein und verbessern es bereitwillig. Unangenehme Wahrheit, die Sie betrifft, kann Sie wohl verdrießen, Sie werden aber dem, der sie aus keiner feindlichen Absicht Ihnen sagt, doch eher geneigt sein und jedenfalls deshalb wahre Achtung für ihn fühlen. Aus demselben Grunde werden Sie Geburtsdistinktionen eigentlich nicht zu hoch anschlagen, wenn Ihre Eitelkeit auch nicht ganz unempfindlich dagegen ist.

Sie lassen sich leicht hinreißen, es fehlt Ihnen aber dennoch an leichtem Sinn. Im Gegenteile haben Sie cautiousness* in zu hohem Grade, welche Ihrem Leben als Wermut beigemischt ist, denn Sie werden über alles viel zuviel reflektieren, sich abwechselnd die seltsamsten Grillen machen, und gerade bei Kleinigkeiten, ohne Not in Kummer und Sorge, Mißtrauen in sich selbst und Argwohn gegen andere, oder auch in Apathie verfallen, sich im ganzen fast *immer mit der Zukunft*, wenig mit der Vergangenheit und noch weniger mit der Gegenwart beschäftigen.

Sie *streben* beständig, sind begierig nach Auszeichnungen und sehr empfindlich für Vernachlässigung, haben über-

* *Ist schwer zu übersetzen, denn Vorsichtssinn drückt es nicht hinlänglich aus, vielmehr ist es das Vermögen, sich augenblicklich alles zu denken, was infolge einer Handlung geschehen könnte, und sie so, fast unwillkürlich, von allen Seiten beleuchten und sich ausmalen zu müssen, welches oft die Tatkraft lähmt.*

haupt sehr viele Ambition und von allen Arten, die Sie zugleich schnell wechseln, auch gleich damit am Ziele sein wollen, da Ihre Imagination stärker ist als Ihre Geduld, weshalb Sie besonders günstige Umstände finden müssen, um zu reüssieren.

Sie haben jedoch Eigenschaften, die Sie fähig machen, nicht Gemeines zu leisten, und selbst das Organ der Ausdauer und Festigkeit ist stark bei Ihnen ausgedrückt, aber von so vielen widerstrebenden Organen gehindert, daß Sie einer großen Aufregung (excitement) bedürfen, um Spielraum dafür zu gewinnen. Dann treten die edlern Kräfte hervor, und die geringern sinken.

Sie schätzen Geld und Vermögen sehr hoch, wie alle, die viel tun wollen, aber nur als Mittel, nicht als Zweck. Geld an sich ist Ihnen gleichgültig, und es ist wohl möglich, daß Sie nicht immer sehr haushälterisch damit umgehen.

Sie wollen in allen Dingen schnell und augenblicklich befriedigt sein, wie mit dem Zauberstab; oft stirbt der Wunsch eher, als die Erfüllung möglich ist. Die Sinnlichkeit und das Wohlgefallen am Schönen hat einen zu mächtigen Einfluß auf Sie, und da Sie sich zum Gebieterischen, Herrschsüchtigen und Eitlen allerdings neigen, so findet sich hier ein Foyer von Eigenschaften, die Sie sehr zu hüten haben, um nicht in große Fehler zu verfallen, denn alle Eigenschaften an sich sind gut, nur ihr Mißbrauch bringt Unheil hervor. Selbst die so unrichtig von dem Vater unserer Wissenschaft bezeichneten Organe des Mord- und Diebssinnes (jetzt richtiger Destruktionssinn und Erlangungssinn benannt) sind nur Anzeichen von Tatkraft und Begehrlichkeit, die, mit Gutmütigkeit, Gewissens- und Vorsichtssinn verbunden, einen wohlbegabten Schädel formieren, ohne diese intellektuellen Eigenschaften aber leicht zu Verbrechen führen mögen.«

Er sagte daher auch, daß bei Beurteilung eines Schädels es gar nicht auf die einzelnen Organe, sondern auf ihren Komplex ankomme, indem sie sich gar mannigfaltig gegenseitig modifizierten, ja zum Teil völlig neutralisierten, also nur die *Proportion des Ganzen* den eigentlichen Schlüssel zu dem Charakter des Menschen geben könne.

Als allgemeine Regel stellte er auf: daß Menschen, bei deren Schädel – wenn man sich eine gerade Linie von oben bis unten durch die Mitte des Ohres gezogen denkt – der vordere Teil eine größere Masse als der hintere darbiete, empfehlenswerter seien, weil der vordere Teil mehr die intellektuellen Eigenschaften, der hintere die tierischen enthalte.

Alle Schädel der Hingerichteten z. B., die er besaß, zeugten für diese Lehre, und bei einem der Grausamsten nahm der Hinterkopf zwei Drittel des ganzen Schädels ein. Auch bei den Büsten von Nero und Caracalla bemerkt man ein ähnliches Verhältnis.

Ist dieses jedoch im entgegengesetzten Extrem vorhanden, so fehlt es den zu intellektuellen Individuen wiederum an Tatkraft, und auch hier, wie in allen Dingen, ist ein billiges Gleichgewicht das wünschenswerteste.

Herr Deville behauptet, daß man nicht nur hervorstechende günstige Organe durch Übung der von ihnen bedingten Eigenschaften sehr vergrößern könne, sondern auch dadurch andere nachteilige vermindern, und versichert, daß kein Lebensalter hiervon ganz ausgeschlossen sei. Er zeigte mir den Schädel eines Freundes, der sich noch im sechzigsten Jahre einem sehr anhaltenden Studium der Mathematik widmete und in wenigen Jahren dadurch die betreffende Bosse so merklich hervortreten machte, daß sie alle übrigen überragte.

Zuletzt gab er mir noch, gleichsam als Beleg zu seiner Charakterschilderung, eine Liste der bei mir hauptsächlich hervorstehenden und gemeinschaftlich wirkenden Organe meines Schädels, die mir sein Urteil sehr wohl erklärten, die ich aber nicht ganz mitteilen mag, da man über sich selbst immer weislich noch etwas zurückbehalten muß, wie die vertrauteste Dame doch auch nicht alle Toilettengeheimnisse enthüllt. Ohnedies kennst Du mich in mancher Hinsicht wahrscheinlich noch besser als Deville, da Dir ein mächtigerer Talisman dazu zu Gebote steht als die Kraniologie – echte und wahre Liebe. Nur so viel muß ich des Scherzes wegen anführen.

Organ des Wunderbaren, schwach – weshalb ein Gläubiger an mir verdorben ist, ohne deshalb ein Schuldner werden zu müssen.

Idealität, sehr stark – weshalb ich nie mit der Gegenwart zufrieden bin.

Zahlensinn? schwach – weshalb ich sehr viel Mühe habe, Einnahme und Ausgabe stets im richtigen Verhältnis zu erhalten, und überhaupt Adam Ries' Rechenbuch nie geschrieben haben würde.

Zeitsinn ist auch schwach, weswegen ich gewöhnlich überall zu spät komme, als eine personifizierte moutarde après dîner.

Eminentes Vergleichungsorgan. Wieder unglücklich für gläubigen und blinden Gehorsam.

Über so viele Fehler tröstet mich schlecht die große Bosse des Kausalitätsorgans, welches uns unter andern zwingt, die Unzulänglichkeit der menschlichen Existenz immer recht bitter vor Augen zu behalten, indem es das Vermögen ausübt, sich selbst und den eignen Geist als ein Fremdes zu betrachten und zu analysieren, sich zugleich mit den andern Menschen als ein Objekt zu beurteilen und dabei willkürlich von allem zu abstrahieren, was durch Erziehung, Schicksal usw. auf diese Wesen Einfluß gehabt hat und noch hat – oder, um schulgerechter zu sprechen: welches von allem die Ursache ergründen will, die Verbindung zwischen Ursach und Wirkung genau erforscht und bei allem den Menschen zu fragen zwingt: Warum? eine ... *lästige* Eigenschaft, die man auch im gewöhnlichen Leben Vernunft zu nennen pflegt.

Leider ist Eventualität bei mir weit schwächer als jenes Organ. Dieses, welches man das Realitätsvermögen nennen könnte, ist ebenfalls ziemlich schwer zu definieren und sein geringes Volumen bei mir verurteilt mich, wie ich fürchte, zu einer Art Poeten, der nur im Traume sehen und leben darf, was er in der Welt selbst nicht erreichen kann.

Eventualität ist nicht Tatkraft, obgleich ihr Mangel eine auf denselben Zweck fortwährend gerichtete Tatkraft verhindert, denn wo sie nicht ist, entsteht eine Abwesenheit des Interesses und der Aufmerksamkeit auf das, was geschieht, ein Mangel des praktischen Gesellschaftssinnes. Man hat bemerkt, daß alle großen Staatsmänner das Organ der Eventualität im hohen Grade besitzen, welches zugleich eine große Begierde in sich begreift, alles zu wissen, was im Getreibe der Welt vorgeht, sich nur wohl im Geschäftsstrudel zu befinden, der daraus hervorgeht, stets bereit zu sein, darin handelnd einzugreifen, keine Mühe dabei scheuend, und alle ihre Impulse nur von der äußern Wirklichkeit, nie von der innern Phantasie zu erhalten. An Cannings und noch mehr an Napoleons Gipsschädel zeigte Herr Deville Eventualität gigantisch vorherrschend, bei beiden waren aber auch die andern intellektuellen Eigenschaften sehr ausgebildet, bei Napoleon die animalischen ebenso kräftig, bei Canning mehr Phantasie und Kausalität.*

* *Darum starb auch der eine als Gefangener Europas in Helena, der andere vor Kummer über die Intrigen seiner Feinde im trauernden Vaterlande.*

den 14.

Schon mehreremal habe ich den Architekten Herrn Nash besucht, dem ich viel Lehrreiches in *meiner* Kunst verdanke. Man sagt, daß er sich ein Vermögen von fünfhunderttausend Pfund Sterling im speziellen Sinne des Wortes »aufgebaut« habe. Er besitzt einige herrliche Landsitze, und kein Künstler in der Stadt wohnt auch in dieser anmutiger. Vor allen gefiel mir seine Bibliothek.

Sie bildet eine lange, breite Galerie mit zwölf tiefen Nischen auf jeder Seite und zwei großen Portalen an den Enden, die in zwei andere geräumige Zimmer führen. Die Galerie ist flach gewölbt und erhält einen Teil ihres Lichts von oben durch eine zusammenhängende Reihe eleganter Rosetten, deren mattes Glas verschiedene grau in grau gemalte Figuren schmücken. In jeder Nische befindet sich in der Decke ebenfalls ein halbrundes Fenster von lichtem Glase, an der Rückwand oben ein Al-fresco-Gemälde aus den Logen Raffaels, und unter diesem auf Postamenten aus Gipsmarmor: Abgüsse der besten Antiken. Den übrigen Raum der Nische nehmen Schränke mit Büchern ein, welche jedoch nicht höher, als das Postament der Statue ist, emporsteigen. Auf den breiten Pfeilern zwischen den Nischen sind ebenfalls Arabesken nach Raffael aus dem Vatikan vortrefflich al fresco ausgeführt.

Vor jeder Nische, und etwas entfernt davon, steht in der mittleren Galerie ein Tisch von Bronze mit offenen

Fächern, welche Mappen mit Zeichnungen enthalten, und auf den Tischen Gipsabgüsse irgendeines berühmten architektonischen Monuments des Altertums. Ein breiter Gang bleibt noch in der Mitte frei.

Aller Raum an Wänden und Pfeilern, der keine Malereien enthält, ist mit mattem Stuck belegt, der in einem blaßrötlichen Tone gehalten und mit goldnen schmalen Leisten eingefaßt ist. Die Ausführung erscheint durchgängig gediegen und vortrefflich.

Als ich von hier zum Diner fuhr, sah ich in der Themse ein Boot mit ganz nackten Menschen, gleich Wilden, darin, von denen zuzeiten einer hinaussprang, um zu schwimmen, eine Indezenz, die mich mitten in London verwunderte, um so mehr, da ich erst gestern in der Zeitung las, daß vor einiger Zeit ein Offizier einen Mann, der sich auf ähnliche Art mit seinem Sohne nackt unter den Fenstern seines Hauses badete und der auf seinen Zuruf sich nicht entfernen wollte, ohne Umstände mitten durch den Leib geschossen habe. Vor Gericht sagte er aus, daß der Badende sich vor den Augen seiner Frau schamlos entblößt, was er nicht habe dulden können und im ähnlichen Falle daher eben wieder so handeln würde. Es ist charakteristisch, daß er von der Jury freigesprochen wurde. Das Mittagsmahl bei dem portugiesischen Gesandten hätte bald wie das berühmte Fest des Fürsten Schwarzenberg in Paris geendet. Eine der schönen silbernen Girandolen von Rundel and Bridge, die wie Diamanten glänzte, kam dem Vorhange zu nahe, welcher sogleich lichterloh aufloderte. Das Feuer wurde jedoch schnell gelöscht, und zwar vom spanischen Gesandten, was bei den jetzigen politischen Konjunkturen den Zeitungen zu Witzeleien hätte Anlaß geben können.

Spät in der Nacht fuhr ich noch eine halbe Post weit in die Stadt hinein, um mir den Kirchturm von St. Giles zu besehen, dessen neues, kolossales, rosenrotes Zifferblatt, mit vielen Lampen erleuchtet, wie ein herrlicher Stern in der Nacht strahlt.

Zu Hause fand ich Deinen Brief mit allerlei liebevollen Vorwürfen, unter andern das Persönliche zu sehr über äußere Dinge zu vernachlässigen. Wäre dieses auch zuweilen der Fall, so denke darum doch nicht, daß mein Herz je weniger von Dir erfüllt sei. Auch die Blume duftet ja zuzeiten schwächer, zu andern stärker, ja, manchmal gibt es wohl gar keine Blume am Rosenstrauch, zu seiner Zeit dringen und blühen sie dann alle wieder hervor – aber die Natur der Pflanze bleibt immer dieselbe.

Herders Gebet ist schön, doch hier auf Erden bewährt es sich nicht, denn hier scheint zwar Gottes Sonne über Gute und Böse, aber auch Gottes Gewitter trifft Gute und Böse. Jeder muß sich selbst wahren, so gut er kann!

den 19.

Ein freundlicher Sonnenblick lockte mich ins Freie, das ich jedoch bald wieder mit dem Unterirdischen vertauschte. Ich besah nämlich den berüchtigten Tunnel, die wunderbare, 1200 Fuß lange Kommunikation unter der Themse. Du hast wohl in den Zeitungen gelesen, daß vor einigen Wochen das Wasser des Flusses einbrach und sowohl den über hundert Fuß tiefen und dreißig Fuß breiten Turm am Eingang als auch den schon fünfhundertvierzig Fuß langen, fertigen doppelten Weg gänzlich anfüllte. Auf glückliche und unglückliche Begebenheiten ist hier immer ein paar Tage darauf die Karikatur fertig. So sieht man bei der Katastrophe des Tunnels, als das Wasser einbricht, einen dicken Mann, der wie eine Kröte auf allen vieren sich zu retten sucht, in der Angst mit weit aufgerissenem Munde »Feuer« schreien. Durch Hülfe der Taucherglocke hat man das Loch im Grunde des Flusses, wo die Erde nachgegeben, durch Säcke voll Lehm nicht nur wieder zugefüllt, sondern jetzt, soweit der Tunnel noch fortzusetzen ist, den Erdboden unter dem Wasser überall fünfzehn Fuß hoch durch Vermischung mit Lehm so befestigt, daß, wie man sagt, keine ähnliche Gefahr mehr zu befürchten ist. Eine Dampfmaschine der stärksten Art, die in der Höhe der Turms placiert ist, hat gleichzeitig das eingedrungene Wasser fast ganz wieder ausgepumpt, so daß man schon wieder das Ganze bequem besehen kann. Es ist ein gigantisches Werk, nur hier ausführbar, wo die Leute nicht wissen, was sie mit ihrem Gelde anfangen sollen.

Aus dem Tunnel fuhr ich nach Astley's Theater, dem hiesigen Franconi, und diesem überlegen. Ein Pferd mit angeschnallten Flügeln, Pegasus genannt, macht wunderbare Kunststücke, und der russische betrunkene Kurier, der auf sechs bis acht Pferden auf einmal reitet, kann in Geschicklichkeit und Kühnheit nicht übertroffen werden. Die theatralische Vorstellung bestand in einer sehr ergötzlichen Parodie des »Freischützen«. Statt des Kugelgießens wird durch Pierrot und Pantalon ein Eierkuchen gebacken, wozu sich die beibehaltene Webersche Musik höchst komisch ausnimmt. Die Geister, welche erscheinen, sind sämtlich Küchengeister, Satanas selbst ein bloßer chef de cuisine. Bei dem letzten Graus bläst ein gespenstischer Blasebalg alle Lichter aus, bis auf eine große Kerze, die immer wieder von neuem Feuer fängt. Da ergreift eine Riesenfaust den armen Pierrot, legt ihn über die Flamme, und eine Köchin, so groß wie das Theater, in schwarz und rotem Teufelscostume, deckt beide mit einem extinguisher vom Umfange eines Hauses zu. Währenddem fliegt Pantalon mit einer Rakete an einer gewissen Stelle, die sich unter seinem Wehgeschrei nach unten entladet, durch die Lüfte davon.

Aller dieser Unsinn macht allerdings im Augenblick lachen, ein trauriges Gemüt macht er aber doch nicht heiterer, und Du weißt, ich habe so manche Ursache zu Kummer, die ich nicht immer vergessen kann . . . .
. . . .

Es muß eine schlechte Konstellation jetzt für uns am Himmel stehen – denn gewiß gibt es glückliche und unglückliche Strömungen in der Lebensperiode, und sie zu wissen würde dem Steuermann gar sehr zu Hülfe kommen.

Der Stern, der, wie Du schreibst, über Deinem Schloß so brennend funkelte, muß ein feindlicher gewesen sein. Mir funkelt nur noch ein Stern günstig, und das ist der Stern Deiner Liebe. Mit ihm würde mein Leben verlöschen!

Veränderung der Umgebung für mich scheint mir immer nötiger, besonders, da ich mich aus der wenigen Gesellschaft, die noch hier ist, fast ganz zurückgezogen habe. Till sagt sehr weise: Nach Regen folgt Sonnenschein – dem also entgegen! und richte auch mich durch Deine Briefe auf. Laß sie heiter und stärkend sein durch *eigne* Heiterkeit, denn diese ist wichtiger für mich als alle Nachrichten, böse oder gute, die sie enthalten. Nichts ist mir schrecklicher als der Gedanke, Dich in der weiten Entfernung bekümmert zu wissen, denn es ist eine so große Kunst, *freudig* zu leiden wie ein Märtyrer! Man kann es auch nur, wo man unschuldig oder aus Liebe zu einem andern leidet. Du, meine teure Julie, hast kaum andere Leiden gekannt, ich aber darf nicht so stolz von mir sprechen.

den 23.

Haymarket Theater ist jetzt mit sehr guten Schauspielern besetzt und das Rendezvous aller, nach beendigter Season vakant gewordener gay ladies. Ich saß gestern in meiner Loge, ganz aufmerksam auf das Stück, als sich plötzlich der allerniedlichste Fuß, in einen netten Schuh und perlfarbnen seidnen Strumpf gehüllt, auf den Stuhl neben mir aufstützte. Ich sah mich um, und ein Paar prächtige braune Augen lächelten mich schalkhaft aus einem Philinengesichte an, das ein großer italienischer Strohhut halb verdeckte, während ein ganz einfaches, sehr weißes Kleid, von einem ponceauroten Bande unter der züchtig verdeckten Brust zusammengehalten, den ganzen Putz der kleinen Person ausmachte, welche kaum achtzehn Sommer zu zählen schien.

Alle Dandys, und auch viele junge Leute in der großen Welt, die dies eben nicht sind, pflegen hier Mätressen zu halten, denen sie ein eignes Haus mieten, sie darin einrichten und ihre müßigen Augenblicke dort zubringen, ganz wie ehemals die petites maisons in Frankreich. Sie kommen bald auf einen förmlich häuslichen Fuß mit ihnen und sind auch in diesem Verhältnis so systematisch als in allen übrigen. Treu sind diese Art Weiber »auf Zeit« selten, aber oft weit gebildeter an Geist und Sitte als ihresgleichen in andern Ländern.

Die Kleine hinter mir schien die Absicht zu haben, ein solches Verhältnis anzuknüpfen, denn sie benahm sich nicht ohne Feinheit und wußte ebensosehr durch eine artige Koketterie gegen mich als durch ein äußerst gemessenes Benehmen gegen andere, die sich ihr zu nähern suchten, bald eine Art Einverständnis zwischen uns hervorzubringen, ohne daß wir noch ein Wort gewechselt hatten. Auch fehlte des Anstandes halber eine Mutter neben ihr nicht, die sie chaperonierte, aber sei es nun eine gemietete oder eine wahre, nirgends sind diese Mütter bequemer als in London. –

Es ist sonderbar, daß die meisten jungen Mädchen, die hier einem langen Elend so lustig entgegengehen, nicht von Männern und durch Liebe, sondern, wie mir ein sehr Kundiger versicherte, fast immer von ihrem eignen Geschlecht zu solcher Lebensart verführt werden, wozu der übertriebene Luxus aller Stände sosehr die Hände bietet. Dennoch bleiben viele von ihnen weniger interessiert und weit gefühlvoller als ihre Nachbarinnen über dem Kanal, ja das Romantische selbst verläßt sie nicht immer bei ihrem jammervollen Beruf! Die Nuancen unter diesen Damen sind übrigens ebenso verschieden als die der verschiedenen Stände in der Gesellschaft und ihre Zahl in London bekanntlich ebensogroß als die der sämtlichen Einwohner Berlins.

Es ist kein zu großer Sprung, wenn ich Dich von hier nach Bedlam, eigentlicher nach Bethlem, führe, das ich diesen Morgen besuchte. Nirgends logieren die Narren besser, das heißt die eingesperrten. Ein Pleasureground befindet sich vor dem Tore des Palastes, und nichts kann reinlicher und zweckmäßiger eingerichtet sein als das Innere. Als ich in die erste Weibergalerie, von einer sehr hübschen jungen Schließerin geführt, eintrat, betrachtete mich eins der tollen Mädchen, ohngefähr einige dreißig Jahre alt, lange aufmerksam und kam dann plötzlich auf mich zu, indem sie sagte: »You are a foreigner – I know you, Prince! Warum haben Sie Ihre Uniform nicht angezogen, um mich zu besuchen«, fuhr sie fort, »das hätte sich besser geschickt. Ach, wie schön sah Charles in der seinen aus!«

»Die arme Seele«, sagte die Schließerin, welche mein Befremden gewahr ward, »ist von einem fremden Prinzen verführt worden und glaubt nun in jedem Ausländer einen solchen zu sehen. Manchmal weint sie tagelang und läßt dann niemanden sich nahe kommen. Nachher ist sie wieder wochenlang ganz vernünftig. Einst war sie sehr schön, aber der Kummer hat jeden Reiz von ihr abgestreift.«

Merkwürdig war ein reicher und sehr gebildeter junger Mann, der nur die einzige fixe Idee hat, er sei ein Stuart und habe *daher* das legitime Recht zum Throne. Ich unterhielt mich eine halbe Stunde mit ihm, ohne ihn auf dieses Thema bringen zu können. Er brach immer vorsichtig, ja schlau ab und sprach dabei höchst interessant über verschiedene Dinge, unter andern über Amerika, das er lange bereist, zeigte auch in seinem Benehmen und Äußern nicht die mindeste Spur von Wahnsinn. Endlich gelang es mir, indem ich bei Gelegenheit von Walter Scotts Romanen des Prätendenten vielfach erwähnte, ihn wärmer zu machen, und als ich endlich vertraulich sagte: »Ich weiß, Sie selbst sind ein Stuart«, schien er zu erschrecken, und den Finger auf den Mund legend, flüsterte er: »Davon dürfen wir *hier* nicht sprechen. Ich bin es – aber nur von der Zeit kann ich den Sieg der Gerechtigkeit erwarten. Das Licht wird aber bald hell leuchten!« – »Ich gehe nach Wales«, erwiderte ich (dort ist er her, und sein Vater ein reicher Gutsbesitzer), »wollen Sie mir die Adresse Ihres Vaters mitteilen, damit ich Ihre Grüße an ihn ausrichten kann?« – »Mit großem

Vergnügen«, erwiderte er, »geben Sie mir Ihr Taschenbuch, ich werde die Adresse hineinschreiben.« Ich gab es ihm, und er schrieb nun seinen wirklichen Namen B... G... hinein, und indem er lächelnd darauf hinwies, sagte er mir ins Ohr: »Unter diesem Namen passiert mein Vater dort. Leben Sie wohl« – und mit gnädigem Winke der Hand entließ er mich.

So etwas ist doch recht schrecklich! Eine einzige fixe Idee macht den liebenswürdigsten Menschen zum inkurablen Narren, kostet ihm seine Freiheit und verdammt ihn für sein Leben zur Gesellschaft der gemeinsten Wahnsinnigen! Was ist doch der unglückliche Mensch im Konflikt mit physischen Übeln, und wo ist dann die Freiheit des Willens!

Spaßhafter war ein fremder Narr, ein deutscher Pedant und Reisebeschreiber, der sich mit anschloß, um das Haus zu besehen, wo er eigentlich hineingehörte. Er konnte mit seinen Noten kaum fertig werden. Jeden der Eingesperrten redete er weitschweifig an und brachte sogleich seine Antwort sorgfältig zu Papier, ohngeachtet sie manchmal nicht die artigste für ihn war: Kaum hatte er meine Unterredung mit B... G... bemerkt, als er auf mich zustürzte und dringend bat, ihm doch mitzuteilen, was der Herr, wie er bemerkt, in mein Taschenbuch geschrieben. Ich erzählte ihm kurz die Geschichte. »O vortrefflich, höchst merkwürdig«, rief er, »vielleicht dennoch wirklich ein Verwandter der Stuarts. B... G... – ich muß deshalb gleich nachschlagen, vielleicht ein Staatsgeheimnis, wer kann wissen? Ist er in der Tat ein Verwandter, wie sehr ist seine Narrheit zu entschuldigen! Sehr merkwürdig, ein reicher Stoff, ich empfehle mich untertänigst«, und damit stolperte er so tölpisch, so unbeholfen, albern und doch so mit sich selbst zufrieden von dannen, daß man sich fast verwunderte, ihn nicht gleich wieder einfangen zu sehen. Beim Zuhausefahren begegneten mir abermals eine Menge Leichenzüge, was freilich in einem Gouffre wie London, wo der Tod immerwährend hart arbeiten muß, kein Wunder ist, aber doch ein übles Omen bleibt, wenn auch der Aberglaube, der solches glaubt, gleichfalls mehr nach Bedlam als in einen vernünftigen Kopf gehört; bei mir hat er indes einigen Grund.

Ich fuhr einst, als ich noch sehr jung war, in einem eleganten Curricle durch die Stadt I..., wo ich mich damals aufhielt. Ein langer Begräbniszug kam mir entgegen, ich mußte halten, und da meine Pferde scheu und unruhig wurden, so daß ich Mühe hatte, sie zu regieren, teilte sich endlich ihre Ungeduld mir selbst mit. Ich brach mit Gewalt durch den Zug und rief die unbesonnenen Worte: »Hole der T... den alten Leichenprunk, ich werde mich nicht länger von ihm aufhalten lassen.« So stürmte ich dahin und war kaum fünfzig Schritte weitergefahren, als ein kleiner Knabe aus einem nahe stehenden Laden heraussprang und, wie eine Fliege ins Licht, mit solcher Schnelligkeit zwischen die Pferde und den Wagen lief, daß es unmöglich war, sie eher anzuhalten, bis schon das Rad der Länge nach über den armen Knaben gegangen war und er leblos, wie ein aus dem Wagen verlornes Bündel, auf dem Pflaster lag. Du kannst Dir meinen tödlichen Schreck denken! Ich sprang hinaus, hob den Kleinen auf, und schon attroupierten sich viele Menschen um uns, als die jammernde Mutter herzustürzte, mit ihren Wehklagen mein Herz zerriß und zugleich den Pöbel dadurch aufregte, sogleich ihre Rache zu übernehmen. Ich mußte das Volk schnell haranguieren, um den beginnenden Tumult zu beschwichtigen, und indem ich den Hergang der Sache kurz erzählte, meinen Namen nannte und der Mutter Geld zurückließ, gelang es mir endlich, wiewohl nicht ohne Mühe, meinen Wagen wieder zu besteigen und mich aus der Bagarre ziehen zu können. Ich befand mich nahe am Tore, vor welchem sich ein ziemlich steiler Berg hinabsenkt. In der Zerstreuung mochte ich auf die Zügel nicht gehörig achten, kurz, einer entglitt meiner Hand, die wilden Pferde gingen durch und trafen in einem Querwege mit dem Karren eines Frachtfuhrmanns dermaßen zusammen, daß eins davon auf der Stelle tot blieb und mein Wagen ganz zerschmettert wurde. Ich selbst ward mit unwiderstehlicher Gewalt hinausgeschleudert und einen Augenblick durch den ungeheuren Schock betäubt. Im zweiten fand ich mich mit dem Gesicht in den Boden eingedrückt, so daß ich fast erstickte. Über mir aber fühlte ich das Toben eines rasenden Tieres und hörte das Donnern von Schlägen, die meinen Kopf zu treffen schienen und dennoch mir nur wenig Schmerz verursachten. Dazwischen vernahm ich noch deutlich das Wehklagen vieler Umstehenden und den Ausruf: »Der ist eine Leiche, schießt doch das Tier tot ...« Bei diesen Worten erhielt ich eine Verwundung am Schlaf, nach welcher ich die Besinnung gänzlich verlor.

Als ich die Augen wieder aufschlug, lag ich mitten in einer ärmlichen Stube auf einer Matratze, eine alte Frau wusch mir das herabrinnende Blut vom Kopf und Antlitz, und ein Chirurgus, mit seinen Instrumenten beschäftigt, schickte sich eben an, mich zu trepanieren. »O laßt doch den armen Herrn ruhig sterben«, rief mitleidig die Frau, und da ich selbst, einigen Schmerz meiner äußern Wunden ausgenommen, mit Gewißheit zu fühlen glaubte, daß keine innere wesentliche Verletzung stattgefunden habe, so widersetzte ich mich noch glücklich der Operation, die auch ganz unnütz gewesen wäre, obgleich der junge Mann, ein Eleve der klinischen Anstalt, sehr begierig war, seine Geschicklichkeit an einer Operation zu erproben, die er bis jetzt, wie er sehr encouragierend versicherte, noch nicht selbst zu machen Gelegenheit gehabt hätte.

Ich raffte mich sogleich auf, um meine rückkehrenden Kräfte zu beweisen, verlangte einen Wagen und ließ, um mich zu reinigen, mir einen Spiegel geben, in dem ich jedoch mein Gesicht durchaus nicht wiedererkennen konnte, weil der größte Teil der Haut davon in der Chaussee geblieben war. Erst später, als sie die Natur durch eine neue wieder ersetzt hatte, erklärte mir mein Kutscher, der während des accident neben mir saß und, seitwärts ins Feld geschleudert, weniger beschädigt worden war, welche wirklich seltsamen Umstände die Begebenheit begleitet hatten. An dem Frachtwagen war nämlich die Deichsel des zweirädrigen Curricle wie ein Lanze am Harnisch zersplittert, das leichte Fuhrwerk vorwärts gestürzt und ich mit ihm. Der übriggebliebene Rumpf der Deichsel hatte sich in die Erde gebohrt und meinen Kopf mit eingeklemmt. Über mir lag, vom Geschirr gefesselt, das eine Pferd, welches die wütendsten Versuche machte, aufzukommen, und fortwährend mit den Hinterfüßen gegen den zerbrochenen Deichselschaft schlug, welcher auf diese Art mein alleiniger Retter wurde, indem er die Schläge auffing, welche sonst meinen Kopf zehnmal zerschmettert hätten. Fast eine Viertelstunde hatte es gedauert, ehe man imstande war, mich und das Pferd loszumachen.

Seit dieser Zeit begegne ich nicht gern Leichenzügen.

Als Nachschrift zu dieser Erinnerung aus meinem vergangenen Leben muß ich noch ein komisches Element hinzufügen. Der überfahrne Knabe genas völlig, und sechs Wochen nach seiner und meiner Katastrophe brachte mir ihn die Mutter rosig und im Sonntagsstaat ins Haus. Während ich ihn küßte und der Mutter ein letztes Geschenk einhändigte, rief diese arme Frau unter Tränen der Freude: »Ach Gott, wenn mein Sohn doch täglich so überfahren würde!«

den 28.

Lange hatte ich die City, in der ich, wie Du weißt, manchmal einen Tag zubringe, wie der Gourmand zuweilen den Appetit mit einfacher Hausmannskost erfrischt, nicht besucht und widmete ihr daher den gestrigen Tag.

Da ich (als deutscher Ritter) auch ein Bierbrauer bin, so lenkte ich mein Cabriolet zuerst nach jener, durch ihre ungeheuren Dimensionen fast phantastisch gewordnen, Barclayschen Brauerei, eine der sehenswertesten Merkwürdigkeiten Londons. Hier werden täglich 1200 — 1500 Fässer, d.h. gegen 20 000 große Quart Bier, gebraut. Alles wird durch Maschinen bewegt, aber eine einzige Dampfmaschine treibt diese und zugleich die Flüssigkeit durch alle Instanzen in kupfernen Röhren hin, die, beiläufig gesagt, das Bier eben nicht zum gesündesten machen mögen. In vier Kesseln wird es gekocht, deren jeder 300 Fässer und darüber faßt. Beim Kochen wird der Hopfen zuerst trocken in die Kessel getan, und eine Maschine rührt ihn beständig um, damit er nicht anbrennt. Die süße Masse fließt während dem Rühren fortwährend zu. Eine besondere Vorrichtung findet statt, das Bier in der heißen Jahreszeit zu kühlen. Es wird nämlich zu diesem Endzweck durch eine Menge Röhren, die einer Orgel mit ihren Pfeifen gleichen, getrieben, worauf frisches Wasser denselben Weg nachgeht, und so fort, immer mit dem Biere abwechselnd. Zuletzt fließt das fertige Getränk in haushohe Faßbehälter, deren es unter gigantischen Schuppen 99 gibt. Nichts ist sonderbarer, als sich ein solches Haus, das 600 000 Quart enthält, anzapfen zu lassen, um ein kleines Glas vortrefflichen Porters zu schöpfen, der sich so kalt wie Eis darin erhält. Diese Fässer sind oben mit einem kleinen Hügel frischen Sandes belegt und konservieren das Bier ein Jahr lang frisch und gut. Dann erst wird es auf kleine Fässer gezogen und an die Käufer versendet. Das Abziehen geschieht durch Schläuche, wie das Begießen aus einer großen Spritze, sehr schnell, indem die kleinen Fässer schon in Gewölben unter dem Boden des Raumes, wo die großen aufbewahrt werden, bereitstehen.

Hundertundfünfzig elefantenartige Karrenpferde sind täglich mit dem Verfahren des Biers in der Stadt beschäftigt, von denen zwei hundert Zentner ziehen.

Eine einzige turmhohe Feueresse absorbiert den Rauch der ganzen Anstalt, und auf der mit Zink gedeckten eleganten Plattform des Hauptgebäudes hat man die Aussicht auf ein sehr schönes Panorama Londons. Nachher besah ich die West India Docks und warehouses, ein unermeßliches Werk, eines von denen, bei deren Anblick auch der Kaltblütigste Ehrfurcht und Staunen für Englands Größe und Macht empfinden muß. Welches Kapital liegt hier in Gebäuden, Waren und Schiffen aufgehäuft! Das künstlich ausgegrabene Bassin, welches zu umgehen ich eine halbe Stunde brauchte, ist sechsunddreißig Fuß tief, und rundumher befinden sich die Warenhäuser und Schuppen, zum Teil fünf bis sechs Stock hoch. Einige Magazine sind ganz aus Eisen aufgebaut, nur der Grund in der Erde ist Stein. Man hat jedoch diese Bauart gefährlich gefunden, da das Eisen durch den Einfluß der Witterung sich auf unegale Weise bald ausdehnt, bald zusammenzieht. In diesen unermeßlichen Warenlagern war Zucker genug vorhanden, um das nebenliegende Bassin zu versüßen, und Rum genug, um halb England trunken zu machen. 2500 Aufseher und Arbeiter pflegen hier täglich beschäftigt zu sein, und der Wert der aufgespeicherten Güter wird auf zwanzig Millionen Pfund Sterling geschätzt, außer den stores*, welche in großer Menge im Vorratshause aufbewahrt werden, so daß das Verderben oder Brechen irgendeines Gerätes die Arbeit nur wenige Minuten aufhalten kann.

Die Menge der angewandten Maschinen und zweckmäßigen Utensilien ist bewundernswürdig. Ich sah mit großem Vergnügen zu, wie Blöcke von Mahagoni- und andern ausländischen Hölzern, manche größer als die stärksten Eichen, durch Maschinen gleich Flaumfedern aufgehoben und so behutsam wie die zerbrechlichste Ware auf die Transportwagen wieder niedergelegt wurden. Alles erscheint hier im kolossalesten Stil. Im Bassin selbst stand auf beiden Seiten Schiff an Schiff gereiht, deren größter Teil eben jetzt neu angestrichen wurde. Solcher Bassins sind zwei, eins für den Import, das andere für den Export. Ich mußte sie früher, als ich wünschte, verlassen, da um vier Uhr das Eingangstor wie

* *Stores heißt alles, was zum Betriebe des Ganzen nötig ist.*

alle Magazine geschlossen werden und man dabei nicht die mindeste Rücksicht nimmt, ob noch jemand darin ist, welcher, wenn er die Stunde versäumt, bis zum nächsten Morgen ohnfehlbar bivouaquieren muß. Der Mann am Tore versicherte mir ganz kaltblütig, und wenn der König darin wäre, so würde nicht eine Minute gewartet werden. Ich eilte also schleunigst von dannen, um in keine ähnliche Verlegenheit zu geraten.

Auf dem Rückweg kam ich bei einer Bude vorbei, wo man ausschrie, daß hier gezeigt werde: der berühmte deutsche Zwerg mit drei Zwergkindern, ferner das lebende Skelett und endlich das dickste Mädchen, das je gesehen worden sei. Ich bezahlte der Kuriosität wegen meinen Schilling, ging hinein, und nachdem ich einviertel Stunde hatte warten müssen, bis noch fünf andere Angeführte sich zu mir gesellten, wurde der Vorhang weggezogen, um die impertinenteste Charlatanerie zu produzieren, die mir je vorgekommen ist. Als lebendes Skelett erschien ein ganz gewöhnlicher Mensch, nicht viel magrer, als ich selbst bin, und zur Erklärung dieser Überraschung wurde entschuldigend angeführt, er sei als Skelett aus Frankreich angekommen, aber hier durch die englischen guten Beefsteaks unaufhaltsam korpulenter geworden. Darauf kam »die fetteste Frau in der Christenheit«, das vortrefflichste Pendant zum Skelett, denn sie war nicht dicker als die Königin von Virginia Water.

Zuletzt zeigten sich die sogenannten Zwerge, welche nichts anders als – kleine Kinder des Unternehmers waren, die man in eine Art Vogelbauer gesteckt hatte, der ihr Gesicht verhüllte und nur Beine und Hände frei sehen ließ, mit welchen letzteren die kleinen Dinger mit großen Klingeln einen furchtbaren Lärm machen mußten. Damit schloß die Vorstellung, eine englische Prellerei, die kein Franzose burlesker und mit mehr Effronterie hätte ausführen können.

den 29.

Seit ich Devilles Schüler geworden bin, kann ich nicht umhin, immer den Schädel meiner neuen Bekannten mit den Augen zu messen, ehe ich mich weiter mit ihnen einlasse, und heute habe ich, wie in der Kotzebueschen Komödie, einen englischen Bedienten, den ich annahm, vorher in optima forma untersucht. Hoffentlich wird das Resultat nicht das nämliche sein, denn die durchs Ohr gezogene Linie gab guten Ausweis, wobei es mir lebhaft auffiel, daß das gemeine Sprichwort (und wieviel populäre Wahrheit enthalten oft diese) mit Devilles Prinzip ganz einverstanden sei, indem es sagt: Er hat es hinter den Ohren, hütet euch vor ihm. Allen Scherz beiseite, bin ich ganz überzeugt, daß man, wie mit dem Magnetismus, auch bei der Kraniologie das Kind mit dem Bade verschüttet, wenn man sie selbst nur für ein Hirngespinst ansieht. Es mögen noch manche Modifikationen nicht aufgefunden sein, aber ich habe die Richtigkeit des bestehenden Prinzips an meinem eignen Schädel so sehr erprobt, daß ich es durchaus nicht mehr lächerlich

LONDON, VOM NEUEN ZOLLAMT AUS GESEHEN

finden kann, wenn Eltern bei der Erziehung ihrer Kinder darauf Rücksicht nehmen und auch Erwachsene zu Erleichterung der Selbstkenntnis es zu benutzen suchen. Wenigstens habe ich auf diesem Wege mehr Klarheit über mich selbst erlangt, als mir sonst vielleicht möglich gewesen wäre.

Da ich den ganzen Tag mit einigen schriftlichen Arbeiten beschäftigt war, so benutzte ich die milde und helle Mondnacht zu meinem Spazierritt, denn, gottlob, ich brauche mich nicht sklavisch an die Zeit zu binden!

Die Nacht war ganz italienisch und außerdem hinlänglich mit Lampen erleuchtet, in deren Bereich ich mich stets hielt und so mehrere Stunden lang in Stadt und Vorstädten umherritt. Von Westminster Bridge aus entfaltete sich eine wunderbare Aussicht. Die vielen Barkenlichter tanzten wie Irrwische auf der Themse, und die vielen Brücken spannten sich wie weite illuminierte Bogenfestons von einer Häusermasse zur andern über den Fluß. Nur Westminster Abtei lag ohne Lampenschein da, und die sehnsüchtige Luna allein, altvertraut mit Ruinen und gotischen Denkmälern, buhlte mit ihrem blassen Scheine mystisch um die steinernen Spitzen und Blumen, senkte sich inbrünstig in die dunklen Tiefen und versilberte emsig die langgestreckten, glitternden Fenster, während Dach und Turm des hohen Baues, in schwarzer farbloser Majestät, über den Lichtern und dem Gewimmel der Stadt zum blauen Sternenhimmel still und starr emporstrebten.

Die Straßen blieben bis Mitternacht ziemlich belebt, ja ich sah sogar einen Knaben von höchstens acht Jahren, der ganz allein in einem kleinen Kinderwagen, mit einem großen Hunde bespannt, im vollen Trabe neben den letzten Diligencen und Equipagen furchtlos vorbeifuhr. Dergleichen findet man gewiß nur in England, wo Kinder schon im achten Jahre selbständig und im zwölften gehangen werden.

Doch guten Morgen, liebe Julie, es ist Zeit, das Bett zu suchen.

den 1. August

Die Hitze bleibt noch immer drückend, der Boden wird ganz zu Asche, und wenn nicht in den makadamisierten Straßen überall fortwährend mit großen, sich immer abwechselnden, Maschinen gegossen würde, so wäre es gewiß vor Staub in der Stadt nicht auszuhalten. So aber bleibt Fahren und Reiten immer angenehm und, obgleich die elegante Zeit vorbei ist, auch shopping noch sehr unterhaltend. Es ist eine der größten Versuchungen hierbei, mehr zu kaufen, als man braucht, und da ich grade jetzt wenig Geld habe, so helfe ich mir bei Dingen, die ich sonst wohl für Dich und mich zu akquirieren wünschte, mit der Phantasie wie jener vortreffliche persische Geizhals, von dem uns Malcolm Folgendes erzählt:

Ein Harpagon in Ispahan, der lange Zeit mit seinem jungen Sohne nur von trockenem Brot und Wasser gelebt hatte, wurde eines Tages doch durch die zu einladende Beschreibung eines Freundes verlockt, ein schmales Stück von einem besonders vortrefflichen und wohlfeilen Käse zu kaufen. Doch ehe er noch damit zu Haus kam, überfielen ihn schon Gewissensbisse und Reue. Er verwünschte seine törichte Extravaganz, und statt den Käse, wie er früher beabsichtigte, zu essen, verschloß er ihn in eine Flasche und begnügte sich in Gesellschaft des Knaben, bei jedem Mahle ihre Brotrinden im Angesicht des Käses zu genießen, dieselbe aber vor jedem Bissen gegen die Bouteille zu reiben und so den Käse einstweilen nur mit der Einbildungskraft zu schmecken. Einmal, berichtet die Geschichte weiter, verspätete Harpagon sich auswärts und fand, als er eine Stunde nach der Essenszeit zu Haus kam, seinen Sohn bereits mit der täglichen Brotrinde beschäftigt und diese emsig gegen die *Schranktüre* reibend. »Was treibt der Bengel?« rief er verwundert aus. »O Vater! es ist Essenszeit, Ihr habt den Schlüssel zum Schranke mitgenommen, und da habe ich denn mein Brot ein bißchen gegen die Türe gerieben, weil ich nicht zur Flasche kommen konnte.« – »Infame Range«, schrie der Vater im höchsten Zorne, »kannst du nicht einen einzigen Tag ohne Käse leben? Geh mir aus den Augen, verschwenderische Brut, *du* wirst nimmer ein reicher Mann werden.«

So reibe auch ich zuweilen meine Brotrinde gegen die Schranktüre, denn das Reichwerden habe ich ebenfalls längst aufgegeben.

Ich schilderte Dir einmal einen gewissen Sir L... M... als ein besonderes Original.

Bei diesem war ich heute zu einem luxuriösen Mahle eingeladen, welches seit so lange vorbereitet wurde, daß sogar einer der diplomatischen Gäste, vor vier Wochen schon, durch einen Kurier von Baden über das Meer herüber dazu zitiert worden war, auch pünktlich am selben Morgen eintraf und ausländischen mit inländischem Appetit vereinigt mitgebracht zu haben schien. Er hatte nicht vergessen, sich mit verschiedenen kontinentalen Delikatessen zu befrachten, denen man, nebst einer Anzahl der ausgesuchtesten Weine, die größte Gerechtigkeit widerfahren ließ. Es gehört ein starker Kopf dazu, um solchen Gelagen hier zu widerstehen, aber die Luft macht wirklich viel Essen und starke Getränke nötiger als bei uns, und wer im Anfang kaum einigen englischen (d. h. mit Branntwein versetzten) Claret trinkt, findet später eine ganze Flasche Portwein recht verträglich mit seiner Gesundheit und den englischen Nebeln.

Wenn aber auch dem sinnlichen Genuß hier hauptsächlich geopfert ward, so blieb die Unterhaltung doch auch nicht ohne Salz. Ein Offizier unter andern, der den Krieg gegen die Birmanen mitgemacht, erzählte uns sehr interessante Details aus jenen Gegenden, z. B., daß die dortigen Kinder, nach unsrer Theorie Kälber fett zu machen, oft drei Jahre lang gesäugt werden. Da nun auch das Tabakrauchen in frühester Jugend anfängt, so sah der Capitaine öfters Jungen, die, indem sie die Brust der Mutter verließen, zum Nachtische die brennende Zigarre in den Mund steckten.

Am ergötzlichsten erschien mir aber folgende Geschichte eines irländischen Bulls. Es ist gewiß der stärkste, der je stattgefunden hat, indem es sich um nichts weniger handelt als um einen Bauer, der sich aus Distraktion selbst den Kopf abschneidet. Dabei ist dennoch das Faktum authentisch, und folgendermaßen trug sich die unerhörte Begebenheit zu.

Die Bauern in Ulster haben die Gewohnheit, wenn sie vom Wiesenmähen zu Hause gehen, ihre kolossalen Sensen, welche eine Spitze am Griff haben, um sie in die Erde zu stecken, gleich einem Gewehre, in die Höhe stehend, auf der Schulter zu tragen, so daß die Schärfe der Sense ganz über ihrem Halse schwebt. Zwei Kameraden schlenderten auf diese Weise den Fluß entlang nach Hause, als sie einen großen Lachs gewahrten, der, mit dem Kopf unter einem Baumstamm verborgen, den Schwanz im Wasser emporstreckte.

»Sieh, Paddy«, ruft der eine, »den dummen Lachs, der glaubt, daß wir ihn nicht sehen, weil er uns selbst nicht sieht. Hätt ich doch meinen Speer, dem wollte ich einen guten Stoß geben.« – »Oh«, sagt der andere, an den Lachs heranschleichend, »das muß auch mit dem Sensenstiel gehen. Gib acht!«, und zu stößt er und trifft den Lachs richtig, leider aber auch zugleich seinen Kopf mit der Sense, der vor den Augen des erstaunten Kameraden schallend ins Wasser plumpt. Lange konnte dieser nicht begreifen, wie Paddys Kopf so schnell herunterkam, und noch heute gibt er nicht zu, daß die Sache mit rechten Dingen zugegangen sei. Ein böser Kobold, meint er, habe sicher die Sense geführt.

Mit der englischen Oper beschloß ich den Tag, wo am Ende des ersten Akts ein Bergwerk einstürzt und die HauptheIden des Stücks begräbt. In der letzten Szene des zweiten Aktes erscheinen sie aber im Bauche der Erde wieder, in der Tat schon dreiviertel verhungert, wie sie selbst erzählen, da sie nun bereits drei Tage hier verschmachtet lägen und jetzt ihre letzten Kräfte dahinschwänden. Das verhindert die Primadonna jedoch keineswegs, eine lange Arie mit Polonaisenmusik zu singen, worauf der Chor mit Trompeten einfällt: »Ha, wir sind verloren, alle Hoffnung ist dahin« – doch, o Wunder, *die Felsen fallen von neuem ein* und eröffnen eine weite Pforte *dem hereinbrechenden Tageslichte.* Aller Jammer und mit ihm aller jammervolle Unsinn des Stücks haben ein Ende.

den 2.

Die gestrige Schwelgerei hat mich auf ein Organ aufmerksam gemacht, das Herr Deville noch unter seiner Liste nicht aufgenommen hat. Es ist das der Gourmandise und befindet sich unmittelbar neben dem ehemaligen Mordsinn, denn es findet, gleich ihm, im Zerstören sein höchstes Vergnügen. Ich besitze es in bedeutendem Maße und wünschte, alle übrigen Buckel und Beulen meines Schädels gäben so unschuldige und angenehme Resultate. Es verleiht dieses Organ nicht bloß die gemeine Lust am Essen und Trinken, sondern befähigt seine Inhaber auch, die wahre Qualität der Weine und ihr Bouquet zu würdigen sowie jeden Fehler und jede Genialität des Kochs augenblicklich gewahr zu werden. Dieses genußreiche Organ wird nur dann der menschlichen Zufriedenheit nachteilig, wenn es mit einem sentimentalen Magen verbunden ist, was glücklicherweise bei mir nicht der Fall zu sein scheint.

Ich besah heute die Ausstellung einer mit der Nadel genähten und von *einer* Person allein angefertigten ganzen Gemäldegalerie, deren Vortrefflichkeit wirklich in Erstaunen setzt. Miss Linwood heißt die Künstlerin, diese geduldigste aller Frauen. In geringer Entfernung scheinen die Kopien den Originalen gleich, und wie sehr sie Anerkennung finden, kann man aus den ungeheuren Preisen beurteilen. Eine solche Tapete nach Carlo Dolce war eben für dreitausend Guineen verkauft worden.

Ein Porträt Napoleons als Konsul soll, sosehr es von seiner spätern Persönlichkeit abweicht, dennoch eine seltene Ähnlichkeit aus jener Zeit darbieten und wurde von den anwesenden Franzosen mit großer Ehrfurcht betrachtet.

Einige Häuser weiter waren Mikroskope von millionenfacher Vergrößerungskraft aufgestellt. Was sie zeigen, könnte einen Menschen von lebhafter Einbildungskraft verrückt machen. Es kann gar nichts Schauerlicheres geben, keine furchtbareren Teufelsfratzen können je erfunden worden sein als jene gräßlich scheußlichen Wasserinsekten, die wir täglich (mit bloßen Augen und selbst geringern Vergrößerungsgläsern unbemerkbar) hinunterschlucken – wie sie gleich Verdammten, in dem sumpfig erscheinenden Kloak mit der Schnelle des Blitzes umherschießen und deren wahrscheinliche Begattung wie Kampf und Schmerz auf Tod und Leben aussieht.

Da ich einmal im Sehen begriffen war und den entsetzlichen Eindruck dieser Unterwelt durch lieblichere Bilder tilgen wollte, so wurden noch drei verschiedene Panoramen mit Muße genossen: Rio de Janeiro, Madrid, Genf.

Das erste ist eine, aus unsern Naturformen ganz heraustretende, originelle und zugleich paradiesisch üppige Natur. Das zweite sieht in der baumlosen, sandigen Ebene wie Stillstand und Inquisition aus. Glühende Hitze brütet über dem Ganzen, wie ein Autocafé. Das dritte dagegen erschien mir wie ein lieber alter Bekannter, und herzerhoben blickte ich lange auf den unerschütterlichen, sich allein stets gleichbleibenden vaterländischen Freund hin, den majestätischen Montblanc.

den 8.

Canning ist tot! Ein Mann in der Fülle der geistigen Kraft, seit wenigen Wochen erst am Ziel seines tätigen Lebens angelangt, endlich der Regierer Englands und dadurch ohne Zweifel der einflußreichste Mann in Europa, mit einem Feuergeiste begabt, der diese Zügel mit mächtiger Hand zu führen wußte, und einer Seele, die das Wohl der Menschheit von einem noch höhern Standpunkte zu umfassen fähig war. – *Ein* Schlag hat dieses stolze Gebäude vieler Jahre zertrümmert, und enden mußte der kühne Mann wie ein Verbrecher – plötzlich, tragisch, unter den fürchterlichsten Leiden, das Opfer einer unbarmherzigen Natur, die mit eisernem Fuße fort und fort niedertritt, was in ihren Weg kömmt, unbekümmert, ob sie die junge Saat, die schwellende Blüte, den königlichen Baum oder die schon hinsterbende Pflanze zerknickt.

Was werden die Folgen dieses Todes sein? In Jahren werden sie erst klarwerden und vielleicht eine Auflösung beschleunigen, die uns in vielen Dingen droht und der nur ein großartiger, aufgeklärter Staatsmann, wie Canning es war, Einheit *und* günstige Richtung zu geben imstande sein möchte. Vielleicht wird grade die Partei, die jetzt so unanständig und gefühllos über seinen frühen Tod triumphiert, durch diesen Tod die erste ernstlich gefährdete werden, denn nicht mit Unrecht hat Lord Chesterfield vor langer Zeit mit prophetischem Sinne gesagt: »Je prévois que dans cent ans d'ici les métiers de gentilhomme et de moine ne seront plus de la moitié aussi lucratifs qu'ils sont aujourd'hui.« Doch was kümmert mich die Politik! Könnte ich nur immer in mir selbst das gehörige Gleichgewicht erhalten, wäre ich zufrieden. Das von Europa wird sich schon von selbst herstellen. *Klugheit* und *Dummheit* führen am Ende alle zu demselben Ziel – *der Notwendigkeit.*

Indessen ist Cannings Tod natürlich jetzt das Stadtgespräch und die Details seiner Leiden empörend. Die Frömmler, denen er wegen seiner freisinnigen Meinungen sehr zuwider war, suchen auszubreiten, er habe sich während dieser Schmerzen bekehrt – was sie nämlich Bekehrung nennen –, einer seiner Freunde dagegen, der lange an seinem Todesbette zugebracht, konnte nicht genug den stoischen Mut und die Sanftmut rühmen, mit der er sein herbes Geschick getragen, bis zum letzten Augenblicke der Besinnung nur von seinen Plänen zum Wohle Englands und der Menschheit erfüllt und ängstlich sorgend: sie dem Könige noch einmal ans Herz zu legen.

Wie sich nun Frivoles und Ernstes hienieden stets die Hand reicht, so erregt nebst diesem tragischen Tode zugleich ein höchst seltsamer Roman: »Vivian Grey«, durch seine oft barocken, oft aber auch sehr witzigen und wahren Schilderungen der Sitten des Kontinents hier viele Aufmerksamkeit. Die Beschreibung des Anfangs eines Balles in Ems möge hier Platz finden als eine Probe, wie Engländer das Eigentümliche unserer Gebräuche beobachten.

Des Prinzen Fete war äußerst ausgesucht, d. h., sie bestand aus allen, die eine Invitationskarte entweder durch Protektion hatten erhalten können oder dieselbe von des Fürsten Haushofmeister Crakofsky mit schwerem Gelde erkauft hatten. Alles war höchst königlich, keine Kosten und Mühe waren gespart, das gemietete Haus in eine fürstliche Residenz umzuschaffen, und seit einer Woche war das ganze kleine Herzogtum Nassau dafür in contribution gesetzt worden. Am Eingange der Salons, gefüllt mit gemieteten Spiegeln und provisorischen Draperien, stand der Prinz voller Orden, empfing alle mit der ausgezeichnetsten Herablassung und versäumte nicht, jeden der angesehenen Gäste mit der schmeichelhaftesten Anrede zu beehren. Seine Suite, hinter ihm aufgestellt, bückte sich jedesmal gleichzeitig, sobald die schmeichelhafte Anrede beendigt war.

Nacheinander hörte ich, seitwärts stehend, folgende Unterhaltung: »Frau von Fürstenberg«, sagte der Prinz, sich verbeugend, »ich fühle das größte Vergnügen, Sie zu sehen. Mein größtes Vergnügen ist, von meinen Freunden umgeben zu sein. Frau von Fürstenberg, ich hoffe, daß Ihre liebenswürdige Familie sich wohl befindet.« (Die Familie passiert vorbei.) »Cravaticheff!«, fuhr Seine Hoheit fort, den Kopf halb zu einem seiner Adjutanten gewandt, »Cravaticheff, eine charmante Frau, Frau von Fürstenberg, es gibt wenig Frauen, die ich mehr bewundere als Frau von Fürstenberg. – Prinz Salvinsky, ich fühle das größte Vergnügen, Sie zu sehen. Mein größtes Vergnügen ist, von meinen Freunden umgeben zu sein. Niemand macht Polen mehr Ehre als Prinz Salvinsky. – Cravaticheff! ein merkwürdig langweiliger Kerl, der Prinz Salvinsky. Es gibt wenig Menschen, die ich mehr en horreur habe als Prinz Salvinsky. – Baron von Königstein, ich fühle das größte Vergnügen, Sie zu sehen. Mein größtes Vergnügen ist, von meinen Freunden umgeben zu sein. Baron von Königstein, ich habe die exzellente Geschichte von der schönen Venezianerin noch nicht vergessen. – Cravaticheff! ein höchst amüsanter Kerl, der Königstein. Es gibt wenig Menschen, deren Gesellschaft mich mehr amüsiert als die des Barons Königstein. – General Altenburg, ich fühle das größte Vergnügen, Sie zu sehen. Mein größtes Vergnügen ist, von meinen Freunden umgeben zu sein. Vergessen Sie nicht, mir nachher Ihre Meinung über das österreichische Manœuvre zu geben. – Cravaticheff! ein exzellenter Billardspieler ist General Altenburg. Es gibt wenig Menschen, mit denen ich lieber Billard spiele als mit Graf Altenburg. – O Lady Madeline Trevor, ich fühle das größte Vergnügen, Sie zu sehen. Mein größtes Vergnügen ist, von meinen Freunden umgeben zu sein, Miss Jane, Ihr Sklave. – Chravaticheff! eine magnifique Frau, Lady Trevor. Es gibt wenig Frauen, die ich mehr bewundere als Lady Trevor und, Cravaticheff! Miss Jane, ein herrliches Mädchen! es gibt wenig Mädchen, die ich lieber ...«

Hier raubte mir das Geräusch der einfallenden Polonaisenmusik den Rest der Phrase, und ich ging zu einer andern Szene über.

Nicht wahr, Julie, beißend genug! Es gibt wenig Schilderungen, die mich mehr amüsiert hätten, und meine Übersetzung, nicht wahr? sehr gelungen. Es gibt wenig Übersetzungen, die mir besser gefielen als meine eignen.

Auch im Ernsten ist der Verfasser nicht übel. »Wie furchtbar«, sagt er, »ist das Leben, welches doch unser höchstes Gut ist! Unser Wesen atmet unter Wolken und ist in Wolken gehüllt, ein unbegreifliches Wunder für uns selbst. Es gibt nicht einen einzigen Gedanken, der seine bestimmte Grenze hätte. Sie sind wie die Zirkel, die das Wasser bildet, wenn man einen Stein hineinwirft, immer weiter sich ausdehnend und immer schwächer sich zeichnend, bis sie sich zuletzt ganz verlieren in dem unermeßlichen Raume, den der Gesichtskreis nicht mehr fassen kann. Wir sind gleich Kindern im Dunkeln, wir zittern in einer düster beschatteten und schrecklichen Leere, die nur durch die Bilder unserer Phantasie bevölkert ist. Leben ist unsere wahre Nacht und vielleicht der erste Strahl der Morgenröte der Tod.« –

Praktischer noch schrieb der berühmte Smollett an einen Freund: »Ich bin alt genug geworden, um gesehen und mich überzeugt zu haben, daß wir alle ein Spielzeug des Schicksals sind und daß es auf eine Kleinigkeit, so unbedeutend als das In-die-Höhe-Werfen eines Pfennigs, ankömmt, ob ein Mensch zu Ehren und Reichtum sich emporschwingen oder bis zu seinem Tode in Elend und Not vergehen soll.«

den 15.

Täglich besehe ich mir die Arbeiten in den sogenannten Parks von St. James und Green Park, die früher bloße Viehweiden waren und nun nach den Plänen des Herrn Nash in reizende Gärten und Wasserpartien umgeschaffen werden. Ich lerne hier viel Technisches und bewundere die zweckmäßige Verteilung und Folge der Arbeit, die ingeniösen Transportmittel, die beweglichen Eisenbahnen usw.

Charakteristisch ist es, daß, während die Gesetze, welche das Eigentum schützen, so streng sind, daß ein Mensch, der über die Mauer steigt, um in einen Privatgarten zu gelangen, riskiert, gehangen zu werden, und jedenfalls grausam bestraft wird, auch der Besitzer, wenn es des Nachts geschieht, ihn ohne Umstände totschießen darf – man auf der andern Seite mit dem Publikum, wo es nur einen Schein von Anspruch hat, so subtil umgehen muß wie mit einem rohen Ei. In den beiden genannten Parks, die königliches Eigentum sind, aber seit ewigen Zeiten dem Publikum sonntags offengegeben wurden, wagt man jetzt, ohngeachtet der Umwälzungen und Arbeiten, die der König (freilich wohl auf Kosten der Nation) machen läßt, nicht dem Plebs den Eingang temporär zu verbieten, sondern hat nur Tafeln anschlagen lassen, auf denen wörtlich folgendes steht:

»Das Publikum wird respektuösest ersucht, während der Arbeiten, die nur die Vergrößerung seines eigenen Vergnügens bezwecken, die Karren und Utensilien der Arbeiter nicht zu beschädigen und überhaupt den Distrikt, worin die Arbeiten stattfinden, möglichst zu schonen.«

Demungeachtet wird sehr wenig Rücksicht auf diese respektuöse Bitte genommen, und die Karren, die nach der Arbeit aufgeschichtet liegen, werden häufig gebraucht, um Jungen darin herumzufahren und allerhand andern Unfug damit zu treiben. Auf den langen Brettern schaukeln sich die

Mädchen, und viele unnütze Brut wirft Steine gerade da ins Wasser, wo Damen davor stehen, die natürlich so davon bespritzt werden, daß sie, unwillkürlich gebadet, zu Hause eilen müssen. Diese Roheit des englischen Publikums ist in der Tat sehr eigentümlich und die einzige Entschuldigung für die Inhumanität aller Wohlhabenden, mit der sie ihre reizenden Besitzungen so neidisch verschließen. Es ist aber auch möglich, daß diese Inhumanität der Reichen die Roheit und Bosheit der Armen erst hervorgerufen hat.

Die Spaziergänge und Ritte in der Umgegend werden jetzt ebenfalls wieder sehr einladend, da der Herbst schon früh beginnt. Das verbrannte Gras prangt von neuem in hellem Grün, und die Bäume erhalten ihr Laub fester und frischer als bei uns, obgleich sie sich auch zeitiger zu färben anfangen. Der Winter aber kömmt sehr spät, oft gar nicht, um sein weißes Totengewand über sie zu breiten. Dabei hört das Mähen des Rasens und das Reinhalten der Plätze und Gärten nie auf, ja auf dem Lande, wo der Herbst und Winter die Season ist, wird in dieser Zeit grade die meiste Sorgfalt darauf verwendet.

London wird aber dann von den Fashionablen geflohen, und das mit solcher Affektation, daß viele sich, bei etwanigem nötigen Aufenthalt daselbst, förmlich zu verstecken suchen. Die Straßen sind im West End of the town so leer wie in einer verlassenen Stadt; nur die gemeinen Mädchen verfolgen abends auf die unanständigste Weise und mit den handgreiflichsten, gewaltsamsten Liebkosungen jeden Vorüberziehenden. Nicht nur Engländerinnen, sondern auch Fremde nehmen schnell diese abscheuliche Sitte an. So desesperierte mich neulich eine alte Französin, mit bleichen Lippen und geschminkten Wangen, die mir angemerkt, daß ich ein Fremder sei, mit solcher Beharrlichkeit, daß selbst die Gabe des geforderten Schillings mich noch nicht von ihr befreite. »Encore un moment«, rief sie immer, »je ne demande rien, c'est seulement pour parler français, pour avoir une conversation raisonnable, dont les Anglais ne sont pas capables.« Diese Geschöpfe werden hier zu einer wahren Landplage.

Bei der jetzigen Einsamkeit hat man nun wenigstens so viel Zeit für sich, als man will, kann arbeiten und die Legion der Zeitungen mit Muße lesen. Die Albernheiten, welche täglich in diesen über fremde Angelegenheiten stehen, sind unglaublich. Heute fand ich folgenden Artikel: »Des seligen Kaiser Alexanders Bewunderung Napoleons war eine Zeitlang ohne Grenzen. Man weiß, daß in Erfurt, als Talma auf dem Theater die Worte sprach: ›L'amitié d'un grand homme est un bienfait des dieux‹, Alexander sich gegen Napoleon verbeugte und ausrief: ›Ces paroles ont été ecrites pour moi.‹ – Weniger bekannt ist vielleicht folgende Anekdote, deren Wahrheit *wir verbürgen können.* Eines Tages äußerte Alexander gegen Duroc den lebhaften Wunsch, ein Paar Hosen seines großen Verbündeten, des Kaisers Napoleon, zu besitzen. Duroc sondierte seinen Herren über die allerdings ungewöhnliche Angelegenheit. Napoleon lachte herzlich. ›Oh, auf jeden Fall‹, rief er, ›donnez-lui tout ce qu'il veut, pourvu qu'il me reste une paire pour changer.‹ Dies ist authentisch, man versicherte uns indessen noch, daß Alexander, der sehr abergläubisch war, in den Kampagnen 1812 und 13 im Felde nie andere als ›Napoleons‹ Hosen trug!!!« Solchen Unsinn glaubt jedoch ein Engländer unbedenklich.

Der Tag endete sehr angenehm für mich mit der Ankunft meines Freundes L..., für den ich Dich jetzt auch verlasse und den entsetzlich langen, leider nichts weniger als im Verhältnis inhaltreichen Brief mit der ebenso alten, aber für Dich, wie ich weiß, doch stets den Reiz der Neuheit behaltenden Versicherung schließe, daß Du, fern oder nah, meinem Herzen immer die Nächste bist und bleibst.

Dein treuer L...

17

Siebzehnter Brief

London, den 20. August 1827

Liebe Getreue!

Die Neugierde führte mich heute nochmals zu den Arbeiten am Tunnel, wo ich in der Taucherglocke mit auf den Grund des Wassers hinabfuhr und wohl eine halbe Stunde dem Stopfen der Lehmsäcke, um den Bruch wieder mit festem Boden zu füllen, zusah. Einen ziemlich starken Schmerz in den Ohren abgerechnet, aus denen sogar bei manchen Menschen Blut fließt, ohne jedoch nachher der Gesundheit zu schaden, fand ich es, je tiefer wir sanken, desto behaglicher in dem metallenen Kasten, der oben dicke Glasfenster hat, neben welchen zwei Schläuche ausgehen, die frische Luft ein- und die verdorbene auslassen. Dieses Behältnis hat keinen Boden, sondern nur ein schmales Brett, um die Beine daraufzustellen, nebst zwei festen Bänken an den Seiten. Einige Grubenlichter geben die nötige Helle. Die Arbeiter hatten herrliche Wasserstiefel, welche vierundzwanzig Stunden lang der Nässe widerstehen, und es belustigte mich, die Adresse des Verfertigers derselben hier bei den Fischen, »auf des Stromes tiefunterstem Grunde«, in mein Portefeuille zu schreiben.

Nachdem ich glücklich dem Wasser widerstanden, hätte mir am Abend bald das Feuer einen üblen Streich gespielt. Ein herabgebranntes bougeoir zündete, als ich auf einen Augenblick in eine andere Stube gegangen war, die Papiere meines Schreibtisches an, und ehe ich löschen konnte, wurden viele mir sehr interessante Sachen vernichtet. Briefkopien, Kupfer und Zeichnungen, ein angefangener Roman (wie schade!), eine Unzahl gesammelter Adressen, ein Teil meines Tagebuchs – alles wurde ein Raub der Flammen. Lächeln mußte ich, als ich sah, daß die Quittungen unberührt geblieben, die unbezahlten Rechnungen aber alle bis auf die letzte Spur konsumiert waren. Das nenne ich ein verbindliches Feuer! Der große Pack Deiner Briefe ist nur rundum angebrannt, so daß sie jetzt wie auf Trauerpapier geschrieben aussehen. Auch ganz richtig – denn Briefe unter Lieben trauern immer, daß man sie überhaupt zu schreiben genötigt ist. Den Dir bekannten Wiener Kurier mit 100 000 Glück, der zum Neger geworden, aber glücklich das Leben gerettet und sein Kleeblatt konserviert hat, sende ich als Zeugen und Boten des Brandes jetzt wieder zurück.

Salthill, den 25.

Ich habe mich endlich aufgemacht und die Stadt mit L... verlassen, der mich einige Tage begleiten will, worauf ich allein weiter ins Land hineinreisen werde. Der erste Ruhepunkt ist ein reizender Gasthof in der Nähe von Windsor, der der Villa eines Vornehmen gleicht. Die lieblichste Veranda mit Rosen und allen möglichen rankenden Pflanzen sowie mit Hunderten von Blumentöpfen geschmückt, nimmt die ganze Fronte ein, und ein auf das sorgfältigste gehaltner Pleasureground und Blumengarten dehnt sich weit vor meinen Fenstern aus, von denen ich eine herrliche Aussicht auf das gigantische Schloß von Windsor habe, das in der Ferne, in den Rahmen zweier Kastanienbäume eingefaßt, wie ein Feenschloß in der Abendsonne glänzt. Der lange Regen hat alles smaragdgrün gefärbt, und das liebe frische Land hat den wohltätigsten Einfluß auf meine Stimmung. Ich spreche dabei viel von Dir, gute Julie, mit L..., dessen Gesellschaft mir sehr angenehm ist. Morgen gedenken wir eine Menge Dinge zu sehen, heute abend mußten wir uns, da es schon zu spät war, mit einem Spaziergang im Felde begnügen und machten dann ein gutes Diner mit Champain, der auf Deine Gesundheit, wie sich von selbst versteht, getrunken wurde.

den 26.

Früh am Morgen fuhren wir nach Stoke Park, der Besitzung des Enkels des berühmten Quäkers Penn, wo im Schlosse noch ein Teil des Baumes aufbewahrt wird, unter dem er den Vertrag mit den Chefs der Wilden schloß, von dem Pennsylvanien seinen Namen hat. Wir sahen hier in einem schönen Park die größte Varietät von Damhirschen, wie sie sowohl L... als mir noch nicht vorgekommen waren, schwarze, weiße, getigerte, scheckige, schwarze mit weißer Blesse und braune mit weißen Füßen. Park und Garten, obgleich recht schön, boten doch nichts Außerordentliches dar. Dies war dagegen der Fall in Dropmore, dem Lord Grenville gehörig, wo die wundervollsten Bäume und einer der reizendsten Blumengärten unsere ganze Aufmerksamkeit erregten. Es waren eigentlich drei oder vier Gärten an verschiedenen Orten verteilt, im Reichtum der Blumen wirklich einzig – teils Partien mit Beeten auf dem Rasen, teils auf Kies. Die letzteren nehmen sich in der Regel weit schöner aus. Besonders originell und vom ausgezeichnetsten Effekt war es, daß jedes Beet immer nur eine Art Blumen enthielt, welches über das ganze Bild einen unbeschreiblichen Reichtum gesättigter Farbenpracht verbreitete. Eine Unzahl von Geranien aller Art und Färbung nebst vielen andern Blumen, die wir kaum kennen oder höchstens nur einzeln besitzen, bildeten große und imposante Massen. Ebenso viele hundert Arten Malven und Georginen. Dabei waren die Farben im großen so sinnig zusammengestellt, daß das Auge überall mit wahrem Genuß darauf ruhte.

Ein großer Teil des Parks bestand dennoch nur aus dürrem Boden mit Kiefernheide und Heidekraut, völlig wie in unsern Wäldern. Der Rasen zeigte sich noch verbrannt, demungeachtet gab die große Kultur dem Ganzen ein durchaus liebliches Ansehen und bestärkte mich wieder in meiner Überzeugung, daß mit Geld und Sorgfalt in dieser Hinsicht jeder Boden, nur das Klima nicht, bezwungen werden kann.

Nachdem wir noch einen andern Park besehen hatten, der einige ausgezeichnet schöne Aussichten darbot, fuhren wir nach Windsor, um das neue Schloß (welches ich, wie Du Dich erinnerst, nur von außen bei meinem letzten Dortsein gesehen) en détail zu betrachten. Unglücklicherweise kam mit uns beinahe zugleich der König mit seinem Gefolge in fünf Phaetons, mit Ponys (kleinen Pferdchen) bespannt, dort an, so daß wir über eine Stunde warten mußten, ehe er wieder fortfuhr und uns der Eingang gestattet werden konnte.

Wir besuchten unterdessen Eton College, eine alte, von Heinrich VI. gestiftete Erziehungsanstalt, äußerlich ein weitläuftiges und schönes gotisches Gebäude mit einer dazugehörigen Kirche, innerlich von einer Simplizität, die kaum von unsern Dorfschulen übertroffen werden kann. Weiße, kahle Wände, hölzerne Bänke und die darin eingegrabenen Namen der Schüler, die hier studierten (mitunter berühmte Männer wie Fox, Canning und andere), sind alles, was man in den Sälen sieht, wo die vornehmste Jugend Englands erzogen wird. König Heinrichs Stiftung gemäß bekommen die Freischüler Tag für Tag kein andres als Schöpsenfleisch. Was muß sich der Stifter hierbei nur gedacht haben!

Die Bibliothek ist recht schön dekoriert und hat interessante Manuskripte.

Als wir von Eton zurückkamen, war der König wieder abgefahren, und Herr Whyattville, sein Architekt, welcher den neuen Schloßbau leitet, hatte die Güte, uns mit größter Gefälligkeit von allem genau zu unterrichten. Dieser Bau ist ein ungeheures Werk und der einzige dieser Art in England, welcher nicht allein mit vielem Gelde und technischer Fertigkeit, sondern auch mit ungemeinem Geschmack, ja Genie ausgeführt wird. Die Größe und Pracht des Schlosses, welches, noch nicht halb fertig, schon an drei Millionen unsres Geldes gekostet hat, ist in der Tat eines Königs von England würdig. Auf einem Berge, gerade über der Stadt sich erhebend und auf allen Seiten eine herrliche Aussicht und Ansicht gewährend, bietet seine Lage schon einen großen Vorteil dar. Sein historisches Interesse, sein hohes Alter und die erstaunliche Größe und Ausdehnung, die es jetzt erhält, vereinigen sich, es einzig in der Welt zu machen.

Die Pracht des Innern entspricht dem Äußern. In den ungeheuren gotischen Fenstern kostet z. B. jede der einzelnen Spiegelscheiben zwölf Pfund Sterling, und Samt, Seide und Vergoldung blenden im Innern das Auge. Eine hohe Terrasse auf der Seite der Zimmer des Königs, die die Treibhäuser nach innen bildet und nach außen nur eine hohe schroffe Mauer im ernsten Charakter des Ganzen zeigt, umschließt den reizendsten Blumengarten und Pleasureground. Die vier großen Eingangstore im Schloßhofe sind so sinnig angebracht, daß jedes einen der interessantesten Teile der Landschaft wie im Rahmen faßt.

Alle Zusätze sind, wie ich wohl schon erwähnt, so vortrefflich ausgeführt, daß sie vom alten nicht zu unterscheiden sind, und ich mag es nicht tadeln, daß man dabei, auch im weniger Geschmackvollen, sich dennoch ganz treu an den frühern Stil gehalten hat. Dagegen gestehe ich, daß die Verzierungen des Innern, ungeachtet ihres Reichtums, mir vieles zu wünschen übrigließen. Sie sind zum Teil höchst überladen und nicht immer weder dem Charakter des Ganzen analog noch von angenehmer Wirkung.

den 28.

L... verließ mich gestern schon, früher als er erst gewollt, was mir sehr leid tat, da ein so anmutiger und freundlich gesinnter Gesellschafter jeden Genuß verdoppelt. Ich fuhr daher noch an demselben Tage mit einem Bekannten von den Horse Guards, der hier stationiert ist, nach St. Leonards Hill, dem Feldmarschall Lord H... gehörig, an den mir E... einen Brief mitgegeben hatte. Das Wetter, welches früher bezogen und von Zeit zu Zeit regnerisch gewesen, war heute prächtig, kaum eine Wolke am Himmel. An keinem schöneren Tage konnte ich einen schöneren Ort sehen als St. Leonards Hill. Diese Riesenbäume, dieser frische Wald voller Abwechselung, diese bezaubernden Aussichten in der Nähe und Ferne, dies liebliche Haus mit dem heimlichsten und entzückendsten aller Blumengärten, diese üppige Vegetation und diese reizende Einsamkeit, aus der man, wie hinter dem Vorhang lauschend, eine Welt voll Mannigfaltigkeit meilenweit im Tale unter sich erblickt, hat ihresgleichen nicht in England. Die Besitzer sind zwei sehr liebenswürdige alte Leute, der eine von fünfundachtzig, die andere von zweiundsiebenzig Jahren, leider ohne Kinder und fast ohne nahe Verwandte, so daß alle ihre Herrlichkeit an entfernte teilnahmlose Menschen fällt. Der alte Herr fand sehr viel Wohlgefallen an meinem Enthusiasmus für die Gegend und lud mich auf den folgenden Tag bei sich ein, was ich auch mit Vergnügen annahm. Zu heute war ich schon von meinem Bekannten, Capt. B..., zur mess der Garde in Windsor eingeladen, wo ich mich um sechs Uhr hinbegab und erst um Mitternacht wieder wegkam.

Bei guter Zeit am andern Morgen zitierte mich Lord H.... welcher Ranger of the Park in Windsor ist und mir diesen zeigen wollte, ehe der König darin erscheint. Denn dann sind die Privatanlagen desselben für jedermann ohne Ausnahme, der nicht zu der eben eingeladenen immediaten Gesellschaft des Königs gehört, hermetisch verschlossen.

Ich kam etwas spät, der gute alte Herr schmälte ein wenig, und gleich mußte ich in den mit vier herrlichen Pferden bespannten Landau hinein, mit welchen wir eiligst durch den hohen Buchenwald dahinrollten. Der König hat in seinem immensen Park von Windsor, der 15 000 Morgen groß ist, mehrere Fahrwege für sich allein anlegen lassen, die nach den interessantesten Punkten hingeleitet sind. Auf einem solchen fuhren wir und gelangten nach einer halben Stunde zu den königlichen Ställen, wo die viel besprochene Giraffe sich jetzt befindet. Wir erfuhren hier leider, daß der König eben auch seine Wagen hatte bestellen lassen, die schon angespannt auf dem Hofe standen. Es waren sieben, von allen Formen, aber alle mit ganz niedrigen Rädern, auf das leichteste, gleich Kinderwagen, gebaut und mit kleinen Ponys bespannt, der des Königs mit vieren, die er selbst fährt, die andern mit zweien, und die meisten Pferde von verschiedenen Farben. Lord H... sah diese Equipagen mit Schrecken, da sie ihn fürchten ließen, der König möchte uns begegnen und sich mal à son aise fühlen, unerwartete Fremde zu sehen, denn der Monarch ist darin seltsam. Es ist ihm unangenehm, irgendein fremdes Gesicht oder überhaupt Menschen in seiner Besitzung zu sehen, und der Park ist daher auch, die hindurchführenden Hauptstraßen ausgenommen, eine völlige Einsamkeit. Des Königs Lieblingspartien sind außerdem dicht umschlossen, und täglich werden noch große Pflanzungen angelegt, um alles mehr privatim und versteckt zu machen. An manchen Orten, deren Beschaffenheit so ist, daß man leicht einen lauschenden Blick hineinwerfen könnte, sind sogar drei Etagen Plankenzaun übereinandergetürmt.

Wir eilten daher sehr, wenigstens die Giraffe zu sehen, die uns zwei Türken, die sie von Afrika herübergebracht, vorführten. Ein seltsames Tier in der Tat! Du kennst seine Gestalt, aber nichts kann eine Idee von der Schönheit seiner Augen geben. Denke Dir ein Mittelding zwischen den Augen des schönsten arabischen Pferdes und des reizendsten südlichen Mädchens, mit langen rabenschwarzen Wimpern und dem innigsten Ausdruck von Güte, verbunden mit vulkanischem Feuer. Die Giraffe liebt die Menschen und ist äußerst »gentle« und von gutem Humor, auch gutem Appetit, denn sie säuft täglich die Milch von drei Kühen, die neben ihr ruhen. Ihre lange, himmelblaue Zunge gebraucht sie wie einen Rüssel und nahm damit unter andern meinen Regenschirm weg, der ihr so gefiel, daß sie ihn gar nicht wieder herausgeben wollte. Ihr Gang war noch ein wenig ungeschickt, da sie sich auf dem Schiff verlegen hatte, sie soll aber im ganz gesunden Zustande sehr rasch sein, wie die Afrikaner versicherten. Aus Furcht vor dem König trieb uns Lord H... zur Eile, und nachdem wir nur durch einen kleinen dicht verpflanzten Teil des Pleasuregrounds der Cottage gefahren waren und diese selbst bloß von weitem erblickt, dirigierten wir uns nach Virginia Water, dem Lieblingsaufenthalte Sr. Majestät, wo er auf einem zwar künstlichen, aber sehr natürlich aussehenden, großen See täglich zu fischen pflegt. Ich war nicht wenig verwundert, hier die ganze Gegend plötzlich einen ganz andern Charakter annehmen zu sehen, der in England sehr selten vorkömmt, nämlich den des eigenen Vaterlandes. Kiefern- und Fichtenwald, mit Eichen und Erlen gemischt, und darunter unser Heidekraut und auch unser Sand, auf dem die Pflanzungen dieses Frühjahrs sämtlich vertrocknet waren. Über das Pflanzen auf Sand hätte ich den königlichen Gärtnern guten Rat geben können, denn ich überzeugte mich, daß sie die Behandlung solchen Bodens gar nicht verstehen. Auf dem See schaukelte sich eine Fregatte, und an seinen Ufern waren viele angenehme Spielereien, chinesische und amerikanische Häuser etc. mit Geschmack und ohne Überladung angebracht. Die Eile, mit der uns der Lord trieb, ließ uns alles nur flüchtig und größtenteils nur in der Ferne betrachten; ich war jedoch sehr froh, durch diese Gelegenheit wenigstens eine allgemeine Idee des Ganzen bekommen zu haben.

Der alte Mann kletterte mit vieler Mühe auf den Sitz des Wagens und stand dort aufrecht, von mir und seiner Frau gehalten, um zu spähen, ob der König nicht etwa doch irgendwo hervorbrechen möchte, und beruhigte sich erst wieder ganz, als sich die Tore des Allerheiligsten hinter uns geschlossen hatten.

Auf dem Rückwege sahen wir auch die Jagdpferde des Königs, schöne Tiere, wie Du denken kannst, und eine eigne Art sehr zierlicher, ganz kleiner Parforcehunde, die man außer England nicht findet.

Mit gutem Appetit kamen wir zum Essen zurück, wo ich noch einige andere Gäste antraf. Unsre Wirtin ist eine sehr liebenswürdige Dame und ebenso parkomane als ich. Alle die herrlichen großen Bäume vor dem Hause, unter und zwischen denen man, wie so viele einzelne Tableaux, die verschiedenen Aussichten erblickt, sind von ihr selbst vor vierzig Jahren gepflanzt worden, und nur zwei davon hat sie in dieser Zeit wieder weggenommen. Jeden Tag überzeuge ich mich mehr, daß die breiten, zu offenen Aussichten, welche hier fast ganz verbannt sind, alle Illusion zerstören. Einige ganz alte Anlagen abgerechnet, findest Du fast kein Haus oder Schloß in England, dessen An- und Aussicht nicht vielfach durch hohe Bäume unterbrochen wäre. In den Abbildungen davon wird man getäuscht, weil die Zeichner gewöhnlich, da ihre Hauptabsicht ist, die Architektur des Gebäudes und seinen Umfang zu zeigen, die davorstehenden Bäume weglassen.

Eine recht zweckmäßige Sache im hiesigen Garten war ein gigantischer Parapluie, von der Größe eines kleinen Zeltes, unten mit einer eisernen Spitze versehen, um ihn in den Rasen zu stecken, so daß man an jedem beliebigen Orte sich vor der Sonne geschützt darunter hinsetzen konnte.

Es war mir sehr willkommen, als der freundliche Hauswirt mich auf morgen wieder einlud, an welchem Tage die Hofdamen der Königin von Württemberg dort essen sollten, was, wenn sie hübsch sind, unsre Partie nicht verderben wird. Nach Tisch machten wir noch einen Spaziergang und besahen eine Cottage im Talgrund des Parks, die, überall von Berg und Wald umschlossen, einen reizenden Kontrast zu der reichen Villa in der Höhe bildet, und ritten dann in der Nacht (B... und ich) bei romantischem Sternenlicht zu Haus.

den 29.

Nachdem ich früh in Windsor einen Besuch bei Mistress C... abgestattet, deren hübsche Töchter Du aus früheren Briefen kennst, fuhr ich um vier Uhr wieder zu Lord H..., immer mit neuem Entzücken den herrlichen Eichenwald seines Parks genießend, an dessen Eingang die niedlichste Gärtnerwohnung von rohen Stämmen und Ästen geschmackvoll aufgebaut, und mit Rosen überwachsen, den lieblichen Charakter des Ganzen schon im voraus anzeigt. Ich fand eine große Gesellschaft, die Oberhofmeisterin, zwei Hofdamen und zwei Kavaliere der Königin von Württemberg, sämtlich Deutsche, le Marquis de H..., einen Franzosen, mit seinen zwei Söhnen und seiner artigen Tochter, einer echten Pariserin, ferner einen englischen Geistlichen und noch einen andern fremden Edelmann.

Die französischen Herrn haben sehr gescheiterweise bei dem alten Lord ohne Verwandten die Cousinschaft geltend gemacht, sind sehr gut aufgenommen, wohnen in der Cottage im Tale, die ich gestern beschrieb, und haben alle Anwartschaft, die Erben des ganzen kolossalen Vermögens zu werden. Auch sieht man die kleine Französin schon für eine große Partie an. Von allen interessierte mich indessen die Gräfin am meisten, weil sie eine höchst liebenswürdige alte Frau ist, voller Würde und Höflichkeit mit dem anmutigsten Geiste verbunden, die überdies viel gesehen und erlebt hat und es auf interessante Weise wiederzuerzählen weiß. Sie sagte mir manches über Lord Byron, der als Knabe lange in ihrem Hause lebte und schon damals so unbezähmbar war, daß sie, wie sie sagte, unsägliche Not mit dem trotzigen, gern Unheil anstiftenden Buben gehabt habe. Sie hielt ihn nicht für schlecht, aber doch für böse, weil er von jeher eine Art Vergnügen daran gefunden habe, wehe zu tun, besonders Weibern, obgleich, wenn er liebenswürdig sein wollte, ihm, wie sie selbst nicht leugnen konnte, kaum eine zu widerstehen vermochte. Seine Frau, fuhr sie fort, sei allerdings eine kalte, eitle und dabei noch dazu gelehrte Närrin gewesen, aber Byron habe sie auch übel behandelt und wirklich raffiniert gemartert, wahrscheinlich besonders deswegen, weil sie ihn zuerst ausgeschlagen, als er um sie anhielt, wofür er ihr gleich am Hochzeitstage eine nie endende Rache geschworen habe.

Ich traute diesen Erzählungen nicht sehr, soviel Respekt ich auch sonst für die alte Dame fühlte, denn eine Dichterseele, wie die Lord Byrons, ist schwer zu beurteilen! Der gewöhnliche Maßstab paßt nun und nimmermehr dafür, und ich bezweifle sehr, daß bei dem Geäußerten ein anderer angelegt war.

TERRASSE DES SCHLOSSES ZU WINDSOR

Wenn man sich irgendwo gut gefällt, gefällt man auch gewöhnlich selbst, und so bat man mich denn dringend, einige Tage in diesem kleinen Paradies wohnen zu bleiben. Meine Rastlosigkeit ist aber, Du weißt es zur Genüge, ebensogroß als meine Trägheit, und wie ich da, wo ich einmal festsitze, schwer zur Bewegung zu bringen bin (témoin mein unnützer langer Aufenthalt in London), so kann ich mich auch schwer zum Bleiben zwingen, wo das Interesse des Augenblicks bereits erschöpft ist. Ich lehnte also die Einladung dankbar ab und kehrte nach Salthill zurück.

den 30.

Die Terrasse des Schlosses zu Windsor dient den Städtern zu einer sehr angenehmen Promenade, welche häufig durch die Musik der Garde belebt wird.

Ich besuchte sie diesen Morgen mit den liebenswürdigen Misses C... und machte dann der Kastellanin des Schlosses, einer alten unverheirateten Dame, mit ihnen eine Visite.

Man konnte nicht schöner wohnen. Jedes Fenster bot dem Blicke eine andre herrliche Landschaft dar. Die jungen Damen hatten sich unterdessen in den Nebenstuben verteilt, und ich erschrak fast, als die bejahrte Jungfer mich beim Arme nahm und mir zuflüsterte: sie fühle jetzt noch ein wahres Bedürfnis, mir eine zwar alte, aber doch sehr interessante Merkwürdigkeit in ihrem Schlafzimmer zu zeigen. – Das Schlafzimmer einer Engländerin pflegt sonst ein Heiligtum zu sein, das nur dem Vertrautesten geöffnet wird. Ich war also nicht wenig über diese Offerte verwundert, um so mehr, da die alte Dame ohne weiteres gerade auf ihr Bett zusteuerte, die Vorhänge aufzog und ... que diable veut-elle faire? sagte ich zu mir selbst – als sie mich auf einen Stein in der Wand aufmerksam machte, auf dem ich eine verwitterte Inschrift erblickte. »Dies hat ein junger reizender Ritter in seiner Todesstunde geschrieben, my dear Sir, der hier im Gefängnisse schmachtete und unter dem Stein erdrosselt wurde.« – »Mein Gott, fürchten Sie sich denn nicht, hier zu schlafen?« erwiderte ich; »wenn der junge Ritter nun als Geist wiederkehrte?« – »Never fear«, rief die joviale Alte, »in meinen Jahren ist man nicht mehr so furchtsam und vor lebenden und toten jungen Rittern sicher.«

Wir wanderten nun nach der herrlichen Kapelle zum Gottesdienst. Die Banner, Schwerter und coronets der Hosenbandritter, stolz rundumhergereiht, das trübe Licht der bunten Fenster, das künstliche Schnitzwerk in Stein und Holz, die andächtige Menge gaben ein schönes Bild, nur durch Einzelheiten entstellt, wie z. B. das ridiküle Monument der Prinzessin Charlotte, wo die vier Nebenpersonen alle dem Beschauer den Rücken kehren, ohne irgend etwas anders von sich sehen zu lassen, wogegen aber die Prinzessin doppelt erscheint, zugleich als Leiche daliegt und als Engel in die Höhe fliegt.

Von dem Gesang und der Musik umwogt, überließ ich mich, still in eine Ecke gedrückt, meinen Phantasien und vergaß, im Reich der Töne tief versunken, bald alles um mich her. Ich dachte mich endlich selbst tot und als Besucher jener gotischen Kapelle, die wir, liebe Julie, bauen wollen, vor meinem eignen Grabe stehend. Auf einem weißen Marmorsarkophag, dem Chore gegenüber, in der Mitte der Kirche, lag vor mir eine in faltenreiche Gewänder gehüllte Gestalt, ein Lamm und einen Wolf zu ihren Füßen. Ein anderes gleiches Postament daneben war noch leer. Ich näherte mich und las folgende Inschriften, in den Marmor gegraben und mit goldenen Metallbuchstaben überkleidet. Auf der schmalen Vorderseite unter dem Haupte des Liegenden standen folgende Worte:

In deinem Schoß, o Gott!
Ruht seines Geistes unvergänglich Teil –
Denn des *ewigen* Lebens Gesetz
Ist Sterben und Auferstehn!

Auf der anstoßenden Seite war geschrieben:

Seiner Kindheit fehlte ihr größter Segen –
Liebevolle Erziehung in der Eltern Haus!
Seine Jugend war stürmisch und eitel und töricht –
Doch nie entfremdet von Natur und Gott.

Auf der andern Seite:

Ernst war des Mannes Alter und trübe,
Gehüllt in dunkle Nacht wär es gewesen,
Hätte nicht eine liebende Frau,
Der Sonne gleich, mit hellen wohltuenden Strahlen
Gar oft die dunkle Nacht zum heitern Tag gemacht.

Auf der letzten Seite:

Des Greises Alter wurde ihm versagt. –
Was er gewirkt und was er schuf?
Es blühet um dich her –
Was sonst er Irdisches erstrebte und erwarb –
Den andern galt es viel, doch wenig ihm.

Nun dachte ich viel an Dich und sie und alle meine Lieben und weinte im frommen Schmerze über mich selbst – und als ich mit dem raschen Aufhören der Musik im vollen Akkorde aus der Träumerei wieder wach wurde, liefen mir wahrhaftig die hellen Tränen über die Backen, so daß ich mich fast vor den Leuten schämte.

den 31.

Gut bedient wird man in England, das ist wahr!

Ich war um sechs Uhr bei den Gardeoffizieren eingeladen, wo sehr pünktlich gegessen wird, und hatte mich beim Schreiben verspätet. Die Kaserne ist eine Stunde von meinem Gasthof (der wie gewöhnlich zugleich Posthaus ist) entfernt. Ich jagte also meinen Diener die Treppe hinunter »für Pferde«. In weniger als einer Minute waren diese schon angespannt und in fünfzehn war ich, mit Windesschnelle fahrend, mit dem Schlage sechs am Tisch.

Das hiesige Militär ist im ganzen weit gesellschaftlicher gebildet als das unsre, schon aus dem Grunde, weil es viel reicher ist. Obgleich der Dienst nichts weniger als vernachlässigt wird, so ist doch von unserer Pedanterie nicht eine Spur und außer dem Dienst auch nicht der mindeste Unterschied zwischen dem Obristen und dem jüngsten Lieutenant. Jeder nimmt ebenso ungezwungen als in andern Gesellschaften teil an der Konversation. Bei Tisch sind auf dem Lande alle Offiziere in Uniform, in London nur der, welcher du jour in den Baracken ist – nach dem Essen aber macht sich's jeder bequem, und ich sah heute einen der jungen Lieutenants sich im Schlafrock und Pantoffeln mit dem Obristen, der in Uniform blieb, zu einer Partie Whist hinsetzen. Die Herren haben mich, wenn mich kein anderes Engagement hindert, solange ich in der Gegend bleibe, für immer zu ihrer Tafel gebeten und sind außerordentlich freundschaftlich für mich.

Am Morgen hatte ich Frogmore besehen und noch einige Stunden mit Besichtigung der Gemälde in Windsor zugebracht. Im Thronsaal sind viele nicht üble Schlachtenbilder von West, die Taten Eduards III. und des Schwarzen Prinzen vorstellend, ein Gewühl von Rittern, schnaubenden Rossen, alten Trachten und Pferdeschmuck, Lanzen, Schwertern und Fahnen, das gut zur Dekoration eines Königssaales paßt. In einem andern Zimmer frappierte mich das höchst ausdrucksvolle Porträt eines Herzogs von Savoyen, ein wahres Herrscherideal. Luther und Erasmus, von Holbein, bilden ein paar gute Pendants und zugleich Kontraste. Das feine und sarkastische Gesicht des letzteren scheint eben die Worte aussprechen zu wollen, die er dem Papste schrieb, als ihm dieser vorwarf, daß er die Fasten nicht halte: »Heiliger Vater, meine Seele ist katholisch, mein Magen aber protestantisch.«

Die Schönheiten am Hofe Karls II., die eine ganze Wand daneben schmücken, könnten leicht Gefühle gleicher Unenthaltsamkeit in anderem Sinne erwecken.

Frogmore bietet wenig Sehenswertes dar. Die große Wasserpartie ist noch jetzt nur ein Froschsumpf, obgleich von Taxus und Rosenhecken umgeben. Ein ganzes Lager beweglicher, leichter Zelte auf dem Rasen nahm sich gut aus.

den 3.

Ich habe mich überreden lassen, bei der schönen Lady G..., einer nahen Verwandten Cannings, einige Tage dem speziellen Landleben zu widmen.

Beim Frühstück erzählte sie mir, daß sie vor drei Monaten noch gegenwärtig war, als Canning von seiner Mutter, beide in bester Gesundheit, mit den Worten Abschied nahm: »Adieu, liebe Mutter, im August sehen wir uns gewiß wieder.« Im Juli starb die Mutter sehr plötzlich, und Anfang August folgte ihr der Sohn. – Welch seltsames Zusammentreffen, denn zur bestimmten Zeit waren sie ja, wie abgeredet, wieder vereint!

Gestern und vorgestern fuhren wir zu den races nach Egham, die auf einer von Hügeln umgebenen großen Wiese stattfanden. Ich traf viele Bekannte, ward vom Herzog von Clarence der Königin von Württemberg vorgestellt, wettete glücklich und wohnte abends einem Piquenique-Ball in dem Städtchen bei, der, tout comme chez nous, gar viel Kleinstädtisches und sehr lächerliche Dandys vom Lande produzierte.

Heute nahm eine andere Landpartie und ein Spaziergang mit den jungen Damen fast den ganzen Tag weg. Die jungen Engländerinnen sind unermüdliche Fußgängerinnen durch dick und dünn, über Berg und Tal, so daß etwas Ambition dazugehört, um immer mit ihnen gleichen Schritt zu halten.

In dem Park eines Nabobs fanden wir eine interessante Merkwürdigkeit, nämlich zwei aus China hertransportierte Zwergbäume, hundertjährige Ulmen, ganz mit dem verkrüppelten, runzligen Ansehen ihres Alters und doch kaum zwei Fuß hoch. Das Geheimnis, Bäume so zu ziehen, ist in Europa unbekannt.

Zuletzt stiegen die mutwilligen Mädchen sogar über eine Verzäunung des Windsor-Parks und störten die streng gehütete königliche Einsamkeit mit ihren Scherzen und Lachen. Ich sah bei dieser Gelegenheit noch mehrere verbotene Partien des reizendsten Aufenthalts von Virginia Water, wohin sich die Ängstlichkeit des Lord H... nicht gewagt hatte, und wären wir ertappt worden, in so guter Gesellschaft hätte man es ohne Zweifel gnädig mit uns gemacht.

Windsor, den 5.

Wir hatten uns in den vier Tagen meines Aufenthaltes so herzlich alle genähert, daß der Abschied fast schwer wurde. Die Damen begleiteten mich wohl eine Stunde weit, ehe ich in den Wagen stieg. Ich pflückte einige Vergißmeinnicht am Bache und übergab sie sentimental als stummen Abschied der schönen Rosabel zuerst, die gebietend unter ihnen stand, wie eine stolze Herrin unter lieblichen Sklavinnen. Sie löste sanft ein Blümchen aus dem Strauß und drückte mir es wieder in die Hand. – Moquez-vous de moi, mais je le conserve encore.

Endlich fuhr ich ganz niedergeschlagen davon und dirigierte meinen Postboy nach den barracks der Garde zu Pferd, wo ich noch gerade zur rechten Zeit zum Diner ankam. Mit vielem Champagner und Claret (denn ich war sehr durstig von den langen Promenaden, gute Julie) tröstete ich mich uber die verlassenen Schönen, so gut sich's tun ließ, und fuhr dann mit Capt. B... zu einer Soiree bei Mistress C... Hier wurde nach dem Tee um elf Uhr, da der Mond wundervoll schien, auf den Wunsch der Damen der Entschluß gefaßt, noch einen Gang im Park zu machen, um das gigantische Schloß von einem besonders vorteilhaften Punkte bei Mondschein zu betrachten. Die Promenade war abermals ein wenig lang, aber höchst belohnend. Der Himmel hatte Herden von Schäfchen auf seine blauen Weiden geschickt, welches jedoch einer der Offiziere, nicht sehr poetisch, aber allerdings ziemlich wahr, mit einem zusammengelaufenen Milchbrei verglich – und die Beleuchtung des glänzenden Mondes darüber konnte nicht herrlicher sein. Wir wurden in unserer Freude aber bald ziemlich unsanft durch zwei Wildwächter mit Flinten unterbrochen, die uns als auf verbotenem Wege gehend und als Friedensstörer (eine Gesellschaft von zwanzig Personen, meistens Damen, und wenigstens sieben Gardeoffiziere in Uniform dabei) arretieren wollten. Sie begnügten sich indes zuletzt mit zwei Offizieren, die sie sogleich mitnahmen. Welcher Unterschied der Sitten! Bei uns würden die Offiziere sich durch die ganz harten Worte, deren sich die Wächter bedienten, entehrt und vielleicht sie totzuschlagen verpflichtet gefühlt haben. Hier schien alles ganz in der Ordnung, und nicht der mindeste Widerstand wurde geleistet. Wir übrigen gingen zu Hause, und nach einer Stunde erst kamen die beiden Arretierten nach, die viele Weitläuftigkeiten gehabt hatten, ehe man sie entließ. Der Rittmeister T..., einer von ihnen, erzählte mit vielem Lachen, daß ihn der Förster sehr hart angelassen habe und gesagt: es sei eine Schande, daß Offiziere, die ihr Dienst verpflichte, Unordnung zu verhüten, sich nicht scheuten, selbst welche zu verüben etc. »Ganz unrecht hatte der Mann nicht«, setzte er hinzu, »aber der Damen Wünsche müssen immer befriedigt werden, quand même.« –

Im Gasthof fand ich meinen alten B..., der vor seinem Abgange noch meine persönlichen Befehle entnehmen wollte. Ich bin mit dem kraniologisch untersuchten Engländer sehr zufrieden und werde den Landsmann daher nicht so sehr entbehren. Er bringt Dir einen großen Gartenplan von mir, auf dem ich vor dem Zubettgehen noch eine Stunde in meiner Schlafstube ausgestreckt lag, ehe ich damit fertig wurde, wie Napoleon auf seinen Karten und Weltplänen. Er zeichnete aber mit seinen roten Nadeln Blut, *ich* nur Wasser und Wiesen, er Festungswerke, ich Lusthäuser, er endlich Soldaten, ich nur Bäume. Vor Gott mag es am Ende einerlei sein, wie seine Kinder spielen, ob mit Kanonenkugeln oder Nüssen, aber für die Menschen ist es ein bedeutender Unterschied, und größer offenbar der, nach ihrem eigenen Urteil, welcher sie zu Tausenden totschießen läßt, als der, welcher bloß für ihr Vergnügen sorgt.

Eine lange Liste erklärt Dir den Plan, führe fleißig aus, was ich vorschreibe, und erfreue mich bei meiner Rückkunft mit der Realisierung aller Gartenträume, die Deinen Beifall haben.

Meine Absicht ist jetzt, noch einmal nach London auf wenige Tage zurückzukehren, um meine Pferde selbst einschiffen zu sehen, und dann erst meine längere Tour ins Land anzutreten. Das Tagebuch wird also wohl eine geraume Zeit lang anschwellen, ehe ich es Dir wieder zuschicken kann: glaube deshalb nur nicht, daß ich in meinen Nachrichten saumseliger werde, denn wie der geistreiche Prinz sagt: »Ich kenne wenig Sachen, die ich lieber tue, als Dir zu schreiben.«

Dein L...

18

Achtzehnter Brief

London, den 7. September 1827

Teure Freundin!

Ich bin zwar, wie Du weißt, nicht stark in Erinnerungen von Anniversaires etc., weiß aber diesmal doch, daß morgen derjenige Tag wiederkehrt, an dem ich meine arme Julie in B... allein zurücklassen mußte! Ein Jahr rollte seitdem über die Welt, und wir Insekten kriechen noch in dem alten Gleise – wir haben uns aber auch noch ebenso lieb, und das ist die Hauptsache! Endlich werden wir doch durch den großen Haufen glücklich hindurchkommen, durch den wir uns jetzt so mühsam arbeiten müssen, und dann vielleicht frisches Gras mit schönen Blümchen erreichen, auf denen eben der Morgentau seine Diamanten abgesetzt hat und bunte Sonnenstrahlen sich in dem feuchten Kristall blitzend umhertummeln. Soyez tranquille, nous doublerons encore un jour le cap de Bonne-Espérance!

Ich habe Dir die letzten Tage nichts über mein Tun und Treiben geschrieben, weil es sich bloß *darauf* reduzierte, daß ich täglich mit B... arbeitete und schrieb, mit L... im Travellers' Club aß und endlich allein zu Bett ging. Gestern war jedoch bei unserm Diner noch ein anderer Deutscher, Graf..., zugegen, der Pferde zu kaufen hierher gekommen ist. Er scheint reich und ist jung genug, um es lange zu genießen; übrigens das echte Bild eines gutartigen Landjunkers, gewiß eine höchst glückliche Art Menschen. Wünschte wohl, ich wäre ein solcher!

Dein Gutachten über den Park betreffend, bemerke ich, daß die Ausdehnung desselben, besonders mit gehöriger Arrondierung verbunden, nie groß genug sein kann. Windsor Park ist der einzige, der mich hier, als ein Ganzes, völlig befriedigt hat, und der Grund liegt wesentlich in seiner Größe. Er idealisiert, was ich haben will. Eine anmutige Gegend, in deren Bezirke man ohne Entbehrung leben und weben kann, jagen, reiten, fahren, ohne sich je zu enge zu fühlen, und die, außer eben den Ausgangspforten, nirgends einen Punkt zeigt, wo man bemerkt: hier sei sie begrenzt; worin aber dennoch alles, was die Umgegend Gutes besitzt, ein feiner Sinn sich bis in die weiteste Ferne zu eigen zu machen wußte. Übrigens hast Du recht, man muß das Kind nicht mit dem Bade verschütten, und viele Mängel und Beschränkungen des Terrains lassen sich durch klug berechnete Wege und Pflanzungen lieber verbergen, als daß man unverhältnismäßige Opfer für ihre Hinwegschaffung oder neue Akquisitionen brächte.

Meine Pferde sind heute glücklich abgesegelt, wiewohl sich der schöne Hyperion wie wahnsinnig dabei anstellte und den Kasten, in den er gesperrt war, nebst den eisernen Schienen, den Halftern und Riemen, alles wie Glas zersprengte. Er wäre bei einem Haar ins Meer gefallen und wird unterwegs wahrscheinlich noch manche Not machen, obschon wir ihn wie ein wildes Tier gebunden haben. Man kann es übrigens den armen Geschöpfen nicht verdenken, daß ihnen angst wird, wenn der große Kran sie wie ein Riesenarm ergreift und im weiten Bogen in der Luft vom Quai übers Wasser in das Schiff versetzt. Manche leiden es indes mit der größten Ruhe, denn auch unter den Pferden gibt es Stoiker.

Es hielte mich nun eigentlich nichts mehr in London auf, aber Lady R... ist hier, und allein und so anziehend! Einer solchen Freundin aus dem Wege zu gehen wäre unrecht, um so mehr, da ich nicht daran denke, in sie verliebt zu sein. Aber ist nicht auch die wirkliche, bloße Freundschaft einer schönen Frau etwas sehr Süßes? Ich habe gefunden, daß sich viele Männer alle Verhältnisse verderben, weil sie sich im nähern Verkehr mit Weibern immer sogleich verbunden glauben, die Verliebten zu spielen, und dadurch die Frau, mit der sie zu tun haben, von Hause aus sur le qui-vive setzen und die allmähliche rücksichtslose Vertraulichkeit und Unbefangenheit verhindern, auf welchem Boden am besten später alles aufblüht, was man hinsäen will. Ich begnüge mich daher sehr gern ganz allein mit einer zärtlichen Freundschaft, besonders wenn ich sie, so wie hier, im Blicke sanfter, schmachtender, blauer Augen lesen kann, ein purpurroter Perlenmund sie ausspricht und eine samtne Hand vom schönsten Ebenmaß sie durch ihren warmen Druck bekräftigt. Zu diesem Porträt brauchst Du nur noch den Unschuldsausdruck einer Taube, langes, dunkelbraun gelocktes Haar, eine schlanke mittlere Taille und den schönsten englischen Teint hinzuzufügen – so hast Du Lady R... vor Dir, ganz wie sie leibt und lebt.

Doncaster, den 16.

Ich hätte bald von London datiert, so schnell habe ich die hundertachtzig Meilen bis hier in zwanzig Stunden zurückgelegt und dennoch Zeit genug übrigbehalten, um zwei berühmte Schlösser und Parks aus Elisabeths Zeit, wenn auch nur flüchtig, zu besehen.

Das eine, Hatfield, welches ihr selbst zugehörte und was sie oft bewohnte, ist weniger prachtvoll als das zweite, Burleigh House, welches ihr berühmter Minister Cecil sich erbaute. Hatfield ist von Ziegeln aufgeführt, nur die Fenstereinfassungen, Mauerkanten und Créneaux von Sandstein. Die Verhältnisse sind gut und großartig. Park und

Gärten bieten nichts Interessantes dar als sehr hohe Eichenalleen, die angeblich von der Königin selbst gepflanzt sein sollen.

Burleigh House konnte ich nur von außen sehen, da die alte Kastellanin, obgleich die Herrschaft abwesend war, durch nichts sich bewegen ließ, den Sonntag durch Herumführen eines Fremden zu entheiligen, was ich um so mehr bedauerte, da sich hier eine sehr bedeutende Gemäldesammlung befindet. Im Hof des Schlosses, der mit vergoldeten Eisengittern eingefaßt ist, bewunderte ich einen ungeheuren Kastanienbaum, dessen Äste sich so weit ausdehnten, daß man unter ihnen Platz genug gehabt hätte, ein Pferd zuzureiten. Der altertümliche Park ist ebenfalls voll der schönsten Bäume, das Wasser aber auch hier, wie in Hatfield, nur stehend und sumpfig. Der Palast selbst ist in einem verwirrten Stil aus Quadern aufgeführt, unten gotisch, oben mit Feueressen, die korinthische Säulenkapitäle darstellen. Der große Staatsmann muß einen korrupten Kunstgeschmack gehabt haben.

den 17.

Doncasters Pferderennen sind die besuchtesten in England und der hiesige Rennplatz auch allen andern im Lande für Schmuck, Zweckmäßigkeit und leichter Übersicht vorzuziehen. Die Ansicht des Wettrennens gibt mehr Vergnügen und auch ein weniger *kurzes* Schauspiel, da man von den hohen turmartigen, höchst eleganten *stands* den ganzen Lauf von Anfang bis zu Ende deutlich überblickt. Die Pferde rennen in der Runde, und derselbe Punkt dient zum Auslauf und Ziel. Die Menge des Volks, schöner Frauen und fashionabler Gesellschaft war außerordentlich. Alle benachbarte große Edelleute kamen in Gala hergefahren, was mich sehr interessierte, weil ich dadurch eine Art des hier üblichen Staates auf dem Lande kennenlernte, welcher von dem in der Stadt sehr verschieden ist. Die Equipage des Herzogs von Devonshire war die ausgezeichnetste, und als Notiz für M... beschreibe ich Dir den Zug. Die Gesellschaft des Herzogs saß in einem viersitzigen Glaswagen mit sechs Pferden bespannt, die Geschirre und Bockdecke nur mittelreich und der Kutscher in Interimslivree, blonder Perücke und Stiefeln. Zwölf Reiter eskortierten den Wagen, nämlich vier Reitknechte, welche verschiedenfarbige Reitpferde mit leichten Sätteln und Zäumen ritten, vier outriders auf Kutschpferden, denen gleich, die den Wagen zogen, mit Geschirrzäumen und Postillonsätteln, endlich vier Bedienten in Morgenjacken, ledernen Beinkleidern und Stolpenstiefeln, mit gestickten Schabracken und Pistolenhalftern, auf beiden das Wappen des Herzogs in Messing. Die Ordnung des Zugs war folgende. Vorn zwei Reitknechte, dann zwei outriders, hierauf der Wagen mit seinen schönen sechs Pferden, die der Kutscher vom Bock fuhr, auf dem vordern Sattelpferde ein Postillon. Links von diesem ritt ein Bedienter, ein anderer, etwas weiter zurück, rechts, hinter dem Wagen wieder zwei outriders, dann zwei Reitknechte und am Schluß die letzten zwei Bedienten. Der kleine Vorreiter war allein in vollständiger Staatslivree, gelb, blau, schwarz und silber, nebst gepuderter Perücke, etwas theatralisch gekleidet, mit dem buntgestickten Wappen auf dem linken Arm.

Das heute stattfindende St.-Leger-Rennen mag manchem eine schlaflose Nacht kosten, denn es sind ungeheure Summen verloren worden, da ein kleine Stute, der man so wenig zutraute, daß die Wetten gegen sie fünfzehn gegen eins standen, unter allen sechsundzwanzig Pferden, welche eingeschrieben waren, die erste blieb. Ein Bekannter von mir gewann neuntausend Pfund Sterling und hätte im Fall des Verlustes kaum so viel hundert verloren. Ein andrer soll fast um sein ganzes Vermögen gekommen sein, und zwar, wie man allgemein sagt, durch die Betrügerei des Besitzers eines Hauptpferdes, auf das er selbst öffentlich sehr hoch, im geheim aber noch weit höher dagegen gewettet habe und es dann absichtlich verlieren lassen.

Gleich nach dem Rennen, das mit seinem Trouble und Tausenden von Equipagen mir ein höchst auffallendes Bild englischen Reichtums zurückließ, fuhr ich weiter nach Norden, einem bis jetzt mir noch unbekannten Ziele zu und kam um ein Uhr in der Nacht hier in York, der zweiten Hauptstadt Englands, an. Die ganze Tour über las ich bei meiner Laterne im Wagen in der Frau von Maintenon Briefen an die Princesse des Ursins, ein Buch, das mich sehr unterhielt. Viele Stellen sind für die Schilderung jener Zeiten und Sitten höchst merkwürdig. Übrigens versteht die Inkognitokönigin natürlich das Hofleben aus dem Grunde und erinnert in ihrem Benehmen oft auffallend an einen Deiner guten Freunde, besonders in der Art, wie sie stets Unwissenheit alles dessen, was vorgeht, affektiert und mit Geringschätzung von ihrem eignen Einfluß spricht. Dabei zeigt sie aber auch viel Milde und Klugheit und so ungemeinen Anstand in allem, daß man sie lieber gewinnen muß, als die Geschichte sie uns eigentlich schildert. Es ist zwar immer schlimm, ein altes Weib regieren zu lassen, es mag nun einen Jupon oder Hosen anhaben, aber zu jener Zeit ging es doch noch eher wie heutzutage, denn im ganzen waren die Leute doch offenbar damals weit mehr wie jetzt naive große Kinder und führten sogar den Krieg auf diese Weise, ja selbst den lieben Gott sahen sie nur wie einen höher potenzierten Ludwig XIV. an, und wie echte Höflinge verließen sie in articulo mortis augenblicklich den irdischen König, keine Notiz weiter von ihm nehmend, um sich von nun bis zum Ende nur reuig dem, als zu entfernt bis jetzt vernachlässigten, mächtigeren Herrscher allein zu weihen. Man kann auch in den alten Memoiren sehr wohl bemerken, daß diejenigen, welche bei Hofe immer gut oder leidlich durchzukommen wußten, gleichfalls mit mehr Vertrauen auf ihr savoir-faire im Himmel sterben, diejenigen aber, welche sich zu der Zeit in völliger Ungnade befanden, einen weit schwerern Tod und größere Gewissensbisse erleiden mußten. Man kann sich eine solche Zeit, einen solchen Hof und solches Leben gewiß nicht mehr recht treu vorstellen, aber grade für unsern Stand mag es allerdings nicht so übel gewesen sein. Ich machte viele Betrachtungen über diesen ewigen Wechsel in der Welt und rief zuletzt, angeweht vom unsichtbaren Geisterhauch, der fortwährend durch das All strömt, liebender Sehnsucht Gruß dem herrlich funkelnden Abendsterne zu, der seit Äonen Jahren sich all dies Treiben mit so vieler Toleranz und ungetrübter Ruhe ansieht.

den 19.

Es gibt wirklich einige Talente in mir, um die es schade ist . . . .
. . . .
. . . .
. . . .
. . . .

Alles das geht nun verloren (denn sich selbst dient man immer schlecht), grade wie etwas noch viel Besseres, z. B. ein wunderherrlich schöner Baum in Amerikas Wildnissen sich vergebens jedes neue Frühjahr mit dem prächtigsten Laube, mit den süßduftendsten Blüten schmückt, ohne daß je auch nur *eine* arme Menschenseele ihre Augen und ihr Gemüt daran ergötzen mag. Eine solche Existenz nennen wir Menschen nun unnütz! Welcher aimable Egoismus – dessen ungerechte Verdammung ich auch mitleiden muß, denn meine erwähnten schönen Tugenden bleiben ebenfalls unnütz, und meine ganze Person wäre es vielleicht, wenn ich nicht glücklicherweise wenigstens meinen Leuten nebst verschiedenen Gastwirten und Posthaltern, indem ich sie täglich bezahle, noch immer von reellem Nutzen und Dir, gute Julie (je m'en flatte au moins), aus andern Gründen gar unentbehrlich wäre.

Also ganz um nichts und wieder nichts lebe ich nicht auf der Welt, und da ich auf der andern Seite niemanden schade, gleichsam Einnahme ohne Ausgabe, so stellt sich meine Rechnung noch immer leidlich genug.

Diesen ganzen Tag bin ich in der Stadt umhergewandert. Ich begann mit dem Dome, der rücksichtlich des Reichtums seiner Zieraten, wie auch seiner Größe, mit dem Mailänder einige Ähnlichkeit hat. Der Erbauer, d. h. der ihn zu bauen anfing, war Erzbischof Scrope, eine Shakespearesche Person, den Heinrich IV. 1405 als Rebell köpfen ließ. Er liegt in der Kirche begraben, und im Kapitelhause daneben ist noch ein Tisch mit einem ihm früher zugehörigen, also vierhundert Jahre alten Teppich bedeckt, auf dem sein Wappen vielfach eingewirkt ist. Der Teppich ist immer noch in leidlichen Umständen. Die Fenster im Dome sind größtenteils von altem, buntem Glase (eine große Seltenheit in England), nur hie und da durch neues ersetzt. Die Steinarbeit überall vortrefflich, auf das feinste und niedlichste wie geschnitztes Holz gearbeitet, alle Arten von Blättern, Tieren, Engeln und Potentaten darstellend. Von den zwei Hauptfenstern an den beiden Enden der Kirche ist das eine nicht weniger als fünfundsiebenzig Fuß hoch und zweiunddreißig Fuß breit. Das entgegengesetzte stellt in seinen seltsamen Steinverzweigungen die Adern des menschlichen Herzens dar und gibt mit dem blutroten Glase einen wunderbaren Anblick. Ein andres großes Seitenfenster ist dadurch merkwürdig, daß das Glas in Nachahmung von Stickerei und Nadelarbeit gemalt ist, so daß es nur einer feinen bunten Tapete gleicht, ohne irgendein andres Bild zu enthalten. Im Chor steht ein alter Stuhl, auf dem mehrere Könige Englands gekrönt worden sind. Ich setzte mich neugierig auch darauf und fand ihn für einen Steinstuhl sehr bequem.

Noch angenehmer mag es sich allerdings darauf sitzen, wenn man im Begriff ist, die königliche Krone zu empfangen.

Neben der Kirche ist eine sehr hübsche, gotisch verzierte Bibliothek, deren Einrichtung mir sehr zweckmäßig schien. Die Schränke und Fächer sind numeriert, die ersten mit römischen Zahlen, die zweiten mit Buchstaben. Jedes Buch hat drei Nummern aufgeklebt, oben die des Schranks, dann des Fachs und unten seine eigne Zahl, so daß man es im Augenblick finden kann. Die Nummern verstellen auch die Bücher gar nicht, da es Papierchen in Form goldner Sonnen sind, in deren Mitte der Buchstabe oder die Nummer steht. In der Ecke des Saals ist eine äußerst leichte und bequeme Wendeltreppe angebracht, um zur Galerie zu gelangen, die etwas über der Mitte der Schränke umherläuft.

Über allen Büchern (ein exzellentes Mittel, um sie vor dem Staube zu bewahren) sind leichte Pappdeckel mit umgeschlagenen Enden an dem Repositorio befestigt, die beim Herausnehmen der Bücher nur ein wenig aufgehoben zu werden brauchen. Sie sind mit violettem Papier überzogen und liegen nur ganz lose auf.

Der Buchstabenkatalog ist folgendermaßen eingerichtet:

pagina 20

Format	Buchstabe C	Edition	Schrank	Fach	Nummer
8	Cosmus etc.	Verona 1591	II	7	189 — 192
4	Cavendish	London 1802	I	5	52 — 55
Folio	Colly	London 1760	XI	3	1080 — 1082
12	Corneille	Paris 1820	X	6	920 — 930

Dies wird genügen, ihn Dir deutlich zu machen, und da ich aus Erfahrung weiß, welch schwieriges Geschäft das Ordnen einer Bibliothek ist und wieviel verschiedene Manieren es dafür gibt, so habe ich diese, als sehr passend für eine kleinere Büchersammlung, aufzeichnen wollen.

Eine andere gute Einrichtung besteht in der Aufstellung von Bücherbehältnissen, um das einzelne Herumliegen derjenigen Bücher zu verhindern, die in öfterem oder gewöhnlichem Gebrauch sind. Sie haben die Form einer doppelten Schaufel, mit einem Unterschied in der Mitte und emporstehenden Seitenrändern. Auf beiden Seiten werden die Bücher hineingestellt. Die gotischen Fenster sind hier zwar modern, aber denen in der Kirche sehr gut nachgeahmt. Auch die Art, wie sie in Blei gefaßt, ist sehr gefällig, mit sich fortwährend durchschneidenden Zirkeln. Der Kamin war mitsamt der Einfassung ebenfalls in der Form eines gotischen Fensters gehalten, eine originelle Idee aus alter Zeit. Von den seltnen Büchern und Manuskripten, die hier aufbewahrt werden, konnte ich nichts zu sehen bekommen, da der Bibliothekar abwesend war. In einem Winkel fand ich jedoch eine sehr kuriöse Abbildung der großen Prozession bei des Herzogs von Marlborough Begräbnis. Es ist fast unglaublich, wie sich seitdem die Trachten und Gebräuche schon so vollständig verändert haben. Der steinalte Küster, welcher mich herumführte, wollte sich noch als Knabe erinnern, dergleichen Soldaten mit langen Haarbeuteln gesehen zu haben.

Eine Viertelstunde vom Dom liegen auf einem Hügel, angrenzend der Stadt, die romantischen, mit Bäumen reich überwachsenen und mit Efeu bedeckten Ruinen der Abtei von St. Mary's. Man hat die nicht lobenswerte Absicht, auf demselben Hügel, dicht daneben, ein öffentliches Gebäude aufzurichten, und ist eben jetzt beschäftigt, den Grund dazu zu graben, wobei man auf die schönsten verschütteten Überreste der alten Abtei gestoßen ist, die kunstreiche Arbeit noch so wohlerhalten, als wenn sie erst gestern fertig geworden wäre. Ich sah mehrere herrliche Kapitäle noch in der Erde und in einem Hause daneben vorzügliche Basreliefs, die man während der Arbeit da hingebracht hatte. Wir passierten hierauf den Fluß (die Ouse) in einem Kahn und setzten unsere Promenade auf der Höhe der alten Stadtmauer fort, ein pittoresker, aber fast unzugänglicher Weg. Die umliegende Gegend ist äußerst frisch und grün, und die vielen gotischen Türme und Kirchen geben ihr viel Abwechslung und bieten herrliche Prospekte dar. Nach einer Viertelstunde Wegs erreichten wir das sogenannte Mickletor, von dem der alte Barbakane (Seitenwerk) soeben abgerissen worden ist, welches aber im übrigen noch seine ursprüngliche Form ganz beibehalten hat. Die bunten und vergoldeten Wappen von York und England glänzten ritterlich darüber in der Sonne. Auf einem nahen Felde hat man vor fünfzehn Jahren ein römisches Grab entdeckt, und der Hausbesitzer, der es gefunden hat, zeigt es jetzt Fremden für Geld in seinem Keller. Das Gewölbe, von römischen Ziegeln, ist so frisch wie möglich, und das Gerippe im Steinsarge darunter, welches die Zeit dunkelbraun gefärbt, ist nach Aussage der Anatomen eine junge Frau, und, was nach zweitausend Jahren viel sagen will, sie hat noch einige beaux restes – nämlich herrliche Zähne, und dazu einen der schönsten phrenologischen Schädel. Ich untersuchte ihre Organe sorgfältig und fand die wünschenswertesten Eigenschaften, ja in solchem Maße, daß ich es sehr bedauerte, sie zweitausend Jahre zu spät kennengelernt zu haben, sonst hätte ich sie geheiratet. Einen besser organisierten Schädel finde ich gewiß nie. Reich scheint sie indessen nicht gewesen zu sein, denn es haben sich nur zwei Glasflakons in ihrem steinernen Sarge gefunden – an sich jedoch höchst merkwürdige Gegenstände, derengleichen man, so vollkommen erhalten und unserm Glase so ähnlich, soviel ich weiß, außer Pompeji noch nirgends angetroffen. Das Glas unterscheidet sich von unserm nur durch einen silberartigen Schein und hat, was am meisten auffällt, nirgends eine Marke, die anzeigt, daß es geblasen sei, welche Marke man bei allen unsern ungeschliffenen Gläsern nicht verbergen kann. Die Direktion des Londoner Museums hat dem Besitzer schon große Summen für diese Gläser geboten. Er findet es aber vorteilhafter, für einen Taler unseres Geldes die Merkwürdigkeit Fremden zu zeigen.

Nachdem wir zum Mickletor zurückgekehrt waren, ging es nun noch mühsamer auf der zerbröckelten Stadtmauer weiter, bis wir nach halbstündigem Klettern eine schöne Ruine, Cliffordturm genannt, erreichten. Dieser alte feste Turm spielt eine Rolle in der englischen Geschichte. Einmal unter andern wurden tausend Juden, bis auf einen, darin verbrannt, die heutzutage Rothschild wohl gerettet haben würde. Zuletzt flog Clifford Tower als Pulverturm vor hundert Jahren in die Luft und ist seitdem dem Saturn, der alten fressenden Zeit, gänzlich verfallen. Doch die Zeit reißt ein, baut aber auch auf, daher stürzten die Trümmer zwar zusammen, aber Efeu umschloß sie wieder wie dichter Haarwuchs, in dem Tausende von Sperlingen nisten, und in der Mitte des hohen Turmes ist sogar ein stolzer Nußbaum emporgewachsen, dessen Krone bereits viele Fuß über die dachlosen Mauern hervorragt. Der Hügel, auf dem die Ruine steht, soll von den Römern aufgefahren worden sein, und ein Mann, der kürzlich, um Schätze zu suchen, einen Schacht durcharbeitete, fand den Fuß des Berges fast ganz aus Menschen- und Pferdeknochen bestehend. So ist die Erde, überall ein großes Grab und eine große Wiege!

Von Ruinen und Toten begab ich mich zu den lebendig Toten, die zu den Füßen des Turmes schmachten: den armen Gefangenen in den Grafschaftsgefängnissen. Äußerlich scheint ihre Wohnung zwar ein Palast. Innerlich sieht es aber anders aus, und die armen Teufel dauerten mich herzlich, die in zwar reinlichen, aber doch schauerlichen und naßkalten Zellen hier den ganzen Winter hindurch, bis Monat März, bloß *Verdachts wegen* sitzen müssen, mit der angenehmen Perspektive, dann vielleicht gehangen zu werden. Keine Entschädigung erwartet sie, wenn sie freigesprochen werden sollten! Im Hofe, wo die Schuldner herumgehen dürfen, weideten zugleich in ihrer Gesellschaft zwei Jagdpferde, eine Hirschkuh und ein Esel. In allen Räumen und Zellen, die ich besuchte, fand ich Ordnung und Reinlichkeit gleich lobenswert. Die merkwürdigste Eigentümlichkeit dieser Gefängnisse aber ist eine Art Diebesgarderobe, mit wahrer Eleganz, wie eine Theatergarderobe aufgestellt. Ein stark mit Wein überladener Gefangenwärter stammelte folgende Erklärungen her:

»Hier sehen Sie die Perücke des berühmten Granby, die ihn so verstellte, daß er zehn Jahre lang nicht attrappiert werden konnte. Wurde hier gehangen 1786. Hier der Zaunpfahl, mit dem Georg Nayler vor zwei Jahren auf dem Wege nach Doncaster erschlagen wurde. Delinquent wurde letztes Frühjahr hier gehangen. – Der Knockdown (Schlagnieder) von Steffens, womit er sechs Leute auf einmal umgebracht. Wurde vor zwei Jahren ebenfalls hier gehangen. – Die ungeheuren eisernen Schienen, mit denen Kirkpatrick allein festgehalten werden konnte. Siebenmal entwischte er vorher aus den festesten Gefängnissen. Aber diese Schienen, die ich ihm selber noch angelegt, die waren ihm doch ein bißchen zu gewichtig. (Es waren komplette eiserne Balken, die ein Pferd kaum hätte fortschleppen können.) Er trug sie nicht lange, denn zwei Monate darauf wurde er, gerade am ersten Mai, an einem herrlichen Tage, gen Himmel expediert. – Hier die Maschine, mit der Cork falsche Guineen gestempelt. War ein sehr anständiger Gentleman. Gehangen 1810.« – »Bitte«, unterbrach ich ihn hier, »was für eine Waffe war dieser riesengroße hölzerne Schlegel?« – »Oh«, schmunzelte der alte Kerl schwankend, »die ist unschuldig, hehe, das ist nur mein Zuckerschlegel, wenn ich Negus mache, hehe, den habe ich mir hier nur so parat gestellt.« Die Garderobe befand sich auch immediat neben seiner Wohnstube und schien eine Liebhabersammlung, die seinem eigenen Eifer allein ihr Entstehen verdankte. Wie verschieden sind doch die Steckenpferde der Menschen! Ich fürchte, Du bist bereits müde von der langen Promenade, liebe Julie, mußt mir aber doch noch ein wenig weiterfolgen, ja aus der Tiefe geht es sogar wieder mühsam bis zur höchsten Höhe hinauf. Ich wünschte nämlich das ganze Amphitheater meiner bisherigen Tour, nebst dem prächtigen Münster, auf einen Blick zu übersehen und wählte mir dazu einen gotischen Turm von den schönsten Proportionen aus. Er ist von oben bis unten von kunstreicher durchbrochener Arbeit, und hinter dem transparenten Gewebe hatte ich mit meinem Operngucker schon von fern Leitern bis oben hinauf entdeckt, die mich sehr reizten, sie zu besteigen. Nach einem derben Marsch, auf dem wir ein altes Stadttor berührten, das Adelstor genannt, welches seit fünfzig Jahren vermauert war und nun wieder geöffnet worden ist, um zur Passage für den neuen – Viehmarkt zu dienen, der sehr elegant und zweckmäßig mit drei Reihen Bogen für Schafe, Rindvieh und Pferde versehen ist, gelangten wir endlich zu besagtem Turme, eine Zierde der ältesten Kirche in York. Es machte einige Mühe, den Küster zu finden, einen schwarzen Mann, der mehr einem schmutzigen Köhler als einem geistlichen Offizianten ähnlich sah, sich aber dabei doch voller guten Willens zeigte. Ich frug, ob man auf die mit herrlichen Galerien gezierte Spitze des Turmes gelangen könne. »Das weiß ich nicht«, war die Antwort, »denn ich bin selbst nie oben gewesen, obgleich ich schon zehn Jahre Küster bin. Es sind bloß alte Leitern da, und oben fehlt ein Stück daran, es wird also wohl nicht gehen.« Dies befeuerte meinen abenteuerlichen Tick, und ich eilte ohne Zögern turmaufwärts auf der schlechtesten, dunkelsten, engsten und verwittertsten Wendeltreppe, die man sich denken kann. In kurzem erreichten wir die Leitern. Wir bestiegen sie ohne Aufenthalt und kamen auf die erste Plateform. Hier aber bedankte sich schon Küster und Lohnbediente weiterzuklettern. Eine hohe und allerdings sehr schwankende Leiter mit vielen fehlenden Sprossen führte zur Spitze, wo oben, ungefähr sechs Fuß weit, die Sprossen ganz fehlten, bis zu einem viereckigen Loch, durch welches man auf das platte Dach hinausgelangte. Ich mochte nun nicht mehr unverrichtetersache zurückgehen, kletterte fort, war bald oben, erreichte mit den Händen den Rand der obern Öffnung und schwang mich, mit einiger Mühe, glücklich hinauf. Die Aussicht war in der Tat prächtig, und ganz nach Wunsch erreichte ich besonders meinen Hauptzweck, den unten so sehr von Häusern encombrierten Dom nun völlig frei, in aller seiner kolossalen Majestät gleich einem Kriegsschiff unter Kähnen, vor mir zu sehen. Der Wind sauste aber fürchterlich in der Höhe, und alles war hier so sehr im Absterben begriffen, daß die steinernen Spitzen der Candélabres in den Ecken der Galerie wie diese selbst bereits zum Teil eingestürzt waren, die noch stehenden aber sich wie Schiefer abblätterten, auch die Eisen, welche sie zusammenhielten, so locker und verrostet waren, daß im Winde die ganze Plateform zu schwanken schien. Nach und nach wurde mir in dem fortwährenden Sturme unheimlich zumute. Ich begann also den Rückzug, fand aber das Hinunterkommen weit schwerer als das Heraufklimmen, wie es immer bei solchen Gelegenheiten der Fall ist. Nur muß man sich den entmutigenden Gedanken keinen Augenblick überlassen, das beste und einzige Mittel, wenn man, wie die Engländer sagen, »nervous« zu werden anfängt. Indem ich mich also rückwärts nach der Leiter gewendet fest an die Balken anklammerte, ließ ich mich in die Tiefe unter mir hinab und suchte, an den Armen hängend und meine Beine wie Fühlhörner ausstreckend, emsig die oberste Stufe – sehr froh, als ich endlich festen Fuß faßte. Unten angekommen, erschien ich ebenso schwarz als der Küster.

Unterdessen war es Zeit zum Abendgottesdienst im Dom geworden, wo *die größte Orgel Englands* und eine ausgewählte Musik mir in dem herrlichen Lokal einen schönen Ausruhepunkt verhieß. Ich eilte schnell da hin und verträumte bald eine süße halbe Stunde unter der Töne Gewalt und Zartheit, denn als Tyrann der Musik, wie Heinze sie nennt, rollte die Orgel dröhnend durch die unermeßlichen Hallen, und sanft wie Frühlingshauch beruhigten wieder die Stimmen lieblicher Kinder das aufgeschreckte Gemüt.

Halb schon in der Dämmerung besuchte ich nachher noch die goldne Stadthalle, das Rathaus, wo der Lord Mayor (nur London und York haben *Lord* Mayors) dreimal die Woche Gericht hält und auch die dreimonatlichen Assisen stattfinden. Es ist ein altes und schönes gotisches Gebäude. Daneben sind, neu aufgeführt, zwei Säle für die obern und untern Advokaten. In dem der obern sind in modernem bunten Glas die Wappen aller Lord Mayors in den Fenstern angebracht, denn jeder Handwerksmann hat hier ein Wappen. Gewöhnlich sieht man auch schon aus dem Inhalt desselben, wes Geistes Kind der Besitzer ist; der Kaufmann hat ein Schiff, der Holzhändler einen Balken, der Schuster einen Leisten etc. Die Devisen dazu fand ich aber zu vornehm gewählt. Am besten hätten sich für die drei angeführten ohne Zweifel gepaßt, für die ersten das Lieblingslied der Berliner Straßenjugend: »O fliege, mein Schifflein, o fliege!« Beim zweiten: »Sieh nicht den Splitter in des Fremden Auge, indem du den Balken in deinem eignen übersiehst.« Beim dritten endlich: »Schuster, bleib bei deinem Leisten!« Das letzte aber wäre freilich zu schwierig für einen Lord Mayor!

Ich habe nun das gehörige Gleichgewicht hergestellt, d.h., meine Hände sind ebenso müde vom Schreiben als meine Beine vom Gehen. Es ist Zeit, dem Magen auch einige Arbeit zu gönnen. Wäre ich Walter Scott, so gäbe ich Dir den Küchenzettel, so aber wage ich es nicht, statt dessen lieber noch ein Wort über die Nachtischlektüre, zu der mir wiederum die berühmte Maintenon gedient.

Es rührte mich, wie die arme Frau das traurige Einerlei, die bittere Gêne ihrer Lage so treu schildert und sich so oft und herzlich, mit unverkennbarer Wahrheit, nach dem Abtreten von diesem Theater sehnt, das, wie sie sagt, schlimmer wie jedes andere, *von Morgen bis Abend dauert!* Unter aller Pracht und Macht scheint ihr doch der Tod das wünschenswerteste, und man kann sich nach so unendlich langer Leere, nach dem Aufopfern aller Eigentümlichkeit so viele, viele Jahre hindurch, die tödliche Ermüdung des Geistes wohl denken, die nach Erlösung schmachtet. Der religiöse Wahn, dem sie sich hingegeben, ist auch daraus erklärlicher und lag überdem in der Zeit, die in dieser Hinsicht völlig kindisch war. Hätte ein Geist wie Frau von Maintenon später gelebt, so würden Molinisten und Jansenisten ihr kaum ein Lächeln der Verachtung abgewonnen haben, in der ihrigen war es anders. Sie bleibt in ihrer Art eine große *Frau*, wie Ludwig XIV. ein großer *König*, in einer kleinen Zeit, die eben, weil sie klein war, die *kleinen* Dinge, Hof, Gesellschaft etc., weit vollkommner ausbildete als die unsrige und daher dem dichterischen Gemüt, das überall das Vollkommene, es sei klein oder groß, mit Vergnügen gewahr wird, ein immer neu anziehendes Bild darstellt.

den 20.

Ich hielt heute früh die Nachlese und besah noch die uralte Kirche All Saints, wo ich, leider in sehr schlechter Erhaltung, vortreffliche bunte Gläser antraf, besonders eine Jungfrau mit dem Christuskinde von einer Schönheit und Lieblichkeit des Ausdruckes, deren Raffael sich nicht zu schämen hätte. Ferner St. Mary's alte Kirche, die ein seltsames Tor hat, auf dem eine Menge Hieroglyphen und die Zeichen des Zodiakus in Stein zierlich ausgehauen sind. Da ich den Erzbischof von York in London hatte kennenlernen, so schrieb ich ihm gestern ein Billet und bat ihn um die

Erlaubnis, seiner Villa, wo er jetzt residiert, und ihm selbst meinen Besuch zu machen. Er hat mir sehr artig geantwortet und mich gebeten, einige Tage bei ihm zu bleiben. Da ich dazu keine Lust habe, so nahm ich bloß ein Diner auf heute an und fuhr um fünf Uhr hinaus.

Ich fand einen vortrefflich gehaltenen, üppig fruchtbaren Pleasureground und ein stattliches altes gotisches Gebäude in einem ganz besondern Stile, der mir sehr wohl gefiel. Es war nicht sehr groß, aber äußerst elegant, und an den vier Enden des platten Daches standen vier kolossale Adler mit ausgebreiteten Flügeln. Statt der schweren Créneaux, die nur auf ungeheuren Massen sich gut ausnehmen, lief eine durchbrochene Steinbroderie als Galerie rund um das Dach, die sehr künstlich, leicht und reich zugleich aussah. Daß das Innere wie alles übrige prächtig war, kannst Du Dir bei einem Manne denken, der vierzigtausend Pfund Sterling geistliche Revenuen hat. Der alte Erzbischof, noch ein sehr rüstiger Mann, führte mich überall herum und unter andern auch in seinen Küchengärten und Treibhäusern, die ausgezeichnet schön sind; besonders die Küchengärten, welche überall mit Blumen geschmückt waren und in denen alle Arten von Gemüsen und Früchten in höchster Fülle wuchsen. Dabei waren sie so reinlich wie das eleganteste Zimmer gehalten, eine Sache, die unsre Gärtner durchaus nicht begreifen wollen; ebenso die Treibhäuser. Keine Spur hier von Unordnung und Schmutz, von herumliegenden Brettern und Utensilien, Dünger an den Wegen usw. An den verschiedenen Mauern sah man auf beiden Seiten die auserlesensten Fruchtbäume in symmetrischen Linien gezogen, unter andern viele Johannisbeerstämme, die durch Wegnahme aller kleinen Aste ein solches Wachstum erlangt hatten, daß sie wohl zwölf Fuß hoch an der Mauer in die Höhe gingen und über und über mit Trauben behangen waren, welche kleinen Weinbeeren an Größe glichen. In den Treibhäusern, wo herrliche Ananas und Grenadilles (eine westindische Frucht in Form einer kleinen Melone und von Geschmack der Granate ähnlich) üppig wuchsen, war an jedem Fenster eine verschiedene Weinsorte gezogen. Alles hing voller Früchte. Die Bäume an den Mauern im Freien, deren ich vorhin erwähnte, waren mit Netzen verhangen und werden später mit Matten zugedeckt, so daß man bis EndeJanuar reife Früchte davon pflücken kann. So war auch noch jetzt eine Stelle im Garten voll reifer Erdbeeren von einer besondern Sorte, und der Erzbischof versicherte, er erhalte diese ebenfalls bis im Januar im Freien. Als ein neues Gemüse von besonders gutem Geschmack zeigte er mir normannische Kresse, die auf dem Schnee abgeschnitten wird.

Die Menge der noch blühenden Blumen, welche überall die Gänge und Gemüsebeete umgaben, war auffallend. Ich weiß zwar, daß das Klima die Gärtner hier sehr begünstigt, demohngeachtet müssen sie vor den unsrigen noch andere Vorteile in der Behandlung der Blumen voraushaben.

Im Pleasureground fand ich Lärchenbäume, die nicht nur riesenmäßig groß waren, sondern auch so dunkel im Laub wie Fichten und ihre herabhängenden Äste wohl zwanzig Fuß weit umher auf dem Rasen ausbreiteten. Wie ich hier zum ersten Male hörte, hält man es für die Nadelhölzer sehr heilsam, wenn ihre Äste die feuchte Erde berühren können, weil sie durch diese ungemein viel Nahrung einsaugen sollen.

Ein echt erzbischöfliches Diner beschloß den angenehmen Abend. Dabei fiel mir das Verhältnis der vornehmen englischen Geistlichen zu ihren Weibern wieder recht sonderbar auf. Ich sagte Dir, glaub ich, schon, daß diese weder den Titel noch Namen ihrer Männer tragen, sondern, wie bloße Freundinnen, nur den ihrigen behalten. Die hiesige Dame des Hauses war indes eine Lady in her own right von angesehener Familie und dabei eine sehr artige Frau. Sie hat zehn Söhne und drei Töchter. Von den letzten befand sich nur eine zugegen, ohngefähr zwanzig Jahr alt, die ein bei Weibern seltnes Unglück gehabt hat, nämlich ein Bein zu verlieren, das man ihr nach einem Falle vom Pferde abnehmen mußte. Die Kleidung versteckt aber bei einer Frau diesen Mangel weit besser als bei einem Manne, und ich bemerkte nicht einmal einen gehinderten Gang an ihr, ehe ich davon unterrichtet war.

Scarborough, den 21.

Ich vergaß gestern einer drolligen Geschichte zu erwähnen, die bei Tische erzählt wurde und gewiß das stärkste Beispiel von Distraktion aufstellt, welches Du, den sich köpfenden Irländer abgerechnet, noch gehört haben wirst. Lord Seaford erzählte von seinem Onkel, dem alten Grafen von Warwick, der schon früher wegen seiner Zerstreutheit berühmt war, daß er einst in einem wichtigen Geschäft von Warwick Castle abends nach London reiste, dieses dort den andern Tag zu seiner Zufriedenheit beendigte und in der Nacht wieder zurückfuhr. Als er in Warwick ankam, fiel er in Ohnmacht. Alles erschrak und frug den Kammerdiener, ob sein Herr schon in London krank gewesen sei. »Nein«, sagte dieser, »er ist ganz wohl, aber ich glaube, Gott verzeih mir, er hat, seit er weg ist, vergessen – zu essen.« Dies war auch wirklich der Fall, und ein Teller Suppe, den man sofort Seiner Herrlichkeit applizierte, brachte schnell alles wieder in die gewohnte Ordnung.

Ich schreibe Dir aus einem Seebade, das sehr romantisch sein soll. Ich selbst weiß zwar nichts davon, denn es war stockfinster, als ich ankam. Morgen früh habe ich dagegen alle Hoffnung auf die schönste Aussicht, da ich im vierten Stock logiere, weil das ganze Haus schon besetzt ist.

Während der Reise hierher besah ich das Schloß Howard, dem Lord Carlisle gehörig. Es ist dies einer der englischen showplaces (Schau- und Paradeplätze), gefällt mir aber nicht im geringsten. Schloß Howard stammt von Sir Vanburgh her, demselben Baumeister aus Ludwig XIV. Zeit, der in dem gleichen schlechten französischen Geschmack Blenheim gebaut hat. Dieses imponiert jedoch durch seine Masse, dagegen Schloß Howard weder imponiert noch anmutig erscheint. Dabei hat der ganze Park etwas höchst Trauriges, Steifes und Desolates. Auf einem Berge steht ein großer Tempel, das Erbbegräbnis der Familie. Die Särge sind in Zellen rundherum verteilt, die meisten noch leer, so daß das Ganze inwendig wie ein Bienenstock aussieht, nur freilich stiller! Im Schloß befinden sich schöne Gemälde und Antiken. Unter den ersten sind besonders die sogenannten drei Marien von Annibale Carracci berühmt. Es stellt dieses Gemälde den toten Christus dar, hinter welchem seine Mutter Marie in Ohnmacht gesunken ist. Die Großmutter Marie eilt klagend herbei, und Marie Magdalene stürzt sich verzweifelnd über den Leichnam. Die Abstufung zwischen dem wirklichen Tode, der bloßen Ohnmacht, dem matten Schmerz des Alters und der lebendigen Verzweiflung der Jugend ist bewunderungswürdig wahr dargestellt. Jedes Glied an Christus' Körper erscheint wahrhaft tot; man sieht, diese Form hat für immer ausgedient, bewegungslos, kalt und starr. Alles dagegen ist Bewegung und Leben an der schönen Magdalene, bis auf die Haare selbst, möchte ich sagen, alles Lebenskraft und Fülle, aufgeregt im bittersten Jammer. Gegenüber hängt Annibales Bild, von ihm selbst gemalt. Es zeigt sehr auffallende Züge und sieht einem verwegnen Highwayman ähnlicher als einem Künstler. Dich, liebe Julie, würde eine Sammlung Handzeichnungen aus der Zeit Franz'I., die sämtlichen Herren und Damen seines Hofes in fünfzig bis sechzig Porträts, am meisten angezogen haben. Es waren gemalte Memoires. Unter den Antiken amüsierte mich eine der Kapitol-Gänse von Bronze, die man mit aufgehobenen Flügeln und aufgesperrten Schnabel schnattern zu hören glaubt. Ein vortrefflich erhaltenes Bild Heinrich VIII. von Holbein ist der Erwähnung wert, sonst fiel mir eben nichts besonders auf. Der bekannte heilige Johannes von Domenichino befindet sich auch hier, angeblich als Original. Wenn ich nicht irre, ist das echte jedoch in Deutschland. Der Park, in großen Massen steif gepflanzt, ist besonders reich an Torwegen. Ich kam durch 7, sage sieben, ehe ich das Schloß erreichte. Über eine schmutzige Wasserlache, ohnfern dem Schloß, führt eine große Steinbrücke mit fünf oder sechs Bögen, über die Brücke jedoch kein Weg! Sie dient bloß als Prospekt, und damit man dies recht genau gewahr werde, ist auch nicht ein Strauch daneben oder davor gepflanzt. Es scheint, daß die ganze Anlage völlig so geblieben ist, als sie vor hundertzwanzig Jahren gestiftet wurde, mit allen ihren Alleen, Quinconcen etc. Obelisken und Pyramiden sind wie Pilze darin aufgewachsen, denn jede Aussicht bietet dergleichen als harten Endpunkt. Die eine Pyramide ist indessen wenigstens nützlich, denn sie ist zugleich ein Gasthof.

den 22.

Wenn die Leute in England so oft an Erkältungen und Schwindsucht sterben, so liegt es noch mehr an ihren Gewohnheiten als an dem Klima. Spaziergänge auf dem nassen Rasen sind die beliebtesten, und in jedem öffentlichen Zimmer sind beständig mehrere Fenster offen, so daß man es vor Zug kaum aushalten kann. Auch wenn sie zugemacht sind, pfeift der Wind doch hindurch, denn selten sind sie dicht und nie doppelt. Das Klima selbst ist aber auch, so gut es die Vegetation unterstützt, für Menschen abscheulich. Heute ritt ich bei dem schönsten Wetter und klarsten Himmel, auf einem Mietgaul, um neun Uhr früh aus und war noch keine Stunde fort, als mich schon der schrecklichste Platzregen überfiel und durch und durch badete. Endlich erreichte ich ein Dorf, wo ich in der Verzweiflung, nirgends einen Torweg zum Unterreiten zu finden, vom Pferde absprang und in eine Stube zu ebner Erde eindrang, deren Tür offenstand und wo zwei uralte Weiber etwas am Kamine brauten. In England wird alles Häusliche so heiliggehalten, daß ein Mensch, der in eine fremde Stube tritt, ohne sorgfältig vorher sich annonciert und um Erlaubnis gebeten zu haben, stets Schrecken und Unwillen erregt. Auch ich wurde daher, ohngeachtet die Ursache meines Eindringens deutlich genug von meinem Hut und Kleidern rann, nicht zum besten von den alten Damen empfangen, deren Rang höchstens dem einer Schusters- oder Tischlersfrau gleich sein mochte; nichts aber malt das Entsetzen und den ohnmächtigen Zorn meiner Wirtinnen malgré elles, als, kaum daß ich beim Feuer angelangt war, der Mietgaul, dessen Klugheit Nestor Ehre gemacht haben würde, sich ebenfalls durch die Türe drängte und, ehe man ihm wehren konnte, höchst ruhig und anständig beim Kamine stand, um mit einer schalkhaft dummen Miene seine triefenden Ohren am Feuer zu trocknen. Die beiden alten Hexen wollten vergehen vor Wut, ich vor Lachen. Mit Gewalt sollte ich nun das Tier wieder herausbringen – mir aber tat der arme Gefährte zu leid, selbst wagten sie nicht, Hand an ihn zu legen, und unter Schelten und Schmähen, was ich, so gut ich konnte, durch süße Worte und einen Schilling zu besänftigen suchte, blieben wir so, halb bittend, halb gewaltsam, beide glücklich in der Stube, bis wir ein wenig trockener geworden waren und die Bourrasque aufgehört hatte. Das Trockenwerden half indessen nicht viel, denn beim Eintritt in das romantische Forge Valley fingen Sturm und Regen von neuem zu toben an. Ich ergab mich in mein Schicksal, obgleich ohne alle Schutzmittel, und tröstete mich mit den Schönheiten der Umgebung, ein enges hohes, mit üppigem Wald bewachsenes Tal, in dem ein reißender Waldbach sich schäumend seinen Weg bahnte. An dem Bache hin führte eine bequeme Straße. Ich bemerkte unterwegs eine einfache und hübsche Art, einen Quell zu fassen, bloß durch zwei große gesprengte Steine mit einem noch größern quer darüber gelegt, unter welcher Pforte das Wasser sprudelnd hervorströmt.

Um einer Verkältung womöglich zu begegnen, nahm ich bei meiner Zuhausekunft ein warmes Seebad und begab mich dann auf *den Sand*, d. h. auf die Stelle, wo das Meer bei der Ebbe zurücktritt, eine sehr eigentümliche Promenade. Reitpferde und Wagen stehen darauf in Menge zum Mieten bereit, und man kann mehrere Meilen, hart am Saum der Wellen, auf einem Boden zart wie Samt dahinreiten. Das alte Schloß von Scarborough auf der einen Seite und eine prächtige eiserne Brücke, die zwei Berge verbindet, auf der andern erhöhen das Pittoreske des Anblicks. Ich ritt nachher bei der Abendsonne Schein auch noch auf das Schloß hinauf, von dem die Aussicht prächtig ist und das eine imposante Ruine bildet. Hier wurde Gaveston, der Günstling Eduard II., vom Grafen Warwick, dessen Grab ich Dir auf meiner ersten Landtour beschrieb, gefangen und schnell zur Hinrichtung nach seinem Schlosse abgeführt.

Auf dem höchsten Punkte der Ruine steht ein eisernes Behältnis, wie ein Kienkorb konstruiert, das zu Signalen dient. Es wird eine große Tonne Teer hineingesetzt und angezündet. Sie brennt dann in hohen, lodernden Flammen die ganze Nacht. Das Schloß steht auf einem weit in die See hervortretenden Felsen, der circa hundertfünfzig bis zweihundert Fuß senkrecht aus der See emporsteigt und oben neben dem Schloß auf seiner Oberfläche noch eine schöne Wiese bildet.

den 23.

Meine heutige Exkursion führte mich an der Seeküste hin nach Filey, wo eine berühmte Felsenbrücke von der Natur selbst in das Meer hineingebaut worden ist. Derselbe Mietgaul, eine Stute ihres Geschlechts, den ich gestern *ritt*, *zog* mich heute in einem ziemlich gut konditionierten Gig. Das Meer war schön blau und voller Segel. In Filey, einem Fischerdorf, nahm ich einen Führer und eilte auf dem festen Meersande der Brücke zu. Wir kamen bei vielen seltsam gestalteten Felsen vorüber, hie und da lag auf einer Spitze ein Fisch in der Sonne, der bei der Ebbe sitzen geblieben und dort lebendig geröstet worden war; manche Hohlungen in Stein fand ich mit einer Unzahl kleiner Muscheln angefüllt, die von weitem Tonkugeln glichen. Die Brücke selbst ist eigentlich nur ein breites Felsenriff, welches eine halbe Viertelstunde in das Meer hinausgeht. Seltsam sind die einzelnen Blöcke in phantastischen Figuren durcheinandergeworfen, und man muß sich sehr in acht nehmen, nicht von ihren schlüpfrigen Kanten hinabzugleiten. Die Flut kam bereits heran und deckte schon einen Teil des Riffs. Nachdem ich alles hinlänglich betrachtet, kletterte ich an den Uferfelsen ziemlich beschwerlich hinan, um den Rückweg oben zu nehmen, wo ein angenehmer Wiesenweg mich bald zum nahen Gasthof brachte, in dem mein Fuhrwerk mich erwartete.

Flamborough Head, den 24., abends

Entfernungen werden hier ganz anders kalkuliert als bei uns. Meine ehrwürdige Matrone brachte mich heute, fünf deutsche Meilen weit, bequem in zwei Stunden hierher. Kaum angekommen, mietete ich ein anderes Pferd, um den noch eineinhalb deutsche Meile weiter entfernten Leuchtturm und die Felsenhöhlen zu erreichen, welche Flamborough Head merkwürdig machen. Es war das schönste Wetter geworden und dabei sehr windig, so daß ich diesmal wenigstens gewiß hoffte, ungenäßt zu bleiben – ich irrte mich aber sehr, denn kaum bei dem Meerfelsen angelangt, bekam ich nicht nur den obligaten Platzregen, sondern diesmal noch eine Zugabe, nämlich ein derbes Gewitter. Dies war jedoch eine angenehme Veränderung, denn Donner und Blitz nahmen sich auf der Spitze der Kalkfelsen, senkrecht über dem schäumenden Meer, vortrefflich aus. Der Douanier, welcher mich begleitete (es ist eine Station dieser Leute hier neben dem Leuchtturm), brachte mir, den nur ein leichter Frack schützte, zwar sehr gefällig einen Regenschirm, der Sturm erlaubte aber nicht, auf dem gefährlichen und schlüpfrigen Wege über den Abgrund sich desselben zu bedienen. Das Meer hat die Kalkfelsen hier so unter- und ausgewaschen, daß viele turmartige Pfeiler ganz einzeln im Wasser stehen, welche in ihrer blendenden Weiße, durch den schwarzen Himmel noch greller gemacht, riesenhaften Seegespenstern glichen, in weite Leichentücher gehüllt. Außerdem gibt es eine große Menge Höhlen von verschiedener Größe, zu denen man während der Ebbe trocknen Fußes gelangen kann. Jetzt war indes grade hohe Flut, und ich mußte ein Fischerboot benützen, was glücklicherweise sich dort eben aufhielt, um zu der größten der Höhlen zu fahren. Der frischen Luft wegen ruderte ich den ganzen Weg tapfer mit und fand diese Bewegung, die ich heute zum erstenmal versuchte, so angenehm, daß ich sie künftig so oft als möglich wiederholen will. Die See ging so hoch, daß ich an Gefahr glaubte und dem Fischer dies äußerte. Er antwortete ganz poetisch: »O Herr! glaubt Ihr, daß mir das Leben nicht ebenso süß ist als Euch, weil ich nur ein armer Fischer bin? Bis an die Höhle ist keine Gefahr, aber hinein dürfen wir heute nicht.« Ich warf also nur einige Blicke in den ungeheuern Torweg, wo der Meeresschaum unter dem Heulen der Wellen, wie Rauch emporwirbelnd, umherspritzte. Da mich der Fischer versicherte, daß man sich vom Seewasser nie erkälte, so tauchte ich meine nassen Glieder nochmals in die grüne Salzflut und bestieg dann mein Roß, um dem Leuchtturm zuzureiten. Dieser war mir um so interessanter, da ich nur einen sehr unvollkommenen Begriff von der Konstruktion dieser Türme hatte. Er hat oben einen Aufsatz von Glas wie ein Treibhaus, in dessen Mitte an einer eisernen Stange einundzwanzig Lampen im Zirkel umher befestigt sind, die sich durch eine Art Uhrwerk immerwährend langsam drehen. Alle diese Lampen sind mit großen, inwendig stark mit Silber plattierten, stets

SCARBOROUGH

Drawn by J. D. Harding. Engraved by W. Finden

mit höchster Reinlichkeit geputzten Reflektoren versehen, und sieben davon haben außerdem eine Scheibe rotes Glas vor sich, welches in Newcastle gemacht wird und dem alten Rubinglas fast ganz gleichkömmt. Dies hat den Zweck, das Licht des Leuchtturms so zu wechseln, daß es in der Ferne bald rot, bald weiß erscheint und dadurch, von den Schiffen aus, von jedem andern Licht ohne Mühe unterschieden wird. Die Lampen werden mit Öl gespeist, das so rein wie Wein ist und von dem ein ganzer Keller voll Fässer stets im Vorrat bleibt. Ebenso ist der ganze Apparat doppelt vorhanden, um bei einem Zufall das Beschädigte auf der Stelle ersetzen zu können. Die Lampen bilden zwei Kreise übereinander, unten zwölf, oben neun.

Ich bemerkte einen Tisch zum Putzen der Lampen, der mir sehr zweckmäßig schien, um das Springen der Gläser zu verhindern. Die obere Platte ist von Eisenblech mit mehreren Löchern nebeneinander, um die Gläser hineinzustellen. Auf einer Platte darunter steht ein Kohlenfeuer. Diese Vorrichtung hat den doppelten Nutzen, einmal, daß die Gläser gleich in eine sichere Lage kommen, zweitens, daß sie nicht leicht springen, da fortwährend das Blech in gelinder Wärme erhalten wird.

Eine Gelegenheit, die ich hier finde, diesen Brief sicher nach London an die Gesandtschaft zu spedieren, erlaubt mir, meinen Reisebericht zu teilen. Ich schließe daher für diesmal, immer mit der Bedingung, wie Scheherezade morgen wieder anzufangen. Also sans adieu.

Dein L...

19

Neunzehnter Brief

Whitby, den 25.

Teure Julie!

Ich hatte etwas lange nach der gestrigen fatiganten Tour geschlafen und verließ daher Scarborough erst um zwei Uhr. Der Weg bis Whitby ist der vielen Berge wegen schwierig und der Anblick der Gegend sonderbar. So weit man umherblickt, kein Strauch, kein Haus, keine Mauer noch Zaun. Nichts als endlos wogende Hügel, oft von der seltsamen Form regelmäßig aufgestürzter Halden, dicht mit Heidekraut bedeckt, das in der Nähe die schönsten violetten und rosenroten Blüten darbietet, in der Ferne aber nur ein und dieselbe düstere, rotbraune Farbe über das ganze Land breitet, welches den Grousejägern eine reiche Ernte darbietet. Keine Abwechslung als eine Menge weißer Punkte, die sich langsam hin und her bewegen – und was sind diese? – Tausende von Heidschnucken, die sehr scheu sind, meistens schwarze Köpfe haben und gegen deren Wolle Pudel und Schafspitze Seide aufweisen können. Eine Stunde vor Whitby, wenn man aus den kahlen Bergen wieder hinabsteigt, verändert sich die Gegend nach und nach und wird bei der Stadt sehr romantisch. Die englische Reinlichkeit und Zierlichkeit verliert sich indes immer mehr und mehr. Whitby sieht einer alten deutschen Stadt vollkommen gleich. Ohne Trottoirs, ebenso schmutzig, mit engen Gassen, aber auch mit herzlichern, freundlichern Bewohnern.

In diesen ärmlichen Ort kommen wahrscheinlich selten Reisende von einiger Apparence an, oder hielt man mich für einen andern, kurz, man belagerte mich wie ein Wundertier und ließ mich nicht ohne eine Eskorte von wenigstens hundert Menschen ausgehen, die sich zwar sehr gutmütig, aber doch auch sehr zudringlich andrängten, um mich vom Kopf bis zum Fuß zu betrachten. Mir fiel dabei eine komische Anekdote ein, die ich neulich vom Herzog von Leeds hörte. Dieser Herr war sehr herablassend mit seinen Untergebenen und Pächtern, deren einer einmal, als der Herzog eben spazierenging, an ihn herantrat und ihm eine Bitte vortragen zu dürfen bat. Als dies freundlich gewährt wurde, kam er damit heraus, daß sein zwölfjähriger Sohn ihn Tag und Nacht quäle, den Herrn Herzog zu sehen, und daß, da er grade jetzt nicht weit von seiner Hütte sei, er doch die hohe Gnade haben möge, sich von seinem Sohne beschauen zu lassen. Der Herzog gab lächelnd seine Einwilligung, ging nach der Hütte, und der erfreute Vater holte den neugierigen Sprößling. Kaum war dieser jedoch hereingestürzt, als er schon verwundert vor dem etwas ältlichen und unansehnlichen Herzog, von dessen Macht und Größe er soviel gehört hatte, stehenblieb, ihn lange ansah, dann befühlte und nun plötzlich fragte: »Könnt Ihr schwimmen?« – »Nein, mein guter Knabe.« – »Könnt Ihr fliegen?« – »Nein, das kann ich auch nicht.« – »Nun dann, bei meiner Treu, da ist mir doch Vaters Entrich lieber, denn der kann beides.«

Whitby hat einen von höchst malerischen Felsen eingefaßten Seehafen mit einem schönen Molo von Granit, der sich weit ins Meer hinein erstreckt und von dem man zugleich eine herrliche Aussicht auf die Stadt hat. Besonders schön nimmt sich auf dem einen schroffen Felsenufer die berühmte Ruine der Abtei aus, welche im sechsten Jahrhundert von einem König von Northumberland gegründet ward. Sie ist jetzt das Eigentum eines Privatmannes, der gar nichts für die Unterhaltung dieses erhabnen Denkmals alter Größe tut. Sein Vieh weidet in den Ruinen, die so voller Unflat liegen, daß man sie kaum näher besichtigen kann. Ich stieg beim Schein des jungen Mondes hinauf und war entzückt über den romantischen Effekt. Ungeheure Pfeiler, leicht wie schlanke Tannen in die Höhe steigend, mit langen Fensterreihen, sind noch wohlerhalten und viele kunstreiche Verzierungen so unversehrt, als rauschte heute der erste Herbstwind durch ihre weiten Bogen. Andere waren dagegen durch die Zeit ganz umgewandelt, und manche scheußliche Larven grinsten mich im Mondlicht wie Totenschädel an. Daneben steht eine noch ältere Kirche, welche auch noch im Gebrauch und von einem mit Tausenden von dicht bemoosten Leichensteinen bedeckten Kirchhof umgeben ist.

Ich wohne in einem ländlichen, aber ganz vortrefflichen Gasthof, der von zwei Schwestern gehalten wird, welche voller Bereitwilligkeit *der* Art sind, die nicht aus Interesse, sondern aus wahrer Gutmütigkeit entspringt. Da ich etwas zu lesen verlangte, brachten sie mir die Chronik von Whitby, in der ich blätterte, während es draußen heftig stürmte und der Wind gradeso unheimlich pfiff als im guten Schloß zu M... In dieser Chronik ist einer Schätzung der Güter im siebenten Jahrhundert erwähnt, wo Whitby mit Pertinenzien (jetzt vielleicht eine Million Pfund Sterling am Wert) zu sechzig Schilling (drei Pfund Sterling) angeschlagen ist!

Ich lerne auch daraus, daß die große und prachtvolle Abtei weder durch Feuer noch Schwert, sondern im Wege stiller Gewalt dem Zahne der Zeit überwiesen wurde. Heinrich VIII. konfiszierte dies Kloster mit den übrigen, als er vom Papste abfiel, und verkaufte alles bis auf die einzelnen Steine der Gebäude. Glücklicherweise erstand, nachdem mehrere Häuser der Stadt von dem Material der Abtei schon aufgebaut worden waren, noch der Ahnherr des jetzigen Besitzers den Rest und ließ wenigstens die Kirche seitdem in statu quo.

Guisborough, abends

Ich hatte einen Brief an Lord Mulgrave, den Besitzer eines großen Alaunbergwerks, schönen Schlosses und Parks am Seeufer, geschrieben und ihn gebeten, mich diese Dinge sehen zu lassen. Er schickte mir eine sehr artige Antwort und einen Reitknecht zu Pferde, mich überall hinzubegleiten. Dies machte das gestrige Übel in der kleinen Stadt noch ärger, und der Magistrat bekomplimentierte mich eine Stunde darauf durch Absendung zweier Mitglieder, die zugleich Sekretäre des Museums waren, welches sie mir zu zeigen sich anboten. Da dieses Museum in der Tat wegen der vielen hier gefundenen Fossilien sehr merkwürdig ist, so nahm ich es an. Die halbe Stadt war wieder versammelt und folgte uns mit der Arrièregarde einer sehr geräuschvollen Jugend. Im Museum waren eine große Menge Honoratioren zugegen und ein Blumenflor neugieriger Damen, von deren anziehenden Blicken ich meine Augen jeden Augenblick auf ein Krokodil, einen alten Walfischzahn oder einen versteinerten Fisch wenden mußte. Die beiden Sekretäre hatten sich in die Merkwürdigkeiten geteilt. Der eine machte die Honneurs der Fische und Amphibien, der andere die der Quadrupeden, Vögel und Mineralien. Beide waren aber so eifrig, mir nichts entgehen zu lassen, daß in der Regel einer den andern unterbrach, wenn dieser eben seinen Spruch angefangen hatte, um mich mit etwas aus *seinem* respektiven Reiche zu erfreuen. Dies war im Anfang lächerlich, wurde aber zuletzt beschwerlich, denn während mich A. beim linken Arme festhielt und anhub: dies ist der berühmte kleine Krokodil, der hier im Bauche einer Boaschlange versteinert gefunden wurde, und hier der noch berühmtere große, sechs Ellen und ..., ergriff B. mich beim rechten Arm, drehte mich herum und machte mich auf Mäntel aus Papageienfedern und den tätowierten Kopf eines Neuseeländers aufmerksam, dem man im eigentlichen Verstande die Haut über die Ohren gezogen und wie Leder gegerbt hatte. Einige Dilettanten empressierten sich noch dazwischen, mir andere Dinge vorzuzeigen, so daß ich Argus' hundert Augen hätte haben mögen, um alles auf einmal zu betrachten. Was mich am meisten interessierte, war ein von Parry geschenktes, vollständiges Canot mit Fischerapparat der Esquimaux. Es ist nur aus Fischknochen und Seehundsfell gemacht und von einer solchen Leichtigkeit, daß man kaum begreift, wie es möglich ist, sich darauf dem Meere anzuvertrauen. Obgleich ziemlich lang, ist es in seiner größten Breite in der Mitte doch kaum *einen Fuß* breit und überall, auch von oben, geschlossen wie ein Kasten, bis auf ein einziges rundes Loch in der Mitte, worin der Esquimau sitzt und mit einem Doppelruder, das die Form einer Balancierstange hat, sich im Gleichgewicht erhält. Eine Art Spaten von den Südseeinseln war so schön geschnitzt, daß kein Londner Künstler es besser machen könnte. Die Versteinerungen aller Art, sowohl von noch existierenden als antediluvianischen Tieren und Pflanzen, sind außerordentlich zahlreich und schön, und das große, fast ganz erhaltene versteinerte Krokodil (das ich früher schon anführte) ist allerdings einzig in seiner Art. Etwas sehr Eigentümliches war auch eine Konglomeration, die sich durch den Ablauf der Kohlenwerke hier in der Nähe in einer viereckigen hölzernen Rinne vor vielen Jahren gebildet hatte.

Man sah nämlich darauf sechs schwarze und einen gelben Streifen, wie an einem angeschnittenen Baumkuchen, fortwährend abwechseln, welches daher entstanden ist, daß an den Wochentagen, wo im Werke gearbeitet wurde, der Abfluß von den Kohlen schwarz gefärbt war, am Sonntag aber, dem Ruhetag, das Wasser, welches viel Ocker enthält, in seiner natürlichen gelblichen Farbe floß. Diese Abwechselung geht mit der größtmöglichsten Regelmäßigkeit sieben Wochen hindurch fort und bildet jetzt geschliffen eine sehr nette Zeichnung. Die Herren ließen es sich nicht nehmen, mich mit dem gewöhnlichen Gefolge wieder nach meinem Gasthof zurückzubringen, wo, als ich fortfuhr, ein furchtbares Hurra erschallte und mehrere der Jüngeren beiderlei Geschlechts mich nicht eher verließen, als bis es ihrer Lunge unmöglich wurde, es den Pferden länger gleichzutun. Auf dem Meersande hin ging es nun langsam dem Alaunwerke zu, Lord Mulgraves Reitknecht voraus. Ich stieg aus, um eine Strecke zu Fuß zu gehen, und amüsierte mich dabei, kleine Steinchen zu sammeln, von denen die glänzendsten Exemplare aller Farben und Formen das Ufer bedeckten. Nach einer Stunde erreichten wir das Bergwerk, welches höchst romantisch zwischen den schroffen Felsen am Meere liegt. Ich besah alles sehr gründlich, wie Du aus meinem beiliegenden Schreiben an den A... D... ersehen wirst. Um von da, wo ich mich befand, zu den Förderungen zu gelangen, mußte ich einen Weg zurücklegen, der nur für Ziegen gemacht zu sein schien und von dessen Unannehmlichkeit mich der Steiger vorher schon avertiert hatte. Einigemal war er kaum einen Fuß breit und die abhängende Seite ein glatt abgearbeiteter Alaunfelsen von zweihundert Fuß Höhe. Auf solchen Fußwegen, deren mehrere den Felsen durchschneiden, arbeiten die Leute und hauen das zutage liegende Felsenerz neben sich ab, welches das seltsamste Schauspiel darbietet, das man sich denken kann, da die Menschen wie Schwalben an der Mauer zu hängen scheinen und sich, um da hinzugelangen, oft an Stricken hinaufwinden lassen müssen. Unten im Tal stehen große Karren, die auf Eisenbahnen das Erz fortfahren, welches immerwährend aus der Höhe herabprasselt. Ich brauchte drei Stunden, um alles zu besehen, und fuhr dann aufs Schloß, wo mich Lord Mulgraves Söhne (er selbst war krank am Podagra) mit einem guten Luncheon bewirteten und darauf in dem schönen Park umherführten. Er hat seine Schönheit nur der Natur zu verdanken, zu deren Felsen, Waldbächen und baumreichen Schluchten sinnig gewählte Fahrwege führen, die einige deutsche Meilen lang sind. Aus dem Schloß sah man unter hohen Eichen und Buchen über einen sanften Rasenabhang nahe vor sich das Meer mit hundert Segeln bedeckt. Eine Hauptzierde des Parks ist die Ruine des »Old Castle«, von dem man glaubt, daß es früher ein römisches Fort und dann die Burg des Sachsenfürsten Wanda gewesen sei. Später wurde es einem Vorfahren der Familie vom König Johann für den Mord des jungen Prinzen, den Shakespeare so rührend schildert, geschenkt, also ein blutig-romantischer Ursprung. Die Aussicht von den alten Zinnen ist wild und malerisch. Im neuen Schlosse, welches vor fünfzig Jahren im gotischen Stil erbaut wurde, fiel mir das Porträt einer Urgroßmutter des jetzigen Lords auf, die eine reizende und dabei originelle Frau gewesen sein muß, denn sie ist in tiefer Trauer gemalt und sitzt dennoch lächelnd am Fenster, mit der Überschrift im veralteten Englisch: »Da meines Mannes Liebe nur Spaß war, so ist meine Trauer auch bloß Spaß.« Der jüngste Sohn des Hauses, dessen Familienname für uns nicht wohllautend klingt – nämlich Phipps, also, der junge Mr. Phipps erzählte mir, daß vor zehn Jahren auf den nahen Schieferfelsen, die mit einer scharfen Kante ins Meer hineintreten, sich eine sonderbare Begebenheit zutrug. Zwei Mädchen saßen auf einem Abhang, mit dem Rücken gegen die See gekehrt. Ein scharfer Felsenschiefer hoch über ihnen löste sich durch ein Ungefähr ab, und durch die zunehmende Schnelligkeit des Falls fast mit Blitzesschnelle ankommend, schnitt er dem einen Mädchen, das eben emsig mit dem andern schwatzte, den Kopf so rein ab, daß dieser weit auf den Meersand hinausrollte und der Körper ruhig sitzen blieb. Die Eltern leben noch im Dorfe.

Ripon, den 27.

Ich schlief die Nacht sehr gut in meinem Wagen, frühstückte im Blumengarten eines netten Gasthofs und eilte dann nach Studley Park, der die famosen Ruinen von Fountains Abbey enthält, welche für die größten und schönsten in England gehalten werden. Sie übertrafen bei weitem noch meine Erwartung, so wie auch der Park. Ich will Dir daher dies alles in der Ordnung beschreiben.

Durch einen majestätischen Wald führt der Weg zuerst an einem Abhange hin, bis man an einer jählingen Wendung desselben in ein langes Wiesental kömmt, dessen Breite ohngefähr dreihundert bis vierhundert Fuß sein mag und in dessen Mitte ein kleiner Fluß strömt, den verschiedene natürliche Wasserfälle unterbrechen. Die eine Seite des Tals bildet ein ansehnlicher Bergrücken, mit alten Eschen, Buchen und Eichen bewachsen, die andre eine schroffe Felsenmauer, mit Schlingpflanzen überhangen und ebenfalls mit uralten Bäumen gekrönt. Am Ende schließt sich das Tal in seiner ganzen Breite mit den Ruinen und dem hohen Turme der Abtei. Du wirst Dir leicht einen Begriff von der Größe dieser Trümmer machen, wenn Du hörst, daß einst

FOUNTAINS ABTEI

die Gebäude der Abtei fünfzehn Acres einnahmen, jetzt die Ruinen noch vier. Das Schiff der Kirche, deren Wände größtenteils noch stehen, ist dreihunderteinundfünfzig Fuß lang, das große Fenster, dem Altar gegenüber, fünfzig Fuß und der Turm, obgleich ein Teil einstürzte, noch jetzt hundertsechsundsechzig Fuß hoch. Die Architektur ist aus der besten Zeit, dem 12. und 13. Jahrhundert, ebenso einfach als grandios. Aus der Kirche führt ein Tor nach dem doppelten Klostergang, der dreihundert Fuß lang und zweiundvierzig breit ist; ein zweites nach dem Klostergarten, der jetzt wieder von den Besitzern in einen Blumengarten umgeschaffen worden und rundumher von andern pittoresken Ruinen umgeben ist, nämlich die der Bibliothek, des Justizgebäudes und des Kapitelhauses. Das Gewölbe dieses letztern wird, gleich dem Römer in Marienburg, nur durch eine einzige Mittelsäule getragen. In der Küche bewundert man dagegen fast *grade*, höchst künstlich konstruierte Wölbungen ohne alle Stütze und daneben den prachtvollen Eßsaal, der hundertacht Fuß lang und fünfundvierzig breit ist. Dies war, wie billig, der Kulminationspunkt der Abtei, welche ihrer Schwelgerei und Sittenlosigkeit wegen sehr berüchtigt war. In der Kirche sieht man noch mehrere Grabmäler, eines Lord Mowbray in voller Kettenrüstung in Stein ausgehauen, ferner mehrere Äbte und zuletzt einen leeren Steinsarg, in dem Hotspur Percy begraben gelegen haben soll. In der Höhe erblickt man einen wohlerhaltenen Engel mit der deutlichen Jahreszahl 1283 darunter. An der Spitze des Turms aber liest man noch in gotischen Riesenbuchstaben eine lateinische Inschrift, die schön und passend, da oben in den Lüften schwebend, folgende Worte herabruft: »Ehre und Preis dem einzigen Gott durch alle Jahrhunderte!«

Die ganze Ruine ist mit Efeu und Schlingpflanzen wie mit Vorhängen bedeckt, und majestätische Bäume wehen hie und da daraus hervor. Der Fluß schlängelt sich an ihr hin und treibt einige Schritte weiter die alte Klostermühle, welche immer noch im Gebrauch geblieben ist, fast als wollte sie die Lehre geben, daß, wenn Pracht und Hoheit untergehen, das Nützliche sich bescheiden erhält. Ohngefähr zweihundert Schritte hinter der Abtei steht das alte Wohnhaus der Familie der Besitzer, welches im 16. Jahrhundert aus den abgefallenen Steinen der Ruine aufgebaut wurde. Auch dieses ist höchst malerisch, obgleich in einem bei weitem weniger edlen Stile gebaut. Seine mit Mauern umgebenen Gärten mit beschnittenen hohen Taxushecken und regelmäßigen Blumenbeeten und die Mischung des noch ganz Alten und schon werdenden Neuen geben der Phantasie einen angenehmen und weiten Spielraum. Hier stehen vielleicht die ältesten Taxusbäume in England. Einer, den man tausend Jahre alt schätzt, hat in der größten Dicke seines Stammes dreißig Fuß im Umfang. Auf dem Hause befindet sich, zwischen den Bildern zweier alten Ritter, aus der alten Abtei geraubt, die wahrscheinlich auf diese Figuren anspielende moderne Inschrift: »Sic transit gloria mundi.« Auch Fountains Abbey dankt ihren Untergang der Einziehung der Klöster durch Heinrich VIII. Wenn man die Abtei verläßt, gelangt man nach einer halben Stunde Wegs in einen höchst prachtvollen und mit großem Aufwand unterhaltenen Pleasureground, der durch viel Abwechselung von Berg und Tal, herrliche Bäume und wohlbenützte Gruppierungen sehr anzieht, im übrigen aber mit etwas altertümlichen Anlagen und einer Menge Lusthäusern, Tempeln und bleiernen Statuen ohne Wert zu sehr überladen ist. In einem dieser Tempel, den alten Göttern gewidmet, stand die Büste des – Nero. Doch diesen kleinen Mängeln wäre leicht abzuhelfen, das viele Schöne der Natur und Anlage wird man aber selten so reich vereinigt antreffen. Am Ende des Wildparks liegt das Wohnhaus der Besitzerin, welche mit vierzigtausend Pfund Sterling Einkünften doch eine alte Jungfer von siebenundsechzig Jahren geblieben ist. Ich begegnete ihr im Garten und wurde von ihr zum Luncheon eingeladen, was ich mit Vergnügen annahm, da die Promenade mich ziemlich hungrig gemacht hatte. Ich fand dort noch sechs andere alte Jungfern, einen Advokaten und einen jungen Husarenoffizier, der coq en pâte zu sein schien.

Um jedoch noch einmal auf die Ruine zurückzukommen (ich meine die Abtei, nicht die alte Jungfer), so würde ich, wenn ich meiner kritischen Ader Raum geben wollte, nur eins an ihr aussetzen, nämlich: daß sie, im Kontrast mit der von Whitby, die es zu wenig ist, hier *zu gut* erhalten wurde. Kein loser Stein liegt auf dem Boden, welcher so eben wie ein Teppich sorgfältig geschoren ist. Das Blumenparterre im alten Klostergarten war auch zu modern gehalten, und wäre das poetische Gebäude mein, ich würde es schnell wieder ein wenig künstlich zu verwildern suchen, denn in der halbverfallenen Größe eben liegt ja ihr ganzer Zauber für das Gemüt.

Nach meiner Rückkunft in Ripon besah ich den alten dortigen Dom, auch ein schönes Überbleibsel des Altertums mit einem überaus kunstreich geschnitzten Chor. In einem unterirdischen Gewölbe befinden sich eine Art mit Knochen und Totenköpfen ausgeschmückte Katakomben, wo ich mich meinem Steckenpferde gemäß lange mit kraniologischen Untersuchungen beschäftigte. Unter diesen menschlichen Ruinen war ein Schädel dem meinigen so frappant ähnlich, daß es selbst dem alten Küster auffiel. Wer mag der alte Knabe gewesen sein? Vielleicht ich selbst unter anderm Gewande? Über den eigentlichen Ursprung dieser Knochengebäude konnte mir niemand rechte Auskunft geben, nur über den echt französisch aussehenden Schädel eines emigrierten Priesters, den der Küster selbst eingeschwärzt hatte. Er sah noch immer so gesprächig und artig aus, als ob er eben sagen wolle: Monsieur, j'ai l'honneur de vous présenter mes respects, vous êtes trop poli de venir nous rendre visite. – Nous avons si rarement l'occasion de causer ici! Es war ein wohlerzogner Schädel, das zeigte er auf den ersten Blick, sehr tiefsinnig und still dagegen schien der meines Ebenbildes. Es wäre doch sonderbar, wenn man so, ohne es zu wissen, manchmal seinen eignen alten Knochen wieder gegenüberstünde.

Harrogate, den 28.

Dieser Badeort ist ziemlich auf die Art unsrer Bäder eingerichtet und mit mehr Geselligkeit begabt als gewöhnlich die englischen. Man sieht sich an der Table d'hôte, beim Tee, beim Brunnentrinken und macht daher leichter Bekanntschaften. Der Ort besteht aus zwei Dörfern, beide nett und freundlich in einer schönen fruchtbaren Gegend gelegen. Leider ist aber jetzt grade das Wetter abscheulich. Es regnet unaufhörlich, und der Schwefelbrunnen, den ich heut früh trank, hat mich überdies so krank gemacht, daß ich noch nicht aus meiner Stube kommen konnte. Nichts ist fataler als die englische Mode, daß nur das Wohnzimmer unten, das Schlafzimmer aber immer zwei bis drei Treppen hoch ist, und doppelt unerträglich beim Gebrauch eines Wassers, welches den ganzen Tag durch sehr heftig zu operieren pflegt.

den 29.

Der Brunnen bekömmt mir noch immer nicht gut, demohngeachtet ging ich heute bis an der Welt Ende, hier eine kurze Promenade, da The World's End nur ein nahes Dorf ist, mit einer schönen Aussicht in – den Anfang der Welt; denn da diese rund ist, so kann man ja recht wohl jeden beliebigen Punkt der Welt Anfang oder Ende nennen. Ich fand einen Bekannten, in dessen Gesellschaft ich, mit siebzig andern Menschen, an der Table d'hôte aß. Obgleich die Saison ziemlich vorbei ist, sind doch noch circa tausend Badegäste hier, meistens aus dem Mittelstande, weil Harrogate nicht zu den fashionablen Bädern gehört, wiewohl es *mir* weit angenehmer vorkömmt als das höchst fashionable Brighton.

Ein alter General von achtzig Jahren, der bei Tisch mein Nachbar war, unterhielt mich sehr gut. Er hatte Friedrich den Großen, Kaunitz, Kaiser Joseph, Mirabeau und später Napoleon in vielen Beziehungen gekannt und erzählte manche interessante Partikularitäten von ihnen, war überdem Gouverneur von Suriname und Isle de France gewesen, hatte lange in Indien kommandiert und war jetzt, was man bei uns General der Infanterie nennt, der nächste Grad am Feldmarschall. Alles dies würde ihm bei uns einen hohen Rang geben. Hier nicht im geringsten, und er äußerte dies selbst. »Hier«, sagte er, »ist die Aristokratie alles. Ohne Kredit der Familie, ohne Verwandtschaft mit hohem Adel, durch den man fortgeschoben wird, kann man zwar wohl einen hohen Rang in der Armee erlangen, aber ohne ganz besondere Umstände nie ein Mann von Ansehen werden. Ich bin nur Baronet«, sagte er, »demohngeachtet gibt mir dieser leere Geburtstitel noch mehr Ansehen und Rang als mein hoher Militärgrad, und ich werde nicht Herr General oder, wie bei Ihnen, Ew. Exzellenz genannt, sondern Sir Charles.« (Sir ist der Titel des Baronets.)

Nach dem Diner versammelte sich die Gesellschaft zum Tee, der mit einem kleinen Ball endigte.

Leeds, den 1. Oktober

Ich war hauptsächlich deshalb in Harrogate so lange geblieben, um Briefe von Dir zu erwarten, da ich L... diese Adresse gegeben. Heute erschien denn auch einer, den ich vorfand, als ich von meinem Spaziergang zu Haus kam. Du kannst denken, wieviel Freude er mir machte!

Ich bin in Gedanken mit Dir in Dresden gewesen und habe Deine Gesundheit vor dem illuminierten Namenszug getrunken. Es gehört übrigens wohl zu meiner natürlichen Sonderbarkeit, daß ich, obgleich vier Jahr in D... in Garnison stehend, doch nie weder Pillnitz noch Moritzburg gesehen habe, daher Deine Beschreibung des letzteren mit dem Porträt des alten Landvogts mich so sehr interessierte.

Du tadelst es, daß ich in gewissen Dingen lieber schreibe wie rede. Du hast im ganzen recht. Es ist aber diese Sache und alles Supplizieren so meiner ganzen Natur entgegen, daß ich unbeholfen und schlecht spreche, und daher immer noch besser tue, wenn ich schreibe. Auch ist dann das Mißlingen nicht so unangenehm. Doch zu meiner Reise zurück.

Die Menge prachtvoller Besitzungen in England ist wirklich fast zahllos zu nennen. Man muß sich nur auf die wichtigsten einschränken. Ohngefähr zehn Meilen von Harrogate fand ich an der Straße Harewood Park, einen sehr reizenden Aufenthalt. Dieser Park ist vor hundert Jahren von Brown ganz auf einem Terrain angelegt, wie ich es mir immer wünschte, nämlich in einem natürlichen Wald mit Talschluchten, Felsen darin, einem reich mit Wasser versehenen Waldbach, und auf einem der Hügel die Ruine eines alten Schlosses – alles dies in der fruchtbarsten Gegend mit fernen Aussichten auf die Gebürge Cumberlands. Der große Meister hat diese Materialien herrlich benützt, ein prächtiges Schloß im edlen antiken Geschmack auf einen der Hügel gebaut, im Talgrund davor den kleinen Fluß zu einem weiten See ausgedehnt und so dem Schloß auf der einen Seite eine überaus liebliche Aussicht in den einsamen Park, auf der andern in die weite Ferne und reiche Gegend gegeben.

Auf eine auffallende Art wurde für mich die Szene noch dadurch belebt, daß gerade, als ich vor dem Schlosse vorfuhr, der Besitzer Graf Harewood (Hasenwald im Deutschen) mit seiner Meute von hundert Hunden, seinen rotgekleideten Piqueurs und einer Menge mutiger Jagdpferde den Bergabhang herab, über die Wiesen, vom Fuchsjagen zurückkam. Es war nicht zu vermeiden, ihm entgegenzugehen, um die Ursache meines Hierseins zu erklären. Ich fand einen großen schönen Mann von außerordentlich einnehmendem Äußern, in Gestalt und Benehmen noch jung und rüstig, an Jahren aber, was man sich sagen lassen mußte, um es zu glauben, schon ein Fünfundsechziger. Er empfing mich aufs höflichste, sagte, daß er das Vergnügen gehabt habe, mich mehrmals in London zu sehen (je n'en savais pas un mot), und bat mich, zu erlauben, daß er mir selbst seine Besitzungen zeige. Sosehr ich dies nach seiner Fatigue auf der Fuchsjagd (bei einer solchen pflegt man gewöhnlich fünf bis sechs deutsche Meilen im Galopp zu jagen und währenddem fünfzig bis sechzig Sprünge über Hecken und Gräben zu machen) ablehnte, half mein Sträuben doch nichts, und der alte Mann begleitete mich, bergauf, bergab, über den größten Teil seiner fürstlichen Domäne. Was mich, als mir neu, diesmal am meisten interessierte, waren die Hundeställe. 150 Stück Hunde fand ich dort in zwei sehr reinlichen Sälen, jeder Saal mit einer großen Bettstelle versehen, auf der 75 Stück Hunde schlafen. Jeder der Säle hat vorn seinen eigenen Zwinger. Nirgends spürte man den mindesten üblen Geruch, noch bemerkte man die kleinste Unreinlichkeit. In jedem Zwinger befand sich ein Ständer mit fließendem Wasser, und ein Diener ist den ganzen Tag gegenwärtig, der, mit einem Besen bewaffnet, fast fortwährend den Boden wäscht, auf dem er das Wasser nach Belieben überfließen lassen kann. Die Hunde selbst sind an den größten Gehorsam gewöhnt und verunreinigen ihr Bett und die Stube nie. Es ist eine große Kunst, sie gehörig zu füttern, denn sie müssen, um die große Anstrengung aushalten zu können, ganz mager und doch zugleich von so festem Fleisch wie Eisen sein, einer wie der andere. Dies war auch durchgängig der Fall, und man konnte nichts Hübscheres sehen als diese schlanken, gehorsamen und muntern Tiere, von denen die eine Hälfte eben erst von der Jagd zurückgekommen war und dennoch keineswegs übermüdet schien. Sie lagen indes doch alle ruhend auf ihrem kolossalen, gemeinschaftlichen Bett und sahen uns sehr freundlich und wedelnd an, während die andre Hälfte ungeduldig und mutwillig im Zwinger umhersprang.

Auch die Pferdeställe, ohngefähr tausend Schritt vom Schloß in einem Karree erbaut, waren sehr schön und kostbare Pferde darin, ohngefähr dreißig an der Zahl. Der alte Herr hatte meinen Wagen folgen lassen, instruierte nun noch den Postillon auf das genaueste, welchen Weg er durch den Park zu nehmen habe, damit ich die schönsten Punkte desselben sehen möge, und wanderte dann erst mit zwei großen Wasserhunden und einem rabenschwarzen Hühnerhunde zu Hause, um sich zu seinem Diner anzuziehen, da er sich noch in seinem scharlachroten Rock, dem Fuchsjägercostume, das wie eine Livree aussieht, befand.

Ich habe noch vergessen zu sagen, daß wir zuerst eine Tour durch die Zimmer des Schlosses gemacht hatten, welches ebenfalls reich und schön meubliert und mit Familiengemälden von van Dyck, Reynolds und Lawrence, den besten Malern Englands aus drei verschiedenen Jahrhunderten, geziert ist, vorzüglich aber *eine* Seltenheit ganz eigentümlicher Art darbot, nämlich in der Hauptpiece Vorhänge von rotgemaltem Holz, so kunstreich in alter Zeit geschnitzt, daß gewiß Rauch selbst über diesen Faltenwurf erstaunt sein würde. Obgleich man mir es sagte, konnte ich es kaum glauben, bis ich mich durch das Gefühl überzeugte, so vollkommen täuschend war die Nachahmung des seidenen Stoffes. Die Fransen nur waren echtes Gold, also gerade das Umgekehrte unsrer Theatervorhänge aus Seide mit *hölzernen* Fransen. Eine andere ungewöhnliche Zierde bestand darin, daß die Decken, in schönem Stuck, durchgängig von demselben Dessin wie die Teppiche waren, eine sehr kostbare Sache, wenn, wie zu vermuten, die Teppiche nach dem Muster der Plafonds haben gewirkt werden müssen.

Die lange Fahrt durch den Park, eine gute Stunde weit, war höchst belohnend. Der Weg führte uns zuerst am See hin, mit einer majestätischen Aussicht auf das Schloß, und dann im Walde am Flusse fort, der viele Kaskaden und kleinere Seen bildete. Der Wald selbst bot die größte Verschiedenheit dar, bald dick und dem Blick undurchdringlich, bald hainartig, dann freie Wiesen mit dunkler Einfassung oder junge Dickichte mit darin sich bergendem Damwild, zuweilen eine schmale und weite Aussicht auf ferne Berge.

Ein so situierter Edelmann repräsentiert seinen Stand würdig, und es ist sehr natürlich, wenn er unter diesen günstigen Umständen so gut, wohlwollend, achtungswert und zufrieden erscheint wie dieser edle Graf, dessen Bild mir immer ebenso wohltätig vorschweben wird als das der schönen Landschaft, der er gebietet.

Von den Eindrücken des Tages ganz verschieden und doch nicht minder schön war der Abend. Mit anbrechender Dämmerung erreichte ich die große Fabrikstadt Leeds. Eine durchsichtige Rauchwolke war über dem weiten Raum, den sie auf und zwischen mehreren Hügeln einnimmt, gelagert; hundert rote Feuer blitzten daraus hervor, und ebensoviel turmartige, schwarzen Rauch ausstoßende Feueressen reihten sich dazwischen.

Herrlich nahmen sich darunter fünfstöckige, kolossale Fabrikgebäude aus, in denen jedes Fenster mit zwei Lichtern illuminiert war, hinter welchen bis tief in die Nacht hier der emsige Arbeiter verkehrt. Damit aber dem Gewerbegewühl, der industriellen Illumination auch das Romantische nicht fehle, stiegen hoch über den Häusern noch zwei alte gotische Kirchen hervor, aus deren Turmspitzen der Mond sein goldnes Licht ergoß und am blauen Gewölbe die grellen Feuer der geschäftigen Menschen unter sich mit majestätischer Ruhe zu dämpfen schien.

Leeds hat nahe an zehntausend Einwohner und doch keinen Repräsentanten im Parlament, weil es eine neue Stadt ist, während bekanntlich mancher elende, verfallne Ort, der kaum zwei erbärmliche Häuser hat, deren zwei und mehrere ins Parlament schickt, die natürlich der Besitzer mit seinen Kreaturen besetzt. So grell ungerecht dieser Mißbrauch ist, so haben doch die englischen Staatsmänner noch nicht gewagt, ihn abzuschaffen, vielleicht weil sie fürchten, daß jede Veränderung bei einer so komplizierten Verfassung eine gefährliche Operation ist, zu der man nur im höchsten Notfalle schreiten darf.

spätabends

Ich habe mich hier schon an manche englische Sitten gewöhnt, unter andern auch an kalte Diners. Als Veränderung zuweilen sind sie der Gesundheit zuträglich, und da sie ganz national sind, findet man sie hier fast immer von vorzüglicher Qualität. So wurde heute mein einzelner Tisch mit nicht weniger als Folgendem bedeckt, zu dessen Verarbeitung ein englischer Magen gehört hätte: ein kalter Schinken (alles große, nur zum Teil angeschnittene Piecen), ein imposanter Roastbeef, eine Hammelkeule, ein Kälberbraten, eine kalte Hasenpastete, ein Haselhuhn, dreierlei Arten Pickles, in Wasser gekochter Blumenkohl, Kartoffeln, Butter und Käse. Daß man damit ein ganzes Kränzchen Spießbürger bei uns gespeist hätte, springt in die Augen.

den 2. Oktober

Das erste, was ich heute früh vor meinen Fenstern erblickte, war die raffinierte Industrie eines Materialhändlers, der sich nicht begnügt hatte, wie es in England bei allen seinen Kollegen der Fall ist, eine große Menge chinesischer Teebüchsen, Mandarine und Vasen vor seiner Boutique aufzustellen, sondern außerdem noch ein Uhrwerk am Fenster produzierte, wo ein stattlicher Türkenautomat emsig Mokkakaffee mahlte. Von hier begann ich meine weitere Tour. Zuvörderst besah ich die Stadtmarkthalle, ein schönes Gebäude, wo der Markt unter einem Glasdach gehalten wird; dann die Tuchhalle, ein ungeheurer Raum, der bloß mit Tüchern aller Art und Farben angefüllt ist, und endlich die größte Tuchfabrik im Orte, welche durch drei Dampfmaschinen betrieben wird. Man sieht mit dem rohen Material (hier das Sortieren der Wolle) anfangen und mit dem fertigen Tuche endigen und könnte recht gut seine Wolle früh in die Fabrik bringen und abends mit dem daraus gefertigten Rocke wieder herauskommen, wenn man zugleich einen Schneider mitbrächte. Unser R... hat dieses Kunststück wirklich realisiert und trug den Schnellrock lange mit großer Vorliebe. Die verschiedenen Maschinen sind im höchsten Grade ingeniös, aber der Gestank dabei und die ungesunde Luft, wie der Staub bei manchen Operationen, müssen für die armen Arbeiter, die übrigens gleich Negern alle blaugefärbt aussahen, sehr ungesund sein. Der junge Mann, welcher mir die Fabrik zeigte, sagte jedoch, daß Baumwollenmanufakturen noch weit ungesunder wegen des feinen Staubes wären, daher auch selten ein Arbeiter daselbst fünfzig Jahr erreiche, hier aber habe man Beispiele von sechzig. Die gotischen Kirchen, welche gestern in der Ferne so viel Effekt machten, boten nichts Merkwürdiges in der Nähe dar, und die Stadt selbst, in der man, des Tag und Nacht nie unterbrochenen Rauches wegen, in einem ewigen Nebel lebt, ist der unangenehmste Aufenthalt, den man sich denken kann.

Rotherham, abends

Meine Reise fortsetzend, machte ich den ersten Halt in Temple Newsam, einem Schlosse aus Elisabeths Zeiten, der verwitweten Marquise Hertfort gehörig. Das Schloß hat die Eigentümlichkeit, daß statt der Zinnen eine Steingalerie von Buchstaben rund um das Dach läuft, die einen Spruch aus der Bibel enthält. Der Park ist traurig und das Ameublement des Hauses altväterisch ohne Reiz. In der Bildergalerie fand ich ebenfalls nichts Besonderes, in den Stuben aber einige interessante Bilder. Erstens die beiden Guise, die Onkel der Maria von Schottland, den General Monk, der auffallend unserm alten Freund Thielemann ähnlich sieht, und das Bild Lord Darnleys (Marias Gemahl), dem dieses Schloß gehörte und in derselben Stube aufgehangen ist, wo er geboren wurde. Ich litt sehr an Kopfschmerz, weshalb ich vielleicht einen zweiten Park, Stainbrook Castle, nur öde und unheimlich fand, auch den Gemälden nicht viel Geschmack abgewinnen konnte. Hierauf führte der Weg fortwährend durch mehrere Fabrikorte, die alle wie brennende Dörfer und Städte aussahen. Rotherham selbst, wo ich mich jetzt befinde, ist wegen seiner großen Eisenwerke berühmt, und ich gedenke, morgen einige davon zu besehen, wenn mein Übelbefinden nachläßt.

den 3. Oktober

Nachdem ich eine halbe deutsche Meile nach dem größten Eisenhammer gewandert war, fand ich leider das Werk stillstehen, indem der hohe Ofen gestern schadhaft geworden war. Ich konnte folglich nur wenig sehen und begab mich, wieder eine Viertelstunde weiter, nach dem Gußstahlwerk. Hier war aber eben die Dampfmaschine in Unordnung geraten, und das Werk stand ebenfalls still. Ich wanderte also abermals weiter zu der Zwirn- und Leinewandfabrik, und mein wie meines Führers Erstaunen war nicht gering, als wir auch hier keine Arbeit gewahr wurden und erfuhren, daß heut früh die große Spindel in der Hauptmaschine gebrochen sei. Mit diesem ganz besondern Guignon endigten meine vergeblichen Versuche, mich heute weiter zu unterrichten, da ich keine Zeit zu mehreren hatte. Das einzige Erwähnungswerte, was ich en passant noch sah, war die Einrichtung an einem hohen Ofen, wo statt der hölzernen Brücke, die gewöhnlich hinaufführt, eine eiserne Bahn angebracht war, auf der, durch eins der Wasserräder mitgetrieben, der Kohlenwagen von selbst hinauf- und herunterlief.

Sheffield, abends

Von Rotherham fuhr ich nach Wentworth House, dem Lord Fitzwilliam gehörig, abermals eine wahrhaft königliche Besitzung, was Größe, Pracht und Reichtum betrifft, aber auch (wie im ganzen die meisten englischen Parks) ebenso traurig und monoton, denn die unabsehbaren Strekken dürren Grases mit einzelnen Bäumen und dem zahmen, schafartigen Wilde zuletzt werden darauf ganz unerträglich. – Gewiß ist es eine abgeschmackte Sitte, diese Öden fast immer auf einer Seite an das Schloß anstoßen zu lassen, welches solchen Gebäuden das Ansehen verwünschter Paläste gibt, die statt der Menschen nur von Hirschen bewohnt werden. Dieser Täuschung könnte man sich um so mehr überlassen, da man selten ein menschliches Wesen außerhalb dem Hause zu sehen bekömmt, dieses auch in der Regel verschlossen ist, so daß man oft an der Türe desselben eine Viertelstunde klingeln und warten muß, ehe man eingelassen wird und die Frau Kastellanin erscheint, um den Cicerone zu machen und ihr Trinkgeld einzunehmen.

Viele schöne Statuen und Gemälde schmücken Wentworth House. Unter andern ein herrliches Bild van Dycks, den Erbauer des Schlosses, Lord Strafford, darstellend, wie ihm eben sein Todesurteil notifiziert worden ist und er, es noch in der Hand haltend, dem Sekretär seinen Letzten Willen diktiert. Auf einem andern Bilde ist sein Sohn abgebildet, ein schöner Knabe von sechzehn Jahren in einem äußerst vorteilhaften Trauerkostüm, schwarz mit reichen Spitzen, rehfarbnen Stiefeln, einem dicht anschließenden Collet, mit Schmelz gestickt, kurzem Mantel, reichem Schwert und Schärpe en bandoulière.

Das Bild eines Rennpferdes in Lebensgröße auf graue Leinewand gemalt und ohne Rahmen in eine Nische placiert täuschte, als sei es lebendig. Dieses Pferd hat so viel gewonnen, daß der vorige Lord ein Karree magnifiquer Ställe, die vollständigsten, die ich noch hier gesehen, dafür aufbauen lassen konnte. In diesen Ställen, die auch eine Reitschule enthalten, stehen sechzig schöne und ausgesuchte Pferde.

Ein vortreffliches Porträt des ebenso unternehmenden als eitlen Kardinal Wolsey sowie das des leichtsinnigen Herzogs von Buckingham gewähren viel Interesse. Als die Kastellanin mir das Porträt Harveys zeigte, sagte sie: »Dies ist der Mann, der die Zirkulation des Bluts *erfunden* hat.« (Who has invented the circulation of the blood.) Wer doch *des* Mannes Bekanntschaft machen könnte! In den Blumengärten fand ich einige einzelne hübsche Partien, unter andern eine an bunten Parterres hinlaufende Galerie von Drahtgittern, mit ausländischen Vögeln darin, einem klaren Bach, der durch sie hinfloß, und immergrünen Sträuchern, auf denen sich das gefiederte Volk frei herumtummeln konnte.

Auf einem kleinen Teich daneben schwammen mehrere schwarze Schwäne, die bereits vier junge Sprößlinge hier großgezogen haben. Sie scheinen sich vollkommen an das hiesige Klima zu gewöhnen. Auffallend war mir eine gewöhnliche Buche am Ufer des Wassers, die durch frühes Köpfen zu einem ganz andern Charakter gekommen war.

Sehr niedrig nach oben, bedeckten dagegen ihre sich auf allen Seiten gleich weit ausbreitenden Zweige einen ungeheuern Raum in der Breite und formten sich zu einem regelmäßigen Laubzelte ohnegleichen. Auch einer Hemlocktanne hatte man durch Köpfen weit größere Schönheit gegeben, als ihr der natürliche Wuchs verleiht.

Ich kam noch bei guter Zeit nach Sheffield, wo des vielen Rauches wegen die Sonne keine Strahlen mehr warf, sondern nur wie der Mond erschien. Indem ich mir hier die bewunderungswürdigen Produkte im Messer- und Scherenfach betrachtete, als z. B. ein Messer mit 180 Klingen, Scheren, die vollkommen schneiden und brauchbar sind, obgleich man sie kaum mit bloßen Augen erkennen kann etc. etc. – kaufte ich auch für Dich, ohne Aberglauben, Nadeln und Scheren für Deine ganze Lebenszeit, nebst einigen andern Kleinigkeiten neuer Erfindung, die Dir, wie ich hoffe, Vergnügen machen werden.

Nottingham, den 4. Oktober

Ich fuhr die Nacht hindurch und sah nur von weitem bei Mondschein Newstead Abbey, Lord Byrons jetzt sehr vernachlässigten Geburtsort und Familienschloß. Außer der gotischen Kirche, deren fast jede Stadt in England eine mehr oder minder schöne aufzuweisen hat, ist in Nottingham nicht viel zu sehen, eine merkwürdige Manufaktur von Petinet ausgenommen, wo die Maschinen *ganz allein* alle Arbeit machen und nur ein einziger Mensch dabeisteht, um achtzugeben, wenn sich etwa irgend etwas verschieben sollte. Es sieht höchst seltsam aus, wenn, wie durch unsichtbare Hände geführt, die Eisenungeheuer mit allen ihren Klammern und Spitzen zu hantieren anfangen und der schönste Petinet, im Rahmen gespannt, nett und fertig oben langsam hervorkömmt, während man unten die Spindel mit den darumgewickelten rohen Faden sich langsam fortdrehen sieht, ohne daß, wie gesagt, eine einzige menschliche Hand das Ganze berührte.

Es war eben die Zeit der hiesigen Messe, welche eine Menge Kuriositäten herbeigezogen hatte, unter andern eine schöne Sammlung wilder Tiere. Zwei bengalische Tiger von enormer Größe waren so vollständig gezähmt, daß selbst Damen und Kindern gestattet ward, zu ihnen in den Käficht hineinzutreten oder die Tiere selbst in die Reitbahn herauszulassen, worin die Sammlung aufgestellt war. Kein Hund konnte frömmer sein, doch bezweifle ich, daß unsere Polizei solche Experimente geduldet haben würde. Ein merkwürdiges und, soviel ich weiß, noch nie in Europa gesehenes Tier war das gehörnte Pferd oder Nilgau aus der asiatischen Tatarei vom Himalajagebürge, schön und flüchtig und von einer höchst seltsamen Konstruktion einiger Teile. Neu war mir auch der schöne persische Waldesel, der schneller und dauerhafter als ein Pferd laufen und wochenlang ohne Nahrung zu leben imstande sein soll. Wie auf der Pfaueninsel bei Berlin befand sich auch hier ein Riese und ein Zwerg mit unter der Tiersammlung.

London, den 6.

Ehe ich Nottingham verließ, besuchte ich den in der Nähe gelegenen Sitz des Lord Middleton, dessen Schloß sehenswert ist. Liebhaber von Georginen können im hiesigen Garten dergleichen finden, welche fast die Größe von Sonnenblumen erreichen. Auch einige Glashäuser zeichneten sich aus, der Park bot wenig. Im Schloß ist ein altes Gemälde, welches dieses und die Gärten treu darstellt, wie sie vor zweihundert Jahren waren. Es gibt zu interessanter Betrachtung Anlaß, um so mehr, da man die Herrschaft mit großer Gesellschaft und Gefolge im wunderlichsten Costume sich im Garten ergehen sieht und der dargestellte Lord derselbe ist, welcher wegen jener berühmten Geistergeschichte so oft zitiert wird. Dergleichen Darstellungen sollte jeder für seine Nachkommen anfertigen lassen, die Vergleiche sind immer ergötzlich und zuweilen lehrreich.

In der Nacht erreichte ich St. Albans und sah die berühmte Abtei bei Mond- und Laternenschein. Der Küster wurde schnell aufgeweckt und mußte mich noch hinführen. Zuerst bewunderte ich das im achten Jahrhundert von den Sachsen mit römischen Ziegeln (welche ganz unverwüstlich sind) erbaute Äußere des Gebäudes beim Mondlicht, dann trat ich mit der Laterne in das imposante Innere. Das Schiff der Kirche ist wohl eines der größten, die es gibt, denn es ist über sechshundert Fuß lang. Viele herrliche Arbeit in Stein und Schnitzwerk ist darin angebracht, und obgleich man bei dem schwachen Lichte wenig deutlich sehen konnte, so machte doch das Ganze, eben durch die abenteuerliche und ungewisse Beleuchtung, nebst unsern beiden schwarzen Figuren in der Mitte und den Tönen der Mitternachtsglocke vom Turm herab einen recht romanhaften Eindruck.

Noch mehr war dies der Fall, als wir in die Gruft hinabstiegen, wo in einem aufgebrochenen zinnernen Sarge das Gerippe des Herzogs von Bedford, des Reichsverwesers, liegt, der vor sechshundert Jahren vom Kardinal Beaufort vergiftet wurde. Es ist durch die Länge der Zeit so braun und glatt wie poliertes Mahagoniholz geworden, und neugierige Antiquare haben es deshalb schon mehrerer Knochen beraubt. Auch der Küster, ein Irländer, ergriff ohne Umstände einen der Beinknochen, und ihn wie einen Knüppel in der Luft schwingend, bemerkte er: der Knochen wäre so schön und hart durch die Zeit geworden, daß er einen vortrefflichen Shileila abgeben könnte. Was würde der stolze Herzog gesagt haben, wenn er bei Lebzeiten erfahren, wie so geringe Leute einst mit seinem armen Leichnam umgehen würden.

Den soliden Bau damaliger Zeiten beweist am besten die über tausend Jahr alte prachtvolle hölzerne Decke, die noch so schön und wohlerhalten ist, als wenn in der angegebenen Zahl keine Nullen hinter der eins stünden. Die bunten Fenster, nebst dem goldenen Grab des heiligen Alban, sind leider auch in Cromwells Zeit größtenteils zerstört worden.

Noch zeitig genug, um die Hälfte der Nacht auszuruhen, kam ich in London an, und mein erstes Geschäft am Morgen war, vorliegenden, zum Paket angeschwollenen Brief für Dich zu beendigen. In wenigen Stunden, hoffe ich, ist er schon unterwegs.

Laß Dir also bis dahin die Zeit nicht lang werden, und empfange diesen Brief mit gleicher Liebe und Nachsicht als seine zahlreichen Vorgänger.

Dein treuer L...

Zwanzigster Brief

20

London, den 1. November 1827

Ein Franzose sagt: L'illusion fut inventée pour le bonheur des mortels, elle leur fait presque autant de bien que l'espérance. Wenn dieser Ausspruch wahr ist, so ist mir viel Glück zugemessen, denn an Illusionen und Hoffnungen lasse ich es nie fehlen.

Von diesen hat nun Dein Brief allerdings einige über den Haufen geworfen, indes sei guten Muts, es wachsen schon neue wieder, so schnell wie Pilze, hervor. Bald mehr darüber. Aber an den widerwärtigen, immer schlafenden Präsidenten kann ich unmöglich von hier aus schreiben. Dazu, würde ein Dandy sagen, ist der Mensch nicht fashionable genug. Du besorgst überdies alle diese Geschäfte so vortrefflich, daß es unrecht wäre, sie Dir nicht ganz allein zu überlassen. Dies ist zwar Egoismus von meiner Seite, aber ein verzeihlicher, weil er uns beiden Vorteil bringt . . .

. . . .

Ich habe in den letzten Tagen eine kleine Exkursion nach Brighton gemacht und einen Umweg bei der Rückkehr genommen. Das Schloß des Herzogs von Norfolk, Arundel Castle, war einer der Gegenstände meiner Neugier. Es hat einige Ähnlichkeit mit Warwick, bleibt jedoch weit hinter diesem zurück, obgleich es teilweise vielleicht ebenso alt ist. Auch hier ist am östlichen Ende ein künstlicher Berg und Keep. Auf dem runden verfallenen Turme soll man von dessen Gipfel eine herrliche Aussicht genießen. Der Nebel verhinderte sie heute, und ich konnte nicht einmal die das Schloß umschließenden Terrassengärten übersehen. Ich unterhielt mich dafür in nächster Nähe mit einem Dutzend zahmer Uhus (der größten Eulenart), welche des ehemaligen Turmwärters Stube bewohnen. Einer davon war schon fünfzig Jahre hier, sehr zutulich und bellte, wenn er etwas verlangte, vollkommen wie ein Hund. Die Engländer sind große Freunde von Tieren, eine Neigung, die ich mit ihnen teile. So findet man in den meisten großen Parks eine Unzahl von Raben, die in Schwärmen von Tausenden oft das Schloß umkreisen und zu so einer altertümlichen Burg und den sie umgebenden Riesenbäumen nicht übel passen, obgleich ihr Gekrächze keine angenehme Musik gewährt.

Das Innere des Schlosses hat nichts Ausgezeichnetes. Die vielen bunten Fenster sind alle modern, und unter den Familiengemälden schien mir bloß das des Lords Surrey, seines seltsamen Costumes wegen, merkwürdig. Er wurde unter Heinrich VIII. hingerichtet.

Die Bibliothek ist klein, aber sehr magnifique, ganz mit Zedernholz getäfelt, mit schönem Schnitz- und Bildwerk verziert, kurz, an nichts fehlt es ihr außer an Büchern, denn kaum ein paar hundert waren darin.

Ein sehr großer, aber einfacher Saal heißt die Halle der Barone und hat viele bunte Fenster, deren Malereien nicht besonders geraten sind.

In den Stuben hatte man, soviel als möglich, lauter alte Meubles vereinigt und ihnen möglichst nachgeholfen, damit sie nicht in ihrer Wurmstichigkeit zusammenfielen. Dies ist jetzt überall die Mode in England, Sachen, die man bei uns als zu gebrechlich und altmodisch wegwirft, werden hier aufs teuerste bezahlt und auch die neuen wenigstens ganz im Stil der alten bestellt. Ich finde das in solchen ehrwürdigen Schlössern recht passend, sobald die Bequemlichkeit nicht zu sehr dadurch leidet, in modernen Gebäuden ist es aber lächerlich.

Der alte Teil des Schlosses soll schon in der Römerzeit eine Festung gewesen sein, weshalb man in den Mauern viel römische Ziegel findet. Auch später hat es immer als Festung gedient und viele Belagerungen ausgehalten; der neuere Teil, im Stile des übrigen, wurde erst vom Vater des jetzigen Herzogs gebaut und kostete, wie mir gesagt wurde, 800 000 Pfund Sterling. Bei uns würde man ganz dasselbe gewiß mit 300 000 Reichstalern herstellen können. Die Gärten schienen mir mannigfaltig und weitläuftig, und der Park soll auch sehr ausgedehnt und pittoresk sein; das abscheuliche Wetter hinderte mich aber, alles dies zu sehen. Ich fuhr den Abend noch bis Petworth, wo ein anderes sehenswertes Schloß ist, und schreibe Dir jetzt aus dem Gasthof, wo ich in wenigen Minuten wie zu Hause eingerichtet war, denn meine Reiseequipage und Bequemlichkeitsroutine hat sich in England noch sehr vervollkommnet.

Woolmers, den 11.

Sir G… O…, früher englischer Gesandter in Persien, hatte mich auf sein Landgut eingeladen, und da es so nahe ist und einige Abwechslung versprach, fuhr ich gestern da hin.

Bei Nacht und Regen kam ich spät an und mußte sogleich Toilette machen, um zu einem Ball bei Lady Salisbury nach Hatfield zu fahren, den diese dort auf ihrem Schlosse an einem bestimmten Tage jeder Woche für die Umgegend gibt, solange sie auf dem Lande ist. Das Besuchen desselben wird daher wie eine Art Visite angesehen und keine Einladung dazu erteilt. Sir G… nahm seine ganze Gesellschaft mit, unter der sich außer seiner Familie auch Lord Strangford, der bekannte Ambassadeur in Konstantinopel, befand.

Du erinnerst Dich, daß ich auf meiner frühern Exkursion nach dem Norden Hatfield nur en passant von außen sah. Jetzt fand ich auch das Innere ebenso imposant und respektabel durch seine Altertümlichkeit als das Äußere. Man tritt zuerst in eine sehr große Halle mit Fahnen und Rüstungen, wandelt dann eine seltsame hölzerne Treppe hinauf, mit Figuren von Affen, Hunden, Mönchen etc., und gelangt von hier in eine lange, etwas schmale Galerie, in der heute getanzt wurde. Die Wände derselben sind aus alter eichener Boiserie, mit altväterischen silbernen Wandleuchtern, gotischen Stühlen und roten Rouleaux verziert. An einem Ende dieser wohl hundertdreißig Fuß langen Galerie ist eine Bibliothek und am andern Ende ein prachtvolles saalartiges Zimmer, mit tief herabhängenden metallenen Verzierungen an den Caissons der Decke und einem haushohen Kamin, durch die Bronzestatue des Königs Jakob gekrönt. Die Wände sind mit weißem Atlas bekleidet, Vorhänge, Stühle, Sofas in Cramoisi, Samt und Gold. Dies Lokal war recht schön, der Ball indes ziemlich tot, die Gesellschaft gar zu ländlich, Erfrischungen keineswegs im Überfluß, und das Souper nur aus einem magern Buffet bestehend. Um zwei Uhr war alles aus und ich sehr froh, es überstanden zu haben, da ich mich müde und ennuyiert nach Ruhe sehnte.

Als ich am andern Morgen ziemlich spät aufgestanden und fast zu spät beim Frühstück erschienen war, das hier etwas zeitig eingenommen wird, ergötzte ich mich an den vielen persischen Merkwürdigkeiten, welche die Salons zieren. Sehr auffallend war mir ein prachtvolles Manuskript mit Miniaturen, deren Farbenpracht selbst die besten Sachen dieser Art aus dem europäischen Mittelalter übertrifft und die in der Zeichnung oft richtiger sind. Das Buch enthält die Geschichte der Familie Tamerlans und soll in Persien zweitausend Pfund Sterling gekostet haben. Es ist ein Präsent des Schachs.

Mit kostbaren Metallen eingelegte Türen, Sofas und Teppiche aus eigentümlichen Samtzeugen mit Gold und Silber durchwirkt, vor allem aber eine goldne Schüssel mit dem vollkommensten bunten Email inkrustiert, und mehrere äußerst künstlich gearbeitete Bijoux zeigen, daß die Perser, wenn sie uns in vielem nachstehen, uns auch in manchem sehr übertreffen.

Das Wetter hatte sich ein wenig aufgeheitert und lockte mich zu einem einsamen Spaziergang. Herrliche Bäume, ein kleiner Fluß und ein Wäldchen, dessen Boden und Bäume mit Schlingkraut ganz bedeckt waren und in dessen dichten Schatten eine merkwürdige Quelle entspringt, die, mit Gewalt aus der Erde Eingeweiden hervorsprudelnd, fünfhundert Kannen in der Sekunde dem Flusse zuführt, waren die Hauptzierden des Parks. Als ich zurückkam, war es zwei Uhr, die Stunde des Luncheon, worauf mir Sir Gore seine arabischen Pferde produzierte, von denen schnell einige zu einem Spazierritt gesattelt wurden. Der Reitknecht hatte während desselben nichts zu tun, als unaufhörlich ab- und aufzusteigen, um die Tore zu öffnen, die überall den Weg versperrten, wie es in den englischen Parks und noch mehr in den Feldern der Fall ist, was das Spazierenreiten, außer den großen Landstraßen, etwas unbequem werden läßt. Abends wurde Musik gemacht, wobei sich die Tochter vom Hause und Mistress F... als vortreffliche Klavierspielerinnen auswiesen. Das Auditorium war indessen ganz ungeniert, und man ging und kam, sprach oder hörte auf die Musik, wie man Lust hatte. Nachher, als die Ladys zur Toilette auf ihr Zimmer gegangen waren, erzählten uns Sir G... und Lord Strangford Geschichten aus dem Orient, ein Thema, was nie ermüdend für mich ist. Beide sind große Partisans der Türken, und Lord Strangford lobte den Sultan als einen sehr aufgeklärten Mann. Er selbst sei, sagte er, vielleicht der erste von allen christlichen Gesandten, der mehrere Privatunterredungen mit dem Großherrn gehabt, wobei jedoch stets eine sonderbare Etikette beobachtet worden sei. Der Sultan habe ihn nämlich im Garten des Serails in der Kleidung eines Offiziers seiner Leibwache empfangen und dabei immer vom Sultan im Charakter seiner Rolle mit der größten Ehrfurcht in der dritten Person gesprochen, wobei Lord Strangford es nicht blicken lassen durfte, daß er ihn kenne. Der Lord versicherte, daß der türkische Kaiser Rußland besser und genauer kenne als gar viele europäische Politiker und daher gewiß sehr wohl wisse, was er unternehme.*

* *Wenn man nach dem Erfolg urteilen darf, so hat sich diese Meinung eben nicht bestätigt.*

Nach dem Diner, das auch einige orientalische Schüsseln enthielt und bei dem ich zum erstenmal echten Schiras trank (beiläufig gesagt, kein angenehmer Wein, der nach den Bocksschläuchen riecht), wurde wieder musiziert und kleine Verstandesspiele gespielt, welche indes nicht besonders reüssierten, weshalb denn auch bei guter Zeit jeder seinen Handleuchter ergriff, um zu Bett zu gehen.

den 12.

Ich habe von der arabischen Zucht meines Wirts einen rabenschwarzen Wildfang gekauft, den länger probieren zu können wir heut früh einen Besuch bei Lady Cooper in der Nachbarschaft machten. Ihr Schloß und Park Panshanger ist sehr sehenswert, besonders die Gemäldegalerie, welche zwei Madonnen Raffaels aus seiner frühern Zeit enthält, auch ein ausgezeichnet schönes Bild des Marschalls Turenne zu Pferd von Rembrandt. Lady Cooper empfing uns in ihrem Boudoir, das unmittelbar in einen, selbst jetzt noch reizenden und vortrefflich gehaltenen, Blumengarten führte, an den sich auf der andern Seite wiederum Gewächshäuser und eine dairy in Tempelform anschloß, in deren Mitte Delphine von Bronze ihr kühles Wasser ergossen.

Panshanger ist durch die größte Eiche in England berühmt, die den Pleasureground ziert. Sie hat zwei Ellen über dem Grunde noch neunzehneinhalb Fuß im Umfang und ist dabei sehr hoch und schlank gewachsen, ohngeachtet ihre

Äste sich auf allen Seiten ausbreiten. In Deutschland haben wir größere Bäume dieser Art.

Um die Gegend noch mehr zu rekognoszieren, machten wir nachher einen zweiten Besuch in Hatfield, bei welcher Gelegenheit ich dieses genauer als früher musterte.

Das ganze Schloß nebst Küche und Waschhaus wird durch *eine* Dampfmaschine geheizt, ein Ofen, der dem grandiösen Ganzen angemessen ist. Die Marquise Douairière, die rüstigste Dame ihres Alters in England, führte uns treppauf, treppab in allen Winkeln umher. In der Kapelle fanden wir vortreffliche alte Glasgemälde, die man in Cromwells Zeit vergraben hatte, welchem Umstand sie ihre Rettung verdankten, als die verrückten Bilderstürmer alle gemalten Kirchenfenster zertrümmerten. In einer der Stuben befand sich ein sehr gutes Bild Karl XII., dieses Don Quichotte en grand, der ohne Pultawa vielleicht ein zweiter Alexander geworden wäre.

In den jetzigen Ställen Hatfields, dem ehemaligen Schlosse, saß Elisabeth unter der Regierung Marias gefangen. Die Königin ließ auf einem Giebel, ihrem Fenster gegenüber, eine sehr hohe, spitzige Feueresse mit einer eisernen Stange errichten und der Gefangenen insinuieren: diese Stange sei bestimmt, um ihren Kopf daraufzustecken. So erzählte uns die Marquise. Die Esse steht noch und ist jetzt dick mit Efeu überwachsen, Elisabeth aber baute, um sich an dem wohltuenden Kontrast späterer Jahre zu weiden, den neuen Palast daneben, aus dem sie den drohenden Rauchschlund nun mit besserer Gemütsruhe betrachten konnte. An Kunstgegenständen ist das Schloß arm, der Park nur reich an großen Eichenalleen und Krähen, sonst öde und ohne Wasser, ausgenommen eine häßliche, grün überzogne Pfütze nahe am Schloß.

den 13.

In dem Hause meines Wirts befindet sich eine eigentümliche Bildergalerie, nämlich eine persische, die wenigstens ziemlich barocke Dinge enthält. Die Porträte des Schachs und seines Sohnes Abbas Mirza sind das interessanteste darin. Die gelbe, mit Edelsteinen aller Art bedeckte Tracht des Schachs und sein enormer schwarzer Bart repräsentieren diesen Sohn des Himmels und der Sonne nicht übel. *Sein* Sohn aber übertrifft ihn an Schönheit der Züge. Dagegen ist das Costume desselben fast zu einfach und auch die spitze Schlafmütze nicht wohlbekommend. Der letzte persische Gesandte in England beschließt das Kleeblatt. Dies war ein sehr hübscher Mann, der sich in die europäischen Sitten so gut fand, daß er von den Engländern wie ein wahrer Lovelace geschildert wird. Zu Hause angekommen, soll er sich überdem keineswegs diskret gezeigt, sondern manche vornehme englische Dame von dorther sehr boshaft kompromittiert haben.

Einige angezogene Puppen in demselben Lokal gaben uns eine treue Idee des schönen Geschlechts in Persien, mit langen, rot oder blau gefärbten Haaren, gewölbten und gemalten Augenbrauen, schmachtend feurigen, großen Augen, allerliebsten Gazepantalons und Goldringen um die Fußknöchel.

Lady O... erzählte uns dazu viele interessante Haremdetails, die ich Dir mündlich mitteilen werde, denn ich muß doch einiges auch *dafür* aufbewahren.

Manches scheint in Persien ganz angenehm, manches nichts weniger, so unter andern die Skorpione und Insekten. Einmal kroch Lady O..., während sie auf dem Diwan lag, eine Schlange am Nacken herunter in die Kleider, die sie nur durch schnelle Entfernung der ganzen Toilette loswerden konnte.

So etwas geschieht uns doch nicht leicht in unsrer klimatischen Mitteltemperatur. Sie sei daher gepriesen und alle Zufriedene darin, zu denen ich herzlich wünsche uns beide immer zählen zu dürfen.

Einundzwanzigster Brief 21

London, den 16. Dezember 1827

Liebe Julie!

Nachdem ich ein Gedicht in das W...sche Hausstammbuch geschrieben, in welchem es von arabischen Rossen und Timurs Herrlichkeit, Cecil, Elisabeth und Teherans weißen Schönen etc. wimmelte, verließ ich gestern meine freundlichen Wirte, um nach London zurückzukehren. Noch an demselben Abend meiner Ankunft führte mich L... zu einem sonderbaren Schauspiel.

In einer eine gute deutsche Meile entlegenen Vorstadt nahm uns eine Art Scheuer auf, schmutzig, ohne andere Decke als das rohe Dach, durch welches hie und da der Mondschein blickte. In der Mitte befand sich ein, ohngefähr zwölf Fuß im Quadrat haltender, mit dichten Holzbrüstungen eingefaßter und gedielter Platz, umgeben von einer Galerie voll gemeinen Volks und gefährlich aussehender Gesichter beiderlei Geschlechts. Eine Hühnersteige führte höher hinauf zu einer zweiten Galerie, für Honoratioren bestimmt, welche pro Sitz mit drei Schillingen bezahlt wurde. Seltsam kontrastierte mit diesem Äußern ein an den Balken des Dachstuhls hängender Kristallustre, mit dreißig dicken Wachskerzen besteckt, und einige Fashionables über dem höchst gemeinen Volk, welches letztere übrigens fortwährend Wetten von zwanzig bis fünfzig Pfund Sterling ausbot und annahm. Der Gegenstand derselben war ein schöner Terrier, der hochberühmte Billy, welcher hundert lebendige Ratzen in zehn Minuten totzubeißen sich anheischig machte. Noch war die Arena leer – und es harrte mit bangem, mit schrecklichem Weilen –, während auf der untern Galerie große Bierkrüge als Erfrischung von Mund zu Mund gingen und dichter Zigarrenrauch emporwirbelte. Jetzt endlich! erschien ein starker Mann, einen Sack tragend, der einem Kartoffelsacke glich, in der Tat aber die hundert lebendigen Ratzen enthielt, denen er, durch Lösung des Knotens, auf einmal die Freiheit gab, sie über den ganzen Platz hinsäete und während ihres Herumtummelns schleunigst seinen Rückzug in eine Ecke nahm. Auf ein gegebenes Zeichen stürzte nun Billy herein und begann mit unglaublicher Wut sein mörderisches Geschäft. Sobald eine Ratze leblos dalag, nahm sie der ihm folgende Knecht Ruprecht wieder auf und steckte sie in den Sack, wobei wohl manche bloß ohnmächtige mit unterlaufen mochte, ja, vielleicht gab es alte Praktiker darunter, die sich von Hause aus totstellten. Kurz, Billy gewann in neuneinviertel Minuten, nach Ausweis aller gezogenen Uhren, in welcher Zeit sämtliche hundert Leichname und Scheintote sich schon wieder im Sacke befanden.

Dies war der erste Akt. Im zweiten kämpfte Billy von neuem, stets unter großem Beifallsgeschrei des Publikums, mit einem Dachs. Jeder der Kämpfer hatte einen Sekundanten, der ihn beim Schwanze hielt. Es wurde nur *ein* Biß oder

BILLY

Packen erlaubt, dann beide auseinandergerissen und gleich wieder zugelassen, wobei Billy indes immer den Vorteil hatte und des armen Dachses Ohren von Blute trieften. Auch hier mußte Billy in einer gewissen Anzahl Minuten, ich weiß nicht mehr wievielmal, den Dachs fest gepackt haben, was er ebenfalls glänzend durchführte, zuletzt aber doch sehr erschöpft abzog.

Das Schauspiel endigte mit bear-baiting, worin der Bär einige Hunde übel zurichtete und selbst wenig zu leiden schien. Man sah im ganzen, daß den Entrepreneurs ihre Tiere zu kostbar waren, um sie ganz ernstlich zu exponieren, daher ich auch schon im Anfang selbst die Ratzen, als eines verborgenen Künstlertalents verdächtig, angegeben habe.

In demselben Lokal werden einige Monate später auch die Hahnenkämpfe gehalten, wovon ich später eine Beschreibung liefern werde.

den 21.

Es gibt ohne Zweifel drei Naturen im Menschen: eine Pflanzennatur, die sich begnügt zu vegetieren, eine tierische, die zerstört, und eine geistige, die schafft. Viele begnügen sich mit der erstern, die meisten nehmen noch die zweite in Anspruch und nicht allzu viele die dritte. Ich muß leider gestehen, daß meine hiesige Lebensart mich nur in der erstgenannten Klasse verweilen läßt, was mich oft sehr unbefriedigt stimmt, but I can't help it.

Du hast wohl ehemals von dem englischen Roscius gehört? Ein neues Wundermännchen dieser Art ist aufgetreten, und die Reife seines frühzeitigen Talents ist in der Tat höchst auffallend. Master Burke, so wird der zehnjährige Knabe genannt, spielte im Surrey-Theater bei vollem Hause fünf bis sechs sehr verschiedene Rollen mit einer Laune, scheinbaren Bühnenerfahrung, Aplomb, Volubilität der Sprache, treuem Gedächtnis und gelenkiger Gewandtheit seiner kleinen Person, die in Erstaunen setzen. Was mich aber am meisten frappierte, war, daß er in einem Vorspiel seine natürliche Rolle, nämlich die eines Jungen von zehn Jahren, ebenfalls mit so ungemeiner Wahrheit gab, daß diese echte Naivität dargestellter Kindlichkeit nur Inspiration des Genies, ohnmöglich Resultat der Reflexion bei einem solchen Knaben sein konnte. Er begann die nachfolgenden Charaktere mit der Rolle eines italienischen Musikmeisters, in der er sich zugleich als wahrer Virtuose auf der Violine zeigte, und dies nicht etwa bloß in einigen eingelernten Fertigkeiten, sondern in dem guten Geschmack seines Spiels und einer selten erreichten Fülle und Schönheit des Tones. Man merkte es seinem ganzen Spiele an, daß er zum Musiker geboren sei. Hierauf folgte die Darstellung eines pedantischen Gelehrten, dann eines rohen Schiffscapitaines usw., alle Rollen vorzüglich gut ausgeführt und besonders ganz vortrefflich und unbefangen im stummen Spiel, woran so viele scheitern. Napoleon war die letzte Rolle, die einzige, die mißlang, und ich möchte sagen, daß gerade dies Mißlingen meinem Beifall die Krone aufsetzte. Es ist ein Kennzeichen des wahren Genius, daß er im Erbärmlichen, Unpassenden, Albernen selbst mit albern erscheint, und die Rolle war die Quintessenz des Abgeschmackten. Im Leben ist es nicht anders. Macht z. B. einen Lessing zur Hofschranze oder Napoleon zum r... Lieutenant, und ihr werdet sehen, wie schlecht beide ihre Rollen ausfüllen.

Überhaupt kommt es nur darauf an, daß jeder an seinem Platze stehe, so wird auch jeder etwas Vorzügliches entwickeln. So besteht mein Genie z. B. in einer sozusagen praktisch angewandten Phantasie, die ich stellen kann wie eine Uhr, mit der ich nicht nur mich in jede wirkliche Lage sogleich zurechtfinden, sondern mit der ich mich auch, sie als Reizmittel gebrauchend, in alle mögliche Abgründe zu werfen vermag und, wenn ich daran erkranke, sie zugleich wieder als Heilmittel, durch ein *erfundenes* Glück, benutzen kann.

Ist das nun die Folge einer zufälligen physischen Organisation oder ein Gewinn aus eigener Kraft durch vielleicht hundert vorhergegangene Generationen? Lebte dieses mein geistiges Individuum schon vorher in miteinander zusammenhängenden Formen und dauert es selbständig fort oder verliert es sich nach jeder Blase, die die ewige Gärung des Weltalls aufwirft, wieder im allgemeinen? Ist, wie viele wollen, die Weltgeschichte, oder das, was in der Zeit sich begibt, ebenso wie die Natur, oder das, was im

Raume existiert, nach festen Gesetzen und Regeln einer leitenden Hand schon in seinem ganzen Verlauf im voraus bestimmt und endigt wie ein Drama im sogenannten Sieg des Guten über das Böse, oder bildet die freie geistige Kraft ihre Zukunft sich, in allem unvorherbewußt, nur unter der notwendigen Bedingung ihrer eignen Existenzmöglichkeit selbst aus? That is the question! So viel indessen scheint mir klar, daß wir bei Annahme der ersten Hypothese, man drehe es, wie man wolle, doch nur mehr oder weniger alle miteinander künstliche Puppen sind – nur bei der zweiten Voraussetzung wahrhaft freie Geister bleiben. Ich will es nicht leugnen, es ist etwas in mir, ein unbezwingliches Urgefühl, gleich dem innersten Bewußtsein meiner selbst, das mich zu dem letztern Glauben hinzieht. Es ist dies vielleicht der Teufel! Doch verführt er mich nicht so weit, daß ich nicht mit innigster höchster Liebe einem uns unfaßbaren Gotte unsern geheimnisvollen Ursprung in Demut verdanken will, aber eben weil eine göttliche Befruchtung uns hervorrief, müssen wir von nun an auch *selbständig* in Gott fortleben. Höre, was Angelus Silesius, der fromme Katholik, darüber sagt:

Soll ich mein letztes End und ersten Anfang finden,
So muß ich mich in Gott und Gott in mir ergründen
Und werden das, was er, ich muß ein Schein im Schein,
Ich muß ein Wort im Wort, ein Gott im Gotte sein.

Ebendeshalb ist mir auch jener Lehrsatz unerträglich: daß früher der Mensch höhergestanden und *besser* gewesen, sich aber nach und nach verschlechtert habe und nun wieder ebenso nach und nach durch Sünde und Not sich zur ersten Vollkommenheit wieder durcharbeiten müsse. Wieviel mehr allen Gesetzen der Natur und des Seins angemessen, wieviel mehr einer ewigen, höchsten, über alles waltenden Liebe und Gerechtigkeit entsprechend ist es anzunehmen, daß die Menschheit (die ich überhaupt als ein wahres Individuum, einen Körper, ansehe) aus dem notwendig unvollkommenern Anfang fort und fort einer stets weiterschreitenden Vervollkommnung, einer höhern geistigen Ausbildung aus eigner Kraft entgegengeht, obgleich der Keim dazu durch die Liebe des Höchsten erschaffend hineingelegt wurde. Das Goldne Zeitalter der Menschen, sagt der Graf St.-Simon sehr richtig, ist nicht hinter uns, sondern vor uns. Das unsrige könnte man (mehr des Wollens als des Vermögens wegen) das mystische nennen. Echte Mystik ist nun freilich selten, aber man muß es doch auch eine sehr vorteilhafte Erfindung der Weltklugen nennen, daß diese der Absurdität selbst ebenfalls einen Mantel von Titularmystik umzuhängen verstanden haben. Hinter diesen Vorhang gehört leider das meiste, z. B. eben auch die Erbsünde, wie sie unsre modernen Mystiker zu nennen belieben.

Vor einigen Jahren befand ich mich einmal in einer geistreichen Gesellschaft, die jedoch, an Zahl gering, nur aus einer Dame und zwei Herren bestand. Man stritt auch über die Erbsünde. Die Dame und ich erklärten uns dagegen, die zwei Herren dafür, wiewohl mehr vielleicht um eines geistigen Feuerwerks ihrer Gedanken willen als aus Überzeugung. »Ja«, sagten die Gegner endlich, »die Erbsünde ist gewiß eine Wahrheit, gleich der neuen Charte der Franzosen, es war der Drang des Wissens, der sich Bahn machte. Mit seiner Befriedigung kam das Unheil in die Welt, das aber freilich auch nötig war zu unserer Läuterung, zum *eignen* Verdienste, dem einzig Verdienstlichen.« – »Auf diese Weise«, erwiderte ich, mich zu meiner Mitstreiterin wendend, »können wir es uns gefallen lassen, denn es ist mit andern *Worten* unsre *Meinung*, ein Lernen, der nötige Übergang aus Unvollkommnem zu Besserem durch eigne Erfahrung und Erkenntnis.« – »Allerdings«, fiel die Dame ein, »nur sollen sie es dann nicht *Erbsünde* nennen.« – »Gnädige Frau«, erwiderte einer der Antagonisten, »über den Namen wollen wir nicht streiten, wenn es Ihnen recht ist, nennen wir es fortan *Erbadel.*«

Nach allen diesen Grübeleien habe ich heute erfahren, daß die frivolsten Weltleute auch über sich selbst nachdenken. Ein Österreicher von Stande, der sich seit einiger Zeit hier aufhält, erteilte mir folgenden Rat praktischer Philosophie, den ich seiner Originalität wegen wörtlich hersetzen muß.

»Nix is halt dümmer«, sagte er, »als sich um de Zukunft gräme! Schaun's, als i hierher kam, war's grade Sommer und die Season schon vorbei. Nu hätt en andrer sich gegrämt, grad in so schlechter Zeit herkommen zu sein! Aber i dacht, 's wird sich schon hinziehen, und richtig, 's hat sich bis zum November hingezogen! Unterdessen hat mich der Esterházy uffs Land genommen, wo i mich gar herrlich amüsiert hab, und nu is noch a Monat schlecht, dann wird's wieder full, die Bälle und die Routs gehn an, und i kann's nie mehr besser wünschen! Wär i nu nich a rechter Narr gewesen, mi zu gräme ohne Not? Hab i ni recht? Man muß in der Welt grad wie 'ne H... leben und nimmer zuviel an die Zukunft denken.«

Ich kann annehmen, daß dieser praktische Mann und ich sehr verschiedene Naturen sind, so wie mancher Philosoph vom Fache meine Grübeleien ohngefähr ebenso mitleidig betrachten wird als ich die des Österreichers; und doch kömmt das Resultat am Ende, wie es scheint, leider bei allen auf eins heraus! Ungewiß bleibt bloß, welcher der *größte* Tor unter ihnen ist. Wahrscheinlich der, welcher sich für den Gescheitesten hält!

den 28.

Ich habe die unangenehme Nachricht erhalten, daß nahe bei Helgoland das Schiff, mit dem ich Dir die gekauften Sämereien und Blumen schickte, untergegangen ist und nur wenige der Equipage gerettet wurden. Freund L... verliert auch einen großen Teil seiner Effekten dabei. Es ist das einzige Schiff, was dieses Jahr in jenen Gewässern verlorenging, und hat ohnbezweifelt sein Mißgeschick dem Frevel zu verdanken, an einem Freitag abgefahren zu sein. Du lachst, aber mit diesem Tage hat es eine besondere Bewandtnis, und ich scheue ihn auch, da er in dem unerklärlichen verkörperten Bilde, das sich meine Phantasie von den Wochentagen unwillkürlich geschaffen hat, der einzige von rabenschwarzer Farbe ist. Vielleicht interessiert es Dich, bei dieser Gelegenheit die Farbe der andern, als ein mystisches Rätsel, zu erfahren. Der Sonntag ist gelb, Montag blau, Dienstag braun, Mittwoch und Sonnabend ziegelrot, Donnerstag aschgrau. Dabei haben alle diese Tagindividuen einen seltsamen und gewissermaßen geistigen Körper, d. h. durchsichtig, ohne bestimmte Form und Grenzen.

Doch um auf den Freitag zurückzukommen, so erzählte mir der hiesige amerikanische Legationssekretär neulich Folgendes davon:

»Der Aberglaube, daß Freitag ein übler Tag sei«, sagte er, »bleibt bis zu dieser Stunde bei allen unsern Seeleuten mehr oder weniger eingewurzelt. Ein aufgeklärter Handelsmann in Connecticut hatte vor einigen Jahren den Wunsch, das Seinige beizutragen, um einen Eindruck zu schwächen, der oft sehr unbequem wirkt. Er veranlaßte daher, daß ein neues Schiff für ihn an einem *Freitag* zu bauen angefangen wurde. An einem *Freitag* ließ er es vom Stapel laufen, gab ihm den Namen *Freitag*, und auf seinen Befehl begann die erste Reise gleichfalls an einem *Freitag*. Unglücklicherweise für den Erfolg dieses so wohlgemeinten Experiments hat man von Schiff und Mannschaft nie wieder das mindeste gehört.« –

Gestern erhielt ich Deinen Brief.

Daß Dein Edelstein, wie Du ihn liebreich nennst, von vielen in der Welt nicht nur übersehen, sondern oft sogar gern in die Erde getreten werden möchte, kömmt sehr natürlich daher, weil er im Grunde nur an wenig Stellen geschliffen wurde, und strahlt nicht durch Zufall grade eine solche dem Vorübergehenden entgegen, so wird er comme de raison den gemeinen Kieseln gleich geachtet und, wo eine hervorragende Spitze verwundet, womöglich eingetreten. Nur hie und da schätzt ihn jedoch ein Kenner, und der Besitzer – der *über*schätzt ihn.

Die Schilderung der englischen Familie M... in B... hat mich lachen gemacht, und die Originale zu diesen Porträts sind in der großen Welt hier sehr häufig, ja die Tournure der Damen im allgemeinen, und mit seltnen Ausnahmen, ist ebenso schlecht als die, welche Du in B... gesehen – aber lang beseßner und ungemeßner Reichtum, alte historische Namen und strenge Zurückhaltung geben doch dieser aristokratischen Gesellschaft etwas Imposantes, namentlich für einen *norddeutschen* Edelmann, der so wenig ist!

Die kleinen Unglücksfälle, welche Du mir meldest, nimm nicht zu Herzen. Was sind sie anders als unbedeutende Wölkchen, *solange die Sonne des Geistes klar in unserm innern Himmel scheint!* Übrigens solltest Du mehr Zerstreuung aufsuchen. Geh auch zu W..., zu H..., zu L... Man muß die Leute nicht bloß sehen, wenn man ihrer bedarf, sie glauben sonst nicht, daß man sie liebt und schätzt, sondern nur, daß man sie braucht; und doch wäre es gut, wenn eben diese drei uns ins Herz sehen könnten. Sie würden uns mehr lieben lernen als durch Worte und Visiten. Den Park betreffend hast Du, fürchte ich, wie ein grausamer Tyrann erhabne Greise mit kaltem Blute gemordet. Dreihundertjährige Linden fielen also, wie unwillkürliche Märtyrer, einer hellern Aussicht zum Opfer? Das ist allerdings zeitgemäß – von nun an gebe ich Dir jedoch die Instruktion, nur zu pflanzen, und zwar soviel Du willst, aber nichts, was da ist, wegzunehmen. Später werde ich ja selbst kommen und die Spreu vom Weizen sondern.

den 31.

Don Miguel von Portugal ist hier angekommen, und ich ward ihm heute früh vorgestellt. Nur das Corps diplomatique und einige wenige Fremde waren zugegen. Der junge Prinz ist nicht übel, sieht sogar Napoleon ähnlich, war aber etwas embarrassierter in seinem Benehmen. Er trug sieben Sterne und gleichfalls sieben große Ordensbänder über den Rock. Seine Gesichtsfarbe glich der Olive seines Vaterlandes, und der Ausdruck seiner Physiognomie war mehr melancholisch als heiter.

den 1. Jänner 1828

Meinen besten Wunsch zum heutigen Tage und den herzlichsten Kuß zum Anfang desselben. Vielleicht ist dies das gute Jahr, welches wir, wie die Juden den rechten Messias, schon so lange vergebens erwarten. Die Eröffnung desselben ward wenigstens von mir sehr heiter verlebt. Wir hatten den gestrigen Tag bei Sir L... M..., der fünf bis sechs sehr hübsche Weiber und Mädchen eingeladen hatte, zugebracht und gegen Mitternacht dem neuen Jahr einen Toast zugetrunken. L... und ich führte dabei die deutsche Mode ein, die Damen zu küssen, was sie sich auch, nach dem erforderlichen Sträuben, recht gern gefallen ließen.

Heute speiste ich dagegen ein hannövrisches Reh (hier gibt es keine) beim Grafen Münster auf dem Lande, dem man zum Weihnachtsgeschenk einen blunderbuss (cacafoco im Italienischen) in das große Fenster der Wohnstube abgeschossen hat, gerade während die Gräfin den Kindern den Heiligen Christ bescherte. Das Schrot war durch die Spiegelscheiben, wie durch Pappe, in hundert kleinen Löchern eingedrungen, ohne auch nur *eine* Scheibe zu zerschmettern. Glücklicherweise war die Christbescherung so entfernt vom Fenster, daß die Schrote nicht so weit reichten. Man begreift nicht, wer der Urheber einer solchen Infamie sein kann!

Die Anwesenheit Don Miguels macht London lebhaft. Eine Soiree beim Herzog von Clarence fand diesen Abend statt, und morgen wird ein großer Ball bei Lady K... sein. Der Prinz scheint allgemein zu gefallen und zeigt jetzt, nachdem er mehr hier zu Hause ist, etwas recht Gemessenes und Vornehmes in seiner Tournure, wiewohl es so aussieht, als ruhe im Hintergrunde seiner großen Affabilität doch mehr als eine arrière-pensée. Die Etikette ist übrigens für die Portugiesen so streng, daß unser guter Marquis P... jeden Morgen, wenn er den Prinzen zuerst ansichtig wird, auf seine Knie niederfallen muß.

den 3.

Das gestrige Fest beim Fürsten E... übergehe ich, um Dir von der heutigen Pantomime zu erzählen, die Don Miguel ebenfalls mit seiner Gegenwart beehrte. Es ging ihm dabei noch schlimmer wie dem seligen Kurfürsten von Hessen in Berlin, der bei dem Eröffnungschor der Oper, welches die Amazonenkönigin leben ließ, aufstand, um sich zu bedanken.

Das hiesige Volk nämlich, dem Don Miguel als ein tyrannischer Ultra geschildert worden war und das nun in dem gefürchteten Ungeheuer einen ganz artigen und hübschen jungen Mann sieht, ist vom Abscheu zur Liebe übergegangen und empfängt überall den Prinzen mit Enthusiasmus. So auch heute im Theater. Don Miguel stand sogleich mit seiner portugiesischen und englischen Suite auf und dankte verbindlichst. Kurz darauf rollte der Vorhang empor, und ein neues unbändiges Klatschen zollte der schönen Dekoration Beifall. Abermals erhob sich Don Miguel und dankte verbindlichst. Verwundert und überrascht rief dennoch gutmütig das Publikum, den Irrtum übersehend, von neuem Vivat. Nun aber erschien der Lieblingspossenreißer auf dem Theater, und zwar als großer Orang-Utang mit Mazuriers Gelenkigkeit. Stärker als je ertönte der Enthusiasmus des Beifalls, und abermals erhob sich Don Miguel und dankte verbindlichst. Diesmal aber wurde das Kompliment nur durch lautes Lachen erwidert, und einer seiner englischen Begleiter, Lord M... C..., ergriff ohne Umstände den Infanten beim Arme, um ihn wieder auf seinen Sitz zurückzuziehen. Gewiß aber blieben Don Miguel und der Lieblingsakteur lange im Geiste des Publikums wider Willen identifiziert.

den 24.

Wir haben heute eine vortreffliche Jagd gemacht. Das Wetter war selten klar und sonnig, dabei wohl an hundert Rotröcke versammelt. Ein solches Schauspiel ist gewiß voller Interesse, die vielen schönen Pferde, die elegant gekleideten Jäger, fünfzig bis sechzig Hunde, die über Stock und Stein Reineke verfolgen, und das wilde Reiterheer hinterdrein, die schnelle Abwechselung von Wald und Berg und Tal, das Geschrei und Gejauchze. Es ist beinahe wie ein kleiner Krieg.

Die hiesige Gegend ist sehr hüglig, und einmal ging die Jagd einen so langen und steilen Berg hinan, daß die meisten Pferde nicht mehr fort konnten und auch die besten wie Blasebälge in der Schmiede stöhnten. Aber oben einmal angekommen, war der coup d'œil auch wahrhaft prachtvoll. Man übersah das Ganze, vom Fuchs bis zum letzten Traineur in voller Bewegung, mit einem Blick und außerdem links ein reiches Tal, sich bis gegen London ausdehnend, rechts das Meer im schönsten Sonnenglanz.

Den ersten Fuchs bekamen wir, der zweite aber erreichte Malepartus vor uns und entging auf diese Art seinen Verfolgern. Fast alle diese Jagden werden auf Subskription gehalten. Die hiesige Meute z. B., aus achtzig Hunden und drei Piqueurs mit neun Pferden bestehend, kostet jährlich tausendundfünfzig Pfund Sterling, wozu fünfundzwanzig Teilnehmer sind, die bezahlen. Jeder, der Lust hat, kann aber auch unentgeltlich mitreiten. Es kömmt also für die Entrepreneurs auf den Mann nicht mehr als zweiundvierzig Pfund Sterling jährlich. Diese sind jedoch nichts weniger als gleich verteilt. Die Reichen geben viel, die Armen wenig. Mancher zweihundert jährlich, ein anderer nur zehn, und ich glaube, dieses Arrangement wäre auch recht gut bei uns nachzuahmen, besonders von seiten der Armen. Am auffallendsten sind bei diesen Jagden für unsre verwöhnten Augen die in schwarzen Röcken über Zaun und Gräben fliegenden Pastoren, welche oft, schon gestiefelt und gespornt, mit der Jagdpeitsche in der Hand, schnell vorher noch kopulieren, taufen oder begraben, um sich von der Zeremonie weg sogleich aufs Roß zu schwingen. Man erzählt von einem der berühmtesten geistlichen Fuchsjäger dieser Art, daß er immer einen zahmen Fuchs in der Tasche mit sich führte und, fand man keinen andern, diesen zum besten gab. Das Tier war so gut abgerichtet, daß es eine Weile die Hunde amüsierte und dann, wenn es derJagd müde war, sich schnell in seinen unantastbaren Schlupfwinkel rettete, denn dieser war kein anderer – als der Altar der Dorfkirche, zu dem ein Loch in der Mauer führte und unter dessen Stufen ihm ein bequemes Lager bereitet war. Dies ist recht englisch religiös.

den 6. Februar

Ich habe mir durch Verkältung ein heftiges nervöses Fieber geholt, das mich schon vierzehn Tage an mein Bett fesselt und außerordentlich abgemattet hat. Es ist sogar nicht ganz ohne Gefahr gewesen, die jetzt jedoch, wie der Arzt versichert, vorüber ist – also besorge nichts. Sonderbar, daß man bei einer abmattenden Krankheit gegen den Gedanken des Todes so gleichgültig wird. Er kömmt uns nur wie Ruhe und Einschlafen vor, und ich wünsche mir sehr zum dereinstigen Ende ein solches langsames Herannahen meiner körperlichen Auflösung. Als einer, der gern beobachtet, möchte ich auch mich selbst, sozusagen, sterben fühlen und sehen, soweit dies möglich ist, d. h. bis zum letzten Augenblick mit voller Besinnung meine Emotionen und Gedanken betrachten, die Existenz auskosten bis zum letzten Augenblick. Ein *plötzlicher* Tod kömmt mir wie etwas Gemeines, Tierisches vor, nur ein langsamer, mit vollem Bewußtsein, wie ein veredelter, menschlicher. Ich hoffe übrigens sehr ruhig zu sterben, denn obgleich ich eben nicht ganz zum *Heiligen* des Lebens gekommen bin, so habe ich mich doch an Liebe und Güte gehalten und immer die Menschheit, wenn auch nicht zuviel einzelne Menschen, geliebt. Also noch nicht reif für den Himmel, wünsche ich recht sehr, nach meiner Theorie der Metempsychose, noch öfters auf dieser lieben Erde einheimisch zu werden. Der Planet ist schön und interessant genug, um sich einige tausend Jahre in immer erneuter Menschengestalt darauf umherzutummeln. Ist es aber anders, so ist mir's auch recht. Aus Gott und aus der Welt fällt man einmal gewiß nicht, und dümmer und schlechter wird man wahrscheinlich auch nicht, sondern eher gescheiter und besser.

Das Schlimmste beim Tode für mich wäre der Gedanke an *Deinen* Schmerz, und doch – würde ich vielleicht ohne das Bewußtsein Deiner Liebe nicht ganz so wohltätig und resigniert sterben können. Es ist ein süßes Gefühl beim Tode, zu wissen, daß man auch jetzt noch jemand zurückläßt, der unser Andenken mit Liebe pflegen wird, und auf diese Art, solange jenes Auge sich dem Lichte öffnen, noch gleichsam fortzuleben in und mit ihm. Ist das nun auch Egoismus?

Da wir einmal vom Sterben reden, muß ich Dir noch etwas erzählen. Erinnerst Du Dich, von meinem vorigen Aufenthalte in Brighton her, eines schottischen Chieftains, eines etwas phantastischen, aber kräftigen und originellen Schotten? Er hat eben in der Blüte dieser männlichen Kraft zu leben aufgehört. Mit seinen beiden Töchtern auf einem Dampfboot eingeschifft, erhielt er kurz vor dem Debarkieren von einer Segelstange einen so heftigen Schlag an den Kopf, daß er davon auf der Stelle in einen Anfall von Raserei versetzt wurde, infolgedessen ins Meer sprang und ans Land schwamm, wo er nach wenigen Stunden verschied. Dies Ende hatte einige tragische Verwandtschaft mit der Geschichte seines Vorfahren, die er mir mit so viel Stolz mitteilte, dessen nämlich, welcher, seine Hand abhauend, sie ans Ufer warf und ihr nachschwamm.

den 15.

Die kurze Ausflucht war wohl noch zu früh, denn sie ist mir nicht gut bekommen. Dabei ist das liebe Wetter furchtbar geworden. Ein Schneesturm peitscht das Meer unter meinen Fenstern, daß es vor Wut schäumt und brüllt und seine Wellen über den hohen Damm der Straße bis an die Häuser anbäumen.

Unter diesem Gedonner habe ich gestern meine Memoiren zu schreiben angefangen und schon acht Bogen vollendet, die ich diesem Brief beilegen werde.

Außerdem benutzte ich die Zeit, um Le Sages »Historischen Atlas« von neuem durchzulesen, und kann überhaupt nicht sagen, daß ich während meiner ganzen Krankheit einen Augenblick Langeweile gefühlt hätte. Ja, die große Ruhe und Leidenschaftlosigkeit einer solchen Zeit tut sogar meiner Seele wohl. – Übrigens wird der Körper nun auch bald gänzlich wieder hergestellt sein, und sobald der Himmel sich etwas aufklärt, denke ich mich von neuem unter die Menschen zu begeben.

A..., der ich Deinen Brief zugeschickt, läßt Dich vielmals grüßen. Wenn der König stirbt, wird sie als intime Freundin der neuen Monarchin vielleicht eine bedeutende Rolle hier spielen. Man behandelt sie im Publikum ohnedem schon ganz als eine Princesse du sang. Sie fängt auch an, ihre Wichtigkeit selbst zu fühlen, hat sich in ihrer frühern schüchternen Tournure sehr zu ihrem Vorteil verändert und weiß recht gut, sich mit Affabilität ein Air zu geben. Die Sonne des Glücks und der Gunst verändert einen Menschen wie die Himmelssonne eine Pflanze, die im Dunkeln kümmerte und nun im lichten Strahle bald ihr gesenktes Haupt emporhebt und, von der wohltuenden Wärme durchströmt, duftende Blüten dem Lichte öffnet. Wir, gute Julie, liegen vorderhand noch im Kerker, wie Hyazinthenzwiebeln, aber der Gärtner kann uns zum Frühjahr auch noch in bessern Boden und an die Sonne bringen, *wenn er will.* –

den 20.

Ich bin auferstanden – und siehe da, alles war fremd geworden, wo ich hinkam. Die Bekannten waren fast alle fort, und auf den Promenaden wie in den Häusern schauten mir überall neue Gesichter entgegen. Nur die kahle Gegend fand ich, als ich ausritt, noch die alte geblieben, bloß mit dem Unterschiede, daß die grünen Wiesen sämtlich gedüngt waren mit – Austerschalen.

Eine Miss G..., ein nicht mehr ganz junges, aber artiges und reiches Mädchen, die schon längst Frau wäre, wenn der Freier nicht mit ihr auch ein Paar ungenießbare Eltern mit übernehmen müßte, erzählte mir, daß man mich in der hiesigen Zeitung als auf dem Tode liegend annonciert hätte, während die Londner Morning Post mich auf jedem Almacks-Ball als tanzend aufgeführt habe, was in der Tat etwas gespenstisch erscheint. Diese gute Miss G... ist noch immer höchst erkenntlich für ein ihr einst verschafftes Billet zu besagten Almacks und spielte und sang mir zum Danke dafür auch heute mehr vor, als ich bei meinen noch schwachen Nerven vertragen kann. Sobald die dicke Mutter hereintrat, empfahl ich mich, fiel aber bald darauf von neuem zwei andern Philomelen in die Hände, die sich ebenfalls noch hier verspätet haben.

Unter solchen Umständen werde ich, sobald meine Kräfte ganz zurückgekehrt sind, mich nach London wenden und kann nun wohl mit gutem Gewissen und ohne Furcht, Dir Besorgnis zurückzulassen, diese lange Epistel absenden.

Der vielen Worte kurzer Sinn ist immer der nämliche: herzliche Liebe Deines

L...

22 Zweiundzwanzigster Brief

London, den 28. Februar 1828

Ich muß natürlich noch einer in gewisser Hinsicht interessanten Bekanntschaft erwähnen, die ich in Brighton machte. Du hast gewiß einmal gehört, daß in der Familie Telluson einer ihrer Vorfahren ein Testament gemacht hat, nach welchem sein Vermögen 150 Jahre ruhen, Zinsen zu Zinsen geschlagen und dann erst der in dem Augenblick des Erlöschens jener Zeit existierende jüngste Telluson es erhalten solle. In zwanzig Jahren läuft nun dieser Termin ab, und ich sah den vierzigjährigen Vater Telluson hier, der sehr wenig besitzt, und seinen Sohn, einen hübschen Knaben von acht Jahren, der angeblich bestimmt ist, in seinem achtundzwanzigsten Jahr 12 Millionen Pfund Sterling zu erhalten, 94 Millionen Taler unseres Geldes. Eine Parlamentsakte hat für die Zukunft dergleichen Testamente verboten, aber dies hat man nicht angreifen können, obgleich man es wünschte, da allerdings durch ein so ungeheures Vermögen ein Privatmann eine unnatürliche Macht erhält. Dem Knaben ist indes zu seinen schönen Hoffnungen doch herzlich Glück zu wünschen. So viel Geld zu haben ist etwas Großes, da man doch einmal nicht leugnen kann, daß Geld der Repräsentant der meisten Dinge auf der Welt ist. Welche wunderbare, die ganze Menschheit fördernde Dinge ließen sich mit einem solchen Privatvermögen, wohlangewandt, ausrichten!

Neben diesem jungen Krösus in spe interessierte mich ein berühmter Sonderling, Obrist C..., der hier einige Tage verweilte. Lady M... machte mich auf ihn aufmerksam, indem sie mir folgendes erzählte: »Der elegante, ältliche Mann, den Sie dort sehen«, sagte sie, »war schon in meiner Jugend einer der erfolgreichsten Stutzer der Hauptstadt. Nachdem er aber sein Vermögen dabei bis auf einige tausend Pfund Sterling vertan hatte, führte ihn eines Tages sein Geschick vor eine Karte von Amerika, und plötzlich stieg der Gedanke in ihm auf, dort ein Ansiedler zu werden. Er sucht sich sogleich auf der Karte einen Fleck am See Erie aus, verkauft noch in der nämlichen Woche seine ganze Habe, läßt seinen Bedienten ein hübsches junges Mädchen heiraten, schifft sich mit beiden ein, kömmt glücklich an dem ausgesuchten Fleck mitten im Urwalde an, lebt einige Tage von der Jagd, schläft unter dem Laubdach, baut dann mit Hülfe einiger andern Ansiedler ein Blockhaus in Zeit von wenigen Tagen, das er noch jetzt bewohnt, erlangt bald einen bedeutenden Einfluß auf die umher zerstreuten Aventuriers, den er dazu benutzt, sie zu gemeinschaftlichen Arbeiten aufzumuntern, und denen er sich besonders dadurch empfiehlt, daß er für sie kocht und bratet, statt der halbrohen Speisen, die sie sonst genießen mußten, liebet und mehrt sich, sieht endlich eine neue Generation dort entstehen, die ganz von ihm abhängt, besitzt jetzt an Landausdehnung ein kleines Fürstentum, berechnet seine Revenuen auf zehntausend Pfund Sterling jährlich und kömmt alle zehn Jahr regelmäßig zu *einer* Season nach England, wo er, wie vorher, mit der Aisance eines Weltmanns als Fashionable lebt und dann wieder auf zehn Jahre in die Wälder zurückkehrt und den modernen Frack von neuem mit dem Schafpelz vertauscht.«

Mein erster Besuch in der Hauptstadt war bei Gräfin M..., die, ohngeachtet ihrer vierzig Jahre, während meiner Abwesenheit wieder ein neues Kind zu dem Dutzend ihrer andern hinzubekommen hat. Ich aß dort und bewunderte ein schönes Geschenk des Königs in Silber, welches man hier kunstvoller als irgendwo zu arbeiten versteht, so daß der Preis der Fasson oft zehnfach den Wert der Masse übersteigt. Über Tisch gab der Graf einen auffallenden Beitrag zur Charakteristik der hiesigen Gerechtigkeitspflege.

»Einem Manne, den ich kenne«, sagte er, »ward auf der Straße sein Schnupftuch gestohlen. Er ergreift den Täter, hält ihn, als der Stärkere, gewaltsam fest, nicht ohne einige derbe Behandlung, die er ihm antut, und übergibt ihn dann den herzugekommenen Polizeibeamten. Die Sache war klar vor vielen Zeugen, und der Delinquent würde, wenn bei den Assisen die Klage angebracht worden wäre, ohne Rettung entweder gehangen oder auf lange Jahre nach Botany Bay transportiert worden sein. Seine Frau suchte indes den Gentleman auf und flehte auf ihren Knien um Gnade, der Dieb selbst, ein nicht ungebildeter Mensch, schrieb die beweglichsten Briefe, und – wer wird sich darüber wundern, daß er endlich Mitleid und Erhörung fand, an dem bestimmten Tag der Kläger ausblieb und folglich der Schuldige nach englischen Gesetzen freigesprochen wurde. Dem Gentleman bekam jedoch dies unzeitige Mitleid übel genug. Vierzehn Tage nach dem Vorgefallenen ward er von demselben Manne, der sein Schnupftuch gestohlen, für Insult und gewaltsamen Angriff auf offener Straße verklagt und dieser durch Zeugen bewiesen. Allerdings erwiderte Beklagter, daß dies nur stattgefunden, weil ihm der Kläger sein Schnupftuch gestohlen habe. Da Delinquent aber hierüber bereits freigesprochen war und niemand derselben Sache wegen zweimal vor Gericht gezogen werden kann, so ward auf seinen Einwand gar keine Rücksicht genommen. Kurz, mit Schmerzensgeld und Kosten mußte der zu großmütige Bestohlne dem Diebe und den Gerichten dafür noch gegen hundert Pfund Sterling bezahlen.«

Die ganze Gesellschaft fand diese Gerichtspflege abscheulich, ein alter Engländer aber verteidigte sie beharrlich. »Ich glaube«, fiel er eifrig ein, »daß die eben erzählte Anekdote gerade dazu dient, die Weisheit unserer Gesetze recht auffallend zu illustrieren. Die Gesetze, überhaupt wie die richterlichen Behörden, sind doch in ihrem ersten Grunde nur dazu da, Verbrechen zu verhindern. Nur deswegen auch bestraft man sie. Der Verhehler ist daher in den Augen des Gesetzgebers fast ebenso strafbar als der Stehler, und derjenige, welcher einen Verbrecher, der bereits dem Gesetz verfallen, wissentlich von seiner Strafe zu befreien sucht, wirkt für die Kommunität nicht weniger nachteilig als der Verbrecher selbst. Jener Mann, welcher mit dem Schnupftuchstehlen vielleicht seine Laufbahn nur erst anfing und hiernach der Gesellschaft zu Buße und Besserung entzogen werden sollte, begeht jetzt, immer kühner gemacht, wahrscheinlich bald darauf einen weit größeren Diebstahl, vielleicht einen Mord. Wer hat sich dann die Schuld davon beizumessen? Es ist daher der von Ihnen angeführte Gentleman mit Recht für sein *gesetzwidriges* Mitleid bestraft worden. Wer in die Räder einer wohltätigen Maschine unbesonnen und unberufen eingreift, darf sich nicht wundern, wenn sie ihm die Finger zerbricht.« –

Die Engländer sind, man muß es gestehen, sehr gewandte Sophisten, wenn es darauf ankömmt, ihre Gebräuche herauszustreichen. Der größte von ihnen, Brougham, hielt demohngeachtet neulich eine Rede von sechs Stunden, die bloß von den *Mißbräuchen* der englischen Justiz handelte. Am kolossalsten erschien darin der Umstand, daß in dem Court of Chancery jetzt die ungeheure Summe von fünfzig Millionen Pfund Sterling liegt, die noch keinen Herrn hat. Ein Prozeß in diesem Gerichtshof ist sprichwörtlich geworden, um etwas Unendliches zu bezeichnen, und es existiert eine Karikatur darüber mit der Unterschrift: A Chancery suit, die sehr ergötzlich ist. Ein von Gesundheit strotzender reichgekleideter Jüngling füllt am Anfang des Bildes den hingehaltenen Hut eines zum Skelett verhungerten Advokaten mit Goldstücken, um für ihn einen Prozeß zu führen. Eine lange, lange Prozession verschiedener Dinge und Menschen folgt, und am Ende sehen wir den jungen Mann als zerlumpten hinfälligen Bettler wieder, wie er demütig den nun wie eine Tonne dick gewordenen Advokaten um ein kleines Almosen anfleht, welches dieser jedoch, sich stolz abwendend, verweigert. Hélas c'est encore tout comme chez nous!, nur hier allerdings in korpulenteren Verhältnissen.

In manchen Dingen, die dem Fremden empörend scheinen, muß man sich indes vor einem vorschnellen Urteile hüten, da oft Mißbräuche, oder selbst offenbare Mängel an sich, doch nur der notwendige Schatten eines weit größeren Lichtes sind. Zum Beispiel die Bestechungen bei den Parlamentswahlen, selbst vielleicht die rotten boroughs und die anerkannte Abhängigkeit eines Teils des Parlaments vom Gouvernement durch patronage usw. Es ist sehr die Frage, ob ohne diese scheinbar so verwerflichen Hülfsmittel ein Ministerium in allen Fällen wird bestehen können. Es ist schon ein Vorteil, daß dem letztern nicht in der Theorie das wirklich eingeräumt ist (wie in despotisch regierten Staaten), was es indirekt in der Praxis allerdings nicht ganz entbehren kann, ohngefähr so wie eines Predigers Leben auch nimmer seinen Lehren gleichkömmt. Man muß nicht vergessen, daß menschliche Dinge sich höchstens nur dem Vollkommnen nähern, es aber nie erreichen können, daher man sich bei Reformen sehr in acht zu nehmen hat und nie ganz vergessen darf, que le mieux est l'ennemi du bien. Demohngeachtet scheint nach vielen Anzeichen England einer Reform entgegenzugehen, weil es sie aus andern Gründen fast nicht mehr vermeiden kann, ob aber zu seinem Vorteil, ist noch sehr die Frage. Vielleicht ist die Notwendigkeit derselben eben nur der Beweis, daß seine Größe sich überlebt hat und zu sinken anfängt.

Den Abend besuchte ich das Adelphi-Theater, wo ein Taschenspieler auf eine ganz neue Art seine Künste unter dem Titel Conversatione exhibierte. Er stand nämlich unter vielen Tischen und Maschinen auf dem Theater, erzählte zuerst seine Reise mit der Diligence, wo er verschiedene Charaktere und Anekdoten vorführte, einige Chansons sang und dazwischen seine Kunststücke oder Geistererscheinungen und optische Darstellungen, in die Erzählung als Begebenheit einpassend, anbrachte – gewiß eine gute Idee, die dem gewöhnlichen Kunststückenmachen ein größeres Interesse verleiht. Seine Sicherheit und Gewandtheit als Taschenspieler war überdies ebenso merkwürdig wie sein gutes theatralisches Spiel und Gedächtnis. Zuletzt führte er auf Gläsern, die er vorher naß machte, mehrere Musikstücke mit großer Fertigkeit aus, nicht nur im Harmonikastil, sondern auch Walzer und dergleichen und selbst lange Triller, die vortrefflich gelangen.

den 9. März

Die Season übt schon ihr Recht. Die Straßen wimmeln von eleganten Equipagen, die Buden etalieren neue Schätze, alle Häuser sind gefüllt und alle Preise zum Doppelten und Dreifachen gestiegen. Der Minister Peel gab heute der Herzogin von Clarence eine sehr glänzende Soiree. Sein Haus ist mit vielen schönen Gemälden geschmückt, unter denen sich auch der berühmte Chapeau de paille von Rubens befindet. Herr Peel hat dies kleine Brustbild nur mit fünfzehntausend Reichstaler unsres Geldes bezahlt. Es ist unglaublich, welche Schätze in dieser Hinsicht England enthält. So sah ich gestern in Gesellschaft der Fürstin E... die kleine Privatsammlung eines Geistlichen (Herr Carr), welche kaum dreißig Gemälde enthält und die ihm dennoch nicht nur zwanzigtausend Pfund Sterling gekostet hat, sondern sie auch vollkommen wert ist. Es sind so viel Meisterstücke als Bilder, die einzig richtige Art für einen Privatmann zu sammeln, der keine Galerie zum Unterricht, sondern nur zum Genuß bezweckt.

Man findet hier einen Garofalo von so überirdischer Verklärung, von so heilig tiefer Poesie, daß man ein Bild aus Eden, nicht von dieser Welt, zu erblicken glaubt, daneben einen großen, fast die halbe Wand einnehmenden Claude, ebenfalls von der höchsten Schönheit, bei dem die geringen Mittel, die der Maler verwandte, ebenso bewunderungswürdig sind als der außerordentliche Effekt, den er damit zu erreichen wußte. Im Nebenzimmer befanden sich noch einige andere ausgezeichnete Landschaften von Domenichino und Annibale Carracci. Der Reichtum der Komposition, die Innigkeit und Naivität der Empfindung waren hier mit einem so phantastischen Reiz und so viel Mannigfaltigkeit der Details geschmückt, daß ich tagelang mich hätte in diesen seltsamen Gegenden, ihren weiten Wasserspiegeln, ihren Inseln, Hainen und wohnlichen Hütten, ihren tiefblauen Gebürgen und gespenstischem Waldesdunkel verlieren mögen. Im dritten Zimmer jedoch gelangt man erst zu der Krone der ganzen Sammlung, einem Bilde Leonardo da Vincis, auf welchem der Maler in den drei Personen: des Erlösers, Petrus und Johannes, die Ideale des Jünglings, Mannes und Greises dargestellt hat, alle von einer Anmut, Wahrheit und Vollendung, die nichts zu wünschen übrigläßt. Es ist der einzige Christuskopf von allen, die ich gesehen, der mir völlig genügt und ebenso überzeugend Größe und Kraft als Heiligkeit und Milde ausspricht, zugleich aber diesen sprechenden Ausdruck mit der idealsten Schönheit vereinigt. Dabei ist die Gruppierung des Ganzen dem Auge so wohltuend, das Kolorit so glanzvoll, jede Farbe so frisch erhalten, die Ausführung, auch des kleinsten, so meisterhaft, daß man eine Befriedigung fühlt, wie selten ein Kunstwerk gewährt.*

Doch nichts bleibt hinter dem Anschauen eines solchen Meisterwerks so weit zurück als eine kalte Zergliederung mit Worten; ich will daher auch weder von diesen noch den übrigen etwas weiter sagen, doch wünschte ich, daß Kunstkenner auf diese vortreffliche Sammlung aufmerksamer gemacht würden.

Genregemälde lassen sich weit eher beschreiben. Dahin gehört die Ausstellung mehrerer Schlachten und Gefechte vom General Lejeune, die er erst mitgefochten, dann gemalt hat. Sie sind mit viel Talent und Geschmack aufgefaßt. In der Schlacht von der Moskwa bildet der theatralische Murat mit seiner Suite die Hauptgruppe, wie er, mit Federn, Locken und Stickereien behangen, selbstzufrieden im Kartätschenfeuer haltend, eben den französischen und sächsischen Kürassieren die Ordre zu jenem mörderischen Angriffe und der Wegnahme einer Batterie von vierzig Kanonen gibt, die so vielen, und auch meinem Busenfreunde H..., das Leben kostete; der König ist eben im Begriff, sich selbst an ihre Spitze zu stellen. Wer hätte ihm

* *Ein gelehrter Antiquar sagte mir einmal, daß die alten Maler gewöhnlich auf Kreidegrund malten und Firnisse zur Bereitung ihrer Farben gebrauchten, weshalb sie so dauerhaft, frisch und glanzvoll bleiben. Sonderbar, daß man sich nicht mehr bemüht, dieses Verfahrens wieder Herr zu werden.*

SAINT-PAULS-KATHEDRALE

damals prophezeit, daß er bald darauf vom Pöbel unwürdig zerschlagen und als Missetäter erschossen werden würde!

Tief erschütternd, obgleich vielleicht ein zu großer Gegenstand für die Kunst, ist auf dem Bilde der Schlacht von Marengo ein österreichischer Stabsoffizier, dem eine Kugel den Unterleib aufgerissen, so daß die Gedärme an der Erde liegen. Der Unglückliche, dem höllischen Schmerze zu entgehen, hat von einem französischen Gendarme eine Pistole erfleht, die er sich mit verzweifelnder Gebärde an den Mund setzt, während der Geber sich schaudernd abwendet.

Auf einem andern Gemälde ist der Überfall eines französischen Detachements durch spanische Guerillas abgebildet. Man sieht einen höchst romantischen Bergpaß in Katalonien, merkwürdig durch die kolossalen Steinbilder von sechs Stieren, deren Errichtung man Hannibal zuschreibt. Zu ihren Füßen liegen zwei oder drei noch geharnischte Gerippe französischer Kürassiere, die einen Monat früher hier ebenfalls ihren Tod fanden. Niemand von dem ganzen Detachement entging diesmal der Ermordung, außer der General Lejeune selbst, und dies auch nur durch ein halbes Wunder, indem dreimal die auf ihn angelegten Gewehre versagten, so daß Empecinado abergläubisch eine Bestimmung darin zu sehen glaubte und von ihm abzulassen befahl. Man sieht auf dem Gemälde den General Lejeune, völlig nackt ausgezogen, von einem der Mörder bei den Haaren gefaßt, von einem andern auf den Leib getreten und die Gewehre der andern auf ihn gerichtet, während unter Leichen und Trümmern neben ihm seine Diener und ein Soldat, schon von Piken und Schwertern vielfach durchbohrt, ihren Geist aushauchen.

Die Schlacht am Nil, wo die Mamelucken, in halbwahnsinniger Flucht, ihre herrlichen arabischen Rosse von dem hohen Abhang herab in den Fluß spornen und wenige nur das jenseitige Ufer erreichen, macht gleichfalls einen sehr romantischen Effekt.

den 13.

Ich habe vergessen, Dir zu schreiben, daß vor ohngefähr vierzehn Tagen das kaum fertig gewordne elegante Braunschweiger Theater während der Probe eines neuen Stücks eingefallen ist und einer großen Menge Menschen das Leben gekostet hat. Ich besah gestern die Trümmer, wo noch die Leichen zweier Karrenpferde, die in der Straße daneben erschlagen wurden, unter dem Schutte liegen. Es ist ein fürchterlicher Anblick. Nur eine einzige Loge blieb stehen, und in dieser rettete sich, durch seine Kaltblütigkeit, nicht von der Stelle zu weichen, der Schauspieler Farren, der unversehrt die ganze entsetzliche Katastrophe mit ansah, eine nur zu echte Tragödie, die sich keiner erwartet hatte.

Jetzt ist im Getümmel der Season alles schon wieder vergessen. Bei allem dem gibt dieses geräuschvolle Leben weit weniger Stoff, als man denken sollte, und den es gibt, vergißt man im ewigen Trouble.

Ein Familiendiner bei dem großen R..., den man mit dem Sultan verglichen hat, weil dieser der Herrscher aller Gläubigen und jener der Gläubiger aller Herrscher sei, kam als Abwechslung dazwischen. Dieser Mann hat wirklich etwas ganz Originelles. Er war heute besonders lustig und ließ seine neue österreichische Konsularuniform holen, die ihm, wie man sagte, sein Freund M...ch von Wien geschickt habe, zeigte sie uns und ließ sich nachher sogar bereden, sie vor dem Spiegel anzuprobieren und damit einherzustolzieren, ja wie Virtuosen, wenn sie einmal angefangen haben, nicht wieder aufhören können, so ließ er nun auch noch andere prächtige Hofkleider bringen und wechselte mehrmal die Toilette, wie auf dem Theater, eine Kindlichkeit bei solchem Geldheros, die ich fast mit Heinrich IV. vergleichen möchte, als dieser beim Eintritt des fremden Gesandten seinem Sohne eben als Reitpferd diente.

Es war übrigens ziemlich komisch anzusehen, wie der sonst so kaufmännisch ernste Mann sich mit den verschiedensten Wendungen und Reverenzen das leichte und graziöse Air eines Höflings zu geben versuchte und, durch unser Lachen gar nicht irregemacht, mit ebenso vollkommener Überzeugung als Jovialität versicherte, daß N... M... R..., wenn er wolle, jede Rolle spielen und mit der Hülfe von sechs bis acht Extragläsern Wein bei Hofe eine ebensogute Figur machen könne als irgendeiner.

Von einem ganz verschiedenartigen Interesse war mir eine Bekanntschaft, die ich am andern Tage machte, nämlich die des Generals Mina. Du hast gewiß mehrere Porträts desselben gesehen, die ihn alle mit einem großen Schnurrbart und wilden Zügen, gleich einem furchtbaren Räuberhauptmanne, darstellen. Denke Dir also meine Verwunderung, als ich in dem Helden Spaniens nur einen sanften, einfachen, im höchsten Grade bescheidnen Mann fand, der so gar nicht das geringste von dem, was man eine militärische Tournure nennt, an sich hatte, im Gegenteil eher einem Landpächter oder Schulmanne glich, mit einem offnen freundlichen Gesicht, und bei jeder Lobeserhebung, die man ihm machte, errötend wie ein Mädchen; doch fand ich nachher, als er sich im Gespräch animierte, allerdings eine Veränderung der Züge und ein dunkles Blitzen der Augen, das wohl verriet, welches Geistes Kind er eigentlich sei. Er sieht im ganzen noch sehr gut konserviert und kaum wie ein Vierziger aus, obgleich sein kurzes Haar ganz weiß ist, was ihn aber keineswegs alt macht, sondern nur das Ansehn gibt, als sei er gepudert. Nie, äußerte er beiläufig, habe er sich jener luxuriösen Haarzierden zu erfreuen gehabt, mit denen man ihn so reichlich auszustatten pflege, und daher oft selbst über die Karikaturen lachen müssen, die er in den Kaufläden von sich erblickt.

Außer ihm waren in der Gesellschaft noch zwei andere merkwürdige Spanier gegenwärtig. Arguelles, Minister unter dem konstitutionellen Regime und einer der ersten Volksredner in Spanien, ein Mann von gewinnendem Äußern und feinen Manieren, und der General Valdès,

Kommandant von Cádiz während der letzten Belagerung. Er führte auf seinem Admiralschiff (denn er war auch Admiral, und zwar der älteste in der Marine) Ferdinand den Vielgeliebten in das französische Lager. Obgleich der König, wie er erzählte, ihn vorher und während der Überfahrt mit Liebkosungen überhäuft, vielfach seinen Dank für die ihm in Cádiz widerfahrne gute Behandlung ausgedrückt und viel Versprechungen für die Zukunft gemacht, so wäre doch für den armen Valdès das schlimmste Los bestimmt gewesen. »Sowie der König das Schiff verließ«, fuhr Valdès fort, »änderte sich sein Betragen plötzlich, und sich endlich sicher wissend, warf er zu früh einen durchbohrenden Blick des Triumphs und einer lange zurückgehaltenen Wut auf mich. Ich kannte diesen Blick und entschloß mich schnell. Ohne mich länger zu besinnen noch zu beurlauben, sprang ich augenblicklich zurück auf das Schiff, befahl, es schnell umzuwenden, und eilte mit vollen Segeln Cádiz wieder zu. So entging ich wahrscheinlich dem Tode, aber mein hiesiges Exil in Armut und Not, fern von meinem unglücklichen Vaterlande, ist für einen sechzigjährigen Mann, der an Größe und Reichtum gewöhnt war, vielleicht noch schlimmer!«

Ich führe Dich heute einmal wieder ins Theater, und zwar in Gesellschaft des berühmten Lord L . . ., eines alten Bekannten von mir, der nach seiner vielfach bewegten Laufbahn sich jetzt nur noch durch tägliches Waschen mit Essig gleich einem Pickle konserviert, während er sonst nur andere, ebenso sauer und beißend als weiland der Confiseur der eleganten Zeitung schriftlich, mündlich einzumachen pflegte. Wir sprachen von vergangenen Zeiten, und als wir vor Drury Lane ankamen, deklamierte er eben einige wilde, aber schöne Verse von Moore, die er wohl auf seine eigne Vergangenheit beziehen und mit nicht zu strenger Gewissenhaftigkeit kommentieren mochte, obgleich sie der Dichter der Geliebten eines gefallenen Engels in den Mund gelegt hat. Sie lauten dem Sinne nach, in einer meiner gewöhnlichen Knittelversübersetzungen des Augenblicks, ohngefähr so:

Was wäre Liebe! wenn immer nicht gleich
Durch Freude wie Qualen, durch arm wie durch reich,
Durch Ehre wie Scham, durch Alter wie Jugend,
Was frag ich, Geliebter, nach Laster noch Tugend,
Ich weiß nur: ich lieb dich, wär schwarz auch dein Herz,
Dein bin ich – und *mein* deine Wonne und Schmerz.

Kein übles Motto für Desdemona, die uns erwartete, wenngleich der Mohr solcher alles hingebenden Liebe schrecklich lohnt.

Ehe ich zur Vorstellung selbst übergehe, laß mich ein paar allgemeine Bemerkungen vorausschicken.

Man streitet fortwährend bei uns, ob man Shakespeare in wörtlicher oder freier Übersetzung oder gar freier *Umarbeitung* geben solle. Ich würde mich für das zweite, nämlich die freie Übersetzung, entscheiden, vorausgesetzt, daß die

Freiheit dieser sich nur *darauf* beschränkte, im Geiste deutscher Sprache mit völliger Ungezwungenheit sich zu bewegen, wenn auch dadurch hie und da ein Wort- und Witzspiel ausfallen müßte. Am Gange des Stücks aber bedeutend zu ändern, Szenen ganz wegzulassen, Shakespeare ganz fremde Worte und Ideen zu leihen, kann ihn nur verstümmeln, selbst wenn der größte Dichter es unternähme. Man sagt, Shakespeare wäre besser zu lesen als zu sehen und könne besonders in wörtlichen Übersetzungen nicht aufgeführt werden, ohne uns dadurch wieder in die Kindheit der dramatischen Kunst zu versetzen, wobei man zugleich behauptet, daß die theatralischen Vorstellungen zu Shakespeares Zeit nur dialogisierten Märchen im Costume geglichen hätten. Ich will die Genauigkeit dieser Angabe dahingestellt sein lassen, aber so viel weiß ich, daß die Aufführung von »Romeo und Julia«, »Macbeth«, »Hamlet«, »Othello« auf dem heutigen englischen Theater, welche Stücke alle doch nur mit geringen Auslassungen gegeben werden und bei welchen die meisten angeblich schockierenden Dinge, und selbst der obligate Königstrompeter, nie fehlen, dennoch einen so vollständig befriedigenden, durch nichts gestörten Eindruck auf mich gemacht haben, als lesen und vorlesen hören (selbst von Tieck, dem besten Vorleser, den ich kenne) nie, auch nur im entferntesten Grade, hervorbringen konnten. Ja, ich gestehe, daß ich erst seitdem die ganze gigantische Proportion Shakespeares in ihrem vollen Umfang empfunden habe. Freilich gehört dazu ein solches Zusammenspiel und so große Schauspieler für die Hauptrollen, wie sie uns gänzlich abgehen, denn Macbeth' in Berlin – wie Clauren sagen würde – und dieselben in England sind ebenso verschiedne Leute als Shakespeare selbst und sein vortrefflicher Kommentator Franz Horn. Die ersten hiesigen Schauspieler wie Kean, Kemble, Young usw. sind, wie ich schon an andern Orten erwähnt, Männer von großer Bildung, die zum Teil in der besten Gesellschaft leben und dem ernstesten Studium ihres Nationaldichters ihr Leben weihen. Selten nur treten sie in andern Rollen auf und brauchen nicht, wie unsre Kunstlasttiere, jeden Augenblick einen tragischen Helden mit einem Ifflandischen Geheimen Rat oder den Talbot mit Herrn von Langsalm zu vertauschen, nicht heute im »Othello« und morgen im »Wollmarkt« aufzutreten.

Sehr sonderbar fällt es auf, daß scheinbar, und zum größten Teil auch wirklich, das Publikum, vor dem diese Künstler sich produzieren, ein sehr rohes und unwissendes und ungezognes ist! Vielleicht aber mag dies grade eine gute Wirkung auf die Darsteller haben. Wie der wahre Tugendhafte die Tugend, müssen auch die hiesigen Schauspieler die Kunst nur um ihrer selbst willen lieben, ziemlich unbekümmert um die Aufnahme, und sie erreichen dann hierdurch eben am sichersten zuletzt doch den allgemeinen Beifall. Indessen muß man auch gestehen, daß, ohngeachtet dieser Roheit vieler, doch in dem englischen Theaterpublikum eigentlich ein gesünderer Sinn als in dem laxen, hypergebildeten unserer deutschen Hauptstädte verborgen liegt, ja mitten unter der Foule des Gemeinen in ihm eine unsichtbare Kirche der Eingeweihten besteht, deren Dasein nimmer das göttliche Feuer in den Künstlern ganz verlöschen läßt. In öffentliche Kritik läßt sie sich weniger ein, aber sie wirkt mächtig im sozialen Leben.

Viele Deutsche hören es nicht gern, daß andere Nationen uns in irgend etwas übertreffen sollen, auch ich empfinde solches immer mit Bedauern, aber meine Überzeugung muß ich dennoch aussprechen, daß, wie wir keinen dramatischen Dichter von Shakespeares Kaliber haben, wir auch keinen Schauspieler besitzen, der seine Charaktere in ihrer ganzen Bedeutung wieder vor uns aufleben zu lassen fähig ist. Immer war es nicht so, wie man sagt, und ich selbst habe in meiner frühesten Jugend noch Eindrücke von Fleck und der Unzelmann bewahrt, die mir seitdem auf unsrer Bühne nicht mehr zuteil wurden. Noch höher mögen Schröder und Ekhof gestanden haben, und mit vielem Vergnügen erinnere ich mich der enthusiastischen Schilderung, die mir von diesen beiden der alte Archenholz machte, welcher auch Garrick noch gesehen hatte, Schröder aber diesem *wenigstens* gleichstellte.

Daß man übrigens bei fremden Schauspielern sich notwendig, um sie gerecht zu würdigen, erst einigermaßen in ihre Nationalität hineindenken, sich an gewisse, uns ebenso fremde Manieren, als manche Wendungen ihrer Sprache für uns bleiben, wenn wir sie auch noch so gut verstehen, gewöhnen muß, wird wohl jedem Verständigen einleuchten. Im Anfang wirken diese Ursachen immer mehr oder weniger störend, und ich habe nur *ein* künstlerisches Individuum gesehen, das in dieser Hinsicht, wenn ich mich so ausdrücken darf, völlig kosmopolitisch organisiert war, die unnachahmliche, vielleicht nie erreichte, gewiß nie übertroffene Miss O'Neill. Hier sprach nur Menschengeist und Seele zu dem unsrigen, Nationalität, Zeit und Äußeres verschwanden dem Gemüt in einer alles mit fortreißenden Entzückung.

Doch zurück zur Gegenwart. Wir sahen also den »Othello«, wo das Zusammenspiel der drei ersten dramatischen Künstler Englands mir einen der genußvollsten Abende gewährte und diese etwas lange Expektoration veranlaßte, mich aber auch höchst schmerzlich die oben erwähnte Heroin vermissen ließ. Mit ihr würde ich heute den Kulminationspunkt aller theatralischen Darstellung erreicht gesehen haben.

Kean, Young und Kemble, sagte ich, bilden das herrschende Triumvirat der englischen Bühne. Der erste ist ohne Zweifel der Genialste, der zweite glanzvoll und konsequent in seinem Spiel, der dritte, obgleich weniger ausgezeichnet im höchsten Tragischen, dennoch stets würdig und verständig. Nur in dieser Darstellung des »Othello« spielten zum ersten Male alle drei zusammen in derselben Tragödie. Dies war aber auch ein seltner Genuß! Othello ist, nebst Shylock, Keans Hauptrolle. Es ist bewunderungswürdig, mit welcher tiefen Menschenkenntnis er nicht nur die erst schlummernde, allmählich erwachende und endlich in Raserei übergehende Eifersucht malt, sondern wie er dabei auch stets die südliche Natur des Mohren, die so eigentümliche Individualität dieser Menschenklasse, auf das täuschendste nachahmt. Es blickt bei allem edlen Wesen des Mohren etwas Tierisches zuweilen daraus hervor, das schaudern macht und auf der andern Seite auch seinen ungeheuren Schmerz noch gewaltsamer uns vor Augen stellt. Die Einfachheit seines Spiels *im Anfang*, die Abwesenheit aller Prahlerei nach den vergangnen großen Taten und die innige Liebe für das gewählte Weib gewinnen die Herzen der Zuschauer, wie sie das Desdemonas gewonnen haben – der häßliche Mohr ist über dem vollendeten, heldenmäßigen Mann vergessen –, bis nun unter den Qualen zerfleischender Eifersucht langsam vor unsern Augen jene versteckte grause Natur auftaucht und wir zuletzt kaum einen Menschen mehr, sondern einen reißenden Tiger vor uns zu sehen glauben. Ich bestärkte mich hier von neuem in meiner Überzeugung, daß der große Dichter, mehr noch als der mittelmäßige, auch großer Schauspieler bedarf, um vollständig verstanden und gewürdigt zu werden. In Berlin z. B. erschien die Erdrosselungsszene nicht nur lächerlich, sondern wahrhaft indezent. Hier wahrlich gefror das Blut zu Eis in den Adern, und selbst das rohe englische Publikum war eine lange Zeit lautlos und wie vom Blitze gerührt. Ja, ich gestehe, daß einigemal während der Tragödie Othellos lange Marter, die ihm der satanische Jago so tropfenweis mit teuflischer Ruhe zumißt, für mich so peinlich wurde und die Furcht vor dem, was ich wußte, das noch nachfolgen würde, so in mir anwuchs, daß ich unwillkürlich mein Gesicht wie von einer zu erschütternden Szene abwenden mußte. Youngs Darstellung des Jago ist ein vollendetes Meisterwerk, und erst durch *sein* Spiel ist mir dieser Charakter völlig klargeworden. Es ist vielleicht – und ich muß hier einer früher gemachten Äußerung wenigstens ausnahmsweise widersprechen –, Jago, sage ich, ist vielleicht, wider Shakespeares sonstige Weise, kein ganz in der Natur begründeter Charakter, sondern mehr eine glänzende Phantasie des Dichters, aber mit welcher bewunderungswürdigen Konsequenz durchgeführt! Es ist der verkörperte Teufel, ein Wesen, von Galle und Bitterkeit genährt, das, weder Vergnügens noch Freude fähig, das Böse wie sein Element ansieht und das einzige Wohlbehagen im Philosophieren über sich selbst, dem Beschauen und der beleuchtenden Erklärung seiner eignen Schandtaten findet. Nur schwach ist er noch an die Menschlichkeit geknüpft, durch das Gefühl der Rache, die er an dem Mohren dafür nehmen will, daß jener, wie er glaubt, »den eignen Dienst zwischen seinen Bettüchern versehen«. Demohngeachtet erscheint dies fast nur wie ein Vorwand, den er sich selbst, mit dem letzten Hauch eines moralischen Gefühls, zur Entschuldigung aufstellt, und seine echte Freude an Unglück und Jammer immer das Hauptmotiv. Dennoch wird dieses Ungeheuer nie ganz widrig. Seine geistige Überlegenheit, sein Mut, seine Konsequenz und zuletzt seine Standhaftigkeit im Unglück lassen den vollendetsten Bösewicht doch nie in ganz gemeine Niedrigkeit versinken. Jago bleibt immer noch ein Held gegen einen Kotzebueschen Tugendhaften. In diesem Sinne spielt Young den Charakter durchaus, sein Anstand ist finster und mürrisch, aber edel; kein Lächeln kömmt über seine Lippen, und seine Scherze verlieren deshalb doch nichts durch ihre Trockenheit. Alle behandelt er, seiner Macht gewiß, mit Ruhe und Überlegenheit, jedoch mit wohlmarkierter Nuance. Für seine Frau ist er roh und gebieterisch, gegen Roderigo autoritativ und launisch, mit Cassio achtungsvoll und freundschaftlich, dem Mohren gegenüber ehrfurchtsvoll und treuherzig, jedoch überall ernst und würdevoll. Kemble spielt in seiner Art den Cassio fast ebenso vortrefflich, und wie ihn Shakespeare schildert, »ein Mann, gemacht, den Weibern das Herz zu stehlen«. Jung, heiter, leichtsinnig, von edlem Wesen, gutmütigem Charakter und feinen Sitten. Leider wurde Desdemona nur sehr mittelmäßig gegeben. Doch ging der rührende Kontrast ihrer sanften duldenden Weiblichkeit mit des Mohren glühender Leidenschaft nicht ganz verloren.

Kean spielt den Othello in der Tracht eines Mohrenkönigs aus der Bibel, in Sandalen und einem langen seidnen Talar, welches allerdings abgeschmackt ist. Man vergißt aber bald die Tracht über sein vortreffliches Spiel. –

Dein treuer L...

23 Dreiundzwanzigster Brief

London, den 24. März

Geliebte Freundin!

Zu den *aristokratischesten* Abendgesellschaften gehören die Konzerts eines der *liberalsten* Mitglieder der Opposition, des Lord L..., eine Anomalie, die man hier oft findet, wo ein gewisser *allgemeiner* Liberalismus mit dem einseitigsten Adelstolz und Dünkel Hand in Hand geht und der stolzeste Mann in seinem Hause im öffentlichen Leben den Ruf des populärsten besitzt.

Recht amüsante Feste gibt auch eine Herzogin, welche es seit so kurzem ist, daß sie von den Exclusivs noch zu den Plebejern gerechnet wird. Ein solches besuchte ich heute, wo zu gleicher Zeit im obern Stock ein vortreffliches Konzert, im zweiten ein Ball stattfand, während im untern fortwährend gespeist wurde. Bei dem vorangehenden Diner servierten, nach dem Beispiel eines andern fashionablen Herzogs die Bedienten in weißen Glacéhandschuhen, was mir das Fest verleidete, da ich mich von dem Gedanken an Lazareth und Kr... dabei nicht losmachen konnte.

Reichlicher in geistiger Hinsicht war meine gestrige Mittagsmahlzeit beim Herzog von Somerset, einem sehr vielseitig gebildeten Manne. Über Tisch erzählte der bekannte Parlamentsredner H... seltsame Dinge. Unter andern versicherte er, kürzlich Mitglied einer Kommission der Regierung gewesen zu sein, um die Einverständnisse der Polizei mit den Verbrechern, über die man so viel geklagt, zu ergründen. Dabei sei denn herausgekommen, daß in London eine Gesellschaft, völlig wie eine Behörde organisiert mit Bureaux, Clerks etc. existiere, welche Diebstähle und Falschmünzerei im großen dirigiere, die Ertappten unterstütze, sowohl zu Angriff als Verteidigung mächtige Hülfe gewähre, dafür aber auch ihren bestimmten Anteil erhielte. An der Spitze stünden nicht nur mehrere angesehene Leute und *Parlamentsmitglieder*, sondern sogar ein *wohlbekannter Lord und Pair im Oberhause!* Die Beweise wären derart, daß man durchaus nicht daran zweifeln könne, das Ministerium sei aber bis jetzt der Meinung, um den entsetzlichen Skandal zu vermeiden, die Sache lieber fallenzulassen. Man sieht, daß in den freien Ländern doch auch Dinge vorgehen, von denen man sich bei uns nichts träumen läßt!

Ein Naturforscher teilte uns nachher eine Vorlesung über die Kröten mit, welche mir, jedes in seiner Sphäre, ebenso seltsam als das vorhergehende vorkam. Bei einem wissenschaftlichen Artikel, wie dieser, mußt Du einige freie Ausdrücke nicht zu genau nehmen. Er sagte also, daß die Kröten die wollüstigsten aller Geschöpfe seien, wozu ihnen auch die Natur besonderen Vorschub geleistet, indem sie ihnen die Fakultät erteilt, sich bloß durch die Vorderfüße fortzupflanzen. Fänden die männlichen Kröten zufällig keine weiblichen, so setzten sie sich in den Teichen auf Karpfen, fixierten ihre Hände auf die Augen derselben und blieben oft so lange darauf hängen, daß die Fische davon blind würden, ein Experiment, welches der Naturkundige selbst beobachtet haben wollte und es witzelnd »blinde Liebe« nannte.

den 7. April

Es erschien mir wie eine wahre Wohltat, heute einmal sans gêne auf dem Lande zu essen, in H... Lodge, dem allerliebsten Lokal der Herzogin von St... A... Vor dem Hause, das am Abhange eines Berges steht, blühte im hellgrünen Rasen ein prächtiger Stern von Krokus und frühen Tulpen, zierlich rund um eine Marmorfontäne gezogen, und über die Bäume im Talgrunde hin dämmerte die Riesenstadt wie eine Fata Morgana des neuen Jerusalem im Nebelflor. Das Mahl war wie immer vortrefflich, und nach Tisch ergötzte uns noch Gesang und Konzert im reichsten Gewächshause voller Blumen und Früchte. Ich saß während dem Essen bei einer direkten Urenkelin Karl II., einer Verwandtin des Herzogs, denn das erste halbe Dutzend englischer Herzöge im Rang stammen größtenteils von den Mätressen Karl II. ab und führen deshalb das königliche Wappen mit in dem ihrigen, worauf sie sehr stolz sind.

Es ist noch recht kalt, aber Blätter und Blüten dringen doch überall gewaltsam hervor, ein Anblick, der mich zu Hause entzücken würde, hier aber mir Herzweh verursacht, das manchmal kaum zu bezwingen ist. Demungeachtet mag ich mich nicht auf den alten, goldnen Dornensitz wieder niederlassen und will mir lieber einen glatten und bequemen Alltagsschemel irgendwo anders in der Freiheit aussuchen.

R... Park, den 9.

Seit gestern bin ich hier mit großer Gesellschaft bei einer sehr fashionablen Dame. Das Haus ist so geschmackvoll und reich als möglich, aber zu vornehm schon und zu prätentiös, um wahrhaft angenehm zu sein, wenigstens für mich. Überdies ist ein gewisser L... da, ein Patentwitzbold, von dem die sehr débonnaire Gesellschaft jedes Wort bewundern zu müssen glaubt und nur aus Furcht vor seiner bösen Zunge ihm Anhänglichkeit heuchelt. Solche geistige Bretteurs sind mir in den Tod zuwider, besonders wenn sie, wie dieser, mit einem widrigen Äußern nur Galle und Schärfe, ohne alle Grazie, besitzen. Sie erscheinen in der menschlichen Gesellschaft gleich giftigen Insekten, denen man aus erbärmlicher Schwäche hülft, sich mit andrer Blut zu nähren, nur damit sie einem das eigne nicht abzapfen.

Lieblicher als die Menschen sprachen mich die toten Gegenstände an, besonders eine freundliche, hier herrschende Sitte, alle Zimmer mit einer Menge Vasen und Behältern aller Art voll frischer Blumen zu parfümieren. Unter den Gemälden bewunderte ich einen Morillo, Joseph darstellend, welcher den kleinen Jesusknaben führt. In dem schönen Kinde liegt die künftige Größe und die göttliche Natur des Erlösers noch schlummernd halb verborgen, was sich besonders in dem ahnend aufblickenden Auge wundervoll ausspricht. Joseph erscheint als ein schlichter Mann in der vollen Kraft des mittleren Alters, mehr Würde des Charakters als des Standes verratend. Wild und originell ist die Landschaft, oben aus dunkeln Wolken lauschen liebreizende Engelsköpfe hervor. Dies Gemälde hat der Besitzer, wie er mir sagte, mit 2500 Pfund Sterling bezahlt.

Im Garten gefiel mir ein Gewächshaus für Palmen, so leicht und durchsichtig, fast ganz aus Glas bestehend, daß es einem Eispalaste glich. Häßlich finde ich dagegen eine sehr überhandnehmende Liebhaberei für alte verkrüppelte Baumstämme, die man so vielfach im geschornen Rasen eingräbt und teils mit Klematis beranken läßt, teils mit verborgnen Blumentöpfen bestellt. Ganze Ruinen dieser Art werden gebildet, welches nebst manchem andern den sinkenden guten Geschmack für Gärten in England verrät.

Für mich ist das Leben auf dem Lande hier in gewisser Hinsicht zu gesellig. Wer z. B. lesen will, geht in die Bibliothek, wo er selten allein ist, und wer Briefe zu besorgen hat, schreibt sie an einem allgemeinen großen Sekretär ebenso öffentlich, worauf sie in ein durchbrochenes Kästchen gesteckt werden, das ein Bedienter jeden Morgen zur Post trägt. Daß man alles dies allein und auf seiner Stube tut, ist eben nicht üblich, befremdet daher und wird nicht recht gern gesehen. So frühstückte auch mancher Fremde wohl lieber auf seiner Stube, wozu aber nicht zu gelangen ist, wenn man sich nicht durch Krankheit entschuldigen kann.

Bei aller Freiheit und Abwesenheit von unnützen Komplimenten existiert daher doch für einen an unsere Sitten Gewöhnten hier auf die Länge ein bedeutender Zwang, den das fortwährende Sprechen in einer fremden Sprache noch mehr empfinden läßt.

London, den 12.

Mit einem aufziehenden Frühlingsgewitter verließ ich diesen Morgen R... Park, atmete unterwegs mit Wonne die duftige Frühlingsluft und schaute mit Entzücken auf das glänzende Grün und die schwellenden Knospen, ein Anblick, dessen man nie überdrüssig wird. Das Frühjahr entschädigt die nördlichen Gegenden für alle Unannehmlichkeiten ihrer Winter, denn dieses Aufwachen der jungen

WALTER SCOTT

Natur ist im Süden doch mit weit geringerer Koketterie von ihrer Seite begleitet.

Ich war zum Mittag wieder bei der Herzogin von St. A... auf ihrem Landhause versagt, wo mich eine angenehme Überraschung erwartete. Man placierte mich, der zu spät kam, zwischen der Wirtin und einem langen, sehr einfach, aber liebevoll und freundlich aussehenden, schon bejahrten Manne, der im breiten schottischen, nichts weniger als angenehmen Dialekte sprach und mir außerdem wahrscheinlich gar nicht aufgefallen wäre, wenn mir nicht nach einigen Minuten bekannt geworden – daß ich neben dem berühmten – Unbekannten säße. Es dauerte nicht lange, so kam mancher scharfe, trockene Witz aus seinem Munde und mehrere höchst anspruchslos erzählte Anekdoten, die, ohne eben brillant zu erscheinen, doch immer frappierten. Seine Augen glänzten dabei, sobald er sich irgend animierte, so licht und freundlich, und es war so viel treuherzige Güte und Natürlichkeit darin ausgedrückt, daß man ihn liebgewinnen mußte. Gegen Ende der Tafel gab er und Sir Francis Burdett wechselsweise Geisterhistorien zum besten, halb schauerlich, halb launig, welches mich encouragierte, auch Deine berühmte Schlüsselgeschichte zu erzählen, im Dénouement noch ein wenig embelliert. Sie machte recht viel Glück, und es wäre spaßhaft genug, wenn Du sie im nächsten Romane des fruchtbaren Schotten wiederfändest. Er rezitierte nachher noch eine originelle alte Inschrift, die er vor kurzem erst auf dem Kirchhofe von

Melrose Abbey aufgefunden hatte. Sie lautete folgendermaßen:

The earth goes on the earth, glittering in gold,
The earth goes to the earth sooner than it would,
The earth builds on the earth castles and towers,
The earth says to the earth: All this is ours.

In der Übersetzung ungefähr so:

Erd' geht auf Erde glänzend in Gold,
Erd' geht zur Erde früher denn wollt,
Erd' baut auf Erde Schlösser von Stein,
Erd' sagt zur Erde: Alles ist mein!

Wohl wahr! denn Erde waren, sind und werden wir, und der Erde allein gehören wir vielleicht an.

Ein kleines Konzert beschloß den Abend, an dem auch die recht hübsche Tochter des großen Barden, eine kräftige, hochländische Schönheit, teilnahm und Miss Steevens nichts als schottische Balladen sang. Erst tief in der Nacht erreichte ich London, mein Erinnerungsbuch mit einem äußerst ähnlichen Croquis von Sir W. Scott bereichert, welches ich der Güte meiner Wirtin verdanke. Da alle mir bekannten Kupferstiche desselben durchaus nicht ähnlich sind, so werde ich eine genaue Kopie diesem Briefe beilegen.

den 27.

Der Trouble dieser Tage war sehr einförmig, nur ein Diner beim spanischen Gesandten bietet mir eine angenehme Erinnerung, wo eine feurige und schöne Spanierin nach Tisch Boleros auf eine Art sang, die einen ganz neuen Musiksinn in mir erweckte. Wenn ich darnach und einem Fandango urteile, den ich einmal tanzen sah, muß die spanische Gesellschaft etwas sehr verschiedenes von der unsrigen und bei weitem pikanter sein.

Gestern war ich eingeladen to meet the Dukes of Clarence and Sussex, schlug es aber aus, to meet Mademoiselle H... bei unserm Freunde B..., die ich noch nicht gesehen und der groß und klein hier zu Füßen liegt.

Sie ist in der Tat allerliebst, ein reizendes Geschöpf und sehr verführerisch für alle, die entweder noch neu der Welt sind oder an nichts als ihr Vergnügen zu denken haben. Es ist nicht möglich, eine harmlosere und doch ihr Ziel besser treffende, sozusagen angebornere Koketterie zu sehen, so kindlich, so lieblich – et cependant le diable n'y perd rien.

Auch mir schien sie bald die schwachen Seiten abzumerken und unterhielt mich ohne die mindeste scheinbare Absichtlichkeit, doch nur von dem, was passend und angenehm zu hören für mich sein konnte. Die vaterländischen Töne fielen dazu aus so hübschem Munde wie Perlen und Diamanten in den Fluß der Rede hinein, und die allerschönsten blauen Augen beschienen sie, wie eine Frühlingssonne hinter leichten Wolkenschleiern.

»Morgen spielt Kean Richard III.«, sagte sie endlich flüchtig, »der Herzog v. D... hat mir seine Loge abgetreten, wollen Sie mich vielleicht dahin begleiten?«

Daß eine solche Einladung jeder andern vorging, versteht sich von selbst.

den 6. Juni

Eines der gehaltreichsten Häuser für mich ist das eines vornehmen Schotten, Grafen von W..., dem Abkömmling in direkter Linie von Macduff. In seiner Rüstkammer wird noch ein Ast, *angeblich aus Birnams Wald*, gezeigt, wahrscheinlich eine Reliquie von der Qualität aller andern. Wer daran glaubt, wird selig!

Die Familie ist höchst gebildet und der schottische Sinn überhaupt dem deutschen näher verwandt als der englische. Von den liebenswürdigen Töchtern lernte ich eine neue Manier, Lieblinge aus dem Vögelgeschlecht in treuerer und dauerhafterer Kopie aufzubewahren als durch Ausstopfung. Die Federn werden ausgerupft und nebst Schnabel und Klauen in der natürlichen Form auf starkes Velinpapier oder lackiertes Holz aufgeklebt, welches ein höchst ähnliches und keinem Verderben ausgesetztes Basrelief des Tieres abgibt.

Karl X. brachte eine Zeitlang bei Lord W... in Schottland zu und hat ihm einen alten Haushofmeister zurückgelassen, der, drollig genug, gleich dem in der »Pucelle«: Bonneau heißt und auch noch von jener fast ausgestorbenen Dienerrace der hommes de confiance ist, die man jetzt höchstens nur auf der Bühne antrifft. Als solcher, der im Hause nun schon fünfundzwanzig Jahre fungiert, darf er, gegen die englische Sitte, welche Dienern nie die geringste Annäherung anders als eben durch ihren Dienst erlaubt, zuweilen ein Wort mitsprechen, und ich fand wirklich nichts unterhaltender als die Hof- und Gesellschaftserzählungen dieses alten Franzosen, dessen Welt eigentlich mit jener Zeit abgeschlossen wurde, so wie *wir* sie uns heutzutage kaum mehr denken können. Daß der eigentümliche Alte nur ein Haushofmeister ist, macht keinen Unterschied, denn er hat in seinem Leben besser beobachtet und vielleicht mehr von der großen Welt gesehen als gar viele Vornehme.

Als ich diesen Morgen Lady W... besuchte, hatte einer ihrer Söhne, der in Südamerika reist, eben einen großen Transport merkwürdiger Sachen geschickt, worunter sich ein lebendes Löwenäffchen befand, mit Kopf und Mähne des Königs der Tiere bei einer Taille, die kaum die Größe einer Ratte erreicht. Statt des üblen Geruchs der Affen duftet dieser, im Gegenteil, nach Zimt und Moschus und parfümiert das ganze Zimmer wie ein Räucherkerzchen, gleich dem neulich erwähnten Ritter.

Eine der vollständigsten Sammlungen Kolibris boten Farben dar, wie sie nur die Sonne bei Auf- und Untergang am Himmel malt, ebenso wie die reiche Schmetterlingssammlung mit mehrern ganz neuen Exemplaren. Unter andern Insekten sah ich hier zum erstenmal den sogenannten Stockkäfer, der den Übergang zwischen dem Pflanzen- und Tierreiche zu machen scheint. Er ist an sechs Zoll lang und von einem blätterlosen Ulmenzweig mit kleinen Nebenästen, welche durch die Füße gebildet werden, kaum zu unterscheiden. Nur der an der Spitze verborgne Kopf mit Fühlhörnern verrät ihn als ein organisches Wesen.

Ich aß bei Lady F... zu Mittag, wo sich ein eigner Fall zutrug. Ihr Mann war früher Gouverneur auf Isle de France, und sie hatte dort von einer Negerin das angebliche Wahrsagebuch der Kaiserin Josephine gekauft, welches diese vor ihrer Einschiffung nach Frankreich besessen und daraus ihre künftige Größe und ihren Fall gelesen haben soll. Lady F... produzierte es beim Tee und lud die Gesellschaft ein, nach dem vorgeschriebnen Modus Fragen an das Schicksal zu stellen. Nun höre die Antworten, welche es gab und die in der Tat merkwürdig sind. Frau von Rothschild war die erste, welche frug, ob ihre Wünsche erfüllt werden würden. Sie erhielt die Antwort: Ermüde das Schicksal nicht mit Wünschen, wer so viel erlangt hat, muß zufrieden sein. – Hierauf frug Herr Spring-Rice, ein berühmter Parlamentsredner und einer der eifrigsten Verfechter der Emanzipation der Katholiken (eine Sache, die hier für alle Welt jetzt vom größten Interesse, für oder wider, ist), ob morgen, wo die Frage im Oberhaus für diesmal entschieden wird, sie durchgehen würde. Nun muß ich hier einschalten, daß es schon bekannt ist, daß sie *nicht* durchgehen wird, man aber zugleich allgemein glaubt, daß sie beim nächsten Parlament den gewünschten Erfolg haben *müsse.* Grade so nun lautete die lakonische Antwort des Buchs, nämlich: Ihr werdet keinen Sukzeß haben, *diesmal.* – Nun zwang man eine junge Amerikanerin zu fragen, ob sie sich bald verheiraten würde, worauf die Antwort war: Nicht in diesem Weltteil. – Jetzt kam die Reihe an mich, und ich frug: ob, was mein Herz grade jetzt so lebhaft berühre, zu meinem Glücke sei. Laß diese Neigung fallen, erwiderte das Zauberbuch, denn du wirst sehen, sie ist weder wahr noch beständig.

Ob hierbei aber meine eigne oder die zu mir gemeint sei, bleibt, wie alle Orakel, dunkel.

Die Gesellschaft, welche natürlich keine Ahnung von meiner eigentlichen Meinung bei der Frage hatte, machte sich sehr lustig über die erhaltene Abfertigung und verlangte, ich sollte noch eine tun. Ich frug also: Wird das Schicksal mir in ernsteren Plänen günstig sein? Suche, war die Antwort, und du wirst finden, beharre, und du wirst erreichen.

Ohne zu suchen, fand ich an demselben Abend noch eine sehr angenehme Bekanntschaft, indem ich der Herzogin von Meiningen, Mutter der Herzogin von Clarence, bei dieser vorgestellt ward, eine höchst liebenswürdige Dame von echt deutschem Charakter, der weder ihr Alter noch ihr Rang die naive Natürlichkeit hat nehmen können, welche vielleicht das sicherste Zeichen einer reinen und schönen Seele ist. Die würdige Mutter einer so hochverehrten Tochter muß den Engländern, die ihrer künftigen Königin sehr anhängen, eine angenehme Erscheinung sein, auch zeigte sich von allen Seiten das größte Empressement. Schade nur, daß es bei solchen Gelegenheiten den englischen Damen, vornehmen wie geringen, in der Regel so sehr an graziöser Tournure und geschickten Worten fehlt, um ein hübsches Totalschauspiel zu geben. Ein Drawing-room und eine Hofpräsentation sind hier immer so lächerlich wie das Lever eines Bürgermeisters der weiland freien Reichsstädte unsers Vaterlandes, und aller Stolz und Reichtum der Aristokratie verschwindet in dem linkischen Embarras dieser mit Diamanten und Putz nicht geschmückten, sondern nur beladenen Ladys. Im Negligé, und wenn sie ungeniert in ihrem Hause sich in gewohnter Umgebung bewegen, erscheinen junge Engländerinnen oft sehr vorteilhaft, in Parure und großer Gesellschaft aber fast nie, weil eine unbezwingliche und aller Grazie entbehrende Tumidität selbst ihre intellektuellen Eigenschaften so vollständig paralysiert, daß eine geistreiche Unterhaltung mit ihnen gewiß eine schwere Aufgabe wird.

Ich halte sie daher auch unter allen Europäerinnen für die angenehmsten und komfortablesten Ehefrauen sowie für die unfähigsten zu Repräsentation und Gesellschaft. Offenbar übersteigt bei diesem Urteil das Lob den Tadel weit.

den 16.

Heute wohnte ich einem interessanten Frühstück bei, welches der Taubenclub gab. Diese Benennung bedeutet keineswegs, daß die Mitglieder sanft und ohne Falsch, wie die Tauben, sich zu sein befleißigen, sondern er besteht im Gegenteil aus der wildesten Jugend Englands, und die Tauben haben nur insofern etwas damit zu schaffen, als die Ärmsten – totgeschossen werden. Der Schauplatz war ein großer, mit einer Mauer umschloßner Grasgarten. An der einen Seite befindet sich eine Reihe Zelte, in deren größtem eine gedeckte Tafel von ein bis sechs Uhr fortwährend frisch mit Speisen besetzt und mit Champagner und Moselwein in Eis rastlos garniert ward. Ohngefähr hundert Schützen nebst einigen Gästen waren gegenwärtig, und die ganze Zeit über schoß, aß und trank man abwechselnd. Die Tauben werden, immer acht an der Zahl, in einer Reihe aufgestellt. An den Kästchen, die sie beherbergen, sind Stricke befestigt, welche alle acht am Schießstand zusammenlaufen und so eingerichtet sind, daß, wenn man an einem derselben zieht, das betreffende Kästchen aufklappt und die Taube herausfliegt. Der, welcher zuletzt geschossen hat, zieht für den nächsten Schützen, aber hinter ihm stehend, so daß jener nicht sehen kann, welchen Strick er zieht, daher auch ganz unvorbereitet und ungewiß ist, welche der acht Tauben auffliegen werde. Fällt die Taube noch innerhalb der Einzäunung nach seinem Schuß, so wird sie ihm angerechnet.

Kömmt sie hinaus, so wird es als gefehlt angesehen. Jeder Schütze hat eine Doppelflinte und darf beide Läufe gebrauchen.

Die beiden berühmtesten Schützen in England sind Capitaine Ross und Mr. Osbaldistone. Beide schlossen eine Wette um tausend Pfund Sterling, die aber heute noch nicht entschieden wurde. Beide fehlten kein einziges Mal, und Cap. Ross' Taube kam nie zwölf Schritte weit, flatterte auch kaum, sondern fiel fast immer mit dem Schuß sogleich wie ein Stein zur Erde. Nie habe ich so unbegreiflich gut schießen sehen. Ein hübscher kleiner Hühnerhund des Clubs apportierte jede Taube, wie eine Maschine seinen Dienst stets ohne Fehl und ohne Übereilung verrichtend. Zuletzt schoß die ganze Gesellschaft noch um einen goldenen Becher, zweihundert Pfund Sterling an Wert, den jährlichen Preis, den Capitaine Ross gewann. Um sieben Uhr kam ich erst von diesem lustigen Frühstück fort und begab mich in ein mir noch unbekanntes Theater, Sadler's Wells genannt, welches gute dreiviertel deutsche Meilen von meiner Wohnung entfernt ist. Ich war in einem Fiacre hingefahren, und als ich gegen ein Uhr wieder zu Haus wollte, fand sich in diesem entlegenen Winkel kein Mietwagen mehr, und auch alle Häuser waren geschlossen. Dies war um so unangenehmer, da ich wirklich keine Idee davon hatte, in welchem Teile der Stadt ich mich befand.

Nachdem ich eine halbe Stunde vergeblich in den Straßen umhergeirrt war, um einen Wagen aufzutreiben und schon mich resignierte, mit Hülfe eines watchman (Nachtwächter) zu Fuß nach Hause zu wandern, kam noch eine Diligence gefahren, die glücklicherweise grade meinen Weg einschlug und mit der ich daher gegen zwei Uhr wieder bei den Hausgöttern anlangte. – Dieses Theater hat das Eigentümliche, daß es unter wirkliches Wasser gesetzt werden kann, in welchem Element die Schauspieler oft stundenlang gleich Wassertieren umherplätschern. Übrigens geht nichts über den Unsinn der hier aufgeführten Melodrame und über den horriblen Gesang, von dem sie begleitet werden.

den 20.

Man hat noch einen Fancyball arrangiert, der mir aber nur einen traurigen Eindruck zurückließ. Ich bemerkte einen blassen, in einen einfachen schwarzen Domino gehüllten Mann, in dessen Gesicht ein unnennbarer Zug des bittersten Seelenleidens schmerzlich anzog. Er blieb nicht lange, und als ich mich bei L... nach ihm erkundigte, gab dieser mir folgende Auskunft: Dieser beklagenswerte Sterbliche, Obrist S..., sagte er, würde den Helden zu einem schauerlichen Roman abgeben können. Wenn man von jemand sagen kann, er sei unglücklich geboren, so ist er es. Sein großes Vermögen verlor er früh durch den fraudulösen Bankerott eines Freundes. Hundertmal kam ihm seitdem das Glück entgegen, aber immer nur, um ihn im entscheidenden Augenblick mit dem Verschwinden aller Hoffnung zu äffen, und fast jedesmal waren es nur die unbedeutendsten Kleinigkeiten, ein verspäteter Brief, eine leicht mögliche Verwechselung, ein unheilbringendes Unwohlsein, an denen alles scheiterte, scheinbar sogar immer seine eigne Schuld, und doch nur das Gewebe hohnlachender, tückischer Geister.

So beginnt er schon lange nichts mehr, um seine Lage zu ändern, fuhr L... fort, versucht keine Besserung seines Schicksals, im voraus durch lange, grausame Erfahrung überzeugt, daß *ihm* nichts gelingen *könne*. Ich kenne ihn von Jugend auf. Obgleich harmlos wie ein Kind, hält ihn doch ein großer Teil der Welt für böse; obgleich einer der aufrichtigsten Menschen, für falsch und intrigant; ja, man vermeidet und scheut ihn, obgleich nie ein Herz wärmer für das Wohl anderer schlug. Das Mädchen, das er anbetete, ward durch seine vermeinte Untreue zur Selbstmörderin, er selbst befand sich infolge unerhörter Umstände lange in Untersuchung wegen des Mordes seines Bruders, neben dem er, sein eignes Leben für jenes Verteidigung opfernd, blutend gefunden ward. Schon zum Strange verurteilt, rettete ihn vom schimpflichen Tode allein des Königs Begnadigung, der erst später die Beweise seiner Unschuld folgten. Eine Frau endlich, die er infolge eines schändlichen, lange vorbereiteten Betruges heiratete, lief mit einem andern davon und wußte es dennoch dahinzubringen, daß in der Welt nur ihm der größte Teil der Schuld beigemessen ward. Vor der Zeit so in jedem Selbstvertrauen geknickt, jeder Hoffnung auf das Schicksal wie auf die Menschen abgestorben, lebt er unter ihnen nur noch wie ein teilnahmloser abgeschiedner Geist, ein herzzerreißendes Beispiel, daß es Wesen gibt, die, für dieses Leben wenigstens, dem Teufel schon vor der Geburt verkauft gewesen zu sein scheinen. Denn wen der Fluch des Unglücks einmal getroffen, dem schafft er nicht nur Feinde auf jedem Schritt, sondern raubt ihm auch das Zutrauen und zuletzt das Herz der Freunde, bis endlich der Arme, überall Getretne, Gestoßne und Gemißhandelte darniedersinkend sein wundes müdes Haupt hinlegt und stirbt, während sein letzter Seufzer noch der mitleidslosen Menge als eine Anmaßung und ein unerträglicher Mißton erscheint. Wehe den *Unglücklichen!* Dreimal wehe ihnen! denn für sie gibt es weder Tugenden noch Klugheit, noch Geschick, noch Freude. – Es gibt nur ein Gutes für sie, und das ist der Tod!

den 25.

Im ganzen hat es doch etwas Angenehmes, jeden Tag über so viele Einladungen disponieren und, wo es einem nicht gefällt, sogleich eine besser konvenierende Gesellschaft aufsuchen zu können. Hie und da findet sich dann doch immer etwas Neues, Pikantes oder Interessantes. So machte ich gestern beim Prinzen L... die Bekanntschaft einer zweiten Ninon de Lenclos. Lady A... hält gewiß niemand für mehr als vierzig, dennoch ist sie nahe an achtzig. Nichts an ihr erscheint gezwungen noch unnatürlich, dennoch alles jugendlich, Taille, Anzug, Lebhaftigkeit des Benehmens, Grazie und Schnellkraft der Glieder, soweit dies auf einem Balle zu bemerken ist, alles ist vollkommen jung an ihr und im Gesicht kaum eine Runzel. Sorgen hat sie sich nie gemacht und von Jugend auf sehr lustig gelebt, ist auch zweimal ihren Männern davongelaufen, weshalb sie lange England mied und ihr großes Vermögen in Paris verzehrte. Alles zusammengenommen, eine allerliebste Frau, in ihrem Benehmen mehr Französin als Engländerin und ganz du grand monde. In der Toilettenkunst hat sie große Studien und scharfsinnige Erfindungen gemacht. So viel ich davon erlauschen konnte, werde ich gerne Dir und allen meinen schönen Freundinnen mitteilen.

Am nächsten Tage gab der Herzog von S... auf seiner Villa ein déjeuner champêtre, bei dem er es doch möglich gemacht hatte, noch etwas Neues für dergleichen Feten zu erfinden. Sein ganzes Haus war mit schönen Hautelissen und bunten chinesischen Tapeten behangen, eine Menge Meubles, Sofas, Fauteuils, Chaiselongues, Spiegel etc. im Garten überall wie in mehreren Salons und Cabinets verteilt und außerdem kleine Lager von Zelten, aus weiß und rosa Musselin angebracht, die sich in dem Smaragdgrün des Pleasuregrounds herrlich ausnahmen.

Abends folgte, wie gewöhnlich, eine Illumination, größtenteils nur mit einzelnen Lampen kunstreich in den Bäumen und Büschen verborgen, gleich so viel glühenden Früchten und Johanniswürmchen, die Liebenden und die Einsamen anzulocken. Aber auch diejenigen, welche Geräusch den stillen Freuden vorziehen, fanden Befriedigung. Hier tanzte in einem weiten Zelte, zu dem ein Weg von glänzend erhellten Bögen aus Rosengirlanden führte, ein großer Teil der Gesellschaft, dort erschallte ein vortreffliches Konzert, ausgeführt von den besten Virtuosen und Sängern der italienischen Oper. Auch italienisches Wetter begünstigte glücklicherweise vom Anfang bis zum Ende dieses Fest, welches der kleinste neckende Geist der Atmosphäre hätte vernichten können. In England war das ganze Unternehmen daher wohl ein Wagstück zu nennen, und doch findet man gerade diese Art Feten hier häufiger und schöner als irgendwo, wie der unfruchtbarste Boden oft der kultivierteste ist.

Ich habe mich nun so eingerichtet, daß ich in spätestens vier Wochen England verlassen kann, um eine Reise von etwas längerer Dauer nach Wales und besonders nach Irland zu machen, welches letztere nach so vielem, was ich davon höre, weit mehr Interesse wie Schottland bei mir erregt. Doch tut es mir leid, daß Krankheit zuerst und die Zerstreuungen der Hauptstadt nachher mich um den Anblick jenes Landes gebracht haben. Es ist eine Vernachlässigung, die ich in mein Sündenbuch mit aufnehmen muß, das leider so viele dergleichen enthält, unter dem Artikel: Indolenz – ein abscheulicher Feind der Menschen! Gewiß hatte jener französische Marschall recht, der zu Ludwig XIV. für Parvenüs so ungünstigen Zeit sich dennoch vom gemeinen Soldaten bis zu der höchsten Würde seines Standes emporschwang, als er einigen Freunden, die ihn fragten, wie ihm dies möglich geworden, antwortete: »Nur dadurch, daß ich *nie bis morgen aufschob, was ich heute tun konnte.*« Fast in dasselbe Kapitel gehört die Unentschlossenheit, auch ein Erbfeind so vieler Menschen, die ein noch berühmterer Marschall, Suworow, so sehr haßte, daß er, in der Übertreibung seines Charakters, denen sogleich seine Gunst entzog, die ihm je auf eine Frage erwiderten: »Ich weiß nicht.«

Non mi ricordo, geht schon eher an, und meinen Grundsätzen gemäß wende ich dies besonders auf alle besagten Sünden an, wenn sie einmal geschehen sind. Man muß es sich täglich wiederholen: die Vergangenheit ist tot, nur die Zukunft lebt.

Möge sie uns, meine geliebte Julie, immer günstig erscheinen.

Dein treuer L...

24 Vierundzwanzigster Brief

Cobham Hall, den 30. Juni

Geliebte Freundin!

Nachdem ich meinen Brief an Dich abgeschickt hatte und dann mit einigen Damen eine Landpartie gemacht, fuhr ich auf eine Assemblée beim Herzog von Clarence, wo diesmal ein solches echt englisches Gedränge war, daß es mir, wie vielen andern, durchaus nicht gelang, hereinzukommen, und wir nach einer halben Stunde unverrichtetersache wieder abziehen mußten, um uns auf einem andern Balle zu entschädigen. Die Masse im ersten Zimmer wurde so zusammengepreßt, daß mehrere Herren ihre Hüte aufsetzten, um nur besser mit den Armen arbeiten zu können. Mit Juwelen bedeckte Damen wurden förmlich niedergeboxt und fielen oder standen vielmehr in Ohnmacht. Schreien, stöhnen, fluchen und seufzen waren die einzigen Töne, die man vernahm. Einige nur lachten, und so unmenschlich es war, muß ich mich doch anklagen, selbst unter diesen letztern gewesen zu sein, denn es war doch gar zu spaßhaft, so etwas Gesellschaft nennen zu hören. In der Tat hatte ich es aber auch so arg bisher noch nicht erlebt.

Früh am andern Morgen ritt ich nach C... Hall, um einige Tage dort zuzubringen, auf eine Einladung zu Lord D...s Geburtstag, der heute ländlich und anspruchslos gefeiert wurde. Die Familie befand sich, außer mir, ganz allein noch durch den ältesten Sohn mit seiner schönen und lieblichen Frau vermehrt, welche gewöhnlich in Irland residieren. Häuslichkeit war überall an der Tagesordnung. Man aß früh, um gegen Abend dem Souper im Freien beiwohnen zu können, welches Lord D... allen seinen Lohnarbeitern gab, ohngefähr hundert an der Zahl. Es ging dabei höchst anständig zu. Wir saßen im Pleasureground am eisernen Zaun, und auf der gemähten Wiese waren die Tische für die Leute gedeckt. Erst bekamen ohngefähr fünfzig junge Mädchen aus der Lancasterschen Schule, die Lady D... im Park gestiftet, Tee und Kuchen. Alle waren egal angezogen, und mitunter recht hübsch, Kinder von sechs bis vierzehn Jahren. Nach diesen erschienen die Arbeiter und setzten sich an eine lange Tafel, die reichlich mit ungeheuern Schüsseln voll Braten, Gemüse und Pudding besetzt war. Jeder brachte sein Besteck und seinen irdenen Becher selbst mit. Die Diener des Hauses legten vor, machten überhaupt die Honneurs und schenkten das Bier aus großen Gartengießkannen ein. Die Musikanten des Dorfes musizierten dazu, und zwar weit besser als die unsrigen, waren auch weit besser angezogen, dagegen die Arbeiter nicht so gut und reinlich aussahen als unsre Wenden in ihrer Sonntagstracht. Es waren durchaus nur diejenigen Bewohner des Dorfs und der Umgegend eingeladen, die fortwährend für Lord D... arbeiten, sonst niemand. Die Gesundheiten aller Mitglieder der Familie des Lords wurden mit neunmaligem Hurrageschrei sehr förmlich getrunken, worauf unser alter Kutscher Child (jetzt in Lord D...s Dienst), der eine Art englischer Improvisatore ist, mitten auf den Tisch stieg und eine höchst possierliche Rede in Versen an die Gesellschaft hielt, in der auch ich vorkam, und zwar indem er mir wünschte

> to have always plenty of gold and never to become old
> (immer genug Geld zu haben und nie alt zu werden),

was der doppelten Unmöglichkeit wegen fast satirisch klang.

Während dieser ganzen Zeit und bis es dunkel ward, tanzten und hüpften die kleinen Mädchen unter sich mit großer Gravität auf dem Rasen, ohne irgendeinen Zusammenhang, wie Marionetten, rastlos umher, die Musik mochte schweigen oder spielen. Unsere Gesellschaft im Pleasureground ward endlich auch von dieser Tanzlust angesteckt und ich selbst gezwungen, mein deshalbiges Gelübde zu brechen, was ich meiner Tänzerin, der sechzigjährigen Lady D..., ohnmöglich abschlagen konnte.

den 4. Juli

Lange habe ich mich nicht so gut amüsiert als hier. Am Tage mache ich in der schönen Gegend Exkursionen oder fahre in Lady D...s Phaeton und Einspänner ohne Weg und Steg in den Wiesen und dem Hochwalde des Parks umher, und auch abends nehme ich, wie jeder, nicht mehr teil an der Gesellschaft, als mir gefällt. Gestern saßen wir so alle (neun Personen) wohl ein paar Stunden lang nach dem Essen in der Bibliothek gemeinschaftlich zusammen und lasen, jeder aber, versteht sich, sein eignes Buch, ohne daß ein einziges Wort die Lektüre unterbrochen hätte, über welches peripatetische Stillschweigen wir doch zuletzt selbst lachen mußten, eingedenk des Engländers, welcher in Paris behauptete, que parler c'était gâter la conversation.

Nachdem ich am ersten Tage die erwähnte Lancastersche Schule besichtigt hatte, wo eine einzige Person sechzig Mädchen unterrichtet, die aus der Umgegend, soweit sie dem Lord gehört, täglich auf vier Stunden hierherkommen, ritt ich nach Rochester, um die Ruinen des dortigen alten Schlosses zu besehen, ein schöner Überrest des Altertums. Was nicht mit Gewalt zerstört wurde, steht noch felsenfest seit Wilhelm des Eroberers Zeiten, also mehr als achthundert Jahre. Besonders schön sind die Überreste des Eßsaals mit kolossalen Säulen, verbunden durch reich verzierte sächsische Bogen. Die Steinornamente wurden alle in der Normandie gearbeitet und zu Wasser hergesandt. Ich erstieg die höchste Spitze der Ruine, wo ich eine herrliche Aussicht fand auf die Vereinigung der beiden Flüsse Medway und Themse, die Städte Rochester und Chatham nebst den dock-yards in der letzten und einer reich bebauten Umgegend.

Zum Diner bekam unsere Gesellschaft einen Zuwachs durch Mr. und Mrs. P..., Mr. M... und einen Neffen Lord D...s; Mrs. P... erzählte eine gute Anekdote vom Schauspieler Kemble. Auf einer seiner Kunstreisen in der Provinz spielte dieser in einem Stück, worin ein Kamel vorkömmt. Er sprach deshalb mit dem Dekorateur und äußerte: daß gerade, wie er heute gesehen, ein Kamel in der Stadt sei – der Dekorateur möge sich es daher ansehen, um sein artifizielles Tier demselben so ähnlich als möglich zu machen. Der Mann schien hierüber sehr verdrießlich und erwiderte: es täte ihm leid, daß die Herren von London glaubten, in der Provinz sei man so gar unwissend; was ihn beträfe, so schmeichle er sich, ohne weitere Inspektion, heut abend ein natürlicheres Kamel herzustellen, als irgendwo eins in der Stadt umhergehen könne.

Am folgenden Tage wurde abermals, und zwar diesmal in Gesellschaft der Damen, ausgeritten und später, nach dem Luncheon, eine Wasserfahrt auf Lord D...s eleganter Yacht gemacht. Bis zur Themse fuhr ich die Gesellschaft four in hand, was ich in der letzten Zeit so wenig geübt habe, daß an einem Kreuzwege meine leaders (Vorderpferde) mit ihren Köpfen wider meinen Willen in das Innere einer quer vorbeieilenden Diligence gerieten und dadurch in beiden Wagen, sowohl vor als hinter mir, einige Schreie des Schreckens hervorriefen, was den alten Child, der mich als seinen Schüler ansieht, sehr entrüstete.

An einem Tage verlor ich so, wie der große Korse, all meinen Ruhm in der großen Kunst, die Zügel zu führen, die man vom Throne regieren, vom Bocke fahren nennt. Ich mußte daher auch den letzteren abdizieren, weil die Damen behaupteten, daß ihr Leben, während ich diesen Platz einnähme, in zu großer Gefahr schwebte.

Dies verdroß mich so sehr, daß ich, auf der Yacht angekommen, sogleich die Strickleitern hinaufkletterte und im Mastkorbe blieb, wo ich, von einem lauen Zephir gefächelt, gemächlich die stets sich ändernde Aussicht bewundern und über meinen tiefen Sturz philosophieren konnte.

den 5.

Nachdem ich heute noch fleißig geholfen, einige neue Prospekte im Gebüsch auszuhauen, woran wir alle Hand legten, und einen Weg im Park angegeben hatte, dem man die Ehre antun will, ihn nach mir zu benennen, nahm ich herzlichen Abschied von dieser vortrefflichen Familie, die den Vornehmen jedes Landes zum Muster dienen könnte,

COBHAM HALL

T.H. Shepherd del.t

und kehrte, versehen mit mehreren Empfehlungsbriefen für Irland, nach London zurück.

den 10.

Es ist mir um so lieber, daß ich auf meiner Abreise von hier begriffen bin, da mir eben noch etwas ebenso Unangenehmes als Unerwartetes begegnet ist, was mich in dem Augenblick mehr en vue setzt, als mir lieb ist.

Schon einmal, glaube ich, schrieb ich Dir von einer Nichte Napoleons, die ich zum erstenmal beim Herzog von Devonshire sah, wo sie sich eben sehr eifrig mit H. Brougham unterhielt, als ich ihr bekannt gemacht wurde. Sie ist schön gewachsen, hat außerordentlich brillante Farben, Napoleons antike Nase, große ausdrucksvolle Augen und alle französische Lebhaftigkeit, als Zugabe noch mit italienischem Feuer gemischt. Dabei etwas Exzentrisches in ihrem ganzen Wesen, was ich wohl liebe, wenn es Natur ist, obgleich ich offen bekennen muß, daß es mir hier nicht ganz frei von Absicht und Angewöhnung schien. Indessen ihr Name imponierte mir. Du kennst meine Ehrfurcht vor dem erhabnen Kaiser, jenem zweiten Prometheus, den Europa an einen Felsen jenseits der Linie schmiedete, jenem Riesen, welchen eine Million Pygmäen endlich zu ihrem Nachteil erschlugen, *weil sie nicht Kraft genug hatten, diesen mächtigen Geist zu zähmen, daß er ihnen Dienst geleistet hätte.*

Hauptsächlich um von ihm zu sprechen, ging ich also fleißig zu ihr und kultivierte die Bekanntschaft der etwas männlich schönen Frau mehr, als ich sonst getan hätte, nicht, weil sie wenig Mode war, sondern weil diese Art weiblicher Charaktere und Reize überhaupt keineswegs diejenigen sind, welche ich vorziehe.

Unterdes waren wir ziemlich bekannt miteinander geworden, als sie nach Irland abreiste und ich ihrer nicht weiter gedachte.

Vor einigen Wochen kam sie wieder hier an, von ihrem Manne, einem Engländer, geschieden, den sie, exzentrisch genug, nur deshalb geheiratet hatte, um mit ihm nach Helena gehen zu können, was später dennoch vereitelt ward.

Ihr französisches Wesen und ihre lebhafte Unterhaltung, nebst allen diesen Details, zogen mich von neuem an, und ich sah sie noch öfter als früher. Vorige Woche trug sie mir auf, ihr ein Billet zu einem déjeuner champêtre im Garten der Horticultural Society zu verschaffen, über welches Fest auch Lady Patronesses gesetzt worden sind. Als ich das Billet brachte, verlangte sie, ich solle sie begleiten. Ganz gutmütig erwiderte ich, daß hier, wo die Gesellschaft so kleinstädtisch sei, leicht ein Gerede darüber entstehen könne und wir morgen vor einem Zeitungsartikel nicht sicher wären, wenn wir diesen Ort allein miteinander besuchten. Statt der Antwort brach sie in Tränen aus und sagte, es tue nichts, denn ihr wäre alles ohnehin jetzt einerlei, da sie morgen nicht mehr auf dieser Welt sein würde. – Dabei zog sie ein Fläschchen Opium oder Blausäure aus ihrem Busen und versicherte, daß sie diese noch vor Nacht auszuleeren entschlossen sei, bis dahin aber sich betäuben wolle, so gut es gehe.

Ich war nicht wenig erstaunt über ein so unerwartetes Propos, suchte indes die schluchzende Schöne, so gut ich konnte, zu beruhigen, warf das Giftfläschchen zum Fenster hinaus und äußerte die Hoffnung, daß die heitre Fete, die Gesellschaft, die freie Luft, der Beifall, den ihre hübsche Toilette einernten müsse, gewiß dieser törichten, aufgeregten Stimmung schnell Herr werden würden.

Obgleich ich ihre näheren Verhältnisse nicht kannte, so war doch nicht schwer zu erraten, daß eine unglückliche Liebe im Spiel sein mußte, der einzige Grund, aus welchem Weiber sich das Leben zu nehmen pflegen, und da ich ähnlichen Schmerz auch in *meinem* Leben empfunden habe, so gestehe ich, daß sie mir sehr leid tat und ich ihre Äußerungen, wenn auch übertrieben, doch nicht ganz für leere Affektation hielt.

Unterdessen war mein Wagen gekommen, und wir stiegen ein, indem sie nochmals wiederholte, sie dränge sich bloß zu dieser Zerstreuung, weil sie die Marter der Einsamkeit nicht länger zu ertragen vermöge.

Während der Fahrt kam es denn zu einer vollständigen Confidence, die ich übergehe, denn es war das alte Lied von Liebesleiden und Freuden, was der Mensch ebensosicher in jeder Generation wieder singt als die Nachtigall und Zeisig die ihrigen.

Während ich meiner schönen Freundin möglichst Trost einsprach, konnte ich mich nicht enthalten, innerlich Betrachtungen anzustellen, wie sonderbar das Schicksal spiele und wie noch viel sonderbarer es von uns selbst gehandhabt und beurteilt werde. Neben mir saß die Nichte Napoleons! des einstigen Herrn fast der ganzen zivilisierten Welt, eine Frau, deren Onkel und Tanten alle noch vor kaum vergangener Zeit auf den ältesten Thronen Europas saßen, während sie jetzt durch die ungeheuersten Ereignisse in die Klasse der gewöhnlichen Gesellschaft herabgeworfen worden sind – und das alles hat dennoch nicht den geringsten Eindruck mehr auf das neben mir sitzende Individuum gemacht, keinen Schmerz bei ihr zurückgelassen, aber die Untreue eines albernen englischen Dandys erregt ihre Verzweiflung und bringt sie zu dem Entschluß, seinetwillen ihr Leben zu enden!!! Mit einer wahren Indignation rief ich ihr zu, daran zu denken, wem sie angehöre, und an das erhabne Beispiel von Ertragen des Lebens in *wahrem* Unglück, das ihr großer Oheim ihr und der Welt gegeben. Echt weiblich aber gab sie gar nichts auf diese Tirade und erwiderte: »Ach wenn ich jetzt die Wahl hätte, j'aimerais cent fois mieux être la maîtresse heureuse de mon amant que Reine d'Angleterre et des Indes.«

Bei alledem schien die Fete und die Gesellschaft sowie einige Gläser Champagner beim Frühstück, die ich ihr einnötigte, ihre Verzweiflung bedeutend zu mildern, und ich brachte sie um sechs Uhr zurück (ziemlich sicher, daß keine zweite Opiumflasche geholt werden würde), um meine Toilette zu einem großen Diner bei unserm Gesandten zu machen, das ich nicht versäumen wollte.

Denke Dir nun meinen wirklich nicht geringen Schreck, als mir einige Tage darauf R... mit seinem gut angenommenen englischen Phlegma erzählt: »Heute früh hat sich die W... im Serpentine River ersäuft, ist nachher von einem vorbeigehenden Bedienten herausgefischt und, schon mehrere Stunden, ehe unsereins aufsteht, unter großem Volkszulauf nach ihrer Wohnung zurückgebracht worden.« – »Mein Gott, ist sie tot?« rief ich. »Ich glaube nicht«, erwiderte R..., »sie soll, wenn ich recht hörte, wieder zu sich gekommen sein.«

Ich eilte sogleich nach ihrer Wohnung, fand aber alle Läden verschlossen, und der Diener äußerte, daß niemand außer dem Arzte vorgelassen würde, die Herrschaft sei tödlich krank.

Das heißt doch, die Narrheit ein wenig zu weit treiben, dachte ich bei mir selbst, und diese ihrem unsterblichen Verwandten so schlecht nachahmende Nichte illustriert recht die Wahrheit: wieviel leichter und schwächer es sei, ein unerträgliches Leid durch Selbstmord abzuwerfen, als es kühn bis zum letzten Atemzug zu tragen!

Doch fühlte ich lebhaftes Bedauern mit der armen Frau und freute mich fast, daß meine nahe Abreise mir das Wiedersehen derselben, nach einer solchen Katastrophe, erspare, da ich ihr weder helfen noch ihr Benehmen billigen konnte. Wie sie gestern die Horticulturale Gardens, besuchte auch ich heute, nämlich bloß um mich von diesen unangenehmen Eindrücken zu zerstreuen, eine große Gesellschaft bei der Marquise H... Kaum war ich durch einige Zimmer gegangen, als ich dem Herzog von C... in den Wurf kam, einem Prinzen, der, obgleich er sich nicht pikiert, ein Liberaler zu sein, doch die Öffentlichkeit sehr liebt.

Kaum wurde er mich ansichtig, als er mir schon von weitem zurief: »O P..., was zum T... haben Sie für Streiche gemacht? Es steht schon in den Zeitungen, daß sich die W... Ihretwegen ersäuft hat.« – »Meinetwegen, E... K... H...? was für ein Märchen!« – »Leugnen Sie es nur nicht, ich sah Sie ja selbst solus cum sola mit ihr im Wagen – alle Welt ist davon unterrichtet, und ich habe es auch schon nach B... an den K... geschrieben.« – »Nun, diese fremde Sünde auf mein Konto fehlte mir noch«, erwiderte ich verdrießlich. »Übrigens wissen Sie, daß dem Napoleonischen Geschlechte nur die *Engländer* verhängnisvoll sind. Der Höchste desselben hat der ganzen Nation die Schmach seines Todes zum ewigen Vermächtnis hinterlassen, seine arme Nichte wird wohl nur einen einzigen englischen Dandy den unterirdischen Mächten weihen; aber da die Nemesis, in der Weltgeschichte wie in den kleinen Lebensverhältnissen, nie ausbleibt, so ist es wohl möglich, daß einst noch ein Bonaparte des kaiserlichen Ahnherrn schmähliches Ende an der Nation rächt und sich auch vielleicht einmal ein englischer Dandy in Paris der schönen Augen einer Nachkommin Napoleons wegen erschießt. Wir Deutsche begnügen uns, jenen Helden und sein Geschlecht in jeder Hinsicht nur von weitem zu bewundern, denn gleich der Sonne tat es einst in der Mittagshitze nicht gut, zu nahe seinem Glanz zu wohnen, und heut ist das Gestirn untergegangen.«*

Damit empfahl ich mich und gab, zu Hause angekommen, sogleich Befehl zur Beschleunigung meiner Abreise. Hoffentlich werde ich imstande sein, morgen schon meinen Zug in entferntere, freiere Gegenden zu beginnen, und sobald soll kein städtisches, eingepferchtes Leben mir wieder nahen!

Irgendwo sagt Lord Byron von sich: seine Seele habe nur in der Einsamkeit ihren vollen freien Wirkungskreis gehabt. Diese Wahrheit paßt auch, sehe ich, auf geringere Leute, denn mir geht es nicht anders. In der lästigen Gesellschaft fühle ich die Seele stets nur halb, und schrecklich ist mir schon der Gedanke: jetzt sollst du, womöglich, aimable sein! Dagegen bin ich, wie Du weißt, eben in der Einsamkeit am wenigsten allein, und am seltensten entbehre ich dort, meine teure Freundin, *Deiner* Gesellschaft.

Bist Du auch noch so fern, so umschwebt doch mein Geist Dein Wachen wie Deine Träume, und über Meer und Berge hin empfindet mein Herz den liebenden Pulsschlag des Deinen.

L . . .

* *Wir hätten Bedenken tragen können, das Vorhergehende im Texte stehenzulassen, wenn das Wesentliche der Begebenheit nicht schon, mit noch viel näheren, wenngleich zum Teil unrichtigen Details aus mehreren öffentlichen Blättern dem Publikum bekannt geworden wäre.*

Anmerkungen

5 *B...* – Bautzen.
que j'ai plus ... – (franz.) daß ich mehr von Ihrem Blut habe.
au hasard – (franz.) an irgendeiner Stelle.
»N'aimons jamais ...« – (franz.) »Wir sollten nie oder nur wenig lieben. / Eine große Liebe ist gefährlich!« [...] »Mir ist der Schmerz noch lieber als das Heilmittel, und ich ertrage lieber die Pein, Menschen zu verlassen, die ich liebe, als sie mäßig zu lieben.«
6 *Vous avez sans doute ...* – (franz.) Sie haben gewiß alle möglichen bitteren Gedanken ausgebrütet, so wie ich.
maladie imaginaire – (franz.) eingebildete Krankheit.
7 *in glücklicheren Verhältnissen* – Die Reise nach England galt der Suche nach der reichen Surrogatfrau; Pückler hatte sich daher von seiner Frau scheiden lassen, ohne sich von ihr zu trennen.
8 *im Lande der Brobdingnags* – In Jonathan Swifts »Gullivers Reisen« ist es das Land der Riesen.
Roßbachs Felder – In einem Überraschungsangriff besiegten hier am 5. November 1757 die Preußen unter Friedrich II. die französischen Truppen und die Reichsarmee.
edler Fürst – Karl August; er veranlaßte Goethes Berufung nach Weimar.
mein alter Chef – Pückler nahm nach der Schlacht bei Leipzig als Generaladjutant des Großherzogs Karl August und Verbindungsoffizier zum Zaren an den Feldzügen gegen Napoleon teil.
9 *Schiller ausgegraben* – Schiller war am 12. Mai 1805 in Weimar auf dem alten Friedhof der St. Jakobskirche im sogenannten Landschaftskassengewölbe beigesetzt worden; am 16. Dezember 1827 wurde er dann in die Fürstengruft zu Weimar umgebettet.
Truten – Truthühner.
en costume – (franz.) in Amtstracht.
10 *König von Bayern* – Maximilian I. Joseph.
cheval de bataille – (franz.) Streitroß.
Luftballonfahrt – 1816 hatte Pückler mit dem Luftschiffer Reichard in Berlin eine sensationelle Ballonfahrt unternommen.
Herzog Bernhards Erzählungen – Heinrich Luden veröffentlichte 1828 die Tagebuchaufzeichnungen des Herzogs Karl Bernhard, die er während seiner Reise durch Nordamerika 1825/26 geschrieben hatte.
Frau Großherzogin – Luise Auguste.
»Le Baron de J...« – (franz.) Baron von J..., um den seligen Herrn Hauptmann von M... vorzustellen, ehemals im Dienste mehrerer Mitglieder des Rheinbundes.
23 *stattete ich Goethe meinen Besuch ab* – Bei Goethe ist nicht der 14., sondern der 15. September als Besuchstag angegeben.
M... – Muskau, die Standesherrschaft Pücklers.
façon de parler – (franz.) Redensart.

13 *Lenz* – Er folgte Goethe 1776 nach Weimar, mußte aber im gleichen Jahr die Stadt wieder verlassen.

15 *»Manfred«* – Byrons dramatisches Gedicht »Manfred« erschien 1817, der Erste Teil des »Faust« 1808.

Goethe ... öffentlich ausgesprochen – Zum Beispiel im Zweiten Teil des »Faust« in der Euphorion-Gestalt und in dem 1824 erschienenen Aufsatz »Goethes Beitrag zum Andenken Lord Byrons«.

Musik vom Fürsten Radziwill – Die Musik war 1819 in Radziwills Berliner Privataufführung zu hören.

Es ist doch schön ... – Im »Faust«, Prolog im Himmel, 352/53, heißt es: »Es ist gar hübsch von einem großen Herrn, / So menschlich mit dem Teufel selbst zu sprechen.«

Erbgroßherzog – Karl Friedrich.

Großfürstin – Maria Pawlowna.

Tod des Kaisers – Alexander I., Kaiser von Rußland.

16 *Königin von Württemberg* – Katharina Pawlowna.

Herr von G... – Vermutlich Georg Friedrich von Gerstenbergk; er war mit Johanna Schopenhauer befreundet.

Frau von G...e – Ottilie von Goethe.

Verfasser des »Granby« – Der dreibändige Roman von T. H. Lister erschien 1826 anonym in London.

17 *mal à propos* – (franz.) zur ungelegenen Zeit.

mein Freund Sp... – Vermutlich Karl Emil Freiherr Spiegel von und zu Pickelsheim.

18 *à la française* – (franz.) auf französische Art.

18 *tout de bon* – (franz.) ernstlich.

23 *point de vue* – (franz.) Aussichtspunkt.

24 *König* – Wilhelm I., König der Niederlande.

Pygmalions Zeiten – Pygmalion, nach der griechischen Sage König von Kypros, verliebte sich in eine von ihm selbst geschaffene Mädchenstatue; Aphrodite erweckte sie zum Leben, und Pygmalion nahm sie zur Frau.

25 *Adieu, canards ...* – (franz.) Lebt wohl, ihr Enten, Kanäle, Kanaillen!

En attendant – (franz.) Inzwischen.

26 *seit ich England ... verließ* – Pückler hatte 1814 von Frankreich aus England besucht, 1815 kehrte er nach Muskau zurück.

Bad von M... – Um das Eisenwasser des Alaunbergwerks und das Moor südlich von Muskau zur Verbesserung seiner Einkünfte zu nutzen, hatte Pückler 1823 das »Hermannsbad« bauen lassen; die Badegebäude entstanden nach Plänen Schinkels.

evergreen woods – (engl.) immergrüne Wälder.

29 *»Comment, comment ...«* – (franz.) »Wie, Sie haben nicht schlafen können? Ich ausgezeichnet, sehr bequem, ich lag ganz warm zwischen zwei Matrosen, und ich fühle mich wunderbar!« – »Madame [...], man versteht, daß Sie das Meer nicht fürchten.«

30 *West End of the town* – (engl.) West End (vornehmes Viertel in London) der Stadt.

beau monde – (franz.) elegante Welt.

Landes – französisches Departement.

Herr Nash – John Nash.

König – Georg IV.

31 *point de vue* – (franz.) Aussichtspunkt.

National taste – (engl.) Staatsprobe.

33 *plat de ménage* – (franz.) Tafelaufsatz für Gewürze.

34 *warranted sound* – (engl.) garantiert gesund.

35 *Metternich-Johannisberger* – Das Schloß Johannisberg mit den berühmten Weinbergen kam 1816 in den Besitz Metternichs.

Palmyra – Ortschaft und Oase in der nördlichen Syrischen Wüste.

shrubs – (engl.) Gebüsch.

36 *M...* – Muskau.

39 *Einnahme Hamburgs* – Tettenborn zog im Kampf gegen die Napoleonischen Truppen am 18. März 1813 in Hamburg ein.

Lloyd's Coffeehouse – Der Name geht auf Edward Lloyd zurück, in dessen Kaffeehaus in der Towerstreet sich Ende des 17., Anfang des 18. Jahrhunderts Geschäftsleute trafen, um Handels- und Schiffahrtsnachrichten auszutauschen und Geschäfte abzuschließen; 1774, nachdem die Seeversicherer sich zu einer eigenen Gesellschaft zusammengeschlossen hatten, verlegten sie ihren Geschäftssitz in die Börse, behielten aber den Namen bei.

40 *nil admirari* – (lat.) nichts anzustaunen; Ausspruch von Horaz, Epistulae I, 6, 1.

43 *cum dignitate* – (lat.) mit Würde.

44 *Royal Exchange* – Königliche Börse.

Exeter Change – Tierausstellung.

verstorbene König – Friedrich II. Wilhelm Karl.

St. James – St. James's Palace war von 1698 bis 1837 die Residenz der britischen Könige.

Downing Street – Straße mit dem Außen- und Finanzministerium.

Montagu – Englische Adelsfamilie, deren Name bis auf die Zeit Wilhelms des Eroberers zurückgeht; Shakespeare versetzt sie in »Romeo und Julia« nach Verona.

45 *unversöhnliche Ahnfrau* – Anspielung auf Grillparzers Drama »Die Ahnfrau« (1817).

46 *Strand* – Große Straße im Westen Londons.

»Frankenstein« – Nach dem Roman von Mary Wollstonecraft Shelley, 1818.

»Vampir« – »Le Vampire« (1820), Melodram in drei Akten von P. F. A. Carmouche, A. de Jouffroy und C. Nodier.

Byron … zugeschriebene Erzählung – Der Verfasser der Gruselgeschichte »The Vampire. A Tale« (1819) war Byrons Freund und Arzt William Polidori; in deutscher Übersetzung erschien sie (1819) unter dem Titel »Der Vampir. Eine Erzählung aus dem Englischen des Lord Byron. Nebst einer Schilderung seines Aufenthaltes auf der Insel Mythelene«.

Hampton Court – Bis zur Zeit Georgs II. königliche Residenz.

sein verräterischer Herr – Als Wolsey die Ehescheidung Heinrichs VIII. von Katharina von Aragonien beim Papst nicht durchsetzen konnte, wurde er 1529 entlassen und als Hochverräter angeklagt.

49 *camp d'or* – (franz.) goldenes Feldbett.

50 *Elgin Marbles* – Griechische Marmorwerke, die Lord Thomas Elgin hauptsächlich in Athen sammelte und die nach anfänglicher Ablehnung 1816 für das Britische Museum erworben wurden; berühmteste Stücke sind die Giebelskulpturen und Friesplatten, die Elgin vom Parthenon abnehmen ließ.

déclamation à part – (franz.) Vortrag für sich.

Portlandvase – Kleines Gefäß mit aufgelegten Reliefdarstellungen, das im 17. Jahrhundert in Rom in einem Sarkophag gefunden wurde und ehemals im Besitz der Herzogin von Portland war.

52 *Tattersall* – Unternehmen für alles, was mit Pferden in Verbindung steht; benannt nach Lord Tattersall (gest. 1795), der 1777 in London diese Einrichtung gründete.

53 *in training* – (engl.) in Vorbereitung.

mais tel était … – (franz.) aber das war sein Pläsier.

the betting-post – (engl.) der Zielpfahl (an dem Wetten abgeschlossen werden).

54 *bonne mine à mauvais jeu* – (franz.) gute Miene zum bösen Spiel machen.

Voilà les courses … – (franz.) Das also sind die Pferderennen von Newmarket.

55 *Parkentrance* – entrance (engl.): Eingang.

shrubberies – (engl.) Sträucher.

56 *She is a great friend …* – (engl.) Sie ist eine große Freundin von mir.

57 *plenty* – (engl.) Überfluß.

à peu de chose près – (franz.) beinahe.

relevés – (franz.) neue oder auf einen anderen folgende Gänge.

59 *Après cela* – (franz.) Danach.

Such is the custom … – (engl.) So ist die Sitte in Branksomehall.

59 *À tout prendre* – (franz.) Alles in allem.
esprit fort – (franz.) Freigeist.
61 *Maiden Queen* – (engl.) Jungfräuliche Königin; Beiname der Königin Elisabeth.
64 *canon* – (franz.) Erbzins.
66 *chronique scandaleuse* – (franz.) Klatschgeschichte.
Sandomir – Polnische Stadt, deren Namen Pückler auf Berlin überträgt, vermutlich wegen des sandigen Bodens, auf dem Berlin liegt.
se demandant partout ... – (franz.) überall sich fragend: haben Sie die Briefe eines Verstorbenen gelesen? – gerieten alle außer sich.
67 *Peregrine Pickles* – Titelfigur des Romans »Adventures of Peregrine Pickle« (1751) von Tobias George Smollett.
United Service-Club – (engl.) Vereinigtes Militärkasino.
70 *Marschall von Richelieu* – Louis François Armand du Plessis, Herzog von Richelieu.
crime – (engl.) Verbrechen.
73 *half-pay* – (engl.) auf halbem Sold stehend.
74 *ihr gefährlichster Feind* – Napoleon hatte 1806 durch die Kontinentalsperre Großbritannien vom europäischen Markt abzuschneiden versucht.
coup fourré – (franz.) Atempohieb; hinterlistige Vergeltung.
75 *Lord W... L...* – Die Heirat Anne Patons mit Lord William Lennox hatte großes Aufsehen erregt.
76 *comme si de rien ...* – (franz.) als ob nichts vorgefallen wäre.
77 *Kingsbench* – Schuldgefängnis.
78 *Pulcinella* – (ital.) Hähnchen; Charaktermaske eines listigen gefräßigen Dieners in der Commedia dell'arte.
79 *et ne doute jamais de rien* – (franz.) und zweifelt nie an etwas.
80 *mauvais pas* – (franz.) böser Handel; Klemme.
Falstaff – Gewandter Schalk von tiefer Lebenskenntnis, den Shakespeare in »König Heinrich IV.« und in »Die lustigen Weiber von Windsor« gezeichnet hat.
80 *Malbrough s'en va-t-en guerre* – (franz.) Malbrough zieht in den Krieg.
bonne chère – (franz.) gute Küche.
81 *Scaramuz* – Charaktermaske eines Aufschneiders in der Commedia dell'arte.
82 *la pace die Marcolfa* – (ital.) der Friede von Marcolfo.
in dem alten Roman – »Bertoldo«, italienischer Roman von G. C. Croce (1736).
86 *in propria persona* – (lat.) in eigener Person.
Ah birbànti ... – (ital.) Laßt diesen ..., kommt her, hier ist der wahre Pulcinello.
87 *König* – Georg IV.
88 *Pechpflaster* – Hautreizmittel aus Fichtenharz, gelbem Wachs, Terpentin und Talg.
Bischoff – Sir Henry Rowley Bishop.
91 *Je n'y pouvais tenir* – (franz.) Ich konnte das nicht aushalten.
zweiten Orpheus – In der griechischen Mythologie ein berühmter Sänger und Musiker, dessen Lieder sogar Steine, Bäume und wilde Tiere rührten.
Fürst E... – Pál Antal Fürst von Esterházy.
à sa portée – (franz.) auf gleichem Fuß mit ihm.
un vrais Seigneur – (franz.) ein echter Seigneur.
92 *pour ne pas dire mesquinerie* – (franz.) um nicht zu sagen Knausrigkeit.
Vous ne trouverez pas ... – (franz.) Sie werden das Porträt nicht wiedererkennen [...], aber die Diamanten.
Amphitryon – Eigentlich Vater des Herkules, hier: Gastmahlgeber.
93 *Operation des Steinschnitts* – Blasensteinschnitt, wobei von außen die Harnblase geöffnet wird, um den Stein zu entfernen.
mine de doléance – (franz.) Leidensmiene.
im Falstaff – In Shakespeares »König Heinrich IV.«.
94 *»Ich kann nicht beten«* – »Hamlet«, III, 3, frei zitiert.

94 *Chemier* – Nach dem alten französischen Recht der männliche Erstgeborene, der Vorrechte gegenüber den Miterben genießt.

96 *visiting-book* – (engl.) Besuchsbuch.
tant bien que mal – (franz.) so gut als möglich.
Fürst Czartoryski – Vermutlich Adam Georg Czartoryski.
far niente – (ital.) nichts tun.

97 *et toutes les étoiles …* – (franz.) und alle Sterne würden vor dem meinen verblassen.
de l'ancien régime – (franz.) der alten Regierung. Gemeint ist die Zeit in Frankreich vor der Revolution von 1789.
»at home« – (engl.) zu Hause, Titel der Ein-Mann-Unterhaltung von Charles Mathews.

98 *le grand air* – (franz.) das feine Benehmen.
Pachter Feldkümmel – »Pachter Feldkümmel«, Lustspiel von August von Kotzebue (1811).

100 *Modesty and merit* – (engl.) Bescheidenheit und Lohn.
Duc d'Enghien – Louis Antoine Henri de Bourbon.
Treulosigkeiten in Spanien – Napoleon nutzte die Unruhen in Spanien 1806 gegen die Willkürherrschaft Godoys und erpreßte 1808, während seine Truppen bereits das mit ihm durch einen Vertrag verbündete Spanien besetzten, von Karl IV. und Ferdinand VII. den Verzicht auf die spanische Krone und ernannte seinen Bruder Joseph Bonaparte zum König von Spanien.

101 *Quand les ambassadeurs de tant' …* – (franz.) Als die Gesandten so vieler verschiedener Könige kamen, / Ihn im Namen des Universums anzuerkennen.
coups d'épée – (franz.) Degenstiche.
coups d'épingles – (franz.) Nadelstiche.
Je lègue l'opprobre … – (franz.) Ich vermache England die Schande meines Todes.
à sa portée – (franz.) in seiner Schußweite.
vis comica – (ital.) schauspielerisches Talent.

102 *Morning Post* – Seit 1772 in London erscheinende stark konservative Tageszeitung.
Lady Vain oder Foolish – vain (engl.): eitel, foolish (engl.): töricht.
Charlotte B… – Charlotte Suzanne Mary Bury.
Brownomanie – Wortspiel von brown (braun) und Brown, dem englischen Arzt John Brown.
Buchhändler C… – Archibald Constable.
Die portugiesischen Affären – Pedro I., Kaiser von Brasilien, trat 1826 Portugal an seine siebenjährige Tochter Maria II. da Gloria ab, die später seinen Bruder Dom Miguel heiraten sollte; ein Aufstand der klerikal-absolutistischen Opposition gegen diese Regentschaft wurde mit englischer Hilfe niedergeschlagen.

103 *Hastings in Malta gestorben* – Hastings starb in Bajä bei Neapel.
resurrection-men – (engl.) Leichendiebe. In den ersten Jahrzehnten des 19. Jahrhunderts wurden in England Leichen aus den Gräbern gestohlen, die dann an anatomische Institute verkauft wurden.
mein … Garteninspektor – Jakob Heinrich Rehder; Pückler ließ ihn im Dezember 1826 nach England kommen, um mit ihm die englischen Parkanlagen zu studieren.

104 *Goethes lieblicher Erdgeist* – In Goethes »Wilhelm Meisters Wanderjahre« wird in der Erzählung »Die neue Melusine« von einem Kästchen erzählt, in dem sich eine Zwergin aus dem Stamm des Königs Eckwald befindet, die sich immer wieder in ein schönes Mädchen verwandelt.
M… schen Details – Vermutlich Pläne für die Muskauer Gartenanlage.

105 *Kew* – Dorf in der Grafschaft Surrey mit botanischem Garten.

106 *Qui êtes-vous, Monsieur …* – (franz.) Wer sind Sie, Monsieur? was suchen Sie hier?

107 *à ses anciennes amours* – (franz.) zu seinen alten Lieben.
B… – Berlin.

107 *Alexander von Humboldts Anstellung* – Ende 1826 verfügte Friedrich Wilhelm III. die Rückkehr Humboldts von Paris nach Berlin.
des ... Königs Unglück – Friedrich Wilhelm III. hatte sich im Dezember 1826 ein Bein gebrochen.
108 *Le pire est ...* – (franz.) Das Schlimmste ist, daß ich für die Meinung und das Betragen anderer manchmal zu sehr und manchmal zu wenig empfänglich bin.
en attendant – (franz.) inzwischen.
Regent's Park – Park im Nordwesten von London mit zoologischem und botanischem Garten.
111 *nil admirari* – nichts anzustaunen. Vgl. auch die Anm. zu S. 40.
112 *Wedgwood* – Manufaktur, die von dem Schöpfer der englischen Tonwaren, Josiah Wedgwood (1730—1795), gegründet wurde.
oreilles de cochon ... – (franz.) Schweineohren à la Sainte-Menehould.
muffins – (franz.) Semmeln.
moutarde de maille – (franz.) Manioksenf.
Königin Antoinette – Marie Antoinette.
ihr Gemahl – Ludwig XVI.
114 *rosary* – (engl.) Rosengarten.
castellated style – (engl.) mit Türmchen und Zinnen versehener Baustil.
118 *bread-sauce* – (engl.) Soße aus geriebenem Brot.
de plein pied – (franz.) zu ebener Erde.
vom ersten Russell – John Russell.
120 *aviary* – (engl.) Vogelhaus.
chemin faisant – (franz.) unterwegs.
121 *conduits de chaleur* – (franz.) Heizungsrohre.
122 *Graf von Warwick* – Englischer Earlstitel, der mit dem Besitz von Warwick Castle verbunden war und 1268 auf die Familie Beauchamp, dann auf die Familien Neville und Greville überging.
122 *Sein Schloß* – Etwa 915 errichtet, wurde die Anlage bis ins 18. Jahrhundert durch Um- oder Anbauten verändert.
124 *Guys Turm* – Guy von Warwick, Figur der englischen Heldensage.
126 *Walter Scott beschreibt* – In »Kenilworth«.
französische ... Schränke – Wahrscheinlich die nach dem französischen Kunsttischler André Boule (1642—1732) benannten Boule-Möbel: Rokokomöbel mit Metalleinlagen.
127 *Refutation Voltaires* – Vermutlich ist der »Antimachiavell« Friedrichs II. gemeint, der 1740 Voltaire die Schrift zur Überarbeitung und Drucklegung gab.
Machiavells »Fürsten« – In »Il Principe« (1513 geschrieben, 1532 veröffentlicht) entwickelt Machiavelli seine Theorie einer absolutistischen Staatsform und das Idealbild eines skrupellosen Fürsten; nur unter diesen Voraussetzungen hielt er die Befreiung Italiens von französischer und spanischer Unterdrückung und die Herstellung einer nationalen Einheit Italiens für möglich.
par la grâce de Dieu – (franz.) von Gottes Gnaden.
128 *Anna Bullen* – Anna Boleyn.
131 *Maria von Schottland* – Maria Stuart.
der Schwarze Prinz – Eduard, Prinz von Wales.
132 *Schlacht von Lichfield* – 1642 kam es zum offenen Kampf zwischen Karl I. und dem Parlament, der mit dem Sieg der parlamentarischen Truppen und der Bildung der Republik 1649 endete.
133 *car il faut pourtant* – (franz.) denn ich muß davon doch auch etwas sagen.
R... – Jakob Heinrich Rehder.
134 *Einfall der Normannen* – 787 fielen erstmals dänische Normannen in England ein, daß 1016 – 1042 ganz unter dänische Herrschaft kam.
Gaveston – Er war ein Günstling Eduards II.
137 *W. Scotts ... Buch* – »Kenilworth« (1821).
138 *Bower* – (engl.) Landsitz.
141 *plate* – (engl.) mit Silber überzogenes Metall.

141 *ce n'est pas …* – (franz.) das ist nicht mein Geschäft.
Roman der Lady Morgan – Es handelt sich vermutlich um den 1827 erschienenen Roman »The O'Briens and the O'Flaherties«.
142 *Annalen des Berliner Gartenvereins* – Der Berliner Gartenbauverein veröffentlichte seine Beiträge in der »Allgemeinen Gartenzeitung« und in eigenen Publikationen.
Corps de logis – (franz.) Hauptgebäude.
143 *à tout prendre* – (franz.) alles in allem.
145 *Frühstück à la fourchette* – (franz.) Gabelfrühstück.
150 *sein Grab* – Shakespeares Grab ist in der Trinity Church in Stratford.
151 *exécutez-vous* – (franz.) beißen Sie in den sauren Apfel.
clumps – (engl.) Haufen.
155 *Walter Scotts neuester Roman* – »Woodstock«, 1826 in drei Bänden erschienen.
157 *Apollo von Belvedere* – Römische Nachbildung einer griechischen Statue aus dem 4. Jahrhundert v. u. Z., die wahrscheinlich ein Werk des Bildhauers Leochares war; galt Winckelmann und Goethe als das Ideal klassischer Schönheit.
petulance – (engl.) Launenhaftigkeit, Dreistigkeit.
Herzogin von Castlemaine – Sie hatte neben Karl II. noch einige Liebhaber, unter anderen den späteren Herzog von Marlborough, den Karl II. bei ihr entdeckte und den er, da er offensichtlich seiner Mätresse überdrüssig war, für dieses Verhältnis mit 5000 Pfund belohnte; der Vorfall weitete sich zum Skandal aus, als der Herzog von Marlborough sich weigerte, dieses Geld mit der Herzogin zu teilen.
Il est beau au feu – (franz.) Es ist schön im Feuer (am Herd).
158 *sogenanntes Theater* – Das Sheldonian Theater wurde von Christopher Wren im Auftrag des Erzbischofs Sheldon erbaut.
Blücher wurde … Doktor – Blücher erhielt 1814 den Doktor der Rechte.
158 *Bibelgesellschaft* – 1804 in London gegründeter Verein zur Herstellung und Verbreitung von Bibeln und Bibelteilen.
161 *»Der Katholik«* – 1821 in Mainz gegründete Zeitschrift »zur Belehrung, Warnung und Wehr gegen Angriffe auf die Kirche«.
Schlacht von Pavia – Am 24. Februar 1525 unterlag Franz I. von Frankreich hier dem Heer Kaiser Karls V.
Comen les gens … – (franz.) Wie die Kaiserlichen im Jahr 1525 die Franzosen besiegten.
162 *Maiden Queen* – Jungfräuliche Königin; Beiname der Königin Elisabeth.
167 *Darius* – Dareios III. Kodomannos.
mille pardons – (franz.) ich bitte tausendmal um Verzeihung.
168 *à tout prendre* – (franz.) alles in allem.
169 *Mais c'est à …* – (franz.) Aber morgen muß ich darauf zurückkommen.
170 *Louis l'inévetable …* – (franz.) Ludwig der Unvermeidliche und »zweimal neun«. Gemeint ist Ludwig XVIII.
172 *justaucorps à la Henri Quatre* – (franz.) Männerrock (eng anliegend) à la Heinrich IV.
en sautoir – (franz.) kreuzweise.
Geliebte Tizians – Das Bild der sogenannten Geliebten Tizians befindet sich im Louvre in Paris.
173 *Je l'ignore* – (franz.) Ich weiß es nicht.
174 *L…* – Lou, Kosename für Pückler.
tel le maître … – (franz.) wie der Herr, so 's Gescherr.
175 *l'esprit des escaliers* – (franz.) Treppenwitz; von Diderot geprägte Wendung.
Mais des qu'un Ambassadeur … – (franz.) Aber sobald ein Botschafter tot ist, kehrt er ins Privatleben zurück.
C… Hall – Cobham Hall, in der Grafschaft Kent.
176 *M…* – Muskau.
Lord M… – Vermutlich Robert Melville.

176 *Fausts Höllenzwang* – Gemeint ist das Volksbuch »Fausts Höllenzwang oder Der schwarze Rabe«.

177 *Hélas, ils sont passés* … – (franz.) Sie sind vorbei, des Festes Tage. Zitat aus der Oper »Le Tableau parlant« von André Ernest Modeste Grétry.

Défaite bei Aspern – Am 22. Mai 1809 erlitt Napoleon in diesem niederösterreichischen Dorf durch Erzherzog Karl seine erste schwere Niederlage.

O monde, o monde … – (franz.) O Welt, o Welt! […] du entgleitest mir.

toter Kopf … des Johannes – Nach dem Neuen Testament, Matthäus 14, verlangt Salome, von ihrer Mutter Herodias verleitet, von Herodes Antipas die Hinrichtung Johannes' des Täufers.

178 *la vie de château* – (franz.) Herrenleben.

de rigueur – (franz.) unbedingt erforderlich.

179 *Corpus juris* – (lat.) Gesetzessammlung.

Du haut et du bas – Sehr wechselvoll.

la petite bouche – (franz.) den Mund verziehen.

180 *Corn-bill* – Korngesetze von 1815, die die Getreideeinfuhr mit hohen Zöllen belasteten und katastrophale Auswirkungen auf die arme Bevölkerung hatten; 1846 wurden die Gesetze aufgehoben.

à mon aise – (franz.) behaglich.

183 *orientalischer Palast* – Georg IV. ließ sich von John Nash 1784 bis 1817 den Royal Pavillon in russisch-orientalischem Stil erbauen.

jetée – (franz.) Mole.

184 *Feldmarschall W*… – Vermutlich Ludwig Adolf Peter Sayn-Wittgenstein-Ludwigsburg; er wurde im Mai 1813 (damals noch General) in den Schlachten bei Groß-Görschen und Bautzen von Napoleon geschlagen.

bonne chère – (franz.) gute Küche.

Verbrennung von Persepolis – 332 v. u. Z. durch Alexander den Großen.

184 *Coups de griffes* – (franz.) Krallenkämpfe.

185 *les souvenirs* … – (franz.) Erinnerungen an die alte Regierung. Gemeint ist die Zeit in Frankreich vor der Revolution von 1789.

186 *Almacks* – Modebälle; nach Almack benannt, dem ersten Besitzer des Hauses, in dem jeden Mittwoch in London Bälle für die adlige Gesellschaft gegeben wurden.

ein Roman – 1827 erschien in England anonym der Roman »Almack«.

qui a écouté … – (franz.) der an den Türen gelauscht hat.

C'est bien vrai … – (franz.) Richtig […], in Neapel putzte mir ein Herzog die Stiefel, und in Petersburg rasierte mich jeden Morgen ein russischer Fürst.

un Prince russe … – (franz.) verprügelte mich jeden Morgen ein russischer Fürst.

187 *bel air* – (franz.) schickliches Benehmen.

Ostindische Compagnie – Vom 17. bis zum 19. Jahrhundert bestehende privilegierte Gesellschaften der europäischen Seemächte, die für den Handel mit Ostindien und Ostasien besondere Monopol- und Territorialrechte besaßen.

a foreign Prince – (engl.) ein ausländischer Fürst.

a rascal – (engl.) ein Schuft.

»May I help you …*«* – (engl.) »Kann ich Ihnen etwas Fisch geben?« […] »Mit großem Vergnügen.«

Quelle folie que la mode! – (franz.) Was für eine Tollheit ist die Mode!

188 *englische Aalheiten* – Alheid (Abkürzung für Adelheid) ist in Goethes »Reineke Fuchs« der Name einer Gans.

Ladyships – (engl.) Damen von Rang.

Il est vrai – (franz.) Zwar hat das Glück mich oft promenieren geschickt, aber tanzen – das ist zuviel!

191 *der König* – Friedrich Wilhelm III.

boot – (engl.) Stiefel.

191 *Königin* – Königin Luise.

192 *Sohn Walter Scotts* – Im Zweiten Brief der »Briefe aus Berlin« (1822) beschreibt Heinrich Heine ein Fest, auf dem der Sohn Walter Scotts in der schottischen Nationaltracht und eine Maskerade der Helden aus Scotts Romanen zu sehen waren.

... enfin parut ... – (franz.) ... schließlich erschien / Lord Ruthven und der junge Scott, / Der eine ohne Arsch, der andere ohne Hosen.

193 *ci-devant jeune homme* – (franz.) ehemals junger Mann.

extraordinairement collant – (franz.) außerordentlich eng.

Entendez-vous ... – (franz.) Hören Sie, außerordentlich eng, wenn ich hineinpasse, nehme ich ihn nicht.

Si j'y entre ... – (franz.) Wenn ich hineinpasse, gehe ich nicht hin.

mal gré bon gré – (franz.) wohl oder übel.

force Champagne – (franz.) viel Champagner.

194 *R...* – Jakob Heinrich Rehder.

197 *malgré lui* – (franz.) wider seinen Willen.

Dans ces temps-ci ... – (franz.) Um diese Zeit gibt es immer gefährliche Äquialstürme, die verhängnisvoll werden können!

le rat criminel – (franz.) die schuldige Ratte (Maus).

Renvoyé extraordinaire – (franz.) der außerordentlich Abservierte (im Gegensatz zu envoyé extraordinaire: Sonderbotschafter).

Diplomate à la fourchette – (franz.) Gabeldiplomat (analog zu Gabelfrühstück).

À merveille – (franz.) Wunderschön.

Naturam expellas furca – (lat.) Treibst du Natur mit dem Knüppel auch aus, sie kommt doch zurück stets. Zitat aus den Episteln 1, 10, von Horaz.

198 *Bürgers »Lenore«* – Bei Bürger heißt es: »Bist untreu, Wilhelm, oder tot?«

199 *To make the best ...* – (engl.) Um das Beste aus meiner Zeit zu machen.

199 *à s'y méprendre* – (franz.) zum Verwechseln.

202 *du bel air* – (franz.) von feinem Benehmen.

203 *D... House* – Haus des Herzogs von Devonshire.

204 *bonne chère* – (franz.) gute Küche.

officiers – (engl.) Diener.

Minervas Vogel – Minerva wird von der Eule als heiligem Tier begleitet.

Parrys Schiff – 1827 unternahm Parry seine fünfte Polarfahrt.

conduits de chaleur – (franz.) Heizungsrohre.

chefs d'œuvres – (franz.) Meisterwerke.

Horse Guards – (engl.) Englische Gardekavallerie.

mess – (engl.) Regimentstisch, Messe.

car les vieilles ... – (franz.) denn die Alten vor allem betrügen erbarmungslos.

fat, fair and forty – (engl.) dick, brav und vierzig.

206 *port* – (engl.) Anstand, Benehmen.

Lady L ... – Vermutlich Lady Emily Londonderry.

Kongreß zu Aachen – Es war der erste Kongreß der Heiligen Allianz, der von September bis November 1818 tagte und den Abzug der Besatzungstruppen aus Frankreich und die Verminderung der Kriegsentschädigung beschloß.

206 *Haarbeutel* – Im 18. Jahrhundert verwendetes schwarzseidenes Säckchen mit Bändern, in das die Nackenhaare zum Schutz des Rockes gegen Puder eingebunden wurden.

pazza per la musica – (ital.) verrückt nach Musik.

qui sent la bourgeoisie ... – (franz.) die auf dreißig Schritte nach Bourgeoisie riecht.

207 *dullness* – (engl.) Dummheit, Stumpfsinn.

abroad – (engl.) auswärts, außer Haus.

It's impossible Mad'm ... – (engl.) Das ist unmöglich, Madame, ich bin diesem Gentleman niemals vorgestellt worden.

Chargé d'affaires – (franz.) Geschäftsträger.

207 *mais c'est toujours ...* – (franz.) aber es ist immer dasselbe.
Tournai – Stadt in Belgien.
Daniel in der Löwengrube – Nach dem Alten Testament, Daniel 6, 27, wurde Daniel in die Löwengrube geworfen, weil er trotz Verbot des Mederkönigs Darius täglich zu Jahwe betete.
209 *Quién sabe!* – (span.) Wer weiß!
qu'il se sent misérable ... – (franz.) daß er sich miserabel fühlt, weil er stolz nur aus Hochmut ist und liberal nur aus Gemeinheit.
M... – Muskau.
211 *que les deux bouts* – (franz.) daß die beiden Enden der Frucht verdorben sind.
mais nous verrons! – (franz.) aber wir werden sehen!
212 *Penaltygesetz* – Strafgesetz.
Großconnétable – Großkonstabler (Polizeibeamter in England).
Est ... – Fürst von Esterházy.
Fürst S... – Felix Fürst zu Schwarzenberg.
Haus der Gemeinen – Unterhaus.
der berühmteste Feldherr – Wellington.
213 *Opposition der Whigs* – Um 1780 spalteten sich die Whigs, ein Teil vereinigte sich mit den neuen Tories unter Pitt d. J.; durch die unterschiedlichen Interessen von Landadel und Bourgeoisie zerfiel diese Vereinigung 1827; aus den alten grundbesitzenden Tories entstand die Konservative Partei, die linken Tories vereinigten sich mit den von Fox geführten Whigs, aus denen später die Liberale Partei hervorging, die 1832 die Parlamentsreform durchsetzte.
nur eine Redensart – Brougham war von 1830 bis 1834 Lordkanzler im Ministerium Grey.
214 *portugiesische Angelegenheiten* – Vgl. die sechste Anm. zu S. 102.
Haus der Lords – Oberhaus.
die schönste Frau – Jane Elizabeth Ellenborough hatte mit Fürst Felix zu Schwarzenberg ein Verhältnis, ihre Ehe wurde deshalb 1830 geschieden; Schwarzenberg verließ London und ging nach Brasilien.
214 *bon gré mal gré* – (franz.) wohl oder übel.
215 *conspiracy* – (engl.) Verschwörung.
Ce qui est beau ... – (franz.) Das Schöne in England ist [...], daß weder Rang noch Reichtum noch Gunst einen Engländer in die höchsten Ämter befördern kann. Der Geist allein erhält sie und bewahrt sie bei uns.
en place – (franz.) im Amt.
216 *Hear! hear!* – (engl.) Hört! hört!
217 *en evidence* – (franz.) die Aufmerksamkeit auf sich lenkend.
H. R... – Nathan Mayer Rothschild.
est vraiment un très ... – (franz.) ist wirklich ein sehr netter Mensch.
Alle Ansichten sind zu loben – Vgl. Pücklers Gespräch mit Goethe, S. 15.
West End of the town – West End (vornehmes Viertel) der Stadt.
de moitié – (franz.) um die Hälfte.
218 *Schätze Golkondas* – Golkonda war ehemals die prächtige Hauptstadt der Nizams von Haidarabad.
double – (engl.) doppelt.
hot Rolls – (engl.) warme, heiße Brötchen.
220 *trousers* – (engl.) Hosen.
à discrétion – (franz.) nach Belieben.
frock-coat – (engl.) zweireihiger Gehrock.
Ambassadrices en conférence ... – (franz.) Botschafterinnen beim Konferieren, alle drei angelegentlich mit einer Schleppe befaßt.
König – Georg IV.
221 *races* – Rennen.
222 *»Je t'aimerai toujours«* – (franz.) Ich werde dich immer lieben.
223 *immanquablement* – (franz.) unausweichlich.
car c est l'usage ici – (franz.) denn das ist Brauch hier.
clin d'œil – (franz.) Augenblick.
224 *Massacre von Scio* – Chios, türkische Insel im Ägäischen Meer; nach dem fehlgeschlagenen Aufstand der Chier 1822 ließ Kapudan-

Pascha die Mehrzahl der Bevölkerung ermorden oder als Sklaven verkaufen.

224 *race-ground* – (engl.) Rennbahn.

mess – (engl.) Regimentstisch, Messe.

225 *Belle-Alliance* – Die Schlacht bei Waterloo, in der 1815 unter Blücher und Wellington preußische und britische Truppen Napoleon endgültig besiegten, wird auch nach einem südlich von Waterloo liegenden Gasthof als Schlacht bei Belle-Alliance bezeichnet.

Horticultural-gardens – (engl.) Gartenbaugelände.

226 *où rien ne cloche* – (franz.) wo alles stimmt.

Wange – Seitenteil, in das die Treppen eingelassen sind.

porte cochère – (franz.) Wageneinfahrt.

Der jetzige Schach – Schach Fetch Ali; in seine Regierungszeit fallen die Russisch-Persischen Kriege 1804/13 und 1826/28, in denen Persien unterlag.

227 *Diwan* – Ehemaliger türkischer Staatsrat.

»Quand on a dépeuplé ...« – (franz.) Wenn man die Erde entvölkert hat, muß man sie hinterher wieder bevölkern.

Kaiserinmutter – Maria Feodorowna von Württemberg, Mutter des russischen Zaren Alexander I. und Nikolaus I.

Ah, le monstre! – (franz.) Ah, das Ungeheuer!

229 *Kingsbench* – Schuldgefängnis.

230 *que le mieux est ...* – (franz.) daß das Bessere der Feind des Guten ist.

Botany Bay – Teils sandige, teils sumpfige Bucht an der Ostküste Australiens; ehemals englische Kolonie, in die Sträflinge deportiert wurden.

C'était bien un philosophe ... – (franz.) Er war ein Philosoph, ohne es zu wissen.

233 *crest* – (engl.) Krone.

en revue – (franz.) musternd.

234 *Scapin* – Charaktermaske eines verschmitzten Dieners in der Commedia dell'arte.

235 *de bonne foi* – (franz.) ehrlich.

237 *Vater unserer Wissenschaft* – Franz Joseph Gall.

238 *moutarde après dîner* – (franz.) Senf nach dem Essen.

240 *Fest des Fürsten Schwarzenberg* – Auf dem Fest, das Karl Philipp zu Schwarzenberg in Paris 1810 anläßlich der Vermählung Napoleons mit Marie Luise gab, brannte der Ballsaal.

der berüchtigte Tunnel – Der Themsetunnel wurde (1825—1842) erbaut, um den Seeschiffahrtsverkehr unterhalb der London Bridge nicht zu gefährden.

241 *Astley's Theater* – Ehemals größter Londoner Zirkus, der 1770 aus der Reitschule von Philipp Astley (1742—1814) hervorgegangen war.

chef de cuisine – (franz.) Küchenchef.

extinguisher – (engl.) Löschhütchen.

242 *gay ladies* – (engl.) Freudenmädchen.

Philinengesicht – In Goethes »Wilhelm Meisters Lehrjahre« gehört die verführerische Philine zu einer Schauspielertruppe.

petites maisons – (franz.) abgelegene Lusthäuser.

243 *Bedlam* – Londoner Irrenhaus in der ehemaligen Probstei St. Mary of Bethlehem.

You are a foreigner ... – (engl.) Sie sind Ausländer – ich kenne Sie, Prinz!

ein Stuart – Schottisches Adelsgeschlecht; seit 1371 schottische und seit 1603 englische Königsdynastie.

Scotts Roman – In »Waverley« beschreibt Scott die Periode der englischen und schottischen Geschichte, wo die Stuarts unter dem Prätendenten Karl Eduard den letzten durch die Schlacht bei Culloden (1745/46) vereitelten Versuch machten, den Thron zurückzugewinnen.

245 *Schlaf* – Schläfe.

accident – (engl.) Unfall.

247 *warehouses* – (engl.) Warenhäuser.

247 *stores* – Lager, Speicher.
248 *Virginia Water* – Künstlicher See mit malerischer Umgebung im Park von Windsor.
in optima forma – (lat.) in bester Form.
251 *Malcolm ... erzählt* – In »Sketches of Persia« (1827, 2 Bde.).
Ispahan – Ehemaliger Name der persischen Stadt Isfahan.
252 *Krieg gegen die Birmanen* – 1824/26, es war der erste Krieg der britischen Ostindienkompanie gegen Burma.
255 *Je prévois que dans cent ans ...* – (franz.) Ich sehe kommen, daß in hundert Jahren die Metiers der Edelleute und Mönche nicht mehr halb so lukrativ sein werden wie heute.
»Vivian Grey« – Roman in fünf Bänden von Benjamin Disraeli (1826/27).
contribution – (franz.) Steuer zur Deckung der Staatsbedürfnisse.
256 *en horreur* – (franz.) Abscheu haben.
257 *bewegliche Eisenbahnen* – 1825 fuhr in England die erste Dampfeisenbahn mit der von Stephenson entwickelten Lokomotive (in Deutschland 1835 von Nürnberg nach Fürth).
258 *Encore un moment ...* – (franz.) Einen Moment noch [...], ich verlange nichts, es geht nur darum, französisch zu sprechen, ein vernünftiges Gespräch zu haben, zu dem die Engländer nicht fähig sind.
›L'amitié d'un grand homme ...‹ – (franz.) Die Freundschaft eines großen Mannes ist eine Wohltat der Götter.
›Ces paroles ont été‹ – (franz.) Diese Worte sind für mich geschrieben worden.
259 *›donnez-lui tout‹* – (franz.) geben Sie ihm alles, was er will, wenn mir nur ein Paar zum Wechseln bleiben.
260 *bougeoir* – (franz.) Handleuchter.
262 *der König* – Georg IV.
der neue Schloßbau – Die erste Anlage des Schlosses geht auf Wilhelm den Eroberer zurück, umgebaut wurde es vor allem unter Eduard III., Georg IV. (während Pücklers Aufenthalt) und der späteren Königin Victoria.
263 *mess* – (engl.) Regimentstisch, Messe.
Ranger of the Park – (engl.) Titel der königlichen Parkwächter.
264 *mal à son aise* – (franz.) unbehaglich.
266 *Seine Frau* – Anna Isabella Milbanke; nach einjähriger Ehe verließ sie 1816 Byron.
269 *témoin* – (franz.) Beweis.
que diable veut-elle faire – (franz.) was, zum Teufel, will sie tun.
my dear Sir – (engl.) mein lieber Sir.
Never fear – (engl.) Seien Sie unbesorgt.
coronets – (franz.) kleine Adelskronen.
271 *du jour* – (franz.) bei Tage.
Schwarzer Prinz – Eduard, Prinz von Wales.
272 races – (engl.) Rennen.
tout comme chez nous – (franz.) ganz wie bei uns.
Moquez-vous de mois ... – (franz.) Mokieren Sie sich über mich, aber ich hebe es noch auf.
barracks – (engl.) Kasernen.
273 *quand même* – (franz.) trotz allem.
274 *B...* – Bautzen.
Soyez tranquille ... – (franz.) Seien Sie unbesorgt, eines Tages umsegeln wir noch das Kap der Guten Hoffnung.
275 *sur le qui-vive* – (franz.) auf der Hut.
276 *stands* – (engl.) Tribünen.
M... – Muskau.
outriders – (engl.) Vorreiter.
277 *St.-Leger-Rennen* – Wettrennen dreijähriger Pferde in Doncaster.
Princesse des Ursins – Französischer Name der Anna Maria Orsini.
in articulo mortis – (lat.) im Moment des Todes.
savoir-faire – (franz.) Geschick.
278 *je m'en flatte ...* – (franz.) ich bilde es mir zumindest ein.

278 *Shakespearesche Person* – Erzbischof Scroop in »König Heinrich IV.«.

280 *beaux restes* – (franz.) schöne Überreste.

284 *»Sieh nicht den Splitter ...«* – Neues Testament, Matthäus 7, 3.

»Schuster, bleib bei deinem Leisten!« – In der »Naturalis historia« von Gaius Plinius d. Ä. wird dieser Zornruf Apelles zugeschrieben, dem Hofmaler Alexanders des Großen.

Molinisten – Anhänger der Lehre des spanischen Theologen Luis Molena.

Jansenisten – Anhänger der Reformbewegung des niederländischen Theologen Cornelius Jansen.

286 *Lady in her own right* – (engl.) mit dem Titel einer Lady.

der sich köpfende Irländer – Vgl. S. 253.

287 *Kapitol-Gänse* – Bei der Belagerung Roms durch die Gallier um 390 v. u. Z. hatten sich die römischen Soldaten auf das Kapitol, die Burg, zurückgezogen; als die Gallier nachts die Mauern erkletterten, fingen die Gänse, die der Göttin Juno geweiht waren und auf dem Kapitol gehalten wurden, zu schnattern an und weckten die Römer.

288 *malgré elles* – (franz.) unfreiwillige Wirtinnen.

293 *sans adieu* – (franz.) auf baldiges Wiedersehen.

294 *Grousejäger* – Waldhuhnjäger.

295 *Ruine der Abtei* – Die Abtei war 657 gegründet worden.

298 *Shakespeare schildert* – In »König Johann«.

301 *Hotspur Percy* – Hotspur (Heißsporn) ist der Beiname des Ritters Henry Percy in Shakespeares »König Heinrich IV.«.

Sic transit gloria mundi – (lat.) So vergeht der Ruhm der Welt.

302 *coq en pâte (sein)* – (franz.) verwöhnt werden.

Monsieur, j'ai l'honneur ... – (franz.) Mein Herr, ich habe die Ehre, Ihnen meine Achtung zu erweisen, Sie sind zu liebenswürdig, uns besuchen zu kommen. – Wir haben hier so selten Gelegenheit zu plaudern.

303 *Suriname* – Ehemalige niederländische Kolonie in Guayana.

Isle de France – Französischer Name für die Insel Mauritius, die bis 1810 in französischem, dann in englischem Besitz war.

304 *D...* – Pückler war 1802 als Leutnant bei den Gardes du Corps in Dresden.

305 *je n'en savais pas ...* – (franz.) ich wußte davon nichts.

308 *Lord Darnley* – Henry Stuart Lord Darnley.

309 *mit Schmelz gestickt* – Statt Perlen werden kurze Stückchen farbiger dünner Glasröhren zum Sticken verwendet.

en bandoulière – (franz.) umgehängt.

310 *Byrons ... Geburtsort* – Byron wurde in London geboren; Titel und Stammgüter seiner Familie mit dem Schloß Newstead Abbey erhielt er 1798 nach dem Tod seines Großonkels.

das gehörnte Pferd – Nilgau-Antilope.

311 *Herzog von Bedford* – Er starb eines natürlichen Todes.

313 *L'illusion fut inventée ...* – (franz.) Die Illusion wurde zum Wohle der Sterblichen erfunden, sie tut ihnen beinahe ebensoviel Gutes wie die Hoffnung.

schlafender Präsident – Damit könnte die Vermittlung eines Gesuchs Pücklers an Friedrich Wilhelm III. gemeint sein, in dem er den König bittet, öffentlich das Gerücht zu dementieren, Pückler habe seine Frau gezwungen, sich von ihm scheiden zu lassen, und sei daher beim König in Ungnade gefallen.

314 *Sir G. O.* – Gore Ouseley.

316 *der Sultan* – Mahmud II.

Meinung ... nicht bestätigt – 1828 erklärte Zar Nikolaus I. der Türkei den Krieg, der 1829 mit der türkischen Niederlage endete, die Einschränkung der türkischen Vorherrschaft im Mittelmeerraum und die Unabhängigkeit Griechenlands zur Folge hatte.

Schiras – Wein, nach der ehemals persischen Stadt Schiras benannt.

dairy – (engl.) Milchhaus, Molkerei.

317 *Marquise Douairière* – (franz.) Witwe von Stand, die von einem ihr zugewiesenen Leibgedinge lebt.
en grand – (franz.) in großem Maßstabe.
ohne Pultawa – Karl XII. siegte zwischen 1700 und 1708 in mehreren Schlachten des Nordischen Krieges; 1709 wurde er bei Poltawa durch den russischen Zaren Peter I. vernichtend geschlagen.
unter der Regierung Marias – Elisabeth stand bis zum Tode ihrer Schwester Maria I. Tudor unter ständiger Aufsicht und wurde zeitweilig im Tower gefangengehalten.
des Schachs – Fetch Ali.
ein wahrer Lovelace – Held in Samuel Richardsons Roman »Clarissa Harlowe«, der den Typ eines liebenswürdigen, aber leichtlebigen und charakterlosen Weltmannes verkörpert.

320 *bear-baiting* – (engl.) Bärenhetze.
but I can't help it – (engl.) aber ich kann es nicht ändern.

321 *der englische Roscius* – Gemeint ist der Schauspieler Henry West Betty, der nach dem berühmten römischen Schauspieler Quintus Roscius Gallus der Young Roscius genannt wurde.

322 *That is the question!* – (engl.) Das ist die Frage!

323 *Charte der Franzosen* – Verfassungsurkunde, 1814 von Ludwig XVIII. gegeben.

324 *comme de raison* – (franz.) wie recht und billig.

325 *Don Miguel* – Dom Miguel hatte 1823 an der Spitze der absolutistisch-klerikalen Partei die Aufhebung der portugiesischen Verfassung erzwungen und die Abdankung seines Vaters Johann VI. durchzusetzen versucht; 1824 verbannt, kehrte er, von seinem Bruder Pedro I. zum Regenten für Maria II. da Gloria bestimmt, im Dezember 1827 aus Wien über England nach Portugal zurück.
blunderbuss – (engl.) Schießprügel.

326 *arrière-pensée* – (franz.) Hintergedanke.
coup d'œil – (franz.) Blick.

327 *Malepartus* – Fuchsbau in der Tierfabel.

328 *seine Hand abhauend* – Vgl. S. 192 f.

329 *Miss G...* – Miss Gibbins, die für Pückler als Surrogatfrau in Frage gekommen wäre, wenn er nicht die Eltern hätte mitheiraten müssen.
Morning Post – Seit 1772 in London erscheinende stark konservative Zeitung.

331 *Botany Bay* – Vgl. die zweite Anm. zu S. 230.

332 *Court of Chancery* – (engl.) Kanzleigericht.
A Chancery suit – (engl.) Ein Kanzleigerichtsprozeß.
Hélas c'est encore ... – (franz.) Auch das ist leider ganz wie bei uns!
rotten boroughs – (engl.) kassierte Wahlkreise.
patronage – (engl.) Begünstigung.

333 *que le mieux est ...* – (franz.) daß das Bessere der Feind des Guten ist.
Chapeau de paille – (franz.) Strohhut.

334 *Schlacht von der Moskwa* – September 1812; der Brand Moskaus zwang Napoleon zur Rückkehr.

337 *als Missetäter erschossen* – Nach der Niederlage Napoleons bei Waterloo versuchte Murat im September 1815 von Korsika aus mit einer kleinen Truppe Neapel wiederzugewinnen; er wurde nach seiner Landung gefangengenommen und standrechtlich erschossen.
Schlacht von Marengo – Dorf in der Po-Ebene, wo Napoleon am 14. Juni 1800 die Österreicher besiegte.
Schlacht am Nil – Mehemed Ali, Begründer der ägyptischen Dynastie, unterwarf von 1811 bis 1822 die Wahabiten, Mameluken und den Sudan.

338 *R...* – Nathan Mayer Rothschild.
M...ch – Metternich.

339 *die letzte Belagerung* – 1823 überschritt ein französisches Heer die Pyrenäen; die 1820 während der bürgerlichen Revolution gebildeten Cortes flüchteten nach Cádiz, mußten sich nach längerer Belagerung ergeben.

339 *Ferdinand der Vielgeliebte* – Ferdinand VII. von Spanien.
die elegante Zeitung – »Zeitung für die elegante Welt« (1801 bis 1860), von K. Spazier im Geiste der Romantik gegründete Zeitschrift.
340 *Talbot* – Englischer Feldherr in Schillers »Die Jungfrau von Orleans«.
»Wollmarkt« – Lustspiel von Heinrich Clauren.
341 *Shylock* – Figur in Shakespeares »Kaufmann von Venedig«.
344 *auch eine Herzogin* – Herzogin von Saint Albans.
347 *Unbekannter* – Walter Scott.
348 *hübsche Tochter* – Walter Scott hatte zwei Töchter: Charlotte Sophia (1799—1837) und Anne (1803—1833).
to meet the Dukes ... – (engl.) um die Herzöge von Clarence und Sussex zu treffen.
Mademoiselle H... – Henriette Sontag; Pückler hatte sich so in sie verliebt, daß er sie heiraten wollte.
B... – Heinrich Freiherr von Bülow.
et cependant le diable ... – (franz.) und doch geht dem Teufel nichts verloren.
349 *D...* – Devonshire.
Macduff – Schottisches Adelsgeschlecht.
Birnams Wald – Ehemals mit Wald bedeckter Hügel in Pertshire (Schottland).
»Pucelle« – »La Pucelle d'Orléans«, Epos von Voltaire, in dem die Geschichte der Jungfrau von Orleans parodistisch abgehandelt wird.
hommes de confiance – (franz.) Vertrauenspersonen.
350 *Isle de France* – Vgl. die zweite Anm. zu S. 303.
Herzogin von Meiningen – Luise Eleonore, Prinzessin von Hohenlohe-Langenburg; seit 1782 mit Georg I. Friedrich Karl, Herzog von Sachsen-Meiningen verheiratet.
351 *künftige Königin* – Adelheid, Prinzessin von Sachsen-Meiningen, mit dem späteren König Wilhelm IV. (seit 1830) verheiratet.
354 *du grand monde* – (franz.) der großen Welt.
S... – Somerset.
déjeuner chempêtre – (franz.) Frühstück im Freien.
französischer Marschall – André Masséna.
355 *Non mi ricordo* – (ital.) Ich erinnere mich nicht.
357 *que parler c'était ...* – (franz.) sprechen bedeutet die Konversation verderben.
358 *dock-yards* – (engl.) Werften.
four in hand – (engl.) vierspännig.
361 *en vue* – (franz.) im Blickfeld.
Nichte Napoleons – Lätitia Bonaparte.
déjeuner champêtre – (franz.) Frühstück im Freien.
Horticultural Society – (engl.) Gartenbaugesellschaft.
362 *eines ... englischen Dandys* – Lätitia Bonaparte war mit dem englischen Parlamentsmitglied Thomas Wyse verheiratet, die Ehe wurde 1828 geschieden.
j'aimerais cent fois mieux ... – (franz.) wäre ich hundertmal lieber die glückliche Mätresse meines Geliebten als Königin von England und Indien.
363 *bei unserm Gesandten* – Heinrich Freiherr von Bülow.
Herzog von C... – Vermutlich Ernst August Herzog von Cumberland, Bruder von Georg IV.; er war mit einer Schwester der Königin Luise von Preußen verheiratet.
solus cum sola – (lat.) mit ihr allein.
nach B... an den K... – nach Berlin an den König.

Inhalt

Hermann von Pückler-Muskau

Reisebriefe aus England und Irland

2

HERMANN VON PÜCKLER-MUSKAU

Reisebriefe aus England und Irland

Eine Auswahl
aus den »Briefen eines Verstorbenen«
in zwei Bänden

Mit zeitgenössischen Abbildungen

2

Herausgegeben von Therese Erler
Mit einem Nachwort von Konrad Paul

AUFBAU-VERLAG

ISBN 3-351-02137-2

1. Auflage 1992

Gesamtgestaltung Heinz Hellmis, Hennigsdorf
Satz ComPress Fotosatz GmbH
Schrift Original Janson-Antiqua von Berthold
Bildreproduktionen Reprogesellschaft Lutz Wahl mbH, Berlin
Druck und Binden Druckhaus Erfurt, GmbH
Printed in Germany

Fünfundzwanzigster Brief 25

Cheltenham, den 12. Juli 1828

Meine teure *Julie!*

Um zwei Uhr in der Nacht verließ ich London, diesmal recht krank und sehr widrig gestimmt, in Harmonie mit dem Wetter, das, ganz à l'anglaise, stürmte, wie auf der See, und goß, wie mit Kannen. Als aber gegen acht Uhr der Himmel sich aufklärte, ich beim sanften und raschen Rollen des Wagens ein wenig geschlummert hatte und, durch den Regen erfrischt, nun alles smaragdgrün glänzte und ein herrlicher Duft von den Wiesen und Blumen in das offene Wagenfenster drang – da ward Dein von Sorgen gedrückter, grämlicher Freund wieder auf einige Augenblicke das harmlose, in Gott und der schönen Welt vergnügte Kind. Reisen ist in der Tat in England äußerst ergötzlich – könnte ich nur *Deine* Freude daran sehen, sie selbst in Deiner Begleitung verdoppelt fühlen! Obgleich es auch später noch mitunter regnete, wovon ich übrigens im zugemachten Wagen nicht viel empfinde, so war doch, bei linder Luft, der Tag sehr angenehm. Der erste Teil des Landes, durch welches unser Weg führte, strotzte von üppiger Vegetation, gleich dem schönsten Park; der folgende bot unabsehbare Kornfelder, und zwar hier ohne Hecken dar, welches eine Seltenheit in England ist; und der letzte glich fast den reichen Ebnen der Lombardei. Ich kam bei mehreren großen Besitzungen vorbei, die ich aber des ungewissen Wetters und der gemeßnen Zeit wegen unbesucht ließ. Es ist auch nun, nach meinen langen Park- und Gartenjagden durch halb England, nicht leicht mehr, in dieser Hinsicht etwas Neues für mich aufzufinden. In Cirencester besah ich eine schöne und sehr alte gotische Kirche mit einigen leidlich erhaltenen bunten Glasfenstern und merkwürdig barockem altem Schnitzwerk. Es ist jammerschade, daß sämtliche gotische Kirchen in England, ohne Ausnahme, durch geschmacklose, moderne Grabsteine und Monumente verunstaltet sind.

Spätabends erreichte ich Cheltenham, einen allerliebsten Badeort, von einer Eleganz, die auf dem Kontinent nicht angetroffen wird. Schon die reiche Gaserleuchtung und die, alle wie neu aussehenden, villaartigen Häuser, jedes mit seinem Blumengärtchen umgeben, stimmen das Gemüt fröhlich und behaglich. Auch komme ich in diesen Stunden, wo das Tageslicht mit dem künstlichen streitet, überall am liebsten an. Wie ich in den fast prächtig zu nennenden Gasthof eintrat und auf schneeweißer Steintreppe, die ein Geländer von Goldbronze zierte, über frisch glänzende Teppiche, von zwei Dienern vorgeleuchtet, nach meiner Stube ging, gab ich mich dem Gefühle des Komforts recht con amore hin, das man nur in England vollkommen kennenlernt. In dieser Hinsicht ist daher auch für einen Misanthropen, wie ich bin, das hiesige Land ganz geeignet, weil alles, was nichts mit dem Gesellschaftlichen zu tun hat, alles, was man für Geld sich verschafft, vortrefflich und vollständig ist und man es isoliert genießen kann, ohne daß sich ein anderer um uns bekümmert.* Sorgenlos und unbefangen von Geschäften mit Dir hier zu reisen wäre das süßeste Vergnügen für mich – wie sehr entbehre ich Dich überall und muß Dich wohl innig liebhaben, Du Gute, weil ich, wenn es mir übel geht, stets einen Trost darin finde, daß Du *dem* Moment wenigstens entgehst, und dagegen wenn ich etwas sehe oder fühle, das mich freut, auch immer, gleich einem *Vorwurf*, das peinliche Gefühl mit empfinden muß, dies alles ohne Dich zu genießen! Eine größere Masse mannigfaltigen Lebensgenusses kann man aber gewiß in England auffinden, als es bei uns möglich ist. Nicht umsonst haben hier lange Zeit weise Institutionen gewaltet, und was den Menschenfreund vielleicht am meisten beruhigt und erfreut, ist der Anblick so allgemein größern Wohlseins und würdigerer Lebensverhältnisse. Was man bei uns *Wohlhabenheit* nennt, findet man hier als das *Notwendige* angesehen und durch alle Klassen verbreitet. Daraus entsteht, bis auf die kleinsten Details, ein Streben nach Zierlichkeit, eine sorgsame Eleganz und Reinlichkeit, mit einem Wort: ein Trachten nach dem Schönen neben dem Nützlichen, das unsern geringern Klassen noch ganz unbekannt ist. Ich glaube, ich schrieb Dir schon einmal von Birmingham, daß, als ich eben dort war, die Londoner Oppositionsblätter von einer in Birmingham herrschenden Hungersnot unter den Fabrikarbeitern berichteten. Diese bestand in der Wirklichkeit darin, daß die Leute, statt drei oder vier Mahlzeiten, mit Tee, kaltem Fleisch, Butterbrot, Beefsteaks oder Braten, sich nun eine Weile vielleicht mit einer oder zwei und bloß mit Fleisch und Kartoffeln begnügen mußten. Es war aber zugleich Erntezeit, und der Mangel an Arbeitern hierbei so groß, daß fast jeder Preis dafür bezahlt wurde. Demohngeachtet versicherte man mich, die Fabrikarbeiter würden eher alle Maschinen demolieren, ja wirklich Hungers sterben, ehe sie sich entschlössen, eine Sense in die Hand zu nehmen oder Garben zu binden. So verwöhnt und eigensinnig, durch allgemeines Wohlleben und Sicherheit des Verdienstes (wenn man diesen nur ernstlich aufzusuchen Lust hat), ist das englische gemeine Volk, und man kann sich, nach dem Gesagten, abstrahieren, was von den häufigen Artikeln solcher Art in den Zeitungen eigentlich zu halten ist.

* *Du wenigstens weißt, daß diese Stimmung nicht in Egoismus begründet ist.*

den 13.

Heute früh besuchte ich einen Teil der öffentlichen Promenaden, welche ich indes unter meiner Erwartung fand, und trank den Brunnen, der mit Karlsbad Ähnlichkeit hat, mich aber sehr erhitzte. Die Doktoren sagen hier, wie bei uns: Man müsse ihn früh trinken, sonst verliere er einen großen Teil seiner Kraft. Das Spaßhafte ist aber, daß hier *früh*, in ihrem Sinne, gerade da anfängt, wo es bei uns aufhört, nämlich um zehn Uhr. Das Wetter ist leider nicht günstig, jetzt kalt und stürmisch, nachdem wir früher, ziemlich lange für England, große Hitze gehabt hatten. Zur Reise ist es aber nicht so übel, und ich fühle mich dabei mindestens weit heiterer als in London, freue mich auch lebhaft auf die schönen Gegenden in Wales, denen ich entgegenreise. Sei also wenigstens in Gedanken bei mir, und laß unsere Geister Hand in Hand über Land und Meer gleiten, zusammen von den Bergen hinabschauen und der Täler stille Heimlichkeit genießen; denn an der Schönheit Gottes herrlicher Natur erfreuen sich die Geister gewiß durch alle Welten, in Formen so unendlich verschieden, als die Unendlichkeit selbst grenzenlos ist.

Ich führe Dich zuerst zu den sieben Quellen der Themse, die eine Stunde von Cheltenham entspringen. In einer flys (kleine Art Landau, nur mit einem Pferde bespannt), auf deren Verdeck ich saß, um die schönen Aussichten von einem höhern Standpunkte zu betrachten, hatte ich diese Exkursion unternommen. Nach langem Steigen sieht man endlich, auf einsamer Bergwiese, unter ein paar Erlen, eine sumpfige Gruppe kleiner Quellchen, die, so weit der Blick sie verfolgen kann, als ein unbedeutendes Bächlein hinabrieseln. Dies ist der bescheidne Anfang der stolzen Themse. Es ward mir ganz poetisch zumute, als ich mir dachte, wie ich erst vor einigen Stunden dasselbe Wasser, nur wenige Meilen davon, mit tausend Schiffen bedeckt sah und wie dort der glorreiche Strom, obgleich sein Lauf nur so kurz ist, dennoch vielleicht mehr Schiffe, mehr Schätze und mehr Menschen das Jahr über auf seinem Rücken trage als irgendeiner seiner kolossalen Brüder: wie an seinen Ufern die Hauptstadt der Welt liege und wie von ihnen aus allmächtiger Handel vier Weltteile beherrsche! – Mit respektvoller Verwunderung blickte ich auf die plätschernden Wasserperlen hin und verglich sie bald mit Napoleon, der, in Ajaccio inkognito geboren, kurz darauf alle Throne der Erde erzittern machte – bald mit der Schneelawine, die unter der Zehe eines Sperlings sich ablöst und fünf Minuten nachher ein Dorf begräbt – oder mit Rothschild, dessen Vater Bänder verkaufte und ohne den heute keine Macht in Europa Krieg führen zu können scheint.

Mein Wagenlenker, der zugleich ein beglaubigter Cheltenhamer Cicerone war, brachte mich von hier auf einen hohen Berg, Lakinton Hill genannt, wo eine berühmte Vue ist, nebst der Zugabe eines freundlichen Gasthofs zur Bewirtung der Besuchenden. Im Schutz einer Rosenlaube geborgen,* schweifte mein Blick siebzig englische Meilen weit in das Land hinein, eine reiche Ebne mit mehreren Städten und Dörfern überschauend, unter denen die Kathedrale von Gloucester den stattlichsten Aussichtspunkt bildet. Hinter ihr türmen sich zwei Bergreihen übereinander, die von Malvern und von Wales. So schön alles war, erweckten doch die fernen, blauen, in Duft verschwimmenden Berge nur sehnsüchtiges Heimweh in mir. Wie gern wäre ich, unter Fortunatus' Wünschhütlein, an Deine Seite geflogen! Bisher hatten sich schwarze Wolken am Himmel gejagt, gerade als ich die Aussicht verließ, erschien neckend die Sonne. Sie leuchtete mir durch einen schönen Buchenwald zu dem reizenden Landsitz des Herrn Todd, der mitten im Waldesdunkel in Gestalt eines freundlichen Dörfchens angelegt worden ist – lauter Hütten, Strohdächer und Moosgalerien. Auf grünem Rasenplatz in der Mitte steht die ehrwürdige Dorflinde, mit der Bank von drei Etagen für ebensoviel Generationen, nicht weit davon auf verwittertem Stamme eine Sonnenuhr und am Bergsaume nach dem Tale zu ein ländlicher Ruhesitz mit einer Kuppel von Heidekraut, deren Rippen zierlich von Wurzeln geflochten sind. Oft wird bei Festen das Ganze mit Immergrün und Blumen geschmückt und abends mit bunten Lampen erleuchtet. In dem daneben liegenden Park, den manche schöne Partien auszeichnen, findet man die Ruinen einer römischen Villa, die erst vor acht Jahren zufällig entdeckt wurde, und zwar durch das plötzliche Einsinken eines Baumes. Einige Bäder sind noch wohl erhalten sowie zwei Mosaikböden, die aber nur eine ziemlich grobe Arbeit darbieten und mit pompejischen Ausgrabungen keinen Vergleich aushalten. Die Wände sind zum Teil noch mit zwei Zoll dickem, rot und blau gefärbtem Stuck bekleidet und die Heizröhren von Ziegeln erbaut, deren Qualität und Dauer unübertreffbar ist. Eine Viertelstunde davon verfolgt man deutlich die alte römische Straße, die auch noch zum Teil benutzt wird und sich von den englischen Wegen dadurch hauptsächlich unterscheidet, daß sie, gleich einer norddeutschen Chaussee, in schnurgerader Linie geführt ist. Hoffentlich aber war der Geschmack der Römer zu gut, um sie auch mit unabsehbaren Reihen lombardischer Pappeln einzufassen, wie es bei jenen der Fall ist, deren doppelte Monotonie deshalb eine wahre Marter für den armen Reisenden wird. Welcher Unterschied mit einer englischen Landstraße, die man in sanften Biegungen um die Berge windet, tiefe Täler vermeidet und alte Bäume schont, statt, um der fixen Idee der geraden Linie zu folgen, sie mit sechsfach größern Kosten durch dick und dünne, durch Berge und Abgründe mit Gewalt zu führen.

Auf dem Rückwege nach Cheltenham kam ich durch ein großes Dorf, wo ich einen sogenannten Teegarten zum ersten Male besuchte. Die Art, wie hier ein geringer Raum

* *Es ist eine der großen Schönheiten Englands, daß man dort, selbst den ganzen Winter hindurch, fast bei allen Wohnungen die üppig blühendsten Lauben und Ranken gefüllter Monatsrosen antrifft.*

zu hundert kleinen Nischen, Bänken und pittoresken, oft abenteuerlichen Sitzen unter Blumen und Bäumen benutzt wird, ist merkwürdig genug und bildet einen seltsamen Kontrast mit dem Phlegma der bunten Menge, welche die Szene nicht sowohl belebt als staffiert.

Da es noch ziemlich früh war, als ich die Stadt wieder erreichte, so benutzte ich den schönen Abend, um einige andere Brunnen zu besuchen, wobei ich gewahr wurde, daß ich heute früh nur auf den unbedeutendsten gestoßen war. Diese Anlagen sind ungemein glänzend, vielfach mit Marmor, aber noch mehr mit Blumen, Gewächshäusern und schönen Pflanzungen geschmückt. Die Spekulationen in England steigern sich enorm, sobald eine Sache Mode wird, und dies ist hier so sehr der Fall, daß sich binnen fünfzehn Jahren in der Nähe der Stadt der Preis einer Acre Landes von vierzig auf *tausend* Guineen erhöht hat. Die für das Publikum bestimmten Vergnügungsörter sind hier, und ich glaube mit Recht, ganz verschieden von Garten und Parkanlagen eines Privatmannes behandelt. Breite Promenaden, Schatten und abgesonderte Plätze werden mehr als Aussichten und ein großartiges, landschaftliches Ganze bezweckt. Die Art, Alleen zu pflanzen, gefällt mir. Es wird nämlich ein fünf Fuß breiter Streifen Landes längs des Weges rigolt und dicht aneinander ein Gemisch verschiedener Bäume und Sträucher hineingepflanzt. Die am besten wachsenden Bäume läßt man später in die Höhe gehen, und die andern hält man als unregelmäßigen niedrigen Unterbusch unter der Schere, welches den Aussichten, zwischen der Krone der hohen Bäume und dem Gesträuch, eine schönere Einfassung gibt, das Ganze voller und üppiger macht und den Vorteil gewährt, daß man, wo die Gegend uninteressant ist, die Laubwand von unten bis oben dicht zuwachsen lassen kann.

Worcester, den 14.

Entre la poire et le fromage erhielt ich gestern den schon zweimal abgelehnten Besuch des hiesigen Zeremonienmeisters, des Herrn, welcher die Honneurs des Bades macht und in den englischen Badeörtern eine bedeutende Autorität über die Gesellschaft ausübt, wogegen er mit sonst ganz antienglischer Zuvorkommenheit und Wortschwall die Fremden begrüßt und für ihre Unterhaltung zu sorgen sucht. Ein solcher Engländer hat in der Regel übles Spiel und erinnert stark an den Martin der Fabel, welcher die Karessen des Schoßhundes nachmachen wollte. Ich konnte den meinigen nicht eher loswerden, als bis er einige Bouteillen Claret bei mir ausgeschlürft und alles Dessert, was das Haus lieferte, gekostet hatte. Dann empfahl er sich endlich, mir noch das Versprechen abnehmend, den morgenden Ball ja gewiß mit meiner Gegenwart zu beehren. Da mir aber jetzt wenig an Gesellschaft und neuen Bekanntschaften liegt, so machte ich ihm faux bond und verließ am frühen Morgen Cheltenham. Die Gegend bleibt fortwährend im hohen Grade lieblich, voller Wiesengründe und tiefgrünen

Baumgruppen, mit immer deutlicher werdenden Ansichten der den Horizont bekränzenden Berge. Fast alle Stationen passiert man eine ansehnliche Stadt, der nie ihre hoch hinausragende gotische Kirche fehlt. Besonders reizend erschien mir die Lage der Stadt Tewkesbury. Nichts kann friedlicher, idyllischer sein, und dennoch sind alle diese blühenden Fluren blutige Schlachtfelder aus den Zeiten der unzähligen englischen Bürgerkriege, woher sie auch noch jetzt die im Laufe der Jahrhunderte so unpassend gewordenen Namen von Blutstätte, Mordfeld, Knochenacker etc. führen.

Worcester, wo ich Dir jetzt schreibe, die Hauptstadt der Grafschaft, bietet außer ihrer prächtigen Kathedrale nicht viel Merkwürdiges dar. Die wenigen in dieser Kirche noch übriggebliebenen alten Glasmalereien sind mit neuen ergänzt, welche sehr hart gegen das Weiche, und doch Glühende, der alten Farben abstechen. In der Mitte des Schiffes liegt King John begraben, sein Konterfei in Stein gehauen auf dem Steinsarge. Es ist das älteste Grabmonument eines englischen Königs in Großbritannien. Man öffnete den Sarg vor einigen Jahren und fand das Gerippe noch wohlerhalten und ganz so gekleidet, wie der König auf dem Sarge abgebildet ist. Bei Berührung der Luft zerfiel die Kleidung in Staub, das Schwert war aber vorher schon in Rost aufgegangen und nur der Griff noch zu erkennen. Ein anderes höchst merkwürdiges Monument ist das eines Templers aus dem Jahr 1220 mit der normännischen Inschrift: Ici aist syr guilleaume de harcourt fys robert de harcourt et de Isabel de camvile. Die Figur des Ritters (beiläufig gesagt in einem ganz andern Costume als des Grafen Brühl Templer in Berlin) ist vortrefflich gearbeitet und liegt mit einer Natürlichkeit, einem Abandon da, welcher eine antike Statue nicht verunzieren würde. Die Kleidung besteht aus Stiefeln oder Strümpfen, wie man es nennen will, von cotte de mailles, mit goldenen Sporen darüber; das Knie ist nackend, und über dem Knie geht wieder cotte de mailles an, die den ganzen Körper und auch den Kopf so einschließt, daß nur das Gesicht frei bleibt. Über diesem Panzerhemde trägt die Figur ein langes rotes Faltengewand, bis über die Wade herabhängend, und über dieses an einem schwarzen Bandelier ein langes Schwert in roter Scheide. Am linken Arme hängt ein schmaler spitzer Schild mit dem Familienwappen, nicht dem Templerkreuz, darauf eingegraben. Dieses befindet sich nur am Sarge. Die ganze Figur ist, wie Du aus meiner Beschreibung inne wirst, bemalt und die Farben immer von Zeit zu Zeit aufgefrischt worden. Als größte Sehenswürdigkeit wird dem Fremden zuletzt das Grabmal des Prinzen Arthur gezeigt, dessen vielverschlungene Steinverzierungen wirklich der künstlichsten Drechslerarbeit gleichkommen. Auf der einen Seite der Kapelle sind fünf Reihen kleine Porträtfiguren übereinander angebracht. Die Rangordnung ist folgende: unten Äbtissinnen; auf ihnen Bischöfe; über diesen Könige; dann Heilige und ganz oben Engel. Quant à moi, qui ne suis encore ni saint, ni ange, souffrez, que je vous quitte pour mon dîner.

Llangollen, den 15.

Wenn ich die Ehre hätte, der Ewige Jude zu sein (und Geld muß dieser doch wenigstens ad libitum haben), so würde ich ohne Zweifel einen großen Teil meiner Unsterblichkeit auf der Landstraße zubringen, und dies namentlich in England. It is so delightful für jemand, der fühlt und denkt wie ich. Fürs erste stört und geniert mich keine menschliche Seele; ich bin, wo ich gut bezahle, überall der erste (den herrschsüchtigen Menschenkindern immer ein angenehmes Gefühl) und habe nur mit freundlichen Gesichtern und Leuten zu verkehren, die voll Eifer sind, mir zu dienen. Fortwährende Bewegung, ohne Übermüdung, erhält den Körper gesund, und die stete Veränderung in schöner freier Natur hat dieselbe stärkende Wirkung auf den Geist. Dazu, gestehe ich, geht es mir zum Teil wie dem Doktor Johnson, der behauptete: das größte menschliche Glück sei, in einer guten englischen Postchaise mit einem schönen Weibe rasch auf einer guten englischen Chaussee zu fahren. Auch für mich ist es eine der angenehmsten Empfindungen, in einem bequemen Wagen dahinzurollen und mich gemächlich darin auszustrecken, während mein Auge sich an den, wie in der Laterna magica, immer wechselnden Bildern ergötzt. Nachdem sie verschieden sind, erregen sie meine Phantasie bald ernst, bald heiter, tragisch oder komisch, und mit großem Vergnügen male ich dann in mir selbst die gegebenen Skizzen aus; und welche gigantische, launige, seltsame Gestalten nehmen sie dann oft mit Blitzesschnelle an, gleich Wolkenbildern vor meinem Geiste auf und nieder wogend! Findet sich jedoch die Phantasie einmal träge, so lese und schlafe ich gottlob mit gleicher Leichtigkeit im Wagen. Meine Packerei ist keine Plackerei, um mit dem Kapuziner zu reden, sondern so vortrefflich eingerichtet (durch lange Erfahrung), daß ich ohne Embarras, und ohne meinen Dienern das Leben sauer zu machen, stets im Augenblick das Verlangte erhalten kann. Zuweilen, wenn das Wetter gut und die Gegend schön ist, spaziere ich auch wohl meilenweit zu Fuße, enfin, ich erlange hier allein vollkommene Freiheit – und als letztes endlich darf ich den Genuß, über alles dies meiner Herzensfreundin in einer Ruhestunde zu schreiben, auch nicht gering anschlagen. Doch nun zur Sache! Ich fuhr die Nacht durch, nachdem ich am Abend noch ein seltsames Spiel am Himmel erlebt hatte. Auf der Höhe eines Berges glaubte ich vor mir ein riesenmäßiges schwarzes Gebürge und am Fuß desselben einen unermeßlichen See zu erblicken. Es dauerte lange, ehe ich mich überzeugen konnte, daß ich nur eine optische Täuschung, durch Nebel und verschiedene Wolkenschichten gebildet, vor mir hatte. Der obere Himmel war nämlich lichtgrau und ohne Schattierung, gegen ihn aber lag eine ganz schwarze Wolkenmasse in Form des wildesten Gebürges, deren obere Linie, kühn gezeichnet, vielfach auf und nieder stieg, während die untere durch eine Nebelschicht völlig horizontal abgeschnitten war. Dieser Nebel nun schien ein auf beiden Seiten unabsehbares silberweißes Wasserbecken zu bilden, und da an ihm, unmittelbar zu meinen Füßen, sich der grüne Vorgrund, ein bewaldetes, sonniges Wiesenland, anschloß, so erreichte die Täuschung wirklich einen seltenen Grad! Nur nach und nach, wie ich den Berg hinabfuhr, verschwand das zauberartige Bild in der Luft. Die schönste Wirklichkeit erwartete mich dagegen heute früh in Wales. Der Traum der Wolken schien mir im voraus die Herrlichkeit des Tales von Llangollen verkündet haben zu wollen, eine Gegend, die nach meinem Urteil alle Schönheiten der Rheinländer weit übertrifft und dabei eine ganz besondere Originalität in den ungewöhnlich geformten Spitzen und jähen Abhängen der Berge ausspricht. Ein reißender Fluß, die Dee, windet sich in tausend phantastischen Krümmungen, die dichtes Laubholz überschattet, durch den Wiesengrund, woraus schroff auf beiden Seiten hohe Berge emporsteigen, die bald mit uralten Ruinen, bald mit modernen Landhäusern, zuweilen auch mit Fabrikstädtchen, deren turmhohe Feueressen dicken Rauch emporwirbeln, oder auch mit grotesken, einsam stehenden Felsengruppen gekrönt sind. Die Vegetation ist durchgängig reich und Berg und Tal voll hoher Bäume, deren mannigfache Farbenschattierungen so unendlich viel zur Anmut und dem Malerischen einer Landschaft beitragen. In dieser üppigen Natur erhebt sich, mit um so grandioserem Effekt, eine einzige lange, schwarze, kahle Bergwand, nur mit dichtem, dunklem Heidekraut bedeckt, die sich geraume Zeit längs der Straße hinzieht. Diese prächtige Straße, von London bis Holyhead (zweihundert Meilen*) so eben wie ein Parquet, führt hier an der Seite der linken Bergkette entlang, ohngefähr in der Mitte ihrer Höhe, und allen ihren Krümmungen folgend, so daß, während man im scharfen Trabe und Galopp dahinfährt, fast jede Minute sich die Ansicht völlig umwandelt und man, ohne seinen Sitz zu verändern, abwechselnd das Tal bald vor sich, bald seitwärts, bald rückwärts übersieht. An einem Ort führt eine Wasserleitung aus fünfundzwanzig schlanken Steinbogen, ein Werk, das den Römern Ehre gemacht haben würde, mitten durch das Tal und über den Dee, so einen zweiten Fluß, hundertzwanzig Fuß über dem andern, hinströmen lassend. Das Bergstädtchen Llangollen gewährt nach einigen Stunden ein köstliches Ruheplätzchen und ist mit Recht seiner lieblichen Gegend wegen so häufig besucht. Die schönste Aussicht hat man vom Kirchhofe, neben dem Gasthaus, wo ich vor einer halben Stunde, auf ein Grabmonument geklettert, stand und mich mit herzlicher Frömmigkeit glückselig des schönen Anblicks freute. Unter mir blühte ein terrassenförmiges Gärtchen mit Wein, Jelängerjelieber, Rosen und hundert bunten Blumen, die wie zum Bade bis an den Rand des schäumenden Flusses hinabstiegen; rechts verfolgte mein Blick die emsig murmelnden gekräuselten Wellen zwischen

* *Wo andere Meilen nicht ausdrücklich genannt sind, ist immer von englischen die Rede, deren bekanntlich vier und eine halbe auf die deutsche Meile gehen.*

dicht herabhängendem Gebüsch; vor mir erhob sich eine doppelte Waldregion, durch Wiesenflächen mit weidenden Kühen abgeteilt, und über alles hoch oben die kahle konische Spitze eines vielleicht ehemaligen Vulkans, den jetzt die düstern Ruinen der uralten welschen Burg, Castle Dinas Bran, zu deutsch: die Krähen-Veste, wie eine Mauerkrone decken; links zerstreuen sich die steinernen Häuser des Städtchens im Tal, und neben einer malerischen Brücke bildet der Fluß hier einen ansehnlichen Wasserfall; dicht hinter diesen angelehnt aber stellen sich, gleich Riesenwächtern, drei große Bergkolosse majestätisch vor und verschließen dem Auge alle fernern Geheimnisse der wunderbaren Gegend. Erlaube nun, daß ich – vom Romantischen zum vielleicht weniger feinen, aber doch auch keineswegs zu verachtenden Sinnengenuß zurückkehrend – mich nach *inwärts* wende, das heißt nach der Stube, wo mein durch die Bergluft ungemein vermehrter Appetit, mit nicht geringem Wohlbehagen, auf dem schön geblümten irländischen Damasttuch, dampfenden Kaffee, frische Perlhuhneier, dunkelgelbe Gebürgsbutter, dicken Rahm, Toast, muffins* und zuletzt zwei eben gefangene Forellen mit zierlichen roten Fleckchen erblickt – ein Frühstück, das Walter Scotts Helden in den Highlands nicht besser von diesem großen Maler menschlicher Notdurft erhalten könnten. Je dévore déjà un œuf – adieu.

* *Eine Art lockerer Semmel mit krokanter Rinde, die heiß mit Butter gegessen wird.*

Bangor, abends

Der Regen, der mich von London, mit kurzen Intervallen, stets begleitet hat, blieb mir auch heute treu, doch scheint sich nun das Wetter zum Guten ändern zu wollen. Ich habe indes allerlei zu erzählen und einen interessanten Tag zu beschreiben. Also, noch zur rechten Zeit, ehe ich Llangollen verließ, fielen mir die beiden berühmten Jungfern (gewiß die berühmtesten in Europa) ein, welche in diesen Bergen nun bereits über ein halbes Jahrhundert hausen, von denen ich schon einst als Kind und jetzt wiederum in London viel erzählen hörte. Du hast gewiß auch durch Deinen Vater Kunde von ihnen vernommen. Si non, voilà leur histoire. Vor sechsundfünfzig Jahren kam es zwei vornehmen, jungen, hübschen und fashionablen Damen in London, Lady Eleanor Butler und der Tochter des eben verstorbenen Lord Ponsonby, in ihre Köpfchen, die Männer zu hassen, nur sich zu lieben und zu leben und, von Stunde an, als Zweisiedler in eine Einsiedelei zu ziehen. Der Entschluß wurde sofort ausgeführt, und nie haben beide Damen auch nur *eine Nacht* außer ihrer Cottage geschlafen. Dagegen reist kein Mensch nach Wales, der präsentabel ist, ohne sich einen Brief oder Empfehlung an sie mitgeben zu lassen, und wie man behauptet, interessiert sie »scandal« noch heute ebensosehr wie damals, als sie noch in der Welt lebten, und ihre Neugierde, alles, was in dieser vorgeht, zu hören, soll sich ebenfalls gleich frisch erhalten haben. Ich hatte von mehreren Damen zwar Komplimente für sie, aber keinen Brief, den ich zu verlangen vergessen, und schickte daher nur meine Karte, entschlossen, wenn sie meinen Besuch ablehnten, wie man mich befürchten machen wollte, die Cottage zu erstürmen. Rang öffnete aber hier leicht die Türen, und ich erhielt sofort eine graziöse Einladung zu einem zweiten Frühstück. In einer Viertelstunde langte ich in der reizendsten Umgebung, durch einen netten Pleasureground fahrend, bei einem kleinen geschmackvollen gotischen Häuschen an, gerade der Krähen-Veste gegenüber, auf die mehrere Aussichten durch das Laub hoher Bäume gehauen waren. Ich stieg aus und wurde schon an der Treppe von beiden Damen empfangen. Glücklicherweise war ich bereits gehörig auf ihre Sonderbarkeiten vorbereitet, sonst hätte ich schwerlich gute Contenance erhalten. Denke Dir also zwei Damen, wovon die älteste, Lady Eleanor, ein kleines rüstiges Mädchen, nun anfängt, ein wenig ihre Jahre zu fühlen, da sie eben dreiundachtzig alt geworden ist; die andere aber, eine große imponierende Gestalt, sich noch ganz jugendlich dünkt, da das hübsche Kind erst vierundsiebzig zählt. Beide trugen ihr noch recht volles Haar schlicht herabgekämmt und gepudert, einen runden Mannshut, ein Männerhalstuch und Weste, statt der Inexpressibles* aber einen kurzen Jupon, nebst Stiefeln. Das Ganze bedeckte ein Kleid aus blauem Tuch von ganz besonderem Schnitt, die Mitte zwischen einem Männerüberrock und einem weiblichen Reithabit haltend. Über dieses trug aber Lady Eleanor noch erstens: den grand cordon des Ludwigsordens über den Leib, zweitens: denselben Orden um den Hals, drittens: abermals dito das kleine Kreuz desselben im Knopfloch, et pour comble de gloire eine silberne Lilie von beinahe natürlicher Größe als Stern – alles, wie sie sagte, Geschenke der Bourbonschen Familie. Soweit war das Ganze in der Tat höchst lächerlich, aber nun denke Dir auch beide Damen wieder mit der angenehmen Aisance und dem Tone der großen Welt de l'ancien régime, verbindlich und unterhaltend ohne alle Affektation, französisch wenigstens ebenso gut sprechend als irgendeine vornehme Engländerin meiner Bekanntschaft und dabei von jenem wesentlich höflichen, unbefangenen, und ich möchte sagen, naiv heitern Wesen der guten Gesellschaft damaliger Zeit, das in unserm ernsten, industriellen Jahrhunderte des Geschäftslebens fast ganz zu Grabe getragen worden zu sein scheint und mich bei diesen gutmütigen Alten wahrhaft rührend ansprach. Auch konnte ich nicht ohne lebhafte Teilnahme die ununterbrochene und doch so ganz natürlich erscheinende zarte Rücksicht bemerken, mit der die Jüngere ihre schon etwas infirmere ältere Freundin behandelte und jedem ihrer kleinen Bedürfnisse sorgsam zuvorkam. Dergleichen liegt

** Die »Unaussprechlichen« wird dieses Kleidungsstück in England genannt, wo eine Frau der guten Gesellschaft zwar wohl häufig Mann und Kinder verläßt, um mit einem Liebhaber davonzulaufen, aber doch zu dezent ist, um das Wort »Beinkleider« öffentlich nennen hören zu können.*

mehr in der Art, wie es getan wird, in scheinbar unbedeutenden Dingen, entgeht aber dem Gefühlvollen nicht.

Ich debütierte damit, ihnen zu sagen, daß ich mich glücklich schätzte, ein Kompliment an sie ausrichten zu können, das mein Großvater, der vor fünfzig Jahren ihnen aufzuwarten die Ehre gehabt hatte, mir an die schönen Einsiedlerinnen aufgetragen habe. Diese hatten nun zwar seitdem ihre Schönheit, aber keineswegs ihr gutes Gedächtnis verloren, erinnerten sich des G... C... sehr wohl, brachten sogar ein altes Andenken von ihm hervor und wunderten sich nur, daß ein so *junger* Mann bereits gestorben sei! Nicht nur die ehrwürdigen Jungfern, auch ihr Häuschen war voller Interesse, ja mitunter enthielt es wahre Schätze. Keine merkwürdige Person fast, seit dem vergangenen halben Jahrhunderte, die ihnen nicht ein Porträt oder andere Kuriosa und Antiquitäten als Erinnerung zugeschickt hätte. Diese Sammlung, eine wohlgarnierte Bibliothek, eine reizende Gegend, ein sorgenfreies, stets gleiches Leben und innige Freund- und Gemeinschaft unter sich – dies sind alle ihre Lebensgüter; aber nach ihrem kräftigen Alter und ihrem heitern Gemüt zu schließen, müssen sie nicht so übel gewählt haben.

Unter unbändigem Regen hatte ich die guten alten Damen besucht, und unter demselben Platzregen ging jetzt die Reise weiter, zuerst bei der Ruine einer alten Abtei vorüber und dann bei dem einstigen Palast Owen Glendowers, dessen Du Dich aus Shakespeare und meinen Vorlesungen in M... erinnerst. Die Mannigfaltigkeit der Gegend ist außerordentlich; zuweilen ist man von einem wahren Getümmel von Bergen aller Formen umringt, dann glaubt man sich, das Land weit überblickend, fast wieder in der Ebene, bis man von neuem in eine dunkle enge Waldstraße eingeschlossen wird. Weiterhin treibt der Fluß ruhig eine friedliche Mühle, und gleich darauf braust er im Abgrunde über Felsenblöcke und bildet in der Tiefe einen prachtvollen Wasserfall. Gerade an dieser Stelle, der Kaskade von Pont-y-Glen gegenüber, begegnete ich einer sehr eleganten englischen Droschke (die sehr verbesserte Ausgabe des Wiener Originals) mit vier hübschen Pferden bespannt, aber mit einem noch hübscheren Mädchen darin, die von einer zwar älteren, aber auch nicht übel aussehenden Frau begleitet war. Wir hielten beide zur Besichtigung des Wasserfalles an, und während unsere Wagen so gegenüberstanden, schielte das Mädchen neugierig nach mir herüber, was ich bemerkte und lachte. Dies erschreckte die scheue Engländerin, sie ward über und über rot und konnte doch gleich nachher, in jugendlicher Lustigkeit, sich selbst des Lachens nicht über die Pantomimen enthalten, welche ich, im Wagen, vor der Begleiterin versteckt, ihr adressierte. Der Kampf, in den sie darüber mit sich selbst geriet, machte die Szene noch komischer. In diesem Moment fielen meine Augen auf einen Haufen eben von mir gesammelter schöner Bergblumen, und ich schrieb schnell auf ein ausgerissenes Blatt meines Portefeuille folgende Worte: »F... M... empfiehlt sich den unbekannten Damen respektvoll und bittet um Erlaubnis, ihnen zwei eben gepflückte Sträußer Gebürgsblumen zu senden; er solicitiert als Gegengeschenk um die Namen der liebenswürdigen Reisenden, die ihm sein guter Stern bei Pont-y-Glen begegnen ließ.« – Dies befahl ich meinem Kammerdiener zu übergeben. Es wurde, wie ich hinter dem herabgezogenen Rouleau sah, mit satyrischem Lächeln von der ältern Dame, mit Erröten von der jüngern aufgenommen. Die Antwort lautete: »Sehr verbunden; aber die unbekannten Damen müssen inkognito bleiben... vielleicht – sehen wir uns in London wieder.«

Hierauf erfolgte das Zeichen zur Abfahrt, und dahin eilten wir, nur noch ein paar ungewisse Blicke tauschend, nach ganz verschiedenen Weltgegenden hin. War das nicht der Anfang einer artigen kleinen Aventure? Wäre ich noch ein Mensch, der seinen Launen nachgeben kann, ich hätte sogleich umkehren lassen und das Mädchen verfolgt bis... doch nichts weiter davon; sie kam mir aber lange nicht aus den Gedanken, denn sie war zu hübsch, um sie so schnell zu vergessen. Auf der nächsten Station erkundigte ich mich nach ihr, aber niemand wollte sie kennen. Ich blieb also allein mit dem Überrest meiner Blumen und schmollte ein wenig, bis neue Gegenstände wieder meine ganze Aufmerksamkeit in Anspruch nahmen. Denn das Tal von Llangollen ist nur die Vorrede zu der eigentlichen Epopöe – dem höhern Gebürge von Wales. Nachdem man hinter dem erwähnten Wasserfall eine halbe Stunde lang in einer fast unbedeutenden, nur durch wenige Hügel unterbrochenen Ebene gefahren ist, tritt man nicht weit von Cernioge mawr inn mit einemmal in das Allerheiligste – ein mächtig ergreifender Anblick! Ungeheure schwarze Felsen bilden rund umher das erhabenste Amphitheater, dessen gezackte und zerrissene Zinnen in den Wolken zu schwimmen scheinen. Unter einer achthundert Fuß tief niedersteigenden Felsenwand bahnt der Fluß sich seinen schwierigen Weg, von Abgrund zu Abgrund hinabstürzend. Vor uns lag eine perspektivische Ansicht übereinander wogender Berge, die endlos schien. Ich war so entzückt, daß ich mir durch lauten Ausruf Luft machen mußte. Und dabei kann man die herrliche Straße nimmer genug loben, welche, nie jähling steigend oder sinkend, alle die belles horreurs dieser Bergwelt so gemächlich betrachten läßt. Sie ist, wo sie nicht von Felsen geschützt wird, durchgängig mit niedrigen Mauern eingeschlossen, und in gleichen Distanzen sind ebenfalls zierlich gemauerte Nischen angebracht, in denen die Steine zur Ausbesserung aufgeschichtet sind, was weit geordneter aussieht als die freiliegenden Steinhaufen an unsern Landstraßen.

Das Gebürge von Wales hat einen sehr eigentümlichen Charakter, der schwer mit andern zu vergleichen ist. Seine Höhe ist ohngefähr der des Riesengebürges gleich, es erscheint aber unendlich grandioser in Form, ist weit reicher an Bergspitzen und diese besser gruppiert. Auch die Vegetation ist mannigfaltiger an Pflanzenarten, obgleich nicht so zahlreich an Bäumen überhaupt, und es hat Flüsse und Seen, die dem Riesengebürge ganz abgehen. Es fehlen ihm also die majestätischen, geschlossenen Wälder der Heimat Rübezahls, und an einigen Stellen desselben hat auch der Anbau des Menschen die Mittelstraße bereits überschritten, die meiner Ansicht nach zu einer vollendet schönen Landschaft gehört; dagegen ist die höhere Region, von Capel Curig bis einige Meilen von Bangor, so wild und schroff, als man es sich nur wünschen kann, und weite Strecken rot- und gelbblühender Heiden, nebst Farrenkräutern und andern Pflanzen, die in unserm härtern Klima nicht fortkommen, bekränzen die Felsen und ersetzen die Bäume, welche in dieser Höhe nicht mehr gedeihen. Die größte Mannigfaltigkeit des Gemäldes bewirken aber die kolossalen, wilden und seltsamen Formen der Berge selbst. Einige sehen wirklich Wolken weit ähnlicher als festen Massen. So ist unter andern der Tryfan mit so sonderbar geformten Basaltsäulen auf seiner Spitze bedeckt, daß alle Reisenden überzeugt sind, Menschen da oben zu sehn, die eben den Berg erstiegen und nun in die weite Aussicht hineinschauen – es sind aber nur die Berggeister, die Merlin auf ewige Zeiten dahin gebannt.

Geschmackvoll fand ich es, daß sämtliche Chausseehäuser so ganz im Charakter der Gegend gehalten waren; aus rohem rötlichen Bruchstein erbaut, mit Schiefer gedeckt, von einfacher, schwerer Architektur und mit eisernen Toren versehn, deren Gitterwerk die sich kreuzenden Strahlen zweier Sonnen nachahmt. Der Postboy zeigte mir die Überreste eines alten Druidenschlosses, wohin, wie ich in meinem Buche nachlese, Caratacus nach seiner Niederlage bei Caer Caradoc retirierte. Die welsche Sprache klingt selbst wie Krähengekrächze. Beinahe alle Namen fangen mit C an, welches mit einem Krachlaut ausgesprochen wird, den eine fremde Kehle nicht nachahmen kann. Diese Ruine ist jetzt in zwei bis drei bewohnte Hütten verwandelt und ihre Lage nicht eben ausgezeichnet. Bemerkenswerter schien mir weiterhin ein Felsen, der in der Gestalt eines Bischofs mit Krummstab und Mitra sich darstellte, als stiege er eben aus einer Höhle, um den erstaunten Heiden das Christentum zu predigen. Woher kömmt es wohl, daß, wenn die Natur so spielt, es eine fast erhabne Wirkung macht, und wenn es die Kunst nachahmen will, dies immer lächerlich erscheint?

Ein kleines Tormento im Gebürge sind die vielen Kinder, welche, wie Gnomen kommend und verschwindend, den Wagen mit unbegreiflicher Beharrlichkeit bettelnd begleiten. Ermüdet von dieser Zudringlichkeit hatte ich mir bestimmt vorgenommen, keinem etwas mehr zu geben, weil man sonst darauf rechnen kann, gar nicht mehr von ihnen verlassen zu werden; aber eines dieser kleinen Mädchen bezwang dennoch alle meine Entschlüsse durch ihre Ausdauer. Gewiß eine deutsche Meile lief sie im scharfen Trabe bergauf, bergab, nur manchmal durch Fußwege abkürzend, mich aber nie aus den Augen lassend, neben mir her, wobei sie unaufhörlich denselben jammervoll klagenden Ton, gleich einer Seemöwe, ausstieß, der mir zuletzt so unerträglich wurde, daß ich mich gefangengab und der nicht zu ermüdenden Lauferin meine Ruhe mit einem Schilling abkaufte. Der unheilbringende Ton war mir aber, wie der Ticktack einer Uhr, die man fortwährend zu hören gewohnt ist, so im Ohre geblieben, daß ich ihn den ganzen Tag nicht loswerden konnte.

den 16.

Ich habe vortrefflich ausgeschlafen und sitze nun im Gasthof am Meere, von der Reise ausruhend, und ergötze mich an den Schiffen, die auf allen Seiten die klare Flut durchziehen. Nach der Landseite zu ragt eine Burg, von schwarzem Marmor aufgebaut, aus den uralten Eichenkronen hervor. Mit diesem Schloß werde ich meine Ausflüge beginnen und überhaupt hier, wo ich mich sehr gut aufgehoben sehe, mein Hauptquartier aufschlagen. Auch fand ich hier ganz unerwartet einen unterhaltenden Landsmann. Du kennst den geistreichen A..., der so mager ist und doch so stattliche Waden besitzt, so elegant gekleidet und doch so sparsam, so gutmütig und doch so sarkastisch, so englisch und doch so deutsch erscheint. Kurz, A... frühstückte zum zweitenmal guten Appetits mit mir und erzählte dabei die lustigsten Dinge.

abends

Ich konnte es doch nicht so lange aushalten, in der Stube sitzen zu bleiben; das Schloß vor meinen Fenstern lockte zu mächtig! Ich bestieg also gleich nach A...s Abreise einen Bergklepper und ritt wohlgemut darauf zu. Dieses merkwürdige Gebäude ist von einem in jeder Hinsicht *stein*reichen Manne aufgeführt; denn seine, eine Stunde weiter im Gebürge liegenden Steinbrüche bringen ihm jährlich vierzigtausend Pfund Sterling. Er hat an einer der vorteilhaftesten Stellen, am Ufer des Meeres, einen weitläuftigen Park angelegt und die sonderbare, aber meisterhaft ausgeführte, Idee gehabt, alle Gebäude darin in dem altsächsischen Stile zu erbauen. Man schreibt diese Architektur fälschlich in England den Angelsachsen zu, da sie doch von den sächsischen deutschen Kaisern herrührt und gewiß keines dieser vielfachen Monumente älter ist. Schon die den Park umgebende, wohl eine deutsche Meile fortlaufende hohe Mauer erhält dadurch ein seltsames Ansehen, daß in ihrer obern Schicht drei bis vier Fuß hohe, aufrecht stehende, unegale, spitzige Schieferstücke eingemauert sind, eine zugleich sehr zweckmäßige Vorrichtung. Bei jedem Eingang droht ein turmartiges Fort mit Fallgittern usw. dem Eindringenden (kein übles Symbol für die Illiberalität der modernen Engländer, die ihre Gärten und Besitztümer strenger als wir unsere Wohnstuben verschließen), dann muß der Besucher noch eine Zugbrücke passieren, ehe er den dunklen Torweg

BANGOR UND DER HAFEN PENRHYN

der imponierenden Burg betritt. Der schwarze, nur roh bearbeitete, Marmor von der Insel Anglesea, aus dem die großen Massen bestehen, harmoniert wunderbar mit dem majestätischen Charakter der Gegend. Bis in die kleinsten Details, selbst die Stuben der Bedienten und noch geringere Plätze nicht ausgenommen, ist mit genauer Sorgfalt alles *reiner* old Saxon style. Im Eßsaal fand ich eine Nachahmung des Dir früher beschriebenen Schlosses Wilhelms des Eroberers zu Rochester. Was damals nur ein großer Monarch ausführen konnte, realisiert jetzt als Spielwerk, nur noch größer, schöner und kostbarer, ein simpler Landgentleman, dessen Vater vielleicht mit Käsehandel anfing. So ändern sich die Zeiten! Der Grundplan des Gebäudes, den mir der gefällige Architekt vorlegte, gab Gelegenheit zu einigen *häuslichen* Informationen, die ich Dir hier mitteile, weil fast alle englische größere Landhäuser so eingerichtet sind und sie, wie so vieles, die Zweckmäßigkeit englischer Gebäude dartun. Die Dienerschaft hält sich nie im Vorzimmer, hier die Halle genannt, auf, welche immer, wie die Ouvertüre bei einer Oper, den Charakter des Ganzen anzudeuten sucht. Sie ist gewöhnlich mit Gemälden oder Statuen geschmückt und dient, wie die elegante Treppe und alle übrigen Zimmer, nur zum beliebigen Aufenthalte der Familie und Gäste, welche sich lieber manchmal selbst bedienen, als immer einen solchen dienenden Geist hinter ihren Fußstapfen wissen wollen. Die Bedienten sind daher alle in einer entfernteren großen Stube (gewöhnlich im Rez-de-chaussée) versammelt, wo sie auch zusammen, ohne Ausnahme, männliche und weibliche, zu gleicher Zeit essen und wo alle Klingeln aus dem Hause ebenfalls aboutieren. Diese hängen in einer Reihe numeriert an der Wand, so daß man sogleich sehen kann, von woher geklingelt wird; an jeder ist noch eine Art Pendulum angebracht, der sich zehn Minuten lang, nachdem die Klingel schweigt, noch fortbewegt, um den Saumseligen an seine Pflicht zu erinnern!* Das weibliche Personal hat gleichfalls ein großes Versammlungszimmer, worin es, wenn nichts anderes vorkömmt, näht, strickt und spinnt. Daneben befindet sich ein Behältnis zum Reinigen der Glaswaren und des Porzellans, welches den Mädchen obliegt. Jede von diesen, so wie die männlichen Diener, haben im obersten Stock ihre besondere Schlafzelle. Nur die Ausgeberin (housekeeper) und der Haushofmeister (butler) bewohnen unten ein eignes Quartier. Unmittelbar an das der Ausgeberin anstoßend ist die Kaffeeküche und die Vorratskammer für alles, was zum Frühstück nötig ist, welche, in England wichtige, Mahlzeit speziell zu ihrem Departement gehört. Auf der andern Seite ist ihr Waschetablissement, mit einem kleinen Hofe verbunden; es besteht aus drei Piecen, die erste zum Waschen, die zweite zum Plätten, die dritte, bedeutend hohe, welche mit Dampf geheizt wird, zum Trocknen bei schlechtem Wetter. Neben des Haus-

* *Diese Penduln können also von einem spitzfindigen Bedienten, je nachdem sie längere oder kürzere Zeit nachschwingen, als ein Thermo- oder Hygieometer der Geduld ihrer respektiven Herrschaften benutzt werden.*

hofmeisters Logis befindet sich seine pantry, ein geräumiges feuerfestes Zimmer mit rundumherlaufenden Schränken, wo das Silber aufbewahrt wird, das er auch hier putzt, sowie die zur Tafel nötigen Glas- und Porzellanwaren, die ihm, sobald sie von den Mädchen rein gemacht sind, welches alles sehr pünktlich geschieht, sogleich wieder abgeliefert werden müssen. Aus der pantry führt eine verschlossene Treppe in die Bier- und Weinkeller, welche der Butler ebenfalls unter sich hat.

Ein sehr romantischer Weg brachte mich, erst durch den Park, dann am Saum eines schön bewaldeten Bergstroms hin, in einer Stunde nach dem Schieferbruch, der sechs Meilen vom Schloß im Gebürge liegt. Aus den Dir bereits genannten Einkünften kannst Du Dir denken, welch ein bedeutendes Werk dies ist. Fünf bis sechs hohe Terrassen von großem Umfang steigen an den Bergen empor, und auf ihnen wimmelt alles von Menschen, Maschinen, Prozessionen von hundert aneinander gehängten, schnell auf Eisenbahnen hinrollenden Wagen, Lasten heraufziehenden Kranen, Wasserleitungen und so weiter. Ich brauchte ziemlich lange, um das Ganze nur flüchtig zu besehen. Um zu einem entfernteren Teile des Werks zu gelangen, wo man eben die Felsen mit Pulver sprengte, was ich zu sehen wünschte, mußte ich mich auf einem der kleinen Eisenwagen, die zum Transport des Schiefers dienen, durch eine pechschwarze, nur vier Fuß hohe und vierhundert Schritt lange, durch den Felsen gehauene Galerie, auf dem Leibe liegend, fahren lassen. Dies geschah vermittelst einer Winde. Es ist eine höchst fatale Empfindung, sich durch diese schmale Schlucht mit tausend unregelmäßigen Zacken, welche man, am Eingange wenigstens, deutlich sieht, bei ägyptischer Finsternis mit großer Schnelle durchreißen zu lassen, welches Fremde auch gewöhnlich ablehnen. Man kann sich des Gedankens nicht erwehren, daß, wenn man, ohngeachtet der beruhigenden Versicherung des Führers, der zuerst vorausfährt, nun dennoch an irgendeine dieser Zacken anstieße, man auch unfehlbar ohne Kopf an der andern Seite ankäme. Nach Passierung dieser Galerie mußte ich noch auf einem, nur zwei Fuß breiten, Wege ohne Geländer am Abgrunde hinwandern, bis ich durch die zweite niedrige Höhle endlich zu dem gewünschten, in der Tat schaudervoll prächtigen Ort gelangte. Hier schien man sich schon in der Unterwelt zu befinden! Die mehrere hundert Fuß hohen, spiegelglatten, abgesprengten Schieferwände ließen vom blauen Himmel kaum so viel noch sehen, um Tag von Dämmerung unterscheiden zu können. Der Boden, auf dem wir standen, war gleichfalls abgesprengter Felsen und in der Mitte bereits ein tiefer Spalt, von ohngefähr sechs bis acht Fuß Breite, schon weiter herunter gearbeitet. Über dieser Schlucht amüsierten sich einige Kinder der Steinarbeiter, halsbrechende Sätze zu machen, um ein paar Pence dafür zu verdienen; an den Felsenwänden aber hingen überall Bergleute, gleich schwarzen Vögeln mit ihren langen Eisen pickend und Schieferblöcke mit Geprassel herunterwerfend. Doch jetzt schien das ganze Gebürge zu wanken, lauter Warnungsruf erschallte von mehreren Seiten, die Pulvermine sprang. – Ein großer Felsen löste sich nun von hoch oben langsam und majestätisch ab, stürzte gewaltig in die Tiefe, und während Staub und abspringende Steinstückchen die Luft gleich dickem Rauch verfinsterten, hallte der Donner im wilden Echo rings um uns wider. Diese, fast täglich an verschiedenen Orten des Steinbruchs notwendigen, Operationen sind so gefährlich, daß, *nach der eignen Versicherung des Direktors,* man bei dem ganzen Werk im Durchschnitt jährlich auf *hundertfünfzig Verwundete und sieben bis acht Tote rechnet.* Ein zu diesem Behuf eigens bestimmtes Hospital nimmt die Blessierten auf, und ich selbst begegnete beim Herreiten, ohne es zu wissen, der Leiche eines vorgestern Gebliebenen, car c'est comme une bataille. Die Leute waren so aufgeputzt und mit Bergblumen geschmückt, daß ich die Prozession im Anfang für eine Hochzeit hielt und fast erschrak, als auf meine Frage, wo der Bräutigam sei, einer der Begleiter schweigend auf den nachfolgenden Sarg wies. Nach der Äußerung des Direktors ist jedoch die Hälfte der Unglücksfälle der Apathie der Arbeiter selbst zuzuschreiben, die, obgleich jedesmal gewarnt, dennoch in der Regel zu sorglos sind, um sich bei der Explosion zur rechten Zeit und weit genug zu entfernen, und da der Schiefer sich oft in platten messerscharfen Stücken ablöst, so ist ein unbedeutendes, in weite Ferne geschleudertes Stück der Art hinlänglich, dem Manne, den es trifft, die Hand, ein Bein oder gar den Kopf rein abzuschneiden, welcher letztere Fall, wie ich hörte, einmal wirklich vorkam. Da wir selbst von dem Foyer nicht zu weit entfernt standen, so benutzte ich den Wink und machte wieder linksum, durch die höllische Galerie, um mir die friedlicheren Arbeiten zu besehen. Diese haben vielfaches Interesse. So kann z. B. Papier nicht zierlicher und schneller beschnitten werden als hier die Schiefertafeln, und kein Kienblock kann leichter und netter spalten als die Steinplatten, die der Arbeiter mit geringer Mühe durch einen einzigen Schlag des Meißels in Scheiben wie die dünnste Pappe, und von drei bis vier Fuß im Durchmesser, zerteilt. Der rohe Stein kömmt aus den eben beschriebenen Regionen sämtlich auf wahren Pariser Rutschbergen zum Verarbeiten herab, und wie dort bringt die Kraft der herabrollenden beladenen Wagen auch die leeren wieder hinauf. Die Eisenbahnen sind hier nicht, wie gewöhnlich, konkav, sondern konvex, und die Wagenräder entsprechend.

26

Sechsundzwanzigster Brief

Caernarvon, den 19. Juli 1828

Geliebte Freundin!

Todmüde komme ich eben von der Ersteigung des großen Snowdon zurück, des höchsten Berges in England, Schottland und Wales, was freilich nicht allzuviel sagen will. Vergönne mir also Ruhe bis morgen, wo ich Dir meine Fata treulich erzählen werde. Indessen gute Nacht für heute.

den 20.

Nachdem ich das Paquet für Dich Mr. S... übergeben und auf das sorgsamste empfohlen, verließ ich vorderhand Bangor, so schnell, als vier Postpferde mich davonführen konnten. Unterwegs besah ich einige Eisengußwerke, die ich jedoch übergehe, da ich nichts Neues darinnen bemerkte. Ich befand mich etwas unwohl, als ich im Gasthof zu Caernarvon anlangte, wo ein bildschönes Mädchen mit langen schwarzen Haaren, die Tochter des Wirts, der abwesend war, sehr anmutig die Honneurs machte. –

Den andern Morgen um neun Uhr setzte ich mich, bei ziemlich versprechender Witterung, auf einen char à bancs mit zwei inländischen Pferden bespannt, die ein kleiner Junge führte, welcher kein Wort englisch verstand. Wie toll jagte er im train de chasse über schmale Seitenwege durch die felsige Gegend. All mein Rufen war vergebens und schien ganz entgegengesetzt von ihm interpretiert zu werden, so daß wir die neun Meilen bis zum See von Llanberis in weniger als einer halben Stunde, über Stock und Stein, zurücklegten. Ich begreife jetzt noch kaum, wie Wagen und Pferde es ausgehalten haben. An den Fischerhütten, die hier zerstreut und einsam liegen, erwartete mich ein sanfteres Fuhrwerk, nämlich ein nettes Boot, auf welchem ich mich mit zwei rüstigen Bergbewohnern einschiffte. Der Snowdon lag jetzt vor uns, hatte aber leider, wie die Leute es nannten, seine Nachtmütze über den Kopf gezogen, während die umgebenden niederen Berge im hellsten Sonnenscheine glänzten. Er ist zwar nur gegen viertausend Fuß hoch, erscheint aber deswegen weit ansehnlicher, weil seine ganze Höhe ohne Absatz vom Seeufer hinansteigt, während andere Berge dieses Ranges ihre Spitze gewöhnlich erst von einer schon hohen Basis erheben. Die Überfahrt bis zu dem kleinen Gasthofe am Fuße des Snowdon ist drei Meilen lang, und da der Wind heftig wehte, ging es sehr langsam und schwankend vorwärts. Das Wasser des Sees ist so schwarz als Tinte, die Berge kahl und mit Steinen besäet, nur mit wenigen grünen Alpenabhängen abwechselnd. Hie und da sieht man am Fuß einige niedrige Bäume, aber das Ganze ist wild und düster. Ohnfern der kleinen Kirche von Llanberis ist der sogenannte Heiligenbrunnen, den eine einzige ungeheure Forelle bewohnt, die seit Jahrhunderten den Fremden gezeigt wird. Oft läßt sie sich jedoch nicht herauflocken, und es wird für ein glückliches Zeichen angesehen, wenn man sie schnell erblickt. Als ein Feind aller Orakel ließ ich sie unbesucht. Man erzählte mir auch von einer sonderbaren Amazone, die, mit Riesenstärke begabt, hier lange ein wildes Männerleben geführt, und von großen Bienen, welche die Waliser so hoch schätzen, daß sie annehmen, sie seien im Paradiese geboren.

Man fängt hier viele und vortreffliche Lachse. Die Art des Fanges aber ist originell, denn sie werden mit besonders dazu abgerichteten kleinen Hunden gehetzt, die sie aus dem Schlamm herausholen, in dem sie sich zu gewissen Zeiten verkriechen.

Ich besorgte mir im Wirtshaus schnell einen Führer und Pony (ein kleines Gebürgspferd) und eilte, mich auf den Weg zu machen, immer noch hoffend, daß die drohenden Wolken sich nach Mittag verteilen würden. Leider aber geschah das Gegenteil – es wurde immer schwärzer und schwärzer, und ehe ich noch eine halbe Stunde lang vor meinem Pony, den der Führer am Zaume leitete, hinangeklettert war, hüllte schon *ein* dunkler Mantel Berge, Täler und uns ein, und ein derber Regen strömte auf uns herab, gegen den mein Schirm mich nicht lange schützte. Wir flüchteten endlich in die Ruine einer alten Burg, und nachdem ich mühsam eine verfallene Wendeltreppe erstiegen, gelangte ich auf den Überrest eines Söllers, wo ich unter Efeuranken ein gutes Obdach fand. Alles um mich her sah aber melancholisch aus. Die zerbröckelten Mauern, der Wind, der klagend durch sie hinrauschte, der monotone Fall des Regens und die so unangenehm getäuschte Hoffnung stimmten mich ganz traurig – ich dachte seufzend, wie mir nichts, auch das Kleinste nicht, wie ich es wünsche, gelingt, wie alles, was ich unternehme, das Ansehen des Unzeitgemäßen und Sonderlingartigen annimmt, so daß ich überall wie hier, was andere bei Sonnenschein vollbringen, in Regen und Sturm durcharbeiten muß. Ungeduldig verließ ich das alte Gemäuer und steuerte wieder bergan. Das Wetter wurde aber nun so fürchterlich und der sich erhebende Sturm selbst so gefährlich, daß wir von neuem in einer elenden verfallenen Hütte Schutz suchen mußten. In dem räuchrigen Innern spann stillschweigend eine alte Frau, und einige halbnackte Kinder kauten, auf dem Boden liegend, an trocknen Brotrinden. Mein Eintreten schien von der ganzen Familie kaum bemerkt zu werden, wenigstens änderte es nichts in ihren Beschäftigungen. Einen Augenblick starrten mich die Kinder ohne Neugierde an und fielen dann wieder in die Apathie des Elends zurück. Ich setzte mich auf den runden Tisch, das einzige Möbel im Hause, und gab ebenfalls meinen Gedanken Audienz, die nicht die erfreulichsten waren. Da indessen der Sturm immer ärger wütete, riet mir der Führer ernstlich, umzukehren. Es wäre ohne Zweifel auch das vernünftigste gewesen, um so mehr, da wir noch nicht den dritten Teil unseres Weges zurückgelegt hatten. Da ich mir aber schon früh vorgenommen, Deine Gesundheit, gute Julie, auf der Spitze des Snowdon in Champagner zu trinken, den ich zu diesem Behuf von Caernarvon mitgenommen, so schien es mir von übler Vorbedeutung, dies aufzugeben. Mit der Heiterkeit also, die ein fester Entschluß bei großen und kleinen Angelegenheiten immer gibt, sagte ich dem Führer lachend: »Und wenn es statt Wasser Steine regnen sollte, ich drehe nicht eher um, bis ich Snowdons Gipfel gesehen«, und hiemit bestieg ich meinen Pony. Der armen Frau ließ ich ein Geschenk zurück, das sie jedoch nur mit geringer Teilnahme empfing. Der Weg war äußerst beschwerlich geworden, da er fortwährend über lose und glatte Steine, die der Regen abspülte, oder über sehr schlüpfrigen Rasen ging. Ich bewunderte, wie mein kleines tätiges Tier, nur mit glatten englischen Eisen ohne Griffe beschlagen, so sicher auf diesem Boden fortschritt.

Es wurde indes bald so schneidend kalt, daß ich, ganz durchnäßt, wie ich war, das Reiten nicht länger aushalten konnte. Ich bin jedoch auch das Klettern so wenig mehr gewohnt, daß mich einigemal die Mattigkeit fast übermannte, stets aber hörte ich dann, wie der Ritter in des weiland Spieß »Zwölf schlafenden Jungfrauen« die encouragierenden Glöckchen, ermahnend das Mäh, Mäh der Bergschnukken ertönen, die zu Hunderten hier auf den magern Grasflecken weiden. Ich unterließ dann nie, mich des lieben Schäfchens in der Heimat zu erinnern und rüstig weiterzuschreiten, bis ich wirklich mich nach einer Stunde ganz erholt hatte und frischer zu fühlen anfing als beim Ausmarsch. Aussichten entschädigten mich nicht, denn von Wolken ganz umschleiert, konnte ich kaum zwanzig Schritt weit vor mir sehen, und in diesem geheimnisvollen Clair-obscur erreichte ich auch den ersehnten Gipfel, zu dem man über einen schmalen Felsenkamm gelangt. Ein Steinhaufen, in dessen Mitte eine hölzerne Säule steht, ist als Wahrzeichen aufgerichtet. Ich glaubte hier der Erscheinung meines Doppelgängers zu begegnen, als ein junger Mann aus dem Nebel hervortrat, der mir selbst völlig glich, NB wie ich aussah, als ich vor sechzehn Jahren in den Schweizer Alpen umherirrte. Er trug, wie auch ich damals, ein leichtes Ränzchen auf dem Rücken, den Alpenstock in der Hand und einen soliden, für Bergreisen klassischen Anzug, der allerdings einen so großen Kontrast mit meinen Londner Promenadestiefeln, steifer Halsbinde und engem frock-coat abgab, als seine Jugendfrische mit meinem, in der Stadt vergelbten, Gesichte. Er sah aus wie der junge Natursohn, ich wie der ci-devant jeune homme. Er hatte von der andern Seite den Berg erstiegen und frug mich nur, ohne sich aufzuhalten, angelegentlich, wie weit der Gasthof und wie der Weg beschaffen sei. Sobald ich ihm meine Nachrichten mitgeteilt, eilte er singend und trällernd die Felsen hinab und entschwand bald meinen Blicken. Ich kritzelte unterdes meinen Namen, neben tausend andern, auf einen großen Stein und ergriff dann das Kuhhorn, welches mir der Gastwirt als Trinkgeschirr mitgegeben hatte, und befahl meinem Führer, den Stöpsel der Champagnerflasche zu lösen. Sie mußte ungewöhnlich viel fixe Luft enthalten, denn der Pfropf flog höher als die Säule, unter der wir standen, und Du kannst daher, ohne Münchhausen etwas abzuborgen, mit gutem Gewissen versichern, daß, als ich am 17. Juli Deine Gesundheit trank, der Champagnerstöpsel gegen viertausend Fuß hoch über die Meeresfläche geflogen sei. Sowie das Kuhhorn überschäumend gefüllt war, rief ich mit Stentorstimme in die Dunkelheit hinein: »Hoch lebe Julie mit neun mal neun« (nach englischer Manier). Dreimal leerte ich darauf den animalischen Becher, und wahrlich, durstig und erschöpft, wie ich Ursach hatte zu sein, hat mir nie in meinem Leben Champagner besser geschmeckt. Nach vollendeter Libation aber betete ich von Herzen. Es waren nicht Worte – aber innige Gefühle, unter denen der Wunsch lebhaft hervortrat, daß es doch Gottes Wille sein möge, es Dir auf Erden gut ergehen zu lassen, und dann auch – mir, if possible – und siehe! ein zierliches Lamm kam durch die Wolkenschleier herangeklettert, und die Nebel teilten sich, und vor uns lag, in zuckenden Sonnenblitzen, einen Moment lang klar die vergoldete Erde. Doch nur zu bald schloß sich der Vorhang wieder – ein Bild meines Schicksals! Das Schöne und Wünschenswerte, die vergoldete Erde, erscheint nur zuweilen, gleich Irrlichtern vor mir – sobald ich sie ergreifen will, verschwindet alles wie ein Traum.

Da nun keine Hoffnung mehr war, daß in den höchsten und allerhöchsten Regionen sich das Wetter heute bleibend aufklären würde, so mußten wir den Rückweg antreten. Ich fand mich jetzt so gestärkt, daß ich nicht nur keine Müdigkeit mehr spürte, sondern sogar das seit vielen Jahren nicht mehr gekannte Gefühl wieder empfand, wo das Gehen und Laufen, statt eine Mühe zu sein, an sich selbst ein elastisches Vergnügen gewährt. Ich sprang also, gleich meinem vorher begegneten Jünglingsbilde, die Felsen und nassen Binsenabhänge so schnell hinab, daß ich einen Teil des Weges, der mir herauf anderthalb Stunden gekostet hatte, in wenig Minuten zurücklegte. Hier trat ich auch endlich aus den umgebenden Wolken wieder hinaus, und war schon die Aussicht weniger prachtvoll, als sie auf dem Gipfel sein mag, so gewährte sie dennoch einen großen Genuß. Ich mochte mich immer noch dritthalbtausend Fuß über dem Meere befinden, welches sich ohne Grenzen vor mir ausbreitete. In seinem Busen überschaute ich, wie auf einem Relief, die Insel Anglesea, und in den sich überall kreuzenden Schluchten des Gebürges in meiner Nähe zählte ich gegen zwanzig kleinere Seen, manche dunkel, manche so hell von der Sonne beschienen, daß die Augen ihren Spiegelglanz kaum ertragen konnten. Unterdessen war der Führer auch herabgekommen, da ich aber das Terrain nun vollkommen gut allein beurteilen konnte, der Abend schön war und ich noch keiner Müdigkeit Raum gab – so ließ ich ihn und sein verständiges Pferdchen auf der graden Straße allein zu Hause wandern und beschloß, mir meinen einsamen Rückweg über die schönsten Punkte selbst auszusuchen, et bien m'en prit – denn seit der Schweiz erinnere ich mich keines reizenderen Spazierganges. Ich folgte einem Felsenriß, längs des wilden Passes von Llanberis, berühmt aus den Kriegen der Engländer und Welschen und wo die letzteren, unter ihrem großen Fürsten Llewellin, oft den Untergang der fremden Eindringlinge, vielleicht von derselben Stelle, wo ich jetzt stand, betrachten konnten. Die jählingen Felsenwände, die an vielen Orten fast senkrecht nach dem Passe abfallen, sind eine gute Übung gegen den Schwindel. Ich erstieg nach und nach mehrere ziemlich bedenkliche Spitzen dieser Art und fand in dem leichten Schauder, den die Gefahr einflößte, nur einen Genuß mehr. »L'émotion du danger plaît à l'homme«, sagt Frau von Staël. Ganz allein war ich übrigens nicht. Die erwähnten Bergschafe, weit kleiner als die gewöhnlichen, wild und behende wie Gemsen, schreckten oft vor mir nach Art der Rehe und stürzten sich auf ihrer Flucht über Abhänge hinab, wo ihnen so leicht niemand folgen würde. Die Wolle dieser Tiere ist die gröbste, aber ihr Fleisch dagegen das zarteste und wohlschmeckendste, das es gibt. Auch legen die Londner Gourmands einen großen Wert darauf und behaupten, daß, wer nicht Hammelfleisch vom Snowdon gegessen, gar keinen Begriff davon habe, welches Ideal ein Schöpsenbraten zu erreichen imstande sei.

Ein anderes Mal kam ich fast in Kollision mit einem großen Raubvogel, der, langsam mit ausgebreiteten Flügeln schwebend, den Blick so emsig nach der Tiefe gerichtet hatte und so wenig darauf rechnen mochte, auf der unzugänglichen Felsenkuppe meine Bekanntschaft zu machen, daß er mich nicht eher bemerkte, bis ich ihn fast mit Händen greifen konnte. Jetzt schnellte er zwar, wie ein Pfeil, hinweg, verließ aber den Gegenstand seiner unterirdischen Forschungen keineswegs, und lange sah ich ihn noch, gleich einem Punkte, im blauen Äther schiffen, bis die Sonne hinter den hervorspringenden Bergen herabsank. Ich suchte nun in möglichst grader Linie zu der Hütte hinabzukommen, in der ich früher einen Augenblick verweilt hatte. Nicht weit davon melkte ein Mädchen ihre Kühe, deren frische Milch mir sehr willkommen war und bei der ich auch meinen Führer wieder antraf. Dies machte ich mir dankbar zu Nutzen, um den Rest des Weges, in meinen Mantel gehüllt, auf dem sichern Pony recht wohltuend auszuruhen.

Nachdem ich mich im Gasthof umgezogen, eine Vorsicht, die man bei Bergreisen nicht versäumen darf, schiffte ich mich von neuem auf den jetzt vom Abendrote herrlich glühenden See ein. Die Luft war mild und lau geworden, Fische sprangen oft freudig in die Höhe, und Reiher umkreisten in zierlichen Bogen die Schilfgestade, während hie und da ein Feuer an den Bergen aufflackerte und der dumpfe Donner gesprengter Felsen aus den entfernten Steinbrüchen herübertönte.

Lange stand schon des Mondes Sichel am dunkeln Himmel, als mich die schwarzgelockte Hebe wieder in Caernarvon empfing.

den 21.

Ich war doch ein wenig von den letzten vierundzwanzig Stunden angegriffen und begnügte mich daher heute mit einem Gange nach dem berühmten, hier liegenden Schlosse, welches von Eduard I., dem Eroberer von Wales, erbaut und von Cromwell zerstört, jetzt eine der schönsten Ruinen in England bildet. Das einzige, was ich dabei bedaure, ist, daß es so nahe an der Stadt und nicht einsam im Gebürge steht. Die äußern Mauern, obwohl verfallen, bilden doch noch eine ununterbrochene Linie, welche ohngefähr drei Morgen Landes umschließt. Der innere, mit Gras bewachsene, mit Schutt und Disteln jetzt gefüllte Raum ist nahe an achthundert Schritt lang. Sieben Türme, schlank und fest gebaut, von verschiedener Form und Größe, umgeben ihn. Einer derselben ist noch zugänglich, und ich erstieg auf einer hinfälligen Treppe von hundertvierzig Stufen seine Plattform, wo man eine imposante Aussicht auf Meer, Gebürge und Stadt hat. Beim Hinabgehen zeigte man mir die Rudera eines gewölbten Zimmers, in welchem, der Tradition nach, Eduard II., der erste Prinz von Wales, geboren ward. Die Welschen hatten nämlich, eingedenk der Bedrückungen englischer Hauptleute, in früheren Zeiten partieller und momentaner Eroberungen, dem Könige fest erklärt, daß sie nur einem Statthalter, der ein Prinz ihrer eignen Nation sei, Folge leisten wollten. Sofort ließ Eduard, mitten im Winter, seine Gemahlin Eleonore herbeiholen, um heimlich ihre Niederkunft in Caernarvon Castle abzuwarten. Sie gebar einen Prinzen, worauf der König die Edlen und Vornehmsten des Landes zusammenberief und sie feierlich frug: ob sie sich der Regierung eines jungen Prinzen unterwerfen wollten, der in Wales geboren sei und kein Wort englisch sprechen könne? Als sie dies freudig und erstaunt bejahten, präsentierte er ihnen seinen eignen, eben gebornen Sohn, indem er in gebrochenem Welsch ausrief: Eich dyn, d. h., dies ist Euer Mann! – welche Worte später in »Ich dien«, dem Motto des englischen Wappens, korrumpiert worden sind.

Über dem großen Haupttore steht noch Eduards steinernes Bild, mit der Krone auf dem Haupt und einem gezückten Dolch in der Rechten, als wolle er nach sechs Jahrhunderten noch die Steintrümmer seines Schlosses bewachen. Über Entweihung hatte er auch heute mit Recht zu klagen, denn inmitten der Ruine machte auf dem grünen Platze ein Kamel, nebst Affen in rotem Tressenrocke, seine Kunststücke, und jubelnd stand eine zerlumpte Menge umher, sich des jämmerlichen Kontrastes nicht bewußt, den sie mit den ernsten Überresten der sie umgebenden Vergangenheit bildete.

Der Turm, in welchem der Prinz geboren ward, heißt der Eagle tower (Adlerturm), aber nicht von ihm rührt diese Benennung her, sondern von vier kolossalen Adlern, welche die Spitze krönten und von denen noch einer vorhanden ist. Man hält ihn für einen römischen, denn Caernarvon steht auf dem Grunde des alten Segontium, das... Doch ich versteige mich zu weit und war auf gutem Wege, in den Ton eines Reisebeschreibers von Profession zu fallen, der ennuyieren zu dürfen glaubt, wenn er unterrichtet – obgleich er den Unterricht selbst gewöhnlich erst durch mühsames Nachlesen der Lokalbücher erlangt. Je n'ai pas cette prétention, vous le savez, je laisse errer ma plume, unbekümmert, wo sie mich hinführt.

Der Marquis von Anglesea hat kürzlich hier ein Seebad angelegt, das von einer Dampfmaschine dirigiert wird und sehr elegant eingerichtet ist. Ich benutzte es beim Rückweg vom Schlosse und bemerkte in den Erholungszimmern ein Billard von Metall, auf Stein gesetzt. Akkurater kann man sich keines wünschen, ob die Dampfmaschine auch die Partien markiert, vergaß ich zu fragen. Unmöglich wäre es nicht in einem Lande, wo kürzlich jemand ganz im Ernste vorschlug, Dampfkellner in den Kaffeehäusern einzuführen, und wo es eben nicht viel anders hergehen würde, wenn eine Dampfmaschine mit achtzig Pferdekraft auf dem Throne säße.

Liebe Julie, einem Reisenden muß es erlaubt sein, oft und viel vom Wetter und vom Essen zu sprechen! Haben doch die Romane des berühmten, einst Unbekannten, oder einst berühmten Unbekannten, einen nicht unansehnlichen Teil ihrer Reize den meisterhaften Schilderungen dieser Art zu danken. Wem läuft nicht das Wasser im Munde zusammen, wenn er Dalgetti, den Soldaten der Fortuna, essen sieht und noch unbezwinglicher bei Tisch als in der Schlacht findet? Es ist wirklich gar kein Scherz, wenn ich Dir versichere, daß ich, bei meinem reizbaren Nervensystem, wenn ich infolge einer kleinen Indigestion den Appetit verloren hatte, oft nur zwei Stunden im Unbekannten zu lesen brauchte, um mich vollkommen wiederhergestellt zu fühlen. Heute bedurfte ich jedoch dieser Stimulanz in keiner Art. Es war hinlänglich, den vortrefflichen frischen Seefisch nebst den berüchtigten Mountain-mutton (Berghammel) auf dem Tische dampfen zu sehen, um mit Heißhunger darüber herzufallen, denn ein Seebad und die Besteigung des Snowdon wirkt noch stärker als Walter Scott.

Mein schwarzes Mädchen, die mich, da ich heute der einzige Gast im Hause war, selbst bediente, wurde zuletzt un-

SCHLOSS CAERNARVON MIT DEM ADLERTURM

geduldig, mich immer wieder auf besagten Hammel zurückkommen zu sehen, und äußerte mürrisch, ich täte nichts als essen, wenn ich nicht herumliefe. Sie selbst war weit ätherischerer Natur und hatte, seit ich hier bin, bereits meine portative Romanenbibliothek zur Hälfte ausgelesen; jedesmal, wenn ich sie wiedersah, präsentierte sie mir einen geistig verschlungenen Band und bat so sehnsüchtig um einen andern, daß ich ein weniger weiches Herz hätte haben müssen, um es ihr abzuschlagen. Auf diese Weise begegnete sich unser beiderseitiger Appetit, der meine nach dem Realen, der ihrige nach dem Idealen, auf die unschuldigste Weise.

Bangor, den 22.

Auch Bangor ist ein Badeort, d.h., es steht jedem frei, daselbst ins Meer zu springen. Die künstlichen Anstalten aber sind bloß auf die Privatwanne einer alten Frau reduziert, welche in einer elenden Hütte am Ufer wohnt und, wenn die Bestellung eine Stunde vorher gemacht wird, Seewasser auf ihrem Herde in Töpfen wärmt, beim Baden selbst aber sans façons den Fremden auszieht, wenn er keinen eignen Diener zu diesem Behuf mitbringt. Nachdem ich, zufällig eintretend, ein solches Bad, pour la rareté du fait, genommen, mietete ich eine kleine Gondel, um mich über den Meeresarm, welcher Anglesea und Wales trennt, nach Beaumaris schiffen zu lassen. Hier befindet sich ein andres von Eduard I. erbautes und von Cromwell zerstörtes Schloß, das einst noch größer als das in Caernarvon war (denn es bedeckt noch jetzt fünf Morgen Landes), aber als Ruine weniger pittoresk erscheint, da es alle seine Türme verloren hat. Um es genau zu besehen, muß man auf den schmalen und sehr hohen, verfallenen Mauern entlanggehen, die durch nichts geschützt sind. Der Knabe mit den Schlüsseln lief zwar wie ein Eichhörnchen darauf hin, der Barbier aus der Stadt aber, der sich mir beim Debarkieren als Führer angeboten und mich bis hieher gebracht hatte, ließ mich nach den ersten Schritten im Stich. Diese Ruine liegt in dem Park des Herrn Bulkley, welcher sehr unpassend ein tennis-court (Ballspiel) darin angelegt hat. Von seinem Wohnhause hat man eine sehr gerühmte Aussicht, die jedoch von einer andern, welche man anderthalb Stunden weiter, bei einer einfachen und zierlichen Cottage, Craig-y-Don genannt, antrifft, weit überboten wird. Diese letztere Besitzung ist ein wahres Juwel, einer von den wenigen gesegneten Örtern, die fast nichts mehr zu wünschen übriglassen. Sie liegt zwischen dicht bebuschten Felsen, hart am Meer. Nicht zu groß, aber gleich einem Boudoir aufgeputzt, mit dem frischesten Rasen und dem Blumenschmelz aller Farben umgeben, das ganze Haus mit seinem Strohdach und Veranda von rankenden Monatsrosen und blauen Winden überzogen – bildet sie so, zwischen Wald und Felsen hervorlauschend, einen unbeschreiblich lieblichen Kontrast mit der erhabenen Gegend. Labyrinthische Fußwege winden sich nach allen Richtungen durch das dunkle und kühle

Gebüsch, mannigfach den großen Aussichtsschatz teilend, welchen die glücklichste Lage darbietet. Denn unter und vor Dir hast Du den tief blau gefärbten Meeresarm, dessen Brandung schäumend an den spitzen Felsen nagt, auf welchen Du stehst, während weiter hin auf dem ebnen Spiegel hundert Fischerbarken und Schiffe durcheinanderwimmeln, unter denen Du, besonders hervorstechend, den vor Anker liegenden Kutter des Besitzers und zwei Dampfboote gewahr wirst, von denen das eine in weiter Ferne mit einer ausgebreiteten schwarzen Wolke segelt, das zweite, ganz nahe, nur eine schmale weiße Säule gerade empor in die Luft haucht. Auf der rechten Seite siehst Du eine tiefe Bucht sich in das Land hineinziehen, die einen Archipel von kleinen Inseln aller Art und Formen bildet; manche belaubt, andere kahl und glatt von den Wellen geschliffen, einige mit Hütten bebaut, andere wie spitzige Türme hervorragend. Wendest Du nun Dein Auge wieder zurück zum Meeresarm, diesen auf derselben Seite weiterverfolgend, wie er sich allmählich verengt, so erblickst Du mit Staunen die Aussicht durch eine stupende Kettenbrücke geschlossen, jenes Riesenwerk, das man mit Recht das achte Wunder der Welt nennt und welches, der Natur Trotz bietend, zwei von ihr durch Meeresfluten getrennte Länder wieder vereinigt hat. Ich werde gleich Gelegenheit haben, sie Dir näher zu beschreiben, von hier sieht sie aus, als sei sie von Spinnen in die Luft gewebt. Hast Du bei diesem abenteuerlichen Anblick *menschlichen Wirkens* eine Zeitlang verweilt, so stellt sich, Dir gegenüber, eins der mannigfaltigsten und größten Schauspiele *der Natur* dar – die ganze Kette des Gebürges von Wales, das hier unmittelbar aus dem Wasser emporsteigt –, hell und nahe genug, um Wälder, Dörfer und Schluchten deutlich zu unterscheiden, und in einer Länge von zehn deutschen Meilen sich ausbreitet. – In allen Schattierungen gruppieren sich die Berge, manche sind noch von Wolken bedeckt, manche glänzen frei in der Sonne, andere strecken blaue Hörner noch über die Wolken hervor, und Dörfer, Städte, weiße Kirchen, schmucke Landhäuser und Schlösser werden in den Falten der Abhänge sichtbar, während blinkende Streiflichter auf den grünen Matten spielen. Der Ruhe bedürftig, wendest Du Dich endlich dem Norden, der Dir links liegt, zu. Hier zerstreut Dich nichts mehr. Der weite Ozean allein fließt da mit dem Himmel zusammen. Nur kurze Zeit verfolgst Du noch seitwärts die zurückweichenden, waldigen Ufer von Anglesea, wo hohe Nußbäume und Eichen mit ihren weiten Ästen über das Meer hinhängen, dann bist Du mit Himmel und Wasser allein, höchstens glaubst Du in nebliger Ferne die Segel eines Dreideckers zu unterscheiden, oder ein Wolkenbild malt Dir phantastische Gestalten vor.

Nach einer genußreich hier verlebten Stunde ritt ich, meinen in Beaumaris gemieteten Klepper nach Kräften anstrengend, der großen Brücke zu. Der beste Gesichtspunkt ist unten auf dem Sandgestade, bei einigen Fischerhütten, ohngefähr hundert Schritte von ihr entfernt. Je mehr, je

MENAI-BRÜCKE IN BANGOR

genauer man sie betrachtet, je mehr staunt man und glaubt zuweilen, das Ganze nur im Traume zu sehen, aus Filigranarbeit von einer Fee in die Luft gehangen, ja die Phantasie erschöpft sich nicht an Bildern; und als jetzt eine Diligence mit vier Pferden rasch über den hundert Fuß hohen und sechshundert Fuß weit gespannten Bogen fuhr, halb von dem Kettengewebe verborgen, an dem die Brücke hängt, so schienen es eben nur einige im Netze flatternde Lerchen zu sein. Nicht anders sahen die Menschen aus, welche überall in den Ketten saßen, die jetzt zum erstenmal ihren neuen Ölanstrich erhielten, denn das ganze Werk wurde erst kürzlich vollendet. Wer das Berliner Schloß kennt, dem wird es einen anschaulichen Begriff von den enormen Dimensionen dieser Brücke geben, wenn er hört, daß dieses bequem unter dem Hauptbogen zwischen dem Wasser und dem Belag stehen könnte, und doch halten die Ketten den letztern so fest, daß man auch bei dem schnellsten Fahren, welches keineswegs verboten ist, und bei der schwersten Last keine Bebung wahrnimmt. Die Brücke ist oben in drei Wege geteilt, der eine für das Hin-, der andere für das Zurückfahren, die Mitte für die Fußgänger. Die Bohlen ruhen auf einem eisernen Gitter, so daß sie leicht, wenn schadhaft, abgenommen und ersetzt werden, nie aber durch ihr Brechen eine Gefahr besorgen lassen können. Alle drei Jahre erhält sämtliches Eisen einen neuen Ölanstrich, um den Rost zu verhindern. Der Baumeister, der sich hier einen langen Ruhm gegründet haben wird, heißt Telford.

Sur ce, n'ayant plus rien à dire, schließe ich meinen Bericht und wünsche Dir, meine teure Julie, alles Glück und Segen, dessen Du wert bist, et c'est beaucoup dire.

Immer Dein treuster L...

27 Siebenundzwanzigster Brief

Bangor, den 23. Juli 1828

Chère et bonne.

Eine kleine Unannehmlichkeit dieser sonst so reich begabten Landschaft sind die Wirkungen der Ebbe und Flut, welche erstere einen bedeutenden Teil des Tages hindurch eine große Strecke des Menai, wie der hiesige Meerarm genannt wird, austrocknet und nur schlammigen Sand zurückläßt. Wahrscheinlich sind diesem Umstande auch die über alle Vorstellung hartnäckigen Fliegenschwärme zuzuschreiben, die zu Tausenden, gleich Bienen schwärmend und auf Raub ausgehend, Menschen und Vieh attackieren und ihr Opfer nicht leicht wieder loslassen. Man reitet vergebens, was das Pferd laufen kann. Der Schwarm, in einen Klumpen geballt, wie ein mazedonischer Phalanx, fliegt mit und zerstreut sich über seine Beute, sobald man wieder anhält, nur dem Totschlagen weichend. Ja selbst in ein Haus hineinzutreten hilft nicht immer. Denn ich habe es auf Spaziergängen einigemal erlebt, daß diese Fliegen, wenn sie einen einmal angenommen haben, geduldig draußen warten, bis man wieder herauskömmt. Das einzige Mittel ist, eine Stelle aufzusuchen, wo ein starker Zugwind weht, den sie nicht vertragen können. Dies wissen auch die an den Bergufern weidenden Kühe recht wohl, die man immer an solchen Stellen einsam ruhen und wiederkauen sieht. Ich betrachtete heute lange ein solches Tier, wie es auf einer ganz isolierten Felsenspitze, die Contour schroff sich gegen die Luft abzeichnend, stand – unbeweglich, bis auf die leise Arbeit seiner Kinnladen, und nur zuweilen mit dem Schwanz sich an die Seite schlagend. Wie schön, dachte ich mir, könnte ein Künstler ein solches Bild kolossal und zum Apis erhoben, und auch mit dem Mechanismus dieser einfachen Bewegungen versehen, nachahmen, und welche Akquisition wäre dies für einen deutsch-englischen Park in der Heimat! z. B. in Kassel, dem Herkules gegenüber, oder gar in Wörlitz auf dem feuerspeienden Berge weidend. Gewiß eine verdienstvolle Idee, die Du fruchtbar zu machen suchen mußt. Erinnerst Du Dich noch Clemens Brentano, als ihm und dem genialen, liebenswürdigen Schinkel der Graf L … die Aussicht von seinem Jagdschlosse zeigte, von wo man eine anmutige, aber flache Waldgegend übersieht, und nun zu den beiden Herren gewandt der Graf diese etwas einfältig fragte, auf welche Art wohl hier eine recht große Verschönerung anzubringen sei? Brentano verfiel in tiefes Sinnen, und nach einiger Zeit sagte er langsam, den erwartungsvoll zuhörenden Gönner mit seinen kuriosen Augen ernsthaft anstarrend: »Wie wäre es, Herr Graf, wenn Sie ein Gebürge aus Brettern aufführen und dasselbe mit blauer Ölfarbe anstreichen ließen?« – Solches aber, wenn auch nicht so grell und handgreiflich, geschieht im lieben Vaterlande noch täglich, selbst ohngeachtet des neuen Berliner Gartenvereins.

Geliebte Julie, willst Du mit mir nach dem Park des Marquis Anglesea, Plas Newydd, auf Anglesea fahren? die Phantasiepferde sind schnell angespannt.

Wir passieren wieder die Riesenbrücke, folgen eine kurze Zeit der Chaussee nach Irland und sehen schon von weitem die Säule emporragen, welche das dankbare Vaterland dem General Paget, damals Lord Uxbridge, jetzt Marquis von Anglesea und Vizekönig von Irland, statt seinem in Waterloo gelassenen Beine hier aufgesetzt hat. Eine halbe Stunde weiter öffnet sich das Parktor von Plas Newydd. Das merkwürdigste hier sind einige Kromlechs, deren eigentliche Bedeutung unbekannt ist, die man aber für Grabmäler der Druiden hält. Es sind ungeheure Steine, gewöhnlich nur drei bis vier, die eine Art rohen Torweg bilden. Es gibt deren von so kolossaler Größe, daß man kaum begreift, wie man sie ohne die kompliziertesten mechanischen Hülfsmittel bewegen und in solche Höhe hinaufbringen konnte. Der menschlichen hohen Kraft, von unumschränktem Willen oder Fanatismus angeregt, ist indessen gar vieles möglich. Las ich doch einst, daß ein Schiffscapitaine, der an den Ufern Japans hinfuhr, über die sich daselbst hinziehende Bergkette zwei Junken der größten Art, nicht viel kleiner als unsre Fregatten, durch Tausende von Menschen *zu Lande* transportieren sah.

Die hiesigen Kromlechs, welche nicht zu den größten gehören, haben wahrscheinlich Anlaß zu dem Gedanken gegeben, an einer passenden Stelle, wo man unter andern eine schöne Ansicht des Snowdon hat, eine Druiden-Cottage zu bauen. Es ist aber ein seltsames Ding daraus geworden, mit altertümlichen und modernen Gegenständen, wie ein Chaos, angefüllt. In den kleinen, dunkeln Piecen war auf artige Weise Licht durch Spiegeltüren hereingebracht, die in andern Zimmern wiederum dazu dienten, die vorteilhaftesten Partien der Landschaft, wie unter Rahmen und Glas, zu fassen. Im Fenster des Salons stand überdies ein großer Guckkasten, eine Camera obscura, und ein Kaleidoskop neuerer Art, welches nicht, wie die alten, gefüllt wird, sondern dem jeder Gegenstand, auf den man es hält, sobald man es nur bewegt, zum nie aufhörenden Veränderungsspiele dient. Blumen machen besonders durch den sich ewig verschieden brechenden Glanz ihrer Farben einen wunderbaren Effekt. Solltest Du ein ähnliches wünschen, so kann ich Dir es von London aus leicht senden lassen. Es kostet acht Guineen. Das Schloß und die übrigen Anlagen bieten gar nichts Erwähnungswertes dar, werden auch selten vom Eigentümer besucht, dessen Haupt*sitz* in England *liegt.*

Capel Curig, spätabends, den 28. Juli

Da das Wetter sich aufklärte und die Freunde, die ich erwartete, nicht kamen, so beeilte ich mich, die ersten Sonnenblicke zu benutzen, um noch tiefer in das Gebürge einzudringen, und fuhr daher gegen sieben Uhr abends, ohne Diener und nur mit einiger Wäsche, nebst einem Wechselanzug in meinem leichten Mantelsacke, versehen – in einem irländischen carr, mit einem Pferde bespannt, dem Bergpasse von Capel Curig zu. Diese Wagen bestehen aus einem offnen Kasten, der auf zwei Rädern steht, auf vier horizontalen Federn ruht und zwei einander gegenüberliegende Sitzbänke enthält, wo vier Personen bequem Platz finden. Von hinten steigt man ein, da die Türe zwischen den Rädern angebracht ist; das Ganze ist sehr leicht und bequem.

Der Moment war außerordentlich günstig. Fast eine Woche langer Regen hatte alle Wasserfälle, Flüsse und Bäche so angeschwellt, daß sie sich in ihrer größten Schönheit zeigten, Bäume und Gras hatten ihr saftiges Grün angelegt, und die Luft war rein und durchsichtig wie Kristall geworden. Ich bewunderte die reichen Massen farbiger Bergblumen und Eriken, welche in den Felsenspalten wucherten, und bedauerte, zu wenig von der Botanik zu verstehen, um sie noch mehr als mit den Augen genießen zu können. Bald indes erreichte ich die ernsteren Regionen, wo von Blumen nur noch wenig, von Bäumen gar nicht mehr die Rede ist. An dem Wasserfall von Idwal stieg ich aus, um einen kleinen See zu besichtigen, der sich nicht übel für den Eingang des Hades passen würde.

Die trostlose Öde und Wildheit des tiefen Felsenkessels ist wahrhaft schaudererregend. Ich hatte gelesen, daß es möglich sei, von hier über den Tryfan (der Berg mit den Basaltsäulen, von dem ich dir geschrieben) und die ihn umgebenden Felsen in gerader Linie nach Capel Curig zu gelangen, die Passage war aber als sehr schwierig, jedoch auch äußerst schön, geschildert. Da nun eben ein Schafhirte von den Bergen herabkam, so fühlte ich große Versuchung, mit dem Führer, den mir der Zufall so gefällig bot, diese Tour zu versuchen. Ich ließ ihm meinen Wunsch durch den Postillon verdolmetschen, er meinte aber, es sei nun schon zu spät und das Hinuntersteigen auf der andern Seite bei Nacht zu gefährlich, auf weiteres Dringen äußerte er jedoch, wenn ich ihm rüstig folgen könne, so glaube er, daß wir, bei dem zu erwartenden Mondscheine, wohl in zwei Stunden den Weg zurücklegen könnten, es gäbe aber sehr mißliche Örter zu passieren. Ich hatte auf dem Snowdon meine Kraft zu gut wieder kennengelernt, um mich davor zu fürchten, machte daher alles richtig und befahl nur zur Vorsicht dem

Postillon, eine Stunde auf mich zu warten, im Fall ich doch unverrichtetersache zurückkehren müßte, und dann erst weiter auf der Landstraße nach Capel Curig zu fahren.

Wir mußten nun gleich von Anfang an sehr steil, über sumpfigen Boden und zwischen enormen, einzeln zerstreuten Felsenblöcken, aufwärts klettern. Es mochte ungefähr halb acht Uhr sein. Von irgendeinem gebahnten Fußwege war keine Spur, der Tryfan erhob seine grotesken Gipfel, wie eine krenelierte Mauer, vor uns, und nirgends war abzusehen, wie wir da hinüberkommen sollten. Hier taten uns indes die Bergschnucken wahre Liebesdienste, denn sie zeigten, vor uns klimmend, dem selbst oft ungewissen Führer, häufig die gangbarsten Stellen an. Nach einer Viertelstunde sehr ermüdenden Steigens, mit manchem schwindelnden Blick in die Tiefe, wogegen man aber bald gleichgültig wird, kamen wir auf ein kleines, nur aus einem Sumpfe bestehendes, Plateau, wodurch wir, bis an die Knie in den weichen Moor sinkend, waten mußten. Hier war eine schöne Aussicht auf das Meer, die Insel Man und das am Horizont dämmernde Irland. Gleich hinter dem Sumpf erwartete uns wieder ganz anderer Boden, nämlich eine vielfach gefurchte, schrägliegende, kompakte Steinwand, an der wir mit Füßen und Händen hinankriechen mußten. Die Sonne war schon hinter einen seitwärts stehenden hohen Berg gesunken und rötete jetzt die ganze wilde Gegend, wie die Wand, an der wir hingen, mit dunkelroter feuriger Glut, einer der wunderbarsten Effekte, die ich je vom Sonnenlicht gesehen. Es glich einer Theaterdekoration der Hölle. Jetzt ging es noch durch einen angeschwollenen Bergstrom, über den eingestürzte Blöcke eine natürliche Brücke geformt hatten, und dann abermals an nackten Felsen, ohne alle Beimischung von Erde, hinan, bis wir endlich den hohen Kamm erreichten, der so lange vor uns gestanden und wo ich das Ende aller Beschwerlichkeit erwartete. Ich war daher nicht wenig betreten, als ich von neuem eine andere bergtiefe Schlucht vor mir sah, in die wir erst hinab und dann wieder hinauf mußten, denn auf der, den kürzeren Weg zeigenden, halbmondförmigen Kante des Kammes hätte kein menschlicher Fuß lange halten können. Wir hatten nun die frühere Aussicht nach dem Meere hin ganz verloren und sahen dagegen landeinwärts, wo das Gebürge von Wales in seiner ganzen Breite, Gipfel an Gipfel sich reihend, vor uns lag – einsam, schweigend und gewaltig! Das sterile Tal unter uns war mit nichts als umhergeschleuderten Riesensteinen angefüllt, und wahrlich: die Revolution, die einst hier mit Felsen wie mit Bällen gespielt, muß ein Schauspiel für Götter gewesen sein! Während ich, in Betrachtungen verloren, dieses Chaos anstaunte, hörte ich nahe über mir einen gellenden, mehrmals wiederholten Schrei und sah, aufblickend, zwei majestätische Adler mit ausgebreiteten Schwingen über uns schweben, eine Seltenheit in diesen Gebürgen. »Willkommen, meine treuen Wappenvögel!« rief ich, »hier, wo es nur harte Felsen, aber keine falschen Menschenherzen gibt – wollt ihr mich wie der Vogel Rock in ein Diamantental entführen oder Kunde aus der lieben fernen Heimat bringen?« Die Tiere schienen mit ihrem fortwährenden Rufe antworten zu wollen, leider aber bin ich in der Vogelsprache noch nicht hinlänglich bewandert, und so verließen sie mich, immer höher und höher kreisend, bis sie zwischen den Säulen des Tryfan verschwanden. Diese wiederholten Attentionen der Raubtiere für mich sehe ich als ein gutes Zeichen an.

Es war höchst unbequem, daß ich mit meinem Führer nicht mehr als mit den Adlern sprechen konnte, denn er verstand kein Wort englisch. Wir mußten uns daher nur durch Zeichen verständlich machen. Auf diese Weise zeigte er jetzt, nachdem wir eine Weile verhältnismäßig ganz bequem hinabgestiegen waren, mit der Hand auf den Ort, wohin wir nun unsre Schritte lenken sollten. Hier waren wir an die »böse Passage« gelangt. Diese bestand nämlich in einer ganz steilen Wand, von gewiß nicht weniger als sechshundert Fuß Tiefe, und über dieser einen fast ebenso steilen Erdabhang, vom Regen abgewaschen und mit kleinen losen Steinen besäet. Über den letztern sollten wir, wohl tausendfünfhundert Schritt lang, hinwegschreiten. Ich hätte dieses Unternehmen früher für unausführbar gehalten, von der Notwendigkeit gezwungen, fand ich es jedoch, nach den ersten ängstlichen Schritten, ganz leicht. Es sah allerdings halsbrechend aus, aber die vielen Steine und die feuchte weiche Erde gaben einen festern Tritt, als sie erwarten ließen. Überhaupt klingen diese Dinge auch in einer nicht übertriebenen Beschreibung immer etwas gefährlicher, als sie wirklich sind. Es ist ganz wahr, daß ein Fehltritt hier ohne Rettung Verderben brächte, aber man hütet sich eben schon vor einem solchen. So müßte man auch im Wasser ertrinken – wenn man zu schwimmen aufhörte. Wer also gehen kann und einen festen Kopf hat, kann dergleichen ganz ohne Gefahr unternehmen.

Die Dämmerung fing nun an einzutreten, undeutlicher wurden die Berge, und unter uns lagen, wie ein paar dampfende Suppenterrinen, die Nebel aushauchenden Seen von Capel Curig und Beddgellert. Wir hatten den höchsten Punkt erreicht und eilten, soviel wir konnten, nach dem ersten der genannten Seen hinab. Noch einmal durchwateten wir einen Sumpf und kletterten wieder über Felsen hinunter, bis wir an den am wenigsten schwierig aussehenden und dennoch ermüdendsten Teil des Weges ankamen, eine glatte und feste Rasenalp, sehr steil und mit einem Steinuntergrund, der an manchen Stellen in weiten Platten zutage kam. Auf diesem abschüssigen Boden mußten wir oft ganze Stellen mehr hinabgleiten als -steigen, und die Anstrengung wurde zuletzt so schmerzhaft in den Knien, daß sowohl der Führer als ich in der Dämmerung einigemal fielen, ohne uns jedoch Schaden zu tun. Die hohen umstehenden Berge hatten den Mond bisher verdeckt, der nun groß und blutrot über ihre Wellenlinien heraufstieg. Bald darauf verloren wir ihn jedoch wieder, und erst nahe am Ziel sahen wir ihn von neuem, jetzt goldgelb, klein und klar, sich im stillen Gewässer des Sees spiegeln, an dessen Ufer unser Gasthof liegt. Der letzte Teil des Weges wurde auf ebener Landstraße zurückgelegt und bot, im Vergleich mit dem vergangenen, eine solche Bequemlichkeit dar, daß ich darauf hätte gehend schlafen können. Es war, als wenn ich willenlose Schritte machte, von einem Uhrwerk fortgetrieben, wie die Kinderspielwerke, welche, aufgezogen, unaufhaltsam auf dem Tische umherfahren. In eindreiviertel Stunden hatten wir die Tour vollbracht, und ganz stolz auf diese Tat zog ich in Capel Curig ein, dessen Wirt kaum glauben wollte, daß wir den Weg in so kurzer Zeit bei Nacht zurückgelegt. In hatte mich in den letzten Jahren so verweichlicht, daß ich mich fast alt geworden glaubte, aber der heutige Tag bewies mir zu meiner Freude, daß ich nur Anlaß brauche, um Geist und Körper wieder frisch-kräftig zu fühlen, Gefahr und Beschwerde zeigten sich ohnedem immer als das mir am besten zusagende Element, wenn die Umstände mir beides bescherten.

Mein Postboy war noch nicht mit dem Wagen angekommen, und ich mußte daher für den nötigen Umzug die Garderobe des dicken Wirtes benutzen, in dessen Kleidern ich seltsam genug aussehen mag, während ich, am Kamin die meinigen trocknend, Dir hier abwechselnd schreibe und meinen Abendtee verzehre. Morgen soll ich schon um vier Uhr aus den Federn, um – rate, was – aufzusuchen: Merlins, des Zauberers, Felsen, wo er dem König Vortigern die Geschichte der kommenden Zeiten prophezeite und wo seine Wunderschätze, der goldne Thron, das diamantne Schwert, noch heutzutage in verborgenen Höhlen begraben liegen. Da gäbe es noch eine neue, weit sicherere Spekulation für die Bergwerksunternehmer in London und Elberfeld!

Beddgellert, den 29., früh

Bewundere, liebste Julie, mit mir die Täler Merlins, sie sind in der Tat *bezaubernd* – aber an seinen Felsen, an Dinas Emris, werde ich gedenken! Doch laß mich in der Ordnung erzählen.

Ich stand also, obgleich erst um ein Uhr zu Bett gegangen, pünktlich um vier Uhr auf, und in zehn Minuten war ich reisefertig, denn sobald man Diener und Luxus abgestreift, geht alles leichter und schneller vonstatten. Das gute Wetter hatte sich bereits wieder in den gewöhnlichen Nebel dieser Gebürge verwandelt, und mein Regenschirm, den ich gestern als Alpenstock gebraucht, tat mir heute, als Obdach, gute Dienste im offenen Wagen, so wie mein alter fünfzehnjähriger Mantel, die geehrte Reliquie, in dem ich die Franken mit bekriegen half und den aus hohem Luftballon ich einst mit allen übrigen Ballast hinabwerfen mußte, um die Luftfahrt nicht im Wasser zu enden.

Im Anfang war die Straße ziemlich tot und uninteressant, bis wir an den Fuß des Snowdon kamen, der, obgleich eine Wolke unter ihm uns beregnete, sein Haupt doch zu derselben Zeit großmütig enthüllte. Er sieht an dieser Stelle besonders majestätisch aus, da er sich fast senkrecht aus dem tiefen Tal von Gwynant erhebt, das hier seinen Anfang nimmt. Dieses reich bewässerte Tal verbindet die blühendste Vegetation mit den erhabensten Ansichten. Die höchsten Berge von Wales gruppieren sich um dasselbe in mannigfaltigen Formen und Farben. Der Fluß, welcher es durchströmt, bildet in seinem Lauf zwei Seen, die nur wenig Breite, aber desto mehr Tiefe haben, denn das Tal ist durchgehends eng, welches die Größe der Kolossen darum her desto mehr hervorhebt. In dem üppigsten Teile desselben besitzt ein Kaufmann aus Chester einen Park, den er nicht mit Unrecht das »Elysium« benannt hat. An einem hohen, dicht mit Wald bedeckten Bergrücken, aus dessem dunklem Grün vielfache, in seltsamen Gestalten wetteifernde Felsen hervortreten, steht über dem Bergstrom auf lichter Wiese die anspruchlose, freundliche Villa. Vor ihr breitet sich in der Tiefe der See aus, und hinter diesem schließt Merlins, ganz isoliert dastehender, Wunderfelsen scheinbar das Tal, welches hier eine jählinge Biegung macht. Doppelt unvergeßlich bleibt mir Dinas Emris, einmal wegen seiner romantischen Schönheit, und zweitens, weil ich auf ihm wörtlich zwischen Leben und Tod hing. Obgleich nicht höher als vier- bis fünfhundert Fuß, wird er doch nur von einer Seite als ganz zugänglich angesehen. Ich hatte einen kleinen Knaben als Führer mitgenommen, der aber, an Ort und Stelle angekommen, seiner Sache nicht recht sicher schien. Der Weg, den er durch das Eichengestrüpp nahm, schien mir gleich vom Anfang an, wegen seiner ungemeinen Steilheit, verdächtig, indessen beruhigte er meine Besorgnis in gebrochenem Englisch, und ich konnte nichts andres tun, als der kleinen Gemse, so gut als möglich, folgen. Merlin schien uns zu zürnen, es hatte sich ein heftiger Wind erhoben, und die Sonne, die uns einen Augenblick angeglänzt, lagerte sich hinter schwarze Wolken, das lange nasse Gras aber, welches über die Steinblöcke hing, machte das Klettern sehr gefährlich. Den barfußen kleinen Jungen focht dies indes nicht sehr an, desto mehr meine von gestern noch etwas steifen Glieder. Je höher wir uns emporarbeiteten, je steiler wurden die Felsen, oft war es nur mit Hülfe der aus den Spalten wachsenden Sträucher, und den Blick hinter sich bestens vermeidend, möglich, sich hinaufzuschwingen. Endlich bemerkte ich, daß der Knabe selbst ganz unschlüssig ward und, auf dem Bauche kriechend, sich bald nach der, bald nach jener Richtung ängstlich umsah. Wir wandten uns nun noch durch einige Spalten rechts und links und standen dann plötzlich auf der Spitze einer glatten hohen Wand, mit kaum so viel Raum, um den Fuß daraufzusetzen, und über uns nichts als eine ähnliche Felsmauer, bloß mit einzelnen Grasbüscheln bewachsen, welche zum Gipfel führte, den sie überall zu umziehen schien.

Der Anblick war entmutigend, das Kind fing an zu weinen, und ich überlegte mit klopfendem Herzen, was zu tun sei. Gern, ich gestehe es, wäre ich wieder zurückgeklettert und hätte Merlins Felsen allen Hexen und Gnomen überlassen, wenn ich es für möglich gehalten hätte, ohne Schwindel da wieder hinunterzukommen, wo wir heraufgestiegen, oder nur denselben Weg wieder aufzufinden. Vor uns war keine Aussicht, weiterzugelangen, als die Mauer auf gut Glück zu eskaladieren. Der Knabe, als der Leichtere und Gewandtere, mußte also voran, ich folgte ihm auf dem Fuße, und an die Grasbüschel als einzige Stütze uns haltend, Hände und Füße wie Klauen in jede kleine Fuge einschlagend, erstiegen wir so, zwischen Himmel und Erde hängend, glücklich die halsbrechende Zinne. Ich war gänzlich erschöpft, als ich oben ankam, und fast ohnmächtig. Ein Kühnerer mag über mich spotten, aber wenn ein Grasbüschel, eine Wurzel in meiner Hand jetzt zu wanken schien und loszureißen drohte, ehe ich mich noch daran hinaufgeschwungen, fühlte ich, was *Entsetzen* heißt. Als ich nun, tiefatmend, auf dem Rasen lag, erblickte ich eine große schwarze Eidechse, mir gegenüber gelagert, die mich höhnisch anzublinzeln schien – als sei sie der boshafte Zauberer selbst im Morgenneglígé.

Ich ließ sie indes gern gewähren und war guter Dinge, so wohlfeilen Kaufs davongekommen zu sein, obgleich ich dem kleinen »imp«, der mich, wie ein neckender Berggeist, in die Gefahr gebracht, mit allen Schrecknissen drohte, wenn er nicht zur Rückkehr den rechten Weg ausfindig mache. Während seiner Abwesenheit besah ich die Überreste der Area, wie sie hier genannt wird, die demolierten Mauern, wo

»Prophetic Merlin sat, when to the British King
The changes long to come, auspiciously he told.«

In dem Steinhaufen wühlte ich umher, in die verfallnen Gewölbe kroch ich – aber auch mir blieben, gleich andern guten Leuten, die Schätze verborgen! Ohne Zweifel war der rechte Moment noch nicht gekommen – dafür aber erschien frohlockend der Knabe und rühmte die Schönheit des endlich aufgefundenen Weges. War dieser nun auch nicht ganz so eben und leicht wie der der Sünde, so gehörte er doch wenigstens nicht zu den inakzessiblen wie der frühere. Merlins Ungnade verfolgte uns aber noch ferner in strömenden Regengüssen, die mich hier in Beddgellert wieder zwingen, den Kamin zur Trockenanstalt zu benutzen. Gar anmutig ist der unter hohen Bäumen völlig versteckte Gasthof, in dem ich ruhe. Nur vor meinem Fenster grünt eine frischgemähte Wiese, und dahinter brüstet sich ein ungetümer Berg, von oben bis unten mit hochroter Erika bedeckt, die, ohngeachtet des Streifregens und des bedeckten Himmels, wie das Morgenrot leuchtet. Indes man mein Mittagessen bereitet (denn ich esse heute, wie Suworow, früh acht Uhr zu Mittag), spielt ein Harfner, bescheidnes Überbleibsel der welschen Barden, originelle Weisen auf seinem uralten Instrument. Er ist blind, und auch sein Hund ist blind, der unermüdlich aufwartend neben ihm auf den Hinterbeinen steht, bis man seinem Herrn ein Stück Geld und ihm ein Stückchen Brot gespendet. Bedd Gellert heißt

Gellerts Grab, denn Bett und Grab wird poetisch in der welschen Sprache durch dasselbe Wort ausgedrückt. Daß hier nicht von dem deutschen Prosaiker die Rede ist, hat Dein Scharfsinn ohne Zweifel schon erraten, es handelt sich, ganz im Gegenteil, nur um die Ruhestätte eines Windhundes, dessen Geschichte aber so rührend ist, daß ich sie Dir erzählen will, sobald mein déjeuner dînatoire wieder abgetragen sein wird, denn die Angst auf dem behexten Felsen hat mich verzweifelt hungrig gemacht.

après dîner

Die versprochene Geschichte also ist folgende:

Llewellin der Große, Prinz über Wales, hatte einen Lieblingshund mit Namen Gellert, ein Schrecken der Wölfe, aber die Freude seines Herrn. Als Llewellin sich indes später mit einer jungen und schönen Gemahlin vermählte, trat der Hund, wie billig, in den Hintergrund, blieb jedoch, wenn auch weniger geliebt, mit *Hundestreue* (car les hommes ne sont pas si bêtes!) seinem Herrn stets mit gleicher Anhänglichkeit ergeben. Llewellins innigste Wünsche wurden erhört, ein holder Knabe krönte sein eheliches Glück. Überall mußte nun dem überseligen Vater der Säugling folgen, dessen Wiege immer neben seinem eignen Lager aufgeschlagen stand. Einst hatte, auf einer Jagdstreiferei im wilden Gebürge, die Fürstin, durch Unpäßlichkeit verhindert, ihren Gemahl nicht begleiten können, dennoch durfte sein Sohn, von einer Amme gewartet, ihn nicht verlassen. Man hatte in einer schlechten Hütte übernachtet, und früh auf die Jagd ausziehend, übergab Llewellin den Knaben auf die wenigen Stunden der Amme und der Wache seines treuen Gellert, keine Gefahr für ihn, in dem tiefen Frieden, der damals im Lande herrschte, besorgend. Die Amme, von gleicher Sicherheit betört, benutzte schnell die Freiheit, ihren nahen Liebhaber zu sehen, nur der Hund folgte streng gehorsam seiner Pflicht. Er war dadurch des Knaben Retter – denn ein Wolf, die Einsamkeit des Hauses bemerkend, hatte sich herangeschlichen und mochte schon das schlafende Kind als sichere Beute ansehen, als Gellert hervorsprang und nach langem Kampfe, selbst schwer verwundet, den Feind bezwang und tötete. Im Blute schwimmend, legte er sich zu der Wiege Füßen, abwechselnd des Knaben zarte Händchen und seine eignen Wunden leckend. In diesem Augenblicke kehrt Llewellin, noch mit dem Jagdspieß in der Hand, zurück, tritt in das Zimmer und sieht mit Entsetzen die Stube, seinen Sohn mit Blut bedeckt und den Hund über die Wiege gebeugt. Von Schreck und Zorn betört, glaubt er, dieser habe sein Kind gemordet, und wütend stößt er ihm den widergehakten Spieß in die treue Brust. Die Augen klagend auf seinen Herrn gerichtet und in letzter Unterwürfigkeit noch einmal liebkosend mit dem Schweife wedelnd, verschied mit einem herzzerreißenden Schmerzensschrei das arme Tier – und kaum war sein letzter Seufzer verhallt, als Llewellin den getöteten Wolf, ausgestreckt am Boden, und seinen Sohn, sanft lächelnd, in der Wiege erblickte. Der Sage nach verfolgte seitdem des treuen Gellerts Schmerzenslaut den betrübten Fürsten bei Tag und Nacht, so daß er zu seinem Andenken ein Monument erbaute, auf dessen Platz noch jetzt eine alte gotische Kirche steht und wo er lange strenge Bußübungen verrichtete. Später wollte er sogar seine neue Burg auf dem nahen Merlins-Felsen aufführen lassen, aber nimmer konnte er sie zustande bringen. Was am Tage gebaut war, fand man in der Nacht wieder in die Erde gesunken – nie erlaubte, damals und seitdem, der neidische Zauberer, durch fremde Behausung seinen Wohnplatz zu entweihen.

Die Sonne scheint wieder, denn hier dauert der April das ganze Jahr.

Caernarvon, den 30.

Während meines Diners in Beddgellert hatte ich den Harfner fleißig aufspielen lassen und mich, wie ein Kind, mit seinem Hunde amüsiert, dem das Stehen auf zwei Beinen so zur andern Natur geworden war, daß er noch besser wie der gerupfte Hahn als platonischer Mensch hätte figurieren können. Die vollkommene Aisance seiner Stellung und sein ernstes Gesicht dabei hatten etwas so Lächerliches, daß man ihm nur in Gedanken einen Unterrock überzuziehen und eine Tabaksdose in die Pfote zu geben gebraucht hätte, um darauf zu schwören, es sei eine alte blinde Dame. Wie dieser Hund dem heroischen Gellert, so mögen auch die modernen Welschen den alten gleichen. Ohne die Energie und Betriebsamkeit der Engländer, noch weniger von dem Feuer der Irländer beseelt, vegetieren sie arm und im verborgenen zwischen beiden. Die Einfachheit der Berge aber ist ihnen geblieben, und sie sind weder so grob, noch prellen sie so unverschämt wie die Schweizer. Point d'argent, point de Suisse ist hier noch nicht anwendbar. Im Gegenteil lebt man so wohlfeil, daß bankerotte Engländer häufig hier ihre Lebenstage beschließen, wo sie freie Jagd, den Gebrauch eines Pony nebst guter Kost und Wohnung für fünfzig Guineen des Jahres finden können.

Die Umgebung von Beddgellert ist die letzte Fortsetzung des herrlichen Tales, welches ich Dir beschrieben und das in diesem Augenblick durch hundert Wasserfälle belebt wird, die in allen Bergschluchten sich, weiß und schäumend wie Milch, herabstürzen. Eine halbe Stunde hinter dem Dorfe treten die Felsen so eng zusammen, daß kaum noch Platz für Strom und Weg nebeneinander übrigbleibt. Hier wölbt sich die Teufelsbrücke und schließt das Tal, oder vielmehr die Schlucht, in die es läuft. Von nun an nähert man sich wiederum dem Meere, und die Gegend nimmt eine Zeitlang einen lachenden Charakter an. In zwei Stunden erreichte ich das von den Touristen so viel besuchte Tal von Tan-y-Bwlch (Tannibulck), dessen Hauptmerkwürdigkeit ein schöner Park ist, auf zwei felsigen, mit Hochwald bewachsenen Bergen ausgebreitet, zwischen welchen ein reißender Bach strömt, der mannigfaltige Kaskaden bildet. Die Promenade in dieser Anlage ist vortrefflich geführt, um in gehöriger Gradation und Abwechslung auf die verschiedenen Aussichtspunkte zu gelangen, wo bald in der Ferne eine Insel im Meere, dann ein naher Abgrund mit dem schäumenden Wasserfall, jetzt ein entfernter Pik oder später eine einsame Felsenpartie unter der Nacht uralter Eichen sichtbar wird. Ich wanderte über eine Stunde lang auf diesen Gängen, war aber sehr verwundert, das Ganze in solchem Grade vernachlässigt zu finden, daß ich an den meisten Stellen im hohen Grase waten und mich durch die verwachsenen Pflanzungen durcharbeiten mußte. Auch das Wohnhaus schien verfallen. Später erfuhr ich, daß der Besitzer sein Vermögen in London im Spiel eingebüßt! Da ich fürchtete, zu viel Zeit zu verlieren, gab ich den Besuch von Festiniog und seiner berühmten Wasserfälle auf, nahm einen frischen sociable* und Pferde beim Wirt und machte mich nach dem zehn Meilen entfernten Tremadoc auf, eine sehr belohnende Fahrt, obgleich der Weg der schlechteste war, den ich noch in Großbritannien angetroffen. Einige Meilen führt er im Meere fort, nämlich in einem Teil desselben, welchen ein reicher Partikulier, Hr. Madocks, durch einen ungeheuern Damm abgeschnitten und dadurch ein fruchtbares Terrain, von der Größe eines Ritterguts, gewonnen hat. Von diesem Damme, welcher zwanzig Fuß hoch und zwei Meilen lang ist, genießt man eine der prächtigsten Aussichten. Das abgeschnittene Becken formt einen fast regelmäßigen Halbzirkel, dessen Wände von dem ganzen Amphitheater des Gebürges gebildet zu sein scheinen. Hier hat der Kunstfleiß des Menschen den Schleier vom Meeresboden hinweggezogen, und statt der Schiffe zieht der Pflug seine Furchen durch die weite Fläche – aber links deckt noch der unermeßliche Ozean alle Geheimnisse seiner nie ergründeten Tiefe mit schäumenden Wasserbergen zu. Die Küste endet für das Auge in geringer Ferne mit einem kühnen Felsenvorsprung, auf dem die Ruine des alten Schlosses Harlech mit fünf verfallenen Türmen über die Fluten hinaushängt. Vorn, am Ende des Dammes, öffnet sich dagegen ein freundlich stilles Tal, unter hohen Bergen gelagert, mit einem kleinen, aber belebten Hafen, neben welchem Tremadoc sich an die Felsen schmiegt.

Übrigens würdest Du, Herzens-Julie, Dich schwerlich entschließen können, über diesen Damm zu fahren, da seine Beschaffenheit sich eigentlich nur für Fußgänger eignet. Er ist, wie schon erwähnt, zwanzig Fuß hoch aus roh übereinandergetürmten, spitzen und kantigen Schieferblöcken steil aufgeführt und oben nur vier Ellen breit, ohne irgend etwas, das einer Lehne ähnlich sähe. Mit Wut stürmt auf der einen Seite die Brandung gegen ihn, und scheuten davor die Pferde, so stürzte man ohnfehlbar in die gleich Piken aufgerichteten Schieferspitzen. Die Bergpferde allein können solche Pfade sicher passieren, da sie die Gefahr zu beurteilen scheinen und mit ihr vertraut sind. Demohngeachtet sieht man hier selten einen Wagen; nur eine Eisenbahn für

* *Eine Art viersitziger, leichter Kalesche, ohne Verdeck.*

Steinkarren führt über den Damm, welche das Fahren mit anderm Fuhrwerk noch bedeutend erschwert.

Tremadoc selbst steht auf früher durch eine gleiche Operation gewonnenem Meeresgrund. Es ist auffallend, wie ähnlich dieser, erst seit einigen Jahrhunderten Land gewordene, Strich auf die kurze Distanz den nördlichen Sandgegenden Deutschlands ist, welche vielleicht auch zum Teil kaum über ein Jahrtausend vom Meere frei wurden. Das Städtchen selbst und seine Einwohner, als wenn gleicher Boden auch gleichen Menschencharakter hervorbrächte, war ebenso vollkommen den traurigen Örtern jener Länder verwandt. Öde und vernachlässigt, schmutzig, die Menschen schlecht gekleidet, der Gasthof nicht besser als ein schlesischer, und nicht weniger unreinlich, und um nichts fehlen zu lassen, auch die Postpferde, welche ich bestellte – auf dem Felde, so daß ich sie erst nach anderthalb Stunden erlangen konnte. Wie sie endlich kamen, entsprach ihr Aussehen, der schlechte Zustand der Geschirre wie die Tracht des Postillions, ebenso treu dem angeführten Modell. Dies gilt jedoch nur von diesem, der See abgewonnenen, Distrikt; sobald man eine halbe Stunde weitergefahren ist und die umgebenden Höhen wieder erreicht, ändert sich die Gegend von neuem zum Fruchtbaren und Schönen um. Sie hatte freilich das Wilde und Gigantische der frühern verloren, aber nach dem langen Aufenthalt in den Felsenmassen tat mir dieser Anblick wohl, da überdem heute der heiterste und klarste Abend die Landschaft beleuchtete. Die Sonne glänzte so golden auf den smaragdfarbigen Wiesen, bebuschte Hügel lagerten sich so friedlich, wie zur Ruhe, um ein kristallhelles Flüßchen, und einzelne Hütten hingen so einladend an ihren schattigen Abhängen, daß man sich gleich für immer dort hätte niederlassen mögen! Ich war dem Wagen zu Fuß vorangegangen und überließ mich, unter einem hohen Nußbaum, auf weichem Moose ruhend, mit Wonne meinen Träumereien. Wie sprühende Funken blitzte das Abendlicht durch die dichtbelaubten Zweige, und hundert kleine freudig wimmelnde Insekten spielten in den roten Strahlen, während im Wipfel der laue Wind in Melodien säuselte, die dem Eingeweihten verständlich sind, der ihnen mit süßem Entzücken lauscht. – Der Wagen kam – noch einmal warf ich den sehnsüchtigen Blick auf das tiefblaue Meer, noch einmal sog ich den Duft der Bergblumen in mich –, dann zogen die Pferde den Zögernden rasch in das flache Land hinab.

Von nun an hörte alles Romantische des Weges in einer wohlbebauten Gegend gänzlich auf, bis sich in der Abenddämmerung die Türme von Caernarvon Castle über den Waldspitzen zeigten. Hier gedenke ich nun einige Tage auszuruhen, nachdem ich an dem heutigen, von vier Uhr früh bis abends zehn Uhr, teils zu Wagen, teils zu Fuß, zweiundsiebzig englische Meilen zurückgelegt habe.

den 1. August

Diesen Morgen erhielt ich Briefe von Dir, die mich traurig stimmen! Ja, wohl hast Du recht – eine harte Prüfung des Schicksals war es, die das heiterste und ruhigste Glück, das vollkommenste Einverständnis stören und die am besten in der Welt zusammenpassenden Gemüter – beide noch obendrein im behaglichen Schoße ihrer beiderseitigen Steckenpferde – wie ein Sturm das friedliche Meer aufregen, voneinanderreißen, ja auf eine Zeit fast geistig zerstören mußte, den einen Teil zu rastloser Wanderung, den andern zu trostarmer Einsamkeit, beide zu Kummer, Sorge, Schmerz und Sehnsucht verurteilend! Aber war der Sturm nicht vielleicht unumgänglich nötig für die Meerbewohner, wäre die nie bewegte Luft ihnen nicht vielleicht noch verderblicher geworden? Lasse uns also nicht übermäßig trauern, nichts Vergangenes *bereuen*, was immer eitel ist – nur vorwärts zum Bessern laß uns streben und auch im schlimmsten Falle nicht uns selbst verlieren! Wie oft aber sind die eingebildeten Übel die schwersten zu ertragen! welche brennende Schmerzen erregt gekränkte Eitelkeit, welche peinigende Schambegriffe falscher Ehre. Es geht mir nicht besser, und oft möchte ich mir beinah Falstaffs Philosophie über dieses Kapitel wünschen. Die Natur hat mir indessen ein anderes kostbares Geschenk verliehen, was ich Dir mitteilen zu können mich glücklich schätzen würde. Ich finde in jeder Lage schnell, und fast instinktmäßig, die *gute* Seite derselben auf und genieße diese mit einer Frische des Gefühls, einer kindlichen Weihnachtsfreude an Kleinigkeiten, die gewiß bei mir nie veralten wird. Und wo wäre nicht auf die Länge Gutes dem Übeln überwiegend beigemischt? Diese Überzeugung aber ist der Grundstein meiner Frömmigkeit. Unendlich sind die Gaben Gottes, und man könnte fast sagen: es ist nicht zu verantworten, wenn wir nicht glücklich sind. – Wie sehr wir es wirklich selbst in der Gewalt haben, kann jeder sehen, wenn er auf sein vergangenes Leben zurückblickt und sich da überzeugen muß, wie er fast alles Übele so leicht hätte zum Guten wenden können. Wie ich Dir früher und oft sagte: Wir machen unser Schicksal selbst – aber freilich uns selbst haben wir nicht gemacht, und da liegt eine weite, unbekannte Vergangenheit, über die jedoch sich den Kopf zu zerbrechen zu nichts führen würde. Es tue nur jeder sein Möglichstes, mit frischem Mute die äußern Dinge dieser Welt ohne Ausnahme *leicht* anzusehen, weil die Dinge dieser Welt wirklich leicht wiegen, im guten wie im schlimmen. Eine bessere Waffe gibt es nicht, nur muß man deshalb die Hände nicht in den Schoß legen. Dein weiblicher Fehler, gute Julie, ist, bei üblen Zeiten, mit einer schwachen Art Frömmigkeit, Dich auf den lieben Gott und seine Hülfe als Deus ex machina allein zu verlassen. Damit aber geht man, wenn diese Hülfe endlich doch ausbleibt, sicher zugrunde. Doch kann beides, frommes *Hoffen* und rüstiges *Tun*, sehr wohl miteinander bestehen, und kein Zweifel sogar, daß dann das erste das zweite gar sehr erleichtert; denn ist auch jene Art Frömmigkeit, wie sie die Welt gewöhnlich versteht, jene sichere Zuversicht auf irdischen besondern Schutz von oben, jenes Bitten um Güter oder gegen Übel, nur eine Selbsttäuschung – so ist es doch eine wohltätige, ja in unsrer Natur vielleicht begründete, wie wir deren so vielen unterworfen sind und die ohnedem, wenn wir wahrhaft an sie glauben, auch für uns zur individuellen Wahrheit werden. Es scheint, unsere Natur habe das Vermögen, da, wo die Wirklichkeit nicht mehr ausreicht, uns eine *eingebildete* selbstgemachte, als helfende Stütze, *schaffen zu können*. So gibt fromme Zuversicht auf speziellen Schutz, selbst in jeder Form des Aberglaubens, Mut. Wer mit der Überzeugung in die Schlacht geht: durch einen Talisman feuerfest zu sein – der kehrt sich an die Kugeln nicht mehr; höher aber noch wirkt der Enthusiasmus für Ideen, die unser Ich gebietend über die Außenwelt stellen, und so begeistert sah man oft religiöse Schwärmer die unerträglichsten körperlichen Schmerzen an sich mit wahrer Wunderkraft vernichten. So bilden sich auch Leidende und Gedrückte beseligende Hoffnungen einer künftigen Glückseligkeit, die sie schon hier entschädigt – alles Wirkungen des mächtigen Triebes der individuellen Selbsterhaltung im weitesten Sinne, der das oben erwähnte Vermögen unsrer Natur in Anwendung bringt, sobald er es gebraucht – daher endlich bei *schwachen* Charakteren die, zwar an sich ganz nutzlosen, aber sie doch beruhigenden Bekehrungen auf dem Todbette. Jeder muß am Ende diesem Bedürfnis in einer oder der andern Form seinen Tribut bezahlen, d. h., jeder *macht* sich seinen irdischen Gott, und dies ist auch eine sich immer wiederholende Menschwerdung Gottes. Die Vorstellung des alliebenden Vaters ist im allgemeinen gewiß die schönste dieser Bildungen, über die hinaus wir auch menschlich nicht weiter steigern können, und man muß es gestehen, die bloße Idee des zum Unbegreiflichen, Unnennbaren, höchsten Prinzips aller Dinge Vergeistigten, sozusagen Verflüchtigten, erwärmt das fühlende, seiner Schwachheit sich bewußte, *Menschenherz* nicht mehr mit derselben Innigkeit. Übrigens scheint mir oft alles, was den Menschen und die Natur ausmacht, nur auf zwei Hauptelemente sich zurückführen zu lassen: Liebe und Furcht, die man auch Göttliches und Irdisches nennen könnte. Alle Gedanken, Gefühle, Leidenschaften und Handlungen entstehen hieraus, entweder aus dem einen oder der Mischung beider Prinzipien. Liebe ist die *göttliche* Ursach aller Dinge, Furcht scheint die *irdische* Erhalterin. Die Worte: Ihr sollt Gott lieben und fürchten, müßte man nur *so* erklären, oder sie würden keinen Sinn haben – denn ungemischte Liebe *kann* nicht fürchten, weil sie das Gegenteil von allem Egoismus ist, ja sie wird, wo sie wahrhaft uns beseelt, eins mit Gott und dem Weltall, und wir *haben* Momente, wo wir dieses fühlen.

Wenn ich den Maßstab jenes ausgesprochenen Satzes an alle menschliche Handlungen lege, finde ich ihn überall bestätigt. Liebe befruchtet, Furcht erhält und zerstört –

auch in der ganzen Natur sehe ich das Prinzip der Selbsterhaltung oder Furcht (es ist eins und dasselbe) auf das, was wir in der *menschlichen* Moral böse nennen müssen, nämlich: auf die Vernichtung einer andern Individualität gegründet. Ein Geschlecht lebt immer von der Zerstörung des andern, Leben entsteht nur durch Tod, bis in alle Ewigkeit der Erscheinung, welche grade auf diese Art Einheit im fortwährenden Wechsel bleibt.

Es ist auch der Bemerkung wert, daß diese Furcht, obgleich uns allen zu unserm irdischen Bestehen so unumgänglich nötig, dennoch, selbst hier, von unserm göttlichen Teile so sehr gering geschätzt wird, daß fast kein mögliches Verbrechen uns so tiefe *Verachtung* einflößt als *Feigheit.* Nichts bezwingt dagegen die Furcht besser als eine große Idee, die aus dem Reiche der Liebe entsprießt. Auch andere reißt man, so beseelt, dann mit sich fort, und ganze Völker werden davon, sich aufopfernd, ergriffen, wenngleich nichts Irdisches ganz rein von Beimischung des niedrigeren Prinzips sich erhalten kann. Furcht also *wird* in der Zeit und im Raume, Liebe ist und kennt keine Zeit noch Raum. Die Liebe ist unendlich und selig, die Furcht stirbt eines ewigen Todes. Die Liebe ist Gott, die Furcht ist der Teufel – und ihm gehört bekanntlich die Erde zur größern Hälfte.

K... Park, den 2. August

Bei meiner Rückkehr nach Bangor machte ich gestern die Bekanntschaft des Besitzers von Penrhyn Castle (dem schwarzen Sachsenschloß, das ich Dir beschrieben), ein Mann, der in der Bauleidenschaft mir wahlverwandt ist. Schon sieben Jahr wird an dem Schloß gearbeitet, wozu jährlich zwanzigtausend Pfund Sterling ausgesetzt sind, und noch vier Jahre mehr vielleicht wird es bis zur Vollendung brauchen. Während dieser Zeit lebt der reiche Mann mit seiner Familie in einer höchst unansehnlichen gemieteten Cottage in der Nähe, mit wenig Leuten umgehend, aber sich wöchentlich einmal an der Besichtigung seiner Feenburg weidend, die er, an so einfaches Leben gewöhnt, wahrscheinlich nie zu bewohnen sich entschließen können wird. Es schien ihm viel Freude zu machen, mir alles zu zeigen und zu erklären, und ich empfand nicht weniger Vergnügen bei *seinem* Enthusiasmus, der dem sonst kalten Manne wohl anstand.

Um einer Einladung zu folgen, die ich in London erhalten und die mir seitdem dringend wiederholt worden war, reiste ich heute früh hieher. Die Straße führt zuerst in der fruchtbaren Aue zwischen der See und dem Fuß des Gebürges hin, zuweilen mit einer sich plötzlich öffnenden Bergschlucht und reißenden Waldbächen, die eilig dem Meere zueilen. Am Penmaenmawr verengt sich aber der in den Felsen gesprengte Weg zu einem schwierigen Paß, dessen linke Seite, fünfhundert Fuß hoch, senkrecht und überhängend zu den Wellen hinabsinkt. Eine sehr notwendige Mauerbrüstung schützt die Wagen. Ich saß auf meiner Imperiale, einen Platz, den ich bei gutem Wetter häufig einnehme, und genoß hier die weite Seeaussicht in völliger Freiheit. Der Wind sauste dazu durch alle Töne, und mit Mühe erhielt ich meinen Mantel. Nach einer Stunde erreichte ich Conway, dessen Lage eine der reizendsten ist. Hier befindet sich das größte jener festen Schlösser, die alle Eduard gebaut und Cromwell zerstört hat. Es ist zugleich das, welches durch Umgebung wie eigne Schönheit am romantischsten erscheint.

Die Umfangsmauern, obwohl verfallen, stehen noch sämtlich, mit allen ihren Türmen, deren man bis zweiunddreißig zählt. Die ganze neuere Stadt, ein seltsames, aber nicht unmalerisches Gemisch von Altem und Neuem, findet Platz im Bezirk dieser Mauern. Seit kurzem hat man über den Fluß Conway, an dessen Felsenufern das Schloß steht, eine Kettenbrücke, mit Pfeilern in Gestalt gotischer Türme, gebaut, die das Grandiose und Fremde des Anblicks noch vermehrt. Die Umgegend ist herrlich, bewaldete Berge stehen den Ruinen gegenüber und noch höhere ragen über sie hervor. Mehrere Landhäuser zieren die Abhänge, unter andern eine allerliebste Villa, die eben zum Verkauf ausgeboten ist und den verführerischen Namen »Zufriedenheit« (Contentment) führt. In dem Schloß sieht man noch die imposanten Rudera der Banquethalle mit zwei haushohen Kaminen und die königlichen Zimmer. Im Closet der Königin wird ein ziemlich gut erhaltner und schön gearbeiteter Betaltar sowie ein prachtvolles oriel-window bewundert. Auch in der Stadt befinden sich sehr merkwürdige alte Gebäude mit wunderbaren, phantastischen Holzhieroglyphen. Das eine dieser Häuser wurde, wie ein Grabstein in der Kirche besagt, von einem gewissen Hookes im 14. Jahrhundert erbaut, welcher der einundvierzigste Sohn seines Vaters war, in der Christenheit ein seltnes Beispiel! Ein großes Wickelkind, von einem Storche getragen und in altem Eichenholz geschnitzt, war daher auch so oft wie möglich als Zierat auf den Wänden angebracht. In gastronomischer Hinsicht ist Conway ebenfalls preiswürdig. Es gibt hier einen Fisch, dessen ebenso zartes als festes Fleisch äußerst wohlschmeckend ist. Er heißt Place (Platz), ein recht passender Name, als rief er: Platz für mich, der besser ist als ihr übrigen! Auch wünschte ich, ihm öfter den Ehrenplatz an meinem Tische einräumen zu können. – Noch bei guter Zeit verließ ich Conway, über die Kettenbrücke fahrend, der das zerstörte Schloß zum ehrwürdigen Stützpunkte dient. Die ungeheuren Ketten verlieren sich so abenteuerlich in den felsenfesten Türmen, daß man das Neue kaum bemerken würde, wenn nicht unglücklicherweise gegenüber ein Chausseehaus, ebenfalls in der Form einer diminutiven Burg, aufgebaut worden wäre, das sich wie der Harlekin der großen ausnimmt. Je mehr man sich St. Asaph nähert, je milder wird der Anblick des Landes. In einer fast nicht zu übersehenden halbrunden Bucht bespült das ruhige Meer fruchtbare Felder und Fluren, reichlich mit Städten und Dörfern untermengt. Alle Landbesitzer scheinen hier dem gotischen Geschmack zu huldigen. Diese Manier war so weit getrieben, daß selbst eine Schenke an der Straße mit Falltoren, Schießscharten und Créneaux versehen war, obgleich es keine andere Besatzung als Hühner und Gänse zu beschützen gab. Hier wäre Don Quichotte zu entschuldigen gewesen, und der Wirt täte gar nicht übel, wenn er den Ritter von der traurigen Gestalt, mit eingelegter Lanze und Barbierbecken, zum Aushängeschild erwählte.

Weiter hin schien ein ganzer Bergrücken mit einer gotischen Stadt bedeckt. Es machte von weitem einen so auffallenden Effekt, daß ich mich verleiten ließ, auszusteigen und den beschwerlichen Weg hinanzuklimmen. Lächerlich und verdrießlich war es zugleich, als ich fand, daß der Kern der Spielerei nur ein kleines, sich durch nichts auszeichnendes Haus war, das übrige aber bloß verschiedene, auf den Berg und Felsenabhängen errichtete Mauern, die bald Türme, bald Dächer, bald Zinnen von großen Dimensionen, halb im Walde versteckt, nachahmten, von nahem aber nur dazu dienten, eine Menge Frucht- und Küchengärten einzuschließen. Ein Glückspilz, ein durch Zufall reich gewordener Shopkeeper, hatte diese harmlose Raubveste, wie man mir sagte, vor zweiJahren erbaut; eine wahre Satire auf den herrschenden Geschmack!

Gegen Abend langte ich bei meinem guten Obristen an, einem echten Engländer im besten Sinne des Wortes, der mich mit seiner liebenswürdigen Familie auf das freundlichste empfing. Diese wohlhabenden (bei uns würde man sie sehr reich nennen) und angesehenen Gutsbesitzer, die sich nicht in London zu ängstlich zur Fashion drängen, aber die Liebe ihrer Nachbarn und Untergebnen zu erwerben suchen; deren Gastfreundschaft nicht bloße Ostentation und deren Sitten weder exclusive noch ausländisch sind, sondern die in einer zivilisierten und durch Reichtum verschönten Häuslichkeit ihren Genuß, in strenger Rechtlichkeit ihre Würde finden – bilden die wahrhaft respektabelste Klasse der Engländer. In der großen Welt Londons spielen sie zwar nur eine unbedeutende, in der Menschheit aber gewiß eine ehrwürdige Rolle. Leider ist jedoch in England die Übermacht und Arroganz der Aristokratie, und über dieser noch die der Mode, so herrschend und gewaltig, daß selbst solche Familien wie die hier geschilderten, wenn sie mein Lob läsen, sich wahrscheinlich weniger dadurch geschmeichelt fühlen würden, als wenn ich sie unter denen, die den Ton angeben, aufführen könnte. Wie weit hierin die Schwäche bei den würdigsten Leuten in England geht, kann man kaum glauben, ohne es erfahren und alle Klassen der Gesellschaft davon auf die lächerlichste Weise angesteckt gesehen zu haben. Doch ich habe Dir aus dem Foyer der europäischen Aristokratie über dieses Kapitel genug geschrieben und will mich daher hier nicht wiederholen.

Überhaupt ist es wohl Zeit, diesen Brief zu schließen, da ich ohnedem fürchte, unsre Korrespondenz könnte Dir am Ende zu lang vorkommen – denn wenn auch das Herz nicht ermüdet, der Kopf macht andere Ansprüche. Indessen weiß ich, wieviel ich Deiner Nachsicht in dieser Hinsicht zumuten darf. –

Dein ewig treu ergebener L…

28 Achtundzwanzigster Brief

K... Park, den 4. August 1828

Meine teuerste Freundin!

Ich befinde mich hier sehr wohl. Man lebt auf komfortable Weise, die Gesellschaft ist herzlich, la chère excellente und die Freiheit, wie überall hier auf dem Lande, vollkommen. Gestern machte ich auf einem unermüdlichen Pferde meines Wirts einen sehr angenehmen Spazierritt von einigen zwanzig Meilen, denn bei den guten Pferden und Wegen verschwinden hier die Distanzen. Ich muß Dir davon erzählen.

Zuerst ritt ich nach der kleinen Stadt St. Asaph, um die dortige Kathedrale zu besehen, die ein großes Fenster von moderner Glasmalerei ziert. Viele Wappen waren sehr gut ausgeführt, und man hatte überhaupt den Fehler vermieden, Gegenstände darstellen zu wollen, die sich für die Glasmalerei nicht passen, welche grelle Farbenmassen und keine verschwimmenden Nuancen verlangt. Um mich in der Gegend besser zu orientieren, bestieg ich den Turm. Dort bemerkte ich in der Entfernung von ungefähr zwölf Meilen ein kirchenartiges Gebäude auf der Spitze eines hohen Berges und frug den Küster, was es bedeute. Er erwiderte in holprigem Englisch: Dies sei das Tabernakel des Königs, und wer sieben Jahre lang sich weder waschen, noch die Nägel abschneiden oder den Bart scheren wolle, dem sei es erlaubt, dort zu wohnen, und nach dem siebenten Jahre habe er das Recht, nach London zu gehen, wo ihn der König ausstatten und zum Gentleman machen müsse. Dies tolle Märchen glaubte der Mann im vollen Ernst und schwur auf seine Wahrheit. Voilà ce que c'est que la foi! Als ich mich später nach dem wirklichen Verlauf der Sache erkundigte, erfuhr ich von dem Ursprung der Geschichte bloß, daß das Haus zum Regierungsjubiläum des vorigen Königs von der Provinz oder County gebaut worden sei und seitdem leer stehe, ein Spaßvogel aber einst am andern Orte eine bedeutende Summe in den Zeitungen ausgeboten, wenn jemand die erwähnten Bedingungen in einer ihm zugehörigen Höhle erfülle. Das gemeine Volk hat nun jene Feuerprobe mit dem »Tabernakel« des guten Königs Georgs III. in Verbindung gesetzt.

Ich bin den Turm jetzt wieder herabgestiegen, und am Fuße sanfter Hügel hin kannst Du mich weitergaloppieren sehen, bis ich einen felsigen, einzeln stehenden Berg erreiche, auf dem die Ruinen von Denbigh Castle stehen. An den Seiten des Berges klammern sich ringsum die baufälligen Häuser und Hütten des ärmlichen Städtchens an, und mit Mühe gelangt man durch die engen Gassen zum Gipfel. Ein Herr zeigte mir gütig den Weg, welcher sich mir nachher als den Herrn Stadt-Chirurgus dekuvrierte und mit vieler Artigkeit die Honneurs der Ruine machte. In ihren Mauern haben sich die Honoratioren ganz romantisch ihr Casino nebst einem sehr zierlichen Blumengärtchen angelegt, von welchem letztern man eine vortreffliche Aussicht genießt. Der übrige Teil des weitläuftigen Schlosses bietet dagegen nur ein verlassenes Labyrinth von Mauern und Grasplätzen dar, wo die Distel wuchert. Alle drei Jahre wird jedoch auf diesem Platz ein großes Nationalfest gehalten – die Versammlung der welschen Barden. Gleich den ehemaligen Minnesängern Deutschlands kommen hier sämtliche Harfner aus Wales zum Wettkampf zusammen. Der Sieger gewinnt einen goldnen Becher, und ein gemeinschaftliches Chor von hundert Harfen hallt zu seinem Ruhm in den Ruinen wider. In drei Monaten sollte die Vereinigung stattfinden, zu der man auch den Herzog von Sussex erwartete.

Von hier kam ich, einer Bergschlucht folgend, in ein wunderschönes Tal. Tiefe Waldesnacht umfing mich, Felsen streckten wieder, wie alte Bekannte, grüßend ihre bemoosten Häupter aus den Zweigen, der wilde Fluß schäumte springend und tanzend durch die Waldblumen, und verborgene, heimlich glänzende Wiesen leuchteten mir wieder mit aller Goldfrische des Gebürges entgegen. Wohl einige Stunden irrte ich in diesen Gründen umher, dann erklomm ich die Höhe auf einem mühsamen Fußpfad, um zu erfahren, wo ich eigentlich sei. Ich stand grade über der Bucht und dem weiten stillen Meer, das die sanften Bergabhänge vor mir näher zu rücken schienen, als es wirklich war. Nach einiger Anstrengung entdeckte ich, unter den Baumgruppen der Ebene, auch das Schloß von K... Park, und rasch daraufzu trabend, erreichte ich es noch zur rechten Zeit für die Mittagstoilette.

den 5.

Mit der lieblichen kleinen Fanny, der jüngsten Tochter des Hauses, die noch nicht out ist*, spazierte ich diesen Morgen, als alle noch schliefen, im Park und Garten umher, wo sie mir ihre dairy (Milchkeller) und ihre aviary (Etablissement für Geflügel) zeigte.

Ich schrieb Dir schon, daß der Milchkeller hier immer eine der Hauptzierden jedes Parkes ausmacht und von den

* *To come out heißt bei den jungen Mädchen in England: in die Welt treten. Die Eltern lassen manche dieses Glück bis ins zwanzigste Jahr und noch länger erwarten. Bis dahin lernen sie die Welt nur aus Romanen kennen, und später geht es auch darnach, wo nicht die Häuslichkeit und Tugend (denn ein solches Ding gibt es zuweilen in England) einen zu festen Grund gelegt haben.*

Kuhställen ganz entfernt, für sich, in der Form eines eleganten Pavillons besteht, mit Fontäne, Marmorwänden und kostbarem Porzellan geschmückt, dessen große und kleine Schalen mit allen Arten der schönsten Milch und Milchprodukten angefüllt werden. Kein besseres Plätzchen als dieses, um sich nach der Ermüdung des Gehens zu erfrischen. Es versteht sich, daß auch ein Blumengärtchen dabei ist, welches der Engländer gern jedem Gebäude beifügt. Hier wetteiferte das Steinreich in Pracht der Farben mit den Blumen. Der Besitzer hat nämlich einen Anteil an bedeutenden Kupferwerken in Anglesea, und kleine Berge dieses golden, rot, blau und grün schillernden Erzes dienten seltnen Steinpflanzen zum prachtvollen Bett.

Das aviary, sonst wohl Goldfasanen und ausländischen Vögeln gewidmet, war hier bloß wirtschaftlicher Natur, nur für Hühner, Gänse, Pfauen, Tauben und Enten ausschließlich bestimmt, dennoch aber bot es, durch seine außerordentliche Reinlichkeit und Zweckmäßigkeit, einen *sehr* angenehmen Anblick dar. Deutsche Wirtinnen, hört und staunt! Zweimal des Tages wurden die mit den schönsten Bewässerungsanstalten versehenen Höfe und einzelnen Kammern, Taubenschläge und Brütbehälter – zweimal des Tages wurden sie gescheuert –, und die Strohbetten der Hühner waren so zierlich, die Sprossen, auf denen sie horsteten, so glatt und blank, die mit Quadern eingefaßten Entenpfützen so klare Bassins, das großkörnige Gerstenfutter und der gekochte Reis, gleich dem Pariser riz au lait, so appetitlich, daß man sich im Paradiese der Vögel zu befinden glaubte. Auch waren diese alle frei wie dort, keinen die Flügel verschnitten, und ein immediat an ihre Wohnung stoßendes Wäldchen hoher Bäume diente ihnen zum anmutigsten Vergnügungsort. Noch wiegten sich die meisten von ihnen behaglich auf den schwankenden Gipfeln, als wir ankamen; kaum erblickten sie aber die kleine rosige Fanny, wie eine wohltuende Fee mit Leckerbissen in der Schürze ihnen entgegentretend, als sie in brausender Wolke herabeilten und sich pickend und frohlockend zu ihren Füßen niederließen. Ich fühlte mich idyllisch gerührt und trieb zu Haus, um noch vor dem Frühstück mich des Feuers meiner Begeisterung zu entledigen. Nun waren aber noch die Kindergärten zu besehen und ein Haus der Laune, und Gott weiß was alles – kurz, wir kamen zu spät und wurden ausgescholten. Mit englischem Pathos rief Miss Fanny:

We do but row –
And we are steered by fate.

Wir rudern wohl –
Jedoch das Schicksal sitzt am Steuer!

Mit andern Worten: der Mensch denkt, Gott lenkt... und, jawohl, dachte ich, der kleine Philosoph hat nur zu recht! Es kömmt immer anders, wie man sich's vorstellt, selbst bei so wenig bedeutenden Dingen als die Promenade mit einem hübschen Mädchen und das Warten der Eltern beim Frühstück. –

Der Nachmittag sah mich wieder zu Roß. Ich suchte mir ungebahnte Wege in den wildesten Berggegenden landeinwärts, mehreremal den reißenden Fluß ohne Brücke passierend und oft in den schönsten und überraschendsten Aussichten schwelgend. Zuweilen begegnete ich einsam arbeitenden Landmädchen, auffallend hübsch in ihrer originellen Tracht, die den Wuchs hervorhebt und den Busen sehr frei zeigt. Sie sind aber dabei schüchtern wie Rehe und züchtig wie Vestalinnen. Alles zeigt die Bergnatur, mein Pferd auch! unermüdlich, wie eine Maschine aus Stahl und Eisen, galoppiert es über die Steine bergauf und bergab, springt mit ungestörter Ruhe über die Heckentore, welche alle Augenblicke die Feldwege verschließen, und macht mich weit eher müde, als es selbst Müdigkeit fühlt. Das ist die wahre Art, spazierenzureiten – viele Meilen weit, in Gegenden, die man nie gesehen, wo man nicht weiß, wo man hinkömmt, und sich den Rückweg ebenfalls von einer andern Seite suchen muß. Heute geriet ich zuletzt in einen Park, wo hölzerne, mit weißer Ölfarbe angestrichene Statuen seltsam mit der erhabnen Natur kontrastierten. Kein Mensch ließ sich sehen, nur Hunderte von Kranichen streckten ihre Köpfe aus den durchlöcherten Bergabhängen hervor oder jagten eilig über den Weg. Allerlei wunderliche Dinge verrieten den Besitzer als einen Sonderling. Am besten nahm sich ein schwarzer Fichtenwald aus, den rundumher ein Ring von glanzfarbigen Malven einfaßte. Ich kam endlich auf einer kahlen Höhe wieder heraus, wie ich hereingekommen war, durch ein von selbst zuschlagendes Falltor; überall herrschte dieselbe Einsamkeit, und bald war das verwünschte Schloß weit hinter mir.

Bangor, den 8.

Ich sollte einige Wochen in K... Park bleiben, aber Du kennst meine Unstetigkeit – bald drückt mich das Einerlei, wenn es auch gut ist –, ich empfahl mich daher meinen gefälligen Freunden, besuchte noch einen andern Gutsbesitzer, der mich eingeladen, auf einige Stunden, statt Tagen, sah einen Sonnenuntergang von den Ruinen Conways, aß eine Place und traf wieder in meinem Hauptquartier ein, das ich nun aber für immer verlasse. Ich befinde mich übrigens leider nicht recht wohl, meine Brust scheint von den Fatiguen in der letzten Zeit etwas angegriffen und schmerzt oft recht empfindlich, mais n'importe.

Craig-y-Don, den 9., früh

Erinnerst Du Dich dieses Namens? Es ist die schöne Villa, die ich Dir beschrieben, deren liebenswürdigen Besitzer ich seitdem kennengelernt und dessen freundlicher Einladung, bei ihm die letzte Nacht in Wales zuzubringen, ich nicht widerstehen konnte. Wegen meiner Brustschmerzen vermochte ich gestern abend nur kurze Promenaden mit dem Sohne des Hauses in den lieblichen Gärten zu machen, und der Versuch, einen nahen höheren Berg zu besteigen, bekam mir fast übel, so daß ich nachher bis zum Essen mich mit den Zeitungen amüsieren mußte. In dem langen Wust war ein guter Einfall, den ich Dir zitiere. Der Artikel sprach von der Thronrede, worin die Worte vorkommen: »Dem Speaker wird *befohlen*, dem Volke zu seiner allgemeinen Glückseligkeit zu gratulieren.« Dies, meint der Berichterstatter, sei doch zu insolent, sich so offenbar über dieses arme Volk lustig zu machen, obgleich es allerdings gegründet sei, daß die Wahrheit von ihm in dergleichen Dingen nie erwartet werden dürfe, denn, fährt er fort, sollte wirklich je ein König oder Minister so wahnsinnig sein, um die reine Wahrheit bei ähnlicher Gelegenheit sprechen zu wollen, so müsse er ja gleich im Anfang der Rede, statt dem gewöhnlichen Exordium »Mylords and Gentlemen«, sagen »My knaves and dupes«. (Mes fripons et dupes.)

Unser Wirt ist ein Mitglied des Yachtclubs und ein leidenschaftlicher Freund des Meeres. Daher hätte auch unser Diner jedem Katholiken in der Fastenzeit genügen müssen, denn es bestand nur aus Fischen, vortrefflich auf mannigfache Arten zubereitet. Eine Austerbank, unter den Fenstern, sandte gleichfalls dazu ihre schlüpfrigen, noch salzwasserfeuchten, Bewohner. Zum Dessert aber lieferten die vor dem Hause weidenden Kühe manche Delikatesse und die an den Salon stoßenden Treibhäuser köstliche Früchte.

Tut es nun nicht wohl, sich zu denken, daß Hunderttausende in England eine solche Existenz, einen so behaglichen und soliden Luxus, in ihren friedlichen Häusern froh genießen, freie Könige im Schoße ihrer Häuslichkeit, die ruhig in der Sicherheit ihres unantastbaren Eigentums leben, Glückliche, die nimmer durch schwere Sendschreiben unhöflicher Behörden belästigt werden, welche bis in die Wohnstube und Schlafkammer alles regieren wollen und dem Staate schon einen bedeutenden Dienst erzeigt zu haben glauben, wenn sie am Ende des Jahrs den armen Regierten viele tausend Taler unnötiges Porto verursachen konnten, dabei aber auch nicht zufrieden, *über* den Regierten zu stehen, sich ihnen zugleich *entgegenstellen*, Richter und Partei, so viel sie können, in einer Person vereinigend; – mit einem Worte, Glückliche, die frei von Eingriffen in ihren Beutel, frei von unnützen Plackereien ihre Macht fühlen lassen wollender Bureaukraten, frei von der Aussaugung unersättlicher Staatsblutegel sind und dabei als unumschränkte Herren in ihrem Eigentume nur *den* Gesetzen zu folgen brauchen, die sie selbst mit geben helfen – wenn man dies bedenkt, sage ich, so muß man gestehen, daß England ein gesegnetes Land ist, wenn auch kein vollkommenes. Man kann es den Engländern daher auch nicht so sehr verdenken, wenn sie, des Kontrastes mit manchen andern Ländern innewerdend, *Fremden*, bei aller scheinbaren Höflichkeit und Verbindlichkeit, doch immer *fremd* bleiben. Ihr ganz gerechtes Selbstgefühl wirkt so mächtig, daß sie unwillkürlich uns für eine geringere Race ansehen, so wie wir z. B., aller deutschen Herzlichkeit ohngeachtet, doch schwer uns mit einem Sandwich-Insulaner ganz verbrüdern

LEUCHTTURM BEI HOLYHEAD

könnten. In einigen Jahrhunderten haben wir vielleicht die Rollen gewechselt, aber leider ist es jetzt noch nicht soweit.*

den 10.

So krank und matt ich bin, hat mir doch die Exkursion nach dem neu erbauten, vier Meilen entfernten Leuchtturme ungemein viel Vergnügen gewährt. Obgleich die Oberfläche der Insel Anglesea sehr flach erscheint, so erhebt sie sich doch, am Ufer der Irländischen See, in höchst malerischen, abgerissenen Felsenwänden, bedeutend hoch aus den stets brandenden Fluten. Auf einem solchen, vom Ufer etwas entfernten, einzeln hervorragenden Felsen steht der Leuchtturm. Nicht nur senkrecht, sondern unter sich zurückweichend, fallen diese, über alle Beschreibung wilden Gestade, mehrere hundert Fuß tief nach dem Meere hinab und sehen aus, als seien sie durch Pulver gesprengt, nicht von der Natur so gebildet. Auf einem dichten Teppich von kurzem gelbem Ginster und carmoisinroter Heide gelangt man bis an den Rand des Abhangs, dann steigt man auf einer roh in den Stein gehauenen Treppe, von vier- bis fünfhundert Stufen, bis zu einem in Stricken hängenden Stege hinab, auf dem man sich, an die Seitennetze anhaltend, über den Abgrund, der beide Felsen trennt, sozusagen hinüberschaukelt. Tausende von Seemöwen, die hier zu brüten pflegen, umschwebten uns auf allen Seiten, unaufhörlich ihre melancholische Klage durch den Sturm rufend. Die Jungen waren erst kürzlich flügge geworden, und die Alten benutzten wahrscheinlich das ungestüme Wetter zu ihrer Einübung. Man konnte nichts Graziöseres sehen als diese Fluglektionen. Leicht erkannte man die Jüngeren an ihrer grauen Farbe und ihrem noch ungewissen Schwanken, während die Alten, fast ohne einen Flügel zu rühren, minutenlang, bloß vom Sturm gehalten, wie in der Luft versteinert hingen. Die jungen Vögel ruhten auch öfters in den Felsenspalten aus, wurden aber von ihren strengen Eltern immer schnell wieder zu neuer Arbeit genötigt.

Der Leuchtturm ist völlig dem bereits erwähnten in Flamborough Head an der englischen Ostküste gleich, nur ohne rote revolving lights. Auch hier war die Nettigkeit der Ölkeller und die außerordentliche Reinlichkeit der spiegelblanken Lampen bewunderungswert. Außerdem bemerkte ich eine ingeniöse Art Sturmfenster, die man ohne Mühe und Gefahr des Zerbrechens, auch beim heftigsten Winde, öffnen kann, und eine vertikale Steintreppe, gleich einer gezackten Säge, die viel Raum erspart. Beide Gegenstände lassen sich jedoch ohne Zeichnung nicht ganz anschaulich machen.

* *Nichts ist lächerlicher als die häufigen Deklamationen deutscher Schriftsteller über die in England herrschende Armut, wo es nach ihnen nur einige ungeheuer Reiche und tausend Notleidende gibt. Grade die außerordentliche Menge wohlhabender Leute des Mittelstandes und die Leichtigkeit für den Ärmsten, sich nicht nur das Notwendige, sondern selbst Luxus zu erwerben, wenn er nur ernstlich arbeiten will – macht England selbständig und glücklich. Den Oppositionsblättern muß man freilich nicht nachbeten.*

Dublin, den 11.

Eine widerwärtigere Seefahrt kann man nicht bestehen! Zehn Stunden ward ich, zum Sterben krank, umhergeworfen. Die Hitze, der ekelhafte Geruch des Dampfkessels, die Krankheit aller übrigen, es war eine affröse Nacht, ein wahres Carl von Carlsbergsches Bild menschlichen Elends. Bei einer längeren Seereise aguerriert man sich zuletzt, und vielfacher Genuß wiegt dann die Entbehrungen auf, aber die kurzen Überfahrten, welche nur die Schattenseite zeigen, sind meine wahre Antipathie. Gottlob, es ist vorüber, und ich fühle wieder festen Boden unter mir, obgleich es mir noch manchmal scheint, als schwanke Irland ein wenig.

abends

Dieses Königreich hat mehr Ähnlichkeit mit Deutschland als mit England. Jene fast überraffinierte Industrie und Kultur in allen Dingen verschwindet hier, leider aber mit ihr auch die englische Reinlichkeit. Häuser und Straßen haben ein beschmutztes Ansehn, obgleich Dublin durch eine Menge prächtiger Paläste und breiter alignierter Straßen geschmückt ist. Das Volk geht zerlumpt; den Leuten von gebildeterem Stande, denen man begegnet, fehlt auch die englische Eleganz, wogegen die Menge glänzender Uniformen, die man in London nie in den Straßen sieht, noch mehr nach dem Kontinent versetzen. Auch die Umgegend der Stadt hat nicht mehr die gewohnte Frische, der Boden ist vernachlässigter, Gras und Bäume magrer. Die großen Züge der Landschaft aber, die Bay, die fernen Berge von Wicklow, das Vorgebürge von Howth, die amphitheatralischen Häusermassen, die Quais, der Hafen, sind schön. So ist wenigstens der erste Eindruck. Übrigens befinde ich mich, im besten Gasthofe der Hauptstadt, weniger comfortable als in dem kleinen Städtchen Bangor. Bei aller Größe scheint das Haus still und verlassen, während ich mich erinnere, dort, nur während der Zeit meines Essens, dreizehn Wagen ankommen gesehen zu haben, die alle abgewiesen werden mußten. Der Zufluß der Fremden ist auf den Hauptstraßen in England so groß, daß Kellner in den Gasthöfen nicht für Geld gemietet werden, sondern selbst für ihren Platz dem Wirt bis zu dreihundert Pfund Sterling jährlich zahlen müssen. Dennoch ersetzen ihnen die Trinkgelder diese bedeutende Auslage reichlich. In Irland tritt dagegen die Kontinentalsitte wieder ein. Sobald ich mich ein wenig erfrischt hatte, machte ich eine Promenade durch die Stadt, während der ich bei zwei ziemlich geschmacklosen Monumenten vorbeikam. Das eine stellt Wilhelm von Oranien im römischen Costume zu Pferde vor; mißgestaltet ist Roß und Reiter. Das Pferd hat ein Gebiß im Mund und Hauptgestell am Kopf, aber keine Andeutung der Zügel daran, obgleich die Hand des Königs gerade so ausgestreckt ist, als ob sie sie bahnenmäßig hielte. Soll dies bedeuten, daß Wilhelm keine Zügel brauchte, um John Bull zu reiten? Das andere Monument ist eine kolossale Statue Nelsons, auf einer hohen Säule stehend und in moderne Uniform gekleidet. Hinter ihm hängt ein Tau, das einem Schweife ähnlicher sieht; dabei ist die Stellung ohne Adel und die Figur zu hoch, um deutlich zu sein. Später kam ich an ein großes rundes Gebäude, wo das Volk sich drängte und Wache vor dem Eingang stand. Auf meine Nachfrage erfuhr ich, daß hier die jährliche Ausstellung von Blumen und Früchten stattfinde. Man trug die ersteren zum Teil schon hinweg, als ich eintrat, demohngeachtet sah ich noch viel ausgezeichnet schöne Exemplare. In der Mitte dieser Blumen, die eine Art Tempel bildeten, befand sich ein durch Barrieren verschlossener Raum für die Früchte, welche zwölf daselbst sitzende Richter mit Wohlbehagen und ernster Amtsmiene schmatzend verzehrten, um zu entscheiden, welcher von ihnen die ausgesetzten Preise zukämen. Sie mußten lange unschlüssig gewesen sein, denn Melonen-, Birnen- und Äpfelschalen, Überbleibsel von Ananas, Pfirsich-, Pflaumen- und Aprikosenkerne bildeten Berge auf den danebenstehenden Tischen, und obgleich die Blumen von den Eigentümern nach und nach alle fortgeschafft wurden, so schien doch keine der Früchte ihren Ausgang aus dem Pomonatempel wiederzufinden.

den 12.

Da ich nichts anderes zu tun wußte (denn alle notablen Bewohner der Stadt sind auf dem Lande), so besah ich eine Menge show-places. Zuerst das Schloß, wo der Vizekönig, wenn er hier ist, residiert und dessen ärmliche Staatszimmer, mit groben Bretterdielen, nicht viel Anziehendes darbieten. Schöner ist eine moderne gotische Kapelle, deren Äußeres hohes Altertum täuschend nachahmt; sie ist inwendig mit herrlichen Glasgemälden aus Italien, im fünfzehnten Seculum gemalt, geschmückt und reich mit Holzschnitzwerk verziert, welches dem alten nichts nachgibt. Die ganze Kirche wird mit conduits de chaleur geheizt, und ein ebenso geheizter, mit Teppichen belegter Gang verbindet sie mit der Wohnung des Lord-Lieutenants.

In den weitläuftigen und schönen Universitätsgebäuden diente mir ein Student als Cicerone. Diese müssen, in dem Bereich der Universität, über ihre gewöhnliche Kleidung einen schwarzen Mantel und eine hohe wunderliche Mütze mit Quasseln von dreiviertel Ellen Länge tragen, was ihnen ein ziemlich groteskes Ansehen gibt. Auf diese Kleidung wird strenger gehalten als weiland auf Zopf und Puder von den sächsischen Stabsoffizieren.

Der junge Mann führte mich in das Museum, produzierte mir das Modell des Brennspiegels, mit dem Archimedes die römische Flotte verbrannte, die Harfe Ossians*, einen ausgestopften indischen Chieftain mit Tomahawk und Wurf-

* *Wahrscheinlich von Macpherson selbst eingesendet.*

spieß und einige reelle Säulenstücke des Giant's Causeway, welche in der Tat Menschenhände nicht akkurater formen könnten und die klingen wie englisches Glas. Je vous fais grâce du reste.

Im großen Saale, wo die Examina gehalten werden (der Student kündigte mir diese Bestimmung mit einem leisen Schauder an), steht eine spanische Orgel, die auf der großen Armada erbeutet wurde. Interessanter sind die Porträts von Swift und Burke. Beide Physiognomien entsprechen den bekannten Eigenschaften dieser Männer. Der eine zeigt einen ebenso feinen und schalkhaften als gediegnen Ausdruck; der andere geistreiche und gewaltige, fast grobe, aber doch wohlwollende und ehrliche Züge, den donnernden Redner verkündend, der aufrichtig und ohne Schonung andrer für seine Meinung focht, aber nimmer bloß das eigne Interesse mit künstlichem Enthusiasmus übertünchte.

Nachdem ich den Justizpalast, die Douane etc. nebst andern prachtvollen Palästen besehen und mich nun zu Haus begeben wollte, lockte mich noch die Ankündigung eines Peristrephic Panorama der Schlacht von Navarin. Dies ist ein sehr unterhaltendes Schauspiel und gibt eine so deutliche Idee von dem »ungelegenen Ereignis« (untoward event), daß man sich fast trösten kann, nicht dabei gewesen zu sein. Man tritt in ein kleines Theater und sieht bald einen Vorhang aufgehen, hinter dem sich die Gemälde befinden, welche in einem großen Ganzen die Folge der einzelnen Begebenheiten der Schlacht vorstellen. Die Leinewand hängt nicht platt herab, sondern ist im zurückweichenden Halbzirkel aufgespannt und wird langsam über Rollen gezogen, so daß sich fast unmerklich die Bilder nach und nach verändern und man ohne Zwischenraum von Szene zu Szene übergeht, während jemand die dargestellten Gegenstände laut erklärt und ferner Kanonendonner, militärische Musik und Schlachtgetöse die Täuschung noch vermehren. Durch panoramaartige Malerei und durch leises Schwanken desjenigen Teiles des Gemäldes, der die Wellen und Schiffe darstellt, wurde oft die Nachahmung fast der Wirklichkeit gleich.

Die erste Szene zeigt die Bay von Navarin mit der ganzen türkischen Flotte in Schlachtordnung. Am entgegengesetzten Ende der Bay sieht man, auf hohem Felsen, Alt-Navarin und seine Festung, seitwärts unter Dattelbäumen das Dorf Pylos und im Vorgrund die Stadt Navarin nebst Ibrahims Lager, wo Gruppen schöner Pferde und lieblicher, gefangener, griechischer Mädchen, welche die Soldaten liebkosen, die Augen auf sich ziehen. In weiter Ferne, am Saum des Horizonts, erscheint, wie in Duft gehüllt, die Flotte der Alliierten. Indem nun dieses Bild langsam verschwindet, wogt nur noch das offne Meer, dann tritt der Eingang der Bay von Navarin allmählich hervor. Man entdeckt Bewaffnete auf den Felsen und erblickt endlich die alliierte Flotte, wie sie die Einfahrt forciert. Durch optischen Betrug erscheint alles in natürlicher Größe, und der Zuschauer ist so gestellt, als befinde er selbst sich an der Türken Stelle in der

Bay und sähe jetzt das Admiralschiff Asia mit vollen Segeln auf sich zueilen. Man bemerkt Codrington auf dem Verdeck im Gespräch mit dem Capitaine, die andern Schiffe folgen in sich ausbreitender Linie und mit schwellenden Segeln, wie zur Attacke bereit – ein schöner Anblick! Nun kommen, aufeinanderfolgend, die einzelnen Engagements verschiedener Schiffe, die Explosion eines Feuerschiffs und das In-Grund-Bohren einiger türkischer Fregatten, endlich der Kampf der Asia mit dem ägyptischen Admiralschiff auf der einen und dem türkischen auf der andern Seite, welche, wie bekannt, beide nach hartnäckiger Verteidigung und mehrstündigem Feuer sanken.

Der Schlacht folgten einige Ansichten von Konstantinopel, die eine sehr anschauliche Idee von dem asiatischen Treiben gaben.

Abends besuchte ich das Theater, ein recht hübsches Haus mit einem etwas weniger rohen Publikum als in London. Die Schauspieler waren nicht übel, jedoch erhob sich keiner über die Mittelmäßigkeit. Viele Uniformen, mit Damen untermischt, füllten fast die ganze untere Logenreihe, was sich recht elegant ausnahm. Die höhere Gesellschaft besucht aber, wie ich höre, auch hier das Theater nur selten.

den 13.

Da ich die Stadt nun hinlänglich gesehen, begann ich heute meine Spazierritte in der Umgegend, die sich weit schöner entfaltet, als ich bei meiner Ankunft, grade von der unvorteilhaftesten Seite, voraussetzen durfte. Ein Weg mit reizenden Aussichten, erstens auf den Golf, den ein Molo von drei Meilen Länge durchschneidet und den, gleich zwei Säulen, die Leuchttürme von Dublin und Howth schließen, dann auf die bewaldeten Berge von Wicklow, deren einige wie Zuckerhüte sich hoch über die andern erheben, und zuletzt durch eine Allee uralter Rüstern, längs des Kanales führend, brachte mich in den Phœnix Park, der Prater Dublins, welcher dem Wiener nicht nachsteht, weder an Umfang noch schönen Rasenflächen zum Reiten, langen Alleen zum Fahren und schattigen Spaziergängen. Dem Herzog von Wellington ist hier ein großer, aber schlecht proportionierter, Obelisk errichtet, und der Lord-Lieutenant hat, auch im Bezirk des Parks, einen hübschen, von Gärten eingeschlossenen Sommerpalast. Ich fand im ganzen den Park ziemlich leer, dagegen die Straßen der Stadt, durch welche ich meinen Rückzug nahm, desto belebter von Handel und Wandel. Der Schmutz, die Armut und die zerlumpte Tracht des gemeinen Mannes übersteigt oft allen Glauben. Dennoch scheinen die Leute stets guter Dinge und zeigten zuweilen auf offner Straße Anwandlungen von Lustigkeit, die an Verrücktheit grenzen. Gewöhnlich ist der

Whisky daran schuld; so sah ich einen halbnackten Jüngling den Nationaltanz mit der größten Anstrengung auf dem Markte so lange tanzen, bis er gänzlich erschöpft, gleich einem muhammedanischen Derwisch, unter des Volkes Jubel bewußtlos hinfiel. Eine Menge Betteljungen füllen überdies die Straßen, welche, wie Fliegen um einen hersummend, unaufhörlich ihre Dienste anbieten. Ohngeachtet ihrer schreienden Armut kann man sich doch ganz auf ihre Ehrlichkeit verlassen, und so gedrückt sie von Elend erscheinen, mager und verhungert, so merkt man doch ihren offenen, freundlichen Gesichtern auch keine Melancholie an. Es sind die wohlgezogensten und genügsamsten Straßenjungen von der Welt. Ein solcher Knabe rennt, wie ein regulärer Läufer, viele Stunden neben dem Pferde her, hält es, wenn man absteigt, besorgt jede Kommission und ist mit ein paar Groschen, die man ihm gibt, stets nicht nur zufrieden, sondern noch voller Dankbarkeit, die er mit irländischen Hyperbeln ausdrückt. Geduldiger als seine Nachbarn, durch lange Sklaverei aber etwas erniedrigt, erscheint überhaupt der Irländer. Ich war unter andern Zeuge, daß ein junger Mensch, welcher einen Komödienzettel falsch angeklebt hatte, von dem dazukommenden Schauspieldirektor auf offner Straße geohrfeigt und mißhandelt wurde, ohne daß er sich im geringsten widersetzte. Jeder Engländer würde sogleich Repressalien gebraucht haben.

Den Abend brachte ich in dem Familienkreise eines alten Bekannten zu, eines Bruders des Lord-Lieutenants, der eben auf einige Tage in die Stadt gekommen war. Wir erinnerten uns alter Zeiten, wo ich ihn viel in London gesehen. Er hat ein besonderes Talent, den seligen Kemble nachzuahmen, dem er auch ähnlich sieht, und ich glaubte wieder »Coriolan« und »Lenga« zu hören.

den 14.

Ein andrer Freund, von noch älterem Datum, besuchte mich diesen Morgen, um mir sein Landhaus zum Aufenthalt anzubieten, Mr. W..., dem ich einst in Wien einen Dienst zu erweisen Gelegenheit gehabt. Er hatte mich kaum verlassen, als man mir meldete, Lady B..., eine irländische Peeress und eine der hübschesten Frauen dieses Landes, deren Gesellschaft ich in der letzten Season in der Metropolis sehr kultiviert hatte, halte in ihrem Wagen unten am Hause und wünsche mich zu sprechen. Da ich noch im größten Negligé war, sagte ich dem Kellner, einem wahren Jocrisse, dessen Irish blunders mich täglich amüsieren, ich sei nicht angezogen, wie er sähe, würde aber gleich erscheinen. Diesen Zustand meiner Toilette richtete er zwar aus, setzte aber de son chef hinzu, Mylady möge doch lieber heraufkommen. Denke Dir also meine Verwunderung, als er, zurückkehrend, mir meldete, Lady B... habe sehr gelacht und ließe mir sagen: warten wolle sie recht gern, aber Herren Morgenbesuche auf ihrer Stube zu machen sei in Irland nicht gebräuchlich. In dieser Antwort zeigte sich ganz der freundlich heitere, niemals kleinlich-diffizile Charakter der

DUBLIN, VOM PHŒNIX PARK AUS GESEHEN

Irländerinnen, den ich schon früher liebgewonnen hatte. Eine prüde Engländerin würde entrüstet fortgefahren sein und vielleicht die Reputation eines jungen Menschen über ein solches Quiproquo ruiniert haben – denn in der englischen Gesellschaft stößt man nicht nur mit Dingen an, die anderwärts ganz das Gegenteil bewirken, sondern das *»man sagt«* ist im Munde einer einflußreichen Person dort ein zweischneidiges Schwert. He has a bad character* ist genug, um einem Fremden hundert Türen zu verschließen. Durch eigne Beobachtung läßt sich der Engländer weit weniger leiten, als man denkt. Immer schließt er sich an eine Partei an, mit deren Augen er sieht.

Die Villa meines Freundes, den ich nachmittags besuchte, um bei ihm zu speisen, bot das Ziel für eine sehr anmutige Promenade. Sie fing mit dem Phœnix Park an und folgte dann dem Laufe des Liffey, desselben Flusses, der durch Dublin fließt, wo er mit seinen schönen Quais, steinernen und eisernen Brücken so viel zu der Verschönerung der Stadt beiträgt. Hier dagegen erscheint er ländlich und romantisch, mit den fußbreiten Blättern der Tussilago behangen, von sanften Hügeln und frischem Laubholz eingefaßt. Einen bettelnden Invaliden, den ich antraf, frug ich, wie weit ich noch nach W... habe und ob der Weg gleich schön bliebe. »Oh«, rief er mit irländischer Vaterlandsliebe, »langes Leben, Eure Ehren! Nur getrost vorwärts, nichts Schönres habt Ihr noch in dieser Welt gesehen!«

Der Eingang zu W... Park ist auch, ohngefähr eine Viertelstunde Wegs weit, wirklich das Reizendste, was man in dieser Art sehen kann. Eine an sich sehr schöne Natur ist durch die Kunst zum höchsten Grade ihrer Empfänglichkeit benutzt und hat, ohne ihren freien Charakter zu verwischen, eine Mannigfaltigkeit und Reichtum der Vegetation hervorgebracht, die das Auge bezaubern. Buntes Gebüsch und wilde Blumen, der saftigste Rasen und Riesenbäume, mit Schlingpflanzen bedeckt, füllen das enge Felsental, durch welches sich der Weg mit dem begleitenden Waldbach hinzieht. Fortwährend kleine Wasserfälle bildend, strömt dieser, bald sich unter dem Dickicht verbergend, bald wie geschmolznes Silber im grünen Becken ruhend oder unter Felsenbogen hinrauschend, die die Natur als Triumphpforten für den wohltätigen Flußgott des Tales aufgerichtet zu haben scheint. Sobald man indes den tiefen Grund verläßt, schwindet der Zauber plötzlich. Der Rest entspricht den zu hoch gespannten Erwartungen keineswegs. Arides Gras, krüpplige Bäume, ein unbewegtes schlammiges Wasser umgeben ein kleines gotisches Schloß, das einer schlechten Theaterdekoration gleicht. In demselben findet man jedoch wieder einiges Interessante, unter andern Gemälde von Wert und den herzlichsten und besten Wirt, den man sich wünschen kann. Eines originellen pavillon rustique muß ich

* *Sein Charakter heißt im Englischen, wo der Schein mehr gilt als irgendwo, höchst charakteristisch, nicht das Resultat seiner geistigen und moralischen Eigenschaften, sondern sein Ruf, was man von ihm erzählt, ausschließlich – in Deutschland – seine Titel, doch nur in der zweiten Bedeutung.*

noch erwähnen, der an einer passenden Stelle im Pleasureground erbaut war. Er ist sechseckig, die drei hintern Seiten dicht und mit rohen Holzästen sehr zierlich in Rosetten aller Formen ausgelegt; die andern drei Seiten in durchbrochenen dessins à jour, zwei mit Fenstern und in der letzten die Türe; der Boden besteht aus Mosaik von kleinen Flußsteinen! die Decke aus Muscheln, und das Dach ist mit Weizenstroh gedeckt, an dem man die vollen Ähren gelassen hat.

den 15.

Ohngeachtet meine Brust mich fortwährend schmerzt und der Doktor zuweilen bedenkliche Gesichter macht, fahre ich doch in meinen Ausflügen fort, die mir allein wahres Vergnügen gewähren. In der ungeschminkten Natur wird mir wohler als unter den maskierten Menschen.

Von den ohngefähr vier bis fünf Meilen entfernten Bergen hatte ich mir schon lange den einen sehnsüchtig ausersehen, welcher auf seiner Spitze drei einzeln stehende Felsen zeigt und deshalb auch The Three Rocks genannt wird. Die Aussicht von dort mußte sehr schön sein – ich machte mich also früher wie gewöhnlich auf, um zur rechten Zeit auf dem Gipfel anzulangen. Öfters frug ich in den Dörfern, durch die ich kam, nach dem besten Weg, konnte aber nie genaue Antworten erlangen. Endlich versicherte man mich in einem Hause, das am Fuße des Berges lag, man könne nur hinauf *gehen*, aber nicht reiten. Dies erstere wäre bei dem Zustand meiner Brust nicht auszuführen gewesen, da ich aber die Unmöglichkeiten der Leute schon hinlänglich kennengelernt habe, so folgte ich der angezeigten Richtung ganz getrost zu Pferde, um so mehr, da ich mich auf meine kleine gedungene Stute sehr gut verlassen konnte und die irländischen Pferde, wie Katzen, über Mauern und Felsen klettern. Eine Zeitlang verfolgte ich einen ziemlich gebahnten Fußsteig und, als dieser aufhörte, das trockne Bette eines Bergwassers, welches mich auch, nach ohngefähr drei Viertelstunden, ohne besondere Beschwerde glücklich hinaufgeleitete. Ich befand mich nun auf einem großen kahlen Plateau und sah tausend Schritt vor mir die drei Felsen, gleich Hexensteinen, ihre Kuppen hervorrecken. Das Ganze schien aber nichts als ein weiter ungangbarer Sumpf. Ich probierte sehr vorsichtig und fand bald, daß acht bis zehn Zoll tief unter dem Moder überall eine kiesige Unterlage ruhte. Dies hielt auch aus; nach einiger Zeit erreichte ich ganz festen Boden und stand auf dem höchsten Punkte. Da lag die ersehnte Aussicht endlich vor mir. Irland, wie eine Landkarte, Dublin, wie ein rauchender Kalkofen in der grünenden Ebne (denn der Steinkohlendampf ließ auch nicht ein Gebäude erkennen), die Bay aber mit ihren Leuchttürmen, dem kühn sich zeichnenden Vorgebürge Howth, und auf der andern Seite die bis an den Horizont ausgedehnten Berge von Wicklow glänzten alle im Sonnenschein, so daß ich mich für die kleine Fatigue mehr als belohnt fand. Aber die Szene wurde noch belebter durch eine reizende junge Frau, die ich in dieser Wüste, bei dem bescheidnen Geschäft des Streumachens, entdeckte. Die natürliche Grazie der irländischen Bauerweiber, die oft wahre Schönheiten sind, ist ebenso überraschend als ihre Tracht oder vielmehr ihr Mangel an Tracht, denn ohngeachtet es recht kalt auf diesen Bergen war, bestand doch die ganze Kleidung der jungen Frau vor mir aus nichts als einem weiten, sehr groben Strohhut und, wörtlich, zwei oder drei Lappen aus dem gröbsten härnen Zeuge, die ein Strick unter der Brust zusammenhielt und unter welchen sie die schönsten weißen Glieder mehr als zur Hälfte zur Schau trug. Ihre Unterhaltung war, wie ich schon bei andern bemerkt, heiter, neckend und witzig sogar, dabei ganz unbefangen und gewissermaßen frei, doch würde man sich sehr irren, wenn man sie deshalb auch für leichtfertig hielte. Diese Klasse ist im Gegenteil fast allgemein sehr sittlich in Irland und besonders auf eine auffallende Weise uninteressiert, so daß, wenn einzelne ja einmal vom Pfade der Tugend weichen, es gewiß höchst selten aus diesem, bei solchen Dingen unnatürlichen und niedrigen Beweggrunde des Eigennutzes geschieht.

Nachdem ich den Berg, nun mein Pferd führend, so gut es gehen wollte, auf einer andern Seite wieder hinabgeklettert war und eine große Landstraße erreicht, kam ich bei einem offenstehenden Parktore vorbei (denn auch hierin gleicht Irland dem Kontinent, wo ein Besitzer solcher Anlagen, vom König bis zum Landedelmann, am Genusse des Publikums seine eigne Freude vermehrt) und ritt hinein. Ich gab aber die Untersuchung bald auf, als ich zwei riesenmäßige Kapuziner mit Kreuz und Kutte, aus angemalten Brettern geschnitten, am Scheidewege stehen sah, deren jeder ein Buch von sich abhielt, auf dem mit großen Buchstaben geschrieben war: Weg zur Fasanerie, Weg zur Abtei. Dieser schlechte Geschmack ist hier sonst ziemlich selten.

In der Stadt begegnete ich einem Londner Dandy, der mich anrief, denn *ich* erkannte ihn nicht, herzlich darüber lachte, uns in such a horrid place miteinander zu sehen, eine Weile über die Dubliner Gesellschaft fortsatirisierte und am Ende damit schloß, mir zu eröffnen, daß er, durch den Kredit seiner Familie, eben eine Direktorstelle hier bekommen, die ihm zwar über zweitausend Pfund Sterling einbringe, auch nichts zu tun gebe, aber doch zwinge, pro forma eine Zeitlang des Jahres diesen schockanten Aufenthalt zu wählen. So, und noch viel reichlicher, wird mit Sinekuren ohne Zahl überall in England für die jüngeren Söhne der Aristokratie gesorgt – ich glaube aber, der Krug wird auch hier nicht ewig zu Wasser gehen, ohne zu brechen, obgleich man gestehen muß, daß diese Fehler in der englischen Konstitution, gegen die Willkür anderer Staaten gehalten, immer nur Wolken am reinen Himmel bleiben, versteht sich, Irland ganz ausgenommen, das fast in jeder Hinsicht stiefmütterlich behandelt zu werden scheint und doch fast den stärksten Beitrag zur Größe und der Macht des englischen Adels geben muß, ohne dafür einen einzigen Vorteil, wie England deren so viele, zurückzuerhalten.

den 20.

Am gestrigen Abende sollte ich einer Soiree bei Lord C..., dem Chef einer neuen Familie, aber einem der ältesten wit von Dublin, beiwohnen, zu dem mich Lady M..., seine Freundin, eingeladen, wurde aber durch eine tragikomische Begebenheit daran verhindert. Ich war, den H. v. L... auf seinem Schlosse zu besuchen (das sich, entre nous, so wenig wie er und seine Familie der Mühe verlohnte), aufs Land geritten und es schon spät geworden, als ich den Rückweg antrat. Um Zeit zu gewinnen, nahm ich meine Direktion querfeldein à la Seidlitz. Eine Weile ging alles vortrefflich, bis ich, schon bei anbrechender Dämmerung, an einen sehr breiten Graben kam, dessen vor mir liegendes Ufer bedeutend höher als das entgegengesetzte war und eine weite Wiese rundumher einschloß. Ich sprang demohngeachtet glücklich in diesen enclos hinein, als ich aber auf der andern Seite wieder hinaus wollte, refüsierte mein Pferd, und alle Mühe, es zum Gehorsam zu bringen, war vergeblich. Ich stieg ab, um es zu führen, dann wieder auf, um den Sprung an einem andern Ort zu versuchen, wendete Güte und Gewalt, alles ohne Erfolg, an, bis es endlich, bei einem ungeschickten Versuch, mit mir ins sumpfige Wasser fiel und nur mit Mühe an der inneren niedrigeren Seite wieder zurückkletterte. Jetzt blieb alle Hoffnung verloren, den verzauberten Platz zu verlassen, in dem ich mich, wie in einer Mausefalle, gefangen sah – überdem war es ganz dunkel geworden, ich fühlte mich ebenso erhitzt als durchnäßt und mußte mich endlich entschließen, das Pferd zurückzulassen, um zu Fuß, tant bien que mal, über den fatalen Graben zu setzen und womöglich eine Wohnung und Hülfe aufzusuchen. Der Mond kam glücklicherweise dienstfertig hinter den Wolken hervor, um mir zur höchst nötigen Leuchte zu dienen. Nur nach einem recht sauren Gange über Äcker und durch hohes nasses Gras gelangte ich nach einer halben Stunde zu einer erbärmlichen Hütte, in der bereits alles schlief. Ich tappte hinein (denn verschlossen wird hier kein Haus), ein paar Schweine grunzten unter meinen Füßen – gleich darauf der neben ihnen liegende Wirt. Mit Mühe machte ich ihm mein Anliegen begreiflich, indem ich mit Silbergelde ihm vor den Ohren klimperte. Dieser überall verständliche Klang erweckte ihn besser als mein Rufen, er sprang auf, holte sich noch einen Gefährten, und zurück ging's zu meiner Didone abbandonata. Die Irländer wußten sich zu helfen – sie trugen eine verloren aufgeschlagene Brücke in der Nähe ab, legten sie über den Graben, und so fand ich mich endlich mit dem befreiten Pferde wieder auf festem Wege, kam aber so spät und in einem solchen Zustande zu Hause an, daß ich, der Ruhe bedürftig, es gar nicht ungern hörte, wie Lady M..., die mich abzuholen gekommen, schon seit einer Stunde verdrießlich wieder abgefahren sei. Am andern Morgen trug ich ihr meine Entschuldigung vor, wo sie mir auch gnädig verzieh, aber versicherte, daß ich viel verloren, da alles, was noch Vornehmes und Fashionables in der Stadt sei, jener Soiree beigewohnt habe. Ich versicherte mit Aufrichtigkeit, daß ich nur die Entbehrung ihrer Gesellschaft bedauern könne, dafür aber durch ihre Güte entschädigt zu werden hoffte, sobald ich nur die »Sentimental Journey« nach der Grafschaft Wicklow gemacht, nach der meine deutsche, romantische Seele inbrünstig verlange und die ich morgen früh zu Pferde anzutreten gedenke. Die Unterhaltung fing nachher an, sehr heiter zu werden – denn sie liebt das –, und endigte zuletzt so läppisch, daß sie mir zurief: »Finessez! Wenn Sie zurückkommen, werde ich mich Ihrer bloß wie eine ältere Schwester annehmen«, und ich ihr lachend antwortete: »Das kann ich nicht annehmen – je craindrai le sort d'Abufar.« Lady M... gegenüber war das allerdings ein etwas fader Spaß.

Aus Felsen und Bergen erhältst Du die Fortsetzung. Adieu, und möge der Himmel Dich erheitern und alle Worte meiner Briefe Dir zurufen: Treue Liebe bis in den Tod.

Dein L...

29 Neunundzwanzigster Brief

Gasthof zu Avoca, den 22. August 1828

Geliebte Julie!

Gegen Mittag verließ ich Dublin ganz allein, bequem auf meinem guten Gaul etabliert, ließ Wagen und Leute in der Stadt zurück und sandte einen kleinen Mantelsack mit den notwendigsten Effekten durch die Diligence voraus. Leider aber muß mit diesem eine Verwechselung vorgegangen sein, denn obgleich ich seinetwegen den ganzen Tag und die Nacht in dem nur zwanzig Meilen von Dublin entfernten Bray verweilte, langte er nicht an, und ich habe daher, um nicht entweder zurückreisen oder noch länger warten zu müssen, mir einen schottischen Mantel nebst etwas Wäsche in Bray gekauft und die Tour ganz auf Studentenweise angetreten. Ich soupierte mit einem jungen Geistlichen von guter Familie, der mich, bei sonst sehr leichtfertigen Reden, durch seine Orthodoxie in Religionssachen lachen machte. Aber so ist die Frömmigkeit der Engländer beschaffen, es ist eine Parteisache für sie und zugleich eine Schicklichkeitssitte – und so, wie sie im Politischen stets ihrer Partei, durch dick und dünn, verständig und unverständig, immer gleich unverrückt folgen, weil es ihre Partei ist, oder einer Gewohnheit immerfort sklavisch sich unterwerfen, weil es so bei ihnen üblich ist – betrachten sie auch die Religion, ohne alle Poesie, ganz aus demselben Gesichtspunkt, gehen sonntags ebenso unfehlbar in die Kirche, als sie täglich eine frische Toilette machen, um sich zu Tisch zu setzen, und schätzen den, welcher die Kirche vernachlässigt, fast ebenso gering als jemand, der Fisch mit dem Messer ißt.*

Begleitet von dem jungen Theologen, der eine Zeitlang denselben Weg mit mir verfolgte, verließ ich am andern Morgen Bray schon früh um fünf Uhr. In einer ausgezeichnet schönen Gegend passierten wir Kilruddery, ein neugebautes Schloß des Grafen Meath, im Geschmack der Häuser aus den Zeiten der Königin Elisabeth, welches aber, um

* *Gemeine Engländer führen das breite Messer gleich einer Gabel zum Munde. Die Gebildeteren dagegen halten solches für eine wahre Sünde gegen den Heiligen Geist und kreuzigen sich innerlich, wenn sie z. B. einen deutschen Gesandten so essen sehen. Es ist hinlänglich, ihnen die ganze Nation zu verleiden.*

einen guten Effekt zu machen, größere Massen verlangt hätte. Der Park ist nicht sehr ausgedehnt, lang und schmal, die altfranzösischen Gärten werden gerühmt, wir wurden aber, wahrscheinlich unsres bescheidenen Aufzugs wegen, sehr unhöflich abgewiesen, als wir sie zu sehen wünschten. In England ist dies etwas Gewöhnliches, in Irland aber Seltnes, was daher auch keinen vorteilhaften Schluß auf die Humanität des Besitzers machen läßt. Mein Begleiter, der ein Anhänger der grace efficace ist, das heißt fest überzeugt: daß Gott im voraus seine Lieblinge für den Himmel, andere, die ihm weniger gefallen, aber für die Hölle bestimme – zweifelte in seinem Zorne nicht, daß der Besitzer von Kilruddery zu den letztern gehören müsse. »Es ist eine Schande für einen Irländer!« rief er entrüstet, und ich hatte Mühe, ihm die Pflicht der Toleranz begreiflich zu machen. Ein zweiter Park, Bellevue, einem würdigen alten Gentleman gehörig, öffnete uns bereitwilliger seine Tore. Hier ist über dem Glen of the Downs, einem tiefen Abgrund, hinter welchem zwei ausgebrannte Vulkane wie spitze Kegel sich erheben, ein Ruhesitz erbaut, der in der Luft zu hängen scheint. Man hatte diesen Pavillon sehr artig mit rotblühender Heide gedeckt. Weniger gut ausgedacht war ein im Vorzimmer, wie lebendig daliegender, ausgestopfter Tiger.

Hier verließ mich mein Reisekaplan, und ich ritt allein weiter nach dem Tal von Dunvan, wo in einem engen romantischen Passe ein Felsen von achtzig bis hundert Fuß Höhe steht, der die groben Umrisse eines Menschen darstellt und daher von den Landleuten, die manche Märchen von ihm erzählen, der Riese genannt wird. Nicht weit davon findet man die Ruinen eines so ganz mit Efeustämmen überwachsenen Schlosses, daß man nahe davorstehen muß, um es von den umgebenden Bäumen unterscheiden zu können. Am Ende des Tales wendet sich der Pfad, über Wiesen, nach einer bedeutenden Anhöhe, vor der eine der überraschendsten Aussichten sich erschließt. Fast mit Heimwehsgefühlen erblickte ich hier wieder, im blauen Duft über dem Meer, die Berge von Wales.

Nachdem ich mich in einem ländlichen Gasthofe ein wenig mit Milch und Brot erfrischt, setzte ich meinen Weg nach The Devil's Glen (der Teufelsschlucht) fort, die ihren Namen mit Recht trägt. Die wilde Naturszene beginnt mit einem gotischen Schloß, dessen von Rauch geschwärzte Mauern aus dem Walde hervorragen, dann vertieft man sich seitwärts in ein Tal, dessen Wände nach und nach immer höher werden, sich immer dichter zusammenziehen, während im dunklen Dickicht der pfeifende Luftzug heftiger und das Brausen des Stroms immer furchtbarer wird. Mühsam auf dem schlüpfrigen Boden vordringend und unaufhörlich von den überhängenden Ästen belästigt, sieht man plötzlich den Weg durch eine prachtvolle Kaskade geschlossen, die, gleich einem weißen Ungeheuer, über hohe Absätze sich niederstürzt und in der Tiefe wühlend verschwindet. Ist es nicht der Teufel selbst, so ist es wenigstens Kühleborn.

Zu einer sehr angenehmen Abwechselung dient es, daß auf diese schauervolle Schlucht das liebliche idyllische Tal von Rosanna folgt, wo ich unter dem Schatten hoher Eschen mein Mittagsmahl einnahm. Ich fand noch zwei reguläre englische Touristen hier, die, mit Pflanzenbuch und Gebürgshammer bewaffnet, schon seit Wochen hier hausten und ebenso ordnungsmäßig als in einem Londoner Kaffeehause ihr reines Tischtuch von dem schmutzigen Tische zum Dessert abnehmen ließen und eine Stunde bei diesem sitzen blieben, obgleich sie dazu, statt Claret, nur elenden Krätzer und, statt reifer Früchte, nichts als gebratne Äpfel bekommen konnten.

Um sieben Uhr stieg ich wieder zu Pferde und galoppierte zehn Meilen auf der großen Heerstraße fort, bis ich noch vor Sonnenuntergang das wunderherrliche Avondale (Tal des Avon) erreichte. In diesem Paradiese ist wirklich alles Reizende vereinigt. Ein endlos scheinender Wald, zwei prächtige Flüsse, vielformige pittoreske Felsen, die frischesten Wiesen, alle Arten von Laub- und Nadelhölzern in höchster Üppigkeit; fortwährend eine mit jedem Schritt abwechselnde, aber nie geringer erscheinende Natur. Ich hätte, da ich den letzten Teil des Tales bei Mondenschein durchzog, meinen Weg schwer aufgefunden, wenn nicht ein junger Herr, der von der Jagd zurückkam, mit echt irländischer Gefälligkeit mich wohl drei Meilen weit über die diffizilsten Stellen zu Fuß begleitet hätte. Die Nacht war äußerst klar und milde, der Himmel so blau wie am Tage und der Mond glänzend wie Edelstein. Obgleich ich an den Fernaussichten verlor, gewann ich auf der andern Seite vielleicht mehr durch den magischen Schein, der die Luft durchdrang, durch die dunkler, aber auch phantastischer hervortretende Contour der Felsen, die gedankenschwangere Stille und süßschauerliche Einsamkeit der Nacht. Um zehn Uhr erreichte ich das Ziel meiner heutigen Reise, Avoca Inn, wo man, mit bescheidnen Ansprüchen, recht leidliche Bewirtung und sehr freundliche Bedienung findet. Ich traf abermals einen Touristen aus London im Speisezimmer, diesmal ein lustiger und interessanter junger Mann, der in seinem Entzücken über die reizende Gegend völlig mit mir harmonierte und mit dem ich daher noch eine Stunde beim Abendtee sehr angenehm verplauderte, ehe ich mich hinsetzte, um Dir zu schreiben. Aber nun gute Nacht, denn auf Bergreisen muß man früh aufstehen und daher nicht allzuspät das Bett aufsuchen.

Roundwood, den 23.

Gestern ritt ich acht *deutsche* Meilen, heute neun – und meine Brust befindet sich eben nicht schlechter dabei. Aber Vergnügen tut viel, und ich sah so viel verschiedene Gegenstände, daß mir die paar Tage wie soviel Wochen vorkommen.

Ich hatte gut geschlafen, obgleich das zerbrochene Fenster meiner Kammer nur mit einem Kopfkissen zugestopft war. Dem ärmlichen Nachtlager folgte ein besseres Früh-

THE MEETING OF THE WATERS

J. C. Bentley

stück, und auch mein Pferd fand ich vortrefflich abgewartet. Ich reise, wie die Araber, im Galopp oder Schritt, dies fatiguiert am wenigsten, und man kömmt am weitesten damit. Meine erste Exkursion war nach dem berühmten Ort, The Meeting of the Waters (die Begegnung der Wässer) genannt, wo sich die beiden Flüsse Avonmore und Avonbeg vereinigen und die malerischeste Gegend zu ihrem Hochzeitsfest gewählt haben. Auf einem Felsen jenseits steht Castle Howard mit vielfachen Türmen und Zinnen; es sind jedoch leider nur eben fertig gewordne – die in der Nähe nicht mehr imponieren. Ich fand im Schloß noch alles im Schlaf, und ein Diener, im Hemde, zeigte mir die Gemälde, unter denen sich ein herrliches Porträt der Maria Stuart befindet. Dies war gewiß eine sprechende Ähnlichkeit. Es ist offenbar aus ihrer Zeit, und das anziehende, echt französische Gesicht, mit der feinen Nase, dem reizenden Mund, den schmachtenden Feueraugen und jenem unnachahmlichen Ausdruck, der, ohne grade entgegenzukommen, doch etwas so Muteinflößendes hat und, obgleich nicht ohne weibliche Würde, dennoch, sozusagen auf den ersten Blick schon, Vertraulichkeit hervorruft. Alles überzeugt, daß so nur die Frau aussehen konnte, bei welcher fast jeder, der mit ihr in nähere Berührung trat, ohngeachtet ihres hohen Ranges, auch sogleich die Rolle eines Liebhabers spielte. Ihre Hände sind wunderschön, und in ihrer Tracht, obgleich im barocken Stil der Zeit, herrscht so viel Harmonie, daß man schnell inne wird, sie habe die Toilettenkunst nicht weniger gut verstanden als ihre heutigen Landsmänninnen.

Eine vortrefflich unterhaltne Straße führt von hier nach dem entire vale und dem Park von Bally Arthur. Dieses Tal hat das Eigentümliche, daß die Berge, auf beiden Seiten, so undurchdringlich dicht mit Buchen bewaldet sind, daß kein sichtlicher Zwischenraum der Massen bleibt und es wirklich scheint, als könne man auf den Baumgipfeln herabsteigen. Ich verließ hier die Straße und folgte einem Fußsteig, im Dickicht, der mich zu einer sehr schönen Aussicht führte, wo, am Ende der langen Schlucht, die Türme von Arklow, wie in Rahmen gefaßt, erscheinen. Eine halbe Stunde später endete er aber plötzlich und brachte mich an ein Aha, welches mein Pferd durchaus nicht überspringen wollte. Da sich die herabgehende Mauer diesseits befand und der Rasen darunter weich war, so ergriff ich, in der Not, ein neues Mittel, nämlich ich verband dem widerspenstigen Tier die Augen und stieß es rückwärts von der Mauer herab. Der Fall erschreckte das geblendete Pferd ein wenig, tat ihm aber, wie ich vorausgesehen, nicht den geringsten Schaden, und ruhig mit der Blindekuhbinde grasend, erwartete es nachher meine Ankunft. Dies Manœuvre ersparte mir wenigstens fünf Meilen Weg. Der neue Park, in dem ich mich nun befand – denn dieser ganze Teil der Grafschaft ist fast eine fortlaufende Anlage durch Kunst verschönerter Natur –, gehörte zu Shelton Abbey, auch eine moderne »Gothischerey«, die ein altes Kloster vorstellen sollte. Die Herrschaft war schon jahrelang abwesend, und ein Neger, der im Garten arbeitete, zeigte mir die Zimmer, welche einige sehr interessante, alte Genregemälde enthielten. Der Held des einen ist ein Eltervater der Familie selbst, die Szene in Italien und die Tracht, wie die dargestellten Sitten, äußerst sonderbar, ja anstößig. Quer über die Wiesen und durch eine ziemlich tiefe Furt des Flusses, dessen eiskaltes Bad er nicht scheute, führte mich der dienstfertige Neger bis an die Stadt Arklow, von wo ich auf der Landstraße zum Mittagessen nach Avoca Inn zurückkehrte, nachdem ich vorher noch einen Bergvorsprung bestiegen, von dem man einen Blick in drei verschiedene Täler hat, deren ganz entgegengesetzter Charakter eine höchst originelle Ansicht gewährt.

Kaum hatte ich mich in Avoca zu Tisch gesetzt, als man einen Herrn bei mir meldete, der mich zu sprechen wünsche. Ein mir ganz fremder junger Mann trat ein und überreichte mir eine Brieftasche, in der ich, mit nicht geringer Verwunderung, meine eigne erkannte, die, außer andern wichtigen Papieren, welche ich auf der Reise immer bei mir trage, mein ganzes Reisegeld enthielt. Ich hatte sie in dem Bergpavillon, Gott weiß wie, aus der Brusttasche verloren, ohne es zu bemerken, und mir daher jetzt nicht wenig zu einem so ehrlichen und gefälligen Finder zu gratulieren. In England möchte ich meine Brieftasche schwerlich wieder zu sehen bekommen haben, selbst wenn sie ein Gentleman gefunden hätte, denn dieser hätte sie wahrscheinlich entweder ruhig liegenlassen oder – behalten. Bei dieser Gelegenheit muß ich doch erwähnen, was der bekannte Ausdruck »Gentleman« eigentlich sagen will, da die Bedeutung, welche man ihm im Lande gibt, die Engländer ungemein gut charakterisiert. Ein Gentleman heißt weder ein Edelmann noch ein edler Mann, sondern, wenn man es streng betrachtet,* nur: ein durch Vermögen und genaue Bekanntschaft mit den Gebräuchen der guten Gesellschaft *unabhängiger* Mann. Wer dem Publikum in irgendeiner Art dient oder für dasselbe arbeitet, höhere Staatsdiener und etwa Dichter und Künstler erster Kategorie ausgenommen, ist kein oder höchstens nur zur Hälfte Gentleman. Ich war noch vor kurzem sehr erstaunt, einen bekannten Herrn – den wenigstens alle Pferdeliebhaber im In- und Auslande kennen, der reich ist, mit manchem Herzog und Lord auf vertrautem Fuße steht und überhaupt recht viel Ansehen genießt, aber dennoch wöchentlich in einer großen Anstalt Pferde verauktioniert, wodurch er dem Publikum gewissermaßen verpflichtet wird – von sich selbst sagen zu hören: »Ich kann nicht begreifen, wie mir der Herzog von B... den Auftrag geben konnte, dem Grafen M... eine Ausforderung zu überreichen, dazu hätte er einen *Gentleman* wählen müssen – meine Sache ist so etwas nicht.«

Ein wirklich *armer* Mann, der auch keine Schulden zu machen imstande ist, kann unter keiner Bedingung ein Gentleman sein, weil er von allen der Abhängigste ist. Ein reicher Schuft dagegen kann, wenn er eine gute Erziehung hat, so lange er seinen Charakter (Ruf) leidlich zu menagie-

* *Denn im allgemeinen wird freilich jeder anständig erscheinende Mann ein Gentleman genannt.*

TAL DER SIEBEN KIRCHEN

ren versteht,* sogar für einen perfect Gentleman gelten. In der exklusiven Gesellschaft Londons gibt es noch feinere Nuancen. Wer dort z.B. schüchtern und höflich gegen Damen sich beträgt, statt vertraulich, ohne viele Rücksicht, und mit einer gewissen Nonchalance sie zu behandeln, wird den Verdacht erregen, daß er kein Gentleman sei; sollte der Unglückliche aber bei einem Diner gar zweimal Suppe verlangen oder bei einem großen Frühstück, welches um Mitternacht endet und um drei Uhr nachmittags angeht, in einer Abendtoilette erscheinen – so mag er ein Fürst und Millionär sein, aber ein Gentleman ist er nicht.

Doch zurück von Babylons Zwang zu der Freiheit der Berge. Das Land, welches ich jetzt durchritt, glich auffallend den flacheren Gegenden der Schweiz, immer allmählich ansteigend, bis ich mich den höchsten Bergen Wicklows gegenübersah, deren Häupter wieder, gleich dem Snowdon, von Wolken verhüllt erschienen. Das Tal von Glenmalure hat den Charakter einer toten Erhabenheit, mit dem das trübe Wetter vortrefflich harmonierte. In der Mitte desselben steht, wie ein verwünschtes Schloß, eine große, verlassene und schon baufällige Kaserne, weder Baum noch Strauch ist dabei zu sehen, und die Seiten der hohen Berge sind nur mit zerbröckelten Steinen bedeckt. Bloß unterirdisch ist dieses Tal belebt, und selbst dieses Leben bringt Tod. Es befinden sich nämlich große Bleibergwerke hier, deren ungesunde Ausdünstungen man auf den bleichen Gesichtern der Arbeiter wahrnimmt. Ich fuhr, in einen schwarzen Kittel gehüllt, in die Felsenschachten ein – eine düstre, schaurige Fahrt! Die Gänge waren kalt wie Eis, tiefe Dunkelheit herrschte in ihnen, und ein schneidender Wind wehte uns mit Grabesdüften entgegen. Von der niedrigen Decke, die zu gekrümmter Stellung zwang, tropfte mit hohlem Klang taktmäßig Wasser herab, und die unerträglichen Stöße des Karrens, den ein Mann langsam über den holperigen Felsenboden hinzog, vollendeten das Bild einer schrecklichen Existenz! Der leidende Zustand meiner Brust erlaubte mir hier keinen längern Aufenthalt, und ich gab daher die weitere Untersuchung auf, froh – »wie ich wieder begrüßte das rosige Licht«.

Ich mußte nun auf einer neugebauten schönen Militärstraße (denn das Gouvernement ist, mit einem üblen Gewissen, immer in Irland besorgt) über einen der Bergkolossen hinüber, die das Tal verschließen. Die Aussicht von der Höhe war weit und herrlich und doch in einem sehr verschiedenen Charakter von dem bisher Gesehenen, wozu die glücklichste Beleuchtung viel beitrug, indem die Sonne hinter schwarzen Wolken hervorblitzte. Nichts gibt fernen Gegenständen eine größere Klarheit und ein verklärteres Licht. Die Strahlen legten sich in breiten Streifen wie eine Glorie über die vielfach sich durchkreuzenden Bergflächen, und die zwei Sugar-loafs (Zuckerhüte) standen, alles überragend, dunkelblau in dieser Helle am Horizont. Der Weg,

* *Von Moralität ist dabei nicht die Rede, sondern nur von Skandal.*

den Berg hinunter, ist so allmählich in Schlangenlinien geführt, daß ich ihn bequem hinabgaloppieren konnte. Demohngeachtet war es schon voller Abend, ehe ich in das letzte der während der heutigen Tagreise zu besuchenden Täler, das der Sieben Kirchen, kam. Hier stand vor mehr als tausend Jahren (sic fabula docet) eine große Stadt mit sieben Kirchen, welche die Dänen zerstörten. Noch ist ein schönes Tor fast ganz erhalten, obgleich ihm der Schlußstein fehlt, den aber die Zeit durch einen dicken Efeustamm ersetzt hat, welcher die ganze Wölbung zusammenhält. Sieben einzelnstehende Ruinen sind, dem Volksglauben nach, die Überbleibsel der heiligen Kirchen, welche dem Tale den Namen geben. Nur eine davon trägt diesen Charakter unzweifelhaft und ist merkwürdig durch einen der höchsten jener seltsamen mysteriösen Türme, ohne Tür und Fenster, welche man bei vielen Klosterruinen in Irland antrifft und deren eigentliche Bestimmung noch immer unbekannt geblieben ist. Weiter hin ruhen, im tieferen Grunde und heiliger Stille, zwei dunkle Seen, berühmt durch die Abenteuer des heiligen Kevin. Die Felsen sind hier ungewöhnlich steil und an manchen Orten wie Treppenstufen geformt. In dem einen ist eine schmale und tiefe Spalte, die ganz einem gewaltsam gemachten Einschnitte gleicht. Die Sage erzählt, daß der junge Riese Fian MacComhal – als seine Kameraden befürchteten, er sei noch zu schwach zu dem Kriege, in den sie eben verwickelt waren –, um ihnen eine Probe seiner Kraft zu geben, mit seinem Schwerte diesen Felsen spaltete und so jedem ferneren Zweifel ein Ende machte. Weiter hin entdeckt man in einem jenseits über dem See hängenden Felsen, gleich einem schwarzen Loch im Gestein, die Höhle St. Kevins. Hier verbarg sich der Heilige vor der ihn verfolgenden Liebe der schönen Königstochter Cathelin und lebte lange, in tiefster Einsamkeit, von Wurzeln und Kräutern. In einer verhängnisvollen Stunde entdeckte jedoch die von der Leidenschaft umhergetriebene Schöne den Flüchtling und überraschte ihn, im Dunkel der Nacht, auf seinem Mooslager. Mit süßen Küssen erweckte sie den ungalanten Heiligen, welcher, seine Tugend verloren sehend, sich kurz entschloß und Cathelin über Bord warf, wo in den kalten Fluten des Sees Liebe und Leben sie zugleich verließ. Doch fühlte der Mann Gottes nachher ein menschliches Rühren und legte einen Zauber über die Gewässer, daß fortan niemand mehr sein Leben in ihnen verlieren solle, welche Beschwörung noch heutzutage in Kraft geblieben ist, wie mein Cicerone bezeugte. Dieser Cicerone war ein hübscher, wie gewöhnlich halbnackter Knabe von eilf Jahren und seine Kleidung ein erwähnungswerter Echantillon irländischer Toilette. Er trug den Leibrock eines erwachsenen Mannes, dem, außer verschiedenen transparenten Stellen, anderthalb Ärmel und der eine Rockschoß fehlten, während der andere, wie ein Kometenschweif, hinter ihm auf der Erde schleppte. Halstuch, Weste und Hemde waren, als gänzlich unnütz, beseitigt. Dagegen nahmen sich die Rudera von ein paar roten Plüschhosen recht stattlich aus, obgleich weiter unten nur barfuße Beine daraus hervorguckten. Diese Gestalt über die Felsen wie ein Eichhörnchen klettern zu sehen und dabei von Tommy* Moore und Walter Scott singen zu hören war gewiß charakteristisch. Als er mich nach der Höhle führte, wo die Passage etwas glitscherig war, rief er: »Oh, das geht sehr gut, hier habe ich Walter Scott auch hingebracht, der mit seinem lahmen Fuß auf die schlimmsten Stellen hinkletterte. Der konnte gar nicht weg davon kommen« – und nun rezitierte er schnell vier Verse, die Scott oder Moore, ich erinnere mich nicht mehr welcher, auf die Höhle gedichtet. Diese Menschen hier passen so vortrefflich zu dem wilden, mit Ruinen des Erdbodens wie seiner Bewohner bedeckten Lande, daß ohne sie gewiß das Ganze einen großen Teil seiner romantischen Wirkung verlieren würde.

Um zur Nachtruhe in einen leidlichen Gasthof zu gelangen, mußte ich von hier aus, bei Mondschein, noch zehn Meilen über einen endlosen Torfmoor reiten, den gewöhnlichen Aufenthalt allerlei Spuks, von dem mich jedoch nur einige einsame Irrlichter, vorbeigleitend, mit ihrer Gegenwart beehrten.

Als ich im Dorfe ankam, waren beide Gasthöfe schon von Touristen besetzt, und ich erhielt nur mit großer Mühe ein kleines Vorzimmer eingeräumt, wo ich auf Stroh schlafen werde. Tee, Butter, Toast und Eier sind aber vortrefflich, und der Hunger würzt überdem das Mahl. Ich kann Dir nicht sagen, wie angenehm mir dieses Leben ist! Mit allen Entbehrungen fühle ich mich doch wahrlich hundertmal mehr à mon aise als encombriert und belästigt von tausend unnötigen Bequemlichkeiten. Ich bin frei wie der Vogel in der Luft, und das ist ein hoher Genuß. Übrigens Ehre, dem Ehre gebührt. Wenig Menschen würden nach solchen Fatiguen sich mit religiöser Ordnung alle Abend hinsetzen, um Dir so langen Rapport von den Tagesbegebenheiten abzustatten. Erfreut es Dich nur, so bin ich hundertfach belohnt.

** So nennen ihn die Irländer am liebsten, stolz auf seine Landsmannschaft.*

Bray, den 24.

Gall behauptete, wie Du Dich erinnern wirst, als er in Paris meinen Schädel untersuchte, daß ich ein sehr hervorstehendes Organ der Theosophie habe. Demohngeachtet halten mich viele für einen argen Ketzer – aber Gall hat recht – wenn anders Religiösität in Liebe und im aufrichtigen Streben nach Wahrheit besteht. In einer solchen frommen, frohen Stimmung begrüßte ich betend und dankend den frischen Morgen, und die innere Heiterkeit durchdrang wohltuend den häßlichen, feuchten Nebel, der mich umgab, denn das Wetter war herzlich schlecht. Auch der Weg war öde und traurig, aber Geduld! Sonne und Schönheit brachte dennoch der Abend. Für jetzt war nur dürre Heide und Torfmoor um mich, so weit das Auge reichte, und ein Sturm pfiff stoßweise darüber hin und trieb nasse Nebelwolken vor sich her, die, wenn ich in ihren Bereich kam, mich wie ein starker Regen durchnäßten. Nur schwache, kurze Sonnenblicke gaben momentane Hoffnung, bis, gegen Mittag, sich die Wolken teilten und, grade als ich auf der Bergspitze über dem prächtigen See und Tal von Luggala anlangte, die Sonne die Gegend vor mir herrlich vergoldete, obgleich die Häupter der Berge noch alle verschleiert blieben. Auch dieses Tal gehört einem reichen Besitzer, der einen reizenden Park daraus gemacht hat. Es ist originell gestaltet, und ich will versuchen, Dir eine anschauliche Ansicht davon zu geben. Es bildet einen fast regelmäßigen länglich-ovalen Kessel. Die erste Hälfte des Grundes vor Dir füllt, bis dicht an den Fuß der Berge, Wasser; die zweite ist eine mit Baumgruppen bedeckte Wiesenfläche, durch die ein Bergstrom sich mäandrisch schlängelt und in deren Mitte, an einen einzelnstehenden Felsen gelehnt, sich eine elegante shooting-lodge (Jagdhaus) zeigt. Die das Tal umgebenden Berge sind sehr hoch und steil und steigen überall, glatt und ohne Absatz, von der wie planiert erscheinenden Fläche empor. Links sind es nackte Felsen, von imponierender Gestalt, nur hie und da mit roter und gelber Erika bewachsen, die andern drei Seiten aber mit dichten und mannigfaltigen Pflanzungen bedeckt, deren Laub bis in den See hinabhängt. Wo der erwähnte Bergstrom sich, auf glänzend grünem Grasgrunde, in den See ergießt, bildet er einen breiten Wasserfall. Es ist wohl ein schöner Fleck Erde – einsam und abgeschlossen, der Wald voll Wild, der See voll Fische und die Natur voll Poesie.

Da die Jagdzeit noch nicht eingetreten ist, war die Herrschaft abwesend, und die Frau des Inspektors, eine noch hübsche, wiewohl etwas passierte Frau, mit schönen weißen Händen und Manieren über ihrem Stand (wahrscheinlich hatte sie hier eine *Versorgung* erhalten), besorgte mir auf meine Bitte Frühstück, während mich ihr lebhafter kleiner Sohn vorher im Tal umherführte. Ein schöner Windhund, der so leicht wie ein vom Wind entführtes Blatt über den Boden glitt und dann in unbändigen Sätzen sich der gegebenen Freiheit freute, begleitete uns. Wir erklimmten (nicht ohne Schmerzen meiner kranken Brust, car je ne vaux plus rien à pied) eine etwa vierhundert Fuß hohe Felsenplatte, von der man das Tal ganz übersieht. Gegenüber erblickt man ein seltsames Naturspiel, ein ganz regelmäßig in Stein geformtes ungeheures Gesicht, das finster und verdrießlich auf den See herabschaut. Die Augenbraunen und der Bart werden auf das deutlichste durch Moos und Heide gebildet und die dicken Backen, wie die tiefen Augen, durch Felsenspalten täuschend nachgeahmt. Der Mund steht offen, wenn man aber ein Stück weitergeht, schließt er sich, ohne doch sonst die Züge zu verändern. Einen so lebendigen Berggeist zu besitzen ist wirklich eine besondere Prärogative. Dieser sieht aber, wie gesagt, recht verdrießlich in die Tiefe und scheint mit seinem offenen Munde nach dem See herabzurufen: »Ihr Menschengezücht! laßt mir mein Tal, meine Fische, mein Wild, meine Felsen und Bäume in Ruh, oder ich begrabe euch Pygmäen alle unter ihren Trümmern!« Es

BRAY

hilft aber nichts, der Ruf der Geister ist ohnmächtig geworden, seit der Menschen eigner Geist erwacht – in Stein gebannt bleibt Rübezahls Antlitz, und seine Stimme verhallt im spielenden Winde, der ehrerbietungslos seine buschigten Augenbraunen schüttelt und ihm die Wellen des Sees, wie spottend, entgegenkräuselt.

Eine Intervalle von zehn Meilen uninteressanter Gegend lag zwischen diesem Spaziergang und meiner Ankunft vor den Toren des Parks von P…, einem der größten und schönsten in Irland. Aber – es war Sonntag! der Herr ein Frömmler und folglich das Tor verschlossen. An diesem Tage sollte, nach ihm, ein Frommer seine Wohnung höchstens für eine dumpfige Kirche verlassen, aber keiner sich in Gottes eignem wunderherrlichen Tempel erfreuen. Dieser Sünde wollte der Herr v. P… keinen Vorschub leisten und hatte daher, bei augenblicklicher Verabschiedung, die Öffnung seiner Pforten verpönt. Ich versuchte, durch meine frühere, Dir bekannte Aventure in England gewitzigt, nicht einmal durch ein Geschenk den Eingang zu erzwingen, sondern verfolgte meinen Weg längs der Mauer, über die ich zuweilen sehnsüchtig nach dem großen Wasserfall und der bezauberten Gegend verstohlene Blicke warf. Du lieber Gott, dachte ich, wie verschieden wirst du angebetet! die einen braten dir ihren Nächsten, die andern machen dich zum Apis, diese glauben dich parteiischer und ungerechter noch als der Teufel selbst, und jene denken mehr als alle zu leisten, wenn sie deine schöne Lebensgabe sich und andern verderben und entziehen! O Herr von P…! Du wirst diese Zeilen nicht lesen, aber es wäre gut, wenn du es tätest und sie beherzigtest. Gar mancher arme Mann, der die Woche lang schwitzt, um dir sein Pachtgeld abzuzahlen, würde am Sonntag froh in deinem schönen Parke sein und des Herrn Güte segnen, der ihm doch nicht alles, selbst den Anblick seiner Herrlichkeit, entzieht, dies würde am Ende auch dich erfreuen, aber – du selbst bist wohl gar nicht zugegen und sendest deine frommen Befehle bloß von weitem? Du bist vielleicht, wie so viele deiner Kollegen, auch einer jener Absentées, die durch heißhungrige und erbarmungslose Beamten das Volk von dem letzten Lumpen entblößen, die letzte Kartoffel ihm rauben lassen, um in London, Paris oder Italien Mätressen und Charlatans zu bereichern?* Dann freilich – kann deine Religion nicht weiter gehn, als den Sonntag und die Zeremonien deiner Priester heiligzuhalten.

Von hier bis Bray prunkt eine üppige Kultur voller Landhäuser und Gärten der reichen Städter. Der Weg führt nahe am Fuß des großen Sugar-loaf's vorbei, dessen weißgrauer, nackter Felsenkegel von aller Vegetation entblößt ist. Ich sah einige Reisende, die ihn eben erstiegen hatten, wie Schachfiguren darauf umherspazieren und beneidete sie um die erhabene Aussicht, denn der Tag war herrlich und der

** Das ist keineswegs Übertreibung. Ich habe hier aktenkundige Dinge vernommen und Elend gesehen, das nie während der Leibeigenschaft in Deutschland erhört worden ist und in den Ländern der Sklaverei kaum seinesgleichen finden möchte.*

Himmel völlig klar geworden. An einer einsamen Stelle lagerte ich mich gegen Abend, unter Feldblumen am Bache hin, und träumte, Gott dankend, in die schöne Welt hinein, wie ein fahrender Ritter mein zahmes Tier neben mir grasen lassend. Ich dachte viel an Dich und vergangene Zeiten, ließ Lebende herankommen und Tote auferstehen und blickte, wie ein Spiegel, über das geschwundene Leben hin – manchmal wehmütig, manchmal auch heiter lächelnd –, denn durch alle Torheiten und Eitelkeiten dieser Welt, durch Irrtum und Fehler zog sich doch *ein* reiner Silberfaden hin, noch stark genug, für lange auszuhalten – kindlich liebendes Gefühl und hohe Empfänglichkeit für Freuden, die Gottes Güte jedem erreichbar läßt.

Bei guter Zeit traf ich in Bray wieder ein, wo auch der Mantelsack sich endlich eingefunden hatte. Manches, was er enthielt, war nach der langen Entbehrung nicht zu verachten; unter andern lieferte er mir den interessantesten Tischgefährten, Lord Byron. Eben betrachte ich seine beiden Porträts, zwei mir geschenkte Handzeichnungen, die ich dem »Giaour« und dem »Don Juan« beigeheftet habe. Gleich Napoleon erscheint er mager, wild und leidend, wo er noch strebte; fett geworden und lächelnd, als er erreicht hatte. Aber in *beiden* so verschiednen Gesichtern zeigt sich doch schon der tief vom Schicksal aufgewühlte, tiefer noch empfindende und doch dabei höhnende, verachtende, vornehme Geist, der diese Züge belebte.

Lachen muß ich immer über die Engländer, die diesen ihren zweiten Dichter (denn nach Shakespeare gebührt gewiß ihm die Palme) so jämmerlich spießbürgerlich beurteilen, weil er ihre Pedanterie verspottete, sich ihren Krähwinkelsitten nicht fügen, ihren kalten Aberglauben nicht teilen wollte, ihre Nüchternheit ihm ekelhaft war und er sich über ihren Hochmut und ihre Heuchelei beklagte. Viele machen schon ein Kreuz, wenn sie nur von ihm sprechen, und selbst die Frauen, obgleich ihre Wangen von Enthusiasmus glühen, wenn sie ihn lesen, nehmen öffentlich heftig Partei gegen den heimlichen Liebling, oft zugunsten der gemeinen Seele eines Weibes, die nie würdig war, Lord Byrons Schuhriemen aufzulösen, und deren kleinlicher Rache es dennoch leicht wurde, ihn in der englischen Gesellschaft zugrunde zu richten!* Es war der anerkennenden Deutschen, es war unsers Patriarchen würdig, durch ein gewichtiges und tiefes Wort diesem Heroen, der Europa angehört, der englischen Schandsäule gegenüber eine dauernde deutsche Ehrenpforte zu errichten.

Könnte ich Dir auch heute mit seinen unsterblichen Worten ein Farewell, aber kein letztes, ja hoffentlich kein langes, nur ein gleich inniges zurufen! *So* gedenke mein.

Dein treuer L...

* *Daß wir diesem Verhältnis auch die Vernichtung von Byrons Memoiren verdanken mußten, ist gewiß ein bitter empfundenes Unglück, und man kann kaum begreifen, wie sein edler Freund, Thomas Moore, eine solche Treulosigkeit am Dichter und einen solchen Raub am Publikum bei sich selbst verantworten mag.*

Dreissigster Brief

30

Dublin, den 29. August 1828

Liebe und *Gute!*

Die vergangenen Tage brachte ich mit Schmerzen und Fieber im Bette zu; heute erst kann ich Deine Briefe beantworten. Des geistvollen V... Schreiben hat mir freilich geschmeichelt, obgleich der Enthusiasmus, den ihm meine kleinen Schöpfungen eingeflößt, nur in seiner dichterischen Seele entstanden ist, die sich mit der Phantasie schon ein Ideal als *wirklich* hinmalte, was erst *entstehen* soll. Verlange aber meine Rückkunft nicht, bevor sie möglich ist, und glaube mir: wo man *nicht* ist, da wird man gewöhnlich hingewünscht, ist man aber *da*, so ist man bald dennoch vielen zuviel.

Ich ritt heute zum erstenmal wieder aus, um mir die Messe in Donnybrook, nahe bei Dublin, zu besehen, welche als eine Art Volksfest betrachtet wird. Nichts in der Tat kann nationaler sein! Die Armseligkeit, der Schmutz und der tobende Lärm waren überall ebenso groß als die Freude und Lustigkeit, mit der die wohlfeilsten Vergnügungen genossen wurden. Ich sah Speisen und Getränke unter Jubel verschlingen, die mich zwangen, schnell hinwegzublicken, um meines Ekels Herr zu werden. Hitze und Staub, Gedränge und Gestank, il faut le dire, machten den Aufenthalt für längere Zeit fast unerträglich. Dies focht aber die Eingebornen nicht an. Viele hundert Zelte waren aufgeschlagen, alle zerlumpt wie der größte Teil der Menschen, und statt Fahnen nur mit bunten Lappen behangen. Manche begnügten sich mit einem bloßen Kreuz oder Reifen; einer hatte sogar, als Wahrzeichen, eine tote, halb verfaulte Katze oben daraufgestellt! Die niedrigste Sorte von Possenreißern trieben dazwischen, auf Brettertheatern und in abgetragener Flitterkleidung, ihr saures Handwerk, bis zur Erschöpfung in der furchtbaren Hitze tanzend und grimassierend. Ein Dritteil des Publikums lag oder taumelte betrunken umher, die andern aßen, schrien oder kämpften. Die Weiber ritten häufig, zu zwei bis drei auf einem Esel sitzend, umher, bahnten sich mit Mühe ihren Weg durch die Foule, rauchten dabei behaglich Zigarren und agacierten ihre Liebhaber. Am lächerlichsten nahmen sich zwei Bettler zu Pferde aus, derengleichen ich bloß am Río de la Plata einheimisch glaubte. Das Pferd, auf dem sie ohne Sattel saßen und das sie mit einem Bindfaden regierten, schien durch seine elende Gestalt für sie mitbetteln zu wollen.

Als ich den Markt verließ, nahm ein stark betrunknes Liebespaar denselben Weg. Es ergötzte mich, ihr Benehmen zu beobachten. Beide waren grundhäßlich, behandelten sich jedoch mit großer Zärtlichkeit und vielen Égards, der Liebhaber deployierte sogar etwas Chevalereskes. Nichts konnte galanter und zugleich verdienstlicher sein als seine wiederholten Bemühungen, die Schöne vor dem Falle zu bewahren, obgleich er seine eigene Balance zu behaupten nicht wenig Schwierigkeit fand. Aus *seinen* graziösen Demonstrationen und *ihrem* frohen Gelächter konnte ich entnehmen, daß er sich zugleich nach Kräften bemühte, sie gut zu unterhalten, und was ihre Antworten betraf, so wurden diese, ohngeachtet der exaltierten Stimmung, mit einer Koketterie und innigen Vertraulichkeit gegeben, die einer Hübscheren gewiß allerliebst angestanden haben würden. Der Wahrheit zu Ehren muß ich zugleich bezeugen, daß von englischer Brutalität keine Spur in ihrem Benehmen zu entdecken war – eher glichen sie Franzosen, zeigten aber bei ebensoviel Lustigkeit mehr Humor und Gutmütigkeit, welche beide wahre Nationalzüge der Irländer sind, die durch Potheen (der beste, aber auf illicite Weise gefertigte, Branntwein) stets verdoppelt werden.

Tadle mich nicht über die gemeinen Bilder, die ich Dir vorführe. Sie sind der Natur näher verwandt als die übertünchten Wachspuppen unsrer Salons.

Bray, den 30.

Um den Park von Powerscourt zu sehen, den mir neulich der Sonntag verschloß, bin ich heute hierher zurückgekehrt. Nicht leicht wird die Natur größere Hülfsquellen vereinigen, als sie hier mit freigebiger Hand gespendet, und ihre Gaben sind mit Verstand benutzt worden.

Die erste Hauptpartie heißt der Dargle, eine sehr tiefe und enge Schlucht, die mit hohen Bäumen bewachsen ist. Im Grunde rauscht ein voller und reißender Fluß. Der Weg führt oben an der rechten Seite hin, und von hier taucht der Blick tief in die grünen Abgründe, aus denen manchmal das Wasser plötzlich hervorglänzt oder eine kühne Felsengruppe hervortritt. Drei größere Berge ragen über die Schlucht empor und scheinen, obgleich ziemlich weit entfernt, in unmittelbarer Nähe, da man ihren Fuß nicht sieht. Sie waren heute abend von der, ganz italienischen, Sonne tief rosenrot gefärbt und kontrastierten prächtig mit dem Saftgrün der Eichen.

Später öffnet sich, bei einer Felsenzinne, The Lover's Leap (des Liebenden Sprung) genannt, die Schlucht in mehrere Täler, welche durch verschiedene niedrige Hügelreihen gebildet werden, in einiger Entfernung aber von den höchsten Bergen der Gegend umschlossen sind. In der Mitte dieser Landschaft erscheint, auf einem sanften Abhange und am Saume des Waldes, das Schloß, mit Blumenanlagen zierlich umgeben. Von hier bis zu dem großen Wasserfall führt der Weg, fünf Meilen lang, durch stets wechselnde Ansichten, die mehr dem freien Lande als einem Parke gleichen. Endlich erreicht man einen Wald und hört schon von weitem das Rauschen des Falles, ehe man ihn noch sieht. Er ist nur nach vorhergegangenem Regenwetter bedeutend, aber dann auch herrlich. Die hohen Felsenwände sind an beiden Seiten dicht mit Gebüsch bewachsen, durch deren buntes Laub er sich hervorstürzt, und sein Becken umgibt eine duftende Wiese. An diese schließen sich alte, ehrwürdige Eichen an, unter deren Schatten man ein dem Charakter der Gegend angemessenes Haus aufgeführt hat, wo man Erfrischungen erhält, daher es auch zum gewöhnlichen Ziel der hierher gemachten Landpartien dient. Grüne Fußsteige führen nun von hier noch weiter in die Wildnis des Gebürges, da es aber schon dunkel war, mußte ich auf den Rückweg denken. Herwärts hatte ich die weite Strecke größtenteils im Galopp zurückgelegt und, um mich nicht unnütz aufzuhalten, den zwölfjährigen zerlumpten Knaben, der mich führte, hinter mir aufs Pferd genommen, unbekümmert um die Verwunderung der Vorübergehenden, die nicht wußten, was sie aus dieser seltsamen Kavalkade machen sollten. In der Nacht konnte ich dagegen nur langsam auf dem steinigen Wege reiten, bis der Mond orangenfarben über den Bergen heraufstieg und sich in den Nachtnebeln, wie eine große Papierlaterne, zu schaukeln schien. Um elf Uhr erst gelangte ich, ermüdet und hungrig, im gastlichen Hause zu Bray wieder an.

den 31.

Der ländliche Aufenthalt hier ist so angenehm, daß ich den heutigen Sonntag noch daselbst verbrachte. Dieses Gasthofleben gibt zur Beobachtung der mittlern Klassen gute Gelegenheit, da jeder sich hier gibt, wie er ist, und sozusagen allein zu sein glaubt. Ich habe schon erwähnt, daß die Engländer dieser Klassen (ich fasse unter dem Namen hier die *englisch gebildeten* Einwohner aller drei Königreiche zusammen) auf Reisen im gemeinschaftlichen Gastzimmer, Coffeeroom genannt, ihren Tag zuzubringen pflegen, wenn sie sich nicht außerhalb des Hauses befinden. Abends wird dies Coffeeroom mit Lampen erleuchtet und nur auf Verlangen den an einzelnen kleinen Tischen sitzenden Herren besondere Lichter gebracht. Es hat mich oft gewundert, daß in einem Lande, wo Luxus und raffinierte Lebensbedürfnisse so allgemein sind, dennoch, selbst in den ersten Gasthäusern der Provinz (auch in London größtenteils), überall Talglichter gebrannt werden. Wachskerzen sind ein extraordinärer Luxus, und wer sie verlangt, wird zwar mit verdoppelter Höflichkeit behandelt, ihm aber auch *durchgehends* mit doppelter Kreide angeschrieben.

Es hat etwas Belustigendes, die große Einförmigkeit zu betrachten, mit der sich alle, wie aus *einer* Fabrik hervorgegangen, betragen, was besonders bei ihrem Essen sichtbar wird. An einzelnen Tischen placiert, keiner die mindeste Notiz vom andern nehmend, scheinen sie doch alle dieselben Manieren und auch denselben gastronomischen Geschmack zu haben. Niemand genießt Suppe, die ohne besondere Vorausbestellung gar nicht zu haben ist (der Grund, warum mich mein alter sächsischer Bedienter verließ, welcher behauptete, in solcher Barbarei, ohne Suppe! nicht länger existieren zu können). Ein großer Braten wird gewöhnlich von einem zum andern gebracht, um sich beliebig davon abzuschneiden, und zugleich im Wasser gekochte Kartoffeln und andres ebenso zubereitetes Gemüse nebst einer plat de ménage voll Essenzen auf den Tisch gestellt, dazu Bier eingeschenkt, und damit hat in der Regel die Hauptmahlzeit ein Ende; nur die Luxuriösen essen vorher noch Fisch. Aber nun folgt die wesentliche zweite Station. Das Tischtuch wird abgenommen, reines Besteck aufgelegt, Wein und ein frisches Glas gebracht, nebst ein paar elenden Äpfeln oder Birnen mit steinharten Schiffbiskuits, und jetzt erst scheint sich der Tafelnde recht bequem festzusetzen. Seine Miene nimmt den Ausdruck der Behaglichkeit an, und scheinbar in tiefes Sinnen verloren, hintenübergelegt und unverrückt vor sich hinstarrend, läßt er von Zeit zu Zeit einen Schluck aus seinem Glase bedächtig hinabgleiten, die Totenstille nur unterbrechend, indem er gelegentlich eins der Felsenbiskuits mühsam zermalmt. Ist der Wein vollendet, so folgt noch eine dritte Station: die des Verdauens. Hier hört alle Bewegung auf, der Gesättigte verfällt in eine Art magnetischen Schlafs, den bloß die offnen Augen vom wirklichen unterscheiden. Nachdem so ohngefähr eine halbe oder ganze Stunde verflossen ist, fährt er plötzlich auf und schreit wie besessen: »Waiter! my slippers!« (Kellner! meine Pantoffeln!), und ein Licht ergreifend, wandelt er gravitätisch aus dem Zimmer, um den Pantoffeln und der Ruhe entgegenzugehen. Diese Farce von fünf bis sechs Personen auf einmal vor sich abspielen zu sehen, hat mich oft besser wie eine Puppenkomödie unterhalten, und ich muß hinzufügen, daß, mit Ausnahme der Pantoffeln, die Szene sich in den ersten Clubs der Hauptstadt auch von Vornehmeren ziemlich ebenso abspielt. Lesen sah ich beinahe nie einen Engländer bei Tisch, und ich weiß nicht, ob sie es nicht für eine Unschicklichkeit oder gar eine Gottlosigkeit ansehen, wie z. B. am Sonntag zu singen oder zu tanzen. Vielleicht ist es auch nur eine Regel der Diätetik, die mit der Zeit zu einem Gesetz geworden ist, welches sie keine Lebhaftigkeit des Geistes zu übertreten nötigt.

Engländer, die nicht zur Aristokratie gehören oder sehr reich sind, reisen fast immer ohne Bedienten mit der Mail- oder Stage-coach (königliche und Privatdiligencen), worauf man schon in den Gasthöfen eingerichtet ist. Derjenige, welcher dort die Fremden bedient und ihnen die Stiefeln putzt, hat selbst den allgemeinen Namen »Stiefeln« (boots). *Stiefeln* ist es also, der die Pantoffeln bringt, ausziehen hilft und sich dann empfiehlt, indem er fragt, um welche Zeit man, nicht den Kaffee, wie er in Deutschland fragen würde, sondern das kochende Rasierwasser befiehlt. Sehr pünktlich erscheint er zur bestimmten Stunde damit und bringt zugleich die rein geputzten Sachen. Der Reisende pflegt dann schnell seine Toilette zu machen, verrichtet noch einige nötige Geschäfte und eilt hierauf seinem lieben Coffeeroom von neuem zu, wo alle Ingredienzien des Frühstücks reichlich auf seinen Tisch gepflanzt werden. Zu dieser Mahlzeit scheint er mehr Lebendigkeit mitzubringen als zu der spätern, auch mehr Appetit, glaube ich, denn die Quantität der Teekübel, die Masse von Butterbrot, Eiern und kaltem Fleisch, die er verschlingt, erwecken stillen Neid in der Brust, oder vielmehr dem Magen, des weniger kapablen Fremden. Hier ist es ihm auch nicht nur erlaubt, sondern sogar durch die Gewohnheit (sein Evangelium) *geboten* zu lesen. Bei jeder Tasse Tee entrollt er eine, auf unendliches Papier gedruckte, Zeitung von der Größe eines Tischtuches. Keine speech, keine crime, con, keine Mordgeschichte, vom accident maker in London verfertigt*, wird überschlagen. Wie jener, der lieber an einer Indigestion sterben wollte, als etwas einmal Bezahltes ungenossen lassen, so denkt auch der systematische Engländer, daß er einer einmal begonnenen Zeitung keinen Buchstaben erlassen darf, weshalb auch sein Frühstück mehrere Stunden dauert und die sechste oder siebente Tasse kalt getrunken wird. Ich habe gesehen, daß diese glorreiche Mahlzeit so lange hingezogen wurde, daß sie endlich mit dem Diner zusammenfloß, und Du wirst mir kaum glauben wollen, wenn ich Dich versichere, daß sogar ein leichtes Souper um Mitternacht folgte, ohne daß die Gesellschaft unterdes den Tisch verlassen hatte. Hierbei waren jedoch mehrere versammelt, und ich muß überhaupt bemerken, daß, wenn dies der Fall ist, sich ein ganz anderes Bild darstellt, indem dann der Wein die Gesellschaft, statt sie in lethargisches Sinnen verfallen zu lassen, oft mehr als zu gesprächig macht. Etwas Ähnliches fiel auch heute vor. Fünf oder sechs Reisende ließen sich es wohl sein, und nachdem sie des Guten zuviel getan hatten, entstand ein heftiger Streit unter ihnen, der nach langem Lärm, sehr seltsam, damit endete, daß sie alle auf den Kellner losstürzten und diesen zur Türe hinauswarfen. Hierauf wurde auch der Wirt noch gezwungen, hereinzukommen und für den ganz unschuldigen Menschen um Verzeihung zu bitten. Keiner der an den andern Tischen allein Essenden nahm die mindeste Notiz von dieser Störung, sondern starrte ebenso gelassen wie bisher vor sich hin. Einer jedoch, der sein Diner sehr spät begonnen, gab bald darauf selbst eine neue Szene zum besten. Er war mit dem ihm überbrachten Mutton unzufrieden und befahl daher dem Waiter, der Köchin zu sagen, sie sei a damned

** Die Zeitungsredaktionen besolden dichterische Talente, welche, wenn sich keine wirklichen Mordgeschichten und schreckliche Zufälle ereignen, solche für das immer darnach neugierige Publikum erfinden müssen. Diese Künstler nennt man: accident makers (Verfertiger von Unglücksfällen).*

bitch (eine verdammte Hündin). Die Irländerin verlor über eine so ehrenrührige Beleidigung allen Respekt, riß sich aus den Armen der sie, noch an der Saaltür, vergebens zurückhaltenden Gefährtinnen los, stürzte mit untergestemmten Händen auf den Beleidiger zu und überschüttete ihn nun mit einer solchen Flut echt nationaler Benennungen, daß dieser, vor der empörten Virago erblassend, das Feld räumte. Noch einmal so laut als gewöhnlich »my slippers!« brüllend, eilte er, ohne ferneren Versuch, der Köchin die Spitze zu bieten, schleunigst seiner Schlafstube im dritten Stocke zu; denn Du weißt, daß, wie im colombier, die Nachtlager sich hier stets unter dem Dache befinden.

Als der verstorbene Großherzog von W... in England war, bekam er auch Lust, allein und inkognito mit der Stage zu reisen, um diese Art Leben kennenzulernen. Es amüsierte ihn sehr; am nächsten Morgen war er aber nicht wenig verwundert, als ihm der Boots, nonchalamment, mit den Worten die Stiefeln brachte: »Ich hoffe, daß Euere Königliche Hoheit recht wohl geschlafen haben!« Er glaubte indes, vielleicht falsch verstanden zu haben, und setzte seine Reise, auf der Imperiale sitzend, fort. Den nächsten Morgen dieselbe Titulatur. Nun frug er genauer nach, und es fand sich, daß im Innern seines Mantels eine Karte mit seinem wahren Namen und Stand angeheftet war, die das Inkognito vernichtete. Was ihm aber ohne Zweifel dabei am meisten auffiel, war, daß man so wenig darauf achtete, ob ein deutscher Souverän auf der Diligence sitze oder nicht. Der gemeine Mann in England gibt auf Rang überhaupt wenig, auf fremden gar nichts. Nur die mittlere Klasse ist hierin sklavisch und prahlt gern mit einem fremden Nobleman, weil sie ihrer eignen stolzen Aristokraten nicht habhaft werden kann. Der englische Edelmann selbst aber hält sich, auch der Geringste ihrer Lords, im Grunde des Herzens für mehr als den König von Frankreich.

Übrigens ist diese Art zu reisen für jemand, der nicht bloß Ortsveränderung beabsichtigt oder sich durch größere Ehrfurcht der Gastwirte und Kellner geschmeichelt fühlt, gewiß die, welche der gewöhnlichen Art, die große Tour zu machen, vorzuziehen wäre, da die verminderte Bequemlichkeit durch so viel Lehrreiches und Angenehmes aufgewogen wird, daß man bei dem Tausche hundertfach gewinnen muß.

Einunddreissigster Brief 31

B...m im Westen Irlands,
den 5. September 1828

Gute Julie!

Du machst mich lachen mit Deiner Dankbarkeit für mein fleißiges Schreiben. Erkennst Du nicht, daß es keinen größeren Genuß für *mich* geben kann? Nach den ersten Worten schon fühle ich mich wie *zu Hause*, und Trost und Kraft erfüllt mich von neuem. So wie ich immer gesund zu werden pflegte, wenn ich einen Arzt konsultiert hatte, ehe ich noch seine Medizin nahm, so brauche ich auch nur mit der Feder in der Hand am Schreibtische die Worte »Liebe Julie« zu zeichnen, um meine Seele gesunder zu fühlen. Du bist übrigens in jeder Hinsicht der bessere Arzt, denn statt Medizin ernährst Du mich mit Honig. Gare aux flatteurs! Vous me gâtez.

Erinnerst Du Dich noch des jungen Geistlichen aus Bray, der den lieben Gott zum größten Tyrannen aller Wesen machte, selbst aber ein herzensguter Mensch ist, qui n'y entend pas malice? Nun, dieser hat mich so herzlich gebeten, ihn zu seinem Vater in Connaught zu begleiten, der, wie er sagt, ein ebenso gastfreier als wohlhabender Mann ist, daß ich nachgegeben habe, et m'y voilà. Dieser wilde Teil Irlands, welchen Fremde nie, Einheimische selten besuchen, steht in so üblem Renommée, daß ein Sprichwort sagt: Go to hell and Connaught (Geh zur Hölle und Connaught). Der Entschluß wäre also der Überlegung wert gewesen. Was aber andere abschreckt, reizt mich oft an, und grade da finde ich oft die beste Ausbeute, und alles verspricht sie mir diesmal reichlich, wenigstens was das Ungewöhnliche betrifft.

Gestern abends, nach dem Diner, setzten wir uns in meinen Wagen und verließen die Metropolis. Der Weg, welchen wir zurücklegen sollten, betrug grade hundertundeine Meile. In England wäre dies bald abgetan gewesen – hier ist der Zustand der Posten nicht derselbe, und wir brauchten über vierundzwanzig Stunden dazu.

Die hiesige Landschaft gleicht auffallend den wendischen Gegenden der Niederlausitz, wo mein Unglücksstern mich auch einmal hin verschlug, bloß mit Ausnahme des vielen Waldes, der, einige dürre Kiefern abgerechnet, überall nur *gewesen* zu sein scheint. Brüche und Torfmoore bedecken jetzt unabsehbare Strecken, und das alte tausendjährige Eichenholz, welches in der Tiefe dort gefunden wird, hat einen hohen Preis für zierliche Meublearbeiten; man macht sogar Tabaksdosen und Damenparuren davon. Der übrige Boden ist sandig oder naß. Die Felder stehen mager auf dem trocknen Lande, dagegen gedeiht die Bruchwirtschaft, welche man hier aus dem Fundamente versteht, vortrefflich. Man planiert die Brüche zuvörderst, indem man das vorragende Terrain zu Torfziegeln verarbeitet, dann geht das Brennen und die Bestellung mit Früchten erst an. Alle Moore scheinen außerordentlich tief. Heidekorn, Kartoffeln und Hafer werden am meisten gebaut. Die Hütten der Einwohner sind über alle Beschreibung jämmerlich und das Ansehn der ganzen flachen Gegend in hohem Grade dürftig, bis man sich dem Gute meines Freundes nähert, wo die Natur freundlicher wird und am Horizont blaue Berge winken, die der Sitz vieler Märchen und Wunder sind.

Captain B..., mein Wirt, ist einer der Notablen seiner Grafschaft, sein Haus aber nicht besser als das eines mittelmäßig begüterten deutschen Edelmanns. Mit der englischen Eleganz und dem englischen Luxus ist es hier aus. Wachs ist unbekannt so wie Claret und Champagner. Man trinkt Sherry und Portwein, vor allem aber Whisky-Punsch, bekömmt detestablen Kaffee, aber eine recht nährende und kräftige Hausmannskost. Das Haus selbst ist nicht überreinlich, die geringe Dienerschaft zwar respektabel durch Dienstalter, Eifer und Ergebenheit, aber von etwas ungewaschenem und bäurischem Ansehen.

Aus meinen Fenstern dringe ich in alle Geheimnisse der Ökonomie, die jedoch hier zu bescheiden ist, um, wie in Norddeutschland, auch ihren Misthaufen als Hauptpoint de vue auszulegen. Der Regen (denn leider regnet es) läuft ganz lustig unter den Fenstern durch und bildet einige romantische Wasserfälle vom Fensterbrett auf den Boden, wo ein alter Teppich die Fluten durstig aufnimmt. Die Meubles wackeln etwas, ich habe aber Tische genug (eine große Angelegenheit bei meinen vielen Sachen), und das Bett scheint wenigstens geräumig und hart genug. Im Kamin brennt, oder glüht vielmehr, vortrefflicher Torf, der außer der Wärme, die er verleiht, auch, gleich dem Vesuv, wenn er ausbricht, alle Gegenstände mit einer feinen Asche überzieht. Alles das ist nicht glänzend – aber wie hoch werden jene Kleinigkeiten aufgewogen durch die *patriarchalische Gastfreiheit und die heitre, ungezwungene Freundlichkeit der Familie!* Es ist, als wäre mein Besuch eine erzeigte Gunst, für die sich mir alle, wie für einen wesentlichen Dienst, verpflichtet zu fühlen scheinen.

den 6.

Mein Wirt gefällt mir sehr wohl. Er ist zweiundsiebzig Jahre alt und noch rüstig wie fünfzig, muß einst ein sehr schönes Äußere gehabt haben, und seine Männlichkeit bewiesen zwölf Söhne und sieben Töchter, alle von derselben

Frau, die ebenfalls noch lebt, jetzt aber unwohl ist, weshalb ich sie noch nicht sah. Einige der Söhne und Töchter sind nun auch längst verheiratet, und der Alte sieht zwölfjährige Enkel mit seiner jüngsten vierzehnjährigen Tochter spielen. Ein großer Teil seiner Familie ist jetzt hier, was den Aufenthalt ziemlich geräuschvoll macht. Dies wird noch durch das musikalische Talent der Töchter vermehrt, die sich täglich auf einem schrecklich verstimmten Instrumente hören lassen, ohne daß dieser Umstand sie im geringsten stört.* Die Männer sprechen in der Regel nur von Jagd und Reiten und sind etwas unwissend. Ein Landjunker aus der Nachbarschaft z. B. suchte heute lange unverdrossen, wiewohl vergeblich, die Vereinigten Staaten auf der Karte von Europa, bis ihm endlich sein Schwager den glücklichen Gedanken eingab, sein Heil auf der großen Weltkarte zu probieren. Die amerikanischen Freistaaten wurden deshalb gesucht, weil der alte Herr mir zeigen wollte, wo er den Grundstein zu Halifax und B... town, welche letztere nach seinem Namen benannt ist, im amerikanischen Kriege gelegt. Er kommandierte damals siebenhundert Mann und erinnert sich gern an diese Zeit seiner Jugend und Wichtigkeit. Die skrupulöse und ritterliche Höflichkeit seines Benehmens, die stets bereitwillige Aufopferung seiner Bequemlichkeit für andere, zeigt ebenfalls die Erziehung einer längst vergangenen Zeit an und bekundet eigentlich sein Alter sichrer noch als sein Aussehen.

Unsere Vergnügungen für die nächsten Tage sind nun folgendermaßen arrangiert. Morgen gehen wir in die Kirche, übermorgen nach der Stadt Galway, um ein Pferderennen zu besehen, wo die armen Tiere nicht nur eine deutsche Meile laufen, sondern während diesem Rennen auch noch verschiedene Mauern überspringen müssen. Sie werden von Gentlemen geritten. Den Abend darauf ist Ball, wo man mir den Anblick aller Schönheiten der Umgegend verspricht. Aufrichtig gesagt, so gerührt ich von der mir bewiesenen Güte bin, so wird mir doch bei der Aussicht auf einen sehr langen Aufenthalt im Hause etwas bange, ich würde aber die herzlichen Menschen tief bekümmern, wenn ich mir davon etwas merken ließe. Je m'exécute donc de bonne grâce.

den 7.

Die Sitten sind hier noch so altertümlich, daß jeden Tag der Hausherr meine Gesundheit ausbringt und wir keine Servietten bei Tisch haben, statt deren Schnupftuch oder Tischtuchzipfel aushelfen müssen.

Vier Stunden des Vormittags brachten wir in der nahe liegenden Stadt Tuam in der Kirche zu und sahen vier Geistliche vom Erzbischof ordinieren. Der englische protestantische Gottesdienst ist von dem unsrigen sehr verschieden und ein sonderbares Gemisch katholischer Zeremonien

* *Ich habe oft zu bemerken Gelegenheit gehabt, daß die Musikliebhaberei in ganz England nur Modesache ist. Es gibt keine Nation in Europa, die Musik besser bezahlt und sie weniger versteht und genießt.*

und reformierter Einfachheit. Bilder an der Wand werden nicht geduldet, wohl aber an den Fenstern; die Tracht der Priester, selbst des Erzbischofs, besteht bloß aus einem weißen Chorhemde, dagegen der Sitz des letztern, wie ein Thron gebaut, mit violettem Samt ausgeschlagen und durch eine Erzbischofskrone geschmückt, der Kanzel prunkend gegenübersteht. Die Predigt wird abgelesen und dauert sehr lang. Am ermüdendsten ist aber, vor- und nachher, die endlose Herlesung veralteter, zum Teil sich ganz widersprechender Gebete, deren Refrain zuweilen, vom Chor aus, singend wiederholt wird und an denen man einen wahren Kursus der englischen Geschichte machen kann. Heinrich des Achten Kirchenrevolution, Elisabeths Politik und Cromwells puritanische Übertreibungen reichen sich durcheinander die Hand, während gewisse Lieblingsphrasen alle Augenblicke wiederholt werden, worunter manche Stelle mehr kriechende Sklaven, die sich vor einem Tyrannen des Südens in den Staub werfen, charakterisieren, als der christlichen *Würde* gemäß sind. Man hatte sonderbarerweise das Evangelium, die Austreibung der bösen Geister in eine Herde Schweine betreffend, gewählt, und nachdem dies eine Stunde lang auseinandergesetzt war, wurden die vier Priester ordiniert. Der alte Erzbischof, welcher den Ruf strenger Orthodoxie hat, besaß viel Anstand und eine schöne sonore Stimme; dagegen mißfiel mir das Benehmen der jungen Theologen in hohem Grade. Es war widerlich heuchelnd. Fortwährend rieben sie sich die Augen mit dem Schnupftuch, hielten es in Zerknirschung vor sich, als zerflössen sie in Tränen, antworteten nur mit erstickter Stimme – kurz, Herrnhuter hätten es nicht besser machen können. La grâce n'y était pas, gewiß von keiner Art.

Eine der sonderbarsten Sitten ist, daß jeder, wenn er, beim Kommen oder Gehen, sein Gebet spricht, sich damit in einen Winkel oder doch gegen die Wand kehrt, als ob er etwas Unschickliches unternähme, das man nicht sehen dürfte.

Ich muß es gerade heraussagen – ich begreife nicht, wie ein denkender Mensch durch einen *solchen* Gottesdienst erbaut werden kann. Und doch, wie schön und erhaben könnte dieser sein! wenn nur der Sektengeist bei uns verbannt würde; wenn wir ferner, das Lächerliche zweckloser Zeremonien beseitigend, doch auch nicht einen abstrakten Kultus verlangen wollten, der die Sinne ganz ausschließen soll – eine Unmöglichkeit bei den sinnlichen Menschen! Warum sollen wir nicht, um das höchste Wesen zu verehren, alle unsre besten Kräfte, von ihm verliehen, zu einem solchen Zwecke anwenden, warum nicht Kunst jeder Art, in ihren höchsten Leistungen, dazu benutzen, um Gott das Herrlichste zu widmen, was menschliche Fähigkeiten vermögen? Freilich denke ich mir hier eine Gemeinde, deren Frömmigkeit, gleich weit entfernt von niedrigem Sklavensinn wie arrogantem Dünkel, nur des Allvaters Größe und unendliche Liebe, die Wunder seiner Welt preisen will, nicht den Haß der Intoleranz in die ihm gewidmeten

Mauern mitbringt, und deren Lehren nur den Glauben verlangen, zu dem die Offenbarung seines Innern einen jeden fähig macht. Vor meiner Phantasie schweben hier nicht mehr getrennte Kirchen für Juden und fünfzig Sorten Christen*, sondern wahre Tempel Gottes und der Menschen, deren Pforten zu jeder Zeit und jedem offenstehen, welcher sinnliche und geistige Stärkung am Heiligen und Himmlischen bedarf, wenn das Irdische ihn drückt oder Glück und Wohlsein sein Herz mit Dank erfüllt.

Galway, den 8.

Wir kamen sehr spät auf dem race-course an und sahen heute nicht viel davon. Höchst merkwürdig war mir aber der Anblick des hiesigen Volkslebens. In vieler Hinsicht ist diese Nation wirklich noch den Wilden zu vergleichen. Der durchgängige Mangel an gehöriger Bekleidung beim gemeinen Mann, selbst an Festtagen wie der heutige; ihre gänzliche Unfähigkeit, dem »Totenwasser« (dem Branntwein) zu widerstehen, solange sie einen Pfennig in der Tasche haben um sich ihn zu verschaffen; ihre wilden, jeden Augenblick ausbrechenden Streitigkeiten und regelmäßigen Nationalkämpfe mit dem Shileila, einer mörderischen Stockwaffe, die jeder unter seinen Lumpen verborgen hält, woran oft Hunderte in einem Moment teilnehmen, bis mehrere von ihnen verwundet oder tot auf dem Schlachtfelde zurückbleiben; das furchtbare Kriegsgeschrei, welches sie bei solchen Gelegenheiten erheben; die Rachsucht, mit der eine Beleidigung jahrelang von ganzen Gemeinden nachgetragen und fortvererbt wird; auf der andern Seite wiederum die unbefangene frohe Sorglosigkeit, die nie an den nächsten Tag denkt; ihre harmlose, alle Not vergessende Lustigkeit; die gutmütige Gastfreiheit, die unbedenklich das Letzte teilt; die Vertraulichkeit mit dem Fremden, der sich ihnen einmal genähert, wie die natürliche Leichtigkeit der Rede, die ihnen immer zu Gebote steht – alles sind Züge eines nur halb zivilisierten Volks.

Hunderte von Betrunkenen begleiteten unsern Wagen, als wir vom race-course nach der Stadt fuhren, und mehr als zehnmal entstand Schlägerei unter ihnen. Wir fanden bei der Menge von Gästen nur mit Mühe ein elendes Unterkommen, aber doch ein gutes und sehr reichliches Mittagsessen.

Galway ist in früheren Zeiten hauptsächlich von den Spaniern angebaut worden, und einige Nachkommen jener alten Familien existieren noch sowie mehrere sehr sehenswerte Häuser aus dieser Epoche. Charakteristisch schien es mir, daß in dieser Stadt von vierzigtausend Einwohnern auch nicht ein einziger Buchladen oder Leihbibliothek zu finden war. Die Vorstädte, wie alle Dörfer, durch die unser Weg führte, waren von einer Beschaffenheit, der ich nichts bisher Gesehenes gleichstellen kann. Schweineställe sind Paläste

* *Caraccioli schon pflegte darüber zu klagen, daß es in England sechzig christliche Sekten und nur eine Sauce (geschmolzene Butter) gäbe.*

dagegen, und oft sah ich zahlreiche Gruppen von Kindern (denn die Fruchtbarkeit des irländischen Volks scheint seinem Elend gleich zu sein) nackt, wie sie Gott geschaffen, sich mit den Enten im Straßenkot glückselig herumwühlen.

Athenry, den 10., früh

Ich schreibe Dir diesen Morgen aus dem Hause einer der liebenswürdigsten Frauen, die ich in meinem Leben gesehen, und zwar einer Afrikanerin, die behauptet, eine geborne Fräulein H... zu sein. Que dites-vous de cela? Doch davon nachher. Vorderhand mußt Du mich zum racecourse zurückbegleiten, wo das Rennen mit dem Mauerspringen eben seinen Anfang nimmt, ein merkwürdiges Schauspiel in seiner Art und für eine halbwilde Nation recht passend. Ich gestehe, daß es meine Erwartung weit übertraf und mich in ungemeiner Spannung erhielt, nur mußte man Mitleid und Menschlichkeit dabei zu Hause lassen, wie Du aus dem Erfolg abnehmen kannst. Die Rennbahn geht in einem gedehnten Kreise. Auf der linken Seite beginnt der Lauf, auf der rechten gegenüber ist das Ziel. Dazwischen sind auf den beiden entgegengesetzten Punkten der Kreislinie, das heißt die, welche in der Mitte zwischen dem Auslauf und Ziele liegen, Mauern aus gesprengten Feldsteinen ohne Kalk aufgeführt, fünf Fuß hoch und zwei Fuß breit. Die Bahn, welche zwei englische Meilen beträgt, wird anderthalbmal durchlaufen. Du siehst also aus den vorigen Angaben, daß dabei die erste Mauer zweimal, die andere nur einmal in jedem Rennen übersprungen werden muß.* Viele Pferde konkurrieren, um aber zu siegen, muß dasselbe Pferd in zwei Rennen gewonnen haben, daher dieses oft drei-, vier-, ja fünfmal wiederholt werden muß, wenn jedesmal ein anderes zuerst ankömmt. Heute wurde es viermal durchlaufen, so daß der Gewinner, in Zeit von noch nicht zwei Stunden, die Intervallen mitgerechnet, zwölf englische Meilen angestrengt laufen und zwölfmal die hohe Mauer überspringen mußte, eine Fatigue, von der man bei uns kaum glauben würde, daß sie ein Pferd auszuhalten imstande sei. Sechs Gentlemen, wie Jokkeis sehr elegant in farbige seidene Jacken und Kappen, lederne Beinkleider und Stolpenstiefel gekleidet, ritten das race. Ich hatte ein vortreffliches Jagdpferd von dem Sohne meines Wirts erhalten und konnte daher, die Bahn kreuzend, sehr gut folgen, um bei jedem Sprunge gegenwärtig zu sein.

Man interessiert sich bei solchen Gelegenheiten immer für einen besondern »favourite«. Der meine, und der des

* *Ist Dir diese Beschreibung vielleicht noch nicht deutlich genug, so denke Dir nur einen gedruckten Kreis mit den darauf markierten vier Weltgegenden. Im Westen ist eine Säule, wo die Pferde auslaufen, im Norden eine Mauer, über die sie springen müssen. Hierauf passieren sie zum erstenmal die Zielsäule im Osten, ohne sich dabei aufzuhalten, und finden eine andere Mauer im Süden. Haben sie diese zurückgelegt, so kommen sie zum zweitenmal bei ihrem Auslaufspunkt vorbei, überspringen abermals die Mauer im Norden und endigen nun erst am Ziel, nachdem sie drei Meilen gelaufen und dreimal über Mauern gesprungen sind.*

STRASSE IN GALWAY

T. Higham

ganzen Publikums, war ein außerordentlich schöner Dunkelfuchs, Gamecock genannt, den ein Herr in Gelb ritt, ein hübscher junger Mann, von einer angesehenen Familie, und ein vortrefflicher Reiter. Das Pferd, welches mir, nach diesem, am besten gefiel, hieß Rosina, eine dunkelbraune Stute, von einem Cousin des Captain B... geritten, ein schlechter Reiter, in Himmelblau. Das dritte Pferd an Güte, nach meinem Urteil, Killarney, war ein starker, aber ziemlich unansehnlicher, Wallach, von einem jungen Manne geritten, der mehr Anlage als schon vollendete Reiterkunst verriet. Sein Anzug war cramoisi. Der vierte Gentleman, vielleicht der gewandteste unter den Reitern, aber etwas kraftlos, ritt ein sich nicht besonders auszeichnendes braunes Pferd und war selbst auch braun angezogen. Die zwei übrigen verdienen keine Erwähnung, da sie gleich im Anfang sich hors du jeu setzten. Beim ersten Sprung nämlich stürzten sie schon beide, der eine sich bedeutend am Kopfe beschädigend, der andere mit einer leichten Kontusion wegkommend, aber doch ebenso unfähig gemacht, weiterzureiten. Gamecock, der, mit Furie anlaufend und kaum von seinem Reiter zu dirigieren, mit ungeheuern Sätzen über die Mauer mehr flog als sprang, gewann das erste Rennen mit Leichtigkeit. Ihm folgte die leer laufende Rosina, welche ihren Reiter abgeworfen hatte und die folgenden Sätze mit großer Grazie auf ihre eigene Hand vollführte. Gamecock war nun so entschiedener favourite, daß man fünf zu eins für ihn parierte. Es kam indes ganz anders, und sehr tragisch. Nachdem im zweiten Rennen dieses herrliche Pferd wieder die andern beiden (denn drei waren, wie Du gelesen hast, schon beseitigt) weit hinter sich zurückgelassen und die ersten zwei Sprünge auf das brillanteste zurückgelegt hatte, trat es bei dem dritten auf ein Steinstück, was eins der vorigen ungeschickteren Pferde beim Stürzen abgesprengt hatte *und welches nicht erlaubt worden war, aus der Bahn zu nehmen* – und fiel so gewaltig, daß es mit dem Reiter sich überschlug und beide noch bewegungslos dalagen, als die anderen Konkurrenten herankamen, welche, ohne auf den Gefallenen die mindeste Rücksicht zu nehmen, ihre Sprünge glücklich bewerkstelligten. Gamecock raffte sich nach einigen Sekunden wieder auf, der Reiter aber erlangte seine Besinnung nicht wieder und wurde vom gegenwärtigen Chirurgus für hoffnungslos erklärt, da Brustknochen und Schädel zerschmettert waren. Sein alter Vater, der dabeistand, als das Unglück geschah, fiel ohnmächtig auf den Boden, und seine Schwester warf sich über den zitternden, aber bewußtlosen Körper, dem der Schaum auf dem Munde stand, mit herzzerbrechendem Wehklagen hin. Dagegen war die allgemeine Teilnahme sehr gering. Nachdem man schnell den armen jungen Mann mehrmals zur Ader gelassen, so daß er auf dem Rasen ganz in seinem Blute schwamm, schaffte man ihn weg, und das race begann von neuem zu der bestimmten Zeit, als wenn nichts vorgefallen wäre. Der braune Mann war im vorigen Rennen der erste gewesen und hoffte jetzt den entscheidenden und letzten Lauf zu beginnen. Es war, was die Engländer ein hartes race nennen. Beide, Pferde und Reiter, machten ihre Sache vortrefflich, liefen und sprangen fast wie in Reih und Glied. Nur um einen Viertelspferdekopf kam endlich Killarney am Ziele vor. Es mußte also noch einmal gerannt werden. Dieser letzte contest war natürlich der interessanteste, da nun einer von beiden das Ganze gewinnen *mußte*, und gab Gelegenheit zu großen Wetten, die im Anfang al pari standen. Zweimal schien der Sieg entschieden und endigte dennoch entgegengesetzt. Beim ersten Sprung waren beide Pferde nebeneinander. Ehe sie aber an den zweiten kamen, sah man, daß das braune matt wurde und Killarney so viel Terrain gewann, daß er, mehr als hundert Schritt vor dem andern, zum zweiten Sprung an die Mauer kam. Hier aber, gegen alle Erwartung, refüsierte er zu springen, weil der Reiter ihn nicht hinlänglich in seiner Gewalt hatte. Ehe er zum Gehorsam gebracht werden konnte, wurde er vom Braunen erreicht. Dieser machte seinen Sprung glücklich, und nun, alle Kräfte anstrengend, kam er so weit vor, daß ihm der Sieg jetzt sicher schien. Die Wetten standen zehn zu eins. Die letzte Mauer drohte indes noch – und ward ihm auch in der Tat verderblich. Das schon matte Pferd, im schnellen Rennen seine letzten Kräfte erschöpfend, versuchte zwar willig den Satz, konnte ihn aber nicht mehr effektuieren, und die Mauer halb einbrechend, kollerte es blutig gestoßen über und über, den Reiter unter seiner Last so begrabend, daß er nicht fähig war, es wieder zu besteigen. Der Reiter Killarneys hatte, während dies vorging, seinen widerspenstigen Gaul endlich bezwungen, vollendete, unter dem Zujauchzen der Menge, beide sich folgende Sprünge und ritt dann im Schritt, ganz gemächlich und ohne fernern Rival, dem Ziele zu. Dort fand ich ihn aber so erschöpft, daß er kaum sprechen konnte.

Während den Zwischenräumen der verschiedenen früheren Rennen war ich mehreren Damen und Herren vorgestellt worden, die mich alle sehr gastfrei auf ihre Landsitze einluden. Ich folgte aber lieber dem Sohne meines Wirts, der mir versprach, mir die Schönste aller Schönen zu zeigen, wenn ich mich seiner Leitung überlassen wolle und mich nicht scheue, noch zehn Meilen im Dunkeln zu reiten. Unterwegs erzählte er mir, daß die Bewußte Mistress L... heiße, die Tochter des ehemaligen holländischen Gouverneurs von ... sei und sich jetzt in dem einsamen Flecken Athenry der gesunden Luft wegen aufhalte, da sie, vom Klima angegriffen, an der Brust leide.

Um zehn Uhr kamen wir erst an und überraschten sie in ihrem kleinen Häuschen (denn der Ort ist elend) beim Tee.

Ich möchte Dir dieses liebenswürdige Geschöpf beschreiben, so daß Du sie vor Dir zu sehen glaubtest, überzeugt, daß Du sie, gleich mir, beim ersten Blicke lieben würdest. Ich fühle aber, daß hier Beschreibung nicht ausreicht. Alles an ihr ist Herz und Seele, und *das* beschreibt sich nicht! Sie war höchst einfach, ganz schwarz gekleidet, das Kleid bis an den Hals geschlossen, aber dennoch zeichnete es die schönsten Formen. Ihre Gestalt war schlank und äußerst jugendlich, voll milder Grazie und dennoch nicht ohne Lebhaftigkeit noch Feuer in ihren Bewegungen. Ihr Teint braun, rein und klar und von einer sanften Glätte wie Marmor. Schönere und glänzendere schwarze Augen und blendend weißere Zähne sah ich nie. Auch der Mund, mit der engelgleichen Kindlichkeit ihres Lächelns, war bezaubernd.

Ihr feiner, ungezwungener Anstand, die spielend geübte Grazie heiteren und witzigen Gesprächs waren von *der* köstlichen Art, die angeboren ist und daher ebenso sicher in Paris wie in Peking, in der Stadt wie auf dem Dorfe gefallen muß. Die größte Erfahrung könnte nicht mehr Gewandtheit geben und kein Mädchen von fünfzehn Jahren lieblicher erröten und freudiger scherzen. Demohngeachtet war ihr Leben das einfachste gewesen und ihre Jugend mehr noch die unverblühbare der Seele als die des Körpers, denn sie war Mutter von vier Kindern, den Dreißigen ziemlich nahe und eben jetzt erst kaum von einer ihr Leben bedrohenden Brustkrankheit genesen. Aber das Feuer aller ihrer Bewegungen, die blitzesschnelle Lebhaftigkeit ihrer Unterhaltung waren ganz jugendlich frisch und rissen jugendlich hin, indem sie zugleich der innern Sanftmut ihres Wesens einen unwiderstehlichen Reiz gaben. Man fühlte, daß diese Natur unter einer heißeren und glücklicheren Sonne, auf einem üppigeren Flecke der Erde, als unsere Nebelländer es sind, geboren war! Auch empfand sie selbst die wehmütigste Sehnsucht nach dieser Heimat, und Schmerz verbreitete sich augenblicklich über alle ihre Züge, als sie erwähnte, daß sie wohl nie jene linde, von Wohlgerüchen geschwängerte Luft wieder einatmen würde. Ich war zu sehr in ihrem Anblicke verloren, um an leibliche Nahrung zu denken, wenn sie nicht selbst, mit aller gütigen Emsigkeit einer Hausfrau, Anstalt gemacht hätte, uns in ihrer kleinen Hütte, so gut es sich tun ließ, zu bewirten. Man deckte nun einen Tisch in derselben Stube, so daß das frugale Mahl die Unterhaltung nicht abbrach, und es war lange nach Mitternacht, als wir schieden, um unsre Betten aufzusuchen. Erst als ich schon in dem meinigen lag, erfuhr ich, daß, bei der Unmöglichkeit, in dem elenden, nur aus wenigen Hütten bestehenden Orte ein Bett aufzutreiben, die herzensgute und ganz zeremonielose Frau mir ihr eignes abgetreten und sich bei ihrer ältesten Tochter einquartiert habe. Mit welchen Gefühlen ich nach dieser Nachricht endlich einschlief, magst Du Dir denken! –

Über ihre Familie, deren Namen mir so sehr auffallen mußte, konnte Mistress L... mir selbst nicht viel mitteilen. Im zwölften Jahre hatte sie Herr L..., damals Hauptmann in der englischen Armee, in ... geheiratet. Gleich darauf war ihr Vater gestorben und sie mit ihrem Gemahl nach Irland geschifft, welches sie seitdem nie verlassen. Sie hatte wohl gehört, daß sie Verwandte in Deutschland habe, aber nie mit ihnen korrespondiert, bis sie vor drei Jahren einen Geschäftsbrief von einem Vetter aus A... erhielt, mit der Ankündigung, daß der Bruder ihres Vaters gestorben und sie zur Universalerbin eingesetzt habe. Die Gleichgültigkeit des afrikanischen Naturkindes war so weit gegangen, daß sie diesen holländisch geschriebenen Brief nicht nur bis jetzt unbeantwortet gelassen, sondern, wie sie erzählte, auch nur zum Teil entziffern können, da sie die Sprache in so langer Zeit fast vergessen habe. »Ich kenne den Mann ja nicht«, setzte sie entschuldigend hinzu, »und die Erbschaftssache habe ich meinen Gemahl abmachen lassen.«

Der Badeort Athenry (die Quelle ist von der Art wie Salzbrunnen in Schlesien) gehört auch zu den Originalitäten Irlands. Ich habe Dir schon gesagt, daß kein Dorf in Polen von elenderem Ansehen gedacht werden kann. Dabei liegt der Hüttenhaufen auf einer ganz kahlen Anhöhe im Torfmoor, ohne Baum und Strauch, ohne Gasthof, ohne irgendeine Bequemlichkeit, nur von den zerlumptesten Bettlern, außer den wenigen Badegästen, bewohnt, welche letztere alles mitbringen, was sie brauchen, und ihren Unterhalt bis auf die geringsten Lebensmittel fortwährend von dem zwölf Meilen entfernten Galway herbeiholen lassen müssen. Einst war es anders, und noch betrachtet man mit Wehmut am äußersten Ende des jammervollen Örtchens die stolzen Ruinen einer bessern Zeit. Hier stand eine reiche Abtei, jetzt mit Efeu durchwachsen, und über den freiliegenden Altären und Grabsteinen sind die Gewölbe eingestürzt, die einst das Heiligtum schützten. Weiterhin sieht man noch die zehn Fuß dicken Mauern des Schlosses König Johanns, der seinen Gerichtshof hier hielt, wenn er nach Irland herüberkam.

Ich besuchte diese Ruine in sehr zahlreicher Begleitung. Ich sage nicht zuviel, wenn ich Dir versichere, daß aus der ganzen Gegend wenigstens über zweihundert halbnackte Individuen, zum Dritteil Kinder, sich um meinen nachgekommenen Wagen schon seit dem frühesten nichtstuend versammelt hatten und nun unter Vivatgeschrei mich alle bettelnd umringten und Mann für Mann durch die Ruinen, über Trümmern und Kratzbeeren, treulich begleiteten. Die sonderbarsten Komplimente schallten zuweilen einzeln aus der Menge heraus, einige riefen sogar: »Es lebe der König!« Als ich bei der Zurückkunft ein paar Hände voll Kupfer unter sie warf, lag bald, von alt und jung, die Hälfte im Straßenkot, sich blutig schlagend, während die andern schnell in die Branntweinschenke liefen, um das Gewonnene sogleich zu vertrinken.

Das ist Irland! vom Gouvernement vernachlässigt oder bedrückt, von der stupiden Intoleranz des englischen Priestertums erniedrigt, von seinen reichen Landbesitzern verlassen und von Armut und Whiskygift zum Aufenthalt nackter Elenden gestempelt! –

Ich habe schon erwähnt, daß auch bei den gebildeten Klassen der Provinz die Unwissenheit für *unsere* Erziehungsbegriffe beispiellos erscheint. Ich will es noch nicht als solche aufführen, daß z. B. heute beim Frühstück vom Magnetismus gesprochen wurde und niemand je das geringste davon gehört hatte. Du wirst übrigens nicht zweifeln, daß ich mich gern erbot, Mistress L . . ., deren Lebhaftigkeit bei der Beschreibung gleich Feuer fing, darin Unterricht zu geben – aber stärker ist es schon, daß in B... m, unter einer Gesellschaft von zwanzig Personen, niemand wußte, daß es Örter wie Karlsbad und Prag in der Welt gebe. Die Auskunft, daß sie in Böhmen lägen, half auch nichts, da ihnen Böhmen ebenso unbekannt war, denn *alles*, außer Großbritannien und Paris, waren für sie böhmische Dörfer. »Wo sind *Sie* denn eigentlich her?« frug mich einer. »Aus Brobdingnag«, sagte ich im Scherz. »Ah, liegt das am Meer? haben Sie da auch Whisky?« frug ein anderer. Ja, der öfters erwähnte Sohn meines Wirts erkundigte sich sogar einmal ganz angelegentlich bei mir, als wir eben auf einem Spazierritte einigen Eseln begegneten, ob es auch bei uns *solche* Tiere gäbe. »Ach, mehr als zuviel!« erwiderte ich seufzend.

B... m, den 12.

Gestern kehrten wir hierher zurück, mit Mühe uns von der schönen Afrikanerin losreißend, die uns indes bald nachzukommen versprochen hat, und heute benutzte ich die Muße, um einen Spazierritt nach Castle Hacket zu machen, einem einzeln in der Gegend stehenden Berg, der, nach des Volkes Meinung, ein Lieblingsaufenthalt der Feen, the good people, wie man sie in Irland nennt, sein soll. Kein Volk ist poetischer und mit reicherer Phantasie begabt. – Ein alter Mann, der die Aufsicht über die Waldungen von Castle Hacket hat und in dem Rufe steht, mehr als andere von dem good people zu wissen, erzählte uns den Verlust seines Sohnes ganz im Ton einer Romanze. »Ich wußte es«, sagte er, »schon vier Tage vorher, daß er sterben würde, denn als ich an jenem Abend in der Dämmerung nach Hause ging, sah ich sie in wilder Jagd über die Ebene dahinstürmen. Ihre roten Gewänder flatterten im Winde, und die Seen gefroren bei ihrem Nahen zu Eis, Mauern und Bäume aber bogen sich vor ihnen zur Erde, und über die Spitzen des Dickichts ritten sie hin wie über grünes Gras. Voran sprengte die Königin auf weißem hirschartigem Roß, und neben ihr sah ich mit Schaudern meinen Sohn, dem sie zulächelte und ihm schöntat, während er, wie im Fieber, sie mit Sehnsucht anblickte, bis alle auf Castle Hacket verschwanden. Da wußte ich, daß es um ihn geschehen sei! Denselben Tag noch legte er sich, den dritten trug ich ihn schon zu Grabe. Keinen schöneren, keinen besseren Jungen gab's in Connemara – drum hat auch die Königin sich ihn erwählt.« –

Der Alte schien so unbefangen und so fest von der Wahrheit seiner Erzählung überzeugt, daß es nur kränkend hätte für ihn sein können, den geringsten Zweifel daran zu äußern. Dagegen erwiderte er unsere Fragen nach weiteren Details mit großer Bereitwilligkeit, und ich behalte mir also noch vor, Dir die genaueste Toilette der Feenkönigin zu Deinem nächsten Maskenball ausführlicher zu liefern.

Am Fuße dieses nicht geheuren Berges ist ein hübscher Landsitz und der Berg selbst, bis an seine Spitze, mit jungen, gut wachsenden Pflanzungen bedeckt. Auf dem steinigen

Gipfel steht eine künstliche Art Ruine, bloß von losen Steinen aufgeschachtet, die sehr mühsam und, wegen der leicht abrollenden Steine, nicht ohne Gefahr zu erklettern ist. Die Aussicht ist aber des Versuches wert. Von zwei Seiten irrt das Auge fast schrankenlos über die unermeßliche Ebene – auf den andern beiden schließt den Horizont Lough Corrib, ein dreißig Meilen langer See, dem die Hügel der Grafschaft Clare und weiter hin das düstere, romantisch geformte Gebürge von Connemara zum Hintergrunde dienen. In der Mitte des Sees wendet dieser sich, gleich einem Flusse, in das Innere des Gebürges, wo das Wasser sich in einem engen Bergpasse nur nach und nach zwischen den höchsten Spitzen verliert, die gleichsam eine Pforte bilden, um es aufzunehmen. Grade hier ging die Sonne unter, und die Natur, die meine Liebe zu ihr gar oft vergilt, zeigte mir diesen Abend eines ihrer wunderbarsten Schauspiele. Schwarze Wolken hingen über den Bergen, und der ganze Himmel war umzogen. Nur da, wo die Sonne jetzt eben hinter dem dunklen Schleier hervortrat, erfüllte sie die ganze Bergschlucht mit überirdischem Lichtglanz. Der See funkelte unter ihr wie glühend Erz, die Berge aber erschienen, wie durchsichtig, im stahlblauen Schimmer, dem Brillantfeuer ähnlich. Einzelne, flockige Rosenwölkchen zogen langsam in dieser Licht- und Feuerszene, gleich weidenden Himmelsschäfchen, über die Berge hin, während zu beiden Seiten des geöffneten Himmels dichter Regen, in der Ferne sichtbar, herabströmte und wie einen Vorhang bildete, der rundum jeden Blick in die übrige Welt verschloß. Dies ist die Pracht, welche sich die Natur allein vorbehalten hat und die selbst Claudes Pinsel nicht nachahmen könnte.

Den Heimweg entlang erzählte mir mein junger Begleiter unaufhörlich von Mistress L . . ., die er, wie ich wohl sah, nicht ungestraft, wie die Mücke das Licht, so lange umspielt hatte. »Nie«, sagte er unter andern, »bemerkte ich, bei aller ihrer Lebhaftigkeit, auch nur einen Augenblick üble Laune oder Ungeduld an ihr – nie hatte eine Frau ein besseres temper.« Dieses Wort ist, ebenso wie »gentle«, unübersetzbar – nur eine Nation, die das Wort »comfort« erfinden konnte, war zugleich fähig, »temper« zu erdenken – denn temper ist in der Tat im Geistigen, was comfort im Materiellen. Es ist der behaglichste Zustand der Seele und das größte Glück sowohl für die, welche es besitzen, als für die, welche es an andern genießen. Vollkommen wird es vielleicht nur beim Weibe gefunden, weil es mehr duldender als tätiger Natur ist. Dennoch muß man es von bloßer Apathie sehr unterscheiden, welche andere entweder langweilt oder Ärger und Zorn nur vermehrt, während temper alles beruhigt und mildert. Es ist ein echt frommes, liebendes und heitres Prinzip, mild und kühlend wie ein wolkenloser Maitag. Mit gentleness im Charakter, comfort im Hause und temper in seiner Frau ist die irdische Seligkeit eines Mannes erschöpft. Temper, in höchster Potenz, ist ohne Zweifel eine der seltensten Eigenschaften – die Folge einer vollendeten Harmonie (Gleichgewichts) der intellektuellen Kräfte, die vollständigste *Gesundheit der Seele*. Große und hervorstechende einzelne Eigenschaften können daher nicht damit verbunden sein, denn wo *eine* Kraft *hervortritt*, hört das Gleichgewicht auf. Man kann also hinreißen, leidenschaftliche Liebe, Bewunderung, Achtung einflößen, ohne deshalb temper zu haben – *vollkommen* liebenswürdig auf die Dauer aber wird man nur durch seinen Besitz. Das Wahrnehmen der Harmonie in allen Dingen wirkt wohltätig auf den Geist; des Grundes oft sich unbewußt, wird die Seele doch immer dadurch erfreut, welcher ihrer Sinne es auch sei, der ihr dies Gefühl zuführt. Eine solche Person also, die mit temper begabt ist, gewährt uns beständigen Genuß, ohne je unsern Neid zu erregen noch andere zu heftige Empfindungen zu erwecken. Wir stärken uns an ihrer Ruhe, beleben uns an ihrer stets gleichen Heiterkeit, trösten uns an ihrer Resignation, fühlen den Zorn schwinden vor ihrer liebenden Geduld und werden am Ende besser und froher am Geisterklange ihrer Harmonie.

Wieviel Worte, gute Julie, wirst Du sagen, um eins zu beschreiben, und dennoch habe ich nur unvollkommen ausgedrückt, was – temper – sei.

den 13.

Die schöne Aussicht des gestrigen Abends lockte mich, heute von nahem zu sehen, was ich dort nur von ferne geschaut. Mein gefälliger Freund arrangierte zu diesem Endzweck schnell unsere Equipage, einen kleinen char à bancs, den wir »tandem« (das heißt ein Pferd vor das andere gespannt) mit Postpferden fuhren. Wir beschlossen: den See Corrib, Cong und seine Tropfsteinhöhlen in Augenschein zu nehmen und, um die Zeit aufs beste zu benutzen, erst in der Nacht wieder zurückzukehren. Nach vier Stunden scharfen Trabens und einigen kleinen Unglücksfallen, die dem gebrechlichen Fuhrwerk zustießen, erreichten wir das einige zwanzig Meilen entfernte Cong, wo wir zuvörderst in dem elenden Gasthof ein mitgebrachtes Frühstück von irländisch zubereitetem Hummer*, wie die Chinesen, mit Hölzchen verzehrten, da keine Messer und Gabeln zu haben waren, und uns dann sogleich nach den Höhlen auf den Weg machten, wie gewöhnlich von einem halbnackten Gefolge begleitet. Jeder von diesem suchte irgendeinen Dienst zu tun; bückte man sich nach einem Stein, so rissen sich zehn darum, ihn aufzuheben, und baten dann um ein Trinkgeld; war eine Tür zu öffnen, so stürzten zwanzig darauf zu und erwarteten gleichfalls Belohnung. Später, als ich schon alle meine Münze ausgeteilt hatte, kam noch einer, der behauptete, mir, ich weiß nicht mehr welche Kleinigkeit, gezeigt zu haben. Ich wies ihn unwillig ab und sagte, meine Börse sei leer. »Oh«, rief er, »a gentleman's purse can never be empty!« (Eines Gentlemans Börse kann nie leer sein) – keine üble Antwort – denn unter der Form eines Kompliments verbarg sie einen boshaften Doppelsinn; es hieß: Du

* *Ein vortreffliches Gericht! das Rezept mündlich.*

siehst zu sehr wie ein Gentleman aus, um nicht Geld zu haben; bist du aber so ungenerös, keins zu geben, so bist du auch kein Gentleman mehr; hast du aber wirklich nichts, so bist du's noch weniger. Die Menge fühlte dies und lachte, bis ich mich loskaufte.

Doch zurück zur Höhle, dem Pigeon-hole (Taubenloch), einer seltsamen Naturerscheinung. Sie liegt mitten im Felde in einer baumlosen, öden Flur, die, obgleich flach, mit einer eigen geformten Art Kalkfelsen bedeckt ist, zwischen denen die wenige Erde mühsam zu Wiesen und Feldflächen benutzt wird. Diese Felsen sind so glatt, als wären sie poliert, und gleichen regelmäßig aufgekasteten und halbbearbeiteten Steinen, die man zu irgendeinem kolossalen Bau hier zusammengebracht hätte. In diesem Steinfelde, ohngefähr eine Viertelstunde vom See Corrib, öffnet sich nun die Höhle wie ein weiter dunkler Brunnen, in den dreißig bis vierzig rohe, in den Stein gehauene, Stufen zu dem Flusse hinabführen, der hier *unterirdisch* strömt, sich eine lange Zeit durch wunderlich gestaltete Felsengewölbe seinen Weg bahnt, dann nur ans Licht tritt, um eine Mühle zu treiben, gleich darauf sich aber zum zweiten Male in den Bauch der Erde vergräbt und später wiederum als ein breiter, kristallheller und tiefdurchsichtiger Strom zum Vorschein kömmt, der sich in die Gewässer des Sees ergießt.

Unfern der Höhle, vor der wir jetzt standen, wohnt eine »Donna del Lago«, welche die Berechtigung, Fremden das Pigeon-hole zu zeigen, dem Gutsherrn mit vier Pfund Sterling jährlich bezahlen muß. Sie paßte vortrefflich zu der Hüterin eines solchen Eingangs in die Unterwelt, und die ganze Szene konnte nicht besser, wie die Engländer sagen, »in character« sein. Wir waren schon im Dunkeln die Stufen hinabgeklommen und hörten des Flusses Rauschen, ohne ihn noch zu sehen, als die riesengroße, hagere Alte, einen scharlachroten Mantel um sich geworfen, mit langen, flatternden weißen Haaren und zwei lodernden Feuerbränden in den Händen, herabkam – das leibhaftige Original zu W. Scotts Meg Merrilis. Es war ein merkwürdiger Anblick, wie ihre hin und her schwankenden Fackeln die Wellen des Stroms, die hohen, von Stalaktiten gezackten Gewölbe und die blassen, zerlumpten Gestalten unter ihnen grell erleuchteten, jetzt aber die Alte unter Reden, welche wie eine Beschwörungsformel klangen, in den Fluß brennende Strohbündel warf, die, schnell dahinschwimmend, immer neue Grotten, immer groteskere Formen enthüllten, bis sie endlich, gleich kleinen Lichtern, nach hundert Windungen, in der Ferne verschwanden. Wir folgten ihnen, über die schlüpfrigen Steine kletternd, so weit wir konnten, und entdeckten zuweilen große Forellen in dem eiskalten Wasser, welche das Eigentümliche haben sollen, daß, welche Lockspeise man ihnen auch biete, doch noch nie ein Versuch, sie zu fangen, gelungen sei. Das Volk hält sie daher für verzaubert.

Wenn man aus der Dunkelheit wieder an die Stelle zurückkehrt, wo das Tageslicht schwach, wie in einen Schacht,

ABTEI VON CLARE, GALWAY

hineinbricht, sieht man Efeu und Schlingpflanzen in höchst malerischen Festons und Girlanden über die Felsen herabhängen. Hier halten die wilden Tauben in großer Menge ihre Nachtruhe, wovon sich die Benennung der Höhle herschreibt. Der Aberglaube des Volks erlaubt keinem Jäger, sie an diesem Orte zu beunruhigen, weshalb sie auch ohne Furcht sind, wie in einem Taubenschlage.

Aus diesen düstern Regionen, wo alles beschränkt und eingeschlossen ist, wandelten wir nun dem weiten meerartigen See zu, wo alles sich ins Unendliche zu verlieren scheint. Die majestätische Wassermasse des Corrib füllt ein Becken von zwölf deutschen Meilen Länge und, in der größten Ausdehnung, drei deutschen Meilen Breite. Ein sonderbares Zusammentreffen ist es zu nennen, daß der See geradesoviel Inseln als das Jahr Tage zählt, nämlich 365. So behaupten wenigstens die Einwohner, gezählt habe ich sie nicht. Auf zwei Seiten begrenzt ihn das hohe Gebürge von Connemara, auf den andern verschwimmen seine Gewässer fast mit der Plaine. Die Einfahrt, den Bergen gegenüber, war daher ungleich schöner als die Rückkehr. Im ganzen soll die Schiffahrt auf diesem See wegen der vielen Klippen und Inseln wie den oft plötzlich sich erhebenden Stürmen sehr gefährlich sein, und erst kürzlich meldeten uns die Zeitungen, daß ein Marktschiff, auf welchem Fleischer sich mit ihren Hammeln eingeschifft, mit Menschen und Tieren ein Raub der erzürnten Seenixe geworden sei. Wir hatten einen sehr stillen, aber nicht immer heitern Tag. Als wir wieder gelandet, ließ ich meinen Begleiter vorausgehen, um die nötigen Bestellungen zu machen, und besah noch, bei Sonnenuntergang, die am Ufer liegenden Ruinen einer Abtei, die einige schöne Überreste alter Baukunst und Skulptur darbot. Irland wimmelt von Ruinen alter Schlösser und Klöster mehr als irgendeine andere Gegend Europas, wiewohl diese Überbleibsel keine so ungeheure Massen darbieten als z. B. in England. Diese *alten* Ruinen (denn leider findet man hier auch gar viel *neue*) werden vom Volk überall als Kirchhöfe benutzt, eine poetische Idee, die, glaube ich, nur diesem Volke eigen ist. Da man nirgends darin, wie in den englischen Kirchen, geschmacklose moderne Monumente aufstellt, sondern nur die Erde aufreißt oder höchstens einen Stein auf das Grab legt, so wird durch diesen Gebrauch das ergreifende Bild irdischer Vergänglichkeit nur erhöht, nicht entweiht. Was aber den Eindruck oft bis zum Grausenhaften steigert, ist die wenige Rücksicht, welche die spätern Totengräber auf die früher Begrabnen nehmen, deren Gerippe sie, sobald der Platz fehlt, ohne Umstände herauswerfen. Daher sind alle diese Ruinen mehr oder weniger mit Haufen von wild untereinandergewürfelten Schädeln und Gebeinen angefüllt, die nur zuweilen teilweise von den Kindern, als Spielwerk, in Pyramiden oder andere Formen aufgestellt werden. Ich erstieg, über solche Steine und Knochen mich emporarbeitend, ein verfallnes Gemach des zweiten Stockes und weidete mich an dem fremdartigen romantischen Gemälde. Zu meiner Linken war die Mauer hinabgesunken und öffnete dem Blick die schöne Landschaft, die den See umgibt, mit hellgrünem Vorgrunde, dem Gebürge in der Ferne und seitwärts dem Schlosse und den hohen Bäumen des Parkes der MacNamaras, welche hier residieren. Vor mir stand noch ganz wohlerhalten ein vortrefflich gearbeitetes, wie mit point d'Alençon eingefaßtes Fenster; über ihm hingen, unzugänglich auf der freistehenden Mauer, ganze Trauben schwarzblauer Brombeeren von den üppig wuchernden Sträuchern herab. Rechts, wo die Wand des Gemachs ganz intakt geblieben war, sah man eine niedrige, mit der Hand leicht zu erreichende Nische, in der sich sonst wahrscheinlich ein Heiliger befunden, jetzt aber nur ein Totenschädel stand, mit den leeren Augenhöhlen gerade auf die schöne Aussicht gerichtet, die sich ihm gegenüber ausbreitete, als erfreue ihr Glanz und frisches Leben selbst den Toten noch. Indem auch ich derselben Richtung von neuem folgte, entdeckte ich, dicht über dem Boden, ein bisher übersehenes Gitterfenster, das einen weiten Keller erleuchtete, und sah in diesem nun eine unermeßliche Anhäufung von Gebeinen, alle auf die erwähnte Weise in mannigfaltige Formen geordnet. Die sonnige Landschaft oben, die dunkeln Knochenhaufen unten, wo die Jugend mit dem Tode gespielt – es war ein Blick in Leben und Grab zugleich, die Freuden des einen wie die teilnahmlose Ruhe des zweiten versinnlichend; tröstend aber vergoldeten die rosenfarbenen Strahlen der untergehenden Sonne Lebende und Tote, gleich Boten einer schönern Welt. –

Unsere Rückfahrt in der schwarzen Nacht bei fortwährendem Regen war schwierig und unangenehm. Wir brachen nochmals eine Feder am Wagen und hatten allerhand anderes Ungemach auszustehen. Als wir endlich nach Mitternacht in B... anlangten, fanden wir, zu meinem wahren Schrecken, den guten alten Capitaine mit der ganzen Familie noch auf, um uns mit dem Essen zu erwarten. Die überhäuften Attentionen und die große Herzensgüte dieser Leute beschämt mich täglich, und ich bewundere oft, wie ihre leidenschaftliche Gastfreiheit auch nie durch die geringste Spur von Ostentation verunstaltet wird.

Damit mein Brief nicht zu stark werde und zu viel Porto koste (denn gewöhnlich muß ich für diese voluminösen Pakete einige Pfund Sterling bis an die englische Grenze bezahlen), schließe ich ihn noch vor meiner Abreise von B...m. Du weißt mich hier wenigstens gut aufgehoben und der Pflege von Leuten übergeben, die Dein *Herz* haben, wenn sie Dir auch an Geist und Bildung nicht gleichkommen. Der Himmel segne und behüte Dich!

Dein treuster L...

Zweiunddreissigster Brief 32

B... m, den 14. September 1828

Geliebte Freundin!

All Dein Belehren hilft nichts, gute Julie – Deine Rede ist schön, Deine Gründe mögen triftig sein, aber ich glaube einmal das Gegenteil, und Glaube ist, wie Du weißt, ein Ding, das nicht nur Berge versetzt, sondern sich auch oft welche aufbaut, über die es nicht mehr hinwegsehen kann. Deswegen hilft auch in der Welt alles Bekehren, es mag sein in welcher Hinsicht es wolle, nicht eher, als bis der entgegengesetzte Glaube schon wankend geworden ist. Vorher sprich mit der Weisheit Platos und handle mit der Reinheit Jesu – jeder bleibt dennoch bei seinem Glauben, auf den Vernunft und Verstand in der Regel den wenigsten Einfluß haben.* Wer die Menschen plötzlich ändern will, ehe sie selbst Lust haben, eine neue Facette zum Abschleifen der Weltgeschichte zuzukehren, wird stets entweder als ein Narr zu Hause geschickt oder als ein Märtyrer gesteinigt und gekreuzigt werden. Die Geschichte lehrt dies auf jeder Seite. Was hier auf das Allgemeine Anwendung findet, ist aber auch der Fall mit dem Einzelnen, und nach alledem – parlez moi raison, si vous l'osez. Doch muß ich eins im Ernste sagen. Wer einmal zu freimütig geboren ist und selbst die allgemeine Meinung wenig achtet, wenn sie nur eine *gemeine* ist – der bleibe ja sein ganzes Leben so. Die Folgen einer solchen Denkungsart und die Anfeindungen, denen sie aussetzt, werden nur dann schmerzlich empfunden und zuletzt gefährlich, wenn man, schwach geworden, aufhört, selbständig zu sein und statt wie bisher, fremde Meinung zu verachten, sich davor zu fürchten anfängt. So etwas merkt die Menge schnell und *verfolgt* dann erst mit Konsequenz das vor ihr laufende Wild, über das sie früher, solange es ihr standhielt und keck in die Augen sah, nur erfolglose Glossen zu machen wagte. Für die *Welt* gibt es überhaupt keine bessere Lehre als: Bouche riante et front d'airain, et vous passez partout. Wir Deutsche sind fast immer zu ernst, wie zu timide, und nur imstande, momentane Efforts gegen diese Fehler zu machen, bei welchen Versuchen wir überdies auch das

* *Höchstens nimmt der Bekehrte den Namen an statt der Tat.*

Ziel leicht *über*schießen. Aus diesem Grunde hauptsächlich lieben wir wohl so die Zurückgezogenheit und verkehren am liebsten bloß mit unserer Phantasie als treuer Gesellschafterin – souveräne Herrin im Reiche der Luft, wie Frau v. Staël sagt. Die große Welt, wie sie ist, gefällt uns nicht, und ebensowenig verstehen wir, dieser Welt zu gefallen. Drum wählen wir lieber – Zurückgezogenheit, und in dieser Freiheit!

Wir erlebten heute ein sonderbares Eintreffen von Prophezeiungen. Miss Kitty, die artigste der Töchter meines Wirts, hatte gestern auf unserm Spaziergang sich von Zigeunern wahrsagen lassen, und ich selbst hörte mit an, wie die Frau ihr, unter vielen andern gewöhnlichen Dingen, ankündigte, daß sie auf ihrer Hut sein möchte, denn ehe vierundzwanzig Stunden vergingen, würde in ihre Fenster geschossen werden und dann ihres Bleibens nicht lange mehr in B...m sein. Wir fanden die Prophezeiung etwas bedenklich und teilten sie daher mit, als wir zu Haus kamen, wurden aber darüber nur geneckt und ausgelacht. Den andern Morgen, ziemlich früh, entstand indes wirklich Alarm über zwei Schüsse, die man hörte, und Miss Kitty stürzte sich, halb angezogen und fast ohnmächtig vor Schreck, die Treppen herunter, worauf alles hinzulief, um zu untersuchen, was es denn eigentlich gäbe. Es fand sich nun, daß zwei der jüngern Brüder Kittys, welche sich zum Besuch bei Mistress M... befanden, ganz unerwartet heut früh zurückgekommen waren, um ihre Schwester ebenfalls dorthin abzuholen, wobei sie, obgleich ganz unbekannt mit der Vorhersagung der Zigeunerin, den albernen Spaß gemacht hatten, zwei Schlüsselbüchsen vor dem Fenster abzufeuern, dies aber noch dazu so ungeschickt ausgeführt, daß einige Glasscheiben beschädigt wurden. Sie erhielten eine derbe mercuriale und fuhren dann mit Kitty ab, so daß alles pünktlich eintraf, wie die Alte es, der Himmel weiß auf welche Weise, in den Linien der Hand gelesen.

Galway, den 19., abends

Du weißt, meine Entschlüsse sind oft sehr plötzlicher Natur – Du pflegst sie meine Pistolenschüsse zu nennen. Einen solchen habe ich eben ausgeführt. Ich fürchtete mich vor Capuas Verweichlichung und vor afrikanischer Sklaverei. J'aime à effleurer les choses, mais pas les approfondir. Ich bin also, wichtige Nachrichten vorschützend, *geflohen*. Daß ich nicht ohne Rührung von so herzlichen Freunden, von so reizenden Freundinnen mich losreißen konnte, magst Du Dir wohl denken, es geschah aber mit Standhaftigkeit. Da ich auf die Postpferde, die aus der nahen Stadt erst geholt werden mußten, nicht warten mochte, so ritt ich mit James, der mich, glaube ich, recht vergnügt begleitete, zum letztenmal auf dem Doktor, seinem vortrefflichen Jagdpferde, nach Tuam, meinem Kammerdiener die Sorge für alles übrige überlassend. In Tuam wollte ich mit der Mail weiterreisen, es war aber nicht ihr Tag und kein andres Fuhrwerk nach

Galway zu bekommen als die ordinäre Briefpost, ein bloßer, auf zwei Rädern stehender, offner Karren, mit einem Pferde bespannt, und Platz für zwei Passagiere, außer dem Kutscher. Ich besann mich nicht lange, sondern sprang, James zum letztenmal die Hand drückend, herzhaft in das zerbrechliche Vehikel, und clopin-clopant rasselte der alte Gaul damit über die Straße. Der andere Passagier war ein junger, rüstiger Mann, in ziemlich eleganter Kleidung, mit dem ich bald in eine interessante Unterhaltung, über die Sehenswürdigkeiten seines Vaterlandes und den Charakter seiner Landsleute, geriet. Von der Herzlichkeit und Dienstfertigkeit dieser gab er mir sogleich selbst einen Beweis. Ich war sehr leicht angezogen, dabei warm vom Reiten, so daß mir der kalte Wind sehr beschwerlich wurde. Ich bot also dem Kutscher ein Trinkgeld für Überlassung seines Mantels. Dieser erschien aber bei näherer Besichtigung so furchtbar schmutzig und ekelhaft, daß ich mich nicht entschließen konnte, mich desselben zu bedienen. Sogleich zog der junge Mann seinen stattlichen, weiten Reiseüberrock aus und zwang mich beinah, ihn umzunehmen, indem er mit dem größten Eifer versicherte, daß *er* sich nie verkälte und die Nacht im Wasser schlafen könne, wenn es sein müsse – den Überrock selbst aber nur angezogen, weil er nicht gewußt, wo er ihn lassen solle. Wir wurden, durch diese freundliche Hülfe von seiner Seite, schnell bekannter, als es sonst wohl der Fall gewesen wäre, und die Zeit verging uns, unter mancherlei Geplauder, weit geschwinder, als ich hoffen durfte – denn die Distanz war sechs deutsche Meilen, der Weg sehr holprigt, die Equipage die schlechteste, der Sitz unbequem, die Gegend einförmig und kahl. Kein Hügel, kein Baum, nur ein Netz von Mauern über das Ganze gezogen. Jedes Feld ist auf diese Art eingefaßt, die Mauern nur von Feldsteinen, ohne Kalk, aufgesetzt, aber doch so, daß sie sich, ohne gewaltsames Einstoßen, gut halten können. Viele Ruinen alter Schlösser wurden zwar auch in dieser Gegend sichtbar, konnten aber in so flacher, öder Flur, ohne auch nur einen unterbrechenden Strauch, keinen romantischen Effekt hervorbringen. Überall aber fanden wir das zerlumpte, Kartoffeln essende Volk gleich lustig und vergnügt. Es bettelt zwar beständig, aber unter Lachen, mit Laune, Witz und drolligen Worten, ohne Zudringlichkeit wie ohne Rancune, wenn es nichts erhält. Auffallend ist gewiß bei dieser großen Armut die ebenso große Ehrlichkeit dieser Menschen – vielleicht entsteht eben eine aus der andern – denn der Luxus macht erst begehrlich, und der Arme entbehrt das Notwendige oft leichter als der Reiche das Überflüssige.

Wir sahen eine Menge Arbeiter an der Chaussee, auf den Steinhaufen sitzend, wo sie die Steine zerschlugen, und à mesure, daß diese Arbeit fortschritt, erhöhte sich ihr Sitz. Mein Reisegefährte sagte: »Das sind Eroberer – sie zertrümmern nur und steigen doch durch Zerstörung.« Indem stieß unser Kutscher in sein Horn, ein Zeichen der Briefpost, dem, wie bei uns, ausgewichen werden muß; der Ton kam aber so schwierig heraus und klang so jämmerlich, daß alles darüber lachte. Ein hübscher, wie Glück und Freude aussehender, obgleich fast nackter zwölfjähriger Knabe, der auf einem der Steinhaufen, auch hämmernd, saß, jauchzte vor Mutwillen auf und rief dem sich vergebens ärgernden Kutscher nach: »Oho, Freund! Eure Trompete muß den Schnupfen bekommen haben, sie ist ja so heiser wie meine alte Großmutter. Kuriert sie schnell mit einem Glase Potheen oder sie stirbt Euch an der Auszehrung, noch ehe Ihr Galway erreicht.« Ein schallendes Gelächter aller Arbeiter folgte als Chorus. »Sehen Sie, das ist unser Volk«, rief mein Begleiter. »Hungern und Lachen – das ist ihr Los. Glauben Sie, daß bei der Menge der Arbeiter und der Seltenheit der Arbeit keiner von diesen so viel verdient, um sich satt zu essen? Demohngeachtet wird jeder noch etwas erübrigen, um es seinem Priester zu geben, und wenn Sie in seine Hütte kommen, wird er die letzte Kartoffel mit Ihnen teilen und einen Scherz dazu machen.«

Jetzt näherten wir uns Galways Hügeln, über denen die Sonne prachtvoll unterging. Nie kann ich dieses Schauspiel unbewegt ansehen – immer entzückt es mich und läßt ein Gefühl von Ruhe und Sicherheit mit der Gewißheit in mir zurück, daß *diese Sprache*, die Gott selbst zu uns redet, nicht lügen kann – wenn Menschenoffenbarung auch nur Stückwerk wäre, von jedem anders verstanden und nur zu oft von List und Eigennutz gemißbraucht.

Wir stiegen in demselben Gasthofe ab, den ich beim Pferderennen kennengelernt, und um meinem jungen Freunde auch eine Artigkeit zu erweisen, lud ich ihn ein, mit mir zu Abend zu essen. Spät erst schieden wir, wahrscheinlich auf immer, aber grade solche Bekanntschaften liebe ich – sie lassen nicht Zeit zur Verstellung; unbekannt mit den Verhältnissen, sieht jeder und schätzt am andern nur den Menschen. Was jeder vom andern an guter Meinung erlangt, hat er sich dann wenigstens selbst zu verdanken.

den 20., früh

Ich hatte gehofft, mein Wagen würde während der Nacht anlangen, er ist aber bis jetzt noch nicht hier, und ich benutzte daher die Muße, um die altertümliche Stadt noch genauer zu besehen, als es mir das erstemal möglich war. Sehr nützlich ist mir dabei die Anleitung einer alten Chronik gewesen, deren Fragmente ich zufällig in einem Gewürzladen entdeckte, wo ich mich nach den Cross Bones (die gekreuzten Knochen) erkundigte. Es steht nämlich in einem abgelegenen Winkel hier ein uraltes Haus, über dessen Türe man, in recht guter Arbeit, einen Totenkopf über zwei gekreuzten Knochen, in schwarzem Marmor ausgehauen, sieht. Dieses Haus nennt man The Cross Bones, und folgendes erzählt von ihm die tragische Geschichte:

Im 15. Jahrhundert war James Lynch, ein Mann von alter Familie und großem Reichtum, für seine Lebenszeit zum Maire von Galway erwählt, damals eine Würde, die fast der eines Souveräns an Einfluß und Macht gleichkam. Er war besonders angesehen und verehrt wegen seiner unerschütterlichen Gerechtigkeitsliebe, aber auch wegen seiner Herablassung und milden Sitten. Doch beliebter noch, ja das Idol der Bürger wie ihrer schönen Frauen, war sein Sohn, der Chronik nach einer der ausgezeichnetsten jungen Männer seiner Zeit. Mit vollendeter Schönheit und dem edelsten Anstand des Körpers verband er jene stets heitere Laune, jene immer überlegene Familiarität, die unterjocht, indem sie zu schmeicheln scheint – und die verbindliche Grazie der Manieren, welche, ohne Anstrengung, bloß durch die Lieblichkeit ihrer eignen Erscheinung, alle Herzen erobert. Auf der andern Seite gewann ihm seine oft erprobte Vaterlandsliebe, seine edle Freigebigkeit, seine romantische Tapferkeit und eine für jene Jahrhunderte seltene Bildung wie die höchste Meisterschaft in allen Waffenübungen die *Dauer* einer Hochachtung, welche sein erstes Erscheinen unwillkürlich gebot. So viel Licht war indessen nicht ohne Schatten. Tiefe, glühende Leidenschaften, Hochmut, Eifersucht auf jedes rivalisierende Verdienst und ein wilder Hang zum schönen Geschlecht, den keine Schranke aufhielt, machten alle seine Vorzüge zu ebensoviel Gefahren für ihn selbst und andere. Oft hatte sein strenger Vater, obgleich stolz auf einen solchen Sohn und Erben, Ursache zu bitterem Tadel und noch ängstlicherer Besorgnis für die Zukunft, doch unwiderstehlich, selbst für ihn, schien die Liebenswürdigkeit des ebenso schnell bereuenden als fehlenden Jünglings, der dem Vater wenigstens stets gleiche Liebe und Unterwürfigkeit zeigte. Nach dem ersten Zorn erschienen ihm daher, wie jedem andern, die gerügten Mängel nur als leichte Flecken in der Sonne. Noch mehr beruhigte ihn aber bald darauf die ebenso heftige als zärtliche Neigung, welche sein Sohn für Anna Blake, die Tochter seines besten Freundes und ein in jeder Hinsicht liebenswertes Mädchen, faßte – von dieser Verbindung die Erfüllung aller seiner sehnlichsten Wünsche mit Zuversicht erwartend. Doch die dunkeln Schicksalsmächte hatten es anders beschlossen!

Während der junge Lynch mehr Schwierigkeiten fand, das Herz seiner neuen Geliebten zu rühren, als er bisher anzutreffen gewohnt gewesen war, sah sich sein Vater zu einer nicht länger aufzuschiebenden Handelsreise nach Cádiz genötigt, denn der Adel Galways hatte, gleich dem anderer bedeutender Seestädte des Mittelalters, von jeher den Handel im großen als kein eines Edelmanns unwürdiges Geschäft betrachtet. Galway war aber damals so mächtig und weitbekannt, daß die Chronik erzählt, ein arabischer Kaufmann, der aus dem Orient lange nach diesen Küsten gehandelt, habe einst um Auskunft gebeten, in welchem Teile von Galway Irland läge.

Nachdem James Lynch, für die Zeit seiner Abwesenheit, das Ruder des Staats in sichere Hände gelegt und alles zur weiten Reise bereitet, segnete er mit überwallendem Vaterherzen seinen Sohn, wünschte seinem jetzigen Streben das beste Gedeihen – und segelte wohlgemut seiner Bestimmung zu. Überall krönte der beste Erfolg jede seiner Unternehmungen. Einen großen Teil trugen hierzu die freundschaftlichen Dienste eines spanischen Kaufmanns mit Namen Gomez bei, welcher dadurch in dem edlen Herzen des Maires von Galway die lebhafteste Dankbarkeit erweckte. Auch Gomez hatte einen Sohn, der, gleich Edward Lynch, der Abgott seiner Familie und der Liebling der Stadt war, jedoch im Charakter, wie im Äußern, von jenem gänzlich verschieden. Schön waren beide, doch Edward mehr dem Apollo, Gonzalvo mehr dem Johannes zu vergleichen. Der eine erschien wie ein Felsen, mit Blumen bekränzt, der andere wie ein duftender Rosenhügel, vom Sturme bedroht. Heidnische Tugenden schmückten jenen, christliche Demut diesen. Die üppige Gestalt verriet mehr Weichheit als Tatkraft, die schmachtenden dunkelblauen Augen mehr Sehnsucht und Liebe als Kühnheit und Stolz; sanfte Melancholie überschattete sein Gesicht, und ein Zug wollüstigen Leidens zuckte um den schwellenden Mund, den nur selten ein halb verschämtes Lächeln umspielte, wie eine laue Welle über Korallen und Perlen gleitet. Diesen Formen entsprechend war auch sein Inneres, liebend und duldend, von ernster und schwermütiger Heiterkeit; stets mehr nach innen als außen gewandt, zog er Einsamkeit dem Geräusch und Gewühl der Menschen vor, schloß sich aber mit der tiefsten Innigkeit denjenigen an, welche ihm Wohlwollen und Freundschaft bewiesen. So war er im Innersten seines Gemüts von einem Feuer erwärmt, das, gleich dem eines Vulkans, der für verheerenden Ausbruch zu tief liegt, nur der darüber gebreiteten Erde größere Fruchtbarkeit verleiht und sie schöner als jeden andern Ort in zartes Grün und brennende Blumenfarben kleidet. Verführerisch und leicht zu verführen – war es ein Wunder, daß solch ein Jüngling selbst Edward Lynch unwillkürlich die Palme aus der Hand wand? Nichts von dem jedoch ahnete Edwards Vater. Voll Dankbarkeit für seinen Freund, voll Wohlgefallens an dessen hoffnungsvollem Sohn beschloß er, für letzteren dem alten Gomez seine Tochter anzubieten. Der Antrag war zu schmeichelhaft, um ihn von der Hand gewiesen zu sehen. Bald kamen die Väter überein, und es ward bestimmt, daß Gonzalvo sogleich seinen Gönner nach Irlands Küsten begleiten und, wenn die Neigung der jungen Leute dem gefaßten Plan entspräche, die Verbindung beider mit der Edwards zu gleicher Zeit stattfinden, dann aber das vereinte Paar nach Spanien zurückkehren sollte. Der neunzehnjährige Gomez selbst folgte dem ehrwürdigen Freunde seines Vaters mit Freuden. Sein frisches, romantisches Gemüt genoß im voraus, still entzückt, die mannigfaltigen Szenen fremder Länder, die er zu sehen, die Wunder des Meers, die er zu betrachten, das neue Leben ihm unbekannter Völker, dem er sich anzuschließen im Begriff stand, und sein warmes Herz umfing schon mit Liebe das Mädchen, von deren Reizen der Vater vielleicht keine ganz unparteiische Beschreibung gemacht.

Jeder Augenblick der langen Seefahrt, die damals mit größeren Gefahren verbunden war und mehr Zeit erforderte, als es jetzt der Fall ist, vermehrte die Vertraulichkeit und gegenseitige Zuneigung der Reisenden, und als sie endlich Galways Hafen erblickten, glaubte der alte Lynch nicht nur, daß ihm Gott auf dieser Reise einen zweiten Sohn geschenkt, sondern rechnete auch mit Zuversicht darauf, daß die nie sich verleugnende Sanftmut und Milde des liebenswürdigen Jünglings den heilsamsten Einfluß auf die wilderen und dunkleren Eigenschaften seines Edwards ausüben würden.

Diese Hoffnung schien auch durchgängig in Erfüllung zu gehen.

Edward, der in Gomez alles fand, was ihm fehlte, fühlte dadurch seine eigne Natur wie vervollständigt, und da er ihn überdies, nach den Eröffnungen des Vaters, schon als seinen Bruder ansah, gewann ihre Freundschaft bald das Ansehn der innigsten und unzertrennlichsten Neigung.

Doch schon nach wenig Monden trübten in Edwards Seele unangenehme Empfindungen diese frühere Harmonie. Gonzalvo war unterdes der Gemahl seiner Schwester geworden, hatte aber seine Rückreise auf unbestimmte Zeit verschoben. Alles trug ihn auf den Händen, jeder beeiferte sich, ihm zuvorkommende Liebe zu zeigen. Edward schien sich nicht so glücklich – zum erstenmal vernachlässigt, konnte er sich nicht verbergen, in seiner allgemeinen Popularität einen gefährlichen Nebenbuhler gefunden zu haben –, was ihn aber weit mehr erschütterte, sein Herz ebensosehr verwundete, als es seiner Eitelkeit – vielleicht dem mächtigsten seiner Gefühle – unerträgliche und rastlose Qualen bereitete, war die Bemerkung, die jeden Tag einen neuen Zuwachs erhielt: daß Anna, die er als die *Seine* ansah, obgleich sie dies zu erklären noch immer zögerte – daß *seine* Anna, seit der Ankunft des schönen Fremden, immer kälter gegen ihn geworden –, ja schien es ihm nicht, als habe er selbst schon in unbewachten Augenblicken ihr seelenvolles Auge gedankenschwer auf Gomez' holden Zügen ruhen und ihre vorher blassen Wangen dann in sanfter Röte erblühen sehen – traf aber sein Blick den ihrigen in solchen Momenten, dann war das Rosenrot sogleich zur Fieberglut geworden. Ja gewiß, ihr ganzes Benehmen war verändert! Unregelmäßig, launisch, ohne Ruhe, bald von tiefer Schwermut ergriffen, bald sich mit Wildheit ausgelassener Lustigkeit hingebend, schien sie von dem besonnenen, klaren, stets gleich freundlichen Mädchen, das sie früher war, nur noch die äußern Züge beibehalten zu haben. Alles verriet dem scharfsehenden Auge der Eifersucht, daß eine tiefe Leidenschaft sie ergriffen, und für wen konnte sie glühen – als für Gomez? für ihn, der allein, er mochte kommen oder gehen, den Saiten ihrer Seele die veränderte Stimmung gab.

Ein alter Weiser sagt: Liebe ist zum größten Teil dem Hasse näher verwandt als der Zuneigung – und in Edwards Busen zeigte sich jetzt die Wahrheit dieses Ausspruchs. Sein einziger Genuß war fortan, der Geliebten, die er allein für schuldig hielt, wehe zu tun. Wo die Gelegenheit sich darbot, suchte er sie zu demütigen, sie in Verlegenheit zu setzen, mit wegwerfendem Stolz zu kränken oder mit tief beleidigenden Vorwürfen zu überhäufen, bis – der geheimen Schuld sich bewußt – Scham und Empörung die Ärmste überwältigten und sie in Tränenströme ausbrach, deren Anblick allein ihm eine Labung gab, wie den Verdammten während ihrer Qualen zuteil werden mag. Doch keine wohltuende Versöhnung folgte auf diese Szenen und löste, wie sie bei Liebenden, die Dissonanz in selige Harmonie auf – jede derselben steigerte nur immer mehr seine Wut, bis zum Rande der Verzweiflung. Als er aber nun auch in dem der Verstellung so wenig fähigen Gomez dasselbe Feuer auflodern sah, das in Annas Augen brannte, als er seine Schwester schon vernachlässigt, sich selbst aber, wie er meinte, von einer im Busen genährten Schlange verraten fand – da erreichte sein Zustand jenen Grad menschlicher Gebrechlichkeit, von dem nur der Allwissende entscheidet, ob er schon Wahnsinn oder noch der Zurechnung fähig sei.

An demselben Abend, wo der Argwohn Edward ruhelos von seinem Lager in die Nacht hinaustrieb, scheint es, daß die Liebenden, vielleicht zum erstenmal, eine heimliche Zusammenkunft gehabt. Der spätern Aussage Edwards nach, erblickte er, selbst hinter einem Pfeiler verborgen, mit schüchternen Schritten Gomez, in seinen Mantel gehüllt, aus dem Blakeschen Hause schleichen – aus einer wohlbekannten Seitenpforte, die zu Annas Zimmern führte. Bei dieser schrecklichen Gewißheit nahm die Hölle Besitz von seiner Seele. Seine Augen starrten aus ihren Höhlen, Furien wühlten in seinem Busen, das Blut tobte zersprengend gegen seine Pulse, und wie ein Verschmachteter lechzt nach einem Trunke kühlenden Wassers, so lechzte sein ganzes Wesen nach dem Blute der Rache. Einem reißenden Tiger gleich, stürzte er auf den unglücklichen Jüngling zu, der, ihn erkennend, vergebens entfloh. In wenigen Augenblicken war er erreicht, und hundertmal seinen Dolch, mit der Schnelle des Blitzes, in dem zuckenden Körper begrabend, zerfleischte der Rasende mit satanischer Wut die Reize, welche ihm die Geliebte und die Ruhe des Lebens geraubt. Nur als der Mond jetzt hell hinter einer schwarzen Wolke hervortrat und jähling das gräßliche Schauspiel erleuchtete, die entstellte Masse vor ihm kaum noch einen Zug des gemordeten Freundes mehr an sich trug und ein Strom schon gerinnenden Blutes ihn, den Toten und die Erde um sie her bedeckte – da erwachte er mit furchtbarem Entsetzen wie aus einem höllischen Traume. Doch die Tat war geschehen, und das Gericht begann.

Dem Instinkt der Selbsterhaltung folgend, rannte er, gleich Kain, fliehend in den nahen Wald – wie lange er dort umhergeirrt, war nachher seiner Erinnerung entschwunden; Angst, Verzweiflung, Liebe, Reue und Wahnsinn zuletzt mochten, als so viel schauderhafte Begleiter, ihn verfolgt und endlich der Besinnung beraubt haben, in lindernder Vergessenheit die Schrecken des Vergangenen eine Zeitlang verscheuchend – denn unerträgliche Leiden der Seele wie des Körpers heilt die liebende Natur durch Ohnmacht oder Tod.

Unterdessen war in der Stadt der Mord bereits entdeckt und das grausenerregende Ende des sanften Jünglings, der, ein Fremder, sich ihrer Gastfreundschaft vertraut, von allen Klassen mit Schmerz und Empörung vernommen worden. Man hatte einen Dolch neben dem herabgefallenen Samtbarett des Spaniers, in Blut getaucht, gefunden und nicht weit davon einen Hut, mit einer Agraffe aus Edelsteinen und mit bunten Federn geschmückt, auch die frische Spur eines Menschen ausgemittelt, der in der Richtung des Waldes seine Rettung gesucht zu haben schien. Der Hut wurde sogleich für den des jungen Lynch erkannt, und da er selbst nirgends aufzufinden war, fing man auch für sein Leben zu fürchten an, *ihn mit dem Freunde zugleich ermordet* glaubend. Der bestürzte Vater bestieg sein Pferd, und von dem racherufenden Volke begleitet, schwur er: daß nichts den Mörder retten solle, müßte er ihn auch selbst am Galgen aufknüpfen. – Man denke sich erst das Freudejauchzen, dann den Schauder der Menge und die Gefühle des Vaters, als man bei Tagesanbruch Edward Lynch, unter einem Baume gesunken, lebend und, obgleich voll Blut, doch, wie es schien, ohne gefährliche Verwundung auffand – gleich darauf aber ihn selbst, seines Vaters Knie umfassend, sich als den Mörder Gonzalvos anklagen und seine schnelle Bestrafung dringend verlangen hörte.

Gefesselt ward er zurückgebracht und, in voller Sitzung des Magistrats, von seinem eignen Vater zum Tode verurteilt. Aber das Volk wollte seinen Liebling nicht verlieren. Wie die Wogen des vom Sturm erregten Meeres erfüllte es Markt und Straßen, die Schuld des Sohnes über der grausamen Gerechtigkeit des Vaters vergessend, mit drohendem Toben verlangte es die Öffnung des Gefängnisses und die Begnadigung des Verbrechers. Nur mit Mühe konnten in der darauffolgenden Nacht, durch verdoppelte Wachen, die immer erhitzter werdenden Empörer vom gewaltsamen Einbruch zurückgehalten werden. Gegen Morgen aber meldete man dem Maire, daß bald aller Widerstand vergeblich sein würde, da auch ein Teil der Soldaten sich auf des Volkes Seite geschlagen, nur die fremden Söldner noch aushielten, und alles mit wütendem Geschrei des jungen Mannes Auslieferung augenblicklich verlange. Da faßte der unerschütterliche Mann einen Entschluß, den viele unmenschlich nennen werden, dessen furchtbare Selbstüberwindung aber gewiß zu den seltensten Beispielen stoischer Festigkeit gehört. Von einem Priester begleitet, begab er sich durch einen geheimen Gang in das Gefängnis seines Sohnes, und als dieser, mit neu erwachter Lebenslust, ihm zu Füßen sank und, durch die Teilnahme seiner Mitbürger wieder erhoben, zagend frug, ob er ihm Gnade und Verzeihung bringe, erwiderte mit fester Stimme der alte Mann: »Nein, mein Sohn, auf dieser Welt gibt es keine Gnade mehr für dich – dein Leben ist unwiederbringlich dem Gesetz verfallen, und mit Aufgang der Sonne mußt du sterben! Ich habe zweiundzwanzig Jahre für deine irdische Glückseligkeit gebetet, doch das ist vorüber – richte deine Gedanken nur noch auf die Ewigkeit, und ist dort noch Hoffnung, so laß uns jetzt gemeinschaftlich die Allmacht anflehen um Gnade für dich jenseits – dann aber, hoffe ich, wird mein Sohn, obgleich er nicht seines Vaters würdig leben konnte, wenigstens seiner würdig zu sterben wissen.« Bei diesen Worten erwachte noch einmal des einst kühnen Jünglings edler Stolz, und mit heldenmäßiger Resignation ergab er sich, nach kurzem Gebet, in des Vaters erbarmungslosen Willen.

Als das Volk und der größte Teil der Krieger, in seine Reihen gemischt, unter immer wilder werdenden Drohungen sich eben anschickte, das Haus zu stürmen, erschien in dem hohen Bogenfenster des Gefängnisses James Lynch, seinen Sohn mit um den Hals geschlungenen Strick an seiner Seite, vor der erstaunten Menge. »Ich habe geschworen«, rief er, »daß Gonzalvos Mörder sterben müsse, und sollte ich selbst das Amt des Henkers an ihm verrichten. Die Vorsicht nimmt mich beim Wort, und ihr, betörtes Volk, lernt von dem unglücklichsten der Väter! daß nichts den Gang des Gesetzes aufhalten darf und selbst die Bande der Natur vor ihm sich lösen müssen.« Während dieser Worte hatte er die Schlinge an einen aus der Mauer ragenden, eisernen Bolzen befestigt, und jetzt, schnell seinen Sohn hinausstoßend, vollendete er die grause Tat. – Nicht eher verließ er seinen Platz, bis das letzte konvulsivische Zucken des bejammernswerten Opfers die Gewißheit seines Todes gab. –

Wie vom Donner gerührt hatte das vorher tobende Volk in leichenähnlicher Stille dem entsetzlichen Schauspiele zugesehen, und betäubt schlich dann ein jeder schweigend seiner Wohnung zu. Der Maire von Galway aber entsagte von demselben Augenblick an allen seinen Ämtern und Geschäften, und niemand, außer den Mitgliedern seiner Familie, hat ihn je wieder gesehen, noch verließ er sein Haus, bis man ihn zu Grabe trug. Anna Blake starb im Kloster, beide Familien verschwanden endlich, im Lauf der Zeiten, von der Erde, aber immer noch zeigen die Knochen und der Totenschädel die Stelle an, wo einst so Gräßliches geschah.

Limerick, den 21.

Um zehn Uhr langte endlich mein Wagen an, und ich verließ sogleich Galway. Solange die Gegend eintönig blieb, brachte ich meine Zeit mit Lesen hin. Bei Gort wird aber das Land wieder interessanter, und ein Fluß strömt unweit davon, der sich, wie bei Cong, mehrmals in die Erde verliert. Einer der tiefsten Kessel, die er bildet, wird von den Einwohnern The Punch Bowl genannt. Um solche Bowlen zu füllen, bedürfte man noch größerer Fässer als das Heidelberger. Man beginnt nun sich den Bergen von Clare zu nähern, und die Natur bekleidet sich immer mehr mit ihren malerischen Gewändern. Ein schöner Park, dem Lord Gort gehörig, überraschte mich durch eine prachtvolle Szene. Er schließt sich nämlich an einen weiten See mit dreizehn schön bewaldeten Inseln an, die, mit dem Gebürge im Hintergrunde und der nirgends ganz zu übersehenden Wassermasse davor, eine grandiose Wirkung hervorbringen. Eins der elenden Postpferde schien mein Wohlgefallen an diesem Orte so sehr zu teilen, daß es nicht mehr davon wegzubringen war. Nach vielen vergeblichen Versuchen, es aus der gefaßten Position zu treiben, wobei der Postillon immer versicherte, es sei nur *dieser* Fleck, den es so liebe, hätten wir es einmal *darüber* hinweg, so ginge es wie der leibhaftige Teufel – mußten wir es endlich ausspannen, da es auch zu schlagen und das morsche Geschirr zu zerreißen begann. Gegen das irländische Postwesen sind die weiland sächsischen Posteinrichtungen noch vortrefflich zu nennen. Blutende Skelette, überall gedrückt und aufgezogen, verhungert und über das Greisenalter hinaus, werden an vermodertem Geschirr vor deinen Wagen gespannt, und wenn du den mit wenigen Lumpen bekleideten Postillon frägst, ob er glaube, daß solche Tiere nur eine Meile, geschweige denn eine Station von zwölf oder fünfzehn mit dem schweren Wagen und Gepäck fortkommen könnten, so erwidert er sehr ernsthaft, eine bessere Equipage gäbe es in ganz England nicht, und er werde dich in weniger als nichts an den Ort deiner Bestimmung bringen. Kaum hast du aber zwanzig Schritte zurückgelegt, so ist schon etwas zerrissen, ein Pferd wird stätisch, und das andere fällt wohl gar ermattet hin; aber das decontenanciert ihn nicht im geringsten, er hat immer eine vortreffliche Ausflucht bei der Hand, und am letzten Ende, wenn nichts mehr hülft, erklärt er sich für behext.

So ging es auch heute, wo wir im Park von Gort wahrscheinlich hätten übernachten müssen, wenn uns nicht sehr gastfreundlich vom Schlosse aus Hülfe und Vorspann geschickt worden wäre. Demohngeachtet hatte der Aufenthalt so lange gedauert, daß ich erst um zehn Uhr abends in Limerick anlangte. James Lynch hat meinen Brief so dick gemacht, daß ich ihn absenden muß, ehe seine Korpulenz *impayable* wird. Vor vierzehn Tagen wirst Du schwerlich wieder Nachricht von mir bekommen, da ich gesonnen bin, mich in die wildesten Gegenden zu vertiefen, die des Fremden Fuß kaum noch betreten hat. Bete also für eine glückliche Reise, und vor allem – liebe mich immer mit gleicher Zärtlichkeit.

Dein treuer L...

33

Dreiunddreissigster Brief

Limerick, den 22. September 1828

Liebe Entfernte!

Limerick ist die dritte Stadt in Irland und von einer Art, wie ich Städte liebe – alt und ehrwürdig, mit gotischen Kirchen, bemoosten Schloßruinen geziert; mit dunkeln, engen Straßen und kuriosen Häusern aus verschiedenen Zeitaltern; einem weiten Fluß, der sie der ganzen Länge nach durchströmt und über den mehrere altertümliche Brücken führen; endlich wohlbelebten Marktplätzen und einer freundlichen Umgegend. Eine solche Stadt hat für mich etwas Ähnliches mit einem natürlichen Walde, dessen dunkle Schatten auch, bald hohe, bald niedrige, vielfach gestaltete Baumgassen darbieten und oft ein Laubdach, gleich einer gotischen Kirche, bilden. Dagegen gleichen moderne regelmäßige Städte mehr einem verschnittenen französischen Garten. Jedenfalls sagen sie meinem romantischen Geschmacke weniger zu.

Ich war nicht ganz wohl und kehrte daher, nach einem kleinen Spaziergang in den Straßen, bald wieder nach meinem Gasthof zurück. Hier fand ich einen katholischen Kirchendiener auf mich warten, der mir ankündigte: man habe soeben mit den Glocken für mich geläutet, sobald man nur meine Ankunft erfahren. Er erbat sich dafür zehn Schilling. Je l'envoyai promener, bald darauf ließ sich ein Protestant bei mir melden. Ich frug, was er wolle. »Bloß Your Royal Highness« (denn mit Titeln ist man hier freigebig, sobald jemand mit Extrapost und vier Pferden ankömmt) »warnen vor den Impositionen der Katholiken, die auf eine schamlose Weise Fremde behelligen, und ich bitte Euer Hoheit, ihnen ja nichts zu geben – zugleich nehme ich mir jedoch die Freiheit, um eine kleine Beisteuer für das protestantische Armenhaus zu ersuchen.« – »Go to the d…, Protestants and Catholics«, rief ich entrüstet und warf meine Türe zu. Es war aber schon eine andere förmliche Deputation der Katholiken davor, aus dem französischen Konsul (einem Irländer), ferner einem Verwandten und Namensvetter O'Connells und noch einigen andern bestehend, die mich haranguierten und mir sogar den Liberatororden erteilen wollten. Ich hatte alle Mühe, diesem und einer Ein-

THOMONDGATE-BRÜCKE

W. H. Bartlett. E. K. Proctor

ladung zum Mittagessen in ihrem Club zu entgehen, mußte aber nachgeben, mich wenigstens von zweien aus ihrer Mitte durch die Stadt begleiten zu lassen, um mir die Merkwürdigkeiten derselben zu zeigen.

Ich ließ mich also gutwillig zuerst nach der Kathedrale bringen, ein sehr altes Gebäude, mehr im Stil einer Festung als einer Kirche, ebenso solide als roh aufgeführt, aber imposant durch seine Massen. Im Innern bewunderte ich fünfhundert Jahre alte, wunderschön gearbeitete Sitze, von bogwood (Sumpfholz) geschnitzt, das durch das Alter schwarz wie Ebenholz geworden war. Die reichen Verzierungen bestanden aus köstlichen Arabesken und höchst charakteristischen Masken, die bei jedem Sitze verschieden waren. Das Grab der Thomonds, Könige von Ulster und Limerick, obgleich verstümmelt und durch moderne Zusätze geschändet, ist dennoch ein interessantes Monument geblieben. Abkömmlinge des Geschlechts existieren noch jetzt, deren Chef den Titel eines Marquis von Thomond führt, ein Name, den Du in meinen Briefen aus London zuweilen erwähnt gefunden haben wirst, denn der Besitzer desselben gab dort gute Diners. Man findet überhaupt in Irland sehr alte Häuser, die stolz darauf sind, ihre Familie nie durch eine Mesalliance entweiht zu haben, was, des Geldes wegen, der englische und französische Adel so häufig tat, weshalb auch reines stiftsfähiges Blut, wie es in Deutschland hieß, dort gar nicht zu finden ist. Die französischen Großen nannten solche Heiraten scherzweise, aber nicht sehr schmeichelhaft für die Braut, »mettre du fumier sur ses terres«, und gar mancher englische Lord dankt gleichfalls solchem »fumier« den jetzigen Glanz seiner Familie.

Als wir die Kirche verließen, um den Felsen am Shannon zu besehen, auf dem der Traktat von Limerick mit den Engländern, nach der Schlacht von Boyne, unterzeichnet, aber von diesen nicht zum besten gehalten wurde – hatte sich ein ungeheures Gefolge von Volk um uns versammelt, das wie eine Lawine noch immer mehr anwuchs, uns aber mit ebensoviel Bescheidenheit als Enthusiasmus folgte. Plötzlich rief man: »Es lebe Napoleon und Marschall ...!«

»Mein Gott«, frug ich, »für wen hält man mich denn eigentlich hier? Als ganz anspruchsloser Fremder begreife ich gar nicht, weshalb man mir so viel Ehre anzutun scheint.« – »War Ihr Herr Vater«, erwiderte O'Connell, »nicht der Fürst von ...?« – »Nichts weniger«, versicherte ich, »mein Vater war zwar ein etwas älterer Edelmann, aber lange nicht so berühmt.« – »Dann müssen Sie verzeihen«, fuhr Herr O'Connell ungläubig fort, »aufrichtig gesagt, hält man Sie für einen natürlichen Sohn Napoleons, da dessen Vorliebe für Ihre Frau Mutter bekannt ist.« – »Sie scherzen«, sagte ich lachend, »ich bin wenigstens zehn Jahre zu alt, um der Sohn des großen Kaisers und der schönen Fürstin zu sein.« Er schüttelte aber mit dem Kopf, und unter wiederholtem Vivatrufen erreichte ich endlich meine Wohnung, die ich von nun an verschloß und heute nicht mehr verließ. Das Volk nahm aber geduldig Posto vor meinen Fenstern und zerstreute sich erst mit einbrechender Dunkelheit.

Tralee, den 23.

Diesen Morgen empfing mich wieder der Ruf: »Long life to Napoleon and to Your Honour!«, und während mein Wagen, mit meinem Kammerdiener darin, den man diesmal für Napoleons Sohn nahm, unter Vivatgeschrei abfuhr, schlich ich mich heimlich mit dem Hausknecht, der meinen Nachtsack trug, zur Hintertür hinaus, um einen Platz auf der Diligence zu nehmen, die mich nach dem See von Killarney bringen sollte. Meine Leute hatten Befehl, mich in Cashel zu erwarten, wo ich in vierzehn Tagen sie einzuholen denke.

In meinem jetzigen einfachen Aufzug fiel es keinem Menschen mehr ein, mir mit Ehrenbezeugungen beschwerlich zu fallen, und ich konnte nicht umhin, bei Gelegenheit dieser *offenbaren* Farce darüber zu philosophieren, daß aller Ehrgeiz doch auch nur zu einer *verdeckten* führt. Gewiß von allen Träumen dieses Lebens ist dieses der schattenartigste! Liebe befriedigt zuweilen, Wissenschaft beruhigt, Kunst erfreut, aber Ehrgeiz – Ehrgeiz gibt nur den qualvollen Genuß eines Hungers, den nichts stillen kann, oder gleicht der Jagd nach einem Phantom, das immer unerreichbar bleibt.

Nach einer Viertelstunde war ich ganz bequem in meiner Diligence etabliert. Außer den Passagieren auf der Imperiale bestand die Gesellschaft aus einer dicken jovialen Frau, einer andern, sehr magern, einer dritten, recht hübschen und wohlproportionierten, und einem magisterartig aussehenden Herrn mit langem Gesicht und noch längerer Nase. Ich saß im Fond zwischen den zwei schmächtigen Damen und unterhielt mich mit der korpulenten, die sehr gesprächig war. Sie erzählte unter andern, als ich eben ein Fenster herunterließ, wie sie neulich auch in diesem Wagen gefahren und beinahe seekrank darin geworden wäre, denn eine ihr gegenübersitzende *kränkliche* Dame hätte durchaus nicht zugeben wollen, daß man ein Fenster öffne. *Sie* habe sich aber nicht abschrecken lassen, und nach einer Viertelstunde Zuredens sei es ihr auch gelungen, die Dame zu vermögen, einen Zollbreit Luft hereinzulassen, eine Viertelstunde später einen andern Zoll, dann wieder einen, und so habe sie endlich das ganze Fenster heruntermanœuvriert. »Vortrefflich«, sagte ich, »das ist grade die Art, wie Weiber alles zu erlangen wissen – erst *einen* Zoll und dann soviel, als deren zu haben sind. Ein französischer Geistlicher erzählt hiervon auch eine sehr erbauliche Geschichte.« (Der Mann mit der langen Nase verzog hier sein Gesicht wie ein Satyr.) »Wie verschieden agieren aber in gleichen Lagen die Männer!« fuhr ich fort. »Ein englischer Schriftsteller in seinem Handbuch für Reisende empfiehlt: wenn in der Mail jemand darauf bestehen sollte, alle Fenster zuzuhalten, solle man sich ja in kein Pourparler mit dieser Person einlassen, sondern sofort, wie durch Ungeschicklichkeit, ein Fenster einschlagen, dann um Verzeihung bitten und sich ruhig der hereindringenden Kühle erfreuen.«

Die Ruinen von Adair erregten jetzt unsere Aufmerksamkeit und unterbrachen die Konversation. Später gewährte der Shannon einen imposanten Anblick. Er ist an manchen Stellen, gleich einem amerikanischen Fluß, bis über neun Meilen breit und seine Ufer herrlich bewachsen. In Listowel, einem kleinen Ort, wo wir Mittag machten, versammelten sich, wie gewöhnlich, hundert Bettler um den Wagen; was mir aber neu vorkam, waren kleine Holzschalen an langen Stäben, die sie, wie Klingelbeutel, in den Wagen hineinreichten, um auf diese Art bequemer zu den sollizitierten Pences zu gelangen. Ein andrer Bettler hatte sich an der Straße ein Schilderhaus von losen Steinen erbaut, in welchem er für immer zu bivouaquieren schien.

Ich muß schließen, da die Mail in wenig Stunden wieder abfährt und ich einiger Ruhe bedürftig bin. Morgen mehr.

Killarney, den 24.

An dem heutigen Tage sah ich nach und nach zwölf Regenbogen, ein übles Omen für die Beständigkeit des Wetters, aber für mich nehme ich es als ein gutes an. Es verspricht mir eine bunte Reise.

Die bisherige Gesellschaft war einzeln, da und dort, wie reife Früchte abgefallen, und ich befand mich mit einem irländischen Gentleman, einem Fabrikanten aus dem Norden, allein, als ich in dem freundlichen Killarney ankam, wo der unaufhörliche Besuch englischer Touristen den Gasthöfen auch beinahe englische Eleganz – und Preise verliehen hat. Wir erkundigten uns sogleich nach Booten und der besten Art, den See zu sehen, erhielten aber zur Antwort, daß es bei diesem Sturme unmöglich sei, ihn zu beschiffen; kein Boot könne heute auf dem See »leben«, wie sich die Schiffer ausdrückten. Ein englischer Dandy indessen, der sich uns während dem Frühstück angeschlossen hatte, ridikülisierte diese Beteuerungen, und da ich, wie Du weißt, auch nicht sehr an Unmöglichkeiten glaube, so überstimmten wir den Fabrikanten, welcher sehr wenig Lust zu der Fahrt bezeigte, und embarkierten uns, malgré vent et marée, bei Ross Castle, einer alten Ruine, nicht weit von Killarney.

Wir hatten ein exzellentes Fahrzeug, einen alten, charakteristisch aussehenden, eisgrauen Steuermann und vier tüchtige Ruderer. Der Himmel aber war wie zerrissen – an wenigen Orten nur blau, an andern grau in grau schattiert, an den meisten aber rabenschwarz, und Wolken aller Formen tummelten sich darin umher, von Zeit zu Zeit durch einen Regenbogen gefärbt oder durch ein fahles Sonnenlicht erleuchtet. Die hohen Berge dämmerten kaum durch die trüben Schleier, auf dem See aber war alles Nacht. Die schwarzen Wellen wühlten geschäftig unter sich, hie und da nur kräuselte sich blendend weißer Schaum auf ihrem Rücken. Da die Wogen fast so hoch gingen wie im Meere, bekam ich eine leichte Anwandlung von Seekrankheit. Der Fabrikant erblaßte vor der Gefahr, der junge Engländer aber, stolz auf seine Amphibiennatur, lachte uns beide aus. Der Sturm pfiff indessen so laut, daß wir uns kaum verstehen konnten, und als ich den alten Steuermann fragte, wohin wir zuerst fahren würden, antwortete er: »Nach der Abtei, wenn wir anders hinkommen!« Dies klang nicht sehr encourageant, auch tanzte unser Boot (das einzige auf dem See, denn selbst die Fischer hatten sich nicht herausgewagt) so schrecklich auf und nieder, ohne doch mit aller Anstrengung der Ruderer avancieren zu können, daß der Fabrikant an Weib, Kind und Fabrik zu denken anfing und peremtorisch die Rückfahrt verlangte, da er nicht die Absicht habe, auf einer Erholungsreise sein Leben zu verlieren. Der Dandy wollte sich dagegen vor Lachen ausschütten, versicherte, er sei Mitglied des Yachtclubs und habe ganz andere Dinge erlebt, wobei er den Ruderern, die ebenfalls lieber zu Haus gewesen wären, Geld über Geld versprach, um auszuhalten. Was mich betraf, so folgte ich der Maxime des Generals Jermolow: »weder zu rasch noch zu furchtsam«, mischte mich gar nicht in den Streit, sondern erwartete, dicht in meinen Mantel gehüllt, ruhig den Ausgang. Ich genoß übrigens, wie es schien, allein die Schönheit der Szene, da den einen meiner Begleiter die Furcht daran verhinderte, den andern sein Wohlgefallen an sich selbst. Eine Weile kämpften wir noch gegen die Strömung der Wellen, auf denen wir, wie Wasservögel, in Sturm und Dunkelheit dahinfluteten, bis uns, aus einer gegenüberliegenden Bergschlucht, so heftige Windstöße faßten, daß es nun selbst dem Mitgliede des Yachtclubs zu bedenklich ward und er den Bitten des Steuermanns nachgab, mit dem Winde zurückzurudern und an einer Insel anzulegen, bis der Sturm etwas nachließe, was gewöhnlich gegen Mittag der Fall sei.

Dies traf auch ein, und nachdem wir einige Stunden auf der Insel Innisfallen, einem lieblichen Eilande, mit schönen Baumgruppen und Ruinen, kampiert, waren wir imstande, unsre Fahrt gemächlicher fortzusetzen. Alle Inseln dieses Sees, bis auf die kleinste, nur ein paar Ellen lange, welche die »Maus« genannt wird, sind dicht mit Arbutus und anderm Immergrün bewachsen, welche hier wild gedeihen und deren Blüten und Früchte Winter und Sommer in bunten Farben prangen. Viele dieser kleinen Eilande bieten ebenso seltsame Formen dar, als ihre Namen eigentümlich sind. Meistens sind sie nach O'Donohue benannt. Hier ist es O'Donohue's White Horse (weißes Roß), an dessen Felsenhufen sich die Brandung bricht, dort seine Library (Bibliothek), weiterhin sein Pigeon-house oder sein Flower-garden (Taubenschlag und Blumengarten) usw. Doch Du weißt vielleicht nicht, wie der See von Killarney entstand? Also höre!

O'Donohue war der mächtigste Chieftain eines Clans, der hier, wo jetzt der See seine Wellen rollt, eine große und reiche Stadt bewohnte. Alles war dort im Überfluß – nur Wasser fehlte –, und die Sage ging, daß selbst der einzige

INNISFALLEN

kleine Brunnen, den die Stadt besaß, nur das Geschenk eines mächtigen Zauberers sei, der ihn einst, auf Bitten einer schönen Jungfrau, hervorgerufen, aber dabei streng gewarnt: daß man nie vergessen möge, ihn jeden Abend mit einem großen silbernen Deckel zu schließen, den er zu diesem Ende zurücklasse. Die seltsame Form und Verzierungen desselben schienen die wunderbare Sage zu bestätigen – auch wurde der uralte Gebrauch nie vernachlässigt.

O'Donohue aber, ein mächtiger und unerschrockener Krieger (vielleicht auch, wie Talbot, ein Ungläubiger), machte sich über dieses Märchen, wie er es nannte, nur lustig, und eines Tages, als er beim wilden Gelage vom viel genossenen Weine mehr als gewöhnlich erhitzt war, befahl er, zum Schrecken aller Anwesenden, den silbernen Brunnendeckel in sein Haus zu bringen, wo er, wie er spottend meinte, eine vortreffliche Badewanne für ihn abgeben solle. Vergebens blieben alle Vorstellungen. O'Donohue war gewohnt, sich Gehorsam zu verschaffen, und als mit Wehklagen die geängstigten Diener endlich das schwere Gefäß herbeischleppten, rief er lachend: »Seid unbesorgt, die Kühle der Nacht wird dem Wasser gar gut bekommen, und morgen werdet ihr alle es frischer finden!« Aber die, welche dem silbernen Deckel zunächst standen, wandten sich mit Grausen davon, denn es deuchte ihnen, als bewegten sich die verworrenen Charaktere darauf wie ein Knäuel ineinander sich verschlingender Würmer, und ein schauerlicher Laut schien klagend daraus hervorzutönen, wie einst aus dem Koloß zu Theben. Voll Sorge legten sich alle zur Ruhe, nur einer floh in das nahe Gebürge. Als nun der Morgen anbrach und dieser Mann wieder hinab in das Tal blickte, da rieb er sich vergebens die Augen und glaubte noch zu träumen – Stadt und Land waren verschwunden, die reichen Fluren nicht mehr vorhanden, und der kleine Brunnen, aus der Erde Klüften schwellend fort und fort, hatte einen unabsehbaren See geboren. – Geschehen war, was O'Donohue prophezeit: Kühler war in einer Nacht für alle das Wasser geworden, und das letzte Bad hatte ihm die neue Wanne bereitet!

Nur bei ganz hellem klaren Wetter haben, wie die Fischer behaupten, manche noch jetzt auf des Sees »tiefunterstem Grunde« Paläste und Türme wie durch Glas schimmern gesehen, aber viele schon erblickten, wenn ein Sturm dem Ausbruche nahe war, O'Donohues riesige Gestalt auf weißem schnaubenden Roß auf den Wogen reitend oder in gespenstiger Gondel mit der Schnelle des Falken über die Wasser gleiten.

Einer unsrer Bootsleute, ein Mann von ohngefähr fünfzig Jahren, mit langem, schwarzen Haar, das der Wind um seine Schläfe trieb, von ernstem und stillem, aber phantastischem Ansehen, wurde mir von den andern verstohlen mit dem Finger gezeigt, indem sie mir zuflüsterten: »Der ist ihm begegnet.«

Du kannst denken, daß ich mich schnell mit ihm in ein Gespräch einließ und ihn zutraulich zu machen suchte, da ich weiß, daß diese Leute, wo sie Unglauben und Neckerei voraussetzen, hartnäckig schweigen. Im Anfang war auch er zurückhaltend, bald aber geriet er in Feuer, und nun schwor er bei St. Patrick und der Jungfrau, daß, was er erzähle, die reinste Wahrheit sei. Seiner Aussage nach begegnete er O'Donohue bei einbrechender Dämmerung, kurz vor dem Wüten eines der fürchterlichsten Stürme, den er je erlebt. Er hatte sich beim Fischen verspätet, den ganzen Tag war der Regen schon in Strömen herabgeflossen, es war schneidend kalt, und ohne seine Whisky-bottle hätte er es kaum länger aushalten können. Auch war lange bereits kein lebendiges Wesen mehr auf dem ganzen See zu sehen gewesen. Mit einem Male segelte, wie aus den Wolken gefallen, ein Boot auf ihn zu, die Ruder arbeiteten mit Blitzesschnelle, und doch war kein Ruderer dabei zu erblicken, hinten aber saß unbeweglich ein riesengroßer Mann. Sein Anzug war scharlachrot und gold, und auf dem Kopf trug er einen dreieckigen Hut mit breiter Tresse. So flog das Geisterboot heran. Paddy sah mit starrem Blick darauf hin – als aber jetzt die lange Gestalt ihm fast gegenübersaß und aus dem roten Mantel zwei große schwarze Augen wie Kohlen ihn anbrannten – da fiel ihm die Branntweinflasche aus der Hand, und er kam nicht eher wieder zu sich, als bis die unsanften Karessen seiner Ehehälfte ihn weckten, die, voller Zorn, ihn einen Trunkenbold über den andern schalt und sich einbilden mochte, der Whisky habe ihn so zugerichtet – aber Paddy wußte es besser! –

Ist es nicht sonderbar, daß das eben beschriebene Costume so gut mit unserm deutschen Teufel im vorigen Jahrhundert übereinstimmt, der jetzt wieder so beliebt ist? Vom »Freischützen« hatte Paddy aber doch gewiß noch nichts gehört. Fast scheint es, als hätte die Hölle auch ihr Modejournal. Sehr belustigend war mir des Alten Reue und Angst nach der Erzählung. Er tadelte sich mehrmals laut darüber, bekreuzte sich und wiederholte beständig, O'Donohue habe, obgleich schrecklich, doch ganz wie ein echter Gentleman ausgesehen, »denn«, setzte er, sich schüchtern umsehend, hinzu, »ein ›perfect gentleman‹ ist er immer gewesen, ist es jetzt und wird es immer bleiben.« Die jüngeren Bootsleute waren nicht ganz so starkgläubig und schienen nicht übel Lust zu haben, den Geisterseher ein wenig zu necken, dessen Ernst und Zorn ihnen aber doch sogleich wieder imponierte. Einer dieser Menschen war ein wahres Modell für einen jungen Herkules. Mit aller Lustigkeit eines ganz kerngesunden Körpers trieb er unaufhörlich Possen und arbeitete dabei für drei.

Wir landeten nun bei der Abtei von Muckross, in dem Park des Herrn Herbert gelegen, aber dennoch reichlich mit Schädeln und Gerippen ausgestattet. Die Ruinen sind von bedeutendem Umfang und voll interessanter Einzelnheiten. So steht z. B. im Klosterhofe einer der größten Taxusbäume, die es vielleicht in der Welt gibt, denn er überragt nicht nur alle Gebäude, sondern beschattet und verdunkelt mit seinen Ästen den ganzen Hof, wie ein darübergespanntes Zelt. Im zweiten Stockwerk bemerkte ich einen Kamin, an dem zwei Efeustämme, einer auf jeder Seite, die schönste regelmäßigste Verzierung bildeten, während ihre Blätter die darüberstehende Feueresse so dicht umlaubten, daß sie einem Baume glich. Unser Führer erzählte uns hier ein merkwürdiges Beispiel von der unumschränkten Gewalt der katholischen Priester über das hiesige gemeine Volk. Zwei Parteien, die Moynihans und die O'Donohues genannt, waren schon seit einem halben Jahrhundert in permanenter Fehde begriffen. Wo sie sich daher in gehöriger Anzahl begegneten, entstand sogleich ein Shileilahkampf, bei welchem manches Leben verlorenging. Da es nun, seit dem Bestehen der Katholischen Association, das Interesse der Priester erheischt, Friede und Eintracht unter ihrer Herde zustande zu bringen, so verordneten sie voriges Jahr, bei der letzten Schlägerei dieser Art, als Strafe für alle Teile: daß die Moynihans zwölf Meilen nordwärts marschieren und dort ein Bußgebet verrichten; die O'Donohues dasselbe südwärts ausführen; sämtliche teilnehmende Zuschauer aber sechs Meilen nach andern Orten wallfahrten sollten; im Wiederbetretungsfalle jedoch würde die doppelte Strafe eintreten. Alles wurde mit religiöser Genauigkeit befolgt, und der Krieg hatte seitdem ein Ende.

Nach einer Stunde erreichten wir am jenseitigen Ufer des Sees, an einer dichtbewaldeten Küste, den Wasserfall O'Sullivans, der, vom Regen angeschwellt, doppelt reich erschien. Die Üppigkeit der Bäume und rankenden Pflanzen, die ihn malerisch überhängen, sowie die Höhle, in der man gegenüber trockenen Fußes die schäumend stürzenden Wasser betrachtet, vermehren das Originelle der Szene. Hier gibt es herrliche einsame Promenaden, die auf der andern Seite des Bergrückens zu einem, von der ganzen Welt abgeschiedenen, mitten im tiefen Walde liegenden Dorfe führen. Da aber die Sonne noch immer mit den Wolken kämpfte und wir uns hinlänglich durchnäßt (vom Himmel und vom See, dessen Wellen uns mehr als einmal übergossen hatten) und ermüdet fühlten, so beschlossen wir, für heute die Tour zu beschließen und über die freundliche Villa der Lady Kenmare zurückzukehren.

Als wir noch ungefähr vier Meilen zu schiffen hatten, erbot sich der hübsche junge Mann, welcher, beiläufig gesagt, ohngeachtet seiner athletischen Gestalt, im Gesicht eine merkwürdige Ähnlichkeit mit der berühmten Mamsell Sontag hatte, uns, wenn wir drei Schilling mit ihm wetten wollten, in einer halben Stunde zu Haus zu bringen. Der alte Geisterseher wollte nicht daran, sich einer solchen Anstrengung zu unterziehen, das junge Sontagskind versicherte aber, für ihn mitrudern zu wollen. Wir nahmen daher die Wette an und flogen von nun an wie ein Pfeil über den See. Nie sah ich eine größere Darlegung von Kraft und Ausdauer unter fortwährendem Singen, Possen und Scherzen. Demohngeachtet gewannen die Ruderer ihre Wette nur um eine halbe Minute, erhielten aber von uns mehr als das Doppelte des Betrags, was sie, in großer Freude, alle noch dieselbe Nacht zu vertrinken versprachen. Zu guter Letzt hielten sie eine drollige, schon darauf eingerichtete, Konversation mit dem Echo der Mauern von Ross Castle, dessen Antwort immer einen scherzhaften Sinn hatte, z.B.: Shall we have tonight a good bed? (Werden wir diese Nacht ein gutes Bette bekommen?) Antwort: bad (schlecht) usw.

den 25.

Unglücklicherweise kamen heute zwei mir bekannte Engländer hier an, die sich sogleich zu uns gesellten, was mich um mein liebes Inkognito brachte, denn obgleich ich kein großer Herr bin, finde ich doch ebensoviel Vergnügen daran. Als Unbekannter entgeht man immer etwas Gêne mehr und gewinnt etwas mehr Freiheit, man sei auch noch so unbedeutend. Da ich es jedoch diesmal nicht ändern konnte, so richtete ich es wenigstens so ein, daß ich die Hälfte der heutigen Tour mit meinem ehrlichen Fabrikanten zu Lande machte und die drei Engländer vorderhand allein auf dem Boote fahren ließ. Es war dasselbe, welches wir gestern gehabt und dort auf heute gleich wieder gemietet hatten.

Der Pony, der mir zuteil wurde, hatte den hochklingenden Namen: des Ritters von der Schlucht (Knight of the gap), war aber ein ausgearteter Ritter, den nur Schläge und Sporen in Bewegung setzen konnten. Ehe wir an die große Schlucht kamen, von der er seinen Namen führt, hatten wir von einem Hügel in der Ebene eine sehr schöne Ansicht des Gebürges, in welcher Berge, Wasser und Bäume so glücklich verteilt erschienen, daß die wohltuendste Harmonie daraus entstand. Desto wilder und einförmiger ist die lange Schlucht – im Geschmacke von Wales, doch weniger grandios. An einer Stelle derselben hat sich vor mehreren Jahren ein großes Felsstück losgerissen und ist, in zwei Hälften geborsten, mitten über den Weg gestürzt. Ein Mann kam auf den Einfall, diese Felsenstücke zu einer Einsiedelei auszuhöhlen, blieb jedoch dieser neuen Wohnung nur drei Monate getreu, weshalb sie jetzt von dem energisch sich ausdrückenden Volke nach ihm The Madman's Rock (der Narrenfelsen) genannt wird. Ein paar tausend Schritt weiter fanden wir eine alte Frau kauernd am Wege liegen, deren Anblick alles übertraf, was man der Art in Märchen erfunden. Nie sah ich etwas Abscheuerregenderes! Man erzählte mir, sie sei schon hundertundzehn Jahre alt und habe alle ihre Kinder und Enkel überlebt. Obgleich in intellektueller Hinsicht gänzlich zum Tier geworden, hatte sie doch alle ihre Sinne noch leidlich erhalten. Ihre Gestalt sah aber weder Tier noch Menschen mehr, sondern nur einem wieder ausgegrabenen und von neuem belebten Leichnam ähnlich. Als wir vorbeiritten, stieß sie ein klägliches Gewimmer aus und schien dann zufrieden, als wir ihr einiges Geld hinwarfen, griff aber nicht darnach, sondern verfiel sogleich wieder in Stumpfsinn und Apathie. Alle Furchen ihres grünen Gesichts waren mit schwarzem Schmutze angefüllt, die Augen schienen zu eitern, die Lippen waren weißlichblau – enfin, Fanfreluche muß ein Engel dagegen gewesen sein.

Bei Brandon Castle, einer bewohnbar gemachten Ruine mit einem hohen Turm und einigen vernachlässigten Parkanlagen, durch deren Wasserpartien uns die Führer (denn die Pferde wurden hier zurückgeschickt) auf dem Rücken hindurchtrugen, stießen wir wieder mit dem Boote zusammen. Es kam, à point nommé, grade um die verdeckende Landspitze hergesegelt, als wir das Ufer erreichten, und war, außer den Engländern, noch mit dem besten Bugleman von Killarney bemannt. Diese Künstler blasen eine Art Alpenhorn mit vieler Geschicklichkeit und rufen dadurch an manchen Stellen herrliche Echos hervor. Im Verfolg unsers Wegs passierten wir einen Brückenbogen, wo, bei angeschwollenem Wasser, zuweilen Boote verunglückt sind. Unser Bugleman erzählte, daß er selbst schon zweimal hier umgeschlagen und das letztemal beinahe ertrunken sei. Er wollte daher auch heute landen und die bedenkliche Stelle, den Felsen entlang, klettern; der alte Steuermann gab es aber nicht zu und meinte, wenn die fremden Herren im Schiff blieben, gezieme es ihm auch, mit zu ersaufen. Es ging aber alles ganz gefahrlos ab.

Schön und von imposanter Form ist der Felsen, The Eagle's Nest (Adlernest) genannt, wo auch fast immer Adler horsten. Nicht weit davon sieht man Colemans Sprung, zwei weit voneinander aus dem Wasser ragende Felsen, auf denen die Spuren von Füßen, drei bis vier Zoll tief, deutlich eingegraben sind. Solche Sprünge und Fußstapfen wiederholen sich fast in allen Gebürgen.

Unser Schiff war voll Viktualien zu einem brillanten Diner (Engländer pflegen so etwas nicht leicht zu vergessen), und als wir eine höchst romantisch gelegene Cottage unter hohen Kastanien erspähten, beschlossen wir, hier zu landen und Mittag zu machen. Wir würden dort auch ein sehr angenehmes Mahl gehalten haben, wenn es nicht der Dandy, durch seine Affektation, Mangel an allem Sinn für die Schönheit der umgebenden Natur und ungütiger Persiflage des freilich weniger abgeschliffenen, aber vielleicht doch wertvolleren Irländers, verdorben hätte. Er gab ihm den Spottnamen des Schauspielers Liston (der besonders in dummen Rollen glänzt) und machte den armen Teufel, ohne daß er es merkte, eine so burleske Rolle spielen, daß ich zwar selbst zuweilen wider Willen lachen mußte, aber das Ganze dennoch völlig hors de saison und von schlechtem Geschmack fand. Es ist auch möglich, daß der Irländer sich nur dumm stellte und der pfiffigste war, wenigstens sprach er dem Essen und Trinken, während die andern lachten, mit so unermüdlicher Beharrlichkeit zu, daß wenig für jene übrigblieb. Ich kann nicht leugnen, daß ich ihn darin gut unterstützte, besonders fand ich, daß der eben gefangene fette Lachs, an Arbutusstöcken über dem Feuer geröstet, ein ganz vortreffliches Nationalgericht sei.

Bei des Mondes Silberschein fuhren wir langsam zurück, während des Bugleman's Horn Echo nach Echo aus dem Schlafe rief. Es war eine entzückende Nacht, und von Gedanken zu Gedanken geriet ich in eine Stimmung, wo ich auch hätte Geister sehen können! Die Menschen neben mir kamen mir bloß wie Puppen vor; nur die Natur, die Milde und Pracht, die mich umgab, erschien mir als wirklich. Woher, dachte ich, kömmt es, daß deinem liebenden Herzen doch die Geselligkeit fehlt, daß die Menschen im allgemeinen dir nur so wenig gelten? Ist deine Seele noch zu klein für die Verhältnisse der geistigen Welt, noch zu nah mit Pflanzen und Tieren verwandt, oder hast du die hiesigen Formen schon in früherem Dasein ausgewachsen und fühlst dich unbehaglich in dem zu engen Gewande? Wenn dann auf dem stillen See der melancholische Klang des Bugleman-Hornes wieder in leisen Tönen über den Wellen zitterte und meinen Phantasien, wie durch unsichtbare Geisterstimme, die Worte einer fremden Sprache gab – da war mir's oft wie Goethes Fischer zumute und als sollte ich jetzt sanft hinabgleiten, um O'Donohue in seinen Korallengrotten aufzusuchen.

Ehe wir landeten, fand noch eine eigentümliche Zeremonie statt. Die Bootsleute, der junge »Sontag« an ihrer Spitze, welcher mich wegen eines reichlicher von mir erhaltenen Trinkgeldes immer »seinen Gentleman« nannte, baten um Erlaubnis, an einer kleinen Insel anlegen und diese nach mir taufen zu dürfen, welches nur bei Mondenschein stattfinden könne. Ich mußte mich hierauf auf einen vorragenden Felsen stellen, die sechs Bootsmänner, auf ihre Ruder gestützt, bildeten einen Zirkel um mich, und der Alte sagte feierlich eine Beschwörungsformel in einer Art Rhythmus her, was in der wilden Umgebung und Nacht ganz schauerlich klang. Dann brach »Sontag« einen großen Arbutuszweig ab, und erst mir, dann jedem der im Schiff Sitzenden einen Büschel reichend, den wir an unsre Hüte befestigten, teilte er die übrigen an seine Kameraden aus und fragte nun ehrerbietig und ernst, welchen Namen die Insel mit O'Donohues Erlaubnis künftig führen solle? »Julie«, sagte ich mit lauter Stimme, worauf mit donnerndem Hurra dieser Name, obgleich nicht allzu korrekt ausgesprochen, dreimal wiederholt wurde. Nun ergriff ein Dritter, der Poet der Gesellschaft, eine mit Wasser gefüllte Flasche und hielt eine kurze Anrede in Versen an O'Donohue, worauf er mit aller Gewalt die Flasche gegen einen aus dem Wasser stehenden Stein warf, daß sie in tausend Atome zerschellte. Zuletzt wurde eine zweite Flasche, aber mit Whisky gefüllt, auf meine Gesundheit ausgetrunken und der Insel Julie nochmals ein dreifaches Hurra gebracht. Die Bootsleute hielten diesen fremdklingenden Namen für den meinigen und nannten mich seitdem nicht anders als »Master Julie«, was ich ganz wehmütig mit anhörte.

Deine Domänen haben sich also um eine Insel auf den romantischen Seen zu Killarney vermehrt – schade nur, daß die nächste Gesellschaft, die an demselben Flecke landet, sie Dir wieder entziehen wird, denn wahrscheinlich tauft man hier, sooft Paten sich einfinden, da das eigentliche Kind, die Whisky-bouteille, immer bei der Hand ist. Einstweilen lege ich indessen diesem Briefe ein Arbutusblatt, vom identischen Zweige, der auf meinem Hute prangte, bei, damit wenigstens etwas von der Insel unbestritten Dein Eigentum bleibe.

Glengarriff, den 26.

Beste Julie, Dir heute zu schreiben ist wirklich ein Effort, der einer Belohnung wert ist, denn ich bin übermäßig ermüdet und habe, wie mein Vater Napoleon, beständig Kaffee trinken müssen, um wach bleiben zu können.*

Um neun Uhr früh verließ ich Killarney in einem carr (Karren) von der schlechtesten Beschaffenheit und folgte der neuen Chaussee, die längs des mittlern und obern Sees nach der Bay von Kenmare führt. Diese Straße entwickelt mehr Schönheiten, als man auf den Seen selbst findet, da diese den großen Nachteil haben, an den meisten Stellen nur auf der einen Seite eine malerische Aussicht zu gewähren, auf der andern aber bloß flaches Land darbieten. Hier auf der Straße hingegen, welche am Abhange der Berge durch den Wald führt, bilden sich bei jeder Wendung geschlossenere und eben deshalb schönere Gemälde. Ich finde überhaupt, daß Aussichten, vom freien Wasserspiegel aus gesehen, immer verlieren, weil ihnen eine Hauptsache, der Vorgrund, fehlt.

* *Der Maître d'hôtel, welcher neulich auch über Napoleons Leben Memoiren herausgegeben, hat den Kaiser von dieser Beschuldigung mit Indignation losgesprochen. Diese Memoiren sind gewiß die schmeichelhaftesten für den großen Mann, denn sie beweisen: qu'il est resté héros, même pour son valet de chambre!*

Neben einer hübschen Kaskade, und in der reizendsten Wildnis, hat sich, nahe der Straße, ein Kaufmann Garten und Park mit einer ländlichen Villa erbaut. Die Kosten dieser Anlage müssen wenigstens fünf- bis sechstausend Pfund Sterling betragen haben, vielleicht weit mehr, dennoch steht der Grund und Boden nur neunundneunzig Jahre der Familie des jetzigen Nutznießers zur Disposition; nach dieser Zeit fällt er mit allem, was darauf erbaut ist und was im vollkommen baulichen Zustande übergeben werden muß, den Grundherren, den Lords von Kenmare, wieder zu. Kein Deutscher möchte Lust haben, unter solchen Bedingungen sein Vermögen auf Verschönerungsanlagen zu verwenden; in England aber, wo fast aller Grund und Boden entweder der Regierung, der Kirche oder der mächtigen Aristokratie gehört und daher sich nur selten Gelegenheit darbietet, solchen frei zu akquirieren; auf der andern Seite aber auch Industrie, durch ein weises Gouvernement im richtigen Verhältnis neben dem Ackerbau befördert, den Handels- und Mittelstand ebenfalls reich gemacht hat – kommen dergleichen Kontrakte alltäglich vor und verhindern fast alle Nachteile des zu großen Landbesitzes, ohne seinen großen Nutzen für den Staat zu schmälern.

Wir stiegen nun immer steiler heran und befanden uns bald zwischen den kahlen Höhen, denn Pflanzungen werden hier fast immer nur bis zur Mitte der höheren Berge angetroffen; es ist nicht wie in der Schweiz, wo die üppige Vegetation sich überall fast bis an die Schneeregionen erstreckt. Doch den Maßstab der Schweiz überhaupt hier anlegen zu wollen würde unpassend sein. Beide Länder bieten romantische Schönheiten von ganz verschiedener Art dar, aber beide erwecken Bewunderung und Staunen über die erhabnen Werke der Natur, wenngleich in der Schweiz vieles noch kolossaler erscheint. Der Weg war so gewunden gebaut, daß wir uns nach einer halben Stunde grade wieder, hoch oben, über der erwähnten Cottage befanden, die mit ihrem grauen, glatten Strohdach in solcher Tiefe wie ein Mäuschen aussah, das sich im grünen Grase sonnt – denn die Sonne war endlich nach dem langen Kampf unumschränkte Herrin des Himmels geworden. Acht Meilen von Killarney erreicht man den höchsten Punkt der Straße, wo ein einzelnes Wirtshaus liegt. Hier steht man vor der weiten Bergschlucht, die den größten Teil der drei Seen in ihrem Schoße beherbergt, so daß man sie alle mit einem Blick übersieht.

Von nun an sinkt der Weg wieder, durch baumlose, aber kühn geformte Berge führend, dem Meere zu. Als ich in Kenmare ankam, konnte ich, denn es war Markt daselbst, kaum das Menschengewühl mit meinem Einspänner durchdringen, besonders der vielen Betrunkenen wegen, die weder ausweichen wollten noch vielleicht konnten. Der eine fiel, infolge dieser Weigerung, mit dem Kopf so heftig auf das Pflaster, daß er bewußtlos fortgetragen werden mußte, was jedoch, als etwas ganz Gewöhnliches, gar nicht beachtet wurde. Die Hirnschädel der Irländer scheinen überhaupt von einer festern Masse als bei andern Nationen, wahrscheinlich weil sie von Jugend auf an die Schläge des Shileila gewöhnt sind. Während ich im Gasthof zu Mittag aß, hatte ich auch wieder von neuem Gelegenheit, mehreren solchen Kämpfen zuzusehen. Erst ballt sich gewöhnlich ein Haufen, schreiend und lärmend, immer dichter zusammen – dann im Nu schwirren hundert Shileilas in der Luft, und nun hört man die Püffe, welche größtenteils auf den Kopf appliziert werden, wie entferntes Gewehrfeuer bollern und knacken, bis eine Partei den Sieg errungen hat. Da ich mich hier an der Quelle befand, kaufte ich mir, durch Vermittelung des Wirts, eines der schönsten Exemplare dieser Waffe, noch warm vom Gefecht. Sie ist so hart wie Eisen und, um ja den Zweck nicht zu verfehlen, überdies am Ende noch mit Blei ausgegossen.

Der berühmte O'Connell residiert jetzt, ohngefähr dreißig Meilen von hier, auf seiner einsamen Feste in der wüstesten Gegend Irlands. Da ich lange gewünscht habe, ihn kennenzulernen, schickte ich einen Boten, mit der nötigen Nachfrage, von hier an ihn ab und beschloß, bis die Antwort eintreffen könne, unterdes eine Exkursion nach Glengarriff Bay zu machen, wohin ich mich auch nach dem Essen sogleich aufmachte.

Das Fahren hat nun gänzlich aufgehört, fortan ist nur auf Bergponys oder zu Fuß weiterzukommen. Ein solcher Pony trug mein Gepäck, der Führer und ich gingen danebenher, und war einer von uns müde, so mußte das gute Pferdchen ihn ebenfalls tragen. Die Sonne ging bald unter, aber der Mond schien hell. Die Gegend war nicht ohne Interesse, der Weg aber abscheulich und führte oft durch Sümpfe und reißende Bäche ohne Brücke noch Steg. Über alle Vorstellung beschwerlich ward er aber nach sechs bis acht Meilen, wo wir einen hohen Berg fast perpendikulär hinaufklimmen mußten, nur auf loses und spitzes Gerölle tretend, auf welchem man jeden Augenblick halb so weit herabrutschte, als man vorher hinangeklettert war. Noch schlimmer beinah ging es auf der andern Seite hinab, besonders wenn ein vortretender Berg den Mond auslöschte. Ich konnte vor Müdigkeit nicht weitergehen und setzte mich daher auf den Pony. Dieses Tier zeigte wahren Menschenverstand. Bergauf half er sich mit der Nase und den Zähnen selbst, glaube ich, wie mit einem fünften Beine, und bergunter spann er sich, mit unaufhörlichen Drehungen des Körpers, wie eine Spinne herab. Kam er an einen Sumpf, in den, statt des Steges, nur von Schritt zu Schritt einige Steine hineingeworfen waren, so kroch er mit der Langsamkeit eines Faultiers hindurch, immer erst mit dem Fuße probierend, ob der Stein auch ihn und seine Last zu tragen imstande sei. Die ganze Szene war höchst seltsam. Man sah bei der großen Helle weit um sich her aber nichts, durchaus nichts als Felsen an Felsen gereiht, von jeder Art und Gestalt und durch den Mondschein in noch riesenhaftere, abenteuerlichere, scharf sich gegen den Himmel abschneidende Formen gegossen. Kein lebendiges Wesen und kein Busch war zu entdecken, nur unsre Schatten zogen langsam neben uns hin, kein Laut ertönte als unsere Stimmen und zuweilen das ferne Rauschen eines Bergbachs oder seltner das melancholisch tönende Horn eines Hirten, die in diesen ungemessenen Einöden, welche nur aus Felsen, Moos und Heidekraut bestehen, das frei umherirrende Vieh durch diese Musik zusammenhalten. Einmal nur sahen wir eine solche Kuh, welche, wie die Bergschafe in Wales, die Flüchtigkeit des Wildes angenommen haben, mitten im Wege liegen, aber bei unserer Annäherung, wie ein schwarzer Geist, brausend über die Felsen springen, wo sie bald im Dunkel verschwand.

Eine Stunde vor Glengarriff Bay wird die Landschaft ebenso üppig und parkähnlich, als sie vorher kahl und wild ist. Hier ragen die Felsen in den allerwunderlichsten Formen aus hesperischen Gebüschen von Arbutus, portugiesischem Lorbeer und andern lieblichen, süß duftenden Sträuchern hervor. Manche dieser Felsen erheben sich, gleich Palästen, glatt wie Marmor, ohne Fugen und Unebenheit, andere bilden spitze Pyramiden oder lange fortlaufende Mauern. In dem Talgrunde glänzten einzelne Lichter, und ein leiser Wind bewegte die Kronen hoher Eichen, Eschen und Birken, mit schönem Holly untermischt, dessen hochrote Beeren selbst im Mondlicht sichtbar wurden. Die prächtige Bay aber schimmerte, von den zitternden Mondesstrahlen durchwebt, schon in der Nähe, und ich glaubte mich wirklich im Paradiese, als ich kurz darauf ihre Ufer erreichte und mich an der Tür des freundlichsten Gasthauses glücklich angelangt fand. So heiter dieses aber auch aussah – in ihm war dennoch Trauer! Wirt und Wirtin, sehr anständige Leute, kamen mir, in tiefes Schwarz gekleidet, entgegen. Die Schwester der Frau, so erzählten sie mir auf meine Frage, das schönste Mädchen in Kerry, nur achtzehn Jahr alt und bisher das Bild der Gesundheit, war erst gestern an einem Gehirnfieber, oder vielmehr an der Unwissenheit des Dorfarztes, verschieden – in der achttägigen Krankheit aber, wie die arme Frau weinend hinzusetzte, zu vierzig Jahren gealtert, so daß niemand den Leichnam des blühenden Mädchens mehr erkennen wolle, diese holden Züge, welche noch vor so kurzer Zeit der Stolz ihrer Eltern und die Bewunderung aller jungen Männer der Umgegend waren.

Sie ruht neben meiner Schlafstube, gute Julie, nur durch eine Bretterwand von mir geschieden. Vier Schritte von ihr steht der Tisch, an dem ich Dir schreibe. Das ist die Welt! Leben und Tod, Freude und Kummer reichen sich überall die Hand.

Kenmare, den 27.

Um sechs Uhr war ich munter und um sieben Uhr in dem herrlichen Park des C... W..., Bruder des Lords B..., welcher Familie die ganze Umgegend der Bayen von Bantry und Glengarriff, vielleicht des schönsten Punktes in ganz Irland, gehört. Der Umfang dieser Besitzungen ist fürstlich, wiewohl in pekuniärer Hinsicht nicht so bedeutend, da der größte Teil des Terrains aus Felsen und unbebautem Gebürge besteht, das seine Renten nur in romantischen Schönheiten und prachtvollen Aussichten bezahlt. Mr. W...s Park ist gewiß eine der gelungensten Schöpfungen dieser Art und hat des Besitzers Ausdauer und gutem Geschmack allein sein Dasein zu verdanken. Freilich konnte er auch nirgends einen dankbareren Erdfleck für sein Wirken auffinden, aber selten geschieht es, daß Kunst und Natur sich so vollständig die Hand bieten. Es sei genug, zu sagen, daß die erste sich nur durch die vollständigste Harmonie bemerklich macht, übrigens in der Natur ganz aufgegangen zu sein scheint – daher kein Baum noch Busch mehr wie absichtlich hingepflanzt sich zeigt; die Aussichten nur nach und nach, mit weiser Ökonomie benutzt, sich wie notwendig darbieten; jeder Weg so geführt ist, daß er gar keine andre Richtung, ohne Zwang, nehmen zu können scheint; der herrlichste Effekt von Wald und Pflanzungen durch geschickte Behandlung, durch Kontrastieren der Massen, durch Abhauen einiger, Lichten anderer, Aufputzen oder Niedrighalten der Äste, erlangt worden ist – so daß der Blick bald tief in das Walddunkel hinein, bald unter, bald über den Zweigen hingezogen und jede mögliche Varietät im Gebiet des Schönen hervorgebracht wird, ohne doch irgendwo diese Schönheit nackt vorzulegen, sondern immer verschleiert genug, um der Einbildungskraft ihren nötigen Spielraum zu lassen – denn ein vollkommner Park oder, mit andern Wor-

GLENGARIFF

ten, eine durch Kunst idealisierte Gegend soll gleich einem guten Buche wenigstens ebensoviel neue Gedanken und Gefühle *erwecken*, als es ausspricht.

Das Wohnhaus, durch einzelne Bäume und Gruppen malerisch unterbrochen und nicht eher sichtbar, als bis man eine ihm gegenüberliegende Anhöhe erreicht, wo es auf einmal aus den Waldmassen, mit Efeu, wildem Wein und Rosen überrankt, hervorbricht, ist ebenfalls von dem Besitzer nach eignen Plänen erbaut. Es ist weniger im gotischen als in einem altertümlich pittoresken, eigentümlichen Stile aufgeführt, den ein feiner Takt sich ganz der Gegend gemäß ausdachte. Auch die Ausführung ist vortrefflich, denn es ahmt wahres Altertum täuschend nach. Die Zieraten sind so sparsam und passend angebracht, das Ganze so wohnlich und zweckmäßig gehalten und dem scheinbar ältesten Teile das Ansehn von Vernachlässigung und Unbewohntheit so gut gegeben, daß ich wenigstens vollkommen der Absicht des Erbauers entsprach, indem ich die Gebäude für jetzt erst wieder bewohnbar gemachte und, soweit als es unsere Gewohnheiten verlangen, modernisierte Überreste einer alten Abtei ansah. Die Rückseite des Wohnhauses nehmen Pflanzenhäuser und ein höchst nett gehaltner umschlossener Blumengarten ein, die beide mit den Zimmern zusammenhängen, so daß man fortwährend unter Blumen, tropischen Gewächsen und reifenden Früchten lebt, ohne deshalb das Haus verlassen zu dürfen. Auch das Klima ist das günstigste, was man sich für Vegetation wünschen kann: feucht und so warm, daß nicht nur, wie in England, Azalien, Rhododendron und alle Sorten Immergrün, sondern selbst Kamelien, in einer vorteilhaften Lage, hier im Freien durchgewintert werden können. Daturen, Granaten, Magnolien, Lyriodendron etc. erreichen die größte Schönheit, und die letztern drei werden nie bedeckt. Die Gegend bietet große Ferne, außerordentliche Varietät und dennoch ein am Horizont von Bergkolossen wohlgeschlossenes Ganze dar. Die Bayen von Bantry und Glengarriff zeigen ein Meer im Kleinen, dessen Küsten, sich durch- und übereinanderschiebend, die Leere des großen Ozeans nie erblicken lassen, landeinwärts aber scheint das wogende Gebürge fast ohne Ende. Die kleinere Bay von Glengarriff, welche sich vor dem Wohnhause ausbreitet, hat neun Meilen, die andere fünfzig im Umfang. Unter den dem Parke gerade gegenüberliegenden Bergen ragt wieder ein Zuckerhut hervor, und an seinem Fuß erstreckt sich ein schmales Vorgebürge bis mitten in die Bay, wo ein verlassenes Fort malerisch seine Spitze bezeichnet. Der Park selbst nimmt die ganze eine Seite der Bay ein und begrenzt an seinem schmalen Ende die von Bantry, wo das Schloß des Lord B... am jenseitigen Ufer den Hauptaussichtspunkt bildet. Nur zur Hälfte vollendet und bepflanzt, ist die ganze Anlage überhaupt erst seit vierzig Jahren aus dem Nichts hervorgerufen worden. Ein solches Wirken verdient auch seine Kronen, und der würdige Mann, der mit nur geringen Mitteln, aber großem Talent und gleich größerer Ausdauer es schuf, sollte den irländischen Grundbesitzern, die ihre Schätze im Ausland vergeuden, als ein hoch zu ehrendes Muster aufgestellt werden! Auch hörte ich mit wahrer Genugtuung, daß auf seinen und Lord B...s Domänen Parteihaß unbekannt ist. Beide sind *Protestanten*, alle ihre Untertanen, oder tenants, Katholiken; demohngeachtet ist die freiwillig anerkannte Autorität der Herren über sie grenzenlos, ja Mr. W... lebt wie ein Patriarch unter ihnen, wie ich von den gemeinen Leuten selbst erfuhr, und schlichtet alle ihre Streitigkeiten, ohne daß Rechtsverdrehern ein Heller in diesen abgeschiedenen Bergen zugewendet zu werden braucht.

Daß ich wünschen mußte, einen so braven Mann kennenzulernen, magst Du voraussetzen. Es war daher eine wahre Gunst des Schicksals, daß ich ihm, seine Arbeiter inspizierend, im Parke begegnete. Unser Gespräch nahm bald eine interessante, für mich höchst lehrreiche Wendung. Eine Einladung, mit ihm und seiner Familie zu frühstücken, schlug ich nicht ab und fand in seiner Gemahlin eine flüchtige Bekannte aus dem Londner Trouble. Sie nahm das unerwartete Wiedersehen herzlich auf und präsentierte mir zwei Töchter von achtzehn und siebzehn Jahren, die noch nicht »brought out« waren, denn, wie ich Dir schon neulich schrieb, während man in England die Pferde (sans comparaison) zu früh ausbringt, nämlich im zweiten Jahr schon Wette laufen läßt, müssen die armen Mädchen fast alt werden, ehe man ihnen das Gängelband löst, um sie in die böse Welt zu lancieren.

Die Familie erschöpfte alle Artigkeit und Freundschaft an mir, und da mich die Damen so leidenschaftlich für schöne Natur eingenommen sahen, baten sie mich dringend, einige Tage hier zu bleiben, um so manche Merkwürdigkeit, namentlich den berühmten Wasserfall und Aussicht von Hungry Hill, mit ihnen zu besuchen. Es war mir unmöglich, jetzt mich länger aufzuhalten, da ich mich bei H. O'Connell angesagt, gewiß aber werde ich auf meiner Weiterreise nach Cork von einer so lieben Einladung Gebrauch machen, denn solche Gesellschaft gehört nicht zu denen, die ich scheue.

Ich begnügte mich also vorderhand, mit der ganzen Familie eine lange Spazierfahrt zu machen, erst der Bay entlang, um eine Generalansicht des Parks und Schlosses zu gewinnen, dann nach einem Waldrevier, in der Direktion meines Rückwegs gelegen, wo Lord B... eine shooting-lodge (Jagdhaus) besitzt. Dies ist eine Gegend, wie für einen Roman erfunden! Was die abgeschiedenste Einsamkeit, die schönste Vegetation, das frischeste Wiesengrün, von Bergen und Felsen umschlossen, Täler, an deren Seiten sich zuweilen tausend Fuß hohe, steile Wände erheben, dick bewaldete Schluchten, ein über Felsenblöcke rauschender Fluß mit malerischen Brücken von Ästen und Stämmen, sonndurchglänzte Haine, in denen die kühlen Wellen Tausende von Waldblumen mit ihrer stets klaren Flut erfrischen, zutraulich gewöhntes Wild, horstende Adler und buntgefiederte Singvögel – alles durch die süßeste Heimlichkeit dem Dichterherzen lieb gemacht –, was solche

Elemente bieten mögen, ist hier in reichem Maße vereint, um mit einer gleichgestimmten Seele alle Glückseligkeit genießen zu können, der diese Erde fähig ist. Mit wehmütigem Schmerz verließ ich diese reizende Phantasie unsrer lieben Mutter Erde und riß mich nur mit Mühe los, als wir am ländlichen Tore ankamen, wo Führer und Pony schon meiner harrten. Sowie ich Abschied von den neuen Freunden genommen und dem lieblichen Tale den Rücken gekehrt, umzog sich auch der Himmel und nahm, bei dem Eintritte in das schauerliche Steinreich, das ich Dir gestern beschrieb, die Farbe an, die zu meiner Stimmung, wie zur Umgebung, am besten paßte. Ich wünschte, noch des langsamen Reitens vom vorigen Tage her überdrüssig, zu gehen, als ich aber, der Nässe wegen, meine hohen Überschuhe verlangte, fand es sich, daß der Führer einen derselben verloren, ein häusliches Unglück, das wichtig genug für mich war, um es hier zu erwähnen, denn, wie man zu sagen pflegt: »Ohne Bacchus friert Venus«, so wird auch eine romantische Gegend weit besser mit trockenen Füßen als mit nassen genossen. Ich beschloß daher, den Mann zurückzuschikken, um, womöglich, wenigstens für die nächsten Tage, meiner trauernden Galosche ihre so lange treue Gefährtin wiederzuschaffen, für heute aber den ganzen Weg, durch dick und dünn, zu Fuß zurückzulegen.

Es fing sanft an zu regnen, ein Berg nach dem andern verschleierte sich, und ich wanderte melancholisch, sehnsüchtig nach dem *verlornen Paradies*, den Regionen zu, wo die Erde, gleich einem Gerippe, nur ihre Knochen erblicken läßt. Unterdessen ward der Regen immer stärker, und einzelne Windstöße verkündeten bald ein ernstliches Unwetter. Ich hatte den hohen Berg zu erklimmen, der inmitten der ersten Wegehälfte von hier aus liegt, und schon kamen mir Ströme Wassers entgegen, die, gleich kleinen Kaskaden, in allen Bergfurchen herabschossen. Da ich den Luxus so badeartiger Durchnässung im Freien selten genieße, so watete ich, mit wahrem Wohlbehagen, in dem flüssigen Element umher, mich gewissermaßen in das Seelenvergnügen einer Ente versetzend. Der Beweglichkeit meiner Phantasie ist, wie Du weißt, nichts der Art unmöglich; wie aber das Wetter immer finsterer und wilder ward, nahm auch meine Stimmung allmählich einen immer unheimlicheren, ja, ich möchte fast sagen, höhnischen, *modern* diabolischen Charakter an. Der Aberglaube der Berge umfing mich, ich konnte ihm nicht länger widerstehen, dachte fortan nur an Rübezahl, den Böhmischen Jäger, die Fairies und den Bösen, an Beschwörungsformeln und Erscheinungen, so daß mir immer gespenstiger zumut ward und ich mich zuletzt, laut denkend, ausrufen hörte: »Warum sollte mir der Teufel nicht ebensogut als andern ehrlichen Leuten erscheinen können?« Mit diesen Worten war ich auf der höchsten Spitze des steilen Berges angekommen. Das Unwetter hatte jetzt seinen höchsten Grad erreicht, der Sturm heulte fürchterlich, Wasser goß in Fluten vom Himmel, und der tiefe Felsenkessel, unter mir, erschien wie hinter schwarzen Vorhängen nur augenblicklich auftauchend, dann wieder verschwindend in den rollenden Nebeln und der einbrechenden Dämmerung. Da fiel mir jene Beschwörungsformel ein, nach welcher, wenn man sich dreimal laut lachend in einer Kirche um Mitternacht selbst gerufen, eine Erscheinung verheißen wird, die niemand auszuhalten imstande sein soll. Was in einer Kirche um Mitternacht stattfindet, dachte ich, mag hier im Aufruhr der Elemente, in der schauerlichen Felsschlucht, bei eintretender Nacht auch geschehen können – und so, mich fest gegen den Sturm stemmend, den Regenschirm, den ich bisher nur als Stock gebraucht, wie einen Mantel über den Kopf ziehend und starr in den tiefen Bergkessel herabschauend, rief ich, von Gespensterschauern ergriffen, der Vorschrift gemäß, mit fremder, laut schrillender Stimme meinen vollen Namen*: ... Dann wie verwundert: »Wer ruft mich?« – Dumpfes, halbersticktes Gelächter. – *Lauter* meinen Namen von neuem: ... Erschüttert: »Wer ruft mich?« – Wildes Lachen. – Mit donnernder Stimme meinen Namen zum drittenmal: ... Voll Grausen. »Wer *ruft* mich?« – Augenblickliche Stille – dann ein leises, doch helles und triumphierendes Lachen, welches das Echo spottend wiederholt.

Soweit hatte ich die Komödie allein gespielt – aber jedesmal, wenn ich selbst »Wer ruft mich?« rief, schien es, als wenn von außen her schwache Blitze den Kessel unter mir durchzuckten, was ich mir nur durch die Windstöße erklären konnte, die der seidnen Decke des Regenschirms, welche ich des Sturms wegen nahe am Gesicht festhalten mußte, eine zitternde Bewegung gaben und so eine blitzähnliche Wirkung auf das Auge hervorbrachten. Als aber das letzte Lachen kaum verschollen war – schlug sich plötzlich das Dach des Regenschirms um, was mich selbst beinahe umwarf und ganz der Empfindung glich, als ergriffe mich von hinten eine übermächtige Riesenfaust – es war freilich, ohne Zweifel, nur ein jählinger Windstoß –, ich drehte mich indes nach dem ersten Schreck doch langsam um ... und sah ... nichts, in der Tat! – Aber wie? regt sich dort nicht etwas um die Ecke? beim Himmel, das ist ... mein Erstaunen war wahrlich nicht gering, als ich jetzt in der Entfernung von zwanzig Schritten, so weit als ich notdürftig in Dunkelheit und Regen noch unterscheiden konnte, eine vom Kopf bis zum Fuß schwarzverhüllte Gestalt, mit einer Scharlachmütze auf dem Kopfe, nachlässig und – ich täuschte mich nicht – hinkend auf mich zukommen sah ...

Nun, liebe Julie, est-ce le diable ou moi, qui écrira le reste? oder glaubst Du wohl gar, ich amüsiere mich, Dir ein Märchen zu erzählen? point du tout – Dichtung und Wahrheit ist meine Devise. Aber meinen Brief wenigstens hier zu schließen ist billig. Ich darf hoffen, daß der nächste nicht ganz ohne Ungeduld erwartet werden wird. Also bis dahin – adieu.

Ganz Dein L ...

* *Jeder braucht hier nur seinen eigenen Namen, wenn er den Versuch zu machen wünscht, einzuschalten.*

VIERUNDDREISSIGSTER BRIEF

34

Kenmare, den 28. September 1828

Geliebte Freundin!

»War es also der Teufel oder nicht?« fragst Du. Ma foi, je n'en sais rien. Jedenfalls hatte er in dem erwähnten Augenblick eine sehr rekommandable, wenngleich gefährliche, Gestalt erwählt, nämlich die eines hübschen Mädchens, die, in ihren dunkelblauen, vom Regen noch schwärzer gemachten langen Mantel eingehüllt und der roten Mütze von Kerry auf dem Kopfe, barfuß und vor Kälte schauernd, bei mir vorbeigehen wollte, als ich sie anhielt und frug, warum sie hinke und wie sie in diesem Wetter hier so allein umherirre. »Ach«, rief sie in halbverständlichem Patois, auf ihren verbundenen Fuß zeigend, »ich gehe bloß nach dem nächsten Dorfe, habe mich verspätet, bin bei dem abscheulichen Wetter gefallen und habe mir recht wehe getan!« Hierbei sah sie ganz schalkhaft und lose aus (am Ende war doch etwas nicht ganz Geheures dabei) und zeigte so viel von dem schöngerundeten verwundeten Bein, daß meine Laune abermals wechselte, et je crois que le diable n'y perdit rien. Wir teilten von nun an die Beschwerden des Wegs, halfen uns gegenseitig und fanden endlich im Tal zuerst besseres Wetter, dann ein erholendes Obdach und endlich einen labenden Trunk frischer Milch.

Neu gestärkt wanderte ich in der Nacht weiter, und als ich in Kenmare anlangte, hatte ich die vier deutschen Meilen in etwas über sechs Stunden zurückgelegt. Aber ich war auch herzlich müde, und sobald ich in mein Schlafzimmer trat, sprach ich mit Pathos und Wallenstein: »Ich denke einen langen Schlaf zu tun!«

Derrynane Abbey, den 29.

Dies geschah denn auch, und ich hatte Zeit dazu, denn das Wetter war so abscheulich, daß ich bis drei Uhr nachmittags auf besseres wartete, aber leider vergebens. Ich hatte, den Abend vorher, den zu Herrn O'Connell abgeschickten und unbesonnener Weise vorausbezahlten Boten ohne Antwort und mit zerbrochenem Schlüsselbein im Gasthof wieder vorgefunden, denn da er Geld in seiner Tasche gefühlt, so hatte er auch dem Whisky nicht länger widerstehen können, infolgedessen er mit seinem Pferde in der Nacht einen Felsen herabgestürzt war! Er hatte indes doch den verständigen Einfall gehabt, einen guten Freund unterwegs weiter zu expedieren, und bei meinem Erwachen fand ich daher eine sehr artige Einladung des großen Agitators glücklich vor.

Ich habe bereits gesagt, daß ich mich erst um drei Uhr auf den Weg machte, und obgleich ich sieben Stunden lang im heftigsten Regen, mit dem Winde im Gesicht, reiten mußte und in dieser Wüste, wo nicht einmal das Obdach eines Baumes anzutreffen ist, nach der ersten halben Stunde schon kein Faden meiner Kleidung mehr trocken war – so möchte ich doch um vieles nicht den heutigen so beschwerlichen Tag in meinem Lebensbuche missen.

Der Anfang war allerdings schwer. Zuerst konnte ich lange keine Pferde bekommen, denn das nach Glengarriff gebrauchte hatte sich den Fuß verstaucht. Endlich erschien ein alter schwarzer Karrengaul, der für mich bestimmt war, und ein katzenartiges Tierchen, das der Führer bestieg. Auch mit meiner Toilette war ich brouilliert. Die entwichene Galosche war nicht wieder gefunden worden und der Regenschirm schon auf dem Hexenberge aus seinen Fugen gewichen. Ich ersetzte den ersten durch einen großen Pantoffel des Wirts, den zweiten band ich, so gut es gehen wollte, zusammen, und ihn dann gleich einem Schilde vorhaltend, die Tuchmütze, mit einem Stücke Wachsleinwand bedeckt, auf dem Kopfe, galoppierte ich, Don Quichotte nicht unähnlich und obendrein mit einem echten Sancho Pansa versehen, neuen Abenteuern zu.

Schon eine Viertelmeile von der Stadt machte ein zerstörender Windstoß dem Regenschirm, einst die Zierde New Bond Streets und der seitdem so manches Ungemach mit mir getragen, ein klägliches Ende! Alle seine Bande lösten sich und ließen nur ein zerrissenes Stück Taft und ein Bündel Fischbein in meiner Hand zurück. Ich gab dem Führer die Reste und mich fortan dem Wetter sorglos preis, mit der besten Laune tragend, was nicht zu ändern war.

Solange wir die Bay von Kenmare cotoyierten, ritten wir so schnell als möglich, da der Weg ganz leidlich war. Bald aber wurde er schwieriger. Den Eintritt in das rauhere Gebürge bezeichnete eine hundert Fuß hohe und pittoreske Brücke, The Blackwater Bridge (Brücke der schwarzen Wasser) genannt. Hier war eine mit Eichen besetzte Schlucht; die letzten Bäume, die ich seitdem gesehen. Ich bemerkte, daß mein Mantelsack, den der Führer auf seinem Pferde vor sich aufgebunden hatte, ebenfalls gänzlich durchnäßt zu werden anfing, und befahl daher dem Manne, sich in einer nah gelegnen Hütte womöglich eine Decke oder Matte zu verschaffen, um sie darüber zu breiten. Diese Unvorsichtigkeit hatte ich nachher Ursache recht sehr zu bereuen, denn wahrscheinlich mochte auch ihn der Whisky dort gefesselt haben, wenigstens bekam ich ihn, obgleich öfters anhaltend, um ihn zu erwarten, erst kurz vor Ende der Reise wieder zu sehen, welches mich später einer großen Verlegenheit aussetzte. Der nun allmählich immer mehr sich verschlimmernde Weg führte größtenteils dem Meer, das der Sturm prachtvoll durchwühlte, entlang, bald über öde Moorflächen, bald an Schluchten und tiefen Abgründen hin oder durch weite chaotische Gefilde, wo die Felsen so phantastisch übereinandergeworfen sind, daß man glauben sollte: hier sei es, wo die Giganten den Himmel gestürmt. Zuweilen erscheinen Gebilde, die, gleich einem versteinten Spiel der Wolken, Menschen und Tieren ähnliche Figuren aufstellen. Als ganz besonders zierlich fiel mir, mitten in der allgemeinen Wildheit, eine Felsenwand auf, die durch ihre Fugen in vollkommen regelmäßige Quadrate, wie ein Schachbrett, abgeteilt war. Dreierlei Arten Erika, gelbe, hochrote und violette, waren in den Spalten gewachsen und markierten die scharfen Linien auf das überraschendste.

Nur selten begegnete ich von Zeit zu Zeit einem einsamen zerlumpten Wanderer und konnte manchmal nicht umhin, daran zu denken, wie leicht es sei, mich in dieser Gegend anzufallen und zu berauben, ohne daß ein Mensch davon Notiz nehmen würde – denn mein ganzes Reisevermögen ruht in der Brusttasche meines Rockes – wie der griechische Weise führe ich omnia mea mit mir. Doch, weit entfernt von räuberischen Gedanken, grüßte das gutmütige, arme Volk mich immer ehrerbietig, obgleich mein Aufzug nichts weniger als imponierend war und in England keinen Gentleman verraten haben würde. Mehrmal war ich in großer Ungewißheit, welchen der halb unsichtbaren Stege ich einschlagen sollte, wählte aber glücklicherweise, mich dem Meere stets so nahe als möglich haltend, keinen ganz unrechten, wenngleich wahrscheinlich nicht immer den nächsten. Indessen die Zeit verging – und wenn ich in langen Intervallen einem menschlichen Wesen wieder begegnete und frug: »Wie weit noch zu Mr. O'Connell?«, so segneten sie zwar immer den Vorsatz dieses Besuchs mit »God bless Your Honour«, die Meilenzahl schien sich aber eher zu vermehren als zu vermindern. Dies ward mir erst nachher begreiflich, da ich erfuhr, daß ich dennoch einen, mehrere Meilen abkürzenden, Weg verfehlt und dadurch einen unnützen Zeitverlust erlitten hatte.

So fing es endlich an zu dunkeln, als ich einen Teil der Küste betrat, der gewiß wenig seinesgleichen hat. Fremde Reisende sind wahrscheinlich noch nie in diesen verlassenen Winkel der Erde verschlagen worden, welcher Eulen und Seemöwen mehr als den Menschen angehört, von dessen furchtbarer Wildnis es aber schwer ist, einen genügenden Begriff zu geben. Gewundene, zerrissene, kohlschwarze Felsen mit tiefen Höhlen, in welche das Meer unaufhörlich donnernd einbricht und seinen weißen Schaum turmhoch wieder daraus hervorsprüht, der nachher an vielen Stellen trocknet und dann vom Winde, wie wollene kompakte Flocken aussehend, bis auf die höchsten Punkte des Gebürges geschleudert wird; das klägliche, gellend den Sturm durchtönende Geschrei der ängstlich umherflatternden Seevögel; das unaufhörliche Geheul und Brausen der unterminierenden Wogen, die zuweilen bis an meines Pferdes Huf jähling heranklommen und dann zischend wieder hinabsanken; die trostlose Abgeschiedenheit endlich von aller menschlichen Hülfe; dazu der rastlos fallende Regen und die einbrechende Nacht auf ungewissem, gänzlich unbekanntem Wege – es fing mir wirklich an unheimlich zumute zu werden, ganz ernstlich, nicht im halben Scherz wie am Tage vorher. Die Sucht nach dem Romantischen wird dir diesmal wahrscheinlich ebenso schlecht bekommen als dem berühmten Ritter, dachte ich ganz bedenklich und trieb mein müdes Pferd zu möglichster Eile. Es stolperte jeden Augenblick über die losen Steine, und mit großer Mühe brachte ich es endlich in einen schwerfälligen Trab. Meine Besorgnis vermehrte sich durch die Erinnerung an O'Connells Brief, der mir geschrieben: daß der eigentliche Zugang zu seinem Besitztum von der Seite von Killarney her stattfinde, Wagen jedoch nur zu Wasser ganz herankommen könnten, der Weg von Kenmare aber der schwierigste sei und ich daher ja einen sichern Führer mitnehmen möchte, um keinen *Unfall zu erleben.* Auch fiel mir, wie es denn geht, wenn man einmal eine Gedankenrichtung angestrengt verfolgt, ein kürzlich gelesenes Volksmärchen von Croker ein, wo es heißt: »Kein Land besser als die Küste von Iveragh, um im Meere zu ersaufen oder, wenn man das vorziehen sollte, den Hals zu Lande zu brechen!« Noch dacht ich's . . . , da stutzte plötzlich mein Pferd und drehte, scheuend, mit einem Satze um, den ich der alten Mähre kaum zugetraut hätte. Ich befand mich in einer engen Schlucht, es war noch hell genug, mehrere Schritte ganz deutlich vor mir zu sehen, und ich konnte nicht begreifen, was die Ursache dieses panischen Schreckens meines Gaules war. Widerstrebend, und nur durch den gekauften Shileila bezwungen, ging er endlich wieder vorwärts; nach wenigen Schritten sah ich aber schon mit Staunen, daß der hier ziemlich gebahnte Weg mitten im Meer aufhörte, und beinahe glitt mir der Zügel aus der Hand, als eine schäumende Welle, vom Sturm gejagt, jetzt auf mich wie ein Ungeheuer zufuhr und weit hinein die enge Schlucht mit ihrem weißen Geifer bespritzte. Hier war guter Rat teuer! Schroffe ungangbare Klippen starrten mich auf allen Seiten an, vor mir brauste die See . . . es blieb nur der Rückweg offen. Aber war ich verirrt, wie ich vermuten mußte, so konnte ich selbst beim Zurückreiten nicht darauf rechnen, meinen Führer wieder anzutreffen, und wo dann die Nacht zubringen? Außer O'Connells unfindbarem alten Felsenschloß war auf zwanzig Meilen keine Spur eines Obdaches zu erwarten, ich fieberte jetzt schon vor Nässe und Kälte, gewiß hielt meine Natur den Bivouac einer *solchen* Nacht nicht aus – ich hatte in der Tat Ursache, bestürzt zu sein. Was half jedoch alles Sinnen, ich mußte zurück, das war klar, und zwar so schnell als möglich. Mein Pferd schien dieselben Reflexionen gemacht zu haben, denn wie mit neuen Kräften begabt, trug es mich, fast galoppierend, davon. Aber, glaubst Du es wohl,

WEG VON KENMARE NACH KILLARNEY

eine schwarze Gestalt war abermals bestimmt, mir aus der Verlegenheit zu helfen. Vous direz que c'en est trop – mais ce n'est pas ma faute. Le vrai souvent n'est pas vraisemblable. Kurzum, ich sah eine schwarze Gestalt wie einen undeutlichen Schatten über den Weg gleiten und sich hinter den Felsen verlieren. Mein Rufen, meine Bitten, meine Versprechungen blieben vergeblich – war es ein Schmuggler, die an dieser Küste besonders ihr Wesen treiben sollen, oder ein abergläubischer Bauer, der mich ärmsten Revenant für einen Geist ansah? – jedenfalls schien er sich nicht herauswagen zu wollen, und ich verzweifelte fast schon an der gehofften Hülfe – als sein Kopf plötzlich dicht neben mir aus einer Steinspalte hervorlugte. Nun gelang es mir bald, ihn zu beruhigen; auch erklärte er mir das Rätsel des im Meere aufhörenden Weges. Dieser war nämlich nur für die Dauer der Ebbe eingerichtet. »Um *diese* Zeit«, sagte er, »ist die halbe Flut schon heran, eine Viertelstunde später ist der Durchgang unmöglich, jetzt aber will ich Sie für ein gutes Trinkgeld noch hinüberzubringen versuchen, doch dürfen wir keinen Augenblick verlieren.« Mit diesen Worten war er mit einem Satze hinter mir auf dem Pferde, und, was es vermochte, eilten wir der mit jedem Moment höher schwellenden Flut wieder zu. Es war mir doch ganz sonderbar zumute, als wir uns jetzt in die stürmische See förmlich zu versenken schienen und durch die weißen Wogen und Felsen, die bei dem matten Zwielicht sich, gleich Gespenstern aufrichteten, uns mühsam Bahn brechen mußten. Auch hatten wir die größte Not mit dem Pferde; der schwarze Mann kannte aber das Terrain so genau, daß wir, obgleich bis fast unter die Arme in Salzwasser gebadet, unversehrt die gegenüberstehende Küste erreichten. Unglücklicherweise scheute sich hier noch einmal das geängstete Tier vor einer hervorstehenden Klippe und brach beide morsche Sattelgurte mitten entzwei, so daß der Schade hier nicht mehr zu reparieren war. Ich hatte, nach allen ausgestandnen Nöten, nun noch die angenehme Perspektive vor mir, die letzten sechs Meilen, auf losem Sattel balancierend, weiterreiten zu müssen. Der Schwarze hatte mich zwar für die Fortsetzung der Reise bestens instruiert, aber es ward bald so dunkel, daß man kein Merkzeichen mehr erblicken konnte. Der Weg ging, wie es mir schien, durch einen weiten Moor und war anfinglich recht eben. Nach einer halben Stunde holprigen Trabens, nach Möglichkeit die Knie zusammenschließend, um den Sattel nicht zwischen den Beinen zu verlieren, bemerkte ich, daß sich die Straße wieder rechts in das höhere Gebürge wandte, denn das Steigen ward immer steiler und anhaltender. Hier fand ich eine Frau, die bei ihren Schweinen oder Ziegen die Nacht zubrachte. Der Weg teilte sich in zwei Arme, und ich frug, welchen ich einschlagen müsse, um nach Derrynane zu kommen. »Oh! beide führen dahin«, sagte sie, »der linke ist aber zwei Meilen näher.« Natürlich schlug ich diesen ein, überzeugte mich aber bald zu meinem Schaden, daß er nur für Ziegen gangbar sei. Ich verwünschte die alte Hexe und ihre trügerische Auskunft, vergebens mattete sich das Pferd ab, durch die Steinblöcke zu klimmen, und halb stolpernd, halb fallend warf es endlich Sattel und mich zugleich ab. Auch war es nicht möglich, den Sattel allein darauf zu erhalten, er rutschte immer von neuem herunter, und ich mußte mich zuletzt bequemen, ihn selbst auf die Schultern zu laden und das Pferd dazu zu führen. Bis hierher hatte ich mich noch ziemlich guter Dinge erhalten, der Geist war auch jetzt noch willig, aber das Fleisch fing an schwach zu werden – der Mann am Meer hatte gesagt »sechs Meilen noch, und Sie sind da«, und nachdem ich eine halbe Stunde scharf geritten, war die vorher befragte Frau dennoch wieder dabei geblieben, es sei noch sechs Meilen auf dem kürzesten Wege bis Derrynane. Ich fing an zu fürchten, daß dieses gespenstische Bergschloß gar nicht zu erreichen sein möchte und *ein* Kobold mich nur dem *andern* zuwerfe. Ganz mutlos setzte ich mich auf einen Stein, von Hitze und Frost gleich peinlich durchschauert, als, wie die tröstende Stimme des Engels in der Wüste, ein Ruf meines Führers erschallte und ich bald darauf den Hufschlag seines Pferdes vernahm. Er hatte einen ganz andern Weg durch das innere Gebürge eingeschlagen, bei dem die Seepassage vermieden ward, und glücklicherweise von der Frau erfahren, welche Direktion ich genommen. Im kostbaren Gefühl der nunmehrigen Sicherheit vergaß ich alles Schmälen, belud den Rettungsengel mit meinem Sattel und nassen Mantel, übergab ihm das nackte Pferd und setzte mich auf das seinige, zu möglichster Eile antreibend. Wir hatten wirklich noch fünf Meilen zu reiten, und zwar, wie mir der Führer sagte, durch einen mit Abgründen eingefaßten Bergpaß – ich kann jedoch nichts weiter über den zurückgelegten Weg berichten. Die Dunkelheit war so groß, daß ich nur mit der äußersten Anstrengung der Figur des Mannes vor mir wie einem undeutlichen Schatten Folgen konnte. Ich merkte wohl an dem häufigen Stolpern der Pferde, daß wir uns auf unebnem Boden befanden, ich fühlte, daß es unaufhörlich steil bergauf oder hinunter ging, daß wir zwei Bergströme durch tiefe Furten passierten, aber das war auch alles – nur zuweilen ahnete ich mehr, als ich sah, daß eine schroffe Felswand mir zur Seite stand oder das tiefere Schwarz unter mir verriet, daß ein jäher Abhang nahe war – das Ganze aber vergegenwärtigte mir so lebhaft Mistress Anna Radcliffes Romane, daß ich mich beinah für einen ihrer Helden gehalten hätte, der eben im Begriff sei, »Udolphos Geheimnisse« zu entdecken. Endlich! endlich brach heller Lichtschimmer durch das Dunkel, der Weg ward ebner, ein paar Spuren von Hecken wurden sichtbar, und in wenigen Minuten hielten wir vor einem alten Gebäude, das auf dem felsigen Seeufer stand und freundliche goldne Lichter durch die Nacht strahlte. Es schlug auf dem Turm grade elf Uhr, und, ich gestehe es, mir ward schon bange für mein Diner, als ich nichts Lebendes, außer am obern Fenster einen Mann im Schlafrocke, erblickte. Bald indes wurde es geräuschvoller im Haus, ein eleganter Bedienter erschien mit silbernen

Leuchtern und öffnete mir seitwärts eine Türe, wo ich mit Verwunderung eine Gesellschaft von fünfzehn bis zwanzig Personen an einer langen Tafel beim Wein und Dessert sitzen sah. Ein schöner großer Mann von freundlichem Ansehen kam mir entgegen, entschuldigte sich, daß er so spät mich nicht mehr erwartet hätte, bedauerte meine Reise in so furchtbarem Wetter, präsentierte mich vorläufig seiner Familie, die mehr als die Hälfte der Gesellschaft ausmachte, und führte mich dann in mein Schlafzimmer. Dies war der große O'Connell. – Eine kurze Toilette restaurierte mich schnell, während man unten für meine, allerdings nach solcher Tour nicht zu verschmähende, Beköstigung sorgte.

Als ich wieder in den Saal trat, fand ich noch den größten Teil der Gesellschaft versammelt. Man bewirtete mich sehr gut, und es wäre undankbar, nicht Herrn O'Connells alten Wein zu loben, der in Wahrheit vortrefflich war. Nachdem die Damen uns verlassen hatten, setzte er sich zu mir, und es konnte nicht fehlen, daß Irland der Gegenstand des Gesprächs werden mußte. »Sahen Sie schon viele seiner Merkwürdigkeiten?« frug er; »waren Sie schon im Norden, um den Giant's Causeway (der Riesensteg) zu bewundern?« – »O nein«, erwiderte ich lächelnd, »ehe ich Irlands Riesensteg besuche, wünschte ich zuerst Irlands *Riesen* zu sehen«, und damit trank ich ihm und seinem hohen Beginnen von Herzen ein Glas seines guten Clarets zu.

Daniel O'Connell ist wahrlich kein gemeiner Mann, wenngleich der Mann des Volks. Seine Gewalt in Irland ist so groß, daß es in diesem Augenblick unbedingt nur von ihm abhängen würde, von einem Ende der Insel zum andern die Fahne der Empörung aufzupflanzen, wenn er nicht viel zu scharfsichtig, viel zu sehr seiner Sache auf gefahrlosere Art sicher wäre, um einen solchen Ausgang herbeiführen zu wollen. Gewiß hat er auf eine merkwürdige Weise, im Angesicht der Regierung und auf gesetzlichem, offenkundigem Wege, geschickt den Moment und die Stimmung der Nation benutzend, sich diese Macht über dieselbe verschafft, welche ohne Armee und Waffen dennoch der eines Königs gleicht, ja sie gewiß in vielen Dingen noch übertrifft – denn wie wäre es z. B. je S. M. Georg IV. möglich gewesen, vierzigtausend seiner treuen Irländer drei Tage vom Whisky-Trinken abzuhalten, wie es doch O'Connell, bei der denkwürdigen Wahl für Clare, zu bewerkstelligen gewußt hat. Der Enthusiasmus erreichte dort einen solchen Grad, daß das Volk selbst unter sich eine Strafe auf das Betrunkensein setzte. Diese bestand darin, daß der Delinquent in eine seichte Stelle des Flusses geworfen und dort zwei Stunden, mit mehrmaligem Untertauchen, festgehalten wurde.

Am andern Tage hatte ich noch mehr Gelegenheit O'Connell zu beobachten. Im ganzen übertraf er meine Erwartung. Sein Äußeres ist einnehmend, und der Ausdruck von geistvoller Güte in seinem Gesicht, mit Entschlossenheit und Klugheit gepaart, äußerst gewinnend. Er hat vielleicht noch mehr Suada als wahre großartige Beredsamkeit, und man bemerkt oft zuviel Absicht und Manier in seinen Worten, demohngeachtet muß man der Kraft seiner Argumente mit Interesse folgen, an seinem martialischen Anstand Gefallen finden und oft über seinen Witz lachen. Gewiß ist es, daß er weit eher einem General aus Napoleons Regime als einem Dubliner Advokaten ähnlich sieht. Diese Ähnlichkeit wird dadurch noch auffallender, daß er vortrefflich französisch spricht, denn er ist in den Jesuiter-Collegien zu Donaj und St. Omer erzogen. Seine Familie ist alt und wahrscheinlich früher sehr bedeutend im Lande gewesen. Seine Freunde behaupten sogar, er stamme von den ehemaligen Königen von Kerry ab, und beim Volke vermehrt dies ohne Zweifel sein Ansehen. Er selbst erzählte mir nicht ganz ohne Prätension, daß einer seiner Vettern Comte O'Connell und Cordon rouge in Frankreich sei, der andere Baron in *Österreich,* General und kaiserlicher Kammerherr, er aber sei der Chef der Familie. Soviel ich sehen konnte, wurde er von den anwesenden Mitgliedern dieser fast mit religiösem Enthusiasmus verehrt. Er ist jetzt ohngefähr fünfzig Jahre alt und sehr wohl konserviert, obgleich er eine blonde Perücke trägt. Übrigens hat er eine ziemlich geräuschvolle Jugend durchlebt. Unter anderm machte ihn ein Duell, schon vor zehn Jahren, gewissermaßen berühmt. Die Protestanten hatten gegen ihn, dessen Talente ihnen bereits gefährlich wurden, einen gewissen D'Esterre, einen Schläger und Bretteur von Profession, aufgestellt, der durch alle Gassen Dublins mit einer Jagdpeitsche ritt, um, wie er

DANIEL O'CONNELL

sagte, diese einmal an des Königs von Kerry Schultern zu legen. Die natürliche Folge war eine Zusammenkunft am nächsten Morgen, wo O'Connell seine Kugel in D'Esterres Herz niederlegte, während dessen Schuß ihm nur den Hut durchlöcherte. *Dies* war sein erster Sieg über die Orangemen, denen so viele wichtigere gefolgt sind und noch hoffentlich folgen werden. Sein Ehrgeiz schien mir unbegrenzt, und sollte er die Emanzipation durchsetzen, woran ich nicht zweifle, so wird er damit seine Karriere keineswegs schließen, sondern sie wahrscheinlich dann erst recht *beginnen.* Übrigens liegt auch das Übel in Irland, und überhaupt in der ganzen Verfassung Großbritanniens, zu tief, um durch die bloße Emanzipation der Katholiken gründlich gehoben werden zu können. Doch dies würde mich zu weit führen. Auf O'Connell zurückzukommen, muß ich noch erwähnen, daß er auch von der Natur das für ein Parteihaupt wertvolle Geschenk eines herrlichen Organs verliehen erhalten hat, verbunden mit einer guten Lunge und einer starken Konstitution. Sein Verstand ist scharf und schnell und seine Kenntnisse, auch außer seinem Fach, nicht unbedeutend. Dabei sind, wie schon gesagt, seine Formen gewinnend und populär, obgleich etwas vom Schauspieler darin bemerkbar ist und bei einer sichtbaren großen Meinung von sich selbst zuweilen auch ein wenig, was die Engländer »vulgarity« nennen, mit unterläuft. Wo wäre ein Gemälde ganz ohne Schatten!

Noch ein andrer interessanter Mann, und ebenfalls ein (wiewohl mehr im stillen wirkendes) Haupt der Katholiken, war hier gegenwärtig, derselbe Mann, den ich bei meiner Ankunft im Schlafrocke gesehen – Vater Lestrange, ein katholischer Friar, der zugleich O'Connells Beichtvater ist. Er kann als der eigentliche Stifter jener Katholik-Association angesehen werden, über die man in England so viel gespottet hat und die dennoch, sozusagen bloß mit *negativen* Kräften, durch gewandte Tätigkeit im Verborgenen, durch allmähliche Organisierung und Bildung des Volkes zu einem bestimmten Zweck* eine unumschränkte Autorität über dasselbe erlangt hat, die fast der Hierarchie im Mittelalter gleicht, nur mit dem Unterschiede, daß diese dort für Sklaverei und Dunkel, jene hier für Freiheit und Licht benutzt wird. Es ist auch dies einer der Ausbrüche jener *zweiten* großen Revolution, welche bloß und allein durch intellektuelle Mittel, ohne irgendeine Beimischung von physischer Gewalt, bewerkstelligt zu werden anfängt und deren fast einzige, aber unwiderstehliche Waffen die Rednerbühne und die Druckerpresse sind. Lestrange ist ein Mann von philosophischem Geist und unerschütterlicher Ruhe.

* *Alle katholischen Kinder in Irland werden sorgfältig unterrichtet und können wenigstens lesen, während die protestantischen oft höchst unwissend sind. Überhaupt ist der moralische Ruf der katholischen Geistlichkeit in Irland überall exemplarisch wie einst der verfolgten Reformisten in Frankreich. Die unterdrückte Kirche scheint überall die tugendhafteste zu werden, und die Gründe sind leicht aufzufinden.*

Seine Formen sind die eines vollendeten Weltmanns, der in mannigfachen Geschäften Europa durchreist hat, die Menschen gründlich kennt und bei aller Sanftmut doch einen scharfen Zug von großer Schlauheit nicht immer ganz verbergen kann. Ich möchte ihn das Ideal eines wohlmeinenden Jesuiten nennen.

Da O'Connell beschäftigt war, machte ich früh mit dem Friar eine Promenade nach einer wüsten Insel, trocknen Fußes über den, von der Ebbe entblößten, glatten Meersand schreitend. Hier stehen die eigentlichen Ruinen der alten Abtei Derrynane, wovon O'Connells Haus nur ein Appendix ist. Sie soll einst von der Familie wiederhergestellt werden, wahrscheinlich wenn gewisse Hoffnungen erst erfüllt sind.

Als wir zurückkamen, fanden wir O'Connell wie einen Chieftain auf der Schloßterrasse von seinen Vasallen und andern Volksgruppen umringt, die sich Verhaltungsbefehle holten oder denen er Recht sprach. Da er Jurist und Advokat ist, wird ihm dies um so leichter. – Niemand würde es aber auch wagen, von seinen Entscheidungen zu appellieren. O'Connell und der Papst sind hier gleich infaillible. Prozesse existieren daher nicht in seinem Bereich, und dies dehnt sich nicht bloß auf seine eigenen tenants, sondern, wie ich glaube, auch auf die ganze Umgegend aus. Ich verwunderte mich nachher, sowohl O'Connell als Lestrange in religiöser Hinsicht ohne alle Bigotterie, ja mit sehr philosophischen und toleranten Ansichten zu finden, ohne deshalb aufhören zu *wollen*, gläubige Katholiken zu sein! Ich wünschte, ich hätte einige jener wütenden Imbeziles unter den englischen Protestanten, wie z. B. Herrn L. . ., hierherzaubern können, welche die Katholiken für so unvernünftig und bigott ausschreien, während sie selbst allein, im wahren Sinne des Worts, dem *fanatischen* Glauben ihrer politisch-religiösen Partei anhängen und im voraus fest entschlossen sind: vor Vernunft und Menschlichkeit stets ihre langen Ohren zu verschließen.

Im Lauf des Tages sollte eine Parforcejagd auf Hasen stattfinden (denn Herr O'Connell hält eine kleine Meute), die in den Bergen und an den weiten, kahlen Abhängen hin gewiß ein sehr malerisches Schauspiel abgegeben haben würde; die schlechte Witterung ließ es aber nicht dazu kommen. Mir behagte auch Ruhe und die höchst interessante Gesellschaft, der ich gar manche lehrreiche Berichtigung verdankte, weit besser.

Kenmare, den 30.

Obgleich man mich, mit echt irländischer Gastfreiheit, dringend einlud, noch eine Woche bis zu einem großen Feste, das bereitet wurde und zu dem man noch viele Gäste erwartete, hier zu bleiben, glaubte ich doch, dies nicht ganz à la lettre nehmen zu dürfen, und sehnte mich auch zu sehr nach Glengarriff, um länger, als es für meinen Zweck nötig war, hier zu verweilen. Ich empfahl mich daher an diesem Morgen der Familie mit dem aufrichtigsten Danke für ihre freundliche Aufnahme. Herr O'Connell gab mir das Geleite bis an die Grenze seiner Domänen und ritt einen schönen großen Schimmel, auf dem er sich noch militärischer als in seinem Hause ausnahm. Der rauhe Weg, obgleich ganz von Vegetation entblößt, bot doch viele erhabne Aussichten dar, teils auf die Felsen landeinwärts, teils auf das Meer voller Klippen und Inseln, von denen einige ganz isoliert als hohe, spitze Berge aus dem Wasser steil emporsteigen. Herr O'Connell machte mich auf eine derselben aufmerksam und erzählte, daß er vor einigen Jahren einen Ochsen dort hinschiffen und aussetzen ließ, damit er sich auf der guten und ungestörten Weide recht fett mästen möge. Dies Tier nahm aber schon nach einigen Tagen so dezidierten Besitz von der Insel, daß es wütend ward, sobald irgend jemand den Versuch machte, dort zu landen, und selbst die Fischer, die ihre Netze am Ufer aufstellen wollten, attackierte und verjagte. Oft sah man es, gleich Jupiter in Stiergestalt, mit erhobenem Schweif und feuersprühenden Augen im wilden Lauf die Runde seiner Domäne machen, rekognoszierend, ob irgendeiner sich noch zu nahen wage. Der emanzipierte Ochse wurde zuletzt so unbequem und gefährlich, daß man ihn totschießen mußte. Dies schien mir eine ganz gute Satire auf die Freiheitsliebe überhaupt, die mit erlangter Macht gewöhnlich sofort wieder in Herrschsucht ausartet, und die Ideenassoziation mußte daher grade jetzt wider Willen komische Bilder in mir erwecken.

Später kamen wir an eine merkwürdige Ruine, eins der sogenannten »dänischen Forts« an der Küste, die wohl nicht den Dänen, sondern der Verteidigung *gegen* die Dänen ihren Ursprung verdanken. Sie sind über tausend Jahr alt und die untern Mauern, obgleich ohne Mörtel zusammengefügt, dennoch sehr wohl erhalten und fest. Bei einer von einem angeschwollenen Bergstrom zertrümmerten Brücke hielt O'Connell an, um mir das letzte Lebewohl zu sagen, und ich konnte nicht umhin, dem Kämpfer für die Rechte seiner Mitbürger zu wünschen, daß, wenn wir einst uns wiedersähen, das Zwangsgebäude englischer Intoleranz ebenso durch ihn und seine Gehülfen zertrümmert sein möge als jene morschen Mauern durch den sich bahnbrechenden Strom. So schieden wir.*

Da ich größtenteils denselben Weg wieder zurückkehrte, den ich gekommen, kann ich nicht viel Neues darüber sagen, ausgenommen, daß er mich, ohngeachtet der Tag schön war, doppelt so sehr ermüdete als das erstemal – wahrscheinlich weil der Geist sich in geringerer Spannung befand. Nicht weit von Kenmare begegnete ich mehreren Transporten von Steinen, Brettern, Bohlen, Bier und Butter. Alles wurde zu Pferde fortgeschafft. Die Irländer sind sehr ingeniös in Transportmitteln. Ihre vortrefflichen carrs, mit denen ein Pferd so *bequem* fünf bis sechs Personen fortbringt, habe ich

* *Zum Teil ist der Wunsch meines seligen Freundes ja nun schon erfüllt worden, und mit wie vielem geht noch die Zukunft schwanger!*

Dir schon beschrieben – ebenso zweckmäßig sind ihre Transportkarren für Heu, Holz etc., wo auch ein Pferd dieselbe Arbeit tut, zu der bei uns drei gebraucht werden. Das Gleichgewicht, in welchem die Last sozusagen balanciert wird, macht dies allein möglich. Ein Karren wird z. B. mit langem Bauholz so aufgeladen, daß man das Pferd kaum sehen kann, welches ganz vom Holze eingehüllt ist, dessen Stämme viele Ellen hinter dem Wagen und vor dem Pferde hinausragen. Die Verteilung des Gewichts auf beiden Seiten ist *dadurch* so vollkommen hervorgebracht, daß die Stämme nur auf *einem* Punkte aufliegen und daher das Pferd nur wenig im Verhältnis zu *ziehen* hat. Bergauf und herab hilft der Führer leicht nach durch Heben oder Niederdrücken der Enden, welche die geringste Kraft schon in Bewegung setzt. Ebenso werden fünf bis sechs schwere eichne Bohlen auf plattem Sattel über ein Pferd gelegt, das sie, wie eine Balancierstange, ohne große Beschwerde fortträgt, obgleich es unter derselben Last in einem andern Volumen, z. B. in einer Kiste enthalten, erliegen müßte. Auch um Steine, über dem Sattel hängend, zu transportieren, haben sie eine sinnreiche Vorrichtung gleich hölzernen Körben, die auf einer dicken Strohunterlage über des Pferdes Rücken befestigt werden.

Die frohe Laune und gutmütige Höflichkeit der Leute, denen ich begegnete, fand ich sehr einnehmend. Kein Volk, das ich kenne, erscheint in seinen untern Klassen weniger egoistisch und dabei dankbarer für das geringste freundliche Wort, dessen ein Gentleman es würdigt, ohne damit die mindeste Idee von Interesse zu verbinden. Ich wüßte daher auch wirklich kein Land, wo ich lieber ein großer Grundbesitzer sein möchte als hier. So würde ich z. B. mit dem, was ich am andern Orte getan und dafür nur Undank geerntet und Hinderung aller Art gefunden, mir hier gewiß nicht nur zehn- bis zwölftausend Untergebne auf Leib und Leben zu eigen gemacht, sondern ich würde auch, mit weit geringeren Kosten und Zeit, ein unendlich höheres Resultat gewonnen haben, da hier mit Natur und Menschen alles überhaupt Ausführbares zu erreichen ist. Das Volk vereinigt im allgemeinen, bei aller seiner Roheit, die Biederkeit und poetische Gemütlichkeit der Deutschen mit der Lebhaftigkeit und schnellen Konzeption der Franzosen und besitzt, als Zugabe, alle Natürlichkeit und Unterwürfigkeit der Italiener. Man kann mit vollem Recht von ihm sagen, daß es seine Fehler nur andern, seine Tugenden aber allein sich selbst zu verdanken hat. Ich muß in dieser Hinsicht noch eine, an sich unbedeutende, Begebenheit erzählen, die ich früher überging, die aber als ein nationeller Zug doch der Erwähnung verdient.

Als ich vor vier Tagen von Killarney nach Kenmare fuhr, begegneten mir fortwährend Leute, die auf dem Markt im letzten Ort Vieh gekauft hatten und es jetzt nach Hause trieben. Sie ritten gewöhnlich auf, ebenfalls erst gekauften, Füllen ohne Zügel, und da Menschen und Vieh sich einander noch fremd waren, so konnten sie ihre Tiere nur schlecht regieren. Wir wurden dadurch mehreremal gezwungen stillzuhalten. Dies langweilte mich endlich, und bei der dritten oder vierten Rencontre dieser Art rief ich den Leuten barsch zu: ich hätte nicht Zeit, ihrer Ungeschicklichkeit wegen den halben Tag auf der Straße zuzubringen, und befahl, etwas übereilt, dem Kutscher, nur darauflos zu fahren. Sogleich machten zwei Füllen mit ihren Reitern linksum, vor dem Wagen hergaloppierend, und die ganze Herde zerteilte sich scheu in die Berge. Meine Raschheit tat mir jetzt leid, und ich ließ sogleich wieder anhalten. Es waren im ganzen vier bis fünf Treiber, die ich so deroutiert hatte, alles rüstige junge Kerle, und der Streich, den ich ihnen gespielt, gewiß einer der unangenehmsten, da vorauszusehen war, daß sie wenigstens eine halbe Stunde brauchen würden, um ihr zersprengtes Vieh wieder zu sammeln. Deutsche, Engländer oder Franzosen würden einem Reisenden, der mit einem zerlumpten Kutscher in einem elenden Einspänner fuhr und ihnen unbesonnen dies bot, gewiß mit gehöriger Grobheit zugesetzt und vielleicht ihn gar festzunehmen versucht haben, um den etwaigen Schaden zu ersetzen. Ganz anders war das Betragen dieser guten Leute, witzig und respektvoll zugleich. »O murther, murther!« schrie der eine, während das widerspenstige Füllen noch einen Versuch machte, den Berg hinanzuspringen und ihn beinahe abwarf. »God bless Your Honour, but every *Gentleman* in England and Ireland get's out of the way of *cattle!* O for God's sake, stop now, Your Honour, stop!« (O Mord, Mord! * Gott segne Euer Ehren, aber jeder *Gentleman* in England und Irland geht doch *Vieh* aus dem Wege! Oh, um Gottes willen, haltet an, Euer Ehren, haltet an!) Als ich nun angehalten hatte und die armen Teufel die größte Mühe gehabt, einen Teil des am weitesten zurückgelaufnen Viehs wieder einzuholen, kamen sie nochmals an meinen Wagen, um mir mit abgezogener Mütze und »Long life to Your Honour!« für meine *Güte* zu danken, worauf sie lustig das Einfangen und ich meinen Weg fortsetzte. Ich mußte mir selbst gestehen, daß ihr Betragen lobenswerter war als das meine, und verbesserte es, so gut ich konnte, durch ein ansehnliches Trinkgeld.

den 1. Oktober, früh

Obgleich peinlich müde, konnte ich gestern abend doch nicht einschlafen und frug daher beim Wirt an: ob er irgendein Buch besitze. Man brachte mir eine alte englische Übersetzung von »Werthers Leiden«. Du weißt, wie hoch und innig ich unsern Dichterfürsten verehre, und wirst mir es daher kaum glauben wollen, wenn ich Dir sage: daß ich dieses berühmte Buch nie gelesen. – Der Grund möchte auch vielen sehr kindisch vorkommen. Als ich es nämlich zuerst in die Hände bekam, erweckte mir die Stelle, gleich im Anfang, wo Charlotte dem Buben »die Rotznase

* *Ein irländischer Lieblingsschwur.*

wischt«, einen solchen Ekel, daß ich nicht weiterlesen konnte, und dieser unangenehme Eindruck blieb mir immer gegenwärtig. Diesmal machte ich mich jedoch ernstlich an die Lektüre und fand es dabei seltsam, »Werther« zum erstenmal, in fremder Sprache, mitten in den wüstesten Gebürgen vor Irland zu lesen. Ich konnte aber auch hier, aufrichtig gestanden, den veralteten Leiden keinen rechten Geschmack mehr abgewinnen – das viele Butterbrot, die kleinstädtischen, nicht mehr üblichen Sitten und selbst die (gleich den zu Gassenhauern herabgesunkenen schönen Mozartschen Melodien) jetzt auch Gemeinplätze gewordenen Ideen, die damals neu waren – endlich die unwillkürliche Erinnerung an Potiers köstliche – Parodie –, es war mir nicht möglich, in die rechte Kommunionsstimmung, wie Hr. v. Frömmel sagt, hineinzukommen. Aber soviel habe ich, Scherz beiseite, wenigstens eingesehen, daß das Buch einst Furore machen mußte – denn es ist eine *echt deutsche Stimmung*, an der Werther untergeht, und deutsche Gemütlichkeit fing damals eben an, sich in dem zu materiell gewordnen Europa Bahn zu brechen. Freilich durchschritt es »Meister« und viel mehr nachher noch »Faust« mit ganz andern Riesenschritten! Der Wertherperiode sind wir, glaube ich, entwachsen, an den Faust aber kaum herangekommen, und kein Zeitalter wird, solange es Menschen gibt, ihm entwachsen können.

In der Tragödie »Faust« ist wie in Shakespeare des Menschen ganzes Innere abgespiegelt und in der Hauptfigur nur der Menschheit ewiges rätselhaftes Sehnen personifiziert, das nach einem unbekannten Etwas rastlos ringt, welches dennoch hier nie erreicht werden kann; daher auch das Drama offenbar nie ein völlig abschließendes Ende haben könnte, wenn es auch noch durch viele Akte ausgedehnt würde. Wie aber eben der edlere Menschengeist hier eine schwindelnde Straße betritt, gleich der Brücke des Koran, so ist er auch auf ihr dem bodenlosen Falle jeden Augenblick näher als der Tiermensch, der ruhig auf der sichern Ebne – weidet.

Ein Vetter des Herrn O'Connell, der Parforcejagden am See von Killarney hält, hatte mir eine solche für morgen versprochen – ich habe aber eine wahre Antipathie, etwas *schon Gesehenes* wieder zu besuchen, *solange ich noch Neues vor mir habe*, und eine sehr große Veränderung können Hunde und Jäger der mir bereits bekannten Szene doch nicht geben. Dagegen erwarteten mich in Glengarriff liebenswerte Menschen und gar viel Neues. Ich zog also das letztere vor, ritt wieder über den Teufelsberg, diesmal bei Tage, und befinde mich seit einer Stunde hier, in einem niedlichen Zimmer etabliert und alle Pracht der Bay vor meinem Fenster ausgebreitet. Ehe ich Kenmare verließ, wurde meine Eitelkeit noch auf eine empfindliche Probe gesetzt. Die irländische Naivität der Wirtstochter hatte mich, beim jedesmaligen Zurückkommen nach ihres Vaters Gasthof, so angenehm angesprochen, daß ich mich fast allein mit ihr unterhielt und dadurch ihre Gunst gewann. Sie hatte ihre Berge nie verlassen und war so unbekannt mit der Welt, als es nur denkbar ist. Scherzend frug ich sie, ob sie mich wohl nach Cork begleiten wolle? »Ach nein«, rief sie, »da würde ich mich doch fürchten, so weit mit Ihnen zu gehen! Sagen Sie mir nur, wer Sie eigentlich sind? daß Sie ein Jude sind, weiß ich schon.« – »Was, bist du toll, woher soll ich denn ein Jude sein?« – »Nun, das werden Sie doch nicht leugnen, haben Sie nicht einen langen schwarzen Bart rund ums Kinn und fünf bis sechs goldne Ringe an den Fingern? und waschen Sie sich nicht immer früh eine Stunde lang und machen Zeremonien dabei, wie ich sie doch sonst noch nie von einem Christenmenschen gesehn habe! Nicht wahr, gestehen Sie es nur, Sie sind ein Jude?« – Mein Deprezieren half nichts, sie blieb dabei; endlich meinte sie doch gutmütig, wenn ich denn durchaus keiner sein wolle, so wünsche sie mir wenigstens, »to become as rich as a jew« (so reich zu werden wie ein Jude, eine englische Redensart). Dies bekräftigte ich gern mit einem christlichen: Amen!

den 2. Oktober

Eben komme ich von einer sechzehnmeiligen Promenade mit C...l W... zurück, nach Hungry Hill, einem erhabnen Bergfelsen am Ende von Bantry Bay, merkwürdig durch seinen Wasserfall und durch Thomas Orourches Reise nach dem Monde auf des Adlers Rücken, die von hier aus stattfand und seitdem in Prosa und Versen so vielfach besungen wurde. Auch in Deutschland ist das amüsante Märchen wiederholt übersetzt worden, wo es Dir vielleicht vorgekommen sein mag. Der Held der Geschichte ist ein fast immer betrunkner Gardechasse des Lord B..., der noch lebt und den mir Mr. W... beim Zuhausefahren im Gasthofe präsentierte. Er ist jetzt sehr stolz auf seine Berühmtheit und schien mir, als ich ihn sah, gerade wieder im Begriff, eine Mondreise anzutreten.

Für die Wasserfälle ist der viele Regen dieser Tage sehr vorteilhaft gewesen. Der Fall am Hungry Hill verschwindet fast ganz in trocknem Wetter, übertrifft aber nach heftigem Regengüssen auf einige Stunden den Staubbach und Terni. Hungry Hill (der Hungerberg) ist gegen zweitausend Fuß hoch und eine fast ganz kahle ungeheure Felsenmasse. Von der Landseite bildet er zwei steile Absätze, zwischen welchen sich, auf dem Plateau, ein See befindet, den man natürlich von unten nicht sieht, wo das Ganze nur die fortlaufende Linie zwei kolossaler Terrassen darbietet. Die obere besteht aus ganz kahlem Stein und wird in der Mitte durch eine vertikale, wie von der Kunst tief gegrabene Rinne getrennt; die untere Terrasse, obgleich auch ohne sehr sichtbare Unebenheit, ist doch an ihrem Abhang mit Heiden und grobem Grase bedeckt, wo gewöhnlich Hunderte von Ziegen weiden.

In der erwähnten obern Rinne nun ergießt sich, von der höchsten Spitze des Bergs, die Wassermasse herab, fällt in den, auf dem Absatz befindlichen, See und stürzt sich dann, diesen überfüllend, in vier getrennten Fällen von neuem in so großen Bogen auf die Talwiese nieder, daß die Ziegen ruhig darunter fortweiden können, während die Wasserströme das Wiesental in der Tiefe bald auch in einen temporären See verwandeln.

Da man unten stehend die Trennung des obern und der untern Fälle nebst dem zwischenliegenden See, wie schon bemerkt, nicht sehen kann, erscheint dem Auge das Ganze nur wie ein ungeheurer Sturz, dessen Wirkung alle Beschreibung übersteigt. Obrist W... versicherte mich, bei höchstem Wasserstande die Bogen des Falles so weit abgeschleudert gesehen zu haben, daß, nach seinem eignen Ausdruck, ein Regiment darunter hätte aufmarschiert stehen können, ohne benetzt zu werden, wozu der betäubende Lärm, wie er sagte, nahen Kanonendonner gut dargestellt hätte.

In einer der Schluchten nebenan fand die in Irlands fabelhafter Geschichte merkwürdige Schlacht zwischen dem großen O'Sullivan und O'Donovan statt, und man zeigt noch die Überreste eines uralten Arbutusstammes, an welchem, der Sage nach, O'Donovan aufgehangen wurde. Geld und Kostbarkeiten sind wirklich in diesem Bezirk noch vor kurzem, tief in der Erde vergraben, aufgefunden worden.

Die Adler dieser Gebürge, welche auf ganz unzugänglichen Felsen horsten, spielen eine große Rolle in allen Märchen des Volks. Sie sind außerordentlich groß und stark, und es ist erwiesen, daß sie zuweilen selbst Kinder rauben. Vor einiger Zeit entführte ein solches Raubtier einen dreijährigen Knaben und deponierte ihn, weil er ihm doch wahrscheinlich zu schwer ward, fast unversehrt, wenigstens lebend, auf einem Felsenabsatz, wohin man sogleich nachkletterte und den Knaben glücklich rettete. Der neue Ganymedes – als Corpus delicti existiert noch im besten Wohlsein. Ein ähnlicher Fall dieser Art trug sich erst vor wenig Monaten zu. Der Adler nahm ein ganz kleines Mädchen, vor des Vaters Augen, vom Boden auf und verschwand mit ihm in den Felsen, ohne daß man die geringste Spur von dem armen Kinde mehr hat auffinden können.

den 3.

Col. W... ist ein ebenso großer Parkomane als ich, aber nicht ganz so Gourmet, et sa cave s'en ressent un peu. Dagegen verschafft die Jagd, zu Lande und zu Wasser, der Tafel mehrere Delikatessen. Die Berghühner sind unter andern vortrefflich, und die Austerbank im Park liefert tellergroße und besonders schmackhafte Geschöpfe dieser Art. Übrigens wimmelt die Bay von Fischen und Seehunden. Ein solcher saß heut früh auf einer hervorragenden Klippe, grade meinem Fenster gegenüber, und schien mit großem Vergnügen und fast tanzender Bewegung der Musik eines Piper zuzuhören, dessen Bagpipe vom nahen Gasthof herüberschallte. Diese Tiere sollen die Musik so leidenschaftlich lieben, daß sie, bei Wasserpartien auf der Bay, den Böten der Musikanten zu zwanzig bis dreißig folgen und sich auch vom Jäger auf diese Weise überall hinlocken lassen. Es ist wirklich grausam, ihren *Kunstsinn* so zu mißbrauchen!

Leider regnete es heute den ganzen Tag, so daß ich gezwungen war, zu Haus zu bleiben. Früh wohnte ich dem *täglichen* Privatgottesdienst der Familie bei, deren weibliches Personal zwar etwas bigott in der Form, aber, wie mir schien, doch auch echt fromm in der Tat ist. Wir setzten uns alle im Kreise hin, dann las die Mutter einen Satz aus dem englischen prayer-book, die älteste Tochter den nächsten und so fortdauernd vice versa, Prediger und Küster in der Kirche nachahmend. Hierauf begann die Tochter, welche etwas Verschlossenes und Schwärmerisches hat, ein besonderes, sehr langes Gebet, das wohl eine Viertelstunde dauerte, während welchem alle anderen (ich natürlich auch) sich schamhaft gegen die Wand kehren, vor ihrem Stuhl auf die Knie fallen und das Gesicht in die Hände legen mußten. Die Mutter seufzte und stöhnte, der Hausherr schien ein wenig ennuyiert, die jüngste Tochter (ein allerliebstes Mädchen, die ein gutes Teil mondäner als die älteste gesinnt ist) hatte hie und da Zerstreuungen, der Sohn aber es gar für besser gehalten, sich ganz zu absentieren. Ich, bei dem jeder nach innen gerichtete Gedanke zu jeder Tageszeit ein Gebet zu Gott ist, glaubte, ohne unfromm zu sein, hier ein wenig nach außen beobachten zu dürfen.

Nachdem die Gesellschaft wieder aufgestanden war, die Knie abgewischt und die Röcke heruntergezupft hatte, denn der englische Enthusiasmus vergißt sich nicht so leicht, wurde eine Geschichte aus dem Evangelio von der Mutter gelesen. Man hatte diesmal die Mahlzeit gewählt, wo sechstausend Mann mit zwei Fischen und drei Broten, wenn ich nicht irre, gesättigt wurden und noch gar viel übrigblieb.

Glücklicherweise wurde uns das Mittagessen nicht mit gleicher Sparsamkeit zugemessen und die Gottesgaben dabei durch die heiterste Unterhaltung gewürzt. Einmal beging ich jedoch einen unwillkürlichen Verstoß. Ich sprach nämlich scherzend von dem Kometen im Jahre 32, der der Erde oder Erdbahn näher als die bisher bekannten kommen soll, und bemerkte, daß, nach Lalandes Berechnung, ein Komet, der sich auf fünfzigtausend Meilen der Erde näherte, eine solche Attraktionskraft auf sie ausüben müßte, daß er die Meeresfluten bis über die Spitze des Chimborasso ziehen würde. »Kommt der Zweiunddreißiger uns so nahe«, setzte ich hinzu, »so ertrinken wir wenigstens alle auf einmal.« – »Verzeihen Sie, das ist jedenfalls unmöglich«, erwiderte Mistress W... sehr ernsthaft, »denn das wäre ja eine zweite Sündflut, und Sie scheinen ganz vergessen zu haben, daß uns in der Bibel versprochen ist, eine zweite Sündflut solle nicht stattfinden, aber zum letztenmal die Erde durch *Feuer* zerstört werden.« (Il faut avouer, que la faveur n'est pas grande.) »Daß diese Zerstörung aber wohl nahe sein mag«, fuhr sie seufzend fort, »glaube ich selbst, denn die Unterrichtetsten unserer heiligen Männer kommen jetzt darin überein, daß wir uns wahrscheinlich im siebenten Reich der

Offenbarung Johannis befinden, in welcher der Welt Ende prophezeit ist und wo unser Heiland kommen wird, uns zu richten.« Wie sonderbar sind nun die Frommen! Über diese Äußerung gerieten Mutter und Tochter in so heftigen und zuletzt erbitterten Streit, daß ich unwürdiger Laie mich für ihre Versöhnung bemühen mußte. Dieser Streit entspann sich darüber, ob bei der erwähnten Katastrophe die Menschen sofort gerichtet und dann verbrannt oder erst verbrannt und dann gerichtet werden würden. Die Tochter fragte entrüstet (et je vous jure que je ne brode pas), ob unser Heiland, wenn er käme, mit dem Richten erst warten solle, bis die Welt verbrannt sei? es stünde deutlich in der Schrift: daß er kommen würde, zu richten über die *Lebenden* und die Toten, was nicht möglich sei, wenn vorher alle schon verbrannt worden wären! Die Welt würde also offenbar erst nachher, wenn alle gerichtet wären, verbrannt. Die Mutter erklärte dies ebenso heftig als einen wahren Nonsens, Menschen müßten notwendig erst sterben, ehe sie selig oder verdammt werden könnten, und die angeführte Stelle bezöge sich, wo sie von Lebenden und Toten spräche, nur einesteils auf die, welche bei der Ankunft des Feuers noch lebten, und andrerseits auf die schon längst vorher im Grabe Liegenden. Sie blieb also dabei: *erst* verbrannt und *dann* gerichtet! Beide wünschten nun meine Meinung zu wissen, um sich durch meinen Beitritt im Kampfe zu verstärken. Ich wagte zu antworten: daß ich in diesen Details nicht allzugut bewandert wäre und daß mir ihr Streit fast so vorkäme als der bei Madame du Deffand über den heiligen Dionysius: ob dieser nämlich eine oder sechs Meilen ohne Kopf gegangen sei, worauf Frau von Deffand bekanntlich entschied: Dans ces sortes des choses, il n'y a que le premier pas qui coûte. Übrigens hätte ich mich selbst in der Christuslehre immer am meisten an die Vorschriften der Pflichterfüllung, Zuversicht auf Gott, Sanftmut und Nächstenliebe zu halten gesucht, obgleich es mir leider nur zu selten damit nach Wunsch gelungen – glaubte aber doch, infolgedessen, unbekümmert darüber sein zu können, ob wir erst gerichtet und dann verbrannt oder erst verbrannt und dann gerichtet würden. Alles, was Gott tue, sei jedenfalls wohlgetan. Ich müßte aber gestehen, daß ich mich während meines hiesigen Lebens ebensogut in Gottes Hand und ebenso nahe seiner Macht betrachte als nach meinem irdischen Ende oder selbst nach dem Ende der kleinen Erde, die wir Welt zu nennen pflegen. Das Weltgericht daure, meiner Meinung nach, ewig, gleich dem Weltengeist. – Diese Erklärung versöhnte die Kämpfenden glücklich – indem sie sie beide *gegen mich* vereinigte. Doch gelang mir noch zuletzt ein geschickter Rückzug, ohne ganz ihre Gunst zu verlieren.

Gegen Abend hatten wir, zwischen Streifregen, Dämmerung und Sonnenuntergang, noch eine herrliche Beleuchtung. *Unser* Wasserfall im Park war so angeschwollen, daß er sich auch etwas zu donnern erlaubte, und Gras und Busch hatte sich gar artig mit bunten Sonnenstrahlen illuminiert.

Wir spazierten bis in die Nacht umher, sahen den hohen Sugar Loaf nach und nach vom Dunkelblau ins Rosa übergehen und ergötzten uns am klaren Spiegel des Meers, am Hüpfen der Fische auf seiner Oberfläche und den friedlichen Spielen der Fischottern, bis die grausamen Fischerlichter in der Bay das Fest mit einem allgemeinen Kriegstanz beschlossen.

Alles ist hier schön, selbst die Luft, welche wegen ihrer Salubrität berühmt ist.* Insekten plagen die Menschen auch nicht, da die Bay eine solche Tiefe hat, daß die Ebbe fast nirgends den Boden entblößt, und der stete sanfte Luftzug des Tals ihnen wahrscheinlich auch nicht behaglich ist. Das Klima bleibt sich fast immer gleich, weder zu warm noch zu kalt, und die Vegetation ist so üppig, daß nur eine Sache mehr und eine weniger da zu sein brauchte, um den größten Teil der kahlen Berge, und auch die Felsen, in ihren Zwischenräumen mit den schönsten Wäldern zu bekleiden, nämlich – *Pflanzer* und *Ziegen*. Den ersten fehlt es an Geld zur Auslage oder an der Lust, es hier anzulegen, die zweiten lassen nichts, das nicht doppelte Mauern schützen, aufkommen. Ehemals sollen die meisten dieser Gebürge mit Hochwald bedeckt gewesen sein, aber die Engländer, welche immer nur daran dachten, soviel Geld als möglich in Irland zu machen, schlugen alles nieder, zum Verkohlen und zum Gebrauch der Eisenhämmer, die seitdem eingehen mußten, deren Rudera man aber noch an mehreren Orten findet. Ein anderer Vorzug dieser Gegend ist, nach meinem Geschmack, ihre Abgeschiedenheit. Ein Wagen kann sie kaum erreichen und, wenige neugierige Reisende von meiner Art ausgenommen, wird keiner versucht, die schwierigen Approchen zu besiegen. Ein gutmütiges Volk wohnt hier, nicht in Dörfern vereinigt, sondern einzeln im Gebürge zerstreut, und führt, unverdorben vom Gewühl der Städte, ein patriarchalisches Leben. Es ist auch nicht so widerlich arm als in andern Teilen des Landes. Die Bedürfnisse dieser Leute sind gering; Torf zum Feuern dürfen sie holen, wo es ihnen gutdünkt, Gras für ihre Kühe ebenfalls in den Sümpfen, und Fische zur Nahrung liefert ihnen das Meer, mehr als sie bedürfen. Für den mit Schaffungslust ausgerüsteten Besitzer eröffnet sich hier ein unerschöpfliches Feld. Wäre ich ein Kapitalist, *hier* ließe ich mich nieder.

Mein freundlicher Wirt sorgt für die schnelle Beförderung dieses Briefes. Der Himmel gebe, daß er, in froher Stimmung geschrieben, auch Dich in froher Stimmung antreffe. Erinnere Dich immer des Wahlspruchs meiner Ahnfrau: Cœur content, grand talent!

Dein treu ergebener L...

* *Bis jetzt wird noch keine Taxe davon erhoben.*

35 Fünfunddreissigster Brief

Glengarriff, den 4. Oktober 1828

Liebe Julie!

Morgen reise ich ab, et bien à regret. Ich nehme aber ein liebes Andenken mit mir, eins der wenigen durchaus *freundlichen* Bilder meiner Lebenswanderung.

Auf meinem Morgenspaziergang fand ich heute so luxuriöse Eriken von den Felsen herabhängen, daß *eine* Staude derselben zehn Fuß in der Länge maß. Der Gärtner, der mich begleitete, machte mich noch auf eine andere Merkwürdigkeit aufmerksam. An einem verborgenen Ort, nicht weit von der hübschen, ganz ländlichen dairy, hatten Bienen in freier Luft große Honigkämme, bloß an Brombeerästen hängend, im Dickicht gebaut. Die Schwere des Honigs bog den Strauch bis auf die Erde, und sie arbeiteten noch rüstig darin, als ich sie betrachtete. Die dairy ist mit Erde und roter, darauf angewachsener, Heide gedeckt und das Dach von unten in sechs Spitzen ausgeschnitten, was nicht übel aussieht. Ein klarer Quell fließt mitten hindurch, an dessen Ufern der ägyptische Lotus vortrefflich gedeiht und den Winter auch aushält.

Nachmittags ritt ich mit Col. W... aus, um ein Adlernest zu besehen. Zuerst passierten wir den Bezirk, in welchem Lord B...s schönes Jagdhaus steht, durchwateten dann dreimal den angeschwollenen Fluß und erreichten nach einigen Stunden Weges eine wilde Einöde, wo, unter einer senkrechten Felsenwand, zwei einzelne Hütten stehen. Ohngefähr fünfhundert Fuß über diesen horsten die Adler in einer mit Efeu überrankten Spalte. Zu der Zeit, wenn sie Junge haben, sieht man sie fleißig mit Hühnern, Hasen, Lämmern usw. angeflogen kommen, um den häuslichen Tisch zu versorgen; ein sonderbarer Instinkt aber ist es, der sie lehrt, nie etwas von den beiden unter ihnen wohnenden Familien zu rauben und dadurch gleichsam die Gastfreundschaft zu ehren, welche jene ihnen beweisen. Ich bin sehr unzufrieden, daß noch keiner dieser Felsenkönige mir die Attention bewies, sich sehen zu lassen; auch heute waren beide entfernt.

Über die Höhlen des Sugar Loaf's kehrten wir zurück. Hier gibt es einen *Wilden Jäger*, und kein Tally-ho der

Menschen darf da erklingen, wo sein Jagdrevier angeht. Sonst stürmt er mit dem ganzen Wilden Heer herbei und reißt in dessen Wirbel die Unvorsichtigen mit sich fort. Bei alledem ist er von ganz anderer Natur als sein deutscher Kamerad. Es ist ein Elfenkönig, klein wie Däumling, in Smaragdgrün prächtig gekleidet und von einem Gefolge begleitet, das auf Pferden, nicht größer wie Ratten, über die Felsen wie über das Meer mit Windesschnelle galoppiert. Sugar Loaf selbst ist der große Sammelplatz aller irländischen Feen. Die Höhlen sind voller Seemuscheln und phantastischer Steingestaltungen, welche die Neugierde des Besuchers reizen, in denen aber, für alle Schätze der Welt, kein Eingeborner die Nacht zubringen würde. – Von der Spitze des Berges, oder besser Felsen, bis gegen diese Höhlen herab unterscheidet man bei klarem Wetter ein eignes Naturspiel: zwei gewundene, aber stets in gleicher Weite laufende Rinnen, die in der Ferne vollkommen einem Wagengleise gleichen. Was könnte dies anders sein als die Spur von der Fairy-Königin Wagen, worin sie auch mancher alte Bergbewohner bei Sonnenauf- oder -untergang in überirdischem Pomp hinauffahren sah, um das Jahresfest mit ihrer Gegenwart zu schmücken.

Gewiß wird der Alte bereit sein, mit jedem beliebigen Schwur die Wahrheit seiner Aussage zu bekräftigen, denn er *glaubt* daran, und das eben gibt den Märchen dieses Volks einen so verführerischen Reiz, daß man selbst davon angesteckt wird.

Col. W..., der früher ein leidenschaftlicher Jäger war, kennt Fuß und Gipfel eines jeden Berges im ganzen Distrikt genau und erzählt mir, chemin faisant, so viel Interessantes davon, daß mein Brief nicht enden würde, wenn ich ein getreues Echo aller dieser Geschichten aus ihm machen wollte. Hier ist die Jagd noch mit *Gefahren* verbunden, und diese wahrlich keine Kleinigkeit! Mancher verliert sein Leben dabei. Sie sind dreierlei Art: zuerst, mitten in den Felsen von einem jener Winternebel überfallen zu werden, welche hier öfters stattfinden und fast plötzlich den Wanderer mit dunkler Nacht und eisiger Kälte umfangen, wo ihm dann, wenn er den Ausweg nicht findet, nur die Alternative bevorsteht, das Leben durch Erstarrung (denn oft halten die Nebel ganze Tage und Nächte in den Schluchten fest) oder durch den Sturz in unsichtbare Abgründe zu verlieren. Wollen ihm die Fairies wohl, so kömmt er irgendwo glücklich wieder ans Licht, wehe aber denen, die sich ihre Ungnade zugezogen haben – zerschmettert oder erfroren finden sie sicher die Freunde am nächsten Morgen. Die zweite Gefahr ist von ganz anderer Art. Auf den weiten, unabsehbaren Bergebenen, die, gleich dem Meere, mit dem Horizont zusammenfließen, ohne daß auch nur der kleinste Busch ihre erhabene Einförmigkeit unterbricht, sind weite Sümpfe, welche das verfolgte Wild (die Grouse, eine Art Feld- oder Birkhuhn, den englischen Inseln eigentümlich) als Lieblingsaufenthalt wählt. Diese Sümpfe sind voll kleiner Erhöhungen, die durch Heidekraut gebildet werden und, wie so viel Maulwurfshügel, in geringer Entfernung voneinander darin verteilt sind. Nur indem man von einer dieser Erhöhungen auf die andere springt, kann man den Sumpf passieren. Verfehlt man sie in der Hitze der Jagd und findet nicht gleich eine andere in der Nähe, so ist man sicher, in dem grundlosen Moraste zu versinken. Das einzige Rettungsmittel bleibt zuletzt noch, schnell die Arme auszubreiten oder sich mit dem horizontal liegenden Gewehr zu halten, bis endlich Hülfe kömmt oder es einem gelingt, den nächsten Hügel zu erfassen.

Schlimmer und gefährlicher als alles dies aber ist es, von einem der fast wild zu nennenden Stiere des Gebürges attackiert zu werden. In diesem Fall befand sich Herr W... öfters, entkam jedoch immer glücklich, wiewohl auf verschiedene Weise. Einigemal erschossen er selbst oder seine Begleiter den Bullen, ehe er noch nahe kam, ein anderes Mal rettete er sich in einen der eben beschriebenen Sümpfe, wohin das wütende Tier zwar nicht folgen konnte, ihn aber doch länger als eine Stunde förmlich darin belagerte. Die Geschichte des letzten Anfalls aber schien mir besonders merkwürdig und beweist, daß ein Mensch, mit Kraft, Mut und Gewandtheit ausgerüstet, wohl jedem andern lebenden Geschöpfe allein widerstehen mag. Obrist W... war nur von einem Freunde und einem Eingebornen begleitet, welcher den Hund führte und mit einem langen weißen Stabe, wie sie hier gebräuchlich sind, versehen war. Des Obristen Freund schoß eine Grouse, und in demselben Moment sahen sie, in der Distanz von ohngefähr achtzig Schritt, einen Stier mit Wut auf sie zustürzen. W... rief seinem Freunde zu, schnell zu laden, während er den ersten Schuß tue, und legte an, als der Spürer rief: »Versprecht Ihr mir ein Glas Whisky extra zu geben, so will ich allein mit dem Stier fertig werden.« Indem drückte W... sein Gewehr ab, fehlte aber, sein Freund war noch nicht mit Laden fertig, und kaum hatte er Zeit, dem Manne zuzurufen: »Ein Dutzend Flaschen sollst Du haben«, als sie diesen Helden der Berge auch schon, in demselben Tempo, mit dem der Stier auf sie zustürzte, ihm selbst entgegenrennen sahen. Im Nu waren beide aneinander. Mit der größten Gewandtheit ergriff der junge Mann eines der Hörner des Bullen, dessen Kopf die Erde streifte, schwenkte sich einen Schritt seitwärts, und denselben Schritt dann während des Sprungs seines Gegners mit Blitzesschnelle wieder zurücktuend, faßte er mit beiden Händen des Bullen Schweif, ohne deshalb seinen weißen Stock fahrenzulassen. Alles dies war mit der Geschwindigkeit des Gedankens verrichtet worden – und nun begann der seltsamste Wettlauf, den man je gesehen. Der Stier wandte alles an, die an seinem Schweif hängende Last abzuschütteln, aber vergebens. Bergauf, bergab, über Felsen und Waldbäche rannte er wie rasend umher, doch sein Begleiter, gleich einem Kobold, schwang sich mit ihm über jedes Hindernis, oft an des Schweifes Spitze mehr in der Luft schwebend als laufend. In kurzer Zeit ward das Tier von Angst und Rennen ermattet und sank endlich am Fuße eines weiten Rasenabhanges, grade unter dem Ort, wo Mr. W... und sein Freund erstaunt dem Ausgange entgegensahen, völlig erschöpft und kraftlos nieder. Jetzt aber begann erst seine regelmäßige Strafe, und wahrscheinlich ward dieses Individuum an *dem* Tage für immer von seiner wilden Laune kuriert. Denn nun gebrauchte der Hirt seinen mit Blei ausgegossenen und mit einer Eisenspitze versehenen Stab, den er zu diesem Ende wohlweislich beibehalten hatte, als Korrektionsmittel, und damit den widerspenstigen Bullen fast lebendig gerbend, zwang er ihn, den Berg sich wieder hinanzuschleppen, wo er zuletzt zu Mr. W...s Füßen, die Zunge weit aus dem Halse streckend, zum zweiten Male lechzend niedersank und in diesem Zustande gänzlicher Machtlosigkeit von ihnen verlassen wurde. Der junge Bauer, den Mr. W... als ein Wunder jugendlicher Kraft und Agilität beschrieb, schien seinerseits nicht im geringsten von der Jagd ermüdet noch eitel auf seine Tat, sondern ruhig den weggeworfenen Pulversack und die Hundeleine wieder aufsuchend, verlor er kein Wort weiter über das Vergangene, als dem Obristen, indem er vergnügt mit den Augen winkte, zuzurufen: »Now, Master, don't forget the bottles!« (Nun, Herr, vergeßt die Flaschen nicht!)

Herrlich muß eine Hetzjagd sich in diesen Felsen ausnehmen! bald auf der Höhe oder an ihren Seiten hinstürmend, bald Fuchs und Hunde über Abgründe setzend oder alles plötzlich, wie ein Schattenbild, in der Bergschlucht verschwindend. Col. W... sah einst eine solche auf Hungry Hill, wo die ganze Meute unter dem Wasserfall durchjagte, ihr Heulen und Bellen mit dem Brausen der Wasser wild vermischend – bis zuletzt Reineke dasselbe Schicksal hatte, welches drei bis vier Hunde schon vorher betroffen, nämlich von den glatten Felsen abzuglitschen und unter der Jäger Gejubel, die unten im Wiesenkessel auf einem vorstehenden Felsen der Jagd bequem zusahen, viele hundert Fuß zu ihren Füßen herabzustürzen, wo alle seine List und alle seine Not ein Ende fand.

Soll ich nun noch mehr erzählen?

Wohlan – noch einmal, Hexen! sattelt mir den Pony – und dann Valet dem Lande der Märchen, der Felsen und der seit Jahrtausenden an ihnen nagenden, noch immer ihre weißen Zähne fletschenden Wogen. –

Sitze dann auf mit mir, Julie! en croupe wie ein irländisches Mädchen, und folge mir schnell durch die Lüfte zurück nach Iveragh, der Wildnis O'Connells. Freilich ist es ein Land der Adler und Geier, stürmender Wellen und abgerissener Felsen! aber dennoch gibt es dort einen Platz in Ballinskellig Bay, ohnfern O'Connells Schloßabtei, wo in alter Zeit mancher Tanz getanzt und manche Heirat geschlossen wurde. Denn ruhig und lieblich war der einsame Fleck mit seinem samtnen Boden, hohe Felswände schützten ihn vor dem Sturm, und glatter Sand, wie Atlas, senkte sich bei der Ebbe nach dem Meere hinab, das in der hellen Mondscheinnacht, gleich dem Reste der Schöpfung, zu schlummern schien, seine kleinsten Wellen nur selten, vom Hauch des Zephirs berührt, wie im Traume sich regend und kräuselnd.

In einer solchen Nacht war es, daß Maurice Adair, der Piper*, seinem Dudelsack die einladendsten Töne entlockte und die Jugend von Iveragh das Fest ihres Heiligen, lustiger als je, mit Tanz und Frohsinn feierte. Maurice war ein schöner und rüstiger junger Bursche – aber blind. Der Ärmste hatte nie der Sonne Licht gesehen, und Tag und Nacht war ihm gleich. Seiner Phantasie schwebten aber dennoch undeutliche Bilder von Schönheit und herzbewegenden Reizen vor, wenn sein Ohr die süßen Stimmen der Mädchen vernahm oder seine Hand einen weichen Schwanenhals fühlte oder auch, gleich Blumenduft, ein rosiger Atem seine Wange berührte. Maurice war verliebt, aber noch ohne Gegenstand – und sein Sehnen wußte sich nur in Melodien zu ergießen, die im einsamen Gesang oder den Lauten seiner Bagpipe** gar anmutig ertönten. Maurices Musik aber konnte noch weit mehr bewirken. Er hatte in seinem Instrumente einen Ton – der *wundervolle Ton* genannt und, wie man glaubte, von einem Elfen erst hineingebannt –, einen Ton, den, gleich Hüons Horn und gewiß von derselben Abstammung, niemand hören konnte, ohne sogleich seine Tanzlust zur unwiderstehlichen Leidenschaft anwachsen zu fühlen. Wie manches junge Mädchen in der Stadt, das eben ihrem ersten Balle beiwohnt und keinen solchen Stimulus bedarf, würde doch viel darum geben, im Besitz jenes Tones zu sein, um die trägen Dandys zu ermuntern, von denen einer nach dem andern sich wegschleicht oder auf dem Sofa liegt, dem dolce far niente hingegeben, statt sich mit ihr im Kotillon herumzudrehen. Hier, auf der mondbeglänzten Wiese, bedurften jedoch die aufgeweckten Bauerbursche keines fremden, unwiderstehlichen Reizes. Hinlänglich war die Anregung ihrer eignen Lust, und Maurice, unermüdlich aufspielend, ergötzte sich selbst, in seinen lüsternen Gedanken, an dem, was die andern in der Wirklichkeit und deshalb vielleicht weniger innig genossen. Doch fing auch er endlich an, sich nach einiger Realität zu sehnen, und da Musikanten nicht nur verliebter, sondern auch durstiger Natur zu sein pflegen, irländische Musikanten aber ohne Zweifel beide Bedürfnisse in doppeltem Maße empfinden, so versäumte auch Maurice nicht, die angenehmen Bilder seiner Phantasie gar fleißig mit heißem Whiskypunsch zu erfrischen. Bald schien es ihm, als drehe sein Kopf sich noch schneller als die wirbelnden Paare, ja ganz Iveragh schaukelte unter seinen Füßen. »Oh, noch ein Glas, Kitty! und einen Kuß dazu«, rief er stammelnd – aber Kitty, bange für des Tanzes Ende, wenn der Whisky die Bagpipe des Pipers Händen entrisse, versagte standhaft den Labetrank. Immer heftiger bestand dieser auf seinem Begehren – doch Kitty

* *Adair wird Adehr, Piper Peiper ausgesprochen.*

** *Ausgesprochen: Begpeip, der Dudelsack der Irländer, dem sie jedoch weit kompliziertere Eigenschaften zu geben und sanftere Töne zu entlocken wissen als die Wenden, Polen etc. dem ihrigen.*

blieb unerbittlich. »Wer so viel trinkt, braucht nicht zu küssen, und überdem mußt du spielen«, sagte sie, »damit *wir* tanzen, und kaum kannst du ja mehr die Finger rühren.« – »Ich nicht mehr die Finger rühren?« schrie Maurice entrüstet, »nun sollst du und ihr alle tanzen, bis ihr genug habt und euch mehr nach einem Tropfen Wasser sehnt als ich jetzt nach einem Glase gesegneten Whiskypunsches!« Im Zorne hierauf die Bagpipe an sich drückend, erschallte laut und schmetternd – der *wunderbare Ton* – und augenblicklich, im wilden Getümmel, wirbelte alt und jung durcheinander. Aber sieh! das schlafende Meer selbst erwacht, und hervor kommen Krabben und Seekrebse, eine zierliche Menuett auf dem glatten Sande exekutierend. Die Meerspinne tanzt vor, unnachahmliche Pas mit ihren langen Beinen vollbringend, und Codfisch und Steinbutt, Schellfisch und Sole balancieren auf ihren Schwänzen mit aller Grazie, die ihnen zu Gebote steht. Seehunde selbst versuchen den neuesten Galoppwalzer, und Austern, ihre Schalen öffnend, gleiten dahin mit dem Anstand einer Pariserin, die, die Ellenbogen ründend, beide Seiten ihrer Robe zierlich emporhebt. Staunend wurden diese ganz neuen Tänzer tanzend empfangen, unter denen sich Maurice, fortwährend blasend und nichts von allem gewahrend, schadenfroh mit herumdrehte. Doch da teilen sich nochmals die Fluten, und hervor schwebt, in wollüstig reizendem Tanz, die schönste der Meerjungfrauen. Frisch wie der junge Morgen war ihr Antlitz, ihr langes Haar strömte herab über den schneeweißen Busen, gleich durchsichtigen Wellen, röter blühten die Lippen als des Ozeans feurigste Korallen, blendender glänzten die Zähne als seine kostbarsten Perlen. Ihr silbernes Gewand aber schien gewebt aus dem Schaume der Wogen, mit unbekannten Seeblumen geschmückt, reicher schimmernd in brennenden Farben als Indiens funkelndster Edelstein.

Man sah ihr an, daß Damen, unter wie über dem Wasser, viel Sorge auf ihre Toilette verwenden, besonders wenn sie eine Eroberung beabsichtigen. Der Aussage der Augenzeugen nach hatte man nie einen verführerischerern, koketterern Anzug gesehen als den ihrigen, der so gut Schönes zu enthüllen und noch viel besser erraten zu lassen wußte. Nur der arme Maurice sah von alledem nichts, und doch war er es, auf den allein die Seekönigin es abgesehen hatte, denn wenige Augenblicke nur waren vergangen, als in der Verwirrung des Tanzes ihre Arme ihn sanft umfingen und eine melodische Stimme in süßen Tönen ihm zurief:

Mein Reich ist das Meer
Und prachtvoll mein Schloß.
Komm, Maurice Adair,
Komm, schwing dich aufs Roß.
Das Seepferd, horch! schnaubet
Und harret auf dich,
Der das Herz mir geraubet
Nun herrscht über mich!
So komm denn und eile,

Geschmückt ist der Saal –
Nicht länger mehr weile –
Und sei mein Gemahl! –

Es scheint, daß Maurice dieser eindringenden Einladung mit nicht weniger Empressement entgegenkam, denn obgleich seine alte Mutter, die ebenfalls seit einer halben Stunde wie rasend umherspringen mußte und schon beide Holzschuhe nebst mehreren der wesentlichsten Kleidungsstücke verloren hatte, ihren letzten Atem anstrengte, ihm kläglich nachzurufen, doch um Gottes und St. Patricks willen keinen *Fisch* zu heiraten, obgleich sie, als letztes Argument, selbst anführte, daß sie ja künftig nicht einmal mehr Stockfisch mit zerlassener Butter essen könne, ohne fürchten zu müssen, vielleicht ihren eignen Enkel zu verspeisen – so war doch alles umsonst! »Halb zog sie ihn, halb sank er hin«, und als *der wundervolle Ton* verhallte und alle Tänzer ermattet Luft schöpfen, hatte bereits eine hohe Welle, welche während der ganzen Zeit hinter ihnen gestanden (wahrscheinlich das erwähnte Leibroß der Königin), beide verschlungen, und nur ein leises »Lebe wohl, Mutter!«, das der Wind herübertrug, war der letzte Laut, den man je von Maurice dem Piper vernahm.

Auch mein Brief schließt hiermit, liebe Julie; noch weiß ich nicht, woher ich Dir den nächsten adressieren werde, aber wenn Du meiner gedenkst, so sage Dir nur, daß ich mich nie wohler und froher befand.

Dein ewig treuer L…

Sechsunddreissigster Brief

36

Macroom, den 5. Oktober 1828

Geliebte Teure!

Das Scheiden ward mir schwer – Du jedoch, die mich ganz woanders hinwünschest, wirst gewiß sagen, daß ich schon viel zu lange geblieben –, und so riß ich mich denn los von den guten Leuten und ihrem romantischen Wohnsitz. Es war grade Sonntag, und die alte Dame konnte sich nicht enthalten, ohngeachtet ihrer sichtlichen Herzlichkeit für mich, strafend auszurufen: »Aber wie ist es möglich, daß ein *guter* Mensch wie Sie an einem *Sonntag* eine Reise antreten kann!« Du weißt, daß die englischen Protestanten schon von Jakob I. Zeiten an, wo diese Vergötterung des Sonntags anfing und bald wütende Parteisache wurde, jetzt fast allgemein diesen Tag zu einem wahren Totentage gestempelt haben, an dem Tanz, Musik und Gesang verpönt sind, so daß ganz Fromme selbst die Kanarienvögel verhängen, damit ihnen kein Singlaut in der heiligen Zeit entfahre. Auch darf kein Brot gebacken und kein nützliches Geschäft überhaupt verrichtet werden – wohl aber mögen Trinken und andere Laster noch üppiger als an Wochentagen blühen, denn niemals liegen die Straßen mehr voller Betrunkenen als am Sonntag, und niemals sind, den Polizeiaussagen nach, gewisse Häuser voller mit Besuchern angefüllt. Viele Engländer halten das Tanzen am Sonntage unbedingt für eine größere Sünde als bloß etwas zu stehlen oder dergleichen, und ich las sogar in einer Geschichte von Whitby *gedruckt*, daß die dortige einst reiche Abtei habe untergehen müssen, weil die Mönche nicht nur jedes Laster, Mord und Notzucht nicht ausgenommen, sich erlaubt, sondern ihr verbrecherischer Abt selbst am heiligen Sonntage habe *arbeiten* und den Bau des Klosters fortsetzen lassen.

Von diesem Wahne war denn auch die gute Mistress W... angesteckt, und es ward mir ziemlich schwer, die begangene Sünde mit der dringendsten Notwendigkeit zu entschuldigen. Um sie jedoch völlig zu besänftigen, fuhr ich vorher noch mit der ganzen Familie auf der Bay zur Kirche nach B..., welche nicht sehr außer meinem Wege lag. Ich erzählte ihnen bei dieser Gelegenheit die seltsame Vision eines der Söhne meines früheren gütigen Wirtes, des Capitaine B..., der dadurch zum Übergang zu der katholischen Kirche vermocht wurde. Er war, wie er mir selbst sagte, ein ebenso eifriger Protestant als Orangeman und ging eines Tags in Dublin in die katholische Kirche, mehr um sich über die dort stattfindenden Zeremonien lustig zu machen als aus einem andern Grunde. Dennoch rührte ihn wider Willen die schöne Musik, und als er jetzt den Blick auf den Hochaltar zurückwarf, siehe – da stand der Erlöser selbst leibhaftig vor ihm, mit Engelsmilde das Auge fest auf ihn gerichtet, lächelte ihn freundlich an, winkte mit der Hand und schwebte dann langsam, ihn fortwährend fest anblikkend, zur Kuppel empor, bis er dort, von Engeln getragen, verschwand. Von diesem Augenblick an war B... überzeugt, ein besonderer Liebling Gottes zu sein, und wenige Tage darauf trat er zu einer *andern* alleinseligmachenden Kirche über (denn die orthodoxe englisch-protestantische glaubt dieses Privilegium *auch* zu besitzen). Wie philosophisch urteilten meine gläubigen Freunde über *diese* Bekehrung! »Ist es möglich«, riefen sie, »welcher krasse Aberglaube! Gewiß, das war entweder eine Fieberphantasie, oder der Mensch ist ein Heuchler und hatte andere Gründe; entweder ist er toll, oder er erfand das Märchen nur zu seinem Vorteil.«

O Menschen, Menschen! wie recht hat Christus, wenn er sagt: Ihr seht den Splitter im fremden Auge und den Balken im eignen nicht! Gewiß, es geht uns allen so, mehr oder weniger, und ich nehme sicherlich Deinen armen Freund nicht von der allgemeinen Regel aus.

Wir trennten uns endlich, nicht ohne gegenseitige Rührung; worauf mich (dessen exzentrische Art zu reisen übrigens den jungen Damen sehr gefiel) ein Bergkarren aufnahm, mit einem Gaule bespannt, der keineswegs eine glänzende Apparence hatte. Die bestimmte Tagereise betrug dreißig Meilen und begann äußerst langsam. Nach einiger Zeit ward das elende Pferd beim Bergsteigen sogar stätisch, was mich einigemal zwang, den Wagen zu verlassen, um nicht etwa in irgendeinem Abgrund begraben zu werden. Das entetierte Tier mußte nun fortwährend am Zaume geführt werden, oder es weigerte sich, einen Schritt weiterzugehen. Eine ganze Weile trabte der Kutscher rüstig daneben her, konnte es aber am Ende nicht länger aushalten, und der Himmel weiß, was aus uns geworden wäre, wenn wir nicht zum Glück einem Reiter begegnet wären, der einwilligte, sein Pferd statt des unsrigen einzuspannen, mit welchem ich denn Macroom erst spätabends erreichte. Unterwegs stieß mir nichts Merkwürdiges auf als der sogenannte Glen, ein langer und tiefer Felsenpaß, in dem, zu der Zeit der Verschwörung der Whiteboys, Lord B... und Col. W... von diesen, welche die Höhen besetzt hatten, überfallen wurden und ihnen nur mit genauer Not entgingen. Die Whiteboys hatten ihre Maßregeln sehr gut getroffen und während der Nacht einen großen Felsblock abgelöst, den sie beim Anmarsch der Truppen plötzlich mitten in den Weg herabrollen ließen, wodurch das gegen sie gesendete Kavallerie-Detachement nicht nur unvermutet am weitern

Vordringen gehindert wurde, sondern sich zugleich, von hinten abgeschnitten, in einer verzweiflungsvollen Lage sah. Sehr viele kamen dabei um, die beiden genannten Gentlemen aber, welche vortreffliche Hunters ritten, entkamen glücklich durch ihre Hülfe, indem sie sich einen fast impraktikabeln Weg an den Felsabhängen bahnten, während ein ununterbrochener Kugelregen auf sie herabsauste. Obrist W... wurde jedoch nur leicht am Arme verwundet, Lord B... blieb ganz unversehrt.

In der überaus wilden Gegend liegt, ohnfern von hier, ein großer See mit einer bebuschten Insel in seiner Mitte. Hier steht eine heilige Kapelle, zu der alljährlich große Wallfahrten angestellt werden. Die vorgerückte Tageszeit erlaubte mir jedoch nicht, sie näher zu besichtigen.

Macroom ist ein recht freundlicher Ort, mit einem schönen Schloß, dem Onkel der reizenden Afrikanerin (dem ihres Mannes eigentlich) gehörig. Sie hatte mir einen Brief an ihn mitgegeben, ich machte aber keinen Gebrauch davon, um nicht noch mehr Zeit zu verlieren.

Cork, den 6.

Sehr früh verließ ich Macroom in einem gingle, eine Art bedeckter Diligence mit zwei Pferden. Es regnete und stürmte wieder; denn, gute Julie, ich befinde mich überhaupt nicht mehr, wie die Irländer hübsch sagen, »an der Sonnenseite des Lebens«.

Drei Frauenzimmer waren mit mir im Wagen und ein fünfjähriger großer Bengel, der sich sehr unnütz machte und von seiner sonst recht hübschen und lebhaften Mama entsetzlich verzogen wurde. Obgleich er eine große Semmel und ein gleiches Stück Kuchen vor sich hatte, an denen er fortwährend speiste und den Wagen mit Krumen und Brocken anfüllte, wurde doch seine üble Laune bei jeder Gelegenheit rege. Das Geschrei, welches er dann erhob, und das Getrampel seiner Füße, das er oft, ganz unbekümmert, auf den meinigen spielen ließ; die Begütigungen der Mutter und ihr Zu-Hülfe-Rufen des Mannes, der auf der Imperiale saß; dann ihre beständigen Bitten, doch einen Augenblick anzuhalten, weil dem armen Wurme vom Fahren übel geworden sei, oder weil er trinken oder noch etwas anders tun müsse; zuletzt gar eine sich verbreitende mephitische Luft, welche die Mama selbst zwang, die Fenster zu öffnen, die sie bisher, aus Furcht, der Kleine möchte sich, ohngeachtet seines Pelzes, erkälten, stets hermetisch zugehalten hatte – es war eine wahre Geduldsprobe! Auch für sich schien die junge Frau ebenso ängstlich als für ihr Kind, denn sooft der Wagen etwas auf die Seite hing, fing sie an zu schreien und klammerte sich, mir fast um den Hals fallend, mit beiden Händen an mich an. Dies war noch das erträglichste meiner Leiden, und es belustigte mich deshalb, ihre Angst oft ein wenig zu vermehren. In den Zwischenakten erklärte sie mir mit vielem Patriotismus die Merkwürdigkeiten der Gegend, machte mich auf die schönen

Ruinen aufmerksam und erzählte mir ihre Geschichte. Zuletzt zeigte sie mir einen, mitten im Felde stehenden, spitzen und turmartigen Stein und sagte, daß diesen ein Dänenkönig von dort über den See geworfen habe, um seine Stärke zu zeigen. Auch ihr Mann mußte von der Imperiale herunter, um diesen Stein zu bewundern, wobei sie ihm spottend verwies, daß die jetzigen Männer, wie er z. B., nur elende Schwächlinge gegen jene Riesen wären. Zugleich übergab sie ihm den Jungen, um ihn beiseite zu tragen. Der Ärmste machte ein langes Gesicht, zog die Nachtmütze über die Ohren und folgte geduldig dem Befehl.

Das Land wird jetzt sehr fruchtbar, voll reicher Feldfluren; hie und da sieht man stattliche Landsitze. Cork selbst liegt in einer tiefen Schlucht, höchst malerisch, am Meer. Es hat ein altertümliches Ansehn, welches noch origineller durch die Bekleidung vieler Häuser über und über mit schuppenartigen Schieferpanzern wird. Prachtvolle Gebäude sind die beiden neuen Gefängnisse, das der Stadt und das der Grafschaft, wovon das eine im antiken Geschmack, das andere im gotischen Stil aufgeführt ist und einer großen Festung ähnlich sieht.

Nachdem ich gefrühstückt und mehrere kleine Häuslichkeiten besorgt hatte, mietete ich ein sogenanntes Walfischboot (schmal und spitz an beiden Enden und daher sicherer und schneller als andere) und segelte bei gutem Winde in der Bay, welche The River of Cork genannt wird, nach Cove, wo ich mir vornahm, zu Mittag zu speisen. Ein Teil dieser ohngefähr eine Viertelstunde breiten Bucht bildet für Cork, von der Meerseite, eine der schönsten Entreen in der Welt! Beide Ufer bestehen aus sehr hohen Hügeln, die mit Palästen, Villen, Landhäusern, Parks und Gärten bedeckt sind. Auf jeder Seite bilden sie, in ungleicher Höhe sich erhebend, die reichste, stets abwechselnde Einfassung. Nach und nach tritt dann, in der Mitte des Gemäldes, die Stadt langsam hervor und endet auf dem höchsten Berge, der den Horizont zugleich schließt, mit der imponierenden Masse der Militärbaracken. So ist der Anblick von der See aus. Nach Cove zu verändert er sich öfters, nachdem die Krümmungen des Kanals die Gegenstände anders vorschieben. Die eine dieser Aussichten schloß sich ungemein schön mit einem gotischen Schloß, das auf den hier weit hervorspringenden Felsen mit vielem Geschmack von der Stadtkommune erbaut worden ist. Durch die vortreffliche Lage gewinnt es nicht nur an Bedeutung, sondern es erscheint, wenn ich mich so ausdrücken darf, wie natürlich dort, während dergleichen, an andern Orten, so oft nur als ein unangenehmes Horsd'œuvre auffällt. Obwohl ich glaube, daß wir den Engländern in der edlern Baukunst überlegen sind, so fehlen wir doch darin, daß wir bei unsern Gebäuden viel zu wenig die Umgebung und die Landschaft umher berücksichtigen. Diese aber ist es grade, welche größtenteils für den zu wählenden Stil entscheiden sollte.

Die Burg hier schien für irgendeinen alten Seehelden bestimmt, denn der Eingang war bloß vom Meer aus ange-

DIE BUCHT THE RIVER OF CORK

bracht. Ein kolossales Tor, mit Wappen verziert, in das die Fluten bis an den Fuß der Treppe drangen, wölbte sich über der schwarzen Öffnung. Ich dachte mir Folko mit den Geierflügeln, wie er eben von einem gewonnenen Seetreffen hierher zurückkehrt, und belebte mir das Meer mit Phantasiebildern aus Fouqués »Zauberring«.

Wir segelten hierauf mit gutem Winde bei Passage, einem Fischerdorf, und Monkstown vorbei, das seinen Namen (Mönchsstadt) von einer im Walde darüber liegenden Klosterruine herschreibt. Hier fing der eine Zeitlang unterbrochne Regen wieder an, gab aber diesmal Gelegenheit zu einer herrlichen Naturszene. Wir wandten uns bei der Insel Haulbowline in die enge Bay von Cobh, die einen sehr schönen Anblick gewährte, denn ihren Eingang bildet links eine hohe Küste mit Häusern und Gärten, rechts die genannte Berginsel, auf der ein Fort, weitläuftige Marinegebäude und Storehäuser stehen, die das Material für die Seemacht enthalten; vor uns aber, in der Bay selbst, lagen mehrere Linienschiffe und Fregatten der Königlichen Flotte nebst einem zweiten Deportiertenschiff vor Anker, und hinter diesen erhob sich die Stadt Cobh, stufenweise am Berge aufgebaut. Indem wir dies alles eben ansichtig wurden, trat, an einem feuergelben Fleck des Himmels hinter uns, die dem Untergehen nahe Sonne unter den regnenden Wolken hervor, während vorn sich ein Regenbogen, so vollständig und tiefgefärbt, als ich ihn nie mich erinnere gesehen zu haben, über den Eingang der Bay spannte, aus dem Meere emporwachsend und wieder in dasselbe herabsinkend gleich einer Blumenpforte, Himmel und Erde zu verbinden bestimmt. Innerhalb seines riesenhaften Halbkreises erschien das Meer und die Schiffe, die ein Berg in unserm Rücken schon vor der Sonne deckte, ganz schwarz, wogegen die abendlichen Strahlen über das höhere Amphitheater von Cobh eine solche Glorie von Licht ergossen, daß die darin schwebenden Seemöwen wie klares Silber schimmerten und jedes Fenster in der, den Felsen hinansteigenden, Stadt wie glitzerndes Gold erglänzte. Dieser unbeschreiblich schöne Anblick hielt nicht nur in derselben Beleuchtung aus, während wir einfuhren, sondern, kurz vor dem Landen, verdoppelte sich der Regenbogen sogar, beide Bögen in gleicher Schönheit der Farben brennend, worauf aber auch beide, als wir noch kaum den Fuß ans Ufer gesetzt, fast im Augenblick verschwanden.

Ich etablierte mich nun sehr vergnügt am Fenster des kleinen Gasthofs, in der Hoffnung, eine vortreffliche Fastenmahlzeit mit den delikatesten frischen Fischen zu machen. Es blieb aber bloß beim *Fasten*, denn auch nicht ein Fisch, noch Auster oder Muschel war zu bekommen. In den kleinen Fischerorten am Meer begegnet dies häufiger, als man glaubt, weil alles Disponible sogleich zum Verkauf in die großen Städte gebracht wird. In dieser Hinsicht war also mein Zweck schlecht erreicht, und ich mußte mich mit den gewöhnlichen, in englischen Gasthäusern unsterblichen »Mutton-chops« begnügen. Doch ließ ich mir meine

Laune dadurch nicht verderben, las ein paar alte Zeitungen, deren ich lange nicht gesehen, zum kärglichen Mahle und trat, nach schon eingebrochner Dunkelheit, meinen Rückweg zu Lande an. Ein offner Karren mit Strohsitz war alles, was ich mir verschaffen konnte; der Wind blies kalt und heftig, und ich war genötigt, mich dicht in meinen Mantel zu hüllen. Wir cotoyierten das Meer in ziemlicher Höhe, und die vielen Lichter der Schiffe und Marinegebäude unter uns glichen einer reichen Illumination. Fünf flackernde Flammen tanzten wie Irrwische auf dem schwarzen Schiffe der Deportierten, und ein Kanonenschuß, der vom Wachtschiff gefeuert wurde, donnerte dumpftönend durch die Stille der Nacht.

Als diese Aussicht verschwand, wendete ich meine Aufmerksamkeit erst auf den ungemein klaren Sternhimmel. Wer kann lange in die hehre Pracht dieser flimmernden Weltkörper blicken, ohne von den tiefsten und süßesten Gefühlen durchdrungen zu werden! Es sind die Charaktere, mit denen Gott von jeher am deutlichsten mit den Menschenseelen gesprochen hat. Und doch hatte ich der himmlischen Lichter nicht gedacht, solange noch die irdischen glänzten! Aber so geht es immer auf der Erde – erst wo diese uns verläßt, suchen wir den Himmel auf. Sie liegt uns ja auch näher, und ihre Autorität bleibt für uns die mächtigste – grade wie der Bauer mehr von der Person des Amtmanns als der des Königs in Zaum gehalten wird; der Soldat sich mehr vor seinem Lieutenant fürchtet als dem General en chef; der Hofmann mehr dem Günstling als dem Monarchen die Cour macht, und endlich der Fromme ... doch wir wollen darüber nicht weiter philosophieren, liebe Julie, denn Dir brauche ich es ja nicht zu wiederholen: qu'il ne faut pas prendre le valet pour le roi. –

den 7.

Wie ich aus den Zeitungen sehe, trübt sich der politische Himmel immer mehr. Oh, wäre ich jetzt dort! in jenen von den unsern so verschiedenen Regionen, mitkämpfend in den Reihen der bisherigen Arrièregarde der Zivilisation, welche sich nun umdreht, um als Avantgarde sie den Barbaren mit dem Schwert in der Faust zuzubringen und, im Lehren immer besser selbst lernend, vielleicht sich bald an die Spitze des ganzen alternden Weltteils stellen wird. Nicht zu berechnende Folgen kann, *muß* dieser Krieg haben. – Es ist kein gewöhnlicher Türkenkrieg mehr. Alle Zeichen verkünden in ihm den Beginn einer neuen Weltepoche, und sollte auch das europäische Interesse schwerlich jetzt schon eine Hauptkrisis gestatten, so wird er doch der erste der magnetischen Striche sein (das baquet bilden die russischen Kanonen), von denen der seit so vielen Jahrhunderten wie im unbeweglichen Grabe schlummernde Orient zum Hellsehen zu erwachen bestimmt ist. Wie unermüdlich wird hier Wirkung und Wechselwirkung sein, und welche Geheimnisse wird der Magnetisierte dem Magnetiseur verraten!

In Europa aber nimmt Kultur und Politik einen solchen Weg, daß hier der letzte Akt des Dramas unsrer Zeit sich wahrscheinlich nur mit einem allgemeinen kommerziellen Kampf gegen England schließen kann, dem stolzen England, dessen Handelsuniversalmonarchie schwereren Tribut von uns erhebt als aller militärische Druck weiland Napoleons. Gewiß hatte dieser Heros bei seinem Kontinentalsysteme die richtige Ansicht gefaßt, woran es eigentlich Europa not tue. Er glich nur einem zu gewaltsamen Arzte, der vorläufig seinem Patienten Hände und Füße bindet, um ihm die, seiner Meinung nach, heilsame Medizin sofort, bon gré mal gré, einzuflößen. Es war daher sehr natürlich, daß sich der Patient, sobald er konnte, losgerissen und den Arzt zur Türe hinausgeworfen hat – ob er aber dennoch in der Folge die Kur nicht auf diese oder jene Art von neuem und freiwillig wird wieder anfangen müssen, ist eine andere Frage. England hat uns in der Zivilisation vorgeleuchtet und ist dadurch größer und mächtiger als alle geworden, aber grade deshalb trägt es auch, nach den unwandelbaren Gesetzen der Natur, die hier Vollkommenheit des einzelnen nicht gestattet, wieder den Keim früheren Verwelkens in sich. Unverträgliche alte und neue Elemente von gleicher Gewalt, die sich in ihm bekämpfen, müssen es über kurz oder lang von dem Gipfel herabziehen, auf dem es jetzt noch glänzt. Es wird dann, im Laufe der Zivilisation, andern zum Schemel dienen (ja vielleicht geschah es schon), die nächste Stufe zu erklimmen, nachdem es lange selbst auf der höchsten wohnte, denn alles Irdische hat seine zugemessene Zeit. Ist der Kulminationspunkt einmal erreicht, so geht unfehlbar die Rückkehr an – und fast scheint es, als sei die Epoche von Waterloo und der Sturz Napoleons ein solcher für England gewesen.

Sonderbar bleibt es immer, daß von jenen Inseln her die mächtigste Quelle der Freiheit und Aufklärung uns zuströmte und wir dennoch fremde Despotie grade dort zuletzt werden bekämpfen müssen. Diese scheinbare Undankbarkeit herrscht aber fast überall in der Geschichte. Einiges Nachdenken erklärt und rechtfertigt sie.

Mitchelstown, den 9., früh

Um vier Uhr nachmittags verließ ich gestern Cork in der Mail, neben dem Kutscher sitzend, dessen vier Pferde ich gelegentlich dirigierte. Bis eine Stunde von der Stadt ist die Gegend pittoresk, nachher schien sie ziemlich uninteressant, auch ward es bald dunkel. Nach einigen Stationen verließen uns die meisten Passagiere, und ich setzte mich *in* den Wagen, wo mir ein dreistündiges tête à tête mit einer Dame beschert wurde – leider war sie indessen siebenzig Jahre alt und eine Puritanerin, aber, wie es schien, keine Puristin. Diese unangenehme Gesellschaft sowie die Lobeserhebungen, welche ein früherer Reisegefährte mir von dem neuerbauten gotischen Schlosse zu Mitchelstown gemacht, bewogen mich, mitten in der Nacht die Mail zu verlassen und hier den Morgen zu erwarten. Um sieben Uhr weckte man mich, um das gepriesene Wunderwerk in Augenschein zu nehmen. Ich fand mich aber sehr getäuscht, so wie einige andere Fremde, die derselbe Zweck hierhergeführt hatte. Man zeigte uns allerdings einen großen und kostbaren Steinhaufen, der dem Besitzer fünfzigtausend Pfund Sterling aufzuführen gekostet hatte, ein Hauptingredienz war aber dabei vergessen worden, nämlich guter Geschmack. Das Gebäude ist erstens viel zu hoch für seine Ausdehnung, hat nur Konfusion im Stil ohne Varietät, eine schwerfällige Außenlinie, und machte überhaupt einen *kleinen* Effekt mit *großer* Masse. Dazu stand es kahl auf dem Rasen, ohne irgendeine malerische Unterbrechung, welche Schlösser im gotischen oder verwandten Stil grade am meisten bedürfen; auch der unansehnliche Park besaß weder eine schöne Baumgruppe noch eine erwähnungswerte Aussicht.

Ich habe so viel Worte über dieses mankierte Werk verloren, weil es, des Namens des Besitzers und der großen Kosten seines Baues wegen, eine gewisse Reputation in Irland hat. Wie unendlich überlegen ist ihm jedoch die, vielleicht mit dem achten Teil dieser Mittel ausgeführte Anlage meines guten Col. W..., welche niemand kennt.

Die innere Verzierung des Schlosses glich seinem Äußern; in fünf Minuten hatten wir völlig genug daran, und da man zwar von einer schönen Aussicht auf der Höhe des Turms sprach, aber den Schlüssel dazu nicht finden konnte, so kehrten wir alle verdrießlich in den Gasthof zurück. Hier erzählte mir beim Frühstück einer der Fremden allerlei Interessantes über die hiesige Gegend und Menschen. Lord K..., sagte er unter anderm, hat selbst und in seiner Familie ungewöhnliche Aventuren erlebt. Er ist jetzt als einer der eifrigsten Orangemen mehr gefürchtet als geliebt. Sein Vater wurde, erst zwölf Jahr alt, mit der zehnjährigen Erbin alles des jetzt von der Familie besessenen Vermögens vermählt, wobei Hofmeister und Gouvernante die Instruktion erhielten, die *jungen Eheleute* wohl bewachen und vor jedem tête à tête bewahren zu lassen. Indessen, »somehow or other«, wie mein Irländer sagte, kamen sie drei Jahr später dennoch einmal zusammen, und der jetzige Lord war das Resultat dieser kleinen équipée. In der Folge bekamen sie noch mehrere Kinder, von denen ich, beiläufig gesagt, einen Sohn in Wien kannte. Er war ein ausgezeichnet schöner Mann und berühmt durch seine bonnes fortunes; damals der erklärte Liebhaber der Herzogin von..., die er mit so wenig Gêne behandelte, daß, als er mich einst in dem Hotel, wo beide wohnten, zum Frühstück eingeladen hatte, ich die Herzogin allein dort antraf, während er selbst erst später aus seiner, oder ihrer, Schlafstube, ich weiß nicht, welcher, im Schlafrock und Pantoffeln eintrat.

Das jüngste Kind des Lords war eins der reizendsten Mädchen in Irland geworden. Sie zählte erst sechzehn Jahr, als sich ein Vetter von mütterlicher Seite, ein verheirateter Mann mit Namen F..., ebenfalls in dem Ruf, ein unwiderstehlicher Weiberverführer zu sein, in sie verliebte und auch diesen Ruf so glänzend bei ihr bestätigte, daß er sie, die angebetete Tochter des mächtigen Grafen, vermochte – nicht nur ihm ihre Unschuld zu opfern, sondern sogar als förmliche Mätresse nach England zu begleiten, wo er beinah ein Jahr lang, erst verborgen, mit ihr lebte, zuletzt aber die Effronterie hatte, sie nach einem der besuchtesten Badeörter zu bringen. Hier wurde natürlich ihr Aufenthalt entdeckt und sie zum zweitenmal, aber diesmal auf Befehl ihres Vaters, entführt und im Norden Englands in sichern Verwahrsam gebracht. F..., vielleicht nur durch den erfahrenen Widerstand der Familie angeregt, beschloß, sie, es koste, was es wolle, wieder in seine Gewalt zu bekommen, und da er glaubte, man habe sie auf die väterlichen Besitzungen zurückgebracht, eilte er unverzüglich, durch eine Verkleidung gänzlich entstellt, nach Irland. Hier logierte er sich in demselben Gasthof ein, in dem wir jetzt eben frühstückten, und suchte den Aufenthalt seiner Geliebten zu erspähen. Seine gelegentlichen Erkundigungen, sein ganzes geheimnisvolles Benehmen und der unglückliche Umstand, daß ein früherer Bekannter von ihm äußerte, er habe nie eine größere Ähnlichkeit gesehen, als zwischen dem Fremden und dem berüchtigten F... stattfinde, erweckten den Argwohn des Wirts, welcher sogleich sich aufmachte, um Lord K... seinen Verdacht mitzuteilen. Dieser empfing die Mitteilung scheinbar ganz gelassen und empfahl dem Angeber bloß die größte Verschwiegenheit. Dann frug er, zu welcher Zeit der bewußte Fremde gewöhnlich aufzustehen pflege, und als er vernahm, daß dies nie vor acht Uhr der Fall sei, entließ er den Wirt mit einem Geschenk und setzte hinzu, daß er morgen früh um sechs Uhr selbst die Sache untersuchen werde, wo er ihn bäte, seiner *allein* zu warten. Der Morgen kam und mit ihm pünktlich der Graf. Ohne weitere Umstände stieg er, in Begleitung des Wirts, die Treppe hinan und verlangte von des Fremden Diener, ihm augenblicklich das Zimmer seines Herrn zu öffnen; als dieser sich weigerte, brach er selbst die Türe mit einem kräftigen Fußstoße ein, ging dann zum Bette, wo F..., vom Lärm aufgeschreckt, sich eben aufrichtete, sah ihn fest an, zog, als er an seiner Identität keinen Zweifel mehr hegte, ein Pistol aus der Tasche – und zerschmetterte ganz ruhig dem modernen Don Juan den Kopf, dessen Leichnam ohne einen Laut in das Bett zurücksank. – Die Folge beweist, wie leicht es in England die Gesetze einem Vornehmen und Mächtigen machen, sich ihnen zu entziehen, wenn kein noch Größerer da ist, der ein Interesse hat, Rechenschaft von ihm zu fordern. Lord K... wurde zwar in Untersuchung gezogen – da er aber Sorge getragen, sich mit den einzigen beiden Zeugen zu arrangieren und sie infolgedessen zu entfernen, so ward er wegen Mangel eines Klägers und Beweises freigesprochen. Für dieselbe Sache darf nun in England niemand, der einmal »aquitted« (freigesprochen) ist, von neuem in Anspruch genommen werden. Es war daher von diesem Augenblick an, ohngeachtet des ganz offenkundigen

Mordes, alle Gefahr einer Bestrafung für den Grafen vorüber. Das junge Mädchen soll bald nachher ganz verschollen oder gestorben sein, Lord K... überlebte sie aber lange, im späten Alter noch dafür berüchtigt, die schönsten Mätressen zu haben, von denen er auf jeder seiner Besitzungen eine hielt. Die Folge dieser Unregelmäßigkeiten war endlich eine Trennung von seiner Gemahlin und die erbittertesten Streitigkeiten zwischen ihm und ihr, die bis zu seinem Tode dauerten. Unterdessen hatte sein ältester Sohn, der jetzige Earl, sich gegen des Vaters Willen, noch unmündig, in Sizilien verheiratet, bereits drei Kinder mit seiner jungen Frau gezeugt und gänzlich von seinem Vaterlande getrennt, als plötzlich eine höchst liebreiche Einladung des alten Lords, die alles Vergangene zu vergeben und zu vergessen versprach, bei ihm eintraf und ihn mit seiner ganzen Familie zur Rückkehr bewog. Kaum angekommen indes, ward durch seines Vaters Einfluß seine Ehe für ungültig erklärt und kassiert, die Mutter zu Hause geschickt und über die Kinder, als uneheliche, in England disponiert. Der Sohn scheint sich, wider Erwarten, ohne viele Mühe den Ansichten seines Vaters gefügt zu haben, denn nicht lange darauf heiratete er gleichfalls eine reiche Erbin und führte, nach des alten Grafen Tode, einen noch erbitterteren Prozeß mit seiner Mutter als jener, um sogleich in den ihm von ihr verweigerten Besitz ihrer Güter zu treten. Er konnte jedoch seinen Willen hierin nicht durchsetzen, ebensowenig wie sie später den ihrigen, ihn gänzlich zu enterben.

Welches Sittengemälde der Vornehmen des 18. Jahrhunderts!

Cashel, spätabends

Der kommunikative Fremde setzte die Reise mit mir bis Cashel fort. Das Wetter war leidlich, das heißt, es regnete nicht – und das war in diesem nassen Lande hinlänglich, den guten Freund neben mir einmal über das andere ausrufen zu machen: »What a delightful day! what lovely weather!«* Ich zog vor, einen Teil des Wegs zu Fuß zu gehen, wobei ein großer achtzehnjähriger, comme de raison zerlumpter Bursche mir zum Führer diente. Er ging sehr beschwerlich, in einer Art Pantoffeln, und schien an den Füßen verwundet, als ich ihn aber deshalb befragte, antwortete er: »O nein, ich habe bloß Schuhe angezogen, weil ich Militär werden will und ich mich daher sachte daran gewöhnen muß, Schuhe zu tragen. Es geht sich aber so verzweifelt schlecht in den Dingern, daß ich gar nicht fortkommen kann!«

Nach meiner Art, die keine Auskunft verschmäht, oft aber, selbst in der Unterhaltung mit dem Gemeinsten, einige brauchbare Ähren aufliest, erkundigte ich mich bei meinem Führer nach dem jetzigen Zustande der Provinz. »Ja«, sagte er, »hier ist es noch ruhig, aber in Tipperary, wo wir jetzt bald hinkommen werden, besonders weiter hin

* *Welcher himmlische Tag! welch liebliches Wetter!*

nach Norden, da wissen sie den Orangemen wohl die Spitze zu bieten. Dort haben uns O'Connell und die Association ordentlich wie Truppen organisiert. Ich gehöre auch dazu und habe auch zu Hause meine Uniform. Wenn Ihr mich so sähet, würdet Ihr mich kaum wiederkennen; vor drei Wochen waren wir alle dort, über vierzigtausend Mann zusammen, um Revue über uns halten zu lassen. Wir hatten alle grüne Jacken an, die sich jeder anschaffen muß, so gut er kann, und mit der Inschrift auf dem Arm: ›King George and O'Connell‹. Unsre Offiziere haben wir selbst gewählt; die exerzieren uns, und wir können schon marschieren und schwenken wie die Rotröcke. Waffen hatten wir freilich nicht, aber ... die würden sich auch wohl finden – wenn O'Connell nur wollte. Fahnen hatten wir, und wer sie verließ oder sich betrank, den warfen wir ins Wasser, bis er wieder nüchtern wurde. So was ist aber selten vorgekommen. Man nennt uns nur O'Connells Miliz.«

Das Gouvernement hat seitdem weislich diese Heerschau verboten, und mein angehender Volkssoldat war wütend auf Lord K..., der alle seine tenants (kleine Pächter, die in Irland fast mehr als Leibeigne von Lords abhängig sind), welche bei der Revue gegenwärtig gewesen waren, hatte arretieren lassen. »Aber«, fügte er hinzu, »jede Stunde, die sie im Gefängnis sitzen, soll dem Tyrannen bezahlt werden, den wir lieber tot als lebendig sähen. Wären sie hier in Cork nur nicht solche zahme Schafe! in Tipperary hätten sie ihm längst das Handwerk gelegt. O'Connell kömmt auch nie hier durch, wenn es auch sein nächster Weg ist, denn er kann Lord K...s Gesicht nicht vor seinen Augen leiden.«

So arbeitet überall der Parteigeist, und *so wohl unterrichtet von seinen Affären ist das bettelnde Volk!*

Die Fahrt bis Cahir war von geringem Interesse. Die Straße führt zwar zwischen zwei Bergketten hin, den Galty und den Knockmealdown Mountains, da aber die weite Ebne, welche sie trennt, nur wenig Bäume und Abwechselung bietet, so sind die Aussichten ohne Reiz. Mein Reisegefährte zeigte mir einen hohen Pik der Galtys, wo man den renommiertesten Sportsman* der Gegend mit seinem Hunde und seiner Flinte auf dem höchsten Gipfel begraben hat. Nicht weit davon sind unterirdische Höhlen voller Stalaktiten, die eine noch unergründete Ausdehnung haben sollen. Sie werden aber nur in der heißesten Jahreszeit besucht, da sie während den übrigen zu sehr mit Wasser angefüllt sind.

In Cahir, dem Lord Glengall gehörig, welchem die Londner Karikaturen voriges Jahr so übel mitspielten, ist ein sehr schöner Park. Er beginnt mit der imposanten Ruine eines Schlosses König Johanns, auf dessen verfallnem Turm Lord Glengall jetzt seine Fahne hat aufstecken lassen. Am andern Ende des Parks findet man den Kontrast zur Ruine, nämlich

**Sportsman, sport ist ebenso unübersetzbar wie Gentleman; es heißt keineswegs bloß Jäger, sondern einen Mann, der alle Vergnügungen dieser Art, oder auch nur mehrere davon, mit Leidenschaft und Geschick treibt. Boxen, Pferderennen, Entenschießen, Fuchshetzen, Hahnenkämpfe etc., alles ist sport.*

eine cottage orné, in welcher der Besitzer, wenn er hier ist, wohnt. Die Lage dieser Cottage ist so reizend und gut gewählt, daß sie eine etwas nähere Beschreibung verdient. Der ganze Park wird nämlich, von der Stadt und Johanns Schloß anfangend, durch ein sehr langes und verhältnismäßig nicht breites Tal gebildet, mit einem Flusse, der sich durch die Wiesen windet. Baumgruppen und Wäldchen wechseln auf diesen letztern lieblich miteinander ab, und zwei Wege führen an beiden Seiten den Fluß entlang. Die das Tal einschließenden Bergrücken sind ganz mit Wald bewachsen, in welchem ebenfalls Wege angebracht sind. Gegen das Ende des Parkes, der ohngefähr eine Stunde lang ist, öffnet sich die Schlucht und erschließt eine schöne Aussicht auf das höhere Galty-Gebürge. Bevor man aber dahin gelangt, steht, gerade in der Mitte des Tals, ein isolierter langer Hügel auf dem Wiesengrunde. Auf diesen ist die Cottage erbaut, mehr als zwei Drittel derselben vom Walde verborgen, welcher den ganzen Berg bedeckt. In diesen Gebüschen ist der Pleasureground* und alle Gärten angebracht, nebst blumenreichen Promenaden, die auf beiden Seiten die schönsten Aussichten des Tales entfalten. Auf den entfernten hohen Bergen werden mehrere Schloß- und Abteiruinen sichtbar, in der Nähe aber ist alles Ruhe, ländliche Stille und freundlicher Blütenschmuck, *selbst noch im Winter.*

* *Pleasureground (Vergnügungsgrund) ist eine von Barrieren eingeschlossene, sorgfältig gepflegte und mit Blumen geschmückte Partie des Parks, das Mittel zwischen dem Park und den eigentlichen Gärten haltend.*

Als ich zum Essen in den Gasthof zurückkehrte, erzählte mir der Wirt als eine große Neuigkeit, daß in Cashel der Wagen eines fremden Prinzen mit seinen Leuten schon seit vierzehn Tagen auf ihn warte, der Prinz aber eine geheime Reise, man sage, zu O'Connell, angetreten und daß die ganze Gegend in Aufruhr und voller Neugierde deshalb sei. Viele meinten, er sei vom Könige von Frankreich mit geheimen Aufträgen an O'Connell geschickt, einige aber hätten ihn selbst schon in Limerick gesehen und behaupteten, es sei ein Sohn von Napoleon.

Während der Wirt dieses und noch mehreren Unsinn dieser Art debitierte, ohne zu ahnen, daß er mit der Personnage selbst spräche, die eben auf einem Karren angekommen war, meldete er mir zugleich, daß der zweite Karren (die einzige Art, hier fortzukommen) eben angespannt werde, um mich weiter zu befördern. Ich machte mich also auf und hatte bald nachher Gelegenheit zu neuen philosophischen Betrachtungen, indem ich an dem Pferde, das mich zog, die wunderbare Macht der Gewohnheit studierte. Es war ein sehr williges und gutes Tier, aber sobald es den Ort erreichte, wo es seit fünfzehn Jahren getränkt wird, hielt es an der bestimmten Stelle plötzlich von selbst an, und Feuer hätte es nicht eher zu einem Schritt weiter vermocht, bis es seinen Trunk Wasser erhalten hatte. Dann bedurfte es keiner weitern Antreibung, dasselbe Manœuvre wiederholte es später, als wir dem Retourkarren begegneten, wo immer angehalten zu werden pflegt, um Nachrichten auszutauschen. Wie plötzlich gelähmt, parierte es auf der Stelle und ging sogleich von selbst weiter, sobald die Kutscher sich hinter ihm die Hände geschüttelt. Wirklich, dies ist das ganze große Geheimnis der Erziehung bei Menschen und Vieh – Gewohnheit, voilà tout. Die Chinesen sind ein Beispiel davon, und ich erinnere mich, daß mir einmal in London der bekannte Ambassadeur einer großen Nation sehr weitläuftig auseinandersetzte, daß diese chinesische Staatsverfassung eigentlich die beste und zweckmäßigste sei, weil dort stets alles beim alten bliebe. C'est plus commode pour ceux qui règnent, il n'y a pas de doute.

Um sieben Uhr erreichte ich Cashel und passierte vorher den Suir, einen Fluß, der die Blume Irlands genannt wird, denn an seinen Ufern liegen die reichsten Fluren und die schönsten Landgüter. Ich fand im Gasthofe einen entsetzlichen Trouble, weil eben einer der liberalen Clubs »Meeting« und folglich auch Diner hatte.* Man ließ mir kaum Zeit, meine Stube zu betreten, als auch schon der Präsident in propria persona nebst einer Deputation ankam, um mich einzuladen, dem Diner beizuwohnen. Ich bat inständig, mich mit der Ermüdung von der Reise und einem heftigen Kopfweh zu entschuldigen, versprach aber, beim Dessert zu erscheinen, weil ich selbst neugierig war, ihr Treiben von nahem zu sehen. Der Club hatte einer recht vernünftigen Absicht sein Entstehen zu verdanken, denn er war aus Katholiken und Protestanten zugleich zusammengesetzt, die sich vorgenommen, an der Versöhnung beider Teile zu arbeiten und zugleich für Erlangung der »Emanzipation« nach Kräften mitzuwirken. Als ich eintrat, fand ich ohngefähr achtzig bis hundert Personen an einer langen Tafel sitzend, die alle aufstanden, während der Präsident mich an die Spitze des Tisches führte. Ich hielt ihnen eine dankende kleine Anrede, worauf meine Gesundheit getrunken wurde, die ich erwiderte. Unzählige andere folgten, immer von Reden begleitet. Die Beredsamkeit der Sprechenden war jedoch nicht sehr ausgezeichnet, und dieselben Gemeinplätze wurden fortwährend, nur mit andern Worten, wiederholt. Nach einer halben Stunde nahm ich daher einen günstigen Moment wahr, um mich zu beurlauben. Gestatte mir dasselbe, da ich sehr ermüdet bin. Von Dir habe ich nun schon sehr lange nichts mehr gehört und finde Deine Briefe erst wieder in Dublin. Bleibe nur gesund, das ist die Hauptsache für Dich – und höre nicht auf, mich zu lieben, denn das ist die Hauptsache für mich. –

Dein treuester L...

* *Ohne Diner geschieht nichts irgend Feierliches in England, es mag nun religiöser, politischer, belletristischer oder irgend anderer Natur sein, vom königlichen Gastmahl bis zur Henkersmahlzeit herab.*

37 Siebenunddreissigster Brief

Cashel, den 10. Oktober 1828

Geliebte Gute!

Der Rock of Cashel mit seiner berühmten, herrlichen Ruine ist einer der größten »lions«* von Irland und war mir nebst der Abtei von Holycross von Walter Scott selbst als das Sehenswerteste in Irland empfohlen worden. Es ist ein ganz freistehender Felsen mitten in der Ebne. Seltsam genug sieht man von dem Kamme einer der fernen Berge ein Stück, von derselben Größe als der Felsen, wie ausgebissen – der Legende nach: ein Biß, den der Teufel tat aus Ärger über eine Seele, die ihm beim Transport nach der Hölle entwischte. Als er hierauf über die Gegend von Cashel flog, spuckte er dort das abgebissene Stück wieder aus. Später erbaute darauf M. Cormac, *König und Erzbischof* von Cashel, sein Schloß mit einer Kapelle, welche beide noch merkwürdig wohlerhalten sind. Mit ihnen vereinigte sich die Kirche und Abtei, welche im zwölften Seculum, glaube ich, von Domhnall O'Brien hinzugefügt wurde. Das Ganze bildet die prachtvollste Ruine, in der besonders *alle Details der altsächsischen Baukunst* mit großem Interesse studiert werden können. Dies ist seit einigen Monaten durch die Bemühungen des Schwiegersohnes des jetzigen Erzbischofs, Dr. Cotton, noch sehr erleichtert worden, indem dieser erst Cormacs Kapelle völlig von Schutt, Schmutz und spätern Übertünchungen hat reinigen und überhaupt, nicht ohne Kosten, die ganze Ruine besuchbarer machen lassen. Nichts kann fremdartiger, ich möchte sagen, barbarisch-eleganter sein als diese barocken, phantastischen, oft aber meisterhaft ausgeführten Zieraten. Viele der im Schutt und unter dem Boden aufgefundenen Sarkophage und Monumente bieten interessante Rätsel dar. Man möchte glauben, daß die furchtbaren Fratzen, den indischen

* *»lion« ist ein Modeausdruck und bedeutet das Erste, Berühmteste oder das, was grade im Augenblick am meisten en vogue ist. Das Entgegenstehende, Gemeinere heißt »tigre«. So nennt man z. B. die jungen Dandys in ihren Cabriolets in der Hauptstadt lions, die kleinen Jungen aber, welche hintenauf stehen, tigres. Auch Stutzer der geringeren Sozietät werden mit dem letzten Namen bezeichnet.*

C'est tout bête, comme vous voyez.

ROCK OF CASHEL

Göttern gleich, einem früheren Götzendienst angehört haben müßten, wenn man nicht wüßte, daß nur sehr langsam und schwer das Heidentum dem Christentum wich, *und noch weicht!* So besitze ich selbst eine Klingel, die einer meiner Vorfahren aus den Gefängnissen der Inquisition entführte und auf der die heilige Maria statt Engeln von Affen umgeben ist, deren einige die Violine spielen, während andere sich dazu mit Burzelbäumen in den Wolken überschlagen.

Ich besah alles sehr gründlich und war noch auf der höchsten akzessiblen Turmspitze, als die Sonne über dem Teufelsbisse unterging. Der Erzbischof hatte die Güte gehabt, mir seinen Bibliothekar zu schicken, um mir die Ruine zu zeigen. Von diesem erfuhr ich, daß der berühmte, oft zitierte, in irischer Sprache geschriebene Psalter, der in jedem guide des voyageurs als stehende Merkwürdigkeit Cashels aufgeführt wird, eine bloße Fabel sei, wenigstens hier nie existiert habe. Dies interessierte mich jedoch wenig, aber wahrhaft erschreckt ward ich, als ich hörte, daß die Katholiken mit der Idee umgingen, die Kirche wiederherzustellen und neu auszubauen, wenn sie das Grundstück zu akquirieren imstande wären. Der Himmel beschütze doch vor diesen Frommen die heilige Ruine!

Auf dem freien Platze vor der Kirche ruht St. Patricks mutilierte uralte Statue auf einem Piedestal von Granit. Neben diesem sah man sonst den Krönungssessel, der angeblich aus Portugal hierhergebracht, dann zur Krönung des schottischen Königs Fergus nach Scone gesendet wurde, von wo ihn zuletzt Edward I. nach Westminster entführte. Dort befindet er sich noch jetzt.

Am Fuße des Rock's of Cashel stehen die ebenfalls sehr sehenswerten Ruinen von Hore Abbey, die, wie man sagt, früher durch einen unterirdischen Gang mit dem Schloß zusammenhing. Man bewundert hier vorzüglich die schönen Proportionen und vollendeten Zieraten eines großen Fensters, das die Kapelle beleuchtet.

den 11.

Einer der Gentlemen, die ich gestern kennengelernt, Capt. S . . . , ein Mann von angesehener Familie und verbindlichem Benehmen, bot mir seine Pferde an, um die Ruinen der Abtei von Athassel und des reichen Earl of Landaff Park und Schloß zu besehen. Die vortrefflichen Hunters brachten uns bald an Ort und Stelle, die Gegenstände blieben aber unter meiner Erwartung. Die Abtei ist zwar an sich eine schöne und weitläuftige Ruine, aber ihre Lage, in einem Sumpfe mitten im bebauten Felde, ohne Baum und Strauch, zu unvorteilhaft, um einen malerischen Effekt machen zu können. Der Park des Lords ist ebenfalls zwar von außerordentlichem Umfang, nämlich 2800 Acres groß, aber ohne irgend etwas Ausgezeichnetes. Der Baumwuchs ist nicht der beste, Wasser fehlt so gut wie ganz, und das modern gotische, lichtblau angestrichene Schloß schien mir abscheulich. Der Besitzer selbst ist ein noch im siebzigsten Jahre schöner und interessanter Mann, der das in Irland so große Verdienst hat, oft in seinem Eigentum zu residieren. Wir fanden ihn, der in der Welt durch ein in der Fremde poliertes Betragen zu glänzen weiß, hier als echten Landmann, in Wasserstiefeln und Waterproof-Mantel, im Regen stehen und seine Arbeiter anweisen, was mir wohl gefiel, und Du errätst leicht, warum. –

Auf dem Rückweg teilte mir Capt. S... mehrere interessante Details über die wirklich himmelschreiende Unterdrückung mit, unter der die Katholiken hier seufzen, ein Zustand, welcher, die örtlichen Verhältnisse gehörig in Betracht gezogen, härter ist als die Sklaverei, welche die Türken über die Griechen verhängen. Die Katholiken dürfen z. B. ihre Gotteshäuser nicht Kirchen, sondern nur Kapellen nennen, keine Glocken darin haben – an sich unbedeutende, aber in der Meinung entehrende Dinge. Kein Katholik kann bekanntlich im Parlament sitzen, noch General in der Armee, noch Minister des Königs, Richter usw. werden.* Ihre Priester dürfen keine Ehe einsegnen, wo ein Teil protestantisch ist, und ihre Titel werden vom Gesetz nicht anerkannt. Das schlimmste aber ist, daß die Katholiken den protestantischen Klerus ungeheuer bezahlen, den ihrigen aber, von dem der Staat keine Notiz nimmt, noch außerdem unterhalten müssen, ein Hauptgrund der bodenlosen Armut des Volks. Wie unverträglich muß dies schon in einem Lande wie Irland erscheinen, wo mehr als zwei Drittel der Einwohner im allgemeinen der katholischen Religion mit dem größten Eifer zugetan sind. Im Süden ist das Verhältnis jedoch noch viel ungleicher. In der Grafschaft Tipperary befinden sich ohngefähr 400 000 Katholiken und nur 10 000 Protestanten. Demohngeachtet kostet den Einwohnern die protestantische Geistlichkeit jährlich folgende Summen: 1.) der Erzbischof 25 000 Pfund Sterling; 2.) der Dean 4000; 3.) für ohngefähr fünfzig Parishes (Pfarren) im Durchschnitt jede 1500 Pfund Sterling, welche Ausgaben fast alle den Katholiken allein zur Last fallen. Die meisten dieser Pfründner leben gar nicht einmal in Irland, sondern stellen arme Teufel mit 40 bis 50 Pfund Sterling jährlich hier an (die berühmten Vicars), die ihre Geschäfte verrichten; eine Sache, die bald abgetan ist, da es hier Gemeinden gibt, die nicht mehr als zehn Mitglieder zählen, ja in *einer* Parish *gar kein* Protestant vorhanden ist – auch keine Kirche, sondern nur eine alte Ruine, wo jährlich die Farce einer Predigt für leere Wände abgespielt wird und wobei ein *gemieteter Katholik* den Küsterdienst versieht! Währenddem tritt der Geistliche jahraus, jahrein das Londner und Pariser Pflaster und führt ein so ungeistliches Leben als möglich. So las ich z. B. noch neulich in einer englischen Zeitung selbst, daß ein englischer Geistlicher in Boulogne eine große Summe im Spiel verloren, darauf Händel bekommen und seinen Gegner im Duell erschossen habe, weshalb er genötigt gewesen sei, den Ort schnell zu verlassen, um sich auf seine Pfründe zurückzuziehen. Selbst die höheren Geistlichen,

* *Dies ist nun bekanntlich erstritten worden.*

die wenigstens zum Teil auf ihren Bischofs- und Erzbischofssitzen gegenwärtig sein müssen, lassen nichts von dem Sündengeld (denn man muß es unter solchen Umständen wohl so nennen) wieder unter die armen Leute kommen, da sie größtenteils nach Kräften sparen, um ihre Familien zu bereichern. Zu diesem Ende ist sogar eine Art Betrug in der englischen Kirche gesetzlich geworden (ebenso wie der Verkauf der Stellen durch die im Besitz des Verleihungsrechts sich befindenden Adeligen, der öfters ganz öffentlich stattfindet, denn umsonst vergeben werden die Pfründen nur im politischen oder Familien-Interesse). Es ist nämlich gestattet, daß diejenigen, welche Kirchengüter benützen, im voraus und ehe der Termin zur neuen Verpachtung derselben eintritt, sich ein für allemal mit einem Pauschquantum von den Inhabern bis dahin abfinden lassen dürfen, was natürlich, wenn der Geistliche bald darauf stirbt, seinen Nachfolger um das *ihm* Gebührende bringt. Kann man sich wundern, daß solche Institutionen schon mehrmals das unglückliche Volk zur Verzweiflung und Empörung brachten? Jedesmal indessen sind ihre Ketten nur schärfer angezogen und blutiger ins Fleisch schneidend geworden. Wo man ein schönes Gut und fruchtbares Land sieht und sich nach dem Besitzer erkundigt, heißt es gewöhnlich, »this is forfeited land« (verwirktes Eigentum), immer einst den Katholiken, jetzt den Protestanten zugehörig. O'Connell sagte mir, daß, noch vor nicht gar langer Zeit, ein Gesetz in Gültigkeit war des Inhalts: daß kein Katholik in Irland Landeigentum haben dürfe, und könne ein Protestant bei einem Gerichtshofe beweisen, daß dies dennoch irgendwo der Fall sei, so habe *ihm* der Richter dieses Eigentum zuzusprechen. Das einzige Mittel blieben nun Scheinkäufe; demohngeachtet wurden, nach O'Connells Versicherung, Millionen an Wert auf diese Weise in die Hände der Protestanten gebracht. Ist es nicht merkwürdig, daß Protestanten, die von den Katholiken eben wegen ihrer Habsucht und Intoleranz in einer barbarischen Zeit abfielen, jetzt in der aufgeklärtesten in demselben Fehler beharren und dadurch verhältnismäßig eine größere Schuld auf sich laden, als sie früher tragen mußten! Wird denn, möchte man fragen, *dieses* Religionsungeheuer* (Geburt der Despotie und Heuchelei), welches von der Welt so lange mit Blut und Tränen gefüttert werden mußte, nie von erleuchteteren Generationen vernichtet werden? Wahrscheinlich wird man dann auf die jetzigen Zeiten mit eben dem Mitleid blicken als wir auf das Dunkel des Mittelalters.

Nachmittags besuchte mich der katholische Dean, ein höchst liebenswürdiger Mann, der lange auf dem Kontinent gelebt und Kaplan des vorigen Papstes gewesen ist. Seine ebenso freie als aufgeklärte Sprache setzte mich in Verwunderung, weil wir immer zu denken pflegen: ein Katholik

* *Daß hier nur von falscher und After-Religion die Rede sein kann, versteht sich wohl von selbst.*

müsse auch ein Abergläubiger sein. Er sagte mir unter anderm: »Glauben Sie mir, dieses Land ist dem Unglück geweiht. Hier gibt es fast keine Christen mehr, Katholiken und Protestanten haben nur eine und dieselbe Religion – die des Hasses!«

Einige Zeit später brachte mir Capt. S... die letzte Zeitung, worin bereits mein Besuch in der beschriebenen Versammlung und die von mir dort gesagten Worte nebst den übrigen Reden mit aller der in England üblichen Charlatanerie drei oder vier Seiten füllten. Um Dir einen Echantillon von diesem Genre zu geben und zugleich mit meiner eignen Beredsamkeit gegen Dich ein wenig zu prunken, übersetze ich den Anfang des mich betreffenden Artikels, wo ich in eben dem Ton angepriesen werde, wie ein Wurmdoktor seinen Pillen oder ein Roßkamm seinen Pferden nie besessene Eigenschaften andichtet. Höre:

»Sobald man die Ankunft des ... erfahren hatte, begab sich der Präsident mit einer Deputation auf des ... Zimmer, um denselben einzuladen, unser Fest mit seiner Gegenwart zu beehren etc. Bald darauf trat der ... ins Zimmer. Sein Ansehen ist befehlend und graziös (commanding and graceful). Er trug einen Schnurrbart, und obgleich von sehr blasser Farbe, ist doch sein Gesicht außerordentlich gefällig und ausdrucksvoll (exceedingly pleasing and expressive). Er nahm seinen Platz am obern Ende der Tafel, und sich gegen die Gesellschaft verneigend, sprach er deutlich und mit allem gehörigen Pathos (with proper emphasis), aber etwas fremdem Akzent folgende Worte: ›Gentlemen! Obgleich krank und sehr ermüdet, fühle ich mich doch zu sehr durch Ihre gütige Einladung geschmeichelt, um sie nicht mit Dank anzunehmen und Ihnen persönlich auszudrücken, welchen lebhaften Anteil ich an Ihrem Bestreben für das Wohl Ihres Vaterlandes nehme. Möge Gott diesen schönen und reichbegabten Teil der Erde segnen, der jedem gefühlvollen Fremden so vielfachen Genuß darbietet, in dem *ich* aber besonders, mit tiefer Dankbarkeit, die Güte und Gastfreundschaft anerkennen muß, die mir überall zuteil ward. Möge der Himmel, sage ich, dieses schwergeprüfte Land segnen wie jeden echten Irländer, er sei Katholik oder Protestant, der, fern von Parteigeist, nur das Wohlsein seines Vaterlandes wünscht – ein Wohlsein, das nur erreichbar sein kann durch Friede, Duldung und bürgerliche wie religiöse Freiheit (civil and religious liberty, das große Stichwort der Association). Gentlemen! füllen Sie Ihre Gläser und erlauben Sie mir, Ihnen einen Toast zu geben. Es lebe der König und Erin go Bragh!‹ (Dies ist das altirische Motto, welches auch auf der Medaille des Liberatorordens steht, und bedeutet: Heil Erin!)

Der Präsident: ›Gentlemen! Teilen Sie meine Gefühle und empfangen Sie den Ausdruck des folgenden von mir. Möge unser erlauchter Gast (illustrious guest), auf dessen Wohl wir jetzt unsre Gläser füllen, sollte er je zu uns zurückkehren, uns im Genuß gleicher Gesetze und gleicher Privilegien finden und im Besitz jenes Landfriedens im

Innern, den zu erlangen wir allein uns vereint haben. Dreimal drei.‹ Der ...: ›... Ich wiederhole Ihnen meinen Dank für die Ehre, die Sie mir eben durch das Trinken meiner Gesundheit erzeigt haben. Nichts könnte mich glücklicher machen, als selbst noch einmal Augenzeuge von der Erfüllung aller Ihrer und meiner Wünsche in diesem Lande sein zu können, das ich wie mein eignes Vaterland liebe und nur mit innigem Bedauern verlasse etc.‹ «

Nun, liebe Julie, wie rezensierst Du mich – kann ich nicht Gemeinplätze so gut wie ein anderer aneinanderreihen, wenn es sein muß? Der Wahrheit bin ich übrigens in nichts zu nahe getreten. Was aber *kein* Gemeinplatz ist, wenn er sich auch am Ende jedes meiner Briefe wiederholt, ist die Versicherung meiner zärtlichsten Liebe für Dich, mit der ich jetzt bin und ewig sein werde,

Dein Freund L...

38 Achtunddreissigster Brief

Cashel, den 12. Oktober 1828

Teuerste Freundin!

Warum schreibe ich Dir so gern? Gewiß weil ich denke, daß es Dir Freude macht, aus der Ferne von mir zu hören – aber auch, weil *Du* nur mich immer verstandest, und niemand sonst! Dies allein wäre hinreichend, mich auf immer an Dich zu fesseln, denn ich lebe mitten in der Welt, doch nur mit Dir – so einsam als auf einer wüsten Insel. Tausende von andern Geschöpfen wimmeln zwar um mich her – sprechen kann ich aber nur mit Dir. Versuche ich es mit andern, so bekömmt mir schon die Gewohnheit und Neigung, immer wahr zu sein, oft teuer zu stehen! oder ich stoße durch etwas anderes an – denn Lebensklugheit wurde meiner Natur ebenso bestimmt und unerreichbar versagt, als es dem Schwane, der im Winter auf dem See vor Deinem Fenster schwerfällig hinwatschelt, unmöglich ist, mit den vorbeigleitenden Schlittschuhfahrern Wette zu laufen, aber – seine Zeit kömmt auch, wenn er mit stolz gekrümmtem Halse die Fluten zerteilt oder im blauen Äther allein und majestätisch durch die Lüfte schwebt. Dann erst ist er er selbst.

Doch zurück zu Cashel. Ich benützte heute meines guten Freundes Pferde, die mir täglich zu Gebote stehen, zu einer zweiten Exkursion, nach der sechs Meilen entfernten Ruine von Holycross (Heiligen Kreuz), der würdigen Rivalin des Teufelsfelsens. Zuerst belustigten wir uns, querfeldein zu reiten und einige Mauern zu überspringen, dann gelangten wir auf eine Anhöhe, von der sich der »Rock«, wie er hier kurzweg genannt wird, am imponierendsten ausnimmt. Der Kranz entfernter blauer Berge, die sich rund um den, einzeln in der fruchtbaren Ebene stehenden, Felsen lagern, Burg, Abtei und Kathedrale, die, ein großes Ganze bildend, stumm und großartig von ihm herab die Geschichte aufeinanderfolgender Jahrhunderte verkünden, und endlich die Stadt am Fuße, so ärmlich, obgleich sie der Sitz zweier Erzbischöfe (eines protestantischen und katholischen) ist, die auch eine stumme Sprache spricht über die jetzige Zeit! – erwecken gar mancherlei widersprechende Gefühle.

Von ganz anderem Charakter ist Holycross. Cashel steht in einsamer Größe da, alles Felsen und Steine, alles kahl und schwarz – nur hie und da scheint ein verlornes Efeupflänzchen schüchtern an einer Spalte hinanzukriechen. Holycross dagegen liegt im Tal, an den Ufern des Suir, in Laubholz begraben und von solchen wuchernden Efeustämmen umschlungen und umrankt, daß man kaum eine Mauer vor ihnen erblicken kann; und selbst das hohe Kreuz, das letzte, welches der Abtei noch übrigbleibt,* ist so inbrünstig von ihnen umklammert, als wollten sie es vor jeder profanen Berührung schützen. Im Innern sieht man mehrere prachtvolle gewölbte Decken, das zierliche Monument auf dem Grabe Donough O'Briens, Königs von Limerick, der im Anfang des 12. Jahrhunderts die Abtei erbaute, und einen wunderschön gearbeiteten Steinbaldachin, unter welchem die Leichen der gestorbenen Äbte ausgestellt wurden – sämtlich so gut erhalten, daß ihnen mit wenig Ausbesserung das Ansehen der Neuheit gegeben werden könnte. Die Aussicht vom Turme ist sehr freundlich. Man ist hier dem Teufelsbiß ganz nahe, dessen groteske Form freilich zu auffallend war, als daß die Irländer sie nicht hätten zu einer Legende benutzen sollen, sie, die für jede Naturseltenheit ihr Märchen stets bereit haben.

Wir eilten früher zurück, als mir lieb war, da mich der katholische Dean zu einem Diner eingeladen hatte, bei dem ich nicht zu spät eintreffen durfte. Ich sollte den Erzbischof und sechzehn andere Geistliche dort antreffen; kein Laie, außer mir, war zugegen. Das Diner machte übrigens einem Kaplane des römischen Pontifex Ehre. »Sie haben wohl niemals einer Mahlzeit beigewohnt«, sagte der Erzbischof zu mir, »wo die Gäste aus lauter Geistlichen bestanden?« – »Doch, Mylord«, erwiderte ich, »und was noch mehr ist, ich war selbst vor kurzem noch eine Art Bischof.« – »Wie ist das möglich!« rief er verwundert. Ich erklärte ihm, daß ich

. . . .

»Wir sind also«, fuhr ich fort, »hier achtzehn Geistliche, ganz unter uns, und dabei kann ich noch versichern, daß ich keinen Unterschied zwischen Katholiken und Protestanten mache, sondern in beiden nur Christen sehe.«

Mit großer Freiheit und Parteilosigkeit wurde nachher über religiöse Gegenstände gesprochen, nirgends bemerkte ich die geringste Spur von Bigotterie noch der widrigen Affektation des Heiligtuens. Beim Dessert gaben sogar mehrere, die gut sangen, Nationallieder zum besten, deren Inhalt zuweilen nichts weniger als devot war. Als der neben mir Sitzende eine leichte Verwunderung darüber bei mir bemerkte, sagte er mir ins Ohr: »Hier vergessen wir jetzt den fremden . . . , den Erzbischof und die Geistlichen – hier bei Tisch sind wir alle Gentlemen und freuen uns *des Lebens.*« Dieser Mann war der unbestrittene Abkömmling eines alten irischen Königgeschlechts, und obgleich es ihm jetzt keine Auszeichnung mehr verlieh, so war er doch nicht

* *Es wurde hier ein Teil des wahren Kreuzes Christi aufbewahrt, der dem Kloster den Namen gab, und auch jedes einzelne Gebäude war deshalb mit einem hohen Steinkreuze geschmückt, von denen nur eins noch sich erhalten hat.*

wenig stolz darauf. »Eine seltsame Wohnung habe ich dazu für einen Geistlichen«, sagte er zu mir. »Wenn Sie Irland je wieder besuchen, gönnen Sie mir vielleicht die Ehre, Ihnen die Honneurs davon zu machen. Sie liegt gerade unter dem Teufelsbiß – und eine schönere Aussicht als von diesem Biß bietet ganz Irland nicht.« Er machte nachher noch die Bemerkung, daß katholisch zu sein in diesem Königreich schon für ein Adelsdiplom gelten könne, denn nur neue Familien seien protestantisch, die Katholiken müßten notwendig alt sein, da sie, schon seit der Reformation, keine Proselyten mehr machten. Die Melodien der Lieder, welche man sang, hatten eine auffallende Ähnlichkeit mit denen der Wenden, wie ich überhaupt zwischen beiden Völkern viel gleiche Beziehungen finde. Beide fabrizieren und lieben ausschließlich reinen Kornbranntwein (Whisky) und leben fast allein von Kartoffeln; beider Nationalmusik kennt nur den Dudelsack, sie lieben leidenschaftlich Gesang und Tanz, und doch sind ihre Melodien stets melancholisch; beide sind unterdrückt durch eine fremde Nation und sprechen eine immer mehr sich verlierende Sprache, die reich und poetisch ist, ohne daß sie doch eine Literatur in derselben besitzen; beide verehren unter sich noch immer die Abkömmlinge ihrer alten Fürsten und haben den Grundsatz, daß, was nicht aufgegeben ist, auch noch nicht ganz verloren sei; beide sind abergläubisch, schlau und in ihren Erzählungen zur Übertreibung geneigt, revolutionär, wo sie können, aber etwas kriechend gegen dezidierte Macht; beide gehen *gern* zerlumpt, wenn sie sich auch besser kleiden könnten, und endlich sind beide bei elendem Leben dennoch großer Anstrengung fähig, obgleich sie am liebsten faulenzen, und dabei auch beide gleich fruchtbarer Natur, welches ein wendisches Sprichwort »den Braten der armen Leute« nennt. Die bessern Eigenschaften besitzen die Irländer allein.

den 15.

Lord H..., den ich in London gekannt und der eine schöne Besitzung hier in der Nähe hat, lud mich ein, einige Tage bei ihm zuzubringen, was ich nicht annehmen mochte, aber heute bei ihm zu Mittag speiste. Der gut gehaltene Pleasureground und das Ausgraben eines Sees, mit dem man eben beschäftigt war, erinnerten mich zu lebhaft an das Schloß, wo Du, meine Teure, jetzt hausest, um ohne Bewegung darauf blicken zu können. Wann werden wir dort uns wiedersehen, wann wieder unter den drei Linden häuslich mit den Schwänen frühstücken, die uns so zutraulich ihr Futter aus der Hand nahmen, während zahme Tauben die Brosamen auflasen und der kleine Coco, verwundert und eifersüchtig, die zudringlichen Vögel mit den klugen Augen anblinzelte – ländliches Bild, über das der verknorpelte Weltmann höhnend die Achseln zuckt, das uns aber in aller seiner Einfachheit das Herz bewegt!

Lord H... ist einer von den irländischen Vornehmen, die zwar ihre Revenuen nicht ganz ihrem Vaterlande entziehen und zuweilen daselbst residieren, aber doch ihren eigenen Vorteil so übel verstehen, daß sie sich mit dem Volk in Opposition setzen, statt sich an seine Spitze zu stellen. Der Erfolg bleibt nicht aus. Der Earl of Landaff, auch ein Protestant, ist geliebt, Lord H... gehaßt, obgleich er persönlich es mir durchaus nicht zu verdienen scheint. Man erzählte mir zwar viel von seinen gegen Katholiken ausgeübten Grausamkeiten, und ich war selbst Zeuge seiner leidenschaftlichen Stimmung in dieser Hinsicht, glaube aber, daß hier, wie so oft in der Welt, *eine bloße Änderung der eigenen Ansicht auch die ganzen Verhältnisse verändern würde.* Dies ist eine Hauptregel praktischer Lebensphilosophie und der Effekt sicher, denn die Objekte sind nur Stoff; wie sie das Subjekt versteht und formt, darauf kömmt alles an. Wie manche Lage kann man auf diese Weise aus Schwarz in Rosenrot übergehen sehen, sobald man nur durch Willenskraft entweder die schwarze Brille abnimmt oder die rosenrote aufsetzt. – Mit welcher Brille wirst *Du* meinen Brief lesen? – Ich höre die Antwort von hier und küsse Dich dafür. Der Himmel behüte Dich und erhalte Dir diese Gesinnungen.

Dein treu ergebener L...

39

Neununddreissigster Brief

Ban…, den 17. Oktober 1828

Liebste Julie!

Seit gestern befinde ich mich zum Besuch in einem hübschen gotischen Schlößlein am Fuß des Gebürges. Aus einem Fenster sehe ich fruchtbare Fluren, aus dem *andern* Wald, See und Felsen. Der Hausherr ist Mr. O… R…s Bruder und, außer seinem Schloß, auch der Besitzer einer sehr hübschen Frau, der ich ein wenig die Cour mache, denn die Herren jagen und trinken mir doch zu viel. Das Familiengut hätte eigentlich meinem drolligen Freunde gebührt, weil er aber stets ein lockerer Zeisig war, der von Jugend auf Whiskypunsch und gutem Leben zu ergeben schien, so vermachte der Vater, der die Disposition hatte, das Gut dem jüngsten Sohne. Beide Brüder sind dennoch die besten Freunde, und die harmlose, gutmütige Natur des Ältern findet durchaus keinen Wermut in dem Wein, den er bei seinem Bruder trinkt; so wie auch auf der andern Seite der Jüngere das Unglück ehrt und seinen ebenso herzensguten und amüsanten als alle Abend betrunkenen Senior es an nichts fehlen läßt. Ein solches Verhältnis macht beiden Ehre, um so mehr, da, bei des Vaters Tode, die Advokaten meinten, daß der Fall sich gar sehr zum Prozesse eigne. Beide haben gewiß ebenso klug als gut getan, ihn zu unterlassen und die Auster für sich zu behalten, statt sie wie in der Karikatur vom Advokaten verzehren und sich selbst mit den beiden Schalen abspeisen zu lassen.

Wir brachten den ganzen Tag mit Spazierengehen in den herrlichen Bergpromenaden, andere mit Schnepfenschießen zu und saßen *abends* bis zwei Uhr *morgens* beim *Mittagstisch*. Gleich nach aufgestelltem Dessert verließen uns, nach alter Art, die Damen, und nun ging das Weintrinken an. Dann wurde ganz spät der Kaffee bei Tisch gereicht, und ihm folgte, fast auf dem Fuße, ein exzitierendes Souper aus devils* aller Art, frischen Austern und Pickles bestehend. Diese bildeten das Präludium zum Potheenpunsch, von dem

* *Diese werden, wie mein seliger Freund oft rühmte, in Irland besonders gut zubereitet und bestehen aus Geflügel, das man teils trocken mit Cayenpfeffer grilliert, teils mit einer brennend starken Sauce, en sauté, serviert. A. d. H. für etwanige Gourmands unter den Lesern.*

BANTRY HOUSE, CORK

W. H. Bartlett J. C. Varrall

mancher zwölf bis sechzehn große tumblers zu sich nahm, während O... R... die ganze Gesellschaft mit unerschöpflichem Witz und Narrenspossen in einem »roar of laughter« erhielt. Überdies mußte jeder ein Lied singen, auch ich ein deutsches, von dem zwar niemand etwas verstand, alle aber höchlichst erbaut waren. Um zwei Uhr retirierte ich mich, die andern blieben aber noch alle, und lange konnte ich vor ihrem Lärm und Lachen, in meiner unglücklicherweise grade über ihnen liegenden Stube, nicht einschlafen.

den 18.

Du wirst Dich über das etwas gemeine Leben verwundern, das ich hier führe – und aufrichtig gestanden, ich selbst wundere mich darüber, aber es ist genuine, das heißt bei den Leuten echt, natürlich und nicht etwas Angenommenes – das hat immer eine Art Reiz, wenigstens für mich. Überdem ist die Frau vom Hause wirklich allerliebst, lebhaft und graziös, wie eine Französin, und einem Füßchen wie Zephir, das ich schon oft geküßt, wenn ich ihr, während die andern tafelten, eine kurze Abendvisite machte und mich anstellen durfte, als sei mir der ungewöhnte Punsch ein wenig zu Kopfe gestiegen.

Diesen Morgen hetzten wir Hasen, wobei wieder mancher kühne Sprung gemacht werden mußte, und abends produzierte man uns den berühmtesten Piper Irlands, Keans Fitzpatrick, der König der Piper genannt, den auch His gracious Majesty, King George the Fourth, mit seinem Beifall beehrt hat. In der Tat sind die Melodien, die er seinem sonderbaren Instrumente abgewinnt, oft ebenso überraschend als angenehm und seine Fertigkeit, wie der höchst gebildete und noble Anstand des blinden Mannes, eines Virtuosen würdig. Diese Pipers, welche fast alle blind sind und sich aus weitem Altertum herschreiben, fangen jetzt an immer mehr zusammenzuschmelzen, denn das Alte – muß vergehen.

den 19.

Im Laufe des Tages begegneten wir heute zwei Leuten von sehr verdächtigem Äußern im Walde, die meine Begleiter mir ganz unbefangen als bekannte Räuber designierten, die sich teils durch List, teils durch die Furcht, die sie einflößten, bis jetzt immer frei zu erhalten gewußt hätten; ein Zeichen mehr, wie mangelhaft das Gouvernement und ganz verdorben der Zustand der Gesellschaft hier ist, zwei Dinge, wodurch leider Irland charakterisiert wird. Beide Leute, die sich Pächter (farmers) nennen, weil sie ein Stück Kartoffelfeld in Pacht genommen, waren von höchst auffallendem und recht nationalem Ansehen. Der eine, ein schlanker, etwa vierzigjähriger schöner Mann mit einer wilden, aber imponierenden Physiognomie stellte selbst in seinen Lumpen noch ein höchst pittoreskes Bild dar. Verachtung jeder Gefahr war auf seiner edlen Stirn ausgedrückt, Gleichgültigkeit gegen jede Schande spielte höhnisch um den frechen Mund. Seine Geschichte bestätigte diese Sprache seiner Züge. Er trug drei bis vier Militärmedaillen, die er als Soldat in Spanien und Frankreich erworben. Wegen vielfach bewiesener Tapferkeit hatte man ihn schon einmal zum Unteroffizier avanciert, wegen lüderlicher Streiche aber wieder degradiert; darauf hatte er zum zweiten Male gedient, sich wieder ausgezeichnet, war aber auch von neuem aus demselben Grunde verabschiedet worden, ohne daß man jedoch imstande gewesen, ihn eines Kapitalverbrechens zu überführen. Jetzt hat man ihn im strengsten Verdacht, der Anführer der Räuberbanden zu sein, welche das Galty-Gebürge so sehr beunruhigen und bereits verschiedene Mordtaten begangen haben. Sein Gefährte war äußerlich ganz das Gegenteil – für einen irländischen Farmer selten »wohlgekleidet«, d.h. nichts Zerrissenes tragend, sechzig Jahre alt, kurz und untersetzt und im Benehmen fast einem Quäker ähnlich. In den scheinheiligen Zügen lauschte aber dennoch ein solcher Grad von List und schonungsloser Entschlossenheit, daß er viel furchtbarer noch als der andere erschien. Vor zwei Jahren wurde dieser Mann der Verfertigung falscher Banknoten angeklagt und war bereits so gut als überwiesen, als ein geschickter Rabulist, dem er sich vertraute, ihn, gegen das Versprechen einer reichen Belohnung, noch glücklich vom Galgen befreite. Tränen der Dankbarkeit vergießend, steckte er seinem Erretter fünfzig Pfund in die Hand, ihn schluchzend um die übliche Quittung bittend. Diese wurde ausgestellt, und vergnügt über das gute Geschäft, füllte der Advokat seine Brieftasche. Wie groß war aber sein Ärger, als er, bei näherer Untersuchung, sich überzeugen mußte, daß ihn Paddi mit ähnlichen falschen Noten bezahlt, für deren Verfertigung er dem Galgen schon anheimgefallen war. Wenn die Irländer sich auf die schlechte Seite wenden (und zu verwundern ist es, daß sie es nicht alle tun), so sind sie gefährlicher als andere, weil ihre hervorstechenden Eigenschaften, Mut, Leichtsinn und Schlauheit, ihnen mehr als zu behülflich sind, alles zu wagen und vieles mit Erfolg auszuführen.

Während wir beim Souper unsre Austern verzehrten, die an der westlichen und Südküste Irlands vortrefflich sind, gab uns ein Herr aus dieser Gegend, der selbst Austernzucht auf seinem Gute übt, einige Details über ihre Behandlung und Naturgeschichte, die mir ganz neu waren. Je vous les communique, même au risque de vous ennuyer. Fürs erste mußt Du also wissen: daß dreijährige Austern zum Essen die besten sind, weil sie dann erst, völlig ausgewachsen, die gehörige Größe und Korpulenz erreichen; später aber werden sie coriace. Der geschickte Austernökonom hat Bänke von jedem Alter und, nach Beschaffenheit des Bodens, Austern von verschiedenem Geschmack und flavour. In den von der Kunst ungestörten Plätzen, wo sich die Austern im Naturzustande vermehren, erreichen sie nie die höchste Vollkommenheit. Auf folgende Art kömmt man ihnen zu Hülfe. Man fischt die Jungen, wenn sie nicht größer sind als ein Viergroschenstück, und säet sie, wie Korn, in eine nicht zu weit vom Ufer entfernte Stelle des Meeres, deren Boden ein weicher Schlamm sein muß und die nicht mehr als höchstens vierzehn Fuß Tiefe haben darf. Nach drei Jahren fischt man sie wieder heraus und säet dann von neuem andere aus der Mutterbank. Natürlich hat man mehrere solche Schlammbänke im Gange, um jedes Jahr eine reifgewordene leeren zu können. Es scheint, daß die Austern sehr alt sein müssen, ehe sie sich vermehren, da in den eben beschriebenen artifiziellen Kolonien nie neue Geburten stattfinden. Die Art dieser Geburt ist übrigens sonderbar, ein neues Beispiel der unendlichen Mannigfaltigkeit der Natur. Wahrscheinlich ist die Auster ein Hermaphrodit, da keine Verschiedenheit des Geschlechts bemerkt werden kann und sie sich nur dadurch fortpflanzt, daß außerhalb ihrer Schale sich fünfzehn bis sechzehn kleine Austern wie Warzen bilden und, wenn sie gehörige Konsistenz erlangt haben, abfallen. Die Hervorbringung dieser sechzehn Kinder greift die alte Mama Auster dergestalt an, daß, wenn man sie nachher aufmacht, nichts wie ein wenig schlammiges Wasser in ihr gefunden wird, und gleich nachdem die Kleinen abgefallen sind, gräbt sie sich sechs bis sieben Zoll unter den Schlamm ein. Hier bringt sie ein ganzes Jahr zu, ehe sie sich genug erholt hat, um von neuem ans Zeugen zu denken. Deshalb kann man in dieser Zeit die Jungen bequem fischen, ohne den Alten zu nahe zu kommen, die ruhig in der Tiefe schlafen oder träumen! Das Fischen der Austern geschieht vermöge eines Instruments, denen ähnlich, mit welchen man Schlamm aus den Flüssen heraufbringt, und beim Säen werden sie in ein Segeltuch geworfen und, wie schon gesagt, wie Getreide ausgesäet. Sehr alte Mütter werden endlich unfruchtbar, indem ihre Schale eine solche Dicke erreicht, daß Liebe nicht mehr durchdringen kann – grade wie die Menschenherzen.

Cashel, den 20.

Nachmittag fuhren wir hierher zurück, nach einigen recht lustig, wiewohl nicht eben geistig, verlebten Tagen. Um meine intellektuellen Kräfte nicht ganz einschlafen zu lassen, will ich mich bemühen, Dir ein Volksmärchen genießbar zu machen, das mir eine alte Frau in Holycross erzählt hat.

Johny Curtin war ein armer Schüler, einer dunkeln Sage nach der Abkömmling eines in alter Zeit hohen und mächtigen Geschlechts, dessen Glanz indes längst verloschen, dessen Reichtümer verschwunden und dessen Nachkommen, immer tiefer hinabsinkend, seit vielen Jahren, ihres eignen Ursprungs ungewiß, genötigt gewesen waren, das Handwerk »mit goldnem Boden« zu ergreifen, das zuletzt immer sicher, wenn auch nicht reichlich nährt. Johnys Vater und Mutter aber hatte der Tod hingerafft, ehe er selbst für sich zu sorgen imstande war, und, eine hülflose Waise, lebte er nun allein von der Großmut seines Verwandten, eines Pächters in der Nähe der Ruinen von Holycross, wo er jetzt eben auch die Schulferien zubrachte; denn Johny war fleißig und wißbegierig und der Oheim gutmütig genug, ihn bei der Arbeit oft zu entbehren, um ihm Zeit zu lassen, auf der Schule zu erlernen, was dort zu erlernen war.

Lernen und Wissen erweitert unsere Existenz, gebiert aber auch manche Sorge, manches nur eingebildete Übel, das im einfacheren Wirkungskreis unbekannt bleibt. Jonny kannte die Geschichte seines Vaterlandes, wußte, wie die alte Größe fast überall gebeugt worden war und die eigentlichen Fürsten des Bodens Fremdlingen weichen mußten, die, wie Pilze aufgeschossen, den edleren Pflanzen die Nahrung entzogen, bis die unerbittliche Zeit endlich alles verwandelte und die, deren Vorfahren Könige waren, zu nichts Besserem als Sklaven gestempelt hatte. Er selbst sah sich in vollem Maße für einen solchen an, und die geringen Freuden, deren seine Lage fähig war, wurden nur zu oft durch selbstpeinigende Gedanken dieser Art getrübt.

In dieser Stimmung waren die stolzen Überreste verhallter Jahrhunderte, die Tipperarys Fluren, gleich einem großen Kirchhof, bedecken, das gewöhnliche Ziel seiner einsamen Wanderungen und der Lieblingsaufenthalt des schwärmenden Jünglings. Manche Sommernacht brachte er in der verwitterten Kathedrale zu, die auf Cashels Felsen in nackter Erhabenheit thront, durchirrte in der Mittagssonne die sumpfigen Wiesen, in die seit acht Jahrhunderten Athassels Abtei immer tiefer versinkt, oder ruhte im Schatten des Raubschlosses von Golden, dessen zehn Fuß dicke Mauern der Zeit noch trotzten, wie sie so lange manchem Feinde getrotzt. Doch vor allem teuer waren ihm die prächtigen, von Efeu eingehüllten Ruinen des Klosters von Holycross, wo der Fremde noch jetzt das wunderbar erhaltne Grab des großen O'Briens, Königs von Limerick, bewundert und wo auch, im bescheidnen Winkel, Johnys Eltern schliefen. Vor seiner Phantasie aber bevölkerte es sich noch mit andern wunderbaren Gestalten, unter denen die Geister seiner großen Vorfahren, die, wie er oft gehört, ihre Ruhestätte hier gefunden, den ersten Rang einnahmen. Möglich, daß seine Vermutung ihn nicht betrog, denn der poetischen Sitte seines Volks gemäß wird nicht der Platz um die ärmliche Kapelle, in der die Bedrückten jetzt ihren kaum geduldeten Gottesdienst feiern, gewählt, sondern die erhabnen Ruinen ihrer alten Kirchen und Klöster vertreten die Stelle zum Begräbnis für hoch und niedrig, daher sieht man hier den Boden auch überall von aufrechtstehenden Grabsteinen wimmeln, untermischt mit Knochenhaufen und Schädeln, die, um den neuen Ankömmlingen Platz zu machen, sorglos ausgeschaufelt wurden. Hier, in einer Fensternische sitzend, verträumte Johny Stunden auf Stunden, bis die Sonne über dem majestätischen Galty-Gebürge herabsank, dessen dunkle Riesen allein unverändert jedes Jahrhundert und jede Umwälzung überlebt hatten.

Eines Abends, wo er sich mehr bewegt als je gefühlt, sehnsüchtig in die Vergangenheit und trostlos in die Zukunft geblickt und ihm endlich gedeucht, daß immer hör-

RUINE VON HOLYCROSS

barer die Geister der Abgeschiednen in seiner Nähe gerauscht – versank er, die Augen noch von wehmütigen Tränen naß, in einen tiefen Schlummer. Wie lange er geschlafen, wußte er nicht; ob er nachher geträumt oder wirklich gesehen, was ihm erschienen, blieb ein nie mehr zu enthüllendes Rätsel. Genug, er glaubte mitten in der Nacht zu erwachen und jeden Raum der weiten Kirche, bis in die entferntesten Winkel, von einem überirdischen Lichte erleuchtet zu sehen, das mit der Klarheit des Tages den Silberschein des Mondes und den rosigen Schimmer der Abendröte verband. Vor ihm aber stand ein weibliches Wesen, in ein schlohweißes Gewand, wie eine wallende Wolke, gehüllt, und zwei Augen funkelten ihm aus der Wolke entgegen, gleich Sternen in einer Dezembernacht. Eine Stimme, deren Ton Johny nie genügend beschreiben konnte, deren Zaubermelodie aber jede Nerve zu stärken, jede Furcht zu beschwichtigen und frohen Lebensmut wie Feuer in jede Ader zu strömen schien, rief ihm freundlich in sanft verhallenden Tönen zu: »Mein Sohn, weißt du, wo du bist?« – »Wo ich bin –«, erwiderte Johny, sich die Augen reibend. »Gewiß – in Holycross.« – »Weißt du auch, daß hier im grauen Altertume deine Väter herrschten und alles Land, was deine Augen oft von jenem Turme überblickten, einst ihr Eigentum war?« – »Ha! ich ahnte es – oh! warum konnten sie es nicht besser bewahren, auf daß ihr Enkel nicht heute in Armut und Sorge sein saures Brot von fremder Gnade betteln müßte.« – »Johny!« fuhr die Stimme fort, »laß die Vergangenheit ruhen – von dir allein wird es abhängen, so groß zu werden, als unsre Voreltern waren, wenn du Mut mit Klugheit verbindest. Dein Glücksstern brachte dich grade diese Nacht in die Mauern der Abtei, wo ich, die einst hier gebot, jetzt alle hundert Jahr nur einmal noch erscheinen darf. Wisse denn – daß ein unermeßlicher Schatz, unsrer Familie angehörig, hier vergraben liegt, der, wenn du ihn erhebst, dich reicher als einen König machen wird. Doch, John Curtin! merke wohl auf, was ich dir sage, denn ich kam heute zu deinem Heil, wenn du es zu nützen verstehst; aber nie siehst du mich auf dieser Welt wieder. – Du kennst den Hügel über der Abtei, den gesegneten Fleck, wo der Splitter des heiligen Kreuzes bei der Abteiglocke süßem Klange herabfiel und wo die gute Alte ihrem Sohn begegnete, als er von Jerusalem zurückkam. Du kennst den uralten Taxusbaum, der dort einsam steht, nahe am Wege, auf der Erhöhung von Erde und Steinen. Dort grabe sechs Fuß weit vom Baum, in der graden Linie des Abteiturms, und grabe sechs Fuß tief. Das Werk muß in der toten Stunde der Nacht vollbracht und – sei dessen wohl eingedenk! – *kein* Wort dabei gesprochen werden, oder wehe denen, die es unternahmen!«

Hier schien ein lichter Blitz durch die Kirche zu zucken und ein heiseres Lachen an sein Ohr zu schlagen; Johny fuhr auf wie aus einem Traume, aber tiefe Dunkelheit umfing ihn, und unüberwindliche Schlafsucht drückte ihm von neuem die Augen zu. Als er erwachte, war er nicht wenig erstaunt, sich auf seinem Strohlager bei Dick Cassidy, seinem Vetter, zu finden, ohne alle Erinnerung, wie er zu Hause gekommen. Hatte er wirklich nur geträumt? war alles bloß ein Gaukelspiel seiner erhitzten Phantasie? Es mußte wohl so sein, denn der Wahrheit zu Ehren darf man nicht verbergen, daß Johny, ehe er seiner Lieblingsruine zuwandelte, bei einem guten Kameraden den Mittag verbracht und den Whiskypunsch nicht geschont hatte, ja Bridget, die Hausmagd, behauptete sogar, sie habe, als Johny so spät zu Hause kam, gleich gemerkt, daß der Potheengeist mächtig in ihm sei, und *dieser* Geist ist manchem schon nachher in den seltsamsten Variationen und Formen wieder erschienen, wenn er einmal mit ihm in Gemeinschaft getreten. So sprach Johny zu sich selbst, aber die kältere Vernunft mochte anführen, was sie wollte, immer richteten sich seine Schritte nach der Gegend der Abtei, und wenn er den einsamen Taxusbaum nur von fern erblickte, schlug ihm das Herz stärker, das Blut schoß ihm in die Wangen, und Bilder künftiger Größe gaukelten vor seinem innern Auge, immer bunter und glänzender, umher. Der Dämon der Begehrlichkeit hatte Besitz von seiner Seele genommen. – Er beschloß endlich, seinen Verwandten, der ein bedächtiger und verständiger Mann war, zum Vertrauten zu machen und seinem Ermessen die Sache anheimzustellen. Wider Vermuten nahm Dick die Eröffnung weit gläubiger auf, als Johny gehofft, und Habsucht und Aberglauben, von denen auch der Alte nicht frei war, entschieden beide schnell zur Tat. Man kam überein, daß der Versuch so schleunig als möglich gemacht und der Schatz, sobald er gehoben, treulich unter beide verteilt werden solle.

Nach einem guten Abendessen und mehr als einem Glase blessed Whisky zur Herzstärkung machte sich Dick und Johny auf den Weg. Sie mußten nahe unter den Mauern von Holycross vorüber, und der Wind, der sich stürmisch zu erheben begann, schüttelte die Äste der alten Eschen so schaurig, rauschte so hohl und dumpf durch den dicht verschlungenen Efeu und warf mit solcher Gewalt große Steine von den Mauern hinab in ihren Weg, daß beiden immer übler zumute ward. Indes nahmen sie sich zusammen, und schnell über die Brücke eilend, die hier über den Suir führt, richteten sie ihre Schritte eiligst nach dem angezeigten Baum. Sobald sie ihn erreicht, verlor Dick keinen Augenblick länger, warf seinen Rock ab, maß sorgfältig die sechs Schritte vom Erdhaufen nach dem Abteiturm und begann aufs emsigste zu graben. Johny folgte schweigend seinem Beispiel, und nachdem so unter manchem innerlichen Stoßgebet und Zeichen des heiligen Kreuzes eine Stunde verflossen sein mochte, fühlte Dick zuerst seinen Spaten auf etwas Hartes stoßen. Die lose Erde wegschaufelnd, fanden sie, daß ein platter breiter Stein vor ihnen lag. Lange quälten sie sich vergebens, ihn von der Stelle zu bringen, und nur nach unsäglicher Anstrengung gelang es ihnen endlich, denselben ein wenig zu lüften und dann mit Hülfe eiserner Hebel, die sie vorsichtig mitgenommen, völlig umzukippen.

Sie wurden dadurch eine schmale Treppe gewahr, und ermutigt durch die jetzt gewonnene Überzeugung, daß die Erscheinung sie nicht betrogen, zündeten sie ihre Blendlaternen an und stiegen voller Zuversicht, wenngleich nicht ohne einigen Schauer, einer nach dem andern langsam hinab. Die Stufen führten in eine lange Galerie, an deren Ende ein schweres eisernes Tor allem weitern Vordringen ein Ende zu machen schien. Näher kommend, fanden sie jedoch einen goldnen Schlüssel darin stecken, der es auch mit Leichtigkeit aufschloß. Sie schritten nun in dem sich gleich darauf wendenden Gange kühn weiter und bemerkten bald ein anderes Tor, über dem, in Brusthöhe, ein durchsichtiges Gitter ihre Blicke auf sich zog. Johny erhob die Laterne, um Dick hindurchsehen zu lassen, doch kaum hatte dieser einen Blick hineingeworfen, als er voller Freuden aufschrie: »Hurra, bei Noonans Geist! wir sind gemachte Leute!« – Das letzte Wort schwebte noch auf seinen Lippen, als ein furchtbarer Donner krachend das Gewölbe zusammenbrach – ein sausender Wirbelwind schlug die Laterne zu Boden, und Johny, flach auf sein Antlitz stürzend, verlor in unnennbarem Graus Gedächtnis und Besinnung. Als er wieder zu sich kam, lag er unter dem einsamen Taxusbaum, und eine hohe Flamme spielte, gleich einem riesigen Irrlicht, auf dem Turme der Abtei. Eine schwarze Figur schien lustig darin zu tanzen, und stärker erscholl, dicht neben ihm, dasselbe heisere Lachen, das er in der Ruine zu hören geglaubt. Wie er aber, von Schrecken bleich, sich nach seinem Vetter umsah, lag, von der Flamme grell erleuchtet, Dick mit umgedrehtem Halse neben ihm, die blaugeschwollnen Züge schauderhaft verzerrt und die starren Augen fest auf Johny gerichtet.

Herzens-Julie, ich fürchte, das materielle Leben dieser Tage hat mich ein wenig dumpfsinnig gemacht, und meine Geschichte trägt die Farbe davon. Sie sieht in der Tat wie der Traum einer Indigestion aus. Nach einigem Fasten produziere ich Dir indes vielleicht eine bessere.

En attendant wünsche ich Dir gute Nacht und angenehmere Träume als dem armen Johny.

den 21.

Ich hatte die Hospitalität der guten Landjunker hier so oft in Kontribution gesetzt, daß ich en conscience sie einmal erwidern mußte, und lud daher vor meiner Abreise heute alle zu einem kleinen Fest bei mir ein. Früh gab ich ihnen ein Hahnengefecht, car il faut hurler avec les loups, dann Konzert des großen Pipers, einen Spazierritt auf ihren eignen Pferden und zuletzt grand festin, grande chair et bon feu. Während unsres Rittes kamen wir an eine Stelle, wo vor drei Jahren ein Magistrat mit Namen Baker erschossen wurde. Dies war ein Charakter, vollkommen dem der Iffländischen Amtmänner gleich, nur leider ohne eine, ihm entgegenarbeitende, edle Seele. Den Tag vor seinem Tode hatte er noch zu einem Manne, den er, auf vorgegebnen Verdacht revolutionärer Umtriebe, sechs Wochen in Ketten legen lassen, indem er ihn endlich freiließ, ganz öffentlich gesagt:

»Vorigen Monat schickte ich zu Euch und verlangte Euch zu sprechen. Ihr kamt nicht – dafür habe ich Euch jetzt die kleine Lektion gegeben, die Euch künftig, wie ich hoffe, etwas geschmeidiger machen wird. Ist es nicht der Fall, so sollt Ihr in sechs Wochen baumeln, darauf verlaßt Euch!« Die Grafschaft war nämlich damals, nach einer partiellen Empörung, unter martial law (Kriegsgesetz) gestellt und den Behörden so lange fast unumschränkte Macht eingeräumt, weshalb sie sich alles *erlauben* durften. Die Ursache von Bakers Ermordung war von der Art, daß man ihn kaum bemitleiden kann. Er schuldete einem Milchhändler fünfhundert Pfund Sterling, teils für gelieferte Ware, teils für bar hergeliehenes Geld, und hatte versprochen, die Summe zu bezahlen, sobald der Mann seine Tochter verheiraten würde, für welche dieselbe als Ausstattung bestimmt war. Der Fall trat nach einigen Jahren ein, und der Milchhändler bat bescheiden um sein Geld. Da indes Baker ihn immer mit Ausflüchten hinhielt und er nichts als vage Versprechungen von ihm erhalten konnte, drohte er endlich mit einer gerichtlichen Klage und reiste auch nach Cork, um sich deshalb mit einem Rechtsgelehrten zu besprechen. Diese Abwesenheit benutzend, erschien Baker schon des andern Tages in seinem Hause, von einem Detachement Soldaten gefolgt, und frug gleisnerisch die mit ihrem siebenten Kinde eben schwanger gehende Frau, ob sie etwas von im Hause versteckten Waffen wisse, da eine schwere Anklage gegen ihren Mann gemacht worden sei. Diese versicherte gutes Muts, daß so etwas in ihrem Hause gewiß nicht existiere, da ihr Mann nie sich dergleichen Umtriebe zuschulden kommen lassen, wie er ja selbst, als sein alter Bekannter, am besten wissen müsse. »Gebt wohl acht, was Ihr sagt«, rief Baker, »denn findet man etwas und Ihr habt es verleugnet, so verurteilt Euch das Gesetz ohne Gnade zur lebenslänglichen Transportation.« Die Frau blieb bei ihrer Aussage. »Nun wohlan, auf Eure Gefahr! Soldaten!« befahl er, »durchsucht Haus und Scheune aufs genauste und bringt mir Rapport, was ihr gefunden.« Man fand nichts – als aber unter Bakers eigner Anführung eine zweite Nachsuchung gehalten ward, brachte jemand eine geladne Pistole hervor, die angeblich unter dem Stroh versteckt gewesen sein sollte, von der man aber immer vermutet hat, daß Baker sie selbst dahin praktizierte. Die Frau wurde sogleich fortgeschleppt und, durch das Corpus delicti bereits als überführt betrachtet, nach kurzem Prozeß zur Transportation verdammt. Ihr Mann kam wenige Tage darauf zurück und suchte Himmel und Erde für ihre Freiheit zu bewegen. Vergebens flehte er, daß man wenigstens ihn an die Stelle der unglücklichen Frau, einer schwangern Mutter von sechs Kindern, nach Botany Bay schicken möge. Er offerierte auch das Geschenk der fünfhundert Pfund Sterling. Aber Baker blieb unerbittlich, den Verzweifelnden höhnisch erinnernd, daß er dies Geld ja brauche, die Tochter auszustatten, welche – setzte er hinzu – ihm jetzt die Wirtschaft führen könne, wenn er anders, infolge der eingeleiteten Untersuchung, noch eine

Wirtschaft behielte. Für das Reisegeld seiner Frau brauche er aber nicht zu sorgen, denn dies übernähme großmütig das Gouvernement. Das Gesetz hatte wirklich seinen Lauf, die arme Frau wurde transportiert und ist vielleicht noch in Port Jackson. Aber die zur Wut gebrachten Menschen, ihr Mann, Bruder und noch zwei andere, rächten ihr trauriges Schicksal kurze Zeit darauf durch Bakers grausame Ermordung, den sie mitten im freien Felde anfielen, gleich einem Wilde hetzten und endlich mit mehrern Schüssen langsam erlegten. Alle wurden ergriffen und gehangen.

Solche Schaudergeschichten waren damals in dem unglücklichen Lande alltäglich, und *noch jetzt* kommen ähnliche vor. Daß aber ein solcher Kontrast zwischen England und Irland unter demselben Gouvernement stattfinden und so lange fortbestehen kann, ist für jeden Menschenfreund wahrhaft betrübend, um so mehr, wenn man bedenkt, daß nur unbezwingliche Bigotterie und frühere Raubsucht, deren Beute man nicht wieder herausgeben will, die Ursache, sechs Millionen Menschen aber die Opfer davon sind.

Von meinem Feste sage ich nichts. Es glich den andern und dauerte mehr als zu lange. Nur zweier Anekdoten will ich erwähnen, aus Venus' und Bacchus' Reiche entlehnt, weil sie mir bemerkenswert und die Sitten gut schildernd erscheinen. Ich bitte im voraus um Verzeihung, wenn die erste Dir ein wenig zu frei vorkömmt, aber man kann ohnmöglich wie Du so vielen Gelagen in der Provinz beiwohnen, ohne auch einmal etwas Verfängliches zu hören. Übrigens ist das Ganze eine öffentlich verhandelte Kriminalgeschichte und insofern wohl auch einem vertrauten Briefe einzuverleiben.

Man neckte einen der Gäste mit seinen Liebesgeschichten, und jemand meinte, er wäre wohl auch imstande, es seinem Cousin R... nachzutun. Ich frug, was dieser Cousin getan, und erhielt folgende Auskunft: »Voriges Jahr«, sagte mein Berichterstatter, »brach der Gentleman, von dem die Rede ist, den Hals auf einer Fuchsjagd, was gewiß manche Tugend gerettet hat und auch vielleicht ihn selbst vor einem schlimmern Tode bewahrt, dem er schon einmal ganz nahe war. Die Sache hat in unsrer Kriminalgeschichte nicht wenig Aufsehen gemacht und möchte nicht so leicht einen Nachahmer finden.«

M. R..., schon berühmt durch vielfache Aventuren, stellte lange vergebens der hübschen Tochter eines Pächters nach, ohne daß es ihm gelingen wollte, sie zu einem Rendezvous zu bringen oder sonst allein zu treffen. Endlich begegnete er ihr einmal, ohnfern ihres Vaters Haus, wie sie eben zum Brunnen ging, zwei Wasserkannen über die Schultern gehangen und sie mit beiden Händen haltend, wie es hier die Landmädchen zu tun pflegen. Eine Weile mit ihr scherzend und allerlei zärtliche Possen treibend, benutzte er plötzlich ihre verteidigungslose Stellung, und – enfin, es gelang ihm, halb wenigstens gewiß mit Gewalt, alles von ihr zu erlangen, was sie geben konnte. Von den englischen Gesetzen wird so etwas nicht nach der Kaiserin Katharine oder

Königin Elisabeth Prinzip beurteilt, sondern als kriminelle Gewalttätigkeit angesehen und der Delinquent, wenn er durch Zeugen überführt ist, ohne weiteres gehangen. M. R . . . s Schreck war also nicht gering, als er, noch das weinende Mädchen tröstend, sich aufrichtete und ihre jüngere Schwester hinter derselben stehen sah, die in der gleichen Absicht, Wasser zu holen, hergekommen war und das Ganze mit angesehen zu haben schien. »O for shame!« (O der Schande!) rief sie entrüstet, »muß ich das von dir erleben, Schwester! gleich sollen Vater und Mutter alles erfahren!« Die arme Maria war bei dieser Drohung mehr tot als lebendig, ihr Liebhaber jedoch wußte, mit seltner Fassung und seltner Tatkraft, der Sache eine ganz unerwartete Wendung zu geben. Scheinbar wütend zog er sein Messer und stürzte auf die jüngere Schwester zu, als wolle er ihr augenblicklich den Mund für immer versiegeln. Halb ohnmächtig vor Schreck sank diese, um Erbarmen flehend, kraftlos zu seinen Füßen hin. – Hier ward ihr dasselbe Schicksal zuteil, das einige Minuten früher ihre Schwester betroffen. Beide hielten nun zwar reinen Mund, beide aber zwang einige Zeit nachher die Natur zum Geständnis, denn beide wurden schwanger und gebaren einen Knaben und ein Mädchen. Die Eltern machten die Sache anhängig, sie war klar – das jüngste der Mädchen überdies erst dreizehn Jahr alt, und man hielt Herrn R . . . für verloren. Wider alles Vermuten erklärte ihn indes die mitleidige Jury (que tant de valeur sans doute avait désarmé) für not guilty (nicht schuldig), weil auf eingefordertes Gutachten der Stadtarzt gefällig erklärt hätte: daß der Fall *unmöglich* sei. Voilà une belle occasion de disputer pour les jurisconsultes et les médecins. Die Mauvaisplaisants behaupteten, daß vor diesem Prozeß Mr. R . . . den Weibern gefährlich gewesen, nachher aber unwiderstehlich geworden sei.

Nun zur zweiten Erzählung:

Vor ohngefähr zehn Jahren gab Lord L . . . , der damals fast für unüberwindlich vis à vis einer Batterie Whiskypunschgläser gehalten wurde, ein großes Diner, dessen Hauptzweck effreniertes Trinken war, eine Mode, die jetzt, im Verhältnis wenigstens, immer mehr abgenommen hat. Es war damals etwas ganz Gewöhnliches, sich mit einem Fasse Wein und einer lustigen Gesellschaft einzuschließen und das Gemach nicht eher zu verlassen, bis der letzte Tropfen geleert war. Barrington spricht in seinen »Memoiren« von einer ähnlichen Partie, die in einem Jagdhause stattfand, wo erst den Tag vorher die Wand mit Mörtel bekleidet worden war, der noch nicht zum Trocknen Zeit gehabt hatte. Hier schloß man sich auf diese Weise mit einer Tonne eben von Frankreich angekommenen Clarets ein, und als am Morgen die gegen die Wand getaumelten Mitglieder aus ihrem Rausche erwachten, fanden sie sich so fest mit derselben identifiziert, daß sie später davon abgeschnitten werden mußten, einige mit Verlust ihres Haars, andere ihrer Kleider.

Ein Diner in ähnlichem Genre gab auch Lord L . . . Die sehr zahlreiche Gesellschaft ward bald überaus lustig und geräuschvoll, und nachdem die Augen weniger scharf und die Zungen stammelnder geworden waren, hörte Lord L… mehreremal vom untern Ende der Tafel rufen: »O Sergeant Scully! that won't do! Fair play, Mr. Scully!« (O Sergeant Scully! das geht nicht an! Ehrlich Spiel, Herr Scully!) Dieser Scully war Sergeant in dem Milizkorps der Gutsbesitzer, das Lord L… kommandierte, und sonst als ein sehr determinierter Trinker bekannt. Lord L… also, der glaubte, er weigere sich, sein Glas weiter zu füllen, ward höchst entrüstet und rief ihm laut über den Tisch zu: »Schämt Euch, Scully! Euch so nötigen zu lassen! Allons, gleich füllt Euer Glas! Irland für immer.« – »O Mylord«, ertönten hier mehrere klägliche Stimmen, »Euer Herrlichkeit sind ganz im Irrtum. Sergeant Scully hat *zwei* Gläser vor sich stehen, die er beständig füllt, während wir nur eins erhalten; solche Bevorteilung wollen wir aber nicht länger dulden!«

Seitdem ist es in ganz Irland zum Sprichwort geworden, wenn einer mehr als alle andern tut oder doppelten Vorteil aus einer Sache zieht, zu sagen: Er nimmt sich ein Beispiel an Sergeant Scully.

Als man keine Anekdoten mehr zu erzählen wußte, wurden allerlei Kunststücke und tours de force gemacht, worunter ich eins noch nie gesehen hatte. Es ist nur ein Experiment mit einem Hahn, das jeder nachmachen kann, aber doch ziemlich sonderbar. Das wildeste und böseste Tier dieser Art wird nämlich sogleich bewegungslos und vermocht, so lange man will, in totenähnlicher Ruhe auf dem Tische liegenzubleiben, den Schnabel vor sich hingestreckt und die Augen keinen Augenblick von einer weißen Linie verwendend, die vor ihm hingezeichnet ist. Man tut weiter nichts, als diese grade Linie vorher auf dem Tische mit Kreide zu zeichnen, den Hahn dann mit beiden Händen zu fassen und mit dem Schnabel auf der Linie fortzuschieben. Dann drückt man ihn auf den Tisch auf und er wird so lange liegenbleiben, ohne sich zu rühren, bis man ihn wieder wegnimmt. Das Experiment kann jedoch nur bei Licht gemacht werden.

Voilà de grandes bagatelles, mais à la guerre comme à la guerre.

den 22.

Da Fitzpatrick der Piper, den ich für gestern hatte kommen lassen, noch heute in der Stadt blieb, benutzte ich dies, um ihn während des Frühstücks privatim in meiner Stube spielen zu lassen und dabei sein Instrument genauer zu betrachten. Es ist, wie Du schon weißt, Irland eigentümlich und eine seltsame Mischung alter und neuer Jahrhunderte darin sichtbar. Der ursprüngliche einfache Dudelsack hat sich in ihm mit der Flöte, der Oboe und einzelnen Orgel- und Bassontönen vermählt. Alles zusammen bildet ein fremdartiges, aber ziemlich vollständiges Konzert. Der kleine elegante Blasebalg, der damit verbunden ist, wird vermöge eines seidenen Bandes am linken Arme befestigt und der, zwischen ihm und dem Sack kommunizierende, Windschlauch über den Leib gelegt, während die Hände auf einem mit Löchern, gleich einem Flageolett, versehenen aufrecht stehenden Rohre spielen, welches das Ende des Instruments bildet und mit fünf bis sechs andern kürzeren, die einer kolossalen Papagenoflöte ähnlich sind, in Verbindung steht. Während des Spiels geht der rechte Arm unaufhörlich vom Körper ab und zu, um den Blasebalg in Atem zu erhalten. Das Öffnen einer Klappe bringt einen tiefen, summenden Ton hervor, der während dem übrigen Spiel unisono mit fortgeht und dem Fortezug des Pianos ähnlich wirkt. Durch das Agitieren des ganzen Körpers sowie des vorher beschriebenen Rohres brachte Fitzpatrick Laute hervor, die kein andres Instrument besitzt. Der Anblick des Ganzen, wozu Du Dir den schönen alten Mann mit einem vollen weißen Lockenkopf hinzudenken mußt, ist wirklich sehr originell, sozusagen tragikomisch. Seine Bagpipe war übrigens besonders prächtig verziert, die Röhren aus Ebenholz, mit Silber beschlagen, das Band reich gestickt und der Sack mit feuerfarbner Seide und silbernen Fransen umgeben.

Ich ließ mir die ältesten irländischen Melodien aufspielen, wilde Kompositionen, die gewöhnlich traurig und melancholisch, wie die Gesänge der slawischen Völker, anfangen, zuletzt aber dennoch in einem Gigg, dem irländischen Nationaltanz, oder einer kriegerischen Musik endigen. Eine dieser Melodien gab das sehr täuschende Faksimile einer Fuchsjagd, und eine andere glaubte ich aus dem Jägerchor im »Freischützen« entlehnt; sie war aber fünfhundert Jahr älter. Les beaux esprits se rencontrent dans tous les âges.

Nach einiger Zeit hörte der Piper plötzlich auf und sagte lächelnd, mit vieler Anmut: »Es muß Ihnen schon bekannt sein, gnädiger Herr, daß die irländische Bagpipe nüchtern keinen guten Ton hat – sie verlangt den Abend oder die Stille der Nacht, heitere Gesellschaft und den lieblichen Duft dampfenden Whiskypunsches. Erlauben Sie also, daß ich mich jetzt beurlaube.«

Ich belohnte den guten Alten reichlich, der mir immer als ein wahrer Repräsentant irischer Nationalität vorschweben wird.

Mit Fitzpatrick nehme auch ich Abschied von Dir, liebste Julie, um mich nach der langen Tour wieder nach Dublin zurückzubegeben, von wo ich meinen nächsten Brief an Dich abzusenden gedenke.

Dein treuer L...

Vierzigster Brief

40

Dublin, den 24. Oktober 1828

Gute, teure Freundin!

Wenn man so lange ein halbwildes Leben geführt, kömmt einem die Zahmheit der Stadt ganz sonderbar vor! Ich kann mir jetzt beinah das Heimweh der Indianer erklären, von denen selbst die Gebildetesten doch am Ende in ihre Wälder wieder zurücklaufen. Die Freiheit hat einen zu großen Reiz!

Gestern nachmittag verließ ich Cashel und nahm in meinem Wagen den Bruder des Capt. S... mit. Solange es Tag war, sahen wir gewiß an zwanzig verschiedene Ruinen, fern und nah, liegen. Eine der schönsten steht am Fuß eines isolierten Hügels, Killough Hill, der Garten Irlands genannt, weil auf ihm, der Sage nach, alle in Irland einheimische Pflanzen wachsen. Der Grund dieser Fruchtbarkeit ist, daß Killough Hill einst der Sommeraufenthalt der Feenkönigin war, deren Gärten hier prangten. Der überirdisch magnetisierte Boden behält daher noch immer einen Teil seiner wunderbaren Kräfte. Die erwähnte Ruine hat abermals einen jener rätselhaften schmalen, runden Türme ohne Öffnung, die von fern einem, von allen Neunen allein stehengebliebenen, ungeheuren Königskegel gleichen. Bei einigen wenigen sieht man zwar die Öffnung einer Türe, aber nicht unten, sondern in der Mitte. Kein romantischeres Schilderhaus hätte für die Wache des Feenhügels gewählt werden können. Das Wetter war außerordentlich mild und schön und der Vollmond so lichtstrahlend, daß ich bequem in meinem Wagen lesen konnte. Demohngeachtet verschliefen wir einen guten Teil der Nacht.

In Dublin fand ich einen Brief von Dir vor. Tausend Dank für alles Liebe und Gute, das er für mich enthält. Ängstige Dich aber nicht zu sehr über die Lage Deiner Freundin. Sage ihr, sie solle handeln, wie es die Not erfordere, abwenden, was möglich sei, unvermeidliches Übel aufschieben, solange sie könne, aber immer ruhig tragen, was *da* sei. Das wenigstens ist *meine* Philosophie. Deine Zitation aus der Sévigné hat mich sehr amüsiert. Gewiß, diese Briefe sind merkwürdig! durch viele Bände immer das Nämliche, und an sich ziemlich Leere, mit stets neuen

Wendungen unterhaltend, ja oft bezaubernd zu sagen; Hof, Stadt und Land mit gleicher Grazie zu schildern und eine etwas affektierte Liebe gegen die insignifikanteste Person zum Hauptthema des Ganzen zu wählen, ohne dennoch je dadurch zu ermüden – das waren gewiß Aufgaben, die außer ihr noch niemand hat lösen können. Sie ist nichts weniger als romantisch, war auch im Leben nicht außerordentlich hervorstechend, aber ohne Zweifel das wohlerzogenste Ideal du ton le plus parfait. Gewiß besaß sie auch »temper«, von der Natur gegeben und durch Kunst veredelt und erhöht. Kunst ist wenigstens überall sichtbar, und wahrscheinlich waren auch ihre Briefe, von denen sie wußte, daß viele sie mit Begeisterung lasen, wohl ebensosehr für die Gesellschaft als für ihre Tochter berechnet, ja gefeilt, denn die bewunderungswürdige Leichtigkeit ihres Stils verrät eben weit mehr Sorgfalt, als das Epanchement des Augenblickes gestattet. Das, was am leichtesten aussieht, ist von jeher am schwersten zu erringen geworden. Die Schilderung damaliger Sitten tut heutzutage das ihrige für das Interesse der Briefe, ich bezweifle aber, daß ähnliche, jetzt geschrieben, gleichen Sukzeß haben würden. Man ist zu ernst und geistig dazu geworden. Les jolis riens ne suffisent plus. Das Gemüt auch will erregt, und heftig erregt sein. Wo ein Gigant wie Lord Byron auftritt, verschwinden die niedlichen Kleinen.

Eben las ich in seinen Werken (denn noch ging ich nicht aus). Ich stieß auf die Schilderung einer Szene, wie ich selbst in den letzten Tagen deren so häufig ähnliche erlebt. Wie erhaben fand ich meine Gefühle ausgedrückt! Erlaube mir, das Bruchstück Dir in einer poetischen Prosa, so gut ich kann und so wörtlich als möglich, zu übersetzen.

Der Himmel wandelt sich! – Welch ein Wechsel! o Nacht –
Und Sturm und Finsternis, wohl seid ihr wundermächtig!
Doch lieblich eure Macht – dem Lichte gleich,
Das aus dem dunklen Aug des Weibes bricht. – Weithin
Von Gipfel zu Gipfel, die schmetternden Felsen entlang
Springt der eilende Donner. Nicht die einsame Wolke allein,
Jeder Berg hat eine Zunge gefunden,
Und Jura sendet durch den Nebelvorhang Antwort
Zurück dem lauten Zuruf der jubelnden Alpen.
Das ist eine Nacht! – o herrliche Nacht!
Du wurdest nicht gesandt für Schlummer. Laß auch mich
Ein Teilnehmer sein an deiner wilden, fernhin schallenden Freude,
Ein Teil vom Sturme – und ein Teil meiner selbst –
Wie der See erleuchtet glänzt – gleich dem phosphorischen Meer!
Und die vollen Regentropfen – wie sie herabtanzen auf seine Wellen!
Und nun wird wieder alles schwarz – und von neuem
Hallt der Berge Chorus wider in lauter Lust,
Als säng er Triumph über eines jungen Erdbebens Geburt!

Ist das nicht schön, wahrhaft dichterisch gefühlt! Wie schade, daß wir so gar keine guten Übersetzungen seiner

HOWTH CASTLE

W. H. Bartlett. R. Wall.

Werke haben. Nur Goethe vielleicht wäre fähig, ihn genügend wiederzugeben – wenn *er* nicht leichter und lieber gleich Herrliches selbst schüfe.

den 29.

Das schöne Wetter lockte mich hinaus ins Freie. Ich ritt den ganzen Tag umher und sah ein paar merkwürdige Schlösser, Malahide und Howth Castle. Beide haben eine seltne Eigenschaft. Sie sind nämlich seit neunhundert Jahren immer im Besitz derselben Familien geblieben, was sich, soviel ich weiß, kein einziger Wohnsitz des englischen hohen Adels rühmen kann. Malahide ist auch noch historisch merkwürdig; denn es gehört den Talbots, und selbst des berühmten Feldherrn Rüstung, mit einem Partisanenstoß in der Brust, wird noch hier aufbewahrt. Die eine Hälfte des Schlosses ist uralt, die andere von Cromwell zerstört und nachher im Stil des alten wieder aufgebaut worden. In dem ersten Teile zeigte man mir fünfhundert Jahr alte Stühle, ja sogar ein Zimmer, in dem die schwarzeichne, reiche Boiserie, geschnitzte Decke und Boden siebenhundert Jahre zählten. Der neue Schloßteil enthält mehrere interessante Gemälde. Ein Portrait der Herzogin von Portsmouth war so lieblich, daß ich Karl II. noch im Grabe darum beneidet haben würde, sie einst zur Herzogin erheben zu dürfen, wenn ich mich nicht noch zur rechten Zeit der Predigt des katholischen Geistlichen erinnert hätte. Eine alte Abbildung der Maria Stuart, obgleich in reiferem Alter dargestellt, bestätigte mir dennoch die Ähnlichkeit des in der Grafschaft Wicklow gesehenen Bildes dieser unglücklichen und schönen Königin, und mit Interesse betrachtete ich eine Szene am Hofe zu Madrid mit den Porträts des Königs, gravitätisch im roten Scharlachrock dasitzend; Karl I. als Kronprinzen, der ziemlich légèrement eine Menuett mit der Infantin tanzt, und des verführerischen Buckingham, der, prächtig gekleidet, eine hübsche Hofdame sehr angelegentlich zu unterhalten scheint.

Howth Castle, der Familie St. Lawrence gehörig und von Lord Kowth bewohnt (der kein Absentée ist, sondern wohltätig seine Einkünfte im Lande verzehrt), ist mehr im Laufe der Zeiten modernisiert worden, und zwar nicht glücklich, da ein griechisches Portal sich sonderbar zu den kleinen gotischen Fenstern und hohen Zinnen in Trèfleform ausnimmt. Auch hier wird das Schwert und die Rüstung eines berühmten Vorfahren mit abenteuerlichem Namen aufbewahrt. Er hieß Sir Armoricus Tristram und lieferte Anno 1000 den Dänen eine Schlacht in dieser Gegend, in der er, glaube ich, auch sein Leben verlor. Die altertümlichen Ställe waren voll herrlicher Jagdpferde, und Lord Howth' Hunde (hounds) werden ebensosehr gerühmt.

Bei meiner Zurückkunft ging ich ins Theater, wo der englische Franconi, Ducrow, die Äquilibristerei veredelt, indem er auf bewunderungswürdige Weise bewegliche Statuen darstellt. Dies ist ein wahrer Kunstgenuß und den sogenannten Tableaux weit vorzuziehen. Du siehst, wenn der Vorhang aufgeht, in der Mitte der Bühne ein unbewegliches Standbild auf einem hohen Postamente stehen. Dies ist Ducrow, und kaum begreiflich, wie Trikot so dicht überall anliegen und so täuschend Marmor, hie und da von einer bläulichen Ader unterbrochen, darstellen kann. Ich glaube auch, daß er größtenteils auf der bloßen Haut gemalt war und nur da, wo unsere Sitten keine Nacktheit erlauben, mit Trikot sich geholfen hatte. Überdem erschien er zuerst als *ruhender* Herkules, wo das Löwenfell ihm alle Verlegenheit ersparte. Mit großer Kunst und Präzision ging dann der Mime, allmählich seine Stellung verlassend, in eine andere über, von Gradation zu Gradation zu immer erhöhter Kraftäußerung fortschreitend, in den Hauptmomenten aber (wo die *berühmtesten* Statuen darzustellen waren) plötzlich von neuem wie zu leblosem Marmor sich versteinernd. Helm, Schwert und Schild, das ihm jetzt gereicht wurde, verwandelte ihn im Augenblick in den zornigen Achilleus, Ajax und andere griechische und trojanische Helden. Dann kam der Schleifer, der Diskuswerfer usw. an die Reihe, immer gleich gelungen und wahr. Er schloß mit den verschiedenen Stellungen des Fechters, zuletzt der meisterhaften Darstellung des Sterbenden. Dieser Mann müßte ein vortreffliches Modell für Maler und Bildhauer abgeben, da er tadellos gewachsen ist und jede Stellung mit solcher Leichtigkeit annehmen kann. Auch fiel mir ein, wie sehr das nichtssagende Tanzen veredelt werden könnte, wenn man, statt des unsinnigen Hüpfens und Springens, etwas dem eben Beschriebenen Ähnliches einführte. Es tat mir fast weh, später denselben Künstler (denn diesen Namen verdient er durchaus) in der Reitbahn als chinesischen Zauberer neun Pferde auf einmal reiten, als russischen Kurier zwölf auf einmal fahren und sich endlich mit einem Pony, der als alte Frau angezogen war, zu Bett legen zu sehen.

Was das letztere allein betrifft, werde ich übrigens jetzt seinem Beispiel folgen und sage Dir daher gute Nacht, zugleich Valet für einige Tage, da morgen früh dieser Brief mit der Post abgeht.

Dein treuster L...

Einundvierzigster Brief

41

Dublin, den 30. Oktober 1828

Beste Julie!

O welche Vorwürfe! aber drei Briefe auf einmal, das macht alles wieder gut. Ich habe mich einmal fast satt an heimischen Nachrichten lesen können und weiß Dir meine Dankbarkeit dafür kaum genug auszudrücken . . . . .
. . . .
Wohl hast Du recht, daß ein solcher Bundesgenosse wie Du eine große Wohltat für mich gewesen wäre. Gouvernante Prosa hätte die Poesie besser auf dem Boden erhalten, und der nie alternde Elfenknabe, dessen Natur es ist, mit bunten Seifenblasen zu spielen, während er sich auf einer Blume schaukelt, würde, vom weisen Mentor gezügelt, vielleicht statt der farbigen Kugeln eine konsistentere irdische Frucht zu pflücken versucht und auch wohl erlangt haben. Mais tout ce qui est – est pour le mieux. Dieses Axiom laß uns nie vergessen. Voltaire hat unrecht, darüber zu spotten, und Panglos wirklich recht. Nur diese Überzeugung kann über alles trösten, und was mich betrifft, gestehe ich, daß es die Essenz meiner Religion ist.

Dein Brief Nro. 1 ist die Weisheit und Güte selbst – aber, gute Julie, in Hinsicht auf die erste ist, fürchte ich, Hopfen und Malz an mir verloren. Ich bin zu sehr – wie nenn ich's doch? . . . ein *Gefühls*mensch, und solche werden nie weise, d. h. lebensklug. Desto mehr wirkt freilich Güte auf mich, nur die *Deinige* ausgenommen, denn davon ist das Maß schon bei mir so voll, daß auch kein Tropfen mehr in mein Herz kann. Mit diesem vollen Herzen mußt Du Dich nun ein für allemal begnügen – mehr kann Dein armer Freund Dir nicht geben! Ist es aber wohl möglich, daß Du dabei immer noch Befürchtungen Raum geben kannst, als hätten die zwei vergangenen Jahre Abwesenheit mich gegen Dich verändern können! als würde ich in Dir nicht mehr das finden, was ich früher gefunden usw. Weißt Du, wie die Engländer dergleichen nennen? Nonsense. – Daß ich übrigens nichts sehnlicher wünschen würde, als Dich wiederzusehen, solltest Du unversichert schon einem so unermüdeten Korrespondenten zutrauen, doch vergiß Du ganz, daß . . . . .
. . . .

Wie oft habe ich Dir auch nicht schon gesagt, daß ich für die Welt nicht passe. Meine Mängel wie meine Vorzüge, ja selbst die geistigere Natur, die Du an mir finden willst, sind nur soviel Steine des Anstoßes in meinem Wege. Geistig, etwas poetisch, gutmütig und wahr – macht in der Regel nur unbehülflich und verdrossen in der Alltagsgesellschaft. Gleichmäßig mit allen denen, wie ein englischer Schriftsteller sagt, deren Gefühle und Neigungen ihr Urteil paralysieren, finde auch ich nie eher als zu spät, wie ich mich mit Klugheit hätte benehmen sollen – »eine kunstlose Disposition«, fährt der Engländer fort, »die übel darauf berechnet ist, mit der Arglist und dem kalten Egoismus der Welt in die Schranken zu treten«. Ich kenne einen mir hundertfach überlegnen berühmten Mann, dem es in dieser Hinsicht doch beinahe ebenso geht und der fortwährend bedauert, aus einem Dichter ein Staatsmann geworden zu sein. »Ich hätte mein Leben enden sollen, wie ich es angefangen«, sagte er, »unbekannt in der Welt umherstreifend und mich ungestört an Gottes Herrlichkeit erfreuend – oder von den Menschen fern, in meiner Stube verschlossen, allein mit meinen Büchern, meiner Phantasie und meinem treuen Hunde.«*

* *Wir möchten fast um Verzeihung bitten, solche und andere verwandte Stellen nicht ganz unterdrückt zu haben. Wer aber so weit gelesen, muß sich doch einigermaßen für oder gegen den Autor interessieren – und in beiden Fällen können diese unbefangenen Urteile über sich selbst dem Leser, der das Charakteristische liebt, nicht ganz unwillkommen sein. Wer sich nur an die Sachen hält, der überschlägt sie ja leicht.*

den 18.

Daß ich O'Connell hier wieder getroffen, vergaß ich Dir zu melden. Ich hörte ihn schon einigemal in der Catholic Association, dem jetzigen irländischen Nationalparlament, welches ich heute zum zweitenmal besuchte. Man empfing mich, als einen gutgesinnten Fremden, mit Applaudieren, und Hr. O'Connell machte mir sogleich Platz zwischen sich und einem Lord C... Der Saal ist nicht zu groß und ebenso unreinlich als der des Unterhauses in England. Auch hier behält jeder den Hut auf dem Kopf, ausgenommen wenn er spricht; auch hier gibt es gute und schlechte Redner, aber allerdings zuweilen noch weniger anständige Sitte als dort. Die Hitze war stickend, und ich mußte demohngeachtet fünf Stunden aushalten, die Debatten waren aber so interessant, daß ich die Unbequemlichkeit kaum bemerkte. O'Connell sprach ohne Zweifel am besten. Obgleich vom größten Teile vergöttert, ward er doch auch von manchen sehr hart bedrängt und verteidigte sich mit ebenso vieler Mäßigung als Gewandtheit, dagegen er ohne alle Schonung und meines Erachtens nach mit zu starken Ausdrücken die Minister und das englische Gouvernement angriff. Daß viel Intrige und festverbundene im voraus bestimmte Parteien hier so gut wie bei andern Körpern dieser Art herrschen und daher die Diskussion oft nur Spiegelfechterei bleibt, war leicht zu ersehen; die Führer aber haben wenigstens ihr Handwerk sehr gut einstudiert. Die drei hervorstechendsten

KÖNIGSBRÜCKE IN DUBLIN

Drawn by G. Petrie. Esq.re R.H.A. Engraved by T. Higham.

Redner sind O'Connell, Sheil und Lawles, auch Mr. Fin und Mr. Ford sprechen gut und mit vielem persönlichen Anstande. Sheil ist ein Mann von Welt, mit noch mehr Unbefangenheit und Aisance in der Gesellschaft als O'Connell, aber als Redner erschien er mir viel zu affektiert, zu künstlich und präpariert in dem, was er sagte, dabei ganz schauspielermäßig ohne alles wahre Gefühl in der delivery seiner Rede, wie es die Engländer bezeichnend nennen. Es wundert mich nicht, daß er, ohngeachtet seines nicht unbedeutenden Talents, soviel weniger populär ist als O'Connell. Beide Männer sind sehr eitel – die Eitelkeit O'Connells ist aber offner, vertrauender und bereits zufriedener gestellt, die von Sheil hingegen peinlich, wund und finster. Der eine ist daher, die eigne Partei betreffend, sozusagen in Honig, der andere in Galle getaucht und der letzte, obgleich für dieselbe Sache streitend, sichtlich eifersüchtig auf den Kollegen, den er mit Unrecht zu übersehen glaubt. Herr C...s dagegen ist nur der Don Quichotte der Association. Sein schöner Kopf, sein weißes Haar, sein wilder, aber edler Anstand und ein herrliches Organ lassen, wenn er auftritt, Außerordentliches erwarten, aber bald löst sich die ernst begonnene Rede in die unglaublichsten Extravaganzen und oft ganz verwirrten Unsinn auf, welcher Freund und Feind mit gleicher Wut angreift. Man achtet ihn daher wenig, lacht ihn oft aus, wenn er, wie König Lear, raset, unachtsam auf das Publikum oder was um ihn vorgeht. Die dominierende Partei gebraucht ihn aber, wo nötig, als Schreier. Heute verflog er sich so sehr mit unaufhaltsamem Schwunge, daß er plötzlich mitten in der *katholischen* und archikatholischen Association die Fahne des Deismus aufpflanzte, *vielleicht auch nur*, um O'Connell Gelegenheit zu geben, ihn mit Indignation zur Ordnung zu rufen und dabei eine fromme Tirade anbringen zu können; denn auf der Rednerbühne wie auf dem Böttgerfaß, auf dem Throne wie auf der Marionettenbude – gehört Klappern zum Handwerk.

Am gewöhnlichen Orte ruhte ich abends aus. Tableaux waren wieder an der Tagesordnung. Nacheinander mußte ich als Brutus, orientalischer Jude, François premier oder Saladin erscheinen. Miss J... war als Student von Alkala ein verführerischer Wildfang und ihre ältere Schwester, als Sklavin des Serails, eine willkommene Gefährtin für Saladin und als die schöne Rebecca Walter Scotts auch nicht übel mit dem orientalischen Juden gepaart. Alle diese Metamorphosen bewerkstelligte die Mutter nur mit vier Lichtern, zwei Spiegeln, einigen Shawls, bunten Tüchern, einem am Licht gefärbten Korkstöpsel, einem Schminktopf und verschiedenen Haartouren. Dennoch hätte Talma den Brutus nicht besser drapieren können und täuschender die Physiognomien verändern, als diese geringen Mittel es, unter der geschickten Leitung von Lady C..., vermochten. Zuletzt wurden Karikaturen gezeichnet, und auf meine Bitte versuchte jede Schwester das Porträt der andern zu malen. Beide gelangen sehr gut und befinden sich bereits in der Galerie meiner Lebensbilder.

den 19.

Ich sah mich heute zu etwas Unangenehmem genötigt, was ich schon lange aufgeschoben, und mußte endlich mein großes Mittel anwenden, um meine Abneigung zu besiegen. Du wirst lachen, wenn ich Dir es nenne, aber *mir* hilft es für Großes und Kleines. In der Tat gibt es wenig Menschen, die nicht zuweilen leichtsinnig, noch öfter *schwankend* wären. Da es mir nicht besser geht, so habe ich ein eignes Mittel erfunden, mir in Dingen, die mir schwer ankommen, künstlich Entscheidung und *den* Halt zu verschaffen, der mir sonst vielleicht fehlen könnte und den der Mensch einmal durch irgend etwas außerhalb Hingestelltes bedarf.* Ich gebe nämlich in solchem speziellen Falle ganz feierlich *mir selbst* mein Ehrenwort darauf, dies oder jenes zu tun oder zu lassen. Ich bin natürlich sehr vorsichtig damit und überlege nach Kräften, ehe ich mich dazu entschließe, ist es aber einmal geschehen, und hätte ich mich dann auch geirrt oder übereilt, so halte ich es *bestimmt,* wäre selbst gewisser Untergang die Folge. Und ich befinde mich sehr wohl und ruhig dabei, einem so unabänderlichen Gesetz unterworfen zu sein. Könnte ich es brechen, so würde ich, nach dem einmal hineingelegten Sinn, von dem Moment an alle Achtung für mich selbst verlieren, und welcher denkende Mensch müßte bei einer solchen Alternative nicht unbedenklich den Tod vorziehen. Denn *sterben* ist doch nur eine Naturnotwendigkeit und folglich nichts Übles – es scheint uns nur so in bezug auf unsre hiesige Existenz, d. h., der Selbsterhaltungstrieb muß den Tod fürchten, die Vernunft aber, die ewig ist, sieht ihn in seiner wahren Gestalt, als einen bloßen Übergang von einem Zustand zum andern –, *sich aber von eigner unbesiegbarer Schwäche überzeugen* ist ein Gefühl, dessen Stachel wenigstens dieses Leben fortwährend verbittern müßte! Daher ist es jedenfalls besser, im Kollisionsfall mit innerm Triumph für diesmal aufzuhören, als im Seelenlazarett fortzuvegetieren. Ich werde also keineswegs abhängig durch dieses Wort, sondern grade durch dasselbe bleibe ich unabhängig. Solange meine Überzeugung nicht ganz feststeht, wird, wie schon gesagt, die mysteriöse Formel ohnedies nicht *ausgesprochen,* dann aber darf, für das Heil meiner Seele, keine Veränderung der Ansicht, *nichts* mehr meinen Willen brechen als die physische Unmöglichkeit. Indem ich mir aber hierdurch in den *äußersten* Fällen eine *sichere Stütze* schaffe, siehst Du ein, daß ich zugleich eine furchtbare Waffe zum *Angriff* erhalte, wenn ich gezwungen würde, sie anzuwenden, so kleinlich auch das Mittel manchem dünken mag. Ich dagegen finde es schön: daß der Mensch solche Dinge sich aus nichts oder dem Trivialsten selbst schaffen kann nur durch seinen hierin wahrhaft allmächtig zu nennenden Willen!

* *Selbst Religion und Moralität reichen in dem verwickelten Zustande der menschlichen Gesellschaft nicht für alle Fälle aus – Beweis die konventionelle Ehre, welche oft gegen beide streitet und deren Gesetze doch von den Besten befolgt werden.*

Ob Du, gute Julie, dies Raisonnement nicht verwegen und tadelnswert finden wirst, mag ich nicht verbürgen, ja für ein Weib wäre es auch nicht gemacht, und ein *ganz* kräftiger Geist hätte es vielleicht ebensowenig nötig. Jeder muß sich aber nach seiner Natur einrichten, und so wie noch niemand das Geheimnis erfand, ein Rohr wie eine Eiche oder einen Kohlkopf wie eine Ananas wachsen zu lassen, so werden auch Menschen sich immer, wie das gemeine, aber gute Sprichwort sagt: nach ihrer Decke strecken müssen. Wohl dem, der sich nicht mehr zutraut, als er kann! Ohne es übrigens so tragisch zu nehmen, dient das große Mittel auch ganz vortrefflich bei Kleinigkeiten. Zum Beispiel unerträglich langweilige Gesellschaftspflichten als gelassenes Opfer zu erfüllen – die Faulheit zu besiegen, um eine immer aufgeschobene Arbeit endlich gewaltsam zu erledigen – sich eine wohltätige Enthaltsamkeit aufzulegen, um nachher desto besser zu genießen – und viel, viel dergleichen mehr, wie es das zuweilen erhabne und noch öfter kindische Leben darbietet.

Nachmittags ritt ich, die Grillen zu vertreiben, weit in das Land hinein, dem Gebürge zu. Nach ohngefähr zwölf Meilen kam ich in eine ganz kahle Gegend wellenliniger Torfmoore ohne Ende, die sich nach allen Richtungen ausdehnten. Man hätte sich hundert Meilen von einer Hauptstadt entfernt geglaubt. Der Eindruck war nicht wild, nicht ganz so öde wie Sandflächen, aber schauerlich leer, einsam und monoton. Eine einzige elende Hütte stand darauf, aber in Ruinen ohne Bewohner, und wie ein großer Wurm schlängelte sich ein weißer Fußweg an ihr hin, sich mühsam durch das braune Heidekraut windend. Das Ganze war mit ein wenig Schnee gepudert und der Wind auf den kahlen Höhen eisig kalt. Demohngeachtet zog mich das Melancholische der Szene so an, daß ich nur notgedrungen mein Pferd wieder rückwärts wendete. Näher an Dublin fand ich auf einer isolierten Bergspitze eine eigne Spielerei ausgeführt, nämlich ein Haus, das in Gestalt eines nachgemachten Felsens gebaut war, so täuschend in der Tat, daß man es für einen wirklichen ansah, bis man vor dem Eingang stand. Erst bei Mondschein langte ich, mit von der scharfen Luft brennendem Gesicht, in meinem Gasthofe zum Mittagessen an, zu dem ich Vater Lestrange gebeten hatte, car j'aime les prêtres, comme Voltaire la Bible, malgré tout ce que j'en dis.

Ich fand auch einen Brief von Dir, klage aber, daß Du mir zu wenig Details schreibst! Bedenke doch, daß jede Kleinigkeit von dort mir wert ist. Ob mein Lieblingspferd wohl ist, meine süße Freundin (die Perruche) noch zuweilen meinen Namen ruft, Dein Haustyrann Fancy mehr oder weniger unartig, die Papageien in good spirits, die neuen Pflanzungen gut gewachsen, die Badegäste fröhlich gewesen sind, alles das hat, ein paar hundert Meilen weit, bedeutendes Interesse. Um aber davon etwas zu erfahren, sehe ich wohl ein, daß ich Dich einmal, wenn auch nur auf einen Tag lang, überraschen muß. Du weißt, ich hasse Szenen und Feierliches, also auch geräuschvollen Empfang wie alles Abschiednehmen – un beau matin also wirst Du mich in Deinem Frühstückssalon etabliert finden, wo ich Dich scherzend und neckend empfangen will, als sei die lange Reise nur ein Traum gewesen, et toute la vie, hélas! est-elle autre chose? Ganz im Ernst, man sollte alle solche Dinge weit gleichgültiger und behaglicher nehmen, als man tun zu können glaubt. Ein englischer Dandy diene Dir darin zum Muster. Sein bester Freund und Regimentskamerad ging nach Indien, und als dieser, gerührt von ihm Abschied nehmend, in hoher Bewegung seine beiden Hände ergreifen wollte, um sie, zum letztenmal vielleicht, zu schütteln, hielt der Incroyable ihm halb abwehrend nur die Fingerspitzen hin, indem er lächelnd lispelte: »Sonderbare und höchst fatigante englische Gewohnheit, sich gegenseitig die Körper zu pumpen, indem man ihre Schwengel auf und ab bewegt!«

Dein Porträt hat mir nicht soviel Freude gemacht, als es sollte. Die Züge sind viel zu hart und müssen erst gesanftet (softed) werden, ehe ich sie als Stellvertreter des Originals gelten lassen kann, dessen Bild übrigens lebhaft genug in meinem Herzen lebt, um daß es keines andern zur Auffrischung bei mir bedarf.

Dein ewig treuer L...

Zweiundvierzigster Brief

42

Dublin, den 20. November 1828

Geliebte Freundin!

Ich sehe hier oft einen Mann, B... H..., dessen Gesellschaft von hohem Interesse für mich wurde. Er ist, obgleich geistlichen Standes, einer von den wenigen unabhängigen Denkern, die fähig sind, die Tyrannei früherer Eindrücke und alter Gewohnheiten abzuschütteln und beim Lichte der Vernunft oder, mit andern Worten, der göttlichen Offenbarung allein zu sehen. Auch seiner Meinung nach ist eine Krisis in dem Gebiete der Religion nicht allzufern. »Die religiösen Gebäude, wie sie noch größtenteils bestehen«, sagte er heute, »sind offenbar die seltsamsten Mißgeburten von Erhabenem und Lächerlichem, von ewiger Wahrheit und dunkler Unwissenheit, von echter Philosophie und Götzendienst. Je mehr die Menschen lernen, je mehr die Wissenschaft uns die Natur außer uns und die unsres eigenen Wesens durch ergründete Tatsachen verstehen lehrt, je milder, je moralischer werden unsere Sitten wie unsere Regierungen. *Langsamer folgen die Religionen!* Selbst die christliche, obgleich in ihrem Ursprung einer der mächtigsten Schritte, den tiefes Denken und gründliche Erkenntnis des reinsten Herzens getan, hat doch seitdem, wie uns die Geschichte ihrer Kirche fast auf jeder Seite zeigt, hundertmal die Welt mit Blut getränkt und den wahnwitzigsten Unsinn fortwährend geboren und auch wieder begraben, während Philosophie und Wissenschaft stets gleich mildernd fortwirkten, ohne je ähnliche Opfer zu verlangen, noch ähnliche Verstöße zu begehen. Es ist die Frage, ob Newton, als er das Geheimnis der Himmel aufdeckte, der Erfinder des Kompasses und der Buchdruckerkunst der Menschheit nicht mehr genutzt haben, d. h. ihre Zivilisation mehr befördert als so viel Stifter von Religionen, die verlangen, daß man zu ihrer Fahne *ausschließlich* schwöre. Ja, es könnte wohl einmal eine Zeit kommen, wo Religion und Poesie als Schwestern betrachtet würden und man es ebenso lächerlich fände – eine Staatsreligion als eine Staatspoesie zu haben. Wäre ich ein Türke, so würde ich mir sagen: Es ist gewiß unendlich schwer, die Vorurteile der Kindheit und den Aberglauben früherer Lehre so gänzlich loszuwerden, um auch die Überzeugung von Millionen mit fester Seele als töricht anzuerkennen. Demohngeachtet will ich, da ich es eingesehen, kein Türke bleiben. Als Christ aber sage ich: An die *reine Lehre* will ich mich halten, die meine Vernunft verehren kann, den unpoetischen Märchenwust aber, sowie alle Entstellungen damaliger Zeit und noch mehr das blutige und gehässige Heidentum der Nachfolger, will ich den Mut haben wegzuwerfen, wenn es auch zweihundert Millionen auf fremde Autorität wirklich im Innersten für heilig annähmen. Aus demselben Prinzip handelte Luther, als er den ersten Schritt der Reform tat, aber das Licht, das er damals gereinigt, bedarf wahrlich *des Putzens von neuem gar sehr*, und Ehre dem Manne der Kirche, der groß genug sein wird, zu diesem Amte sich berufen zu fühlen und es ohne Rücksicht und Menschenfurcht auszuführen, wenngleich viel Zeter über ihn geschrien werden wird; denn daß er nichts anders erwarten darf, das lehrt ihm zu deutlich die Geschichte. Waren es nicht immer grade die wenigen nur, die das Bessere und Wahre anerkannten, und die sie verfolgten, die Menge? War es etwa die fanatische Herde, die Sokrates den Giftbecher reichte, oder die, welche Christus kreuzigte, oder die, welche Hus verbrannte, auf deren Seite die Wahrheit stand? Nein, erst nach Jahrhunderten nahm diese Menge selbst der Geopferten Meinung an und versteinerte sich von neuem ebenso orthodox *für* dieselbe als früher *dagegen*. Das religiöse Bedürfnis ist gewiß eins der stärksten im Menschen, besonders wo noch Gesetze und Institutionen in der Kindheit sind. Wer es sich daher selbst nicht gestalten kann, muß *die Form* von andern entnehmen. Wenige sind in dem ersten, die Mehrheit stets im andern Falle. Dies erklärt leicht, wie sich die Macht der Kirche und Priester bilden mußte und daß auf diese Weise Menschen Jahrhunderte, ja Jahrtausende lang am Gängelbande gleich Kindern geführt werden können. Aber wenn dies gelingen soll, muß das Wissen zugleich zugunsten des *Glaubens* unterdrückt werden. Wo die Forschung *frei* wird, da verschwindet endlich, wenngleich langsam, ein Betrug nach dem andern, das Licht erleuchtet zuletzt auch den entferntesten Winkel. Ist ein solches Ziel aber einmal erreicht, so hört auch der Gewissenszwang auf, und ein jeder verlangt unbeschränktes Feld für seinen Glauben wie für sein Recht. Freilich, absolute Sultane, fette Derwische und stolze Satrapen fallen dann miteinander zu Boden, wie der tote Satz im edlen Wein! Wie jämmerlich nehmen sich aber, bei der Morgendämmerung einer so herannahenden Zeit, diejenigen aus, welche die Sonne am Aufgang verhindern zu können glauben, indem sie ihr den Rücken kehren und ihrem Glanze den veralteten, morschen und wurmstichigen Schirm vorhalten, der selbst dem Mondlichte nicht mehr widerstehen könnte. Im trüben zu fischen wird ihnen noch eine Weile dabei gelingen, aber aufhalten können sie das Gestirn des Tages nicht – im Gegenteil, ihre ebenso leidenschaftliche als schwache Reaktion ist der sicherste Vorbote seiner gewissen Annäherung.«

KATHEDRALE ST. PATRICK, DUBLIN

In vielem muß ich B... H... beistimmen, ob aber seine sanguinischen Hoffnungen sich sobald oder überhaupt auf dieser Erde realisieren möchten, ist eine andere Frage. Daß jesuitische Grundsätze nicht mehr die Welt regieren werden und daß Freiheit der Presse, wenn sie erhalten wird, unberechenbare Wunder tut und tun muß – das bin ich wohl überzeugt, aber Menschen werden dennoch Menschen bleiben und folglich die Mächte der Gewalt und List immer, fürchte ich, allgemeiner herrschen als die Kraft der Vernunft.

Mit Vater Lestrange besuchte ich vormittags die Gerichtshöfe, um den militärischen O'Connell in der gepuderten Allongenperücke, schwarzem Talar und Bäffchen plädieren zu sehen, und ging nachher in die Association, um dort den großen Agitator wieder in einer ganz andern Gestalt zu beobachten. Die Sitzung war heute sehr stürmisch. Herr L...s sprach wie ein Verwirrter und griff selbst O'Connell so stark an, daß dieser fast seine gewohnte Dignität darüber verlor. Er hielt dann zwar eine vortreffliche Gegenrede, haschte jedoch zu sehr nach Witz, der zuweilen auch nicht vom besten Geschmack war. Später sprachen zehne zugleich, der Sekretär rief zur Ordnung, hatte aber nicht Autorität genug, sich Gehorsam zu verschaffen. Kurzum, die Szene ward etwas unschicklich, bis zuletzt ein hübscher junger Mann mit ungeheuerm Bart und in outrierter Kleidung (der Dandy der Association, wie L...s ihr Don Quichotte) auf einen Tisch sprang, eine fulminante Rede hielt, die großen Applaus erlangte, und so die Ruhe wiederherstellte.

Bei Lady M... aß ich zu Mittag. Sie hatte mich durch ein Billet eingeladen, wie ich deren wohl ein Dutzend während meines Aufenthalts von ihr bekam und die ich als charakteristisch anführen muß, da ich nie in meinem Leben von einer Dame kalligraphisch schlechter geschriebene und im Stil vernachlässigtere Billets gesehen habe. Offenbar zeigte sich hier die Absichtlichkeit der großen Schriftstellerin, die möglichste Insouciance, den vollständigsten Abandon im gewöhnlichen Leben zu bekunden, wie die großen Solotänzer in Paris, während dem pantomimischen Teil ihres Auftretens, affektieren einwärts zu gehen, um den Tänzer von Profession nicht zu verraten. Bei Tisch machte Lady M... mit ihrem schon erwähnten Adjutanten K... Cl... die Hauptfrais alles obligaten Witzes, auch Herr Sheil zeigte sich aimable und als Mann von Welt. Am amüsantesten aber fand ich Lady M... und ihre Schwester abends im Sprichwörterspiel, das beide vortrefflich in französischer Sprache extemporierten. So stellten sie unter andern »Love me, love my dog« (Liebst du mich, so liebst du meinen Hund) folgendermaßen dar: Personen: Lady M... eine alte Kokette, Lady C... ein irländischer fortune-hunter (Glücksjäger), ihre älteste Tochter die französische Kammerjungfer und die jüngste Tochter ein Gardecapitaine, Liebhaber der alten Dame. Zuerst sieht man Lady M... mit ihrem Kammermädchen bei der Toilette. Vertraulicher Rat Josephinens, verschiedene lächerliche Toilettengeheimnisse betreffend; Jammer der Kokette über die ankommenden Runzeln; endlich Versicherungen der Abigail, daß, bei Abend, dennoch niemand schöner sei. Als Beweis werden die verschiedenen Anbeter angeführt und Liebesgeschichten alter Zeiten erzählt. La comtesse convient de les conquêtes und macht mit vieler Laune ein Gemälde ihrer Triumphe. »Shut!« ruft die Kammerjungfer, »j'entends le capitaine.« Dieser, ein Exclusive, erscheint mit Fracas, einen kleinen Hund im Arme haltend, und erklärt nach einigen zärtlichen Komplimenten, daß er, genötigt, sich zu seinem Regiment zu begeben, ihr Fidèle zurücklassen wolle, damit die schöne Gräfin nie vergesse, *ihm* fidèle zu bleiben. Burleske Beteurungen, Schluchzen, Umarmung, Abschied. Kaum ist der Capitaine fort, so erscheint der Irländer und bringt sogleich einen Heiratskontrakt mit, in dem die Gräfin ihr ganzes Vermögen ihm verschreiben soll. Als guter Weiberkenner behandelt er sie rüde und doch leidenschaftlich, so daß, nach schwacher Verteidigung und einer kleinen Szene, beide endlich einig werden. Indem bemerkt der Irländer den fremden Hund und frägt befremdet, wo dieser her sei. Man stottert verlegen einige Entschuldigungen her. O'Connor MacFarlane spielt nun den in Wut geratenen Eifersüchtigen. Vergebens suchen die Weiber ihn zu beruhigen – er tobt und besteht auf augenblicklicher Entfernung des Eindringlings. Die Gräfin versucht in Ohnmacht zu fallen, aber alles ist vergebens; selbst Josephine, die schon vorher, bei Gelegenheit des Ehekontrakts, eine volle Börse hinter dem Rücken ihrer Gebieterin erhielt, nimmt die Partei des Bramarbas, und dieser, mit der einen Hand seine Dame zurückhaltend, ergreift endlich mit der andern den kleinen Unglücklichen und wirft ihn zur Türe hinaus. Aber o weh! in demselben Augenblicke kömmt der Capitaine noch einmal zurück, um das vergessene Halsband zu bringen, und Fidèle fliegt in seine Arme. Die erschrockenen Damen ergreifen die Flucht, die Männer messen sich mit den Augen, O'Connor MacFarlane stößt schreckliche Drohungen aus, aber der Capitaine zieht den Degen, und Bramarbas springt zum Fenster hinaus. Dies Skelett ist mager; aber Lustigkeit, Laune und Witz machten es höchst unterhaltend. Die Unvollkommenheit der Costume vermehrte das Pikante, denn die Damen z. B. waren nur bis zur Mitte Männer, der Rest blieb Dame, d. h., sie hatten bloß Rock und Weste über ihre Kleider gezogen und einen Hut aufgesetzt; ihr Degen war eine Reitgerte und Fidèle ein Muff.

Lady M... erzählte mir nachher viel interessante Details über die bekannte Miss O'Neill, die ich, wie Du weißt, für das größte dramatische Talent halte, das ich je zu bewundern Gelegenheit gehabt. Sie sagte, daß diese von Anfang an mit dem erhabensten Genie begabte Künstlerin am hiesigen Theater, wo sie lange spielte, ganz vernachlässigt blieb, ja fast für nichts geachtet wurde! Dabei war sie so arm, daß sie, wenn sie nach angestrengtem Spiel abends zu Haus kam, dort nichts zur Erfrischung als eine Schüssel Kartoffeln fand und ein elendes Bett, das sie mit drei Geschwistern teilte. Lady M... besuchte sie einmal und fand das arme Mädchen ihre zwei Paar alten Strümpfe stopfen, die sie täglich wusch, um darin reinlich auf dem Theater erscheinen zu können. Lady M... verschaffte ihr hierauf allerlei Kleidungsstücke und nahm sich überhaupt ein wenig ihrer Toilette an, die bisher in allen Stücken, wo sie spielte, ganz vernachlässigt worden war. Seitdem erhielt sie etwas mehr, doch nur geringen Beifall. Um diese Zeit kam zufällig einer der Direktoren der Londoner Theater nach Dublin, sah sie und engagierte sie, als ein besserer Kenner, sogleich für die Hauptstadt. Hier machte sie schon beim ersten Erscheinen Furore und ward im Augenblick von einem ungekannten armen Schauspielermädchen das, ganz England überstrahlende, erste Gestirn an seinem Theaterhimmel. Noch immer erinnere ich mich mit Entzücken ihrer Darstellungen in London. Nie habe ich seitdem die Rolle der Juliet von einer andern Schauspielerin, selbst unsern besten, ertragen können. Alles schien mir nur Manier, Affektation, Unnatur. Man mußte sehen, wie in den wenigen Stunden sich das ganze Leben der Shakespeareschen Juliet – so naturwahr vor den Zuschauern abspann. Zuerst erblickte man allein das harmlose, jugendlich fröhliche, unbefangene, tändelnde Kind; dann, wie die Liebe erwachte, schien eine neue Sonne über sie aufzugehen, alle ihre Bewegungen wurden üppiger, ihre Miene strahlender, es war die, mit allem Feuer des Südens, sich ganz dem Geliebten hingebende Jungfrau. So erschloß sie sich in der lieblichsten, reichsten Blüte – aber Sorge und Unglück reifte bald vor unsern Augen die edle Frucht. Imposante Würde, die höchste Zärtlichkeit für den Gemahl, der festeste Entschluß in der Not nahm jetzt die Stelle der glühenden Leidenschaft ein, des leichten, genußbegierigen Sinns – und wie ward die Verzweiflung dargestellt am Ende – als alles verloren! Wie furchtbar, wie herzzerreißend, wie wahr und *dennoch immer schön* wußte sie hier bis zum letzten Moment zu steigern! Ihrer Sache gewiß, erlaubte sie sich zuweilen, bis an die äußerste Grenze des Darstellungsfähigen zu streifen, was keine andere hätte wagen dürfen, ohne in das Lächerliche zu fallen. Bei ihr wirkten jedoch grade *diese* Effekte wie ein elektrischer Schlag. Ihr Wahnsinn und Sterben in Belvedeira unter andern* hatte eine so schaudervolle physische Wahrheit, daß der Anblick kaum zu ertragen war, und doch blieb es immer nur der Seelenschmerz, durch den körperlichen aufs höchste veranschaulicht, der so mächtig, ja vernichtend auf den Zuschauer wirkte. Ich wenigstens erinnere mich wohl, daß ich mich nach jenem Abend lange keinem sinnlichen Eindruck mehr überlassen konnte** und noch den andern Morgen, als ich erwachte, heiße Tränen über Belvedeiras Schicksal vergoß. Ich war allerdings damals sehr jung, aber viele teilten mein Gefühl, und es war auffallend, daß Deutsche wie Franzosen

* *In: »Venice preserved« von Orway.*

** *So erkläre ich mir das Wunder der Speisung der 6000 Mann besser wie Paulus (ich meine den Konsistorialrat).*

und Italiener gleich enthusiastisch über sie urteilten, da man sich doch sonst immer erst an das Nationelle etwas gewöhnen muß, um von einem Schauspieler sich ganz befriedigt zu fühlen. *Sie* hatte aber keine Spur von Manier, es war nur das echte und edelste Menschenbild, das wieder zum innersten Menschen sprach. Man konnte sie eigentlich nicht schön nennen, obgleich sie eine edle Gestalt, herrliche Schultern und Arme und schönes Haar hatte. Ihr Gesicht besaß aber jenen undefinierbaren tragischen Ausdruck, der beim ersten Anblick die tiefsten Gefühle der Seele aufwühlt. Man glaubt in solchen Zügen die Spur aller Leidenschaften zu lesen, über welche dennoch überirdische Ruhe, wie eine Eisdecke über den Vulkan, gebreitet ist.

Gegen so viel Genie und Talent waren die Dubliner blind geblieben – als aber das Jahr darauf die berühmte, gefeierte, vergötterte Miss O'Neill von London zurückkam, um einige Gastrollen zu geben – war auch sogleich der durch sie verbreitete Zauber so groß, daß nicht nur das ganze Publikum sich wie im Rausch und Taumel befand, sondern mehrere Damen ohnmächtig hinausgetragen werden mußten und eine über den Anblick der Raserei Belvedeiras *wirklich närrisch wurde und im Tollhause starb.** Wahrlich, bei solchen Erfahrungen wird einem der Enthusiasmus der Menge fast ekelhaft!

* *Ohne Zweifel als Opfer der Nemesis für den früheren Stumpfsinn der übrigen.*

Diese große Schauspielerin zeichnete sich auch immer durch einen höchst liebenswürdigen Charakter aus und erhielt fortwährend allein ihre Familie, selbst zur Zeit ihrer größten Dürftigkeit. Auf einem kleinen Privattheater in der Provinz war sie zum ersten Mal aufgetreten. Dieses sollte geschlossen und dabei noch eine feierliche Vorstellung, von den vorzüglichsten Dilettanten, gegeben werden, deren Ertrag für die Armen der Provinz bestimmt war. Man schrieb an Miss O'Neill nach England und bat sie, die hier zuerst ihre Kräfte versuchte, auch die letzte Darstellung durch ihre jetzt von allen drei Königreichen bewunderte Kunst zu verherrlichen; jede Bedingung, die sie mache, werde man eingehen. Miss O'Neill erwiderte, daß sie sich ungemein von dem Antrage geschmeichelt und geehrt fühle, aber weit entfernt, eine Belohnung für sich anzunehmen, werde sie mit Freuden eine Gelegenheit ergreifen, der Wiege ihres schwachen Talents den schuldigen Tribut zu bringen. Nur unter dieser Bedingung und daß es ihr freistehen möge, auch *ihren* Beitrag für ihre armen Landsleute beifügen zu dürfen, würde sie am bestimmten Tage eintreffen. Augenzeugen haben mich versichert, daß sie nie eine vollendetere Darstellung gesehen als die von Shakespeares unsterblichem Meisterstück an diesem Tage. Nie wäre Miss O'Neill besser unterstützt worden und nie habe sie sich selbst mehr übertroffen. Eine eigne Schickung war es, daß sich an demselben Tage ein sehr reicher junger Baronet in sie verliebte und sie ganz kurze Zeit darauf heiratete. Er beging einen großen Raub am Publikum, aber wer kann ihn deshalb verdammen! Miss O'Neill hat jetzt mehrere Kinder, ist noch immer reizend, wie man behauptet, lebt glücklich auf dem Landgute ihres Mannes, hat aber nie mehr weder eine öffentliche noch eine Privatbühne betreten.

(Der Schluß dieses Briefes, welcher, wie aus dem Anfang der folgenden scheint, die Schilderung einiger öffentlichen Feste und Vorfälle dabei enthielt, ist abhanden gekommen.)

43 Dreiundvierzigster Brief

Dublin, den 7. Dezember 1828

Liebe Julie!

Die Schilderungen der public dinners und der albernen Perfidie des Sir Charles M... haben nun ein Ende, und ich führe Dich dafür zu einem Frühstück auf die Post, wo uns, nebst einer Menge eleganter Damen, der Chef, der es gab, ein sehr gebildeter und artiger Mann, Sir Edward Lee, vorher in den verschiedenen Bureaux herumführte, pour nous faire gagner de l'appétit. In einem derselben, das der »dead letters« (toten Briefe) genannt, ereignete sich während unsers Daseins ein sonderbarer Vorfall. Alle Briefe nämlich, auf denen die Adresse ganz unverständlich ist oder wo die Personen, an die sie gerichtet sind, nicht ausgemittelt werden können, kommen in dieses Bureau, wo sie schon nach vierzehn Tagen aufgemacht und, wenn sie nichts Wichtiges enthalten, verbrannt werden. Mir scheint dies eine ziemlich barbarische Mode, da wohl ein Herz *davon* zugrunde gehen könnte, was einem Postoffizianten doch ohne Wichtigkeit schiene. Es ist aber einmal so, und wir fanden drei Leute fleißig mit der Operation beschäftigt. Mehrere von uns ergriffen neugierig einige dieser zum Opfer bestimmten Briefe und durchblätterten sie, als der Beamte, neben dem ich stand, ein ziemlich starkes Schreiben in die Hand bekam, auf dem sich gar keine Adresse befand, sondern bloß der Poststempel einer irländischen Provinzialstadt. Wie groß war aber seine und aller Verwunderung, als er beim Aufmachen zwar keine Buchstaben, aber zweitausendsiebenhundert Pfund Sterling Banknoten in natura darin fand. *Dies* wenigstens schien allen wichtig, und es wurde sogleich Ordre gegeben, nach jener Stadt zu schreiben, um die Sache aufzuklären.

Als ich abends meine Nachtigallen besuchen wollte, fand ich sie ausgeflogen und nur den Herrn Vater zu Hause, mit dem ich mich daher, faute de mieux, wissenschaftlich unterhielt. Er zeigte mir mehrere interessante neu erfundene Instrumente, unter andern eins, das sehr genau den Kraftgrad der Lunge angibt und daher zur Erkenntnis schwindsüchtiger Krankheiten unschätzbar sein soll. Ein vornehmer hiesiger Beamter, erzählte Sir A..., war an unheilbarer

Lungensucht im vorigen Jahre von allen Ärzten Dublins aufgegeben worden. Seiner nahen Auflösung selbst entgegensehend, war er im Begriffe, sein Amt aufzugeben und nach Montpellier abzureisen, um, wo möglich, den unvermeidlichen Tod noch einige Monate aufzuschieben. Sir A... wurde zuletzt auch noch konsultiert und kam auf den Gedanken, hier seine, eben von London angekommene, Maschine zu versuchen. Kaum traute er seinen Augen, als er bei diesem Experiment fand, daß des Kranken Lunge zwei Grade mehr Kraft zeige als seine eigne, die sich doch ungemein wohl befindet. Man erkannte nun eine *Leber*krankheit mit allen *Symptomen* des letzten Grades der Schwindsucht, und der Patient war in vier Monaten gänzlich geheilt, mit Beibehaltung seines reichlich besoldeten Amtes, das er aufzuopfern schon im Begriff gewesen war. Eine andere, sehr kompakte kleine Maschine diente zum Aderlassen und Skarifizieren, als Magenpumpe, Ohrsprütze und Kl...spr..., alles zu gleicher Zeit. Man muß gestehen, daß man das Kompendiöse nicht weiter treiben kann! Die übrigen Marterinstrumente will ich Dir nicht beschreiben, tant pis pour l'humanité, qu'il en faut tant! Anmutiger erschien mir ein Barometer, durch die Figur einer Dame dargestellt, die bei Annäherung des schlechten Wetters ihren Parapluie ergreift, bei starkem Regen ihn aufspannt und bei beständiger Schönheit der Witterung ihn als Spazierstock gebraucht. Eine Dame als stets wechselnden Wetterprophet zu gebrauchen! Quelle insolence!

den 8.

Sir A..., der eine Stelle bei der Bank bekleidet, zeigte mir diese am heutigen Morgen. Das Lokal ist schön und diente ehemals zum Versammlungsort der beiden Häuser des so sehr zurückgewünschten irländischen Parlaments. Am sehenswertesten ist die Druckerei der Banknoten. Eine prächtige Dampfmaschine treibt das Ganze, und eine zweite kleinere daneben füllt auch die Kessel mit Wasser und die Öfen mit Kohlen, so daß hier für Menschen beinahe nichts zu tun übrigbleibt. Im ersten Zimmer wird die Druckerschwärze bereitet, in den nächsten Sälen erhalten die Banknoten, mit großer Schnelligkeit, ihre verschiedenen Ornamente und Zeichen. Nur *ein* Mann ist bei jeder Druckmaschine beschäftigt, und während er die leeren Papiere, eins nach dem andern, unter den Stempel bringt, markiert sich in einer verschlossenen Büchse daneben die Quantität der bedruckten Noten. Im nächsten Saal werden sie numeriert. Dies geschieht auf einem kleinen Kasten, und die Maschinerie in diesem Behältnis numeriert von selbst, wie durch unsichtbare Hände, von 1 bis 100 000. Der dabei beschäftigte Arbeiter hat nichts weiter zu tun, als die hervorkommenden Zahlen mit Druckerschwärze zu betupfen und die Noten in gehörige Ordnung zu legen. Das übrige verrichtet die Maschine allein.

Jede Note, die nach der Ausgabe wieder zur Bank zurückkehrt, wird sogleich zerrissen und dann noch sieben Jahre aufgehoben, ehe man sie verbrennt. Bei dieser letzten Operation bildet sich, aus dem Papier und der eigens komponierten Druckerschwärze, ein Residuum von Indigo, Kupfer und dem Papierstoff, welches wie Metall aussieht und glänzend alle Farben des Regenbogens spielt. Natürlich gehören viele Zentner Noten zu einem Lot dieser Substanz, von der ich mir ein schönes Stück verschaffte.

Nachher stiegen wir noch auf die eine Welt im Kleinen bildenden Zinkdächer des großen Gebäudes hinauf, wo wir treppauf, treppab gleich dem diable boiteux zwar in verschiedene andre Häuser hineinsehen konnten, uns aber zuletzt selbst so verirrten, daß wir kaum ohne Ariadnes Faden wieder hinausgekommen wären. Ich langte deshalb zu spät auf einem großen Diner bei Sir E... L... an, eine Sache, die man in England indes nicht so übel aufnimmt als bei uns.

den 9.

Lord Howth hatte mich zu einer Hirschjagd eingeladen, von der ich, so befriedigt als ermüdet, eben zurückgekommen bin. Meine Lektionen in Cashel kamen mir heute gut zustatten, denn Lord Howth ist einer der besten und determiniertesten Reiter in England. Man hatte mir ein sehr gutes Pferd gegeben, und ohngeachtet ich zweimal stürzte, was Lord Howth auch einmal arrivierte, folgte ich ihm so gut auf dem Fuße, daß ich unsrer Kavallerie keine Schande gemacht zu haben glaube. Zuletzt waren von den fünfzig Rotröcken mehr als zwei Dritteil verlorengegangen. Bemerkenswert erschien mir ein Offizier, der nur noch einen Arm hatte und dennoch stets unter den ersten war, ohne daß sein vortreffliches Pferd auch nur einen Sprung versagt oder mankiert hätte.

Von Zeit zu Zeit ist diese Jagd ein hübsches Vergnügen; wie man aber jedes Jahr sechs Monate hindurch und wöchentlich dreimal sich dieser, doch sehr geistarmen, Unterhaltung widmen und sie immer mit gleicher Leidenschaft treiben kann, bleibt mir unbegreiflich. Was überdem die Hirschjagd in England für mich weit weniger angenehm macht als anderswo, ist, daß die dazu gebrauchten Hirsche nur zahme sind, die man wie Rennpferde völlig dazu trainiert. In einen Kasten gesperrt, werden sie auf den Platz des Jagdrendezvous gebracht und dort erst herausgelassen. Wenn sie einen gehörigen Vorsprung haben, geht die Jagd an, und ehe man sie endigt, werden die Hunde abgerufen und das Tier wieder im Kasten aufbewahrt. Ist das nicht entsetzlich prosaisch und kaum durch das Agrément aufgewogen, daß man sich den Hals über einem breiten Graben brechen oder den Kopf an einer hohen Mauer einstoßen kann?

Vierundvierzigster Brief

44

Holyhead, den 15. Dezember 1828

Teure und Treue!

Du nanntest mich manchmal kindlich, und kein Lobspruch gilt mir höher. Ja, dem Himmel sei Dank, liebe Julie, Kinder werden wir beide bleiben, solange wir atmen, und wenn auch schon hundert Runzeln uns bedeckten. Kinder aber spielen gern, sind zuweilen ein wenig inkonsequent und haschen dabei immer nach Freude. C'est là l'essentiel. So mußt Du mich beurteilen und nie viel mehr von mir erwarten. Wirf mir also auch nicht vor, daß ich ohne Zweck umherirre – du lieber Himmel! hat doch Parry *mit* seinem Zweck dreimal vergebens nach dem Nordpol segeln müssen, *ohne seinen Zweck zu erreichen*, hat doch Napoleon zwanzig Jahre lang Siege auf Siege gehäuft, um zuletzt in St. Helena zu verkümmern, weil er seinen Zweck früher zu gut erreicht hatte! Und was ist überhaupt der Zweck der Menschen? Keiner kann's eigentlich recht genau abgegrenzt angeben. Der ostensible ist immer nur ein Teil davon, oft nur das Mittel zum Zweck, und der wahre selbst ändert und motiviert sich gar vielfach im Verfolg desselben. So ging es auch mir. Man hat aber auch *Neben*zwecke, und oft werden diese, weil sie besser munden, die Hauptsache. So ging es abermals mir. Au bout du compte bin ich zufrieden, und was kann man mehr erreichen!

Neptun muß mich besonders liebhaben, denn er hält mich jedesmal, wenn er mich in seine Gewalt bekömmt, so lange darin zurück, als er kann. Der Wind war uns wieder grade entgegen und blies mit der erbittertsten Heftigkeit. Auf dem Wasser und auf den hohen Bergen wirkt meine Glücksfähigkeit sehr schwach, denn fast noch nie hatte ich günstigen Wind auf dem Meer und gar selten einen klaren Himmel, wenn ich ihm so viel tausend Fuß näher kam.

Gestern abends um eilf Uhr verließ ich Dublin in einer Postchaise, bei einer schönen hellen Mondnacht; die Luft war lau und milde wie im Sommer. Ich rekapitulierte ein wenig die vergangenen zwei Jahre und ließ alles von neuem die Revue passieren. Das Resultat mißfiel mir nicht. Ich habe zwar hie und da geirrt, aber finde mich im ganzen fester und klarer geworden. Im einzelnen habe ich auch einiges gewonnen und gelernt, meine physische Maschine dabei nicht verschlechtert und endlich im Lebensatlas eine Menge interessanter Erinnerungsbilder niedergelegt. Frischen Mut und Lebenslust aber fühle ich zehnfach gekräftigt, gegen den schwächlichen Seelenzustand gehalten, in dem ich Dich verließ, und da dies mehr wert ist als äußere Dinge, so sah ich, nach vollendetem Selbstverhör, der unbekannten Zukunft heiter entgegen und ergötzte mich sogleich behaglich an der Gegenwart. Diese bestand vorderhand in dem vollsten Jagen des halbbetrunkenen Postillons; denn einem hohen Meerdamme entlang, im blassen Mondenlicht, ging's »hopp, hopp, hopp, dahin im sausenden Galopp«, bis wir einen sehr eleganten Gasthof in Howth erreichten, wo ich die Nacht schlief. Ein schöner, ungeheurer Newfoundland-Hund leistete mir abends beim Teetrinken Gesellschaft und frühstückte am andern Morgen desgleichen mit mir. Ganz weiß, mit einer schwarzen Schnauze, sah das kolossale Tier einem Eisbär ganz ähnlich, der (wie im »Bär und Bassa«) aus Distraktion den schwarzen Kopf eines Landbären aufgesetzt hat. Ich wollte ihn kaufen, er war aber dem Wirt durchaus nicht feil.

In der Nacht hatte ich einen sonderbaren Traum. Ich fand mich in politische Affären verwickelt, infolge deren man meiner Person nachstellte und mein Leben auf alle Weise bedrohte. Zuerst entging ich auf einer großen Jagd mit genauer Not dem Tode, indem vier bis fünf verkleidete Jäger mich mitten im dichtesten Walde anfielen und ihre Büchsen auf mich abfeuerten, ohne mich jedoch *treffen* zu können. Nachher versuchte man, mich zu vergiften, und schon hatte ich das grüne Pulver, welches mir als Medizin gegeben worden war, verschluckt, als der Herzog von Wellington hereintrat, um mir ganz kaltblütig zu sagen: Es sei nichts von Bedeutung, er habe eben dasselbe bekommen, hier sei das Gegengift. Nach diesem Genuß begann die gewöhnliche Operation der Gegengifte (wahrscheinlich schon die Antizipation im Traume des morgenden Zustandes auf der See) – in kurzem ward mir jedoch wohler als je. Alles ging überdem in meinen Geschäften nach Wunsch, ich reiste ab und war bereits dem Ziele in jeder Hinsicht nahe. Da überfallen mich Räuber, reißen mich aus dem Wagen und schleppen mich durch Gestrüpp und Ruinen auf eine turmhohe schmale Mauer, auf der wir hastig fortschreiten, während sie, von Alter zerbröckelt, unter unsern Füßen zu wanken scheint. Der Marsch will kein Ende finden, und außer der Angst quält mich, wie die Räuber gleichfalls, ein nagender Hunger. Sie rufen mir endlich wütend zu, ich solle ihnen Nahrung schaffen oder sie würden mich selbst schlachten. In dieser Not deucht es mir, eine leise Stimme zu hören, die mir zuruft: »Weise ihnen jene Tür.« Ich blicke auf und erblicke ein hohes klosterartiges Gebäude, mit Efeu überwachsen, an welches schwarze Tannen sich schmiegen, ohne Fenster noch Türe, ausgenommen eine verschlossene porte cochère von Bronze, hoch genug, um ein Haus hineinzuschieben. Schnell gefaßt, rufe

HOLYHEAD

ich nun den Räubern zu: »Ihr Narren, was verlangt ihr von mir Nahrung, wenn das große Magazin gerade vor euch liegt!« – »Wo?« brüllt der Hauptmann. »Öffnet dieses Tor«, erwiderte ich spöttisch. Als würde die ganze Bande es erst jetzt gewahr, stürzt nun alles darauflos, der Hauptmann voran – doch ehe er es noch berührt, öffnen sich schon schweigend und langsam die ungeheuren Pforten. Ein seltsamer Anblick erschließt sich. Wir sehen in einen tiefen, tiefen Saal hinein, der uns endlos dünkt; in schwindelnder Höhe wölbt sich die Decke; prachtvoll ist alles verziert mit farbigem transparentem Gold, kunstvollen Basreliefs und Gemälden, die alle Leben und Bewegung zu haben scheinen. Auf beiden Seiten aber erstreckt sich an den Wänden hin eine unabsehbare Reihe grimmig aussehender Holzfiguren mit grob gemalten Gesichtern, in Gold und Stahl gekleidet, Schwert und Lanze gezückt und auf ausgestopften Pferden reitend. In der Mitte schließt die Perspektive ein schwarzes Riesenroß, das einen Ritter trägt, dreimal größer und dreimal furchtbarer als die übrigen. Vom Scheitel bis zur Zehe ist auch er in schwarzes Eisen gehüllt. – Wie inspiriert rufe ich aus: »Ha, Rüdiger, du bist's, ehrwürdiger Ahnherr, rette mich!« Die Worte hallten, wie lauter Donner, hundertfach in den Gewölben wider, und wir glaubten die Holzfiguren wie ihre Pferdebälge die Augen gräßlich verdrehen zu sehen. Alle schauderten – da plötzlich schleudert der Riese sein furchtbares Schlachtschwert wie einen Blitz in die Höhe, und schon ist uns sein Roß, in entsetzlichen Sätzen vorwärts springend, ganz nahe, als eine Glocke mit dröhnenden Schlägen ertönt und der Riese wieder felsenfest vor uns steht. Wir aber, von Grausen überwältigt, flohen insgesamt, so schnell uns unsre Beine tragen wollten. Ich muß zu meiner Schande gestehen, daß ich nicht zurückblieb. Ich war indes unter altes Gemäuer geraten, die Angst machte meine Gebeine zu Blei. Jetzt erblickte ich eine Seitentüre und will eben hindurch, als eine gellende Stimme mir dicht ins Ohr schreit: »Half past seven« (Halb acht Uhr)! Vor Schreck bin ich im Begriff, zu Boden zu sinken, eine starke Hand erfaßt mich – ich schlage betäubt die Augen auf und – mein irländischer Bedienter steht vor mir – bloß um zu melden, daß, wenn ich nicht bald aufstünde, das Dampfboot ohnfehlbar ohne mich absegeln werde. Du siehst, Julie, sowie ich mich auf die Reise begebe, stellen sich auch wieder kleine Abenteuer ein, wäre es auch nur im Schlafe.

Auf dem Schiff fand ich die Leute noch beschäftigt, einen schönen und fast noch mit mehr Überflüssigkeiten und Bequemlichkeiten bepackten Wagen, als ich mit mir führe, wenn ich auf diese Art reise, einzuschiffen. Der Kammerdiener und Bediente waren emsig und respektvoll dabei beschäftigt, während ein kleiner Mensch mit einem blonden, sorgfältig gekräuselten Lockenkopf, ganz schwarz, aber sehr elegant gekleidet und ohngefähr zwanzig Jahre alt, mit aller Indolenz eines englischen Fashionable, auf dem Verdeck hin und her schlenkerte, ohne von seinem Eigentum und der Mühe seiner Leute die geringste Notiz zu nehmen. Wie ich nachher erfuhr, war er eben zu einer Erbschaft in Irland von zwanzigtausend Pfund Sterling Revenuen gelangt und nun im Begriff, es unter die Leute zu bringen. Er eilte nach Neapel und schien so guter Dinge, daß selbst die Seekrankheit seine gute Laune nicht verdarb. Indem ich mit ihm sprach, dachte ich mir, uns beide innerlich betrachtend: Voilà le commencement et la fin! Einen, den die Welt aussendet und zu ihm sagt: *Genieße mich* – und einen, den sie zu Hause schickt und zu ihm sagt: *Verdaue mich.* – Der Himmel erhalte mir nur meinen guten Magen dazu! Doch diese melancholischen Ansichten entstanden nur aus den Qualms des Dampfkessels und der Seekrankheit, und nach einiger Überlegung freute ich mich an dem Anblick der hoffnungsreichen Jugend, als wenn ich es selbst wäre, dem sie noch Illusionen machte.

Heute abend gedenke ich mit der Mail weiterzugehen und hoffe, daß ein gutes Diner der Ekelkur ein Ende machen wird, welche die Nachwehen der Überfahrt noch zurückgelassen hat.

Shrewsbury, den 16., abends

Es ging mir nicht ganz so wohl, als ich erwartete. Das Diner war keineswegs gut, sondern sehr schlecht, und die Folgen der See gaben mir Migräne, mit der ich um Mitternacht abfahren mußte. Glücklicherweise waren wir nur zwei Personen in dem bequemen, viersitzigen Wagen, so daß jeder eine ganze Seite einnehmen konnte. Ich schlief daher leidlich, und die Luft, wie die sanfte Bewegung, wirkten so wohltätig, daß gegen sieben Uhr, als ich erwachte, das Kopfweh ziemlich vergangen war. Die Holyhead-Mail muß, allen Aufenthalt mit eingerechnet, zwei deutsche Meilen in der Stunde zurücklegen, daher nie Schritt, meistens Galopp gefahren wird.* Zum Frühstück trafen wir schon hier ein, wo ich blieb, um mir die Stadt zu besehen. Ich besuchte zuerst das Schloß, größtenteils ein uraltes Gebäude, von roten Sandsteinquadern aufgeführt, inwendig aber etwas modernisiert. Die Aussicht von dem alten »Keep«, wo jetzt ein Sommerhäuschen steht, über den Fluß und eine üppig bewachsene und fruchtbare Gegend ist sehr freundlich. Nahe dabei ist das Stadtgefängnis, wo ich die armen Teufel in der Tretmühle arbeiten sah. Sie waren alle in gelbes Tuch gekleidet, soviel sächsischen Postillionen ähnlich, deren Phlegma eine gleiche Aufregung manchmal zu gönnen wäre. Von dieser neumodischen Erziehungsanstalt wanderte ich (mich schnell achthundert Jahre zurückversetzend) nach den Überresten der alten Abtei, von der nur noch die schöne Kirche erhalten und im Gebrauch ist. Die Glasfenster darin sind, wie überall in England, von den verrückten Fanatikern unter Cromwell zerstört, aber hier mit neu-

* *Unsre Eilkutschen werden nur dann den englischen gleichkommen, wenn einmal die Post ganz freigegeben wird, dann aber auch eine gleiche Konkurrenz von Reisenden angeschafft. Beides steht nicht zu erwarten.*

gemaltem Glas außerordentlich gut restauriert worden. Der Erbauer dieser Abtei, Roger Montgomery, erster Graf von Shrewsbury und einer der Feldherren Wilhelm des Eroberers, liegt in der Kirche unter einem schönen Monumente begraben. Daneben ein Templer, ganz dem in Worcester ähnlich, nur nicht in Farben. Er liegt auch mit überschlagenen Beinen auf dem Steine ausgestreckt wie jener, welche besondere Stellung eine Eigentümlichkeit auf den Gräbern der Templer gewesen zu sein scheint. Der Graf von Shrewsbury baute nicht nur die Abtei und dotierte sie, sondern starb auch selbst als Mönch darin, um seine Sünden zu büßen. So wußte die Elastizität des menschlichen Verstandes der rohen Gewalt der Ritter mit überlegener Schlauheit bald geistlichen Zaum und Gebiß anzulegen.

Die Stadt ist sehr merkwürdig wegen der Menge ihrer alten Privathäuser, alle von der seltsamsten Form und Bauart. Ich blieb oft in den Straßen stehen, um einige auf meiner Schreibtafel abzuzeichnen, was immer eine Menge Volks um mich versammelte, das mir verwundert zusah – und mich nicht selten störte. Die Engländer dürfen sich also nicht so sehr wundern, wenn es ihnen in der Türkei und Ägypten ebenso ergeht.

Hereford, den 17.

Es ist nicht zu leugnen, daß man nach einiger Zeit der Entbehrung den englischen Komfort immer mit Vergnügen wiederfindet. Abwechselung ist überhaupt die Seele des Lebens und gibt jedem Dinge, dans son tour, wieder erneuten Wert. Die guten Gasthöfe, die reinlich servierten Breakfasts und Diners, die geräumigen und sorgfältig gewärmten Betten, die höflichen und gewandten Kellner fielen mir, nach dem irländischen Mangel, sehr angenehm auf und versöhnten mich bald mit den höheren Preisen. Um zehn Uhr früh verließ ich Shrewsbury, wiederum mit der Mail, und erreichte Hereford um acht Uhr abends. Da es nicht kalt war, saß ich außerhalb und zedierte meinem Bedienten den Platz in der Kutsche. Zwei bis drei unbedeutende Männer und ein hübscher, aufgeweckter Knabe von eilf Jahren formierten meine Gesellschaft auf der Imperiale, wo gewaltig politisiert wurde. Der Knabe war der Sohn wohlhabender Gutsbesitzer, der von seiner hundert Meilen entfernten Erziehungsanstalt zur Christmas ganz allein zu Hause reiste. Diese Gewohnheit, Kinder so früh schon auf ihre eignen Kräfte anzuweisen, gibt ihnen gewiß für das folgende Leben die vermehrte Selbständigkeit und Sicherheit, welche die Engländer vor andern Nationen, namentlich den Deutschen, voraushaben. Die Freude und bewegliche Unruhe des Kindes, je mehr es sich dem väterlichen Hause näherte, rührte und ergötzte mich. Es war so etwas Natürliches und Inniges darin, das mich unwillkürlich an meine eignen Kinderjahre erinnerte – dies unschätzbare und zu seiner Zeit ungeschätzte Glück, das wir nur im Rückblick zu erkennen imstande sind!

Monmouth, den 18.

Gute Julie, heute habe ich wieder einen jener romantischen Tage erlebt, die ich lange entbehrt, einer von den Tagen, deren mannigfache Bilder, wie Feenmärchen in der Kindheit, erfreuen. Der berühmten Szenerie des Flusses Wye verdanke ich sie, die, selbst im Winter, auf den Namen einer der schönsten Gegenden Englands Anspruch machen kann.

Ehe ich Hereford verließ, besah ich noch sehr früh die Kathedrale, die, außer einem schönen Portiko, nicht viel Sehenswertes darbietet, hätte aber bald darüber die Mail versäumt, welche in England auf niemand wartet. Sie war bereits im vollen Trabe, und ich fing sie wörtlich im Fluge auf. Nur für die dreizehn Meilen bis Ross, die wir außerordentlich schnell, obgleich *mit vier blinden Pferden*, zurücklegten, bediente ich mich des Wagens, dann nahm ich ein Boot, schickte es fünf Meilen voraus nach dem alten Schloß Gooderich und schlug selbst meinen Weg dahin zu Fuß ein. Er führte mich zuerst auf einen hochgelegenen Kirchhof mit prachtvoller Aussicht, dann durch eine üppige Gegend, wie am Luganer See, bis zur Ruine, wo ich das kleine Boot mit zwei Ruderern und meinem Irländer schon vorfand. Ich mußte über den Fluß setzen, der hier ziemlich reißend ist, um zu dem, mit der alten Burg gekrönten, Berg zu gelangen. Das Steigen auf dem schlüpfrigen Rasen war ziemlich beschwerlich. Als ich in den hohen Torweg trat, nahm mir ein Luftstoß die Mütze vom Kopfe, als wolle der Berggeist mir mehr Respekt für die Schatten der verblichenen Ritter einflößen. Die Ehrfurcht und Bewunderung konnte aber nicht vermehrt werden, mit der ich die dunklen Gänge, die geräumigen Höfe durchirrte und auf die verfallenen Treppen hinaufkletterte. Im Sommer und Herbst wird der River Wye von Reisenden nicht leer, da aber wahrscheinlich nie ein methodischer Engländer die Reise auch im Winter unternahm, so sind auch die Leute nicht darauf eingerichtet, und ich fand den ganzen Tag lang nirgends weder Führer noch irgendeine Sorgfalt zum Behuf der Touristen. So war auch die Leiter, welche nötig ist, um zu der abgebrochenen Treppe des Hauptturms zu gelangen, nicht vorhanden, sondern bereits in die Winterquartiere gebracht. Mit Hülfe der Bootsleute und meines Dieners etablierte ich jedoch *eine Jakobsleiter*, auf deren Rücken ich mich hinaufschwang. Man übersieht von der Zinne eine unermeßliche Strecke Landes, und die Raubritter, wenn es solche hier gab, konnten Reisende von hier schon meilenweit ankommen sehen. Nachdem ich alles gehörig durchkrochen hatte und den Berg auf der andern Seite wieder hinabgestiegen, frühstückte ich behaglich im Boote, während dieses geschäftig von den schnell strömenden Wellen fortgetragen wurde. Das Wetter war schön, die Sonne schien hell, ein sehr seltner Fall in dieser Jahreszeit, und die Luft war so warm wie an einem angenehmen Aprilstag bei uns. Die Bäume hatten freilich kein Laub, da sie aber ungemein dicht in Ästen, auch mit vielem Immergrün untermischt waren und das Gras dabei weit grüner und heller glänzte als im Sommer, so verlor die Landschaft durch die Jahreszeit weit weniger, als man erwartet hätte. Der Boden ist ungemein fruchtbar, die sanften Flügel von oben bis unten bewachsen, wenig Felder, meistens Wiesen zwischen den Büschen, und jeden Augenblick erscheint ein Turm, Dorf oder Schloß, welche die fortwährenden Krümmungen des Flusses in den verschiedenartigsten Ansichten zeigen. Eine Zeitlang schwammen wir an den Grenzen dreier Grafschaften hin, Monmouth zur Rechten, Hereford zur Linken und Gloucester vor uns. An einer malerischen Stelle, Eisenhämmern gegenüber, deren Flammen auch bei Tage sichtbar waren, erhebt sich ein Landsitz, der halb den neuen Stempel unserer Zeit, halb den des grauen Altertums trägt – dies ist die Wiege Heinrichs V., denn hier verbrachte er seine Kindheit unter Aufsicht der Gräfin von Salisbury. Tiefer unten im Tal steht noch dieselbe unansehnliche kleine Kirche, in der er getauft und seine Pflegerin begraben war. Agincourt und Falstaff, Mittelalter und Shakespeare wurden lebendig vor meiner Phantasie, bis die noch *ältere und größere Natur selbst* mich bald alles übrige vergessen ließ. Denn nun gleitete unser Kahn in die Felsenregion hinein, wo der schäumende Fluß und seine kühnen Umgebungen den imposantesten Charakter annehmen. Es sind verwitterte und zerbröckelte Sandsteinwände, von riesenhaften Dimensionen, alle schroff und perpendikulär abfallend, aus Eichenwäldern hervorstehend und mit hundertfachen Festons von Efeu überhangen. Die Regen und Stürme vieler Jahrtausende haben die weiche Masse in so phantastische Formen verwaschen und gemodelt, daß man künstliches Menschenwerk zu sehen glaubt. Schlösser und Türme, Amphitheater und Mauern, Zinnen und Obelisken äffen den Wanderer, der sich in die Ruinen einer Dämonenstadt versetzt wähnt. Oft lösen sich einzelne dieser Gebilde bei Unwettern ab und stürzen verheerend, von Felsen zu Felsen abprallend, mit Donnergetöse in die unergründliche Tiefe des Stroms. Man zeigte mir die Überbleibsel eines dieser Blöcke und das Monument des armen Portugiesen, den er in seinem Falle begrub. Diese seltsame Felsenformation erstreckt sich fast acht Meilen weit, bis eine Stunde vor Monmouth, wo sie mit einem einzeln stehenden Kolosse schließt, welcher der Kopf des Druiden genannt wird. Von einem gewissen Punkte gesehen, zeigt er nämlich das schöne, antike Profil eines Greises, der in tiefem Schlaf versunken scheint. – Als wir vorbeifuhren, stieg eben der Mond über ihn empor und gab ihm einen ergreifenden Ausdruck. Wie lange, dachte ich, sind dieses Schläfers Augen schon geschlossen, wie oft mag seitdem der Mond sein bleiches Antlitz bestrahlt und was mag in uralten Zeiten sein Auge gesehen haben, wenn es je offenstand! Ich zweifelte daran in diesem Augenblick gar nicht, der Glaube war über mich gekommen und hatte mich selig gemacht, denn der heilige Augustin hat ganz recht, wenn er sagt: Eben deswegen *glaube* ich es, weil es *kindisch* und *un-*

möglich ist! Ja, es war so, der tote Stein hatte für mich mehr Leben gewonnen, als alle wirklich lebenden Figuren um mich her.

Eine kurze Zeit lang fuhren wir nun zwischen verengten, dicht vom Wasser bis zur Spitze bewaldeten Ufern hin, bis eine große, kahle Felsenplatte sichtbar wurde, die König Arthurs Ebne genannt wird, weil der fabelhafte Held hier sein Lager aufgeschlagen haben soll. Eine halbe Stunde darauf langten wir in Monmouth an, einer kleinen altertümlichen Stadt, in der Heinrich V. geboren wurde. Seine hohe Statue prangt auf dem Dache des Rathauses; von dem Schlosse aber, in dem er das Licht der Welt zuerst erblickte, ist nur noch ein gotisch verziertes Fenster und ein Hof übrig, in dem Truthühner, Gänse und Enten gemästet werden. Dies paßte freilich besser zum Geburtsort Falstaffs.

Um einen schriftlichen Wegweiser zu kaufen, ging ich in einen Buchladen, wo ich unerwartet die Bekanntschaft einer sehr liebenswürdigen Familie machte. Sie bestand aus dem alten Buchhändler, seiner Frau und zwei hübschen Töchtern, die unschuldigsten Landmädchen, die mir je vorgekommen. Ich traf sie bei ihrem Abendtee, und der Vater, ein gutmütiger, aber für einen Engländer seltsam sprachseliger Schwätzer, nahm mich förmlich fest und gefangen, um mir die sonderbarsten Fragen über den Kontinent und die Politik vorzulegen. Die Töchter, die mich, wahrscheinlich aus Erfahrung, bedauerten, wollten ihn abhalten – ich ließ ihn aber gewähren und gab mich de bonne grâce eine halbe Stunde preis, wodurch ich die Gewogenheit der ganzen Familie in solchem Grade gewann, daß alle mich auf das dringendste einluden, doch einige Tage hier in der schönen Gegend zu verweilen und bei ihnen zu wohnen. Als ich endlich ging, wollten sie für das gekaufte Buch durchaus nichts annehmen, und ich mußte es bon gré mal gré als Geschenk behalten.

Solche schlichte Eroberungen freuen mich, weil ihre Ergebnisse nur vom Herzen kommen können.

Chepstow, den 19.

Als ich früh angezogen war und nach schnell genommenem Frühstück abreisen wollte, bemerkte ich, nicht ohne unangenehme Überraschung, daß mir meine Börse und Taschenbuch fehlten, die ich immer bei mir zu tragen pflege. Ich erinnerte mich ganz genau, sie gestern abends, als ich im Coffeeroom, wo ich mich ganz allein befand, gegessen und an Dich geschrieben hatte, vor mir hingelegt zu haben, weil ich aus dem Taschenbuch Noten für meinen Brief entnahm und die Börse gebrauchte, um die Schiffer zu bezahlen. Ohne Zweifel hatte ich sie dort liegenlassen und der Kellner sie sich zu Gemüte geführt. Ich ließ ihn sogleich rufen, rekapitulierte das angegebne Faktum und fragte, ihn scharf dabei ansehend, ob er wirklich nichts gefunden? Der Mensch ward blaß und verlegen und stammelte, er habe nichts gesehen als ein einzelnes beschriebenes Blatt Papier, was, wie er glaube, noch unter dem Tische liege. Ich sah nach und fand es in der Tat an der bezeichneten Stelle. Alles dies schien mir immer verdächtiger, ich machte daher dem Wirt, einem höchst widrig aussehenden baumlangen Kerl, Vorstellungen, die zugleich einige Drohungen enthielten, er aber antwortete kurz: Er kenne seine Leute, ein Diebstahl sei bei ihm seit dreißig Jahren nicht vorgefallen, mein Vorgeben sei ihm daher höchst auffallend – er werde zwar, wenn ich es wolle, sogleich nach einem Magistrat schicken, alle seine Leute schwören, sein ganzes Haus untersuchen lassen – »dann aber«, setzte er höhnisch hinzu, »vergessen Sie nicht, daß auch Ihre Sachen bis auf die größte Kleinigkeit untersucht werden müssen und, wenn man bei uns nichts findet, Sie die Kosten und mir Entschädigung bezahlen werden.« Qu'allai-je faire dans cette galère! dachte ich und sah wohl, das beste sei, meinen Verlust, von ohngefähr zehn Pfund, zu verschmerzen und abzuziehen. Ich nahm daher frische Noten aus meinem Mantelsack, bezahlte die ziemlich billige Rechnung und glaubte, bei dem mir herausgegebenen Gelde, ganz deutlich einen meiner eignen Sovereigns wiederzuerkennen, der einen kleinen Riß über das allerhöchste Auge Georg IV. hatte.

Überzeugt, daß Wirt und Kellner unter einer Decke steckten, schüttelte ich den Staub von meinen Füßen und hatte, als ich das Haus in einer Postchaise verließ, das Gefühl eines Menschen, der eben einer Räuberhöhle entronnen ist.

Um aber doch künftigen Reisenden einen Dienst zu erzeigen, ließ ich den Wagen, sowie ich um die Ecke war, halten und ging zu Fuß zu dem gestern erwähnten Buchhändler, ihm mein Mißgeschick mitzuteilen. Das Erstaunen und Bedauern aller war gleich groß – bald darauf fingen die Töchter indes an, mit der Mutter zu zischeln, machten sich Zeichen, nahmen dann den Vater beiseite, und nach kurzer Deliberation kam die jüngste wieder verlegen auf mich zu und fragte errötend: ob der eben gehabte Verlust mir nicht vielleicht »a temporary embarrassement« verursachte und ob ich nicht ein Darlehn von fünf Pfund annehmen wolle, was ich ihnen bei meiner Rückkehr wiedererstatten könne? Dabei wollte sie mir die Note gleich in die Hand stecken. – Diese Güte rührte mich wirklich tief – sie hatte etwas so Zartes und Uneigennütziges, daß die größte Wohltat mir vielleicht, unter andern Umständen, weniger Dank eingeflößt haben würde als dieser gute Wille. Du kannst denken, wie herzlich ich dankte. Gewiß, sagte ich, würde ich, wenn ich es im geringsten nötig hätte, nicht zu stolz gewesen sein, ein so gutgemeintes Darlehen anzunehmen, da dies aber in keiner Art der Fall sei, so würde ich ihre Großmut auf eine andere Weise in Anspruch nehmen und bäte mir daher aus, von jeder der zwei hübschen Monmoutherinnen einen Kuß mit nach dem Kontinent nehmen zu dürfen. Dies geschah unter vielem Lachen und mit freundlicher Hingebung, worauf ich, so befrachtet, meinen Wagen wieder aufsuchte. Da ich gestern auf dem Wasser geschifft, zog ich heute den

Weg zu Land vor, der ebenfalls immer längs des Flusses nach Chepstow führt. Die Gegend bleibt von derselben Art; reich, dunkelwaldig und wiesengrün, hier aber noch vielfach durch Hochöfen, Zinn- und Eisenwerke belebt, deren Feuer in Gelb, Rot, Blau und grünlichen Farben spielen und aus turmhohen Feueressen lodern, wo sie zuweilen ganz die Form großer glühender Blumen annehmen, wenn Feuer und Rauch, von der Atmosphäre niedergedrückt, lange Zeit in dichter unbeweglicher Masse verweilen. Ich stieg aus, um eines der Zinnwerke zu besehen. Es wurde nicht, wie gewöhnlich, von einer Dampfmaschine, sondern von einem ungeheuern haushohen Wasserrade getrieben, das wiederum drei oder vier kleinere in Bewegung setzte. Dieses Rad hatte die Kraft von achtzig Pferden, und die reißende Geschwindigkeit, mit der es sich drehte, der grausende Lärm, der im Moment, wo es angelassen ward, ertönte, die Funken sprühenden Feuerherde rundumher, wo das Eisen glühte, und die halbnackten schwarzen Figuren dazwischen, die mit Hämmern und Keulen wild hantierten und die rotzischenden Tafeln umherwarfen – es paßte alles vortrefflich zu einem Bilde der Schmiede Vulkans.

Die Manipulation beginnt damit, daß geschmiedete Eisenbarren oder Stäbe, von einem halben Zoll Dicke und acht Fuß Länge, unter ein selbstagierendes Messer gehalten werden, das sie in fußlange Stücke schneidet, mit einer Grazie und Leichtigkeit, als leisteten sie nicht mehr Widerstand wie frische Butter. Das abgeschnittene Stück wird sogleich einem andern Arbeiter zugeworfen, der es in ein höllisches Feuer schiebt, wo es in wenigen Augenblicken glühend wird. Er holt es dann mit einer Zange wieder heraus und wirft es, eine Station weiter, auf den sandigen Boden. Hier hebt es ein dritter auf und schiebt es unter eine Walze, die es nach mehrmaligem schnellem Umdrehen in eine viermal größere und ebensoviel dünnere Platte verwandelt. Diese Platte geht nun denselben Weg wieder ins Feuer zurück, wird dann von neuem gewalzt, und so fort, bis sie so dünn wie Papier ist. Nun werden die Platten erst in die ihnen bestimmte definitive Form geschnitten, hierauf geschlagen und gereinigt, welches noch einmal Feuer, nebst gewissen andern Zutaten, erfordert. Dann kommen sie in ein zweites Haus, wo sie in Vitriol und Sand gewaschen, nachher in das mit Fett flüssig erhaltne Zinn getaucht und zuletzt von Weibern mit Kleie sauber gereinigt und so schön poliert werden, daß man sich darin spiegeln kann. Eine solche Fabrik ist wie eine Welt im kleinen. Man sieht, hier wie dort, das Höchste und Niedrigste zugleich bestehen und doch auch den mühsamen Durchgang eines jeden durch alle Grade und wie nach und nach das Grobe zum Feinsten wird.

Auf halbem Wege verwandelte sich, wie gestern, die freundliche Gegend in ernstere Felsen, und da, wo sich ein tiefer Kessel verschieden geformter Berge bildet, erblickten wir in dessen Mittelpunkt, hart über dem silbernen Strome sich erhebend, die berühmte Ruine von Tintern Abbey.

Eine vorteilhaftere Lage und imposantere Überreste eines weiten, alten Klosters lassen sich kaum denken, ja, der Eintritt in dieselben gleicht ganz einer phantastischen Theaterdekoration. Die große Kirche steht fast noch ganz erhalten, nur einige ihrer Pfeiler und das Dach fehlen. Die Gebäude sind von menschlicher Hand grade so weit unterstützt, als es alle Ruinen sein sollten – nämlich der unmalerische und das bequeme Besehen derselben verhindernde Schutt ist aufgeräumt, ohne doch irgend etwas auszubessern noch angewandte Sorgfalt zuviel bemerken zu lassen. Ein schöner ebner Rasenteppich deckt den Boden, und großblättrige Wucherpflanzen wachsen aus dem Gestein. Die herabgefallnen Zieraten sind zum Teil wieder zu künstlerischer Unordnung benutzt, und eine vollkommene Doppelallee von dicken Efeustämmen (ich kann es nicht anders nennen) klimmt an den Pfeilern empor und bildet ein wundervolles Laubdach in der Höhe. Um die Ruine besser zu sichern, hat man ein neues, mit Eisen beschlagnes Eingangstor im Stil des alten hergestellt, welches, plötzlich vor einem geöffnet, den überraschendsten Eindruck hervorbringt. Man steht, ganz unerwartet, auf einmal in der erwähnten Pfeiler- und Efeuallee und sieht sie, dreihundert Schritt weit vor sich, perspektivisch zusammentreten und durch ein prächtiges achtzig Fuß hohes und dreißig Fuß breites Fenster geschlossen, hinter dessen durchwundnen Steinzierden man einen spitzen, dichtbewaldeten Berg erblickt, aus dem hie und da schroffe Felsenmassen heraustreten. Oben in der Höhe weht der Wind mit den Efeugirlanden, und Wolken werden am tiefblauen Himmel sichtbar, die eilend hindurchziehen. Gelangt man in die Mitte der Kirche, wo man das Kreuz übersieht, so bieten die Fenster der Seitenflügel, fast mit dem Mittelfenster von gleicher Größe, ähnlich schöne und doch sehr verschiedne Aussichten dar, alle aber in dem wilden und erhabenen Stil, der der Ruine zusagt. Die nächste Umgebung der Kirche ist ein üppiger Obstgarten, was im Frühjahr einen reizenden Effekt hervorbringen muß, wenn die alten schwarzen Mauern aus dem duftenden Blütenmeere emporsteigen. Ein vandalischer Lord und Lord-Lieutenant der Provinz ging, wie ich hörte, mit dem frommen Gedanken um, die Kirche wiederherzustellen. Glücklicherweise nahm ihn der Himmel vor der Ausführung zu sich. Von Tintern Abbey an steigt die Straße ununterbrochen bis hoch über den Fluß hinan, den man jedoch nie ganz aus den Augen verliert. Die Gegend selbst erreicht den höchsten Grad ihrer Schönheit nach drei oder vier Meilen, bei einer Villa des Herzogs von Beaufort, das Mooshaus genannt; hier sind reizende Anlagen, welche durch wilden Wald und immergrüne Sträucher, bald am Rande tiefer Felsenwände, bald durch die dunkle Höhlen, die die Natur selbst gebildet, oder auf offne Platten heraustretend, in vielfachen Windungen bis zur höchsten Spitze des Gebürges, der Windcliff (Sturmklippe) getauft, führen, wo man eine der größten Aussichten Englands, und zwar im erhabensten Stil, genießt.

Ohngefähr achthundert Fuß tief zeigt der ziemlich jähe Abhang unter Dir teils einzeln hervorstehende Felsen, teils eine grüne, bebuschte, schroff abfallende Fläche. An ihrem Fuße verfolgt das Auge mehrere Meilen weit den Lauf des Flusses Wye, der links aus einer Wald- und Bergschlucht hervorbricht, sich in einem weiten Bogen nähert, eine Gärten ähnliche grüne Halbinsel, die einen mit Bosketts bedeckten Hügel bildet, umfließt; dann rechts an einer ungeheuern Felsmauer, die mit einem Standpunkt fast gleiche Höhe hat, sich schäumend durcharbeitet und zuletzt bei der, einer verfallnen Stadt ähnlichen, Ruine des Schlosses von Chepstow sich in den Kanal von Bristol ergießt, wo alles im Ozean in nebelhafter Ferne verdämmert.

Jenseits des Flusses, vor Dir, erstreckt sich, fast durch die ganze zu übersehende Gegend hin, der scharfe Kamm eines langen Bergrückens, mit dichtem Walde bedeckt, aus dessen Baumgewühl eine fortlaufende, mit Efeu festonierte Felswand malerisch hervorbricht. Über diesem Gebürgskamm siehst Du von neuem Wasser, die fünf Meilen breite Severn, welche von hundert weißen Segeln wimmelt, und an ihren jenseitigen Ufern erblickst Du noch zwei sich übereinanderlagernde blaue Hügelreihen voll Fruchtbarkeit und reichem Anbau.

Die Gruppierung dieser Aussicht bildet ein vollendetes Ideal, und ich kenne keine schönere. Unerschöpflich an Details, von unabsehbarem Umfang und dennoch von so hervorstechenden, grandiosen Hauptzügen, daß dadurch die Verwirrung und Leere, welche ein sehr weit umfassender Horizont gewöhnlich verursacht, gänzlich vermieden wird. Der Park von Piercefield, der von Wyndcliff bis Chepstow die Fels- und Bergrücken einnimmt, ist daher ohne Zweifel einer der herrlichsten in England, wenigstens was seine Lage betrifft. Er besitzt alles, was die Natur nur geben kann, hohen Wald, prächtige Felsen, den fruchtbarsten Boden, ein mildes günstiges Klima für Vegetationen aller Art, einen reißend strömenden Fluß, das nahe Meer, Einsamkeit und aus ihrer Ruhe die Aussicht in diese reiche Gegend, die ich geschildert, gehoben vom Anblick einer der erhabensten Burgruinen, welche nur des Malers Pinsel erfinden könnte, ich meine das über dem Fluß hängende, mehr als sechs Morgen Landes bedeckende Schloß von Chepstow, welches nach der Stadt zu den Park begrenzt, obgleich es nicht als Eigentum dazugehört.

Fast alle Schloßruinen in England verdanken wir Cromwell, so wie die zerstörten Kirchen und Klöster Heinrich dem Achten. Die erstern wurden mit Feuer und Schwert verheert, die andern bloß *aufgehoben* und dem nagenden Zahne der Zeit wie dem Eigennutze der Menschen überlassen. Beide Potenzen haben vollkommen gleich gewirkt und die beiden großen Männer dadurch einen Effekt hervorgebracht, den sie freilich nicht bezweckten, der aber dem gleich ist, den ihre Personen selbst in der Geschichte zurückgelassen, nämlich ein pittoresker. Ich wanderte durch den Park zu Fuß und ließ den Wagen auf der Landstraße folgen. Erst bei halber Dämmerung erreichte ich die Ruine, was ihren großartigen Eindruck auf mich nur noch vermehrte. Das Schloß hat vier weitläuftige Höfe nebst einer Kapelle und ist zum Teil noch gut erhalten. Hohe Nuß- und Taxusbäume, Obstplantagen und schöner Rasen zieren das Innere, wilde Wein- und Schlingpflanzen aller Art bedecken die Mauern. In dem am besten konservierten Teile des Schlosses wohnt eine Frau mit ihrer Familie, die dem Besitzer, dem Herzog von Beaufort, eine Rente für die Erlaubnis zahlt, die Ruine Fremden zu zeigen, welche einen Schilling dafür erlegen müssen. Du siehst, qu'en Angleterre on fait flèche de tout bois und daß ein dortiger Herzog mit sechzigtausend Pfund Sterling Einkünfte weder den Heller der Witwen verschmäht, noch sich scheut, Fremde regelmäßig in Kontribution setzen zu lassen. Es gibt zwar leider deutsche Souveränchen, die es nicht anders machen.

Ebensowohl mit meinem durchlebten Tage zufrieden als müde vom Klettern und durchnäßt vom Regen, der sich in der letzten Stunde wieder eingestellt hatte, eilte ich in den Gasthof, in mein Negligé und zum Eßtisch. Da fühlte ich etwas Ungewöhnliches in der Tasche meines Schlafrocks – verwundert brachte ich es heraus, und beschämt betrachtete ich erst – die gestohlen geglaubte Börse nebst Taschenbuch! Jetzt erst fiel es mir bei, daß ich sie am vorigen Abend an diesen ungewöhnlichen Ort verwahrt, aus Besorgnis, sie später auf dem Tische zu vergessen. Dies soll mir wenigstens eine Lehre sein, nicht mehr zu leicht auf den bloßen Schein hin und auf die *Verlegenheit* des Angeklagten zu verdammen, denn bei Menschen von reizbarem Nervensystem und regem Ehrgefühl bringt leicht der bloße Gedanke: daß andere einen solchen Verdacht haben könnten – dieselben Symptome wie bei Sündern das Bewußtsein der Schuld hervor. Meinem guten Herzen wirst Du zutrauen, daß ich sogleich einen Brief an meinen Freund, den Buchhändler, expedierte, um Wirt und Kellner zu diskulpieren, und als Schmerzensgeld für den letzteren zugleich zwei Pfund beilegte, die ich an ihn, mit meiner Bitte um Verzeihung, abzugeben ersuchte. Hierauf schmeckte mir in Wahrheit das Essen noch besser, da ich nach Kräften Übles wiedergutgemacht.

Dein treuer L...

45 Fünfundvierzigster Brief

Bristol, den 20. Dezember 1828

Gute Julie!

Ich hoffe, Du folgst mir auf der Karte, was Dir meine Briefe besser versinnlichen wird, wenn Du auch dort keine der schönen Aussichten mit genießen kannst, welche ich sah, die ich Dir aber alle in meinen Lebens- und Erinnerungsbildern in getreuer Kopie mitbringe.

Ich besuchte früh noch einmal das herrliche Schloß, wo mich diesen Morgen ein blühendes Mädchen herumführte, die einen sehr anmutigen Kontrast mit den verbrannten Türmen, dem schauerlichen Gefängnisse des Königsmörders Martin und dem dunklen Burgverlies abgab, in das wir zusammen viele Stufen hinabstiegen. Dann besuchte ich eine Kirche mit besonders zierlichem altsächsischem Portal und einem sehr schön gearbeiteten Taufbecken in demselben Stil. Hier liegt auch der arme Martin begraben. Er war einer der Richter Karl I. und saß vierzig Jahre im Schlosse zu Chepstow gefangen, ohne doch je, wie man behauptet, dort seine gute Laune ganz zu verlieren. Nach den ersten Jahren scheint überhaupt seine Haft milder geworden zu sein und man ihn auch nach und nach immer etwas besser logiert zu haben, denn Karl II. war nicht grausam. Wenigstens zeigte mir das Mädchen heute früh drei Gemächer, wovon das unterste freilich ein schauderhaftes Loch war, und ciceronisierte dabei in folgenden Worten: »Hier steckte man Martin zuerst hinein, als er noch böse war; da er aber nachher in sich ging, kam er einen Stock höher, und endlich, als er *religiös* wurde, bekam er das Zimmer mit der schönen Aussicht oben.«

Um zwei Uhr fuhr ich mit einer sehr vollen Stage-coach, wo ich, ohngeachtet des heftigen Regens, nur mit Mühe noch einen Platz auf dem Bocke bekam, nach Bristol. Wir passierten den Fluß auf einer schönen Brücke, die zugleich den besten Standpunkt zur Ansicht des Schlosses bietet, welches sich unmittelbar über den senkrecht nach dem River Wye herabfallenden Felsen erhebt und besonders dadurch einen so äußerst malerischen Anblick gewährt. Wir behielten dann noch lange den Park von Piercefield und seine Felsenwände jenseits des Flusses im Angesicht. Ich sagte zu dem Herrn der Stage, der selbst fuhr, der Besitzer dieses schönen Parks müsse ein glücklicher Mann sein! »Keineswegs«, erwiderte er, »der arme Teufel ist voller Schulden, hat eine zahlreiche Familie und wünscht gar sehr, einen guten Käufer für Piercefield zu finden. Vor drei Monaten war schon alles richtig mit einem reichen Kaufmann aus Liverpool, der das schöne Gut für seinen jüngsten Sohn bestimmte. Doch ehe noch abgeschlossen wurde, verheiratet sich dieser Sohn heimlich mit einer Schauspielerin, der Vater enterbt ihn, und so wurde der Kauf rückgängig.« Das hätte wahrlich Stoff zu einigen moralischen Betrachtungen gegeben! Das Wetter wurde unterdessen immer abscheulicher und artete zuletzt in einen völligen Sturm aus. Wir hatten ihn zwar im Rücken, dennoch war die Fahrt über den Channel höchst unangenehm. Die vier Pferde, alles Gepäck und die Passagiere wurden pêle-mêle in ein kleines Boot gepackt, so voll und gepreßt, daß man sich kaum darin rühren konnte. Der Posten neben den Pferden war wirklich gefährlich, da sie sich zuweilen vor den Segeln scheuten, besonders wenn diese gewandt wurden. Ein Herr fiel bei einer solchen Gelegenheit samt der Kiste, auf der er saß, grade unter sie, wurde aber von den gutmütigen Tieren nur ein wenig getreten, glücklicherweise aber nicht geschlagen, wie es ihm leicht hätte arrivieren können. Das Boot, heftig vom Sturm getrieben, lag ganz auf einer Seite, und unaufhörlich spritzten die Wellen über und durchnäßten uns von Kopf bis zu Fuß. Als wir endlich anlangten, war das Debarkieren auch ebenso mühsam als schmutzig, und ich verlor dabei, zu meinem großen Mißvergnügen, einen Teil der Werke Lord Byrons. Man sagte mir, daß diese Überfahrt, der häufigen Stürme, des seichten Grunds und der vielen Klippen wegen, oft Unglücksfälle herbeiführe. Vor sechs Monaten scheiterte das Schiff mit der Mail, und mehrere Personen verloren das Leben dabei. Wir konnten das gewöhnliche Landungshaus auch diesmal nicht erreichen und mußten daher an der Küste debarkieren, von wo wir, auf einem Strand von rot- und weißgestreiftem Marmor, bis zum Gasthof zu Fuß gingen. Hier bestiegen wir eine andere Stage oder Landboot, mit zwanzig Personen gefüllt, und fuhren (aber nicht so schnell als mit der Mail) nach Bristol, von dessen gepriesener Lage ich für heute nur die hellen Glaslaternen und wohl versehenen, bunten Läden gewahr wurde.

Bath, den 21., abends

Wenn ich in der Erinnerung aufsuche, was den River Wye so schön macht und vor so vielen andern Flüssen den Vorzug gibt, so finde ich, daß es vorzüglich seine bestimmt gezeichneten Ufer sind, die sich nie in undeutliche Linien verflachen noch eine nichtssagende Mannigfaltigkeit ohne Charakter darbieten, ferner, daß ihn fast immer Wald, Felsen oder Wiesen, durch Gebäude belebt, selten nur Felder und bebaute Fluren begrenzen, denn diese letztern sind zwar eine nützliche Sache, aber nicht malerisch. Die vielen und kühnen Krümmungen machen, daß auch die Ufer sich unaufhörlich verschieben und so aus denselben Gegenständen hundert verschiedne Schönheiten sich entfalten, wie die Stimme, nach mehreren Seiten gewandt, ein vielfaches Echo hervorruft. Beiläufig gesagt, ist dies auch der Hauptgrund, warum Landschaftsgärtner gekrümmte Wege den graden vorzogen. Diesen Gedanken hatten die Maler; nur die Pinsel machten gewundene Korkzieher daraus, indem sie glaubten, daß ihre imaginäre Schönheitslinie, nicht *die verschiedene Ansicht der Landschaft*, damit bezweckt werde.

Da die Gegenstände, die sich den River Wye entlang darbieten, fast immer nur wenige in großen Massen sind, so bilden sie schöne Gemälde, weil *Gemälde* eine kürzere Abgrenzung verlangen. Die Natur schafft nach einem Maßstabe, den wir, in seinem Totaleffekt, gar nicht beurteilen können, dessen *höchste Harmonie* uns daher verlorengehen muß – die Kunst also strebt darnach, nur einen *Teil* derselben als ein für Menschen verständliches *Ganze* idealisch zu formen, und dies ist meines Erachtens die auch der Landschaftsgärtnerei zum Grunde liegende Idee. Doch die Natur selbst bietet für diesen Zweck oft schon einzeln vollendete Muster dar, einen landschaftlichen Mikrokosmos, und selten findet man deren in kurzen Räumen mehr vereinigt als auf dieser Fahrt, wo jede neue Wendung des Flusses sozusagen einen neuen *Kunst*genuß darbietet; Pope singt irgendwo schön von dieser Gegend:

Pleas'd Vaga echoes thro' her winding bounds,
And rapid Severn hoarse applause resounds.

Die deutsche Sprache hat, bei allen ihrem Reichtum, etwas Unbehülfliches für die Übersetzung, besonders bei Übertragungen aus dem Englischen, der dagegen ihre Zusammensetzung aus so vielen Sprachen eine ganz eigentümliche Leichtigkeit gibt, fremde Gedanken auszudrücken. Mir ist daher auch die erwähnte Strophe fast unübersetzbar erschienen. Sooft ich es versuchte, verlor der Gedanke seine Grazie, vielleicht war aber auch meine eigne Unbehülflichkeit daran schuld.

Daß zwei der schönsten Ruinen in der Welt am River Wye liegen, ist ebenfalls kein kleiner Vorzug, und nie wurde es mir klarer als hier, daß Propheten in ihrem Vaterlande nichts gelten, denn wie würden sonst so viel tausend Engländer weit hinwegziehen, um oft über viel geringere Schönheiten in Enthusiasmus zu geraten, als ihr eignes Vaterland darbietet. Noch eine Frage möchte ich aufwerfen, warum überhaupt Ruinen so viel mehr die menschliche Seele ergreifen, als es kaum die höchsten vollendeten architektonischen Kunstwerke vermögen? Es scheint fast, als ob diese Menschenwerke erst ihre Vollkommenheit erreichten, wenn die Natur sie wieder korrigiert hat – und noch ist es gut, wenn zuletzt der Mensch nochmals eingreift, in den Zeitpunkt, wo die Natur anfängt, seine Spur *gänzlich* zu verwischen. Eine grandiose und *wohlerhaltne* Ruine ist darum das schönste Gebäude.

RADCLIFFE-KIRCHE

Ich erwähnte schon, daß die Umgegend von Bristol ebenfalls, und mit Recht, einen hohen Ruf hat. An Reichtum, Üppigkeit der Vegetation und Fruchtbarkeit kann sie von keiner übertroffen werden, an malerischen Schönheiten gewiß nicht von vielen. C'est comme la terre promise. Alles was man sieht (und als Gourmand setze ich hinzu), auch alles was man genießt, ist in hoher Vollkommenheit.

Bristol, eine Stadt von hunderttausend Einwohnern, liegt in einem tiefen Tal; Clifton, das sich am Berge terrassenförmig unmittelbar darüber erhebt, scheint nur ein anderer Teil derselben Stadt. Daß durch diese Lage außerordentliche Effekte hervorgebracht werden müssen, kann man sich leicht vorstellen. Aus dem verworrenen Gewühl der Häusermasse der alten Hauptstadt im Tale ragen drei verwitterte gotische Kirchen empor. Gleich stolzen Überresten der Feudal- und Mönchsherrschaft (denn beide gingen, obgleich als feindliche Brüder, Hand in Hand) scheinen sie, im Gefühl der alten Größe, noch ihre greisen Häupter nicht beugen zu wollen vor dem aufgeschoßnen Pflanzendickicht neuerer Zeit. Besonders eine derselben, Radcliffechurch, ist ein ganz wunderbarer Bau; leider hat der Sandstein, aus dem sie aufgeführt ist, so sehr von der Zeit gelitten, daß alle Zieraten wie angenagt erscheinen. Ich trat während des Orgelspiels hinein, und obgleich ich, mit schuldiger Schicklichkeit und großer Ehrerbietung, mich nur in eine Ecke stellte, von wo ich das Innere verstohlen überblicken konnte, wollte mir doch die Illiberalität des englisch-protestantischen Kultus dies nicht gönnen, und der Prediger sendete eine alte Frau an mich ab, um mir anzudeuten, daß ich mich *setzen* müsse. Da man in katholischen Kirchen die Gläubigen nicht so leicht stört, selbst wenn man, ohne alle Rücksicht, nur hineingeht, um die Sehenswürdigkeiten zu betrachten und sich gar nicht an den Kultus kehrt, so wunderte ich mich mit Recht, daß die englisch-protestantische Frömmigkeit ihrer eignen Schwäche so wenig zutraue, um sozusagen von einem Hauch schon umgeblasen zu werden – man löste mir aber nachher das Rätsel. Ich hätte für den Sitz *bezahlen* müssen, und *der halbe Schilling* war das eigentliche fromme Motiv. Ich hatte indes schon genug gesehen und verließ die Mummerei*, ohne zu bezahlen.

In den Gasthof zurückgekehrt, ließ ich nun schnell eine Postchaise anspannen, setzte mich auf den Bock (nicht als den höchsten Ehrenplatz, wie der Kaiser von China, sondern als höchster Aussichtsplatz) und begann meine Exkursionen in der Umgegend. Zuerst besah ich die warmen Bäder der Stadt, wo an den Ufern des Severn ein felsiges Tal beginnt, das viel Ähnliches mit dem Plauischen Grunde bei Dresden hat, nur daß die Felsen höher und die Wassermasse weit reicher ist. Wir begegneten hier dem Maire in seiner Staatsequipage, prachtvoller als die unsrer Könige auf dem Kontinent. Sie stach sonderbar mit der einsamen Felsen-

* *Mummerei (popisch mummery) nennen die englischen Protestanten den katholischen Kultus, der ihrige verdient aber vollkommen denselben Namen.*

gegend ab. Als sie eben vorbeikam, zeigte mir der Postillon einen entfernten verfallenen Turm, Cook's Folly genannt, auch eines Maire und reichen Kaufmanns Besitzung, der sich damit *ruinierte* und in einer *Ruine* nun fortlebt. Das gotische Schloß, das er in einer der herrlichsten Lagen aufbauen wollte, konnte er nicht vollenden. Es blieb aber in diesem Stande wahrscheinlich nur eine desto größere Zierde der Gegend. Aus dem Felsengrund wieder emporsteigend, gelangten wir auf eine weite Bergebene, die zu den hiesigen Wettrennen dient, und von hier, durch strotzendes Land, zu Lord Cliffords Park, dessen Entree sehr schön ist. Man fährt nämlich, über eine halbe Stunde wegs, an einer hohen Berglehne in einer gewundnen Allee uralter Eichen hin, die weit genug voneinander gepflanzt sind, um sich vollkommen nach allen Seiten ausbreiten zu können, ehe sie sich erreichen. Unter ihren Ästen enthüllen sich die herrlichsten Aussichtspunkte auf das reiche Tal von Bristol, so daß, gleich einer Bildergalerie, fast unter jedem Baum ein neues Gemälde erscheint. Rechts aber zeigt sich, an dem ansteigenden Berge, der dunkle Saum des Pleasureground hinter der Wiesenfläche, wo Pflanzungen von Lorbeer, Arbutus und anderm Immergrün den Weg begrenzen, bis bei einer Biegung Schloß und Blumengarten plötzlich mit geschmücktem Glanz hervortreten! Am Ende dieses Parks liegt ein grünes Vorgebürge, auf dessen schmalem Kamm man eine Weile hinfährt und dann eine schöne Seeaussicht findet. Hier lag eben eine kleine russische Flottille zu unsern Füßen vor Anker, die, nach dem Mittelmeere bestimmt, in den Stürmen der vorigen Woche dem Scheitern hier nur mit großer Not entgangen. Den Engländern nach sollte bloß die Unwissenheit der Mannschaft daran schuld gewesen sein. Ich machte später die persönliche Bekanntschaft des Capitaines und fünf anderer Offiziere. Sie sprachen zu meiner Verwunderung durchaus keine fremde Sprache, nur russisch, weshalb sich unsre Unterhaltung auch auf bloße Zeichen beschränken mußte. Es schienen sonst artige und zivilisierte Leute.

Nicht weit von dem erwähnten Park befindet sich ein interessantes Etablissement, The Cottages genannt. Hier hat der Besitzer, Mr. Harford, das Ideal eines Dörfchens zu realisieren gesucht. Ein schöner grüner Platz, mitten im Walde, ist von einem ringsumher geschlängelten Wege umgeben und neun Wohnungen darangelehnt, alle von verschiedener Form und aus verschiednem Material erbaut; eine aus Feldsteinen, die andere aus Quadern, diese aus Ziegeln, jene von Holz usw., eine mit Stroh, die andre mit Schindeln, Schiefer usw. gedeckt; jede mit andern Bäumen umpflanzt und von verschiednen Sorten Klematis, Rosen, Jelängerjelieber oder Wein umrankt. Die abgesonderten und doch zu einem Ganzen verbundenen Wohnungen haben auch ihre besondern Gärten und einen gemeinschaftlichen Brunnen, der auf der Mitte des Rasenplatzes steht und den mehrere alte Baumgruppen beschatten. Die durch niedliche Zäune getrennten Gärten bilden so einen frischen Gemüse- und Blumenkranz um das ganze Dörfchen; die Bewohner aber bestehen, was der ganzen Anlage die Krone aufsetzt, nur aus armen Familien, denen die Häuser von dem großmütigen Besitzer unentgeltlich überlassen worden sind. Kein anmutigerer, kein passenderer Fleck konnte dem Unglücke eingeräumt werden; die völlige Abgeschiedenheit und Heimlichkeit desselben atmet nur Ruhe und Vergessenheit der Welt.

Bloß dem Walde gegenüber ragte von fern aus alten Eichen ein modernes gotisches Schloß stattlich hervor. Ich wollte es sowie den umliegenden Park besichtigen, erhielt aber keinen Einlaß. Wenn an einem englischen Park die Landstraße vorüberführt, ist immer ein Teil der Mauer durch ein Aha oder durchsichtiges Eisengitter ersetzt, damit man den demütig neugierigen Blick in die verbotne Herrlichkeit werfen möge. Aber hiermit ist auch die Liberalität des englischen Besitzers erschöpft. Da es nun heute überdies noch Sonntag war, so gab ich gleich alle Hoffnung auf, den mürrischen Portier zur Ausnahme zu bewegen, denn auf seiner Stirn war deutlich Dantes umgekehrte Hölleninschrift zu lesen: Voi che venite – di *entrare* lasciate ogni speranza!

Meinen Rückweg nahm ich über die Bergstadt Clifton, aus der man Bristol, wie in einem Abgrunde, unter sich liegen sieht. Die Szene wurde überdem sehr heiter staffiert durch die, in bunten Farben schillernde, Menge der Kirchgänger beiderlei Geschlechts, welcher ich auf allen Gassen begegnete. Stark kontrastierte dagegen ein großes, ganz schwarz angestrichenes Haus mit weißen Fenstern, einem unermeßlichen Katafalke ähnlich. Man sagte mir, es sei das Stadthospital, und ein Herr erbot sich, es mir zu zeigen. Das Innere war weit anziehender als der äußere Anstrich. Große Geräumigkeit, freundliche Säle und die ausgezeichnetste Reinlichkeit müssen es zu einem sehr trostreichen Aufenthalt für Kranke machen. Nirgends auch spürte ich den mindesten üblen Geruch, außer in der Apotheke, nach Pillen und Rhabarber. Die rechte Seite des Hauses nahmen die männlichen, die linke die weiblichen Patienten ein, und in diesen beiden den untern Teil diejenigen Kranken, welche des Arztes, den obern, die des Chirurgus bedurften. Das Operationszimmer war besonders elegant und mit mehreren Robinets in den Wänden und darunterstehenden Marmorbecken versehen, um auf allen Seiten das Blut sogleich abwaschen zu können. Eine Mahagonistellage in der Mitte, mit Saffiankissen, ist für die zu Schneidenden bestimmt. Es war in der Tat alles für Liebhaber so einladend als möglich gemacht. So wohltätig übrigens dieses Handwerk ist, so werden doch in der Regel die Chirurgen dadurch ein wenig fühllos. Der, welcher mich begleitete, machte davon keine Ausnahme. So bemerkte ich unter andern in einem der Säle eine Frau, die sich ganz mit einem Tuche zugedeckt hatte, und frug ihn leise, was ihr fehle. »Oh«, erwiderte er ganz laut, »die ist inkurabel an einer Pulsadergeschwulst; sobald diese berstet, muß sie sterben.« An dem Zucken und leisen Stöhnen unter dem Tuche konnte ich wohl abnehmen, wie schmerzlich die Nachricht wirkte und bereuete meine Frage. Als wir nachher zu den Männern kamen, sah ich einen davon, schlohweiß und völlig wie eine Marmorstatue, im Bette liegen, und da wir diesmal noch weit entfernt waren, erkundigte ich mich abermals nach der Beschaffenheit dieser Krankheit. »Ich weiß es selbst nicht«, rief er, »werde ihn aber gleich fragen.« – »Ums Himmels willen nicht«, bat ich, er war aber schon fort, fühlte des Mannes Hand, der sich nicht rührte, und kam dann lachend wieder, indem er sagte: »Der ist kuriert, denn er ist tot.«

Gegen Abend fuhr ich, in einer der kleinen Kutschen, die nur zwischen Bath und Bristol gehen, nach ersterem Orte. Ich war allein und schlief den ganzen Weg über. Als ich von der Sieste erwachte, erblickte ich beim Mondschein einen weitläuftigen, erleuchteten Palast, auf einer ganz kahlen Höhe, und erfuhr auf meine Frage, daß dies die milde Stiftung eines bloßen Privatmannes sei und für fünfzig arme Witwen bestimmt, die hier in Wohlhabenheit, ja Überfluß, leben. Bald darauf erglänzten am Horizont noch vielfache andere Lichterreihen, und in wenig Minuten rollten wir über das Pflaster von Bath.

Bath, den 22.

Seit dem Tage, wo ich Dir die wichtige Begebenheit meldete, daß die Sonne geschienen – habe ich die Wohltätige nicht wieder gesehen. Doch trotz Nebel und Regen wanderte ich den ganzen Tag in dieser wunderbaren Stadt herum, die, im Grunde des tiefen und schmalen Bergkessels erbaut, nach und nach alle seine hohen Ränder erstiegen hat. Die Pracht der Paläste, Gärten, Straßen, Terrassen und halbmondförmigen Plätze, crescents genannt, die von diesen Bergabhängen herabglänzen, ist imponierend und englischen Reichtums würdig. Dessen ohngeachtet, und obgleich auch die Natur hier schön ist, hat *die Mode* dennoch Bath verlassen, um sich dem nichtssagenden, baumlosen und überprosaischen Brighton mit fieberhafter Wut hinzugeben. Deshalb ist jedoch Bath keineswegs von Badegästen verlassen, und schon die vierzigtausend wohlhabenden Einwohner machen es lebendig – nur die fashionable Welt sieht man nicht mehr hier. Der sonst so berühmte »König von Bath«, ehemals der far-famed Nash, hat von seinem Nimbus noch mehr verloren als seine übrigen Kollegen. Der, welcher jetzt sein Amt verrichtet, geht, statt sich nie anders als mit sechs Pferden und einem Gefolge von Dienern, wie jener, öffentlich zu zeigen, sehr bescheiden zu Fuß und wird keine Herzogin von Queensbury mehr vom Balle schicken, weil sie nicht probemäßig angezogen war.

Einen großen Eindruck machte auf mich die alte Abteikirche. Ich sah sie zuerst prächtig erleuchtet, welches den eigentümlichen Anblick ihres Innern freilich noch sehr erhöhte. Ich habe schon öfters erwähnt, daß alle englischen alten Kirchen durch einzelne moderne Monumente entstellt sind, hier aber sind deren so viele, und mit einer solchen originellen Art mit Symmetrie aufgestellt, daß der volle Kontrast mit der einfachen und erhabnen Architektur einen ganz eignen neuen Genre von malerischem Effekt hervorbringt. Denke Dir eine herrliche, schlanke gotische Kirche mit den schönsten Verhältnissen, hell erleuchtet, und in der Mitte durch einen roten, herabgelassenen Vorhang in zwei Hälften geteilt. *Die* Hälfte, welche Du übersiehst, bietet einen ganz leeren Raum, ohne Stuhl, Bank, noch Altar, nur der Boden bildet eine fortlaufende Mosaik eingelassener Grabsteine mit Inschriften, und ebenso sind die Wände, bis zu einer gewissen Höhe, wo eine horizontale Linie abschneidet, dicht und ohne Zwischenraum, mit Büsten, Statuen, eingelassenen Marmortafeln und Monumenten aller Art bedeckt, bald von glänzend schwarzem oder-weißem Marmor, bald aus Porphyr, Granit oder andern bunten Steinarten gefertigt – das Ganze dem Aussehen eines Saales gleich, den ein Kunstliebhaber, wie ein Museum, dekoriert und die Wände mit allerlei verschiedenen Gegenständen bedeckt hat. Bis zu der Linie, mit der die Monumente abschneiden, war alles im hellsten Licht, weiter oben verlor sich die Helle nach und nach, und unter dem Laubwerk der Gewölbe ward sie zur undeutlichen Dämmerung. Ich und der Küster waren ganz allein in diesem Raum, während noch größerer Lichtglanz hinter dem rotglühenden Vorhang zu schimmern schien und von dort, aus der andern Hälfte der Kirche, der gedämpfte Gesang der Gemeinde, wie aus unsichtbarem Heiligtume, zu uns herübertönte.

Viele interessante Leute liegen hier begraben, unter andern auch der berühmte Witzling Quin, für den Garrick eine Marmorbüste und poetische Inschrift hergeliefert hat. Am Monumente Wallers fehlt die Nase, und man behauptet, Jakob II. habe sie selbst mit seinem Degen in einer Anwandlung von Bigotterie abgeschlagen, als er die Kirche kurz nach seiner Krönung besuchte.

den 23.

Hast Du wohl von dem Sonderling Beckford je gehört, eine Art Lord Byron in Prosa, der das prachtvollste Schloß in England baute, seinen Park aber mit zwölf Fuß hohen Mauern umgeben ließ und ebenso viele Jahre lang niemand den Eintritt darin verstattete? Nun, dieser Mann verauktionierte plötzlich jenes Wunderhaus, Fonthill Abbey (dessen großer Turm, an dem man, die Nächte durch, bei Fackelschein gemauert, bald darauf einfiel), mit allem, was darin war,* und zog nach Bath, wo er ebenso einsam lebt. In der Nähe der Stadt hat er abermals einen sonderbaren Turm, mitten im Felde, gebaut, dem als Dach eine genaue Kopie des diminutiv Tempels in Athen, den man die Laterne des Diogenes nennt (Denkmal des Lysikrates), aufgesetzt ist. Dahin fuhr ich heute und konnte mir wohl denken, daß auf diesem Platze die gerühmte Aussicht merkwürdig sein müs-

** Die Auktion dauerte mehrere Monate, und nie sah man bei ähnlicher Gelegenheit eine reichere Sammlung der kostbarsten und geschmackvollsten Seltenheiten.*

se, Einlaß wurde mir jedoch nicht, und ich war genötigt, bloß mit meinem Phantasiebilde derselben wieder umzukehren. Der Turm ist noch unvollendet, sehr hoch, und steht in der offnen, grenzenlosen Einsamkeit einer Bergebne wie ein Gespenst da! Der Besitzer soll früher ein Vermögen von drei Millionen Pfund besessen haben und noch sehr reich sein. Man erzählte mir von ihm, daß er sich nur sehr selten sehen lasse, wenn er aber zuweilen ausreite, geschehe es folgendermaßen: Ein eisgrauer Haushofmeister reite voran. Zwei Reitknechte mit langen Hetzpeitschen hinter ihm. Dann folgt er selbst, von fünf bis sechs Hunden umgeben. Den Schluß machen wiederum zwei Reitknechte, mit Peitschen versehen. Sowie, während des Rittes, einer der Hunde sich unfolgsam zeigt, hält die ganze Karawane an, und die Strafe wird sogleich mit der Hetzpeitsche appliziert – dieser Edukationskursus aber während der ganzen Promenade fortgesetzt, bis man wieder zu Hause angelangt ist. Früher hat Herr Beckford einen zwar sehr seltsamen, aber doch geistreichen Roman in französischer Sprache geschrieben, der auch mit vielem Beifall ins *Englische* übersetzt worden ist. Ein großer Turm spielt auch *darin* eine Hauptrolle, und der Teufel holt zuletzt alles.

Noch eine andere drollige Anekdote von diesem Beckford. Als er in Fonthill wohnte, plagte die Neugierde, dies zu sehen, einen benachbarten Lord so sehr, daß er in der Nacht eine Leiter an die hohe Parkmauer legen ließ und darauf hineinstieg. Er wurde jedoch bald entdeckt und vor Herrn Beckford gebracht, der ihn, nach Nennung seines Namens, wider Vermuten sehr artig aufnahm, selbst am Morgen überall herumführte, hierauf fürstlich bewirten ließ und dann erst sich zurückzog, indem er beim Abschied sich dem Lord noch auf das verbindlichste empfahl. Dieser wollte nun, ganz vergnügt über den so wohlgelungenen Zweck, zu Hause eilen, fand aber alle Tore verschlossen und niemand da, sie zu öffnen. Als er deshalb zurückkehren mußte und sich im Schlosse Hülfe erbat, sagte man ihm, Herr Beckford ließe ihn ersuchen, da hinauszugehen, wo er hereingekommen wäre, die Leiter stand noch am bewußten Orte angelehnt. Der Lord äußerte sich zwar sehr anzüglich, es half aber nichts, er mußte sich bequemen, die Stelle seiner verbotnen Entree wieder aufzusuchen und die Leiter wieder hinaufzuklettern. Unter Verwünschungen des boshaften Menschenfeïndes verließ er, für immer von der Neugierde, Fonthill zu besuchen, geheilt, das verbotne Paradies.

Als Fonthill verkauft worden war, hielt sich Herr Beckford eine Zeitlang in London auf, wo er in einer Vorstadt verborgen wohnte. In seiner Nähe befand sich der Garten eines seiner Blumenzucht wegen berühmten Handelsgärtners. Dort ging er täglich spazieren und bezahlte wöchentlich fünfzig Guineen für die Erlaubnis, während seiner Spaziergänge so viel Blumen abzupflücken, als ihm beliebte.

Abends besuchte ich das Theater und fand ein recht hübsches Haus, darin aber ein desto schlechteres Schauspiel.

Man gab »Rienzi«, eine elende, moderne Tragödie, die, bei der Übertreibung und Unbeholfenheit der Spieler, weder Weinen noch Lachen, sondern nur Widerwillen und Langeweile erregte. Ich verließ daher Melpomenes entweihten Tempel bald und besuchte meinen Freund, den Abteiküster, um mir die Erlaubnis zu erbitten, die Kirche bei Mondschein zu besehen. Sobald er sie mir geöffnet, schickte ich ihn fort und, wie ein einsamer Schatten unter den Pfeilern und Gräbern noch lange umherschwärmend, ließ ich die ernstere Tragödie des Lebens vor mir aufsteigen, von den Schauern der Nacht und des Todes umweht.

den 24.

Das Wetter ist noch immer so schlecht und hängt eine solche Draperie über alle entfernte Dinge, daß ich keine Exkursionen machen kann und mich auf die Stadt beschränken muß, die sich indes, durch die Menge und Mannigfaltigkeit ihrer Prospekte, ganz zu den interessantesten Promenaden eignet. Mit meiner Lieblingsgrabeskirche fange ich jedesmal an und höre damit auf – wie das Menschenleben – das auch vom Tode ausgeht und damit endet. Der Architekt, welcher diesen prächtigen Dom baute, hat in Zieraten und Verhältnissen sich ganz vom Gewöhnlichen entfernt. So steigen z. B. von außen, neben dem Portal, zwei Jakobsleitern mit hinanklimmenden Engeln bis an das Dach empor, wo sich die kleinen hinter den Giebeln verlieren. Gar lieblich sind die emsigen Himmelsstürmer anzusehen und, wie mich dünkt, ganz im Geiste jener phantasiereichen Architektur erfunden, die das Kindlichste mit dem Erhabensten, den ausgeführtesten Schmuck mit dem grandiosesten Effekt der Massen zu verbinden wußte und sozusagen die ganze irdische Natur mit Waldkolossen und Blumen, mit Felsen und Edelsteinen (die bunten Fenster), mit Menschen und Tieren abbilden wollte, hierdurch aber am sichersten die heilige Stimmung nach *jenseits* hervorrief. – Mir ist sie immer als die echt romantische, i. e. echt deutsche, Bauart vorgekommen, aus unserm eigensten Gemüt entsprossen. Doch, glaube ich, sind wir ihr jetzt entfremdet, da eine mehr schwärmerische Zeit dazu gehört. Wir können sie wohl noch einzeln bewundern und lieben, aber nichts mehr der Art schaffen, was nicht den nüchternsten Stempel der Nachahmung trüge. Dampfmaschinen und Konstitutionen geraten dagegen jetzt besser als überhaupt alle Kunst. Jedem Zeitalter das Seine. –

Da ich die Kontraste liebe, so begab ich mich heute abend, aus dem inhaltschweren Tempel, unmittelbar auf den, in andrer Art, ebenso wohlgefüllten und gleich stark illuminierten Stadtmarkt – wo unter bedeckten Galerien alle Arten Viktualien verkauft werden. Alles ist hier einladend und elegant, der Gegenstand für tausend Meisterstücke flämischer Pinsel und ein genußreicher Anblick für den Gastronomen, der hier *seine Natur*schönheiten bewundert. Enormere Stücken Beef, saftrot in goldnem Fette zitternd; besser gemästetes, wie mit Eiderdaun gestopftes Geflügel, stolzeres Gemüse, schöngelbern Butter, saftigere Früchte und einladendere Fische sah mein erstauntes Auge nie! Alles war vom Glanze hundert bunter Lichter verherrlicht und mit Lorbeer und rotbeerigtem Holly aufgeputzt. Statt *eines* Weihnachttisches waren *hundert* aufgestellt, und die Karikaturen der verkaufenden Weiber glichen vortrefflich den Pfefferkuchenpuppen, wir Käufer aber den neugierigen und erstaunten Kindern. Schwerlich hätte die brillanteste Gesellschaft mich besser amüsieren können. Wenn ich einen gravitätischen Schöps ansah, der in jeder Pfote ein Inseltlicht hielt und sich so selbst erleuchtete, oder eine hängende Poularde, der man einen roten Wachsstock auf die Kehrseite gepflanzt hatte, einen Kalbskopf mit einer Laterne zwischen den Zähnen neben einem großen Gänserich, dem zwei Kirchenlichter vorleuchteten, oder einen Ochsenschwanz, durch den eine Gasröhre ging, die prätentiös im Flammenbüschel endigte – so machte ich mir die ergötzlichsten Vergleiche mit meiner Assemblée in der Heimat und fand die Ähnlichkeiten oft frappanter als die Porträts der berühmten Maler W... und S...

Man lebt hier weit wohlfeiler als in andern Städten Englands, besonders in den sogenannten Boarding-houses, wo man für zwei oder drei Guineen wöchentlich ganz vortrefflich bewirtet und gut logiert wird, auch eine angenehme und ungenierende Gesellschaft findet. Equipage braucht man nicht, da Portechaisen üblich sind.

den 25.

Acht und »*vierzig Stunden*« haben endlich den Himmel versöhnt, und der heutige Tag war, was man hier »a glorious day« nennt, nämlich ein solcher, an dem zuweilen die Sonne hinter den Wolken hervortritt. Du ahnest ohne Zweifel, daß ich ihn nicht unbenutzt ließ. Ich erstieg einen Berg neben der Stadt, von dem man das ganze Weichbild derselben und fast jedes einzelne Haus übersehen kann. Die Abteikirche liegt, wie der Kern, in der Mitte; nach allen Seiten steigen die Straßen gleich Strahlen in die Höhe, und im tiefsten Grunde schlängelt sich das Silberband des Avon durch sie hin. Hierauf setzte ich meinen Weg, auf einer schönen Promenade, bis Prior Park fort, eine große und ehemals glänzende Besitzung, die ein stolzer Lord erbaut hat, jetzt aber ein demütiger Quäker innehat, der das Schloß leerstehen läßt und, der Konsequenz seiner Lehre getreu, im alten Stalle wohnt.

So ging der Vormittag hin; bei Dämmerung und Mondschein richtete ich einen zweiten Spaziergang nach der andern Seite der Stadt und fand dort den Anblick in der Stille der hellen Nacht noch prachtvoller. Der Himmel schimmerte in blaßgrüner Farbe, und an der rechten Hälfte derselben waren Massen schwarzer, tief ausgezackter Wolken gelagert. Die gegenüberliegenden Berge schnitten dagegen ihre sanft gerundeten Linien, unter dem Mondlicht, scharf gegen den klaren Himmel ab, während das ganze Tal *ein* blauer Nebel füllte, durch den man nur Tausende von Gaslampen flimmern sah, ohne die Häuser selbst zu erblicken. Es schien ein Dunstmeer, aus dem sich unzählige Sterne in verdoppeltem Feuer widerspiegelten.

Ich beschloß den Tag mit einem heißen Bade in der Hauptbadeanstalt und fand die Einrichtung überall sehr bequem, reinlich und selbst wohlfeil, auch die Bedienung prompt und bescheiden.

den 26.

Die üble Angewohnheit, im Bett zu lesen, hat mir diese Nacht ein lächerliches Unglück zugezogen. Mein Haar nämlich fing unbemerkt Feuer, und ich mußte den Kopf in die Bettdecken wickeln, um es zu löschen. Schrecklich ist der angerichtete Schaden, denn die ganze eine Kopfhaarhälfte ist vernichtet, so daß ich mich über und über fast kahl habe scheren lassen müssen. Glücklicherweise besteht *meine* Stärke nicht in den Haaren.

Ein Brief von Dir tröstete mich beim Erwachen. Deine Fabel von der Nachtigall ist herrlich. Hätte L... das bedacht und sich im zwanzigsten Jahre gesagt: Sei tot für die Welt bis zu deinem fünfunddreißigsten, wie glänzend und glücklich könnte er jetzt (NB nach dem Maßstabe der Welt) darin auftreten! Auch ich habe im Lauf dieser Zeit und noch jetzt oft die Welt und andere angeklagt, aber bei Licht besehen,* ist dies doch ebenso töricht als ungerecht. Die Welt ist und bleibt einmal die Welt, und ihr alles Üble, das uns daraus entgegenkommt, zurechnen zu wollen ist dem Kinde zu vergleichen, welches das Feuer bestrafen will, weil es sich die Finger daran verbrannt hat. L... soll also nichts bereuen, denn hätte er fünfzehn Jahr als Murmeltier vegetiert, so hätte er diese Zeit eben nicht gelebt und folglich nicht erkannt. Es bleibt immer dabei, »que tout est pour le mieux dans ce meilleur des mondes«.

Indem ich Dir herzlich wünsche, dies gleichfalls immer einzusehen, empfehle ich mich Dir für diesmal zärtlichst und bin wie immer

Dein treuer L...

* *Es scheint, die Feuersbrunst direkt am Haupt hat mich mehr als gewöhnlich erleuchtet.*

46

Sechsundvierzigster Brief

Salisbury, den 27. Dezember 1828

Geliebte Freundin!

Gestern abend, sieben Uhr, verließ ich Bath, wiederum mit der Mail für Salisbury. Ich fand mich allein im Wagen mit einer Witwe in tiefer Trauer, demohngeachtet hatte sie sich schon wieder einen Liebhaber angeschafft, der vor dem Tore als *blinder* Passagier (aber kein Amor, sondern echter John Bull) Einlaß erhielt. Er unterhielt uns, wenn er nicht von der Landwirtschaft sprach, mit gräßlichen Tagesneuigkeiten, die die Engländer so sehr lieben, daß ihre Zeitungskolonnen täglich damit angefüllt sind. Zwei junge Leute, erzählte er unter andern, Arbeiter in einer Tuchfabrik in Exeter, fielen vor acht Tagen, miteinander schäkernd und sich jagend, in eine kochende Masse, welche viele Grade heißer als hoch siedendes Wasser ist. Obgleich beide nach vorwärts fielen, sprangen doch auch beide im Nu wieder heraus, rannten aber, wie wahnsinnig, gegen die vorstehende Wand, wo sie in Konvulsionen verschieden. Ihr Anblick sollte, nach Aussage der Augenzeugen, über alle Beschreibung furchtbar gewesen sein, weil in der ungeheuern Hitze alles, von den Kleidern ungeschützte Fleisch, im Augenblicke gänzlich konsumiert worden war und sie daher, mit noch *lebenden* Totenschädeln auf den Schultern, aus der Pfanne hervorstürzten. Vielleicht war auch der Mann, der uns solche furchtbare Dinge mitteilte, nur ein Accidentmaker, denn er hörte nicht auf mit Schreckensgeschichten und behauptete nachher, die Holyheadmail, dieselbe, mit der ich gekommen, sei einige Tage darauf bei einem Wolkenbruch weggeschwemmt worden und Pferde und Kutscher nebst einem der Passagiere dabei ertrunken. Ist es wahr, so freue ich mich allerdings, eine so viel passendere Zeit zu ihrem Gebrauch gewählt zu haben. Nach einigen Stunden verließ mich das zärtliche Paar in einem Orte, wo die Witwe einen Gasthof besaß (wahrscheinlich der *wirkliche* Gegenstand von John Bulls Zärtlichkeit), und ich blieb nun ganz allein. Es dauerte aber nicht lange, so bat ein sehr hübsches junges Mädchen, die wir in der Dunkelheit einholten, sie bis Salisbury mitzunehmen, da sie sonst die Nacht im nächsten Dorfe zubringen müsse. Ich erteilte die

Erlaubnis sehr gern und versprach sogar dem Kutscher, die Bezahlung zu übernehmen, worauf ich von der Dankbaren vernahm, daß sie eine Putzmacherin sei und zur Christmas sich bei ihren Eltern etwas über die Zeit verspätet, aber gleich auf die Durchfahrt der Mail gerechnet habe. Die Unterhaltung war jedenfalls angenehmer als neulich mit der siebenzigiährigen Puritanerin, so daß ich die Zeit sehr kurz vergangen fand, als wir um Mitternacht die Stadt erreichten, wo ich ein gutes Souper, dann aber nur ein rauchendes und kaltes Schlafzimmer zur Nachtruhe erhielt.

den 28.

Schon früh am Morgen weckte mich das eintönige Geplätscher eines sanften Landregens, so daß ich noch immer (es ist bereits Mittag) lesend beim Frühstück sitze. Ein gutes Buch ist doch eine wahre Elektrisiermaschine! die eignen Gedanken sprühen dabei auch manchmal wie ein Feuerwerk; sie verlöschen aber gewöhnlich ebenso schnell, denn wollte man die Funken gleich mit Feder und Tinte fixieren, so hörte der Genuß auf, und wie beim Traume wäre es nachher der Mühe doch vielleicht nicht wert. Das Buch, von dem ich mich heute magnetisieren ließ, ist eine sehr ingeniöse, und admirabel zum Selbstunterricht eingerichtete, fortlaufende Verbindung von Geschichte, Geographie und Astronomie in ihren Grundzügen. Diese kleinen Enzyklopädien sind eine große Bequemlichkeit unsrer Zeit. Freilich kömmt wahrer Nutzen immer erst mit dem Studium des Details, indessen müssen die Mauern doch erst hergestellt sein, ehe man die Gemächer ausschmücken kann. Bei einem wie dem andern Studium aber halte ich *Selbst*unterricht für den erfolgreichsten, wenigstens war er es bei mir – gewiß ist es jedoch, daß manche Menschen überhaupt und auf keine Art etwas wahrhaft lernen können. Studieren sie z. B. Geschichte, so macht sie ihnen nie das Ewige und Wahre anschaulich; es bleibt für sie nur eine Chronik, die ihr vortreffliches Gedächtnis an den Fingern abzählt. Jede andre Wissenschaft wird von ihnen ebenfalls nur mechanisch erlernt und bleibt bloßes Buchstabenwerk. Dennoch wird in der Regel grade *dies* gründliches *Wissen* genannt, ja die meisten Examinatoren von Profession verlangen nichts mehr. Das Unwesen, das in dieser Hinsicht noch an manchen Orten getrieben wird, würde zu ergötzlichen Anekdoten Anlaß geben, wenn man es näher beleuchtete. Ich kenne unter andern einen jungen Mann, dem im diplomatischen Examen, welches erst kürzlich in einer gewissen Residenz eingeführt worden war, die Frage vorgelegt wurde: Wieviel wiegt ein Kubikfuß Holz? Schade, daß er nicht antwortete: Wieviel wiegt ein Goldstück, oder wieviel Gehirn hat ein Dummkopf? Einen andern vom Militärfach frug man daselbst: welches die merkwürdigste Belagerung sei? Ohne zu stocken erwiderte dieser (ein in Deutschland nationalisierter Ausländer): »Die Belagerung von Jericho, weil die Mauern mit Trompeten eingeblasen wurden.« Man könnte Cannondrums davon machen, und ich glaube fast, daß diese langweilige Spielerei sich von dergleichen Examinierungen herschreibt. Viele Geistliche fragen jetzt wieder: Glauben Sie an den Teufel? Ein Mauvaisplaisant, der sich vor dem Repuls nicht eben allzusehr fürchtete, antwortete neulich: »Samiel, hilf!«

abends

Gegen drei Uhr klärte sich der Himmel ein wenig auf, und da ich nur *darauf* gewartet, eilte ich, in den, schon im voraus besprochenen, Gig zu steigen und fuhr mit einem alten Hunter im Galopp nach Stonehenge, dem großen Druidentempel, Grabmal oder Opferaltar. Die Gegend um Salisbury ist sehr fruchtbar, aber leer von Bäumen und in keiner Art pittoresk. Auch das wunderbare Stonehenge steht nur auf einem weit ausgedehnten kahlen Wiesenhügel. Die feuerrote Sonnenkugel ohne Wolken berührte in demselben Augenblick den Horizont, als ich, erstaunt über das unerklärliche Denkmal, das vor mir lag, an den ersten Druidenstein trat, den die untergehenden Strahlen mit schönem Rosa färbten. Kein Wunder ist es, daß dieses Monument vom Volke dämonischen Kräften zugeschrieben wird, denn kaum würde, selbst in unsern Zeiten, mit allen Hülfsmitteln der Mechanik, ein solches Werk zum zweitenmal zustande zu bringen sein. Wie wurde es also einem fast wilden Volke möglich, solche Massen aufzurichten und dreißig Meilen weit (denn näher befindet sich kein Steinbruch) herzutransportieren? Das Ganze bildet einen unregelmäßigen Kranz teils noch aufrecht stehender, teils umgeworfner, halb in die Erde wieder versunkner Kromlechs (zwei aufgerichtete Steine, über die ein dritter gelegt ist). Mehrere von diesen bestehen aus einzelnen Steinen von fünfundzwanzig Fuß Länge und zehn Fuß Breite, wahre Felsen, so daß manche behauptet haben, Stonehenge sei nur ein Spiel der Natur, was jedoch keinem Augenzeugen zu glauben einfallen wird. Ich war nicht der einzige Beschauer. Ein einsamer Fremder wurde mehrmals sichtbar, der, ohne von mir Notiz zu nehmen, schon seit einer Viertelstunde, beständig zählend, unter den Steinen umherging und sehr ungeduldig etwas zu betrachten schien. Ich nahm mir daher die Freiheit, ihn, als er eben wieder hervortrat, mit einer Frage über sein sonderbares Benehmen zu stören, worauf er mir auch sogleich höflich erwiderte, man habe ihm gesagt, niemand könne diese Steine richtig zählen, jedesmal käme eine andere Zahl heraus, und dies sei ein Trick (Schabernack), den Satanas, der Erbauer dieses Werks, den Neugierigen spiele. Er habe nun schon siebenmal, seit zwei Stunden, die Erfahrung bestätigt gefunden und werde gewiß noch närrisch werden, wenn er sie weiter fortsetze. Ich riet ihm daher, lieber davon abzustehen und sich zu Hause zu begeben, da es ohnehin dunkel werde, sonst könne ihm am Ende Satanas einen noch viel üblern Streich vorbehalten haben. Er fixierte mich satyrisch, mit ganz unheimlichen Augen, sah sich wie nach jemand um, rief dann mit einemmal: »Good bye, Sir«, und zog ohne Schatten wie Schlehmil (die Sonne war freilich

STONEHENGE

Reiss del.

untergegangen) mit wahren Siebenmeilenschritten über die Wiese, wo er unter dem Hügel plötzlich verschwand. Ich eilte nun auch von meiner Seite, mich zur Rückkehr zu rüsten, und trabte bald dem hohen Turme von Salisbury wieder zu, den schon die Dämmerung verdeckte. Kaum war ich indes eine Meile scharf gefahren, als der morsche, hohe Gig zusammenbrach und der Kutscher wie ich selbst ziemlich unsanft auf den Rasen geworfen wurden. Der alte Gaul aber lief mit der abgelösten Gabel, lustig wiehernd und in verstärkterem Tempo, der Chaussee und Stadt zu. Während wir uns mühsam aufrichteten, hörten wir auch Pferdegetrappel hinter uns – es war der Fremde, der auf einem schönen, schwarzen Roß vorbeigaloppierte und mir lächelnd zurief: »Der Teufel läßt schönstens grüßen, verehrter Herr! Au revoir!«, und damit sprengte er, wie ein Wirbelwind, davon. Dieser Hohn war wirklich ärgerlich. »Oh, Sie unzeitiger Spaßmacher«, schrie ich ihm scheltend nach, »helfen Sie uns lieber statt Ihrer Fadaisen!« Aber nur das Echo seiner Hufschläge antwortete uns durch die einbrechende Dunkelheit. Mein Kutscher lief zwar dem entflohenen Klepper eine Meile nach, kam aber bald unverrichtetersache zurück. Es half nichts, wir mußten uns entschließen, da auch nicht eine Hütte sich auf unserm Wege befand, die übrigen sechs Meilen zu Fuße zu gehen. Nie schien mir ein Weg langweiliger, und wenig nur entschädigten mich die Wundergeschichten, die mir der Kutscher unterwegs von seinem Hunter erzählte, als derselbe vor zwanzig Jahren noch der leader (Anführer) der salisburyschen hunt gewesen sei.

den 29.

Ich benutzte den heutigen Tag sehr gut, trug aber, wahrscheinlich noch als Nachwehen von der gestrigen Nachtpartie, abends ein derbes Kopfweh davon. Da es indessen nur rheumatischer Natur ist, kehre ich mich nicht daran, setze meine Füße in Senf, Salz und heißes Wasser und beginne.

Salisburys weitberühmte Kathedrale rühmt sich des höchsten Turms in Europa. Er ist vierhundertundzehn Fuß hoch, welches fünf Fuß höher ist als der Straßburger Münster, wenn ich nicht irre, doch ist jener wenigstens weit schöner. Das Äußere des großen Doms zeichnet sich vorzüglich durch ein auffallendes Ansehen von Neuheit und Nettigkeit aus sowie durch seine gänzliche Vollendung in jedem Detail. Er verdankt dies zwei Hauptreparaturen, die im Laufe der Zeit mit ihm vorgenommen wurden, die erste unter Christoph Wren, die zweite unter Wyatts Aufsicht. Auch die Lage dieser Kirche ist eigentümlich, da sie, wie ein Modell, ganz frei auf einem schöngehaltenen Platze kurzen Rasens steht, den auf der einen Seite des Bischofs Palast und die Cloisters, auf der andern hohe Linden umgeben. Der Turm endet in einer obeliskenartigen Spitze mit einem Kreuze, auf dem, ominös genug, eine Wetterfahne befestigt ist. Dieser geschmacklose Gebrauch schändet die meisten gotischen Kirchen in England. Der Turm steht fünfundzwanzig Zoll aus dem Lote, ohne daß man es jedoch bemerkt, nur im Innern sieht man die weichende Biegung der Pfeiler, die zu seiner Stütze bestimmt sind. Dies Innere des hehren Tempels ist äußerst imposant und von Wyatts Genie noch mehr hervorgehoben. Eine vortreffliche Idee war es, die merkwürdigen alten Monumente von den Wänden und Winkeln abzulösen und frei zwischen die prachtvolle doppelte Pfeilerallee aufzustellen, deren, durch nichts unterbrochne, schlanke Höhe fast Schwindel erregt. Nichts kann sich schöner ausnehmen als diese lange Reihe von gotischen Sarkophargen, auf denen die Riesenfiguren der Ritter und geistlichen Fürsten ausgestreckt in ihrem ewigen Schlafe liegen, während die Stein- und Metallrüstungen von den bunten Glasfenstern mit allen Regenbogenfarben überglänzt werden. Unter Templern und andern Rittern liegt hier auch »Richard Langschwert« begraben, der mit dem Eroberer nach England kam; neben ihm eine Riesengestalt in Alabaster, der Schwertträger Heinrich VII., der bei Bosworth Field blieb und stets mit zwei langen Schwertern, eins rechts, eins links, focht, mit denen er auch hier abgebildet ist.

Die Klöster sind ebenfalls sehr schön. Lange, kunstreiche Galerien führen im Viereck um den Kapitelsaal, welchen letztern nur eine einzige Säule in der Mitte stützt, wie den Remter in Marienburg. Die Basreliefs, die in breiten Bändern den Saal umgaben, scheinen von sehr guter Arbeit zu sein, sind aber zu Cromwells Zeit halb zerstört worden. In der Mitte steht noch ein halb vermoderter Tisch von Eichenholz aus dem 13. Jahrhundert, auf dem, nach ziemlich glaubwürdigen Nachrichten, die Arbeiter am Kirchbau jeden Abend ausgezahlt worden sein sollen, und dies zwar damals mit einem Pfennig pro Tag. Die Besteigung des Turms ist sehr beschwerlich. Die letzte Hälfte muß man, wie beim Stephansturme in Wien, auf schmalen Leitern hinanklimmen. Endlich kommt man an eine kleine Dachtüre, dreißig Fuß unter dem Knopfe. Aus dieser Türe steigt der Mann, welcher die Turmfahne wöchentlich ölt, auf eine so gefährliche Art hinaus, daß es beinahe unbegreiflich scheint, wie der siebzigjährige Greis, der diesen Posten bekleidet, es auszuführen imstande ist. Über dem Fenster hat, wie gesagt, die schmale Turmspitze noch dreißig Fuß Höhe, wo nichts als eiserne Klammern außerhalb zum Hinaufklettern befestigt sind. Der Alte muß nun *rückwärts* aus der kleinen Luke steigen, sich, wegen des Regendaches, mit dem Oberleibe tief aus derselben hinabbiegen und so nach der ersten Klammer darüber tappen, ohne sie noch sehen zu können. Hat er sie durch das Gefühl endlich erreicht und fest gefaßt, so schwingt er sich, an ihr in der Luft hängend, daran hinauf und sucht währenddem mit den Füßen das Regendach zu gewinnen, von dem er dann von Klammer zu Klammer hinaufsteigt. Gewiß wäre es leicht, eine bequemere und weniger gefährliche Vorrichtung anzubringen, aber der Türmer ist es einmal so von seiner Kindheit an gewöhnt und will es nicht anders haben. Selbst bei Nacht ist er schon diesen halsbrechenden Weg gegangen und freut sich, daß nur selten ein Fremder, selbst Matrosen, die sonst überall hinklettern, es gewagt hat, ihm zu folgen.

Als wir zur ersten, frei um den Turm führenden, Galerie wieder hinabkamen, zeigte mir der Führer einen Habicht, der nur zwanzig bis dreißig Fuß über uns schwebte. Seit vielen Jahren, sagt er, hält sich ein Paar dieser Vögel auf dem Turme auf und nährt sich von des Herrn Bischofs Tauben. »Ich sehe oft einen oder den andern«, fuhr er fort, »über dem Kreuz sich wiegen und dann plötzlich auf die Vögel unten stoßen; manchmal läßt er sie auch auf das Kirchdach oder die Galerie wieder herabfallen, geht aber nie ein zweitesmal nach einer so verlornen Beute und läßt sie gewiß dort verfaulen, wenn ich sie nicht weghole.« Des Bischofs Palast und Gärten breiteten sich malerisch unter uns aus, und alle Schornsteine rauchten freudig, denn His Lordship waren eben angekommen, präparierten sich aber auch schon wieder zu einer neuen Badereise. In der Kirche, meinte mein Führer, sähe man den Herrn Bischof kaum zwei- bis dreimal des Jahres. Predigen täten Hochdieselben nie. Ihr heiliges Geschäft bestehe bloß darin, fünfzehntausend Pfund Sterling mit so viel Geschmack zu verzehren, als Ihnen der liebe Gott verliehen habe – die Arbeit aber werde hinlänglich von Subalternen verrichtet. Diese schöne Einrichtung ist das einzige, was uns noch auf dem Kontinent fehlt, um ganz glücklich zu sein, das einzige, was der Mühe wert wäre, aus England nachzuahmen. Auf dem Rückwege spazierte ich in dem dämmernden Dom noch eine Weile unter den herrlichen Monumenten und den alten Rittern umher, die meine Einbildungskraft von neuem aus ihren Gräbern auferstehen ließ – denn alles dies, gute Julie, haben wir ja auch früher miterlebt und betrachten jetzt mit Verwunderung unsre eignen alten Bilder? wie wir einst als Nachkommen, in tausend Jahren, wieder die jetzigen anstaunen werden. –

Ich hatte Sorge getragen, mir für heute einen solideren Wagen als den gestrigen zu verschaffen, und fuhr nun in diesem recht gemächlich nach Wilton, dem schönen Schlosse des Grafen Pembroke. Hier ist eine wertvolle Antikensammlung, die von dem verstorbenen, kunstliebenden Grafen sehr geschmackvoll aufgestellt worden ist. Sie befindet sich in einer breiten, rund um den innern Schloßhof laufenden Galerie, die mit sämtlichen Appartements des ersten Stockes kommuniziert und ihr reichliches Licht nur von einer Seite erhält. Winter und Sommer gewährt sie daher den interessantesten Spaziergang und wird mit wenigen Schritten aus jedem Zimmer erreicht. In den Fenstern hat man die bunten Wappen aller Familien angebracht, mit denen die Pembrokes im Laufe der Zeiten durch Heirat alliiert wurden, eine reiche Sammlung, unter der sich auch das königlich englische Wappen befindet. In der Halle aber sind die Rüstungen der alten Kriegshelden aus der eignen Familie aufgestellt und die ihrer vornehmsten Gefangenen, als der Connétable von Montmorency, ein französischer Prinz von Geblüt, und mehrere andere. Gewiß, diese alten Erinnerungen einer hohen und mächtigen Aristokratie haben ihre poetische Seite.

Die Kastellanin, welche mich herumführte, schien selbst aus einer jener kolossalen Rüstungen hervorgekrochen zu sein, denn sie war ihre volle sechs Fuß hoch und mit einem Schnurrbart geschmückt, dessen sich der alte Connétable nicht zu schämen gebraucht hätte. Auch konnte man nicht besser in der Geschichte des Mittelalters bewandert sein; dagegen mißhandelte sie die Namen römischer Kaiser und griechischer Philosophen auf eine barbarische Weise, erklärte aber ohne Scheu einige sehr leichtfertige Darstellungen ganz richtig und mit sehr drolligen Kennerausdrücken.

Einer der anstoßenden Säle ist abermals mit Familienporträts angefüllt, die jedoch mehr Glanz durch Holbein und van Dyck als durch die dargestellten Personen erhalten. Nach einiger Zeit überstrahlt in der Regel *der Kunstadel* den angeborenen, comme de raison. Das Schloß enthält außerdem noch mehrere Bilder von Bedeutung, unter denen mir eine Grablegung von Albrecht Dürer, mit großem Detail in Wasserfarben ausgeführt, am auffallendsten war. Ein Garten der Gräfin, auf den sich die Bibliothektüren öffnen, ist im altfranzösischen Geschmack angelegt und wird durch einen kleinen, sehr reichlich verzierten Tempel geschlossen, der eine besondere Merkwürdigkeit an sich trägt. Es ist nämlich vom Maler Holbein erbaut, darum aber um nichts geschmackvoller, sondern, im Gegenteil, ein häßlich überladnes Monument. Desto niedlicher ist der Garten, und es gereicht den englischen Frauen von Rang zur Ehre, daß sich die meisten durch eine ganz überlegne Kunstfertigkeit in dieser Hinsicht auszeichnen. Man würde sich sehr irren, wenn man hoffte, daß irgendein englischer Gärtner imstande wäre, Meisterstücke von Gartenausschmückung, wie ich Dir in meinen früheren Briefen viele geschrieben,* anzulegen. Diese verdanken alle ihr Dasein nur dem Kunstsinne und der liebenswürdigen Häuslichkeit der Besitzerinnen.

Ich hätte dieses Schloß nicht zu sehen bekommen, da es durchaus verboten war, irgendeinen Fremden, ohne eine schriftliche Erlaubnis des Besitzers, einzulassen, wenn ich nicht die unschuldige List gebraucht hätte (welche der Herr des Hauses, wenn er es erfahren, mir nun wohl verziehen haben wird), mich bei der ritterlichen Kastellanin für einen russischen Verwandten der Familie auszugeben, mit einem für sie unlesbaren und unaussprechbaren Namen. Es ist zu unangenehm, vier Meilen gefahren zu sein, eines solchen Zweckes halber, und dann unverrichtetersache wieder zurückkehren zu müssen, daher lade ich meine Notlüge auf die Schuld der inhumanen englischen Sitten, denn bei uns ist man nicht so grausam, und nie wird hier einem Engländer mit gleicher Illiberalität vergolten.

Auf der andern Seite der Stadt liegt eine zweite interessante Besitzung, Langford, dem Grafen Radnor gehörig, ein weiter Park und sehr altes Schloß, von sonderbarer *dreieckiger* Form mit ungeheuer dicken Türmen, deren

* *Diese Briefe gehören den ersten Teilen an, die noch nicht publiziert werden konnten.*

Mauern Mosaik nachahmten. In unansehnlichen, niedrigen und schlecht meublierten Zimmern fand ich hier eine der kostbarsten Gemäldesammlungen, ausgesuchte Bilder der größten Meister, wie es deren so viele bei englischen Privatpersonen gibt, verborgene Schätze, die niemand sieht und niemand kennt. Ein Sonnenauf- und -untergang von Claude Lorrain steht obenan. Der Morgen zeigt uns Äneas mit seinem Gefolge am glücklichen Strande Italiens landend, und man beneidet die Ankömmlinge um das Landschaftsparadies, das sich vor ihnen erschließt. Auf dem *Abendbilde* vergoldet die sinkende Sonne prächtige Ruinen verwachsener Tempel und Paläste, die eine einsame, verwilderte Gegend umgibt. Auf- und Untergang des Römischen Reichs sollten dadurch allegorisch dargestellt werden. Wasser, Wolken, Himmel, Bäume, die durchsichtige zitternde Sonnenatmosphäre – es ist, wie immer bei Claude, die Natur selbst, die man nur wie neu geschaffen sieht. Es ist gewiß schwer zu begreifen, wie ein Mann im fünfunddreißigsten Jahre noch Koch und Farbenreiber sein und im fünfundvierzigsten die Welt mit solchen nie erreichten Meisterstücken beschenken konnte! Der wunderschöne Kopf einer Magdalena von Guido, deren tränende Augen und heißer, halbgeöffneter Rosenmund freilich mehr zu tausend Küssen als zur Reue einladen, eine in aller Pracht des Kolorits glänzende Santa famiglia von Andrea del Sarto und mehrere andere Meisterstücke andrer gefeierter Meister hielten mich noch mehrere Stunden hier fest. Ein Porträt des Grafen Egmont hätte schlecht zum Titelkupfer vor Goethes Tragödie gepaßt, denn der lebenslustige Schwärmer erschien hier als ein ziemlich korpulenter Vierziger mit einer Platte auf dem Kopf und einer wahren Alltagsphysiognomie auf dem Gesicht. Ein ganz anders geistvolles Antlitz zeigte sein neben ihm hängender Freund von Oranien. Zwischen beiden saß der finstere, die Grausamkeit als Luxus treibende, Alba zu Pferde.

Außer den Gemälden und einigen Antiken enthält das Schloß noch eine andre seltne Kostbarkeit, einen Stuhl oder Thron von Stahl, den die Stadt Augsburg dem Kaiser Rudolf II. *schenkte*, die Schweden unter Gustav Adolf *erbeuteten* und ein Vorfahr des Grafen Radnor in Stockholm *kaufte*. Die Arbeit ist bewunderungswürdig. Wie schwinden vor diesem Kunstwerke alle Zierlichkeiten unsrer Tage, von Birmingham, der Berliner Eisenfabrik etc., zu elenden Spielereien und wahrem Tand! Man glaubt ein Werk Benvenuto Cellinis vor sich zu sehen und weiß nicht, was man mehr bewundern soll, ob die herrliche Ausführung und Grazie des Details oder die geschmackvolle und künstlerische Anordnung des Ganzen.

London, den 31.

Den gestrigen Tag mußte ich meinem Erbfeinde, der Migräne, opfern; heute reiste ich in fortwährendem Regenwetter nach der Metropolis und setze morgen früh meinen Weg nach Frankreich fort. Die Gegend bot wenig Anziehendes dar, desto animierter war das Gespräch auf unsrer Imperiale und roulierte, fast den ganzen Tag, über einen berühmten boxing-match, wobei, wie es schien, ein Yankee den John Bull angeführt und durch Bestechung des Hauptboxers, wie man sagte, zehntausend Pfund Sterling gewonnen hatte. Diese Betrügereien bei allen Arten von Sport sind so gang und gäbe in England, unter den niedrigsten wie den höchsten Klassen, geworden, wie es das falsche Spiel zu den Zeiten des Grafen von Gramont war. Viele rühmen sich fast öffentlich damit, und ich habe nie gefunden, daß solche, die als die »most knowing ones«* bekannt sind, dadurch an ihrer Reputation in der Gesellschaft gelitten hätten – au contraire, sie passierten für geistreicher als die übrigen, und man warnte nur hier und da lächelnd, sich vor denen in acht zu nehmen. Einige der ersten Mitglieder der Aristokratie sind in dieser Hinsicht ganz notorisch, und ich weiß, daß der Vater eines solchen Nobleman, dem man die Besorgnis äußerte, daß sein Sohn doch einmal von einem blackleg (Betrüger) angeführt werden könne, antwortete: »Ich bin dabei weit mehr für die blacklegs als für meinen Sohn besorgt!« – Ländlich, sittlich! Was auch, wiewohl auf einer untern Stufe, England charakterisierte , war, daß der Kutscher, der uns fuhr, in dem besagten unglücklichen Match ebenfalls zweihundert Pfund Sterling verloren hatte und darüber nur lachte, indem er zu verstehen gab, er würde schon eine andere Dupe finden, die es ihm mit Interessen wieder einbrächte! Wie weit wird der march of intellect auf dem Kontinent noch wandern müssen, ehe die Postillone des Fürsten von Thurn und Taxis und die Eilwagenführer des Herrn von Nagler dergleichen Wetten mit den Reisenden unternehmen können.

Einige Stunden von Windsor kamen wir durch eine in England seltene Gegend, die bloß aus Sand und Kiefern besteht. Hier hat man ein prachtvolles Palais mit Park und Gärten erbaut, die neue Militärschule, welche mit allem Luxus einer fürstlichen Besitzung ausgestattet ist. Die Kiefern erschienen mir heimatlich, der Palast nicht. Während ich noch mit den ersten liebäugelte, car à toute âme bien née la patrie est chère, erblickten wir einen altersgrauen Fuchs, der, mit nachschleppender Rute, über das Heidekraut hergaloppiert kam. Der wettlustige Kutscher sah ihn zuerst und schrie: »By God a fox, a fox!« – »It's a dog«, behauptete ein anderer. »I bet you five pounds to four, it is a fox!« erwiderte der Rossebändiger. »Done!« rief der Zweifler und mußte gleich darauf zahlen, denn es war wirklich ein nicht mehr zu bezweifelnder Fuchs, wiewohl von seltner Größe. Jetzt erschienen mehrere verlaufene Jagdhunde, die die Spur verloren hatten, und auch einzelne Rotröcke wurden in dem Kieferdickicht sichtbar. Alles schrie ihnen von der Mail zu, wohin der Fuchs gelaufen, ohne es ihnen jedoch verständlich machen zu können. Die Zeit der Mail ist streng gemessen und jeder unnötige Aufenthalt verpönt, aber hier

* *Solche, die andere am pfiffigsten anzuführen verstehen.*

war ein nationales Unglück im Spiel – denn die Meute und Jäger hatten *den Fuchs* verloren! Der Kutscher hielt an, und mehrere sprangen herab, dem Troß, der nun sich mit jedem Augenblick vermehrte, den rechten Weg zu zeigen. Nicht eher wurden wir wieder flott, bis wir von neuem die Jagd in vollem Gange sahen, wozu wir die Hüte schwenkten und »Tallyho!« riefen. Sobald unser Gewissen hiernach gänzlich beruhigt war und der Fuchs in der Plaine seinem unvermeidlichen Schicksal überliefert, peitschte der Kutscher in die Pferde, die Versäumnis nachzuholen, und den Rest des Weges jagten wir im sausenden Galopp davon, als wenn der Wilde Jäger selbst hinter uns wäre.

Aber zwölf Uhr hat's geschlagen, und bald hätte ich vergessen, nach guter alter Sitte, Dir zu gratulieren – denn

Ein neues Jahr beginnt,
Schon Sand auf Sandkorn rinnt,
Wird's Glück bedeuten
Oder Unheil bereiten?

Im wachenden Traume erscheint mir das Bild meines rätselvollen Lebens –

Die Wolken ziehn, die Stürme sausen,
Der Donner rollt, die Fluten brausen,
Gefahrvoll ist das Schiff zu schauen,
Wer mag dem falschen Meere trauen!

Doch hinter jenem schwarzen Schleier
Erhellt die Nacht ein goldner Blick –
Ist es der Mond in sanfter Feier
Oder der Sonne Abschiedsblick?

Dover, den 1. Januar

Der Bock der Mail ist mein Thron geworden, von dem ich auch zuweilen regiere und die Zügel vier rasender Rosse sehr gut zu führen weiß. Stolz überschaue ich dann das Land, flüchtig eile ich *vorwärts* (was nicht alle Regierer von sich rühmen können), und dennoch wünsche ich mir manchmal Flügel – um noch schneller bei Dir zu sein.

In London tat ich den ganzen Morgen nichts als, Deinem Befehl gemäß, eine würdige Gemahlin – für Francis aufzusuchen, aber die echten Blenheim-Spaniels sind verzweifelt rar. Was ich auch sah, es paßte nicht. – Entweder waren die Ohren zu lang oder zu kurz; die Beine zu krumm oder zu auswärts; das Fell zu bunt oder nicht *reich* genug gefleckt; der Humor zu bissig oder zu schläfrig – kurzum, ich mußte bald von der unnützen Jagd abstehen.

Als ich in Canterbury ankam, flaggten alle Türme zum Neujahrstage, ich aber feierte ihn noch herrlicher in der stolzesten und schönsten aller englischen Kathedralen. Dieser romantische Bau, der von den Sachsen angefangen, von den Normannen fortgesetzt und neuerlich mit Verstand restauriert worden ist, bildet eigentlich *drei* ganz verschiedene, aber zusammenhängende Kirchen, mit vielen unregelmäßigen Seitenkapellen und Treppen, auf- und niedersteigendem schwarz und weiß gegatterten Steinboden und einem Wald von Pfeilern darauf, in harmonischer Verwirrung. Auch die gelbliche Farbe des Sandsteins wirkt sehr vorteilhaft, besonders in dem normannischen Teil der Kirche, wo er mit schwarzen Marmorsäulen abwechselt. Hier liegt das Bild in Erz des *Schwarzen Prinzen* auf seinem Steinsarkophage. Über ihm hängt ein halb vermoderter Handschuh nebst dem Schwerte und Schild von Poitiers. Eine Menge anderer Monumente zieren außerdem die Kirche, unter andern das Heinrichs IV. und des Thomas Becket, welcher in einer der Steinkapellen ermordet ward. Ein großer Teil der alten bunten Fenster ist erhalten und von ungemeiner Schönheit der Farben. Einige bieten bloße Muster und Arabesken, gleich durchsichtigen Samttapeten, dar, andere scheinen, wie Juwelierarbeit, aus Edelsteinen aller Farben zusammengesetzt. Historische Gemälde stellen nur wenige dar. Was diesem grandiosen Dom einen besondern Vorzug vor den übrigen in England gibt, ist, daß hier der störende Schirm in der Mitte nicht existiert und man die ganze Ausdehnung des Schiffes von vier- bis fünfhundert Schritt Länge mit einem Blicke übersieht. Die Orgel ist in einer der obern Galeriebögen versteckt angebracht und macht von da aus, wenn sie ertönt, einen zauberischen Effekt. Ich traf es so glücklich, daß, eben als ich gehen wollte, schon halb im Dunkeln die Sänger und Musiker eine Übungsstunde hielten und ihre schönen unsichtbaren Himmelschöre zu gleicher Zeit den Dom erfüllten, als die letzten Sonnenstrahlen im Saphirblau und Rubinrot der Fenster erglühten. Der Erzbischof von Canterbury ist Primat von England und der einzige Untertan in Großbritannien, der, außer dem königlichen Blut, die Fürstenwürde hat, jedoch nur in seinem Erzbischofssitz, nicht in London, soviel ich weiß. Dieser protestantische Geistliche hat sechzigtausend Pfund Sterling Revenuen und darf heiraten. Weiter wüßte ich eben nichts, was ihn von den katholischen Kirchenfürsten unterschiede.

Calais, den 2.

Endlich sehe ich mich wieder in dem geliebten Frankreich! So wenig vorteilhaft auch der erste Kontrast auffällt, doch begrüßte ich, fast mit dem Gefühl eines aus langer Gefangenschaft Zurückgekehrten, den halb heimischen Boden, die reinere Luft, die ungezwungenere, freundlichere, vertraulichere Sitte.

Um fünf Uhr waren wir schon in Dover geweckt worden und hatten in völliger Dunkelheit das Packetboot erklettert. Wir wandelten bereits eine halbe Stunde darin auf und ab, ohne daß man Miene zum Absegeln machte. Mit einemmal verbreitete sich das Gerücht, der Boiler (Dampfkessel) sei schadhaft geworden. Die Furchtsamsten retteten sich sogleich auf den Quai, die übrigen schrien nach dem Capitaine, dieser war aber nirgends zu finden; endlich schickte er jemand, der uns ankündigte, man könne ohne Gefahr nicht segeln und die Sachen würden auf einen französischen Steamer gebracht werden, der um acht Uhr abginge. Ich benutzte daher diesen Zwischenraum, um die Sonne von dem Fort aufgehen zu sehen, das die hohen Kalkfelsen über der Stadt krönt. Die Engländer, welche Geld genug besitzen, um jeden nützlichen Plan auszuführen, haben, statt eines äußern Weges, ein Tunnel durch den Felsen gesprengt, der eine Art Trichter bildet, in welchem zwei Wendeltreppen zweihundertvierzig Fuß hoch hinaufführen. Der Anblick von oben ist höchst pittoresk, und die Sonne stieg über die weite Aussicht, fast wolkenlos, aus dem Meer empor. Ich hätte indes über die Ekstase, der ich mich überließ, bald die Abfahrt des Schiffes versäumt, das wirklich grade mit dem Moment meiner Ankunft absegelte. In zweieinhalb Stunden warf uns der heftige Wind hinüber. Diesmal war die Seekrankheit zu ertragen, und ein vortreffliches Diner, wie es kein englischer Gasthof bietet, restaurierte mich in Calais vollkommen. Dies Hotel (Bourbon) ist aber auch, was die Küche betrifft, eins der besten Frankreichs.

Als wir die, überall gehässigen, Paß- und Polizeigeschäfte beseitigt hatten und dem Innern der Stadt zuritten, war ich Zeuge einer lächerlichen Szene, die mich gleich, in medias res, nach Frankreich versetzte. (Verzeih die Naturalia, weil sie non sunt turpia, was Dir der Superintendent übersetzen wird.) Also, mein Begleiter, ein Engländer, trat, aus einer leicht zu erratenden Ursache, in einen nichts weniger als reinlichen Seitenhof. Kaum war er indes dort geschäftig, als eine sehr gut gekleidete junge Dame aus der Türe sprang und, anstatt, wie eine Engländerin in gleichem Fall getan haben würde, erschrocken und mit vor dem Gesicht gehaltenen Händen eine schnelle Flucht zu ergreifen, sogleich der Gefahr in die Augen sah, höchst erzürnt auf den Eindringling losging und ihm mit der eigentümlichen französischen Volubilität zurief: »Comment Monsieur, quelle insolence de p ... dans notre maison! Est-ce que la rue n'est pas assez grande pour cela? Vous êtes un grand polisson! Maman, Maman, voilà un Monsieur qui p ... dans notre maison!« Der Zorn der kleinen Virago und die Konfusion des bestürzten Engländers waren malerisch, erreichten aber den höchsten Grad, als nun auch die herbeigerufene Maman, eine würdige Matrone, erschien, sich ebenfalls vor den Unglücklichen hinstellte, die Arme übereinanderschlug, ihn, ohne sich an den Zustand seiner Toilette zu kehren, von oben bis unten mit durchdringenden Blicken maß und dann mit bedächtiger und ernster Miene ironisch fragte: »Eh bien Monsieur, est-ce que vous ne finirez point? – Monsieur, permettez-moi de vous dire qu'on ne p ... pas ainsi chez les personnes, on p ... dans la rue, Monsieur.« – »Vraiment, je crois qu'il se moque de nous, Maman« – unterbrach sie die Tochter jetzt halb weinend, »l' insolent, il ne bouge pas.« – Was weiter daraus geworden ist, weiß ich nicht, denn ich überließ, von Herzen lachend, den die beiden Damen noch immer anstierenden Engländer seinem Schicksal und jene den jetzt schwierig hergestammelten Entschuldigungen des verblüfften Sünders.

den 3.

Der erste Morgenspaziergang in Frankreich behagte mir köstlich. Dieser permanente Sonnenschein, der klare Himmel, den ich lange nicht mehr gesehen, und endlich wieder eine Stadt, deren Häuser und Dächer man, von keinem Nebel und Kohlenrauch getrübt, klar in der Luft sich abschneiden sehen konnte. – Alles wurde von mir wahrhaft angestaunt. Ich fühlte mich wieder zu Haus und wandelte jetzt nach dem Hafen, um den letzten Abschied vom Meere zu nehmen. Da lag's vor mir, spiegelglatt und blau, endlos überall, außer an der englischen Küste, deren Dasein ein schwarzes Wolkengebürge (wahrscheinlich die kompakt gewordenen Nebel jener Insel) verriet. Ich folgte der jetée (einer Art Holzdamm), die wohl eine Viertelstunde in die See hineinführt, und fand mich am Ende derselben bald ganz allein, nichts Lebendes mehr erblickend als einen Wasservogel, der mit Blitzesschnelle vor mir in der Silberflut umherschwamm, oft plötzlich untertauchte und dann, erst nach Minuten, an einer weit entferntern Stelle wieder zum Vorschein kam. Das Spiel setzte er lange fort, und so gewandt und lustig war das Tier dabei, daß man hätte glauben sollen, es wolle mir absichtlich alle seine Künste vormachen. Ich war schon im Begriff, allerhand Phantasien an dies Schauspiel zu knüpfen – da hörte ich aber die Tritte und das Gespräch einer englischen Familie hinter mir, und schnell entflohen wir beide, der Vogel und ich.

Auf dem Stadtwall begegnete ich einem französischen Hausmädchen mit zwei wunderhübschen englischen Kindern, sehr elegant in Coquelicot-Kaschmir und weiß gekleidet. Die Kleinste hatte sich fest an einen Baum geklammert und refüsierte, mit englischer Freiheitsliebe, auf das bestimmteste, zu Hause zu gehen. Die arme Französin radebrechte umsonst alle englische Schmeicheleien und Drohungen, deren sie nur habhaft werden konnte, alles blieb vergebens: »Mon darling, come allons«, rief sie wehmütig, »I won't« – war die lakonische Antwort. Der kleine Trotzkopf interessierte mich so sehr, daß ich gefällig mich selbst zum Baume begab, um ebenfalls mein Heil bei ihr zu versuchen. Es gelang mir auch besser, denn nach einigen englischen Späßen folgte sie mir glücklich, und ich führte sie triumphierend der Bonne zu. Als ich mich aber nun selbst entfernen wollte, packte mich der kleine Dämon mit allen Kräften beim Rock und sagte laut lachend: »No, no, you shant go now. You forced me away from the tree, and I'll force you to remain with us.« Und ich kam wirklich nicht eher fort, immer streng festgehalten, bis wir unter Schäkern und Streiten beim Hause der Eltern angelangt waren. »Now I have done with you«, schrie die Kleine, indem sie mich losließ und jubelnd ins Haus rannte. »O you little flirt!« rief ich ihr nach – an dir wird die französische Erziehung auch wenig Früchte bringen.

In die Stadt zurückgekehrt, besuchte ich den berühmten Br... Ich sehe, Du schlägst vergebens den Dictionnaire historique und des Contemporains auf und kannst diesen berühmten Namen nicht finden. Hat er sich in der Revolution oder einer Contre-Revolution ausgezeichnet, ist es ein Krieger, ein Staatsmann? Vous n'y êtes pas. – Er ist viel mehr und viel weniger, wie man es ansehen will. – Mit einem Wort, es ist einer der berühmtesten und seinerzeit mächtigsten Dandys, die London je gekannt. Br... beherrschte einst durch den Schnitt seines Rockes eine ganze Generation, und lederne Beinkleider kamen außer Gebrauch, weil ein jeder verzweifelte, sie in der Vollkommenheit der seinigen nachahmen zu können. Als er aber aus wichtigen Gründen endlich Großbritannien den Rücken kehrte, hinterließ er seinem Vaterlande noch, als letztes Geschenk, das unsterbliche Geheimnis der mit Stärke gesteiften Halsbinden, dessen Unergründlichkeit vorher die Elegants der Hauptstadt so gequält hatte, daß, nach der Literary Gazette, zwei davon aus Verzweiflung wirklich selbst Hand an sich gelegt haben sollen und ein junger Herzog vor Kummer darüber an einem »broken heart« jämmerlich verstarb. Der Anfang dieser Krankheit war jedoch schon früher bei ihm dadurch gelegt worden, daß er, bei einer feierlichen Gelegenheit, Br... schüchtern um sein Urteil über den eben anhabenden Rock gebeten; dieser aber, ihn nur flüchtig anblickend, mit Verwunderung gefragt hatte: »Do you call this thing a coat?« (Nennt Ihr das Ding einen Rock?) Sein Ehrgefühl blieb hierdurch unwiederbringlich verletzt.

Obgleich nun heutzutage es die Kleidung nicht mehr ist, womit man in London den Ton angibt, so ist doch nur das Vehikel, die Sache selbst aber keineswegs geändert. Den Einfluß, welchen Br..., *ohne* Vermögen und Geburt, *ohne* eine schöne Gestalt oder hervorstechenden Geist, bloß durch eine edle Dreistigkeit, einige drollige Originalität, Lust an der Geselligkeit und Talent im Anzug, in London viele Jahre lang auszuüben wußte, gibt noch immer einen vortrefflichen Maßstab für das Wesen jener Gesellschaft, und da ich Dir in meinen vorigen Briefen diejenigen hinlänglich geschildert habe, welche jetzt (wiewohl mit weit geringerer Machtvollkommenheit) Br...s Stelle einnehmen, so wirst Du vielleicht mit mir einverstanden sein, daß er derselben immer noch mit mehr Genialität sowohl als größerer Unschuld der Sitten vorstand. Es war eine freiere, mehr ein originelles und zugleich harmloseres Ganze bildende Torheit, die sich zu der jetzigen ohngefähr so verhält wie die Komik und Moralität in Holbergs Lustspielen zu denen des Kotzebue.

Der Gewalt der Mode kann man es freilich nur zuschreiben, wenn man es witzig fand, daß Br... einem Landjunker, der ihn fragte: »Do you like green pease?«, antwortete: »I once eat one.« Ergötzlicher aber sind seine Streitigkeiten mit dem Prinzen von W..., dem er, zuerst von ihm in die Mode eingeführt, nachher den Szepter derselben aus der Hand wand und sogar später seinen Vorsatz: to cut the Prince, mit großem Erfolg ausführte. Lange hatte sich Br... der höchsten Gunst dieser erlauchten Person erfreut, behandelte sie aber zuletzt mit so wenig Égard, daß dadurch ein Bruch herbeigeführt wurde. Eines Tages nämlich vergaß er sich so weit, dem Prinzen nach Tisch zuzurufen: »Pray G..., will you ring the bell for me!« (Bitte G..., klingeln!) Der Prinz, von dem indiskreten Lachen der *Gesellschaft* wie der impertinenten Familiarität des Aventuriers tief beleidigt, stand gelassen auf und klingelte – als aber der Diener hereintrat, sagte er, mit den Fingern auf Br... weisend: »This person wants his carriage« (*Diese Person* verlangt ihren Wagen). Br... verlor die Fassung nicht, sondern erwiderte lachend: »Capital G...y!« (Bravo, kleiner G...!), »aber bei Gott, ich vergaß ganz, daß die schöne Herzogin auf mich wartet! Ich mache also aus Spaß Ernst und verlasse Euch. So good-bye to Y. R. H.« Von diesem Augenblick sah ihn der Prinz nicht mehr in seinem Hause. Dies tat jedoch ihm selbst in der fashionablen Welt der damaligen Zeit beinahe mehr Schaden als Br..., der die Sache zu tournieren wußte, als habe *er* mit dem Prinzen gebrochen. Er pflegte zu seinen intimen Freunden zu sagen: »That fellow has first ruined me in Champain, won my money afterwards, and now he thinks he can cut me!« (Der Bursche hat mich erst in Champagner ruiniert, mir dann mein Geld im Spiel abgewonnen, und nun denkt er, er kann tun, als kenne er mich nicht.) Einige Tage darauf wollte es der Zufall, daß Br... dem Prinzen mit einigen berühmten Modeherrn in New Bond Street begegnete. Dieser tat, als wenn er ihn nicht sehe, Br... aber näherte sich, mit aller ihm eigenen Aisance und Effronterie, dem Obristen P..., einem der Gesellschaft und zugleich einem der damaligen Koryphäen der eleganten Welt, und indem er ihm mit jener impertinenten Herablassung, in der er Meister war, die Hand geschüttelt, ergriff er sein quizzing-glass, und den Prinzen damit fixierend, flüsterte er dem Obristen allgemeinverständlich zu: »Who the devil, Colonel, is your fat old friend, you were just talking to?« (Wer, Teufel, Obrister, ist Euer alter fetter Freund dort, mit dem Ihr eben spracht?) Hiermit ließ er die konsternierte Gesellschaft stehen, bestieg sein Pferd und ritt lachend davon. Diese Anekdoten wurden mir aus ganz authentischer Quelle von einem Augenzeugen mitgeteilt, weniger gewiß weiß ich, ob es wahr ist, daß früher, wie man erzählt, bei einem Diner, wo man schon über das Maß getrunken hatte, der Prinz auf eine sarkastische Bemerkung des neben ihm sitzenden Br..., diesem, im halben Rausche, ein Glas Wein ins Gesicht goß. Br..., der solches an der Person des Prinzen nicht erwidern konnte, ergriff sogleich mit großer Geistesgegenwart sein eignes Glas, und es dem andern Nachbar über den Rock schüttend, rief er mit Laune: »Der Prinz hat befohlen, daß es links weitergehen soll!«

Noch lange fuhr Br... nachher fort, in London zu regieren und seinen hohen Antagonisten zu verdunkeln, ja in dieser seiner Zeit war es, wo sein Genie den höchsten Flug nahm und er, um dem Prinzen, der dafür berühmt war, sein

Halstuch in einen unnachahmlichen Knoten zu knüpfen, den empfindlichsten Stoß zu versetzen – den Gebrauch der Stärke und Hausenblase für die Krawatten erfand. Von diesem memorablen Augenblick an war Br... s Sieg entschieden, und jahrelang marterten sich, wie schon erwähnt, die Dandys vergeblich ab, die Halsbinde wie er zu tragen. Endlich vollbrachte das Spiel, was dem Prinzen mißglückt war, nämlich Br... aus der *exklusiven* Gesellschaft zu verdrängen. Br... verlor Hab und Gut und mußte flüchten – auf seinem Schreibtisch aber hinterließ er dem Vaterland ein versiegeltes Paket. Als man es aufmachte, fand man nichts als folgende, mit großen Buchstaben geschriebene, Worte darin: My friends! starch is the thing. – (Freunde! *Stärke* ist das Ding. –)

Und wie große Männer in ihren Werken noch fortleben, wenn sie selbst auch längst verschollen sind, so bleibt auch Br... s *Stärke* noch immer am Halse jedes Fashionable sichtbar und verkündet seinen hohen Genius. Er selbst aber lebt seitdem in Calais, wohin seiner Gläubiger Autorität nicht reicht, und jeder Zugvogel aus der großen Welt, der seinen Weg hier durch nimmt, trägt dem ehemaligen Patriarchen den Tribut einer Visite oder der Einladung zu einem Diner pflichtschuldigst ab.

Dies tat auch ich, wiewohl unter einem angenommenen Namen. Leider war mir hinsichtlich des Diners schon ein andrer Fremder zuvorgekommen, und ich kann daher nicht einmal davon urteilen, wie ein Coat eigentlich aussehen müsse, oder ob der lange Aufenthalt in Calais, nebst dem herannahenden Alter, den Anzug des ehemaligen Königs der Mode weniger klassisch gemacht haben – denn ich fand ihn bei meinem Besuch noch bei der zweiten Toilette (drei sind deren früh nötig) im geblümten Schlafrocke, einer Samtmütze mit Goldquasten auf dem Kopf und türkischen Pantoffeln an den Füßen, sich selbst rasierend und nachher, mit den beliebten roten Wurzelstückchen, sorgfältig die Reste seiner Zähne putzend. Das Ameublement um ihn her war ziemlich elegant, ja, zum Teil noch ganz reich zu nennen, wiewohl bedeutend faniert, und ich kann nicht leugnen, sein ganzes Benehmen schien mir damit übereinzustimmen. Obgleich gedrückt von seiner jetzigen Lage, zeigte er indes noch immer einen ziemlichen Fonds von Humor und Gutmütigkeit. Sein Benehmen war das der guten Gesellschaft, einfach und natürlich und von größerer Urbanität, als die jetzigen Dandys aufzuweisen imstande sind. Lächelnd zeigte er mir seine Pariser Perücke, die er sehr auf Kosten der englischen rühmte, und nannte sich selbst: le ci-devant jeune homme, qui passe sa vie *entre Paris et Londres*. Er schien hinsichtlich meiner etwas neugierig, frug mich über gesellschaftliche Verhältnisse in London aus, ohne jedoch die gute Lebensart durch irgendeine Art von Zudringlichkeit irgend zu verleugnen, und ließ es sich dann sichtlich angelegen sein, mich zu überzeugen, daß er noch immer von allem, was in der englischen Modewelt wie der politischen vorginge, sehr wohlunterrichtet sei. »Je suis au fait de tout«, rief er, »mais à quoi cela me sert-il? On me laisse mourir de faim ici. – J'espère pourtant que mon ancien ami, le Duc de W..., enverra un beau jour le Consul d'ici à la Chine, et qu'ensuite il me nommera à sa place. Alors je suis sauvé...« Und wirklich, die englische Nation sollte billig etwas für den tun, der die gestärkten Halsbinden erfand! Wie manche sah ich in London mit schwerwiegenden Sinekuren, die *weit weniger* für ihr Vaterland getan haben. –

Als ich Abschied nahm und die Treppe hinunterging, rief er mir noch, die Türe öffnend, nach: »J'espère que vous trouverez votre chemin, mon Suisse n'est pas là, je crains.« – Hélas! dachte ich, point d'argent, point de Suisse. –

Um Dich nicht zu lange ohne Nachricht zu lassen, sende ich diesen Brief von hier ab. Vielleicht folge ich ihm bald selbst. Jedenfalls will ich mich jedoch vierzehn Tage in Paris aufhalten und auch dort alle Deine Aufträge besorgen. Gedenke mein indessen stets mit der alten Liebe.

Dein treuer L...

Siebenundvierzigster Brief

47

Paris, den 5. Januar 1829

Meine teure, geliebte Freundin!

Ich konnte Dir gestern nicht schreiben, da die Diligence von Calais bis Paris zwei Tage und eine Nacht braucht und sich alle zwölf Stunden nur eine halbe zum Essen aufhält. Die Fahrt ist nicht die angenehmste. Etwas tot, etwas elend und schmutzig kömmt einem allerdings das ganze Land, wie auch die Hauptstadt, gegen den wogenden Wirrwarr, den Glanz und die Nettigkeit Englands vor. Der Kontrast ist, in so geringer Entfernung, doppelt auffallend. Wenn man auf der Reise die groteske Maschine betrachtet, in der man sitzt, die schlechtgeschirrten Karrengäule, von denen man langsam fortgeschleppt wird, und sich der zierlich leichten Kutschen, der schönen, mit blankem Messing und Glanzledergeschirr geschmückten Postzüge der englischen Eilwagen erinnert, so denkt man, im Traume tausend Meilen weiterversetzt worden zu sein. Die schlechten Straßen, dürftigen und unreinlichen Städte erwecken dasselbe Gefühl, dagegen sind vier Dinge dennoch im Volksleben offenbar besser: Klima, Küche und Keller, Wohlfeilheit und Geselligkeit. Mais commençons par le commencement.

Nachdem ich meinen Inkognitopaß gegen einen gleichen provisorischen, und nur bis Paris gültigen, auf der Mairie umgetauscht, wobei ich auf Befragen, wie ich hieße, mich meines neuen Namens beinahe nicht erinnert hätte, näherte ich mich dem wunderbaren Bau, den man in Frankreich eine Diligence nennt. Das Ungetüm hatte die Länge eines Hauses und bestand eigentlich aus vier verschiedenen, wie aneinandergewachsenen Wagen, die Berline in der Mitte, eine Kutsche nebst Gepäckkorb hinten, ein Coupé vorn und an diesem noch das Cabriolet, wo der Kondukteur sitzt und neben welchem auch ich meinen Platz genommen hatte. Dieser Kondukteur, ein alter Soldat der Napoleonischen Garde, war, wie ein Kärrner, in eine blaue Blouse gekleidet, mit einer gestickten Mütze aus demselben Zeuge auf dem Kopf, der Postillon sah aber noch origineller aus und wirklich halb einem Wilden ähnlich. Auch er trug zwar eine Blouse, mit ungeheuren, über und über mit Kot bespritzten

Stiefeln darunter, aber zugleich auch eine Schürze von schwarzen Schaffellen, die auf beiden Seiten über seine Schenkel herabhing. Er dirigierte allein sechs Pferde, zu drei und drei gespannt, und diese zogen ohngefähr sechstausend Pfund Bagage, auf einer sehr schlecht unterhaltnen Chaussee. Die ganze Straße von Calais nach Paris ist überhaupt eine der traurigsten und uninteressantesten, die man sehen kann. Ich würde also meine meiste Zeit mit Lesen zugebracht haben, wenn mich nicht die Unterhaltung des Kondukteurs noch besser schadlos gehalten hätte. Seine und der Garden Heldentaten gaben ihm ein unerschöpfliches Thema, und unbedenklich versicherte er: que les trente mille hommes, dont il faisait partie dans le temps, wie er sich ausdrückte, auraient été plus que suffisants pour conquérir toutes les nations de la terre, et que les autres n'avaient fait que gâter d'affaire. Er seufzte jedesmal, wenn er seines Empereur gedachte. »Mais c'est sa faute«, rief er, »ah s.d. il serait encore empereur si, dans les cent jours, il avait seulement voulu employer de *jeunes gens qui désiraient faire fortune*, au lieu de ces vieux Maréchaux qui etaient trop riches, et qui avaient tous peur de leurs femmes. N'etaient-ils pas tous gros et gras comme des monstres? ah ... parlez-moi d'un jeune Colonel, comme nous en avions! Celui-là vous aurait flanqué ça de la jolie manière. – Mais après tout, l'Empereur aurait dû se faire tuer à Waterloo, comme notre Colonel. Eh bien, Monsieur, ce brave Colonel avait reçu trois coups de feu, un à la jambe et deux dans le corps, et pourtant il nous menait encore à l'attaque, porté par deux grenadiers. Mais quand tout fût en vain, et tout fini pour nous – ›Camarades‹, dit-il, ›j'ai fait ce que j'ai pu, mais nous voilà ... Je ne puis plus rendre service à l'Empereur, à quoi bon de vivre plus longtemps? Adieu donc, mes Camarades – vive l'Empereur!‹, et le voilà qu'il tire son pistolet, et le décharge dans sa bouche. C'est ainsi, ma foi, que l'Empereur aurait dû finir aussi.«

Hier wurden wir durch ein hübsches Mädchen unterbrochen, die aus einem unansehnlichen Hause an den Wagen sprang und nach uns heraufrief (denn wir saßen wenigstens acht Ellen vom Boden): »Ah ça Monsieur le conducteur! oubliez-vous les crêpes?« – »Oho! es-tu là, mon enfant?« ... und schnell kletterte er die gewohnte, sonst halsbrechende, Hühnersteige hinab, ließ den Postillon halten und verschwand im Hause. Nach wenigen Minuten kam er indes schon wieder mit einem Paket heraus, ließ sich neben mir behaglich niederfallen und entfaltete eine reichliche Quantität noch heiß dampfender deutscher Plinsen, ein Gericht, das er, wie er mir erzählte, in Deutschland kennengelernt und so liebgewonnen habe, daß er es in sein Vaterland eingeführt. Man sieht also, daß Eroberungen doch auch zu etwas gut sind. Mit französischer Artigkeit bot er mir sogleich an, sein Gouté, wie er es nannte, zu teilen, und schon aus Vaterlandsliebe nahm ich es mit Vergnügen an, mußte auch gestehen, daß kein Pächter oder Bauer in Deutschland seine Nationalspeise besser zubereiten könne. Wir verzehrten sie auf Napoleons Wohl, wo er auch sein möge!

Viel Not verursachte dem sonst sehr kräftigen Manne eine sonderbare Maschine, die sich, ohngefähr in der Form einer Pumpe, neben seinem Sitze befand und mit der er sich ewig zu schaffen machte, bald aus Leibeskräften daran pumpend, sie richtend, schraubend oder vor- und rückwärts drehend. Auf meine Frage erfuhr ich, dies sei eine ganz vortreffliche neu erfundene Maschinerie, welche dazu diene, die Diligence-Arche beim Hinabfahren ohne Hemmschuh zu retardieren und bergauf ihren Lauf zu beschleunigen. Der Kondukteur war äußerst stolz auf diese Vorrichtung, nannte sie nie anders als sa mécanique und behandelte sie mit ebensoviel Liebe als Wichtigkeit. Unglücklicherweise brach jedoch dieses Wunderwerk schon am ersten Tage entzwei, und da wir uns deshalb noch langsamer fortschleppten als bisher, mußte der arme Krieger von den Passagieren viel Neckereien wegen seiner schadhaften mécanique ausstehen sowie über den Namen seines unermeßlichen Wagens, der l'Hirondelle hieß und freilich diese Benennung nur der bittersten Ironie zu verdanken schien.

Es war sehr drollig, bei jedem neuen Relais den armen Teufel zu hören, wie er den Postillon regelmäßig von dem geschehenen Unglück avertierte, welches mit wenig Abänderung stets folgenden Dialog hervorbrachte: »Mon enfant, il faut que tu saches que je n'ai plus de mécanique.« – »Comment s. d., plus de mécanique?« – »Ma mécanique fait encore un peu, vois-tu – mais c'est bien peu de chose, le principal brancheron est au diable.« – »Ah diable!«

Man konnte nicht schlechter sitzen, nicht unbequemer und langsamer fortkommen als ich hier in meinem himmelhohen Cabriolet; überhaupt war es nun schon eine geraume Zeit, daß ich der meisten gewohnten Bequemlichkeiten entbehrte. Demohngeachtet war nie weder meine Stimmung noch meine Gesundheit besser als auf dieser ganzen Reise. Ich bin ununterbrochen heiter und zufrieden gewesen, weil ich immer ganz frei war. O großes Gut der Freiheit! Dich schätzen wir noch lange nicht genug! Wenn sich jeder Mensch nur recht deutlich machen wollte, was er gerade mit seiner Individualität eigentlich zum Glück und zur Zufriedenheit braucht, und nun unbedingt das wählte, was diesem Zweck am meisten entspräche, das andere aber herzhaft wegwürfe (denn alles kann man doch einmal auf der Welt nicht zusammen haben), wieviel Mißgriffe würden erspart, wieviel kleinlicher Ehrgeiz beseitigt, wieviel wahrer Frohsinn befördert werden! Alle würden ein großes Übermaß von Wohlsein im Leben finden, statt bis ans Grab sich mit Unlust und Unzufriedenheit zu quälen. –

Ich will Dich mit keinen ferneren Details unsrer so wenig interessanten Reise ermüden. Sie glich dem Melodram »Ein Uhr« und war ebenso langweilig, denn nachdem wir früh Calais verlassen, machten wir um ein Uhr halt zum Essen, um ein Uhr in der Nacht soupierten wir; den andern Tag ward ebenfalls Frühstück und Diner um ein Uhr in Beauvais vereinigt, wo uns ein hübsches Mädchen, die servierte, und ein Freund Bolívars, der uns viel von der Uneigennützigkeit des Befreiers erzählte, die schnelle Abreise regrettieren machten – und wiederum um ein Uhr in der Nacht hatten wir endlich auf der Douane in Paris um unsre Sachen zu kämpfen. Mein Bedienter lud dann die meinigen auf eine Charrette, die ein Mensch vor uns her zog und uns zugleich durch die dunkeln und schmutzigen Straßen den Weg nach dem Hôtel St. Maurice zeigte, wo ich jetzt in einer kleinen Stube schreibe, die ich mir bescheiden gewählt und wo der kalte Wind durch alle Türen und Fenster saust, so daß das lodernde Kaminfeuer mich nur auf einer Seite erwärmen kann. Die seidnen Tapeten sowie der sie bedeckende Schmutz, die vielen Spiegel und die großen Holzstücken, am Kamin aufgeschichtet, sowie das Ziegelparquet – alles erinnert mich lebhaft, daß ich in Frankreich und nicht mehr in England bin.

Ein paar Tage will ich mich hier ausruhen und meine Empletten machen, dann eile ich in Deine Arme, ohne womöglich hier auch nur *einen* Bekannten zu sehen, car cela m'entraînerait trop. Erwarte daher auch nichts Neues von mir über das alte Paris zu hören. Ein paar detachierte Tagebuchbemerkungen wird alles sein, was ich Dir bieten kann.

den 6.

Um der heftigen Kälte einigermaßen zu begegnen, die ich von jeher in Frankreich und Italien wegen Mangels an Vorkehrungen dagegen am empfindlichsten fand, mußte ich heut früh alle Spalten meines kleinen Logis mit bourlets garnieren lassen. Dann eilte ich hinaus, den gewöhnlichen ersten Spaziergang der Fremden, nach den Boulevards, Palais Royal, Tuilerien etc., denn ich war doch neugierig, zu sehen, was sich seit sieben Jahren dort geändert haben möge. Auf den Boulevards fand ich alles beim alten, im Palais Royal hat der Herzog von Orléans, dieser in jeder Hinsicht ausgezeichnete Prinz, angefangen, die schmählichen Holzgalerien und andere Winkel durch neue Steingebäude und einen eleganten Glasgang zu ersetzen, welches, wenn alles erst ganz fertig ist, gewiß dies Palais zu einem der ansehnlichsten machen wird, wie es bereits eins der eigentümlichsten und auffallendsten ist, vielleicht schon der Seltenheit wegen, einen königlichen Prinzen dasselbe Haus mit mehreren hundert F... mädchen nebst ebensoviel Krämern bewohnen und von diesen, wie von Spiel und Boutiquen, soviel Revenuen beziehen zu sehen, um mehr als seine menus plaisirs damit decken zu können. In England würde ein Edelmann dergleichen sich in seinem Hause nicht als möglich denken können, wäre es aber der Fall, so würde man wenigstens gewiß dafür sorgen, es reinlicher zu halten – denn man muß gestehen, die Götzen Venus und Merkur sind hier, bei allem Prunk des Ausgehängten, gar schmutzig umgeben.

Am Palast der Tuilerien und der nebenan laufenden Straße Rivoli waren ziemlich alle angefangenen Bauwerke noch in demselben Zustande, wie sie Napoleon verlassen. In

TUILERIEN-PALAST IN PARIS

C. Reiss del. B. Metzeroth sc.

dieser Hinsicht hat Paris an der kaiserlichen Dynastie verloren, die es in zwanzig Jahren zu einer wahren Prachtstadt umgeschaffen haben würde, welchem Luxus des Schönen die Reinlichkeit wohl auch endlich hätte folgen müssen. Auch auf dem Place de Louis XV. stehen noch immer die Gerüste um die projektierte Statue, der Triumphbogen de l'Étoile wird, wie der Turm zu Babel, abwechselnd aufgebaut und niedergerissen, der Temple de la Victoire, jetzt unendlich passender für die *siegende* Kirche bestimmt, ist auch noch nicht fertig, und auf dem Pont de Louis XVI. möchte man wünschen, daß nichts geschehen wäre, da die lächerlich theatralischen und, im Verhältnis zur Brücke, wenigstens doppelt zu großen Statuen, die man dort auf die Pfeiler postiert hat, welche sie eindrücken zu wollen scheinen, mehr schlechten acteurs de province als den französischen Helden gleichen, die sie darstellen sollen.

Da Köche auch zu den französischen Helden gehören, einmal wegen ihrer unübertroffenen Geschicklichkeit, zweitens auch wegen ihres Ehrgefühls (erinnere Dich nur an den Koch Peregrine Pickles und Vatel, der sich wegen nicht angekommener Fische erstach), so komme ich hier ganz natürlich auf die Pariser Restaurateurs, die mir, wenn ich nach dem beliebtesten, den ich heute besuchte, urteilen darf, etwas degeneriert scheinen. Ihre schon sonst ziemlich langen Karten haben sich zwar seitdem in elegant gebundne Bücher verwandelt, aber die Qualität der Gerichte und Weine hat in demselben Maße abgenommen. Ich eilte nach dieser traurigen Erfahrung zu dem ehemals berühmten Rocher de Cancale. Aber auch »Baleine« ist ins Meer der Ewigkeit zurückgeschwommen, und wer sich künftig auf den Cancalischen Felsen verläßt, hat auf Sand gebaut. Sic transit gloria mundi!

Alles Lob mußte ich dagegen dem Théâtre de Madame spenden, wo ich meinen Abend zubrachte. Leontine Fay ist eine allerliebste Schauspielerin, und ein besseres Ensemble kann nirgends gefunden werden. Da ich gerade von England kam, so frappierte mich um so mehr die Natürlichkeit, mit der Leontine Fay, in »Malvina«, die in England erzogne Französin meisterhaft wiedergab, ohne daß durch diese Nuance dem übrigen Charakter der mindeste Abbruch geschah. In ihrem künstlerischen Spiel ist keine Kopie der Mademoiselle Mars zu entdecken, und dennoch sieht man, auf andre Weise, ein ebenso treues und zartes Naturbild dargestellt. Das zweite Stück, eine Posse, wo ein provinzieller Onkel seine kleine Stadt, in der er eben zum Mitgliede eines *Tugendvereins aufgenommen* werden soll, schleunig verläßt, um seinen Neffen in Paris, über den er die beunruhigendsten Nachrichten erhalten, von einer liederlichen Lebensart zu kurieren, statt dem aber, von dessen angestellten Freunden, selbst zu allen möglichen Leichtfertigkeiten verführt wird, ward ebenfalls mit aller komischen Laune und Gewandtheit dargestellt, die diese französischen riens so anmutig und amüsant in Paris, so leer und abgeschmackt in der deutschen Übersetzung erscheinen lassen. Denn so albern es eigentlich ist, wenn, nachdem Mamsell Minette den alten Martin, gleich im Anfang des Stücks, durch ihre Koketterien dahin gebracht hat, ihr einen Kuß zu geben, und in dem Augenblick ihr Liebhaber, der Kellner, mit einem Schweinskopf hereintritt, dieser sprachlos stehenbleibt und, indem er ruft: »N'y a-t-il pas de quoi perdre la tête!«, die Schüssel mit dem Schweinskopf langsam aus den Händen gleiten läßt, so muß man doch sehr stoisch gesinnt sein, um bei dem vortrefflich natürlichen Spiel nicht von Herzen mitzulachen. Die Folge ist ebenso ergötzlich. Martin, voller Schreck, auf einer solchen Aventure ertappt worden zu sein, tröstet sich am Ende damit, daß man ihn ja hier nicht kenne, und nimmt, in seinem Embarras, des dazugekommenen Dorvals Einladung zu einem Dejeuner sogleich an, welches auch bald darauf auf dem Theater stattfindet. Im Anfang bleibt Martin sehr mäßig, die Trüffeln und Delikatessen tentieren ihn jedoch zuletzt, et puis, il faut absolument les arroser d'un peu de champagne. Nach vielem Nötigen entschließt er sich endlich, immer noch moralisierend, ein Glas à la vertu zu trinken. Hélas! il n'y-a que le premier pas qui coûte. Ein zweites Glas wird der piété getrunken, ein drittes der miséricorde, und ehe die Gäste aufstehen, hören wir Martin betrunken und jubelnd in den Toast einstimmen: Vivent les femmes et le vin! Spiel kömmt nun auch an die Reihe, er will sich jedoch nur zu einer Partie Piquet verstehen, wobei er einige drollige Couplets singt, die mit dem Refrain endigen: L' amour s'envole, mais le piquet dure. Um es kurz zu machen, Martin wird vom Piquet zum Ekarté und endlich zum Hasardspiel verleitet, verliert eine große Summe und erfährt zuletzt, pour le combler de confusion, daß er und sein Plan von Hause aus verraten worden und sein Neffe *ihn* geprüft habe, statt *sich* von ihm prüfen zu lassen, wobei er ihn aber leider viel zu leicht befunden. Er akkordiert mit Freuden alles, was man will, pourvu qu'on lui garde le secret, und das Stück schließt, indem sein alter Freund mit Extrapost ankömmt, um ihm zu melden, daß Martin gestern, unter allgemeinem Hurra, zum *Präsidenten des Tugendbundes* in seiner Vaterstadt gewählt worden sei.

den 7.

Ohngeachtet der bourlets und eines brennenden Scheiterhaufens im Kamin, fahre ich dennoch fort, in meinem Entresol recht empfindlich zu frieren. Dabei herrscht darin ein fortwährendes Clair-obscur, so daß ich die Schriftzüge vor mir nur wie hinter einem Schleier sehe. Die kleinen Fenster und hohen, gegenüberliegenden Häuser lassen es nicht anders zu, so daß ich um Verzeihung bitten muß, wenn ich noch unleserlicher als gewöhnlich schreibe. Du wirst übrigens bemerkt haben, daß das, zu choquant teure, Porto in England auch mich gelehrt hat, sorgfältiger, und besonders enger, zu schreiben, so daß jetzt ein Schrift-Lavater aus meinen Briefen an Dich einen großen Teil meines Charakters studieren könnte, bloß durchs Ansehen, meine ich, ohne sie zu lesen. Es geht darin wie im Leben selbst her, wo ebenfalls oft mit guten Vorsätzen der Verengung, i. e. Beschränkung aller Art angefangen und eine Weile fortgefahren wird, bald aber die Zeilen wieder unwillkürlich weiter werden, und ehe man es sich versieht, die unmerklich wirkende Macht der Gewohnheit zur alten Latitüde wieder zurückführte.

Ich habe Dir schon oft gesagt, daß die Karten der Restaurateurs sich in Bücher verwandelt haben, von der Dicke eines Fingers, und reich in Maroquin und Gold eingebunden. Einem englischen Offizier, den ich heute im Café anglais fand, imponierte dies so sehr, daß er mehrmals vom erstaunten Garçon la charte, statt la carte verlangte, vielleicht in der Meinung, daß im liberalen Frankreich eine solche, auch für die Cafés, eingeführt worden sei. Obgleich die Franzosen selten auf die Sprachquiproquos der Fremden achten, so schien dieses Alarmwort doch nicht ohne ein Lächeln von mehreren vernommen zu werden, ich aber dachte: wie gern würden manche es umdrehen und den Franzosen statt der Charte wieder Karten – zum Spielen geben.

Sehr überrascht wurde ich abends in der französischen Oper, die ich noch als eine Art Tollhaus verlassen hatte, wo einige Rasende in Verzuckungen schrien, als wenn sie am Spieße steckten – und jetzt dort süßen Gesang, die beste italienische Methode und schöne Stimmen mit sehr gutem Spiele vereinigt fand. Rossini, der, wie ein zweiter Orpheus, die Oper also gezähmt, ist hierdurch der wahre Wohltäter musikalischer Ohren geworden, und Einheimische wie Fremde danken ihm gerührt ihr Heil.

Ich ziehe dieses Schauspiel hier, obgleich es weniger Mode ist, unbedenklich der italienischen Oper vor, da es fast alles vereinigt, was man sich nur vom Theater wünschen kann – nämlich, außer dem genannten guten Gesang und Spiel, prächtige und frische Dekorationen und das beste Ballet in der Welt. Wären die Operntexte auch Meisterstücke, so wüßte ich nicht, was noch verlangt werden möchte, aber schon wie sie sind, kann man z. B. mit der »Muette de Portici«, die ich heute sah, recht sehr zufrieden sein. Mademoiselle Noblet ist eine noble Stumme, Grazie und Leben in ihrem Spiel, ohne alle Übertreibung, und Nourrit der Ältere ein vortrefflicher Masaniello, obgleich *er* allein noch zuweilen etwas zu sehr schreit. Die Kostüme waren musterhaft, aber der feuerspeiende Vesuv mißriet, und die Rauchwolken, welche in die Erde versanken, statt daraus hervorzusteigen, waren ein Phänomen, das ich wenigstens nicht so glücklich gewesen bin zu erleben, als ich dem wirklichen Ausbruch des Vesuvs beiwohnte.

den 8.

Ein französischer Schriftsteller sagt irgendwo: »L'on dit que nous sommes des enfants – oui, pour les faiblesses, mais pas pour le bonheur.« Das kann ich gottlob von mir keineswegs sagen. Je le suis pour l'un et pour l'autre, ohngeachtet der überstiegenen drei Dutzend Jahre. So amüsiere ich mich hier in der Einsamkeit der großen Stadt, außerordentlich gut und kann mir noch ganz wie ein Jüngling einbilden, ich träte eben in die Welt und alles dies sei mir noch neu. Des Morgens besehe ich Merkwürdigkeiten, wandle im Museum auf und ab oder gehe shopping (dies Wort bedeutet, in den Buden umherlaufen und Bagatellen kaufen, deren der Luxus in Paris und in London fortwährend neue erfindet). Hundert kleine Geschenke habe ich Dir dort bereits gesammelt, so daß mein hiesiges, so wenig geräumiges, Logis sie kaum zu fassen imstande ist, und dennoch kaum achtzig Pfund dafür ausgegeben, denn in England ist die *Teuerkeit* kostbar, hier verführt nur die *Wohlfeilheit*, und ich muß manchmal lachen, wenn ich sehe, daß ein pfiffiger französischer Kaufmann einen der steifen Insulaner tüchtig angeführt zu haben glaubt und dieser bloß erstaunt hinausgeht, dieselbe Ware grade sechsmal wohlfeiler als in London gekauft zu haben.

Mittags fahre ich in der wissenschaftlichen Prüfung der Restaurateurs fort und abends in der der Theater, obgleich ich weder den Kursus der einen noch der andern gänzlich zu vollenden Zeit haben werde.

Während dem »shopping« bemerkte ich heute im Palais Royal ein Aushängeschild, auf dem die *wunderbare* Exposition des Todes des Prinzen Poniatowski bei Leipzig angekündigt war. Dergleichen Nationellem gehe ich nicht gern vorüber und stieg daher, das Wunder zu sehen, eine elende dunkle Treppe hinauf, wo ich in einer noch dunklern Kammer ohne Fenster einen dürftig gekleideten Mann bei einer halbverlöschten Lampe sitzen fand. Ein großer Tisch, der vor ihm stand, ward von einem schmutzigen Tuche bedeckt. Sobald ich eintrat, eilte er sogleich noch drei andre Lampen anzustecken, die jedoch nicht recht brennen mochten, worauf er laut und heftig zu deklamieren anfing. Ich glaubte, die Explikation beginne schon, und frug, da ich nicht recht achtgegeben, was er gesagt habe. »Oh rien!« war die Antwort, »je parle seulement à mes lampes, qui ne brûlent pas clair.« Nachdem die Konversation mit den Lampen endlich ihren Zweck erreicht, ward das verdeckende Tuch hinweggezogen und ließ nun ein Kunstwerk erblicken, das einer Nürnberger Spielsache mit kleinen beweglichen Figuren glich, durch die Erklärungen des Besitzers aber reichlich den Eintrittspreis vergütigte. In einem näselnd singenden Tone begann er folgendermaßen: »Voilà le fameux Prince Poniatowski, se tournant avec grâce vers les officiers de son corps, en s'écriant: Quand on a tout perdu, et qu'on n'a plus d'espoir, la vie est un opprobre et la mort un devoir. Remarquez bien, Messieurs« (er redete mich immer im Plural an), »comme le cheval blanc du Prince se tourne aussi lestement qu'un cheval véritable. Voyez – pan à droite – pan à gauche – mais le voilà qui s'élance, se cabre, se précipite dans la rivière, et disparaît.« – Dies geschah, indem die Figur an einem Faden unter dem Tische erst rechts und links, dann vorwärts gezogen wurde und hierauf durch Hinwegziehung eines im gemalten Wasser angebrachten Schiebers darunter in einen Schubkasten fiel. »Ah bien! voilà le Prince Poniatowski noyé. Il est mort ... C'est la première partie – maintenant, Messieurs, vous allez voir tout à l'heure la chose la plus surprenante qui ait jamais été montrée en France. Tous ces petits soldats innombrables que vous apercevez devant vous« (es waren ohngefähr sechzig bis siebzig) »sont tous *vraiment* habillés – habits, gibernes, armes, tout peut s'ôter et remettre à volonté. Les canons servent comme des canons véritables, et sont admirés par tous les officiers du génie qui viennent ici.« Um dies ad oculos zu demonstrieren, wurde die vorderste kleine Kanone an der Lafette gehoben und dem ersten Soldaten sein Degengehenke abgenommen, welches als hinlänglicher Beweis für die gemachte Angabe galt. »Ah, bien! vous allez maintenant, Messieurs, voir manœuvrer cette petite armée, comme sur le champ de bataille. Chaque soldat, et chaque cheval feront séparément les mouvements propres, voyez...« Hier geschah nun weiter nichts, als daß sämtliche Püppchen, die im ersten Akt, wahrscheinlich aus Respekt vor dem Fürsten Poniatowski, sich nicht gerührt hatten, beim Lärm einer Trommel, die ein kleiner Junge unter dem Tische schlug, nun gemeinschaftlich zwei anhaltende, taktförmige Bewegungen machten, die bei den Soldaten im Heben und wieder Niederfallen ihrer Arme, bei den Pferden im Bäumen und Ausschlagen bestanden. Unterdessen rezitierte der Erklärer mit vermehrtem Pathos das französische Bulletin jener Affäre, worauf der zweite Akt schloß. Ich glaubte, daß es kaum besser kommen könnte, und da unterdessen einige Zuschauer mehr eingetreten waren, ich auch den üblen Geruch zweier ausgegangenen Lampen nicht länger ertragen mochte, so flüchtete ich für meine Person vom Schlachtfelde und allen seinen Wundern. Tragisch war es aber doch, dem sich einst so heroisch aufopfernden Helden jetzt so mitspielen zu sehen!

In der Oper vergnügte ich mich sehr am »Comte Ory«, den der jüngere Nourrit sang. Die Kenner mögen noch soviel gegen Rossini schreien – wahr bleibt es doch, daß auch hier wieder Ströme von *Melodie* das Ohr entzücken, bald in Liebestönen schmelzend, im Gewitter donnernd, beim Banquet der Ritter jubelnd oder beim Gebet sich feierlich gen Himmel erhebend. Seltsam genug ist es freilich, daß in dieser fast mehr als leichtfertigen Oper das, nur als *Heuchelei* dargestellte, Gebet der Ritter *dasselbe* ist, welches Rossini früher für Karl X. Krönungsfeierlichkeit komponiert hatte. Madame Cinti sang die Rolle der Gräfin sehr gut, Mademoiselle Javoureck zeigte, als Page des Grafen, sehr schöne Beine, und auch der Bassist war vortrefflich.

Das Ballet, dächte ich, hätte gegen ehemals ein wenig verloren; Albert und Paul werden durch die Jahre nicht leichter, und außer den Damen Noblet und Taglioni zeichnet sich kaum eine Tänzerin aus.

Ich bemerkte während der Oper, daß derselbe Akteur, welcher in der »Muette« eine der Hauptrollen spielt, heute unter dem Corps der Ritter eine ganz unbedeutende Stelle einnahm. Ähnliches geschieht hier oft und ist eine höchst nachahmungswerte Einrichtung, da nur, wenn auch die Besten zum Ensemble konkurrieren müssen, die Rolle mag groß oder klein sein, ein wahrhaft gutes Ganze hervorgebracht werden kann. Für dieses Ensemble wird überhaupt in Frankreich weit mehr als bei uns getan, wo oft die Täuschung an Kleinigkeiten scheitert, welche die Bequemlichkeit der Direktion oder der Schauspieler vernachlässigt. Der selige Hoffmann (nicht der Seelen verteilende, sondern der Seelen ergreifende) pflegte zu sagen, daß von allem Grausenhaften ihm nichts unheimlicher vorgekommen sei, als wenn er, im Berliner Theater, einen Iffländer Geheimerat zuerst so prosaisch sich gehaben und dann plötzlich, statt menschlich durch die Türe abzugehen, wie der leibhaftige Gottseibeiuns, durch die Wand fahren gesehen habe, als sei es bloße Luft. –

den 10.

Es ist freudig auffallend, das Museum, nach allem, was restituiert werden mußte, doch noch so überschwenglich reich zu finden! Die neuen Säle Denons geben nun auch dem größten Teile der Standbilder einen würdigen Aufenthaltsort; es ist nur schade, daß man die alten Säle nicht auch in ähnlichem Stile einrichtet. Zuviel würde, bei Demolierung der Deckengemälde, nicht verlorengehen, da sie an sich keinen großen Wert haben und Gemälde überhaupt sich in Verbindung mit Statuen so schlecht ausnehmen. Skulptur und Malerei sollte man wohl nie vereinigen.

Ohne mich bei den bekannten Meisterstücken aufzuhalten, laß mich einiger Kunstwerke erwähnen, die mich besonders ansprachen und die ich mich früher nicht gesehen zu haben erinnere. Erstens eine schöne Venus, in Milo erst vor einigen Jahren gefunden und vom Duc de Rivière dem Könige geschenkt. Sie ist als Victrix dargestellt, nach der Meinung der Antiquare ursprünglich entweder den Apfel vorzeigend oder mit beiden Händen das Schild des Mars haltend. Da die beiden Arme fehlen, so bleibt dies Hypothese. Aber wie schön ist der vom Gürtel an nackte Körper! Welches Leben, welche zarte Weichheit und reizende Form! der triumphierende, stolze Ausdruck des Gesichts ist weiblich wahr und doch auch göttlich erhaben.

Zweitens. Eine weibliche, in weite Gewande gehüllte Figur (»Image de la Providence« im Katalog genannt), ein herrliches, ideales Weib, Sanftmut und Güte im Antlitz, himmlische Ruhe in der ganzen Gestalt. Die Draperie ist von höchster Grazie und Vollendung.

Drittens. Amor und Psyche, aus der Villa Borghese. Die letztere fleht Amors Verzeihung an, auf ihre Knie gesunken, und das süße Lächeln Amors zeigt, daß ihr Flehen schon innerlich erhört sei. Wollüstige Formen und der lieblichste Ausdruck der Gesichter bestechen wenigstens den Laien! Die Gruppe ist so gut erhalten, daß nur die eine Hand des Liebesgottes als restauriert erscheint.

Viertens. Eine schlafende Nymphe. Die Alten, welche alles unter den schönsten Gesichtspunkt zu bringen verstanden, pflegten häufig mit solchen Figuren, als bloßen Emblemen des Todes, ihre Sarkophage zu schmücken. Der Schlaf, sieht man, ist tief – aber die Stellung dennoch beinahe üppig und reizend die Glieder, an die sich eine schöne Draperie, nur halb verbergend, anschließt. Sie erinnert mehr an neues junges Leben als an den vorhergehenden Tod.* –

Fünftens. Eine Zigeunerin (angeblich), merkwürdig durch die Mischung von Stein und Bronze. Von letzterem die Figur, von ersterem der lakedaimonische Mantel. Der Kopf ist zwar modern, aber von einem höchst gefälligen, schalkhaften Ausdruck, der ganz einer echten Zingarella angehört, wie sie Italien liefert.

Sechstens. Die prächtige Statue einer Anbetenden. Der Kopf und Hals, von weißem Marmor, hat die streng ideale Schönheit der besten Antiken, und der Faltenwurf, vom härtesten Porphyr, könnte in Samt und Seide nicht leichter und freier fallen.

Siebentes. Die kolossale Melpomene gibt einem der neuen Säle den Namen, und unter ihr faßt ein elegantes Bronzegeländer ganz vorzüglich gelungene Nachahmungen antiker Mosaik, vom Professor Belloni, ein. Dies ist eine höchst interessante Erfindung, von der es mich wundert, sie von den Reichen noch so wenig benutzt zu sehen.

** So sollten wir alle den Tod betrachten, darstellen und behandeln. Nur falsch verstandenes Christentum, vielleicht der jüdische Untergrund (wahrlich kein Goldgrund), hat den Tod so lugubre gemacht und ebenso grob sinnlich als unpoetisch Verwesung und Gerippe zu seinem Emblem erwählt.*

Achtens. Die Büste des jungen Augustus. Ein schöner, milder, kluger Kopf – sehr verschieden im Ausdruck, wiewohl mit denselben äußern Umrissen der Züge von der Statue, die den Kaiser in späterem Alter darstellt, wo die Gewalt der Umstände und der Einfluß der Parteien ihn zu so mancher Grausamkeit hinrissen, bis zuletzt doch wieder, mit der unumschränkten Macht, die angeborne sanftere Natur die Oberherrschaft erhielt.

Neuntens. Sein großer Feldherr Agrippa. Nie sah ich eine charakteristischere Physiognomie in edlerer Form! Es ist seltsam, daß die Stirn und das Obere der Augen eine große Ähnlichkeit mit einem Manne zeigen, der auch, obwohl in ganz anderem Wirkungskreise, zu den Großen gehört – ich meine Alexander v. Humboldt. In den andern Teilen des Gesichts verschwindet übrigens diese Ähnlichkeit völlig. Je mehr ich diesen Eisenkopf anschaute, je mehr überzeugte ich mich, daß ein solcher grade dem weichen Augustus nötig war, um Herr der Welt werden zu können und zu bleiben.

Zehntens. Das letzte und zugleich Interessanteste für mich war eine Büste Alexanders, nach Denons Ausspruch, die einzige authentische, welche existiert: ein wahres Studium für den Physiognomisten und Kraniologen, denn die Treue der alten Künstler bildete mit gleicher Sorgfalt alle Teile, genau nach dem Vorbilde der Natur. Wirklich hat dieser Kopf alle Wahrheit des *Porträts*, ganz vom Idealisierten entfernt, nicht eben ausgezeichnet schön in den Zügen, aber, in seinen merkwürdigen Verhältnissen und Ausdruck, der Geschichte des großen Originals durchaus entsprechend. Den, zuweilen leichtsinnigen, Abandon des Charakters verrät sehr gut der graziös etwas zur Linken geneigte Hals wie der wollüstige Zug um den Mund; Stirn und Kinnladen sind auffallend gleich Napoleon, so wie auch die ganze volle Form des Schädels, hinten und vorn (tierisch und intellektuell), sich wie bei Napoleon gleich vollständig ausgebildet zeigt.* Die Stirne ist nicht zu hoch (keinen Ideologen verratend), sondern gedrängt und metallkräftig. Die Züge im allgemeinen sind zwar regelmäßig und wohlgebildet, aber, wie schon erwähnt, nicht idealisch schön zu nennen. Um Auge und Nase thront, von einer erhabnen Schlauheit, wenn ich mich so ausdrücken darf, umspielt, Schärfe des Geistes, mit dem entschlossensten Mut und zugleich jener sinnigen Gemütlichkeit der Seele gepaart, die Alexander zu einem ebenso unbesiegbaren als liebenswürdig poetischen Jünglingshelden machte, wie er einzig in der Geschichte dasteht. Mit dem gleichen Komplex von Eigenschaften begabt, würden weder Karl XII. noch Napoleon ihren Untergang in Rußland gefunden haben und jetzt der eine nicht als ein Don Quichotte, der andere als ein bloß tyrannisch berechnender Kraft- und Verstandesmensch angesehen werden. Das Ganze bildet ein Wesen, dessen Anblick in hohem Grade anzieht und, obgleich imponierend, dennoch in dem Beschauer selbst Mut, Liebe und Vertrauen hervorruft. Man fühlt sich, im Widerschein dieser Züge, behaglich und sicher und sieht ein, daß ein solcher Mann in allen Zeiten, in allen Lagen des Lebens, Bewunderung und Enthusiasmus erregen und mit sich fortreißend habe wirken müssen.

Noch will ich eines lieblichen Basreliefs und eines originellen Altars erwähnen. Das Basrelief (auch aus der Borghesischen Sammlung, die Frankreich, mit so vielem, Napoleon verdankt) stellt Vulkan vor, wie er das Schild des Äneas schmiedet. Zyklopen um ihn, alle mit wahren Silen- und Faungesichtern, sind sehr ergötzlich abgebildet, gar herzig aber erscheint, mitten unter ihnen, ein kleiner, lieblicher Cupido, der, halb sich hinter einer Türe versteckend, dem einen der Zyklopen die Mütze eskamotiert. Alles in der niedlichen Komposition ist voll Leben, Laune und Bewegung und die Wahrheit der Formen und Korrektheit der Zeichnung meisterhaft.

Der Altar, zwölf Göttern zugleich gewidmet, sieht einem christlichen Taufbecken ähnlich. Die Hauptreliefs der zwölf Gottheitsbüsten umgeben den Rand des Beckens gleich einem schönen Kranz. Die Arbeit ist vorzüglich, und die Erhaltung läßt wenig zu wünschen übrig. Die Götter sind in folgender Ordnung gereiht: Jupiter, Minerva, Apollo, Juno, Neptun, Vulkan, Merkur, Vesta, Ceres, Diana, alle einzeln, zuletzt Mars und Venus vereinigt durch Amor. Es wundert mich, daß man diese geschmackvolle Idee noch

* *Wie Napoleon von sich selbst sagte: carré, autant de base que de hauteur.*

nicht im kleinen, für die Bazars der Damen, in Alabaster, Porcelain oder Kristall ausgeführt hat, wie die bekannten Tauben und andere Kunstgegenstände. Nichts könnte sich besser dazu eignen, und doch war nicht einmal bei Jaquet (dem Nachfolger Gettis Mouleur de Musée) ein Gipsabguß davon zu finden, ebensowenig wie von den meisten der angeführten Werke, bloß weil viele nicht zu den berühmtesten gehören, unter welchen berühmtesten doch einige recht wenig anziehende sind. Die Menschen sind gar zu sehr comme les moutons de Panurge. Sie folgen bloß der Autorität und lassen sich von *dieser* nur vorschreiben, was ihnen gefallen soll.

In der Gemäldegalerie würden die erzwungenen Restitutionen ebenfalls weniger bemerkbar sein, wenn man nicht soviel Gemälde der neueren französischen Schule darin aufgestellt fände, die, ich gestehe es, sehr wenige ausgenommen, oft nur wie halbe Karikaturen auf mich wirken. Diese theatralische Verzerrung, dieser Bretteranstand, welche selbst Davids Figuren nicht selten zur Schau tragen, und die stets übertriebenen Leidenschaften erscheinen schülermäßig gegen die edle Naturwahrheit der Italiener und lassen auch die gewinnende Gemütlichkeit der deutschen und niederländischen Schule gänzlich vermissen. Unter diesen berühmten Neuern mißfiel mir Girodet am meisten, und gewiß kann kein gesunder Kunstsinn seine Sündflut ohne Widerwillen betrachten, auch Horace Vernet glänzt nur in Genrestücken, aber Gérards Einzug Heinrich IV. scheint mir ein Bild, dessen Ruf dauern wird.

Die vielen Rubens und Lesueur, die man, um die Lücken zu decken, aus dem Palais Luxembourg hergebracht hat, ersetzten ebenfalls nur schlecht die verschwundenen Raffaels, Leonardo da Vincis und van Eycks. Kurz, alles Neue und Alte, seit der Restauration hierhergekommene, macht keinen günstigen Eindruck, wohin die schlechten Malerbüsten auch noch gehören, die man in gewissen Distanzen in der Galerie unter Säulen aufgestellt hat und die sich, auch wenn sie besser gearbeitet wären, in einen Gemäldesaal nie gut passen würden. Wie immer bildet aber auch noch jetzt die prächtige, lange Galerie den angenehmsten Spaziergang im Winter, und die Liberalität, welche den Zugang stets offenläßt, ist nicht genug zu loben.

Wenn ich bedenke, wie noch erbärmlicher es um die Malerei in England steht, wie Italien und Deutschland ebenfalls nichts Großes mehr bieten,* so möchte man fürchten, daß es mit dieser Kunst bald wie mit der Glasmalerei gehen wird, ja ihr tiefstes Geheimnis wirklich schon verlorengegangen sei. Die Fülle, Kraft, Wahrheit und Leben der alten Maler, wie ihre technische Farbenkenntnis – wo werden sie noch angetroffen? Thorwaldsen, Rauch, Dannecker, Canova wetteifern mit der Antike, aber welcher Maler ist auch nur neben die Künstler zweiten Ranges aus der Blütezeit der Malerei zu stellen? Nur die schon erwähnte Genrearbeit prospe-

* *Macht hier nicht München eine ruhmvolle Ausnahme, wo ein wahrhaft großer Künstler einen noch größern Kunstbeschützer gefunden hat.*

riert, obgleich auch in ihr die sorgsame, treue Naturkopie der Niederländer nie entfernt erreicht wird.

In einem Seitenhofe des Museums steht jetzt der kolossale Sphinx aus Drovettis Sammlung, für den Hof des Louvre bestimmt. Er ist aus rosenfarbnem Granit und von ebenso grandioser Skulptur als stupender Masse, auch ganz intakt, bis auf die Nase, welche man eben durch eine weiße Gipsnase ersetzte, die noch nicht die letzte couche und ihre Farbe erhalten hatte. Dieser Anblick machte mich unwillkürlich lachen, und an die sonderbaren Verkettungen der Umstände denkend, die auch diesen Riesen endlich hierhergebracht, rief ich in meinem Innern: Was willst du, großer ägyptischer Naseweis, hier im neuen Babylon nach dreitausend Jahren, wo kein Sphinx mehr ein Rätsel verbirgt und wo die Verschwiegenheit überhaupt nie zu Hause war.

Abends wählte ich mir unter den Theatern die Porte St.-Martin, um »Faust« zu sehen, der schon zum achtzigsten oder neunzigsten Male die schaulustige Welt anzieht. Der Kulminationspunkt dieses Melodramas ist ein Walzer, den Mephistopheles mit Martha tanzt, und in der Tat, man kann nicht teuflischer walzen! In der noch hübschen Tänzerin sieht man das höllische Feuer, bald schreckend, bald die Adern mit Liebesglut erfüllend, deutlich agieren, und *beide* Motive bringen bei der französischen Martha doch nur wollüstige Bewegungen hervor, eine Sache, welche die südlichen Tänzerinnen aber noch besser verstehen. Dieser Walzer verfehlt nie, den rauschendsten Beifall hervorzurufen, und verdient es, da die Pantomime durchaus sprechend, anziehend, ja in manchen Momenten fast ergreifend ist, ohngefähr wie eine mit Possen untermischte Gespenstergeschichte. Mephistopheles, obgleich häßlich, hat doch den Anstand eines vornehmen Mannes, was unsern deutschen Teufeln stets abgeht.

Unter den Dekorationen zeichnet sich der Blocksberg mit seinen Greueln aus, die die Wunder der Wolfsschlucht weit hinter sich zurücklassen. Durch grausende Lichter aller Farben erleuchtet, die hinter schwarzen Tannen und Windbrüchen hervorblitzten, wimmelte es von lebenden Gerippen, schillernden Lindwürmern, furchtbaren Mißgeburten, geköpften oder zerfleischten, blutenden Körpern, gräßlichen Hexen, kolossalen, glühenden Riesenaugen, die aus den Zweigen lugten, menschengroßen Kröten, giftgeschwollenen Schlangen, halbvermoderten Leichnamen und vielen andern lieblichen Bildern dieser Art. Im letzten Akt verstieg sich jedoch die Dekoration zu weit, indem sie Himmel und Hölle *zugleich* darzustellen sich vermaß. Der Himmel, welcher natürlich den obern Teil der Bühne einnahm, glänzte zwar sehr schön in lichtblauem Brillantfeuer, dies war aber dem Teint von Gretchens Seele sowohl als den um sie her pirouettierenden Engeln dergestalt ungünstig, daß sie sämtlich mehr den Leichnamen des Blocksberges als Seligen ähnlich sahen. Ein weit besseres Kolorit hatten dagegen die unmittelbar unter dem hölzernen Himmelsboden tanzenden Teufel, die auch ihre roten Backen durch den Eifer verdienten, mit der sie Fausts Puppe unverdrossen zu zerreißen beschäftigt waren, bis der Vorhang fiel. – (Es ist eigentlich hübsch, wenn große Menschen solche Kinder sind!)

Der Saal des Theaters selbst ist geschmackvoll dekoriert: bunte Malerei und Gold auf einem weißen Atlasgrund. Die farbigen Blumen, Vögel und Schmetterlinge nehmen sich gar freundlich darauf aus. Das Innere der Logen ist lichtblau, und die Brüstung ahmt roten Samt nach. Außer dem störenden Geschrei der Limonadenverkäufer, die für ein deutsches Ohr die Worte: Orgeat, Limonade und Glace in so seltsamer Abkürzung ausrufen, wanderte auch ein Jude mit Theaterlorgnetten umher, die er für zehn Sol das Stück für die Dauer der Vorstellung *vermietete* – eine Industrie, die ich mich früher nicht bemerkt zu haben erinnere und die recht bequem dient, wenn man kein eignes Glas bei der Hand hat.

Dieser Brief gelangt wahrscheinlich auf Schlitten zu Dir, denn wir haben, seit ich hier bin, ein ganz russisches Klima, aber leider keine russischen Öfen. Der Himmel verleihe Dir eine bessere Temperatur in B…

Dein treuer L…

48 Achtundvierzigster Brief

Paris, den 20. Januar 1829

Liebe Julie!

Es ist gewiß eine schöne Sache in Paris, einen solchen Spaziergang, wie das Museum bietet, täglich zu seiner Disposition zu haben und, um dem Regen oder Schnee zu entgehen, in den Sälen der Götter und unter den Schöpfungen des Genius umherwandeln zu dürfen! Vive le Roi! für diese Liberalität gegen alle.

Nachdem ich meinen Vormittag in den Prachtsälen zugebracht und auch das neue Ägyptische Museum gesehen, von dem ich Dich später unterhalten werde, fand ich zufällig, beim Essen, eine interessante Gesellschaft an einem General de l'Empire, dessen Unterhaltung ich dem Theater heute vorzog. Er erzählte mir als Augen- und Ohrenzeuge eine Menge Anekdoten, die ein lebhafteres Bild und zum Teil einen tiefern Blick in die ganzen Verhältnisse jener Zeit zuließen, als es Memoiren vermögen, in denen man die Wahrheit *nie ganz* ohne Schminke entfalten kann. Es würde zu weitläufig sein, Dir hier viel davon erzählen und obendrein diese Mitteilung des belebenden Kolorits des Worts zu sehr entbehren müssen, weshalb ich das meiste für mündliche Unterhaltung aufbewahre. Nur einige Züge zur Probe.

Es ist nicht zu leugnen, sagte mein Berichterstatter, daß im Innern der Familie Napoleons viele gemeine Verhältnisse stattfanden, welche die Roture verrieten (worunter keineswegs die nicht vornehme Geburt, sondern eine mangelhafte und würdelose Erziehung zu verstehen ist). Namentlich herrschte der größte Haß und die elendesten gegenseitigen Intrigen zwischen der Familie Napoleons und der Kaiserin Josephine, welche auch zuletzt das Opfer davon ward. Napoleon nahm früher stets die Partei seiner Frau und wurde von seiner Mutter deshalb oft ins Angesicht mit dem Namen eines Tyrannen, Tiber, Nero und *noch weniger klassischen* Ausdrücken gescholten. Übrigens habe Madame oft gegen ihn geäußert, sagte der General, daß Napoleon schon als kleines Kind stets habe allein herrschen, immer nur sich und das Seinige schätzen wollen. Seine Brüder wären von Anfang an von ihm tyrannisiert worden, nur mit Ausnahme Luciens, der nie die geringste Beleidigung ungerächt gelassen. Es erregte daher oft ihr Erstaunen, wie gleich sich, durch die ganze Folgezeit, der beiderseitige Charakter der Brüder geblieben. Der General behauptete, daß Madame Lätitia die feste Überzeugung gehabt, Napoleon werde übel enden, und kein Geheimnis daraus gemacht, daß sie nur für diese Katastrophe spare. Lucien teilte diese Überzeugung und sagte dem General schon 1811 die merkwürdigen Worte: »L'ambition de cet homme est insatiable, et vous vivrez peut-être, pour voir sa carcasse et toute sa famille jetées dans les égouts de Paris.«

Bei der Krönung Napoleons hatte die Kaiserinmutter, bei welcher der General, nach verlassenem Militärdienste, eine Hofcharge innehatte (er sagte mir nicht welche), ihm aufgetragen, genau Achtung zu geben, wieviel Fauteuils, Stühle und Tabourets für die kaiserliche Familie aufgestellt worden wären, und sowie sie hereinträte, ihr unbemerkt seinen Rapport darüber abzustatten. Der General, damals mit Hofsitten ziemlich unbekannt, wunderte sich über den seltsamen Auftrag, richtete ihn aber pünktlich aus und meldete, er habe nur zwei Fauteuils, einen Stuhl und soundso viel Tabourets gezahlt. »Ah! je le pensais, bien«, rief Madame Mère, rot vor Zorn, »la chaise est pour moi – mais ils se trompent dans leur calcul!« Schnell auf den ominösen Stuhl zuschreitend, frug sie den diensttuenden Kammerherrn mit bebenden Lippen, wo ihr Sitz sei? Dieser wies mit einer tiefen Verbeugung auf den Stuhl – die Tabourets waren schon von den Königinnen und Schwestern eingenommen. Den Stuhl ergreifen, ihn dem Kammerherrn auf die Füße stoßen, der vor Schmerz beinahe laut aufschrie, und in das Cabinet eindringen, wo der Kaiser und Josephine warteten, war für die empörte Korsin das Werk eines Augenblicks. Hier folgte nun die indezenteste Szene, während die Kaiserinmutter in den stärksten Ausdrücken erklärte, daß, wenn ihr nicht augenblicklich ein Fauteuil gegeben werde, sie den Saal verlassen und vorher laut den Grund ihrer Handlungsweise angeben wolle. Napoleon, obgleich wütend, mußte bonne mine à mauvais jeu machen und half sich dadurch, daß er die ganze Sache den armen Grafen Ségur, als eine Bévue, die von ihm allein herrühre, ausbaden ließ. »Et on vit bientôt«, setzte der General hinzu, »le digne Comte arriver tout effaré, et apporter lui-même un fauteuil à sa Majesté l'Impératrice Mère.« Charakteristisch und ein Beweis, daß keineswegs Josephine, sondern der Kaiser selbst schuld an dem Vorfall war, ist, daß bei der Heirat mit Maria Luise sich genau dieselbe Sache wiederholte und die nun schon zu sehr eingeschüchterte und gedemütigte Mutter nicht mehr den Mut hatte, zu widerstreben.

Napoleon war bigott erzogen worden, und obgleich zu scharfsichtig, um so zu bleiben oder es vielleicht je ernstlich zu sein, hatte doch die Gewohnheit wie bei allen, mehr oder weniger, auch auf ihn einen so starken Einfluß, daß er sich von den ersten Eindrücken nie ganz frei machen konnte. Es arrivierte ihm sogar zuweilen, wenn etwas ihn plötzlich frappierte, unwillkürlich das Zeichen des Kreuzes zu machen, ein Geste, der den skeptischen Kindern der Revolution, bei einem Manne wie der Kaiser, höchst befremdend vorkam.*

Nun noch zuletzt ein artiger Trait Karl IV., dem man kaum so etwas Zartes zutrauen wird, obgleich die, welche ihn persönlich kannten, wissen, daß dieser unendlich liberale und gute, wenngleich höchst schwache und ungebildete Prinz als Mensch viel mehr wert war denn als König.

Als Lucien nach Spanien ging, um dort den Posten eines Ambassadeur der Republik einzunehmen, begleitete ihn der General als Gesandtschaftssekretär. Der vorige Gesandte hatte alle Grobheit der republikanischen Sitten zum höchsten Skandal des etikettenreichsten und förmlichsten Hofes der Welt affichiert, und man fürchtete vom Bruder des französischen Staatsoberhauptes eine noch größere Arroganz. Lucien hatte indessen le bon esprit, gerade das Gegenteil zu tun, erschien sogar in Schuhen und Haarbeutel und erfüllte alle Zeremoniell und Hofpflichten mit solcher Pünktlichkeit, daß man vor Freuden und Dankbarkeit darüber am Hofe in wahres Entzücken geriet. Lucien wurde nicht nur höchst populär, *sondern der wahre Liebling* der ganzen königlichen Familie. Er erwiderte, wie mein Erzähler versicherte, diese Freundschaft aufrichtig und warnte oft den König wie den Friedensfürsten ernstlich ebensosehr vor der Treulosigkeit als dem unersättlichen Ehrgeiz seines Bruders, über den er, bei jeder Gelegenheit, ganz ohne Rückhalt sprach. Das Zutrauen des alten Königs pour son grand ami, wie er Napoleon nannte, blieb jedoch bis zum letzten Augenblick unerschütterlich.

Vor seinem Abgang setzte Lucien seiner Popularität noch durch ein prachtvolles Fest die Krone auf, desgleichen man in Spanien nie gesehen und welches gegen vierhunderttausend Franken gekostet haben soll. Die höchsten Personen des Hofs, viele Grandes und die ganze königliche Familie beehrten es mit ihrer Gegenwart, und letztere namentlich schien dem Ambassadeur nicht genug Verbindliches darüber sagen zu können. Wenige Tage darauf erhielten alle Mitglieder der Gesandtschaft prächtige Geschenke, nur der Ambassadeur ging leer aus, und die republikanische Familiarität erlaubte sich daher im Palais des Gesandten

** Mein Freund schrieb auch mir damals von jener Unterredung und erwähnte einer komischen Partikularität, die in den Briefen an eine Dame freilich nicht Platz finden konnte, aber hier in einer Note wohl hasardiert werden darf, da sie zugleich den Ton der Großen jener Zeit und ihres Herrn so gut schildert.*[1] *Napoleon machte nämlich, in Gegenwart des Erzählers und mehrerer andern Militärs, dem Marschall Masséna scherzhafte Vorwürfe, daß er nie ohne Weiber leben könne. »Ich begreife dies weichliche Wesen nicht«, sagte der Kaiser. »Solange ich in Italien kommandierte, ließ ich mir nie eine Frau zu nahe kommen, um mich nicht von wichtigeren Dingen zu zerstreuen, mais j'ai ma saison comme les chiens«, setzte er hinzu, »et j'attends jusque là.« Der General versicherte, daß seitdem, wenn man bei Hofe eine besondere Disposition zur Eifersucht bei der Kaiserin Josephine bemerkte, die Höflinge sich lächelnd zuzurufen pflegten: Ah! l'Empereur est dans sa saison.*

[1] *Damen warne ich jedoch im voraus.*

NAPOLEONS-SÄULE AUF DEM VENDÔMEPLATZ IN PARIS

B. Metzeroth sc.

mehrere deshalb an ihn gerichtete Neckereien. Indes war die Abschiedsaudienz vorübergegangen, Luciens Abreise auf den nächsten Tag bestimmt und alle Hoffnung auf das erwartete Präsent nun ganz aufgegeben, als ein Offizier der wallonischen Garden mit Eskorte im Hotel ankam und dem Gesandtschaftssekretär ein in eine Kiste gepacktes, großes Gemälde, als ein Andenken des Königs für den Bruder Napoleons, überbrachte. Als man Lucien dies meldete, äußerte er, es sei ohne Zweifel die Venus von Tizian, die er mehreremal in des Königs Beisein gerühmt, und allerdings ein Gemälde von Wert, indessen sei ihm doch jetzt dieser Transport unbequem und er müsse gestehen, er hätte etwas anderes lieber gesehen. Nichtsdestoweniger ward der Offizier mit großer Artigkeit bedankt und entlassen, bei welcher Gelegenheit ihn Lucien seine eigne kostbare Busennadel anzunehmen bat. Hierauf befahl der Gesandte, daß das Gemälde aus der Kiste genommen, der Rahmen hiergelassen und es so aufgerollt werde, daß man es auf die Imperiale eines Wagens packen könne. Der Sekretär tat, wie ihm geboten; kaum hatte man aber die umgebende Leinwand weggeschoben, als ihm statt der gepriesenen Venus das, nichts weniger als schöne, Gesicht des Königs freundlich entgegenlächelte. Schon wollte er, schadenfroh über das komische Quiproquo, zum Gesandten eilen, um es ihm scherzend mitzuteilen, als, beim völligen Hinwegnehmen der Enveloppe, ihn eine noch viel größere Überraschung zurückhielt. Das ganze Gemälde war nämlich, gleich einer Miniature, mit großen Diamanten eingefaßt, die Lucien später für vier Millionen Franken in Paris verkaufte. Dies war doch eine wahrhaft königliche Überraschung, und der Ambassadeur hatte recht, einen solchen Rahmen nicht, wie er früher befohlen, zu Hause zu lassen.

In Badajoz wurde, nach der Behauptung des Generals, Lucien sehr intim mit der Königin von Portugal bekannt, welche ihm dort ein politisches Rendezvous gegeben hatte und, meinte er, D... M... könnte wohl die Folge davon sein. Gewiß ist es, und ich schrieb Dir es bereits von London, daß dieser Prinz Napoleon auffallend gleicht.

den 24.

Schon früh saß ich heute im Cabriolet, um eine weitere Tournee als gewöhnlich und alten Bekannten einen Besuch zu machen. Ich dirigierte den Kutscher zuerst nach Notre-Dame und bedauerte unterwegs, als ich auf dem Pont Neuf ankam, daß man der Statue Heinrich IV. diese Stellen angewiesen hat, wo sie so unzweckmäßig auf die kahle Basis des Obelisken gesetzt ist, welchen Napoleon früher projektiert hatte und für den der Platz gewiß mit großer Sagazität ausgesucht war, während jetzt, dicht unter den weiten und hohen Häusermassen, welche den Hintergrund der kleinen Statue umgeben und sich in einem kolossalen Dreieck gegen sie schließen, das bäumende Pferd von weitem nur den Effekt eines hüpfenden Insekts macht. Indem ich noch bei mir diese Betrachtungen verfolgte, und was aus Paris geworden wäre, wenn Napoleon fortregiert, rief der Cabrioletführer plötzlich: »Voilà la Morne.« Ich ließ halten (car j'aime les emotions lugubres) und betrat das bisher noch nie gesehene Leichenhaus, wo, wie Du weißt, alle unbekannte Totgefundene ausgestellt werden. Hinter einem hölzernen Gitter erblickt man einen kleinen reinlichen Saal mit acht schwarz angestrichnen hölzernen Bahren in Reih und Glied gestellt, das Kopfende der Wand zugekehrt, das untere gegen die Zuschauer gerichtet. Die Toten werden nackt darauf gelegt und die Kleider und Effekten derselben hinter ihnen an der weißen Wand aufgehangen, so daß jeder leicht daraus das ihm Angehörige erkennen mag. Nur ein alter Mann, mit einer echt nationellen Franzosenphysiognomie, Ringen in den Ohren und am Finger, lag ganz freundlich und lächelnd mit offnen Augen da, täuschend einer Wachsfigur ähnlich, und mit einer Miene, als hätte er eben seinem Nachbar noch eine Prise anbieten wollen, wie ihn der Tod übereilt. Seine Kleider waren gut – superbes, wie ein zerlumpter Kerl neben mir sagte, der sie mit sehnsüchtigen Blicken betrachtete. Am Körper war keine gewaltsame Verletzung zu sehen, so daß den Alten wahrscheinlich der Schlag in einem entfernten Teile der Stadt, seinen Verwandten noch unbewußt, getroffen hatte, denn Elend schien hier nicht stattgefunden zu haben. Einer der Wächter erzählte mir ein sonderbares Faktum, nämlich, daß im Winter die sich Ersäufenden, welches in Paris jetzt die fashionable Methode ist, sich ums Leben zu bringen, um zwei Drittel seltener sind als im Sommer. Der Grund kann doch, so lächerlich es klingen mag, kein andrer sein, als weil im Winter das Wasser zu kalt ist (denn zugefroren ist die Seine nur sehr selten). Aber wie die Kleinigkeiten und alltäglichen Dinge die großen Begebenheiten im Leben weit mehr regieren, als man glaubt, so scheinen sie auch noch im Tode ihre Macht auszuüben, und die Verzweiflung selbst bleibt noch douillet und von Sinnlichkeit befangen.

Du erinnerst Dich der drei Portale von Notre-Dame mit den eichenen Pforten, die mit herrlichen Bronzeblumen und Arabesken verziert sind, und wie die ganze, in ihren Details interessante Fassade einen originellen Anblick gewähren; aber gleich dem ehemaligen Tempel zu Jerusalem wird auch Notre-Dame durch Buden und Verkäufer entstellt, die sich bis ins Innere der Kirche eingenistet haben. Dieses Innere, das dem Äußeren überhaupt so wenig entspricht, ist durch einen neuen Anstrich noch unbedeutender geworden.

In der Fortsetzung meiner Promenade stieg ich auch einen Augenblick beim Panthéon aus. Es ist schade, daß die Lage und Umgebung dieses Tempels so sehr unvorteilhaft sind. Auch im Innern erschien er mir immer fast zu einfach und zierlos, was zu diesem Stil nicht paßt, und der neue Plafond von Girodet ist ohne Theaterlorgnette kaum zu entdecken. Die Öffnung der Kuppel ist zu klein und hoch, um irgend etwas von dem Gemälde deutlich auffassen zu können. An einem Pfeiler sah ich ein detachiertes Stück Teppich hängen und erfuhr auf Nachfrage, es sei dies eine Arbeit der unglücklichen Marie Antoinette und von Madame der Kirche geschenkt worden. Über dem Seitenaltar stand: Autel privilégié – d. h. Ablaß erteilend! Die Ideenassoziation, welche dieser Anblick hervorbrachte, rief mir die nahe Menagerie ins Gedächtnis, und ich fuhr nach dem Jardin des Plantes, wo es den Tieren zu kalt geworden war, daher ich auch alle, lebende und tote, verschlossen fand und nur einen großen Eisbären besuchen konnte. Dieser kehrte, als ich kam, ohne sich stören zu lassen, wie ein Tagelöhner, mit großer Geduld und Ruhe seinen Zwinger mit den Vordertatzen, deren er sich als eines Besens bediente, brachte dann das Stroh und den trocknen Schnee in seine Höhle, um ein weiches Lager daraus zu bereiten, worauf er sich zuletzt auch, behaglich murrend, langsam ausstreckte. Auch sein Nachbar Martin, der Landbär, welcher einst eine Schildwache fraß, befindet sich noch wohl, war aber heute nicht visible. Auf dem Rückweg besuchte ich noch eine dritte Kirche, St.-Eustache, die im Innern grandioser erscheint als Notre-Dame und Panthéon, auch durch einige bunte Fenster und Gemälde belebt wird. Von den letztern war sogar, zu irgendeinem Feste, eine Art Ausstellung in der Kirche veranstaltet, die jedoch den Kunstsinn nicht sonderlich ansprach. Angenehmer war die schöne Musik, bei der mehrere Posaunen ergreifend wirkten. Warum wendet man ein so erhabnes Instrument nicht weit öfter bei unserer Kirchenmusik an?

Als ich über die Place des Victoires fuhr, schickte ich einen Stoßseufzer gen Himmel, über die Nichtigkeit des Ruhms und seiner Monumente. Auf diesem Platz stand, wie Du Dich noch erinnern wirst, einst Desaix' Statue, die er wahrlich um Frankreich verdient hatte. Jetzt ist sie weggeworfen, und ein römisch gepanzerter Ludwig XIV., mit der Allongenperücke auf dem Haupte, dessen Roß einem großen hölzernen Steckenpferd ähnlich sieht, hat seine Stelle eingenommen. Mit Mühe tröstete ich mich über die traurigen moralischen Betrachtungen, die dieser Anblick bei mir erweckte, durch sinnlichere Eindrücke im Salon des frères provençaux, vermöge guter Trüffeln und der Lektüre eines weniger guten Moderomans. Ja ich bedurfte einer ganzen Bouteille Champagner, um endlich mit Salomo ausrufen zu können: Alles ist eitel! und dann hinzuzusetzen: Drum genießt den Augenblick, ohne zuviel darüber nachzudenken! In dieser guten Stimmung durchstrich ich hierauf zum letztenmal das Palais Royal, wo so viel bunte Colifichets und neue Erfindungen mir aus den hellerleuchteten Buden entgegenglänzten, daß ich am kristallnen Nachthimmel den Vollmond, der, ganz klein und eidottergelb, an einer der Feueressen gegenüber zu hängen schien, beinahe auch für eine ganz neu erfundene Spielsache angesehen und mich gar nicht sehr gewundert haben würde, wenn der Mondmann oder Mademoiselle Garnerin daraus hervorgestiegen und im Innern von Verys Feueresse verschwunden wären. Da aber alles beim alten blieb, so ließ ich mir wenigstens von dem, die dunkeln Öllampen sehr überstrahlenden, Gestirn nach den Varietés leuchten, pour finir ma digestion en riant. Dieser Zweck gelang auch vollkommen, denn das kleine Theater hat zwar Potier, aber mit ihm nicht allen seinen Lachreiz verloren. Gewonnen hat es dagegen (für die Augen wenigstens) eine allerliebste kleine Schauspielerin, Mademoiselle Valerie, und ein viel besseres und frischeres Äußere als sonst. Zu den glücklichen Neuerungen gehört es, daß der Vorhang nicht wie gewöhnlich nur eine gemalte Draperie, sondern von wirklich in Falten drapierten, dunkelblauem Zeuge ist, was sich zu dem Cramoisi, Weiß und Gold des Saales sehr gut ausnimmt. Er wird nun auch nicht mehr so unbeholfen und steif in die Höhe gerollt, wie die andern, sondern zieht sich graziös, beim Beginn des Spiels, von beiden Seiten zurück. Die größten Bühnen sollten dies nachahmen.

den 16.

Sonst waren die Anas Mode, jetzt sind es die Amas, et le change est pour le mieux, denn die ersten erinnerten unwillkürlich an Esel, die zweiten dagegen an Liebe, obgleich mit den ersten große Männer gemeint waren und die zweiten nur der Wissenschaft- und Kunstliebe angehören. Durch die gewöhnlich darin herrschende ägyptische Finsternis aber gewähren sie doch auch Amor zuweilen einigen Spielraum.

Ich widmete diesen Amas den heutigen ganzen Morgen und fing mit dem Ama der Geographie, dem Georama, an. Hier sieht man sich auf einmal in der Mitte der Erdkugel, wohin Herr Dr. Nürnberger mit seinem projektierten Schacht noch nicht gelangt ist, wo sich aber zugleich die andere Hypothese eines Lichtmeers im Innern der Erde bestätigte, denn es ist hier so licht, daß die ganze Erdkruste davon transparent wird und man von innen heraus sogar die *politischen* Ländergrenzen deutlich erkennen kann. Unglücklicherweise hat man den Nordpol über sich, durch den heute ein so verzweifelt kalter Luftzug hereindrang, daß der kleine eiserne Ofen, unten im Südpol, durchaus mit seiner Wärme nicht durchdringen konnte. Dies schwächte meine Neugierde sehr, weshalb ich Dir auch nur sagen kann, daß kein Globus die Geographie so anschaulich macht als das Georama und es zu wünschen wäre, daß alle Lancasterschen Schulen künftig ebenfalls in einem solchen Bauche der Erde angelegt würden, wo man sich, bei größerer Gesellschaft, auch mutuellement besser wärmen könnte. Die Seen erscheinen hier, wie in der Wirklichkeit, sehr hübsch blau und durchsichtig, die feuerspeienden Berge wie kleine glühende Punkte, und den schwarzen Bergketten folgt man bequem mit den Augen. Als etwas Seltsames fiel es mir auf, daß die großen transparenten Seen in China zugleich die Umrisse wahrhaft chinesischer Fratzen darstellten, ganz ihren grotesken Götterbildern ähnlich. Unter andern erschien der größte, ohne allen Effort der Einbildungskraft, als das leibhaftigste Bild eines fliegenden Drachen, wie deren so häufig auf den chinesischen Vasen und auf dem Brustlatz der Mandarine abgebildet sind. Auf diese neue Entdeckung tue ich mir etwas zugute, und wer weiß, ob sich daraus nicht ein neues Licht über die chinesische Mythologie verbreitet. Worüber ich mich dagegen sehr entrüstet fühlte, war, daß die neuen (nun schon alten) Entdeckungen am Nordpol, in Afrika und dem Himalajagebürge noch nicht einmal angegeben waren. Es schien überhaupt die ganze Sache etwas en décadence zu sein, denn anstatt daß man sonst in Paris zu allen Vorstellungen dieser Art durch hübsche Weiber, die am Bureau sitzen, anzulocken sucht, nahm hier eine furchtbare Person, die den lépreux d'Aoste glich, die Geldspenden ein.

Das Diorama, eine halbe Stunde weiter auf den Boulevards, gibt eine Ansicht des Gotthards und Venedigs. Die erstere Gegend, auf der italienischen Seite des Gebürges, die ich in natura gesehen, war schön und täuschend abgebildet, da aber keine Veränderungen der Beleuchtung dabei stattfinden, wie bei dem (weit vorzüglicheren) Diorama in London, so gibt der Anblick weniger Abwechslung und Genuß. Venedig war schlecht gemalt und von so gelbem Lichte beschienen, als wenn es, aus gerechtem Ärger über die Franzosen, die einst seine politische Existenz zerstörten und es dann nicht einmal behielten – die jaunisse bekommen hätte.

Beim Neorama sieht man sich in die Mitte der Peterskirche versetzt – die Täuschung ist aber nur sehr mittelmäßig und die Menge der natürlich unbeweglichen Figuren, bei so viel Prätention zu vollkommner Nachahmung, störend. Nur Schlafende oder Tote sollte man zur Staffage eines solchen Bildes benutzen. Das Fest des heiligen Petrus wird dargestellt. Papst, Kardinäle, Gefolge und die päpstliche Garde en haye füllen die Kirche und sind dabei so schlecht gemalt, daß seine Heiligkeit der Papst wie ein vor der alten Jupiter-Statue Petris hingeworfener Schlafrock aussahen.

Mit Übergehung der bekannten Panoramas und Kosmoramas bringe ich Dich endlich in das Uranorama, im neuen Passage Vivienne. Das ist eine sehr ingeniöse Maschine, um den Lauf der Planeten unsers Sonnensystems anschaulich zu machen. Ich mag nicht leugnen, daß ich nie vorher eine so klare Idee vom Grunde der Jahreszeiten, der Mondwechsel usw. hatte als nach einer Stunde, die ich hier verbrachte. Mündlich werde ich Dich näher davon unterrichten, ja, wenn Du 1200 Franken daranwenden willst, kannst Du eine Kopie der ganzen Maschine im kleinen erhalten, die in keiner ansehnlichen Bibliothek fehlen sollte.

Ich hatte also heute früh mit dem Mittelpunkt der Erde angefangen, dann die verschiedenen Herrlichkeiten ihrer Oberfläche bewundert und nach einem flüchtigen Besuch auf sämtlichen Planeten in der Sonne aufgehört. Es fehlte nichts als ein letztes *Ama*, das mir den siebenten Himmel und die Huris gezeigt, so wäre meine Reise ganz vollständig gewesen, und ich hätte mehr in diesem Vormittag gesehen als der ägyptische Derwisch in den fünf Sekunden, die er mit dem Kopf im Wassereimer zubrachte.

Es ist also wohl das beste, hiermit auch den Vorhang vor meinem fernern Tun und Lassen herabzuziehen. Wenn er sich wieder vor Dir auftut, wird es nur sein, um daß ich Dir selbst daraus entgegentrete – denn schneller wie Briefe eile ich morgen der Heimat wieder zu. Erst wenn ich dort die Seelenkräfte von neuem mir erfrischt, will ich die alten Pläne vollführen – einen Winter unter Granadas Orangen- und Oleanderblüten verträumen, eine Zeit unter Afrikas Palmen wandeln und die alternden Wunder Ägyptens zuletzt vom Gipfel seiner Pyramiden betrachten. Bis dahin keinen Brief mehr.

Dein treuester Freund L…

Nachwort

Im Dezember 1870, zwei Monate vor seinem Tode, zieht der sechsundachtzigjährige Hermann von Pückler-Muskau in seinem Tagebuche das Fazit all seines Tuns: »Kunst ist das Höchste und Edelste im Leben, denn es ist *Schaffen zum Nutzen der Menschheit*. Nach Kräften habe ich dies mein langes Leben hindurch im Reiche der Natur geübt.«

Sind die landschaftsgärtnerischen Intentionen Pücklers für uns in Muskau und Branitz, aber auch in Ettersburg bei Weimar, zu besichtigen und geben die »Andeutungen über Landschaftsgärtnerei« (1834) noch heute Anleitung zur Pflege eines Lebenswerkes, das beachtlich ist, so unterschlägt der Tagebuchschreiber eine Seite seines Schaffens gänzlich, die allerdings um 1870 weitgehend aus dem Bewußtsein der lesenden Öffentlichkeit verschwunden war: Den Schriftsteller, dessen literarische Briefe das zeitgenössische Publikum faszinierten. Artikuliert sich in ihnen doch eine Persönlichkeit, die wie kaum eine zu amüsieren und zu unterhalten verstand. Von all den Briefwechseln, Tagebüchern und Reiseberichten, die er uns hinterließ, sind es vor allem die »Briefe eines Verstorbenen«, in denen sich sein Wesen offenbart und die ihm zu einer Berühmtheit verhalfen, die weltweite Ausmaße hatte.

Es ist ein Kuriosum, daß der Autor Pückler-Muskau mit einem Werk in die Literatur eintrat, das – als er es »verfaßte« – mitnichten zur Veröffentlichung vorgesehen war. Die im Konversationston geschriebenen Briefe aus England und Wales, Schottland und Irland, Deutschland und Frankreich, die der vierzigjährige Fürst an die daheimgebliebene Ehefrau schreibt, sind intimes Tagebuch und vertrauliches Gespräch mit der geliebten Partnerin in einem. Die von Pückler nicht veröffentlichten Teile der Korrespondenz geben darüber hinaus Aufschluß über das Scheitern eines Planes, der, sieht man es nüchtern, kaum guten Gewissens ehrenhaft genannt werden kann. Für viele Betrachter war der Anlaß der Reise nur *der* Skandal in einer Kette von Vorfällen, die auch Wohlwollenden mitunter die Verteidigung des Dandys und Lebemannes schwergemacht haben dürfte.

Hermann von Pückler-Muskau kam am 30. Oktober 1785 als der erste Sohn des kursächsischen Wirklichen Geheimerats Karl Erdmann Graf von Pückler auf Branitz und seiner fünfzehnjährigen Frau Clementine – sie hatte die Standesherrschaft Muskau mit in die Ehe gebracht – zur Welt. Die Kindheit des von der jugendlichen Mutter wie eine Puppe behandelten, vom Vater mit Strenge gehaltenen Knaben gab später nie Anlaß zu beschaulichen Rückblicken auf ein behütetes Refugium. Im Gegenteil – der von Ammen, Dienern und Hofmeistern Erzogene erwies sich bald als ein aufsässiges Kind, das siebenjährig zu den Herrnhutern nach Uhyst in Pflege gegeben wurde. Die drei Jahre, die er dort zubringen mußte, erweckten im jungen Pückler einen fortdauernden Widerwillen gegen Frömmelei und starren Dogmatismus; doch während dieser Zeit weckte die Gelegenheit, im Garten der Anstalt ein eigenes Beet in Obhut nehmen zu können, in ihm den Keim zu einer Leidenschaft, die ihn nie wieder loslassen sollte; mit Hingabe und voller Erfindungsreichtum pflegte er »sein« Gärtchen – der spätere Landschaftsgestalter nutzte voller Eifer die Chance, sich mit originellen Ideen hervorzutun.

Das Pädagogium in Halle – dort mußte man den Jungen seiner Streiche wegen relegieren – behagte ihm sowenig wie das Studium der Rechtswissenschaften in Leipzig, wo er 1801 für ein Jahr ein Gastspiel gab. Als Leutnant bei den Gardes du Corps in Dresden erregt er mit spektakulären Duellen und anderen Husarenstückchen Aufsehen. Dazu kommen – wie schon in Leipzig – jede Menge Schulden, die immer mehr Wechsel präsentierenden Gläubiger und schließlich die Drohung des Vaters, den jungen Lebemann zu enterben. Da flieht er 1804 nach Wien, wo er zurückgezogen privatisiert und – mit keinem guten Ergebnis – den Versuch macht, finanziell wieder Boden unter den Füßen zu finden.

Wien ist auch der Ausgangspunkt seiner »Jugendwanderungen«, wie er sie später selbst nennen sollte. Im Herbst 1807 macht er sich – wieder eines Duells wegen – auf die Reise nach Bayern, und von München aus geht er auf die große Tour durch die Schweiz, Italien und Frankreich, eine Reise, die ihm mannigfache Selbst- und Welterfahrung bringen sollte. Pückler absolviert sie – ganz gegen die Gepflogenheiten feudaler junger Herren – allerdings auf ungewöhnliche Weise: permanenter Geldmangel zwingt ihn zur Wanderschaft. Ein Leben am Rande des Existenzminimums und gesundheitliche Beschwerden stehen im Kontrast zu Begegnungen mit der internationalen Aristokratie – im römischen Salon der Karoline von Humboldt muß er befürchten, daß seine Armut auffällt; solche Erlebnisse sind mehr als geeignet, den Blick zu schärfen für eine Welt, die ihm nie die beste von allen sein wird. Sein Tagebuch und seine Briefe offenbaren schon jetzt – er hat Talent zum Schreiben.

Nach Deutschland zurückgekehrt, führt er ein unruhiges Leben, ist auf Reisen, bemüht sich, »seine Verhältnisse in

Ordnung zu bringen«. Überlegungen, eine militärische Laufbahn einzuschlagen, werden vom kometenhaften Aufstieg Napoleons, den Pückler stets bewunderte, ausgelöst; aber er bemüht sich auch mehrfach um eine Stelle im diplomatischen Dienst – trotz ernsthaftester Anstrengungen jedoch lebenslang ohne Erfolg.

Als am 10. Januar 1811 der Vater stirbt – die Ehe der Eltern ist seit langem aufgelöst –, ist der Sechsundzwanzigjährige, der seinen Geburtstag ein Jahr zuvor »mit nur einem einzigen Reichstaler in der Tasche« gefeiert hatte, der Erbe von Muskau und Branitz. Der junge Standesherr beginnt nun mit einer Tätigkeit, der er sich bis an sein Lebensende widmen wird – der Landschaftsgärtnerei.

Die Befreiungskriege erlebt er als Generaladjutant des Großherzogs von Weimar. Im Gefolge des preußischen Königs reist er dann erstmals nach England, wo ihm vor allem die Parks der großen Adelssitze imponieren und ihn inspirieren; nach seiner Rückkehr ist er dabei, unterstützt von fähigen Landschaftsgärtnern, den Park von Muskau nach seinen Intentionen umzugestalten. Das verschlingt enorme Summen; viel Geld braucht er außerdem für seine extravagante Lebensführung, die immer wieder Aufsehen macht. So steigt er am 9. Oktober 1816 mit dem Luftschiffer Reichard im Ballon auf und beschreibt diese Luftfahrt in seinem zweiten Buch, »Tutti frutti«, 1834. In den Berliner Salons flirtet er gleichzeitig mit der Tochter des Staatskanzlers von Hardenberg, Lucie, geschiedene Gräfin von Pappenheim, mit deren Tochter Adelheid und mit Lucies Pflegetochter Helmine, heiratet schließlich am 9. Oktober 1817 die um neun Jahre ältere Lucie, in der er vor allem die mütterliche Freundin sucht und findet. Aber er gibt, wie sich bald herausstellt, die Hoffnung nicht auf, auch noch Helmine zu bekommen.

Der Staatskanzler Hardenberg verhalf dem Schwiegersohn nicht, wie erwartet, zu einer Stelle im diplomatischen Dienst – ein Mann von den Talenten Pücklers hätte sich durchaus dafür geeignet. Der Graf war auch als junger Ehemann für die etablierte feudale Gesellschaft schon jetzt das, was er zeitlebens bleiben sollte: ein enfant terrible.

Enfant terrible bleibt er auch im Geldausgeben, und diese Leidenschaft ist auch Lucie nicht fremd: »Übrigens ist es allerdings ein Unglück, daß wir beide geborene Verschwender sind«, schreibt Pückler am 19. Februar 1823 an Lucie. Schon 1823 hat der 1822 in den Fürstenstand Erhobene nicht nur all sein Geld in den Muskauer Park gesteckt (»Mein Geld ist der Park«), auch das Vermögen Lucies ist so weit aufgebraucht, daß sie im Oktober 1823 ihrem geliebten Lou die – allerdings formale – Scheidung vorschlägt. Er solle frei sein, eine reiche Erbin zu heiraten.

Drei Jahre wird dieses Problem zwischen den Eheleuten diskutiert, und Lucie hat ihren Vorschlag manchmal bereut. Am 20. Januar 1826 schreibt Pückler aus Berlin, bittet nochmals um Zustimmung für den gemeinsamen Plan und offeriert Argumente; eines ist das Beispiel des erfolgreichen

Bekannten Biel, der soeben aus London gekommen ist: »Seine Heirat ist viel brillanter, als man glaubt. Der Vater der Miss ist kein Bierbrauer, obgleich er auch solche Brauereien hat, sondern ein reicher und angesehener Kaufmann, ein Schwager von Barring, dem Ersten Bankier in England, und nach Biels Schilderung herrscht bei ihm ein fürstlicher Luxus.« Biel, der Pücklers Absichten kenne, habe ihm versichert, er würde unter den Töchtern der reichen Engländer »nur die Wahl haben«.

Am 30. Januar berichtet er von schlechten Geschäften seines Bankiers, fürchtet den Verlust von »Reisegeld«, etwa »10-12 000 Taler«, aber in einem Brief vom 31. Januar denkt er über die Ausstattung nach; denn »um in der großen Welt zu figurieren«, brauche er Uniformen und Sachen, vor allem eine eigene Kutsche; fahre er doch nicht zu seinem Vergnügen, sondern die Hauptsache sei die »Erreichung eines ganz anderen Planes«.

Am 7. September 1826 beginnt die Reise, ein spektakuläres Ereignis, von den Zeitungen kommentiert und sogar realiter beeinflußt – wie die Reaktion der englischen Gesellschaft auf Indiskretionen einer Kölner Zeitung beweist –, ein Ereignis, das so ganz andere Folgen haben wird, als Pückler und Lucie wünschten.

Vom »Mißerfolg« ist in den Briefen zu lesen, in jenen Teilen, die Pückler später nicht veröffentlicht hat. Schlaglichtartig erhellen sie die Situation des adligen Mitgiftjägers, der sich in seiner Rolle zunehmend unwohler fühlt. Dies und die Strapazen, denen er sich andauernd unterziehen muß, um in der Gesellschaft »da zu sein«, seinem Heiratsprojekt Grundlagen zu schaffen, sind die sehr realen und gar nicht angenehmen Ursachen für den manchmal so überraschend geäußerten Weltschmerz, der in den *veröffentlichten* Passagen der Briefe in so romantisch-byronesken Farben gemalt wird. Am krassesten zeigt ein Brief vom 31. Mai 1827 aus London, daß und wie suspekt ihm das Unternehmen »reiche Erbin« geworden ist: »Die Wahrheit ist aber, daß mir das ganze Heiraten unausstehlich ist und jede, sobald ich sie mit einem ernsten Plan zu diesem Endzweck ersehe, mir gleich fast furchtbar vorkommt ... Ich habe vier Röhren: 1.) die G., des Doktors Tochter, hübsch und accomplie mit wenigstens 50 000 in Sterling, 2.) eine andere, Kaufmannstochter, sehr hübsch, gut und dumm, mit 40 000, 3.) eine vornehme Häßliche, mit 100 000, 4.) eine Sanfte, Kluge, Hübsche und Vornehme, nur mit 25 000. Nr. 1 ist die schlechteste, wegen Vater und Mutter, die an ihr hängen. Die anderen würden mich allein begleiten. Mischt sich übrigens kein mächtiger Feind ein, so glaube ich, wenn ich ernst mache, von keiner einen Korb zu befürchten zu haben.« Pückler färbt sich die Haare, antichambriert, geht zu Bällen und Empfängen. Er ist bei allem dabei – aber er ist es auch nicht, bringt er es doch immer wieder fertig, sich selbst mit Distanz zu sehen. Zudem: seit die Presse seine Pläne publik gemacht hat, betrachtet ihn die englische vornehme Gesellschaft mit Vorbehalten (schon deshalb kann das Projekt nicht gelingen). Das Gefühl, nicht angenommen zu werden, die fehlenden Mittel schärfen ihm den Blick für die weniger schönen Seiten der sogenannten Oberen, zu denen er sich zugehörig fühlt und von denen er sich durch Schranken getrennt sieht. Seine Porträts der Damen und Herren der Gesellschaft werden zu satirischen Glanzlichtern der nach der Reise veröffentlichten Briefe.

Mitteilungen über die gesundheitlichen Fatalitäten – die Anstrengungen der Reise hinterlassen ihre Spuren –, Spielschulden, »erbärmliche Gesellschaftsbegebenheiten, Klatschereien usw.« finden sich in den unveröffentlichten Teilen des 15. Briefes, in denen der Unmut über gesellschaftliche Mißerfolge Hauptthema ist. Mit »der hauptfashionablen Gesellschaft« habe er sich überworfen, heißt es da auch, und dann folgt die bittere Feststellung: »Obgleich ich nicht zugeben kann, unrecht zu haben...« Auch die Ursache für das Scheitern der Heiratspläne – selbst als er das schon weiß, betreibt er sie lässig nebenher weiter – wird Lucie mitgeteilt; eine englische Dame erklärt ihm, schreibt er am 20. November 1827, die Haltung der puritanischen Gesellschaft: »Nach unseren Gesetzen ist bloß Scheidung möglich auf dem Grund der Untreue, eine andere wird hier gar nicht anerkannt; und ein englisches Mädchen würde sich in solcher zweiten Ehe nur wie eine Art Mätresse ansehen.«

Die Situation, in der sich der Reisende befindet, wird für den Korrespondenten, ob ihm das nun bewußt ist oder nicht, immer wieder zur produktiven Spannung – die persönlichen Katastrophen, die dem Außenseiter widerfahren, machen zum Beispiel seine Anteilnahme für die Prostituierten im Haymarket-Theater, im 16. Brief, verständlich. Konsequent schildert er auch das Elend der Kurtisanen in der Krankenanstalt Bedlam.

Erholung von den gesellschaftlichen Verpflichtungen, die ihm gleichwohl mancherlei Aufschluß über das Leben der englischen oberen Zehntausend vermitteln, findet Pückler während der Ausflüge auf ausgedehnte Herrensitze, die vor allem die von ihm so geschätzten Parkansichten zu bieten haben; er durchquert Schottland, Wales und Irland, und auf diesen Streifzügen lernt er die Vorzüge und die Nachteile des von vielen deutschen Zeitgenossen kritiklos gewürdigten englischen Gesellschaftssystems genauer und besser kennen.

Deutlich wird dies hauptsächlich im Blick auf das im Verhältnis zu England unterentwickelte, zerstückelte und ökonomisch zurückgebliebene Deutschland. Angesichts der aufblühenden kapitalistischen Wirtschaft und des funktionierenden Parlamentarismus empfindet Pückler die bedrükkende heimatliche Enge in besonderem Maße. Die Urteile, die der Korrespondent im freundlichen Konversationston formuliert, sind relevant; sie sind es vor allem dort, wo ihm »die andere Dimension« des englischen Lebens, das er keineswegs verklärt sieht, aufgeht.

Pücklers groteskes Fehlurteil über das Leben der Arbeiter von Birmingham im 25. Brief hat manchen Kritiker dazu veranlaßt, den Fürsten oberflächlich und schlecht informiert zu nennen. Die genaue Lektüre der gesamten veröffentlichten Briefe ergibt jedoch, daß dies ein vorschnelles Urteil ist.

Die Fakten, die der Verfasser der Briefe im Laufe seiner Fahrten nach und nach aufzeichnet, korrigieren den bedenklichen Fauxpas im Eröffnungsbrief auf beeindruckende Weise. Er blickt keineswegs nur auf die Schönen und die Reichen – auf die er es ja abgesehen hat, will er »Erfolg« haben –; die Elendsbilder, die der Chronist dagegen setzt, sprechen für den, der dem Reisenden Begleiter durch Höhen und Tiefen bleibt, eine deutliche Sprache.

Wenn zum Beispiel vom Elend der Armen in Irland die Rede ist und von den Ursachen dafür, so bietet Pückler eine heute noch schlüssige Analyse verfehlter englischer Kolonialpolitik in einem Teil des Imperiums, deren Langzeitwirkungen täglich Nachrichten von politischem Mord und organisiertem Terror zur Folge haben.

Das Erlebnis der unberührten Natur, die Begegnung mit dem irischen Volke, das von englischen Gutsherren ausgebeutet wird, die Erkenntnis, daß der Gegensatz zwischen den armen Katholiken und den sie beherrschenden Protestanten sozialen Sprengstoff bildet, erweisen sich für den Globetrotter als Eindrücke, die nachwirken, und seine Aversion gegen die Politik der englischen Tories – den Hochadel bewundert er allerdings seiner Traditionen wegen – findet hier sehr reale Gründe: »Das ist Irland: Vom Gouvernement vernachlässigt, von der stupiden Intoleranz des englischen Priestertums erniedrigt, von seinen reichen Landbesitzern verlassen und von Armut und Whiskygift zum Aufenthalt nackter Elenden gestempelt.«

Ohne Zweifel haben die unterschiedlichsten Reiseerfahrungen, in besonderem Maße aber die Begegnung mit Irland, einen Mann geschult, der sich zu den aufklärerischen Traditionen des achtzehnten Jahrhunderts bekennt, der historische Probleme zu erkennen und zu formulieren in der Lage ist. »Wie lange hat man nicht den Grund der Französischen Revolution, das größte Ereignis nach der Reformation in dergleichen Fatalitäten, in der Schwäche Ludwigs des XVI., in der Ambition Mirabeaus, in der Impertinenz der Hofleute, in dem Leichtsinn der armen Marie Antoinette gesucht, ohne einzusehen, daß Jahrhunderte die Frucht zum Abfallen gereift haben und daß sich unter solchen Umständen die nötigen Handlanger immer von selbst finden.« So unter dem Datum vom 20. August 1841 eingetragen ins Tagebuch des Fürsten.

Auf die Schönheit der Landschaftsschilderungen und die gelungene Darstellung des gesellschaftlichen Lebens der englischen Oberschicht hat wohl jeder, der sich über die »Briefe eines Verstorbenen« äußerte, hingewiesen – zustimmend begeistert die einen, voller Reserve und Distanz die anderen. Pücklers spontane Lust, sich in den Briefen als Unterhalter seiner Lucie zu geben und so authentisch wie möglich zu sein, äußert sich natürlich besonders in den

Passagen, von denen er vermutet, daß sie die Daheimgebliebene vor allem interessieren. Im Stil dieser Briefe offenbart sich der Mensch, der nicht daran denkt, daß einmal das große Publikum an seinem Erlebnis teilhaben wird. Das romantische, zeitgemäße Kostüm, das er sich gibt, ist literarische Fiktion, Zitat zumal – seine Belesenheit wie sein Wissen um künstlerische Fragen offenbaren sich sowohl in den Berichten, in denen vom Besuch diverser privater und öffentlicher Galerien die Rede ist, wie in seinen ungemein informativen Erzählungen von Theaterbesuchen; sein Plädoyer für den »originalen« Shakespeare anläßlich der Aufführungen von »Heinrich IV.«, »Macbeth« und »Othello« verrät den Kenner und den Liebhaber.

Dem das Abenteuer als Kontrast zur Geselligkeit suchenden Reisenden, der mit einer Taucherglocke auf dem Grund der Themse Bauarbeiten für einen Tunnel besichtigt, der die schwierigsten Gipfel und die Türme der höchsten Kathedralen besteigt, werden auf seiner Tour durch das noch nicht von Krisen geschüttelte kapitalistische Land mit seiner im Wachstum begriffenen Industrie Einblicke in gesellschaftliche Mechanismen zuteil.

Da stehen neben begeisterten Äußerungen, die die gigantischen Stahl- und Eisenwerke auslösen, Beobachtungen, die zeigen, daß der Naturfreund sehr wohl in der Lage ist, das Problem der Umweltgefährdung als Folge der industriellen Entwicklung zu benennen. Zugleich artikuliert er voller Schrecken (im 9. und im 19. Brief zum Beispiel), daß ebenjene faszinierende Industrie den Arbeitern von Leeds, die in »abscheulichen, stinkenden Löchern« wertvolle Industrieprodukte schaffen, Elend über Elend bringt und die Lebenserwartung drastisch verkürzt. Wer diese Einsicht einem Blick auf das mehr als exquisite Leben der 150 Hunde des Grafen von Harewood gegenüberstellt, der muß wissen, daß es eine soziale Frage gibt.

London ist die vom Reisenden immer wieder bewunderte Metropole: »Überhaupt wird man nach einem längeren Aufenthalt in solcher Weltstadt in den Dingen wirklich etwas weniger kleinlich. Man sieht die Dinge breiter und mehr en bloc an«, heißt es im 15. Brief. Die Stadt erlebt zu dieser Zeit einen wahren Boom im Bauwesen, der – wie könnte es anders sein – auch Katastrophen zur Folge hat. Der Berichterstatter rapportiert dies ebenso detailliert, wie er den Komfort der Hotels, den florierenden Handel vor allem mit Luxusgütern oder aber auch die Gasbeleuchtung, die die englische Hauptstadt illuminiert, zu würdigen weiß. Daß der Blick auf die Heimat, in der die Ausbeutung noch andere Gesichter hat, immer kritischer wird, ergibt sich mit Konsequenz aus der Fülle des Erlebten.

Die Mitteilungen über das organisierte Verbrechen – »natürliche« Folge einer stürmischen kapitalistischen Entwicklung – wie über die außerordentlich komfortablen Reisemöglichkeiten, die allerdings dazu führen, daß die Gastwirte im Prellen der Gäste immer geübter werden, sind ein anderes Indiz dafür, daß der Korrespondent über dem hellen Licht den starken Schatten nicht vergißt. Und so muß auch Pücklers Warnung vor der Ausnutzung wissenschaftlicher Erkenntnisse um jeden Preis als unabgegoltene Forderung, die heute nichts von ihrer Brisanz verloren hat, gelesen werden: »Daß wir mit den Tieren – zum Teil auch noch mit den Negern – ganz als Egoisten umgehen und schon ein hoher Grad von Kultur dazugehört, um sie nicht unnütz zu quälen oder leiden zu lassen, liegt am Tage ...«

So erfaßt Pückler in mannigfachen Spiegelungen eine Welt, die ihm zur Schule wird und die sein Urteilsvermögen herausfordert. Der Parlamentarismus und die »freie Presse« – im Deutschland der dreißiger Jahre des vorigen Jahrhunderts Fremdworte und revolutionäre Ziele einiger Weniger – werden detailliert beschrieben; das englische Militär wird als exponierter Gegensatz zum preußischen begriffen und daraus der über den militärischen Bereich hinausgehende Schluß gezogen: »Mit einem Wort, man sieht hier mehr auf das *Reelle*, anderwärts mehr auf die *Form*. Hier machen in der Tat die Kleider den Mann nicht, und diese Simplizität ist zweitens sehr interessant.« Daß dieser Fakt mehr auf die bürgerlichen Kreise und nicht auf den Hochadel zutrifft, das sieht der Beobachter, und er weiß es mit mannigfachen Anekdoten und Beispielen zu belegen.

Pückler-Muskaus ambivalentes Verhältnis zum englischen Hochadel, den er vor allem als Träger einer großen historischen Tradition bewundert, dessen Erscheinung ihm aber Anlaß zu manch kritischem Seitenhieb ist, äußert sich zum Beispiel, wenn er das Schloß des Grafen von Pembroke besucht und angesichts der Wappen und Rüstungen bewundernd feststellt: »Gewiß, diese alten Erinnerungen einer hohen und mächtigen Aristokratie haben ihre poetische Seite.« Auch das Lob des Mittelstandes, der Bourgeoisie, die für ihn Bürgertum ist, dessen prosperierendes Leben der ständig von Geldsorgen Geplagte allenthalben erlebt, wird so verständlich. Für ihn, dem materielle Sicherheit, wie er sie versteht, ein Problem ist und der die kleinen Verhältnisse des deutschen Bürgers sehr wohl kennt, geht eine große Anziehungskraft von dem Selbstbewußtsein, mit dem diese Klasse auftritt, aus.

Die Spannung zwischen Poesie und Realität, schönem Schein und harten Tatsachen, die in Pücklers Briefen zu erkennen ist, teilt sich auch dem Leser mit. Der Reisende pendelt zwischen Euphorie und Depression, ironische und ernstgemeinte Selbstdarstellungen bestätigen das, zwischen Bekenntnissen, die zeigen, daß sein Denken den rationalen Traditionen des 18. Jahrhunderts verpflichtet ist, und romantisch-weltschmerzlichen Attitüden. Das alles beeinflußt und prägt den unverwechselbaren Tonfall der Briefe, die nicht als Reisebericht im traditionellen Sinne gelesen werden wollen.

Als die Reise im Februar 1829 ihrem Ende zugeht, ist sie, wenn man vom Heiratsprojekt ausgeht, ein gescheitertes Unternehmen. Als Pückler, inkognito, in Bischofswerda kurz vor der Heimkehr Station macht, muß er im Gasthof des Ortes Merkwürdiges vernehmen. Der Fürst sei verstorben, meinen die einen, die anderen wissen genau, daß er der Kaiserin von Otahiti versprochen sei. »Das Gespräch setzte meine Kontenance auf keine geringe Probe, zeigte mir aber sogleich, wie töricht man ist, sich um das Gerede des Publikums zu bekümmern, da einesteils man diesem Publikum weit weniger interessant ist, als man sich einbildet, zweitens dasselbe in der Regel von allem falsch unterrichtet ist«, schreibt er am 8. Februar 1829 an Lucie.

Während Pückler nach der Reise in Muskau beginnt, englische Erfahrungen in Landschaftsgärtnerei umzusetzen, und in Berlin bei diversen Ministerien nach einer Anstellung sucht, fängt er an, die Briefe, die im engsten Freundeskreis Furore gemacht hatten, für den Druck vorzubereiten. Es ist nicht konkret zu belegen, was der letzte Anstoß zur Bearbeitung der Korrespondenzen war. Lag dies doch angesichts der Fülle von Reiseliteratur, wie sie in den zwanziger Jahren des vorigen Jahrhunderts in Deutschland und anderswo erschien, gleichsam in der Luft, und die Ermutigung, alles für den Druck durchzusehen, allzu detaillierte Hinweise auf den Zweck der Reise zu streichen und Intimstes zu verschlüsseln, wird nicht gering gewesen sein. Der Anstoß für die Maskerade des Autors könnte durchaus auf das Gespräch im Gasthof von Bischofswerda zurückzuführen sein; sie hatte natürlich für die Drucklegung Konsequenzen, wie sich dies vor allem am Beiwerk, den begleitenden Texten und den Fußnoten beweisen läßt. Die Idee, zuerst der Reise zweiten Teil zu veröffentlichen und nicht mit dem Beginn anzufangen, ist dem »literarischen Zeitgeist« verpflichtet. Hinzu kam die Beratung, die der werdende Autor von einem in der zeitgenössischen Literatur bewanderten Freund erfuhr: Karl August Varnhagen von Ense, der Pücklers Eintritt in die deutsche Literatur wertend begleitet und mit seiner Initiative dafür sorgt, daß die Publikation des ersten Bandes der »Briefe eines Verstorbenen« im Herbst 1830 zu einer literarischen Sensation wird.

Das Buch ist schon in aller Munde, als Pückler am 14. Oktober 1830 schreibt, daß er den dritten – den eigentlichen ersten – Teil der Reisebriefe völlig »korrigiert und gerundet« habe. »Morgen beginne ich den letzten und schwersten, weil er die englische Gesellschaft, das Theater usw. behandeln soll, eine viel zu ernste Arbeit, um sich nur dabei zu amüsieren. Diesen denke ich aber durchaus nicht hier fertig zu machen, sondern mich erst ein wenig in die Materie hineinzuarbeiten ... Freilich sind manche Wiederholungen nicht zu vermeiden, und ich gebe diesmal das Manuskript an Varnhagen, um zu streichen, was ihm beliebt.« Dieser Brief ist ein beredtes Zeugnis dafür, daß aus dem mal exzessiv fröhlichen, mal mit Grund depressiven Briefschreiber der Schriftsteller geworden ist. Varnhagen wird künftig die Manuskripte des reisenden Gentleman-Abenteurers, zeitweise zusammen mit Lucie und besonders da nicht immer zur Freude des Autors, redigieren. Bei allen Qualitäten, die auch den anderen Werken Pücklers nachzurühmen sind, die Frische des Erstlings kann schon der besonderen Voraussetzungen wegen nicht mehr erreicht werden. Aber der Erfolg hat noch ein Gutes: die Tatsache, daß sich die Bücher mühelos auf dem Markt umsetzen und erklecklichen Gewinn bringen, wecken die Hoffnung, finanzielle Schwierigkeiten künftig auch schreibend bewältigen zu können.

Die Umstände waren dem ersten Buch des Fürsten mehr als günstig. Otto Flake, der auf die ihn bedrängende deutsche faschistische Wirklichkeit mit innerer Emigration agierte, hat 1943 in einer Studie die Gründe treffend benannt: »Das Buch des fortschrittlichen Grandseigneurs erschien im rechten Augenblick, in den Erregungen der Pariser Julirevolution. Die Fülle der Impressionen, das Naturgefühl, die scharfe Kritik an den Tories und am Krämergeist, die Parteinahme für den verfemten Byron und das unterdrückte Irland, die Beachtung der Armen, das Lob des gesunden Bürgertums sagten zu.«

Nimmt man zu diesen Fakten noch den Umstand, daß vier der prominentesten deutschen Autoren lobend oder kritisch für und gegen Pückler zu Felde zogen, so wird das Interesse des deutschen wie des internationalen Lesepublikums verständlich. Varnhagen plädierte für den Autor mit den Worten: »... dieses aus dem Stegreif Schreiben erdichtet man nicht.« Er schickte die Briefe auch an Goethe, der in seinem Tagebuch am 22. August 1830 notiert: »Briefe eines Verstorbenen vorgenommen. Ist eigentlich ein wunderliches Werk, aus zwei nicht zusammengehörigen Manuskripten zusammengesetzt. Die briefliche Reisebeschreibung in ihren Einzelnheiten höchst schätzenswert, das andere sind freisinnige Äußerungen, die besonders gegen die Frömmler gerichtet zu sein scheinen. Der Leser wird durch diese wunderliche Zweiheit ganz verwirrt.«

Die Rezension, die Goethe am 10. September an Varnhagen absendet, wird in der Nummer 59 der Berliner »Jahrbücher für wissenschaftliche Kritik« nach der Varnhagens (der mit solchem Echo aus Weimar nicht gerechnet hatte) eingerückt; ein Vorgang, der Goethe am 3. Oktober zu der brieflichen Äußerung an Varnhagen veranlaßt: »Verfasser und Verleger können zufrieden sein, denn wer wird dieses Buch jetzt nicht lesen.«

In der Tat: das Diktum des Olympiers: »Ein für Deutschlands Literatur bedeutendes Werk«, wird in einem schönen Beispiel klassischer Literaturkritik ausgeführt. Die Ursache dafür, daß Goethe den folgenden Band, den ihm Pückler mit einem Dankesbrief am 4. Dezember 1831 nach Weimar schickt, nicht öffentlich zur Kenntnis nimmt, ist in der Schilderung des Besuchs, den der Verstorbene bei Goethe macht, zu suchen. Den Porträtierten irritierte die Ironie Pücklers so sehr, daß er gleich zweimal in Briefen darauf zurückkommt. Trotzdem hat Goethe im letzten Lebensmonat noch dreimal in den »Briefen« geblättert.

Heinrich Heine gar lobt die Briefe, obwohl Goethe sie gut fand und er sie noch gar nicht in der Hand hatte. Er kündigt in der Vorrede zum vierten Teil der Reisebilder – datiert vom 15. November 1830 – die »Briefe« an und versichert, daß das »vortreffliche Buch« in vollem Maße Goethes und Varnhagens Zustimmung verdiene. Am 19. November aber heißt es in einem Brief an Varnhagen, daß er *jetzt* mit Vergnügen den ersten Teil gelesen habe; blind habe er sich auf den Adressaten verlassen: »Jetzt sehe ich, daß Sie recht haben, und ich bin mit meinem Lobe ganz einverstanden.« Als Heine dies schreibt, kennt er den Verfasser der »Briefe«, dem er Jahre später die »Lutetia« widmen und zu dem er ein freundschaftliches Verhältnis haben wird, noch nicht.

Der radikale Demokrat Ludwig Börne, die deutsche Szene von Paris aus beobachtend, diskutiert in Briefen an die Freundin Jeanette Wohl die Verfasserschaft der »Briefe«, ohne sie schon zu kennen. Er bestellt die literarische Novität am 14. Dezember 1830, da die Deutschen in Paris davon sprächen (»Es soll eine Satire gegen den König von Preußen sein...«), und liest es im Januar 1831. Börne, der eine Folge von Essays plant, die »Schilderungen aus Paris« geben sollen, hat in einem Brief vom 12. November des Vorjahres von der Briefpartnerin den Tip bekommen, dies doch in Briefform zu tun: »Ist nicht in Briefen eine weit frischere, lebendigere, anziehendere und ansprechendere Darstellung möglich als in Aufsätzen? ... Briefe liest jedermann, Sie können Ihre Grundsätze darin wie durch Zeitungen verbreiten.«

Es ist durchaus möglich, daß der Erfolg Pücklers Börne motivierte, sein Konzept zu modifizieren, und es wird um so verständlicher, daß er – nach der Lektüre des ersten Bandes – um Abgrenzung bemüht sein muß. Die vielzitierte Börnesche Kritik der »toten Briefe« enthält aber auch Töne, die aufhorchen lassen: »Es ist eine gewöhnliche Reisebeschreibung – ich sage aber nicht: die Beschreibung einer gewöhnlichen Reise.« Der Verfasser habe mehr gesehen als andere und mit den hohen und den niedrigsten Ständen zu tun gehabt; »dadurch mußte das Buch gewinnen«. Börnes Beurteilung des Pücklerschen Stils, der »sehr leicht« sei, wird ironisch kommentiert; die Bemerkung: »Wer in Deutschland mit so leichtem Fuhrwerke fährt, läßt vermuten, daß er nicht schwer geladen. Ein guter deutscher Schriftsteller schreibt, daß der Stil unter ihm bricht und daß er mitten im Wege liegenbleibt«, zeigt, daß der Witz Pücklers durchaus den Beifall des Rezensenten findet. Daß Börne seiner Aversion gegen den *Feudalen* dann doch Ausdruck gibt und er voller Elan gegen den leichtsinnigen Wappenträger polemisiert, macht das nicht ungeschehen.

Der Zorn des Außenseiters über das politische Klein-Klein im biedermeierlichen Deutschland (an dem auch Pückler gehörig Anstoß nimmt) artikuliert sich angesichts der ihn bedrängenden Frage, wie denn die politisch zurückgebliebene Heimat im Lichte der überall in Europa aufflammenden progressiven Bewegungen bestehen könne, voller Hohn in dem Satze: »Keine Hoffnung, daß Deutschland frei werde, ehe man seine besten lebenden Philosophen, Theologen und Historiker aufknüpft und die Schriften des Verstorbenen verbrennt...«

Börnes Verteidigung seiner Haltung im 34., 36. wie im 38. Brief aus Paris zeigt, daß ihm die Wirkung seiner Äußerungen nicht gleichgültig und er sich wohl darüber im klaren ist, was er mit seiner Kritik treffen wollte. Die Begründung, es sei Krieg und da könne man keine Rücksicht nehmen, erklärt einiges; auch die Abwehr der Vorwürfe, er – Börne – habe die Briefe Pücklers benutzt, zeigt die Betroffenheit des um sein Programm ringenden Literaten. Es gibt übrigens keinen Beleg dafür, daß er je den zweiten Teil des Erfolgsbuches gelesen hat. Ahnte er, daß ihm die Lektüre doch »gefährlich« werden konnte? Das bemerkt auch Varnhagen, der feststellt, daß Börne im Buche »*die* Bestandteile nicht erkannte oder doch nicht nach Verdienst würdigte, die auch er nach seiner Denkart sonst hätte rühmen oder preisen müssen«.

Varnhagen ist es, der, von nun an Pücklers literarischer Mentor (boshaft als das »Orakel aus der Mauerstraße« bezeichnet), den Weg des Fürsten redigierend und rezensierend begleitet. Dieser versucht nach dem immensen Erfolg der »Briefe« einen neuen Coup zu landen und veröffentlicht 1834 »Tutti frutti« in vier Bänden, eine Sammlung von Geschichten, Reiseerzählungen über Touren in der näheren Heimat, in denen er immer wieder Kritik an den begrenzten Verhältnissen übt und sich für die Emanzipation der Juden einsetzt.

Den Erfolg der »Briefe« kann er mit dem neuen Buch nicht wiederholen. Der gefeierte Autor, dessen »Briefe« sogar in Amerika übersetzt werden, wo man sich über die Darstellung der ehemaligen Kolonialherren freut, begibt sich erneut auf Reisen, die einem Triumphzug gleichen. In Paris lernt er die Großen der französischen Literatur kennen, trifft sich mit Balzac und Béranger, Musset, Rossini und Chateaubriand. Sein Plan, nach Amerika zu gehen, wird nicht realisiert. Über Spanien reisend, beginnt er seine sensationelle Expedition nach Afrika und dem Vorderen Orient, auf der er überall offene Türen findet.

Seinen fünfzigsten Geburtstag feiert Pückler auf Malta, wo ihn eine Quarantäne festhält. Die Genugtuung, daß ihn dort die Engländer ehren, die ihm nach dem Erscheinen des Erstlings gram waren, wird eines seiner schönsten Geburtstagsgeschenke gewesen sein.

Ludmilla Assing, Pücklers Biographin, hat darauf hingewiesen, daß die Briefe, die von diesen Reisen nach Muskau geschickt wurden, an »frischem Schwung und eigentümlichster Natürlichkeit« die dann in den Reisebüchern gedruckten Schilderungen weit übertreffen. Sie hat damit benannt, was die nun folgenden Bücher von Pücklers Debüt unterscheidet. Seine Freude über den literarischen Ruhm (es gebe nur noch dreierlei Arten von Auszeichnung, heißt es in einem Brief vom Anfang des Jahres 1836 aus Athen, »ein großer Redner, ein großer Industrieller oder Bankier oder ein beliebter Schriftsteller zu sein«) wird getrübt von den Nachrichten aus Muskau, wo seine Briefe redigiert werden: »... ich füge mich in Geduld, der Trieb zum Schreiben ist aber bei mir um so sicherer versiegt als die Lust mich zu lesen beim Publikum« (am 15. November aus Kairo).

Derweil öffnen Potentaten dem Gefeierten ihre Paläste und geben ihm jede Unterstützung – die Hoffnung, von *diesem* Autor erwähnt zu werden, ist Stimulans genug. In Tiberia bringt ihm ein Rabbiner einen Brief aus der rabbinischen »Zentrale« in Amsterdam: dort hat man all die Passagen aus seinen Werken gezogen, in denen er von den Juden spricht; nun solle man Pückler jede Auskunft gewähren, damit er die Probleme des allenthalben diskriminierten Volkes nicht aus den Augen verliere.

Der Briefwechsel mit Lucie ist auch einer anderen Angelegenheit wegen nicht immer erfreulich. Muskau, das mehr verschlingt, als die Bücher des Autors einbringen, solle verkauft werden, schlägt er vor; ein Gedanke, den die Daheimgebliebene, die sich zudem noch mit der Tatsache abfinden muß, daß ihr Lou mit einem »kleinen Harem« zu den Quellen des Nils vordringt, nicht billigen kann, kein Wunder, daß für sie die Toleranzschwelle erreicht ist.

Doch auch der Erfolg, den seine Bücher über die große Reise – »Semilassos vorletzter Weltgang« (1835), »Semilasso in Afrika« (1836) und »Aus Mehemed Alis Reich« (1844) – haben, kann ihm Muskau auf die Dauer nicht erhalten. Der nach einem Besuch am Wiener Hof – dort erregt vor allem Machbuba, die Sklavin, die ihn begleitet, Aufsehen und bringt dem exotischen Reisenden Sympathiekundgebungen – 1840 zurückgekehrte Globetrotter kann sich nur noch fünf Jahre *seinem* Park widmen. Zudem gibt er dem verfolgten jungdeutschen Autor Heinrich Laube in Muskau Asyl und will auch David Friedrich Strauß dort unterbringen. Heinrich Heine, für den sich Pückler immer wieder einsetzt, nennt ihn am 10. Februar 1846 in einem Brief an Ferdinand Lassalle, in dessen Salon der Fürst Mittelpunkt war, einen der »letzten Ritter der alten Geburtsaristokratie«, einen Fürsten »in den Idealprovinzen des Geistes« und widmet ihm im August 1854 die »Lutetia«.

Zu diesem Zeitpunkt ist Muskau, wo Machbuba am 30. Oktober 1840 gestorben war, lang verkauft; hat Pückler in Meiningen, Weimar und Babelsberg landschaftsgärtnerisch gewirkt und von 1846 an in Branitz, wohin er nach dem Verkauf Muskaus (1845) mit Lucie gegangen war, mit dem Anlegen eines Parks begonnen, mit einem Aufwand, der nicht weniger Geld verschlingt, als es in Muskau der Fall gewesen war. Der »Erdbändiger«, wie ihn Rahel Varnhagen genannt hatte, schuf auch in Branitz Bleibendes.

Im Revolutionsjahr 1848 notiert er im Juni in seinem Tagebuch: »Es ist schon wahr, daß ich nur künstlerisch in meinem wahren Elemente bin ... Meine Haupteigenschaft ist der *Geschmack*, der in allem das möglichst Vollkommenste zu erreichen sucht und es zu finden versteht. Nur gehören freilich hiezu immer bedeutende Mittel, die nur im Größten und Tausende erfreuendem Maße nur entweder ein sehr kolossaler Reichtum oder eine saint-simonistische Staatsverfassung gewähren können, wo jedem gegeben werden soll, was zu allen gemeinnützigen Taten irgend erforderlich sein kann – nach meiner Ansicht die erhabenste Idee, weil dadurch allein Sitte und Staat mit der Natur in Einklang zu bringen wäre, das Angeborene überall seine freie Entwicklung durch sichere äußere Unterstützung fände, jeder in Wahrheit der Schmied seines eigenen Glückes werden könnte, was, so lange die Privatfamilie, Ehe und Vererbung im jetzigen Sinne die Grundpfeiler der Gesellschaft bleiben, unmöglich ist. Einen wirklichen Fortschritt der Menschheit kann ich mir nur auf diesem Wege denken.«

Sein Resümee der revolutionären Ereignisse von 1848/49, das er 1860 in einem Briefe an Ludmilla Assing zieht, liest sich wie eine verspätete Antwort auf die Börnesche Kritik und überrascht durch die Übereinstimmung mit dem prominentesten »Gegner«: »... große *Diener* sind bei uns noch möglich, kein großer *Patriot.* In der Theorie, im Reiche der Gedanken, werden wir immer vieles leisten, aber nie für uns; andere Völker werden diese unsere Gedanken erst praktisch ausführen!«

Exzentrisch, geistvoll, als Gesellschafter gesucht, bleibt er auch nach dem Tode der achtundsiebzigjährigen Lucie (im Mai 1856) und nach dem Varnhagens (1858) der Libertin, der es versteht, die Mitmenschen zu verzaubern. Fanny Lewald, die mit wachem bürgerlichem Sinn in ihm den »Herren« erkennt, kann ihre Bewunderung nicht verbergen: »Er war damals schon ein Mann von über siebzig, aber seine Gestalt war noch hoch und fast schlank zu nennen, sein Gang war sicher und leicht. Sein Eintreten und die Weise, in welcher er sich den ihm bekannten Personen nahte, bekundeten die bequeme Freiheit des im weitesten Menschenverkehr geschulten und bewährten Mannes ... Er gab sich nicht wie ein Greis, ohne doch den einstigen jungen Mann zu spielen, und man fühlte sich durch sein verbindliches Wesen sofort behaglich im Verkehr mit ihm.« – »Einen Koloristen der Unterhaltung«, nennt die Autorin den Fürsten, der von sich sagt, daß man das ganze Leben aus dem Stegreif nehmen solle.

Kein Geringerer als Fontane, der die Rolle Pücklers im Salon Lassalles beschreibt, stellt lapidar fest: »... nur dem Fürsten Pückler, wenn er erschien, fiel wie von selber das Wort zu, nicht weil er Fürst, sondern weil er Pückler war und an Witz und an eminenter Gabe der Unterhaltung auch die besten noch überragte.«

Die Arbeiten in Branitz, wo er meist einsam lebt, Geselligkeiten in den wiederholt bereisten deutschen Städten, wo er immer noch als Berater für die Gestaltung von Parks gefragt ist, beschäftigen ihn im letzten Lebensjahrzehnt. 1866 nimmt er als Freiwilliger im Hauptquartier des preußischen Königs am Feldzug gegen Österreich teil. Noch mit einundachtzig Jahren will er sich auch 1870 zur Verfügung stellen.

In der Nacht vom 4. zum 5. Februar 1871 stirbt Hermann von Pückler-Muskau während der Vorbereitungen zu einer Italienreise. Die letzten Worte, die er dem Tagebuch anvertraut hat, wurden schon zitiert. Deshalb soll Heinrich Heine, der Wahlverwandte, dem wie Pückler »eine Konversation mit einem größeren Publikum« Anliegen und Bedürfnis war, mit seiner Widmung für einen, der als Landschaftsgestalter Poet und als Autor Prosaist von hohen Graden war, noch einmal das Wort haben: »Ja, Reisende waren wir beide auf diesem Erdball, das war unsre irdische Spezialität, und diejenigen, welche nach uns kommen und in diesem Buche den Kranz sehen, womit ich unsre beiden Namen umschlungen, gewinnen wenigstens ein authentisches Datum unsres zeitlichen Zusammentreffens, und sie mögen nach Belieben darüber glossieren, inwieweit der Verfasser der ›Briefe eines Verstorbenen‹ und der Berichterstatter der ›Lutetia‹ zusammenpaßten.«

Leser, die die »Briefe« für sich entdecken und mit ihrem Verfasser auf die große Tour gehen, werden um mannigfache Argumente *dafür* nicht verlegen sein.

Konrad Paul

Anmerkungen

5 *à l'anglaise* – (franz.) auf englisch.
6 *con amore* – (ital.) mit Hingabe.
8 *Duft* – Hier: Nebel, Rauhreif.
Fortunatus' Wünschhütlein – Held des gleichnamigen Volksbuches, der einen stets gefüllten Geldbeutel und ein Wünschhütlein besitzt, das ihn an jeden Ort bringen kann.
9 *Entre la poire …* – (franz.) Beim Nachtisch.
faux bond (machen) – (franz.) sein Wort nicht halten.
10 *King John* – König Johann.
Ici aist syr … – (franz.) Hier ruht Guillaume de Harcourt, Sohn von Robert de Harcourt und von Isabel de Camvile.
cotte de mailles – (franz.) Panzerhemd.
Quant à moi … – (franz.) Was mich betrifft, der ich bislang weder Heiliger noch Engel bin, so duldet, daß ich mich um des Abendessens willen von Ihnen verabschiede.
11 *It is so delightful* – (engl.) Es ist so angenehm.
13 *Je dévore …* – (franz.) Ich verschlinge schon ein Ei.
berühmte Jungfern – Eleanor Butler (gest. 1829) und Sarah Ponsonby (gest. 1831) erreichten als »Ladies of Llangollen« durch ihre Wohltätigkeit und ihr exzentrisches Leben Berühmtheit.
durch Deinen Vater – Karl August Fürst von Hardenberg.
Si non … – (franz.) Wenn nicht, hier ist ihre Geschichte.
14 *grand cordon* – (franz.) Großkreuz; höchste Klasse der meisten Orden.
et pour comble … – (franz.) und um den Ruhm voll zu machen.
silberne Lilie – Die Lilie war seit 1179 im Wappen der französischen Könige, wurde dann als dekoratives Muster vielfach verwendet.
de l'ancien régime – (franz.) der alten Regierung; gemeint ist die Regierung in Frankreich vor der Revolution von 1789.
15 *mein Großvater* – Georg Alexander Heinrich Hermann Reichsgraf von Callenberg.
Owen Glendower – Er hatte 1400 einen letzten Aufstand gegen England versucht; durch Parlamentsakte von 1536 und 1542 wurde Wales völlig mit England vereinigt.
aus Shakespeare … erinnerst – In »König Heinrich IV.«.
M … – Muskau, die Standesherrschaft Pücklers.
16 *belles horreurs* – (franz.) schöne Schrecken.
17 *Merlin* – Zauberer und Prophet in den Erzählungen um König Artus; vielleicht identisch mit einem sagenhaften altbritischen Barden (6. Jahrhundert); wurde zuerst von Geoffrey of Monmouth erwähnt.
21 *old Saxon style* – (engl.) alter angelsächsischer Stil.
23 *pantry* – (engl.) Vorratskammer.
bei ägyptischer Finsternis – Zu den über Ägypten verhängten Plagen

gehört nach dem Alten Testament, 2. Buch Moses 10, 22, eine drei Tage lang währende »dicke Finsternis«.

23 *car c'est comme une bataille* – (franz.) denn das ist wie eine Schlacht.

Pariser Rutschberge – Künstliche Eisberge, die aus einer auf Pfosten ruhenden und mit dicker Eisrinde überzogenen schrägen Holzbahn bestehen und mit Schlitten zu befahren sind.

24 *char à bancs* – (franz.) Wagen mit Bänken zur Personenbeförderung.

train de chasse – (franz.) wie wild (im Tempo der Jagd).

27 *frock-coat* – (engl.) zweireihiger Gehrock.

der ci-devant jeune homme – (franz.) der ehemals junge Mann.

if possible – (engl.) wenn möglich.

28 *et bien m'en prit* – (franz.) und das war mein Glück.

die Kriege der Engländer und Welschen – Eduard I. begann 1277 den Eroberungskrieg gegen Wales, 1282 wurde Llywelin II. besiegt und getötet; 1301 ernannte Eduard I. den in Wales geborenen Thronfolger (Eduard II.) als »Einheimischen« zum Prince of Wales; seither erhält diesen Titel der britische Thronfolger.

L'émotion du danger … – (franz.) Das Gefühl der Gefahr gefällt dem Mann.

30 *Segontium* – Ehemalige römische Siedlung.

Je n'ai pas cette prétention … – (franz.) Ich habe nicht diese Prätension, das wissen Sie, ich lasse meiner Feder freien Lauf.

die Romane des berühmten … Unbekannten – Walter Scott hatte sich erst 1826 zu seinen historischen Romanen bekannt.

33 *sans façons* – (franz.) ohne Umstände.

pour la rareté du fait – (franz.) der Seltsamkeit wegen.

tennis-court – (engl.) Tennisplatz.

34 *getrennte Länder … vereinigt* – Die Brücke, 1819 bis 1826 erbaut, verbindet die Insel Anglesey mit Wales.

37 *Sur ce, n'ayant …* – (franz.) Damit, weil ich nichts mehr zu sagen habe.

37 *et c'est beaucoup dire* – (franz.) und das will viel heißen.

38 *Chère et bonne* – (franz.) Liebe und Gute.

mazedonische Phalanx – Geschlossene, tiefgestaffelte Schlachtordnung der altgriechischen schwerbewaffneten Fußtruppen.

auf dem feuerspeienden Berge – Miniaturnachbildung des Vesuvs in dem 1788 bis 1796 aus Gesteinsmassen errichteten sogenannten »Stein«; durch Holzfeuer in einem Raum unterhalb des künstlichen Kraters wurden Feuer und Rauch erzeugt.

39 *Berliner Gartenverein* – 1822 wurde der »Gartenbauverein oder Verein zur Beförderung des Gartenbaues in den Königlich Preußenschen Staaten« gegründet, der neben der Obst- und Gemüsezucht sich auch der »bildenden Gartenkunst« widmete.

Junken – junk (engl.) chinesisches Segelschiff.

40 *carr* – (engl.) Pferdebahnwagen.

von dem ich Dir geschrieben – Vgl. S. 17.

41 *der Vogel Rock* – Fabelhaft riesiger Vogel der arabischen Märchen.

43 *Merlin* – Vgl. die Anm. zu S. 17.

König Vortigern – Wahrscheinlich war er Herrscher über das südöstliche Britannien zur Zeit der ersten englischen Besiedlung; spielt in den englischen Sagen eine große Rolle.

Franken mit bekriegen half – Pückler nahm 1813 nach der Schlacht bei Leipzig an den Feldzügen gegen Napoleon teil.

aus hohem Luftballon – 1816 hatte Pückler mit dem Luftschiffer Reichard in Berlin eine sensationelle Ballonfahrt unternommen.

45 *imp* – (engl.) Schelm.

Prophetic Merlin sat … – (engl.) Prophetisch Merlin saß, wenn er dem brit'schen Herrn die Wechsel, die noch weit, verkündend, Glück verhieß.

46 *deutscher Prosaiker* – Christian Fürchtegott Gellert.

déjeuner dînatoire – (franz.) üppiges Frühstück.

après dîner – (franz.) nach dem Mittagessen.

car les hommes … – (franz.) denn die Menschen sind nicht so dumm.

47 *Point d'argent ...* – (franz.) Kein Geld, keine Ware (wörtlich: kein Schweizer).

50 *harte Prüfung des Schicksals* – Pückler hatte sich von seiner Frau, die diese Lösung vorgeschlagen hatte, scheiden lassen, um eine reiche Frau zur Deckung seiner Schulden zu finden.

ihre beiderseitigen Steckenpferde – Die Schöpfung der Parkanlagen in Muskau betrieben beide mit der gleichen Leidenschaft.

Falstaffs Philosophie – Die Äußerungen des gewandten Schalks und witzigen Ritters, den Shakespeare in »König Heinrich IV.« und »Die lustigen Weiber von Windsor« gezeichnet hat, zeugen von tiefer Lebenskenntnis.

53 *die alle Eduard gebaut* – 1284 durch Eduard I. erbaut, gehörte das Schloß zu den großartigsten Bauwerken dieser Art in England.

oriel-window – (engl.) Erker.

56 *la chère excellente* – (franz.) die Kost ausgezeichnet.

Voilà ce que c'est ... – (franz.) Das ist der Glaube!

des vorigen Königs – Georg III.

58 *riz au lait* – (franz.) Milchreis.

59 *Place* – Fisch, vgl. S. 53.

mais n'importe – (franz.) aber das macht nichts.

60 *My knaves and dupes* – (engl.) Meine Spitzbuben und Narren.

63 *revolving lights* – (engl.) Blinkfeuer.

64 *Carl von Carlsbergsches Bild* – »Carl von Carlsberg oder Über das menschliche Elend«, Abhandlung über Erziehungsgrundsätze in sechs Bänden von Christian Gotthelf Salzmann.

John Bull – Spitzname für den Engländer, nach der Satire von John Arbuthnot »The History of John Bull« (1712).

65 *show-places* – (engl.) Sehenswürdigkeiten.

conduits de chaleur – (franz.) Heizungsrohre.

Lord-Lieutenant – Vertreter der englischen Krone in Irland, seit Irland 1801 mit Großbritannien zu einem Königreich vereinigt wurde.

65 *Archimedes die ... Flotte verbrannte* – Archimedes entwickelte u.a. die Konstruktion von Brennspiegeln; daß er damit die römische Flotte in Brand setzte, ist wahrscheinlich eine spätere Erfindung.

Ossian – Sagenhafter gälischer Sänger; das Interesse am ossianischen Sagenkreis wurde durch drei Liedersammlungen geweckt, die der schottische Dichter James Macpherson von 1760 bis 1763 veröffentlichte und als Übersetzungen aus dem Werke Ossians ausgab; es handelte sich in Wirklichkeit um Eigendichtungen Macphersons.

66 *Giant's Causeway* – (engl.) Pflasterweg des Riesen; aus regelmäßigen Basaltsäulen gebildeter Felsen an der Nordspitze Irlands.

Je vous fais . . . – (franz.) Ich will Sie mit dem Rest verschonen.

Peristrephic Panorama – Rundgemälde, das den in seinem Mittelpunkt stehenden Betrachter die Illusion eines weiten Horizonts vermittelt; die ersten Panoramen, Stadt- und Schlachtansichten, wurden Ende des 8. Jahrhunderts in Paris und England gezeigt.

Schlacht von Navarin – 1827 wurde die türkisch-ägyptische von der vereinigten englisch-französischen Flotte hier geschlagen und Griechenland von der ägyptischen Invasion, die der ägyptische Feldherr und Vizekönig Ibrahim Pascha leitete, befreit.

Duft – Hier: Nebel, Rauhreif.

68 *Irish blunders* – (engl.) dumme (irische) Schnitzer.

de son chef – (franz.) auf eigene Faust.

71 *He has a bad character* – (engl.) Er hat einen schlechten Charakter.

pavillon rustique – (franz.) ländliches Gartenhaus.

72 *dessins à jour* – (franz.) durchbrochene Zeichnungen.

73 *in such a horrid place* – (engl.) an solch einem schrecklichen Ort.

74 *wit* – (engl.) Kopf, Mann von Geist.

Lady M... – Sidney Morgan.

enclos – (franz.) Umfriedung, eingeschlossener Platz.

tant bien que mal – (franz.) wohl oder übel.

Didone abbandonata – (ital.) verlassene Dido.

75 *»Sentimental Journey«* – Anspielung auf Lawrence Sternes Roman »Yorick's Sentimental Journey through France and Italy« (Yoricks empfindsame Reise).
Finessez! – (franz.) Hören Sie auf!
je craindrai ... – (franz.) ich werde das Schicksal Abufars fürchten.
77 *grâce efficace* – (franz.) wirksame Gnade.
Kühleborn – Wassergeist in Friedrich de la Motte Fouqués Märchen »Undine«.
81 *entire vale* – (engl.) vollkommenes Tal.
82 *Eltervater* – Urgroßvater, auch Ururgroßvater.
86 *sic fabula docet* – (lat.) so erzählt die Fabel.
87 *à mon aise* – (franz.) in meinem Wohlbefinden.
Ehre, dem Ehre gebührt – Neues Testament, Römerbriefe 13,7.
88 *car je ne vaux ...* – (franz.) denn zu Fuß tauge ich nichts mehr.
91 *Aventure in England* – Vgl. den Siebenten Brief (Bd. 1).
92 *»Giaour« und ... »Don Juan«* – Epen von Lord Byron.
gemeine Seele eines Weibes – Nach einjähriger Ehe trennte sich Anna Isabella Milbanke von Byron und verbreitete später das Gerücht, Byron habe ein Verhältnis mit seiner Halbschwester gehabt; die englische Gesellschaft verurteilte Byron; er verließ 1816 England.
Vernichtung von Byrons Memoiren – Thomas Moore erbte Byrons Memoiren, vernichtete sie aber mit Rücksicht auf Byrons Familie.
unsers Patriarchen würdig – Gemeint ist Goethes Würdigung Byrons u.a. im »Faust«.
93 *des geistvollen V...* – Karl August Varnhagen von Ense, der während Pücklers Abwesenheit Muskau besuchte und begeisterte Briefe über die Anlage schrieb.
il faut le dire – (franz.) man muß es sagen.
96 *plat de ménage* – (franz.) Tafelaufsatz für Gewürze.
97 *speech ... crime ... con* – (engl.) Rede, Verbrechen, Dawiderhandlungen.
98 *colombier* – (franz.) Taubenhaus.
98 *Großherzog von W...* – Vermutlich der Großherzog von Weimar, Karl August.
Hoffmannische Darstellung – Gemeint ist E.T.A. Hoffmann.
99 *Gare aux flatteurs ...* – (franz.) Vorsicht vor Schmeicheleien! Sie verderben mich.
qui n'y entend pas malice – (franz.) der sich nichts Böses dabei denkt.
et m'y voilà – (franz.) und da bin ich.
Unglücksstern mich ... hin verschlug – Muskau, die Standesherrschaft Pücklers, liegt in der Lausitz.
100 *Haupt-point de vue* – (franz.) Blickfeld.
101 *Grundstein zu Halifax* – Die Hauptstadt der damaligen kanadischen Provinz Neuschottland wurde 1749 gegründet.
Je m'exécute ... – (franz.) Ich beiße also in den sauren Apfel.
102 *Heinrich des Achten Kirchenrevolution* – Heinrich VIII. brach 1534 mit der römischen Kirche, ließ sich 1535 als obersten Kirchenherren anerkennen und konfiszierte die Klöster.
die Herrnhuter – Vertriebene Pietisten und Böhmische Brüder gründeten 1722 in der Oberlausitz die Siedlung Herrnhut; sie entwickelte sich zu einer selbständigen kirchlichen Gemeinschaft, die sich durch Missionstätigkeit und intensive Erziehungsarbeit auszeichnete.
La grâce n'y était pas – (franz.) Die Würde fehlte.
104 *Fräulein H...* – Vermutlich Hardenberg; Pücklers Frau war eine geborene Hardenberg.
Que dites-vous de cela? – (franz.) Was sagen Sie dazu?
107 *hors du jeu* – (franz.) aus dem Spiel ausscheiden.
108 *contest* – (engl.) Wettkampf.
111 *Brobdingnag* – Stadt der Riesen in Swifts »Gullivers Reisen«.
113 *char à bancs* – (franz.) Wagen mit Bänken zur Personenbeförderung.
114 *Donna del Lago* – (ital.) Flußfrau.
Meg Merrilis – Gestalt aus Walter Scotts Roman »Lady of the Lake« (Die Jungfrau vom See).

118 *point d'Alençon* – (franz.) Alençoner Spitzen.
119 *parlez moi raison ...* – (franz.) reden Sie mir von Vernunft, wenn Sie es wagen.
Bouche riante et front d'arain ... – (franz.) Lachender Mund und eiserne Stirn, und Sie kommen überall durch.
120 *mercuriale* – (franz.) Strafpredigt.
Capuas Verweichlichung – Die sprichwörtlich gewordene »Verweichlichung Capuas« soll aus der Zeit herrühren, als die reiche Handelsstadt Capua nach der Schlacht bei Cannä 216 von ihrem Bundesgenossen Rom abfiel und Hannibal aufnahm, dessen Soldaten sich dem Wohlleben der Stadt anpaßten.
J'aime à effleurer les choses ... – (franz.) Ich liebe es, die Dinge nur zu berühren, aber nicht tiefer zu ergründen.
121 *clopin-clopant* – (franz.) mit Ach und Krach.
à mesure – (franz.) in dem Maße.
130 *Je l'envoyai promener* – (franz.) Ich habe ihn zum Kuckuck gejagt.
Your Royal Highnes – (engl.) Eure Königliche Hoheit.
Go to the d... – (engl.) Schert euch zum T...
133 *mettre du fumier* – (franz.) Dung auf seine Ländereien bringen.
Schlacht von Boyne – 1690 wurde Jakob II. am Boynefluß von Wilhelm III. von Oranien besiegt; Limerick ergab sich als letzte Stadt; diesem Sieg folgten Repressalien gegen die Katholiken und Landkonfiskationen zugunsten der Engländer.
134 *Long life to Napoleon* – (engl.) Lang lebe Napoleon und Euer Gnaden.
Ein englischer Schriftsteller – Gemeint ist wahrscheinlich John Murray; mit seinen Reiseführern (»Handbooks for Travellers«) wurde er auch außerhalb Englands bekannt.
135 *malgré vent et marée* – (franz.) trotz Sturm und Flut.
139 *Koloß zu Theben* – In Theben befanden sich zwei Kolossalstatuen, die angeblich zu Ehren des sagenhaften äthiopischen Königs Memnon errichtet worden waren; bei einem Erdbeben zerbrach eine der Statuen, von der bei Sonnenaufgang Teilchen klingend absprangen.
142 *Fanfreluche* – Im französischen Märchen des Mittelalters eine nur handhohe böse Fee.
143 *à point nommé* – (franz.) zur rechten Zeit.
Spottname des Schauspielers Liston – Sein Spitzname war Paul Pry: Hansdampf in allen Gassen.
hors de saison – (franz.) unzeitgemäß.
144 *wie Goethes Fischer* – Vgl. die Anm. zu S. 182.
145 *qu'il est resté héros ...* – (franz.) daß er ein Held geblieben ist, sogar für seinen Kammerherrn.
152 *tenants* – (engl.) Pächter.
brought out – (engl.) eingeführt (in die Gesellschaft).
sans comparaison – (franz.) ohne einen Vergleich ziehen zu wollen.
153 *nach dem verlornen Paradies* – Anspielung auf John Miltons Versepos »Paradise Lost« (Das verlorene Paradies).
154 *est-ce le diable ou moi ...* – (franz.) wird der Teufel oder werde ich den Rest schreiben?
point du tout – (franz.) überhaupt nicht.
155 *Ma foi, je n'en sais rien* – (franz.) Auf Ehre, ich weiß es nicht.
et je crois ... – (franz.) und ich glaube, daß der Teufel hier nichts verloren hat.
»Ich denke einen langen Schlaf zu tun« – Zitat aus Schillers »Wallensteins Tod«, V, 5.
156 *New Bond Street* – Vornehme Straße in London.
157 *omnia mea* – omnia mea mecum porto (lat.): alles, was ich besitze, trage ich bei mir; der Ausspruch geht auf den griechischen Philosophen Bias (um 625 bis 540 v. u. Z.) zurück, einer der sogenannten Sieben Weisen Griechenlands, der seine Heimat mittellos verlassen mußte.
God bless Your Honour – (engl.) Gott segne Euer Gnaden.
161 *Vous direz ...* – (franz.) Sie werden sagen, das geht zu weit, aber das

ist nicht meine Schuld. Die Wahrheit ist oft unwahrscheinlich.

164 *Cordon rouge* – rotes Ordensband des Ludwigs-Ordens; Ritter dieses Ordens.

einen gewissen d'Esterre – Anlaß für das Duell 1816 war O'Connells Äußerung gegen den protestantischen Rat der Stadt Dublin.

165 *Orangeman* – Mitglied einer 1795 gegründeten reaktionären protestantischen Geheimgesellschaft in Irland, die zur Unterdrückung jeder irischen Freiheitsbewegung benutzt wurde; ihren Namen leitete sie von Wilhelm von Oranien ab.

166 *infaillible* – (franz.) unfehlbar.

à la lettre – (franz.) wörtlich.

171 *Thomas Orourches Reise* – Gemeint ist Thomas Crofton Crokers Märchen »Daniel O'Rourke«, das die Brüder Grimm übersetzten.

172 *et sa cave ...* – (franz.) und seinem Keller merkt man es etwas an.

173 *prayer-book* – (engl.) Gebetbuch.

sechstausend Mann mit zwei Fischen – Speisung der Fünftausend mit fünf Broten und zwei Fischen, Neues Testament, Johannes 6,1–15.

Il faut avouer ... – (franz.) Man muß zugeben, daß das keine große Vergünstigung ist.

174 *et je vous jure ...* – (franz.) und ich schwöre Ihnen, daß ich nichts hinzudichte.

Dans ces sortes des choses ... – (franz.) In diesen Fällen ist der erste Schritt immer der schwerste.

175 *Cœur contant, grand talent!* – (franz.) Ein zufriedenes Herz ist eine große Begabung!

176 *et bien à regret* – (franz.) und zwar ungern.

dairy – (engl.) Molkerei, Milchkeller.

177 *chemin faisant* – (franz.) unterwegs.

179 *en croupe* – (franz.) hinter jemandem sitzen.

180 *Hüons Horn* – Der Ritter Hüon erhielt vom Elfenkönig Oberon ein Horn, dessen wunderbarer Ton alle tanzen ließ (Christoph Martin Wieland, »Oberon«, 2. Gesang).

182 *»Halb zog sie ihn ...«* – Zitat aus Goethes Ballade »Der Fischer«.

184 *Orangeman* – Vgl. die Anm. zu S. 165.

Ihr seht den Splitter – Neues Testament, Matthäus 7, 3.

Whiteboys – Um 1761 gegründeter Geheimbund, dessen Mitglieder sich nachts durch weiße Kittel unkenntlich machten und dem vor allem arme Bauern angehörten, die in lokalen Aufständen gegen die Grundherren kämpften.

190 *General en chef* – (franz.) kommandierender General.

qu'il ne faut pas ... – (franz.) daß man den Knecht nicht für den König halten darf.

dieser Krieg – Es handelt sich offenbar um den Russisch-Türkischen Krieg (1828); Ziel war die Einschränkung der türkischen Vorherrschaft im Mittelmeerraum und die Befreiung Griechenlands.

baquet – (franz.) Bottich; wahrscheinlich Anspielung auf den Bottich, den Franz Anton Mesmer (1734–1815) zu seinen Versuchen zum tierischen Magnetismus benutzte.

191 *Kontinentalsystem* – Napoleon ordnete 1806 von Berlin aus die Absperrung Großbritanniens vom europäischen Markt an; die Sperre scheiterte am Widerstand der europäischen Staaten, vor allem aber an der wirtschaftlichen Überlegenheit Großbritanniens und der Unentbehrlichkeit seiner Erzeugnisse; nach der Niederlage Napoleons in Rußland (1812) war die Kontinentalsperre faktisch aufgehoben.

bon gré mal gré – (franz.) er mag wollen oder nicht.

192 *somehow or other* – (engl.) auf die eine oder andere Weise.

équipée – (franz.) Schwabenstreich, Unbesonnenheit.

bonnes fortunes – (franz.) Glück bei Frauen.

194 *comme de raison* – (franz.) wie recht und billig.

195 *die Association* – Vgl. die Anm. zu S. 234.

King George – Georg IV.

196 *cottage orné* – (franz.) hübsches Landhaus.
197 *voilà tout* – (franz.) das ist alles.
C'est plus commode ... – (franz.) Das ist bequemer für diejenigen, die regieren, das ist gar keine Frage.
propria persona – (lat.) in eigener Person.
198 *C'est tout bête ...* – (franz.) Es ist alles Vieh (Bestie), wie Sie sehen.
201 *guide des voyageurs* – (franz.) Reiseführer.
Fergus – Altes schottisches Königsgeschlecht, das vom 4. bis zum 10. Jahrhundert regierte.
203 *Pauschquantum* – Gesamtbetrag zur Abgeltung mehrerer einzelner Summen.
204 *Erin* – Poetische Bezeichnung für Irland.
212 *en sauté* – (franz.) als Mischgericht.
213 *tumblers* – (engl.) Gläser.
roar of laughter – (engl.) schallendes Gelächter.
His gracious Majesty – (engl.) Seine gnädige Majestät, König Georg IV.
214 *Je vous les communique ...* – (franz.) Ich teile sie Ihnen mit, selbst auf die Gefahr hin, Sie zu langweilen.
coriace – (franz.) ledern.
flavour – (engl.) Geruch.
220 *blessed* – (engl.) gesegnet.
221 *En attendant* – (franz.) Inzwischen.
en conscience – (franz.) nach bestem Wissen und Gewissen.
car il faut hurler ... – (franz.) denn man muß mit den Wölfen heulen.
grand festin ... – (franz.) großer Schmaus, viel Fleisch und gutes Feuer.
222 *Botany Bay* – Bucht an der australischen Küste; ehemals englische Kolonie, die ursprünglich in der Nähe von Sidney geplante Strafkolonie wurde nach Port Jackson verlegt, behielt aber lange Zeit den Namen von Botany Bai.
223 *Kaiserin Katharine* – Katharina II. und Elisabeth I. führten an ihren Höfen ein zügelloses Leben.
224 *que tant de valeur ...* – (franz.) die so ein Ereignis zweifellos entwaffnet hat.
Voilà une belle occasion ... – (franz.) Eine gute Veranlassung für die Ärzte und Rechtsanwälte zu streiten.
225 *tours de force* – (franz.) Kraftstücke.
Voilà de grandes bagatelles ... – (franz.) Das sind die großen Bagatellen, aber im Kriege ist es einmal nicht anders.
226 *Les beaux esprits ...* – (franz.) Die Schöngeister begegnen sich in allen Zeitaltern.
228 *Ideal du ton le plus parfáit* – (franz.) Ideal der vollkommensten Lebensart.
temper – (engl.) Naturell, Gemütsart.
Les jolis riens ne ... – (franz.) Das ist den Niedlichen nicht mehr genug.
231 *Herzogin von Portsmouth* – Louise Renée de Kéroualle.
Trèfleform – trèfle (franz.): Klee.
233 *Mais tout ce qui est ...* – (franz.) Aber alles ist so, wie es ist, aufs beste eingerichtet.
Panglos – Hauptfigur in Voltaires philosophischem Roman »Candide«, dessen Lebensphilosophie auf dem Ausspruch basiert: Tout est pour le mieux dans les meilleur des mondes possibles (Alles ist aufs beste eingerichtet in der besten der möglichen Welten).
234 *Catholic Association* – Katholische Association – Sie wurde 1802 in Dublin gegründet, als die von Pitt zugesicherten politischen und religiösen Rechte für die Katholiken ausblieben; die englische Regierung löste sie 1825 wieder auf, Daniel O'Connell organisierte sie von neuem und erzwang 1829 mit ihr die politische Emanzipation der Katholiken; auch die Ablösung des Zehnten, den die Katholiken an die protestantische Kirche zu zahlen hatten, mußte die Regierung zugestehen.

237 *delivery* – (engl.) Vortrag.
François premier – Titelgestalt in dem Roman »Franz I.« von A. L. Hermann.
Rebecca Walter Scotts – Gestalt aus Walter Scotts Roman »Ivanhoe«.
Talma – Er trat 1789 in Voltaires »Brutus« erstmals in römischer statt in französischer Tracht auf.
239 *car j'aime les prêtres ...* – (franz.) denn ich liebe die Priester, wie Voltaire die Bibel, trotz allem, was ich darüber sage.
in good spirits – (engl.) guten Mutes.
die Badegäste – Um das Eisenwasser des Alaunbergwerks und das Moor südlich von Muskau als Einnahmequelle zu nutzen, hatte Pückler 1823 das »Hermannsbad« bauen lassen; die Badegebäude entstanden nach Plänen Schinkels.
240 *un beau matin* – (franz.) eines schönen Morgens.
et toute la vie ... – (franz.) und ach! ist das ganze Leben etwas anderes?
246 *Abigail* – Kammerzofe.
La comtesse convient ... – (franz.) Die Komtesse gibt ihre Errungenschaften zu.
Shut! – (engl.) Schluß!
j'entends le capitaine – (franz.) Ich höre den Kapitän.
fidèle – (franz.) treu.
Bramarbas – Großmaul.
247 *Juliet* – Julia in »Romeo und Julia« von Shakespeare.
250 *public dinners* – (engl.) Zweckessen.
Sir Charles M... – Sir Thomas Charles Morgan.
pour nous faire gagner ... – (franz.) um uns Appetit zu holen.
faute de mieux – (franz.) in Ermanglung eines Besseren.
251 *tant pis pour l'humanité ...* – (franz.) schlimm für die Menschheit, solange sie das braucht.
Quelle insolence! – (franz.) Welche Unverschämtheit!
252 *diable boiteux* – (franz.) hinkender Teufel; Anspielung auf den gleichnamigen Roman von Alain-René Lesage.
253 *c'est la l'essentiel* – (franz.) Das ist das Wesentliche.
Parry – Bereits seine zweite Polarexpedition war erfolgreich.
St. Helena zu verkümmern – Nach der Niederlage in der Schlacht bei Waterloo 1815 wurde Napoleon nach St. Helena verbannt und blieb dort bis zu seinem Tode.
Au bout du compte – (franz.) Alles in allem.
254 *»hopp, hopp, hopp ..«* – Zitat aus Gottfried August Bürgers »Lenore«, Str. 19, V. 5 f.
»Bär und Bassa« – Singspiel, nach dem Französischen von K. Ludwig Blum.
das grüne Pulver – Sprengpulver, das aus Pikrinsäure, chlorsaurem Kali und gelbem Blutlaugensalz besteht und durch das angezogene Wasser aus der Luft grün wird.
porte cochére – (franz.) Wageneinfahrt.
257 *Rüdiger* – Rüdiger von Bechelaren, Gestalt des Nibelungenliedes.
258 *Voilà le commencement ...* – (franz.) Das ist der Anfang und das Ende!
Ekelkur – Heilmethode, die durch Brechmittel Übelkeit hervorrufen sollte; vorwiegend als Bekämpfungsmittel gegen Alkoholismus verwandt.
die Post ganz frei gegeben wird – Vgl. die dritte Anm. zu S. 292.
259 *dans son tour* – (franz.) wenn seine Zeit gekommen ist.
261 *Agincourt* – Französisches Dorf, in dem Heinrich V. 1415 über die Franzosen siegte.
Mittelalter und Shakespeare – In Shakespeares »König Heinrich IV.« tritt Heinrich V. als Prinz Heinz auf; sein ständiger Begleiter ist Falstaff.
der heilige Augustin – Aurelius Augustinus.
262 *der fabelhafte Held* – König Arthur, britischer König, der um 500 lebte und das Vorbild für König Artus in den keltischen Sagen war; Held zahlreicher mittelalterlicher Epen.

262 *de bonne grâce* – (franz.) bereitwillig.
bon gré mal gré – (franz.) wohl oder übel.
263 *Qu'allai-je faire ...* – (franz.) Was hatte ich hier zu suchen!
a temporary embarrassement – (engl.) eine vorübergehende Verlegenheit.
266 *Heinrich dem Achten* – Vgl. die erste Anm. zu S. 102.
267 *qu'en Angleterre on fait ...* – (franz.) daß in England jedes Mittel recht ist.
269 *Channel* – Kanal zwischen England und Frankreich.
270 *Pleas'd Vaga echoes thro'...* – (engl.) Von Vagas (lateinischer Name des Flusses Wye) Ufer sanft dein Echo tönt, / Vom raschen Severn harscher Beifall dröhnt. Zitiert aus Popes »Moral Essays«, Epistel III.
273 *C'est comme la terre promise* – (franz.) Sie ist gleichsam das Gelobte Land.
275 *Voi che venite ...* – (ital.) Ihr, die ihr ankommt, laßt jede Hoffnung hinter euch, hier einzutreten. In Dantes »Göttlicher Komödie«, Hölle III, 9 heißt es: Lasciate ogni speranza, voi ch'entrate (Laßt jede Hoffnung hinter euch, ihr, die ihr eintretet).
276 *far-famed* – (engl.) weitberühmt.
Nash – Richard Nash.
277 *Sonderling Beckford* – 1822 mußte er Fonthill verkaufen, da die Baukosten sein Vermögen überschritten hatten.
Laterne des Diogenes – Volkstümlicher Name für das Denkmal des Lysikrates in Athen, das für seinen Chorsieg 334 v.u.Z. errichtet wurde.
278 *geistreicher Roman* – Gemeint ist der orientalische Schauerroman »The History of Caliph Vathek« (1787).
279 *»Rienzi«* – »Cola Rienzi«, Trauerspiel von Julius Mosen.
Der Architekt – John of Tours erbaute zwischen 1088 und 1122 den Dom.
280 *Inseltlicht* – Talglicht.
280 *der berühmten Maler W... und S...* – Vermutlich die miteinander befreundeten Maler Wilhelm Schadow und Wilhelm Wach.
a glorious day – (engl.) ein herrlicher Tag.
281 *Stärke ... in den Haaren* – Nach dem Alten Testament, Richter 13 ff., besaß der gottgeweihte Simson seine außerordentliche Körperkraft nur dadurch, daß er sein Haupthaar nicht scheren ließ.
»que tout est pour le mieux ...« – (franz.) daß alles zum besten steht in dieser besten aller Welten. Zitat aus Voltaires Roman »Candide«.
282 *John Bull* – Vgl. die zweite Anm. zu S. 64.
Accidentmaker – Vgl. dazu die Fußnote S. 97.
283 *Belagerung von Jericho* – Im Alten Testament, Josua 6, 20, fielen die Mauern nach siebentägiger Belagerung durch die Posaunen der Priester und das Feldgeschrei des Volkes.
Cannondrums – Gemeint sind conundrums (engl.): Wortspielrätsel.
284 *»Samiel, hilf!«* – Zitat aus Webers Oper »Der Freischütz«.
ohne Schatten wie Schlemihl – In Chamissos »Peter Schlemihls wundersame Geschichte« tauscht Schlemihl seinen Schatten gegen das Glückssäcklein Fortunatus'.
287 *hunt* – (engl.) Jagd, Hetzjagd.
des höchsten Turms – Der Turm ist 124 Meter hoch und war der höchste in England; 142 Meter hoch ist der nördliche Turm des Straßburger Münsters.
288 *mit dem Eroberer* – Wilhelm I.
Schwertträger Heinrich VII. – Sir John Cheyney, er starb vermutlich 1509; die Schlacht bei Bosworth, in der Heinrich VII. Richard III. besiegte, war 1485.
Remter – Versammlungs- und Speisesaal in den Burgen und Klöstern des geistlichen Ritterordens.
Marienburg – Burg des Deutschen Ritterordens aus dem 13. Jahrhundert.

289 *His Lordship* – (engl.) Seine Lordschaft.
Connétable von Montmorency – Mathieu II.
290 *comme de raison* – (franz.) wie es sich gehört.
291 *Koch und Farbenreiber* – Claude Lorrain war bis zu seinem 25. Lebensjahr als Farbenreiber und Küchenjunge bei dem Landschaftsmaler Agostino Tassi, der ihm auch Malunterricht gab; schon mit dreißig Jahren gehörte Lorrain zu den erfolgreichen Malern.
von Oranien – Wilhelm I., Prinz von Oranien.
Zierlichkeiten ... von Birmingham – Nach der Restaurationsperiode Karls II. kamen metallene Zieraten in Mode, die ausschließlich in Birmingham hergestellt wurden.
Berliner Eisenfabrik – Neben der Königlichen Eisengießerei (1804 gegründet) waren es vor allem die Berliner Eisengußwaren von Devaranne, die Bijouterien herstellten; sie fanden vorwiegend in Paris und London ihre Abnehmer.
292 *au contraire* – (franz.) im Gegenteil.
march of intellect – (engl.) geistige Bewegung.
Postillone des Fürsten von Thurn und Taxis – Franz von Taxis (um 1460—1517) wurde 1489 durch Maximilian I. mit der Beförderung seiner Befehle und Akten beauftragt; das Amt des »Reichserbgeneralpostmeisters« blieb seit 1615 in seiner Familie und wurde im 19. Jahrhundert allmählich durch das Erstarken der Landesposten und den Niedergang der Habsburger Monarchie gegen Entschädigung abgelöst.
car à toute âme ... – (franz.) denn jeder wohlgeborenen Seele ist das Vaterland teuer.
By God a fox ... – (engl.) Bei Gott, ein Fuchs, ein Fuchs! [...] Es ist ein Hund. [...] Ich wette mit Dir vier zu fünf Pfund, daß es ein Fuchs ist! [...] Abgemacht!
293 *Ein neues Jahr beginnt* – Das Gedicht hat Pückler »Zum neuen Jahr 1824 bei einem sehr trüben Tage« für seine Frau geschrieben.
von den Sachsen angefangen – Der Bau der Christ Church Cathedral wurde 942 begonnen, nach der Zerstörung durch einen Brand 1070 wieder aufgebaut und 1498 im Spitzbogenstil vollendet.
294 *des Schwarzen Prinzen* – Eduard, Prinz von Wales.
Poitiers – Wilhelm VII. Graf Poitiers.
295 *Naturalia* – naturalis (lat.): die Natur betreffend.
non sunt turpia – (lat.) nichts Schimpfliches sind.
Comment Monsieur, quelle insolence ... – (franz.) Aber mein Herr, welche Unverschämtheit, in unser Haus zu p... ! Ist denn die Straße dafür nicht groß genug? Sie sind ein großer Schmutzfink! Mama, Mama, hier ist ein Herr, der p... in unser Haus!
»Eh bien Monsieur ...« – (franz.) »Nun, mein Herr, wollen Sie gar nicht mehr aufhören? – Mein Herr, erlauben Sie mir, Ihnen zu sagen, daß man nicht einfach bei den Leuten p..., man p... auf der Straße, mein Herr.« – »Ich glaube wirklich, er macht sich über uns lustig, Mama [...], der Frechling rührt sich nicht von der Stelle.«
296 *Mon darling, come allons!* – (engl./franz.) Mein Liebling, komm doch!
I won't – (engl.) Ich will nicht.
No, no you shant go ... – (engl.) Nein, nein, du sollst jetzt nicht weggehen. Du hast mich gezwungen, vom Baum zu klettern, und jetzt zwinge ich dich, bei uns zu bleiben.
Now I have done ... – (engl.) Jetzt habe ich dich fertiggemacht.
O you little flirt! – (engl.) O du kleine Kokette!
297 *Br...* – George Bryan Brummell.
Dictionnaire historique und des Contemporains – Historisches Wörterbuch und Wörterbuch der Zeitgenossen.
Vous n'y êtes pas – (franz.) Weit gefehlt.
Literary Gazette – »The literary Gazette and Journal of Belles Lettres, Arts, Sciences« erschien von 1817 bis 1858 in London; Herausgeber waren nacheinander W. Jerdan, S. Phillips, L. Revée und J. M. Jephson.
broken heart – (engl.) gebrochenem Herzen.

297 *»Do you like ...«* – (engl.) »Mögen Sie grüne Erbsen?« [...] »Manchmal esse ich eine.«
Prinz von W... – Prinz von Wales, der spätere englische König Georg IV.
to cut the Prince – (engl.) den Prinzen nicht zu beachten.
298 *New Bond Street* – Vgl. die Anm. zu S. 156.
quizzing-glass – (engl.) Monokel.
299 *rote Wurzelstückchen* – Blutwurzel, die Gerbsäure enthält und vor allem als blutstillendes Mittel verwandt wurde.
le ci-devant jeune homme ... – (franz.) den ehemals jungen Mann, der sein Leben zwischen Paris und London verbringt.
Je suis au fait de tout ... – (franz.) Ich bin von allem unterrichtet [...], aber wozu dient mir das? Man läßt mich hier Hungers sterben. – Ich hoffe jedoch, mein alter Freund, der Herzog von W..., schickt eines schönen Tages den Konsul von hier nach China und ernennt mich an seiner Stelle. Dann bin ich gerettet ...
300 *»J'espère que vous trouverez ...«* – (franz.) »Ich hoffe, Sie finden Ihren Weg, mein Schweizer ist nicht da, fürchte ich.« – »Ja! [...] wer kein Geld hat, hat auch keinen Schweizer.« (Zitat von Racine.)
301 *Mais commençons ...* – (franz.) Aber beginnen wir mit dem Anfang.
Berline – Viersitziger Reisewagen mit zurückschlagbarem Verdeck; nach Berlin, dem ersten Herstellungsort, benannt.
302 *que les trente mille ...* – (franz.) daß die dreißigtausend Mann, zu denen er seinerzeit gehörte [...], mehr als genug gewesen wären, alle Nationen der Erde zu erobern, und daß die anderen nur alles verdorben haben. [...] Aber das ist seine eigene Schuld [...], er wäre gewiß noch Kaiser, wenn er sich nur, in den Hundert Tagen, junge Leute genommen hätte, die ihr Glück machen wollten, an Stelle dieser alten Marschälle, die zu reich waren und die alle Angst vor ihren Frauen hatten. Waren sie nicht alle dick und fett wie Ungetüme? ah ... einen jungen Obersten, wie wir einen hatten, den laß ich mir gefallen! Der hätte ordentlich die Flanken gedeckt. – Schließlich aber hätte der Kaiser bei Waterloo in den Tod gehen müssen, wie unser Oberst. Dieser tapfere Oberst, Monsieur, war von drei Kugeln getroffen worden, eine im Bein, zwei im Körper, und trotzdem hat er uns, von zwei Grenadieren getragen, noch zum Angriff geführt. Aber als alles umsonst war und für uns alles vorbei ... »Kameraden«, sagte er: »Ich habe getan, was ich konnte, aber jetzt ... Ich kann dem Kaiser nicht mehr dienen, wozu soll ich noch leben? So lebt denn wohl, Kameraden – es lebe der Kaiser!« und er zieht seine Pistole und schießt sich in den Mund. So hätte auch der Kaiser enden müssen.
»Ah ça Monsieur le conducteur ...« – (franz.) »Herr Kondukteur! vergessen Sie die Plinsen?« – »Oho! bist du da, mein Kind?«
303 *sa mécanique* – (franz.) seine Maschine.
l'Hirondelle – (franz.) die Schwalbe.
»Mon enfant, il faut ...« – (franz.) »Mein Sohn, du mußt wissen, daß ich keine Maschine mehr habe.« – »Wieso keine Maschine mehr?« – «Meine Maschine geht noch ein bißchen, siehst du, aber der Hauptarm ist zum Teufel.« – »Verdammt!«
304 *car cela m'entraînarait trop* – (franz.) denn das würde mich zu sehr verführen.
bourlets – (franz.) mit Füllhaar ausgestopfter Schlauch zum Abdichten der Fenster und Türen.
Palais Royal – Louis Philippe ließ das ursprünglich für Richelieu errichtete Palais von 1781 bis 1786 umbauen und mit Kolonnaden versehen, die er an Kaufleute, Spiel- und Kaffeehäuser und Theater (Théâtre Français) vermietete; einige Galerien waren den Freudenmädchen vorbehalten.
menus plaisirs – (franz.) kleine Hoffestlichkeiten.
307 *wie der Turm zu Babel* – Nach dem Alten Testament, 1. Buch Mose, begannen die Kinder Noahs einen Turm zu bauen, der bis an den Himmel reichen sollte; Gott ließ das nicht zu und verwirrte ihre Sprache.

307 *acteurs de province* – (franz.) Provinzschauspieler.
Peregrine Pickle – Titelfigur des Romans »Adventures of Peregrine Pickle« (1751) von Tobias George Smollett.
Rocher de Cancale – (franz.) Austernfelsen.
Baleine – (franz.) Walfisch.
Sic transit gloria mundi! – (lat.) So vergeht der Ruhm der Welt!
riens – (franz.) Bagatellen.
308 *»N'y a-t-il pas de quoi ...«* – (franz.) Da soll man nicht den Kopf verlieren!
et puis, il faut absolument ... – (franz.) und außerdem muß man sie unbedingt mit etwas Champagner begießen.
à la vertu – (franz.) auf die Tugend.
Hélas! il n'y-a que ... – (franz.) Aber ach! nur der erste Schritt fällt schwer.
piété – (franz.) Frömmigkeit.
miséricorde – (franz.) Barmherzigkeit.
Vivent les femmes et le vin! – (franz.) Es leben die Frauen und der Wein !
L'amour s'envole ... – (franz.) Die Liebe vergeht, aber das Piquet bleibt bestehen.
pour le combler ... – (franz.) um ihn ganz zu verwirren.
pourvu qu'on lui garde ... – (franz.) wenn nur alle den Mund halten.
309 *la charte statt la carte* – die Charta (Verfassungsurkunde) statt die Speisekarte.
»Muette de Portici« – »Die Stumme von Portici« (1828), Oper von Daniel François Esprit Auber.
Nourrit der Ältere – Louis Nourrit.
»L'on dit que nous sommes ...« – (franz.) Wir sind Kinder, heißt es – ja, in den Schwächen, aber nicht im Glück.
Je le suis ... – (franz.) Ich bin es im einen wie im anderen.
310 *Oh rien!* – (franz.) Oh, nichts! [...] ich spreche nur mit meinen Lampen, die nicht hell brennen.
310 *Voilà le fameux Prince Poniatowski ...* – (franz.) Hier ist der berühmte Prinz Poniatowski, wie er sich huldvoll an die Offiziere seines Korps wendet und ausruft: »Wenn man alles verloren und keine Hoffnung mehr hat, ist das Leben eine Schmach und der Tod eine Pflicht.« Beachten Sie, meine Herren [...], wie das weiße Pferd des Prinzen sich ebenso geschwind dreht wie ein richtiges Pferd. Sehen Sie – peng, nach rechts, peng, nach links – aber jetzt prescht es los, bäumt sich, stürzt sich in den Fluß und verschwindet.
311 *Ah bien! voilà le Prince Poniatowski ...* – (franz.) Ah! jetzt ist der Prinz Poniatowski ertrunken. Er ist tot ... Das ist der erste Teil, jetzt, meine Herren, werden Sie gleich die erstaunlichste Sache sehen, die je in Frankreich gezeigt worden ist. Alle diese unzähligen kleinen Soldaten, die Sie vor sich sehen [...], sind echt gekleidet – Röcke, Patronentaschen, Waffen, alles läßt sich beliebig wegnehmen und wieder anlegen. Die Kanonen dienen wie richtige Kanonen und werden von allen Pionieroffizieren, die hierher kommen, bewundert.
Ah, bien! vous allez maintenant ... – (franz.) Ah, meine Herren, Sie sehen jetzt diese kleine Armee in Bewegung, wie auf dem Schlachtfeld. Jeder Soldat und jedes Pferd machen jeder für sich die eigenen Bewegungen, sehen Sie ...
der jüngere Nourrit – Adolphe Nourrit.
für Karl X. Krönungsfeierlichkeit – Die Oper »Il viaggio a Reims«, die Rossini 1825 für die Krönungsfeierlichkeit geschrieben hatte, erschien überarbeitet unter dem Titel »Comte Ory«.
Albert und Paul – Berühmte Tänzer zu Beginn des 19. Jahrhunderts.
312 *Der selige Hoffmann* – E.T.A. Hoffmann.
der Seelen verteilende – Vermutlich ist der Statistiker Johann Gottfried Hoffmann gemeint.
Venus – Statue aus dem 2. Jahrhundert v. u. Z., die 1820 ein griechischer Bauer in der Nähe von Milo fand; Marquis de la Rivière, fran-

zösischer Gesandter in Konstantinopel, kaufte sie und schenkte sie Karl X.

312 *»Image de la Providence«* – (franz.) Bild des Schutzengels, der Vorsehung.

314 *carré, autant de base ...* – (franz.) quadratisch, so breit wie hoch.

Napoleon verdankt – Napoleon I. ließ aus den eroberten Ländern Kunstschätze als Siegestrophäen nach Paris in den Louvre bringen, darunter befanden sich antike Skulpturen aus der Villa Borghese.

315 *Mouleur de Musée* – (franz.) Gießer, Former des Museums.

comme les moutons de Panurge – (franz.) wie die Hammel des Panurge (gewitzte Figur bei Rabelais), d. h., sie machen alles nach.

Palais Luxembourg – Das Museum des Palais Luxembourg war seit 1818 für Arbeiten zeitgenössischer Künstler bestimmt.

die verschwundenen Raffaels – Vermutlich gehörten sie zu den von Napoleon geraubten Kunstschätzen, die nach seinem Sturz 1818 teilweise zurückgegeben wurden.

noch größern Kunstbeschützer – Ludwig I. baute München zur Kunststadt aus, begann den Bau der Glyptothek und der Pinakothek und holte namhafte Künstler in die Stadt, u. a. die Maler Peter von Cornelius, Wilhelm von Kaulbach, Julius Schnorr und den Architekten Franz Leo von Klenze.

316 *couche* – (franz.) Schicht.

318 *Vive le Roi!* – (franz.) Es lebe der König!

General de l'Empire – (franz.) General der Kaiserzeit.

von seiner Mutter – Lätitia Bonaparte.

Tiber – Tiberius Claudius Nero.

319 *L'ambition de cet homme ...* – (franz.) Der Ehrgeiz dieses Menschen ist unersättlich, und Sie werden es vielleicht erleben, wie sein Gerippe und seine ganze Familie in die Pariser Kanalisation geworfen werden.

Tabouret – (franz.) Gepolsterter Hocker; es war am französischen Hof eine Ehre, im Beisein des Königs auf dem Hocker zu sitzen.

319 *Ah! je le pensais ...* – (franz,) Ah! ich verstehe ihn, gut [...], der Stuhl ist für mich – aber sie haben sich geirrt.

bonne mine à mauvais jeu – (franz.) gute Miene zum bösen Spiel machen.

Et on vit bientôt ... – (franz.) Und bald sah man [...] den würdigen Grafen ganz verwirrt kommen und in eigener Person Ihrer Majestät der Kaiserinmutter ein Fauteuil bringen.

320 *mais j'ai ma saison ...* – (franz.) aber ich habe meine Zeit wie die Hunde [...], und bis dahin warte ich.

Ah! l'Empereur est dans sa saison – (franz.) Ah! der Kaiser hat seine Zeit!

Karl IV. – König von Spanien.

le bon esprit – (franz.) den gesunden Verstand.

pour son grand ami – (franz.) zu seinem großen Freund.

323 *Königin von Portugal* – Maria I.

324 *Voilà la Morne* – (franz.) Dort ist das Leichenschauhaus.

car j'aime ... – (franz.) denn ich liebe die schauerlichen Empfindungen.

325 *Autel privilégié* – (franz.) privilegierter Altar.

Jardin des Plantes – Botanischer Garten in Paris mit zoologischem Garten.

visible – (franz.) sichtbar.

seine Stelle eingenommen – Die Statue wurde 1822 aufgestellt.

Salon des frères provencaux – (franz.) Salon der provenzalischen Brüder.

Alles ist eitel! – Altes Testament, Prediger Salomo, 1, 2.

Palais Royal – Vgl. die dritte Anm. zu S. 304.

Verys Feueresse – 1805 gegründetes Pariser Café und Restaurant.

326 *pour finir ma digestion ...* – (franz.) um meine Verdauung lachend zu beenden.

Anas – Endung, die den Personennamen angehängt wurde, um eine Sammlung von Anekdoten über sie zu bezeichnen.

326 *et le change ...* – (franz.) und der Wechsel ist vortrefflich.
ägyptische Finsternis – Vgl. die zweite Anm. zu S. 23.
Georama – Eine nach allen Seiten hin überschaubare bildliche Darstellung der Erde.

327 *en décadence* – (franz.) in Verfall geraten.
lépreux d'Aoste – (franz.) Aussätzige in Aosta (Italien); Anspielung auf die Erzählung »Le Lépreux de la cité d'Aoste« (Der Aussätzige in der Stadt Aoste) von Xavier de Maistre (1811).

327 *Ärger über die Franzosen* – 1797 besetzte Napoleon Venedig und überließ im zwischen Österreich und Frankreich geschlossenen Frieden von Campo Formio Österreich die Gebiete der Republik Venedig in Oberitalien, Istrien und Dalmatien.
jaunisse – (franz.) Gelbsucht.
Neorama – Darstellung des Inneren eines Gebäudes.
Garde en haye – (franz.) spalierbildende Garde.
Kosmorama – Weltansicht.
Uranorama – Himmelsansicht.

Fremdworterklärungen

A

Abdikation – Abdankung
abdizieren – verzichten
aboutieren – abouchieren: einmünden
Absentée – Abwesender (in Irland der nicht auf seinen Gütern, sondern außerhalb der Insel wohnende Grundbesitzer)
Acquetta – gewässerter Wein
admirabel – bewundernswert
Affabilität – Leutseligkeit
affektieren – sich verstellen, heucheln
Affiche – Anschlagzettel, Anzeigenblatt
affichieren – zur Schau stellen; ins Gerede bringen
agacieren – reizen, necken
Agitation, Agitierung – Bewegung, Unruhe
Agrément – Vergnügen, Reiz
aguerrieren – sich daran gewöhnen
Aha – Maueröffnung am Ende einer Baumallee mit vorgezogenem Graben
aimabel – liebenswürdig
Aisance – Ungezwungenheit
akzessibel – zugänglich
Ale – Bier aus Weizenmalz
allons – vorwärts
Amabilität- Liebenswürdigkeit
Amant – Liebhaber
Anniversaire – Jahrestag, Gedächtnistag
antediluvianisch – vorsintflutlich
Antichambre – Vorzimmer
Aplomb – Sicherheit, Dreistigkeit
Apparence – Gestalt, Ansehen
applizieren – verabreichen
apprehensiv – besorgt, argwöhnisch
Approchen – Angriffslinien, Laufgräben vor Festungen
appuyieren – mit Nachdruck hervorheben
Arbutus – Erdbeerbaum
Area – freie Fläche; Kampfplatz
Arrièregarde – Nachhut
arrivieren – geschehen, passieren
arrosieren – besprengen
Assemblée – vornehme Gesellschaft; Versammlung
Assisen – öffentliche Gerichtssitzungen; Schwurgerichte
Assurance – Dreistigkeit; Zuversicht
Atrozität – Grausamkeit
attachiert – ergeben, zugetan
attrappieren – erwischen
attroupieren – zusammenrotten
Avantcoureur – Vorläufer; Vorzeichen
Aventurier – Glücksritter
avertieren – benachrichtigen, warnen

B

Bagarre – Streiterei, Wirrwarr
Bagpipe – Dudelsack
Bandelier – Wehrgehänge
Barbakan – dem Tor vorgelegter kleiner Zwinger mittelalterlicher Befestigungen
Basson – Fagott
Berceau – Bogenlaube
Bevue – Versehen, Mißgriff
Blouse – Fuhrmannskittel
Boarding-house – Pension
Boiserie – Wandgetäfel
Bonhomie – Gutmütigkeit
Boots – Stiefelputzer, Hausknecht
Bosse – Buckel, Erhöhung
boudieren – schmollen
Bouffon – Possenreißer, Hofnarr

Bourrasque – Zornausbruch; plötzlicher Sturmwind
Bowling-green – gepflegter Rasen zum Bowlingspiel
Breakfast – Frühstück
Bretteur – Raufbold
Brimborions – Kleinigkeiten, Lappalien
brodieren – ausschmücken, verbrämen
brouilliert – entzweit
Bugleman – Hornbläser
Bull – Schwabenstreich
Bullion – Gold- und Silberbarren

C

Cabinet – kleines Zimmer; Ausstellungsraum für kleinere Kunstsammlungen
Cagot – Heuchler
Cahier – Heft, Merkbüchlein
Caissons – Verzierungen der Decken und Gewölbe
Canevas – Grundrißplan; Gittergewebe
Canot – kleines Boot
caracolieren – plänkeln, im Kreise drehen
Chaise – halbverdeckter Wagen zur Personenbeförderung
chaperonieren – junge Damen begleiten, bemuttern
chargieren – schießen, abfeuern
Charrette – zweirädriger Karren
chetif – armselig, dürftig
Chieftain – Häuptling
choquant – anstößig, beleidigend
Circus – Schauplatz
Claret – Rotwein (außer Burgunder)
Clerk – Sekretär, Buchhalter
Clinquant – Flitterputz, Rauschgold
Cloister – Kloster
Closet – kleines Zimmer: Studien- und Arbeitszimmer
Cochenille – rote westindische Schildlaus (die davon bereitete Farbe)
Cod – Kabeljau, Dorsch
Colifichet – Flitterkram
Collet – Kragen; Reitjacke
Commoner – Mitglied des Unterhauses; Bürger
Confidence – vertrauliche Mitteilung; Vertrauen
Confiseur – Zuckerbäcker
Conseil – Rat
Consideration – Betracht, Erwägung
Contredanse – Wechseltanz, bei dem sich die Paare gegenüberstehen und gegeneinander tanzen
coquelicot – hochrot
Cordon-rouge – rotes Ordensband des Ludwig-Ordens; Ritter dieses Ordens
Corvée – Fron-, Hofdienst
cotoyieren – nebenhergehen
County – Grafschaft
Cours – Lauf, Streifzug
cramoisi – scharlachrot
Crénau – Zinne
Croquis – Skizze
Curricle – kleiner Rennwagen

D

Daturen – Datura: Stechapfel
Dean – geistlicher Würdenträger in England
debarkieren – ausschiffen; landen
Debit – Absatz, Verkauf
débonnaire – gutmütig
Decousu – Unzusammenhängendes
Défaite – Niederlage
Deliberation – Beratung
Délice – Wonne, Lust
delicious – köstlich
Dénouement – Ausgang, Lösung
deployieren – entwickeln
deprezieren – Abbitte leisten
derangieren – in Unordnung bringen, stören
desappointieren – enttäuschen
desesperieren – jemanden zur Verzweiflung bringen, ärgern
Detachement – Truppenabteilung
detestabel – abscheulich
devancieren – überholen, zuvorkommen
Dictionnaire – Wörterbuch
Dignität – Würde
Digression – Abschweifung
Diligence – Eilpostkutsche
diskulpieren – entschuldigen
diskursiv – gesprächsweise, beiläufig
distrait – zerstreut, unachtsam
Distraktion – Ablenkung, Verwirrung
divertieren – belustigen
divinatorisch – vorahnend, seherisch
Douche – Dusche
douillet – sanft, weich
Drawing-room – Gesellschafts-, Empfangszimmer
dry – trocken
Duc – Herzog
Duchess – Herzogin
Duegna – Dueña: Anstandsdame, Erzieherin
Dupe – List
Dyspepsiker – Dyspepsie: Verdauungsstörung

E

eblouieren – blenden
Echantillon – Muster, Probe
echappieren – entwischen
Edukationskursus – Erziehungskursus
Effort – Anstrengung
Effronterie – Schamlosigkeit
Égard – Rücksicht, Achtung
Elegant – Modeherr, Stutzer
embarkieren – einschiffen
Embarras – Verwirrung, Wirrwarr
embellieren – ausschmücken, verschönern
Embrasure – innere Fenster- oder Türvertiefung; Fensternische
Emplette – Einkauf
employieren – beschäftigen
Empressement – Eifer, Geschäftigkeit
empressieren – sich bemühen, anstrengen
encombrieren – versperren
encouragieren – ermutigen, anfeuern
Enfilade – Zimmerflucht
enfin – kurzum, endlich
Ennui – Langeweile
ennuyieren – langweilen
entetiert – eigensinnig
Entreacte – Zwischenspiel
Entrechat – Kreuzsprung; Tanzsprung
Entremise – Vermittlung
Entrepeneur – Veranstalter, Unternehmer
Entreprise – Unternehmen
Entresol – Wohnung im Zwischengeschoß
Entreteneur – Aushalter, Unterhalter
Entrevue – Zusammenkunft
Enveloppe – Hülle
Epanchement – Erguß
Ephemeren – Eintagsfliegen
Esturgeon – Stör
etalieren – zur Schau stellen
Etourderie – Dummdreistigkeit, Unbesonnenheit
Evénement – Vorfall, Ereignis
Exclusiv – sich (gesellschaftlich) abschließender, unnahbarer Mensch
exekutieren – in den sauren Apfel beißen; vollziehen
Exordium – Redebeginn, Einleitung der Rede
Expektoration – Erguß, Herzerleichterung
extorquieren – erpressen
Extraktion – Abkunft
exzellieren – auszeichnen, übertreffen
exzitierend – erregend

F

Facchino – Lastenträger
Fadaisen – Abgeschmacktheiten, Albernheiten
Fairy – Fee, Elfe
Fakultät – Fähigkeit
Fancyball – Maskenball
faniert – verblüht
Farceur – Possenreißer
Fashion – feine Welt
Fashionable – Mitglied der feinen Gesellschaft
fastidiös – langweilig, widerwärtig
Fat – Geck, Laffe
Fata – Begebenheiten
fatigant – lästig
Fatigue – Mühsal, Anstrengung
fatiguieren – ermüden
Fatuität – Narrheit
Faveur – Gunstbezeigung
Favoriten – favoris: Backenbart
festoniert – bekränzt, herabhängend
fetieren – feierlich empfangen
Fiacre – ein- oder zweispännige Mietkutsche
Flageolett – Flötchen
Fonds – Geldanlage; in Engand die Staatseinnahmen zur Tilgung der Staatsschulden
Foulard – seidenes Tuch; Taschentuch
Foule – Menge
Fourgon – Packwagen
Foyer – Herd; Brennpunkt
Fracas – Lärm
Fraicheur – frische Farben
Frange – Fadensaum; Franse
fraudulös – betrügerisch
Friar – Mönch
Fripon – Schelm
Fronte – Front, vordere Ansicht eines Gebäudes
Fusée – Rakete

G

Garçon – Kellner
Garçon-diner – Herrenessen
Gardechasse – Jagdhüter
gazieren – verschleiern
Gêne – Zwang
gentle – folgsam, zahm
genuine – natürlich, echt
Gingerbeer – Ingwerbier
Girandole – Armleuchter
Girodet – Sintflut
Glace – Eis
Gouffre – Schlund, Abgrund
Gouté – Vesperbrot
gradatim – stufenweise
Gradins – stufenweise erhöhte Bänke
Grille – Gitter
Groom – Reit-, Stallknecht

Guéridon – Leuchter- oder Kerzentischchen
Guignon – Pech, Unglück (im Spiel)
Guildhall – Rathaus
Gynäzeum – Frauengemach

H

Haartour – Haaraufsatz
Habitué – Gast, Stammgast
haranguieren – feierlich anreden; im Kreise Menschen um sich versammeln
Harpagon – Geizhals
Hauptfrais – Hauptkosten
Hautelisse – Gobelin einer speziellen Webart
hidös – abscheulich, häßlich
Highlands – (Schottisches) Hochland
Highwayman – berittener Straßenräuber
Holly – Stechpalme
Hygieometer – Gesundheitsmesser
hyperboreisch – im hohen Norden gelegen, wohnend

I

Illiberalität – Engherzigkeit
illicit – unerlaubt
Illuminat – Erleuchteter (Angehöriger verschiedener Geheimbünde des 16. bis 18. Jahrhunderts)
impayable – unbezahlbar
Imperiale – mit Sitzen versehenes Wagenverdeck
inakzessibel – unzugänglich
Incroyable – Geck
Inexpressibles – eigentlich: die Unaussprechlichen, scherzhaft für Hose
infirm – gebrechlich
inkurabel – unheilbar
insignifikant – unbedeutend
insinuieren – beibringen
Insouciance – Sorglosigkeit
Interessen – Zinsen, Gewinn
Invitation – Einladung

J

Jactance – Großsprecherei, Prahlerei
Jocrisse – Tropf, Einfaltspinsel
Jupon – Unterrock

K

Kameralist – Staatswirtschaftler
Karessen – Liebkosung, Schmeichelei
Keep – Hauptturm
Kommunität – Gemeinde, Allgemeinheit
Kompartiment – gleichmäßig aufgeteiltes Feld oder Fach
Konstabler – Polizist (in England und den USA)
Koterie – Kaste; geschlossene Gesellschaft
kreneliert – ausgezackt
Kubikfuß – Rauminhalt eines Würfels

L

Lafette – Schieß- und Fahrgerüst der Geschützrohre
languissant – matt, schwach
Lever – Morgenempfang (bei Hofe)
Libation – Trankopfer
Library – Bibliothek
Lieue – Meile; eine Wegstunde
Lingot – ungemünztes Gold oder Silber
Lion – eigentlich: Löwe; Berühmtheit
Loo – Kartenspiel
Lord Mayor – Titel des Ersten Bürgermeisters
lugubre – traurig, kläglich
Luncheon – Imbiß zwischen Frühstück und Mittagessen
Lustre – glänzendes Ansehen; Lichtschimmer

M

Magistrat – Stadtrat, Mitglied der Stadtbehörde
magnifique – herrlich, großartig
Mail – Eilkutsche
mankieren – fehlschlagen
Mauvaisplaisant – Witzbold, Zyniker
Mayoress – Bürgermeisterin
Medisance – Klatsch
medisieren – verleumden
Meeting – Renntag
Menée – Anschlag; Kniff
mephitisch – stinkend
mesquin – armselig
Metempsychose – Seelenwanderung
moderat – gemäßigt
mordant – beißend
Morgue – Dünkel
Mutton – Hammelfleisch
Mutton-chop – Hammelrippchen
mutuellement – gegenseitig

N

Negus – eine Art Punsch
nervous – nervös, furchtsam
Nièce – Nichte
Nobleman – Adliger, Edelmann
Nobody – Mensch ohne Rang und Stellung
nonchalamment – nachlässig

notifizieren – bekanntmachen, mitteilen

O

Occiput – Hinterkopf
Office – Nebengebäude oder -räume, die zur Küche gehören
Ökonomie – Landwirtschaft
Orgeat – Mandelmilch
outriert – überspannt

P

Packetboot – Postschiff
Palankin – ostasiatischer Tragsessel, Sänfte
Pantalonnade – Possenspiel, Gaukelei
Paquet – Bündel
Parapluie – Regenschirm
parkoman – parkbesessen
Parterre – Beet
Partikularitäten – Einzelheiten
Partikulier – Privatmann, der von seinem Vermögen lebt
Partisan – Anhänger
Parure – Putz
passieren – (gerade noch) erträglich sein
passiert – verblüht
Patroness – Gönnerin; Schirmherrschaft
Peerage-Buch – Adelsbuch
Pendule – Tischpendeluhr
Perruche – Papagei
Personnage – Figur; Persönlichkeit
Perspektiv – Fernrohr
Pertinenzien – zugehörige Grundstücke
petillieren – schäumen, perlen
Petinet – durchbrochenes Gewebe aus Baumwolle und Seide
Phaeton – leichter offener vierrädriger Wagen
phantasmagorisch – trügerisch
phrenologisch – Phrenologie: Schädellehre zur Charaktererkennung
Pickle – Essiggurke
Pickles – Eingepökeltes; in Essig eingelegtes Gemüse
Piece – Stück; Zimmer, Gemach
Piper – Pfeifer
Piquenique-Ball – Ball im Freien
Piqueur – Vorreiter; die Hundemeute führender Jäger bei der Parforcejagd
Plaine – Ebene, Fläche
Pleasureground – Rasenplatz, Gartenanlagen um ein Haus; vgl. auch Pücklers Anm. zu S. 196, Bd. II.
Plénipotentiaire – Gesandter, Bevollmächtigter
Poltronnerie – Zaghaftigkeit, Feigheit
Ponceau – Klatschmohn; hochrote Farbe
portativ – tragbar
Portechaise – Tragsessel, Sänfte
Pourparler – Wortwechsel; Verhandlung
präponderieren – das Übergewicht haben
Preziosität – Geziertheit
Priory – Sitz des Vorstehers eines Klosters
produzieren – zeigen
Profusion – Überfluß, Verschwendung
pronieren – lobpreisen
proponieren – vorschlagen
Propos – Unterhaltung; Vorschlag
Provision – Vorrat
Psyche – großer stehender Ankleidespiegel
Punch – Hanswurst des englischen Possentheaters
pusillanim – kleinmütig, verzagt

Qu

quaestionis – was in Frage oder Gegenstand der Frage ist
Quincaillerie – Galanteriewaren
Quinconce – Kreuzgehölz, -pflanzungen
Quinta – zweite Klasse in bürgerlichen höheren Schulen

R

radotieren – schwatzen, faseln
raffinieren – auf etwas sinnen, erklügeln
Raisonnement – Überlegung, Erwägung
Rancune – Feindschaft, Groll
Ranger – Parkwächter, Förster
rayonnant – strahlend, prächtig
recherchiert – gesucht
refüsieren – abschlagen
Refutation – Widerlegung
Rekreation – Erholung, Erfrischung
rektifizieren – berichtigen, zurückweisen
rencherieren – überbieten
repandieren – verbreiten; bekannt werden
Repositorium – Büchergestell
Repuls – Zurückweisung, abschlägige Antwort
ressentieren – nachempfinden
Ressource – Erholungsort für geschlossene Gesellschaften
Resurrektion – Auferstehung
Retraite – Rückzug
Reunion – Gesellschaft, Gesellschaftsball (besonders in Kurorten)

reüssieren – glücken, Erfolg haben
Revenant – einer, der als Geist zurückkehrt
Rez-de-chaussée – Erdgeschoß
ricochetieren – abprallen, nach einem Aufschlag in anderer Richtung weiterfliegen
Ridicule – Lächerliches
Robinet – Hahn einer Leitung
Roture – Bürgertum, Nichtadel
Roué – vornehmer Wüstling
roulieren – drehen, laufen, rollen
Rout – große Abendgesellschaft
Rudera – Ruinen

S

Sagazität – Scharfsinn
Saillie – Witz, witziger Einfall
Sappeur – Pionier
Season – Jahreszeit; früher in London die Zeit von März bis August
Septemvirat – Siebenherrschaft, Mitglied einer Behörde von sieben Personen
Sequestrierung – Zurückgezogenheit
Shileila – Shillelagh: eichener Knüppel, Schlagwaffe der Iren
Shopkeeper – Ladeninhaber
Singerie – Nachäffung
skabrös – anstößig, schlüpfrig
skandalisieren – entrüsten, ein Ärgernis verursachen
skarifizieren – schröpfen
Sole – Seezunge
sollizitieren – nachsuchen, erbitten
Speaker – Sprecher
Stage, Stage-couch – Postwagen, Landkutsche
Steamboot – Dampfschiff
Storehäuser – Magazine, Lager
Subskription – Zeichnung einer Summe
Success – Erfolg
Suite – Folge, Fortsetzung
supplizieren – nachsuchen, erbitten

T

Tabernakel – Bethaus; Zelt
Tableau – Darstellung eines Gemäldes durch lebende Personen; Bild
Tabouret – Sessel ohne Lehne, Schemel
Tateur – Befühler, Betaster
témoin – von etwas zeugen
tentieren – reizen
Termen – Grenzsäulen, Grenzbilder
timide – furchtsam, schüchtern
Tirailleur – in aufgelöster Ordnung kämpfender Soldat
Tormentum – Plage
tournieren – umgehen, umdrehen
Tournure – Haltung, gewandtes Benehmen
Tracasserie – Schererei, Zank
Train – Zug; Aufwand
Traineur – Jäger; Nachzügler
Trait – Charakterzug
transistorisch – vorübergehend, vergänglich
Travellers'-Club – Klub der Reisenden
trepanieren – durchbohren des Schädeldaches
Tripot – Spielhölle; Kneipe
Trouble – Unruhe
Tumidität – Schwülstigkeit
Turbot – Steinbutt
Tussilago – Huflattich

Ü

übersuszeptibel – überempfänglich

V

Vaisselle – silbernes Tafelgeschirr
Valeur – Bedeutung, Wert
vaporös – nebelhaft, unklar
Vegetabilie – Pflanze, Gewächs
veritabel – echt, wirklich
Vermeil – vergoldetes Silber
Victrix – Siegerin
Virago – Mannweib, Amazone
Viscount – englischer Adelstitel (zwischen Baron und Graf)
Vivazität – Lebhaftigkeit
Vogue – Beliebtheit
Volée – Rang, Stand
Volubilität – Schnelligkeit
Vuc – Aussicht

W

Waiter – Kellner
Waterproof-Mantel – Gummimantel

Z

Zingarella – Zigeunerin
Zitz – buntes, meist rotes Baumwollgewebe

Personenverzeichnis

Aberdeen, George Hamilton Gordon, Earl of (1784 — 1860), britischer Politiker; seit 1806 Mitglied des Oberhauses.

Agrippa, Marcus Vipsanius (um 62 bis 12 v. u. Z.), römischer Feldherr und Staatsmann.

Alba, Fernando Álvarez de Toledo y Pimentel, Herzog von (1507 — 1582), spanischer Feldherr; berüchtigt wegen des Terrors, mit dem er gegen die niederländische Freiheitsbewegung vorging.

Alembert, Jean Baptiste le Rond d' (1717 — 1783), französischer Mathematiker, Naturwissenschaftler und Philosoph; gab mit Diderot die »Encyclopédie« heraus.

Alexander I. (1777 — 1825), seit 1801 Zar von Rußland; stand in den Feldzügen gegen Napoleon 1813/14 an der Spitze der europäischen Koalition; auf dem Wiener Kongreß Mitbegründer der reaktionären Heiligen Allianz.

Alexander der Große (356 — 323 v. u. Z.), seit 336 v. u. Z. König von Makedonien.

Alfred der Große (849 — 901), seit 871 König von Wessex und erster König der Angelsachsen; förderte die nationale Einheit Englands sowie das Bildungs- und Rechtswesen.

Alkibiades (um 450 bis 404 v. u. Z.), athenischer Feldherr und Staatsmann.

Angelus Silesius, eigentlich: Johannes Scheffler (1624 — 1677), deutscher Dichter; schrieb neben Kirchenliedern vor allem schwärmerisch-mystische Reimsprüche.

Anglesea s. u. Anglesey.

Anglesey, Henry William Paget, Earl of Uxbridge (seit 1812), Marquis of (1768 — 1854), britischer General und Staatsmann; kommandierte bei Waterloo die britische Kavallerie; von 1828 bis 1829 Lord-Leutnant von Irland.

Anna (1665 — 1714), seit 1702 Königin von Großbritannien und Irland; unter ihrer Regierung wurden England und Schottland zum Vereinigten Königreich Großbritannien zusammengeschlossen.

Archenholz, Johann Wilhelm von (1743 — 1812), deutscher Historiker und Publizist; viel beachtet wurde sein Buch »England und Italien« und die »Annalen der britischen Geschichte«.

Archimedes (um 287 bis 212 v. u. Z.), bedeutendster Physiker, Mathematiker und Techniker der Antike.

Arguelles, Augustin (1778 — 1844), liberaler spanischer Politiker; floh nach der Zerschlagung der bürgerlichen Revolution 1826 nach England.

Aristophanes (um 445 bis um 386 v. u. Z.), griechischer Komödiendichter.

Aristoteles (384 — 322 v. u. Z.), griechischer Philosoph.

Arthur, Earl oder Duke of Bretagne (1187 — 1203); wurde vermutlich von seinem Onkel König Johann ermordet.

Augustinus, Aurelius (354 — 430), lateinischer Kirchenlehrer.

Augustus, Gajus Julius Caesar Octavianus, ursprünglich: Gajus Octavianus (63 v. u. Z. - 14 u. Z.), erster römischer Kaiser.

Barrington, George (geb. 1755), irischer Reisender und legendenumwobener Abenteurer.

Bassompierre, François de, Baron (1579—1646), französischer Marschall; 1622/26 Gesandter an verschiedenen europäischen Höfen; wegen seiner Verbindungen zur Adelspartei 1631/43 von Richelieu in der Bastille gefangengehalten.

Beauchamp s. u. Warwick, Richard Neville.

Beaufort, Henry (1377—1447), englischer Kardinal und Staatsmann; organisierte 1426 im päpstlichen Auftrag einen Hussitenkreuzzug in Deutschland.

Becket, Thomas (1118—1170), Kanzler Heinrichs II. von England, Erzbischof von Canterbury; wurde von Rittern des Königs ermordet und 1172 als Märtyrer heiliggesprochen.

Beckford, William (1759—1844), englischer Schriftsteller; erbte 1770 ein großes Vermögen, unternahm längere Reisen und ließ sich teure Schlösser erbauen; Verfasser des orientalischen Schauerromans »The History of Caliph Vathek« (1787).

Bedford, John Plantagenet (1389—1435), seit 1422 Regent von Frankreich und der Normandie, Sohn des englischen Königs Heinrich IV.

Bethmann-Unzelmann, Friederike (1760—1815), deutsche Schauspielerin; besonders erfolgreich in tragischen Rollen und Rollen der Salondame; verheiratet mit K. W. F. Unzelmann, in zweiter Ehe mit H. E. Bethmann.

Bishop, Sir Henry Rowley (1786—1855), englischer Musiker; komponierte zahlreiche Bühnenwerke in Anlehnung an Mozart und Rossini; 1826 unter seiner Leitung Webers »Oberon« im Covent Garden in London uraufgeführt.

Blücher, Gebhard Leberecht Fürst Blücher von Wahlstatt (1742—1819), preußischer Generalfeldmarschall; populärer Feldherr der Befreiungskriege.

Boccaccio, Giovanni (1313—1375), italienischer Dichter; Verfasser des »Decamerone« (1348/53).

Boleyn, Anna (1507—1536), Geliebte, später Gattin Heinrichs VIII. von England; wegen angeblicher Untreue im Tower hingerichtet.

Bolívar, Simón (1783—1830), kreolischer Führer der Unabhängigkeitsbewegung gegen die spanische Kolonialherrschaft in Südamerika; befreite 1819/22 Kolumbien, Venezuela und Ecuador, 1824 Peru.

Bonaparte, ursprünglich Buonaparte, korsisches Adelsgeschlecht, aus dem Napoleon I. und seine Brüder hervorgingen: Joseph B. (1768 bis 1844), König von Neapel und Spanien; Louis B. (1778—1846), König von Holland, von Napoleon I. zur Abdankung gezwungen; Jérôme J. (1784—1860), 1807/13 König von Westfalen; Lucien B. (1775—1840), als Präsident des »Rates der 500« maßgeblich am Staatsstreich des 18. Brumaire (1799) beteiligt; Innenminister und Botschafter in Madrid; 1810 in die USA emigriert.

Bonaparte, Lätitia Prinzessin (1804—1871), Tochter von Napoleons Bruder Lucien Bonaparte.

Bonaparte, Lätitia Ramolino (1750—1836), Mutter Napoleons I.

Bordogni, Giulio Marco (1789—1856), italienischer Sänger; seit 1818 vorwiegend in Paris in Rossini-Opern erfolgreich.

Borgia, Cesare (1475—1507), italienischer Staatsmann der Renaissance; skrupelloser Gewaltmensch, Urbild des »Fürsten« von Machiavelli.

Boufflers, Stanislas Chevalier de (1738—1815), französischer Schriftsteller.

Bourrienne, Louis Antoine Fauvelet de (1769—1834), französischer Diplomat, Jugendfreund und zeitweiliger Sekretär Napoleons I.; seine »Mémoires sur Napoléon« (1828/30) sind vielfach unzuverlässig.

Braham, John (1774?—1856), englischer Sänger.

Brambilla, Marietta (1807—1875), italienische Sängerin.

Brentano, Clemens (1778—1842), gab mit Achim von Arnim die Volksliedersammlung »Des Knaben Wunderhorn« heraus.

Bridgewater, Francis Henry Egerton, Earl of (1756—1829), englischer Geistlicher und Philologe.

Brooke s. u. Greville, Robert.

Brougham, Henry Baron of Brougham and Vaux (1778—1868), liberaler

britischer Politiker, Jurist und Publizist; förderte das Bildungswesen in England, unterstützte die Katholikenemanzipation, setzte sich für die Wahlrechtsreform von 1832 ein.

Brown, John (1735—1788), schottischer Arzt; entwickelte in seinen »Elementa medicinae« (1780) eine neue Theorie der Heilkunde, die alle Krankheiten aus dem Grad der individuellen Reizbarkeit zu erklären suchte.

Brown, Lancelot (1715—1783), englischer Landschaftsgärtner und Landschaftsarchitekt.

Brühl, Karl Friedrich Moritz Paul Graf von (1772—1837), 1815/28 Generalintendant des Königlichen Schauspielhauses in Berlin; bemühte sich um historische Echtheit der Kostüme.

Brummell, George Bryan, genannt Beau Brummell (1778—1840), Günstling des Prinzen von Wales, des späteren englischen Königs Georg IV.; seinerzeit tonangebend in Modefragen.

Buckingham, George Villiers, Duke of (1592—1628), englischer Staatsmann; Günstling Karls I. und Jakobs I.; wegen Amtsmißbrauchs 1621 und 1628 vom Parlament angeklagt und zum »öffentlichen Feind« erklärt.

Bülow, Heinrich Freiherr von (1791—1846), preußischer Staatsmann; seit 1827 Gesandter in England.

Burdett, Sir Francis (1770—1845), zunächst liberaler, dann konservativer britischer Politiker; 1810 und 1820 wegen politischer Differenzen inhaftiert.

Bürger, Gottfried August (1747—1794), Lyriker und Publizist der Sturm-und-Drang-Zeit; Begründer der volkstümlichen deutschen Balladendichtung.

Burke, Edmund (1729—1797), englischer Schriftsteller und Politiker; 1766/94 Mitglied des Unterhauses; trat in seinen »Reflections on the Revolution in France« gegen die Ideen der Französischen Revolution auf.

Burleigh, William Cecil, Lord (1520—1598), englischer Staatsmann; langjähriger Minister unter Königin Elisabeth I.

Bury, Charlotte Suzanne Mary (1775—1861), englische Schriftstellerin; entnahm den Stoff ihrer anspruchslosen Romane den Erlebnissen in aristokratischen Kreisen.

Bussy-Rabutin, Roger Comte de (1618—1693), französischer Schriftsteller; wurde wegen seiner »Histoire amoureuse des Gaules« (1665) ein Jahr in die Bastille gesetzt und dann auf sein Schloß verbannt.

Byron, George Noel Gordon, Lord (1788—1824).

Cagliostro, Alexander Graf von, eigentlich: Giuseppe Balsamo (1743 bis 1795), italienischer Abenteurer und Hochstapler.

Callenberg, Georg Alexander Heinrich Hermann Reichsgraf von (1744 bis 1795), Großvater Pücklers.

Canning, George (1770—1827), britischer Staatsmann und Führer der Tories; 1807/09 und 1822/27 Außen-, 1827 Premierminister; seit 1810 mit Joan Scott (gest. 1837), Tochter des englischen Generals John Scott, verheiratet.

Canova, Antonio (1757—1822), italienischer Bildhauer.

Caracalla (176—217), Spitzname des nach seinem Kapuzenmantel benannten römischen Kaisers (seit 211) Marcus Aurelius Antonius, vorher Bassianus.

Caraccioli, Dominique (1717—1789), italienischer Staatsmann und Ökonom.

Caratacus, Führer der Kelten Britanniens; im Kampf gegen die Römer, die unter Kaiser Claudius das Land ihrer Herrschaft zu unterwerfen begannen, wurde er 50 geschlagen; in den Sagen von Wales als Caradoc lebendig.

Carolath, Adelheid Fürstin von (gest. 1849), Stieftochter von Pückler-Muskau.

Carracci, italienische Malerfamilie in Bologna, aus der u. a. Lodovico C. (1555—1619), Agostino C. (1557—1602), Annibale C. (1560—1609) hervorgingen.

Cäsar, Gajus Julius (100—44 v. u. Z.).

d'Alembert s. u. Alembert.

Dannecker, Johann Heinrich von (1758—1841), deutscher klassizistischer Bildhauer.

Dante Alighieri (1265—1321); italienischer Dichter; sein Hauptwerk ist die zwischen 1307 und 1321 geschriebene »Divina Commedia« (Göttliche Komödie).

Dareios III. Kodomannos (gest. 330 v. u. Z.), seit 335 v. u. Z. persischer König; wurde von Alexander dem Großen 333 bei Issos und 331 bei Gangamela geschlagen.

Darnley, Henry Stuart Lord D., Duke of Albany (1545—1567), schottisch-kalvinistischer Feudalherr; zweiter Gemahl Maria Stuarts, die ihn durch ihren Günstling und späteren dritten Gemahl Bothwell ermorden ließ.

David, Jacques Louis (1748—1825), französischer Maler; begründete die klassizistische Schule in Frankreich; schuf zahlreiche Revolutionsbilder; später Hofmaler Napoleons I.

Deffand, Marie Anne de Vichy-Chamrond, Marquise du (1697—1780), wurde berühmt durch ihren Pariser Salon, in dem sich alle namhaften Zeitgenossen trafen, und durch ihren Briefwechsel mit Voltaire, Montesquieu und vor allem Walpole.

Denon, Dominique Vivant, Baron de (1747—1825), französischer Maler, Kunstsammler und Kunstschriftsteller; seit 1804 Generalinspektor der Pariser Museen; wählte in den eroberten Ländern die Kunstschätze aus, die Napoleon als Siegestrophäen nach Paris bringen ließ.

Desaix, Louis Charles Antoine D., Chevalier de Veygoux (1768—1800), französischer General; führte den Sieg Napoleons in der Schlacht bei Marengo 1800 über Italien herbei.

Devonshire, William Spencer Cavendish, Duke of (1790—1858), britischer Politiker; 1827/28 und 1830/34 Oberkammerherr am englischen Hofe.

Devrient, Ludwig (1784—1832), deutscher Schauspieler; großer Charakterdarsteller.

Diderot, Denis (1713—1784), materialistischer Philosoph und Schriftsteller der französischen Aufklärung; Begründer und Herausgeber der »Encyclopédie«.

Diogenes von Sinope (um 412 bis 323 v. u. Z.), griechischer Philosoph; lebte als Vertreter der kynischen Schule angeblich in einer Tonne, um sein Ideal der Bedürfnislosigkeit zu demonstrieren und seine Verachtung aller zivilisatorischen Fortschritte auszudrücken.

Dolci (Dolce), Carlo (1616—1686), italienischer Maler.

Domenichino, eigentlich: Domenico Zampieri (1581—1641), italienischer Maler; Schüler von Annibale Carracci.

Dürer, Albrecht (1471—1528), Maler, Kupferstecher, Radierer und Zeichner.

Duroc, Gérard Christophe Michel, Duc de Friaul (1772—1813), französischer Marschall; Begleiter und Vertrauter Napoleons I.

Dyck, Anthonis van (1599—1641), flämischer Maler; Schüler und Mitarbeiter von Rubens; lebte seit 1632 als Hofmaler in London und schuf zunächst religiöse Bilder, später fast ausschließlich Porträts.

Eduard, Duke of Cornwall, Prince of Wales (1330—1376), ältester Sohn König Eduards III.; nach seiner Rüstung der Schwarze Prinz genannt.

Eduard I. (1239—1307), seit 1272 König von England; nachdem er 1292 die Oberlehnsherrschaft über Schottland hatte, nannte er sich auch König von Schottland.

Eduard II. (1284—1327), seit 1307 König von England; Sohn Eduards I.

Eduard III. (1312—1377), seit 1327 König von England; begann 1337 den Hundertjährigen Krieg gegen Frankreich.

Egmont, Lamoral Graf von (1522—1568), einer der Führer der niederländischen Adelsopposition gegen die spanische Fremdherrschaft; wurde auf Befehl Herzog Albas verhaftet und auf Beschluß des »Blutrats« hingerichtet.

Ekhof, Konrad (1720—1778), deutscher Schauspieler; gilt als Vater der deutschen Schauspielkunst; kämpfte für die bürgerliche Anerkennung des Schauspielerstandes.

Eldon, John Scott, Earl of (1751—1838), britischer konservativer Politiker und Jurist; als Lordkanzler (1801/27) bekämpfte er die Parlamentsreform und die Katholikenemanzipation.

Elgin, Thomas Bruce, Earl of E. and Kincardine (1766—1841), britischer Diplomat und Sammler antiker Kunstwerke.

Elisabeth I. (1533—1603), seit 1558 Königin von England.

Ellenborough, Edward Law, Earl of (1790—1871), britischer Staatsmann; seit 1818 Mitglied des Oberhauses; übernahm 1828 die Leitung des indischen Kontrollamtes; seit 1824 mit Jane Elizabeth Digby verheiratet.

Elliot, Hugh (1752—1830), britischer Diplomat; 1777/82 Gesandter und Bevollmächtigter Minister am preußischen Hof; 1791 bis 1803 Bevollmächtigter Minister am sächsischen Hof in Dresden.

Empecinado, Juan Martín Díaz el (1775—1825), Held der spanischen bürgerlichen Revolution 1820/23; wurde nach der Restauration hingerichtet.

Erasmus Desiderius, genannt Erasmus von Rotterdam, eigentlich: Gerard Gerards (1466—1536), humanistischer Gelehrter und Schriftsteller.

Essex, Robert Devereux, Earl of (1567—1601), englischer Politiker; seit 1588 Günstling der Königin Elisabeth I.; wegen Vorbereitung eines Staatsstreichs hingerichtet.

Esterházy, Pál Antal Fürst von (1785—1866), ungarischer Diplomat; 1810 Gesandter in Dresden, 1815 Botschafter in London; März bis August 1848 Außenminister im Kabinett Batthyány.

Eulenspiegel, Till (um 1300 bis 1350), aus dem Braunschweigischen stammender plebejischer Schalksnarr; seine Streiche werden in dem um 1500 entstandenen niederdeutschen Volksbuch erzählt.

Eyck, Jan van (um 1390 bis 1441), niederländischer Maler.

Farren, William (1786—1861) und Percival F. (gest 1843), englische Schauspieler.

Ferdinand VII. (1784—1833), seit 1814 König von Spanien; machte Spanien zu einer Hochburg der europäischen Reaktion.

Fetch Ali (1768—1834), von 1797 bis 1832 Schach von Persien.

Fitzclarence, George Augustus Frederick F., Earl of Munster (1794 bis 1842), britischer Offizier; Sohn aus der illegitimen Ehe des englischen Königs Wilhelm IV. mit der irischen Schauspielerin Dora Jordans; veröffentlichte 1819 sein »Journal of a route across India and through Egypt to England in 1817—18«.

Fitzwilliam, Charles William Wentworth, Earl (1786—1857), britischer liberaler Staatsmann.

Fleck, Johann Friedrich Ferdinand (1757—1801), deutscher Schauspieler; seit 1786 Mitglied des Berliner Nationaltheaters; erfolgreich als Charakterdarsteller vor allem in Werken von Schiller und Shakespeare.

Fleury, eigentlich: Abraham Joseph Bénard (1750—1822), französischer Schauspieler.

Fouqué, Friedrich Heinrich Karl Freiherr de la Motte Fouqué (1777 bis 1843), Schriftsteller der Romantik; schrieb zahlreiche abenteuerüberladene Rittergeschichten.

Fouqué, Karoline Baronin de la Motte Fouqué (1773—1831), deutsche Unterhaltungsschriftstellerin; in zweiter Ehe mit Friedrich de la Motte Fouqué verheiratet.

Fox, Charles James (1749—1806), liberaler britischer Politiker; befürwortete die Unabhängigkeit der nordamerikanischen Kolonien, trat für die Französische Revolution ein; verlor sein Vermögen durch Glücksspiele.

Franconi, Antoine (1738—1836), französischer Kunstreiter; Begründer des gleichnamigen Pariser Revuetheaters.

Franz I. (1494—1547), seit 1515 König von Frankreich.

Friedrich II. (1712—1786), seit 1740 König von Preußen.

Friedrich der Große s. u. Friedrich II.

Friedrich Wilhelm III. (1770—1840), seit 1797 König von Preußen.

Friedrich II. Wilhelm Karl (1754—1816), als Friedrich I. seit 1806 König von Württemberg.

Froissart, Jean (1337 bis um 1410), französischer Dichter und Historiker; Verfasser der kunstgeschichtlich wertvollen »Chroniques de France, d'Angleterre, d'Ecosse, d'Espagne, de Bretagne«.

Fust, Johann (um 1400 bis 1465/66), Mainzer Kaufmann; finanzierte durch Kredite 1450 und 1452 den Bibeldruck Gutenbergs.

Gall, Franz Joseph (1758—1828), deutscher Arzt; seit 1807 in Paris, dort begann er mit phrenologischen Studien.

Garnerin, Elisa (geb. um 1790), deutsche Fallschirmspringerin; unternahm 1815 in Berlin ihre ersten Sprungversuche.

Garofalo, Benvenuto da, eigentlich: Benvenuto Tisi (um 1481 bis 1559), italienischer Maler.

Garrick, David (1717—1779), englischer Schauspieler und Bühnenbildner; leitete 1747/76 das Drury Lane Theatre in London; wurde berühmt durch seine Shakespeare-Darstellungen.

Gaveston, Piers, Earl of Cornwall, Günstling des englischen Königs Eduard II., 1312 enthauptet.

Gellert, Christian Fürchtegott (1715—1769), Professor der Poesie, Beredsamkeit und Moral in Leipzig; Dichter der deutschen Aufklärung.

Georg III. (1738—1820), seit 1760 König von Großbritannien und seit 1814 König von Hannover.

Georg IV. (1762—1830), seit 1820 König von Großbritannien und Hannover.

Gérard, François Baron (1770—1837), klassizistischer französischer Maler.

Gerstenbergk, Georg Friedrich von (1780—1838), deutscher Jurist; Regierungsrat in Weimar; 1829 Kanzler in Eisenach.

Gibson, John (1790—1866), englischer Bildhauer.

Girodet-Trioson, Anne Louis, eigentlich: Girodet de Roucy (1767—1824), französischer Maler.

Gloucester, William Frederick Duke of (1776—1834), britischer Feldmarschall; Mitglied des britischen Königshauses.

Goderich s. u. Ripon.

Goethe, Johann Wolfgang (1749—1832).

Goethe, Ottilie von, geb. von Pogwisch (1796—1872), Frau August von Goethes, Schwiegertochter Goethes.

Gramont, Philibert Comte de (1621—1707), französischer Höfling; berühmt durch seine Liebesabenteuer und Spielbetrügereien.

Grenville, William Wyndham, Baron (1759—1834), britischer konservativer Politiker.

Greville, Robert, Baron Brooke (1608—1643), englischer General der parlamentarischen Truppen während der bürgerlichen Revolution.

Grignan, Françoise Marguerite Comtesse de (1646—1705), Tochter der Madame de Sévigné.

Grillparzer, Franz (1791—1872), österreichischer Dichter.

Grosvenor, Robert Earl G., Marquis of Westminster (1767—1845), britischer Politiker.

Grotius, Hugo, eigentlich: Huig de Groot (1583—1645), niederländischer Jurist und Staatsmann; legte in seinem »De jure belli ac pacis« (1625) die Grundlage für die bürgerliche Volksrechtslehre und stellte in »Mare liberum« (1609) den Grundsatz der Freiheit für die Meere auf.

Guido Reni (1575—1642), italienischer Maler.

Guise, Charles de Lorraine, Duc de (1524—1574), Erzbischof von Reims, seit 1555 Kardinal; beherrschte mit seinem Bruder François de Lorraine (1519—1563) unter Franz II. den französischen Hof.

Gustav II. Adolf (1594—1632), seit 1611 König von Schweden.

Händel, Georg Friedrich (1685—1759).

Hannibal (246—183 v. u. Z.), karthagischer Feldherr.

Hardenberg, Karl August Fürst von (1750—1822), preußischer Staatsmann; seit 1810 preußischer Staatskanzler; führte die Reformen Steins im liberalen Geiste weiter (Gewerbefreiheit, Judenemanzipation); Schwiegervater von Pückler-Muskau.

Harrowby, Baron Dudley Ryder, Earl of H. und Viscount Sandon (1762—1847), liberaler britischer Politiker.

Harvey, William (1578—1657), englischer Physiologe; Entdecker des großen Kreislaufes des Blutes; Leibarzt Karls I.

Hastings, Francis Rawdon, Marquis of (1754—1826), britischer Feldherr und Staatsmann; seit 1824 Gouverneur von Malta.
Heinrich III. (1207—1272), seit 1216 König von England.
Heinrich IV. (1367—1413), seit 1399 König von England.
Heinrich V. (1387—1422), seit 1413 König von England.
Heinrich VI. (1421—1471), 1422/61 und 1470/71 König von England.
Heinrich VII. (1457—1509), seit 1485 König von England.
Heinrich VIII. (1491—1547), seit 1509 König von England.
Heinrich IV. (1553—1610), seit 1572 König von Navarra, seit 1589 König von Frankreich.
Helvétius, Claude Adrien (1715—1771), französischer Aufklärungsphilosoph; bedeutender Religionskritiker.
Herbert, George Augustus, Earl of Pembroke und Earl of Montgomery (1759—1827), britischer General; er hatte zwei Söhne, Robert Henry (1791—1862) und Sidney, und fünf Töchter.
Herder, Johann Gottfried (1744—1803).
Hippokrates von Kos (um 460 bis 377 v. u. Z.), bedeutender Arzt des Altertums.
Hobbema, Meindert (1638—1709), holländischer Landschaftsmaler.
Hoffmann, Ernst Theodor Amadeus (1776—1822), Schriftsteller, Komponist, Dirigent und Maler der deutschen Spätromantik.
Hoffmann, Johann Gottfried (1765—1847), deutscher Nationalökonom; seit 1818 Direktor des von ihm eingerichteten statistischen Büros in Berlin.
Holbein, Hans der Jüngere (1497/98—1543), seit 1536 Hofmaler des englischen Königs Heinrich VIII.
Holland, Henry Richard Fox Vassall, Lord (1773—1840), britischer Politiker; Enkel von Henry Fox.
Homer (8. Jahrhundert v. u. Z.).
Hope, Thomas (1770?—1831), englischer Schriftsteller und Kunstsammler; unterstützte Thorwaldsen und Canova; schrieb »Household furniture and international decorations« (1807) wnd den Roman »Anastasius or memoirs of a modern Greek« (1819); war verheiratet mit Louisa Beresford, Tochter des Erzbischofs von Tuam.
Horaz, eigentlich: Quintus Horatius Flaccus (65—8 v. u. Z.).
Horn, Franz Christoph (1783—1837), deutscher Schriftsteller und Publizist; lebte seit 1810 als Privatgelehrter in Berlin.
Hudson, Thomas (1701—1779), englischer Maler.
Humboldt, Alexander Freiherr von (1769—1859), deutscher Naturforscher, Gelehrter und Diplomat; Verfasser des »Kosmos, Entwurf einer physischen Weltbeschreibung« (1845/62, 5 Bde.).
Huysum, Jan van (1682—1749), niederländischer Maler; malte anfangs Landschaften, später Blumen- und Früchtestilleben.

Iffland, August Wilhelm (1759—1814), deutscher Schauspieler, Theaterleiter und Dramatiker; wirkte von 1796 bis 1814 am Nationaltheater in Berlin.

Jakob I. (1566—1625), seit 1603 König von England.
Jakob II. (1633—1701), von 1685 bis 1688 König von England; während der bürgerlichen Revolution 1646 von Parlamentstruppen gefangengenommen.
Jansen, Cornelius (1585—1638), niederländischer Theologe; sein Hauptwerk »Augustinus« wurde zum Ausgangspunkt einer katholischen Reformbewegung, die sich auf die Gnadenlehre des Augustinus orientierte und gegen den Totalitätsanspruch von Klerus und Feudalabsolutismus gerichtet war; Gegner der Jesuiten.
Jaquotot, Marie Victoire (1772—1855), französische Porzellanmalerin; lieferte seit 1801 die Vorlagen für die Manufaktur zu Sèvres; erhielt 1817 für ihre Malerei den Titel »Premier Peintre sur Porcelaine«.
Jermolow, Alexej Petrowitsch (1772—1861), russischer General und Diplomat.
Joanny, eigentlich: Jean Bernard Brisebarre (1775—1849), französischer Schauspieler; spielte vor allem in tragischen Rollen.
Johann (1167—1216), seit 1199 König von England; auch Johann ohne Land genannt.

Johnson, Samuel (1709–1784), englischer Schriftsteller und Lexikograph; gab 1705 Shakespeares Werke heraus und veröffentlichte 1775 seine Reise nach den westlichen Inseln Schottlands

Joseph II. (1741–1790), seit 1765 römisch-deutscher Kaiser.

Josephine (1763–1814), erste Frau Napoleons I., der sie 1804 zur Kaiserin der Franzosen krönte; lebte nach der Scheidung 1809 in Malmaison und behielt den Titel und die Hofhaltung einer Kaiserin.

Karl X. (1757–1836), von 1824 bis 1830 König von Frankreich.

Karl I. (1600–1649), seit 1625 König von England; wurde während der bürgerlichen Revolution enthauptet.

Karl II. (1630–1685), seit 1660 König von England; führte eine leichtlebige Hofhaltung im Stil des französischen Klassizismus und hielt sich zahlreiche Mätressen.

Karl XII. (1682–1718), seit 1697 König von Schweden.

Karl IV. (1748–1819), von 1788 bis 1808 König von Spanien.

Karl August (1757–1828), seit 1758 Herzog, seit 1815 Großherzog von Sachsen-Weimar-Eisenach.

Karl Bernhard (1792–1862), Herzog von Sachsen-Weimar-Eisenach; zweiter Sohn des Herzogs Karl August; niederländischer Generalmajor und Provinzialkommandant von Ostflandern; seit 1847 niederländisch-ostindischer Kommandeur in Java.

Karl Friedrich (1783–1853), seit 1828 Großherzog von Sachsen-Weimar-Eisenach; ältester Sohn des Herzogs Karl August.

Katharina II. (1729–1796), seit 1762 Zarin von Rußland.

Katharina Pawlowna, geb. Großfürstin von Rußland (1788–1819), Tochter Pauls I. von Rußland; in zweiter Ehe mit dem Herzog Wilhelm I. von Württemberg verheiratet.

Kaunitz, Wenzel Anton Fürst von (1711–1794), österreichischer Staatsmann; Leiter der österreichischen Außenpolitik und langjähriger Vertrauter von Maria Theresia und Joseph II.

Kean, Edmund (1787–1833), englischer Schauspieler.

Kemble, Charles (1775–1854), englischer Schauspieler; leitete zunächst mit seinem Bruder John Philipp K., dann ab 1817 allein das Covent Garden Theatre; gastierte 1825/26 in Deutschland und Frankreich.

Kemble, John Philipp (1757–1823), englischer Schauspieler; seit 1803 spielte er am Covent Garden Theatre vor allem in Shakespeare-Stücken.

Keppel, George Thomas K., Earl of Albemarle (1799–1891), britischer Offizier und Publizist; veröffentlichte Berichte über seine Aufenthalte in Indien, Persien, den Balkanländern unf Rußland.

Kleopatra (69–30 v. u. Z.), seit 51 v. u. Z. Königin von Ägypten.

Kotzebue, August von (1761–1819), erfolgreicher deutscher Bühnenschriftsteller, Theaterleiter und Publizist; stand zeitweilig in russischen Diensten und galt als zaristischer Spion; wurde von K. L. Sand ermordet.

Krug, Wilhelm Traugott (1770–1842), deutscher Philosoph; seit 1809 Professor in Leipzig; verfaßte zahlreiche theologische Streitschriften gegen den Katholizismus.

Lalande, Joseph Jérôme de (1732–1807), französischer Astronom; sein Hauptwerk ist die »Astronomie« (1764).

Lancaster, Joseph (1778–1838), englischer Pädagoge; führte 1798 die nach ihm und A. Bell benannte Methode des »wechselseitigen Unterrichts« ein.

Lansdowne, Henry Petty-Fitzmaurice, Marquis of (1780–1863), britischer Politiker, übernahm 1827 das Ministerium des Inneren; seit 1808 verheiratet mit Lady Louissa Emma Fox-Strangways.

Laporte, Jacques François, eigentlich: Rozières de Laporte (geb. 1776), französischer Schauspieler.

Lavater, Johann Kaspar (1741–1801), Schweizer Theologe und philosophischer Schriftsteller; wurde berühmt durch seine »Physiognomischen Fragmente zur Beförderung der Menschenkenntnis und Menschenliebe« (1775/78, 4 Bde.), in denen er die Charakterdeutung aus den Gesichtslinien erläuterte.

Lawrence, Sir Thomas (1769—1830), englischer Maler; Bildnismaler des englischen Hofes und des Adels.

Leicester, Lord Robert Dudley, Earl of (1532/33—1588), Günstling der englischen Königin Elisabeth; strebte eine Ehe mit der Königin an, geriet daher in den Verdacht, als seine Frau einen Unfall hatte, sie ermordet zu haben.

Lejeune, Louis François Baron (1775—1848), französischer General und Maler; zeichnete vor allem die Schlachten, an denen er selbst teilgenommen hatte.

Lely, Peter, eigentlich: Pieter van der Fals (1618—1680), niederländisch-englischer Maler; Hofmaler Karls II.

Lenclos, Anne, genannt Ninon de Lenclos (1620—1705), französische Kurtisane; ihr Haus war Treffpunkt der gebildeten Kreise.

Lenné, Peter Joseph (1789—1966), deutscher Landschaftsgärtner, seit 1822 Königlicher Gartendirektor und seit 1854 Gartendirektor der Königlichen preußischen Gärten.

Lenz, Jakob Michael Reinhold (1751—1792), Dichter des Sturm und Drang.

Leonardo da Vinci (1452—1519).

Lessing, Gotthold Ephraim (1729—1781).

Lesueur, Eustache (1617—1655), französischer Maler; schuf ausschließlich Bilder biblischen oder mythologischen Inhalts.

Linwood, Mary (1755—1845), englische Komponistin und Stickkünstlerin; wurde berühmt durch ihre gestickten Kopien von Bildern alter und neuer Meister.

Lister, Thomas Henry (1800—1842), englischer Romancier und Dramatiker.

Liston, John (1776?—1846), englischer Schauspieler; trat seit 1805 in London vor allem in komischen Rollen auf; sein Spitzname war Paul Pry (Hansdampf in allen Gassen).

Liverpool, Robert Banks Jenkinson, Earl of (1770—1828), konservativer britischer Politiker; 1812/27 Premierminister.

Llewellin s. u. Llywelin.

Llywelin I. (1194—1240) und Llywelin II. (1246—1282), unter ihrer Herrschaft entstand in Wales eine feudale Zentralgewalt, die durch den Sieg Eduards I. über Llywelin II. 1282 aufgehoben wurde.

Locke, John (1632—1704), Philosoph und Ökonom der englischen Aufklärung; sah in der Erfahrung die Quelle aller Erkenntnis.

Loyola, Ignatius von, eigentlich: Iñigo López de Recalde (1491 oder 1495 bis 1556), Begründer des Jesuitenordens.

Ludwig I. (1786—1868), von 1825 bis 1848 König von Bayern; mußte wegen seiner Freundschaft zur spanischen Tänzerin Lola Montez abdanken.

Ludwig XIV. (1638—1715), seit 1643 König von Frankreich.

Ludwig XVI. (1754—1793), von 1774 bis 1792 König von Frankreich.

Ludwig XVIII. (1755—1824), seit 1814/15 König von Frankreich; lebte, von Napoleon verfolgt, seit 1809 in England; kehrte 1814 nach Paris zurück und erließ am 4. Juni 1814 die Charte Constitutionelle.

Luise (1776—1810), seit 1793 Frau des späteren preußischen Königs Friedrich Wilhelm III.

Luise Auguste (1757—1830), Tochter des Landgrafen Ludwig IX. von Hessen-Darmstadt; seit 1775 Gemahlin Karl Augusts von Sachsen-Weimar-Eisenach.

Luther, Martin (1483—1546).

Machiavelli, Niccolo (1469—1527), italienischer Staatsmann und politischer Schriftsteller; mit seinem Buch »Il principe« wurde er zum ersten Theoretiker der absolutistischen Staatsform.

Macpherson, James (1736—1796), schottischer Dichter.

Madocks, William Alexander (1774—1828), englischer Philanthrop.

Mahmud II. (1784—1839), seit 1808 türkischer Sultan.

Maintenon, Françoise d'Aubigné, Marquise de (1635—1719), Geliebte und zweite Gemahlin Ludwigs XIV; die »Lettres de Madame de Maintenon« gab La Beaumelles 1756 heraus.

Malcom, Sir John (1769—1833), englischer Politiker und Schriftsteller.

Malibran, María de la Felicidad García-Malibran (1808—1836), spanisch-französische Sängerin; Schülerin ihres Vaters Manuel García; gehörte seit ihrem ersten Auftritt in London 1825 zu den gefeiertsten Sopranistinnen ihrer Zeit.

Maria I. (1734—1816), seit 1777 Königin von Portugal.

Maria I. Tudor, genannt die Katholische oder die Blutige (1516—1558), seit 1553 Königin von England.

Marie Antoinette (1755—1793), Tochter Maria Theresias; seit 1770 mit dem späteren französischen König Ludwig XVI. verheiratet; 1793 hingerichtet.

Maria (Marie) Luise (1791—1847), seit 1810 als zweite Frau Napoleons I. Kaiserin der Franzosen; Tochter Kaiser Franz' I. von Österreich.

Maria Pawlowna, geb. Großfürstin von Rußland (1786—1859), Tochter Pauls I. von Rußland; seit 1804 Gemahlin des späteren Großherzogs Karl Friedrich von Sachsen-Weimar-Eisenach.

Maria Stuart (1542—1587), von 1542 bis 1568 Königin von Schottland.

Marlborough, John Churchill, Duke of (1650—1722), englischer Feldherr und Politiker; unter Königin Anna 1702 politischer Berater und Oberbefehlshaber der Armee; erhielt für seine Siege im Spanischen Erbfolgekrieg Blenheim zum Geschenk.

Mars, eigentlich: Anne Françoise Hippolyte Boutet, genannt Mademoiselle Mars (1779—1847), französische Schauspielerin.

Masséna, André, Duc de Rivoli (seit 1808), Prince d'Essling (seit 1810) (1758—1817), französischer Marschall; während der Französischen Revolution zum General und während der Napoleonischen Kriege zum Marschall ernannt.

Mathews, Charles (1776—1835), englischer Schauspieler; seit 1818 vor allem berühmt durch seine Ein-Mann-Unterhaltungen »At Home«.

Mathieu II., Baron de Montmorency, genannt der »Grand Connétable« (1189—1230), französischer Feldherr.

Maury, Jean Siffrein (1746—1817), französischer Kardinal; schloß sich 1806 Napoleon an; 1810/14 Erzbischof von Paris.

Maximilian I. Joseph (1756—1825), seit 1799 Kurfürst von Pfalz-Bayern und Jülich-Berg; seit 1806 König von Bayern.

Medici, Katharina von (1519—1589), seit 1533 als Gemahlin Heinrichs II. Königin von Frankreich.

Meer (Vermeer), Jan van der (1632—1675), niederländischer Maler; malte vorwiegend Straßenansichten oder häusliche Szenen.

Melville, Robert Saunders Dundas, Viscount (1771—1851), britischer Staatsmann; wurde 1812 erster Lord der Admiralität, legte unter Canning 1827 seine Ämter nieder; 1828 unter Wellington abermals mit der Leitung des Seewesens betraut.

Mengs, Anton Raphael (1728—1779), deutscher Maler und Kunstschriftsteller.

Metternich, Klemens Wenzel Lothar Fürst von (1773—1859), österreichischer Staatsmann und Diplomat; führender Politiker der Restaurationszeit.

Michelangelo Buonarroti (1475—1564).

Miguel, Dom Miguel (1802—1866), zweiter Sohn des portugiesischen Königs Johann VI.; 1828/34 Regent für Maria II. da Gloria; versuchte durch einen Staatsstreich eine eigene absolutistische Herrschaft durchzusetzen.

Mina, Francisco Espozy y Mina (1786—1836), spanischer Guerillaführer und General; Befehlshaber von Partisaneneinheiten im spanischen Freiheitskampf gegen die Napoleonischen Armeen 1808/14.

Mirabeau, Honoré Gabriel Victor de Riqueti, Comte de (1749—1791), französischer Staatsmann und Publizist; trat für die konstitutionelle Monarchie ein.

Molena, Luis (1535—1600), spanischer katholischer Theologe; in seinem Buch »Concordia liberi arbitrii cum gratiae donis« (1588) lehrte er, daß Gott die Kraft, zur Seligkeit mitzuwirken, denen verleihe, von denen er die Hingabe ihres Willens an seine Gnade voraussehe.

Monk, George, Duke of Albemarle (1608—1670), englischer Feldherr; kämpfte in der bürgerlichen Revolution zunächst auf seiten Karls I., trat dann zum Parlamentsheer über; nach Cromwells Tod an der Restauration des Königshauses Stuart beteiligt.

Montagu, Lady Mary Wortley (1689 — 1762), englische Schriftstellerin; wurde bekannt durch ihre Briefe über die Türkei (»Lettres 1716 bis 1718«, 1763, 3 Bde.) und die Einführung der Pockenimpfung in England.

Montaigne, Michel de (1533 — 1592), französischer Philosoph.

Montrond, Casimir Comte de (1768 — 1843), französischer Diplomat.

Moore, Thomas (1779 — 1852), volkstümlicher irischer Dichter; schuf 1808 die »Irish Melodies«.

Morgan, Lady Sidney (1783? — 1859), englische Roman- und Reiseschriftstellerin; berühmt wurde sie durch ihre Bücher über Frankreich (»France«, 1817) und Italien (»Italy«, 1821); seit 1812 mit dem Arzt und Schriftsteller Sir Thomas Charles Morgan (1783 — 1843), verheiratet.

Morier, James (1780? — 1849), englischer Reise- und Romanschriftsteller; schrieb »The adventures of Hajji Baba of Ispahan« (1824, 3 Bde.).

Morillo, Pablo, Graf von Cartagena, Marqués de la Puerta (1778 — 1837), spanischer General.

Mozart, Wolfgang Amadeus (1756 — 1791).

Mulgrave, Henry Philip Phipps, Lord (1755 — 1831), britischer Staatsmann.

Müllner, Amadeus Gottfried Adolf (1774 — 1829), deutscher Schriftsteller und Publizist; Verfasser von Schicksalsdramen; durch seine schonungslose und streitsüchtige Kritik errang er sich vorübergehend eine literarische Machtstellung.

Münchhausen, Karl Friedrich Hieronymus Freiherr von (1720 — 1797), sprichwörtlich gewordener Aufschneider; seine Geschichten wurden durch die Übersetzungen aus dem Englischen von Gottfried August Bürger bald zum deutschen Volksbuch.

Münster, Ernst Graf zu M., Freiherr von Grothaus (1766 — 1839), hannoveranischer Staatsmann und Diplomat; seit 1806 Minister für die hannoveranischen Angelegenheiten am englischen Hof; 1815 erhielt er das säkularisierte Zisterzienserkloster Derneburg.

Murat, Joachim (1767 — 1815), französischer Marschall; Schwager Napoleons I.; seit 1808 König von Neapel.

Murillo, Bartolomé Esteban (1618 — 1682), spanischer Maler.

Murray, John (1778 — 1843), englischer Buchhändler und Verleger.

Nagler, Karl Ferdinand Friedrich von (1770 — 1846), preußischer Staatsmann; wurde 1821 Chef des preußischen Postwesens.

Napoleon I. (1769 — 1821), von 1804 bis 1814/15 Kaiser der Franzosen.

Napoleon II. s. u. Reichstadt.

Nash, John (1752 — 1835), englischer Baumeister.

Nash, Richard, genannt Beau Nash (1674 — 1761), englischer Lebemann; in der aristokratischen Welt von Bath tonangebend.

Nelson, Horatio Viscount (1758 — 1801), britischer Admiral; seine erfolgreiche Schlacht bei Trafalgar 1805 gegen die französisch-spanische Flotte verschaffte England für die Folgezeit die uneingeschränkte Seeherrschaft.

Nero, Claudius Drusus Germanicus Caesar (37 — 68), seit 54 römischer Kaiser.

Newton, Sir Isaac (1643 — 1727), englischer Physiker, Mathematiker, Astronom.

Nourrit, Louis (1780 — 1831) und sein Sohn Adolphe N. (1802 — 1839), französische Opernsänger.

Northumberland, englischer Grafen- und Herzogstitel, an das alte Geschlecht der Percys geknüpft; zu dieser Familie gehören Hugh Percy (1785 — 1847) und sein Bruder Algernon Percy (1792 — 1865), Kapitän der Marine; widmete sich der Altertumsforschung und unternahm große Reisen nach dem Orient.

Nürnberger, Joseph Emil (1779 — 1848), deutscher Postmeister und Schriftsteller; verfaßte zahlreiche astronomische und naturwissenschaftliche Werke, u. a. 1831 »Astronomische Abendunterhaltungen«.

O'Connell, Daniel (1775—1847), irischer Politiker; trat für die nationale Unabhängigkeit Irlands und für die Emanzipation der irischen Katholiken ein.

Odry, Jacques Charles (1781—1853), französischer Schauspieler; seit 1807 in den Pariser Variétés in komischen Charakterrollen besonders erfolgreich.

O'Neill, Eliza (1791—1872), irische Schauspielerin; ihre Karriere begann am Londoner Covent Garden mit der Julia in Shakespeares »Romeo und Julia«.

Orsini, Anna Maria Fürstin (1642—1722), Oberhofmeisterin der spanischen Königin Maria Luise; übte großen Einfluß auf Philipp V. und seine Regentschaft aus.

Os, holländische Malerfamilie: Jan van Os (1744—1808), Blumen- und Marinemaler; seine Söhne: Pieter Gerard van Os (1776—1839), Tiermaler, und Georg Jakob Johannes van Os (1782—1861), Blumen- und Früchtemaler.

Otway, Thomas (1652—1685), englischer Dramatiker.

Ouseley, Sire Gore (1770—1844), britischer Diplomat; 1810/15 Botschafter und Bevollmächtigter Minister am persischen Hof; seit 1806 mit Harriet Georgina Whitelocke verheiratet.

Owen Glendower (geb. um 1415), Führer der Waliser im Kampf gegen die englischen Könige Heinrich IV. und Heinrich V.; nannte sich Prince of Wales.

Oxenstierna, Axel Graf (1583—1654), schwedischer Staatsmann; entwarf Verfassungs- und Verwaltungsgesetze; bewirkte Verbesserungen im schwedischen Unterrichtswesen; führte 1654 die Friedensverhandlungen mit Dänemark und schloß den Westfälischen Frieden.

Parry, Sir William Edward (1790—1855), britischer Seeoffizier und Polarforscher; erforschte 1818/25 auf der Suche nach einer nordwestlichen Durchfahrt die arktische Inselwelt Nordamerikas; unternahm 1827 seine fünfte Nordwest-Polarfahrt.

Pasta, Giuditta (1798—1865), italienische Sängerin; wurde vor allem in Opern von Rossini und Bellini gefeiert.

Paton, Mary Anne (1802—1864), englische Sängerin.

Paulus, Heinrich Eberhard Gottlob (1761—1851), Professor für Theologie und Geheimer Kirchenrat, gilt als Hauptvertreter des Rationalismus.

Peel, Sir Robert (1788—1850), konservativer britischer Staatsmann; 1841/46 Premierminister.

Pembroke s. u. Herbert.

Penn, William (1644—1718), englischer Philanthrop; erwarb 1674/82 von den Indianern Siedlungsgebiet in Nordamerika für die in England verfolgten Quäker und gründete dort das nach ihm benannte Pennsylvanien.

Perugino, eigentlich: Pietro di Cristoforo Vannucci (um 1450 bis 1523), italienischer Maler; Lehrer Raffaels.

Pestalozzi, Johann Heinrich (1740—1827), schweizerischer humanistischer Pädagoge; erarbeitete die »Elementarmethode«, die alle Kräfte des Kennens, Könnens und Wollens entwickeln sollte.

Petitot, Jean (1607—1691), französisch-schweizerischer Miniaturmaler.

Philipp II. (1527—1598), seit 1555 König von Spanien.

Polignac, Auguste Jules Armand Marie Prince de (1780—1847), französischer Staatsmann; seit 1823 Gesandter in London; 1829/30 Ministerpräsident; seine reaktionären innenpolitischen Maßnahmen lösten die Julirevolution aus; lebte seit 1836 in London.

Poniatowski, Józef Fürst (1763—1813), polnischer General und französischer Marschall; führte das polnische Heer der Napoleonischen Armee in der Völkerschlacht bei Leipzig 1813.

Pope, Alexander (1688—1744), englischer Dichter.

Potier, Charles (1775—1838), französischer Schauspieler; trat zusammen mit seinem Sohn Charles Joseph Edouard (1806—1870) in Paris auf.

Potter, Paulus (1625—1654), niederländischer Tiermaler und Radierer.

Pückler, Clementine Reichsgräfin von Callenberg (1770—1850), Mutter von Pückler-Muskau; Erbin der Standesherrschaft Muskau.

Pückler, Lucie Fürstin von P., Reichsgräfin von Pappenheim, geb. Gräfin von Hardenberg (1776—1854), in zweiter Ehe 1817 mit Pückler-Muskau verheiratet.

Pückler, Ludwig Johannes Karl Erdmann, Graf von (1754—1811), Vater von Pückler-Muskau.

Quin, James (1693—1766), englischer Schauspieler.

Radcliffe, Anne (1764—1823), englische Schriftstellerin; schrieb vielgelesene Gruselgeschichten und Schauerromane, u.a. »The Mysteries of Udolpho« (1797).

Radcliffe, John (1650—1714), englischer Physiker; hinterließ sein Vermögen der Universität Oxford.

Radnor, Bouverie, William Pleydell, Earl of (1779—1869), britischer Politiker.

Radziwill, Antoni Henryk Fürst (1775—1833), aus einem litauisch-polnischen Magnatengeschlecht stammend, war er seit 1815 erster Statthalter des Herzogtums Posen; machte sich auch als Komponist einen Namen.

Raffael, eigentlich: Raffaello Santi (1483—1520).

Raleigh, Sir Walter (um 1552 bis 1618), englischer Seefahrer; Günstling der Königin Elisabeth I.; gründete 1584 die Kolonie Virginia und war 1600/03 Gouverneur von Jersey und Mitglied des Parlaments; unter dem Vorwand einer Verschwörung gegen Jakob I. verhaftet, 1618 hingerichtet.

Rauch, Christian Daniel (1777—1857), deutscher klassizistischer Bildhauer.

Rehder, Jakob Heinrich (1790—1852), von 1818 bis 1852 bei Pückler-Muskau Garten- und Parkinspektor.

Rembrandt, eigentlich: Rembrandt Harmensz van Rijn (1606—1669).

Repton, Humphry (1752—1818), englischer Gartenarchitekt; beeinflußte mit seinen Schloßparkanlagen in der Umgebung von London die Gartenkunst; Verfasser der »Observations on the theory and practice of landscape gardening« (1803).

Reynolds, Sir Joshua (1723—1792), englischer Maler und Schriftsteller; seit 1768 Erster Präsident der neugegründeten Akademie in London.

Richard III. (1452—1485), seit 1483 König von England.

Richardson, Jonathan (1665—1745), englischer Maler und Schriftsteller; war nicht, wie Pückler-Muskau meint, Hofmaler Cromwells.

Richelieu, Armand Jean du Plessis, Duc de (1585—1642), französischer Kardinal und Staatsmann; seit 1624 leitender Minister.

Richelieu, Louis François Armand du Plessis, Duc de (1696—1788), französischer Marschall; Großneffe des Kardinals Richelieu.

Ries, Adam (um 1492 bis 1559), Verfasser mehrerer Rechenbücher in deutscher Sprache, die über 200 Jahre in Gebrauch waren.

Ripon, Frederick John Robinson, Viscount Goderich (seit 1827), Earl of (1782—1859), britischer Politiker; 1823 Schatzkanzler und 1827 Kolonialminister.

Roger de Montgomery, Earl of Shrewsbury und Arundel (gest. vermutlich 1093)

Romano, eigentlich: Giulio Pippi (1499—1546), italienischer Maler und Baumeister.

Rosa, Salvator (1615—1673), italienischer Maler, Dichter und Radierer.

Ross, Sir James Clarke (1800—1862), englischer Polarforscher; begleitete 1819/27 den englischen Seefahrer W. E. Parry auf vier Polarexpeditionen; leitete 1839/42 die englische Südpolarexpedition.

Rossini, Gioacchino (1792—1868), italienischer Opernkomponist; lebte von 1823 bis 1836 in Frankreich.

Rothschild, einflußreiche Finanzdynastie, die durch Mayer Amschel Rothschild, Bankier in Frankfurt am Main, begründet wurde; spielte eine einflußreiche Rolle u.a. in der Rüstungsindustrie.

Rothschild, Nathan Mayer (1777—1836), Bankier in London; dritter Sohn von Mayer Amschel Rothschild.

Rousseau, Jean Jacques (1712—1778), französisch-schweizerischer Schriftsteller, Philosoph, Komponist und Musikschriftsteller.

Rubens, Peter Paul (1577—1640), flämischer Maler.
Rudolf II. (1552—1612), seit 1576 deutscher Kaiser.
Ruisdael, Jacob Isaacksz van (1628 oder 1629—1682), holländischer Maler.
Rupert, Prince, Count Palatine of the Rhine und Duke of Bavaria, später Duke of Cumberland und Earl of Holderness (1619—1682), englischer General; kämpfte während der bürgerlichen Revolution als Befehlshaber der Kavallerie gegen die parlamentarischen Truppen.
Russell, John (gest. 1555), 1550 zum Earl of Bedford erhoben; wurde von Heinrich VIII. mit eingezogenem Klostergut beschenkt.
Russell, Lord John (1792—1878), liberaler britischer Politiker; Vorkämpfer der Parlamentsreform von 1832.

Saint Albans, William Aubrey de Vere, Duke of, Nachkomme aus der Verbindung der Schauspielerin Nell Gwyn mit dem englischen König Karl II.; verheiratet mit der Schauspielerin Harriot Mellon (1777—1837).
Saint Kevin (gest. 618), Abt in Irland.
Saint Patrick (373—463), Apostel und Heiliger Irlands.
Saint Simon, Claude Henri de Rouvroy, Comte de (1760—1825), französischer Sozialphilosoph und utopischer Sozialist.
Sarto, Andrea del (1486—1531), italienischer Maler.
Sayn-Wittgenstein-Hohenstein, Wilhelm Ludwig Georg Fürst zu (1770 bis 1851), reaktionärer preußischer Staatsmann; seit 1819 Hausminister; Leiter der politischen Polizei.
Sayn-Wittgenstein-Ludwigsburg, Ludwig Adolf Peter Fürst zu (1769 bis 1843), russischer Feldmarschall; erhielt 1813 den Oberbefehl über die russisch-preußischen Streitkräfte.
Schadow, Wilhelm (1788—1862), deutscher Maler und Schriftsteller; Sohn von Gottfried Schadow; seit 1816 Lehrer an der Akademie in Berlin, seit 1826 Akademiedirektor in Düsseldorf.
Schiller, Friedrich (1759—1805).
Schinkel, Karl Friedrich (1781—1841), deutscher Maler und Baumeister des Klassizismus.
Schopenhauer, Johanna (1766—1838), deutsche Romanschriftstellerin; Mutter von Adele und Arthur Schopenhauer.
Schröder, Friedrich Ludwig (1744—1816), deutscher Schauspieler und Theaterleiter in Hamburg; machte sich um die Erschließung Shakespeares für die deutsche Bühne verdient.
Schroeder, Johann Heinrich (1756—1812), deutscher Bildnismaler.
Schwarzenberg, Felix Fürst zu (1800—1852), österreichischer Staatsmann; 1826/28 in diplomatischer Mission in London.
Schwarzenberg, Karl Philipp Fürst zu (1771—1820), österreichischer Feldmarschall; in den Befreiungskriegen Oberbefehlshaber der verbündeten Armeen.
Scott, Sir Charles (1805—1841), jüngster Sohn von Walter Scott, britischer Botschafter in Teheran.
Scott, Sir Walter (1771—1832), schottischer Schriftsteller und Dichter.
Scrope, Richard (1350?—1405), Erzbischof von York.
Ségur, Philippe Comte de (1780—1873), französischer General und Militärschriftsteller; schrieb die »Histoire de Napoléon et de la Grande Armée pendant l'année 1812« und die »Mémoires ou souvenirs et anecdotes« (1824, 3 Bde.).
Seneca, Lucius Annaeus (gest. 65), römischer Dichter und philosophischer Schriftsteller.
Sévigné, Marie de Rabutin-Chantal, Marquise de (1626—1696), wurde berühmt durch den Briefwechsel mit ihrer Tochter Madame de Grignan, der sich über fünfundzwanzig Jahre erstreckte (1818 in zehn Bänden erschienen) und zeit- und kulturgeschichtlich bedeutsam ist.
Shakespeare, William (1564—1616).
Sheil, Richard Lalor (1791—1851), irischer Dramatiker und Politiker.
Sheridan, Richard Brinsley Butler (1753—1816), englischer Dramatiker, Dramaturg und liberaler Politiker; Verfasser der erfolgreichen Komödie »Die Lästerschule« (1777), in der er die Heuchelei der Gesellschaft kritisierte.

Siddons, Sarah (1755–1831), englische Schauspielerin.
Smith, Horace (1779–1849), englischer Schriftsteller.
Smollett, Tobias George (1721–1771), englischer Romanschriftsteller.
Smythe, Percy Clinton Sydney, Viscount Strangford und Baron Penshurst (1780–1855), britischer Diplomat.
Somerset, Lord Fitzroy James Henry, Baron Raglan (1788–1855), britischer Feldmarschall; seit 1827 Kriegsminister bei den Horse Guards; kämpfte mit seinem Bruder Robert Edward Henry S. (1776–1842) unter Wellington in der Schlacht bei Waterloo.
Sontag, Henriette (1806–1854), deutsche Sängerin, die in Paris, Wien, Leipzig, London und Berlin wirkte; seit 1828 mit Graf Carlo Rossi verheiratet.
Spiegel von und zu Pickelsheim, Karl Emil Freiherr, Hofmarschall in Weimar.
Spieß, Christian Heinrich (1755–1799), deutscher Schriftsteller, Verfasser zahlreicher trivialer Schauerromane; »Die zwölf schlafenden Jungfrauen« erschienen 1794/96 in drei Bänden.
Spring-Rice, Thomas, Baron Monteagle of Brandon (1790–1866), irischer Staatsmann.
Spurzheim, Johann Christoph (1776–1832), deutscher Phrenologe; zeitweilig Assistent und Sekretär bei Joseph Gall.
Staël-Holstein, Anne Louise Germaine de (1766–1817), liberale schweizerisch-französische Schriftstellerin; wurde als Gegnerin Napoleons I. 1802 aus Paris, später aus Frankreich verbannt und lebte in Deutschland, Italien, Rußland und Schweden; ihr Buch »De l'Allemagne« wurde zum Mittler der zeitgenössischen deutschen Kultur in Frankreich und prägte lange Zeit das Deutschland-Bild der französischen Intelligenz.
Strafford, Thomas Wentworth, Earl of (1593–1641), englischer Politiker; 1633/40 Statthalter in Irland; seine grausame Unterdrückungspolitik führte zum irischen Aufstand von 1641; wegen Hochverrats hingerichtet.
Strangford s.u. Smythe.
Sussex, Augustus Frederick Duke of (1773–1843), sechster Sohn des englischen Königs Georg III.; trat im Parlament für die Emanzipation der Katholiken und die Abschaffung des Sklavenhandels ein.
Suworow, Alexander Wassiljewitsch Graf von (1729–1800), russischer Feldherr.
Taglioni, Marie (1804–1884), italienische Tänzerin; wirkte vor allem an der Großen Oper in Paris.
Talbot, John, Earl of Shrewsbury (um 1388 bis 1453), englischer Feldherr; seine zahlreichen siegreichen Feldzüge erwarben ihm den Namen eines britischen Achilles.
Talma, François Joseph (1763–1826), französischer Schauspieler; erstrebte Natürlichkeit im Spiel und Echtheit im Kostüm.
Tamerlan s.u. Timur.
Telford, Thomas (1757–1834), englischer Ingenieur; baute seit 1793 Brücken; sein Hauptwerk ist die Kettenbrücke über den Menaikanal bei Bangor (1819/26).
Teniers, David d.J. (1610–1690), flämischer Maler; malte vorwiegend Bauern- und Wirtshausszenen.
Tettenborn, Friedrich Karl Freiherr von (1778–1845), während der Befreiungskriege Reitergeneral in russischen Diensten.
Thorwaldsen, Bertel (1768–1844), dänischer Bildhauer.
Tiberius Claudius Nero (42 v.u.Z. - 37 u.Z.), römischer Heerführer; seit 14 u.Z. römischer Kaiser.
Tieck, Johann Ludwig (1773–1853), Dichter der deutschen Romantik.
Timur, Timur Lenk (der »lahme Timur«, 1336–1405), mittelalterlicher Heerführer; seit 1370 Herrscher in Samarkand; schuf in vielen Feldzügen ein gewaltiges Reich, das ganz Mittelasien und Persien umfaßte, nach seinem Tode aber wieder zerfiel.
Tizian, eigentlich: Tiziano Vecellio (1476 oder 1477 bis 1576), bedeutender Maler der italienischen Hochrenaissance.

Trench, Sir Frederick William (1775—1859), britischer General; veröffentlichte 1827 Pläne zur Verschönerung Londons, vor allem des Themseufers.

Tschernyschew, Alexander Iwanowitsch Fürst (1786—1857), russischer Feldherr; 1809/11 Militärattaché in Paris; 1828/52 Kriegsminister.

Unzelmann, Friederike s. u. Bethmann-Unzelmann.

Unzelmann, Wilhelm Ferdinand (1753—1832), deutscher Schauspieler, seit 1788 am Nationaltheater in Berlin; sein Sohn Karl Wolfgang U. (1786—1843), war ebenfalls Schauspieler und besonders erfolgreich im komischen Fach.

Vanburgh oder Vanbrugh, Sir John (1664—1726), englischer Dramatiker und Architekt.

Varnhagen von Ense, Karl August (1785—1858), preußischer Diplomat; wurde 1824 wegen seiner liberalen Gesinnung pensioniert; lebte seither als Schriftsteller und Kritiker in Berlin.

Vatel (gest. 1671), berühmter Küchenmeister im Dienste des Prinzen Condé; nahm sich 1671 das Leben, weil die Seefische zu einem Mahl, an dem Ludwig XIV. teilnahm, nicht rechtzeitig eintrafen.

Velásquez, Diego Rodriguez de Silva y (1599—1660), spanischer Maler.

Vestris, Eliza Lucy (1797—1856), italienische Sängerin und Schauspielerin; seit 1820 im Drury Lane und im Covent Garden Theatre engagiert; verheiratet mit dem italienischen Tänzer Armand Vestris (1788—1825), in zweiter Ehe mit Charles Mathews.

Villiers, Barbara, Countess of Castlemaine und Duchesse of Cleveland (1641—1709), Mätresse Karls II. von England.

Voisenon, Claude Henri de Fuzée, Abbé de (1708 bis um 1775), französischer Schriftsteller.

Voltaire, eigentlich: François Marie Arouet (1694—1778), Schriftsteller und Philosoph der französischen Aufklärung.

Wach, Wilhelm (1787—1845), deutscher Maler; 1827 Hofmaler bei Friedrich Wilhelm III.; 1828 zum Mitglied des Senats ernannt.

Wallenstein, Albrecht Wenzel Eusebius von, Herzog von Friedland (1583—1634), kaiserlicher Feldherr im Dreißigjährigen Krieg.

Walpole, Horace, Earl of Oxford (1717—1797), englischer Schriftsteller und Kunstsammler; schrieb Ritter- und Geisterromane; wurde berühmt durch seine geistreich-witzigen Briefe und Memoiren.

Warwick, Richard Neville, Earl of (1428—1471), genannt der »Königmacher«; setzte die Krönung Eduards IV. durch, den er später bekämpfte, und war zeitweise Regent für den englischen König Heinrich VI.

Watt, James (1769—1848), schottischer Ingenieur, Sohn von James Watt.

Weber, Carl Maria von (1786—1826), deutscher Komponist und Musikdramatiker.

Wellington, Arthur Wellesley, Duke of (1769—1852), konservativer britischer Staatsmann und Feldherr; besiegte 1815 gemeinsam mit Blücher bei Waterloo Napoleon I.; 1828/30 Premierminister, 1834/35 Außenminister.

West, Benjamin (1738—1820), englischer Maler.

Whitby, Daniel (1638—1726), englischer Geistlicher.

Wilhelm I., genannt der Eroberer (1027 oder 1028 bis 1087), seit 1066 König von England; siegte 1066 bei Hastings über die Engländer und verteilte den Boden an normannische Ritter; errichtete einen straff zentralisierten Feudalstaat.

Wilhelm III. von Oranien (1650—1702), seit 1689 König von England, Schottland und Irland.

Wilhelm IV. (1765—1837), seit 1830 König von Großbritannien und Hannover; seit 1818 mit Adelheid, Prinzessin von Sachsen-Meiningen (1792—1849) verheiratet.

Wilhelm I. (1722—1843), von 1815 bis 1840 König der Niederlande und Großherzog von Luxemburg.

Wilhelm I., Prinz von Oranien, Graf von Nassau (1533—1584), militäri-

Verzeichnis der Abbildungen

BAND 1

BAND 2

Zu dieser Ausgabe

Diese zweibändige Auswahl ist Pücklers vierteiligen »Briefen eines Verstorbenen« entnommen, wobei die Reiseberichte und das erzählerische Element bevorzugt, die ausgewählten Briefe jeweils ungekürzt und – abweichend von Pückler – chronologisch wiedergegeben wurden. Pückler hatte 1830 den dritten und vierten Teil der »Briefe« vor den ersten beiden Teilen erscheinen lassen.

Textgrundlage sind die »Briefe eines Verstorbenen«, die Therese Erler 1987 bei Rütten & Loening herausgab und die auf die zu Pücklers Lebzeiten veröffentlichten Ausgaben (1836/37) zurückgehen. Auch die Anmerkungen dieser Ausgabe, die Fremdworterklärungen (Band 2, Anhang) und das Personenverzeichnis (Band 2, Anhang) wurden für die vorliegende Auswahl zugrunde gelegt. Das Personenverzeichnis erhält nur Namen, die nachweisbar und die nach subjektivem Ermessen für den Textzusammenhang erforderlich waren.

Erstmals werden in der vorliegenden Auswahl Stiche und Zeichnungen veröffentlicht, die Pückler auf der Reise durch England sammelte und die, wie in den »Briefen« gelegentlich erwähnt, in seinen »Lebensatlas« aufgenommen werden sollten. Von den vermutlich drei großen Bildalben ist ein von Pückler beschrifteter Band erhalten geblieben, und zwar unter dem Titel »Erinnerungsbilder. Teil I. Erste Abteilung vom 1. September 1826 bis zum 6. April 1827«, der im Niederlausitzer Landesmuseum, Fürst-Pückler-Museum, Schloß Branitz, aufbewahrt wird und aus dem wir dankenswerterweise folgende Abbildungen reproduzieren durften: Band 1, Seite 11, 27, 37, 41, 47, 89, 105, 115, 129, 135, 153, 159, 165, 175, 189, 195, 359.

Weiterhin danken wir der Staatsbibliothek zu Berlin – Preußischer Kulturbesitz für die Bildvorlagen zu Band 1, Seite 139, 149, 291, 299; Band 2, Seite 137, 235, 285, 305, 321; der Herzogin-Anna-Amalia-Bibliothek der Stiftung Weimarer Klassik, die uns den Band »Ireland illustrated« (London 1830) zur Verfügung stellte, dem wir die Illustrationen entnahmen für Band 2, Seite 19, 31, 35, 61, 69, 79, 83, 89, 105, 115, 131, 149, 159, 187, 199, 211, 217, 229, 235, 243, 255, 271; den Kunstsammlungen zu Weimar für die Abbildungen zu Band 1, Seite 231, 267, 299, 335; aus der Erstauflage der »Briefe eines Verstorbenen« entnahmen wir die Zeichnungen in Band 2, Seite 78, 79, 123, 320, 347.

Besonderer Dank gilt Herrn Eberhard Renno und Frau Renate Renno, Weimar, die in den erwähnten Bibliotheken und Museen die Reprovorlagen anfertigten. Die Porträts von Pückler (Frontispiz), Wellington, Canning und O'Connell erhielten wir von der Porträtsammlung der Staatsbibliothek zu Berlin – Preußischer Kulturbesitz.

Th. E.

Inhalt